SAAB 9-3

Gör-det-själv-handbok

Martynn Randall

Modeller som behandlas *(SV4756-352)*
Sedan, kombi och cabriolet, inklusive specialmodeller

Bensin: 2,0-liters (1998 cc) turbo
Turbo-diesel: 1,9-liter (1910 cc) enkel överliggande kamaxel 8 ventiler och dubbla överliggande kamaxlar 16 ventiler

Behandlar INTE 1,8-liters eller 2,8-liters bensinmotorer, eller 2,2-liters dieselmotorer.

En bok i **Haynes serie Gör-det-själv-handböcker**

ISBN **978 1 78521 327 4**

British Library Cataloguing in Publication Data
En katalogpost för denna bok finns att få från British Library.

J H Haynes & Co. Ltd.
Haynes North America, Inc

www.haynes.com

Innehåll

DIN SAAB 9-3

Reparationer vid vägkanten

Veckokontroller

UNDERHÅLL

Rutinunderhåll och service

Innehåll

REPARATIONER OCH UNDERHÅLL

Motor och tillhörande system

Växellåda

Bromsar och fjädring

Kaross och utrustning

REFERENS

Register

Att arbeta på din bil kan vara farligt. Den här sidan visar potentiella risker och faror och har som mål att göra dig uppmärksam på och medveten om vikten av säkerhet i ditt arbete.

Allmänna faror

Skållning

• Ta aldrig av kylarens eller expansionskärlets lock när motorn är het.

• Motorolja, automatväxellådsolja och styrservovätska kan också vara farligt varma om motorn just varit igång.

Brännskador

• Var försiktig så att du inte bränner dig på avgassystem och motor. Bromsskivor och -trummor kan också vara heta efter körning.

Lyftning av fordon

• Vid arbete nära eller under ett lyft fordon, använd alltid extra stöd i form av pallbockar eller använd ramper. ***Arbeta aldrig under en bil som endast stöds av en domkraft.***

• När muttrar eller skruvar med högt åtdragningsmoment skall lossas eller dras, bör man lossa dem något innan bilen lyfts och göra den slutliga åtdragningen när bilens hjul åter står på marken.

Brand och brännskador

• Bränsle är mycket brandfarligt och bränsleångor är explosiva.

• Spill inte bränsle på en het motor.

• Rök inte och använd inte öppen låga i närheten av en bil under arbete. Undvik också gnistbildning (elektrisk eller från verktyg).

• Bensinångor är tyngre än luft och man bör därför inte arbeta med bränslesystemet med fordonet över en smörjgrop.

• En vanlig brandorsak är kortslutning i eller överbelastning av det elektriska systemet. Var försiktig vid reparationer eller ändringar.

• Ha alltid en brandsläckare till hands, av den typ som är lämplig för bränder i bränsle- och elsystem.

Elektriska stötar

• Högspänningen i tändsystemet kan vara farlig, i synnerhet för personer med hjärtbesvär eller pacemaker. Arbeta inte med eller i närheten av tändsystemet när motorn går, eller när tändningen är på.

• Nätspänning är också farlig. Se till att all nätansluten utrustning är jordad. Man bör skydda sig genom att använda jordfelsbrytare.

Giftiga gaser och ångor

• Avgaser är giftiga. De innehåller koloxid vilket kan vara ytterst farligt vid inandning. Låt aldrig motorn vara igång i ett trångt utrymme, t ex i ett garage, med stängda dörrar.

• Även bensin och vissa lösnings- och rengöringsmedel avger giftiga ångor.

Giftiga och irriterande ämnen

• Undvik hudkontakt med batterisyra, bränsle, smörjmedel och vätskor, speciellt frostskyddsvätska och bromsvätska. Sug aldrig upp dem med munnen. Om någon av dessa ämnen sväljs eller kommer in i ögonen, kontakta läkare.

• Långvarig kontakt med använd motorolja kan orsaka hudcancer. Bär alltid handskar eller använd en skyddande kräm. Byt oljeindränkta kläder och förvara inte oljiga trasor i fickorna.

• Luftkonditioneringens kylmedel omvandlas till giftig gas om den exponeras för öppen låga (inklusive cigaretter). Det kan också orsaka brännskador vid hudkontakt.

Asbest

• Asbestdamm kan ge upphov till cancer vid inandning, eller om man sväljer det. Asbest kan finnas i packningar och i kopplings- och bromsbelägg. Vid hantering av sådana detaljer är det säkrast att alltid behandla dem som om de innehöll asbest.

Speciella faror

Flourvätesyra

• Denna extremt frätande syra bildas när vissa typer av syntetiskt gummi i t ex O-ringar, tätningar och bränsleslangar utsätts för temperaturer över 400 °C. Gummit omvandlas till en sotig eller kladdig substans som innehåller syran. *När syran väl bildats är den farlig i flera år. Om den kommer i kontakt med huden kan det vara tvunget att amputera den utsatta kroppsdelen.*

• Vid arbete med ett fordon, eller delar från ett fordon, som varit utsatt för brand, bär alltid skyddshandskar och kassera dem på ett säkert sätt efteråt.

Batteriet

• Batterier innehåller svavelsyra som angriper kläder, ögon och hud. Var försiktig vid påfyllning eller transport av batteriet.

• Den vätgas som batteriet avger är mycket explosiv. Se till att inte orsaka gnistor eller använda öppen låga i närheten av batteriet. Var försiktig vid anslutning av batteriladdare eller startkablar.

Airbag/krockkudde

• Airbags kan orsaka skada om de utlöses av misstag. Var försiktig vid demontering av ratt och/eller instrumentbräda. Det kan finnas särskilda föreskrifter för förvaring av airbags.

Dieselinsprutning

• Insprutningspumpar för dieselmotorer arbetar med mycket högt tryck. Var försiktig vid arbeten på insprutningsmunstycken och bränsleledningar.

Varning: Exponera aldrig händer eller annan del av kroppen för insprutarstråle; bränslet kan tränga igenom huden med ödesdigra följder

Kom ihåg...

ATT

• Använda skyddsglasögon vid arbete med borrmaskiner, slipmaskiner etc, samt vid arbete under bilen.

• Använda handskar eller skyddskräm för att skydda händerna.

• Om du arbetar ensam med bilen, se till att någon regelbundet kontrollerar att allt står väl till.

• Se till att inte löst sittande kläder eller långt hår kommer i vägen för rörliga delar.

• Ta av ringar, armbandsur etc innan du börjar arbeta på ett fordon - speciellt med elsystemet.

• Försäkra dig om att lyftanordningar och domkraft klarar av den tyngd de utsätts för.

ATT INTE

• Ensam försöka lyfta för tunga delar - ta hjälp av någon.

• Ha för bråttom eller ta osäkra genvägar.

• Använda dåliga verktyg eller verktyg som inte passar. De kan slinta och orsaka skador.

• Låta verktyg och delar ligga så att någon riskerar att snava över dem. Torka upp olje- och bränslespill omgående.

• Låta barn eller husdjur leka nära en bil under arbetets gång.

Saab 9-3 introducerades 1998 som en ersättare till modell 900. Den här handboken omfattar den andra generationens 9-3 som introducerades i oktober 2002. Den bygger på Epsilon-plattformen från General Motors, som också används i Opel Vectra och som finns som 4-dörrars sedan, 5-dörrars kombi eller 2-dörrars cabriolet. Bensinmotorer som behandlas i den här handboken är 2,0-liters turbomotorn (märkt 1.8t, 2.0t och 2.0T för att särskilja deras olika effekt) och dieselmotorn som är en 1,9-liters turbomotor med enkel överliggande kamaxel, 8 ventiler, eller dubbla överliggande kamaxlar, 16 ventiler. Dieselmotorn har utvecklats i samarbete med Fiat och har ett gemensamt motorblock med remdriven enkel överliggande kamaxel eller remdrivna dubbla överliggande kamaxlar. Bensinmotorn har överliggande kamaxlar, som drivs av två kedjor, med 16 ventiler med hydrauliska ventillyftare, samt 2 inbyggda balansaxlar.

Som standard är bilen försedd med servostyrning, låsningsfria bromsar, fjärrmanövrerat centrallås, fram- och sidokrockkuddar för både förar- och passagerarsätet, sidokrockgardiner, elektriska fönsterhissar och speglar samt luftkonditionering. Som tillval finns elektrisk taklucka, elektriska framsäten, läderklädsel och CD-växlare.

Bilen finns med 5- eller 6-växlad manuell växellåda eller 5- eller 6-växlad automatväxellåda som är placerad till vänster om motorn.

Alla modeller är framhjulsdrivna och har separata hjulupphängningar runt om, med fjäderben, gasfyllda stötdämpare och spiralfjädrar.

Det är relativt okomplicerat att underhålla och reparera en Saab 9-3, eftersom den är konstruerad för att ha så låga driftkostnader som möjligt, och det är lätt att få tag på reservdelar.

Din handbok till Saab 9-3

Syftet med den här handboken är att hjälpa dig få så stor glädje av din bil som möjligt. Det kan göras på flera sätt. Med hjälp av handboken kan du avgöra vad som behöver åtgärdas på din bil (även om du väljer att låta en verkstad utföra arbetet). Den innehåller information om rutinunderhåll och service och ger logiska instruktioner steg för steg att följa när fel uppstår. Förhoppningsvis kommer dock handboken att vara till stor hjälp när du försöker klara av arbetet på egen hand. Vid enklare arbeten kan det till och med gå snabbare att åtgärda bilen själv än att boka tid på en verkstad och åka dit två gånger för att lämna och hämta bilen. Och kanske viktigast av allt, en hel del pengar kan sparas genom att man undviker de avgifter verkstäder tar ut för att kunna täcka arbetskraft och marginaler.

Handboken innehåller bilder och beskrivningar som förklarar de olika komponenternas funktion och utformning. De olika åtgärderna illustreras med fotografier och beskrivs tydligt steg för steg.

Hänvisningar till "vänster" eller "höger" avser vänster eller höger för en person som sitter i förarsätet och tittar framåt.

Tack till...

Ett varmt tack till Draper Tools Limited, som stod för en del av verktygen, samt till alla på Sparkford som hjälpte till att producera den här boken.

Vi är mycket stolta över tillförlitligheten hos den information som ges i den här boken, men biltillverkare modifierar och gör konstruktionsändringar under pågående tillverkning och talar inte alltid om det för oss. Författarna och förlaget kan inte ta på sig något ansvar för förluster, skador eller personskador till följd av felaktig eller ofullständig information i denna bok.

Demonstrationsbil

Den bil som använts vid förberedelserna av handboken och som syns på flera av fotografierna är en 2003 års Saab 9-3 med 2,0-liters bensinmotor med turbo och manuell växellåda.

Saab 9-3 4-dörrars sedan

Följande sidor är tänkta att vara till hjälp vid hantering av vanliga problem. Mer detaljerad information om felsökning finns i slutet av boken, och beskrivningar av reparationer finns i bokens olika huvudkapitel.

Om bilen inte startar och startmotorn inte går runt

- ☐ Om det är en modell med automatväxellåda, se till att växelväljaren står på P eller N.
- ☐ Öppna motorhuven och kontrollera att batteripolerna är rena och ordentligt anslutna.
- ☐ Slå på strålkastarna och försök starta motorn. Om strålkastarljuset försvagas mycket under startförsöket är batteriet troligen urladdat. Lös problemet genom att använda startkablar (se nästa sida) och en annan bil.

Om bilen inte startar trots att startmotorn går runt som vanligt

- ☐ Finns det bränsle i tanken?
- ☐ Finns det fukt i elsystemet under motorhuven? Slå av tändningen och torka bort synlig fukt med en torr trasa. Spraya vattenavstötande medel (WD-40 eller liknande) på tänd- och bränslesystemets elektriska kontaktdon som visas på bilden. (Observera att dieselmotorer normalt inte drabbas av fukt.)

1 Skruva loss de båda fästena, ta bort batterikåpan och kontrollera att batterikablarna är ordentligt anslutna.

2 Kontrollera att förbränningsavkänningsmodulens kablage är ordentligt anslutet.

3 Kontrollera att massluftflödesmätarens kablage är väl monterat.

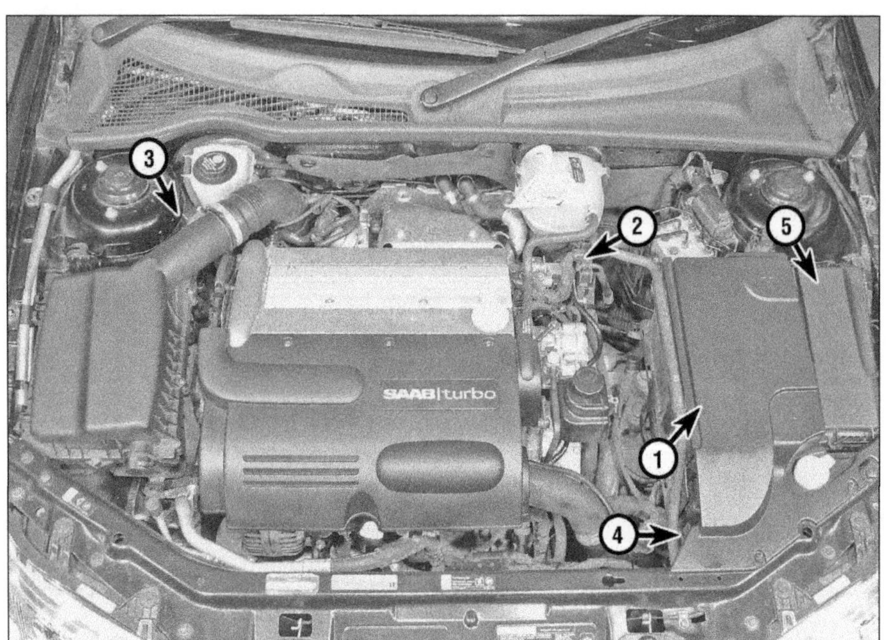

Kontrollera att alla elektriska anslutningar är säkra (med tändningen avstängd) och spraya dem med vattenavstötande medel av typen WD-40 om problemet misstänks bero på fukt.

4 Kontrollera kablagets multikontakter för säkerhets skull.

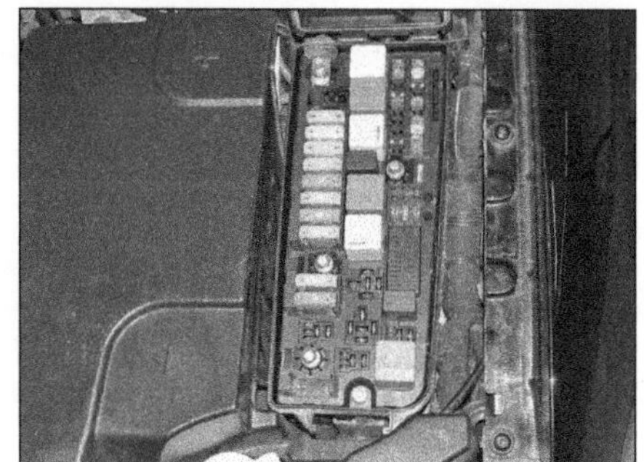

5 Kontrollera att alla säkringar i motorrummet är hela.

Starthjälp

Tänk på följande om bilen startas med ett laddningsbatteri:

- ✔ Innan laddningsbatteriet ansluts ska tändningen vara avslagen.
- ✔ Kontrollera att all elektrisk utrustning (ljus, värme, vindrutetorkare etc.) är avslagen.
- ✔ Se efter om det står några speciella föreskrifter på batteriet.
- ✔ Kontrollera att laddningsbatteriet har samma spänning som det urladdade batteriet i bilen.
- ✔ Om batteriet laddas med startkablar från en annan bil, får bilarna INTE VIDRÖRA varandra.
- ✔ Växellådan ska vara i friläge (eller P för automatväxel).

HAYNES TiPS ***Start med startkablar löser ditt problem för stunden, men det är viktigt att ta reda på orsaken till att batteriet laddades ur. Det finns tre möjligheter:***

1 Batteriet har laddats ur på grund av upprepade startförsök eller på grund av att strålkastarna lämnats påslagna.

2 Laddningssystemet fungerar inte som det ska (växelströmsgeneratorns drivrem är lös eller trasig, generatorns kablage eller själva växelströmsgeneratorn är defekt).

3 Batteriet är defekt (elektrolytnivån är låg eller batteriet är utslitet).

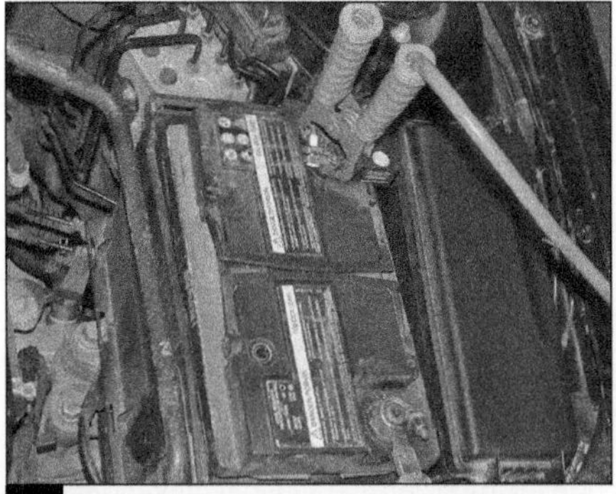

1 Anslut den ena änden av den röda startkabeln till den positiva (+) polen på det urladdade batteriet.

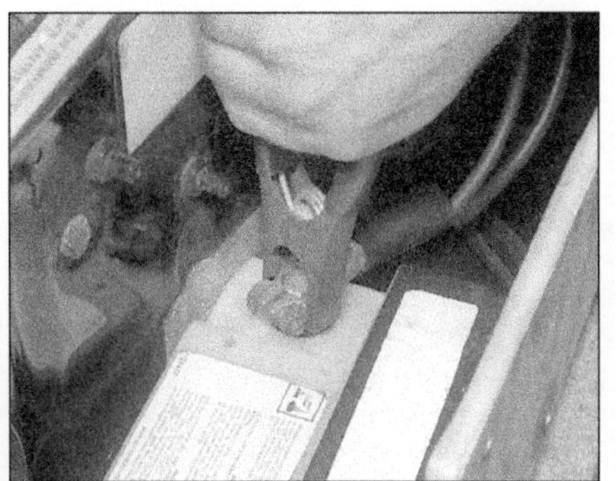

2 Anslut den andra änden av den röda startkabeln till den positiva (+) polen på laddningsbatteriet.

3 Anslut den ena änden av den svarta startkabeln till den negativa (-) polen på laddningsbatteriet.

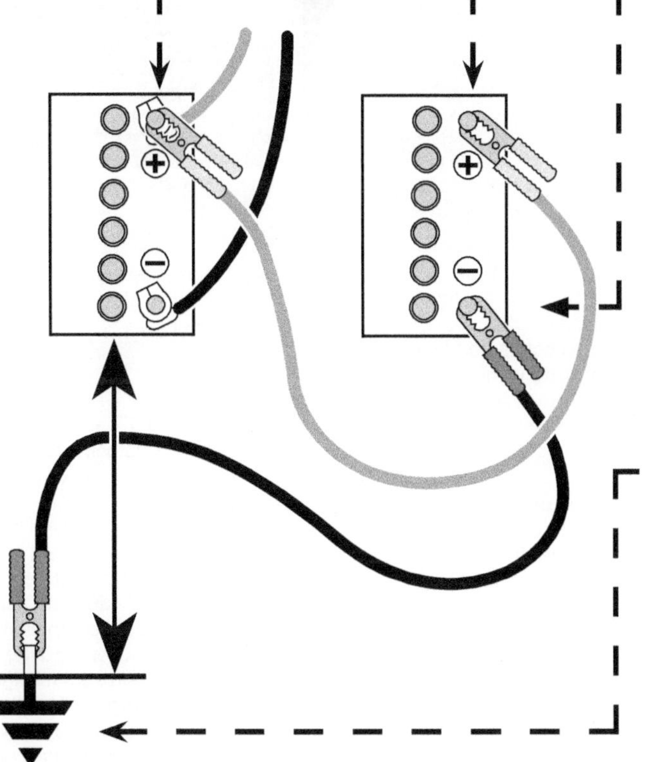

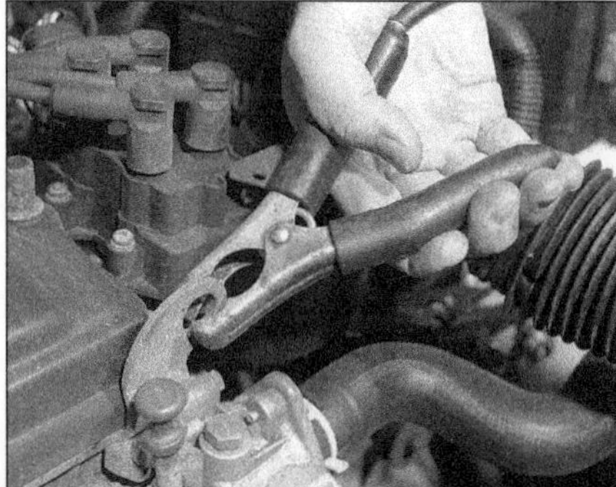

4 Koppla den andra änden av den svarta startkabeln till en bult eller fästbygel, långt från batteriet, i den bil som ska startas.

5 Se till att startkablarna inte kommer åt fläkten, drivremmarna eller andra rörliga delar i motorn.

6 Starta motorn med laddningsbatteriet och låt den gå på tomgång. Slå på strålkastarna, bakrutevärmen och värmefläktsmotorn. Koppla sedan loss startkablarna i motsatt ordning mot ditsättningen. Stäng av strålkastarna etc.

Hjulbyte

⚠ ***Varning:** Byt aldrig däck om du befinner dig i en situation där du riskerar att bli påkörd av annan trafik. Försök att stanna i en parkeringsficka eller på en mindre avtagsväg om du befinner dig på en väg med mycket trafik. Håll uppsikt över passerande trafik när du byter hjul – det är lätt att bli distraherad av arbetet med hjulbytet.*

Förberedelser

- ☐ Vid punktering, stanna så snart det är säkert för dig och dina medtrafikanter.
- ☐ Parkera om möjligt på plan mark där du inte hamnar i vägen för annan trafik.
- ☐ Använd varningsblinkers om det behövs.
- ☐ Använd en varningstriangel (obligatorisk utrustning) för att göra andra trafikanter uppmärksamma på den stillastående bilen.
- ☐ Dra åt handbromsen och lägg i ettan eller backen (eller parkeringsläge på modeller med automatväxellåda).
- ☐ Klossa det hjul som är placerat diagonalt mot det hjul som ska tas bort – några stora stenar kan användas till detta.
- ☐ Använd en brädbit för att fördela tyngden under domkraften om marken är mjuk.

Hjulbyte

1 Reservhjul, domkraft och verktyg för demontering av hjul finns under en lucka i bagageutrymmet. Fäll upp luckan framåt och lyft ut verktygen.

2 Skruva loss plastfästmuttern och lyft fram reservhjulet. Placera reservhjulet under bilen som en skyddsåtgärd om domkraften skulle ge vika. Observera att reservhjulet kan vara av kompakttyp.

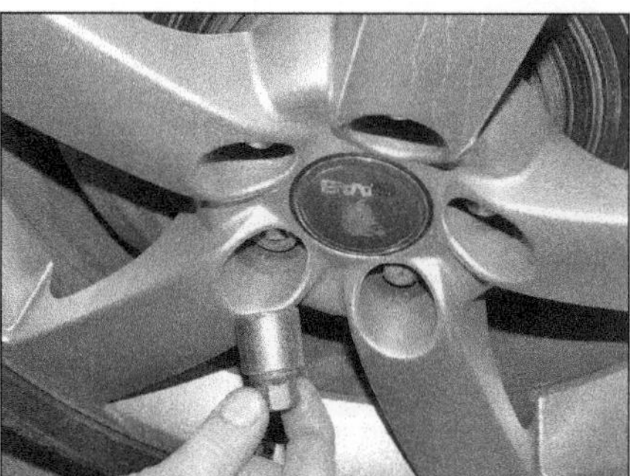

3 Dra loss en eventuell navkapsel från det gamla hjulet. Lossa alla hjulbultar ett halvt varv innan du hissar upp bilen. På modeller med lättmetallfälgar använder du specialadaptern.

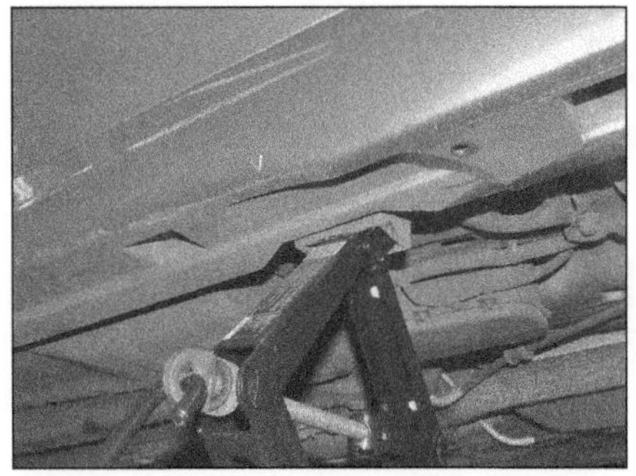

4 Placera domkraften i den fyrkantiga gummiplattan under de förstärkta stödpunkterna närmast det hjul som ska bytas (markeras med pilar i karmunderstycket). Vrid handtaget tills domkraftens bas vidrör marken direkt under tröskeln. Hissa upp bilen tills hjulet är fritt från marken.

5 Om däcket är tömt på luft måste du hissa upp bilen tillräckligt högt för att reservdäcket ska gå fritt när det monteras. Skruva ur bultarna och ta bort hjulet från bilen. Placera det borttagna hjulet under bilen i stället för reservhjulet, som en skyddsåtgärd om domkraften skulle ge vika.

6 Montera reservhjulet, skruva i hjulbultarna och dra åt dem något med hjälp av fälgkorset.

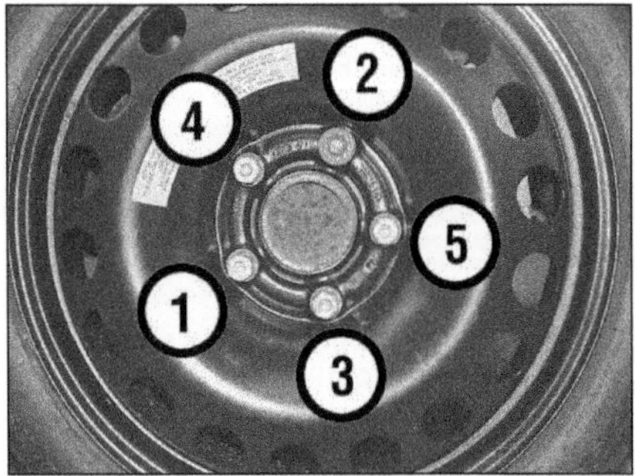

7 Sänk ner bilen och dra åt bultarna ordentligt, i diagonal ordningsföljd. Observera att hjulbultarna ska dras åt till angivet moment så snart som möjligt.

Vid punktering kan man också i nödfall använda "däck på burk" för att ta sig till närmaste verkstad.

Slutligen . . .

- ☐ Ta bort hjulblockeringen.
- ☐ Lägg tillbaka domkraften och verktygen i bilen.
- ☐ Kontrollera lufttrycket i det nymonterade däcket. Om det är lågt eller om du inte har en tryckmätare med dig, kör långsamt till närmaste bensinstation och kontrollera/justera trycket.
- ☐ Låt reparera det skadade däcket eller hjulet så snart som möjligt.

***Varning:** Kör inte snabbare än 70 km/h med reservhjulet monterat – se din bilhandbok för ytterligare information.*

Hitta läckor

Pölar på garagegolvet (eller där bilen parkeras) eller våta fläckar i motorrummet tyder på läckor som man måste försöka hitta. Det är inte alltid så lätt att se var läckan är, särskilt inte om motorrummet är mycket smutsigt. Olja eller andra vätskor kan spridas av fartvinden under bilen och göra det svårt att avgöra var läckan egentligen finns.

Varning: De flesta oljor och andra vätskor i en bil är giftiga. Vid spill bör man tvätta huden och byta indränkta kläder så snart som möjligt

Lukten kan vara till hjälp när det gäller att avgöra varifrån ett läckage kommer och vissa vätskor har en färg som är lätt att känna igen. Det är en bra idé att tvätta bilen ordentligt och ställa den över rent papper över natten för att lättare se var läckan finns. Tänk på att motorn ibland bara läcker när den är igång.

Olja från sumpen

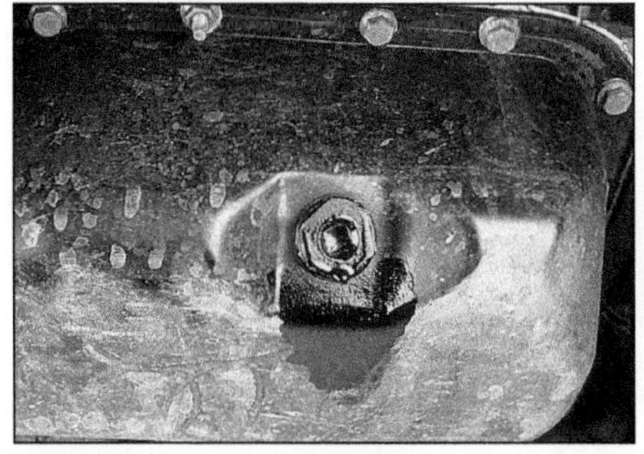

Motorolja kan läcka från avtappningspluggen . . .

Olja från oljefiltret

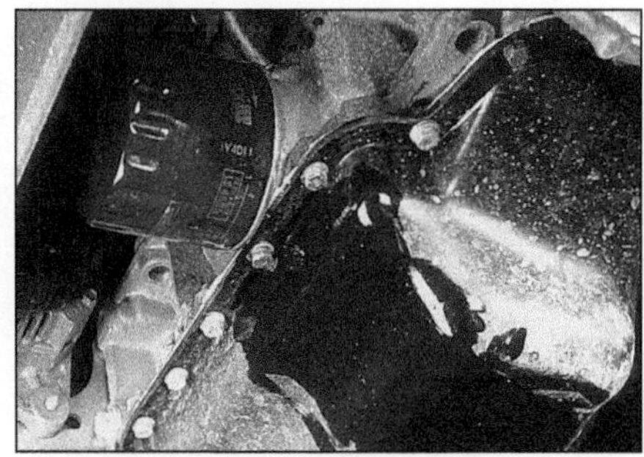

. . . eller från oljefiltrets packning.

Växellådsolja

Växellådsolja kan läcka från tätningarna i ändarna på drivaxlarna.

Frostskydd

Läckande frostskyddsvätska lämnar ofta kristallina avlagringar liknande dessa.

Bromsvätska

Läckage vid ett hjul är nästan alltid bromsvätska.

Servostyrningsvätska

Servostyrningsvätska kan läcka från styrväxeln eller dess anslutningar.

Bogsering

När ingenting annat hjälper kan du behöva bli bogserad hem – eller kanske är det du som får hjälpa någon annan med bogsering. Bogsering längre sträckor bör överlåtas till verkstäder eller bärgningsfirmor. Kortare sträckor går det utmärkt att låta en annan privatbil bogsera, men tänk på följande:

☐ Den främre bogseringsöglan sitter bredvid reservhjulet och förs in bakom en lucka på stötfångarens högra sida. Bänd ut luckan och skruva in bogseringsöglan. Observera att bogseringsöglan är **vänstergängad**.

☐ Den bakre bogseringsöglan sitter under bilens bakre del.

☐ Använd en riktig bogserlina – de är inte dyra. Fordonet som bogseras måste i vissa länder vara försett med en skylt med texten BOGSERING i bakrutan. Fäst bogserlinan i de befintliga bogseringsöglorna och ingen annanstans.

☐ Slå alltid på tändningen när bilen bogseras så att rattlåset släpper och körriktningsvisare och bromsljus fungerar.

☐ Lossa handbromsen och lägg växeln i friläge innan bogseringen börjar. Tänk på följande vid bogsering av modeller med automatväxel (undvik att bogsera bilen om du är tveksam, eftersom felaktig bogsering kan leda till skador på växellådan):

a) Bilen får endast bogseras framåt.
b) Växelväljaren måste vara i läget N.
c) Fordonet får bogseras i högst 30 km/h. Fordon med automatväxellåda ska inte bogseras längre än 80 km.

☐ Observera att du behöver trycka hårdare än vanligt på bromspedalen när du bromsar eftersom vakuumservon bara fungerar när motorn är igång. Eftersom inte heller servostyrningen fungerar, krävs mer kraft än vanligt även för att styra.

☐ Föraren av den bogserade bilen måste vara noga med att hålla bogserlinan spänd hela tiden för att undvika ryck.

☐ Försäkra er om att båda förarna känner till den planerade färdvägen innan ni startar.

☐ Bogsera aldrig längre sträcka än nödvändigt och håll lämplig hastighet (högsta tillåtna hastighet vid bogsering är 30 km/h). Kör försiktigt och sakta ner mjukt och långsamt före korsningar.

Inledning

Det finns ett antal mycket enkla kontroller som endast tar några minuter i anspråk, men som kan bespara dig mycket besvär och stora kostnader.

Dessa *Veckokontroller* kräver inga större kunskaper eller specialverktyg, och den korta tid de tar att utföra kan visa sig vara väl använd:

☐ Att hålla ett öga på däckens skick och lufttryck förebygger inte bara att de slits ut i förtid utan kan också rädda liv.

☐ Många motorhaverier orsakas av elektriska problem. Batterirelaterade fel är särskilt vanliga och genom regelbundna kontroller kan de flesta av dessa förebyggas.

☐ Om det uppstår en läcka i bromssystemet kanske den upptäcks först när bromsarna slutar att fungera. Vid regelbundna kontroller av bromsvätskenivån uppmärksammas sådana fel i god tid.

☐ Om olje- eller kylvätskenivån blir för låg är det t.ex. betydligt billigare att laga läckan direkt, än att bekosta dyra reparationer av de motorskador som annars kan uppstå.

Kontrollpunkter i motorrummet

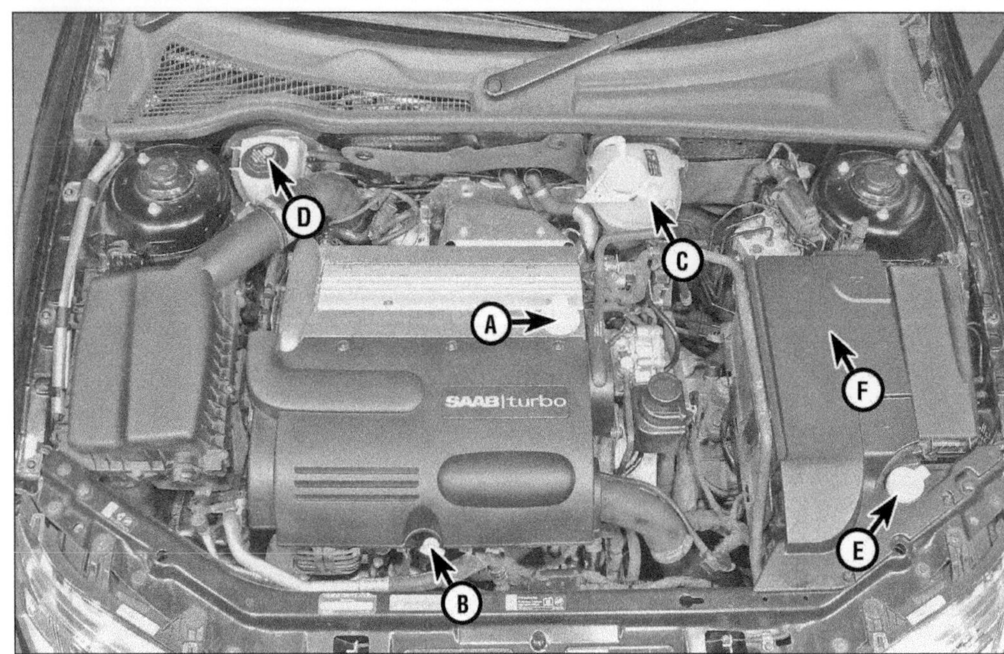

◀ Bensinmotorer

A *Påfyllningslock för motorolja*
B *Mätsticka för motorolja*
C *Kylvätskebehållare (expansionskärl)*
D *Bromsvätskebehållare*
E *Spolarvätskebehållare*
F *Batteri*

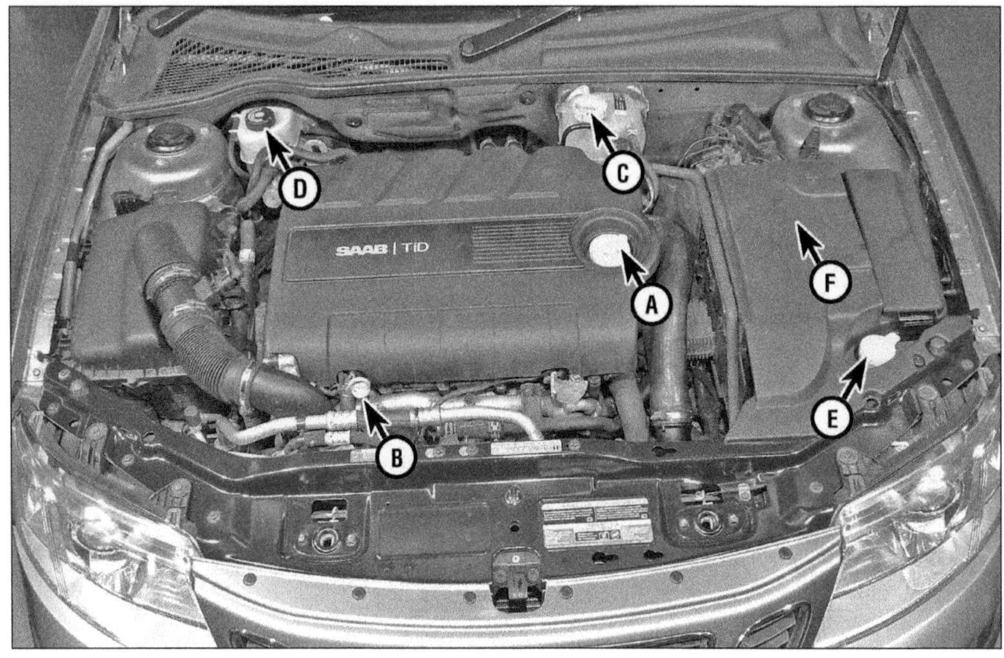

◀ Dieselmotorer

A *Påfyllningslock för motorolja*
B *Mätsticka för motorolja*
C *Kylvätskebehållare (expansionskärl)*
D *Bromsvätskebehållare*
E *Spolarvätskebehållare*
F *Batteri*

Motoroljenivå

Innan arbetet påbörjas

✔ Se till att bilen står på plan mark.
✔ Kontrollera oljenivån när motorn har arbetstemperatur och det har gått 2–5 minuter sedan den stängts av.

Om oljenivån kontrolleras omedelbart efter det att bilen har körts, finns en del av oljan kvar i den övre delen av motorn. Detta ger felaktig avläsning på mätstickan.

Korrekt oljetyp

Moderna motorer ställer höga krav på oljans kvalitet. Det är mycket viktigt att man använder en lämplig olja till sin bil (se *Smörjmedel och vätskor*).

Bilvård

● Om oljan behöver fyllas på ofta bör bilen kontrolleras med avseende på oljeläckor. Lägg ett rent papper under motorn över natten och se om det finns fläckar på det på morgonen. Finns det inga läckor kanske motorn bränner olja.

● Oljenivån ska alltid vara någonstans mellan oljemätstickans övre och nedre markering (se bild 3). Om oljenivån är för låg kan motorn ta allvarlig skada. Packboxarna kan gå sönder om man fyller på för mycket olja.

1 På alla modeller sitter mätstickan längst fram på motorn och oljepåfyllningslocket på ovansidan (för exakt placering, se *Kontrollpunkter i motorrummet*). Dra upp oljemätstickan.

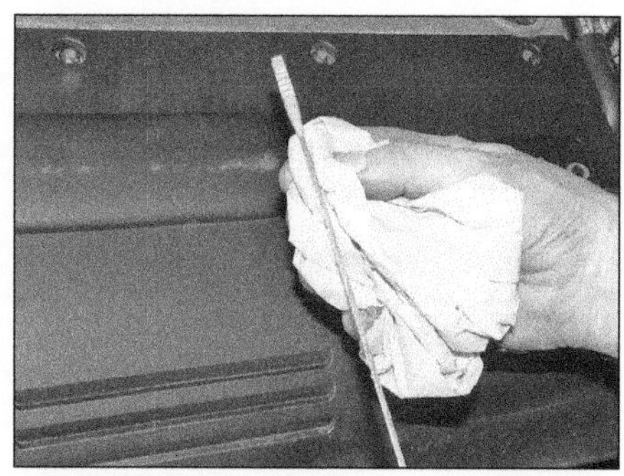

2 Torka av oljan från mätstickan med en ren trasa eller en bit papper. Sätt in den rena mätstickan i röret och dra sedan ut den igen.

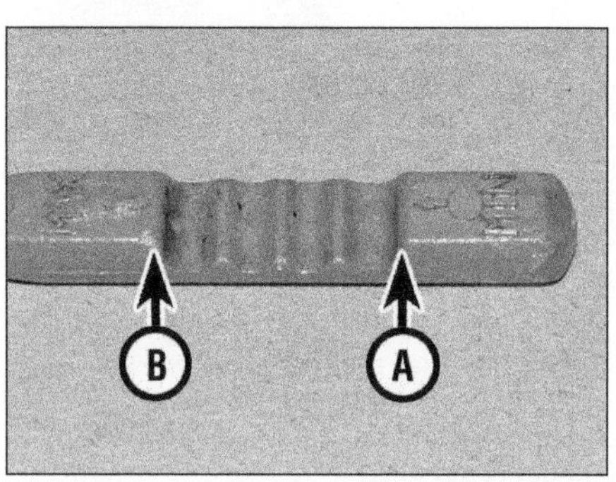

3 Kontrollera oljenivån på mätstickans ände. Den ska vara mellan det övre märket (B) och det nedre (A). Det skiljer ungefär en liter olja mellan minimi- och maximinivån.

4 Oljan fylls på genom hålet i påfyllningsröret. Skruva loss och ta bort locket. Fyll på olja. En tratt gör det enklare att undvika spill. Fyll på oljan långsamt och gör täta nivåkontroller med mätstickan. Fyll inte på för mycket. Sätt sedan på locket igen.

Kylvätskenivå

Varning: Skruva aldrig av expansionskärlets lock när motorn är varm, eftersom det finns risk för brännskador. Låt inte behållare med kylvätska stå öppna eftersom vätskan är giftig.

Bilvård

● Ett slutet kylsystem ska inte behöva fyllas på regelbundet. Om kylvätskan behöver fyllas på ofta har bilen troligen en läcka i kylsystemet. Kontrollera kylaren samt alla slangar och fogytor och sök efter avlagringar eller fukt. Åtgärda eventuella problem.

● Det är viktigt att frostskyddsmedel används i kylsystemet året runt, inte bara under vintermånaderna. Fyll inte på med enbart vatten, då sänks frostskyddsmedlets koncentration.

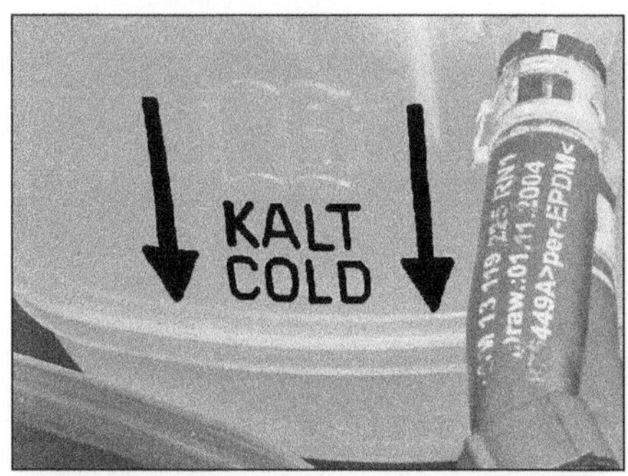

1 Kylvätskenivån varierar med motorns temperatur. När motorn är kall ska kylvätskans nivå ligga i nivå med eller något över markeringen KALT/COLD på sidan av tanken. När motorn är varm ökar nivån.

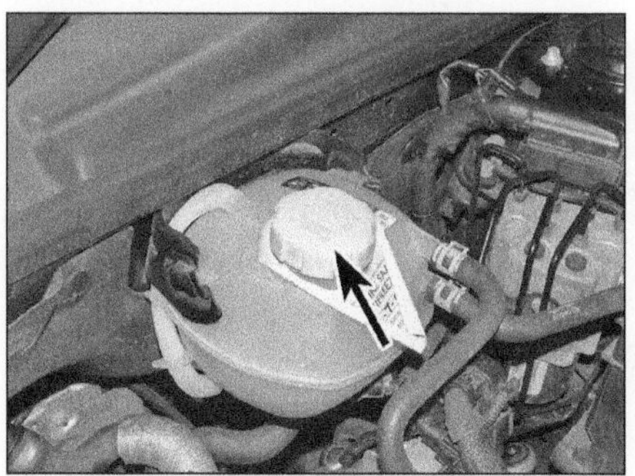

2 Vänta med att fylla på kylvätska tills motorn är kall. Skruva av locket till expansionskärlet långsamt så att eventuellt övertryck i kylsystemet först släpps ut och ta sedan av locket helt.

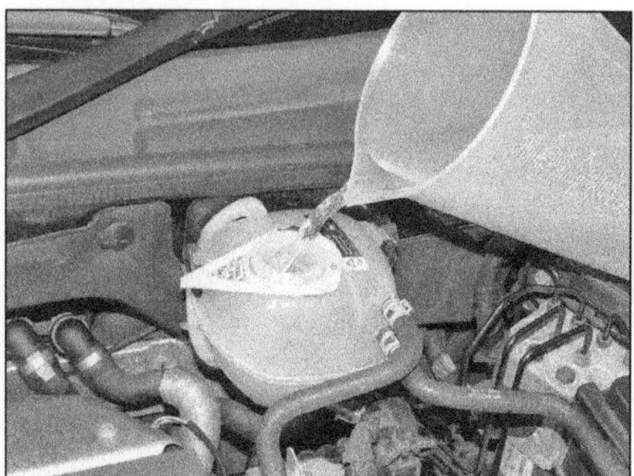

3 Fyll på kylvätska genom att hälla en blandning av vatten och frostskyddsvätska i expansionskärlet. En tratt gör det enklare att undvika spill. Sätt tillbaka locket och dra åt ordentligt.

Broms- och kopplingsvätskenivå

Observera: *På modeller med manuell växellåda förser vätskebehållaren även kopplingens huvudcylinder med vätska.*

Innan arbetet påbörjas

✔ Se till att bilen står på plan mark.

✔ Renlighet är av stor betydelse vid arbeten på bromssystemet, så var noga med att torka rent kring bromsvätskebehållarens lock innan du fyller på. Använd endast ren bromsvätska.

Säkerheten främst!

● Om bromsvätskebehållaren måste fyllas på ofta har bilen fått en läcka i bromssystemet. Detta måste undersökas omedelbart.

● Vid en misstänkt läcka i systemet får bilen inte köras förrän bromssystemet har kontrollerats. Ta aldrig några risker med bromsarna.

Varning: Var försiktig vid hantering av bromsvätska eftersom den kan skada ögonen och bilens lack. Använd inte vätska ur kärl som har stått öppna en längre tid. Bromsvätska drar åt sig fuktighet från luften vilket kan försämra bromsegenskaperna avsevärt.

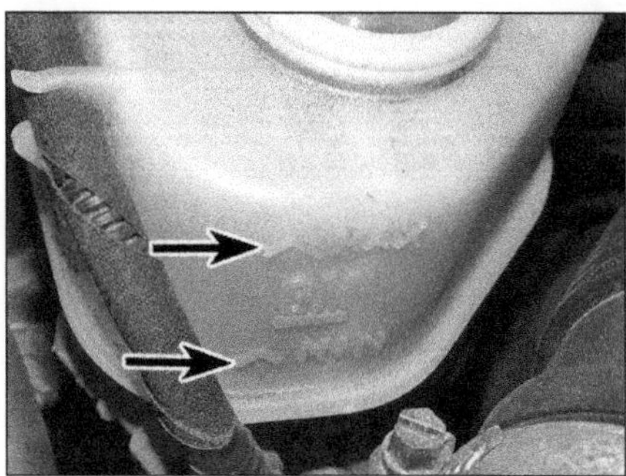

1 MIN- och MAX-markeringarna finns på framsidan av behållaren, som sitter längst bak till höger i motorrummet. Vätskenivån måste alltid hållas mellan dessa två markeringar.

2 Om vätskebehållaren behöver fyllas på bör området runt påfyllningslocket först rengöras för att förhindra att hydraulsystemet förorenas. Skruva loss locket och lägg det på en trasa.

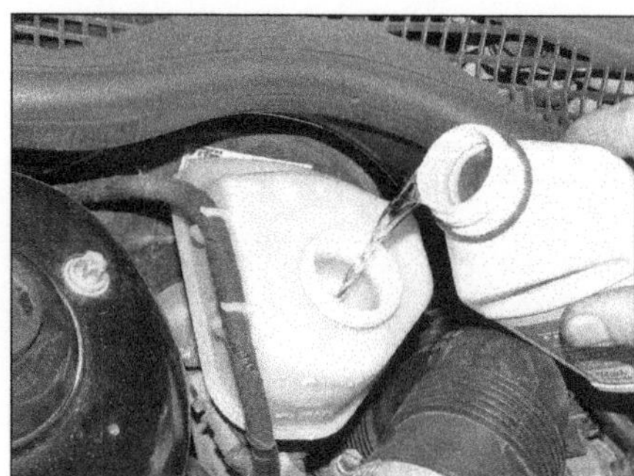

3 Fyll på vätska försiktigt. Var noga med att inte spilla på de omgivande komponenterna. Använd endast rekommenderad bromsvätska. Om olika typer blandas kan systemet skadas. När oljenivån är återställd, skruva på locket och torka bort eventuellt spill.

Spolarvätskenivå

● Spolarvätskekoncentrat rengör inte bara rutan utan fungerar även som frostskydd så att spolarvätskan inte fryser under vintern, då den behövs som mest. Fyll inte på med enbart vatten eftersom spolarvätskan då späds ut för mycket och kan frysa.

● Kontrollera att spolningen av vindruta och bakruta fungerar. Justera munstycket med en nål om det behövs. Rikta strålen mot en punkt något över mitten av den del av rutan som torkarbladet sveper över.

Varning: Använd aldrig motorkylvätska i vindrutespolarsystemet. Det kan missfärga eller skada lacken.

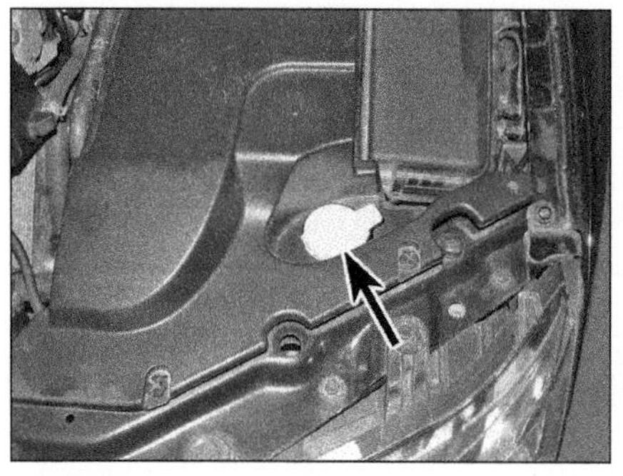

1 Spolarvätskebehållaren för vindrutans och eventuellt bakrutans spolarsystem är placerad i motorrummets främre vänstra hörn. Öppna locket när spolarvätskan ska fyllas på.

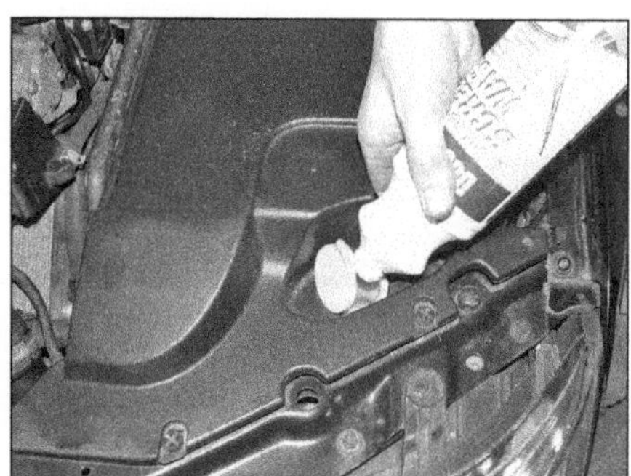

2 När behållaren fylls på bör spolarvätskekoncentrat tillsättas enligt rekommendationerna på flaskan.

Däckens skick och lufttryck

Det är mycket viktigt att däcken är i bra skick och har korrekt lufttryck – däckhaverier är farliga i alla hastigheter.

Däckslitage påverkas av körstil – hårda inbromsningar och accelerationer eller snabb kurvtagning, samverkar till högt slitage. Generellt sett slits framdäcken ut snabbare än bakdäcken. Axelvis byte mellan fram och bak kan jämna ut slitaget, men om detta är för effektivt kan du komma att behöva byta alla fyra däcken samtidigt.

Ta bort spikar och stenar som bäddats in i mönstret innan dessa går igenom och orsakar punktering. Om borttagandet av en spik avslöjar en punktering, stick tillbaka spiken i hålet som markering, byt omedelbart hjul och låt reparera däcket (eller köp ett nytt).

Kontrollera regelbundet att däcken är fria från sprickor och blåsor, speciellt i sidoväggarna. Ta av hjulen med regelbundna mellanrum och rensa bort all smuts och lera från inte och yttre ytor. Kontrollera att inte fälgarna visar spår av rost, korrosion eller andra skador. Lättmetallfälgar skadas lätt av kontakt med trottoarkanter vid parkering, stålfälgar kan bucklas. En ny fälg är ofta det enda sättet att korrigera allvarliga skador.

Nya däck måste alltid balanseras vid monteringen, men det kan vara nödvändigt att balansera om dem i takt med slitage eller om balansvikterna på fälgkanten lossnar.

Obalanserade däck slits snabbare och de ökar även slitaget på fjädring och styrning. Obalans i hjulen märks normalt av vibrationer, speciellt vid vissa hastigheter, i regel kring 80 km/tim. Om dessa vibrationer bara känns i styrningen är det troligt att enbart framhjulen behöver balanseras. Om istället vibrationerna känns i hela bilen kan bakhjulen vara obalanserade. Hjulbalansering ska utföras av däckverkstad eller annan verkstad med lämplig utrustning.

1 *Mönsterdjup - visuell kontroll*
Originaldäcken har slitageklackar (B) som uppträder när mönsterdjupet slitits ned till ca 1,6 mm. Bandens lägen anges av trianglar på däcksidorna (A).

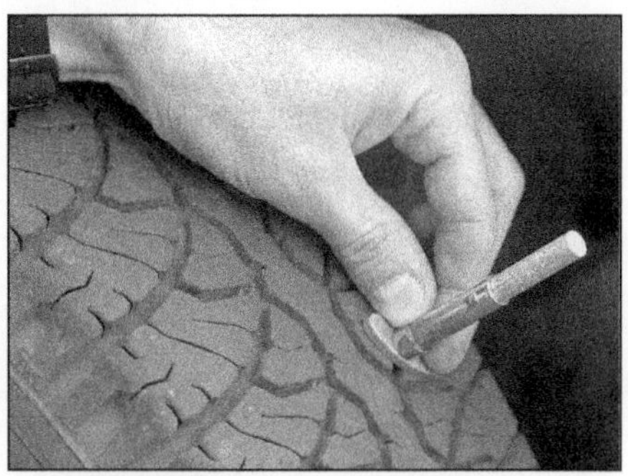

2 *Mönsterdjup - manuell kontroll*
Mönsterdjupet kan även avläsas med ett billigt verktyg kallat mönsterdjupsmätare.

3 *Lufttryckskontroll*
Kontrollera regelbundet lufttrycket i däcken när dessa är kalla. Justera inte lufttrycket omedelbart efter det att bilen har körts, eftersom detta leder till felaktiga värden.

Däckslitage

Slitage på sidorna

Lågt däcktryck (slitage på båda sidorna)
Lågt däcktryck orsakar överhettning i däcket eftersom det ger efter för mycket, och slitbanan ligger inte rätt mot underlaget. Detta orsakar förlust av väggrepp och ökat slitage.
Kontrollera och justera däcktrycket
Felaktig cambervinkel (slitage på en sida)
Reparera eller byt ut fjädringsdetaljer
Hård kurvtagning
Sänk hastigheten!

Slitage i mitten

För högt däcktryck
För högt däcktryck orsakar snabbt slitage i mitten av däckmönstret, samt minskat väggrepp, stötigare gång och fara för skador i korden.
Kontrollera och justera däcktrycket

Om du ibland måste ändra däcktrycket till högre tryck specificerade för max lastvikt eller ihållande hög hastighet, glöm inte att minska trycket efteråt.

Ojämnt slitage

Framdäcken kan slitas ojämnt som följd av felaktig hjulinställning. De flesta bilåterförsäljare och verkstäder kan kontrollera och justera hjulinställningen för en rimlig summa.
Felaktig camber- eller castervinkel
Reparera eller byt ut fjädringsdetaljer
Defekt fjädring
Reparera eller byt ut fjädringsdetaljer
Obalanserade hjul
Balansera hjulen
Felaktig toe-inställning
Justera framhjulsinställningen
Notera: *Den fransiga ytan i mönstret, ett typiskt tecken på toe-förslitning, kontrolleras bäst genom att man känner med handen över däcket.*

Elsystem

✔ Kontrollera alla yttre lampor samt signalhornet. Se aktuella avsnitt i kapitel 12 för närmare information om någon av kretsarna inte fungerar.

✔ Se över alla tillgängliga kontaktdon, kablar och kabelklämmor så att de sitter ordentligt och inte är skavda eller skadade.

Om bromsljus och körriktnings-visare behöver kontrolleras när ingen medhjälpare finns till hands, backa upp mot en vägg eller garageport och slå på ljusen. Det reflekterade skenet visar om de fungerar eller inte.

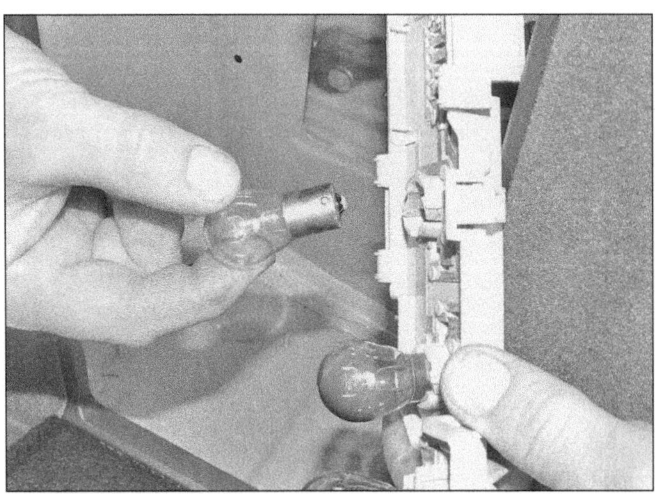

1 Om enstaka körriktningsvisare, stoppljus, bromsljus eller strålkastare inte fungerar beror det antagligen på en trasig glödlampa som behöver bytas ut. Se kapitel 12 för mer information. Om båda bromsljusen är sönder är det möjligt att kontakten är defekt (se kapitel 9).

2 Om mer än en blinker eller strålkastare inte fungerar har troligen en säkring gått eller ett fel uppstått i kretsen (se kapitel 12). Huvudsäkringarna sitter under en lucka på instrumentbrädans vänstra sida.

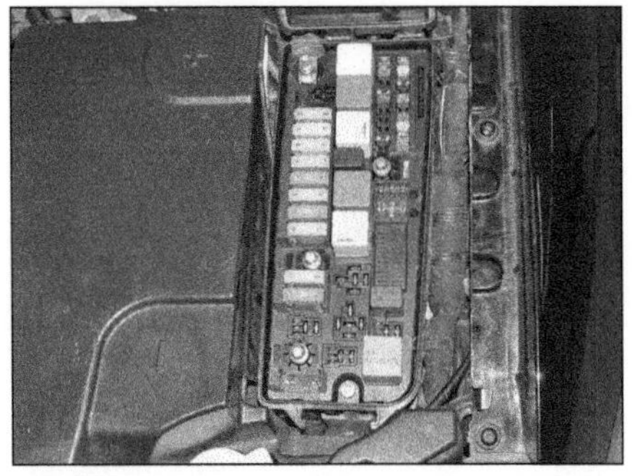

3 Övriga säkringar och reläer är placerade till vänster i motorrummet. . .

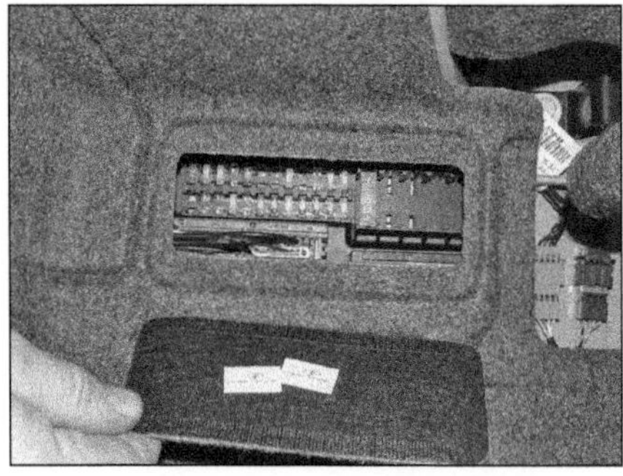

4 . . . och till vänster i bagagerummet.

5 Byt säkring genom att först ta bort den trasiga säkringen – använd vid behov det tillhörande plastverktyget. Sätt i en ny säkring av samma strömstyrka (finns att köpa i biltillbehörsbutiker). Om säkringen löser ut upprepade gånger utför du felsökningsåtgärderna i kapitel 12.

Batteri

Varning: Läs säkerhetsföreskrifterna i "Säkerheten främst!" (i början av handboken) innan något arbete utförs på batteriet.

✔ Se till att batterilådan är i gott skick och att klämman sitter ordentligt. Rost på plåten, hållaren och batteriet kan avlägsnas med en lösning av vatten och bikarbonat. Skölj noggrant alla rengjorda delar med vatten. Alla rostskadade metalldelar ska först målas med en zinkbaserad grundfärg och därefter lackeras.

✔ Kontrollera regelbundet (ungefär var tredje månad) batteriets skick enligt beskrivningen i kapitel 5A.

✔ Om batteriet är urladdat och du måste använda starthjälp för att starta bilen, se *Reparationer vid vägkanten*.

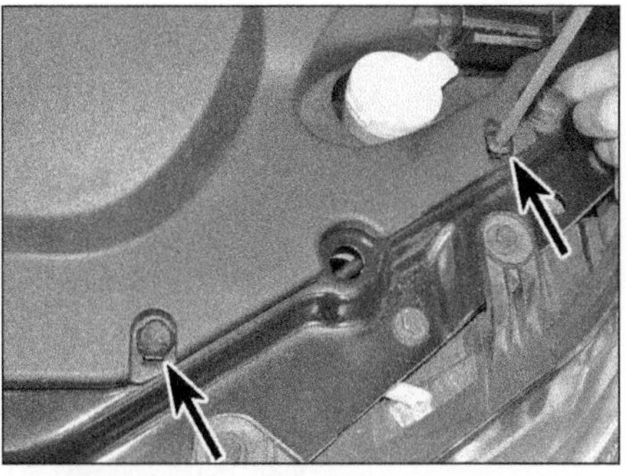

1 Batteriet är placerat i motorrummets främre vänstra del. Vrid fästena moturs och ta bort batterikåpan.

2 Kontrollera att batteriklämmorna sitter ordentligt så att de elektriska anslutningarna fungerar. Det ska inte gå att rubba dem. Kontrollera även kablarna. Titta efter sprickor och skadade ledare.

HAYNES TiPS

Korrosion på batteriet kan minimeras genom att lite vaselin stryks på batteriklämmorna och polerna när de dragits åt.

3 Om synlig korrosion finns (vita porösa avlagringar), ta bort kablarna från batteripolerna och rengör dem med en liten stålborste. Sätt sedan tillbaka dem. I biltillbehörsbutiker kan man köpa ett särskilt verktyg för rengöring av batteripoler . . .

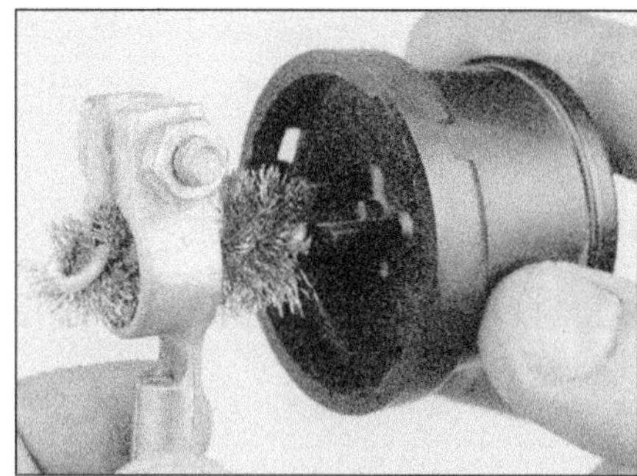

4 . . . och batteriets kabelklämmor.

Torkarblad

Kontrollera torkarbladens skick. Om de är spruckna eller ser slitna ut, eller om rutan inte torkas ordentligt, ska de bytas ut. För bästa resultat bör du byta torkarblad en gång om året.

1 Ta bort ett torkarblad genom att lyfta upp torkararmen helt från rutan tills det tar stopp. Rotera bladet 90° och kläm ihop låsklämman. Ta därefter bort torkarbladet från armen. När du monterar ett nytt blad, se till att bladet fäster ordentligt i armen och att det är korrekt riktat.

2 Om du har en kombimodell, kom ihåg att även kontrollera bakrutetorkaren. Torkarbladet är fastklämt på armen.

Smörjmedel och vätskor

Motor:	
Bensin	Saabs turbomotorolja eller annan helt syntetisk olja med viskositet 0W-30 eller 0W-40 som uppfyller kraven i GM-LL-A-25 (Mobil 1 0W-40, Castrol Edge 0W-30)
Diesel	Saabs turbomotorolja eller annan syntetisk motorolja med viskositet 5W-40 som uppfyller kraven i GM-LL-B-025 (Mobil 1 0W-40, Castrol Edge 0W-30)
Kylsystem	Endast Saabs originalkylvätska/frostskyddsvätska
Manuell växellåda	Saabs syntetiska olja för manuell växellåda MTF 0063, art.nr 93 165 290
Automatväxellåda:	
5-växlad	Saabs automatväxelolja 3309
6-växlad	AW-1 art.nr 93 165 147
Styrservons vätskebehållare	Saabs servostyrningsvätska art.nr 93 160 548
Cabriolettakets vätskebehållare	Saabs servostyrningsvätska CHF 11S
Bromsvätskebehållare	Hydraulvätska enligt DOT 4

Däcktryck (kallt)

Observera: *De angivna trycken gäller originaldäck och kan ändras om däck av andra fabrikat eller typ monteras. Hör med däcktillverkaren eller försäljningsstället vilka tryck som ska användas. Tryckangivelserna finns även på passagerarsidans handskfackslock.*

Däckstorlek	Fram	Bak
195/65 R15	2,3 bar	2,3 bar
215/50 R15	3,4 bar	2,3 bar
215/55 R16	2,2 bar	2,2 bar
225/45 R17	2,4 bar	2,4 bar
235/45 R17	2,4 bar	2,4 bar
225/45 R18	2,4 bar	2,4 bar

Kapitel 1 Del A:
Rutinunderhåll och service – bensinmodeller

Innehåll

Svårighetsgrad

Enkelt, passar novisen med lite erfarenhet 	**Ganska enkelt,** passar nybörjaren med viss erfarenhet 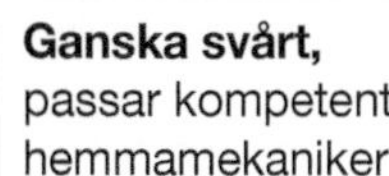	**Ganska svårt,** passar kompetent hemmamekaniker 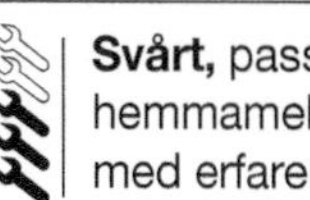	**Svårt,** passar hemmamekaniker med erfarenhet 	**Mycket svårt,** för professionell mekaniker 

Smörjmedel och vätskor

Se slutet av *Veckokontroller* på sidan 0•17

Volymer

Motorolja

Tömma ut och fylla på, med filterbyte	6,0 liter
Skillnad mellan oljemätstickans MAX- och MIN-markeringar	1,0 liter
Kylsystem	7,1 liter
Växellåda	
Manuell (tömning och påfyllning):	
5-växlad	1,8 liter
6-växlad	3,0-liter
Automatisk:	
Tömning och påfyllning	2,8 liter
Torr (inklusive momentomvandlare och kylare)	7,0 liter
Bränsletank	
Samtliga modeller	58,0 liter

Kylsystem

Frostskyddsblandning*:	
50 % frostskydd	Skydd ner till -37 °C
55 % frostskydd	Skydd ner till -45 °C

* **Observera:** *Kontrollera tillverkarens senaste rekommendationer. Saabs kylvätska med frostskyddsmedel är färdigblandad.*

Tändsystem

Tändföljd	1–3–4–2	
Tändstift:	**Typ**	**Elektrodavstånd**
Alla motorer	NGK PFR 6T-10G	0,9 till 1,0 mm

Bromsar

Främre bromsklossbeläggens minimitjocklek	2,0 mm
Bakre bromsklossbeläggens minimitjocklek	2,0 mm
Främre skivornas minimitjocklek	22,0 mm (288 mm dia.) eller 25,0 mm (302 eller 314 mm dia.)
Bakre skivornas minimitjocklek	10,0 mm (massiva) eller 18,0 mm (ventilerade)

Fjärrkontrollens batteri

Typ	CR2032

Däcktryck

Se slutet av *Veckokontroller* på sidan 0•17

Åtdragningsmoment

	Nm
Automatväxellådans avtappningsplugg:	
5-växlad	40
6-växlad	45
Automatväxellådans påfyllningsplugg (endast 6-växlad)	30
Det främre chassits förstärkningsbultar (endast cabriolet)	50
Hjulbultar	110
Motoroljesumpens avtappningsplugg	25
Påfyllnings-/nivåplugg till manuell växellåda	50
Tändspolens skruvar	20
Tändstift	27

Underhållsintervallen i denna handbok förutsätter att arbetet utförs av en hemmamekaniker och inte av en verkstad. De uppfyller tillverkarens minimikrav på underhållsintervall för bilar som körs dagligen. Om bilen alltid ska hållas i toppskick bör vissa moment utföras oftare. Vi rekommenderar regelbundet underhåll eftersom det höjer bilens effektivitet, prestanda och andrahandsvärde.

Om bilen körs på dammiga vägar, används till bärgning, körs mycket i kösituationer eller korta körsträckor, ska intervallen kortas av.

När bilen är ny ska den servas av en märkesverkstad (eller annan verkstad som har godkänts av bilens tillverkare) för att garantin ska fortsätta att gälla. Bilens tillverkare kan avslå garantianspråk om du inte kan styrka att service har utförts när och på det sätt som anges, med enbart originaldelar eller delar som uppfyller samma kvalitetskrav.

Alla Saab-modeller har en servicedisplay (eller Saab Information Display – SID) på instrumentbrädan, där det anges när det är dags att serva bilen (TIME FOR SERVICE). Men Saab påpekar att "på grund av förhållandet mellan tid och körsträcka kan vissa villkor göra en årlig service mer lämplig".

Var 400:e km eller en gång i veckan

- ☐ Se *Veckokontroller*

Efter de första 9 500 km och därefter var 20 000:e km eller var tolfte månad

Observera: *Intervallen på 20 000 km börjar vid 30 000 km, dvs. de infaller vid 30 000 km, 50 000 km, 70 000 km, 100 000 km etc.*

- ☐ Motorolja och filter – byte (avsnitt 3)

Observera: *Saab rekommenderar att motoroljan och oljefiltret byts var 30 000:e km. Olje- och filterbyte är emellertid bra för motorn och vi rekommenderar att oljan och filtret byts minst en gång år om året, i synnerhet om bilen används mycket för kortare resor.*

- ☐ Servicemätare – återställning (avsnitt 4)
- ☐ Slangar och vätska – läckagekontroll (avsnitt 5)
- ☐ Styrning och fjädring – kontroll (avsnitt 6)
- ☐ Bromsklosslitage och skivor – kontroll (avsnitt 7)
- ☐ Handbroms – kontroll och justering (avsnitt 8)
- ☐ Säkerhetsbälten – kontroll (avsnitt 9)
- ☐ Krockkuddar – kontroll (avsnitt 10)
- ☐ Strålkastarinställning – kontroll (avsnitt 11)
- ☐ Servostyrningsvätskenivå – kontroll (avsnitt 12)
- ☐ Landsvägsprov (avsnitt 13)
- ☐ Frostskyddsblandning – kontroll (avsnitt 14)
- ☐ Drivaxelleder och damasker – kontroll (avsnitt 15)
- ☐ Avgassystem – kontroll (avsnitt 16)
- ☐ Gångjärn och lås – smörjning (avsnitt 17)
- ☐ Pollenfilter – byte (avsnitt 18)
- ☐ Utjämningskammarens dräneringsslang – rengöring (avsnitt 19)
- ☐ Drivrem – kontroll (avsnitt 20)

Var 60 000:e km

Observera: *Intervallen på 60 000 km börjar vid 70 000 km, dvs. de infaller vid 70 000 km, 130 000 km, 190 000 km etc.*

- ☐ Luftfilter – byte (avsnitt 21)
- ☐ Manuell växellåda, oljenivå – kontroll (avsnitt 22)
- ☐ Bränslefilter – byte (avsnitt 23)

Var 95 000:e km

Observera: *Intervallen på 95 000 km börjar vid 110 000 km, dvs. de infaller vid 110 000 km, 205 000 km etc.*

- ☐ Tändstift – byte (avsnitt 24)
- ☐ Automatväxelolja – byte (avsnitt 25)
- ☐ Drivrem – byte (avsnitt 26)

Vart tredje år

- ☐ Kylvätska – byte (avsnitt 27)

Observera: *Detta arbete ingår inte i Saabs schema och ska inte behövas om det rekommenderade frostskyddsmedlet används.*

Vart fjärde år

- ☐ Bromsvätska – byte (avsnitt 28)
- ☐ Fjärrkontrollens batteri – byte (avsnitt 29)

Bild av motorrummet för modell med 2,0-liters bensinmotor

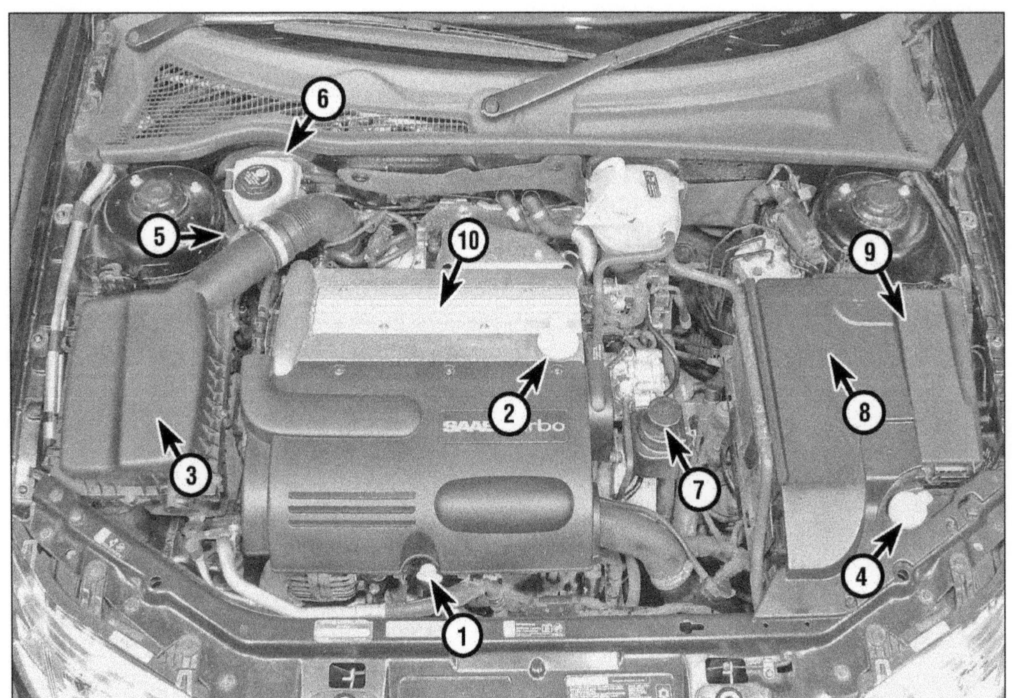

1 *Mätsticka för motorolja*
2 *Påfyllningslock för motorolja*
3 *Luftrenare*
4 *Spolarvätskebehållare*
5 *Luftflödesmätare*
6 *Broms- och kopplingsvätskebehållare*
7 *Behållare för servostyrningsvätska*
8 *Batteri*
9 *Säkringsdosa*
10 *Tändspole-/tändstiftskåpa*

Främre underrede

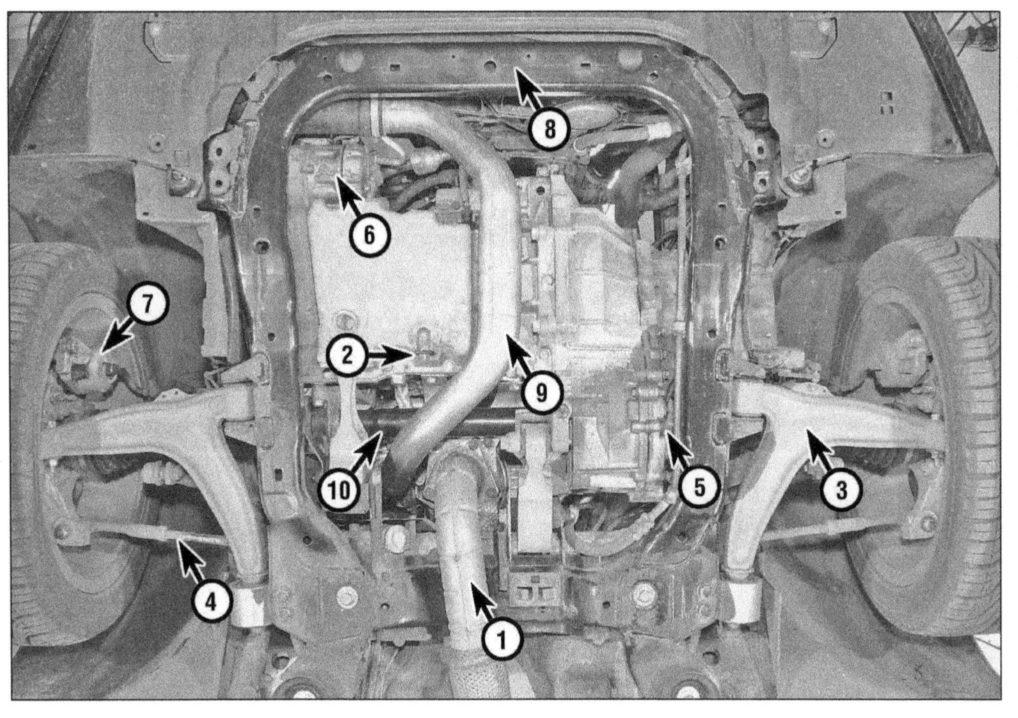

1 *Främre avgasrör*
2 *Motoroljesumpens plugg*
3 *Nedre länkarm*
4 *Styrstag*
5 *Växellådans avtappningsplugg*
6 *Luftkonditioneringens kompressor*
7 *Bromsok*
8 *Främre kryssrambalk*
9 *Turboaggregatets luftladdningsrör*
10 *Mellandrivaxel*

Bakre underrede

1 *Avgasrör*
2 *Kolfilter*
3 *Nedre tvärlänkarm*
4 *Toe-in-länkarm*
5 *Länkarm*
6 *Handbromsvajer*
7 *Stötdämpare*
8 *Krängningshämmare*
9 *Bränsletank*
10 *Stödpunkter*

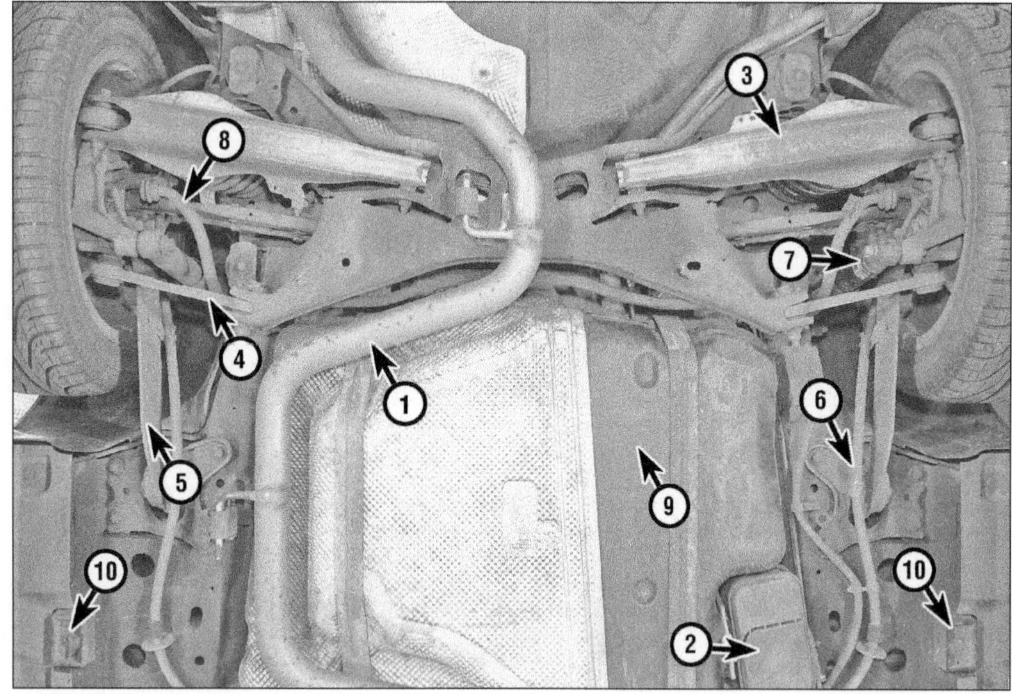

Underhållsrutiner

1 Allmän information

Syftet med det här kapitlet är att hjälpa hemmamekaniker att underhålla sina bilar för att dessa ska få så hög säkerhet, driftekonomi, livslängd och prestanda som möjligt.

Kapitlet innehåller ett underhållsschema samt avsnitt som i detalj behandlar posterna i schemat. Bland annat behandlas åtgärder som kontroller, justeringar och byte av delar. På de tillhörande bilderna av motorrummet och bottenplattan visas de olika delarnas placering.

Underhåll av bilen enligt schemat för tid/körsträcka och de följande avsnitten ger ett planerat underhållsprogram som bör medverka till att bilen fungerar tillförlitligt under lång tid. Underhållsprogrammet är heltäckande, så om man väljer att bara underhålla vissa delar, men inte andra, vid de angivna intervallen går det inte att garantera samma goda resultat.

Ofta kan eller bör flera åtgärder utföras samtidigt på bilen, antingen för att den åtgärd som ska utföras kräver det eller för att delarnas läge gör det praktiskt. Om bilen av någon anledning hissas upp kan t.ex. kontroll av avgassystemet utföras samtidigt som styrning och fjädring kontrolleras.

Det första steget i underhållsprogrammet består av förberedelser innan arbetet påbörjas. Läs igenom relevanta avsnitt, gör sedan upp en lista på vad som behöver göras och skaffa fram verktyg och delar. Om problem uppstår, rådfråga en specialist på reservdelar eller vänd dig till återförsäljarens serviceavdelning.

2 Rutinunderhåll

Om underhållsschemat följs noga från det att bilen är ny och om vätske- och oljenivåerna och de delar som är utsatta för stort slitage kontrolleras enligt denna handboks rekommendationer, hålls motorn i bra skick och behovet av extra arbete minimeras.

Ibland kan det hända att motorn går dåligt på grund av bristfälligt underhåll. Risken för detta ökar om bilen är begagnad och inte har fått regelbunden service. I sådana fall kan extra arbeten behöva utföras, utöver det normala underhållet.

Om motorn misstänks vara sliten ger ett kompressionsprov (se kapitel 2A) värdefull information om de inre huvudkomponenternas skick. Ett kompressionsprov kan användas för att avgöra det kommande arbetets omfattning. Om provet avslöjar allvarligt inre slitage är det slöseri med tid och pengar att utföra underhåll på det sätt som beskrivs i detta kapitel om inte motorn först renoveras (kapitel 2D).

Följande åtgärder är de som oftast behövs för att förbättra effekten hos en motor som går dåligt:

I första hand

a) Rengör, kontrollera och testa batteriet (Veckokontroller och kapitel 5A).
b) Kontrollera alla motorrelaterade vätskor (Veckokontroller).
c) Kontrollera drivremmens skick och spänning (avsnitt 26).
d) Byt tändstiften (avsnitt 24).
e) Kontrollera luftfiltrets skick och byt vid behov (se avsnitt 21).
f) Byt ut bränslefiltret (se avsnitt 23).
g) Kontrollera att samtliga slangar är i gott skick och leta efter läckor (se avsnitt 5).

Om ovanstående åtgärder inte har någon inverkan ska följande åtgärder utföras:

I andra hand

a) Kontrollera laddningssystemet (kapitel 5A).
b) Kontrollera tändsystemet (kapitel 5B).
c) Kontrollera bränslesystemet (kapitel 4A).

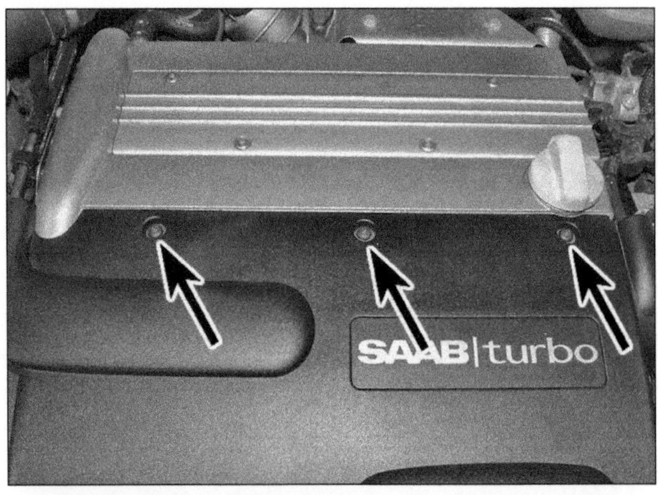

3.3 Skruva loss de 3 torxskruvarna (se pilar) och ta bort plastkåpan

3.4a Oljefilterhuset sitter på motorns främre vänstra del (se pil)

Efter 10 000 km och därefter var 20 000:e km

3 Motorolja och filter – byte

1 Täta oljebyten är det bästa förebyggande underhåll en hemmamekaniker kan ge en motor, eftersom begagnad olja blir utspädd och förorenad med tiden, vilket medför att motorn slits ut i förtid.

3.4b Skruva loss filterkåpan med en filterborttagningshylsa på 32 mm . . .

2 Innan du börjar arbetet plockar du fram alla verktyg och allt material som behövs. Se även till att ha gott om rena trasor och tidningar till hands för att torka upp eventuellt spill. Helst ska motoroljan vara varm, eftersom den då rinner ut lättare och mer avlagrat slam följer med. Se dock till att inte vidröra avgassystemet eller andra heta delar vid arbete under bilen. Använd handskar för att undvika skållning och för att skydda huden mot irritationer och skadliga föroreningar i begagnad motorolja.

3 Skruva loss de tre torxskruvarna och ta bort plastkåpan från motorns övre del **(se bild)**.

3.4c . . . eller använd en nyckel på 32 mm

4 Filtret sitter på motorns framsida. Använd en särskild demonteringshylsa på 32 mm eller en nyckel på 32 mm för att lossa filterkåpan **(se bilder)**.

5 Dra åt handbromsen, lyft fordonets främre del och ställ framvagnen på pallbockar (se *Lyftning och stödpunkter*).

6 Oljeavtappningspluggen sitter på sumpens baksida. Lossa pluggen ungefär ett halvt varv. Ställ behållaren under avtappningspluggen och skruva ur pluggen helt. Ta vara på packningen **(se bilder)**.

7 Ge den gamla oljan tid att rinna ut, och observera att det kan bli nödvändigt att flytta behållaren när oljeflödet minskar.

8 Torka av avtappningspluggen med en ren trasa när all olja runnit ut. Rengör området runt avtappningspluggens öppning, och sätt tillbaka pluggen med en ny tätningsbricka. Dra åt pluggen till angivet moment.

9 Sänk ner bilen, skruva sedan loss och ta bort oljefilterkåpan tillsammans med filtret **(se bild)**. Kasta kåpans O-ringstätning, du måste sätta dit en ny.

3.6a Sumpens avtappningsplugg (se pil)

3.6b Byt pluggens tätningsbricka

3.9 Skruva loss filterkåpan tillsammans med filtret

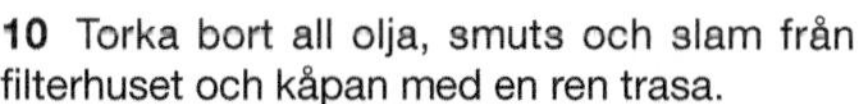

3.11 Sätt dit det nya filtret och O-ringstätningen (se pil) på filterkåpan

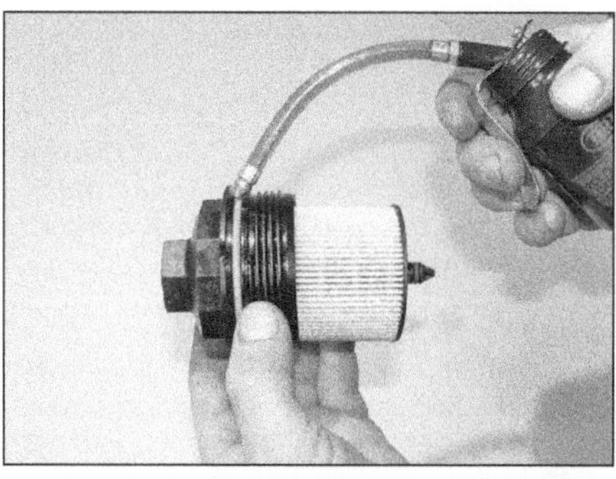

3.12a Stryk på lite motorolja på O-ringen

3.12b Dra åt filterkåpan ordentligt

10 Torka bort all olja, smuts och slam från filterhuset och kåpan med en ren trasa.

11 Sätt dit det nya filtret och O-ringstätningen på filterkåpan **(se bild)**.

12 Stryk på ett tunt lager ren motorolja på O-ringstätningen på filterkåpan. Sätt sedan tillbaka filtret i huset, och sätt på kåpan och dra åt den ordentligt **(se bilder)**.

13 Ta bort oljepåfyllningslocket och dra ut oljemätstickan ur röret. Fyll på med rätt typ av motorolja (se *Smörjmedel och vätskor*). En oljekanna med pip eller en tratt kan bidra till att minska spillet. Häll i hälften av den angivna mängden först och vänta sedan några minuter tills oljan har samlats i sumpen. Fortsätt fylla på små mängder i taget tills nivån når det nedre märket på mätstickan. Ytterligare 1,0 liter tar upp nivån till mätstickans övre märke. Sätt i mätstickan och sätt tillbaka påfyllningslocket **(se bilder)**.

14 Starta motorn och låt den gå några minuter. Leta efter läckor runt oljefiltrets tätning och sumpens avtappningsplugg. Observera att det kan ta ett par sekunder innan oljetryckslampan släcks sedan motorn startats första gången efter ett oljebyte. Detta beror på att oljan cirkulerar runt i kanalerna och det nya filtret innan trycket byggs upp.

15 Stäng av motorn och vänta ett par minuter på att oljan ska rinna tillbaka till sumpen. Kontrollera oljenivån igen när den nya oljan har cirkulerat och filtret är fullt. Fyll på mer olja om det behövs.

16 Ta hand om den använda motoroljan på ett säkert sätt i enlighet med rekommendationerna i *Allmänna reparationsanvisningar*.

4 Servicemätare – återställning

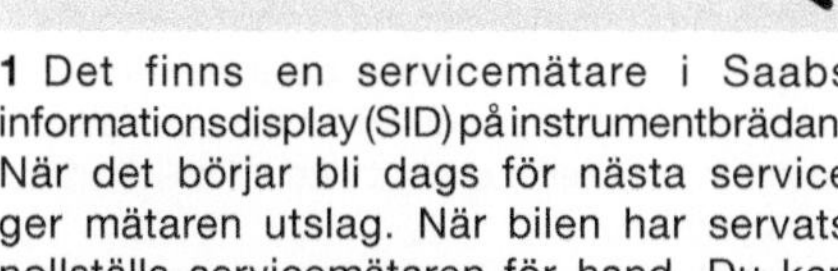

1 Det finns en servicemätare i Saabs informationsdisplay (SID) på instrumentbrädan. När det börjar bli dags för nästa service ger mätaren utslag. När bilen har servats nollställs servicemätaren för hand. Du kan när som helst återställa visaren med Saabs diagnostikverktyg.

2 På SID-panelen trycker du på knappen CUSTOMIZE, välj sedan "System settings" och därefter "Service Info" i menyn.

3 Välj "Reset Service Ind" i menyn "Service Info". Servicemeddelandet återställs när du har tryckt på knappen INFO.

3.13a Dra ut oljemätstickan från motorns främre del

5 Slangar och vätskor – läckagekontroll

Kylsystem

Varning: Läs säkerhetsinformationen i "Säkerheten främst!" och kapitel 3 innan du modifierar någon av komponenterna i kylsystemet.

1 Kontrollera noggrant kylaren och kylvätskeslangarna i sin helhet. Byt ut alla slangar som är spruckna, svullna eller visar tecken på åldrande. Sprickor syns bättre om man klämmer på slangen. Var extra noga med slangklämmorna som håller fast slangarna vid kylsystemets komponenter. Slangklämmor som dragits åt för hårt kan punktera slangarna med läckor i kylsystemet som följd.

2 Undersök alla delar av kylsystemet (slangar, fogytor etc.) och leta efter läckor. Om några läckor förekommer ska den trasiga komponenten eller dess packning bytas ut enligt beskrivningen i kapitel 3 **(se Haynes tips)**.

Bränslesystem

Varning: Läs säkerhetsinformationen i "Säkerheten främst!" och kapitel 4A innan du modifierar någon av komponenterna i bränslesystemet.

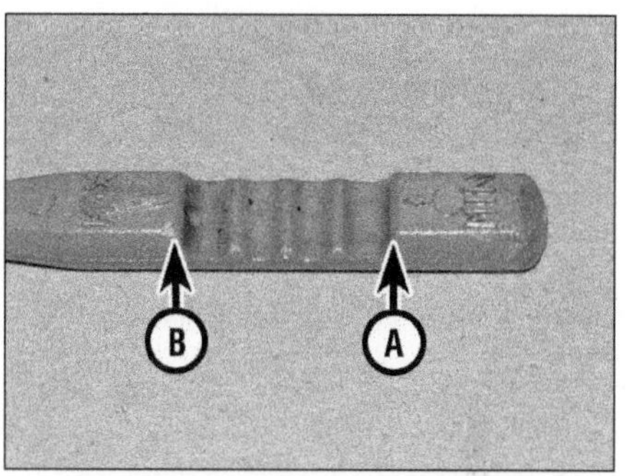

3.13b Oljemätstickans markeringar för maximum (B) och minimum (A)

3 Bränsleläckor kan vara svåra att hitta om inte läckaget är uppenbart och syns tydligt. Bränsle tenderar att förångas snabbt vid kontakt med luft, särskilt i ett varmt motorrum. Små droppar kan försvinna innan själva läckan hittas. Låt bilen stå över natten om du misstänker att det finns ett bränsleläckage i motorrummet och kallstarta sedan motorn med motorhuven öppen. Metallkomponenter krymper en aning vid kyla och gummitätningar och slangar stelnar, så eventuella läckor blir lättare att hitta när motorn värms upp från kallstart.

4 Kontrollera alla bränsleledningar vid anslutningarna till bränslefördelarskenan, bränsletrycksregulatorn och bränslefiltret. Undersök alla bränsleslangar av gummi efter hela deras längd och titta efter sprickor och skador. Leta efter läckor i de veckade

En läcka i kylsystemet syns normalt som vita eller frostskyddsmedelsfärgade avlagringar på området runt läckan.

skarvarna mellan gummislangarna och metalledningarna. Undersök anslutningarna mellan bränsleledningarna av metall och bränslefiltrets hus. Kontrollera även området runt bränsleinsprutarna och leta efter tecken på O-ringsläckage.

5 Lyft upp bilen på pallbockar för att kunna hitta läckor mellan bränsletanken och motorrummet (se *Lyftning och stödpunkter*). Undersök bensintanken och påfyllningsröret och leta efter hål, sprickor och andra skador. Anslutningen mellan påfyllningsröret och tanken är speciellt kritisk. Ibland läcker ett påfyllningsrör av gummi eller en slang beroende på att slangklämmorna är för löst åtdragna eller att gummit åldrats.

6 Undersök noga alla gummislangar och metallrör som leder från tanken. Leta efter lösa anslutningar, åldrade slangar, veck på rör och andra skador. Var extra uppmärksam på ventilationsrör och slangar som ofta är lindade runt påfyllningsröret och kan bli igensatta eller böjda så att det blir svårt att tanka. Följ bränsletillförsel- och returledningarna till den främre delen av bilen och undersök noga om det finns tecken på skador eller rost. Byt ut skadade delar vid behov.

Motorolja

7 Undersök området kring kamaxelkåpan, topplocket, oljefiltret och sumpens fogytor. Tänk på att det med tiden är naturligt med en viss genomsippring i dessa områden. Sök efter tecken på allvarligt läckage som orsakats av fel på packningen. Motorolja som sipprar från botten på kamkedjekåpan eller balanshjulskåpan kan vara tecken på att vevaxelns eller växellådans ingående axels packboxar läcker. Om ett läckage påträffas, byt den defekta packningen eller tätningen enligt beskrivning i relevant kapitel i denna handbok.

Automatväxelolja

8 I förekommande fall söker du efter läckage vid slangarna till växellådans vätskekylare i motorrummets främre del. Leta efter slitage som orsakats av korrosion och efter skador som orsakats av att slangarna släpat i marken eller av stenskott. Automatväxelolja är en tunn, ofta rödfärgad olja.

Servostyrningsvätskans nivå

9 Undersök slangen mellan vätskebehållaren och servostyrningspumpen samt returslangen från kuggstången till vätskebehållaren. Kontrollera även högtrycksslangen mellan pumpen och kuggstången.

10 Undersök noga varje slang. Leta efter slitage som orsakats av korrosion och efter skador som orsakats av att slangarna släpat i marken eller av stenskott.

11 Var extra noga med veckade anslutningar och området runt de slangar som är fästa med justerbara skruvklämmor. Liksom automatväxelolja är servostyrningsvätskan tunn och ofta rödfärgad.

Luftkonditioneringens kylmedium

Varning: Läs säkerhetsinformationen i "Säkerheten främst!" och kapitel 3 vad gäller riskerna med att modifiera komponenter i luftkonditioneringssystemet.

12 Luftkonditioneringssystemet är fyllt med flytande kylmedium som förvaras under högt tryck. Om luftkonditioneringssystemet öppnas och tryckutjämnas utan specialutrustning förångas kylmediet omedelbart och blandar sig med luften. Om vätskan kommer i kontakt med hud kan den orsaka allvarliga förfrysningsskador. Dessutom innehåller kylmediet ämnen som är skadliga för miljön. Därför ska det inte släppas ut okontrollerat i atmosfären.

13 Misstänkt läckage i luftkonditioneringssystemet ska omedelbart överlåtas till en Saab-verkstad eller en luftkonditioneringsspecialist. Läckage yttrar sig genom att nivån på kylmedium i systemet sjunker stadigt.

14 Observera att vatten kan droppa från kondensorns avtappningsrör under bilen omedelbart efter det att luftkonditioneringssystemet har använts. Detta är normalt och behöver inte åtgärdas.

Bromsvätska

Varning: Läs säkerhetsinformationen i "Säkerheten främst!" och kapitel 9 vad gäller riskerna med att hantera bromsvätska.

15 Undersök området runt bromsrörens anslutningar vid huvudcylindern och leta efter tecken på läckage enligt beskrivningen i kapitel 9. Kontrollera området runt bromsvätskebehållarens botten och titta efter läckage som orsakats av defekta tätningar. Undersök även bromsrörens anslutningar vid den hydrauliska ABS-enheten.

16 Om uppenbar vätskeförlust föreligger men inget läckage kan upptäckas i motorrummet ska bilen lyftas upp på pallbockar och bromsoken samt underredets bromsledningar kontrolleras (se *Lyftning och stödpunkter*). Vätskeläckage från bromssystemet är ett allvarligt fel som kräver omedelbart åtgärdande.

17 Hydraulvätskan till bromsarna/växellådan är giftig och har en vattnig konsistens. Ny hydraulvätska är i det närmaste färglös, men den mörknar med ålder och användning.

6.4 Titta efter slitage i navlagren genom att ta tag i hjulet och försöka vicka på det.

Oidentifierat vätskeläckage

18 Om det finns tecken på att vätska av någon sort läcker från bilen, men det inte går att avgöra vilken sorts vätska det är eller varifrån den kommer, parkera bilen över natten och lägg en stor bit kartong under den. Om kartongbiten är placerad på någorlunda rätt ställe kommer även mycket små läckage att synas på den. Detta gör det lättare både att avgöra var läckan är placerad samt att identifiera den med hjälp av färgen. Tänk på att vissa läckor bara ger ifrån sig vätska när motorn är igång!

Vakuumslangar

19 Bromssystemet är hydraulstyrt men bromsservon förstärker kraften som används på bromspedalen med hjälp av det vakuum som motorn skapar i insugsgrenröret. Vakuumet leds till servon genom en tjock slang. Läckor på slangen minskar bromsarnas effektivitet och kan även påverka motorn.

20 Några av komponenterna under motorhuven, särskilt avgaskontrollens komponenter, drivs av vakuum från insugsgrenröret via smala slangar. En läcka i vakuumslangen innebär att luft kommer in i slangen (i stället för att pumpas ut från den), vilket gör läckan mycket svår att upptäcka. Ett sätt är att använda en bit vakuumslang som ett slags stetoskop. Håll den ena änden mot (men inte i!) örat och den andra änden på olika ställen runt den misstänkta läckan. När slangens ände befinner sig direkt ovanför vakuumläckan hörs ett tydligt väsande ljud genom slangen. Motorn måste vara igång vid en sådan här undersökning, så var noga med att inte komma åt heta eller rörliga komponenter. Byt ut alla vakuumslangar som visar sig vara defekta.

6 Styrning och fjädring – kontroll

Framfjädring och styrning

1 Ställ framvagnen på pallbockar (se *Lyftning och stödpunkter*).

2 Kontrollera spindelledernas dammskydd och styrväxelns damasker. De får inte vara skavda, spruckna eller ha andra defekter. Slitage på någon av dessa delar medför att smörjmedel läcker ut och att smuts och vatten kan komma in, vilket snabbt sliter ut kullederna eller styrväxeln.

3 Kontrollera servostyrningens vätskeslangar och leta efter tecken på skavning och åldrande. Undersök rör- och slanganslutningar med avseende på vätskeläckage. Leta även efter läckor under tryck från styrväxelns gummidamask, vilket indikerar trasiga tätningar i styrväxeln.

4 Ta tag i hjulet upptill och nedtill och försök rucka på det **(se bild)**. Ett ytterst litet spel kan märkas, men om rörelsen är stor krävs en närmare undersökning för att fastställa orsaken. Fortsätt rucka på hjulet medan en medhjälpare trycker på bromspedalen. Om spelet försvinner eller minskar markant är det troligen fråga om ett defekt hjullager. Om spelet finns kvar när bromsen är nedtryckt rör det sig om slitage i fjädringens leder eller fästen.

5 Fatta sedan tag i hjulet på sidorna och försök rucka på det igen. Märkbart spel beror antingen på slitage på hjullager eller på styrstagets styrleder. Om den yttre leden är sliten är det synliga spelet tydligt. Om den inre leden misstänks vara sliten kan man kontrollera detta genom att placera handen över kuggstångens gummidamask och ta tag om styrstaget. När hjulet ruckas känns rörelsen vid den inre leden om denna är sliten.

6 Leta efter glapp i fjädringsfästenas bussningar genom att bända mellan relevant komponent och dess fästpunkt med en stor skruvmejsel eller ett plattjärn. En viss rörelse är att vänta eftersom bussningarna är av gummi, men eventuellt större slitage visar sig tydligt. Kontrollera även de synliga gummibussningarnas skick och leta efter bristningar, sprickor eller föroreningar i gummit.

7 Ställ bilen på marken och låt en medhjälpare vrida ratten fram och tillbaka ungefär en åttondels varv åt vardera hållet. Det ska inte finnas något, eller bara ytterst lite, spel mellan rattens och hjulens rörelser. Om spelet är större ska de leder och fästen som beskrivs ovan kontrolleras noggrant. Undersök också om rattstångens kardanknut är sliten och kontrollera kuggstångsstyrningens växelkugghjul.

8 Kontrollera att framfjädringens fästen sitter ordentligt.

Bakfjädring

9 Klossa framhjulen och ställ bakvagnen på pallbockar (se *Lyftning och stödpunkter*).

10 Kontrollera att de bakre hjullagren, bussningarna och fjäderbenet eller stötdämparens fästen (i förekommande fall) inte är slitna, med samma metod som för framvagnens fjädring.

11 Kontrollera att bakfjädringens fästen sitter ordentligt.

Stötdämpare

12 Leta efter tecken på oljeläckage runt stötdämparna eller från gummidamaskerna runt kolvstängerna. Om det finns spår av olja är stötdämparen defekt och ska bytas. **Observera:** *Stötdämpare ska alltid bytas parvis på samma axel.*

13 Stötdämparens effektivitet kan kontrolleras genom att bilen gungas i varje hörn. I normala fall ska bilen återta planläge och stanna efter en nedtryckning. Om den höjs och studsar tillbaka är troligen stötdämparen defekt. Undersök även om stötdämparens övre och nedre fästen visar tecken på slitage.

Löstagbar bogsertillsats

14 Rengör kopplingsstiftet och stryk lite fett på sätet. Kontrollera att tillsatsen enkelt kan monteras och låses korrekt på plats.

7 Bromsklosslitage och bromsskiva – kontroll

1 Det arbete som beskrivs i det här avsnittet ska utföras med regelbundna intervall, eller närhelst det misstänks finnas en felaktighet i bromssystemet. Något av följande symptom kan tyda på ett eventuellt fel i bromssystemet:

a) *Bilen drar mot ena sidan när bromspedalen är nedtryckt.*

b) *Bromsarna ger ifrån sig gnisslande, skrapande eller släpande oljud när de används.*

c) *Bromspedalens pedalväg är överdrivet lång, eller också är pedalmotståndet dåligt.*

d) *Bromsvätska måste ständigt fyllas på. Observera att eftersom den hydrauliska kopplingen använder samma vätska som bromssystemet (se kapitel 6) kan detta problem bero på en läcka i kopplingssystemet.*

Skivbromsar fram

2 Dra åt handbromsen och lossa sedan framhjulens bultar. Lyft upp framvagnen och ställ den på pallbockar (se *Lyftning och stödpunkter*).

3 Ta bort hjulen för att komma åt bromsoken bättre.

4 Titta i bromsokets kontrollfönster och kontrollera att friktionsbeläggets tjocklek på bromsklossarna inte är mindre än den som rekommenderas i Specifikationer **(se Haynes tips)**.

5 Om det är svårt att exakt bedöma tjockleken på bromsklossarnas belägg, eller om du inte är nöjd med klossarnas skick, ska du ta bort dem från bromsoken och undersöka dem ytterligare (se kapitel 9).

6 Kontrollera det andra bromsoket på samma sätt.

7 Om någon av bromsklossarna är nedsliten till, eller under, den angivna gränsen ska *alla fyra* bromsklossarna bak på bilen bytas ut tillsammans. Om bromsklossarna är betydligt mer slitna på den ena sidan kan detta tyda på att bromsokets kolvar är delvis skurna – se processen för byte av bromskloss i kapitel 9 och skjut tillbaka kolvarna in i bromsoket för att frigöra dem.

8 Mät skivornas tjocklek med en mikrometer, om en sådan finns tillgänglig, för att kontrollera att de fortfarande kan användas. Låt dig inte luras av den rost som ofta bildas på skivans yttre kant och som kan få skivan att framstå som tjockare än den egentligen är. Skrapa bort lös rost om det behövs, utan att repa skivans (blanka) friktionsyta.

9 Om en skiva är tunnare än den angivna minimitjockleken, byt båda skivorna (se kapitel 9).

10 Kontrollera skivornas allmänna skick. Sök efter överdrivna repor och missfärgning som förorsakats av överhettning. Om dessa problem förekommer ska du ta bort den aktuella skivan och planslipa ytan eller byta den (se kapitel 9).

11 Se till att handbromsen är ordentligt åtdragen och kontrollera sedan att växellådan står i friläge. Snurra på hjulet och kontrollera att bromsen inte kärvar. Det är normalt att skivbromsen har ett viss motstånd, men det ska inte krävas någon större ansträngning för att vrida på hjulet – blanda inte ihop bromsens motstånd med motståndet från växellådan.

12 Innan hjulen monteras igen ska du kontrollera bromssystemets alla ledningar och slangar (se kapitel 9). Du ska i synnerhet kontrollera de böjliga slangarna i närheten av bromsoken, där de kan flytta sig mest. Böj dem mellan fingrarna (men vik dem inte dubbla, eftersom höljet kan skadas) och kontrollera att det inte finns några sprickor, skåror eller andra skador som tidigare varit dolda.

13 Avsluta med att montera tillbaka hjulen och sänka ner bilen. Dra åt hjulbultarna till angivet moment.

Bakre skivbromsar

14 Lossa bakhjulens bultar och klossa sedan framhjulen. Höj upp bakvagnen med domkraft och ställ den på pallbockar. Lossa handbromsen och ta bort bakhjulen.

15 Proceduren för att kontrollera bromsarna bak är ungefär densamma som den som beskrivs i punkterna 2 till 13 ovan. Kontrollera att bromsarna bak inte kärvar. Observera att växellådans motstånd inte påverkar bakhjulen. Om det krävs onormalt stor kraft kan detta tyda på att handbromsen behöver justeras – se kapitel 9.

HAYNES TiPS

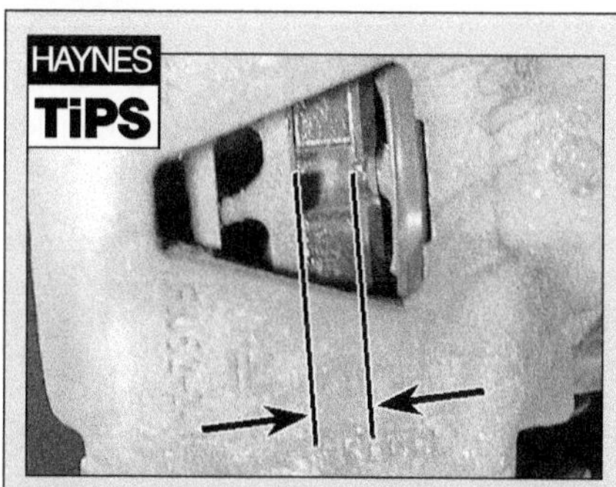

Du kan göra en snabbkontroll av tjockleken på den inre bromsklossen genom att mäta den genom öppningen i bromsokshuset. Tänk på att beläggen normalt sitter fast i en stödplatta. För att skilja mellan metallen och beläggen är det bra att vrida på skivan långsamt först – sedan kan skivans kant identifieras, med beläggen på bromsklossarnas båda sidor och stödplattorna bakom.

8 Handbroms – kontroll och justering

1 Klossa framhjulen, lyft upp bakvagnen med hjälp av en domkraft och stötta den på pallbockar (se *Lyftning och stödpunkter*).
2 Lägg ur handbromsspaken helt.
3 Kontrollera att avståndet mellan handbromsvajerns arm och bromsoket är 1,0 mm **(se bild)**. Om så inte är fallet, justera handbromsen enligt beskrivningen i kapitel 9.
4 Dra handbromsen helt och kontrollera att båda bakhjulen är låsta när du försöker vrida dem för hand.
5 Sänk ner bilen.

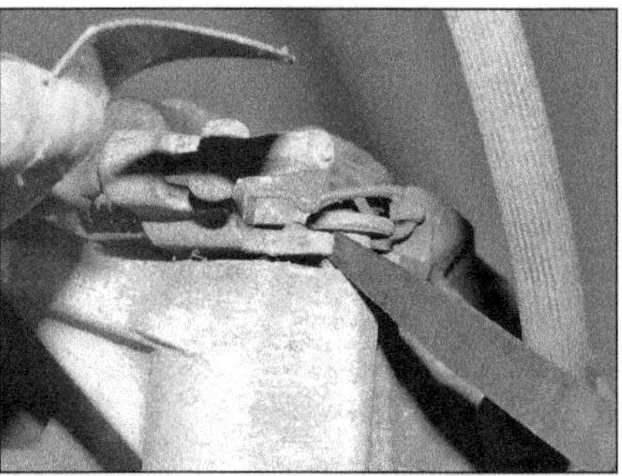

8.3 Sätt i ett bladmått på 1,0 mm mellan bromsoksarmen och stoppet

9 Säkerhetsbälten – kontroll

1 Arbeta med ett säkerhetsbälte i taget, undersök bältesväven ordentligt. Leta efter revor eller tecken på allvarlig fransning eller åldrande. Dra ut bältet så långt det går och undersök väven efter hela dess längd.
2 Spänn fast bilbältet och öppna det igen, kontrollera att bältesspännet sitter säkert och att det löser ut ordentligt när det ska. Kontrollera också att bältet rullas upp ordentligt när det släpps.
3 Kontrollera att infästningarna till säkerhetsbältena sitter säkert. De är åtkomliga inifrån bilen utan att klädsel eller andra detaljer behöver demonteras.
4 Kontrollera att bältespåminnaren fungerar.

10 Krockkuddar – kontroll

1 Följande arbete kan utföras av en hemmamekaniker, men om elektroniska problem upptäcks är det nödvändigt att uppsöka en Saab-verkstad eller annan specialist som har den nödvändiga diagnostiska utrustningen för avläsning av felkoder i systemet.
2 Vrid tändningsnyckeln till körläge (tändningens varningslampa lyser) och kontrollera att varningslampan för SRS (Supplementary Restraint System) lyser i tre till fyra sekunder. Efter fyra sekunder ska varningslampan slockna som ett tecken på att systemet är kontrollerat och fungerar som det ska.
3 Om varningslampan inte släcks, eller om den inte tänds, ska systemet kontrolleras av en Saab-verkstad eller annan specialist.
4 Undersök rattens mittplatta och krockkuddemodulen på passagerarsidan och se om det finns yttre skador. Kontrollera även framsätenas utsida runt krockkuddarna. Kontakta en Saab-verkstad eller annan specialist vid synliga skador.
5 I säkerhetssyfte, se till att inga lösa föremål finns i bilen som kan träffa krockkuddemodulerna om en olycka skulle inträffa.

11 Strålkastarinställning – kontroll

Se kapitel 12 för ytterligare information.

12 Servostyrningsvätskans nivå – kontroll

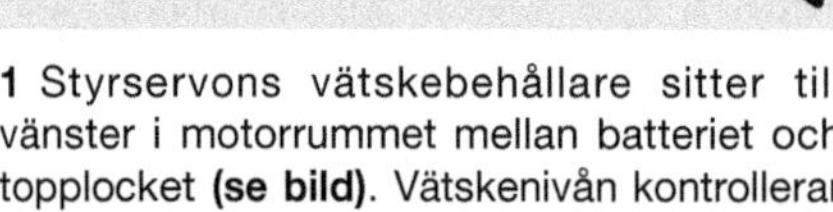

1 Styrservons vätskebehållare sitter till vänster i motorrummet mellan batteriet och topplocket **(se bild)**. Vätskenivån kontrollerar du när motorn står stilla.
2 Skruva loss påfyllningslocket från behållaren och torka bort alla olja från mätstickan med en ren trasa. Sätt tillbaka påfyllningslocket och ta sedan bort det igen. Notera vätskenivån på mätstickan.
3 När motorn är kall ska vätskenivån vara mellan de övre MAX- och de nedre MIN-markeringarna på mätstickan. Om det endast finns ett märke ska nivån ligga mellan mätstickans nedre del och märket **(se bild)**.
4 Fyll på behållaren med angiven styrservovätska (fyll inte på för mycket), sätt sedan tillbaka locket och dra åt det.

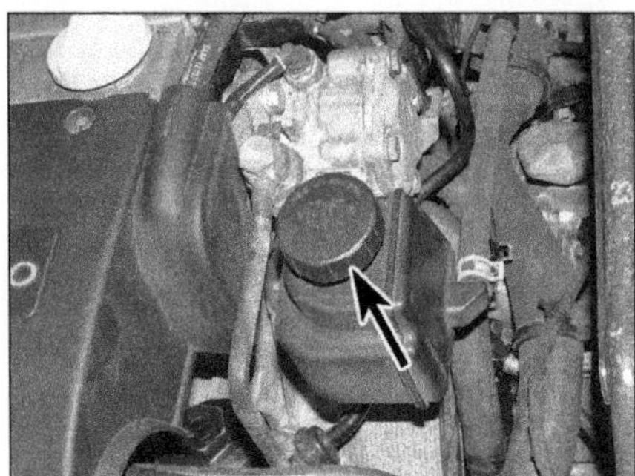

12.1 Servostyrningsvätskebehållarens lock (se pil)

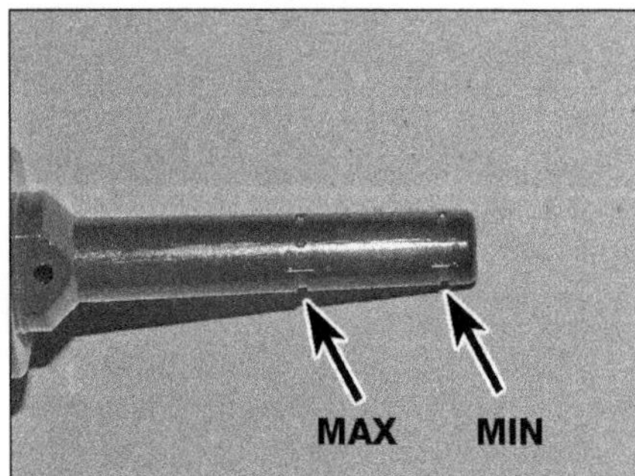

12.3 Max.- och min.-markeringar på servostyrningsvätskans mätsticka (se pilar)

13 Landsvägsprov

Instrument och elektrisk utrustning

1 Kontrollera funktionen hos alla instrument och den elektriska utrustningen.
2 Kontrollera att instrumenten ger korrekta avläsningar och slå på all elektrisk utrustning i tur och ordning för att kontrollera att den fungerar korrekt. Kontrollera att värmen, luftkonditioneringen och den automatiska klimatanläggningen fungerar.

Styrning och fjädring

3 Kontrollera om bilen uppför sig normalt med avseende på styrning, fjädring, köregenskaper och vägkänsla.
4 Kör bilen och var uppmärksam på ovanliga vibrationer eller ljud.
5 Kontrollera att styrningen känns positiv, utan överdrivet "fladder" eller kärvningar, lyssna efter missljud från fjädringen vid kurvtagning eller gupp. Kontrollera att servostyrningen fungerar.

Drivaggregat

6 Kontrollera att motorn, kopplingen (manuell växellåda), växellådan och drivaxlarna fungerar. Kontrollera att visaren för turboladdningstryck går upp i det högre området vid kraftigt gaspådrag. Nålen kan korta ögonblick röra sig in på det röda området, men om detta händer ofta, eller under längre perioder, kan det vara fel på turboladdningsmekanismen (se kapitel 4A).
7 Lyssna efter ovanliga ljud från motorn, kopplingen (manuell växellåda) och transmissionen.
8 Kontrollera att motorn går jämnt på tomgång och att den inte "tvekar" vid acceleration.
9 På modeller med manuell växellåda, kontrollera att kopplingen är mjuk och effektiv, att kraften tas upp mjukt och att pedalen rör sig korrekt. Lyssna även efter missljud när kopplingspedalen är nedtryckt. Kontrollera att alla växlar går i mjukt utan missljud, och att växelspaken går jämnt och inte känns onormalt inexakt eller hackig.
10 På modeller med automatväxellåda kontrollerar du att alla växlingar är ryckfria och mjuka och att motorvarvet inte ökar mellan

växlarna. Kontrollera att alla växelpositioner kan väljas när bilen står stilla. Om problem föreligger ska dessa tas om hand av en Saab-verkstad.

11 Kör bilen långsamt i en cirkel med fullt utslag på ratten och lyssna efter metalliska klick från framvagnen. Utför kontrollen åt båda hållen. Om du hör klickljud är det ett tecken på slitage i drivaxelleden, se kapitel 8.

Bromssystem

12 Kontrollera att bilen inte drar åt ena hållet vid inbromsning och att hjulen inte låser sig vid hård inbromsning.

13 Kontrollera att ratten inte vibrerar vid inbromsning.

14 Kontrollera att parkeringsbromsen fungerar ordentligt, utan för stort spel i spaken, och att den kan hålla bilen stilla i en backe.

15 Testa bromsservon på följande sätt. Stäng av motorn. Tryck ner bromspedalen fyra till fem gånger, så att vakuumet trycks ut. Starta sedan motorn samtidigt som du håller bromspedalen nedtryckt. När motorn startar ska pedalen ge efter märkbart medan vakuumet byggs upp. Låt motorn gå i minst två minuter och stäng sedan av den. Om pedalen nu trycks ner igen ska ett väsande ljud höras från servon. Efter fyra–fem upprepningar bör inget pysande höras, och pedalen bör kännas betydligt hårdare.

14 Frostskyddsmedlets koncentration – kontroll

1 Kylsystemet ska fyllas med rekommenderad frost- och korrosionsskyddsvätska. Efter ett tag kan vätskekoncentrationen minska på grund av påfyllning (detta kan undvikas genom att man bara fyller på med kylmedieblandning av korrekt koncentration) eller läckage. Om en läcka upptäcks måste den åtgärdas innan man fyller på mer kylvätska. Det exakta blandningsförhållandet mellan frostskyddsmedel och vatten beror på vädret. Blandningen bör innehålla minst 40 % och högst 70 % frostskyddsmedel. Läs blandningsdiagrammet på behållaren innan du fyller på med kylvätska. Använd frostskyddsmedel som motsvarar fordonstillverkarens specifikationer. Observera att frostskyddsmedlet från Saab-återförsäljarna redan är blandat med rätt mängd vatten.

2 Ta bort locket från expansionskärlet. Motorn ska vara kall. Placera en trasa över locket om motorn är varm. Ta bort locket försiktigt, så att eventuellt tryck pyser ut.

14.3 Följ instruktionerna som medföljer testaren för frostskyddsmedel

3 Testverktyg för frostskyddsmedel finns att köpa i tillbehörsbutiker. Töm ut lite kylvätska från expansionskärlet och kontrollera hur många plastkulor som flyter i testaren **(se bild)**. Oftast ska två eller tre kulor flyta vid korrekt koncentration, men följ tillverkarens anvisningar.

4 Om koncentrationen är felaktig måste man antingen ta bort en del kylvätska och fylla på med frostskyddsmedel eller tappa ur den gamla kylvätskan helt och fylla på med ny av korrekt koncentration.

15 Drivaxelknutar och damasker – kontroll

1 Med bilens framvagn på pallbockar, vrid ratten till fullt utslag och snurra sedan långsamt på hjulet. Undersök de yttre drivknutarnas gummidamasker och kläm ihop damaskerna så att vecken öppnas **(se bild)**. Leta efter tecken på sprickor, delningar och åldrat gummi som kan släppa ut fett och släppa in vatten och smuts i drivknuten. Kontrollera även damaskernas klämmor vad gäller åtdragning och skick. Upprepa dessa kontroller på de inre drivknutarna. Om skador eller slitage påträffas bör damaskerna bytas enligt beskrivningen i kapitel 8.

2 Kontrollera samtidigt drivknutarnas skick genom att först hålla fast drivaxeln och sedan försöka snurra på hjulet. Upprepa kontrollen genom att hålla i den inre drivknuten och försöka rotera drivaxeln. Varje märkbar rörelse i drivknuten är ett tecken på slitage i drivknutarna, på slitage i drivaxelspårningen eller på att en av drivaxelns fästmuttrar är lös.

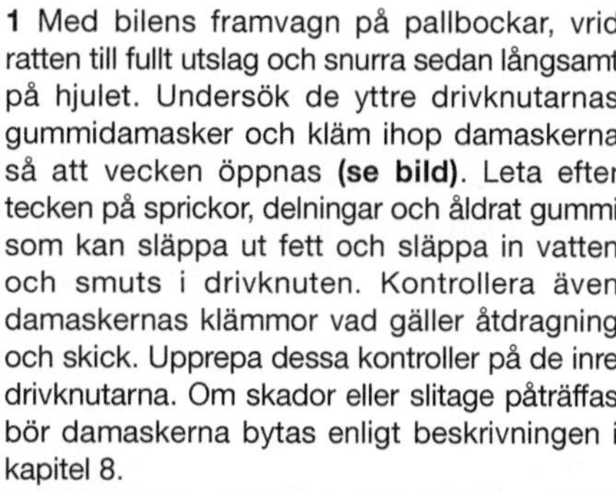

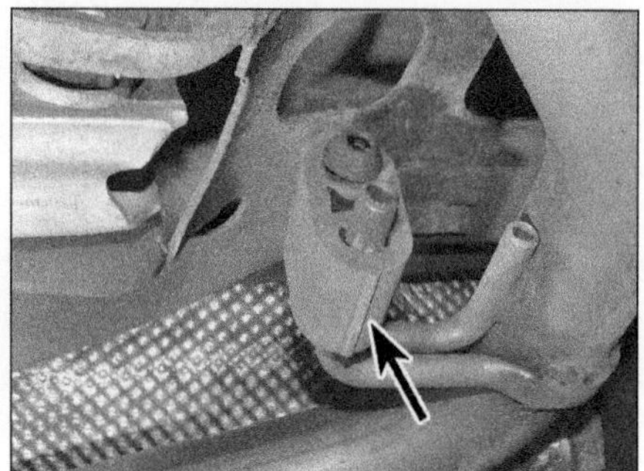

16.2 Kontrollera skicket på avgassystemets gummifästen

15.1 Kontrollera skicket på drivaxeldamaskerna (1) och fästklämmorna (2)

16 Avgassystem – kontroll

1 När motorn är kall undersöker du hela avgassystemet från motorn till avgasröret. Lyft upp bilen fram och bak om det behövs och ställ den säkert på pallbockar (se *Lyftning och stödpunkter*). Ta bort eventuella undre skyddskåpor, så att du kommer åt hela avgassystemet.

2 Kontrollera om avgasrör eller anslutningar visar tecken på läckage, allvarlig korrosion eller andra skador. Se till att alla fästbyglar och fästen är i gott skick och att relevanta muttrar och bultar är ordentligt åtdragna **(se bild)**. Läckage i någon fog eller annan del visar sig vanligen som en sotfläck i närheten av läckan.

3 Skaller och andra missljud kan ofta härledas till avgassystemet, speciellt fästen och gummiupphängningar. Försök att rubba rör och ljuddämpare. Om det går att få delarna att komma i kontakt med underredet eller fjädringen, bör systemet förses med nya fästen. Man kan också sära på fogarna (om det går) och vrida rören så att de kommer på tillräckligt stort avstånd.

17 Gångjärn och lås – smörjning

1 Smörj alla gångjärn på motorhuven, dörrarna och bakluckan med en lätt maskinolja.

2 Smörj försiktigt de två huvlåsen med lämpligt fett.

3 Kontrollera noga att alla gångjärn, spärrar och lås fungerar och är säkra. Kontrollera att centrallåssystemet fungerar.

4 Kontrollera skick och funktion hos motorhuvens/bakluckans fjäderben, byt ut dem om de läcker eller inte förmår hålla motorhuven/bakluckan öppen.

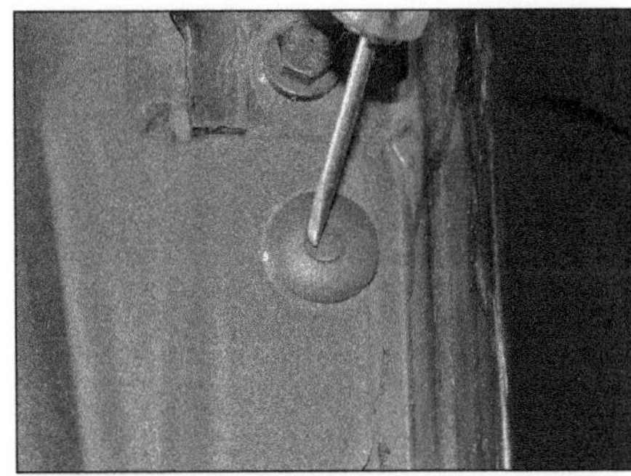
18.2 Tryck in centrumsprinten och bänd ut plastklämman

18.6b . . . och lyft bort pollenfiltret

18 Pollenfilter – byte

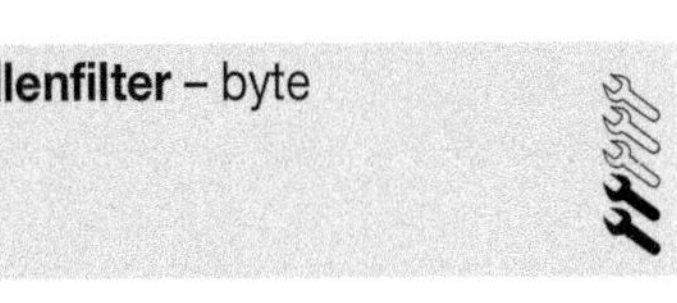

1 Ställ in torkarna i serviceläget genom att slå på tändningen och sedan vrida den till läget LOCK. Flytta sedan torkarbrytaren nedåt tills torkarna är i vertikalt läge.

2 Öppna motorhuven, ta bort klämman som håller fast den vänstra delen av ventilpanelen **(se bild)**.

3 Dra mellanväggens gummitätning uppåt från den vänstra sidan **(se bild)**.

4 Lyft upp den vänstra änden av ventilpanelen, och vik den sedan åt höger.

18.3 Dra gummitätningen uppåt

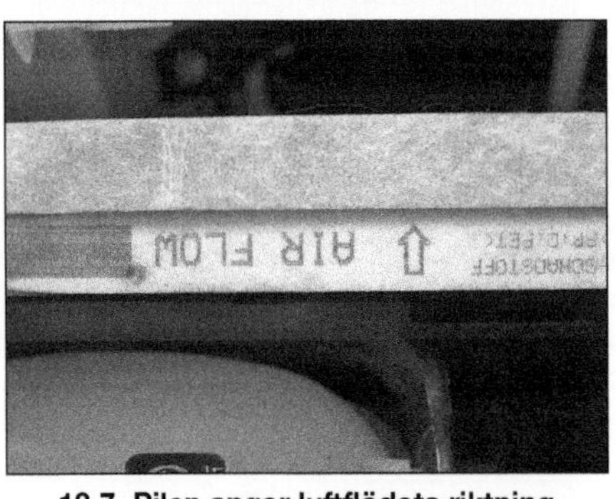
18.7 Pilen anger luftflödets riktning

5 Ta bort vattenskyddet. Observera att inte alla modeller har något vattenskydd.

6 Lossa de båda fästklämmorna och lyft bort filtret **(se bilder)**.

7 Sätt dit det nya filtret i omvänd ordningsföljd mot borttagningen. Observera pilen som visar luftflödets riktning **(se bild)**.

19 Utjämningskammarens dräneringsslang – rengör

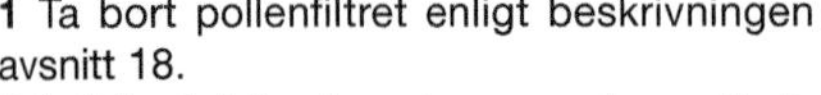

1 Ta bort pollenfiltret enligt beskrivningen i avsnitt 18.

2 Lyft bort dräneringsslangen och rengör den **(se bild)**.

18.6a Lossa de båda klämmorna (se pilar) . . .

3 Sätt tillbaka dräneringsslangen och se till att den är ordentligt fäst.

20 Drivrem – kontroll

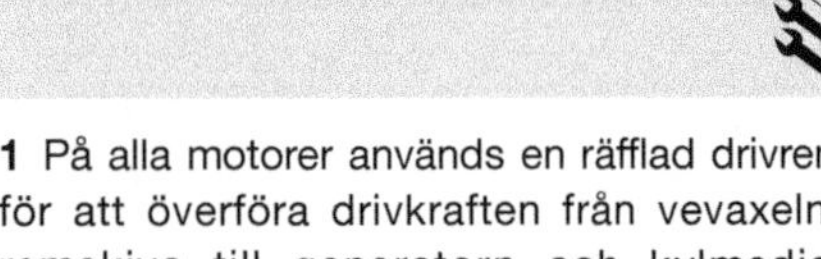

1 På alla motorer används en räfflad drivrem för att överföra drivkraften från vevaxelns remskiva till generatorn och kylmedie-kompressorn. Drivremmen spänns automatiskt med en fjäderbelastad spännarremskiva.

2 Dra åt handbromsen och lyft upp framvagnen på pallbockar för att lättare komma åt drivremmen (se *Lyftning och stödpunkter*). Ta bort det högra framhjulet, ta sedan bort den nedre delen av plastfodringen under det högra hjulhuset för att komma åt vevaxelns remskiva **(se bild)**.

3 Håll bulten till vevaxelns remskiva med en lämplig hylsnyckel och rotera vevaxeln så att drivremmen kan undersökas efter hela sin längd. Kontrollera drivremmen med avseende på sprickor, revor, fransar eller andra skador. Leta också efter tecken på polering (blanka fläckar) och efter delning av remlagren. Byt ut remmen om den är utsliten eller skadad.

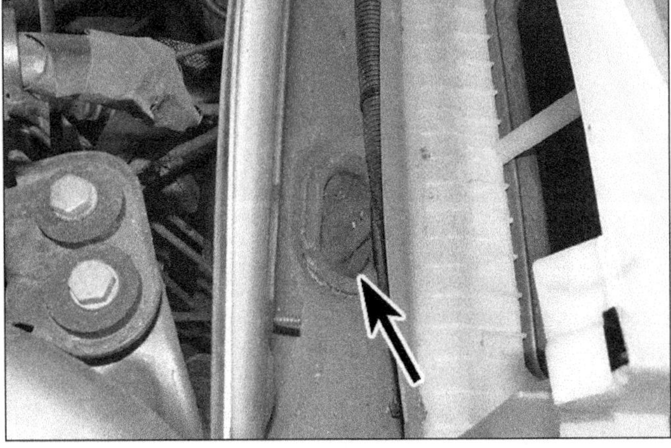
19.2 Se till att kammarens dräneringsslang (se pil) inte är igentäppt

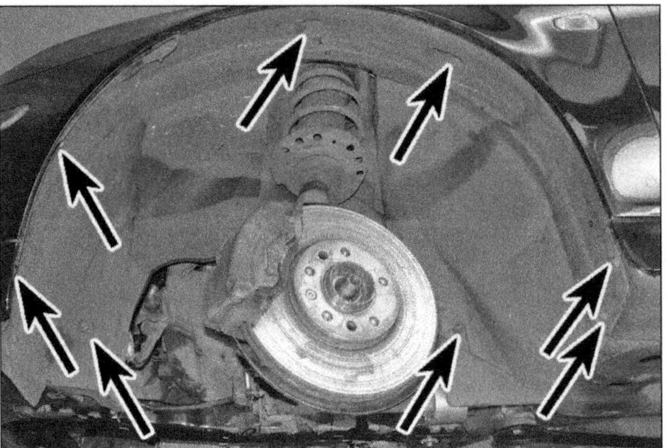
20.2 Hjulhusfodrens fästen (se pilar)

21.2 Koppla loss massluftflödesgivarens anslutningskontakt (se pil)

21.3 Lossa slangklämman (se pil)

Var 60 000:e km

21 Luftfilter – byte

1 Luftrenaren sitter i motorrummets främre högra hörn och luftintaget sitter i bilens framdel bakom kylargrillen.

2 Koppla loss massluftflödesgivarens anslutningskontakt **(se bild)**.

3 Lossa klämman och koppla loss utloppsslangen från luftfilterkåpan **(se bild)**.

4 Skruva loss torxskruvarna och ta bort luftfilterkåpan **(se bild)**.

5 Lyft bort luftfiltret, notera i vilken riktning det sitter **(se bild)**.

6 Torka rent den inre ytorna på kåpan och huset sätt sedan den nya delen i huset, se till att tätningsläppen sitter korrekt på husets kant.

7 Sätt tillbaka kåpan och fäst den med klämmorna.

8 Återanslut luftutloppsslangen och fäst den genom att dra åt slangklämman.

9 Återanslut massluftflödesgivarens anslutningskontakt.

22 Manuell växellådsolja – nivåkontroll

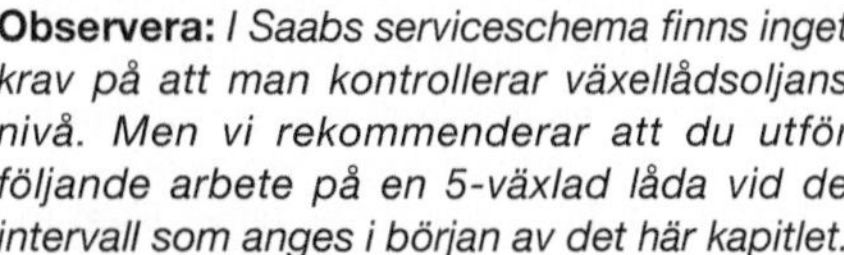

Observera: *I Saabs serviceschema finns inget krav på att man kontrollerar växellådsoljans nivå. Men vi rekommenderar att du utför följande arbete på en 5-växlad låda vid de intervall som anges i början av det här kapitlet.*

5-växlad låda

1 Kör bilen en kort sträcka så att växellådan värms upp till normal arbetstemperatur. Parkera bilen över en smörjgrop eller hissa upp den och stötta den på pallbockar (se *Lyftning och stödpunkter*). Oavsett vilken metod som används, se till att bilen står plant så att oljenivån ska kunna kontrolleras senare.

2 Placera en lämplig behållare under växellådan, skruva sedan loss påfyllnings-/nivåpluggen på växellådshusets vänstra sida **(se bild)**.

3 Oljenivån ska nå nederdelen av påfyllnings-/nivåpluggshålet. Fyll vid behov på vätska tills den rinner över hålets kant.

4 Sätt tillbaka påfyllnings-/nivåpluggen och dra åt den till angivet moment.

5 Sänk ner bilen.

6-växlad låda

6 Det finns ingen nivåplugg på den 6-växlade lådans hus, och det finns inget krav i Saabs serviceschema för att kontrollera eller byta oljan. Om du behöver kontrollera att växellådan har rätt mängd olja, måste du tömma ut oljan och fylla på den igen enligt beskrivningen i kapitel 7A.

23 Bränslefilter – byte

Varning: Innan arbetet påbörjas, se föreskrifterna i Säkerheten främst! i början av denna handbok innan något arbete med bränslesystemet utförs, och följ dem till punkt och pricka. Bensin är en ytterst brandfarlig och flyktig vätska, och säkerhetsföreskrifterna för hantering kan inte nog betonas.

Observera: *Bränslefilter finns endast på bilar från och med modellår 2004.*

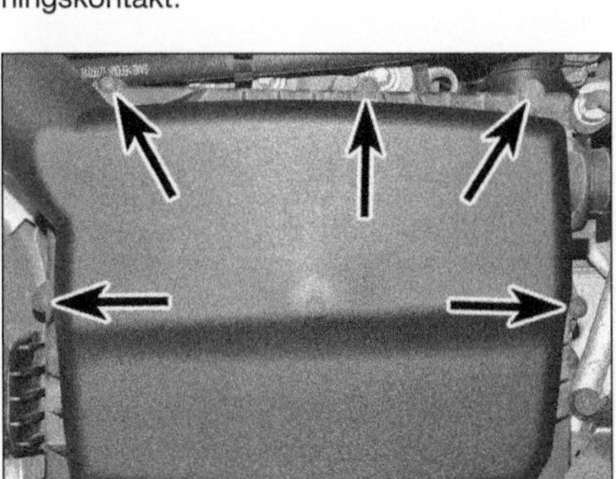
21.4 Luftfilterkåpans torxskruvar (se pilar)

21.5 Lyft bort luftfiltret

22.2 Oljenivåplugg (propp) – 5-växlad låda

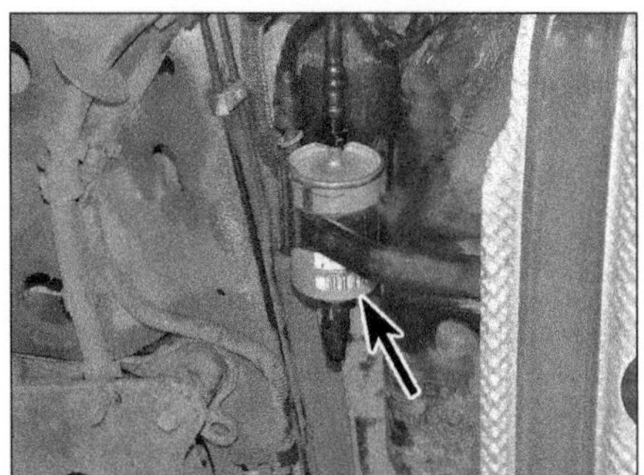
23.1 Bränslefiltret (se pil) sitter på bränsletankens högra sida

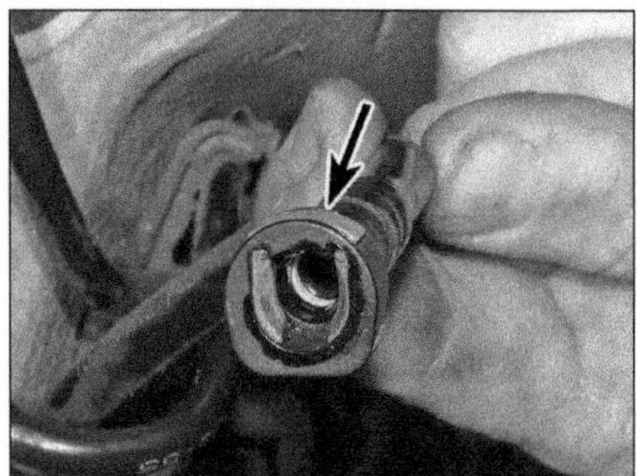
23.5a Tryck ner den blå fliken (se pil) för att lossa den främre kopplingen

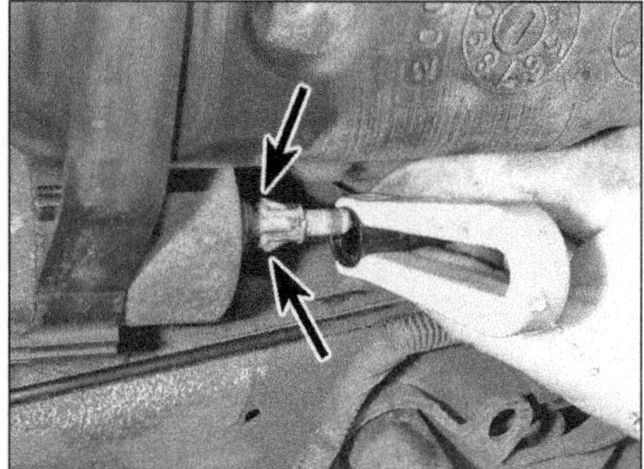
23.5b Tryck ihop båda klämmorna (se pilar) för att lossa den bakre kopplingen

23.6 Filtrets fästklämma (se pil)

23.7 Se till att pilarna på filtret pekar mot bilens främre del (se pilar)

1 Bränslefiltret på alla modeller är monterat i anslutning till bränsletanken under bilens bakre del **(se bild)**.

2 Avlasta trycket i bränslesystemet enligt beskrivning i kapitel 4A.

3 Klossa framhjulen, lyft sedan upp bakvagnen med hjälp av en domkraft och stötta den på pallbockar (se *Lyftning och stödpunkter*).

4 Placera ett kärl, eller trasor, under filtret för att samla upp bensin som rinner ut.

5 Koppla loss bränslerören från filtret och plugga igen öppningarna för att förhindra nedsmutsning. Lossa den främre anslutningen genom att trycka ner den blå delen och dra isär anslutningen. Den bakre anslutningen lossas genom att du trycker ihop klämmorna på var sida **(se bilder)**.

6 Lossa klämman och tryck bort filtret från fästbygeln, observera pilens riktning på filterhuset **(se bild)**.

7 Sätt dit det nya filtret på fästklämman. Se till att flödespilen på filterhöljet pekar mot utsläppet som leder till motorrummet **(se bild)**.

8 Återanslut bränsleören till filtret.

9 Torka bort överflödigt bränsle, sänk sedan ner bilen.

10 Starta motorn och kontrollera att inget läckage förekommer vid filterslangarnas anslutningar.

11 Det gamla filtret ska kasseras på lämpligt sätt, och kom ihåg att det är ytterst lättantändligt.

Var 95 000:e km

24 Tändstift – byte

1 Det är av avgörande betydelse att tändstiften fungerar som de ska för att motorn ska gå jämnt och effektivt. Det är viktigt att tändstiften är av en typ som passar motorn. Om rätt typ används och motorn är i bra skick ska tändstiften inte behöva åtgärdas mellan de schemalagda bytesintervallen.

2 Skruva loss skruvarna och ta bort kåpan över tändspolarna från motorns övre del **(se bild)**.

3 Börja med cylinder nr 1 (höger sida), skruva loss bultarna, lyft upp tändspolen och lägg den åt sidan. Upprepa på återstående cylindrar **(se bild)**.

4 Det är klokt att rengöra tändstiftsbrunnarna med ren borste, dammsugare eller tryckluft innan tändstiften tas bort, så att smuts inte kan falla ner i cylindrarna.

5 Skruva loss tändstiften med hjälp av en tändstiftsnyckel, lämplig ringnyckel eller en djup hylsnyckel **(se bild)**. Håll hylsan rakt riktad mot tändstiftet – om den tvingas åt sidan kan porslinsisolatorn brytas av. När ett stift har skruvats ur ska det undersökas enligt följande:

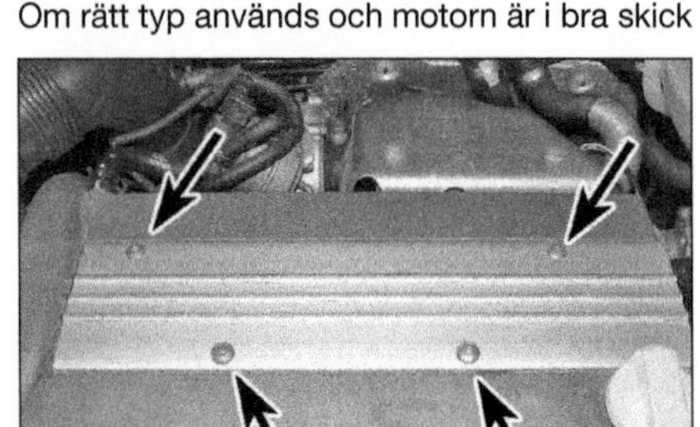
24.2 Skruva loss torxskruvarna som fäster kåpan (se pilar)

24.3 Skruva loss bultarna och dra upp tändspolarna

24.5 Skruva loss tändstiften

6 En undersökning av tändstiften ger en god indikation om motorns skick. Om isolatorns spets är ren och vit, utan avlagringar, indikerar detta en mager bränsleblandning eller ett stift med för högt värmetal (ett stift med högt värmetal överför värme långsammare från elektroden medan ett med lågt värmetal överför värmen snabbare).

7 Om isolatorns spets är täckt med en hård svartaktig avlagring, indikerar detta att bränsleblandningen är för fet. Om tändstiftet är svart och oljigt är det troligt att motorn är ganska sliten, förutom att bränsleblandningen är för fet.

8 Om isolatorns spets är täckt med en ljusbrun eller gråbrun beläggning är bränsleblandningen korrekt och motorn sannolikt i god kondition.

9 Tändstiftets elektrodavstånd är av avgörande betydelse, eftersom ett felaktigt avstånd påverkar gnistans storlek och effektivitet negativt. Elektrodavståndet ska vara ställt till det som anges i specifikationerna.

10 Du justerar avståndet genom att mäta det med ett bladmått eller en trådtolk och sedan bända upp eller in den yttre elektroden tills du får till rätt avstånd. Centrumelektroden får inte böjas eftersom detta spräcker isolatorn och förstör tändstiftet, om inget värre händer. Om bladmått används ska avståndet vara så stort att det rätta bladet precis ska gå att skjuta in. Observera att vissa modeller är utrustade med tändstift med flera elektroder – försök inte justera elektrodavståndet på den här typen av tändstift **(se bilder)**.

11 Specialverktyg för justering av elektrodavstånd finns att köpa i biltillbehörsaffärer eller från tändstiftstillverkaren.

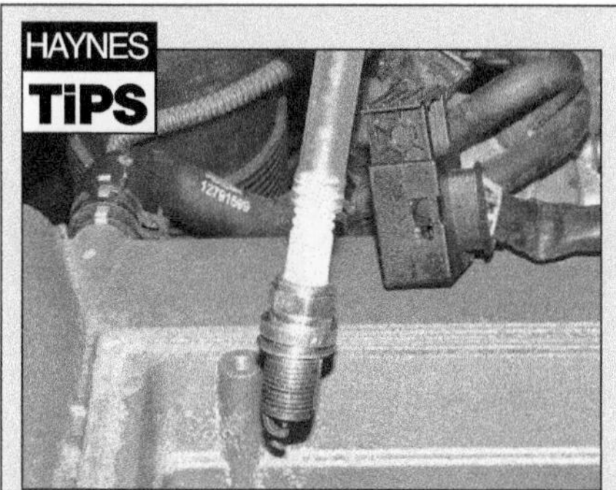

Det är ofta väldigt svårt att sätta tändstift på plats utan att förstöra gängorna. Undvik detta genom att sätta en kort bit gummislang över änden på tändstiftet. Slangen hjälper till att rikta tändstiftet i hålet. Om tändstiftet börjar gänga snett, kommer slangen att glida på tändstiftet och förhindra att aluminiumtopplocket skadas.

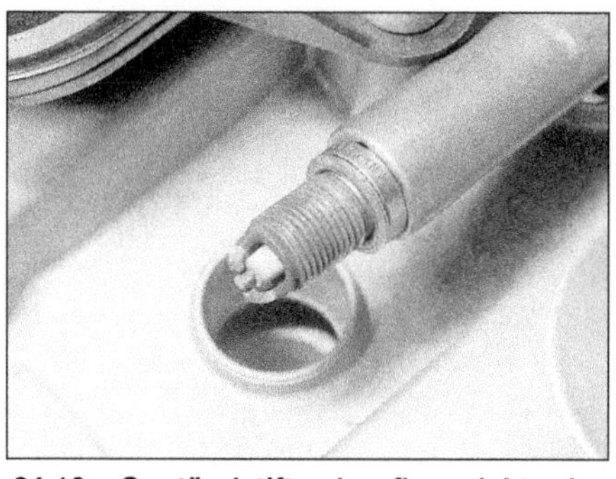

24.10a Om tändstiften har flera elektroder får elektrodavståndet inte justeras

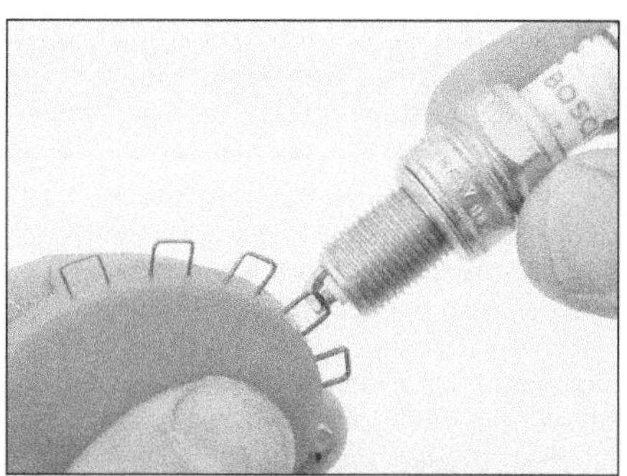

24.10c . . . eller en trådtolk . . .

12 Innan tändstiften monteras, försäkra dig om att tändstift och gängor är rena och att gängorna inte går snett. Det är ofta väldigt svårt att sätta tändstift på plats utan att förstöra gängorna. Detta kan undvikas genom att man sätter en kort bit gummislang över änden på tändstiftet **(se Haynes tips)**.

13 Ta bort gummislangen (om du har använt en sådan) och dra åt stiftet till angivet moment (se Specifikationer) med hjälp av tändstiftshylsan och en momentnyckel. Upprepa med de resterande tändstiften.

14 Sätt tillbaka tändspolarna och dra åt fästskruvarna till angivet moment.

15 Sätt tillbaka kåpan över tändspolarna och dra åt fästskruvarna ordentligt.

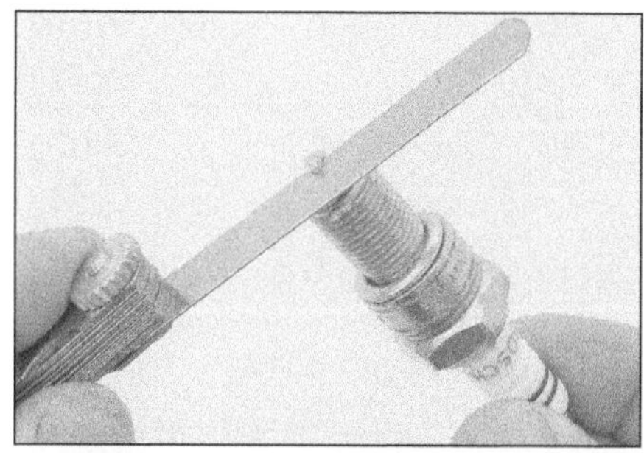

24.10b Om bilen har tändstift med en elektrod, kontrollera elektrodavståndet med ett bladmått . . .

24.10d . . . och justera vid behov avståndet genom att böja elektroden

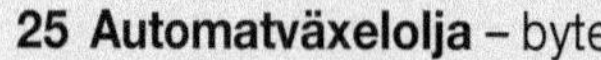

25 Automatväxelolja – byte

1 Kör bilen en kort sträcka så att växellådan värms upp till normal arbetstemperatur. Parkera bilen över en smörjgrop eller hissa upp den och stötta den på pallbockar (se *Lyftning och stödpunkter*). Oavsett vilken metod som används, se till att bilen står plant så att oljenivån ska kunna kontrolleras senare.

5-växlad låda

2 På cabrioletmodeller skruvar du loss bultarna och tar bort den främre chassiförstärkningen **(se bild)**.

3 Placera en lämplig behållare under växellådan, skruva bort avtappningspluggen och låt oljan rinna ner i behållaren **(se bild)**.

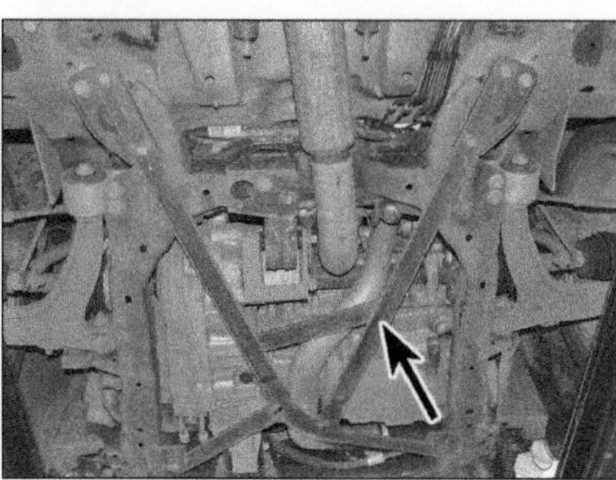

25.2 Det främre chassits förstärkning (se pil) – endast cabriolet

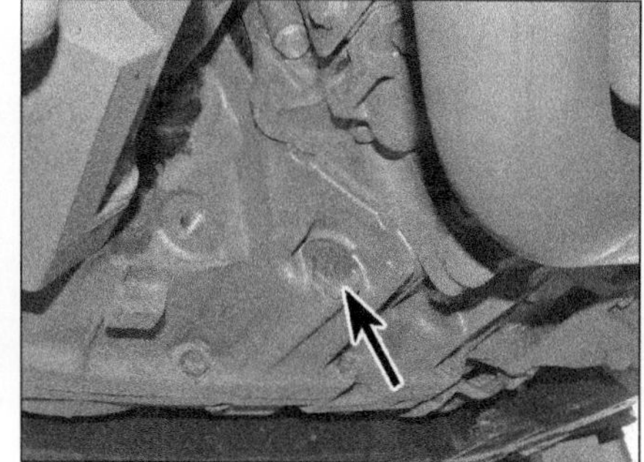

25.3 Oljeavtappningsplugg (se pil) – 5-växlad låda

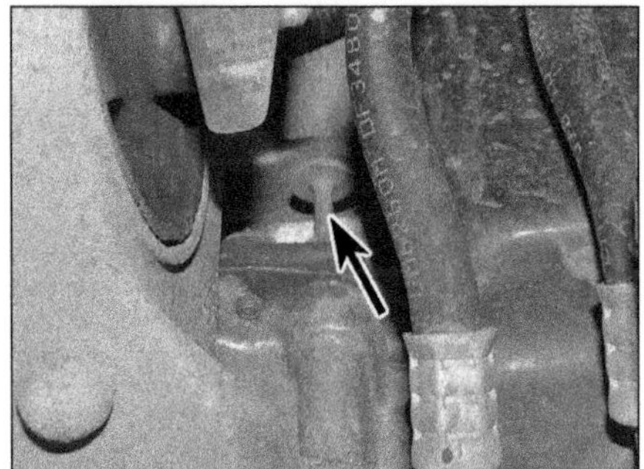

25.5 Oljenivåmätsticka (se pil) – sedd underifrån

Varning: Oljan är mycket het, så vidtag försiktighetsåtgärder för att undvika skållning. Tjocka, vattentäta handskar rekommenderas.

4 När all olja har runnit ut, torka avtappningspluggen ren och montera den i växelhuset. Montera en ny tätningsbricka om det behövs. Dra åt pluggen till angivet moment.

5 Ta bort mätstickan (på växellådans framsida) och fyll på automatväxellådan med olja av rätt typ och kvantitet genom mätstickans hål **(se bild)**. Det blir mycket enklare om du använder en tratt och en bit slang. Använd först mätstickans markeringar för låg temperatur, kör sedan en sväng med bilen. När oljan har nått arbetstemperatur, kontrollera oljenivån igen med mätstickans markeringar för hög temperatur. Observera att skillnaden mellan mätstickans markeringar COLD och HOT är cirka 0,3 liter.

6 Sätt i förekommande fall tillbaka den främre chassiförstärkningen och dra åt bultarna till angivet moment.

6-växlad låda

7 Placera en lämplig behållare under växellådan, skruva bort avtappningspluggen och låt oljan rinna ner i behållaren **(se bild)**.

Varning: Oljan är mycket het, så vidtag försiktighetsåtgärder för att undvika skållning. Tjocka, vattentäta handskar rekommenderas.

8 Skruva loss påfyllningspluggen från höljets övre del och fyll på cirka 3 liter ny olja **(se bild)**.

9 Sänk ner bilen.

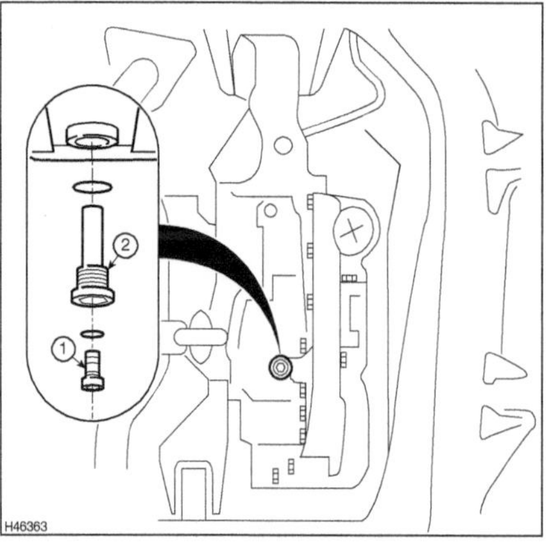

25.7 Växellådsoljans nivåkontrollplugg (1) och avtappningsplugg (2) – 6-växlad låda

10 Kör motorn tills oljetemperaturen är cirka 30 till 45 °C, flytta sedan växelspaken från läge P till D, och tillbaka igen, med fotbromsen nedtryckt. Låt växelväljarspaken vila i varje position i två sekunder. Upprepa proceduren två gånger.

11 Lyft upp bilen igen, placera ett kärl under växellådans avtappnings-/påfyllningsplugg, och skruva loss påfyllningsskruven från pluggens mitt. Om nivån är för hög rinner det ut olja från påfyllningshålet – sätt tillbaka skruven och dra åt den ordentligt. Om det inte rinner ut någon olja, fyll på olja genom påfyllningshålet ovanpå växellådshuset tills det rinner ut olja genom hålet. Låt överflödet rinna av och sätt sedan tillbaka påfyllningsskruven ordentligt.

12 Sätt tillbaka påfyllningspluggen och dra åt den till angivet moment.

13 Sänk ner bilen.

26 Drivrem – byte

1 På alla motorer används en räfflad drivrem för att överföra drivkraften från vevaxelns remskiva till generatorn och kylmediekompressorn. Drivremmen spänns automatiskt med en fjäderbelastad spännarremskiva.

2 Dra åt handbromsen och lyft upp framvagnen på pallbockar för att lättare komma åt drivremmen (se *Lyftning och stödpunkter*). Ta bort det högra framhjulet, ta sedan bort den nedre delen av plastfodringen under det högra hjulhuset för att komma åt vevaxelns remskiva **(se bilder 20.2)**.

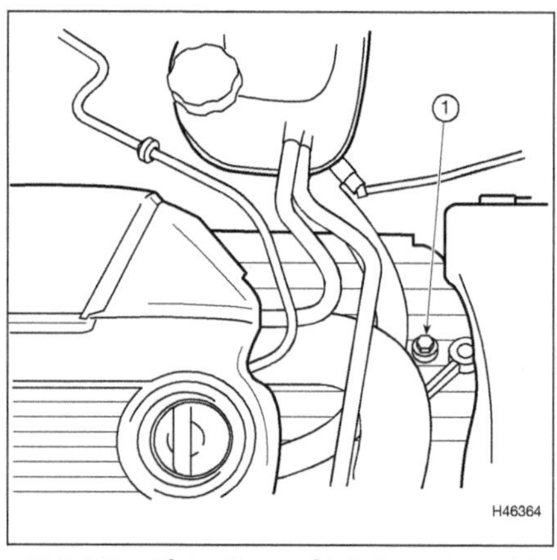

25.8 Växellådsoljans påfyllningsplugg (1)

3 Spännarremskivans fjäder ska nu vara ihoptryckt. Du kan använda Saabs specialverktyg nr 86 12 798, det hakar i det fyrkantiga hålet på 10 mm i spännararmen. Om du inte har tillgång till Saabs verktyg, gör ett eget liknande det som visas **(se bild)**. Haka i verktyget med spännararmen, vrid armen moturs och lossa remmen från remskivorna **(se bild)**.

4 Placera den nya drivremmen över samtliga remskivor och kontrollera att flerspårssidan griper i spåren på remskivorna **(se bild)**.

5 Tryck ihop sträckarfjädern enligt den metod som användes tidigare. Sätt sedan dit den nya drivremmen över remskivorna, se till att den räfflade sidan hakar i spåren på remskivorna ordentligt.

6 Se till att remmen sitter ordentlig på remskivorna, starta sedan motorn och låt den gå på tomgång i några minuter. Detta gör att spännaren kan återta sin plats och fördela spänningen jämnt längs hela remmen. Stanna motorn och kontrollera än en gång att remmen sitter korrekt på alla remskivor.

7 Sätt sedan tillbaka hjulhusets plastfodring, montera hjulet och sänk ner bilen.

26.3a Vi gjorde ett verktyg av ett platt stålstag, 3 mm tjockt, 25 mm brett, och 2 bultar på 8 mm med 25 mm mellan deras centrum

26.3b Bultarna hakar i hålet i spännarens ände, vilket gör att armen kan bändas moturs

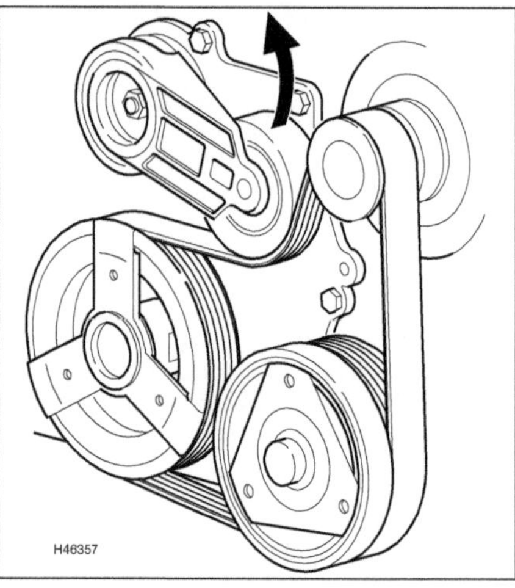

26.4 Sätt dit den nya remmen runt skivorna

Vart tredje år

27 Kylvätska – byte

Observera: *Detta arbete ingår inte i Saabs schema och ska inte behövas om det rekommenderade frostskyddsmedlet används.*

Varning: Låt inte frostskyddsmedel komma i kontakt med huden eller lackerade ytor på bilen. Skölj omedelbart förorenade områden med rikligt med vatten. Lämna inte ny eller gammal kylvätska där barn eller djur kan komma åt den – de kan lockas av den söta doften. Även om man bara sväljer en liten mängd kylvätska kan det vara dödligt. Torka genast upp spill på garagegolvet och på droppskyddet. Se till att behållare med frostskyddsmedel är övertäckta, och reparera läckor i kylsystemet så snart som de upptäcks.

Varning: Ta aldrig bort expansionskärlets påfyllningslock när motorn är igång, eller precis har stängts av, eftersom kylsystemet är hett och den ånga som kommer ut och den skållheta kylvätskan kan förorsaka allvarliga skador.

Varning: Vänta tills motorn är helt kall innan arbetet påbörjas.

Tömning av kylsystemet

1 När motorn är helt kall kan expansionskärlets påfyllningslock tas bort. Vrid locket moturs och vänta tills allt återstående tryck försvunnit ur systemet, skruva sedan loss locket och ta bort det.

2 Lyft upp framvagnen och stötta den ordentligt på pallbockar (se *Lyftning och stödpunkter*).

3 Skruva loss skruvarna och ta bort kylarens undre skyddskåpa. Observera fästskruvarna i hjulhusfodret.

4 Anslut en slang till avtappningspluggen på kylarens högra sida och placera slangens andra ände i ett lämpligt kärl. Lossa avtappningspluggen och låt kylvätskan rinna ut i kärlet **(se bild)**.

5 Anslut en slang till motorblockets avtappningsplugg, den sitter på blockets högre bakre del **(se bild)**. Öppna avtappningspluggen några varv och låt kylvätskan rinna ut i ett kärl.

6 När kylvätskeflödet upphör, dra åt avtappningspluggarna, ta bort slangarna och sätt tillbaka den undre skyddskåpan. Sänk ner bilen.

7 Om kylvätskan har tömts av någon annan anledning än byte kan den återanvändas (även om det inte rekommenderas), förutsatt att den är ren och mindre än två år gammal.

Spolning av kylsystem

8 Om kylvätskebyte inte utförts regelbundet eller om frostskyddet spätts ut, kan kylsystemet med tiden förlora i effektivitet på grund av att kylvätskekanalerna sätts igen av rost, kalkavlagringar och annat sediment. Kylsystemets effektivitet kan återställas genom att systemet spolas rent.

9 För att undvika förorening bör kylsystemet spolas losskopplat från motorn.

Kylarspolning

10 Lossa de övre och nedre slangarna och alla andra relevanta slangar från kylaren enligt beskrivningen i kapitel 3.

11 Stick in en trädgårdsslang i det övre kylarinloppet. Spola rent vatten genom kylaren och fortsätt spola tills rent vatten kommer ut från kylarens nedre utsläpp.

12 Om det efter en rimlig tid fortfarande inte kommer ut rent vatten kan kylaren spolas ur med kylarrengöringsmedel. Det är viktigt att spolmedelstillverkarens anvisningar följs noga. Om kylaren är svårt förorenad, ta bort kylaren och stick in slangen i nedre utloppet och spola ur kylaren baklänges, sätt sedan tillbaka den.

Motorspolning

13 Demontera termostaten enligt beskrivning i kapitel 3 och sätt sedan tillfälligt tillbaka termostatlocket. Om kylarens övre slang har kopplats loss, koppla tillbaka den tillfälligt.

14 Lossa de övre och nedre kylarslangarna från kylaren och stick in en trädgårdsslang i den övre kylarslangen. Spola rent vatten genom motorn och fortsätt spola tills rent vatten kommer ut från kylarens nedre slang.

15 När spolningen är avslutad, montera tillbaka termostaten och anslut slangarna enligt beskrivning i kapitel 3.

Kylsystem – påfyllning

16 Kontrollera innan påfyllningen inleds att alla slangar och slangklämmor är i gott skick och att klämmorna är väl åtdragna. Observera att frostskydd ska användas året runt för att förhindra korrosion i motorn.

27.4 Öppna kylvätskeavtappningspluggen (se pil)

17 Se till att luftkonditioneringen (A/C) eller den automatiska klimatanläggningen (ACC) är avstängd. På så sätt hindras luftkonditioneringssystemet att starta kylarfläkten innan motorn har uppnått normal temperatur vid påfyllningen.

18 Skruva av expansionskärlets lock och fyll systemet långsamt tills kylvätskenivån når MAX-markeringen på sidan av expansionskärlet.

19 Sätt tillbaka och dra åt expansionskärlets påfyllningslock.

20 Starta motorn och vrid upp temperaturen. Kör motorn tills den har uppnått normal arbetstemperatur (kylfläkten slås på och stängs av). Om du kör motorn med olika varvtal värms den upp snabbare.

21 Stanna motorn och låt den svalna, kontrollera sedan kylvätskenivån igen enligt beskrivningen i *Veckokontroller*. Fyll på mera vätska om det behövs, och sätt tillbaka expansionskärlets påfyllningslock.

Frostskyddsblandning

22 Använd endast etylenglykolbaserat frostskyddsmedel som är lämpat för motorer med blandade metaller i kylsystemet. Mängden frostskyddsmedel och olika skyddsnivåer anges i specifikationerna.

23 Innan frostskyddsmedlet hälls i ska kylsystemet tappas ur helt och helst spolas igenom. Samtliga slangar ska kontrolleras beträffande kondition och tillförlitlighet.

24 När kylsystemet har fyllts med frostskyddsmedel är det klokt att sätta en etikett på expansionskärlet som anger frostskyddsmedlets typ och koncentration, samt datum för påfyllningen. All efterföljande påfyllning ska göras med samma typ och koncentration av frostskyddsmedel.

Varning: Använd inte motorfrostskyddsmedel i vindrutans/bakrutans spolarvätska, eftersom det skadar lacken. Spolarvätska bör hällas i spolarsystemet i den koncentration som anges på flaskan.

27.5 Kylvätskeavtappningspluggen sitter på motorblockets baksida, längst ner på kylvätskepumpen (se pil)

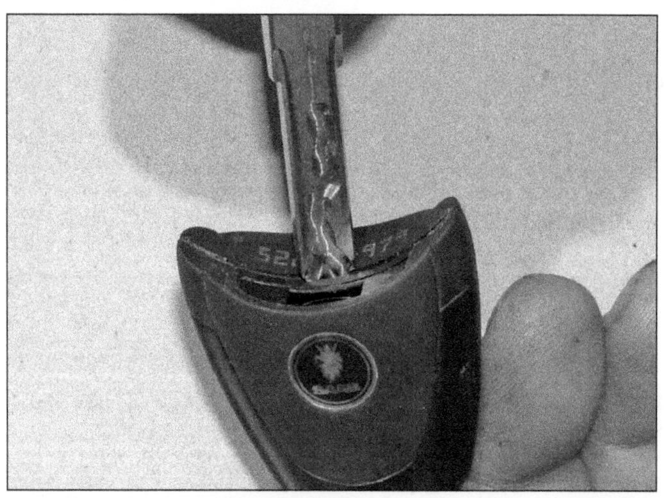

29.2 Sätt in nyckelns ände i det lilla urtaget och bänd isär de båda halvorna

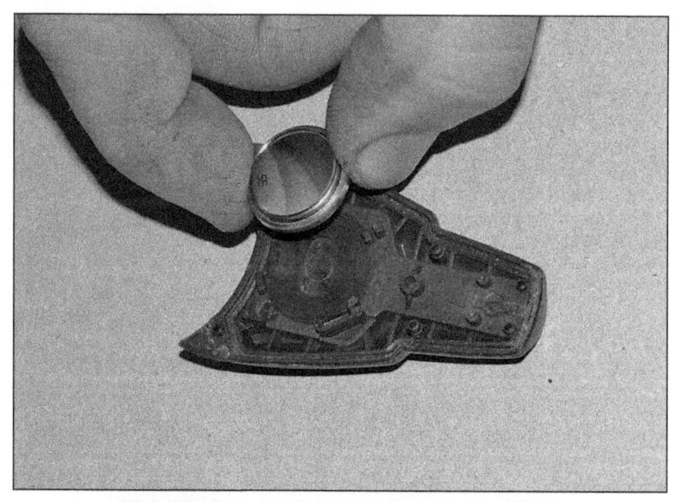

29.4 Sätt in batteriet med plussidan nedåt (+)

Vart fjärde år

28 Bromsvätska – byte

Varning: Hydraulisk bromsvätska kan skada ögonen och bilens lack, så var ytterst försiktig vid hanteringen. Använd aldrig vätska som har stått i ett öppet kärl under någon längre tid eftersom den absorberar fukt från luften. För mycket fukt i bromsvätskan kan medföra att bromseffekten minskar, vilket är livsfarligt.

1 Metoden liknar den som används för luftning av hydraulsystemet som beskrivs i kapitel 9.

2 Arbeta enligt beskrivningen i kapitel 9 och öppna den första luftningsskruven i ordningen, pumpa sedan försiktigt på bromspedalen tills nästan all gammal vätska runnit ut ur huvudcylinderbehållaren. Fyll på vätska upp till MAX-nivån och fortsätt pumpa tills endast den nya vätskan återstår i behållaren och ny vätska kan ses rinna ut från avluftningsskruven. Dra åt skruven och fyll på behållaren till maxmarkeringen.

3 Gå igenom resterande avluftningsskruvar i ordningsföljd och pumpa tills ny vätska kommer ur dem. Var noga med att alltid hålla huvudcylinderbehållarens nivå över MIN-markeringen, annars kan luft tränga in i systemet och då ökar arbetstiden betydligt.

4 När du är klar kontrollerar du att alla avluftningsskruvar är ordentligt åtdragna och att deras dammskydd sitter på plats. Skölj bort alla spår av vätskespill och kontrollera huvudcylinderbehållarens vätskenivå.

5 Kontrollera bromsarnas funktion innan bilen körs igen.

29 Fjärrkontrollens batteri – byte

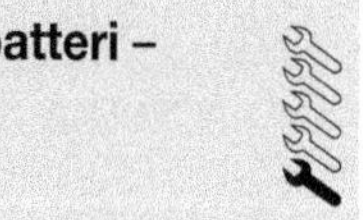

1 Tryck in plattan på fjärrkontrollens baksida och dra ut nödnyckeln.

2 Sätt in nyckelns ände i det lilla hålet och vrid den sedan för att sära på fjärrkontrollens båda halvor **(se bild)**.

3 Lägg märke till hur batteriet är placerat och ta sedan bort det från fjärrkontrollen. **Observera:** *Undvik att röra vid batteripolerna eller fjärrkontrollens krets med dina bara händer.*

4 Sätt in det nya batteriet (plussidan nedåt) och snäpp ihop fjärrkontrollens båda halvor **(se bild)**.

5 Nu måste du synkronisera fjärrkontrollen med mottagaren genom att sätta in nyckeln i tändningslåset. Om bilen är låst, lås upp den med nödnyckeln (larmet går igång), sätt in fjärrkontrollen i tändningslåset och slå på det. Då synkroniseras komponenterna och larmet slås av.

Kapitel 1 Del B:
Rutinunderhåll och service – dieselmodeller

Innehåll

Svårighetsgrad

Enkelt, passar novisen med lite erfarenhet 	**Ganska enkelt,** passar nybörjaren med viss erfarenhet 	**Ganska svårt,** passar kompetent hemmamekaniker 	**Svårt,** passar hemmamekaniker med erfarenhet 	**Mycket svårt,** för professionell mekaniker 

Smörjmedel och vätskor

Se slutet av *Veckokontroller* på sidan 0•17

Volymer

Motorolja

Tömma ut och fylla på, med filterbyte	4,3 liter
Skillnad mellan oljemätstickans MAX- och MIN-markeringar	1,0 liter
Kylsystem	7,2 liter
Växellåda	
Manuell (tömning och påfyllning):	
5-växlad	1,8 liter
6-växlad	3,0 liter
Automatisk:	
Tömning och påfyllning	2,8 liter
Torr (inklusive momentomvandlare och kylare)	7,0 liter
Bränsletank	
Samtliga modeller	58,0 liter

Kylsystem

Frostskyddsblandning*:	
50 % frostskydd	Skydd ner till -37 °C
55 % frostskydd	Skydd ner till -45 °C

* **Observera:** *Kontrollera tillverkarens senaste rekommendationer. Saabs kylvätska med frostskyddsmedel är färdigblandad.*

Bromsar

Främre bromsklossbeläggens minimitjocklek	2,0 mm
Bakre bromsklossbeläggens minimitjocklek	2,0 mm
Främre skivornas minimitjocklek	22,0 mm (288 mm dia.) eller 25,0 mm (302 eller 314 mm dia.)
Bakre skivornas minimitjocklek	10,0 mm (massiva) eller 18,0 mm (ventilerade)

Fjärrkontrollens batteri

Typ	CR2032

Däcktryck

Se slutet av *Veckokontroller* på sidan 0•17

Åtdragningsmoment

	Nm
Automatväxellådans avtappningsplugg:	
5-växlad	40
6-växlad	45
Automatväxellådans påfyllningsplugg (endast 6-växlad)	30
Bränslefilter	20
Det främre chassits förstärkningsbultar (endast cabriolet)	50
Hjulbultar	110
Motoroljefiltrets kåpa	25
Motoroljesumpens avtappningsplugg	25
Påfyllnings-/nivåplugg till manuell växellåda	50

Underhållsintervallen i denna handbok förutsätter att arbetet utförs av en hemmamekaniker och inte av en verkstad. De uppfyller tillverkarens minimikrav på underhållsintervall för bilar som körs dagligen. Om bilen alltid ska hållas i toppskick bör vissa moment utföras oftare. Vi rekommenderar regelbundet underhåll eftersom det höjer bilens effektivitet, prestanda och andrahandsvärde.

Om bilen körs på dammiga vägar, används till bärgning, körs mycket i kösituationer eller korta körsträckor, ska intervallen kortas av.

När bilen är ny ska den servas av en märkesverkstad (eller annan verkstad som har godkänts av bilens tillverkare) för att garantin ska fortsätta att gälla. Bilens tillverkare kan avslå garantianspråk om du inte kan styrka att service har utförts när och på det sätt som anges, med enbart originaldelar eller delar som uppfyller samma kvalitetskrav.

Alla Saab-modeller har en servicedisplay (eller Saab Information Display – SID) på instrumentbrädan, där det anges när det är dags att serva bilen (TIME FOR SERVICE). Men Saab påpekar att "på grund av förhållandet mellan tid och körsträcka kan vissa villkor göra en årlig service mer lämplig".

Var 400:e km eller en gång i veckan

- ☐ Se *Veckokontroller*

Var 9 500:e km eller var sjätte månad

- ☐ Motorolja och filter – byte (avsnitt 3)

Observera: *Saab rekommenderar att motoroljan och oljefiltret byts var 30 000:e km. Olje- och filterbyte är emellertid bra för motorn och vi rekommenderar att oljan och filtret byts oftare på dieselmodeller, i synnerhet om bilen används mycket för kortare resor.*

Efter de första 9 500 km och därefter var 20 000:e km eller var tolfte månad

Observera: *Intervallen på 20 000 km börjar vid 30 000 km, dvs. de infaller vid 30 000 km, 50 000 km, 70 000 km, 100 000 km etc.*

- ☐ Servicemätare – återställning (avsnitt 4)
- ☐ Slangar och vätska – läckagekontroll (avsnitt 5)
- ☐ Styrning och fjädring – kontroll (avsnitt 6)
- ☐ Bromsklosslitage och skivor – kontroll (avsnitt 7)
- ☐ Handbroms – kontroll och justering (avsnitt 8)
- ☐ Säkerhetsbälten – kontroll (avsnitt 9)
- ☐ Krockkuddar – kontroll (avsnitt 10)
- ☐ Strålkastarinställning – kontroll (avsnitt 11)
- ☐ Servostyrningsvätskenivå – kontroll (avsnitt 12)
- ☐ Landsvägsprov (avsnitt 13)
- ☐ Frostskyddsblandning – kontroll (avsnitt 14)
- ☐ Drivaxelleder och damasker – kontroll (avsnitt 15)
- ☐ Avgassystem – kontroll (avsnitt 16)
- ☐ Gångjärn och lås – smörjning (avsnitt 17)
- ☐ Pollenfilter – byte (avsnitt 18)
- ☐ Utjämningskammarens dräneringsslang – rengöring (avsnitt 19)
- ☐ Drivrem – kontroll (avsnitt 20)
- ☐ Bränslefilter – byte (avsnitt 21)

Var 60 000:e km

Observera: *Intervallen på 60 000 km börjar vid 70 000 km, dvs. de infaller vid 70 000 km, 130 000 km, 190 000 km etc.*

- ☐ Ventilspel – kontroll och justering (endast motor med 8 ventiler) (avsnitt 22)
- ☐ Luftfilter – byte (avsnitt 23)
- ☐ Manuell växellåda, oljenivå – kontroll (avsnitt 24)

Var 95 000:e km

Observera: *Intervallen på 95 000 km börjar vid 110 000 km, dvs. de infaller vid 110 000 km, 205 000 km etc.*

- ☐ Kamrem – byte (avsnitt 25)

Observera: *Det bytesintervall som Saab rekommenderar för kamremmen är 115 000 km eller vart sjätte år. Men om bilen huvudsakligen används för kortare resor eller många stopp och starter, rekommenderas byte oftare. Hur ofta remmen faktiskt byts är upp till den enskilda ägaren, men kom ihåg att det uppstår allvarliga motorskador om remmen går sönder när bilen används, så vi rekommenderar att du tar det säkra före det osäkra.*

- ☐ Automatväxelolja – byte (avsnitt 26)
- ☐ Drivrem – byte (avsnitt 27)

Vart tredje år

- ☐ Kylvätska – byte (avsnitt 28)

Observera: *Detta arbete ingår inte i Saabs schema och ska inte behövas om det rekommenderade frostskyddsmedlet används.*

Vart fjärde år

- ☐ Bromsvätska – byte (avsnitt 29)
- ☐ Fjärrkontrollens batteri – byte (avsnitt 30)

Översikt över motorrummet

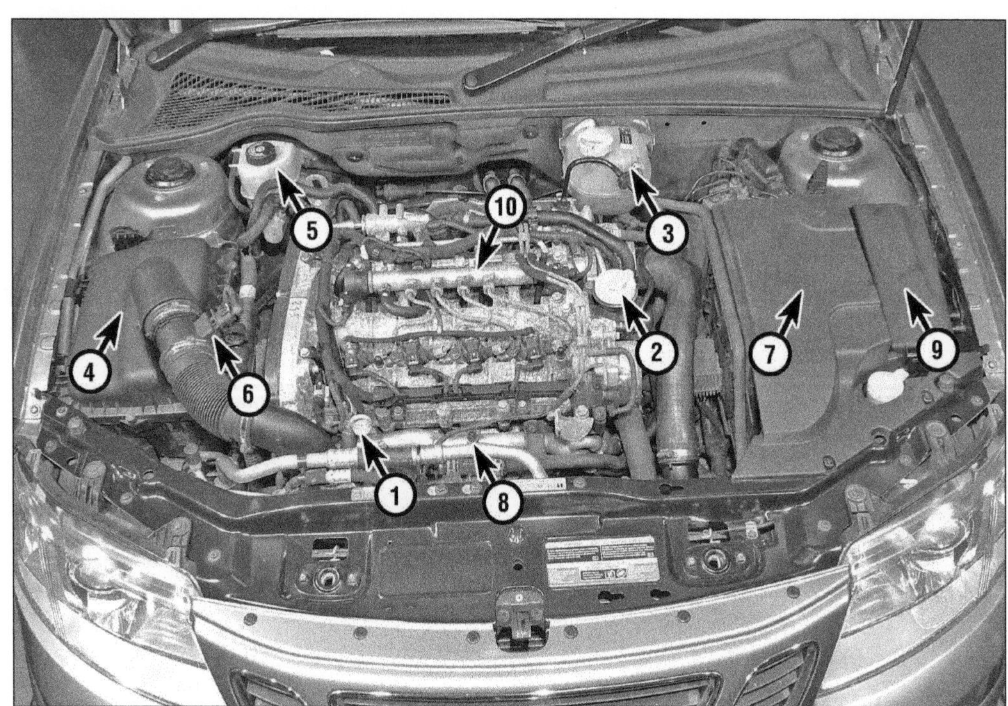

1. *Mätsticka för motorolja*
2. *Påfyllningslock för motorolja*
3. *Expansionskärl för kylvätska*
4. *Luftrenare*
5. *Broms- och kopplingsvätskebehållare*
6. *Massluftflödesmätare*
7. *Batteri*
8. *Avluftningsskruv för kylvätska*
9. *Säkringsdosa*
10. *Common rail (bränsleskena)*

Främre underrede

1. *Avgasrör*
2. *Motoroljesumpens avtappningsplugg*
3. *Avtappningsplugg för växellådsolja*
4. *Främre länkarm*
5. *Styrstag*
6. *Främre kryssrambalk*
7. *Luftkonditionerings-kompressor*
8. *Mellandrivaxel*
9. *Bromsok*
10. *Krängningshämmare*

Bakre underrede

1 *Avgasrör*
2 *Nedre tvärlänkarm*
3 *Toe-in-länkarm*
4 *Bränslefilter*
5 *Handbromsvajer*
6 *Länkarm*
7 *Bränsletank*
8 *Stötdämpare*
9 *Krängningshämmare*
10 *Stödpunkter*

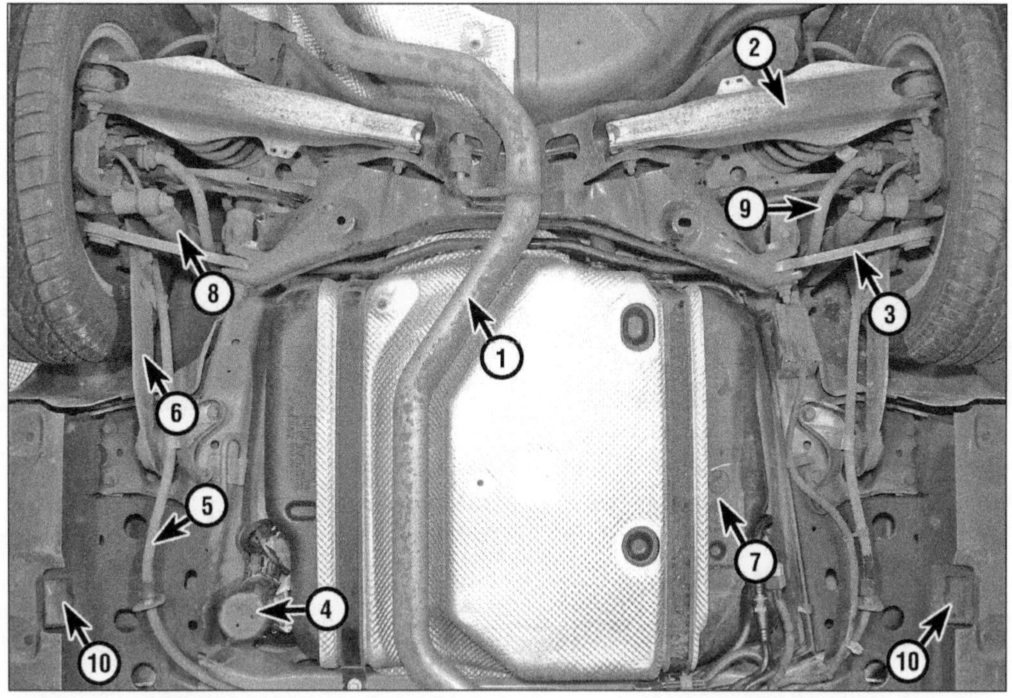

Underhållsrutiner

1 Allmän information

Syftet med det här kapitlet är att hjälpa hemmamekaniker att underhålla sina bilar för att dessa ska få så hög säkerhet, driftekonomi, livslängd och prestanda som möjligt.

Kapitlet innehåller ett underhållsschema samt avsnitt som i detalj behandlar posterna i schemat. Bland annat behandlas åtgärder som kontroller, justeringar och byte av delar. På de tillhörande bilderna av motorrummet och bottenplattan visas de olika delarnas placering.

Underhåll av bilen enligt schemat för tid/körsträcka och de följande avsnitten ger ett planerat underhållsprogram som bör medverka till att bilen fungerar tillförlitligt under lång tid. Underhållsprogrammet är heltäckande, så om man väljer att bara underhålla vissa delar, men inte andra, vid de angivna intervallen går det inte att garantera samma goda resultat.

Ofta kan eller bör flera åtgärder utföras samtidigt på bilen, antingen för att den åtgärd som ska utföras kräver det eller för att delarnas läge gör det praktiskt. Om bilen av någon anledning hissas upp kan t.ex. kontroll av avgassystemet utföras samtidigt som styrning och fjädring kontrolleras.

Det första steget i underhållsprogrammet består av förberedelser innan arbetet påbörjas. Läs igenom relevanta avsnitt, gör sedan upp en lista på vad som behöver göras och skaffa fram verktyg och delar. Om problem uppstår, rådfråga en specialist på reservdelar eller vänd dig till återförsäljarens serviceavdelning.

2 Rutinunderhåll

Om underhållsschemat följs noga från det att bilen är ny och om vätske- och oljenivåerna och de delar som är utsatta för stort slitage kontrolleras enligt denna handboks rekommendationer, hålls motorn i bra skick och behovet av extra arbete minimeras.

Ibland kan det hända att motorn går dåligt på grund av bristfälligt underhåll. Risken för detta ökar om bilen är begagnad och inte har fått regelbunden service. I sådana fall kan extra arbeten behöva utföras, utöver det normala underhållet.

Om motorn misstänks vara sliten ger ett kompressionsprov (se kapitel 2B eller 2C) värdefull information om de inre huvudkomponenternas skick. Ett kompressionsprov kan användas för att avgöra det kommande arbetets omfattning. Om provet avslöjar allvarligt inre slitage är det slöseri med tid och pengar att utföra underhåll på det sätt som beskrivs i detta kapitel om inte motorn först renoveras (kapitel 2D).

Följande åtgärder är de som oftast behövs för att förbättra effekten hos en motor som går dåligt:

I första hand

a) Rengör, kontrollera och testa batteriet (Veckokontroller och kapitel 5A).
b) Kontrollera alla motorrelaterade vätskor (Veckokontroller).
c) Kontrollera drivremmens skick och spänning (avsnitt 20).
d) Kontrollera luftfiltrets skick och byt vid behov (avsnitt 23).
e) Byt bränslefiltret (avsnitt 21).
f) Kontrollera att samtliga slangar är i gott skick och leta efter läckor (avsnitt 5).

Om ovanstående åtgärder inte har någon inverkan ska följande åtgärder utföras:

I andra hand

a) Kontrollera laddningssystemet (kapitel 5A).
b) Kontrollera bränslesystemet (kapitel 4B).

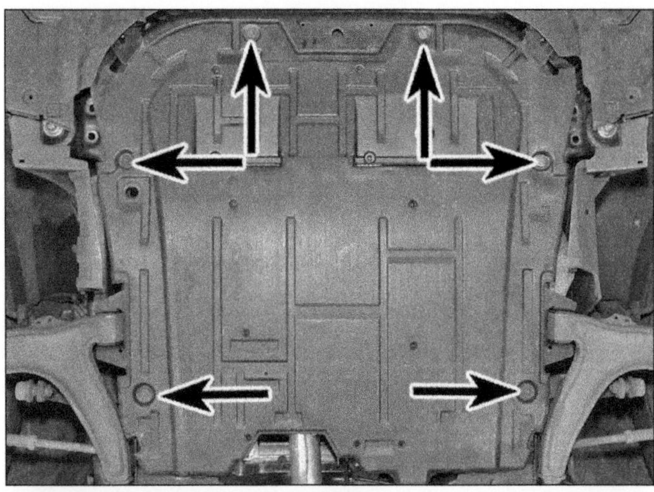

3.4 Skruva loss skruvarna (se pilar) och ta bort motorns undre skyddskåpa

3.5a Motoroljans avtappningsplugg sitter på sumpens baksida (se pil)

Var 9 500:e km eller var sjätte månad

3 Motorolja och filter – byte

1 Täta oljebyten är det bästa förebyggande underhåll en hemmamekaniker kan ge en motor, eftersom begagnad olja blir utspädd och förorenad med tiden, vilket medför att motorn slits ut i förtid.

2 Innan du börjar arbetet plockar du fram alla verktyg och allt material som behövs. Se även till att ha gott om rena trasor och tidningar till hands för att torka upp eventuellt spill. Helst ska motoroljan vara varm, eftersom den då rinner ut lättare och mer avlagrat slam följer med. Se dock till att inte vidröra avgassystemet eller andra heta delar vid arbete under bilen. Använd handskar för att undvika skållning och för att skydda huden mot irritationer och skadliga föroreningar i begagnad motorolja.

3 Dra åt handbromsen och ställ framvagnen på pallbockar (se *Lyftning och stödpunkter*).

3.5b Skruva loss pluggen och låt oljan rinna ut

3.7 Sätt tillbaka avtappningspluggen med en ny tätningsbricka

3.8a Skruva loss huskåpan (se pil) några varv med en hylsnyckel på 32 mm. . .

3.8b . . . och låt oljan rinna ut genom slangen innan du tar bort kåpan

4 Skruva loss fästena och ta bort motorns undre skyddskåpa **(se bild)**.

5 Oljeavtappningspluggen sitter på sumpens baksida. Lossa pluggen ungefär ett halvt varv. Ställ behållaren under avtappningspluggen och skruva ur pluggen helt. Ta vara på packningen **(se bilder)**.

6 Ge den gamla oljan tid att rinna ut, och observera att det kan bli nödvändigt att flytta behållaren när oljeflödet minskar.

7 Torka av avtappningspluggen med en ren trasa när all olja har runnit ut. Rengör området runt avtappningspluggens öppning och sätt tillbaka pluggen med en ny O-ringstätning. Dra åt pluggen till angivet moment **(se bild)**.

8 Placera behållaren under oljefilterhuset, lossa sedan filterhuskåpan några varv med en hylsnyckel på 32 mm och låt oljan rinna ut i behållaren. För att förhindra att oljan kommer i kontakt med avgassystemet, fäst en bit slang på avtappningsröret på filterhuset **(se bilder)**.

9 När alla olja har runnit ut, skruva loss och ta bort oljefilterkåpan tillsammans med filtret. Kasta kåpans O-ringstätningar, du måste sätta dit nya.

10 Torka bort all olja, smuts och slam från filterhuset och kåpan med en ren trasa.

11 Sätt dit ett nytt filter i filterhuset och O-ringstätningarna på filterkåpan **(se bilder)**.

12 Stryk på ett tunt lager ren motorolja på O-ringstätningen på filterkåpan, sätt sedan tillbaka filtret i och kåpan på huset och dra åt den till angivet moment **(se bild)**. Sänk ner bilen.

13 Ta bort oljepåfyllningslocket och dra ut oljemätstickan ur röret. Fyll på med rätt typ av motorolja (se *Smörjmedel och vätskor*). En oljekanna med pip eller en tratt kan bidra till att minska spillet. Häll i hälften av den angivna mängden först och vänta sedan några minuter

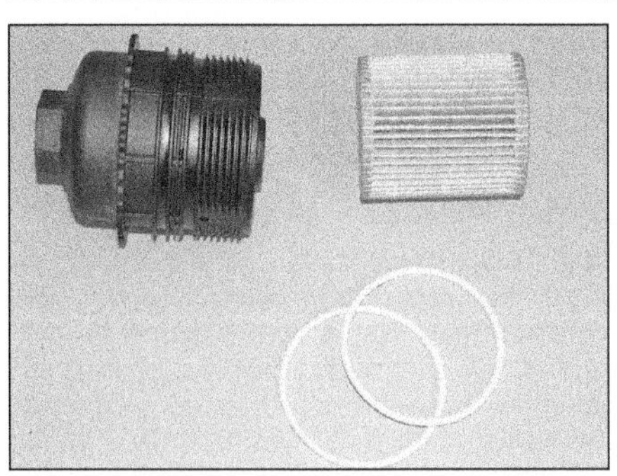

3.11a Det nya oljefiltret ska levereras tillsammans med nya O-ringstätningar

3.11b Sätt dit det nya filtret i huset . . .

3.11c . . . och de nya O-ringstätningarna i huskåpan

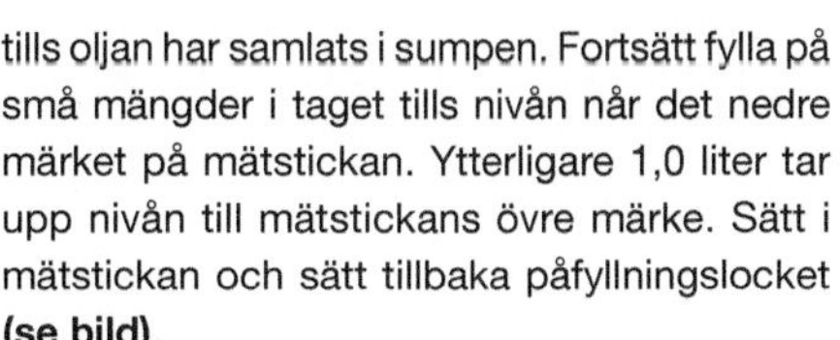

tills oljan har samlats i sumpen. Fortsätt fylla på små mängder i taget tills nivån når det nedre märket på mätstickan. Ytterligare 1,0 liter tar upp nivån till mätstickans övre märke. Sätt i mätstickan och sätt tillbaka påfyllningslocket **(se bild)**.

14 Starta motorn och låt den gå några minuter. Leta efter läckor runt oljefiltrets tätning och sumpens avtappningsplugg. Observera att det kan ta ett par sekunder innan oljetryckslampan släcks sedan motorn startats första gången efter ett oljebyte. Detta beror på att oljan cirkulerar runt i kanalerna och det nya filtret innan trycket byggs upp.

15 Stäng av motorn och vänta ett par minuter på att oljan ska rinna tillbaka till sumpen. Kontrollera oljenivån igen när den nya oljan har cirkulerat och filtret är fullt. Fyll på mer olja om det behövs.

16 Montera motorns undre skyddskåpa.

3.12 Sätt dit kåpan med O-ringarna i huset

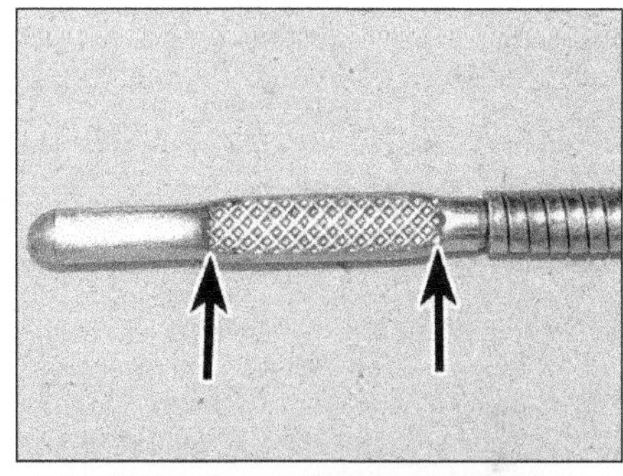

3.13 Skillnaden mellan den övre och den nedre markeringen på mätstickan är cirka 1,0 liter

17 Ta hand om den använda motoroljan på ett säkert sätt i enlighet med rekommendationerna i *Allmänna reparationsanvisningar*.

Efter 10 000 km och därefter var 20 000:e km

4 Servicemätare – återställning

1 Det finns en servicemätare i Saabs informationsdisplay (SID) på instrumentbrädan. När det börjar bli dags för nästa service ger mätaren utslag. När bilen har servats nollställs servicemätaren för hand. Du kan när som helst återställa visaren med Saabs diagnostikverktyg.

2 På SID-panelen trycker du på knappen CUSTOMIZE, välj sedan "System settings" och därefter "Service Info" i menyn.

3 Välj "Reset Service Ind" i menyn "Service Info". Servicemeddelandet återställs när du har tryckt på knappen INFO.

5 Slangar och vätskor – läckagekontroll

Kylsystem

Varning: Läs säkerhetsinformationen i "Säkerheten främst!" och kapitel 3 innan du modifierar någon av komponenterna i kylsystemet.

1 Kontrollera noggrant kylaren och kylvätskeslangarna i sin helhet. Byt ut alla slangar som är spruckna, svullna eller visar tecken på åldrande. Sprickor syns bättre om man klämmer på slangen. Var extra noga med slangklämmorna som håller fast slangarna vid kylsystemets komponenter. Slangklämmor som dragits åt för hårt kan punktera slangarna med läckor i kylsystemet som följd.

2 Undersök alla delar av kylsystemet (slangar, fogytor etc.) och leta efter läckor. Om några läckor förekommer ska den trasiga komponenten eller dess packning bytas ut enligt beskrivningen i kapitel 3 **(se Haynes tips)**.

Bränslesystem

Varning: Läs säkerhetsinformationen i "Säkerheten främst!" och kapitel 4B innan du modifierar någon av komponenterna i bränslesystemet.

3 Dieselläckor kan vara svåra att hitta om inte läckaget är uppenbart och syns tydligt. Bränsle tenderar att förångas snabbt vid kontakt med luft, särskilt i ett varmt motorrum. Små droppar kan försvinna innan själva läckan hittas. Låt bilen stå över natten om du misstänker att det finns ett bränsleläckage i motorrummet och kallstarta sedan motorn med motorhuven öppen. Metallkomponenter krymper en aning vid kyla och gummitätningar och slangar stelnar, så eventuella läckor blir lättare att hitta när motorn värms upp från kallstart.

4 Kontrollera alla bränsleledningar vid anslutningarna till bränslepump, common rail och bränslefilter. Undersök alla bränsleslangar

HAYNES TiPS

En läcka i kylsystemet syns normalt som vita eller frostskyddsmedelsfärgade avlagringar på området runt läckan.

av gummi efter hela deras längd och titta efter sprickor och skador. Leta efter läckor i de veckade skarvarna mellan gummislangarna och metalledningarna. Undersök anslutningarna mellan bränsleledningarna av metall och bränslefiltrets hus. Kontrollera även området runt bränsleinsprutarna och leta efter tecken på O-ringsläckage.

5 Lyft upp bilen på pallbockar för att kunna hitta läckor mellan bränsletanken och motorrummet (se *Lyftning och stödpunkter*). Undersök bensintanken och påfyllningsröret och leta efter hål, sprickor och andra skador. Anslutningen mellan påfyllningsröret och tanken är speciellt kritisk. Ibland läcker ett påfyllningsrör av gummi eller en slang beroende på att slangklämmorna är för löst åtdragna eller att gummit åldrats.

6 Undersök noga alla gummislangar och metallrör som leder från tanken. Leta efter lösa anslutningar, åldrade slangar, veck på rör och andra skador. Var extra uppmärksam på ventilationsrör och slangar som ofta är lindade runt påfyllningsröret och kan bli igensatta eller böjda så att det blir svårt att tanka. Följ bränsletillförsel- och returledningarna till den främre delen av bilen och undersök noga om det finns tecken på skador eller rost. Byt ut skadade delar vid behov.

Motorolja

7 Undersök området kring kamaxelkåpan, topplocket, oljefiltret och sumpens fogytor. Tänk på att det med tiden är naturligt med en viss genomsippring i dessa områden. Sök efter tecken på allvarligt läckage som orsakats av fel på packningen. Motorolja som sipprar från botten på kamkedjekåpan eller balanshjulskåpan kan vara tecken på att vevaxelns eller växellådans ingående axels packboxar läcker. Om ett läckage påträffas, byt den defekta packningen eller tätningen enligt beskrivning i relevant kapitel i denna handbok.

Automatväxelolja

8 I förekommande fall söker du efter läckage vid slangarna till växellådans vätskekylare i motorrummets främre del. Leta efter slitage som orsakats av korrosion och efter skador som orsakats av att slangarna släpat i marken eller av stenskott. Automatväxelolja är en tunn, ofta rödfärgad olja.

Servostyrningsvätskans nivå

9 Undersök slangen mellan vätskebehållaren och servostyrningspumpen samt returslangen från kuggstången till vätskebehållaren. Kontrollera även högtrycksslangen mellan pumpen och kuggstången.

10 Undersök noga varje slang. Leta efter slitage som orsakats av korrosion och efter skador som orsakats av att slangarna släpat i marken eller av stenskott.

11 Var extra noga med veckade anslutningar och området runt de slangar som är fästa med justerbara skruvklämmor. Liksom automatväxelolja är servostyrningsvätskan tunn och ofta rödfärgad.

Luftkonditioneringens kylmedium

Varning: Läs säkerhetsinformationen i "Säkerheten främst!" och kapitel 3 vad gäller riskerna med att modifiera komponenter i luftkonditioneringssystemet.

12 Luftkonditioneringssystemet är fyllt med flytande kylmedium som förvaras under högt tryck. Om luftkonditioneringssystemet öppnas och tryckutjämnas utan specialutrustning förångas kylmediet omedelbart och blandar sig med luften. Om vätskan kommer i kontakt med hud kan den orsaka allvarliga förfrysningsskador. Dessutom innehåller kylmediet ämnen som är skadliga för miljön. Därför ska det inte släppas ut okontrollerat i atmosfären.

13 Misstänkt läckage i luftkonditioneringssystemet ska omedelbart överlåtas till en Saab-verkstad eller en luftkonditioneringsspecialist. Läckage yttrar sig genom att nivån på kylmedium i systemet sjunker stadigt.

14 Observera att vatten kan droppa från kondensorns avtappningsrör under bilen omedelbart efter det att luftkonditioneringssystemet har använts. Detta är normalt och behöver inte åtgärdas.

Bromsvätska

Varning: Läs säkerhetsinformationen i "Säkerheten främst!" och kapitel 9 vad gäller riskerna med att hantera bromsvätska.

15 Undersök området runt bromsrörens anslutningar vid huvudcylindern och leta efter tecken på läckage enligt beskrivningen i kapitel 9. Kontrollera området runt bromsvätskebehållarens botten och titta efter läckage som orsakats av defekta tätningar. Undersök även bromsrörens anslutningar vid den hydrauliska ABS-enheten.

16 Om uppenbar vätskeförlust föreligger men inget läckage kan upptäckas i motorrummet ska bilen lyftas upp på pallbockar och bromsoken samt underredets bromsledningar kontrolleras (se *Lyftning och stödpunkter*). Vätskeläckage från bromssystemet är ett allvarligt fel som kräver omedelbart åtgärdande.

6.4 Leta efter slitage i navlagren genom att ta tag i hjulet och försöka vicka på det.

17 Hydraulvätskan till bromsarna/växellådan är giftig och har en vattnig konsistens. Ny hydraulvätska är i det närmaste färglös, men den mörknar med ålder och användning.

Oidentifierat vätskeläckage

18 Om det finns tecken på att vätska av någon sort läcker från bilen, men det inte går att avgöra vilken sorts vätska det är eller varifrån den kommer, parkera bilen över natten och lägg en stor bit kartong under den. Om kartongbiten är placerad på någorlunda rätt ställe kommer även mycket små läckage att synas på den. Detta gör det lättare både att avgöra var läckan är placerad samt att identifiera den med hjälp av färgen. Tänk på att vissa läckor bara ger ifrån sig vätska när motorn är igång!

Vakuumslangar

19 Bromssystemet är hydraulstyrt men bromsservon förstärker kraften som används på bromspedalen med hjälp av det vakuum som motorn skapar i insugsgrenröret. Vakuumet leds till servon genom en tjock slang. Läckor på slangen minskar bromsarnas effektivitet och kan även påverka motorn.

20 Några av komponenterna under motorhuven, särskilt avgaskontrollens komponenter, drivs av vakuum från insugsgrenröret via smala slangar. En läcka i vakuumslangen innebär att luft kommer in i slangen (i stället för att pumpas ut från den), vilket gör läckan mycket svår att upptäcka. Ett sätt är att använda en bit vakuumslang som ett slags stetoskop. Håll den ena änden mot (men inte i!) örat och den andra änden på olika ställen runt den misstänkta läckan. När slangens ände befinner sig direkt ovanför vakuumläckan hörs ett tydligt väsande ljud genom slangen. Motorn måste vara igång vid en sådan här undersökning, så var noga med att inte komma åt heta eller rörliga komponenter. Byt ut alla vakuumslangar som visar sig vara defekta.

6 Styrning och fjädring – kontroll

Framfjädring och styrning

1 Ställ framvagnen på pallbockar (se *Lyftning och stödpunkter*).

2 Kontrollera spindelledernas dammskydd och styrväxelns damasker. De får inte vara skavda, spruckna eller ha andra defekter. Slitage på någon av dessa delar medför att smörjmedel läcker ut och att smuts och vatten kan komma in, vilket snabbt sliter ut styrlederna eller styrväxeln.

3 Kontrollera servostyrningens vätskeslangar och leta efter tecken på skavning och åldrande. Undersök rör- och slanganslutningar med avseende på vätskeläckage. Leta även efter läckor under tryck från styrväxelns gummidamask, vilket indikerar trasiga tätningar i styrväxeln.

4 Ta tag i hjulet upptill och nedtill och försök rucka på det **(se bild)**. Ett ytterst litet spel kan märkas, men om rörelsen är stor krävs en närmare undersökning för att fastställa orsaken. Fortsätt rucka på hjulet medan en medhjälpare trycker på bromspedalen. Om spelet försvinner eller minskar markant är det troligen fråga om ett defekt hjullager. Om spelet finns kvar när bromsen är nedtryckt rör det sig om slitage i fjädringens leder eller fästen.

5 Fatta sedan tag i hjulet på sidorna och försök rucka på det igen. Märkbart spel beror antingen på slitage på hjullager eller på styrstagets styrleder. Om den yttre leden är sliten är det synliga spelet tydligt. Om den inre leden misstänks vara sliten kan man kontrollera detta genom att placera handen över kuggstångens gummidamask och ta tag om styrstaget. När hjulet ruckas känns rörelsen vid den inre leden om denna är sliten.

6 Leta efter glapp i fjädringsfästenas bussningar genom att bända mellan relevant komponent och dess fästpunkt med en stor skruvmejsel eller ett plattjärn. En viss rörelse är att vänta eftersom bussningarna är av gummi, men eventuellt större slitage visar sig tydligt. Kontrollera även de synliga gummibussningarnas skick och leta efter bristningar, sprickor eller föroreningar i gummit.

7 Ställ bilen på marken och låt en medhjälpare vrida ratten fram och tillbaka ungefär en åttondels varv åt vardera hållet. Det ska inte finnas något, eller bara ytterst lite, spel mellan rattens och hjulens rörelser. Om spelet är större ska de leder och fästen som beskrivs ovan kontrolleras noggrant. Undersök också om rattstångens kardanknut är sliten och kontrollera kuggstångsstyrningens växelkugghjul.

8 Kontrollera att framfjädringens fästen sitter ordentligt.

Bakfjädring

9 Klossa framhjulen och ställ bakvagnen på pallbockar (se *Lyftning och stödpunkter*).

10 Kontrollera att de bakre hjullagren, bussningarna och fjäderbenet eller stötdämparens fästen (i förekommande fall) inte är slitna, med samma metod som för framvagnens fjädring.

11 Kontrollera att bakfjädringens fästen sitter ordentligt.

Stötdämpare

12 Leta efter tecken på oljeläckage runt stötdämparna eller från gummidamaskerna runt kolvstängerna. Om det finns spår av olja är stötdämparen defekt och ska bytas. **Observera:** *Stötdämpare ska alltid bytas parvis på samma axel.*

13 Stötdämparens effektivitet kan kontrolleras genom att bilen gungas i varje hörn. I normala fall ska bilen återta planläge och stanna efter en nedtryckning. Om den höjs och studsar tillbaka är troligen stötdämparen defekt. Undersök även om stötdämparens övre och nedre fästen visar tecken på slitage.

Löstagbar bogsertillsats

14 Rengör kopplingsstiftet och stryk lite fett på sätet. Kontrollera att tillsatsen enkelt kan monteras och låses korrekt på plats.

7 Bromsklosslitage och bromsskiva – kontroll

1 Det arbete som beskrivs i det här avsnittet ska utföras med regelbundna intervall, eller närhelst det misstänks finnas en felaktighet i bromssystemet. Något av följande symptom kan tyda på ett eventuellt fel i bromssystemet:

a) Bilen drar mot ena sidan när bromspedalen är nedtryckt.
b) Bromsarna ger ifrån sig gnisslande, skrapande eller släpande oljud när de används.
c) Bromspedalens pedalväg är överdrivet lång, eller också är pedalmotståndet dåligt.
d) Bromsvätska måste ständigt fyllas på. Observera att eftersom den hydrauliska kopplingen använder samma vätska som bromssystemet (se kapitel 6) kan detta problem bero på en läcka i kopplingssystemet.

Skivbromsar fram

2 Dra åt handbromsen och lossa sedan framhjulens bultar. Lyft upp framvagnen och ställ den på pallbockar (se *Lyftning och stödpunkter*).

3 Ta bort hjulen för att komma åt bromsoken bättre.

4 Titta i bromsokets kontrollfönster och kontrollera att friktionsbeläggets tjocklek på bromsklossarna inte är mindre än den som rekommenderas i Specifikationer **(se Haynes tips)**.

5 Om det är svårt att exakt bedöma tjockleken på bromsklossarnas belägg, eller om du inte är nöjd med klossarnas skick, ska du ta bort dem från bromsoken och undersöka dem ytterligare (se kapitel 9).

6 Kontrollera det andra bromsoket på samma sätt.

7 Om någon av bromsklossarna är nedsliten till, eller under, den angivna gränsen ska *alla fyra* bromsklossarna bak på bilen bytas ut tillsammans. Om bromsklossarna är betydligt mer slitna på den ena sidan kan detta tyda på att bromsokets kolvar är delvis skurna – se processen för byte av bromskloss i kapitel 9 och skjut tillbaka kolvarna in i bromsoket för att frigöra dem.

8 Mät skivornas tjocklek med en mikrometer, om en sådan finns tillgänglig, för att kontrollera att de fortfarande kan användas. Låt dig inte luras av den rost som ofta bildas på skivans yttre kant och som kan få skivan att framstå som tjockare än den egentligen är. Skrapa bort lös rost om det behövs, utan att repa skivans (blanka) friktionsyta.

9 Om en skiva är tunnare än den angivna minimitjockleken, byt båda skivorna (se kapitel 9).

10 Kontrollera skivornas allmänna skick. Sök efter överdrivna repor och missfärgning som förorsakats av överhettning. Om dessa problem förekommer ska du ta bort den aktuella skivan och planslipa ytan eller byta den (se kapitel 9).

11 Se till att handbromsen är ordentligt åtdragen och kontrollera sedan att växellådan står i friläge. Snurra på hjulet och kontrollera att bromsen inte kärvar. Det är normalt att skivbromsen har ett viss motstånd, men det ska inte krävas någon större ansträngning för att vrida på hjulet – blanda inte ihop bromsens motstånd med motståndet från växellådan.

12 Innan hjulen monteras igen ska du kontrollera bromssystemets alla ledningar och slangar (se kapitel 9). Du ska i synnerhet kontrollera de böjliga slangarna i närheten av bromsoken, där de kan flytta sig mest. Böj dem mellan fingrarna (men vik dem inte dubbla, eftersom höljet kan skadas) och kontrollera att det inte finns några sprickor, skåror eller andra skador som tidigare varit dolda.

13 Avsluta med att montera tillbaka hjulen och sänka ner bilen. Dra åt hjulbultarna till angivet moment.

Bakre skivbromsar

14 Lossa bakhjulens bultar och klossa sedan framhjulen. Höj upp bakvagnen med domkraft och ställ den på pallbockar. Lossa handbromsen och ta bort bakhjulen.

Du kan göra en snabbkontroll av tjockleken på den inre bromsklossen genom att mäta den genom öppningen i bromsokshuset. Tänk på att beläggen normalt sitter fast i en stödplatta. För att skilja mellan metallen och beläggen är det bra att vrida på skivan långsamt först – sedan kan skivans kant identifieras, med beläggen på bromsklossarnas båda sidor och stödplattorna bakom.

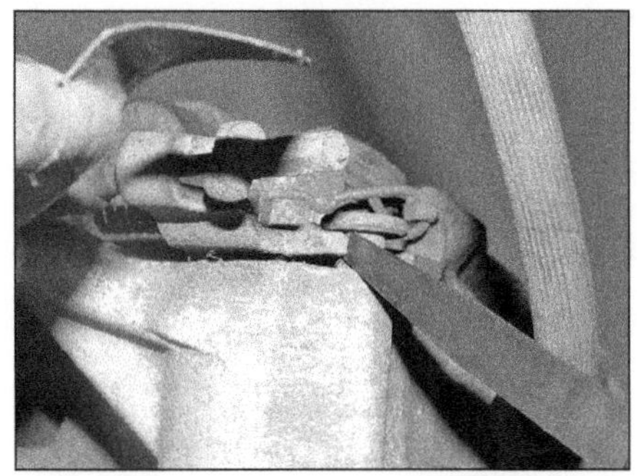

8.3 Sätt i ett bladmått på 1,0 mm mellan bromsoksarmen och stoppet

15 Proceduren för att kontrollera bromsarna bak är ungefär densamma som den som beskrivs i punkterna 2 till 13 ovan. Kontrollera att bromsarna bak inte kärvar. Observera att växellådans motstånd inte påverkar bakhjulen. Om det krävs onormalt stor kraft kan detta tyda på att handbromsen behöver justeras – se kapitel 9.

8 Handbroms – kontroll och justering

1 Klossa framhjulen, lyft upp bakvagnen med hjälp av en domkraft och stötta den på pallbockar (se *Lyftning och stödpunkter*).
2 Lägg ur handbromsspaken helt.
3 Kontrollera att avståndet mellan handbromsvajerns arm och bromsoket är 1,0 mm **(se bild)**. Om så inte är fallet, justera handbromsen enligt beskrivningen i kapitel 9.
4 Dra handbromsen helt och kontrollera att båda bakhjulen är låsta när du försöker vrida dem för hand.
5 Sänk ner bilen.

9 Säkerhetsbälten – kontroll

1 Arbeta med ett säkerhetsbälte i taget, undersök bältesväven ordentligt. Leta efter revor eller tecken på allvarlig fransning eller åldrande. Dra ut bältet så långt det går och undersök väven efter hela dess längd.
2 Spänn fast bilbältet och öppna det igen, kontrollera att bältesspännet sitter säkert och att det löser ut ordentligt när det ska. Kontrollera också att bältet rullas upp ordentligt när det släpps.
3 Kontrollera att infästningarna till säkerhetsbältena sitter säkert. De är åtkomliga inifrån bilen utan att klädsel eller andra detaljer behöver demonteras.
4 Kontrollera att bältespåminnaren fungerar.

10 Krockkuddar – kontroll

1 Följande arbete kan utföras av en hemmamekaniker, men om elektroniska problem upptäcks är det nödvändigt att uppsöka en Saab-verkstad eller annan specialist som har den nödvändiga diagnostiska utrustningen för avläsning av felkoder i systemet.
2 Vrid tändningsnyckeln till körläge (tändningens varningslampa lyser) och kontrollera att varningslampan för SRS (Supplementary Restraint System) lyser i tre till fyra sekunder. Efter fyra sekunder ska varningslampan slockna som ett tecken på att systemet är kontrollerat och fungerar som det ska.
3 Om varningslampan inte släcks, eller om den inte tänds, ska systemet kontrolleras av en Saab-verkstad eller annan specialist.
4 Undersök rattens mittplatta och krockkuddemodulen på passagerarsidan och se om det finns yttre skador. Kontrollera även framsätenas utsida runt krockkuddarna. Kontakta en Saab-verkstad eller annan specialist vid synliga skador.
5 I säkerhetssyfte, se till att inga lösa föremål finns i bilen som kan träffa krockkuddemodulerna om en olycka skulle inträffa.

11 Strålkastarinställning – kontroll

Se kapitel 12 för mer information.

12 Servostyrningsvätskans nivå – kontroll

1 Vissa dieselmodeller har elektrohydraulisk styrservo (EHPS), där kuggstången, elpumpen och behållaren är sammansatta till en enhet. Styrservons vätskebehållare sitter bredvid kuggstångens drev, i motorrummets bakre del **(se bild)**. På andra modeller drivs servostyrningspumpen av drivremmen, som i sin tur drivs av vevaxelns remskiva. Vätskenivån kontrollerar du när motorn står stilla.
2 Skruva loss påfyllningslocket från behållaren och torka bort alla olja från mätstickan med en ren trasa. Sätt tillbaka påfyllningslocket och ta sedan bort det igen. Observera vätskenivån på mätstickan **(se bild)**.
3 När motorn är kall ska vätskenivån vara mellan de övre MAX- och de nedre MIN-markeringarna på mätstickan. Om det endast finns ett märke ska nivån ligga mellan mätstickans nedre del och märket **(se bild)**.
4 Fyll på behållaren med angiven styrservovätska (fyll inte på för mycket), sätt sedan tillbaka locket och dra åt det.

13 Landsvägsprov

Instrument och elektrisk utrustning

1 Kontrollera funktionen hos alla instrument och den elektriska utrustningen.
2 Kontrollera att instrumenten ger korrekta avläsningar och slå på all elektrisk utrustning i tur och ordning för att kontrollera att den fungerar korrekt. Kontrollera att värmen, luftkonditioneringen och den automatiska klimatanläggningen fungerar.

Styrning och fjädring

3 Kontrollera om bilen uppför sig normalt med avseende på styrning, fjädring, köregenskaper och vägkänsla.
4 Kör bilen och var uppmärksam på ovanliga vibrationer eller ljud.

12.1 Vätskebehållaren för den elektrohydrauliska styrservon sitter bakom motorn (se pil)

12.2 Skruva loss påfyllningslocket – mätstickan sitter ihop med locket

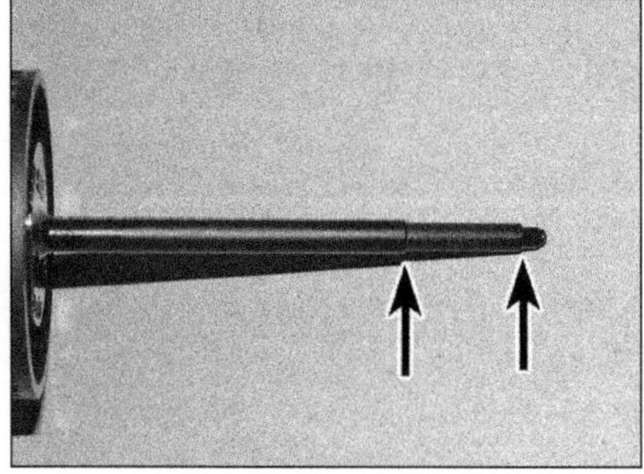

12.3 Vätskenivåns övre och nedre markeringar (se pilar)

5 Kontrollera att styrningen känns positiv, utan överdrivet "fladder" eller kärvningar, lyssna efter missljud från fjädringen vid kurvtagning eller gupp. Kontrollera att servostyrningen fungerar.

Drivaggregat

6 Kontrollera att motorn, kopplingen (manuell växellåda), växellådan och drivaxlarna fungerar. Kontrollera att visaren för turboladdningstryck går upp i det högre området vid kraftigt gaspådrag. Nålen kan korta ögonblick röra sig in på det röda området, men om detta händer ofta, eller under längre perioder, kan det vara fel på turboladdningsmekanismen (se kapitel 4B).

7 Lyssna efter ovanliga ljud från motorn, kopplingen (manuell växellåda) och transmissionen.

8 Kontrollera att motorn går jämnt på tomgång och att den inte "tvekar" vid acceleration.

9 På modeller med manuell växellåda, kontrollera att kopplingen är mjuk och effektiv, att kraften tas upp mjukt och att pedalen rör sig korrekt. Lyssna även efter missljud när kopplingspedalen är nedtryckt. Kontrollera att alla växlar går i mjukt utan missljud, och att växelspaken går jämnt och inte känns onormalt inexakt eller hackig.

10 På modeller med automatväxellåda kontrollerar du att alla växlingar är ryckfria och mjuka och att motorvarvet inte ökar mellan växlarna. Kontrollera att alla växelpositioner kan väljas när bilen står stilla. Om problem föreligger ska dessa tas om hand av en Saab-verkstad.

11 Kör bilen långsamt i en cirkel med fullt utslag på ratten och lyssna efter metalliska klick från framvagnen. Utför kontrollen åt båda hållen. Om du hör klickljud är det ett tecken på slitage i drivaxelleden, se kapitel 8.

Bromssystem

12 Kontrollera att bilen inte drar åt ena hållet vid inbromsning och att hjulen inte låser sig vid hård inbromsning.

13 Kontrollera att ratten inte vibrerar vid inbromsning.

14 Kontrollera att parkeringsbromsen fungerar ordentligt, utan för stort spel i spaken, och att den kan hålla bilen stilla i en backe.

15 Testa bromsservon på följande sätt. Stäng av motorn. Tryck ner bromspedalen fyra till fem gånger, så att vakuumet trycks ut. Starta sedan motorn samtidigt som du håller bromspedalen nedtryckt. När motorn startar ska pedalen ge efter märkbart medan vakuumet byggs upp. Låt motorn gå i minst två minuter och stäng sedan av den. Om pedalen nu trycks ner igen ska ett väsande ljud höras från servon. Efter fyra–fem upprepningar bör inget pysande höras, och pedalen bör kännas betydligt hårdare.

14 Frostskyddsmedlets koncentration – kontroll

1 Kylsystemet ska fyllas med rekommenderad frost- och korrosionsskyddsvätska. Efter ett tag kan vätskekoncentrationen minska på grund av påfyllning (detta kan undvikas genom att man bara fyller på med kylmedieblandning av korrekt koncentration) eller läckage. Om en läcka upptäcks måste den åtgärdas innan man fyller på mer kylvätska. Det exakta blandningsförhållandet mellan frostskyddsmedel och vatten beror på vädret. Blandningen bör innehålla minst 40 % och högst 70 % frostskyddsmedel. Läs blandningsdiagrammet på behållaren innan du fyller på med kylvätska. Använd frostskyddsmedel som motsvarar fordonstillverkarens specifikationer. Observera att frostskyddsmedlet från Saab-återförsäljarna redan är blandat med rätt mängd vatten.

2 Ta bort locket från expansionskärlet. Motorn ska vara kall. Placera en trasa över locket om motorn är varm. Ta bort locket försiktigt, så att eventuellt tryck pyser ut.

3 Testverktyg för frostskyddsmedel finns att köpa i tillbehörsbutiker. Dra upp lite kylmedium ur expansionskärlet och se efter hur många plastkulor som flyter i testaren. Oftast ska två eller tre kulor flyta vid korrekt koncentration, men följ tillverkarens anvisningar **(se bild)**.

4 Om koncentrationen är felaktig måste man antingen ta bort en del kylvätska och fylla på med frostskyddsmedel eller tappa ur den gamla kylvätskan helt och fylla på med ny av korrekt koncentration.

15 Drivaxelknutar och damasker – kontroll

1 Med bilens framvagn på pallbockar, vrid ratten till fullt utslag och snurra sedan långsamt på hjulet. Undersök de yttre drivknutarnas gummidamasker och kläm ihop damaskerna så att vecken öppnas **(se bild)**. Leta efter tecken på sprickor, delningar och åldrat gummi som kan släppa ut fett och släppa in vatten och smuts i drivknuten. Kontrollera även damaskernas klämmor vad gäller åtdragning och skick. Upprepa dessa kontroller på de inre drivknutarna. Om skador eller slitage påträffas bör damaskerna bytas enligt beskrivningen i kapitel 8.

2 Kontrollera samtidigt drivknutarnas skick genom att först hålla fast drivaxeln och sedan försöka snurra på hjulet. Upprepa kontrollen genom att hålla i den inre drivknuten och försöka rotera drivaxeln. Varje märkbar rörelse i drivknuten är ett tecken på slitage i drivknutarna, på slitage i drivaxelspårningen eller på att en av drivaxelns fästmuttrar är lös.

14.3 Följ tillverkarens instruktioner när du använder en testare för frostskyddsmedel

16 Avgassystem – kontroll

1 När motorn är kall undersöker du hela avgassystemet från motorn till avgasröret. Lyft upp bilen fram och bak om det behövs och ställ den säkert på pallbockar (se *Lyftning och stödpunkter*). Ta bort eventuella undre skyddskåpor, så att du kommer åt hela avgassystemet.

2 Kontrollera om avgasrör eller anslutningar visar tecken på läckage, allvarlig korrosion eller andra skador. Se till att alla fästbyglar och fästen är i gott skick och att relevanta muttrar och bultar är ordentligt åtdragna. Läckage i någon fog eller annan del visar sig vanligen som en sotfläck i närheten av läckan.

3 Skaller och andra missljud kan ofta härledas till avgassystemet, speciellt fästen och gummiupphängningar. Försök att rubba rör och ljuddämpare. Om det går att få delarna att komma i kontakt med underredet eller fjädringen, bör systemet förses med nya fästen. Man kan också sära på fogarna (om det går) och vrida rören så att de kommer på tillräckligt stort avstånd.

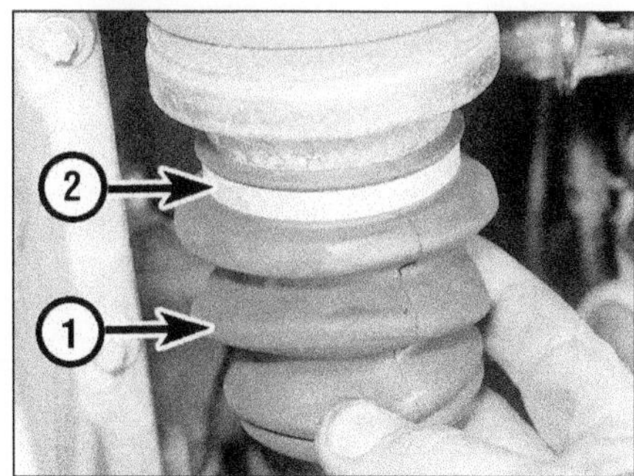

15.1 Kontrollera skicket på drivaxeldamaskerna (1) och fästklämmorna (2)

18.2 Tryck in centrumsprinten och bänd ut plastklämman som fäster ventilpanelen

18.3 Dra mellanväggens gummitätning uppåt

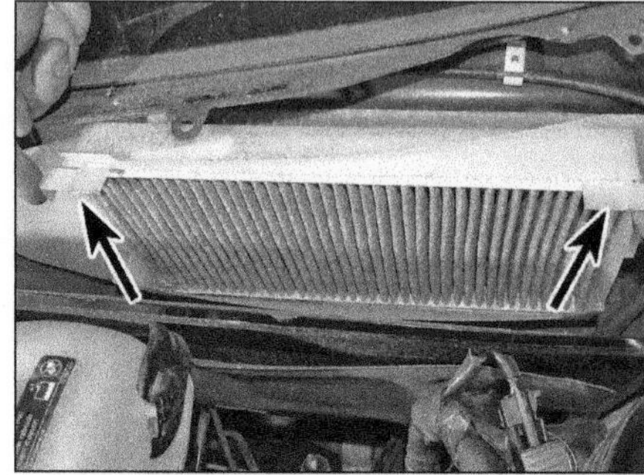
18.6a Lyft upp de båda klämmorna (se pilar) . . .

17 Gångjärn och lås – smörjning

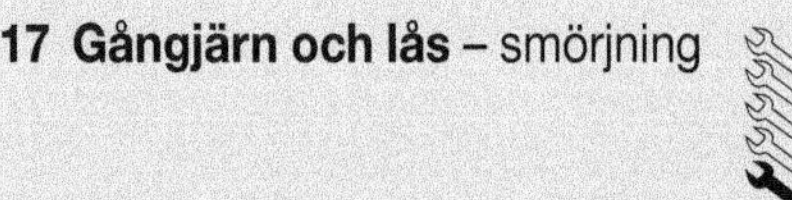

1 Smörj alla gångjärn på motorhuven, dörrarna och bakluckan med en lätt maskinolja.
2 Smörj försiktigt de två huvlåsen med lämpligt fett.
3 Kontrollera noga att alla gångjärn, spärrar och lås fungerar och är säkra. Kontrollera att centrallåssystemet fungerar.
4 Kontrollera skick och funktion hos motorhuvens/bakluckans fjäderben, byt ut dem om de läcker eller inte förmår hålla motorhuven/bakluckan öppen.

18 Pollenfilter – byte

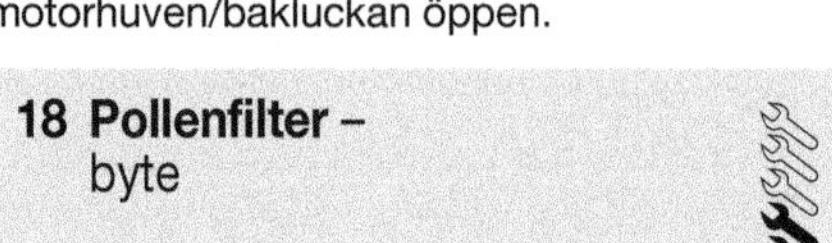

1 Ställ in torkarna i serviceläget genom att slå på tändningen och sedan vrida den till läget LOCK. Flytta sedan torkarbrytaren nedåt tills torkarna är i vertikalt läge.
2 Öppna motorhuven, ta bort klämmorna som fäster den vänstra delen av ventilpanelen **(se bild)**. På cabriolet-modeller tar du även bort klämman i panelens hörn.
3 Dra mellanväggens gummitätning uppåt från den vänstra sidan **(se bild)**.
4 Lyft upp skumklossen och lyft ventilpanelens främre kant och vik den åt höger.
5 Ta bort vattenskyddet. Observera att inte alla modeller har något vattenskydd.
6 Lossa de båda fästklämmorna och lyft bort filtret **(se bilder)**.
7 Montera den nya delen i omvänd ordning mot demonteringen **(se bild)**.

18.6b . . . och lyft bort filtret

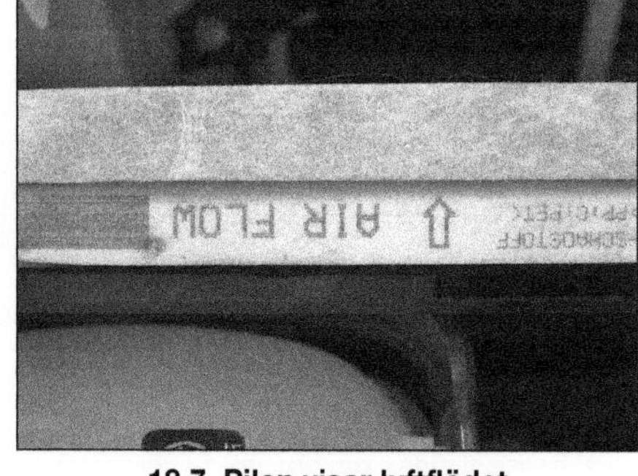
18.7 Pilen visar luftflödet

19 Utjämningskammarens dräneringsslang – rengör

1 Ta bort pollenfiltret enligt beskrivningen i avsnitt 18.
2 Lyft bort dräneringsslangen och rengör den **(se bild)**.
3 Sätt tillbaka dräneringsslangen och se till att den är ordentligt fäst.

20 Drivrem – kontroll

1 I alla motorer används en enkel, flertandad drivrem för att vidarebefordra kraft från vevaxelns remskiva till kylvätskepumpen, generatorn, servostyrningspumpen (i förekommande fall) och kylmediekompressorn. Drivremmen spänns automatiskt med en fjäderbelastad spännarremskiva.
2 Dra åt handbromsen och lyft upp framvagnen på pallbockar för att lättare komma åt drivremmen (se *Lyftning och stödpunkter*). Ta bort det högra framhjulet, ta sedan bort den nedre delen av plastfodringen under det högra hjulhuset för att komma åt vevaxelns remskiva **(se bild)**.
3 Håll bulten till vevaxelns remskiva med en lämplig hylsnyckel och rotera vevaxeln så att drivremmen kan undersökas efter hela sin längd. Kontrollera drivremmen med avseende på sprickor, revor, fransar eller andra skador. Leta också efter tecken på polering (blanka fläckar) och efter delning av remlagren. Byt ut remmen om den är utsliten eller skadad.

21 Bränslefilter – byte

Varning: Man måste vara väldigt noga med hygienen under det här arbetet. Även den allra minsta smutspartikel kan orsaka omfattande skador på bränslesystemet.

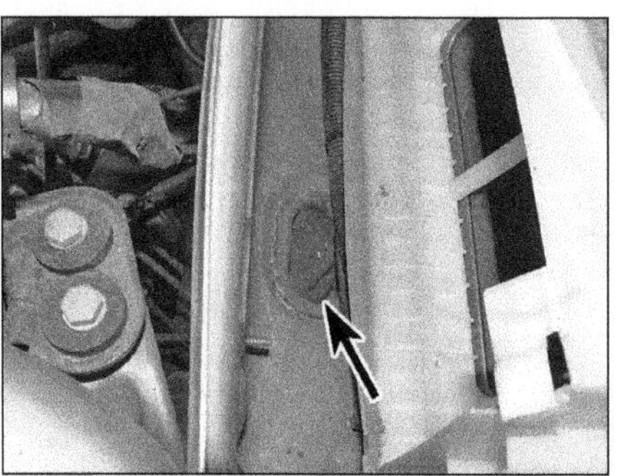
19.2 Kontrollera att utjämningskammarens avtappningshål (se pil) inte är igentäppt

20.2 Ta bort hjulhusfodret så att du kommer åt vevaxelns remskiva och drivrem

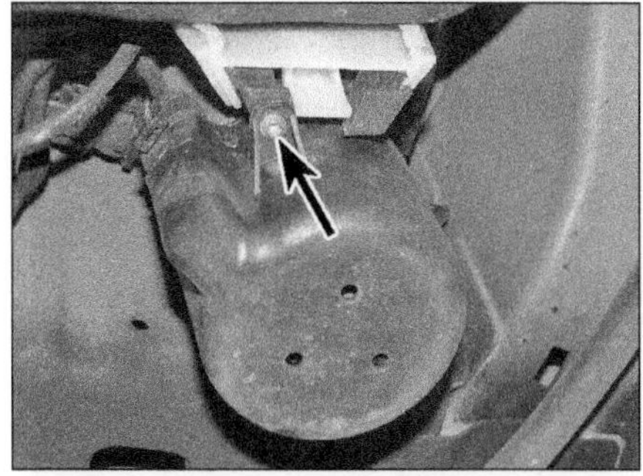
21.2 Skruva loss torxskruven (se pil) och sänk ner plastkåpan

21.3a Koppla loss givarens anslutningskontakt (se pil) . . .

21.3b . . . skruva sedan loss givaren och låt filtret rinna av

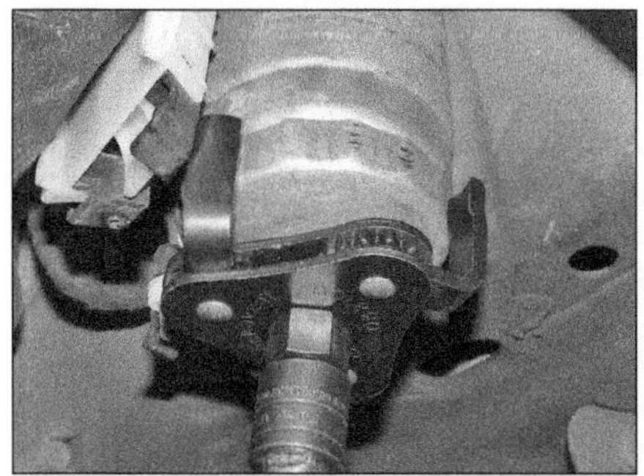
21.4 Använd ett filterborttagningsverktyg för att skruva loss filtret

21.5a Smörj in filtertätningen med rent bränsle . . .

21.5b . . . och skruva in den helt

1 Bränslefiltret sitter på bränsletankens vänstra sida, under bilen.
2 Skruva loss torxskruven och dra ner skyddskåpan på filtrets nedre del **(se bild)**.
3 Koppla loss vattengivarens anslutningskontakt och skruva sedan loss givaren från filtrets nedre del **(se bilder)**. Var beredd på att det rinner ut bränsle, placera ett kärl under filtret.
4 Skruva loss filterpatronen från huset, använd ett remskiveverktyg eller filterborttagningsverktyg **(se bild)**.
5 Smörj in den nya filtertätningen med lite rent dieselbränsle, skruva sedan det nya filtret på plats **(se bilder)**. Dra åt filtret till angivet moment.
6 Skruva i fast vattengivaren på det nya filtrets nedre del, se till att gummitätningen sitter ordentligt.
7 Återanslut vattengivarens anslutningskontakt, sätt tillbaka kåpan och dra åt fästskruven.
8 Starta motorn och kontrollera att filtret inte läcker.
9 Det gamla filtret ska tas om hand enligt gällande bestämmelser.

Var 60 000:e km

22 Ventilspel – kontroll och justering

Observera: *Den här metoden gäller endast för 1,9-litersmotorer med 8 ventiler och enkel överliggande kamaxel. 1,9-litersmotorn med 16 ventiler och dubbla överliggande kamaxlar har hydrauliska ventillyftare som är underhållsfria.*
1 Se kapitel 2B för en beskrivningen av metoden.

23 Luftfilter – byte

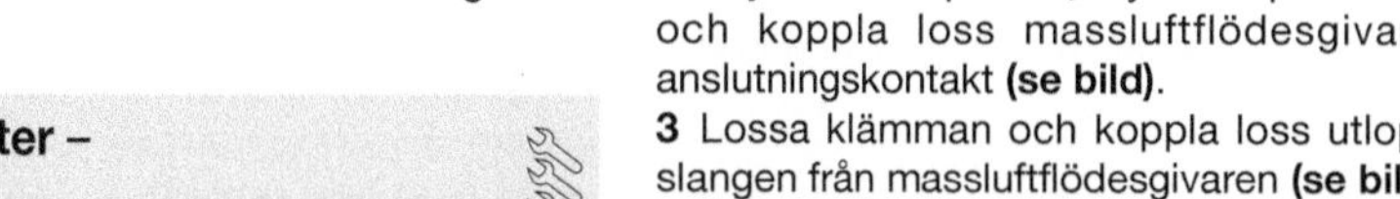

1 Luftrenaren sitter i motorrummets främre högra hörn.
2 Skjut ut låsspärren, tryck ihop klämman och koppla loss massluftflödesgivarens anslutningskontakt **(se bild)**.
3 Lossa klämman och koppla loss utloppsslangen från massluftflödesgivaren **(se bild)**.
4 Skruva loss de fem torxskruvarna och ta bort luftfilterkåpan **(se bild)**.
5 Lyft bort luftfiltret, notera i vilken riktning det sitter **(se bild)**.

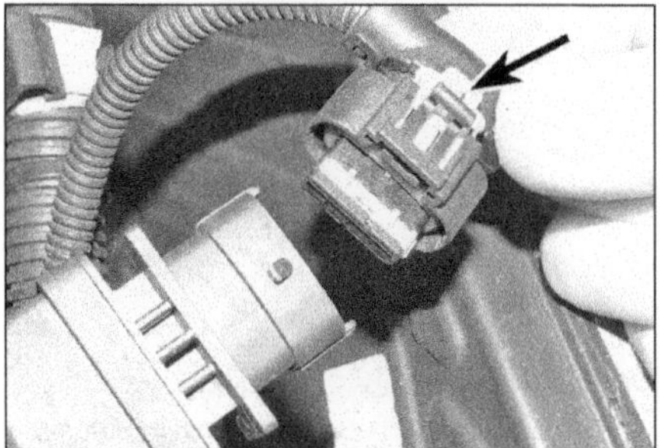
23.2 Skjut ut den gula låsspärren (se pil), tryck ihop klämman och koppla loss massluftflödesgivarens anslutningskontakt

23.3 Lossa luftutloppsslangens klämma (se pil)

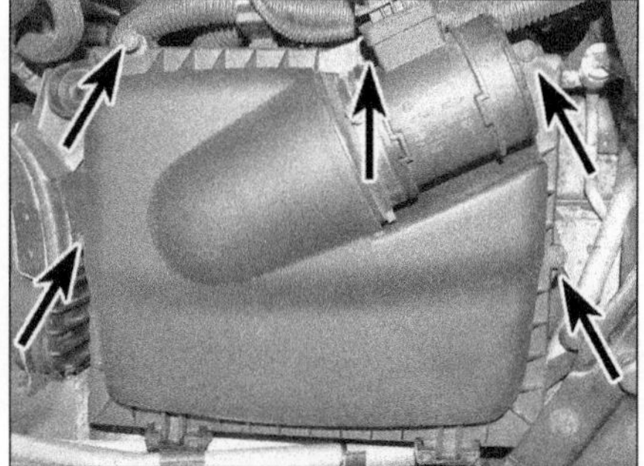
23.4 Filterkåpan är fäst med 5 torxskruvar (se pilar)

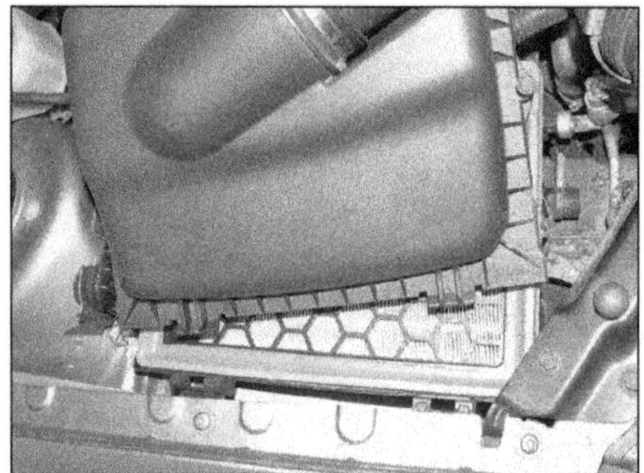

23.5 Lyft bort kåpan och ta bort filtret

23.6 Sätt dit det nya filtret med gummitätningen överst

24.2 Skruva loss påfyllnings-/nivåpluggen (se pil) – 5-växlad låda

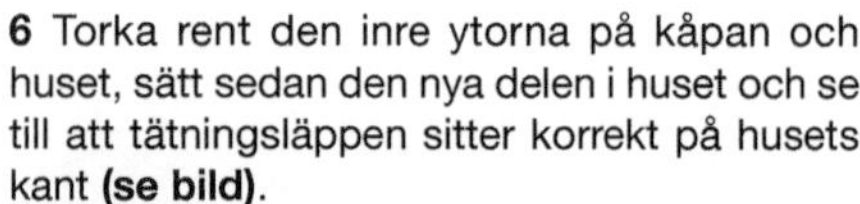

6 Torka rent den inre ytorna på kåpan och huset, sätt sedan den nya delen i huset och se till att tätningsläppen sitter korrekt på husets kant **(se bild)**.

7 Sätt tillbaka kåpan och dra åt torxskruvarna ordentligt.

8 Återanslut luftutloppsslangen och fäst den genom att dra åt slangklämman.

9 Återanslut massluftflödesgivarens anslutningskontakt.

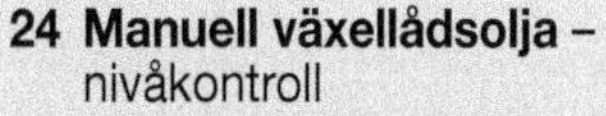

24 Manuell växellådsolja – nivåkontroll

Observera: *I Saabs serviceschema finns inget krav på att man kontrollerar växellådsoljans nivå. Men vi rekommenderar att du utför följande arbete på en 5-växlad låda vid de intervall som anges i början av det här kapitlet.*

5-växlad låda

1 Kör bilen en kort sträcka så att växellådan värms upp till normal arbetstemperatur. Parkera bilen över en smörjgrop eller hissa upp den och stötta den på pallbockar (se *Lyftning och stödpunkter*). Oavsett vilken metod som används, se till att bilen står plant så att oljenivån ska kunna kontrolleras senare. Skruva loss fästena och ta bort motorns undre skyddskåpa **(se bild 3.4)**.

2 Placera en lämplig behållare under växellådan, skruva sedan loss påfyllnings-/nivåpluggen på växellådshusets vänstra sida **(se bild)**.

3 Oljenivån ska nå nederdelen av påfyllnings-/nivåpluggshålet. Fyll vid behov på vätska tills den rinner över hålets kant.

4 Sätt tillbaka påfyllnings-/nivåpluggen och dra åt den till angivet moment.

5 Sänk ner bilen.

6-växlad låda

6 Det finns ingen nivåplugg på den 6-växlade lådans hus, och det finns inget krav i Saabs serviceschema för att kontrollera eller byta oljan. Om du behöver kontrollera att växellådan har rätt mängd olja, måste du tömma ut oljan och fylla på den igen enligt beskrivningen i kapitel 7A.

Var 95 000:e km

25 Kamrem – byte

1 Se kapitel 2B (enkel överliggande kamaxel, motorer med 8 ventiler) eller 2C (dubbla överliggande kamaxlar, motorer med 16 ventiler) efter tillämplighet.

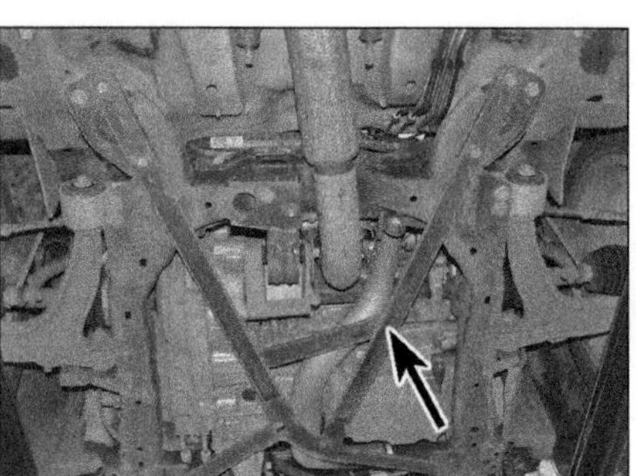

26.2 Det främre chassits förstärkning (se pil) – cabriolet

26 Automatväxelolja – byte

1 Kör bilen en kort sträcka så att växellådan värms upp till normal arbetstemperatur. Parkera bilen över en smörjgrop eller hissa upp den och stötta den på pallbockar (se *Lyftning och stödpunkter*). Oavsett vilken metod som används, se till att bilen står plant så att oljenivån ska kunna kontrolleras senare. Skruva loss fästena och ta bort motorns undre skyddskåpa.

5-växlad låda

2 På cabrioletmodeller skruvar du loss bultarna och tar bort den främre chassiförstärkningen **(se bild)**.

3 Placera en lämplig behållare under växellådan, skruva bort avtappningspluggen och låt oljan rinna ner i behållaren **(se bild)**.

Varning: Oljan är mycket het, så vidtag försiktighetsåtgärder för att undvika skållning. Tjocka, vattentäta handskar rekommenderas.

4 När all olja har runnit ut, torka avtappningspluggen ren och montera den i växelhuset. Montera en ny tätningsbricka om det behövs. Dra åt pluggen till angivet moment.

5 Ta bort nivåmätstickan och fyll på automatlådan med rätt mängd av den angivna sortens olja genom mätstickans hål. Det blir mycket enklare om du använder en tratt och en bit slang. Använd först mätstickans markeringar för låg temperatur, kör sedan en sväng med bilen. När oljan har nått arbetstemperatur, kontrollera oljenivån igen med mätstickans markeringar för hög temperatur. Observera att skillnaden mellan

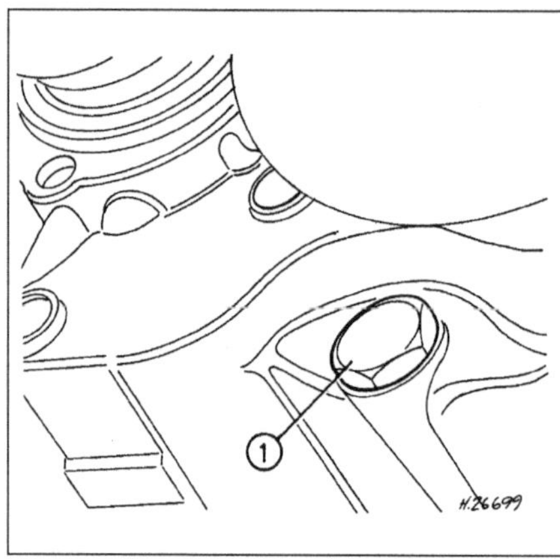

26.3 Växellådsoljans avtappningsplugg (1) – 5-växlade modeller

mätstickans markeringar COLD och HOT är cirka 0,3 liter.

6 Sätt i förekommande fall tillbaka den främre chassiförstärkningen och dra åt bultarna till angivet moment.

6-växlad låda

7 Placera en lämplig behållare under växellådan, skruva bort avtappningspluggen och låt oljan rinna ner i behållaren **(se bild)**.

Varning: Oljan är mycket het, så vidtag försiktighetsåtgärder för att undvika skållning. Tjocka, vattentäta handskar rekommenderas.

8 Skruva loss påfyllningspluggen från höljets övre del och fyll på cirka tre liter ny olja **(se bild)**.

9 Sänk ner bilen.

10 Kör motorn tills oljetemperaturen är cirka 30 till 45 °C, flytta sedan växelspaken från läge P till D, och tillbaka igen, med fotbromsen nedtryckt. Låt växelväljarspaken vila i varje position i två sekunder. Upprepa proceduren två gånger.

11 Lyft upp bilen igen, placera ett kärl under växellådans avtappnings-/påfyllningsplugg, och skruva loss påfyllningsskruven från pluggens mitt. Om nivån är för hög rinner det ut olja från påfyllningshålet – sätt tillbaka skruven och dra åt den ordentligt. Om det inte rinner ut någon olja, fyll på olja genom påfyllningshålet ovanpå växellådshuset tills det rinner ut olja genom hålet. Låt överflödet rinna av och sätt sedan tillbaka påfyllningsskruven ordentligt.

12 Sätt tillbaka påfyllningspluggen och dra åt den till angivet moment.

13 Sänk ner bilen.

27 Drivrem - byte

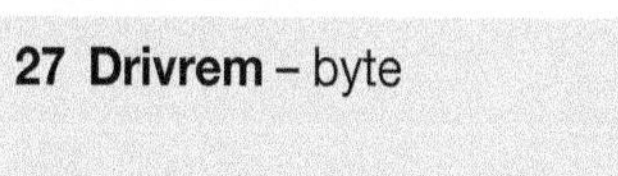

1 På alla motorer används en räfflad drivrem för att överföra drivkraften från vevaxelns remskiva till generatorn och kylmediekompressorn. Drivremmen spänns automatiskt med en fjäderbelastad spännarremskiva.

2 Dra åt handbromsen och lyft upp framvagnen på pallbockar för att lättare komma åt drivremmen (se *Lyftning och stödpunkter*). Ta bort det högra framhjulet, ta sedan bort den nedre delen av plastfodringen under det högra hjulhuset för att komma åt vevaxelns remskiva.

3 Spännarremskivans fjäder måste nu pressas ihop och spärras. Använd en nyckel eller hylsa och arm, rotera spännaren medurs och sätt sedan in en låssprint eller ett 5 mm borrbits när hålen i armen och karossen ligger över varandra, för att spärra spännaren **(se bilder)**.

4 Lossa drivremmen från remskivorna, ta sedan bort den från motorrummet via det högra hjulhuset. Om remmen ska användas igen, markera dess rotationsriktning.

5 Placera drivremmen över samtliga remskivor och kontrollera att flerspårssidan griper i spåren på remskivorna **(se bild)**.

6 Tryck ihop spännarfjädern och ta bort låssprinten/borrbitset. Lossa spännaren långsamt, låt trycka mot drivremmens baksida.

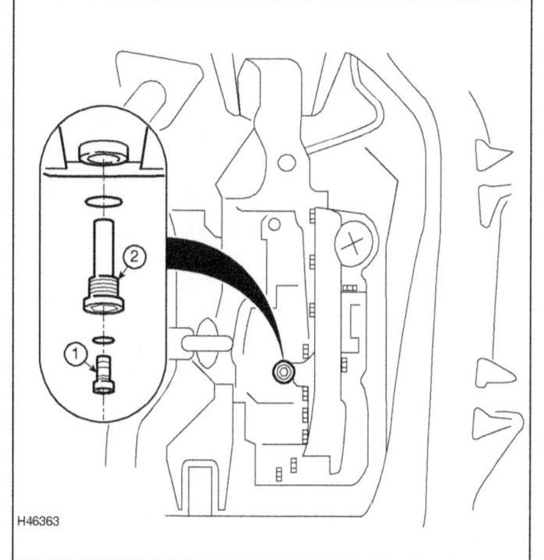

26.7 Växellådsoljans nivåkontrollplugg (1) och avtappningsplugg (2) - 6-växlad låda

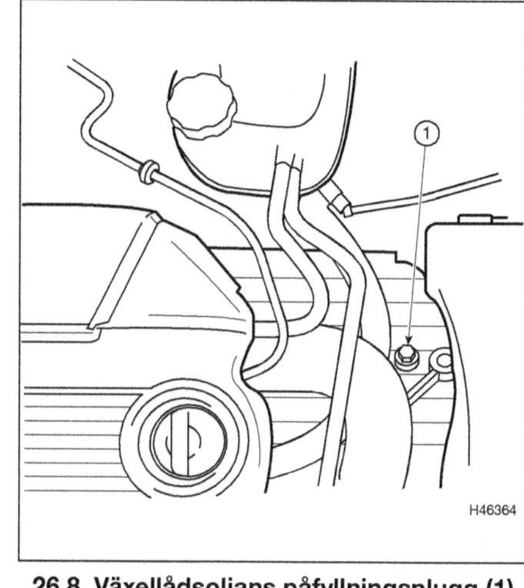

26.8 Växellådsoljans påfyllningsplugg (1)

7 Se till att remmen sitter ordentlig på remskivorna, starta sedan motorn och låt den gå på tomgång i några minuter. Detta gör att spännaren kan återta sin plats och fördela spänningen jämnt längs hela remmen. Stanna motorn och kontrollera än en gång att remmen sitter korrekt på alla remskivor.

8 Sätt sedan tillbaka hjulhusets plastfodring, montera hjulet och sänk ner bilen.

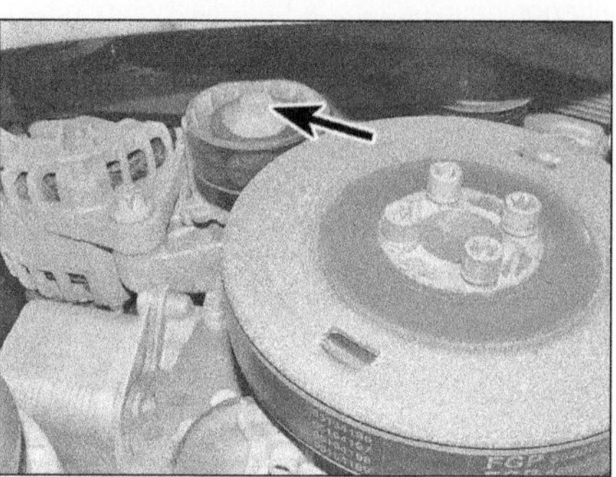

27.3a Vrid drivremsspännaren medurs med hjälp av en nyckel på remskivans centrumbult (se pil) . . .

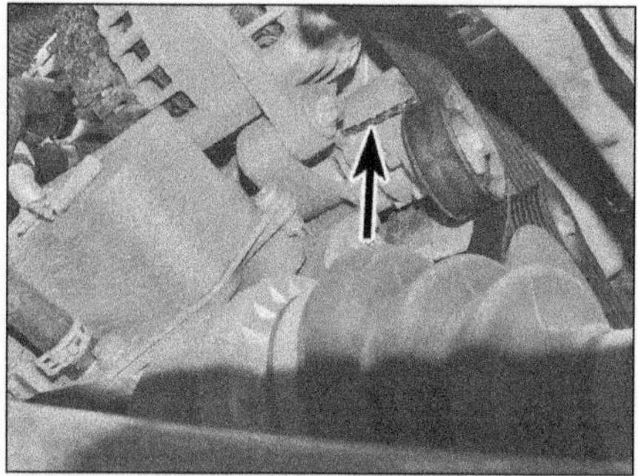

27.3b . . . spärra sedan spännaren genom att föra in en låssprint eller ett borrbits (se pil) genom det särskilda hålet

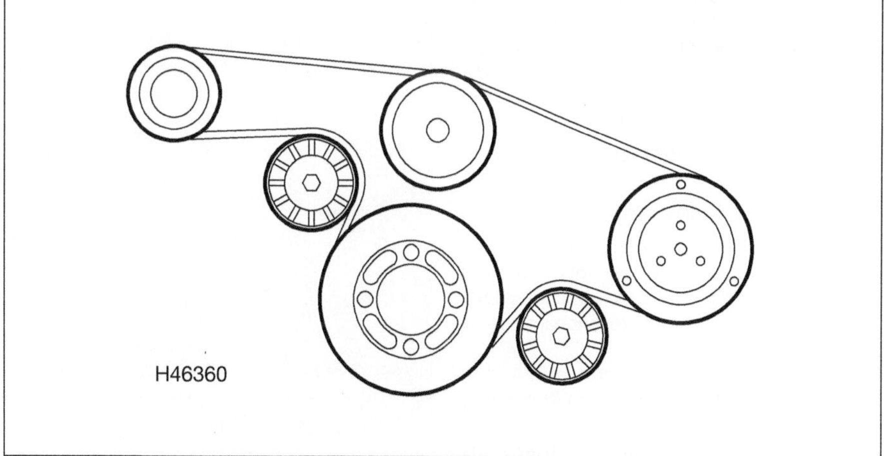

27.5 Drivremsdragning

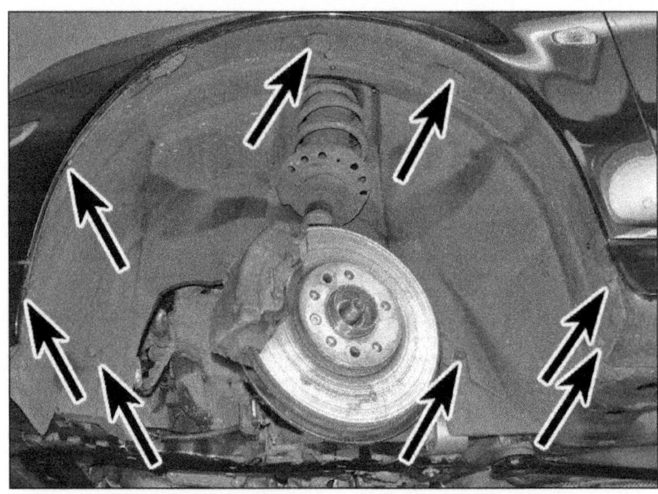

28.3a Hjulhusfodrets skruvar/muttrar (se pilar)

28.3b Kylarens undre skyddskåpas mittbultar (se pilar)

Vart tredje år

28 Kylvätska – byte

Observera: *Detta arbete ingår inte i Saabs schema och ska inte behövas om det rekommenderade frostskyddsmedlet används.*

Varning: Låt inte frostskyddsmedel komma i kontakt med huden eller lackerade ytor på bilen. Skölj omedelbart förorenade områden med rikligt med vatten. Lämna inte ny eller gammal kylvätska där barn eller djur kan komma åt den – de kan lockas av den söta doften. Även om man bara sväljer en liten mängd kylvätska kan det vara dödligt. Torka genast upp spill på garagegolvet och på droppskyddet. Se till att behållare med frostskyddsmedel är övertäckta, och reparera läckor i kylsystemet så snart som de upptäcks.

Varning: Ta aldrig bort expansionskärlets påfyllningslock när motorn är igång, eller precis har stängts av, eftersom kylsystemet är hett och den ånga som kommer ut och den skållheta kylvätskan kan förorsaka allvarliga skador.

Varning: Vänta tills motorn är helt kall innan arbetet påbörjas.

Tömning av kylsystemet

1 När motorn är helt kall kan expansionskärlets påfyllningslock tas bort. Vrid locket moturs och vänta tills allt återstående tryck försvunnit ur systemet, skruva sedan loss locket och ta bort det.

2 Lyft upp framvagnen och stötta den ordentligt på pallbockar (se *Lyftning och stödpunkter*).

3 Skruva loss skruvarna och ta bort kylarens undre skyddskåpa. Observera fästskruvarna i hjulhusfodret **(se bilder)**.

4 Anslut en slang till avtappningspluggen på kylarens högra sida och placera slangens andra ände i ett lämpligt kärl. Lossa avtappningspluggen och låt kylvätskan rinna ut i kärlet **(se bild)**.

5 När kylvätskeflödet upphör, dra åt avtappningspluggen, ta bort slangen och sätt tillbaka den undre skyddskåpan. Sänk ner bilen.

6 Om kylvätskan har tömts av någon annan anledning än byte kan den återanvändas (även om det inte rekommenderas), förutsatt att den är ren och mindre än två år gammal.

Spolning av kylsystem

7 Om kylvätskebyte inte har utförts regelbundet eller om frostskyddet spätts ut, kan kylsystemet med tiden förlora i effektivitet på grund av att kylvätskekanalerna sätts igen av rost, kalkavlagringar och annat sediment. Kylsystemets effektivitet kan återställas genom att systemet spolas rent.

8 För att undvika förorening bör kylsystemet spolas losskopplat från motorn.

Kylarspolning

9 Lossa de övre och nedre slangarna och alla andra relevanta slangar från kylaren enligt beskrivningen i kapitel 3.

28.4 Avtappningspluggen (se pil) sitter på kylarens högra ände

10 Stick in en trädgårdsslang i det övre kylarinloppet. Spola rent vatten genom kylaren och fortsätt spola tills rent vatten kommer ut från kylarens nedre utsläpp.

11 Om det efter en rimlig tid fortfarande inte kommer ut rent vatten kan kylaren spolas ur med kylarrengöringsmedel. Det är viktigt att spolmedelstillverkarens anvisningar följs noga. Om kylaren är svårt förorenad, ta bort kylaren och stick in slangen i nedre utloppet och spola ur kylaren baklänges, sätt sedan tillbaka den.

Motorspolning

12 Ta bort termostathuset enligt beskrivningen i kapitel 3. Om kylarens övre slang har kopplats loss, återanslut den tillfälligt.

13 Lossa de övre och nedre kylarslangarna från kylaren och stick in en trädgårdsslang i den övre kylarslangen. Spola rent vatten genom motorn och fortsätt spola tills rent vatten kommer ut från kylarens nedre slang.

14 När spolningen är avslutad, montera tillbaka termostaten och anslut slangarna enligt beskrivning i kapitel 3.

Kylsystem – påfyllning

15 Kontrollera innan påfyllningen inleds att alla slangar och slangklämmor är i gott skick och att klämmorna är väl åtdragna. Observera att frostskydd ska användas året runt för att förhindra korrosion i motorn.

16 Se till att luftkonditioneringen (A/C) eller den automatiska klimatanläggningen (ACC) är avstängd. På så sätt hindras luftkonditioneringssystemet att starta kylarfläkten innan motorn har uppnått normal temperatur vid påfyllningen.

17 Skruva av expansionskärlets lock och fyll systemet långsamt tills kylvätskenivån når 30 mm ovanför MAX-markeringen på sidan av expansionskärlet.

18 Skruva loss luftningsskruven i kylvätskeröret på motorns framsida **(se bild)**. Låt eventuell luft sippra ut och stäng luftningsskruven när det kommer bubbelfri kylvätska från röret.

19 Kontrollera kylvätskenivån, fyll på vid behov, sätt sedan tillbaka och dra åt expansionskärlets påfyllningslock.

20 Starta motorn och vrid upp temperaturen. Kör motorn tills den har uppnått normal arbetstemperatur (kylfläkten slås på och stängs av). Om du kör motorn med olika varvtal värms den upp snabbare.

21 Stanna motorn och låt den svalna, kontrollera sedan kylvätskenivån igen enligt beskrivningen i *Veckokontroller*. Fyll på mera vätska om det behövs, och sätt tillbaka expansionskärlets påfyllningslock.

Frostskyddsblandning

22 Använd endast etylenglykolbaserat frostskyddsmedel som är lämpat för motorer med blandade metaller i kylsystemet. Mängden frostskyddsmedel och olika skyddsnivåer anges i specifikationerna.

23 Innan frostskyddsmedlet hälls i ska kylsystemet tappas ur helt och helst spolas igenom. Samtliga slangar ska kontrolleras beträffande kondition och tillförlitlighet.

24 När kylsystemet har fyllts med frostskyddsmedel är det klokt att sätta en etikett på expansionskärlet som anger frostskyddsmedlets typ och koncentration, samt datum för påfyllningen. All efterföljande påfyllning ska göras med samma typ och koncentration av frostskyddsmedel.

Varning: Använd inte motorfrostskyddsmedel i vindrutans/bakrutans spolarvätska, eftersom det skadar lacken. Spolarvätska bör hällas i spolarsystemet i den koncentration som anges på flaskan.

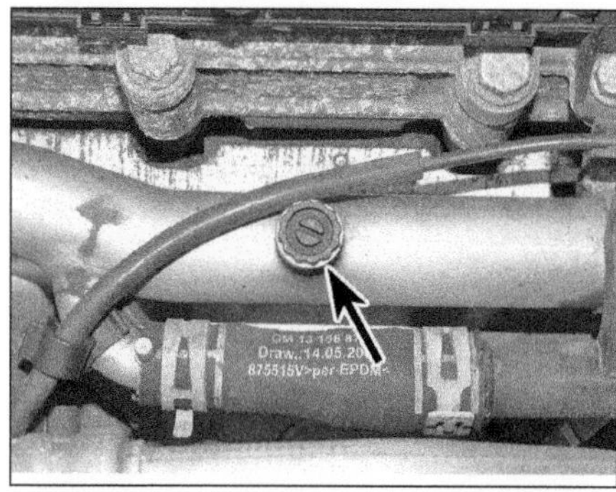

28.18 Luftningsskruven (se pil) sitter i metallkylvätskeröret på motorns framsida

Vart fjärde år

29 Bromsvätska – byte

Varning: Hydraulisk bromsvätska kan skada ögonen och bilens lack, så var ytterst försiktig vid hanteringen. Använd aldrig vätska som har stått i ett öppet kärl under någon längre tid eftersom den absorberar fukt från luften. För mycket fukt i bromsvätskan kan medföra att bromseffekten minskar, vilket är livsfarligt.

1 Metoden liknar den som används för luftning av hydraulsystemet som beskrivs i kapitel 9.

2 Arbeta enligt beskrivningen i kapitel 9 och öppna den första luftningsskruven i ordningen, pumpa sedan försiktigt på bromspedalen tills nästan all gammal vätska runnit ut ur huvudcylinderbehållaren. Fyll på vätska upp till MAX-nivån och fortsätt pumpa tills endast den nya vätskan återstår i behållaren och ny vätska kan ses rinna ut från avluftningsskruven. Dra åt skruven och fyll på behållaren till maxmarkeringen.

3 Gå igenom resterande avluftningsskruvar i ordningsföljd och pumpa tills ny vätska kommer ur dem. Var noga med att alltid hålla huvudcylinderbehållarens nivå över MIN-markeringen, annars kan luft tränga in i systemet och då ökar arbetstiden betydligt.

4 När du är klar kontrollerar du att alla avluftningsskruvar är ordentligt åtdragna och att deras dammskydd sitter på plats. Skölj bort alla spår av vätskespill och kontrollera huvudcylinderbehållarens vätskenivå.

5 Kontrollera bromsarnas funktion innan bilen körs igen.

30 Fjärrkontrollens batteri – byte

1 Tryck in plattan på fjärrkontrollens baksida och dra ut nödnyckeln.

2 Sätt in nyckelns ände i det lilla hålet och vrid den sedan för att sära på fjärrkontrollens båda halvor **(se bild)**.

3 Observera hur batteriet sitter (plussidan nedåt) och ta sedan bort det från fjärrkontrollen.

Observera: *Undvik att röra batteripolerna eller fjärrkontrollens krets med dina bara händer.*

4 Sätt dit det nya batteriet och knäpp ihop fjärrkontrollens båda halvor **(se bild)**.

5 Nu måste du synkronisera fjärrkontrollen med mottagaren genom att sätta in nyckeln i tändningslåset. Om bilen är låst, lås upp den med nödnyckeln (larmet går igång), sätt in fjärrkontrollen i tändningslåset och slå på det. Då synkroniseras komponenterna och larmet slås av.

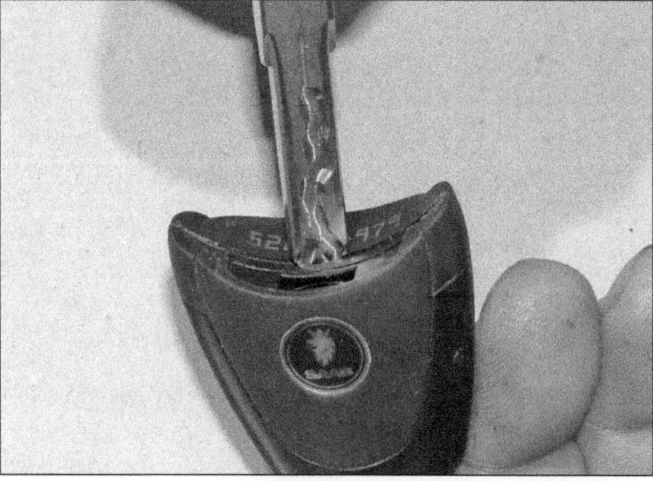

30.2 Sätt in nyckelns ände i det lilla urtaget och bänd isär de båda halvorna

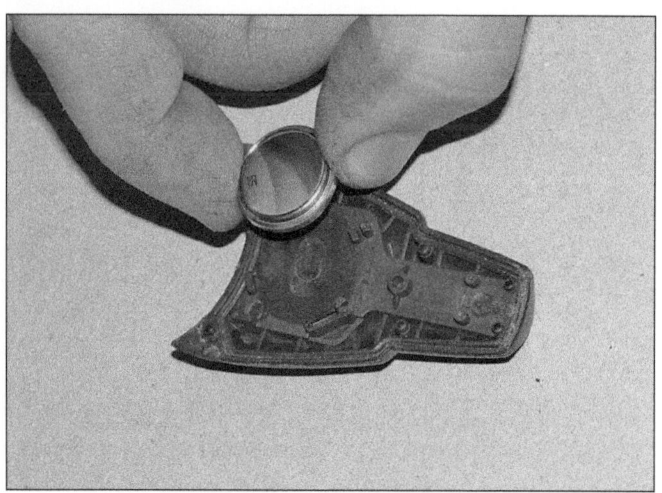

30.4 Sätt in det nya batteriet med plussidan nedåt (+)

Kapitel 2 Del A:
Reparationer med motorn kvar i bilen – bensinmotorer

Innehåll

Svårighetsgrad

Enkelt, passar novisen med lite erfarenhet	**Ganska enkelt,** passar nybörjaren med viss erfarenhet	**Ganska svårt,** passar kompetent hemmamekaniker	**Svårt,** passar hemmamekaniker med erfarenhet	**Mycket svårt,** för professionell mekaniker

Specifikationer

Allmänt

Motortyp Fyrcylindrig, rak, vattenkyld. Kedjedrivna, dubbla överliggande kamaxlar, 16 ventiler, topplock och motorblock i aluminiumlegering

Beteckning:	
1998 cc 110 kW med turbo	B207E
1998 cc 129 kW med turbo	B207L eller S
1998 cc 154 kW med turbo	B207R
Cylinderdiameter	86,00 mm
Slaglängd	86,00 mm
Vevaxelns rotationsriktning	Medurs (sett från fordonets högra sida)
Cylinder nr 1, placering	Vid motorns kamkedjesida
Kompressionsförhållande	9,5: 1
Lägsta kompressionstryck	12,4 bar
Maximal kraft/moment:	
B207E	110 kW @ 5 700 varv/minut / 240 Nm @ 2 200 varv/minut
B207L eller S	129 kW @ 5 800 varv/minut / 265 Nm @ 2 700 varv/minut
B207R	154 kW @ 5 300 varv/minut / 300 Nm @ 2 400 varv/minut

Kamaxlar

Drift	Kedja från vevaxeln
Antal lager	6 på varje kamaxel
Kamaxellagertapp, diameter (yttre diameter)	26,935 till 26,960 mm
Axialspel (utan kamaxeldrev)	0,104 till 0,177 mm
Kamaxellobens lyfthöjd:	
Insug	9,7 mm
Avgas	9,9 mm

Smörjsystem

Oljepump, typ	Kugghjulspump i kamkedjekåpan, driven från vevaxeln
Lägsta oljetryck vid 80 °C:	
Vevhus	2,0 bar vid 1 000 varv/minut
Topplock	0,8 bar vid 1 000 varv/minut
Oljetryckskontakten aktiveras vid	0,3 bar
Den tryckreglerande ventilen öppnas vid	5,0 bar
Oljekylarens termostat börjar öppnas vid	ungefär 107 °C

Åtdragningsmoment

	Nm
Avtappningsplugg för motorolja	25
Balansaxlarnas fästbultar	10
Balansaxlarnas kedjespännare	10
Bult till kamkedjespännarens styrning	10
Bultar, sump till vevhus	22
Bultar, sump till växellåda	70
Centrumbult till balansaxlarnas kedjedrev:	
Steg 1	8
Steg 2	Vinkeldra ytterligare 30°
Det främre chassits förstärkningsbultar (endast cabriolet)	50
Drivplatta mot vevaxel*:	
Steg 1	65
Steg 2	Vinkeldra ytterligare 40°
Drivremsspännare	50
Fästbultar till balansaxlarnas kedjestyrning	10
Generator	20
Hjulbultar	110
Kamaxeldrev:	
Steg 1	85
Steg 2	Vinkeldra ytterligare 30°
Kamaxellageröverfall:	
M6	8
M8	22
Kamkedjekåpa	20
Kamkedjespännare	75
Kamkedjestyrningens bult	10
Kamkedjestyrningens plugg	25
Kolvarnas kylmunstycken	15
Kylvätskepump:	
Lång bult	25
Korta bultar	20
Luftkonditioneringskompressor	24
Motorfästen:	
Bakre momentstag till kryssrambalk:	
Steg 1	60
Steg 2	Vinkeldra ytterligare 90°
Bakre momentstag till sump	37
Höger fästbygel till motor	93
Höger fästdyna till kaross:	
Steg 1	40
Steg 2	Vinkeldra ytterligare 60°
Höger fästdyna till motorfäste:	
Steg 1	70
Steg 2	Vinkeldra ytterligare 60°
Momentstag till kryssrambalk:	
Steg 1	60
Steg 2	Vinkeldra ytterligare 90°
Momentstag till växellådans fästbygel:	
Steg 1	70
Steg 2	Vinkeldra ytterligare 90°
Momentstagets fästbygel till växellåda	80
Vänster fästbygel till automatisk växellåda	93
Vänster fästbygel till manuell växellåda:	
Steg 1	35
Steg 2	Vinkeldra ytterligare 90°
Vänster fästdyna till fästbygel:	
Steg 1	70
Steg 2	Vinkeldra ytterligare 45°
Vänster fästdyna till kaross:	
Steg 1	15
Steg 2	Vinkeldra ytterligare 30°
Oljefilterkåpa	25
Oljekylarenhet till motorblock	22
Oljekylarenhet till topplock	12
Oljekylarens termostat	40

Åtdragningsmoment

	Nm
Oljepumpskåpa	6
Oljetrycksbrytare	18
Oljetrycksventilens plugg	40
Oljeupptagarrör	12
Ramlagermellandel till motorblock:	
M10:	
Steg 1	20
Steg 2	Vinkeldra ytterligare 70°
Steg 3	Vinkeldra ytterligare 15°
M8	25
Servostyrningspump	22
Sumpens skvalpskott	12
Sumpens oljeavtappningsplugg	25
Svänghjul*:	
Steg 1	65
Steg 2	Vinkeldra ytterligare 40°
Termostathus	10
Topplock mot kamkedjekåpa	35
Topplocksbultar*:	
Steg 1	30
Steg 2	Vinkeldra ytterligare 150°
Steg 3	Vinkeldra ytterligare 15°
Mot kamkedjekåpan	35
Tändstift	28
Vakuumpump	22
Vattenpumpens drev	8
Ventilkåpa	10
Vevaxelns remskivebult*:	
Steg 1	100
Steg 2	Vinkeldra ytterligare 75°
Vevstakslageröverfall*:	
Steg 1	25
Steg 2	Vinkeldra ytterligare 100°

** Återanvänds inte*

1 Allmän information

Hur detta kapitel används

Kapitel 2 är indelat i fyra delar: A, B, C och D. Reparationer som kan utföras med motorn kvar i bilen beskrivs i del A (bensinmotorer), del B (1,9-liters dieselmotorer med enkel överliggande kamaxel, del C (1,9-liters dieselmotorer med dubbla överliggande kamaxlar). Del D behandlar demontering av motorn/växellådan som en enhet och beskriver isärtagning och översyn av motorn.

I del A, B och C förutsätts att motorn sitter kvar i bilen, med alla hjälpaggregat anslutna. Har motorn tagits bort för översyn, behöver du inte bry dig om den inledande beskrivning av hur demonteringen går till som föregår varje åtgärd.

Observera att även om det är möjligt att renovera delar som kolvar/vevstakar medan motorn sitter i bilen, så utförs sällan sådana åtgärder separat. Vanligen måste flera ytterligare åtgärder (inklusive rengöring av komponenter och smörjkanaler) utföras, och det sker enklare med motorn demonterad från bilen. Av den anledningen klassas alla sådana åtgärder som större renoveringsåtgärder och beskrivs i del D i det här kapitlet.

Motorbeskrivning

Bilen har en rak fyrcylindrig motor med dubbla överliggande kamaxlar tvärmonterad fram. Den har 16 ventiler och växellåda på vänster sida. Saab 9-3 är utrustad med en 1998 cc motor med vibrationsdämpande balansaxlar inbyggda i motorblocket. Alla motorer är försedda med fullständigt motorstyrningssystem. Se kapitel 4A för ytterligare information.

Vevaxeln går genom fem ramlager. Det mittre ramlagret är försett med tryckbrickor för kontroll av vevaxelns axialspel. Ramlageröverfallen ingår i en gemensam mellandel/lagerram mellan sumpen och motorblocket.

Vevaxlarnas storändar roterar kring horisontellt delade lagerskålar. Kolvarna är fästa vid vevstakarna med flytande kolvbultar, som hålls kvar i kolvarna med hjälp av låsringar. Lättmetallkolvarna är monterade med tre kolvringar – två kompressionsringar och en oljeskrapring.

Motorblocket är av aluminium och cylinderloppens stålfoder sitter inpressade i motorblocket.

Insugs- och avgasventilerna stängs med spiralfjädrar, och ventilerna själva löper i styrhylsor som är intryckta i topplocket. Ventilsätesringarna trycks också in i topplocket. De kan bytas ut separat allt eftersom de slits. Varje cylinder har fyra ventiler.

Kamaxlarna drivs av en enkelradig kamkedja och driver i sin tur de 16 ventilerna via hydrauliska ventillyftare. Med hjälp av hydrauliska kammare och en spännfjäder upprätthåller de hydrauliska ventillyftarna ett förbestämt spel mellan loben och änden på ventilskaftet. Ventillyftarna förses med olja från motorns smörjkrets.

Balansaxlarna roteras i motsatt riktning via en liten enkelradig kedja från ett drev i främre änden av vevaxeln, som även driver kylvätskepumpen. Balansaxlarnas kedja styrs av tre fasta styrskenor. Kedjan är placerad innanför kamaxelns kamkedja och dess spänning kontrolleras av en fjäderbelastad spännare.

Motor-/växellådsenheten är upphängd i ett gummifäste med hydraulisk dämpning på höger sida, ett gummifäste på vänster sida och två momentstag under motor-/växellådsenheten.

Smörjningen sköts av en dubbelroterande oljepump som drivs från den främre änden av vevaxeln och är placerad i kamkedjekåpan.

En avlastningsventil i kamkedjekåpan begränsar oljetrycket vid höga motorvarvtal genom att återföra överflödig olja till sumpen. Oljan sugs från sumpen genom en sil, passerar oljepumpen, tvingas genom ett yttre filter och en oljekylare (på vissa modeller) och sedan in i motorblockets/vevhusets ledningar. Därifrån fördelas oljan till vevaxeln (ramlager), balansaxlarnas kamaxellager och de hydrauliska ventillyftarna. Den smörjer även det vattenkylda turboaggregatet och kolvarnas kylmunstycken på vevhuset. Vevstakslagren förses med olja via inre utborrningar i vevaxeln medan kamloberna och ventilerna stänksmörjs, liksom övriga motorkomponenter.

Reparationer med motorn kvar i bilen

Följande arbeten kan utföras med motorn monterad i bilen:

a) Kompressionstryck – kontroll.
b) Ventilkåpa – demontering och montering.
c) Kamaxelns packboxar – byte.
d) Kamaxlar – demontering, kontroll och montering.
e) Topplock – demontering och montering.
f) Topplock och kolvar – sotning (se del D i detta kapitel).
g) Sump – demontering och montering.
h) Oljepump – demontering, reparation och montering.
i) Vevaxelns packboxar – byte.
j) Svänghjul/drivplatta – demontering, kontroll och montering.
k) Motor-/växellådsfästen – kontroll och byte.

2 Kompressionsprov – beskrivning och tolkning

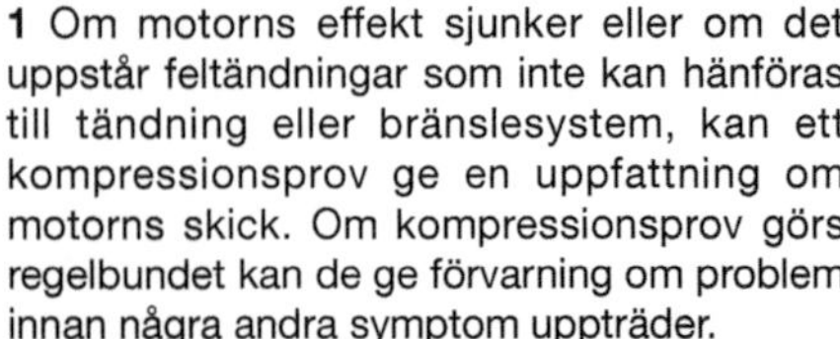

1 Om motorns effekt sjunker eller om det uppstår feltändningar som inte kan hänföras till tändning eller bränslesystem, kan ett kompressionsprov ge en uppfattning om motorns skick. Om kompressionsprov görs regelbundet kan de ge förvarning om problem innan några andra symptom uppträder.

2 Motorn måste vara uppvärmd till normal arbetstemperatur, batteriet måste vara fulladdat och alla tändstift måste vara urskruvade (kapitel 1A). Dessutom behövs en medhjälpare.

3 Avaktivera tändsystemet genom att ta bort relä nr 8 från eldosan i motorrummet.

4 Montera en kompressionsprovare i tändstiftshålet till cylinder nr 1 – för att få korrekta värden måste en provare av den typ som skruvas in i tändstiftsgängorna användas.

5 Låt medhjälparen trampa gaspedalen i botten och dra runt motorn med startmotorn. Efter ett eller två varv bör kompressionstrycket byggas upp till maxvärdet och sedan stabiliseras. Anteckna det högsta värdet.

6 Upprepa testet på återstående cylindrar och anteckna trycket på var och en.

7 Trycket i alla cylindrarna bör hamna på i stort sett samma värde. En tryckskillnad på mer än 2 bar mellan två cylindrar tyder på fel. Observera att kompressionen ska byggas upp snabbt i en felfri motor. Om kompressionen är låg i det första kolvslaget och sedan ökar gradvis under följande slag är det ett tecken på slitna kolvringar. Lågt tryck som inte stiger är ett tecken på läckande ventiler eller trasig topplockspackning (eller ett sprucket topplock). Avlagringar på undersidan av ventilhuvudena kan också orsaka dålig kompression.

8 Jämför mätvärdena med värdena i Specifikationer.

9 Om trycket i en cylinder är mycket lägre än i de andra kan följande kontroll utföras för att hitta orsaken. Häll i en tesked ren olja i cylindern genom tändstiftshålet och upprepa provet.

10 Om tillförsel av olja tillfälligt förbättrar kompressionen är det ett tecken på att det är slitage på kolvringar eller lopp som orsakar tryckfallet. Om ingen förbättring sker tyder det på läckande/brända ventiler eller trasig topplockspackning.

11 Lågt tryck i endast två angränsande cylindrar är med stor säkerhet ett tecken på att topplockspackningen mellan dem är trasig. Detta bekräftas om det finns kylvätska i motoroljan.

12 Avsluta provningen med att sätta tillbaka tändstiften och reläet.

3 Övre dödpunkt (ÖD) för kolv nr 1 – hitta

1 ÖD-tändningsinställningsmärken finns ofta som en tillverkad skåra i vevaxelns remskiva och en motsvarande stång ingjuten i kamkedjans kåpa. **Observera:** *När tändningsinställningsmärkena är i linje befinner sig kolvarna 1 (vid kamkedjans sida av motorn) och 4 (vid svänghjulets sida av motorn) vid den övre dödpunkten (ÖD), med kolv 1 i sitt kompressionsslag.*

2 Dra åt handbromsen och lyft upp framvagnen på pallbockar för att lättare komma åt bulten till vevaxelns remskiva (se *Lyftning och stödpunkter*). Ta bort höger framhjul, skruva sedan bort skruvarna/muttrarna och ta loss höger hjulhusfoder. Böj upp metallfästbygeln i innerskärmens nederkant en aning för att komma åt vevaxelns remskivebult.

3 Sätt en hylsa på vevaxelns remskiva och vrid motorn tills ÖD-skåran i vevaxelns remskiva är i linje med skåran på kamkedjekåpan **(se bild)**. Kolv nr 1 (på kamkedjans sida av motorn) kommer att vara högst upp i sitt kompressionsslag. Du kan kontrollera att det verkligen är kompressionsslaget genom att ta bort tändstift nr 1 och försöka känna kompressionen med trä- eller plasthandtaget på en skruvmejsel mot tändstiftshålet när kolven närmar sig övre dödläget. Avsaknad av tryck är ett tecken på att cylindern är i sitt avgasslag och därför ett vevaxelvarv ur linje.

4 Ta bort ventilkåpan enligt beskrivningen i avsnitt 4.

5 Demontera kamaxellageröverfallen från insugs- och avgaskamaxeln över cylinder nr 1. Tryck fast Saabs specialverktyg nr 83 96 046 (motorerna B207E, L eller S) eller nr 83 96 079 (motor B207R) på lageröverfallens platser. Verktygen är utformade för att passa över kamaxlarnas lober och låsa dem i referensläget. Tryck försiktigt verktygen på plats – vrid om så behövs vevaxeln en aning tills verktygen sitter som de ska. När de är helt på plats monterar du de medföljande bultarna och drar åt dem för att låsa vevaxelns läge **(se bilder)**. Kontrollera att markeringen på vevaxelns remskiva fortfarande står mitt för markeringen på kamkedjekåpan.

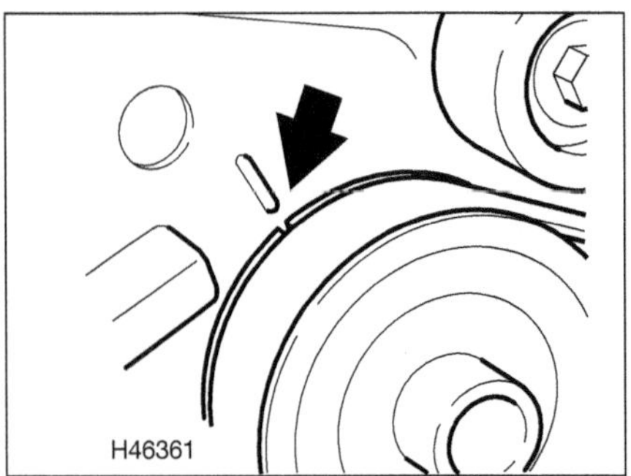

3.3 Inställningsmärken på vevaxelns remskiva och kamkedjekåpan (se pil)

3.5a Montera Saabs specialverktyg (se pilar) över kamaxelns lober vid cylinder nr 1

3.5b Verktygen är märkta INTAKE respektive EXHAUST, och pilarna pekar mot kamkedjan

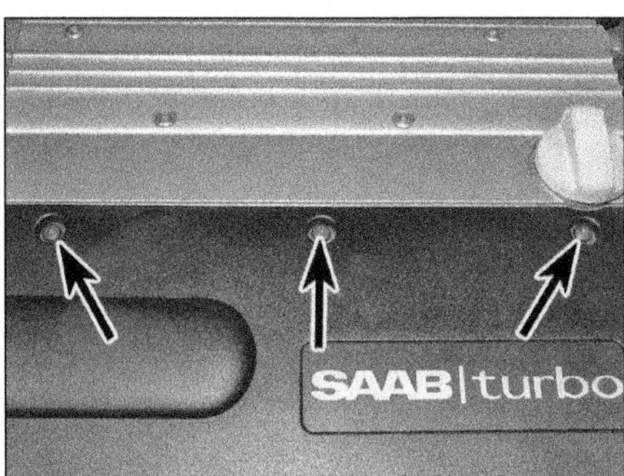

4.1 Skruva loss de 3 torxskruvarna och ta bort plastkåpan (se pilar)

4.3a Skruva loss plasthatten (se pil) . . .

4.3b . . . och tryck in centrumstiftet på ventilen (se pil) för att tryckavlasta bränslesystemet

4.3c Skruva loss bränslematnings- och returanslutningarna (se pilar)

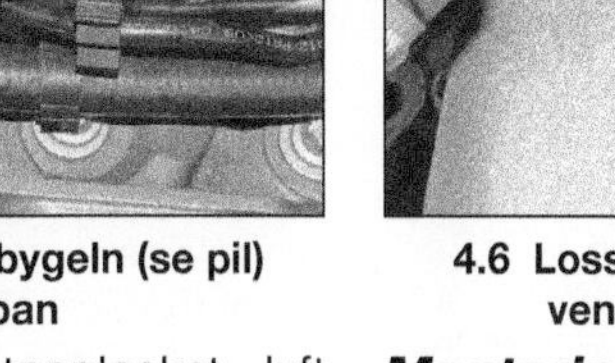

4.4 Koppla loss rörfästbygeln (se pil) från ventilkåpan

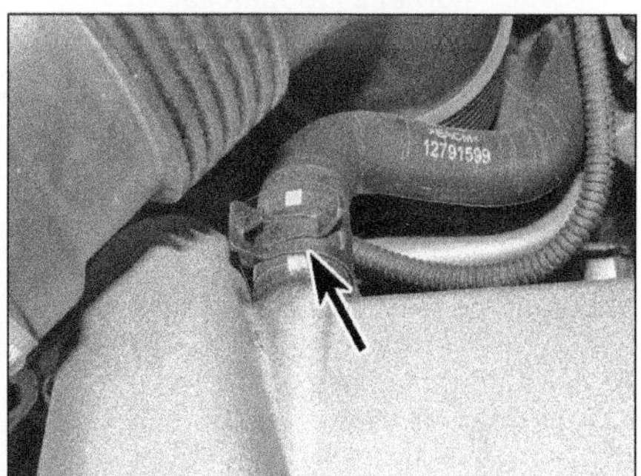

4.6 Lossa klämman och koppla loss ventilationsslangen (se pil)

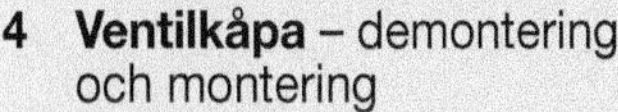

4 Ventilkåpa – demontering och montering

Demontering

1 Öppna motorhuven, lossa de tre torxskruvarna och demontera motorns övre skyddskåpa **(se bild)**.

2 Ta bort luftfilterenheten enligt beskrivningen i kapitel 4A.

3 Tryckavlasta bränslesystemet genom att trycka in centrumstiftet på bränslematningsrörets ventil. Lossa sedan anslutningarna och koppla loss bränsleören **(se bilder)**. Plugga igen öppningarna för att hindra smuts från att tränga in.

4 Skruva loss de två bultarna och koppla loss rör-/slangfästet från höger sida av ventilkåpan **(se bild)**.

5 Demontera tändspolarna enligt beskrivningen i kapitel 5B.

6 Lossa klämman och koppla loss motorns ventilationsslang från ventilkåpan **(se bild)**.

7 Koppla loss förbränningsavkänningsmodulen och anslutningskontakterna till vevaxelns lägesgivare och kylvätsketemperaturgivaren. Skruva sedan loss muttrarna och lyft bort kabelröret från dess läge. Lossa buntbanden och ta loss kablaget från fästbygeln på höger sida av topplocket.

8 Koppla loss jordledningen från vänster sida av ventilkåpan **(se bild)**.

9 Lossa de två bultarna upptill och flytta värmeskölden över turboaggregatet något bakåt.

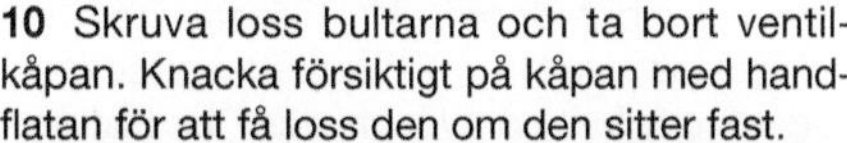

Om du ska demontera topplocket, lyft värmeskölden så att klämman i bakre änden lossnar och ta bort skölden **(se bild)**.

10 Skruva loss bultarna och ta bort ventilkåpan. Knacka försiktigt på kåpan med handflatan för att få loss den om den sitter fast.

Montering

11 Rengör kontaktytorna på ventilkåpan och topplocket. För in tätningarnas smala sida ordentligt i spåren i ventilkåpan **(se bilder)**.

12 Montera ventilkåpan och sätt tillbaka

4.8 Koppla loss jordledningen från vänster ände av topplocket (se pil)

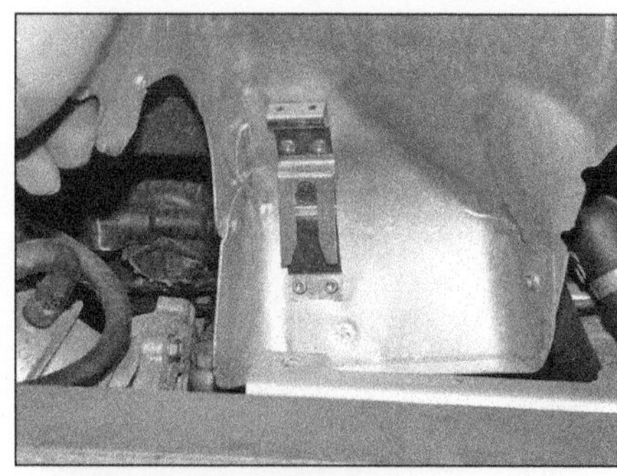

4.9 Lyft värmeskölden för att lossa klämman

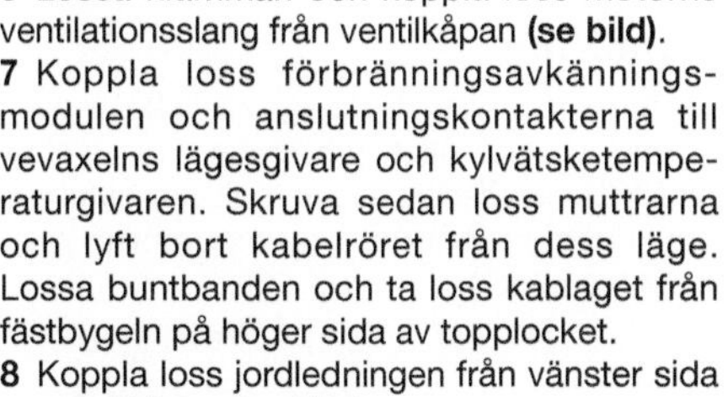

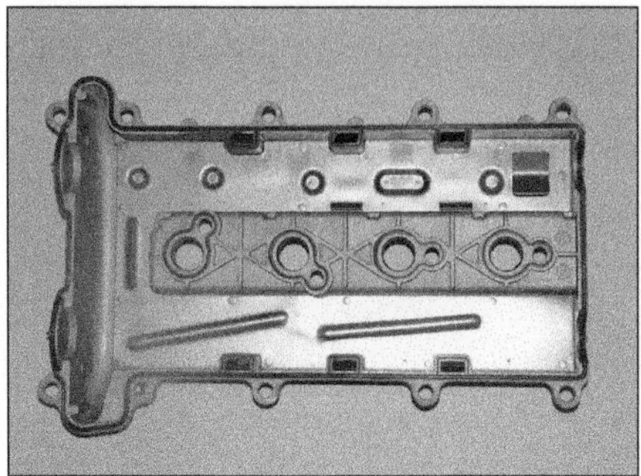

4.11a Sätt i nya tätningar i ventilkåpan . . .

4.11b . . . och se till att den smalare sidan av tätningen passar in i kåpans spår

5.3 Skruva loss kamkedjespännarens sexkantslock från det bakre, vänstra hörnet av topplocket

fästbultarna. Dra åt samtliga bultar stegvis och jämnt till angivet moment.

13 Sätt tillbaka turboaggregatets värmesköld.

14 Återanslut vevhusventilationsslangen till ventilkåpan.

15 Sätt tillbaka jordledningen och kabelröret.

16 Sätt tillbaka tändspolarna enligt beskrivningen i kapitel 5B.

17 Resten av monteringen utförs i omvänd ordningsföljd mot demonteringen.

5 Kamaxlar och hydrauliska ventillyftare – demontering, kontroll och montering

Demontering

1 Ställ motorn i ÖD i cylinder nr 1, enligt beskrivningen i avsnitt 3.

5.4 Hindra kamaxlarna från att rotera genom att hålla fast deras sexkantiga del med en öppen nyckel

2 Skruva loss bultarna och koppla loss servostyrningspumpen och vakuumpumpen från kamaxlarnas ändar – se kapitel 9 eller 10, efter tillämplighet.

3 Skruva långsamt loss sexkantslocket och ta bort kamkedjespännaren **(se bild)**.

4 Skruva loss kamaxeldrevets fästbultar samtidigt som du håller emot kamaxeln med en öppen skruvnyckel mot dess sexkantiga del **(se bild)**.

5 Fäst kamkedjan vid dreven med buntband och lyft sedan av dreven och kedjan från kamaxlarna.

6 Kontrollera att kamaxellageröverfallen och kamaxlarna är märkta för att underlätta återmonteringen. Lageröverfallen är märkta med inpräglade nummer – blanda inte ihop dem vid monteringen. Nr 1–5 ska sitta på insugssidan och nr 6–10 på avgassidan. Lageröverfallen vid svänghjulets/drivplattans ände är märkta med "Ex" vid avgas- och "I" vid insugskamaxeln.

7 Skruva stegvis loss lageröverfallens bultar så att överfallen inte utsätts för onödiga påfrestningar av ventilfjädrarna. Se till att lageröverfallen närmast de öppna ventilerna tas bort sist för att undvika att kamaxeln utsätts för onödiga påfrestningar. Ta bort bultarna helt och lyft bort överfallen, lyft sedan bort kamaxlarna från topplocket. Märk kamaxlarna noga för att underlätta återmonteringen.

8 Skaffa sexton små rena plastbehållare och märk dem med 1i till 8i (insug) resp. 1a till 8a (avgas). Alternativt, dela in en större låda i sexton fack och märk dem på samma sätt för insugs- respektive avgaskamaxeln. Lyft bort samtliga vippor och hydrauliska ventillyftare i tur och ordning och placera dem i respektive behållare/fack **(se bilder)**. Blanda **inte** samman vipporna eller ventillyftarna. Förhindra att de hydrauliska ventillyftarna töms på olja genom att hälla ny olja i behållarna så att de täcks.

Varning: Var mycket noga med att inte repa loppen i topplocket när ventillyftarna dras ut.

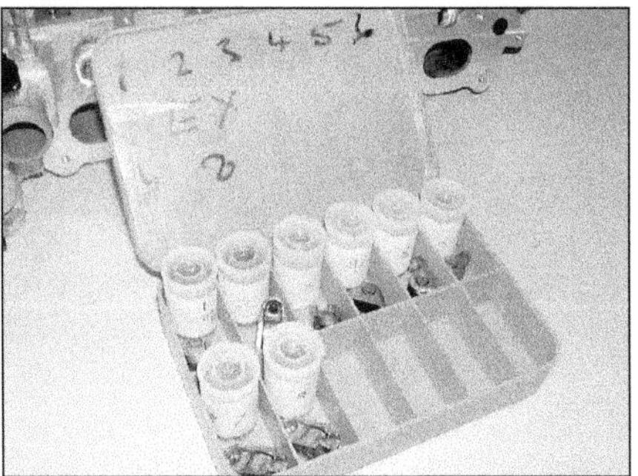

5.8a Håll ordning på kamvipporna och de hydrauliska ventillyftarna med en ask

5.8b Förvara de hydrauliska ventillyftarna i märkta behållare fyllda med ren motorolja

Kontroll

9 Undersök kamaxellagrens ytor och kamloberna och titta efter tecken på slitage och repor. Byt ut kamaxeln om sådana tecken finns. Kontrollera att lagerytorna på kamaxellagrens axeltappar, kamaxellageröverfallen och topplocket är i gott skick. Om topplockets eller lageröverfallens ytor är mycket utslitna måste topplocket bytas ut. Om nödvändig mätutrustning finns tillgänglig kan slitage på kamaxellagrets axeltappar kontrolleras direkt och jämföras med de angivna specifikationerna.

10 Mät kamaxelns axialspel genom att placera varje kamaxel i topplocket, montera kedjedreven och använd ett bladmått mellan kamaxelns främre del och ytan på topplockets främre lager.

11 Kontrollera de hydrauliska ventillyftarna med avseende på slitage, repor och gropfrätning där de är i kontakt med loppen i topplocket. Ibland kan en hydraulisk ventillyftare låta konstigt när motorn är igång och behöva bytas ut. Det är svårt att se om en ventillyftare har invändiga skador eller är sliten när den väl har demonterats. Om du är tveksam bör du byta ut samtliga ventillyftare.

Montering

12 Smörj loppen till de hydrauliska ventillyftarna i topplocket och smörj även själva ventillyftarna. Placera sedan först ventillyftarna och därefter vipporna i deras ursprungliga lägen **(se bilder)**.

13 Smörj lagerytorna på kamaxlarna i topplocket.

14 Placera kamaxlarna på deras rätta platser i topplocket, så att loberna vid cylinder nr 1 pekar uppåt. Insugskamaxeln är märkt med "K" och avgaskamaxeln med "L" **(se bild)**.

5.12a Sätt i ventillyftarna på deras ursprungliga platser . . .

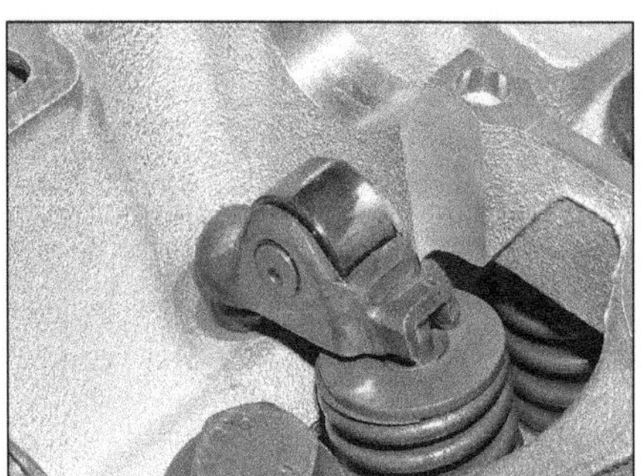

5.12b . . . följda av ventilvipporna

5.14 Insugskamaxeln är märkt med K

5.16 Stryk ett lager tätningsmedel på lageröverfallen vid svänghjulets/drivplattans ände och kontrollera att styrstiften sitter på plats

5.20a Ta bort låsringen från spännarens ände . . .

5.20b . . . och dra ut spännkolven från spännarhuset

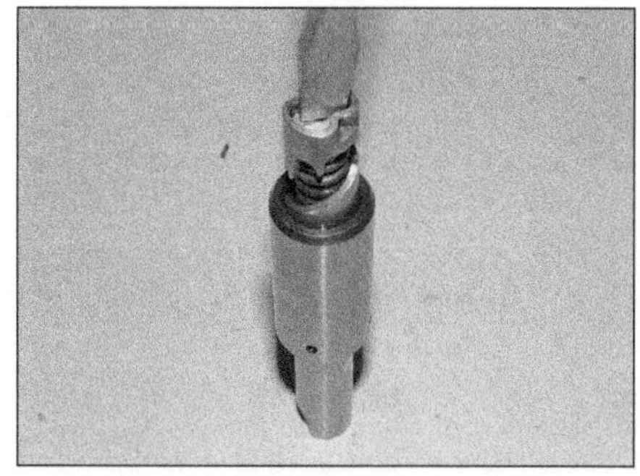
5.20c Tryck in och vrid kolven medurs . . .

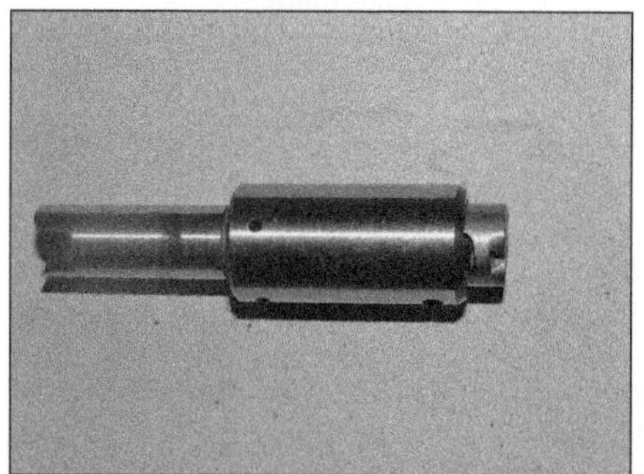
5.20d . . . tills den hakar fast i spänt läge

15 Kontrollera att vevaxelns remskiva fortfarande står i ÖD – se avsnitt 3.

16 Stryk ett tunt lager tätningsmedel på insugs- och avgaslageröverfallens fogyta mot topplocket vid kamaxlarnas svänghjuls-/drivplatteände **(se bild)**. **Observera:** *Se till att styrstiften sitter på plats i dessa lageröverfall.*

17 Smörj lagerytorna i överfallen, placera dem sedan på sina platser och sätt i fästbultarna. Dra åt bultarna stegvis till angivet moment. **Observera:** *Vänta med att montera kamlageröverfallen till cylinder nr 1, så att du kan montera kamaxlarnas låsverktyg enligt beskrivningen i nästa punkt.*

18 Sätt tillbaka kamaxlarnas låsverktyg enligt beskrivningen i avsnitt 3.

19 Placera kedjedreven på kamaxlarna – montera först avgasdrevet och sedan insugsdrevet. Skruva inte åt bultarna helt i det här stadiet.

20 Ta bort låsringen och dra bort kolven från kamkedjespännaren. Vrid med en spårskruvmejsel kamkedjans spännkolv tills den hakar fast i spänt läge. Sätt tillbaka kolven i spännaren och sätt tillbaka spårringen **(se bilder)**. Observera att hela spännaren måste bytas om O-ringen är skadad.

21 Montera kamkedjespännaren och dra fast den med föreskrivet moment. Observera att spåret i spännarens ände måste stå lodrätt vid monteringen **(se bild)**.

22 Dra åt kamaxeldrevens fästbultar till angivet moment samtidigt som du håller emot kamaxlarna med en öppen nyckel mot sexkantsdelen. Kapa sedan buntbanden som håller fast kedjan mot dreven.

23 Aktivera kedjespännaren genom att trycka kedjan/styrningen mot spännaren så att kolven frigörs **(se bild)**. Kontrollera att spännaren kan röra sig fritt.

24 Ta bort kamaxlarnas låsverktyg och montera kamaxellageröverfallen nr 2 och 7.

25 Dra med hjälp av en hylsa som hålls mot vevaxelns remskivebult runt motorn två hela varv medurs och kontrollera sedan att ÖD-märkena på vevaxelns remskiva och kamkedjekåpan fortfarande står mitt för varandra.

26 Kontrollera att låsverktygen för kamaxlarna går att montera enligt beskrivningen i avsnitt 3. Om synkroniseringen stämmer monterar du tillbaka lageröverfallen nr 2 och 7 och drar åt fästbultarna till angivet moment.

27 Montera servostyrningen och vakuumpumparna med nya tätningar/packningar och dra åt hållarna till angivet moment.

28 Montera ventilkåpan enligt beskrivningen i avsnitt 4.

29 Montera hjulhusfodret och hjulet, dra åt bultarna till angivet moment.

5.20e Kontrollera O-ringstätningen och sätt tillbaka låsringen

5.21 Spåret i spännarens ände (se pil) måste stå lodrätt

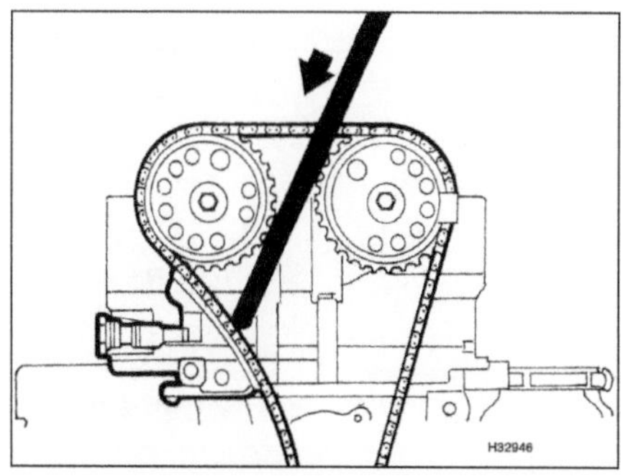

5.23 Tryck en stång/skruvmejsel mot spännarskenan för att frigöra spännkolven

6.3 Skjut ut de röda låsspärrarna och koppla loss lambdasondens anslutningskontakter (se pilar)

6.5 Banjobult till turboaggregatets oljematningsrör (se pil)

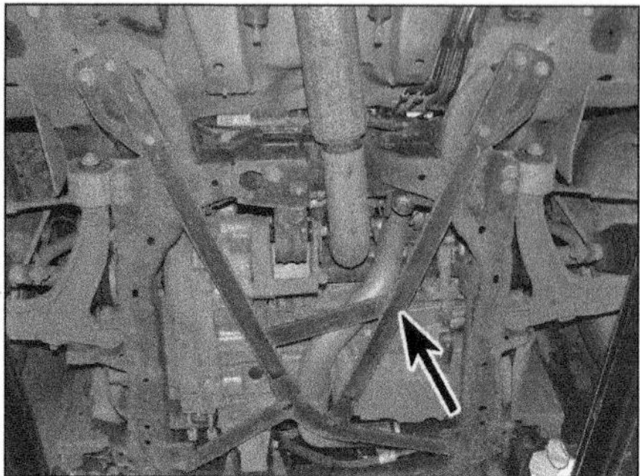

6.7 Det främre chassits förstärkning (se pil) – cabrioletmodeller

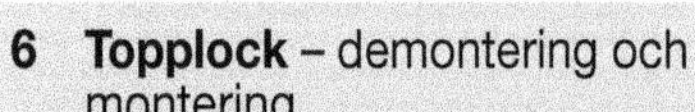

6 Topplock – demontering och montering

Demontering

1 Koppla loss batteriets minusledare enligt beskrivningen i kapitel 5A.

2 Töm kylsystemet enligt beskrivningen i kapitel 1A.

3 Koppla loss lambdasondens anslutningskontakter från topplockets vänstra ände **(se bild)**.

4 Ställ vevaxeln i ÖD i cylinder nr 1, enligt beskrivningen i avsnitt 3

5 Skruva loss banjobulten och koppla loss oljematningsröret från turboaggregatet **(se bild)**. Var beredd på oljespill och ta vara på tätningsbrickorna av koppar.

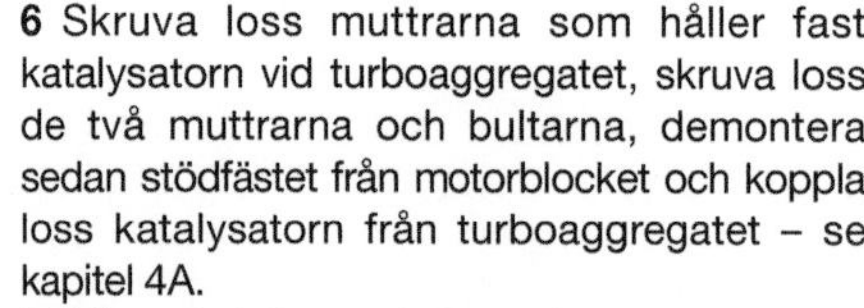

6 Skruva loss muttrarna som håller fast katalysatorn vid turboaggregatet, skruva loss de två muttrarna och bultarna, demontera sedan stödfästet från motorblocket och koppla loss katalysatorn från turboaggregatet – se kapitel 4A.

7 På cabrioletmodeller skruvar du loss bultarna och tar bort den främre chassiförstärkningen **(se bild)**. Observera att de främre chassiförstärkningsbultarna är längre än de bakre.

8 Lossa klämmorna, skruva loss fästbultarna och ta bort turboaggregatets utloppsrör från undersidan av motorn **(se bild)**.

9 Skruva loss banjobulten och koppla loss kylvätskeröret från baksidan av turboaggregatet **(se bild)**.

10 Skruva loss hållarna och ta bort fästbygeln mellan avgasgrenröret och motorblocket.

11 Skruva loss hållarna och koppla loss oljereturröret från turboaggregat. Var försiktig så att du inte bockar eller vrider röret, eftersom det då kan skadas i godset.

12 Koppla loss kablaget från startmotorn.

13 Anteckna hur komponenterna sitter monterade och koppla sedan loss kablaget från turboaggregatets magnetventil, luftkonditioneringens tryckgivare, temperaturgivaren för kylvätska, motorstyrningsmodulen (se kapitel 4A), förbikopplingsmagnetventilen, gasspjällshuset, insugsgrenrörets tryckgivare, atmosfärstryckgivaren, insprutningsventilernas styrenhet (IDM), oljetryckgivaren och jordanslutningen intill motorstyrningsmodulen.

14 Demontera insugsgrenröret enligt beskrivningen i kapitel 4A.

15 Lossa klämman, koppla loss vakuumslangarna och ta bort insugsslangen av plast från turboaggregatet.

16 Lossa klämman och koppla loss kylvätskeslangen från höger ände av topplocket.

17 Lossa klämman och koppla loss kylvätskeslangen från den främre vänstra änden av topplocket.

18 Koppla loss kylvätskeröret från framsidan av turboaggregatet och skruva loss bulten som håller fast röret vid det bakre högra hörnet av topplocket. Även om de inte är helt nödvändigt, rekommenderar vi att du även kopplar loss kolfiltrets slang vid snabbkopplingen framför topplocket samt turboaggregatets kylvätskeslang. Sedan kan du föra alla rörledningar på höger sida av motorn åt sidan så att de inte är i vägen.

19 Stötta motorn med en garagedomkraft under sumpen och skruva sedan loss bultarna och demontera höger motorfästesenhet.

20 Demontera insprutningsventilernas styrenhet. Koppla sedan loss servons vakuumslang och vakuumslangen från turboaggregatets bypassventil **(se bilder)**.

21 Skruva loss bultarna och koppla loss servostyrningspumpen från insugskamaxeländen.

22 Skruva långsamt loss sexkantslocket och ta bort kamkedjespännaren **(se bild 5.3)**.

23 Skruva loss kamaxeldrevens fästbultar samtidigt som du håller emot kamaxlarna med en öppen skruvnyckel mot deras sexkantiga del **(se bild 5.4)**.

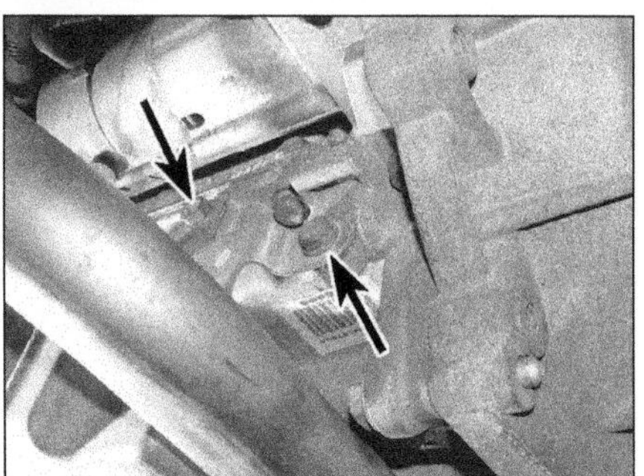

6.8 Turborörets fästbultar (se pilar)

6.9 Skruva loss kylvätskerörets banjobult (se pil)

6.20a Skruva loss fästbultarna till insprutningsventilernas styrenhet (se pilar) . . .

6.20b . . . tryck in lossningsknappen (se pil) och koppla loss vakuumslangen från pumpen

6.25 Skruva loss pluggen och skruva sedan loss bulten som håller fast kedjestyrningens övre del (se pil)

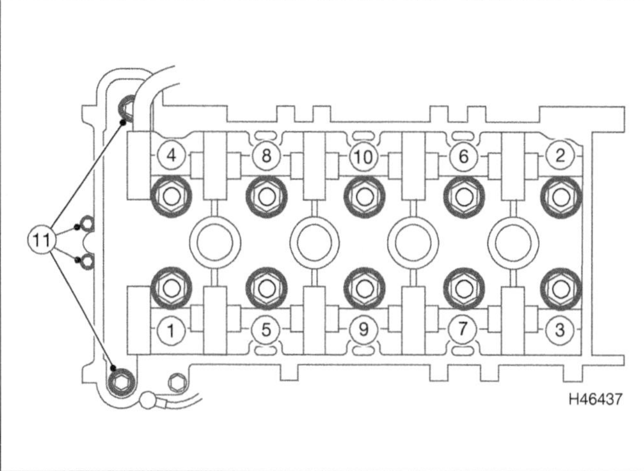

6.26 Topplocksbultarnas lossningsordning

24 Fäst kamkedjan vid insugskamaxeldrevet med ett buntband och demontera sedan avgaskamaxeldrevet och lyft av insugskamaxeldrevet och kedjan från kamaxeln.

25 Skruva loss pluggen från kamkedjekåpan och ta sedan bort bulten som håller fast kedjestyrningens överdel **(se bild)**.

26 Arbeta i bestämd ordningsföljd och skruva stegvis och jämnt loss topplocksbultarna **(se bild)**.

27 Kontrollera en sista gång att alla berörda kablar och kylvätskeslangar har kopplats loss.

28 När alla topplocksbultar har tagits bort, se till att kamkedjan är placerad så att den svängbara kedjestyrningen inte är i vägen för demontering av topplocket. Lyft av topplocket från toppen av motorblocket och placera det på en ren arbetsyta utan att skada fogytan. Ta hjälp av en medhjälpare, eftersom topplocket är mycket tungt. Om topplocket sitter fast, försök skaka det en aning för att lossa det från packningen – stick **inte** in en skruvmejsel eller liknande i packningsfogen, då skadas fogytorna. Topplocket sitter på styrstift, så försök inte få loss det genom att knacka det i sidled.

29 Ta bort packningen från motorblockets översida, lägg märke till styrstiften. Om styrstiften sitter löst, ta bort dem och förvara dem tillsammans med topplocket **(se bild)**. Kasta inte packningen – den kan behövas för identifiering.

30 Ska topplocket tas isär för översyn, demonterar du insugs- och avgasgrenröret enligt beskrivningen i kapitel 4A och kamaxlarna enligt beskrivningen i avsnitt 5 i detta kapitel.

Förberedelser för montering

31 Fogytorna mellan topplocket och motorblocket måste vara noggrant rengjorda innan topplocket monteras. Använd en avskrapare av hårdplast eller trä för att ta bort alla packnings- och sotrester, rengör även kolvkronorna. Var mycket försiktig vid rengöringen, den mjuka lättmetallen skadas lätt. Se också till att sot inte kommer in i olje- och vattenledningarna. Detta är särskilt viktigt för smörjsystemet, eftersom sot kan hindra oljetillförseln till motorns komponenter. Försegla vattenkanaler, oljekanaler och bulthål i motorblocket med tejp och papper. Använd en liten borste när alla kolvar är rengjorda för att ta bort alla spår av fett och kol från öppningen. Torka sedan bort återstoden med en ren trasa. Rengör alla kolvar på samma sätt.

32 Kontrollera fogytorna på motorblocket och topplocket och leta efter hack, djupa repor och andra skador. Om skadorna är små kan de tas bort försiktigt med en fil, men om de är omfattande måste skadorna åtgärdas med en maskin eller de skadade delarna bytas ut.

33 Kontrollera topplockspackningens yta med en stållinjal om den misstänks vara skev. Se del D i detta kapitel om det behövs.

34 Kontrollera skicket hos topplocksbultarna, särskilt gängorna. Tvätta bultarna med lämpligt lösningsmedel och torka dem torra. Kontrollera varje bult och titta efter tecken på synligt slitage eller skador, byt ut bultar om det behövs. Mät längden på alla bultarna och jämför med längden på en ny bult.

6.29 Kontrollera att styrstiften (se pilar) sitter på plats

Även om Saab inte anger att bultarna måste bytas är det högst rekommendabelt att byta ut hela uppsättningen bultar om motorn har gått långt.

Montering

35 Har kamaxlarna demonterats sätts de tillbaka enligt beskrivningen i avsnitt 5, liksom insugs- och avgasgrenröret med nya packningar enligt beskrivningen i kapitel 4A.

36 Se till att vevaxeln står i ÖD vid cylinder nr 1 och att kamaxlarna är låsta med specialverktygen, enligt beskrivningen i avsnitt 3.

37 Rengör topplockets och motorblockets/vevhusets fogytor. Rengör skruvhålen i topplocket från alla rester av olja. Kontrollera att de två styrstiften är korrekt placerade på motorblocket.

38 Lägg en ny packning mot motorblockets fogyta och se till att den hamnar rättvänd. För sedan upp avgaskamdrevet, kamkedjan och kedjestyrningen genom packningen.

39 Sänk försiktigt ner topplocket mot motorblocket och passa in det mot styrstiften. Styr försiktigt in avgaskamdrevet, kedjan och kedjestyrningarna i topplocket när du sänker ner det.

40 Sätt i bultarna i topplocket och dra åt dem med fingerkraft. Var försiktig och låt inte bultarna falla ner i sina hål, eftersom gängorna i motorblocket lätt skadas.

41 Dra åt topplocksbultarna stegvis i ordningsföljd. Använd en momentnyckel och dra åt topplocksskruvarna till angivet moment för steg 1 **(se bild)**.

42 Arbeta i samma ordningsföljd och vinkeldra topplocksbultarna till värdena för steg 2 och 3.

43 Dra slutligen åt de fyra bultar som fäster topplocket mot kamremskåpan till angivet moment.

44 För insugssidans kamkedjestyrning till rätt läge, sätt i fästbulten i hålet i kamkedjekåpan och dra åt den till angivet moment **(se bild 6.25)**.

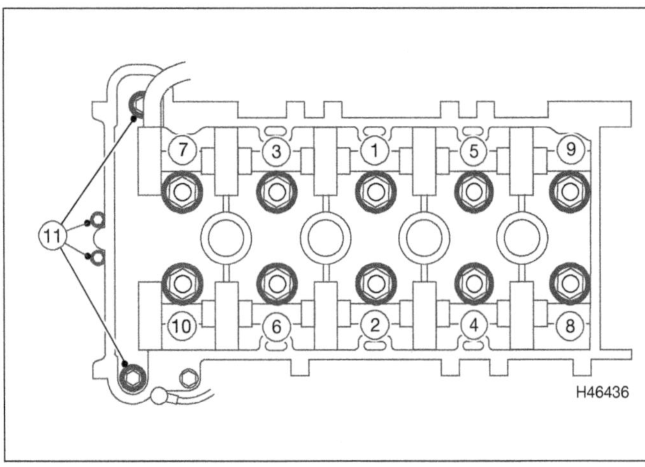

6.41 Topplocksbultarnas åtdragningsordning.

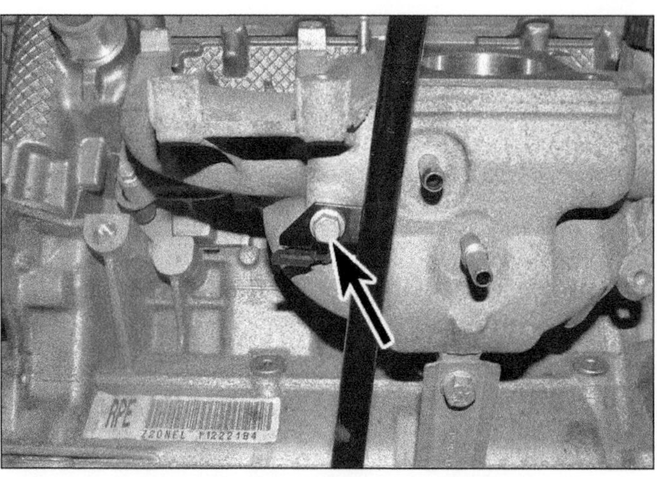

7.4 Bult till oljemätstickans styrrör (se pil)

45 Lägg kamkedjan på insugskamdrevet och placera dreven på kamaxlarna. Sätt i fästbultarna men dra inte åt dem ännu. Kontrollera att kamkedjan är korrekt placerad på styrningarna och kedjedreven.

46 Kontrollera att vevaxeln fortfarande står i ÖD vid cylinder nr 1, enligt beskrivningen i avsnitt 3.

47 Ta bort låsringen och dra bort kolven från kamkedjespännaren. Vrid med en spårskruvmejsel kamkedjans spännkolv tills den hakar fast i spänt läge. Sätt tillbaka kolven i spännaren och sätt tillbaka spårringen **(se bild 5.20a till 5.20e)**. Observera att hela spännaren måste bytas om dess tätningsbricka är skadad.

48 Montera kamkedjespännaren och dra fast den med föreskrivet moment. Observera att spåret i spännarens ände måste stå lodrätt vid monteringen **(se bild 5.21)**.

49 Dra åt kamaxeldrevens fästbultar till angivet moment samtidigt som du håller emot kamaxlarna med en öppen nyckel mot sexkantsdelen. Kapa sedan buntbandet som håller fast kedjan mot drevet.

50 Aktivera kedjespännaren genom att trycka kedjan/styrningen mot spännaren så att kolven frigörs **(se bild 5.23)**. Kontrollera att spännaren kan röra sig fritt.

51 Ta bort kamaxlarnas låsverktyg och montera kamaxellageröverfallen nr 2 och 7.

52 Använd en hylsnyckel mot vevaxelns remskivebult och dra runt motorn två hela varv medurs. Kontrollera sedan att ÖD-märkena på vevaxelns remskiva och kamkedjekåpan fortfarande står mitt för varandra.

7.5 Koppla loss oljenivågivarens anslutningskontakt

53 Kontrollera att låsverktygen för kamaxlarna går att montera enligt beskrivningen i avsnitt 3. Om synkroniseringen stämmer monterar du tillbaka lageröverfallen nr 2 och 7 och drar åt fästbultarna till angivet moment.

54 Resten av monteringen utförs i omvänd ordningsföljd mot demonteringen. Tänk på följande:

1) Dra åt alla fästen till angivet moment, om sådant finns.
2) Montera servostyrningspumpen med en ny tätning.
3) Byt alla skadade eller korroderade klämmor till turboaggregatets utloppskanaler.
4) Fyll på kylvätska enligt beskrivningen i kapitel 1A.
5) Återanslut batteriets minusledare enligt beskrivningen i kapitel 5A.

7 Sump – demontering och montering

Demontering

1 Lossa bultarna till höger framhjul. Dra åt handbromsen och ställ framvagnen på pallbockar (se *Lyftning och stödpunkter*). Demontera hjulet.

2 Skruva loss hållarna och demontera höger framhjuls hjulhusfoder. På cabrioletmodeller skruvar du loss bultarna och tar bort den främre chassiförstärkningen **(se bild 6.7)**. Observera att de främre chassiförstärkningsbultarna är längre än de som sitter baktill.

3 Tappa av motoroljan. Rengör och sätt tillbaka oljepluggen med en ny tätning och dra åt den till angivet moment. Om motorn närmar sig sitt serviceintervall, då oljan och filtret ska bytas ut, rekommenderas att även filtret tas bort och byts ut mot ett nytt. Efter återmontering kan motorn fyllas med ny olja. Se kapitel 1A för ytterligare information.

4 Skruva loss de tre torxskruvarna och ta bort plastkåpan som sitter över motorn. Ta sedan bort oljemätstickan, skruva loss oljesticksrörets bult, koppla loss elanslutningen från fästbygeln på röret och lossa röret från sumpen **(se bild)**.

5 Koppla loss oljenivågivarens anslutningskontakt (om en sådan finns) från sumpen **(se bild)**.

6 Lossa klämmorna, skruva loss fästbulten och ta bort laddluftröret från undersidan av motorn **(se bild 6.8)**.

7 Ta bort den nedre bulten som håller fast luftkonditioneringskompressorn vid sumpen.

8 På fordon till och med årsmodell 2004 ska bultarna lossas och det bakre momentstaget demonteras.

9 Skruva stegvis loss bultarna som håller fast sumpen i motorblocket. Låt en eller två bultar sitta kvar så att inte sumpen faller ner.

10 Ta bort de kvarvarande bultarna och sänk ner sumpen på marken. Sära fogen genom att sticka in en skruvmejsel mellan sumpen och kamkedjekåpan nedanför vevaxelns remskiva **(se bild)**.

11 Nu när sumpen är demonterad kan du passa på att skruva loss skvalpplåtens torxskruvar, ta bort plåten, skruva loss de två skruvarna och demontera oljepumpens upptagarrör/sil. Kontrollera att oljepumpens upptagarrör/sil inte är igensatt eller skadad **(se bilder)**.

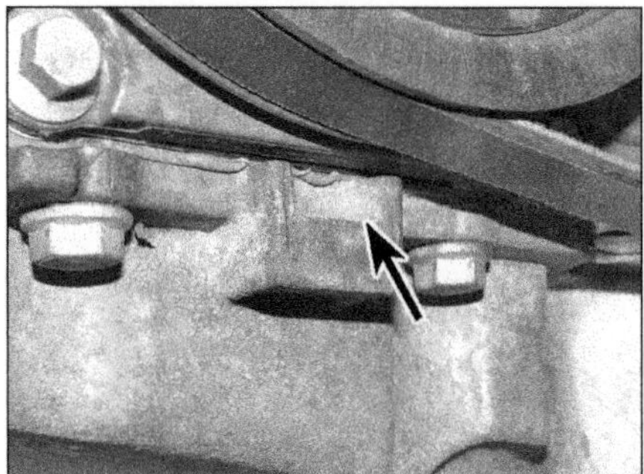

7.10 Stick in en skruvmejsel mellan sumpen och kamkedjekåpan (se pil)

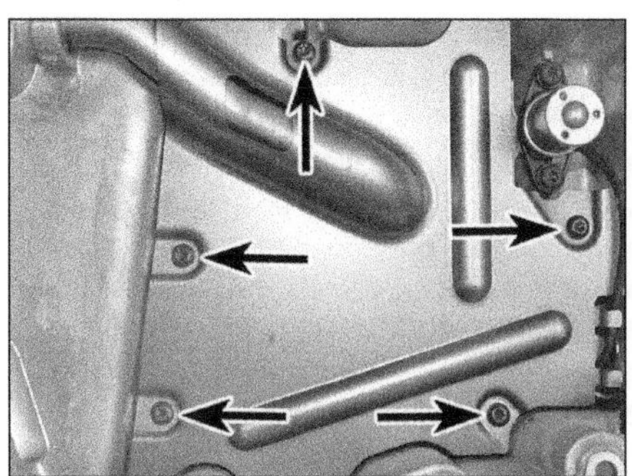
7.11a Skruva loss torxskruvarna som håller fast skvalpplåten (se pilar)

7.11b Oljeupptagarens fästskruvar (se pilar)

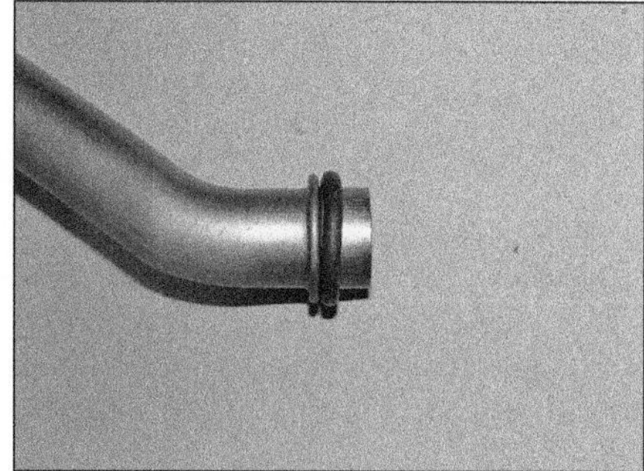
7.13a Byt oljeupptagarens O-ringstätning

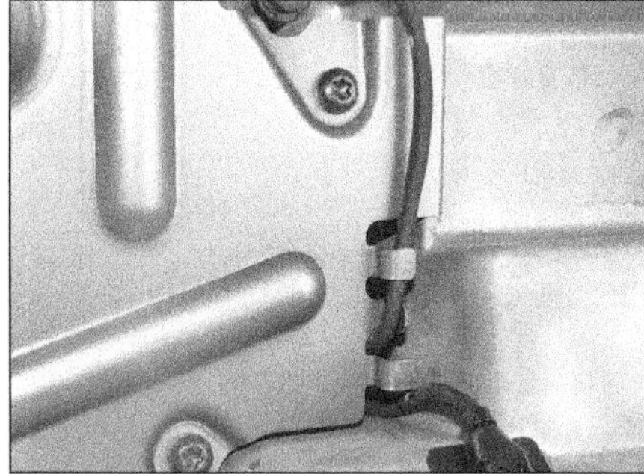
7.13b se till att nivågivarkabeln ligger rätt

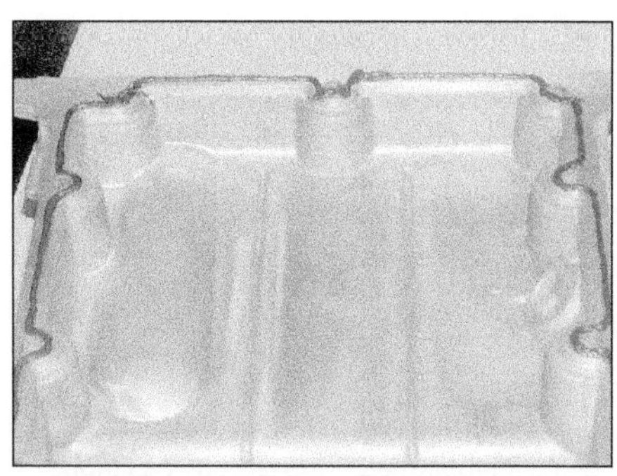
7.14a Stryk på en sammanhängande sträng silikontätning utmed sumpens fläns . . .

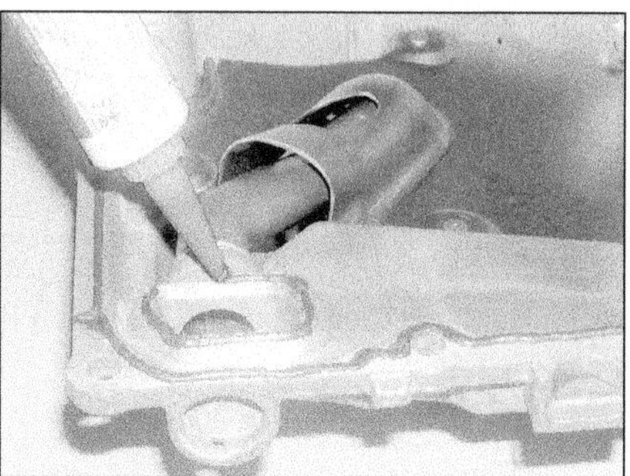
7.14b . . . och runt området vid oljeinloppsröret

Montering

12 Ta bort alla spår av tätningsmedel från motorblockets/vevhusets och sumpens fogytor, rengör sedan sumpen och motorn invändigt med en ren trasa.

13 Om du demonterat oljeupptagarröret/silen monterar du tillbaka dem (med en ny O-ringstätning) i sumpen tillsammans med skvalpplåten och drar åt bultarna till angivet moment. Se till att nivågivarens kabel ligger som den ska **(se bilder)**.

14 Se till att sumpens och motorblockets fogytor är rena och torra och stryk sedan en ca 2 mm tjock sträng med lämpligt tätningsmedel (Saabs artikelnr 90 543 772, Loctite 5900) på sumpflänsen **(se bilder)**.

15 Passa in sumpen, sätt tillbaka bultarna som håller fast sumpen mot vevhuset och dra åt dem stegvis till angivet moment. Sätt sedan i bultarna som fäster sumpen mot växellådan och dra även åt dessa till angivet moment. Var försiktig så att tätningsmedlet inte rubbas när du lyfter upp sumpen.

16 Resten av monteringen utförs i omvänd ordningsföljd mot demonteringen. Tänk på följande:

1) *Dra åt alla fästen till angivet moment, om sådant finns.*
2) *Montera ett nytt oljefilter och fyll på motorn med ny olja enligt beskrivningen i kapitel 1A.*
3) *Starta motorn och leta efter eventuella läckor innan du ger dig ut i trafiken.*

8 **Kamkedja** – demontering och montering

Demontering

1 Ställ motorn i ÖD i cylinder nr 1, enligt beskrivningen i avsnitt 3.

2 Lossa hjulbultarna på höger framhjul, lyft upp framvagnen (se *Lyftning och stödpunkter*) och stötta den ordentligt med pallbockar. Demontera hjulet.

3 Skruva loss hållarna och demontera höger framhjuls hjulhusfoder. På cabrioletmodeller skruvar du loss bultarna och tar bort den främre chassiförstärkningen **(se bild 6.7)**. Observera att de främre chassiförstärkningsbultarna är längre än de bakre.

4 Demontera drivremmen enligt beskrivningen i kapitel 1A.

8.4 Skruva loss bulten och ta bort drivremsspännaren

Skruva sedan loss bulten och demontera remspännarenheten **(se bild)**.

5 Skruva loss kamkedjespännaren från baksidan av motorn **(se bild)**.

6 Stötta motorn underifrån med en garagedomkraft, skruva sedan loss bultarna och demontera höger motorfäste **(se bild 14.10)**.

7 Ta tillfälligt bort låsverktygen från kamaxlarna.

8 Sänk motorns högra sida ca 30 mm och skruva sedan loss bulten och ta bort vevaxelns remskiva **(se bilder)**. Hindra vevaxeln från att rotera med hjälp av Saabs verktyg nr 83 95 360 och 83 96 210 eller något lämpligt alternativ.

9 Skruva loss bultarna och ta bort kamkedjekåpan **(se bild)**. Var beredd på att det rinner ut olja.

10 Kapa den del av kamkedjekåpans packning som sitter runt motorfästet och ta bort packningen.

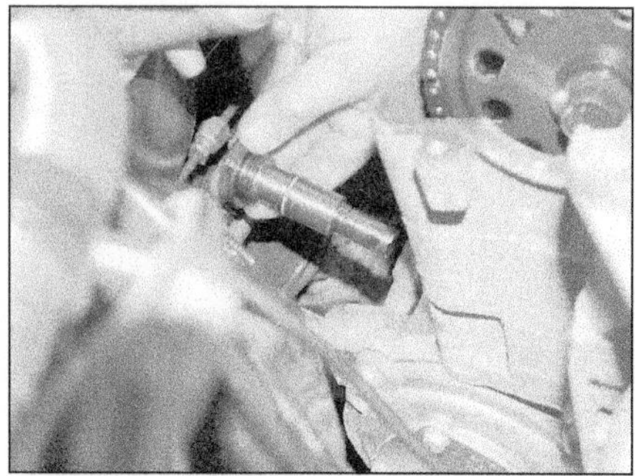
8.5 Skruva loss spännaren från det högra, bakre hörnet av topplocket

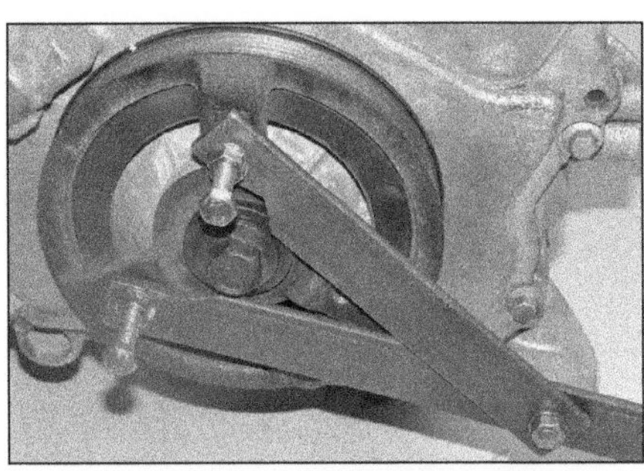

8.8a Lossa remskivebulten medan du hindrar remskivan från att rotera med något lämpligt verktyg

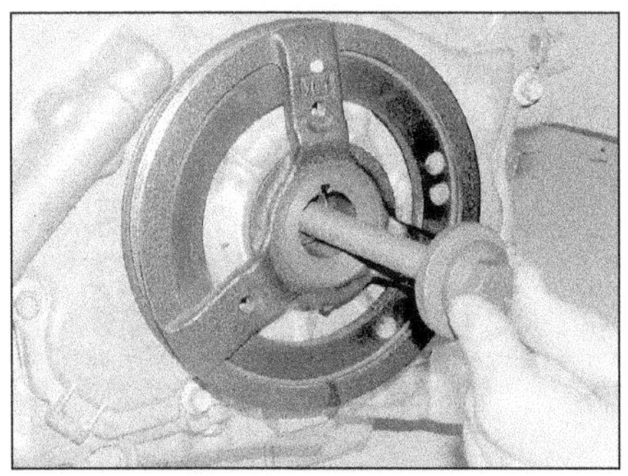

8.8b Kasta den – en ny bult måste monteras

11 Skruva loss pluggen som täcker den övre bulten på insugssidans kamkedjestyrning och skruva sedan loss bulten **(se bild 6.25)**.

12 Skruva loss den nedre kedjestyrningsbulten och ta bort kedjestyrningen nedåt **(se bild)**.

13 Lossa kamkedjan från vevaxeldrevet. Skruva sedan loss fästbultarna, demontera kamaxeldreven och lyft bort kedjan och dreven från motorn. Håll fast kamaxlarna med en öppen nyckel mot sexkantsdelen så att de inte roterar **(se bild)**.

14 Ta bort bulten och lyft spännarens styrning uppåt **(se bild)**. Om någon av kedjestyrningarna visar tecken på kraftigt slitage eller skador måste den bytas.

Montering

15 Sätt tillbaka spännarens kedjestyrning på motorblocket. Lägg sedan kedjan på insugskamdrevet och sänk ner kedjan till rätt läge. Montera drevet på insugskamaxeln och dra åt drevets fästbult med fingerkraft.

16 Lägg kedjan runt vevaxeldrevet och sätt tillbaka kedjestyrningen på insugssidan. Dra åt kedjestyrningens nedre bult till angivet moment.

17 Lägg kedjan på avgaskamdrevet och montera drevet på kamaxeln. Dra bara åt drevets fästbult med fingerkraft än så länge.

18 Sätt tillbaka kedjestyrningens övre bult och dra åt den till angivet moment.

19 Sätt tillbaka pluggen över kedjestyrningens övre bult och dra åt den till angivet moment.

20 Ta bort låsringen och dra bort kolven från kamkedjespännaren. Vrid med en spårskruvmejsel kamkedjans spännkolv tills den hakar fast i spänt läge. Sätt tillbaka kolven i spännaren och sätt tillbaka spårringen **(se bild 5.20a till 5.20e)**. Observera att hela spännaren måste bytas om O-ringstätningen är skadad.

21 Montera kamkedjespännaren och dra fast den med föreskrivet moment. Observera att spåret i spännarens ände måste stå lodrätt vid monteringen **(se bild 5.21)**.

22 Aktivera kedjespännaren genom att trycka kedjan/styrningen mot spännaren så att kolven frigörs **(se bild 5.23)**. Kontrollera att spännaren kan röra sig fritt.

23 Se till att vevaxeln fortfarande står i ÖD vid cylinder nr 1 och sätt sedan tillbaka kamaxellåsverktygen enligt beskrivningen i avsnitt 3.

24 Klipp bort den del av kamremskåpans nya packning som passar runt motorfästet och montera packningen **(se bild)**.

25 Bänd/tryck ut vevaxelns packbox från kamkedjekåpan. Sätt sedan tillbaka kåpan och dra åt bultarna till angivet moment.

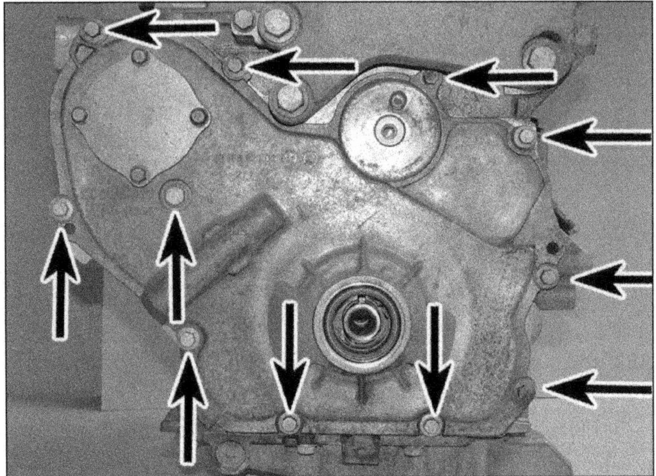

8.9 Kamkedjekåpans bultar (se pilar)

8.12 Kedjestyrningens nedre bult (se pil)

8.13 Håll emot kamaxlarna med en öppen nyckel

8.14 Spännarens styrbult (se pil)

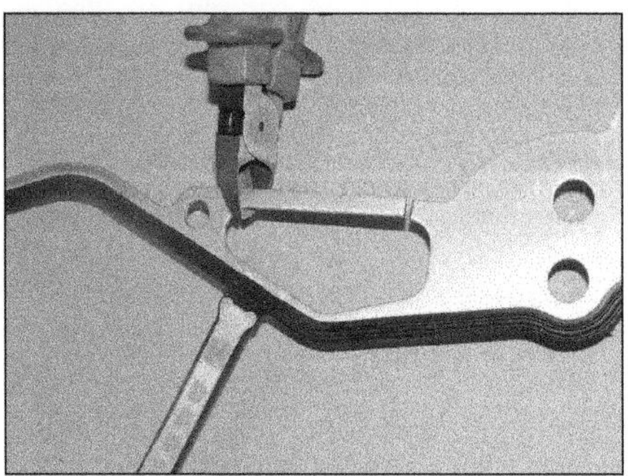

8.24 Klipp bort packningsdelen runt motorfästet

26 Sätt i en ny packbox i kamkedjekåpan enligt beskrivningen i avsnitt 12.

27 Montera vevaxelns remskiva med en ny fästbult och dra åt till angivet moment **(se bilder)**. Håll fast vevaxeln på samma sätt som vid demonteringen. Observera att de flata sidorna på remskivans nav måste passa in mot de flata sidorna på oljepumpsdrivningen.

28 Kontrollera att vevaxeln fortfarande står i ÖD vid cylinder nr 1 och dra sedan åt kamaxeldrevets bult till 30 Nm.

29 Ta bort kamaxellåsverktygen. Dra sedan åt kamaxeldrevens fästbultar till angivet moment samtidigt som du håller emot kamaxlarna med en öppen nyckel mot sexkantsdelen.

30 Montera kamaxellageröverfallen nr 2 och 7.

31 Använd en hylsnyckel mot vevaxelns remskivebult och dra runt motorn två hela varv medurs. Kontrollera sedan att ÖD-markeringarna på vevaxelns remskiva och kamkedjekåpan fortfarande står mitt för varandra. Demontera lageröverfallen 2 och 7 och kontrollera att kamaxellåsverktygen fortfarande går att montera.

32 Stämmer synkroniseringen sätter du tillbaka lageröverfallen 2 och 7 igen och drar åt fästbultarna till angivet moment.

33 Resten av monteringen utförs i omvänd ordningsföljd mot demonteringen.

8.27a Vrid remskivan tills de platta delarna på dess nav griper in i oljepumpsdrivningen

Se till att alla hållare dras åt till föreskrivet moment.

9 Balansaxlar och kedja – demontering och montering

Kedja

Demontering

1 Demontera kamkedjan (se avsnitt 8).

2 Skruva loss bultarna och ta bort kedjespännaren och styrskenorna **(se bilder)**.

3 Ta bort kedjan från dreven.

8.27b Dra åt remskivebulten rätt med hjälp av en momentgradskiva

Montering

4 Tre av kedjelänkarnas ytterbrickor är färgkodade för att motsvara vevaxelns och balansaxlarnas drev **(se bilder)**. Montera kedjan så att:

1) *Den ena silverblanka länken ska stå mitt för markeringen på avgassidans balansaxeldrev.*

2) *Den kopparfärgade länken ska stå mitt för markeringen på insugssidans balansaxeldrev.*

3) *Den andra silverfärgade länken ska stå mitt för markeringen på vevaxeldrevet.*

5 Sätt tillbaka kedjestyrskenorna, stryk på lite

9.2a Skruva loss de två bultar som fäster spännaren till balansaxelkedjan (se pilar)

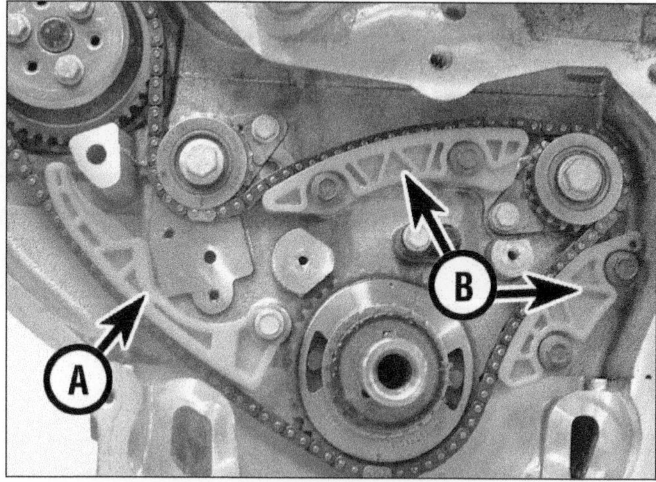

9.2b Balansaxelkedjans spännarskena (A) och styrskenor (B)

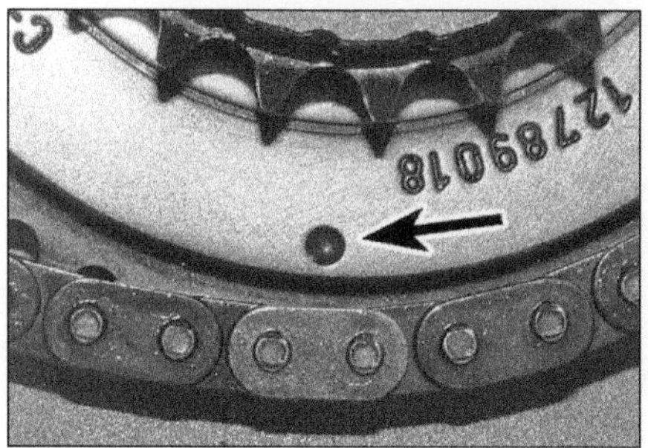

9.4a De silverfärgade kedjelänkarna ska passa in mot det runda tändningsinställningsmärket på vevaxeldrevet (se pil) . . .

9.4b . . . respektive synkroniseringspilen på avgassidans balansaxeldrev (se pil)

9.4c Den kopparfärgade kedjelänken ska passa in mot synkroniseringspilen på insugssidans balansaxeldrev (se pil)

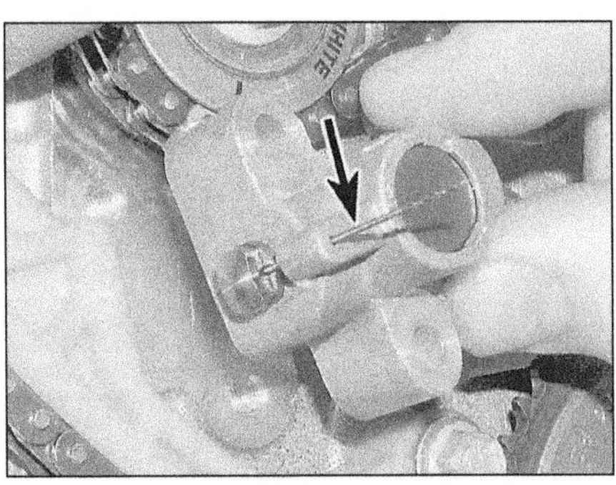

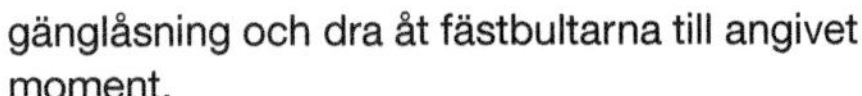

9.6 Ett 1,0 mm borr (se pil) låser spännkolven i läge

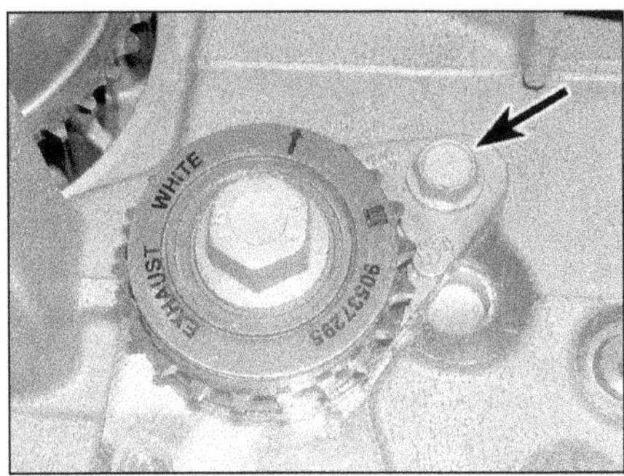

9.11a Skruva loss fästbulten (se pil) . . .

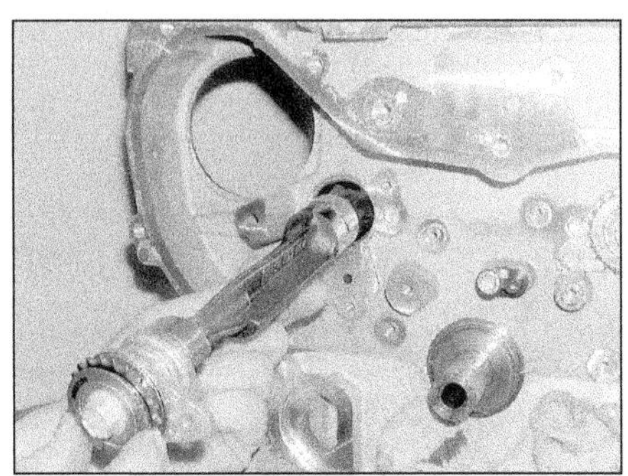

9.11b . . . och dra ut hela balansaxelenheten

gänglåsning och dra åt fästbultarna till angivet moment.

6 Vrid spännarens tryckkolv medurs ca 45° och tryck in den i spännarhuset. Lås den i läge genom att trä in ett 1,0 mm borr eller stift genom hålen **(se bild)**.

7 Sätt tillbaka spännaren, stryk lite gänglåsning på fästbultarna och dra åt dem till angivet moment.

8 Ta bort borret eller stiftet från spännaren.

9 Montera kamkedjan enligt beskrivningen i avsnitt 8.

Balansaxlar

Demontering

10 Demontera balansaxelkedjan enligt den tidigare beskrivningen i det här avsnittet.

11 Skruva loss fästbulten och dra ut balansaxlarna ur motorblocket **(se bilder)**.

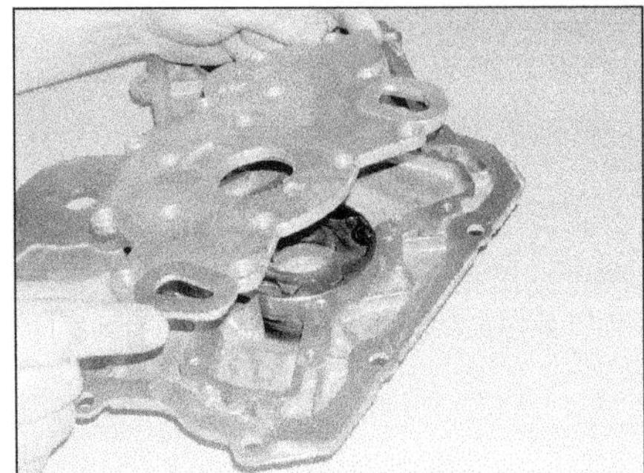

10.11a Skruva loss skruvarna och lyft av pumpens skyddsplåt

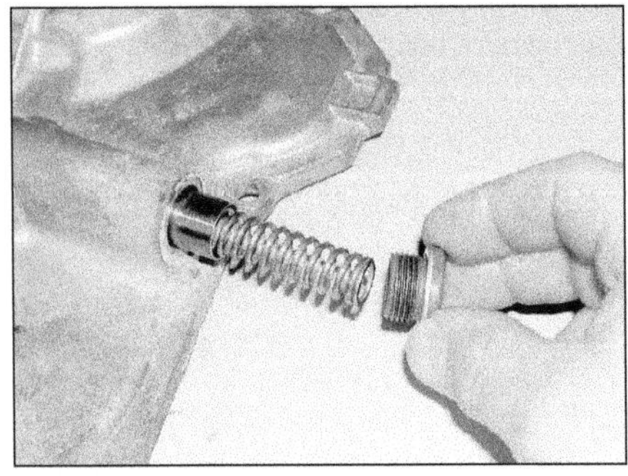

10.12a Skruva loss oljetrycksventilens plugg . . .

Tas dreven loss måste du märka axlarna för att kunna skilja insugs- från avgasaxeln.

Montering

12 Monteringen utförs i omvänd ordningsföljd mot demonteringen. Kom ihåg att dra åt fästbultarna till angivet moment.

10 Oljepump – demontering, kontroll och montering

Demontering

1 Lossa hjulbultarna på höger framhjul, lyft upp framvagnen (se *Lyftning och stödpunkter*) och stötta den ordentligt med pallbockar. Demontera hjulet.

2 Skruva loss hållarna och demontera höger framhjuls hjulhusfoder. På cabrioletmodeller skruvar du loss bultarna och tar bort den främre chassiförstärkningen **(se bild 6.7)**. Observera att de främre chassiförstärkningsbultarna är längre än de bakre.

3 Demontera drivremmen enligt beskrivningen i kapitel 1A. Skruva sedan loss bulten och demontera remspännarenheten **(se bild 8.4)**.

4 Skruva loss de tre torxskruvarna och demontera plastkåpan från motorns ovansida.

5 Ta bort luftrenarhuset enligt beskrivningen i kapitel 4A.

6 Skruva loss bultarna och ta bort turboaggregatets övre värmesköld **(se bild 4.9)**.

7 Stötta motorn underifrån med en garagedomkraft och skruva sedan loss bultarna och ta bort höger motorfäste.

8 Sänk motorns högra sida ca 30 mm och skruva sedan loss bulten och ta bort vevaxelns remskiva **(se bild 8.8a och 8.8b)**. Hindra vevaxeln från att rotera med hjälp av Saabs verktyg nr 83 95 360 och 83 96 210 eller något lämpligt alternativ.

9 Skruva loss bultarna och ta bort kamkedjekåpan **(se bild 8.9)**. Var beredd på att det rinner ut olja.

10 Kapa den del av kamkedjekåpans packning som sitter runt motorfästet och ta bort packningen.

11 Skruva loss kåpans bultar och lyft ut oljepumsdreven. Anteckna hur märkningen på dreven sitter för att underlätta återmonteringen **(se bilder)**.

12 Om så behövs, skruva långsamt ut pluggen och ta bort oljetrycksventilens fjäder och kolv **(se bilder)**.

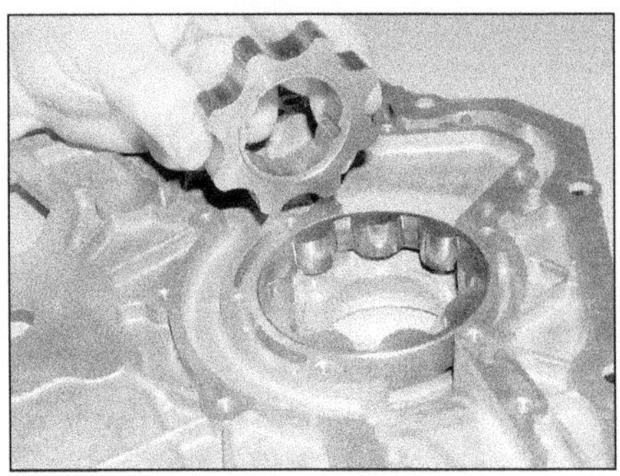

10.11b Lyft ut det inre och yttre pumpdrevet

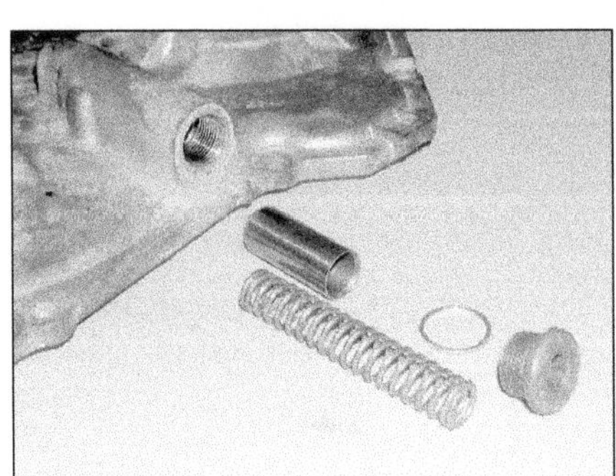

10.12b . . . och ta ut oljetrycksventilens fjäder och tryckkolv

Montering

13 Undersök om oljepumpens eller oljetrycksventilens komponenter är slitna eller skadade. Eftersom inga tekniska specifikationer för komponenterna finns tillgängliga från tillverkaren, får du vid behov låta en Saab-verkstad eller motorspecialist avgöra om nya delar krävs.

14 Sätt oljepumsdreven på plats. Se till att markeringarna på dem är riktade på samma sätt som före demonteringen.

15 Smörj dreven med ny motorolja.

16 Se till att fogytorna är rena och sätt sedan tillbaka oljepumpskåpan och dra åt bultarna till angivet moment.

11.1 Oljetryckskontakt

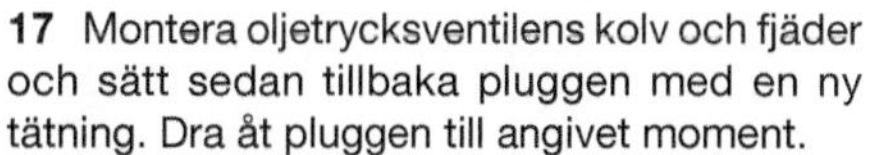

17 Montera oljetrycksventilens kolv och fjäder och sätt sedan tillbaka pluggen med en ny tätning. Dra åt pluggen till angivet moment.

18 Klipp bort den del av kamremskåpans nya packning som passar runt motorfästet och montera packningen **(se bild 8.24)**.

19 Bänd/tryck ut vevaxelns packbox från kamkedjekåpan. Sätt sedan tillbaka kåpan och dra åt bultarna till angivet moment.

20 Sätt i en ny packbox i kamkedjekåpan enligt beskrivningen i avsnitt 12.

21 Montera vevaxelns remskiva med en ny fästbult och dra åt den till angivet moment. Håll fast vevaxeln på samma sätt som vid demonteringen.

22 Resten av monteringen utförs i omvänd ordningsföljd mot demonteringen. Se till att alla hållare dras åt till föreskrivet moment, om sådant finns angivet.

11 Brytare till varningslampa för oljetryck – demontering och montering

Demontering

1 Oljetrycksbrytaren är fäst med skruvar på motorblockets framsida, bredvid oljefiltret **(se bild)**. Börja med att hissa upp framvagnen och ställ den på pallbockar (se *Lyftning och stödpunkter*).

2 Lossa fästklämman och koppla loss anslutningskontakten från brytaren.

3 Lossa kontakten från motorblocket. Var beredd på visst bränslespill. Om kontakten ska vara borttagen under en längre tid bör hålet tätas för att hindra smuts från att tränga in.

Montering

4 Rengör kontaktens och monteringshålets gängor. Försök inte föra in verktyg eller ståltråd i hålet i toppen på brytaren för att rengöra den, eftersom det kan skada dess inre delar.

5 Sätt i brytaren i motorblocket och dra åt den till angivet moment.

6 Återanslut brytarens anslutningskontakt.

7 Starta motorn och kontrollera om läckage föreligger, sänk därefter ner bilen. Kontrollera motoroljenivån och fyll på om det behövs (se *Veckokontroller*).

12.5 Bänd försiktigt ut packboxen från kamremskåpan

12 Vevaxelns packboxar – byte

Höger packbox (kamkedjeänden)

1 Dra åt handbromsen. Lossa sedan hjulbultarna på höger framhjul, lyft upp framvagnen och ställ den på pallbockar (se *Lyftning och stödpunkter*). Ta bort höger framhjul. Skruva loss fästskruvarna och ta bort hjulhusfodret.

2 Ta bort drivremmen enligt beskrivningen i kapitel 1A.

3 Skruva loss och ta bort mittbulten från vevaxelns remskiva. För att det ska gå måste vevaxeln hållas på plats med någon av följande metoder. På modeller med manuell växellåda, låt en medhjälpare trycka ner bromspedalen och lägga i 4:ans växel. Alternativt, ta bort svänghjulets skyddsplåt enligt beskrivningen i kapitel 5A. För sedan in en flatbladig skruvmejsel genom växellådans svänghjulskåpa och spärra startkransen för att hindra vevaxeln från att vrida sig. På modeller med automatväxel bör endast den senare metoden användas.

4 Dra bort vevaxelns remskiva från vevaxeländen. Använd försiktigt två hävarmar om remskivan eller navet sitter hårt.

5 Anteckna hur djupt in packboxen sitter i packboxsätet och bänd sedan försiktigt ut den ur oljepumpshuset **(se bild)**.

12.12a Dra ut den vänstra packboxen med skruv och tång . . .

12.6 Se till att packboxen hamnar på samma djup som den gamla

6 Rengör packboxsätet i oljepumpshuset. Smörj sedan den nya packboxens tätningsläppar med vaselin och placera packboxen rätvinkligt mot oljepumpshuset. Se till att packboxens slutna ände är vänd utåt. Knacka med hjälp av en lämplig rörformig dorn (t.ex. en hylsa) som bara ligger an mot packboxens hårda ytterkant in packboxen på dess plats, tills den sitter lika djupt som den gamla packboxen före demonteringen **(se bild)**.

7 Placera vevaxelns remskiva och nav på änden av vevaxeln. Sätt i mittbulten och dra åt den till angivet moment, håll fast vevaxeln på något av de sätt som beskrivs i punkt 3.

8 Montera drivremmen enligt beskrivningen i kapitel 1A och sätt sedan tillbaka motorfästet.

9 Montera hjulhusfodret och dra åt skruvarna.

10 Montera höger framhjul och sänk ner bilen.

Vänster packbox

11 Demontera svänghjulet/drivplattan enligt beskrivningen i avsnitt 13.

12 Anteckna hur djupt packboxen sitter i sätet (något djupare än i liv med ytan). Stansa eller borra två små hål mitt emot varandra i packboxen. Skruva i självgängande skruvar i hålen och dra i skruvhuvudena med tång för att få ut packboxen. Du kan också bända ut packboxen med en skruvmejsel **(se bilder)**.

13 Rengör packboxsätet och putsa bort alla grader eller vassa kanter som kan ha orsakat skadan på packboxen. **Observera:** *Du kan underlätta monteringen av packboxen med hjälp av eltejp runt vevaxelflänsen.*

12.12b . . . eller bänd försiktigt ut packboxen med en skruvmejsel

12.14 Lirka försiktigt in packboxen på vevaxeländen

14 Smörj den nya packboxens tätningsläppar med vaselin och trä försiktigt packboxen på vevaxeländen. Se till att packboxens läppar kommer på plats runt vevaxelns fläns **(se bild)**.

15 Med en lämplig rörformig dorn, som bara ligger an mot packboxens hårda ytterkant, kan du knacka in packboxen tills den sitter lika djupt som den gamla packboxen gjorde före demonteringen.

16 Ta i förekommande fall bort eltejpen som du lindade runt vevaxelflänsen. Var försiktig så att inte packboxen skadas. Rengör packboxen och montera sedan svänghjulet/drivplattan enligt beskrivningen i avsnitt 13.

13 Svänghjul/drivplatta – demontering, kontroll och montering

Demontering

1 Demontera växellådan enligt beskrivning i kapitel 7A eller 7B.

2 På modeller med manuell växellåda, demontera kopplingen enligt beskrivningen i kapitel 6.

3 Gör med hjälp av färg eller en körnare inställningsmärken på svänghjulet/drivplattan och vevaxeln, så att de kan riktas in korrekt mot varandra vid återmonteringen.

4 Hindra svänghjulet/drivplattan från att rotera genom att låsa startkransens kuggar, eller genom att skruva fast en bit bandjärn mellan svänghjulet/drivplattan och motorblocket **(se bild)**. Lossa bultarna jämnt tills de alla är loss.

13.10 Det finns bara ett läge där svänghjulets och vevaxelns bulthål stämmer överens

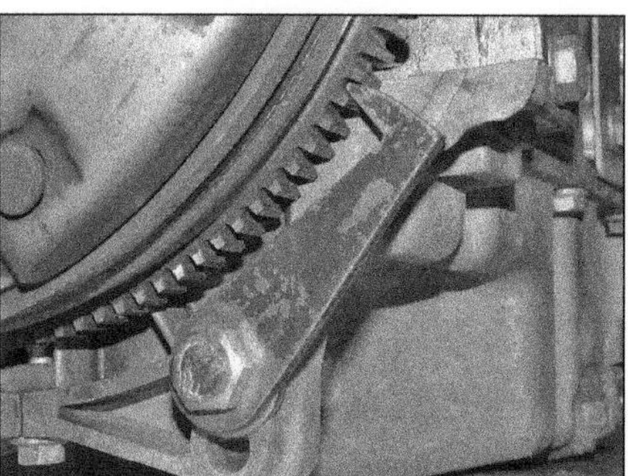

13.4 Lås svänghjulets/drivplattans startkrans

5 Ta bort varje bult i tur och ordning och se till att det finns ersättningsbultar till ihopsättningen. Dessa bultar utsätts för mycket stora påfrestningar och måste därför alltid bytas ut när de har rubbats, oberoende av vilket skick de verkar vara i.

6 Ta bort svänghjulet/drivplattan från vevaxeländen. **Observera:** *Svänghjulet/drivplattan är mycket tungt, så var försiktig när du demonterar det.*

Kontroll

7 Rengör svänghjulet/drivplattan från fett och olja. Undersök ytan efter sprickor, nitspår, brända områden och repor. Lättare repor kan tas bort med smärgelduk. Leta efter spruckna eller trasiga krondrevskuggar. Lägg svänghjulet/drivplattan på slätt underlag och använd en linjal för att kontrollera eventuell skevhet.

8 Rengör och kontrollera fogytorna på svänghjulet/drivplattan och vevaxeln. Om vevaxelns vänstra packbox läcker ska den bytas (se avsnitt 12) innan svänghjulet/drivplattan monteras tillbaka.

9 Medan svänghjulet/drivplattan är demonterat kan du passa på att rengöra dess inre (högra) sida noga. Rengör de gängade skruvhålen i vevaxeln noga. Detta är viktigt, eftersom rester av gammalt låsningsmedel i gängorna leder till att bultarna efter en tid sätter sig, med felaktigt åtdragningsmoment som följd.

Montering

10 Vid monteringen ska alla bulthål i svänghjulet/drivplattan sitta i mitt för dem i vevaxen. Det finns bara ett sätt att få detta att stämma. Ta hjälp av markeringarna du gjorde vid demonteringen. Stryk lämplig gänglåsning på gängorna till de nya bultarna och sätt sedan i dem **(se bild)**.

14.10 Höger motorfästesenhet

11 Spärra svänghjulet/drivplattan på samma sätt som vid demonteringen. Dra åt de nya bultarna till angivet moment. Arbeta i diagonal ordningsföljd för att få en jämn åtdragning och bygg upp det slutliga åtdragningsmomentet i tre steg.

12 Resten av ihopsättningen sker i omvänd ordning mot demonteringen. Se tillämpliga ställen i texten för närmare beskrivning när så behövs.

14 Motorns/växellådans fästen – kontroll och byte

Kontroll

1 Hissa upp framvagnen och ställ den på pallbockar för att lättare komma åt (se *Lyftning och stödpunkter*).

2 Motorfästena sitter på höger sida, ovanför växellådans vänstra sida och på motorns baksida. I vänster fäste, som är av gummi och har hydraulisk dämpning, finns en inre kammare fylld med olja. Vibrationsdämpningen är progressiv och beror på belastningen, samt dämpar både horisontella och vertikala rörelser.

3 Kontrollera gummifästena för att se om de har spruckit, hårdnat eller släppt från metallen någonstans. Byt fästet vid sådana tecken på skador eller åldrande.

4 Kontrollera att fästenas hållare är hårt åtdragna.

5 Använd en stor skruvmejsel eller ett bräckjärn och leta efter slitage i fästet genom att försiktigt försöka bända det för att leta efter fritt spel. Där detta inte är möjligt, låt en medhjälpare vicka på motorn/växellådan framåt/bakåt och i sidled, medan du granskar fästet. Ett visst spel är att vänta även från nya delar medan ett större slitage märks tydligt. Om för stort spel förekommer, kontrollera först att hållarna är tillräckligt åtdragna, och om det behövs, byt sedan slitna komponenter enligt beskrivningen nedan.

Byte

Höger motorfäste

6 Dra åt handbromsen och lyft med hjälp av en domkraft upp framvagnen på pallbockar (se *Lyftning och stödpunkter*).

7 På cabrioletmodeller skruvar du loss bultarna och tar bort den främre chassiförstärkningen **(se bild 6.7)**. Observera att de främre bultarna är längre än de bakre.

8 Ta upp motorns tyngd med en garagedomkraft som placeras under oljesumpen. Lägg en träkloss mellan domkraftens lyftsadel och sumpen för att fördela tyngden och undvika skador.

9 Ta bort luftrenarenheten enligt beskrivningen i kapitel 4A.

14.17 Skruva loss bulten och koppla loss jordledningen (se pil)

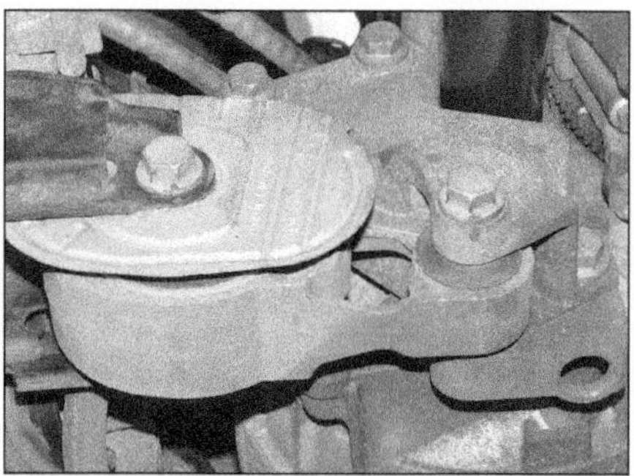

14.22a Vänstersidans bakre momentstag . . .

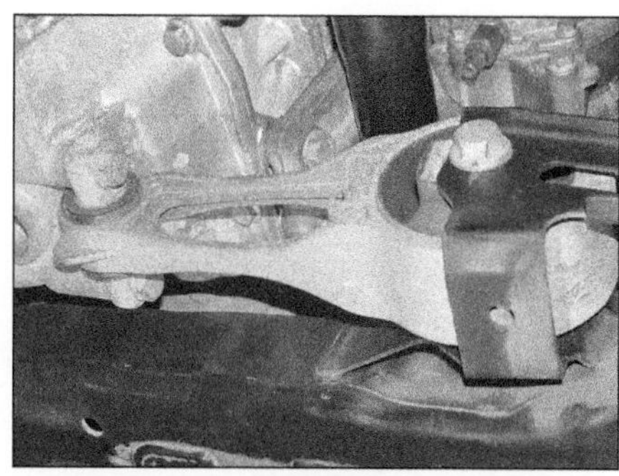

14.22b . . . och högersidans bakre momentstag

10 Gör inställningsmarkeringar på motorns fästdyna, karossen och fästbygeln för att underlätta ihopsättningen **(se bild)**.

11 Skruva loss fästbultarna och ta bort fästet. Om det behövs, skruva loss fästbygeln från motorblockets framsida.

12 Montera de nya fästena i omvänd arbetsordning och se till att bultarna dras åt till angivet moment.

Vänster motor-/växellådsfäste

13 Dra åt handbromsen och lyft med hjälp av en domkraft upp framvagnen på pallbockar (se *Lyftning och stödpunkter*).

14 På cabrioletmodeller skruvar du loss bultarna och tar bort den främre chassiförstärkningen **(se bild 6.7)**. Observera att de främre bultarna är längre än de bakre.

15 Placera en garagedomkraft under växellådan och hissa upp domkraften så att den precis lyfter motorn och växellådan. På modeller med automatväxel, se till att domkraftshuvudet inte stöder mot undersidan av växellådans sump.

16 Demontera batteriet och batterihyllan enligt beskrivningen i kapitel 5A.

17 Skruva loss bulten och koppla loss jordledningen från fästet **(se bild)**.

18 Skruva loss bultarna och ta bort fästet.

19 Om det behövs, skruva loss bultarna och ta bort fästbygeln.

20 Montera det nya fästet i omvänd arbetsordning, se till att bultarna dras åt till angivet moment.

Momentstag

21 Dra åt handbromsen och lyft med hjälp av en domkraft upp framvagnen på pallbockar (se *Lyftning och stödpunkter*).

22 Skruva loss bultarna och demontera momentstaget **(se bilder)**.

23 Montera det nya fästet i omvänd arbetsordning och se till att muttrarna/bultarna dras åt till angivet moment.

Kapitel 2 Del B: Reparationer med motorn kvar i bilen – dieselmotorer med enkel överliggande kamaxel

Innehåll

Avsnittsnummer

Svårighetsgrad

Enkelt, passar novisen med lite erfarenhet	**Ganska enkelt,** passar nybörjaren med viss erfarenhet	**Ganska svårt,** passar kompetent hemmamekaniker	**Svårt,** passar hemmamekaniker med erfarenhet	**Mycket svårt,** för professionell mekaniker

Specifikationer

Allmänt

Motortyp	Fyrcylindrig, rak, vattenkyld. Enkel överliggande kamaxel, remdriven
Tillverkarens motorkod*	Z19DT
Cylinderdiameter	82,0 mm
Slaglängd	90,4 mm
Volym	1910 cc
Effekt:	
Vridmoment	280 Nm @ 2 000 varv/minut
Effekt	88 kW @ 4 000 varv/minut
Kompressionsförhållande	18,0:1
Tändföljd	1–3–4–2 (cylinder nr 1 på motorns kamremssida)
Vevaxelns rotationsriktning	Medurs (sett från motorns kamkedjeände)

* *Detaljer om placeringen av motorkoden, se ”Identifikationsnummer” i kapitlet Referens.*

Kompressionstryck

Max. skillnad mellan två cylindrar	1,5 bar

Ventilspel

Kall motor:	
Insugs- och avgassystem	0,30 till 0,40 mm

Smörjsystem

Lägsta oljetryck vid 80 °C:	
Vid tomgångsvarvtal	1,0 bar
Vid 4 000 varv/minut	4,0 bar
Oljepump, typ	Rotorpump som drivs av vevaxelns remskiva/vibrationsdämpare på vevaxelns ände

Åtdragningsmoment	**Nm**
Bult till drivremmens mellanskiva	25
Bultar mellan motor och växellådsenhet:	
M10-bultar	40
M12-bultar	60
Bultar till oljepumpens upptagarrör/sil	9
Drivremsspännarens bultar	50
Fästbultar till mellanaxellagrets husstöd	55
Fästbygel för luftkonditioneringskompressor till motorblock/sump	50
Hjulbultar	110
Högtrycksbränslepumpens drevmutter*	50
Kamaxeldrevets bult*	120
Kamaxellageröverfallets bultar	15
Kamremmens tomgångsöverföringsbult	50
Kamremsspännarens bult	25
Motorfästen:	
Bakre fäste/momentlänksfästbygel till växellådan	80
Bakre fäste/momentlänk till kryssrambalk	44
Bakre fäste/momentlänk till växellådans fästbygel	80
Främre fäste/momentlänk till kryssrambalk:	
Steg 1	60
Steg 2	Vinkeldra ytterligare 90°
Främre fäste/momentlänksfästbygel till växellådan	80
Höger:	
Bultar mellan fäste och motorfäste	50
Bultar mellan motorfäste och motor	55
Nedre bultar (M8)	25
Övre bultar (M10)	50
Fästbultar till kaross:	
Steg 1	40
Steg 2	Vinkeldra ytterligare 60°
Vänster:	
Bultar, fäste till kaross	20
Fästbygel till växellådsfästbygel	55
Växellådsfästbygel till växellåda	55
Oljefilterhus till motorblock	50
Oljepumpshus till motorblock	9
Oljesumpens bultar:	
M6-bultar	9
M8-bultar	25
M10-bultar	40
Ramlageröverfallens bultar*:	
Steg 1	25
Steg 2	Vinkeldra ytterligare 100°
Sumpens avtappningsplugg	25
Svänghjulsbultar*	160
Topplocksbultar*:	
Steg 1	20
Steg 2	65
Steg 3	Vinkeldra ytterligare 90°
Steg 4	Vinkeldra ytterligare 90°
Steg 5	Vinkeldra ytterligare 90°
Ventilkåpans bultar	10
Vevaxeldrevets bult*†	340
Vevaxelns packboxhus	9
Vevaxelns remskivas/vibrationsdämpares bultar	25
Vevstakslagrets överfallsbult*:	
Steg 1	25
Steg 2	Vinkeldra ytterligare 60°
Övre kamremskåpans bultar:	
M6-bultar	9
M8-bultar	25

** Återanvänds inte*
† Vänstergängad

1 Allmän information

Hur detta kapitel används

Den här delen av kapitel 2 beskriver de reparationsåtgärder som kan utföras medan motorn är monterad i bilen. Om motorn redan har lyfts ut ur motorrummet och tagits isär på det sätt som beskrivs i kapitel 2D, kan du bortse från anvisningarna för förberedande isärtagning i det här kapitlet.

Observera att även om det är möjligt att renovera delar som kolvar/vevstakar medan motorn sitter i bilen, så utförs sällan sådana åtgärder separat, och de kräver normalt att flera olika procedurer utförs (för att inte tala om rengöring av komponenter och smörjkanaler). Av den anledningen klassas alla sådana åtgärder som större renoveringsåtgärder och beskrivs i kapitel 2D.

I kapitel 2D beskrivs demontering av motor/växellåda, samt tillvägagångssättet för de reparationer som kan utföras med motorn/växellådan demonterad.

Motorbeskrivning

Den raka fyrcylindriga dieselmotorn på 1,9 liter med enkel överliggande kamaxel har åtta ventiler och är tvärställd i motorrummet, med växellådan i den vänstra änden.

Vevaxeln är fäst i motorblocket på fem ramlageröverfall. Ramlager nummer tre har tryckbrickor för att kontrollera vevaxelns axialspel.

Vevaxlarnas storändar roterar kring horisontellt delade lagerskålar. Kolvarna är fästa på vevstakarna med kolvbultar, som hålls fast av låsringar. Lättmetallkolvarna är monterade med tre kolvringar – två kompressionsringar och en oljeskrapring.

Kamaxeln sitter direkt i topplocket och drivs av vevaxeln via en tandad kamrem i kompositgummi (som också driver högtrycksbränslepumpen och kylvätskepumpen). Kamaxeln driver alla ventiler med hjälp av en kamvippa med justeringsmellanlägg.

Smörjningen tryckmatas från en oljepump av rotortyp, som sitter på vevaxelns högra ände. Pumpen drar olja genom en sil i sumpen och tvingar den sedan genom ett externt monterat fullflödesfilter av patrontyp. Oljan flödar in i kanalerna i motorblocket/vevhuset, varifrån den fördelas till vevaxeln (ramlager) och kamaxeln. Vevstakslagren matas med olja via invändiga kanaler i vevaxeln, medan kamaxellagren också får trycksatt smörjning. Kamloberna och ventilerna stänksmörjs, som alla andra motordelar.

Ett halvslutet vevhusventilationssystem används. Vevhusångorna dras in från oljeavskiljaren (som är inbyggd i ventilkåpan) och leds genom en slang till kamaxelhuset.

Åtgärder med motorn kvar i bilen

Följande åtgärder kan utföras utan att du måste ta bort motorn från bilen.

a) Demontering och montering av kamaxelhuset.
b) Justering av ventilspelen.
c) Demontering och montering av topplocket.
d) Demontering och montering av kamremmen, spännaren, överföringsremskivor och drev.
e) Byte av kamaxelns packbox.
f) Demontering och montering av kamaxel och kamvippor.
g) Demontering och montering av sumpen.
h) Demontering och montering av vevstakar och kolvar.*
i) Demontering och montering av oljepumpen.
j) Demontering och montering av oljefilterhuset.
k) Byte av vevaxelns packboxar.
l) Byte av motorfästena.
m) Demontering och montering av svänghjulet.

** Även om åtgärden som märkts ut med en asterisk kan utföras med motorn kvar i bilen när oljesumpen tagits bort, är det bättre om motorn demonteras, eftersom det då går lättare att hålla rent och komma åt. Tillvägagångssättet beskrivs därför i kapitel 2D.*

2 Kompressions- och tryckförlustprov – beskrivning och tolkning

Kompressionsprov

Observera 1: *En kompressionsprovare särskilt avsedd för dieselmotorer måste användas på grund av de höga tryck som förekommer.*

Observera 2: *Batteriet måste vara fulladdat, luftfiltret rent och motorn ha normal arbetstemperatur.*

1 Om motorns effekt sjunker eller om det uppstår feltändningar som inte kan hänföras till bränslesystemet, kan ett kompressionsprov ge en uppfattning om motorns skick. Om kompressionsprov görs regelbundet kan de ge förvarning om problem innan några andra symptom uppträder.

2 Testinstrumentet ansluts till en adapter som skruvas in i insprutningsventilens hål. Det lönar sig knappast att köpa ett sådant testinstrument om det bara ska användas någon enstaka gång, men du kanske kan låna eller hyra ett – låt annars en verkstad utföra provningen. Om du har tillgång till den utrustning som krävs, gör så här.

3 Demontera bränsleinsprutarna enligt beskrivningen i kapitel 4B.

4 Skruva in kompressionsprovarens adapter i bränsleinsprutarhålet för cylinder nr 1.

5 Ta hjälp av en medhjälpare och dra runt motorn på startmotorn. Efter några varv ska kompressionstrycket byggas upp till ett maximivärde och stabiliseras. Anteckna det högsta värdet.

6 Upprepa testet på återstående cylindrar och anteckna trycket på var och en.

7 Trycket i alla cylindrarna bör hamna på i stort sett samma värde. En skillnad som är större än det maxvärde som anges i Specifikationer betyder att det finns ett fel. Observera att kompressionen ska byggas upp snabbt i en felfri motor. Om kompressionen är låg i det första kolvslaget och sedan ökar gradvis under följande slag är det ett tecken på slitna kolvringar. Om kompressionsvärdet är lågt under den första takten och inte stiger under de följande, tyder detta på läckande ventiler eller en trasig topplockspackning (eller ett sprucket topplock). **Observera:** *Det är svårare att fastställa orsaken till dålig kompression hos en dieselmotor än hos en bensinmotor. Effekten av att hälla olja i cylindrarna ("våtprovning") ger inte definitivt besked, eftersom det finns en risk att oljan stannar i fördjupningen i kolvkronan i stället för att fortsätta till kolvringarna.*

8 Avsluta med att sätta tillbaka bränsleinsprutarna enligt beskrivningen i kapitel 4B.

Tryckförlustprov

9 Ett tryckförlustprov mäter hur snabbt komprimerad luft som matas in i cylindern läcker ut. Det är ett alternativ till ett kompressionsprov som på många sätt är att föredra, eftersom den utläckande luften gör det enkelt att hitta var tryckförlusten sker (kolvringar, ventiler eller topplockspackning).

10 Den utrustning som krävs för ett tryckförlustprov brukar inte vara tillgänglig för hemmamekanikern. Vid misstanke om dålig kompression bör en Saab-verkstad eller annan verkstad med lämplig utrustning få utföra provningen.

3 Övre dödpunkt (ÖD) för kolv nr 1 – hitta

Observera: *För att bestämma det exakta ÖD-läget för kolv nr 1 behövs Saabs specialverktyg 32 025 009 (eller likvärdigt alternativ) för att ställa in vevaxeln på ÖD-läget* ***(se bild).***

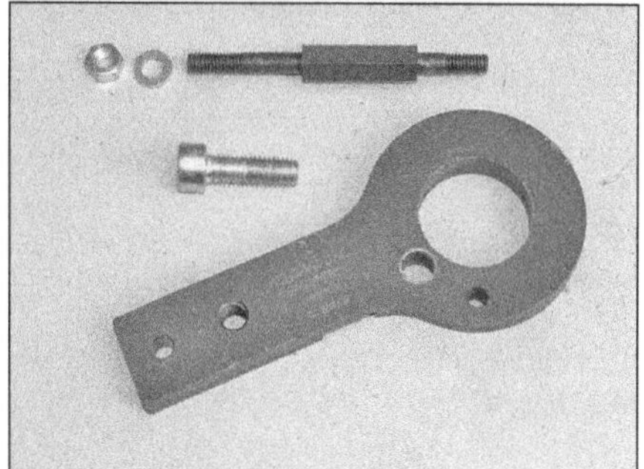

3.0 Du behöver Saabs specialverktyg 32 025 009 (eller motsvarande) för att ställa in ÖD-läget för cylinder 1

3.5 Lossa den mittersta fästbulten (se pil) och ta bort drivremsspännarenheten

3.8 Ta bort höger motorfäste

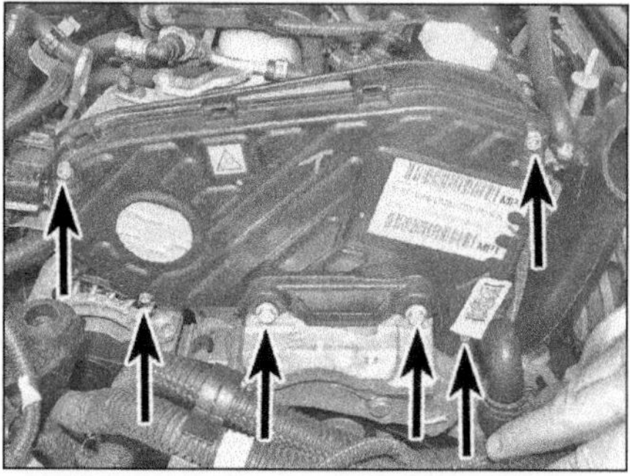
3.9 Övre kamremmens fästbultar (se pilar)

3.10 Vrid vevaxeln så att markeringarna på kamaxeldrevet (se pil) står i linje med ventilkåpans pekare

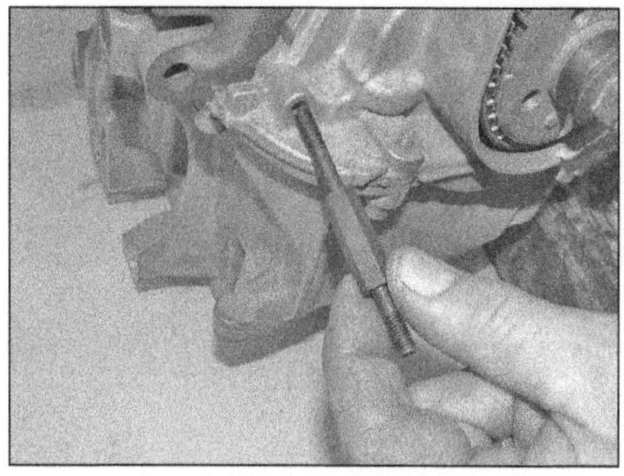
3.11 Skruva in fästpinnbulten på specialverktyg 32 025 009 i oljepumpshuset

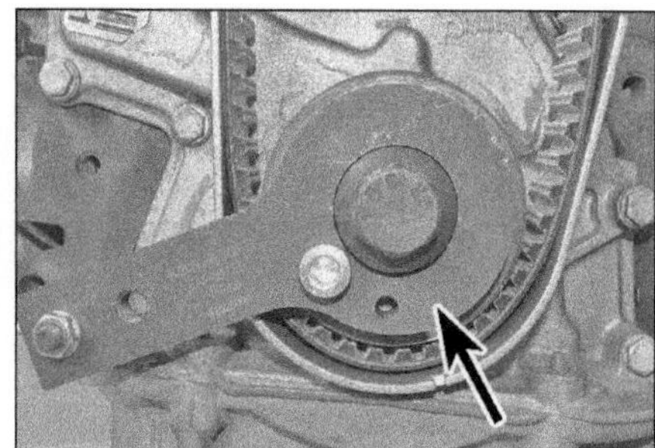
3.12 Positionsringen på verktyg 32 025 009 (se pil) ansluts till fästpinnbulten och vevaxeldrevet

1 I rörelsen upp och ner i cylinderloppet är den övre dödpunkten (ÖD) den högsta punkt som varje kolv når när vevaxeln roterar. Varje kolv passerar ÖD under såväl kompressionstakten som under avgastakten. Vid inställning av motorns ventiler avser ÖD det högsta kolvläget för cylinder nr 1 under kompressionstakten.

2 Kolv (och cylinder) nr 1 sitter längst till höger i motorn (kamremsänden) och du hittar dess ÖD-läge på följande sätt. Observera att vevaxeln roterar medurs från höger sida av bilen sett.

3 Demontera oljepåfyllningslocket, skruva loss de två fästbultarna, lossa slangens fästklämma och lyft bort plastkåpan från motorns ovansida. Sätt tillbaka oljepåfyllningslocket.

4 Ta bort vevaxelns remskiva/vibrationsdämpare enligt beskrivningen i avsnitt 6.

5 Skruva loss den mittersta fästbulten och ta bort drivremsspännarenheten från motorn **(se bild)**.

6 Ta bort luftrenarenheten och luftintagskanalen enligt beskrivningen i kapitel 4B.

7 Skruva loss fästena, ta bort motorns undre skyddskåpa och placera sedan en garagedomkraft under motorns högra ände, med en träkloss på domkraftens lyftsadel. Höj domkraften tills den bär upp motorns vikt.

8 Markera bultlägena för korrekt återmontering, skruva sedan loss de tre bultarna som fäster höger motorfäste på motorfästbygeln och de tre bultarna som håller fast fästet på karossen. Ta bort fästet **(se bild)**.

9 Lossa kablaget ovanpå och på sidan av övre kamremskåpan. Skruva loss de sex fästbultarna och lyft av den övre kamremskåpan **(se bild)**.

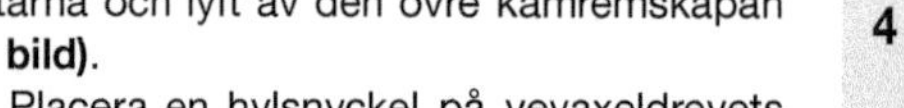

10 Placera en hylsnyckel på vevaxeldrevets bult och vrid vevaxeln i normal rotationsriktning tills märket på vevaxeldrevet är i linje med ventilkåpans pekare **(se bild)**.

11 Ta loss bulten på den nedre vänstra sidan av oljepumpshuset och skruva in fästpinnbulten till Saabs specialverktyg 32 025 009 **(se bild)**.

12 Sätt positionsringen på verktyget 32 025 009 över fästpinnbulten och för in den i vevaxeldrevet.Se till att hålet i positionsringen hakar i tappen på drevet. Sätt fast verktyget i detta läge med fästbult och mutter **(se bild)**.

13 När vevaxelns positionsring sitter på plats och märket på kamaxeldrevet är i linje med ventilkåpans pekare står motorn med kolv nr 1 i ÖD-läge i kompressionstakten.

5.2 Skruva loss fästbultarna för att lossa vakuumröret från ventilkåpan

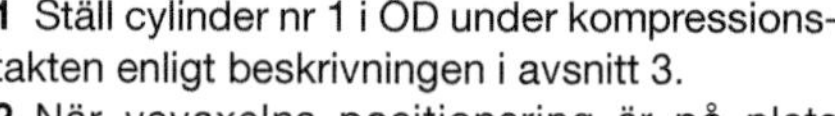

4 Ventiltider – kontroll och justering

1 Ställ cylinder nr 1 i ÖD under kompressionstakten enligt beskrivningen i avsnitt 3.

2 När vevaxelns positionsring är på plats kontrollerar du att märket på kamaxeldrevet är i linje med ventilkåpans pekare. I så fall är ventiltiderna korrekta **(se bild 3.10)**.

3 Om märket på kamaxeldrevet inte är i linje med ventilkåpans pekare justerar du återigen kamremmens position enligt beskrivningen i avsnitt 7.

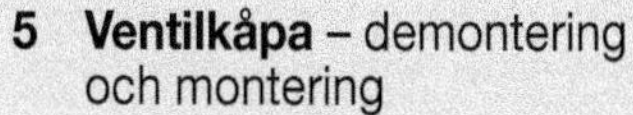

5 Ventilkåpa – demontering och montering

Demontering

1 Demontera oljepåfyllningslocket, skruva loss de två fästbultarna, lossa slangens fästklämma och de två bultarna och lyft bort plastkåpan från motorns ovansida. Sätt tillbaka oljepåfyllningslocket.

2 Skruva loss fästbultarna för att lossa vakuumledningarna som går över ventilkåpans ovansida **(se bild)**.

3 Lossa fästklämmorna och koppla loss ventilationsslangen från ventilkåpans fram- och baksida **(se bild)**.

4 Koppla loss bränslespillslangens anslutning från insprutningsventil 2 och 3 genom att dra

5.3a Lossa fästklämmorna och koppla loss ventilationsslangarna från ventilkåpans framsida . . .

5.6 Flytta bränslespillslangenheten bakåt och lyft upp ventilkåpan från topplocket

ut låsklämman och lyfta ut slangbeslaget. Sätt tillbaka låsklämmorna på insprutningsventilerna när du har lossat slangbeslaget.

5 Skruva loss de sju fästbultarna som håller fast ventilkåpan i topplocket **(se bild)**.

6 Flytta försiktigt bränslespillslangenheten bakåt och lyft bort ventilkåpan från topplocket **(se bild)**.

Montering

7 Se till att kåpans och topplockets ytor är rena och torra och lägg sedan in packningen i kåpans spår **(se bild)**.

8 Flytta bränslespillslangenheten bakåt och sänk försiktigt kåpan till rätt läge.Skruva in fästskruvarna och dra åt dem löst.När alla bultarna väl dragits åt med handkraft, går du varvet runt och korsdrar dem till angivet moment.

9 Återanslut spillslangens beslag på insprutningsventilerna genom att trycka in låsklämman, ansluta beslaget och sedan släppa låsklämman. Se till att alla beslag är ordentligt anslutna och hålls fast av klämman.

10 Återanslut ventilationsslangarna till kåpan.

11 Sätt tillbaka och dra åt bultarna som håller fast vakuumledningarna.

12 Sätt tillbaka plastkåpan på motorns ovansida, dra åt de två fästbultarna och sätt fast slangen igen.

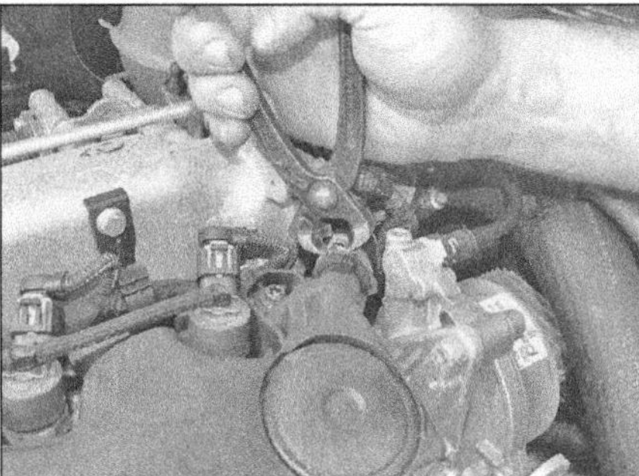

5.3b . . . och baksida

5.7 Montera tätningen i spåret i ventilkåpan

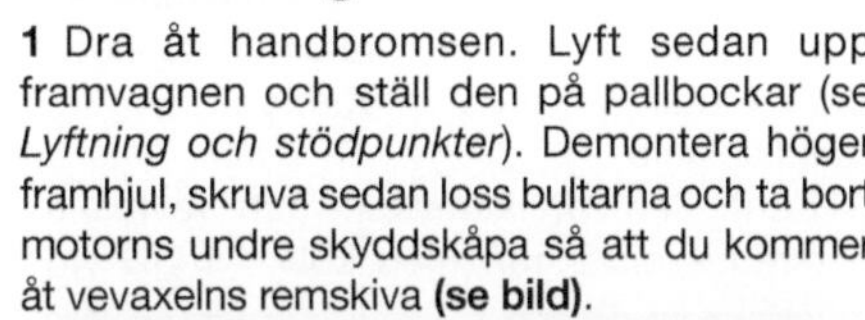

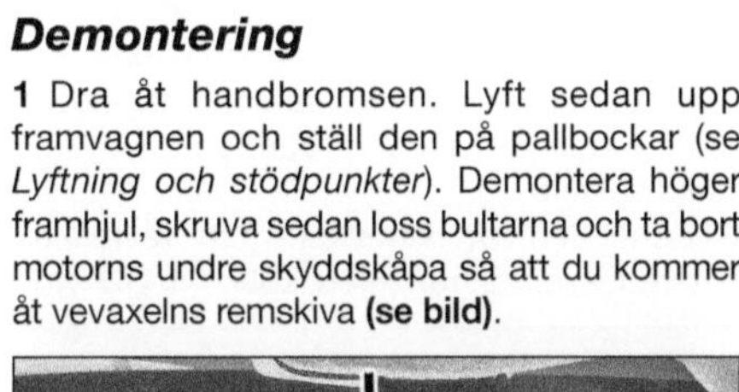

6 Vevaxelns remskiva/ vibrationsdämpare – demontering och montering

Demontering

1 Dra åt handbromsen. Lyft sedan upp framvagnen och ställ den på pallbockar (se *Lyftning och stödpunkter*). Demontera höger framhjul, skruva sedan loss bultarna och ta bort motorns undre skyddskåpa så att du kommer åt vevaxelns remskiva **(se bild)**.

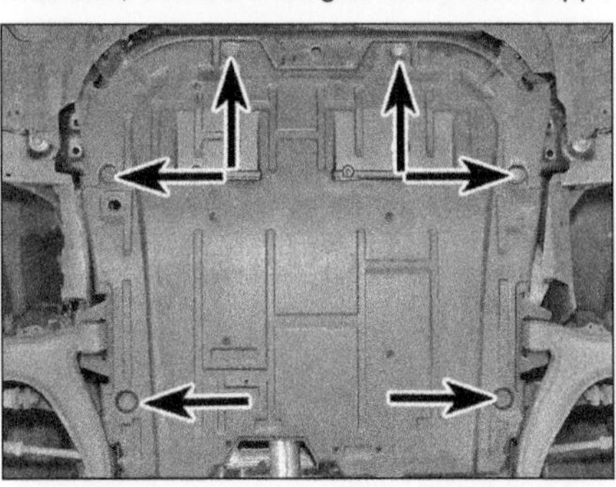

6.1 Bultar till motorns undre skyddskåpa (se pilar)

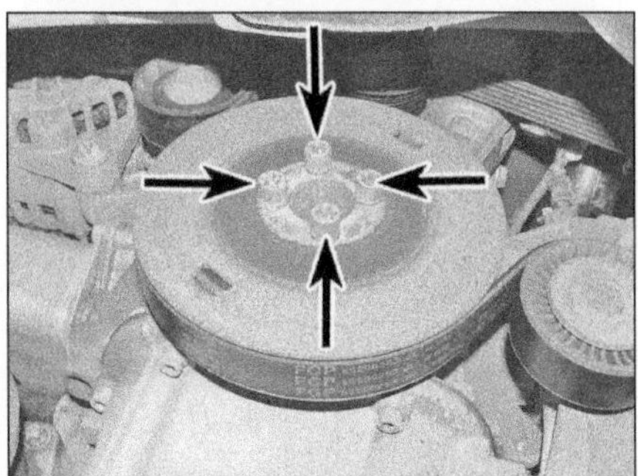

6.3 Fästbultar till vevaxelns remskiva/ vibrationsdämpare (se pilar)

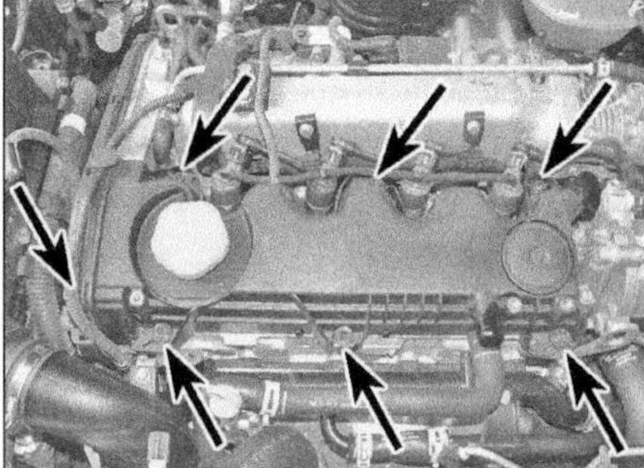

5.5 Skruva loss de 7 bultarna (se pilar) som håller fast ventilkåpan på topplocket

2 Demontera drivremmen enligt beskrivningen i kapitel 1B. Märk ut dess rotationsriktning före demonteringen, för att säkerställa att remmen monteras tillbaka i rätt riktning.

3 Skruva loss de fyra bultarna som håller fast remskivan i vevaxeldrevet och ta bort remskivan från drevet **(se bild)**.

Montering

4 Sätt vevaxelns remskiva på drevet och se till att hålet på remskivans baksida fastnar i tappen på drevet.

5 Sätt tillbaka de fyra fästbultarna och dra åt dem stegvis till angivet moment.

6 Sätt tillbaka drivremmen enligt beskrivningen i kapitel 1B. Ta hjälp av den markering du gjorde på remmen före demonteringen för att säkert montera den rättvänd.

7 Montera hjulet och motorns undre skyddskåpan. Sänk sedan ner bilen och dra åt hjulbultarna till angivet moment.

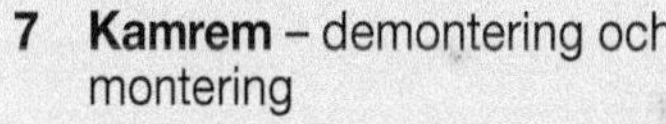

7 Kamrem – demontering och montering

Observera: *Kamremmen måste demonteras och monteras när motorn är kall.*

Demontering

1 Ställ cylinder nr 1 i ÖD under kompressionstakten enligt beskrivningen i avsnitt 3.

2 Skruva loss fästbulten och ta bort drivremmens tomgångsöverföring från motorfästet **(se bild)**.

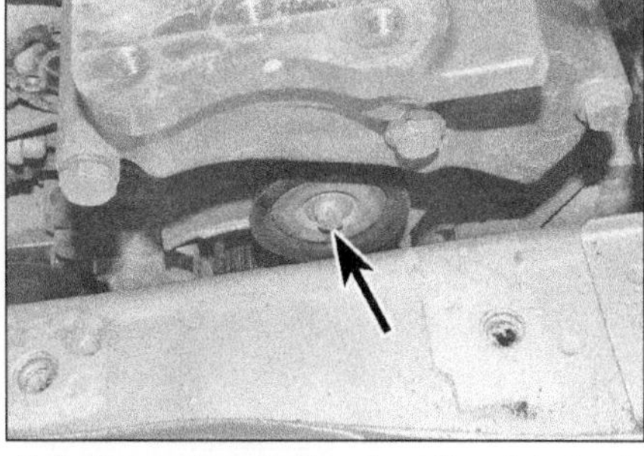

7.2 Skruva loss bulten (se pil) och ta bort drivremmens tomgångsöverföring från motorfästbygeln

7.3a Skruva loss de 2 nedre bultarna (se pilar) . . .

7.3b . . . och de 3 övre bultarna (se pilar) . . .

7.3c . . . och ta bort fästbygeln från motorn

7.11 Kamremmens dragning

3 Skruva loss de två nedre och de tre övre bultarna och ta bort motorfästet från motorn **(se bilder)**.

4 Skruva loss muttern och bulten och ta bort inpassningsverktyget för vevaxeln (32 025 009) från vevaxeldrevet.

5 Lossa kamremsspännarbulten så att spännaren dras tillbaka och kamremmens spänning minskar.

6 Dra ut kamremmen från dreven och ta bort den från motorn. Om remmen ska återanvändas bör du märka ut rotationsriktningen på remmen med vit färg el. dyl.

Varning: Vrid inte vevaxeln eller kamaxlarna förrän kamremmen har återmonterats.

7 Kontrollera noggrant om kamremmen visar tecknen på ojämnt slitage, bristningar eller oljeföroreningar och byt den vid minsta tveksamhet om dess tillstånd.

Om motorn just genomgår renovering och den angivna tiden för rembyte närmar sig (se kapitel 1B) bör du byta remmen, oavsett hur den ser ut. Om du hittar tecken på oljeföroreningar leta reda på oljeläckan åtgärda den. Tvätta sedan området kring motorns kamrem och tillhörande delar för att ta bort alla spår av olja.

Montering

8 Rengör noggrant kamremsdreven och spännaren/överföringsremskivan vid ihopsättning.

9 Sätt kamremmen i läge över vevaxeldrevet. Om den ursprungliga remmen återmonteras, se till att märket som gjordes vid demonteringen pekar i den normala rotationsriktningen, liksom tidigare.

10 Kontrollera att kamaxeln och vevaxeln fortfarande sitter rätt med kolv 1 i ÖD vid kompressionsfasen enligt beskrivningen i avsnitt 3 och sätt tillbaka insättningsverktyget för vevaxeln.

11 Montera kamremmen över vevaxelns, kamaxelns och bränslepumpens drev och runt överföringsremskivorna. Se till att främre delen av remmen är spänd (dvs. allt spelrum ska finnas på spännarsidan av remmen). Montera sedan remmen över vattenpumpsdrevet och spännarremskivan **(se bild)**. Vrid inte remmen så att den viks vid återmontering. Se till att remkuggarna sitter som de ska mitt i dreven och att tändningsinställningsmärket på kamaxeldrevet fortfarande ligger i linje.

12 Skruva in en lämplig ca 50 mm lång bult i det gängade hålet mitt under kamremsspännaren. Håll en skruvmejsel på bulten som svängtapp medan du flyttar justeringsspaken på spännaren tills pekaren står i linje med märket på fästplattan. Håll spännaren i detta läge och dra åt dess fästbult **(se bilder)**.

13 Ta bort insättningsverktyget för vevaxeln.

14 Håll en hylsnyckel på vevaxeldrevets bult och vrid vevaxeln sakta två hela varv (720°) i den normala rotationsriktningen för att sätta kamremmen på plats. Vid slutet av andra varvet placerar du märket på kamaxeldrevet i linje med ventilkåpans pekare.

15 Sätt tillbaka positionsringen på verktyg 32 025 009 över fästpinnbulten och för in den i vevaxeldrevet. Se till att hålet i positionsringen hakar i tappen på drevet. Fäst verktyget i läge med fästbulten och muttern.

16 Lossa bulten till kamremsspännaren och håll en skruvmejsel på styrbulten som förut medan du flyttar justeringsspaken på spännaren tills pekaren åter är i linje med märket på fästplattan. Håll spännaren i detta läge och dra åt dess fästbult till angivet moment.

17 Ta bort alla insättningsverktyg och vrid åter vevaxeln försiktigt två hela varv (720°) i den normala rotationsriktningen. Kontrollera att pekaren på kamremsspännaren fortfarande är i linje med märket på fästplattan. I annat fall upprepar du proceduren som beskrivs i punkt 16.

18 När allting stämmer tar du bort styrbulten som håller spännaren på plats. Sätt tillbaka bulten som du tog bort från oljepumpshuset och dra åt den till angivet moment.

19 Sätt motorfästet på plats och sätt tillbaka de två nedre och de tre över bultarna. Dra åt bultarna till angivet moment. Montera drivremmen för tomgångsöverföring på motorfästet och dra åt fästbulten till angivet moment.

20 Sätt tillbaka den övre kamremskåpan och dra åt fästbultarna till angivet moment. Kläm fast kablaget på plats.

21 Sätt högra motorfästesenheten på plats och sätt tillbaka de tre bultarna som håller fast

7.12a Håll en skruvmejsel på en styrbult (se pil) och flytta spännarens justeringsspak. . .

7.12b . . . tills spännarens pekare (se pil) är i linje med märket på fästplattan

fästet på karossen. Dra åt bultarna/muttern till angivet moment. Sätt in fästet i ursprungsläget och dra åt de tre bultarna på fästbygeln till angivet moment. Ta bort domkraften under motorn.

22 Sätt tillbaka luftrenarenheten och luftintagskanalen enligt beskrivningen i kapitel 4B.

23 Sätt drivremsspännarenheten på plats och se till att styrstiftet på spännarens fästyta hakar i ordentligt i motsvarande hål i fästbygeln. Dra åt fästbulten i mitten på spännaren till angivet moment.

24 Sätt tillbaka vevaxelns remskiva/vibrationsdämparen enligt beskrivningen i avsnitt 6 och montera sedan drivremmen enligt beskrivningen i kapitel 1B.

25 Sätt tillbaka plastkåpan över motorn och dra åt fästskruvarna.

26 Montera hjulet och motorns undre skyddskåpa. Sänk sedan ner bilen och dra åt hjulbultarna till angivet moment.

8 Kamremsdrev och spännare, tomgångsöverföring – demontering och montering

Observera: *Vissa specialverktyg behövs för demontering och montering av dreven. Läs igenom hela proceduren för att bekanta dig med de arbetssteg som ingår, skaffa sedan tillverkarens specialverktyg eller använd de beskrivna alternativen.*

Kamaxeldrev

Observera: *Det krävs en ny fästbult för återmonteringen av drevet.*

Demontering

1 Demontera kamremmen enligt beskrivningen i avsnitt 7.

2 Nu måste kamaxeldrevet hållas fast för att fästbulten ska kunna tas bort. Till det kan du använda Saab specialverktyg 32 025 008-1, men det går också bra med ett egentillverkat verktyg **(se Verktygstips)**.

3 Haka i verktyget i hålen på kamaxeldrevet och se till att inte skada kamaxelgivaren som sitter bakom drevet.

4 Skruva loss fästbulten och ta bort drevet från kamaxelns ände.

Montering

5 Kontrollera före återmonteringen om packboxen visar tecken på skador eller läckage. Byt den vid behov enligt beskrivningen i avsnitt 9.

6 Sätt tillbaka drevet i kamaxelns ände – se till att urtaget är i linje med styrstiftet – och montera den nya fästbulten.

7 Sätt fast drevet med hjälp av hållverktyget och dra åt fästbulten till angivet moment.

8 Montera tillbaka kamremmen enligt beskrivningen i avsnitt 7.

Vevaxeldrev

Observera 1: *Vevaxeldrevets fästbult sitter mycket hårt. Se till att hållverktyget som används för att förhindra rotation när bulten lossas är hållbart och ordentligt fäst.*

Observera 2: *Det krävs en ny fästbult för återmonteringen av drevet.*

Demontering

9 Demontera kamremmen enligt beskrivningen i avsnitt 7.

10 Nu måste vevaxeldrevet hållas fast för att fästbulten ska kunna tas bort. Till det kan du använda Saabs specialverktyg 32 025 006 och 83 95 360, men det går också bra med ett egentillverkat verktyg liknande det som beskrivs i punkt 2.

11 Fäst verktyget säkert i vevaxeldrevet med hjälp av fästbultarna på remskivan.Du behöver en medhjälpare som håller drevet stilla medan du skruvar loss fästbulten. **Observera:** *Drevets fästbult är **vänstergängad** och skruvas loss genom att den vrids medurs.*

12 Ta bort bulten och brickan och dra loss drevet från vevaxelns ände **(se bilder)**. Observera att det behövs en ny bult vid återmonteringen.

Montering

13 Placera drevets inpassningsnyckel i vevaxelns spår och sätt drevet på plats. Sätt sedan i den nya fästbulten med bricka.

14 Håll drevet stilla med hjälp av hållverktyget och dra åt fästbulten till angivet moment.

Du kan tillverka ett hållverktyg för drevet av två stänger av ca 6 mm tjockt och ca 30 mm brett stålband, den ena ca 600 mm lång och den andra 200 mm (måtten är ungefärliga). Fäst ihop de två stängerna med en bult till en gaffelände och låt bulten vara lös så att den kortare stången kan svänga fritt. I andra änden av varje gaffeltand monterar du en mutter och bult så att verktyget kan haka fast i drevets ekrar.

Tänk på att den är **vänstergängad**. Ta bort hållverktyget.

15 Montera tillbaka kamremmen enligt beskrivningen i avsnitt 7.

Högtrycksbränslepumpens drev

Observera: *För återmonteringen krävs en ny fästmutter till drevet.*

Demontering

16 Demontera kamremmen enligt beskrivningen i avsnitt 7.

17 Nu måste bränslepumpens drev hållas fast för att fästmuttern ska kunna tas bort. Till det kan du använda Saabs specialverktyg 32 025 019 och 83 95 360, men det går också bra med ett egentillverkat verktyg liknande det som beskrivs i punkt 2.

18 Haka fast verktyget i bränslepumpdrevets hål och lossa drevets fästmutter **(se bild)**.

19 Anslut en lämplig avdragare till de gängade hålen i bränslepumpens drev med hjälp av bultar och brickor som liknar de avbildade **(se bild)**.

8.12a Ta bort bulten och brickan . . .

8.12b . . . och dra bort drevet från vevaxelns ände

8.18 Haka i hållverktyget i bränslepumpdrevets hål och lossa fästmuttern

8.19 Använd en lämplig avdragare för att lossa gängtappen på bränslepumpens drev

8.20a När gängtappen lossnar tar du bort drevet . . .

8.20b . . . och tar bort woodruff-kilen från pumpaxeln

8.26 Skruva loss fästbulten och ta bort kamremsspännarenheten

8.27 Spåret på spännarens fästplatta måste sitta över styrpinnen (se pil) på motorfästet

20 Dra åt avdragarens centrumbult för att lossa drevet från gängtappen på pumpaxeln. När gängtappen lossnar tar du bort avdragaren och tar ut drevet. Ta bort woodruff-kilen från pumpaxeln **(se bilder)**.

Montering

21 Rengör bränslepumpsaxeln och drevets nav och se till att ta bort alla spår av olja eller fett.

22 Sätt tillbaka woodruff-kilen på pumpaxeln och sätt sedan drevet i läge. Montera den nya fästmuttern.

23 Håll drevet stilla med hjälp av hållverktyget och dra åt fästmuttern till angivet moment. Ta bort hållverktyget.

24 Montera tillbaka kamremmen enligt beskrivningen i avsnitt 7.

Spännarenhet

Demontering

25 Demontera kamremmen enligt beskrivningen i avsnitt 7.

26 Skruva loss och ta bort fästbulten och ta bort spännarenheten från motorn **(se bild)**.

Montering

27 Montera spännaren på motorn och se till att placera urtaget i spännarens fästplatta över styrstiftet på motorfästet **(se bild)**.

28 Rengör fästbultens gängor. Skruva in fästbulten, sätt spännaren i indraget läge och dra åt fästbulten.

29 Montera tillbaka kamremmen enligt beskrivningen i avsnitt 7.

Överföringsremskiva

Demontering

30 Demontera kamremmen enligt beskrivningen i avsnitt 7.

31 Skruva loss och ta bort fästbulten och ta sedan bort överföringsremskivan från motorn.

Montering

32 Sätt tillbaka överföringsremskivan och dra åt fästbulten till angivet moment.

33 Montera tillbaka kamremmen enligt beskrivningen i avsnitt 7.

9 Kamaxelns packbox – byte

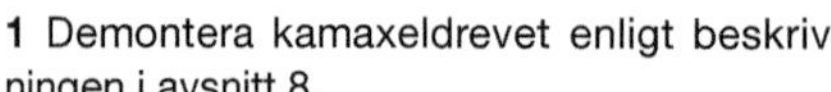

1 Demontera kamaxeldrevet enligt beskrivningen i avsnitt 8.

2 Slå eller borra försiktigt ett litet hål i packboxen. Skruva i en självgängande skruv och dra i skruven med tång för att få ut packboxen.

3 Rengör packboxsätet och putsa bort alla grader eller vassa kanter som kan ha orsakat skadan på packboxen.

4 Smörj den nya packboxens tätningsläppar med silikonpasta (Saab No 90 167 353) och tryck den i läge med en lämplig rörformad dorn (t.ex. en hylsnyckel) som bara ligger an mot packboxens hårda ytterkant. Se till att du inte skadar packboxens tätningsläppar vid monteringen. Observera att tätningsläpparna ska vara vända inåt.

5 Sätt tillbaka kamaxeldrevet enligt beskrivningen i avsnitt 8.

10 Ventilspel – kontroll och justering

Observera: *Saabs specialverktyg 32 025 035 och 32 025 036 (eller lämpliga motsvarigheter) krävs för justering.*

Kontroll

1 Vikten av att ventilspelen justeras korrekt kan inte nog betonas, eftersom de har avgörande inverkan på motorns funktion. Om motorn är kall blir resultatet av kontrollen inte tillförlitligt. Ventilspelen kontrolleras på följande sätt.

2 Dra åt handbromsen, lyft fordonets främre del och ställ framvagnen på pallbockar (se *Lyftning och stödpunkter*). Demontera höger framhjul, skruva sedan loss bultarna och ta bort motorns undre skyddskåpa så att du kommer åt vevaxelns remskiva.

3 Demontera kamaxelkåpan enligt beskrivningen i avsnitt 5.

4 Håll en hylsnyckel på bulten på vevaxelns remskiva och vrid vevaxeln i den normala rotationsriktningen (medurs sett från motorns högra sida) tills kamloberna 1 och 6 pekar uppåt **(se bild)**.

5 Rita en översiktsbild av motorn där du numrerar cylindrarna från kamremsänden.

10.4 Kamaxeln är ställd så att kamloberna 1 och 6 (se pilar) pekar uppåt

10.6 Ventilspelsmått

10.13 Vrid kamvippan till spåret (se pil) är riktat mot motorns framsida

10.16 Tjockleken på alla mellanlägg vara stämplad på en av ytorna

Visa läget för alla ventiler tillsammans med angivet ventilspel. Observera att ventilspelet är detsamma för insugs- och avgasventilerna.

6 Behåll kamlobernas läge enligt beskrivningen i punkt 4, använd bladmått och mät spelrummet mellan basen på kamloberna 1 och 6 och justeringsmellanlägget ovanpå kamvippan **(se bild)**. Anteckna spelrumssiffrorna på papperet

7 Vrid vevaxeln tills kamloberna 5 och 8 pekar uppåt. Mät spelrummet mellan basen på kamloberna och mellanläggen på motsvarande kamvippor och anteckna spelrumssiffrorna på papperet.

8 Vrid vevaxeln tills kamloberna 4 och 7 pekar uppåt. Mät spelrummet mellan basen på kamloberna och mellanläggen på motsvarande kamvippor och anteckna spelrumssiffrorna på papperet.

9 Vrid vevaxeln tills kamloberna 2 och 3 pekar uppåt. Mät spelrummet mellan basen på kamloberna och mellanläggen på motsvarande kamvippor och anteckna spelrumssiffrorna på papperet.

10 Om alla spelrum är korrekta sätter du tillbaka ventilkåpan enligt beskrivningen i avsnitt 5. Montera hjulet och motorns undre skyddskåpa. Sänk sedan ner bilen och dra åt hjulbultarna till angivet moment.

11 Om något uppmätt spel inte är korrekt måste justering utföras enligt beskrivningen i nedanstående punkter.

Justering

12 Vrid vevaxeln medurs tills kamloberna 1 och 6 åter pekar uppåt. I denna kamaxelposition kan du justera ventil nr 1 och 6 så här.

13 Vrid ventillyftaren tills spåret på dess överkant är vänt mot motorns framsida **(se bild)**.

14 Sätt in Saabs specialverktyg 32 025 035 mellan basen på kamloben och mellanlägget och bänd nedåt för att öppna ventilen. Sätt sedan in Saabs specialverktyg 32 25 036 mellan ventillyftarens kant och kamaxelns bas och för att hålla ventilen öppen. Var försiktig när du gör det eftersom ventilen kan komma i kontakt med kolven. Om du känner något motstånd när ventilen öppnas tar du bort verktyget och vrider vevaxeln litet så att kolven flyttas längre ner i loppet.

15 Med en liten skruvmejsel instucken i spåret på ventillyftarens kant lyfter du upp mellanlägget som sitter mellan ventillyftaren och kamaxeln och drar ut det.

16 Rengör mellanlägget och mät dess tjocklek med en mikrometer. Mellanläggen har tjockleksmarkeringar men den ursprungliga tjockleken kan ha minskat genom slitage och du bör därför kontrollera en extra gång **(se bild)**.

17 Lägg till uppmätt ventilspel till ursprunglig mellanläggstjocklek och dra sedan bort angivet ventilspel från den siffran. På så sätt får du fram tjockleken på det mellanlägg som behövs. Till exempel:

Uppmätt ventilspel	*0,45 mm*
Plus det ursprungliga mellanläggets tjocklek	*2,70 mm*
Är lika med	*3,15 mm*
Minus nödvändigt ventilspel	*0,35 mm*
Önskad tjocklek på mellanlägg	*2,80 mm*

18 Skaffa fram ett mellanlägg med rätt tjocklek och smörj in det med ren motorolja. Fortsätt att hålla ventilen öppen med specialverktyget, för in mellanlägget i läge med tjocklekssiffran vänd nedåt och se till att den sitter rätt.

19 Bänd mellanlägget nedåt med det första specialverktyget och ta bort det andra specialverktyget. Vänta tills ventilen stängs och ta sedan bort det första specialverktyget. Kontrollera att ventilspelet ligger inom gränsvärdena.

HAYNES TiPS ***Det kan vara möjligt att korrigera spelen genom att flytta mellanläggen mellan ventilerna, men vrid aldrig vevaxeln när några mellanlägg fattas. Anteckna tjockleken på alla mellanlägg för att ha som stöd nästa gång ventilspelsjustering behöver utföras.***

20 Vrid vevaxeln medurs tills kamloberna 5 och 8 åter pekar uppåt. Justera ventilspel nr 5 och 8 enligt beskrivningen i punkt 13 till 19.

21 Vrid vevaxeln medurs tills kamloberna 4 och 7 åter pekar uppåt. Justera ventilspel nr 4 och 7 enligt beskrivningen i punkt 13 till 19.

22 Vrid vevaxeln medurs tills kamloberna 2 och 3 åter pekar uppåt. Justera ventilspel nr 2 och 3 enligt beskrivningen i punkt 13 till 19.

23 Avsluta med att sätta tillbaka ventilkåpan enligt beskrivningen i avsnitt 5. Montera hjulet och motorns undre skyddskåpa. Sänk sedan ner bilen och dra åt hjulbultarna till angivet moment.

11 Kamaxel och ventillyftare – demontering, kontroll och montering

Demontering

1 Demontera kamremmen enligt beskrivningen i avsnitt 7.

2 Demontera kamaxeldrevet enligt beskrivningen i avsnitt 8.

3 Demontera kamaxelkåpan enligt beskrivningen i avsnitt 5.

4 Demontera bromssystemets vakuumpump enligt beskrivningen i kapitel 9.

5 Kontrollera att ID-märkning finns på kamaxellageröverfallen. Om ingen märkning finns bör du själv utföra lämplig ID-märkning på överfallen där du anger deras nummer och monteringsriktning.

6 Arbeta i ett spiralmönster utifrån och inåt. Lossa se 12 kamaxelöverfallens fästbultar ett halvt varv i taget så att ventilfjädrarnas tryck mot lageröverfallen minskas jämnt och gradvis **(se bild)**. När trycket från ventilfjädrarna har

11.6 Kamaxelöverfallens fästbultar (se pilar)

avlastats kan bultarna skruvas loss helt och tas bort.

Varning: Om lageröverfallens bultar lossas oförsiktigt kan lageröverfallen knäckas. Går något av lageröverfallen sönder måste hela topplocksenheten bytas. Lageröverfallen är avpassade till topplocket och går inte att beställa separat.

7 Lossa försiktigt oljematningsröret från dess plats i topplocket och lyft sedan bort röret från lageröverfallen **(se bild)**.

8 Ta bort lageröverfallen och lyft sedan ut kamaxeln ur topplocket och dra loss packboxen.

9 Skaffa åtta små rena plastbehållare och märk dem med etiketter så att de kan identifieras. Alternativt kan du dela in en större låda i olika fack. Lyft ut ventillyftarna och mellanläggen som sitter ovanpå topplocket och förvara dem så som de ska sitta monterade. Se till att hålla isär ventillyftarna och mellanläggen så att korrekta ventilspel behålls även vid återmontering.

Kontroll

10 Undersök kamaxellagrens ytor och kamloberna efter tecken på slitage och repor. Byt ut kamaxeln om sådana tecken finns. Undersök skicket hos lagerytorna på såväl kamaxeltapparna som i topplocket. Om lagerytorna hos topplocket är mycket slitna måste topplocket bytas ut.

11 Kontrollera om ventillyftarna och deras respektive lopp i topplocket visar spår av slitage eller skador. Om någon ventillyftare verkar felaktig eller visar synliga tecken på slitage bör den bytas.

Montering

12 Påbörja återmonteringen genom att vrida vevaxeln 90° moturs. Då förs alla kolvarna halvvägs ner i loppen och du undviker risken att någon ventil kommer i kontakt med kolvkronorna vid monteringen av kamaxeln.

13 Smörj ventillyftarna med ren motorolja och stoppa försiktigt in dem (med tillhörande mellanlägg) på deras ursprungliga plats i topplocket.

14 Smörj kamvippans mellanlägg och lagertapparna med ren motorolja och lägg sedan kamvippan på plats.

15 Applicera litet tätningsmedel på fogytorna till både kamaxellageröverfall 1 och 5. Med ledning av markeringarna som gjordes vid demonteringen sätter du tillbaka kamaxellageröverfallen i ursprungsläget på topplocket.

16 Haka försiktigt i oljematningsröret i topplocket och placera sedan röret i rätt läge på lageröverfallen.

17 Sätt tillbaka fästbultarna till lageröverfallen och dra åt dem för hand till de kommer i kontakt med lageröverfallen.

18 Arbeta från mitten utåt i spiral, dra åt bultarna till hälften ett halvt varv i taget så att trycket från ventilfjädrarna anbringas gradvis på lageröverfallen.

11.7 Lossa oljeröret försiktigt (se pil) från dess plats i topplocket

Upprepa ordningsföljden tills samtliga lageröverfall ligger an mot topplocket. Gå då varvet runt och dra åt kamaxellageröverfallens bultar till angivet moment.

Varning: Om lageröverfallens bultar dras åt oförsiktigt kan lageröverfallen knäckas. Går något av lageröverfallen sönder måste hela topplocksenheten bytas. Lageröverfallen är avpassade till topplocket och går inte att beställa separat.

19 Montera en ny packbox på kamaxeln enligt beskrivningen i avsnitt 9.

20 Sätt tillbaka bromssystemets vakuumpump enligt beskrivningen i kapitel 9.

21 Sätt tillbaka ventilkåpan enligt beskrivningen i avsnitt 5.

22 Sätt tillbaka kamaxeldrevet enligt beskrivningen i avsnitt 8. Vrid kamaxeln tills markeringen på kamaxeldrevet står i linje med pekaren på ventilkåpan (se avsnitt 3).

23 Vrid vevaxeln 90° medurs så att kolv nr 1 och 4 kommer nästan i ÖD-läge.

24 Montera tillbaka kamremmen enligt beskrivningen i avsnitt 7.

25 Om nya delar har monterats kontrollerar du och justerar vid behov ventilspelen enligt beskrivningen i avsnitt 10.

12 Topplock – demontering och montering

Observera: *Det krävs nya topplocksbultar vid återmonteringen.*

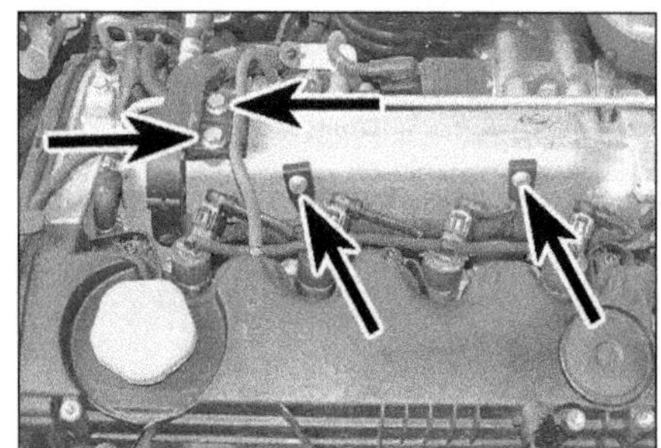

12.5 Skruva loss bultarna på stödfästet (se pilar), lossa fästklämmorna och flytta kablaget åt sidan

Demontering

1 Koppla loss batteriets minusledare enligt beskrivningen i kapitel 5A.

2 Töm kylsystemet enligt beskrivningen i kapitel 1B.

3 Demontera kamremmen enligt beskrivningen i avsnitt 7.

4 Koppla loss kablagets anslutningar från följande komponenter enligt beskrivningen i de angivna kapitlen:

a) Temperaturgivare för kylvätska (kapitel 3).
b) Bränsletryckgivare (kapitel 4B).
c) Bränsletrycksregulator (kapitel 4B).
d) Gasspjällenhet (kapitel 4B).
b) Bränsleinsprutare (kapitel 4B).
f) Luftkonditioneringskompressor (kapitel 3).
g) Avgasåterföringsventil (kapitel 4C).
h) Insugsgrenrörets tryckgivare (kapitel 4B).
i) Högtrycksbränslepump (kapitel 4B).
j) Kamaxelgivare (kapitel 4B).

5 Skruva loss bultarna till kablagets stödfäste, lossa fästklämmorna och flytta kablaget åt sidan **(se bild)**.

6 Ta bort insugs- och avgasgrenröret enligt beskrivningen i kapitel 4B.

7 Demontera kamaxelkåpan enligt beskrivningen i avsnitt 5.

8 Demontera bromssystemets vakuumpump enligt beskrivningen i kapitel 9.

9 Kontrollera en sista gång att alla berörda slangar, rör och kablar har kopplats loss.

10 Arbeta i **omvänd** ordning i förhållande till åtdragningen **(se bild 12.28)** och lossa topplocksbultarna stegvis med ett halvt varv i taget tills alla bultar kan skruvas loss för hand. Observerar att en det behövs ett M14 RIBE-bits för att skruva loss bultarna. Ta bort topplocksbultarna och ta vara på brickorna.

11 Använd en medhjälpare när du ska lyfta topplocket från motorblocket. Var försiktig eftersom det är en stor och tung del.

Varning: Lägg inte topplocket med undersidans fogytor direkt mot underlaget! Stötta upp topplocket med träklossar och se till att varje kloss bara kommer i kontakt med topplockets fogyta.

12 Ta bort packningen och ha kvar den som stöd för identifiering (se punkt 19).

13 Ska topplocket tas isär för renovering, se del C i detta kapitel.

Förberedelser för montering

14 Fogytorna mellan topplocket och motorblocket/vevhuset måste vara noggrant rengjorda innan topplocket monteras. Använd en avskrapare av hårdplast eller trä för att ta bort alla packnings- och sotrester, rengör även kolvkronorna. Var mycket försiktig, eftersom ytorna lätt skadas. Se även till att sot inte kommer in i olje- och vattenledningarna. Detta är särskilt viktigt för smörjningssystemet, eftersom sot kan blockera oljetillförseln till någon av motorns komponenter. Försegla vattenkanaler, oljekanaler och bulthål i motorblocket/vevhuset med tejp och papper. Lägg lite fett i springan mellan kolvarna och loppen för att hindra sot från att tränga in. Använd en liten borste när alla kolvar är rengjorda för att ta bort alla spår av fett och kol från öppningen. Torka sedan bort återstoden med en ren trasa. Rengör alla kolvar på samma sätt.

15 Kontrollera fogytorna på motorblocket/vevhuset och topplocket och leta efter hack, djupa repor och andra skador. Om skadorna är små kan de tas bort försiktigt med en fil, men om de är omfattande måste skadorna åtgärdas med en maskin eller de skadade delarna bytas ut.

16 Se till att hålen för topplocksbultarna i vevhuset är rena och fria från olja. Sug eller torka upp eventuellt kvarvarande olja i bulthålen. Detta är av yttersta vikt för att bultarna ska kunna dras åt med rätt moment, samt för att undvika risken att motorblocket spräcks av det hydrauliska trycket när bultarna dras åt.

17 Topplocksbultarna ska kastas och ersättas med nya, oavsett vilket skick de verkar vara i.

18 Kontrollera topplockspackningens yta med en stållinjal om den misstänks vara skev. Se del D i detta kapitel om det behövs.

19 På denna motor ställer man in avståndet mellan topplock och kolv genom att använda olika tjocklek på topplockspackningen. Packningens tjocklek kan bestämmas med hjälp av hålen som finns på packingens kant **(se bild)**.

Antal hål	Packningens tjocklek
Inga hål	0,77 till 0,87 mm
Ett hål	0,87 till 0,97 mm
Två hål	0,97 till 1,07 mm

Vilken packningstjocklek som behövs bestämmer du genom att mäta kolvens utstick på följande sätt.

20 Fäst en indikatorklocka stadigt på motorblocket så att dess mätspets lätt kan svängas mellan kolvkronan och blockets fogyta. Vrid vevaxeln så att kolv nr 1 kommer ungefär till ÖD-läget. För indikatorklockans sond över

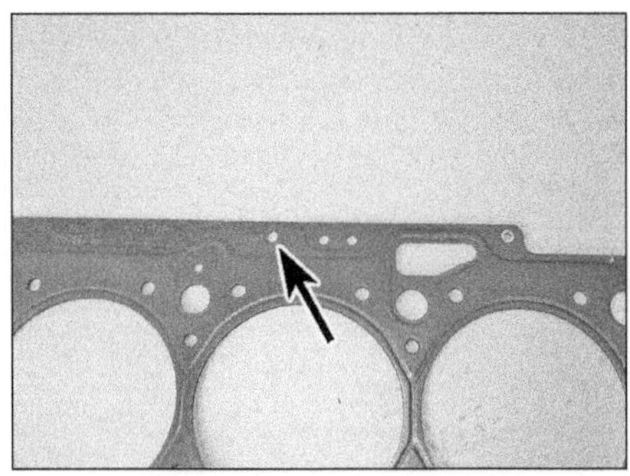

12.19 Hål i topplockspackningen som anger dess tjocklek (se pil)

och i kontakt med kolv nr 1. Vrid vevaxeln en aning fram och tillbaka tills mätarens högsta värde visas och därmed anger att kolven är i ÖD-läge.

21 Nollställ indikatorklockan på topplockets packningssida och för sedan försiktigt indikatorn över kolv nr 1. Mät hur långt utsticket är på den högsta punkten mellan ventilurtagen och mät sedan en gång till vid den högsta punkten mellan ventilurtagen, rakt mot det första mätvärdet **(se bild)**. Gör samma sak vid kolv nr 4.

22 Vrid vevaxeln ett halvt varv (180°) så att kolv 2 och 3 kommer i ÖD-läge. Se till att vevaxeln står i rätt läge och mät utsticket för kolv 2 och 3 vid de angivna punkterna. När alla kolvar har mätts vrider du vevaxeln tills alla kolvar befinner sig på halva slaglängden.

23 Utgå från det största utsticksmåttet hos kolvarna och välj rätt tjocklek på topplockspackningen med hjälp av nedanstående tabell.

Kolvutstick	Packningens tjocklek
0,020 till 0,100 mm	0,77 till 0,87 mm (inga hål)
0,101 till 0,200 mm	0,87 till 0,97 mm (ett hål)
0,201 till 0,295 mm	0,97 till 1,07 mm (två hål)

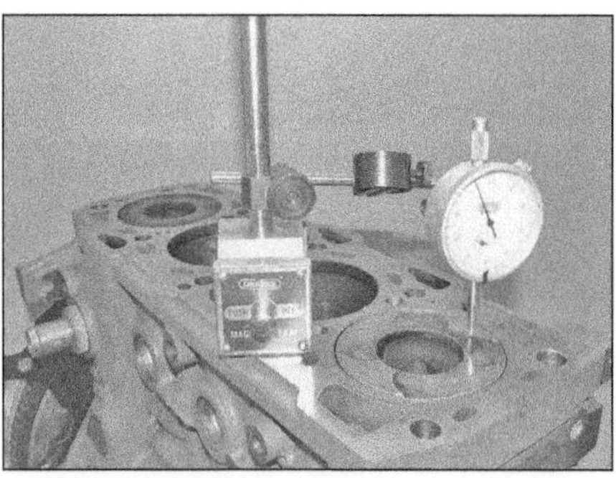

12.21 Använd en indikatorklocka för att mäta kolvutstick

Montering

24 Rengör topplockets och motorblockets/vevhusets fogytor. Sätt den nya packningen på plats med orden ALTO/TOP överst **(se bild)**.

25 Om du inte redan har gjort det vrider du vevaxeln tills alla kolvar befinner sig på halva slaglängden.

26 Ta hjälp av en medhjälpare och sätt försiktigt tillbaka topplocksenheten på motorblocket. Rikta in den med hjälp av styrstiften.

27 Smörj in bultgängorna och bultskallarnas undersidor med ett tunt lager motorolja. För försiktigt in en ny topplocksbult i tillhörande hål (låt den inte falla ner i hålet). Skruva i alla bultarna med enbart fingerkraft.

28 Dra åt topplocksbultarna stegvis i ordningsföljd. Använd en momentnyckel med passande hylsa dra åt topplocksskruvarna till angivet moment för steg 1 **(se bild)**. Arbeta ännu en gång i samma ordningsföljd, gå varvet runt och dra åt alla bultar till angivet åtdragningsmoment för steg 2.

29 När alla bultar är åtdragna till angivet moment för steg 2, arbetar du åter i samma ordningsföljd. Gå varvet runt och dra åt alla bultar till angiven vinkel för steg 3, sedan till angiven vinkel för steg 4 och dra slutligen åt till angiven vinkel för steg 5 med hjälp av en vinkelmätare.

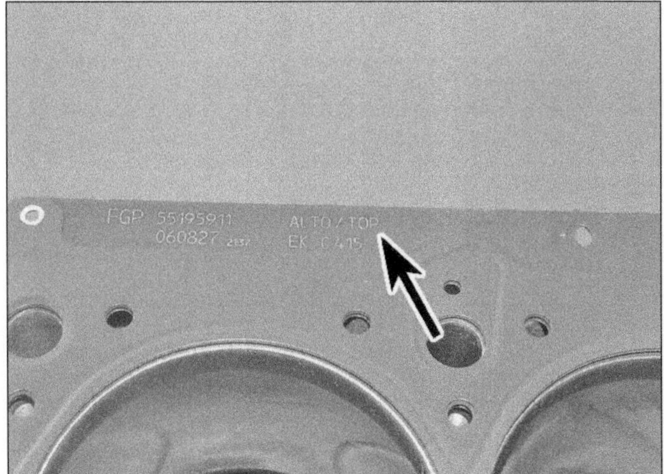

12.24 Sätt den nya packningen på plats med orden ALTO/TOP (se pil) överst

12.28 Topplocksbultarnas åtdragningsordning

13.4 Fästbultar till stödfäste för mellanaxelns lagerhus (se pilar)

13.9 Fästbultar till luftkonditioneringskompressorns fästbygel (se pilar)

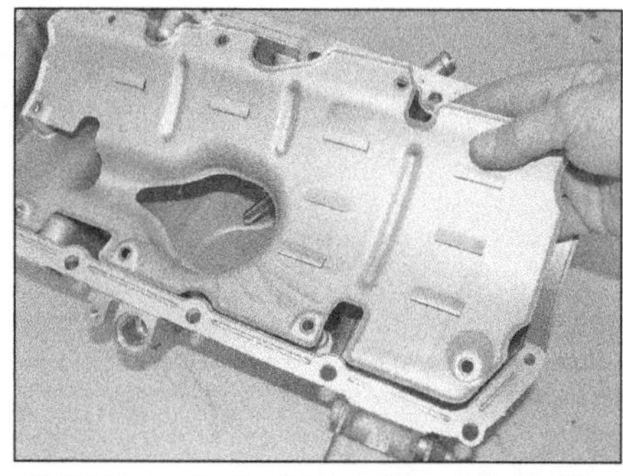

13.17 Ta bort oljeskvalpplåten från insidan av sumpen

30 Sätt tillbaka bromssystemets vakuumpump enligt beskrivningen i kapitel 9.

31 Sätt tillbaka ventilkåpan enligt beskrivningen i avsnitt 5.

32 Sätt tillbaka insugs- och avgasgrenrör enligt beskrivningen i kapitel 4B.

33 Återanslut kablagets anslutningar till de komponenter som anges i punkt 4, montera sedan bultarna till kablagets stödfäste och fäst kablaget med fästklämmorna.

34 Montera tillbaka kamremmen enligt beskrivningen i avsnitt 7.

35 Avsluta med att återansluta batteriets minusledare och fylla på kylsystemet enligt beskrivningen i kapitel 1B.

13 Sump – demontering och montering

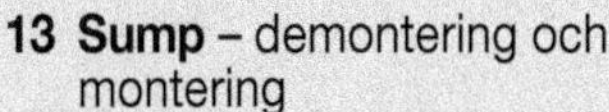

Demontering

1 Koppla loss batteriets minusledare enligt beskrivningen i kapitel 5A.

2 Dra åt handbromsen, lyft fordonets främre del och ställ framvagnen på pallbockar (se *Lyftning och stödpunkter*). Demontera höger framhjul och ta bort motorns undre skyddskåpa **(se bild 6.1)**.

3 Ta bort den högra drivaxeln och mellanaxeln enligt beskrivningen i kapitel 8.

4 Skruva loss de tre bultarna som håller fast mellanaxellagrets husstöd i motorblocket och ta bort stödfästet **(se bild)**.

5 Demontera avgassystemet enligt beskrivningen i kapitel 4B.

6 Skruva loss de tre bultarna och ta bort stödfästet från katalysatorn och sumpen.

7 Ta bort vevaxelns remskiva/vibrationsdämpare enligt beskrivningen i avsnitt 6.

8 Koppla loss kontaktdonet från luftkonditioneringskompressorn. Skruva loss de tre bultarna som håller fast luftkonditioneringskompressorn i fästbygeln och stötta upp kompressorn på lämpligt sätt på främre kryssrambalken.

9 Skruva loss de fyra bultarna som håller fast kompressorns fästbygel i motorblocket och sumpen **(se bild)**. Lossa kablaget och ta bort fästbygeln.

10 Tappa av motoroljan enligt beskrivningen i kapitel 1B. När all olja är avtappad sätter du tillbaka avtappningspluggen med en ny tätningsbricka och drar åt den till angivet moment.

11 Skruva loss den övre bulten som håller fast oljemätstickans styrhylsa vid kylvätskeröret. Lossa den undre bulten som håller fast styrhylsan vid sumpens fläns, lossa kablaget och ta bort hylsan från tätningsmuffen på sumpens fläns.

12 Koppla loss kontaktdonet från oljenivågivaren, lossa sedan fästklämman och koppla loss oljereturslangen.

13 Skruva loss de två bultarna som håller fast sumpens fläns i balanshjulskåpan.

14 Håll en hylsnyckel på vevaxelns remskivebult och vrid vevaxeln i den normala rotationsriktningen (medurs sett från motorns högra sida) tills svänghjulets öppning sitter så att du kommer åt en av fästbultarna på bakre delen av sumpen. Skruva loss och ta bort bulten, vrid sedan vevaxeln igen tills du kommer åt nästa bakre fästbult. Skruva loss och ta bort bulten.

15 Lossa stegvis de återstående 12 bultarna som håller fast oljesumpen mot botten av motorblocket/oljepumpshuset. Stick in en avskrapare med brett blad eller ett liknande verktyg mellan sumpen och motorblocket och ta försiktigt isär fogen så att sumpen lossnar.

16 Dra ut sumpen från undersidan av bilen. Spelrummet mellan sumpen och kryssrambalken är mycket begränsat. Det kan bli nödvändigt att lossa oljepumpens upptagarrör/filter genom att skruva loss de två fästbultarna vid demontering av sumpen.

17 I förekommande fall skruvar du loss fästbultarna och tar bort oljeavskärmningsplåten från pumpens insida **(se bild)**.

18 Medan sumpen är borttagen bör du passa på att kontrollera om det finns tecken på igensättning eller sprickor i oljepumpens oljeupptagare/sil. Om du inte redan har gjort det, skruva loss oljepumpens upptagarrör/sil och ta bort det från motorn tillsammans med tätningsringen. Silen går sedan lätt att tvätta i lösningsmedel eller byta. Byt tätningsring till upptagarröret/silen före återmontering **(se bild)**.

Montering

19 Rengör sumpen noggrant och torka bort alla spår av silikontätningsmedel och olja från fogytorna på sumpen och motorblocket. Om oljeskvalpplåten har tagits bort sätter du tillbaka den och drar åt fästbultarna ordentligt.

20 Om det finns tillräckligt spelrum, sätt tillbaka oljepumpens upptagarrör/sil med en ny tätningsring och dra åt de två fästbultarna ordentligt. Om du behövde skruva loss upptagarröret/silen för att ta bort sumpen, sätter du enheten på plats och skruvar löst i bulten som håller fast enheten i ramlageröverfallet. Främre änden av röret måste fortfarande kunna flyttas bakåt när sumpen återmonteras.

21 Stryk på en sammanhängande sträng silikontätningsmedel (finns på din Saabverkstad) ca 1,0 mm från sumpens innerkant **(se bild)**. Tätningsmedelssträngen bör vara mellan 2,0 och 2,5 mm i diameter.

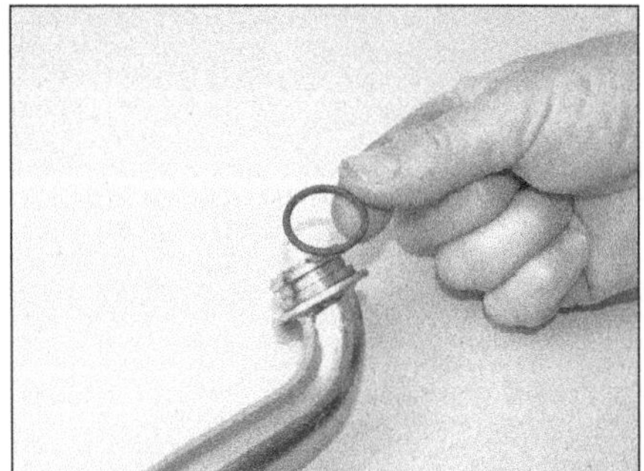

13.18 Byt oljeupptagarens/silens tätningsring före återmontering

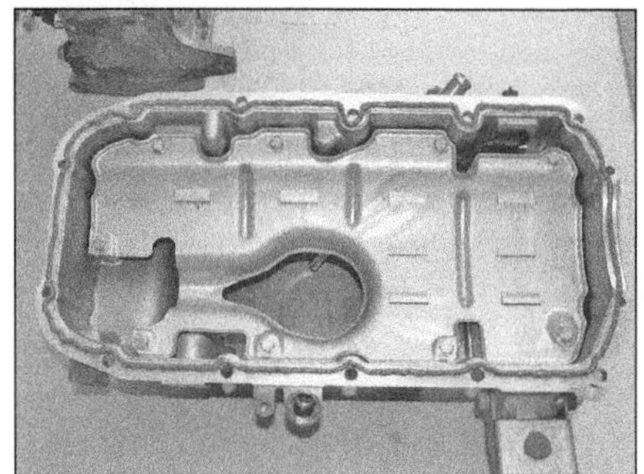

13.21 Stryk på en sammanhängande sträng silikontätning på sumpens fläns

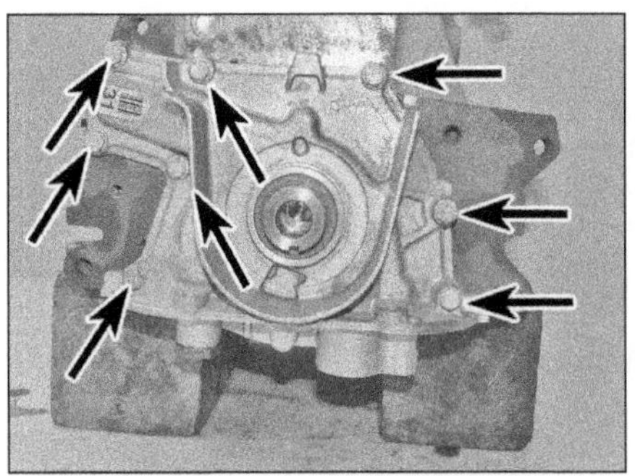
14.4 Oljepumpshusets fästbultar (se pilar)

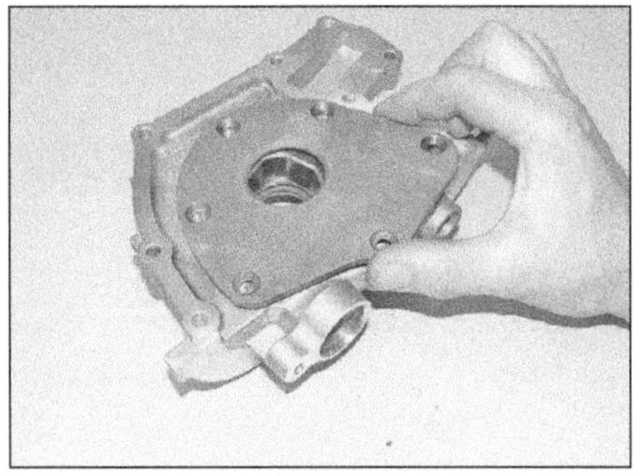
14.5 Skruva loss fästskruvarna och lyft bort oljepumpskåpan

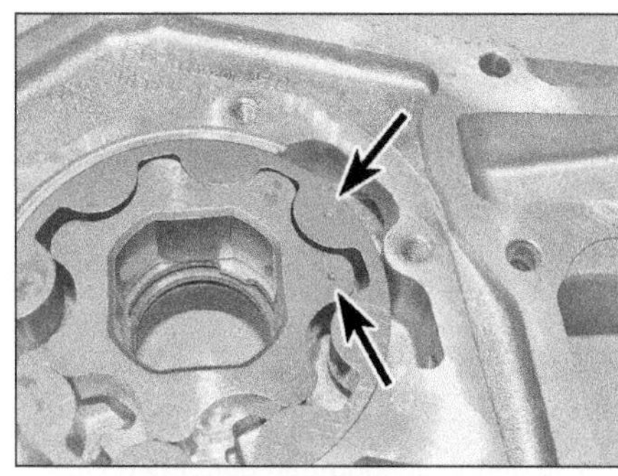
14.6 Identifieringspunkter på oljepumpens inre och yttre rotor (se pilar)

22 Sätt sumpen över upptagarröret/silen och anslut sedan, i förekommande fall, främre änden av upptagarröret/silen till oljepumpshuset och sätt dit fästbulten. Dra åt båda fästbultarna ordentligt.

23 Haka i sumpen i motorblocket och montera alla fästbultarna löst.

24 Arbeta från mitten och utåt i diagonal ordningsföljd och dra stegvis åt bultarna som håller fast sumpen vid motorblocket och oljepumpshuset. Dra åt alla bultar till angivet moment.

25 Dra åt de två bultarna som håller fast sumpens fläns mot växellådshuset till angivet moment.

26 Återanslut kontaktdonet till oljenivågivaren, montera sedan oljereturslangen och fäst den med fästklämman.

27 Sätt tillbaka oljemätstickans styrhylsa och fäst den med de två bultarna som ska dras åt ordentligt.

28 Sätt dit fästbygeln till luftkonditioneringskompressorn och sätt tillbaka de fyra fästbultarna. Dra åt bultarna till angivet moment. Sätt tillbaka kablaget på plats och kläm fast det i fästbygeln.

29 Placera luftkonditioneringskompressorn på fästbygeln. Montera och dra åt de tre fästbultarna till angivet moment (se kapitel 3) och återanslut sedan kompressorns kontaktdon.

30 Sätt tillbaka vevaxelns remskiva/vibrationsdämpare enligt beskrivningen i avsnitt 6.

31 Sätt tillbaka katalysatorns stödfäste och dra åt de tre bultarna ordentligt.

32 Montera avgassystem enligt beskrivningen i kapitel 4B.

33 Sätt mellanaxellagrets husstöd på motorblocket och fäst det med de tre fästbultarna som dras åt till angivet moment.

34 Montera mellanaxeln och den högra drivaxeln enligt beskrivningen i kapitel 8.

35 Montera hjulet och motorns undre skyddskåpa. Sänk sedan ner bilen och dra åt hjulbultarna till angivet moment.

36 Fyll på ny motorolja i motorn enligt beskrivningen i kapitel 1B.

37 Avsluta med att återansluta batteriets minusledare.

14 Oljepump – demontering, översyn och montering

Demontering

1 Demontera kamremmen enligt beskrivningen i avsnitt 7.

2 Demontera vevaxeldrevet enligt beskrivningen i avsnitt 8.

3 Demontera sumpen och oljepumpens upptagarrör/sil enligt beskrivningen i avsnitt 13.

4 Skruva loss de sju fästbultarna och dra sedan bort oljepumpshusenheten från vevaxelns ände **(se bild)**. Ta bort huspackningen och kassera den.

Översyn

5 Skruva loss fästskruvarna och lyft ut pumpkåpan från baksidan av huset **(se bild)**.

6 Kontrollera identifieringspunkterna på den inre och yttre rotorn som anger i vilken riktning de ska monteras **(se bild)**. Om inga markeringar syns använder du en lämplig märkpenna för att märka ytorna på pumpens inre och yttre rotor.

7 Lyft ut den inre och yttre rotorn från pumphuset.

8 Skruva loss bulten till oljetrycksventilen från nederdelen av huset och ta ut fjädern och tryckkolven. Anteckna hur tryckkolven sitter vänd **(se bilder)**. Ta bort tätningsbrickan från ventilbulten.

9 Rengör komponenterna och undersök noga rotorer, pumphus och avlastningsventilernas tryckkolvar för att se om det finns repor eller andra tecken på slitage. Om det finns tecken på skador eller slitage måste hela pumpenheten bytas.

10 Är pumpen i godtagbart skick monterar du ihop delarna i omvänd ordningsföljd mot demonteringen, men observera följande.

a) Se till att båda rotorerna monteras åt rätt håll.

b) Sätt i en ny tätningsring på övertrycksventilens bult och dra åt bulten ordentligt.

c) Smörj gängorna med lite gänglåsningsmedel och dra åt pumpkåpans skruvar ordentligt.

*d) Avsluta med att flöda oljepumpen genom att fylla den med ren motorolja samtidigt som du vrider den inre rotorn runt **(se bild)**.*

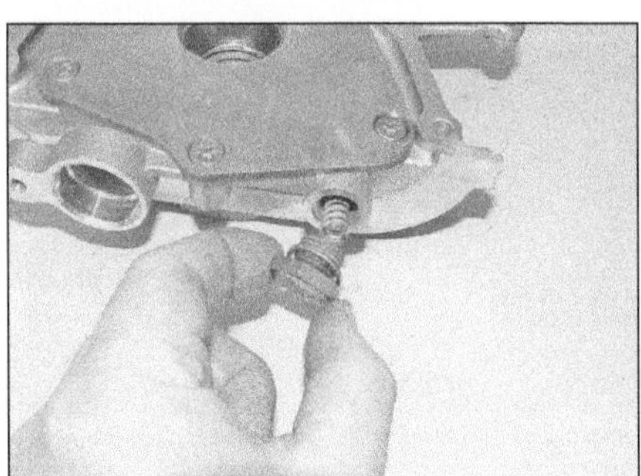
14.8a Skruva loss oljetrycksventilens bult . . .

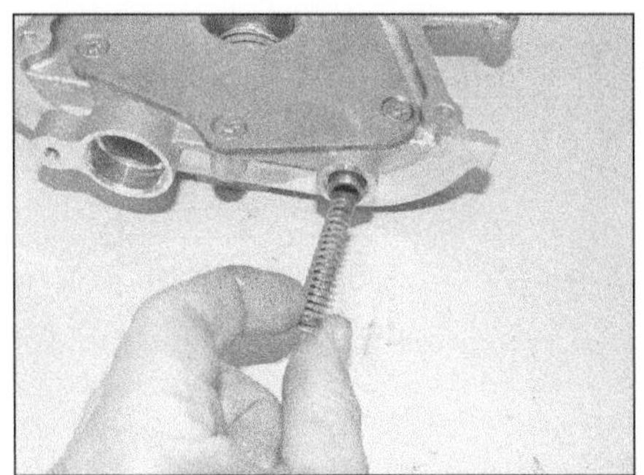
14.8b . . . och ta bort fjädern . . .

14.8c . . . och tryckkolven

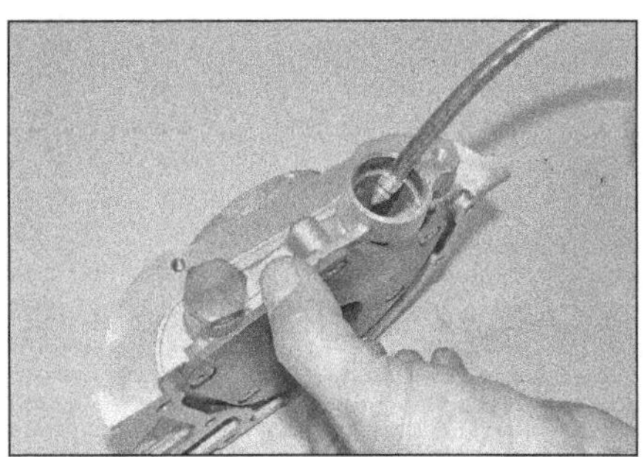

14.10 Flöda oljepumpen genom att fylla den med ren motorolja medan du vrider den inre rotorn runt

Montering

11 Bänd försiktigt loss vevaxelns packbox med en spårskruvmejsel före återmontering. Montera den nya packboxen med tätningsläppen vänd inåt, håll den vinkelrätt mot huset och använd en rörformig dorn, som bara ligger an mot packboxens hårda ytterkant, för att trycka in den. Tryck fast packboxen så att den sitter jäms med huset och smörj packboxens tätningsläpp med ren motorolja.

12 Se till att oljepumpens och motorblockets fogytor är rena och torra.

13 Sätt på en ny packning på oljepumpshuset och böj ner flikarna på packningens kant så att den sitter fast på pumphuset **(se bild)**.

14 Placera pumphuset över vevaxelns ände och sätt det på plats på motorblocket.

15 Sätt tillbaka pumphusets fästbultar och dra åt dem till angivet moment.

16 Sätt tillbaka oljepumpens upptagarrör/sil och sump enligt beskrivningen i avsnitt 13.

15.10 Oljefilterhusets fästbultar (se pilar)

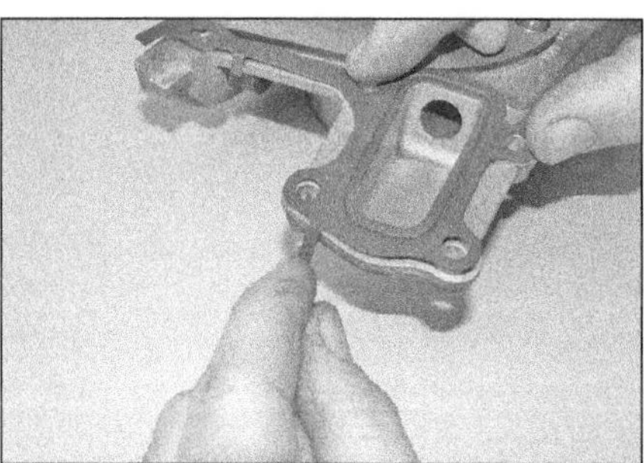

14.13 Böj ner flikarna på kanten av packningen så att den sitter fast på oljepumpshuset

17 Sätt tillbaka vevaxeldrevet enligt beskrivningen i avsnitt 8.

18 Montera tillbaka kamremmen enligt beskrivningen i avsnitt 7.

19 Avsluta med att montera ett nytt oljefilter och fyll på motorn med ren olja enligt beskrivningen i kapitel 1B.

15 Oljefilterhus – demontering och montering

Demontering

1 Oljefilterhuset med inbyggd oljekylare sitter på baksidan av motorblocket ovanför höger drivaxel.

2 Koppla loss batteriets minusledare enligt beskrivningen i kapitel 5A.

3 Dra åt handbromsen och ställ framvagnen på pallbockar (se *Lyftning och stödpunkter*). Demontera höger framhjul, skruva loss de tio bultarna och ta bort motorns undre skyddskåpa.

4 Töm kylsystemet enligt beskrivningen i kapitel 1B.

5 Ta bort motorns oljefilter enligt beskrivningen i kapitel 1B.

6 Ta bort den högra drivaxeln och mellanaxeln enligt beskrivningen i kapitel 8.

7 Skruva loss de tre bultarna som håller fast mellanaxellagrets husstöd i motorblocket och ta bort stödfästet **(se bild 13.4)**.

8 Koppla loss kontaktdonet från oljetrycksbrytaren.

9 Lossa fästklämmorna och koppla loss de två kylvätskeslangarna från oljekylaren på oljefilterhuset.

10 Skruva loss de tre fästbultarna och ta bort oljefilterhuset från motorblocket **(se bild)**. Ta vara på de två gummitätningarna från husets baksida. Observera att det krävs nya tätningar vid återmonteringen.

Montering

11 Rengör filterhuset ordentligt och montera sedan de två nya tätningsringarna **(se bilder)**.

12 Sätt filterhuset på motorblocket och sätt tillbaka fästbultarna. Dra åt bultarna till angivet moment.

13 Montera de två kylvätskeslangarna och fäst dem med fästklämmorna. Återanslut oljetrycksbrytarens kontaktdon.

14 Sätt mellanaxellagrets husstöd på motorblocket och fäst det med de tre fästbultarna som dras åt till angivet moment.

15 Montera mellanaxeln och den högra drivaxeln enligt beskrivningen i kapitel 8.

16 Montera ett nytt oljefilter enligt beskrivningen i kapitel 1B.

17 Montera hjulet och motorns undre skyddskåpa. Sänk sedan ner bilen och dra åt hjulbultarna till angivet moment.

18 Fyll på kylsystemet enligt beskrivningen i kapitel 1B.

19 Kontrollera och fyll vid behov på motorolja enligt beskrivningen i *Veckokontroller*.

20 Avsluta med att återansluta batteriets minusledare.

16 Vevaxelns packboxar – byte

Höger sida (kamremsänden)

1 Demontera vevaxeldrevet enligt beskrivningen i avsnitt 8.

2 Slå eller borra försiktigt ett litet hål i packboxen. Skruva i en självgängande skruv och dra i skruven med en tång för att dra ut packboxen **(se bild)**.

3 Rengör packboxens säte och putsa bort alla grader eller vassa kanter som kan ha orsakat skadan på packboxen.

15.11a Sätt på en ny tätningsring på oljefilterhusets tillförselkanal . . .

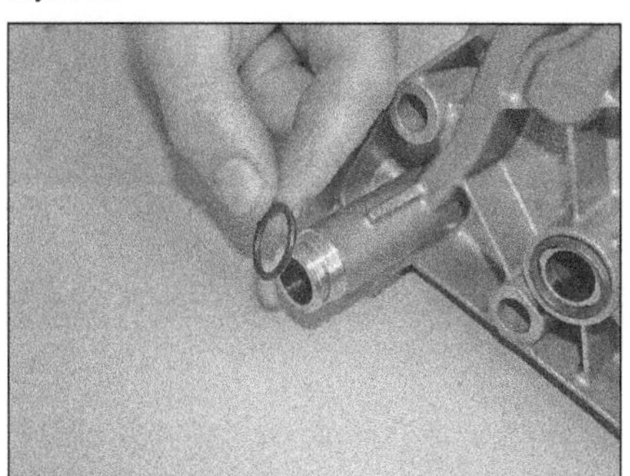

15.11b . . . och på returkanalen

16.2 Skruva i en självgängande skruv och dra i skruven med tång för att få ut packboxen

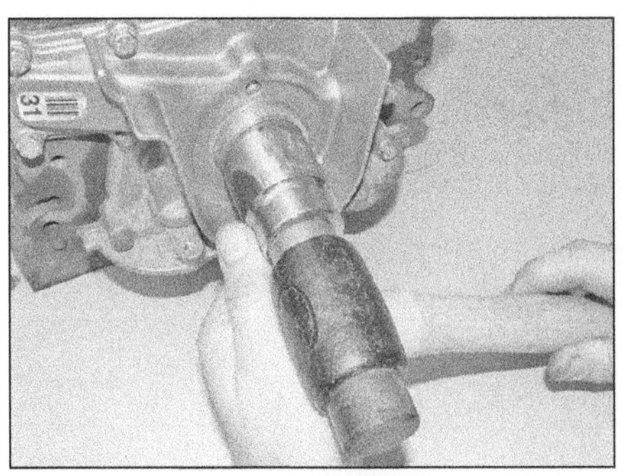

16.4 Använd en hylsnyckel som t.ex. en rörformig dorn för att sätta i packboxen

16.10 Montera det nya packboxhuset med inbyggd packbox över vevaxeln

16.12 Efter monteringen tar du bort skyddshylsan från huset

4 Smörj den nya packboxens tätningsläppar med rent vaselin och lirka den på plats på axeländen. Tryck packboxen rakt in på plats tills den ligger jäms med huset. Använd vid behov en lämplig, rörformig drivdorn som bara ligger an mot den hårda ytterkanten på packboxen för att knacka in den på plats **(se bild)**. Sätt i packboxen så att dess tätningsläppar vänds inåt och var mycket försiktig så att de inte skadas vid monteringen.

5 Tvätta bort alla spår av olja och sätt sedan tillbaka vevaxelns remskiva enligt beskrivningen i avsnitt 8.

Vänster sida (svänghjulsänden)

6 Ta bort svänghjulet enligt beskrivningen i avsnitt 17.

7 Demontera sumpen enligt beskrivningen i avsnitt 13.

8 Skruva loss de fem bultarna och ta bort packboxhuset. Observera att packboxen och huset utgör en enda enhet.

9 Rengör vevaxeln och putsa bort alla grader eller vassa kanter som kan ha orsakat skadan på packboxen.

10 Sätt det nya packboxhuset med packboxen över vevaxeln och sätt dem på plats på motorblocket **(se bild)**. Observera att det nya packboxhuset är försett med en skyddshylsa över packboxen. Låt hylsan sitta kvar när huset monteras.

11 Montera de fem fästbultarna och dra åt till angivet moment.

12 Ta försiktigt bort skyddshylsan från huset **(se bild)**.

13 Montera sumpen enligt beskrivningen i avsnitt 13.

14 Sätt tillbaka svänghjulet enligt beskrivningen i avsnitt 17.

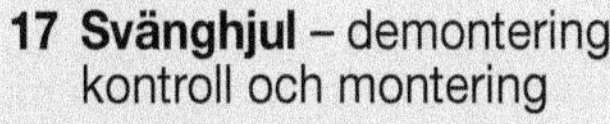

17 Svänghjul – demontering, kontroll och montering

Observera: *Det krävs nya fästbultar till svänghjulet vid återmonteringen.*

Demontering

1 Demontera växellådan enligt beskrivningen i kapitel 7A och demontera därefter kopplingsenheten enligt beskrivningen i kapitel 6.

2 Hindra svänghjulet från att rotera genom att låsa krondrevets kuggar på liknande sätt som visas här **(se bild)**.

3 Skruva loss fästbultarna och demontera svänghjulet **(se bild)**. Tappa det inte, det är mycket tungt.

Kontroll

4 Är du tveksam om svänghjulets skick, rådfråga någon Saab-verkstad eller motorrenoveringsfirma. De kan avgöra om det går att renovera svänghjulet eller om det måste bytas.

Montering

5 Rengör kontaktytorna mellan svänghjulet och vevaxeln.

6 Passa in svänghjulet och sätt det på styrstiftet på vevaxeln. Stryk en droppe gänglåsningsmedel på gängorna i var och en av de nya fästbultarna till svänghjulet (om de inte redan är bestrukna) och sätt in dem.

7 Spärra svänghjulet på samma sätt som vid demonteringen. Arbeta sedan i diagonal ordningsföljd och dra åt bultarna jämnt och stegvis till angivet moment.

8 Montera kopplingen enligt beskrivningen i kapitel 6. Ta sedan bort låsverktyget och montera växellådan enligt beskrivningen i kapitel 7A.

18 Motorns/växellådans fästen – kontroll och byte

Kontroll

1 Om du behöver komma åt bättre, dra åt handbromsen ordentligt, lyft upp framvagnen och ställ den på pallbockar (se *Lyftning och stödpunkter*).

2 Kontrollera gummifästet för att se om det har spruckit, hårdnat eller släppt från metallen någonstans. Byt fästet vid sådana tecken på skador eller åldrande.

3 Kontrollera att fästenas hållare är hårt åtdragna. Kontrollera helst med en momentnyckel.

4 Använd en stor skruvmejsel eller ett bräckjärn och leta efter slitage i fästet genom att försiktigt försöka bända det för att se om det finns något glapp. Där detta inte är möjligt, låt en medhjälpare vicka på motorn/växellådan framåt/bakåt och i sidled, medan du studerar fästet. Ett visst spel är att vänta även från nya delar, men ett större slitage märks tydligt. Om för stort spel förekommer, kontrollera först att hållarna är tillräckligt åtdragna, och byt sedan vid behov slitna komponenter enligt beskrivningen nedan.

Byte

Observera: *Innan du lossar några av motorns fästbultar/muttrar, bör du märka ut hur fästena sitter på sina respektive fästbyglar, så att de hamnar rätt gentemot varandra vid återmonteringen.*

Främre fäste/momentlänk

5 Dra åt handbromsen, lyft fordonets främre del och ställ framvagnen på pallbockar (se *Lyftning och stödpunkter*). Skruva loss fästena och ta bort motorns undre skyddskåpa **(se bild 6.1)**.

17.2 Hindra svänghjulet från att rotera genom att låsa startkransens kuggar

17.3 Svänghjulets fästbultar (se pilar)

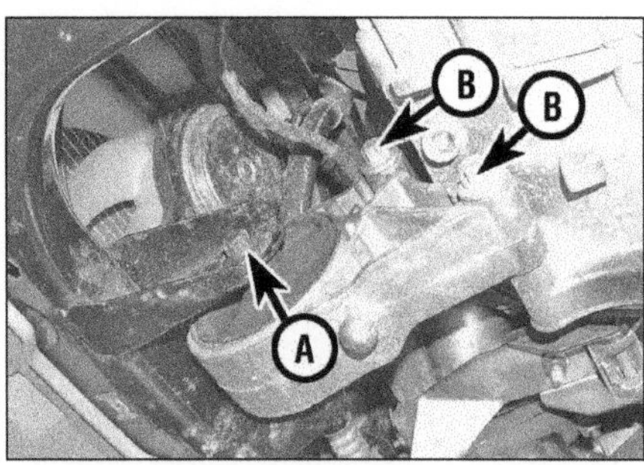

18.6 Genomgående bult för främre fäste/ momentlänk (A) och bultar för fäste till växellåda (B)

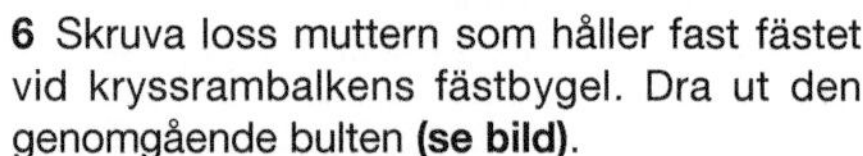

6 Skruva loss muttern som håller fast fästet vid kryssrambalkens fästbygel. Dra ut den genomgående bulten **(se bild)**.

7 Skruva loss bultarna som håller fast fästbygeln vid växellådan, dra sedan fästet och bygeln ur läge.

8 Kontrollera om det finns slitage eller skador på någon av komponenterna och byt ut vid behov.

9 Sätt fästet på kryssrambalken, sätt tillbaka den genomgående bulten och muttern och dra bara åt muttern för hand än så länge.

10 Montera fästbygeln på växellådan och dra åt fästbultarna till angivet moment.

11 Dra åt muttern till den genomgående bulten till angivet moment.

12 Avsluta med att montera motorns undre skyddskåpa och sänka ner bilen.

Bakre fäste/momentlänk

13 Dra åt handbromsen, lyft fordonets främre del och ställ framvagnen på pallbockar (se *Lyftning och stödpunkter*). Skruva loss fästena och ta bort motorns undre skyddskåpa **(se bild 6.1)**.

14 Skruva loss de tre bultarna som håller fast fästbygeln i växellådan och den genomgående bulten som håller fast fästet i bygeln **(se bild)**. Om du behöver komma åt bättre demonterar du avgasrörets främre del enligt beskrivningen i kapitel 4B.

15 Skruva loss muttern och ta bort de två bultarna som håller fast fästet i kryssrambalken **(se bild)**. Dra ut fästet och bygeln från bilens undersida.

16 Montera fästbygeln på växellådan och dra åt bultarna till angivet moment.

17 Sätt det nya fästet på plats. Sätt i bultarna och dra åt bulten/muttrarna till angivet moment.

18 Avsluta med att montera motorns undre skyddskåpa och sänka ner bilen.

18.14 Genomgående bult för bakre fäste/ momentlänk (se pil)

18.15 Muttrar till fästbultar mellan det bakre fästet och kryssrambalken (se pilar)

Höger fäste

19 Dra åt handbromsen, lyft fordonets främre del och ställ framvagnen på pallbockar (se *Lyftning och stödpunkter*). Skruva loss fästena och ta bort motorns undre skyddskåpa **(se bild 6.1)**.

20 Ta bort luftrenaren enligt beskrivningen i kapitel 4B.

21 Stötta motorns högersida med en garagedomkraft och sätt en träkloss på domkraftens lyftsadel. Höj domkraften tills den bär upp motorns vikt.

22 Markera läget på de tre bultarna som håller fast fästbygeln i motorfästet och skruva loss bultarna. Skruva loss bultarna som håller fast motorfästet på karossen och ta bort motorfästet **(se bilder)**.

23 Sätt motorfästesenheten på plats och sätt tillbaka de två bultarna och muttern som håller fast fästet på karossen. Dra åt bultarna/ muttern till angivet moment. Sätt in fästet i ursprungsläget och dra åt de tre bultarna på fästbygeln till angivet moment.

24 Ta bort stödet från domkraften och montera luftrenaren enligt beskrivningen i kapitel 4B.

25 Avsluta med att montera motorns undre skyddskåpa och sänka ner bilen.

18.22a Fästbultar för höger fästbygel på växellådsfästbygel (se pilar) . . .

18.22b . . . och fästbultar för fäste på kaross (se pilar)

Vänster fäste

26 Demontera batteriet och batterilådan enligt beskrivningen i kapitel 5A.

27 Sätt en garagedomkraft under växellådan med en träkloss på domkraftens lyftsadel. Höj domkraften tills den bär upp motorns/ växellådans vikt.

28 Använd en torxnyckel för att skruva loss de tre bultarna som håller fast fästbygeln i växellådans fäste **(se bild)**.

29 Skruva loss de fyra bultarna som håller fast motorfästet i karossen och de tre bultarna som håller fast växellådans fäste vid växellådan **(se bild)**. Ta bort motorfästet från bilen.

30 Sätt fästbyglarna på plats och sätt sedan in bultarna och dra åt dem till angivet moment.

31 Ta bort stödet från domkraften under växellådan.

32 Montera batteriet och batterilådan enligt beskrivningen i kapitel 5A.

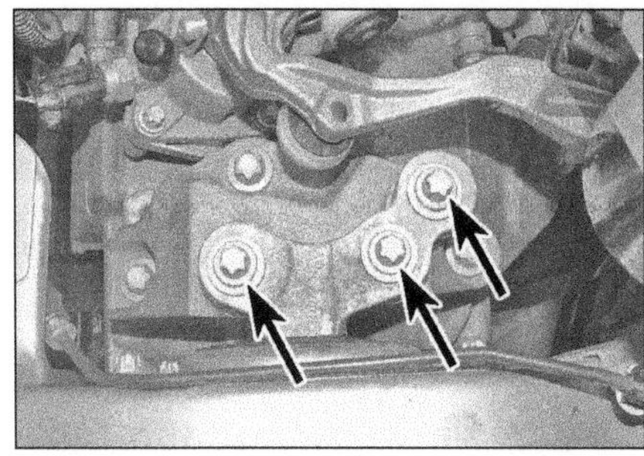

18.28 Fästbultar för vänster fästbygel på växellådsfästbygel (se pilar)

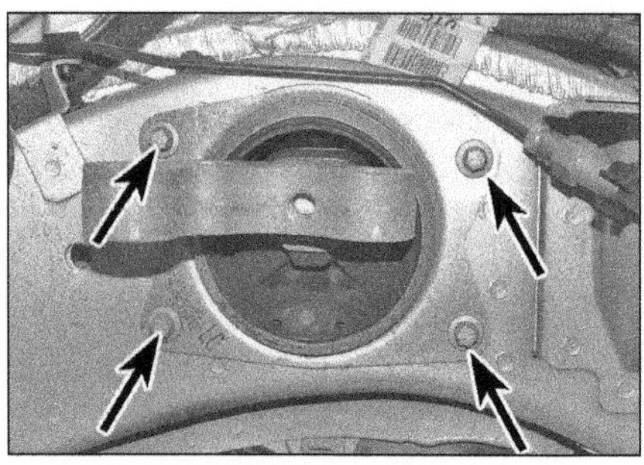

18.29 Fästbultar för vänster fäste på kaross (se pilar) – visas med motorn/ växellådan borttagen

Kapitel 2 Del C:
Reparationer med motorn kvar i bilen – dieselmotorer med dubbla överliggande kamaxlar

Innehåll

Svårighetsgrad

Enkelt, passar novisen med lite erfarenhet 	**Ganska enkelt,** passar nybörjaren med viss erfarenhet 	**Ganska svårt,** passar kompetent hemmamekaniker 	**Svårt,** passar hemmamekaniker med erfarenhet 	**Mycket svårt,** för professionell mekaniker

Specifikationer

Allmänt

Motortyp	Fyrcylindrig, rak, vattenkyld. Dubbel överliggande kamaxel, remdriven
Tillverkarens motorkod*	Z19DTH
Cylinderdiameter	82,0 mm
Slaglängd	90,4 mm
Volym	1910 cc
Kompressionsförhållande	17,5:1
Effekt:	
Vridmoment	320 Nm @ 2 000 varv/minut
Effekt	110 kW @ 4 000 varv/minut
Tändföljd	1-3-4-2 (cylinder nr 1 på motorns kamremssida)
Vevaxelns rotationsriktning	Medurs (sett från motorns kamkedjeände)

** Detaljer om placeringen av motorkoden, se "Identifikationsnummer" i kapitlet Referens.*

Kompressionstryck

Max. skillnad mellan två cylindrar	1,5 bar

Smörjsystem

Lägsta oljetryck vid 80 °C:	
Vid tomgångsvarvtal	1,0 bar
Vid 4 000 varv/minut	4,0 bar
Oljepump, typ	Rotorpump som drivs av vevaxelns remskiva/vibrationsdämpare på vevaxelns ände

Åtdragningsmoment

	Nm
Bult till drivremmens mellanskiva	25
Bultar mellan motor och växellådsenhet:	
M10-bultar	40
M12-bultar	60
Bultar till oljepumpens upptagarrör/sil	9
Drivplattans bultar*	160
Drivremsspännarens bultar	50
Fästbultar till mellanaxellagrets husstöd	55
Fästbygel för luftkonditioneringskompressor till motorblock/sump	50
Hjulbultar	110
Högtrycksbränslepumpens drevmutter*	50
Kamaxeldrevets bult*	120
Kamaxelhusbultar	25
Kamaxelhusets slutarbult	16
Kamaxelns drivhjulsbultar*	120
Kamremmens tomgångsöverföringsbult	50
Kamremsspännarens bult	25
Motorfästen:	
Bakre fäste/momentlänk till kryssrambalk	44
Bakre fäste/momentlänk till växellådans fästbygel	80
Bakre fäste/momentlänksfästbygel till växellådan	80
Främre fäste/momentlänk till kryssrambalk	80
Främre fäste/momentlänksfästbygel till växellådan	80
Höger:	
Bultar mellan fäste och motorfäste	55
Bultar mellan motorfäste och motor	55
Nedre bultar (M8)	25
Övre bultar (M10)	50
Bultar/muttrar mellan fäste och kaross	55
Vänster:	
Bultar mellan fäste och kaross	20
Fästbygel till växellådsfästbygel	55
Växellådsfästbygel till växellåda	55
Oljefilterhus till motorblock	50
Oljefilterhusets bultar	9
Oljepumpshus till motorblock	9
Oljesumpens bultar:	
M6-bultar	9
M8-bultar	25
M10-bultar	40
Ramlageröverfallens bultar*:	
Steg 1	25
Steg 2	Vinkeldra ytterligare 100°
Sumpens avtappningsplugg	20
Svänghjulsbultar*	160
Topplocksbultar*:	
Steg 1	20
Steg 2	65
Steg 3	Vinkeldra ytterligare 90°
Steg 4	Vinkeldra ytterligare 90°
Steg 5	Vinkeldra ytterligare 90°
Vevaxeldrevets bult*†	360
Vevaxelns packboxhus	9
Vevaxelns remskivas/vibrationsdämpares bultar	25
Vevstakslagrets överfallsbult*:	
Steg 1	25
Steg 2	Vinkeldra ytterligare 60°
Övre kamremskåpans bultar:	
M6-bultar	9
M8-bultar	25

** Återanvänds inte*
† Vänstergängad

1 Allmän information

Hur detta kapitel används

Den här delen av kapitel 2 beskriver de reparationsåtgärder som kan utföras medan motorn är monterad i bilen. Om motorn redan har lyfts ut ur motorrummet och tagits isär på det sätt som beskrivs i kapitel 2D, kan du bortse från anvisningarna för förberedande isärtagning i det här kapitlet.

Observera att även om det är möjligt att renovera delar som kolvar/vevstakar medan motorn sitter i bilen, så utförs sällan sådana åtgärder separat, och de kräver normalt att flera olika procedurer utförs (för att inte tala om rengöring av komponenter och smörjkanaler). Av den anledningen klassas alla sådana åtgärder som större renoveringsåtgärder och beskrivs i kapitel 2D.

I kapitel 2D beskrivs demontering av motor/växellåda, samt tillvägagångssättet för de reparationer som kan utföras med motorn/växellådan demonterad.

Motorbeskrivning

Den raka fyrcylindriga dieselmotorn på 1,9 liter med dubbla överliggande kamaxlar har 16 ventiler och är tvärställd i motorrummet, med växellådan i den vänstra änden.

Vevaxeln är fäst i motorblocket på fem ramlageröverfall. Ramlager nummer tre har tryckbrickor för att kontrollera vevaxelns axialspel.

Vevaxlarnas storändar roterar kring horisontellt delade lagerskålar. Kolvarna är fästa på vevstakarna med kolvbultar, som hålls fast av låsringar. Lättmetallkolvarna är monterade med tre kolvringar – två kompressionsringar och en oljeskrapring.

Kamaxlarna sitter i ett separat hus som är fäst med bultar på topplockets ovansida. Avgaskamaxeln drivs av vevaxeln via en tandad kamrem i kompositgummi (som också driver högtrycksbränslepumpen och kylvätskepumpen). Avgaskamaxeln driver insugskamaxeln via ett cylindriskt kugghjul. Varje cylinder har fyra ventiler (två insugs och två avgas), som styrs av kamvippor som är fästa i tappändarna med hydrauliska självjusterande ventillyftare. En kamaxel styr insugsventilerna och den andra styr avgasventilerna.

Insugs- och avgasventilerna stängs med en enda ventilfjäder och löper i styrningar som är intryckta i topplocket.

Smörjningen tryckmatas från en oljepump av rotortyp, som sitter på vevaxelns högra ände. Pumpen drar olja genom en sil i sumpen och tvingar den sedan genom ett externt monterat fullflödesfilter av patrontyp. Oljan flödar in i kanalerna i motorblocket/vevhuset, varifrån den fördelas till vevaxeln (ramlager) och kamaxlar.

Vevstakslagren matas med olja via invändiga kanaler i vevaxeln, medan kamaxellagren också får trycksatt smörjning. Kamloberna och ventilerna stänksmörjs, som alla andra motordelar.

Ett halvslutet vevhusventilationssystem används. Vevhusångorna dras in från oljeavskiljaren på motorblocket via en slang till kamaxelhuset. Ångorna går sedan via en slang till insugsgrenröret.

Åtgärder med motorn kvar i bilen

Följande åtgärder kan utföras utan att du måste ta bort motorn från bilen.

a) Demontering och montering av topplocket.
b) Demontering och montering av kamremmen, spännaren, överföringsremskivor och drev.
c) Byte av kamaxelns packbox.
d) Demontering och montering av kamaxelhuset.
e) Demontering och montering av kamaxlar och kamvippor.
f) Demontering och montering av sumpen.
g) Demontering och montering av vevstakar och kolvar.*
h) Demontering och montering av oljepumpen.
i) Demontering och montering av oljefilterhuset.
j) Byte av vevaxelns packboxar.
k) Byte av motorfästena.
l) Demontering och montering av svänghjul/drivplatta.

** Även om åtgärden som märkts ut med en asterisk kan utföras med motorn kvar i bilen när oljesumpen tagits bort, är det bättre om motorn demonteras, eftersom det då går lättare att hålla rent och komma åt. Tillvägagångssättet beskrivs därför i kapitel 2D.*

2 Kompressions- och tryckförlustprov – beskrivning och tolkning

Kompressionsprov

Observera 1: *En kompressionsprovare särskilt avsedd för dieselmotorer måste användas på grund av de höga tryck som förekommer.*

Observera 2: *Batteriet måste vara fulladdat, luftfiltret rent och motorn ha normal arbetstemperatur.*

1 Om motorns effekt sjunker eller om det uppstår feltändningar som inte kan hänföras till bränslesystemet, kan ett kompressionsprov ge en uppfattning om motorns skick. Om kompressionsprov görs regelbundet kan de ge förvarning om problem innan några andra symptom uppträder.

2 Testinstrumentet ansluts till en adapter som skruvas in i hålen för glödstiften. Det lönar sig knappast att köpa ett sådant testinstrument om det bara ska användas någon enstaka gång, men du kanske kan låna eller hyra ett – låt annars en verkstad utföra provningen. Om du har tillgång till den utrustning som krävs, gör så här.

3 Ta bort glödstiften enligt beskrivningen i kapitel 5A.

4 Skruva in kompressionsprovarens adapter i glödstiftshålet för cylinder nr 1.

5 Ta hjälp av en medhjälpare och dra runt motorn på startmotorn. Efter ett eller två varv bör kompressionstrycket byggas upp till maxvärdet och sedan stabiliseras. Anteckna det högsta värdet.

6 Upprepa testet på återstående cylindrar och anteckna trycket på var och en.

7 Trycket i alla cylindrarna bör hamna på i stort sett samma värde. En skillnad som är större än det maxvärde som anges i Specifikationer betyder att det finns ett fel. Observera att kompressionen ska byggas upp snabbt i en felfri motor. Om kompressionen är låg i det första kolvslaget och sedan ökar gradvis under följande slag är det ett tecken på slitna kolvringar. Om kompressionsvärdet är lågt under den första takten och inte stiger under de följande, tyder detta på läckande ventiler eller en trasig topplockspackning (eller ett sprucket topplock). **Observera:** *Det är svårare att fastställa orsaken till dålig kompression hos en dieselmotor än hos en bensinmotor. Effekten av att hälla olja i cylindrarna ("våtprovning") ger inte definitivt besked, eftersom det finns en risk att oljan stannar i fördjupningen i kolvkronan i stället för att fortsätta till kolvringarna.*

8 Avsluta med att sätta tillbaka glödstiften enligt beskrivningen i kapitel 5A.

Tryckförlustprov

9 Ett tryckförlustprov mäter hur snabbt komprimerad luft som matas in i cylindern läcker ut. Det är ett alternativ till ett kompressionsprov som på många sätt är att föredra, eftersom den utläckande luften gör det enkelt att hitta var tryckförlusten sker (kolvringar, ventiler eller topplockspackning).

10 Den utrustning som krävs för ett tryckförlustprov brukar inte vara tillgänglig för hemmamekanikern. Vid misstanke om dålig kompression bör en Saab-verkstad eller annan verkstad med lämplig utrustning få utföra provningen.

3 Övre dödpunkt (ÖD) för kolv nr 1 – hitta

Observera: *För att korrekt kunna bestämma ÖD-läge för kolv nr 1 behövs Saabs specialverktyg 32 025 009 (eller likvärdigt alternativ) för att ställa in vevaxeln i ÖD-läget, tillsammans*

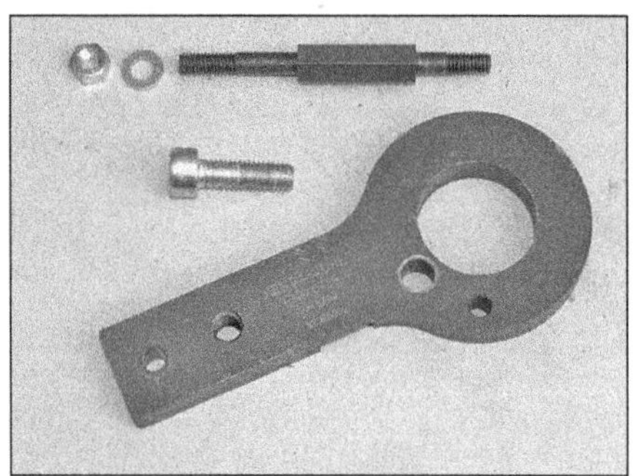

3.0a Du behöver Saabs specialverktyg 32 025 009 (eller motsvarande) för att ställa in ÖD-läget för kolv 1 . . .

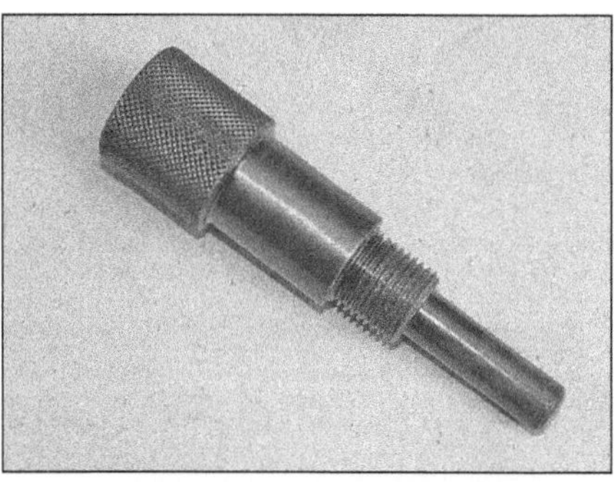

3.0b . . . tillsammans med Saabs specialverktyg 32 025 008 (eller motsvarande) för att justera kamaxelns läge

3.5 Lossa den mittersta fästbulten (se pil) och ta bort drivremsspännarenheten

med inpassningsverktyget för kamaxlar, Saabs specialverktyg 32 025 008 (eller likvärdigt alternativ) ***(se bilder)***.

1 I rörelsen upp och ner i cylinderloppet är den övre dödpunkten (ÖD) den högsta punkt som varje kolv når när vevaxeln snurrar. Varje kolv passerar ÖD under såväl kompressionstakten som under avgastakten. Vid inställning av motorns ventiler avser ÖD det högsta kolvläget för cylinder nr 1 under kompressionstakten.

2 Kolv (och cylinder) nr 1 sitter längst till höger i motorn (kamremsänden) och du hittar dess ÖD-läge på följande sätt. Observera att vevaxeln roterar medurs från höger sida av bilen sett.

3 Koppla loss batteriets minusledare enligt beskrivningen i kapitel 5A, lyft sedan bort plastkåpan från motorns ovansida.

4 Ta bort vevaxelns remskiva/vibrationsdämpare enligt beskrivningen i avsnitt 5.

5 Skruva loss den mittersta fästbulten och ta bort drivremsspännarenheten från motorn **(se bild)**.

6 Ta bort luftrenarenheten och luftintagskanalen enligt beskrivningen i kapitel 4B.

7 Ta bort motorns undre skyddskåpa och placera sedan en garagedomkraft under motorns högra ände, med en träkloss på domkraftens lyftsadel. Lyft upp domkraften tills den stöttar motorns vikt **(se bild)**.

8 Markera bultlägena för korrekt återmontering, skruva sedan loss de tre bultarna som fäster höger motorfäste på motorfästbygeln och de tre bultarna som håller fast fästet på karossen. Ta bort fästet **(se bild)**.

9 Lossa fästklämman som håller fast motorns ventilationsslang på ventilröret bredvid mätstickan för motorolja. Skruva loss de båda bultarna som fäster ventilröret på topplocket och koppla loss röret från slangen **(se bild)**.

10 Skruva loss bulten och lossa styrhylsan för oljemätstickan från kylvätskeröret **(se bild)**.

11 Skruva loss slutarbulten från hålet för kontroll av ventiltider i kamaxelhuset **(se bild)**.

12 Skruva in inpassningsverktyget för kamaxlar (Saabs specialverktyg 32 025 008) i hålet för kontroll av ventiltider.

13 Använd en hylsnyckel på vevaxeldrevet och vrid vevaxeln i den normala rotationsriktningen tills inpassningsverktygets fjäderbelastade tryckkolv hakar i spåret i kamaxeln. Verktyget ger ifrån sig ett hörbart klickljud när detta händer.

14 Skruva loss bulten på den nedre vänstra sidan av oljepumpshuset och skruva in fästpinnbulten till Saabs specialverktyg 32 025 009 **(se bild)**.

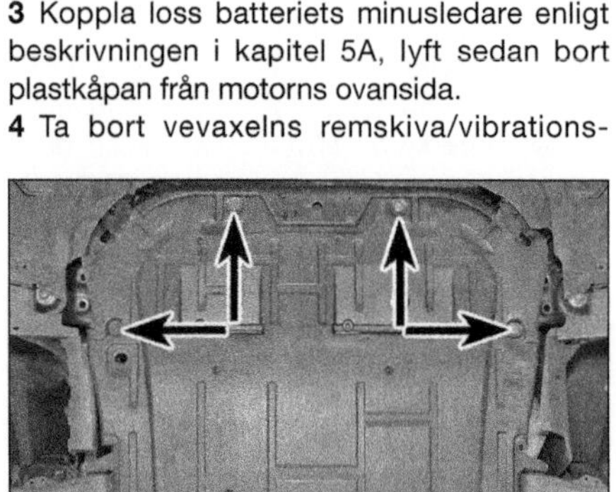

3.7 Fästskruvarna till motorns undre skyddskåpa (se pilar)

3.8 Skruva loss de sex bultarna (se pilar) som håller fast motorfästet vid karossen och motorfästbyglarna

3.9 Fästbultarna till motorns ventilrör (se pilar)

3.10 Skruva loss bulten (se pil) och lossa styrhylsan till mätstickan för motorolja från kylvätskeröret

3.11 Skruva loss slutarbulten från hålet för kontroll av ventiltider i kamaxelhuset

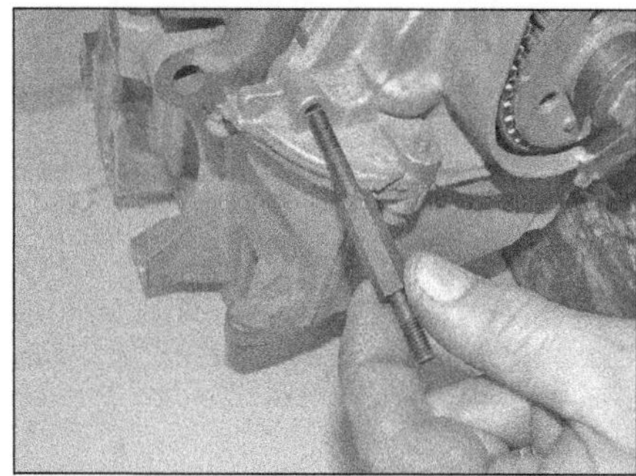

3.14 Skruva in fästpinnbulten på specialverktyg 32 025 009 i oljepumpshuset

15 Sätt positionsringen från verktyget 32 025 009 över fästpinnbulten och för in den i vevaxeldrevet. Se till att hålet i positionsringen hakar i tappen på drevet. Sätt fast verktyget i detta läge med fästbult och mutter **(se bild)**.

16 När vevaxelns positionsring sitter på plats och inpassningsverktyget för kamaxeln har hakat i spåret på kamaxeln står motorn med kolv nr 1 i ÖD-läge i kompressionstakten.

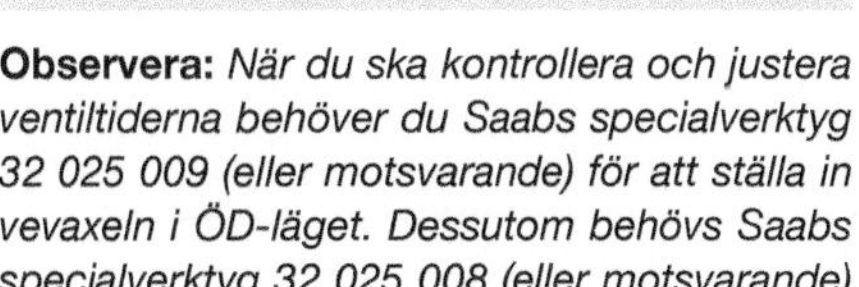

4 Ventiltider – kontroll och justering

Observera: *När du ska kontrollera och justera ventiltiderna behöver du Saabs specialverktyg 32 025 009 (eller motsvarande) för att ställa in vevaxeln i ÖD-läget. Dessutom behövs Saabs specialverktyg 32 025 008 (eller motsvarande) för att spärra kamaxlarna i ÖD-läge.*

Kontroll

1 Koppla loss batteriets minusledare (se kapitel 5A) och lyft sedan bort plastkåpan från motorns ovansida.

2 Lossa fästklämman som håller fast motorns ventilationsslang på ventilröret bredvid mätstickan för motorolja. Skruva loss de båda bultarna som fäster ventilröret på topplocket, och koppla loss röret från slangen **(se bild 3.9)**.

3 Skruva loss bulten och lossa styrhylsan för oljemätstickan från kylvätskeröret **(se bild 3.10)**.

4 Skruva loss slutarbulten från hålet för kontroll av ventiltider i kamaxelhusets avgassida **(se bild 3.11)**.

5 Skruva in avgaskamaxelns insättningsverktyg (Saabs specialverktyg 32 025 008) i hålet för ventiltidskontroll.

6 Skruva loss slutarbulten från hålet för kontroll av ventiltider i insugssidans kamaxelhus. Slutarbulten sitter nedanför reglerventilen till bränsletrycket på bränslefördelarskenan.

7 Skruva in insugskamaxelns insättningsverktyg (Saabs specialverktyg 32 025 008) i hålet för ventiltidskontroll.

8 Sätt en hylsnyckel på vevaxeldrevets bult och vrid drevet i den vanliga rotationsriktningen tills insättningsverktygens fjäderbelastade tryckkolvar hakar i spåren i kamaxlarna. När detta händer hörs ett klickljud från verktygen.

9 Ta bort vevaxelns remskiva/vibrationsdämpare enligt beskrivningen i avsnitt 5.

10 Skruva loss bulten på den nedre vänstra sidan av oljepumpshuset och skruva in fästpinnbulten till Saabs specialverktyg 32 025 009 **(se bild 3.14)**.

11 Sätt positionsringen hos verktyget 32 025 009 över fästpinnpulten och för in den i vevaxeldrevet. Se till att hålet i positionsringen hakar i tappen på drevet. Sätt fast verktyget i detta läge med fästbult och mutter **(se bild 3.15)**.

3.15 Positionsringen till verktyg 32 025 009 (se pil) ansluts till fästpinnbulten och vevaxeldrevet

12 Om det inte går att sätta dit positionsringen på verktyg 32 025 009 enligt beskrivningen, eller om kamaxelns insättningsverktyg inte hakar i kamaxelns spår, justera ventiltiderna enligt följande.

Justering

13 Demontera kamremmen enligt beskrivningen i avsnitt 6.

14 Placera en hylsnyckel på vevaxeldrevets bult och vrid vevaxeln moturs 90°. Då förs alla kolvarna halvvägs ner i loppen och du undviker risken att ventilerna kommer i kontakt med kolvkronorna under följande procedur.

15 Ta bort insugs- och avgaskamaxelns insättningsverktyg från hålen för kontroll av ventiltider.

16 Använd ett lämpligt verktyg på kamremmens drev på avgaskamaxeln och vrid drevet ungefär 90° medurs (se Verktygstips i avsnitt 7). Var försiktig så att du inte skadar kamaxelgivaren med verktyget när du vrider drevet.

17 Skruva in insugskamaxelns insättningsverktyg (Saabs specialverktyg 32 025 008) i hålet för ventiltidskontroll.

18 Vrid kamaxeldrevet medurs tills den fjäderbelastade tryckkolven på insättningsverktyget hakar i spåret i insugskamaxeln. Verktyget ger ifrån sig ett hörbart klickljud när detta händer.

19 Lossa de två fästklämmorna och koppla loss laddluftslangen från gasspjällshuset och laddluftkylarröret.

20 Lossa klämman och koppla loss vevhusventilationsslangen från motorns oljefyllarhus.

21 Koppla loss kontaktdonet från kylvätskans temperaturgivare. Skruva sedan loss de tre fästbultarna och ta bort oljefyllarhuset.

22 Demontera bromssystemets vakuumpump enligt beskrivningen i kapitel 9.

23 Genom öppningen i oljefyllarhuset, lossa fästbulten som håller fast insugskamaxelns drivhjul. Håll emot med hållverktyget så att kamaxeln inte vrids. Genom öppningen i vakuumpumpen, lossa på samma sätt fästbulten som håller fast avgaskamaxelns drivhjul.

24 Skruva in avgaskamaxelns insättningsverktyg (Saabs specialverktyg 32 025 008) i hålet för ventiltidskontroll.

25 Vrid kamaxeldrevet medurs tills den fjäderbelastade tryckkolven på insättningsverktyget hakar i spåret i avgaskamaxeln. Verktyget ger ifrån sig ett hörbart klickljud när detta händer.

26 Håll fast kamaxeldrevet med hållverktyget och dra åt drivhjulets båda fästmuttrar till angivet moment.

27 Ta bort insättningsverktyget från insugskamaxeln och sätt tillbaka slutarbulten. Dra åt bulten till angivet moment.

28 Montera oljefyllarhuset vid kamaxelhuset med en ny packning. Sätt tillbaka fästbultarna och dra åt dem till angivet moment. Återanslut anslutningskontakten till kylvätskans temperaturgivare samt slangen till vevhusventilationen.

29 Sätt tillbaka bromssystemets vakuumpump enligt beskrivningen i kapitel 9.

30 Sätt tillbaka laddluftslangen på gasspjällshuset och laddluftkylarröret. Fäst med fästklämmorna.

31 Montera tillbaka kamremmen enligt beskrivningen i avsnitt 6.

5 Vevaxelns remskiva/vibrationsdämpare – demontering och montering

Demontering

1 Dra åt handbromsen, lyft fordonets främre del och ställ framvagnen på pallbockar (se *Lyftning och stödpunkter*). Ta loss höger framhjul. Skruva sedan loss bultarna och ta bort motorns undre skyddskåpa så att du kommer åt vevaxelns remskiva **(se bild 3.7)**.

2 Demontera drivremmen enligt beskrivningen i kapitel 1B. Märk ut dess rotationsriktning före demonteringen, för att säkerställa att remmen monteras tillbaka i rätt riktning.

3 Skruva loss de fyra bultarna som håller fast remskivan i vevaxeldrevet och ta bort remskivan från drevet **(se bild)**.

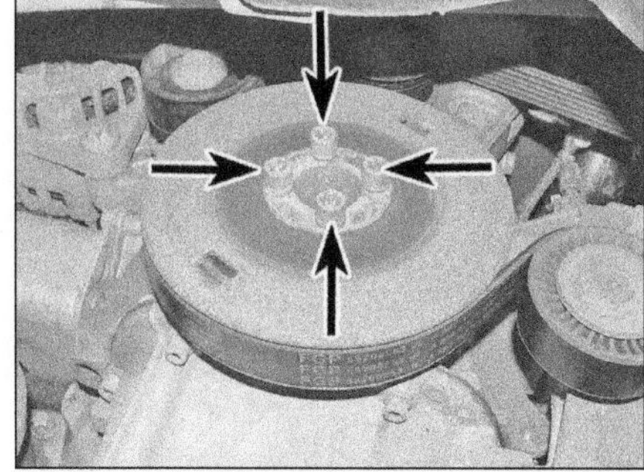

5.3 Fästbultar till vevaxelns remskiva/vibrationsdämpare (se pilar)

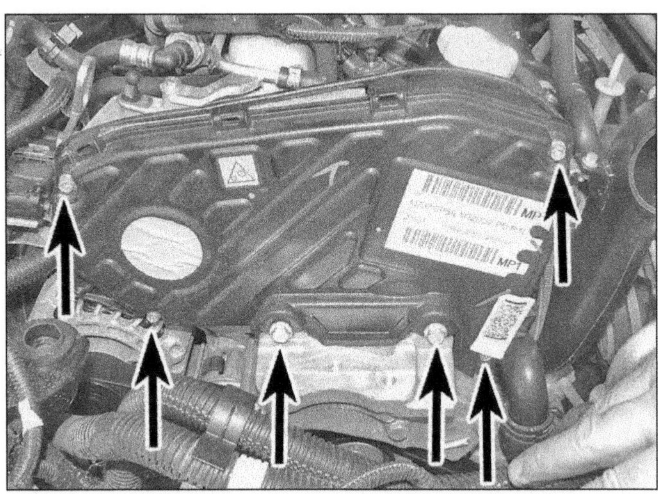

6.2 Övre kamremmens fästbultar (se pilar)

6.3 Skruva loss bulten (se pil) och ta bort drivremmens tomgångsöverföring från motorfästbygeln

Montering

4 Sätt vevaxelns remskiva på drevet och se till att hålet på remskivans baksida fastnar i tappen på drevet.

5 Sätt tillbaka de fyra fästbultarna och dra åt dem stegvis till angivet moment.

6 Sätt tillbaka drivremmen enligt beskrivningen i kapitel 1B. Ta hjälp av den markering du gjorde på remmen före demonteringen för att säkert montera den rättvänd.

7 Montera hjulet och motorns undre skyddskåpan. Sänk sedan ner bilen och dra åt hjulbultarna till angivet moment.

6 Kamrem – demontering och montering

Observera: *Kamremmen måste demonteras och monteras när motorn är kall.*

Demontering

1 Ställ cylinder nr 1 i ÖD under kompressionstakten enligt beskrivningen i avsnitt 3.

2 Lossa kablaget på sidan av övre kamremskåpan. Skruva loss de sju fästbultarna och lyft av den övre kamremskåpan **(se bild)**.

3 Skruva loss fästbulten och ta bort drivremmens tomgångsöverföring från motorfästet **(se bild)**.

4 Skruva loss de två nedre och de tre övre bultarna och ta bort motorfästet från motorn **(se bilder)**.

5 Skruva loss muttern och bulten och ta bort inpassningsverktyget för vevaxeln (32 025 009) från vevaxeldrevet.

6 Lossa kamremsspännarbulten så att spännaren dras tillbaka och kamremmens spänning minskar.

7 Dra ut kamremmen från dreven och ta bort den från motorn. Om remmen ska återanvändas bör du märka ut rotationsriktningen på remmen med vit färg el. dyl. Vrid inte vevaxeln eller kamaxlarna förrän kamremmen har återmonterats.

8 Kontrollera noggrant om kamremmen visar tecken på ojämnt slitage, bristningar eller oljeföroreningar och byt den vid minsta tveksamhet om dess tillstånd. Om motorn just genomgår renovering och den angivna tiden för rembyte närmar sig (se kapitel 1B) bör du byta remmen, oavsett hur den ser ut. Om du hittar tecken på oljeföroreningar leta reda på oljeläckan åtgärda den. Tvätta sedan området kring motorns kamrem och tillhörande delar för att ta bort alla spår av olja.

Montering

9 Rengör noggrant kamremsdreven och spännaren/överföringsremskivan vid ihopsättning.

10 Sätt kamremmen i läge över vevaxeldrevet. Om den ursprungliga remmen återmonteras, se till att märket som gjordes vid demonteringen pekar i den normala rotationsriktningen, liksom tidigare.

11 Kontrollera att kamaxeln och vevaxeln fortfarande hålls på plats av kolv nr 1 i ÖD vid kompressionsfasen enligt beskrivningen i avsnitt 3 och med kamaxelns insättningsverktyg kvar på sin plats. Sätt nu tillbaka vevaxelns insättningsverktyg.

12 Montera kamremmen över vevaxelns, kamaxelns och bränslepumpens drev och runt överföringsremskivorna. Se till att främre delen av remmen är spänd (dvs. allt spelrum ska finnas på spännarsidan av remmen), montera sedan remmen över vattenpumpsdrevet och spännarremskivan. Vrid inte remmen så att den viks vid återmontering. Se till att remmens kuggar ligger rätt i dreven. Notera att markeringarna på den nya remmen passar med markeringarna på vevaxelns och kamaxelns drev.

13 Skruva in en lämplig, ca 50 mm lång bult i det gängade hålet mitt under kamremsspännaren. Håll en skruvmejsel på bulten som svängtapp medan du flyttar justeringsspaken på spännaren tills pekaren står i linje med

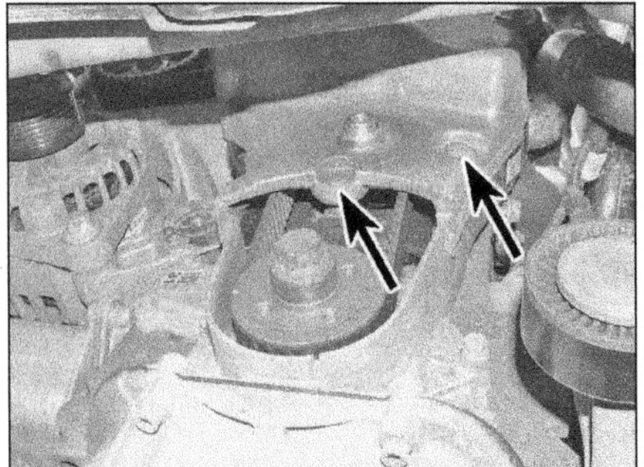

6.4a Skruva loss de två nedre bultarna (se pilar) . . .

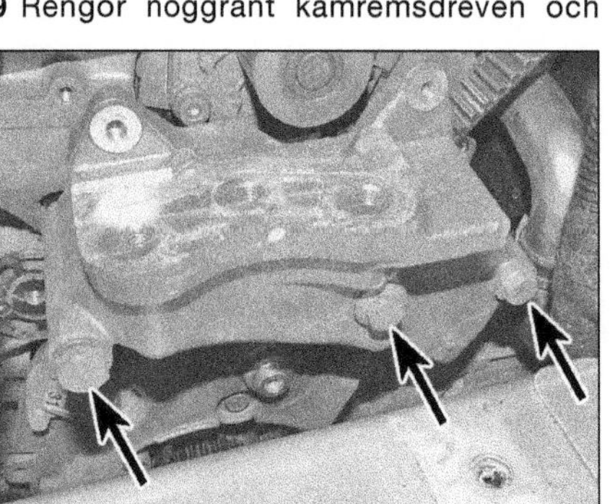

6.4b . . . och de tre övre bultarna (se pilar) . . .

6.4c . . . och ta bort fästbygeln från motorn

6.13a Håll en skruvmejsel på en styrbult (se pil) och flytta spännarens justeringsspak. . .

6.13b . . . tills spännarens pekare (se pil) är i linje med märket på fästplattan

märket på fästplattan. Håll spännaren i detta läge och dra åt dess fästbult **(se bilder)**.

14 Ta bort vevaxelns och kamaxelns insättningsverktyg.

15 Håll en hylsnyckel på vevaxeldrevets bult och vrid vevaxeln sakta två hela varv (720°) i den normala rotationsriktningen så att kamremmen hamnar i rätt läge. Sluta vrida vevaxelns när du nästan vridit två varv.

16 Sätt tillbaka kamaxelns insättningsverktyg och fortsätt vrida vevaxeln tills kamaxelns insättningsverktyg hakar i.

17 Sätt tillbaka positionsringen hos verktyget 32 025 009 över fästpinnpulten och för in den i vevaxeldrevet. Se till att hålet i positionsringen hakar i tappen på drevet. Fäst verktyget i läge med fästbulten och muttern.

18 Lossa bulten till kamremsspännaren och håll en skruvmejsel på styrbulten som förut medan du flyttar justeringsspaken på spännaren tills pekaren åter är i linje med märket på fästplattan. Håll spännaren i detta läge och dra åt dess fästbult till angivet moment.

19 Ta bort alla insättningsverktyg och vrid åter vevaxeln försiktigt två hela varv (720°) i den normala rotationsriktningen. Kontrollera att pekaren på kamremsspännaren fortfarande är i linje med märket på fästplattan. I annat fall upprepar du proceduren som beskrivs i punkt 18.

20 När allting stämmer tar du bort styrbulten som håller spännaren på plats. Sätt tillbaka bulten som du tog bort från oljepumpshuset och dra åt den till angivet moment. Sätt tillbaka slutarpluggen på kamaxelhuset och dra åt till angivet moment.

21 Sätt motorfästet på plats och sätt tillbaka de två nedre och de tre över bultarna. Dra åt bultarna till angivet moment. Montera drivremmen för tomgångsöverföring på motorfästet och dra åt fästbulten till angivet moment.

22 Sätt tillbaka den övre kamremskåpan och dra åt fästbultarna till angivet moment. Kläm fast kablaget på plats.

23 Sätt högra motorfästesenheten på plats och sätt tillbaka de tre bultarna som håller fast fästet på karossen. Dra åt bultarna/muttern till angivet moment. Sätt in fästet i ursprungsläget och dra åt de tre bultarna på fästbygeln till angivet moment. Ta bort domkraften under motorn.

24 Sätt tillbaka luftrenarenheten och luftintagskanalen enligt beskrivningen i kapitel 4B.

25 Sätt drivremsspännarenheten på plats och se till att styrstiftet på spännarens fästyta hakar i ordentligt i motsvarande hål i fästbygeln. Dra åt fästbulten i mitten på spännaren till angivet moment.

Du kan tillverka ett hållverktyg för drevet av två stänger av ca 6 mm tjockt och ca 30 mm brett stålband, den ena ca 600 mm lång och den andra 200 mm (måtten är ungefärliga). Fäst ihop de två stängerna med en bult till en gaffelände och låt bulten vara lös så att den kortare stången kan svänga fritt. I andra änden av varje gaffeltand monterar du en mutter och bult så att verktyget kan haka fast i drevets krans.

26 Sätt tillbaka vevaxelns remskiva/vibrationsdämparen enligt beskrivningen i avsnitt 5 och montera sedan drivremmen enligt beskrivningen i kapitel 1B.

27 Sätt tillbaka styrhylsan till mätstickan för motorolja. Sätt tillbaka bulten som håller fast styrhylsan till kylvätskeröret och dra åt den ordentligt.

28 Anslut motorns ventilationsslang på ventilröret och fäst den med fästklämman. Fäst ventilröret på topplocket, dra åt de båda bultarna ordentligt.

29 Montera plastkåpan på motorns ovansida.

30 Montera hjulet och motorns undre skyddskåpa. Sänk sedan ner bilen och dra åt hjulbultarna till angivet moment.

7 Kamremsdrev och spännare, tomgångsöverföring – demontering och montering

Observera: *Vissa specialverktyg behövs för demontering och montering av dreven. Läs igenom hela proceduren för att bekanta dig med de arbetssteg som ingår, skaffa sedan tillverkarens specialverktyg eller använd de beskrivna alternativen.*

Kamaxeldrev

Observera: *Det krävs en ny fästbult för återmontering av drevet.*

Demontering

1 Demontera kamremmen enligt beskrivningen i avsnitt 6. Ta sedan bort kamaxelns insättningsverktyg från hålet för kontroll av ventiltider.

2 Nu måste kamaxeldrevet hållas fast för att fästbulten ska kunna tas bort. För att göra det kan du använda Saabs specialverktyg 32 025 035, men det går också bra med ett egentillverkat verktyg **(se Verktygstips)**.

3 Haka i verktyget i hålen på kamaxeldrevet och se till att inte skada kamaxelgivaren som sitter bakom drevet.

7.14a Ta bort bulten och brickan . . .

7.14b . . . och dra bort drevet från vevaxelns ände

7.20 Haka i hållverktyget i bränslepumpsdrevets hål och lossa fästmuttern

4 Skruva loss fästbulten och ta bort drevet från kamaxelns ände.

Montering

5 Kontrollera före återmonteringen om packboxen visar tecken på skador eller läckage. Byt den vid behov enligt beskrivningen i avsnitt 8.

6 Sätt tillbaka drevet i kamaxelns ände så att utskärningen ligger i linje med styrstiftet och sätt tillbaka den nya fästbulten. Dra bara åt fästbulten för hand i detta skede. Bulten dras åt slutgiltigt när kamremmen har monterats och spänts.

7 Sätt tillbaka kamremmens insättningsverktyg i hålet för kontroll av ventiltider. Vrid kamaxeln lite med hjälp av drevet om det behövs tills du hör att verktyget hakat i.

8 Fortsätt med återmonteringen av kamremmen enligt beskrivningen i avsnitt 6, punkt 9 till 14.

9 Håll fast kamaxeldrevet med hållverktyget och dra åt fästbulten till angivet moment.

10 Fortsätt med återmonteringen av kamremmen enligt beskrivningen i avsnitt 6, punkt 15 till 30.

Vevaxeldrev

Observera 1: *Vevaxeldrevets fästbult sitter mycket hårt. Se till att hållverktyget som används för att förhindra rotation när bulten lossas är hållbart och ordentligt fäst.*

Observera 2: *Det krävs en ny fästbult för återmontering av drevet.*

Demontering

11 Demontera kamremmen enligt beskrivningen i avsnitt 6.

12 Nu måste vevaxeldrevet hållas fast för att fästbulten ska kunna tas bort. Till detta kan du använda Saabs specialverktyg 32 025 006 och 83 95 360 men det går också bra med ett egentillverkat verktyg liknande det som beskrivs i punkt 2.

13 Fäst verktyget säkert i vevaxeldrevet med hjälp av fästbultarna på remskivan. Du behöver en medhjälpare som håller drevet stilla medan du skruvar loss fästbulten. **Observera:** *Drevets fästbult är* ***vänstergängad*** *och skruvas loss genom att man vrider den medurs.*

14 Ta bort bulten och brickan och dra loss drevet från vevaxelns ände **(se bilder)**. Observera att det behövs en ny bult vid återmonteringen.

Montering

15 Placera drevets inpassningsnyckel i vevaxelns spår och sätt drevet på plats. Sätt sedan i den nya fästbulten med bricka.

16 Håll drevet stilla med hjälp av hållverktyget och dra åt fästbulten till angivet moment. Tänk på att den är **vänstergängad**. Ta bort hållverktyget.

17 Montera tillbaka kamremmen enligt beskrivningen i avsnitt 6.

Högtrycksbränslepumpens drev

Observera: *För återmonteringen krävs en ny fästmutter till drevet.*

Demontering

18 Demontera kamremmen enligt beskrivningen i avsnitt 6.

19 Nu måste bränslepumpens drev hållas fast för att fästmuttern ska kunna tas bort. Till detta kan du använda Saabs specialverktyg 32 025 019 och 83 95 360 men det går också bra med ett egentillverkat verktyg liknande det som beskrivs i punkt 2.

20 Haka fast verktyget i bränslepumpsdrevets hål och lossa drevets fästmutter **(se bild)**. Observera att det behövs en ny mutter vid återmonteringen.

21 Fäst en lämplig avdragare i de gängade hålen i bränslepumpens drev med hjälp av bultar och brickor ungefär som på bilden **(se bild)**.

22 Dra åt avdragarens centrumbult för att lossa drevet från gängtappen på pumpaxeln. När gängtappen lossnar tar du bort avdragaren och tar ut drevet. Ta bort woodruff-kilen från pumpaxeln **(se bilder)**.

Montering

23 Rengör bränslepumpaxeln och drevets nav och se till att ta bort alla spår av olja eller fett.

24 Sätt tillbaka woodruff-kilen på pumpaxeln och sätt sedan drevet på plats. Montera den nya fästmuttern.

25 Håll drevet stilla med hjälp av hållverktyget och dra åt fästmuttern till angivet moment. Ta bort hållverktyget.

26 Montera tillbaka kamremmen enligt beskrivningen i avsnitt 6.

Spännarenhet

Demontering

27 Demontera kamremmen enligt beskrivningen i avsnitt 6.

7.21 Använd en lämplig avdragare för att lossa gängtappen på bränslepumpens drev

7.22a När gängtappen lossnar tar du bort drevet . . .

7.22b . . . och tar bort woodruff-kilen från pumpaxeln

28 Skruva loss och ta bort fästbulten och ta bort spännarenheten från motorn **(se bilder)**.

Montering

29 Montera spännaren på motorn och se till att urtaget i spännarens fästplatta hamnar över styrstiftet på motorfästet **(se bild)**.

30 Rengör fästbultens gängor och applicera sedan lite gänglåsningsmedel. Skruva in fästbulten, sätt spännaren i indraget läge och dra åt fästbulten.

31 Montera tillbaka kamremmen enligt beskrivningen i avsnitt 6.

Överföringsremskiva

Demontering

32 Demontera kamremmen enligt beskrivningen i avsnitt 6.

33 Skruva loss och ta bort överföringsremskivan från motorn **(se bild)**.

Montering

34 Sätt tillbaka överföringsremskivan och dra åt fästbulten till angivet moment.

35 Montera tillbaka kamremmen enligt beskrivningen i avsnitt 6.

7.28a Lossa och ta bort fästbulten . . .

7.28b . . . och ta bort kamremsspännarenheten

7.29 Spåret på spännarens fästplatta måste sitta över styrpinnen (se pil) på motorfästet

7.33 Skruva loss och ta bort fästbulten och ta sedan bort överföringsremskivan från motorn

8 Kamaxelns packbox – byte

1 Demontera kamaxeldrevet enligt beskrivningen i avsnitt 7.

2 Slå eller borra försiktigt ett litet hål i packboxen. Skruva i en självgängande skruv och dra i skruven med tång för att få ut packboxen.

3 Rengör packboxsätet och putsa bort alla grader eller vassa kanter som kan ha orsakat skadan på packboxen.

4 Smörj den nya tätningens tätningsläppar med ren motorolja och tryck den på plats med en lämplig rörformig dorn (t.ex. en hylsnyckel) som bara ligger an mot packboxens hårda ytterkant. Se till att du inte skadar packboxens tätningsläppar vid monteringen. Observera att tätningsläpparna ska vara vända inåt.

5 Sätt tillbaka kamaxeldrevet enligt beskrivningen i avsnitt 7.

9 Kamaxelhus – demontering och montering

Demontering

1 Demontera kamremmen enligt beskrivningen i avsnitt 6.

2 Koppla loss följande komponenters kabelanslutningar **(se bilder)**:

a) Bränsleinsprutare.
b) Reglerventilen för bränsletrycket.
c) Bränsletryckgivare.
d) Kamaxelgivare.
e) Luftkonditioneringens kompressor.

3 Lossa kablaget till luftkonditioneringens kompressor från klämman på oljestickans styrhylsa. Skruva loss de två bultarna som håller fast kablagets plaststyrning vid kamaxelhuset och flytta det frånkopplade kablaget åt sidan **(se bilder)**.

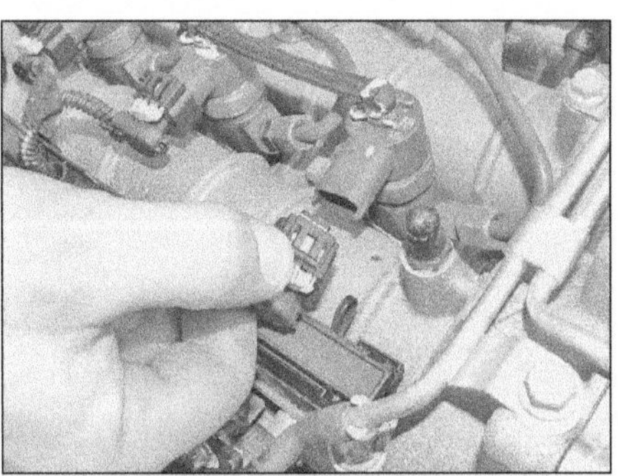

9.2a Koppla loss anslutningskontakterna vid bränsleinsprutarna . . .

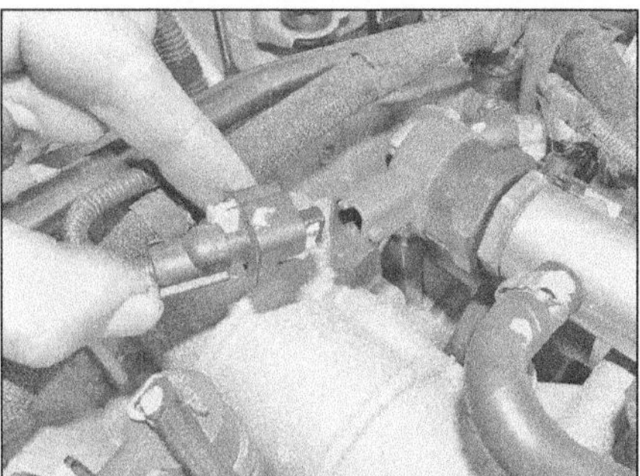

9.2b . . . bränsletryckets reglerventil . . .

9.2c . . . bränsletryckgivaren . . .

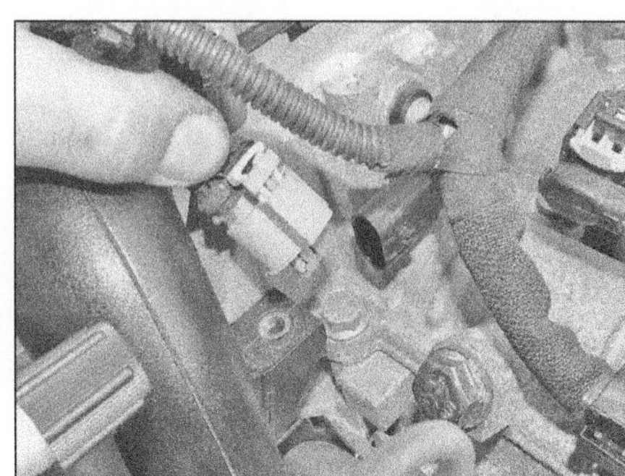

9.2d . . . kamaxelgivaren . . .

9.2e . . . och luftkonditionerings-kompressorn (se pil)

9.3a Skruva loss de två bultarna (se pilar) som håller fast kablagestyrningen vid kamaxelhuset . . .

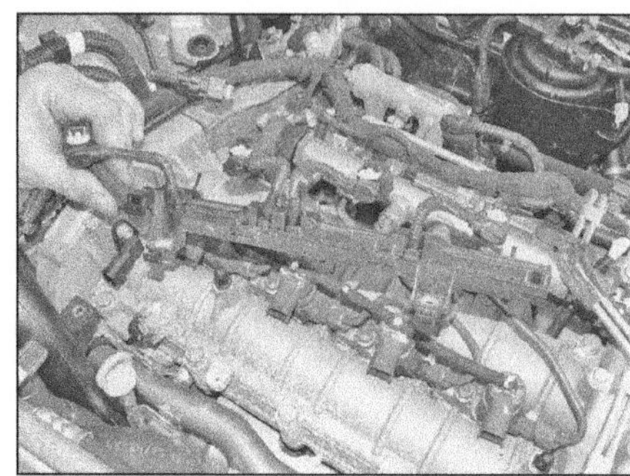
9.3b . . . och flytta kablaget åt sidan

4 Koppla loss de två vakuumslangarna från vakuumrörenheten ovanpå kamaxelhuset. Skruva loss de två fästbultarna och flytta rörenheten åt sidan **(se bilder)**.

5 Ta bort bränsleinsprutarna och bränslefördelarskenan enligt beskrivningen i kapitel 4B.

6 Lossa de två fästklämmorna och koppla loss laddluftslangen från gasspjällshuset samt laddluftkylarröret **(se bild)**.

7 Koppla loss vakuumrörets snabbkoppling från bromssystemets vakuumpump **(se bild)**.

8 Lossa klämman och koppla loss vevhusventilationsslangen från motorns oljefyllarhus **(se bild)**.

9 Skruva loss fästbultarna och ta bort motorlyftets två fästbyglar från vänster ände av kamaxelhuset. Skruva loss bulten som håller fast turboaggregatets laddluftrör vid höger ände av kamaxelhuset.

10 Arbeta i en spiral utifrån och in och lossa stegvis de 16 bultarna som håller fast kamaxelhuset vid topplocket och ta sedan bort dem. Se till att hela huset lossar samtidigt från motorblocket.

11 Lyft bort kamaxelhuset från topplocket och ta loss packningen **(se bild)**.

12 Rengör topplockets, kamaxelhusets och vakuumpumpens fogytor noggrant. Använd en ny packning till monteringen.

Montering

13 Kontrollera att alla hydrauliska ventillyftare och vipparmar placerats rätt i topplocket och att de inte rubbats.

14 Påbörja återmonteringen genom att vrida vevaxeln 90° moturs. Då förs alla kolvarna halvvägs ner i loppen och du undviker risken att någon ventil kommer i kontakt med kolvkronorna vid monteringen av kamaxelhuset.

15 Sätt en ny packning på topplocket. Sätt sedan dit kamaxelhuset så att det hamnar rätt med styrstiften.

16 Sätt tillbaka kamaxelhusets 16 fästbultar. Skruva i bultarna stegvis så att huset gradvis sänks ner och hamnar på topplocket.

17 Dra åt de 16 bultarna en i sänder spiralvis inifrån och ut till angivet moment.

18 Montera de två motorlyftfästbyglarna på vänster ände av kamaxelhuset och dra åt fästbultarna ordentligt. Sätt tillbaka laddluftrörets fästbult och dra åt den.

19 Återanslut vevhusventilationsslangen till motorns oljefyllarhus.

20 Återanslut vakuumslangens snabbkoppling till bromssystemets vakuumpump. Du hör när kopplingen ansluts.

9.4a Koppla loss de två vakuumslangarna (se pilar) från rörenheten . . .

9.4b . . . skruva sedan loss de två fästbultarna (se pilar) och flytta rörenheten åt sidan

9.6 Lossa fästklämmorna och ta bort laddluftslangen (se pil)

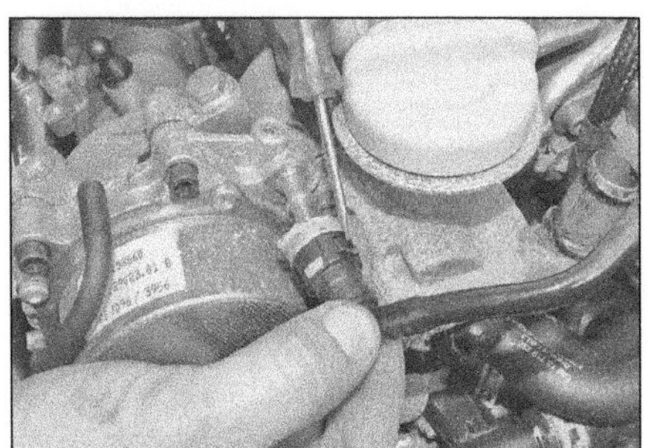
9.7 Tryck ner klämman och koppla loss vakuumslangens snabbkoppling från bromssystemets vakuumpump

9.8 Koppla loss vevaxelns ventilationsslang från motorns oljefyllarhus

9.11 Lyft bort kamaxelhuset från topplocket och ta loss packningen

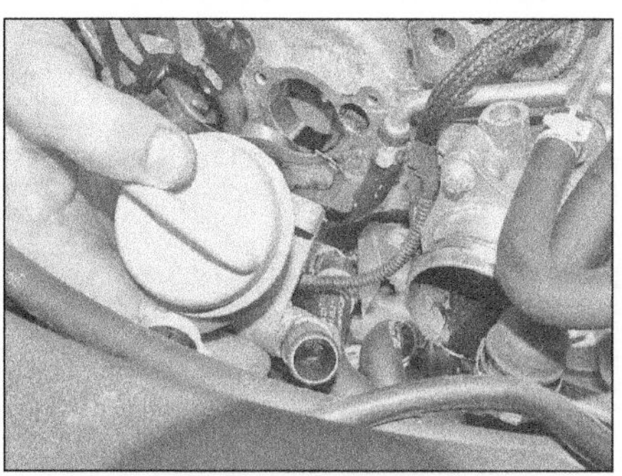
10.3 Skruva loss de tre bultarna och ta bort oljefyllarhuset

10.8a Lossa bulten som håller fast insugskamaxelns drivhjul . . .

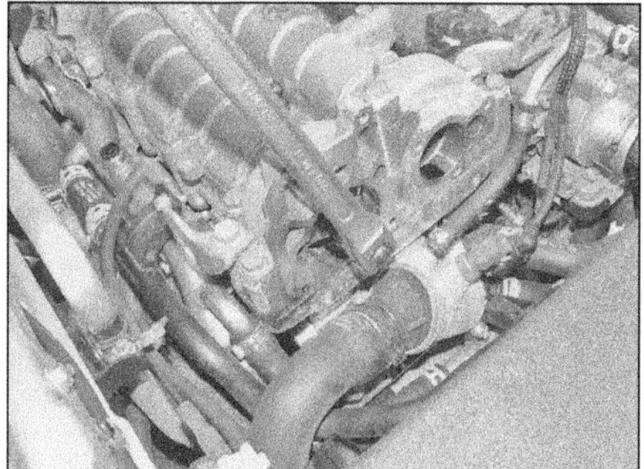
10.8b . . . och bulten som håller fast avgaskamaxelns drivhjul

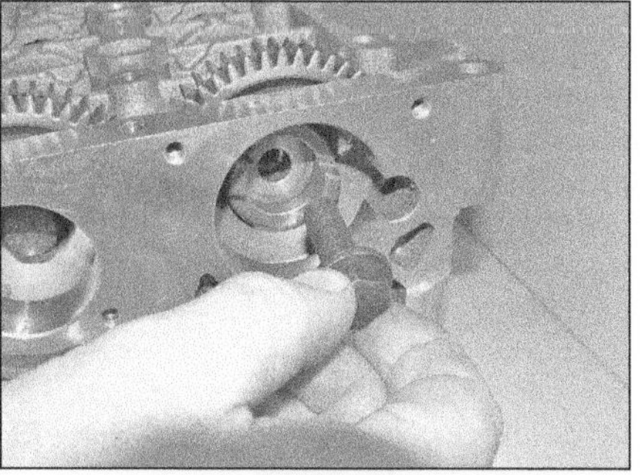
10.12a Skruva loss och ta bort de två fästbultar som du lossade tidigare . . .

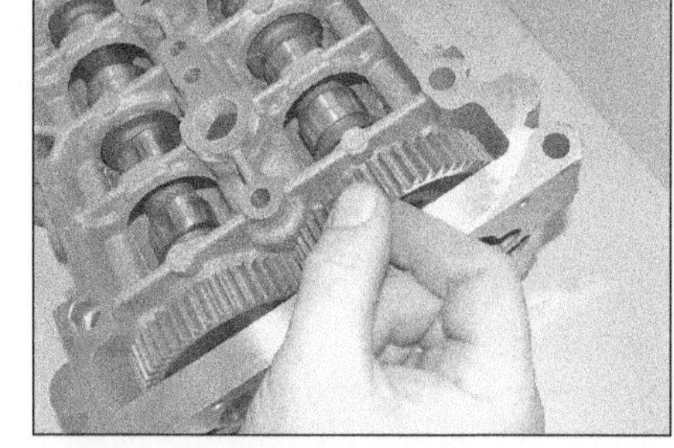
10.12b . . . lyft sedan ut avgaskamaxelns drivhjul . . .

10.12c . . . och insugskamaxelns drivhjul

21 Sätt tillbaka laddluftslangen på gasspjällshuset och laddluftkylarröret. Fäst med fästklämmorna.

22 Montera bränslefördelarskenan och bränsleinsprutarna enligt beskrivningen i kapitel 4B.

23 Sätt vakuumrörenheten på dess plats ovanpå kamaxelhuset och sätt tillbaka de två fästbultarna. Dra åt bultarna ordentligt och återanslut sedan de båda vakuumslangarna.

24 Lägg kablagets plaststyrning på plats på kamaxelhuset. Sätt sedan tillbaka de två fästbultarna och dra åt dem.

25 Återanslut kabelanslutningarna till komponenterna i listan i punkt 2. Se till att du fäster kablaget i alla fästklämmorna.

26 Vrid vevaxeln 90° medurs så att kolv nr 1 och 4 kommer nästan i ÖD-läge.

27 Montera tillbaka kamremmen enligt beskrivningen i avsnitt 6.

10 Kamaxlar – demontering, kontroll och montering

Observera: *För denna åtgärd behöver du ytterligare ett insättningsverktyg för kamaxeln och Saabs specialverktyg 32 025 008 (eller motsvarande) – två totalt (se avsnitt 3).*

Demontering

1 Utför åtgärderna i avsnitt 9, punkt 1 till 8.

2 Demontera bromssystemets vakuumpump enligt beskrivningen i kapitel 9.

3 Koppla loss kontaktdonet från temperaturgivaren för kylvätska. Skruva sedan loss de tre fästbultarna och ta bort oljefyllarhuset **(se bild)**.

4 Skruva loss fästbulten och ta bort kamaxelgivaren från höger ände av kamaxelhuset.

5 Innan du tar bort kamaxelhuset helt ska du lossa fästbultarna till kamaxelns drivhjul och drev på följande sätt.

6 Ta bort avgaskamaxelns insättningsverktyg från hålet för kontroll av ventiltider.

7 För att kunna lossa fästbultarna till drivhjulet och drevet måste kamaxeldrevet hållas fast. Ett egentillverkat verktyg kan användas för detta **(se Verktygstips i avsnitt 7)**.

8 Genom öppningen i oljefyllarhuset, lossa fästbulten som håller fast insugskamaxelns drivhjul. Håll emot med hållverktyget så att kamaxeln inte vrids. Genom vakuumpumpens öppning, lossa på samma sätt fästbulten till avgaskamaxelns drivhjul **(se bilder)**.

10.13 Ta bort avgaskamaxeln . . .

9 Lossa kamaxeldrevets fästbult, återigen med hjälp av hållverktyget.

10 Fortsätt demontera kamaxelhuset enligt beskrivningen i avsnitt 9, punkt 9 till 11.

11 Placera kamaxelhuset upp och ner på arbetsbänken. Skruva loss och ta bort fästbulten som du lossat och ta bort kamremmens drev från avgaskamaxeln.

12 Skruva loss och ta bort fästbultarna som du lossat på andra sidan huset och lyft bort drivhjulen från insugs- och avgaskamaxlarna **(se bilder)**.

13 Bänd försiktigt ut avgaskamaxelns packbox med en skruvmejsel eller ett liknande verktyg. Ta försiktigt bort avgaskamaxeln från kamremsänden av kamaxelhuset **(se bild)**.

14 Knacka försiktigt in insugskamaxelns ände mot kamremsänden av huset med en träplugg eller något liknande så att täckkåpan lossnar. Ta bort kåpan. Ta sedan försiktigt bort insugskamaxeln från huset **(se bild)**.

Kontroll

15 Undersök om det finns tecken på slitage och repor på kamaxellagrens ytor och kamlober. Byt ut kamaxeln om sådana tecken finns. Kontrollera skicket hos lagerytorna i kamaxelhuset. Om du upptäcker repor eller slitage måste kamaxelhuset bytas.

10.14 . . . och insugskamaxeln från huset

16 Om du ska byta något av kamaxelhusen måste du även byta alla kamaxelns vipparmar och ventillyftare (se avsnitt 11).

17 Kontrollera skicket hos kamaxelns drivhjul och drev. Undersök om det finns skadade kuggar, slitage eller repor. Byt ut komponenterna om det behövs.

Montering

18 Innan återmontering, rengör alla komponenter och torka med en luddfri trasa. Se till att ta bort alla spår av olja och fett från fogytorna hos drivhjulen, dreven och kamaxlarna.

19 Smörj kamaxellagertapparna i kamaxelhuset och sätt försiktigt i insugs- och avgaskamaxlarna.

20 Se till att fogytorna är rena och torra. Montera sedan drivhjulen på kamaxlarna.

10.22 Sätt tillbaka kamaxelns insättningsverktyg i hålet för kontroll av ventiltider på avgaskamaxeln

Observera att drevet med vakuumpumpens medbringare ska monteras på avgaskamaxeln och det enkla drevet ska monteras på insugskamaxeln.

21 Skruva i nya fästbultar till dreven på bägge kamaxlarna. Dra än så länge bara åt bultarna för hand.

22 Sätt tillbaka kamaxelns insättningsverktyg i hålet för kontroll av ventiltider på avgaskamaxeln. Vrid avgaskamaxeln lite om det behövs, tills du hör att verktyget hakar i **(se bild)**.

23 Skruva loss och ta bort slutarbulten från den sida av kamaxelhuset där insugskamaxeln sitter och sätt dit ett nytt insättningsverktyg för kamaxeln **(se bilder)**. Vrid kamaxeln lite om det behövs tills du hör att verktyget hakar i.

24 När du låst båda kamaxlarna med insättningsverktyg, dra åt båda drevfästbultarna till angivet moment **(se bild)**. Det kan vara till god hjälp att ha en medhjälpare som håller fast kamaxelhuset ordentligt medan bultarna dras åt.

25 Ta bort insättningsverktyget från insugskamaxeln och sätt tillbaka slutarbulten. Dra åt bulten till angivet moment.

26 Sätt på en ny täckkåpa på kamremsänden av insugskamaxelhuset och knacka fast den med en lämplig hylsnyckel eller träbit tills den ligger i plan med husets utsida **(se bilder)**.

27 Sätt på samma sätt dit en ny avgaskamaxelpackbox på kamremssidan av kamaxelhuset och knacka fast den med en lämplig hylsnyckel eller träbit tills den ligger jämsides med husets utsida **(se bild)**.

28 Montera kamremsdrevet på avgaskamaxeln så att utskärningen ligger i linje med styrstiftet. Sätt dit den nya fästbulten men dra än så länge bara åt den för hand. Bulten dras åt slutgiltigt när kamremmen har monterats och spänts.

29 Montera kamaxelgivaren på kamaxelhuset och dra åt fästbulten ordentligt.

30 Montera oljefyllarhuset vid kamaxelhuset med en ny packning. Sätt tillbaka fästbultarna och dra åt dem till angivet moment. Återanslut kontaktdonet till kylvätskans temperaturgivare.

31 Sätt tillbaka bromssystemets vakuumpump enligt beskrivningen i kapitel 9.

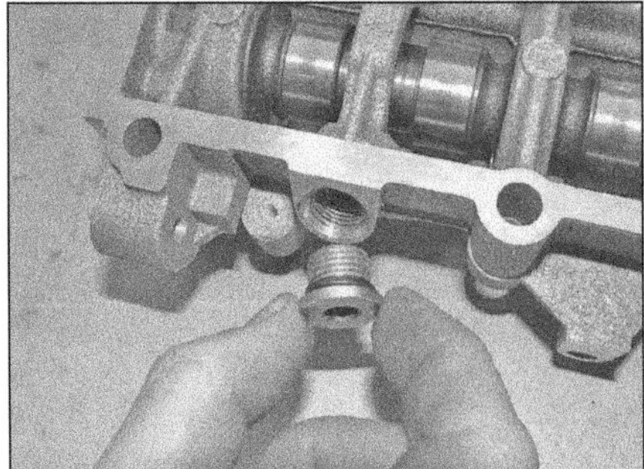
10.23a Skruva loss slutarbulten från insugskamaxelsidan av huset . . .

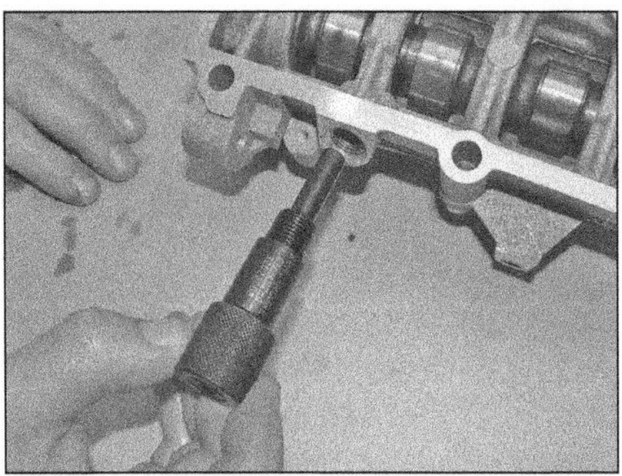
10.23b . . . och sätt i ett insättningsverktyg till insugskamaxeln

10.24 När du spärrat båda kamaxlarna, dra drivhjulets två fästbultar till angivet moment

10.26a Montera en ny täckkåpa på kamaxelhuset . . .

10.26b . . . och knacka den på plats till den ligger jämnt med husets utsida

10.27 Montera på liknande sätt en ny avgaskamaxelpackbox på kamaxelhuset

32 Rengör noggrant fogytorna på topplocket och kamaxelhuset.

33 Montera kamaxelhuset på topplocket enligt beskrivningen i avsnitt 9, punkt 13 till 26.

34 Börja med återmonteringen av kamremmen enligt beskrivningen i avsnitt 6, punkt 9 till 14.

35 Håll fast kamaxeldrevet med hållverktyget och dra åt fästbulten till angivet moment.

36 Fortsätt med återmonteringen av kamremmen enligt beskrivningen i avsnitt 6, punkt 15 till 30.

11 Kamvippor och hydrauliska ventillyftare – demontering, kontroll och montering

Demontering

1 Ta bort kamaxelhuset enligt beskrivningen i avsnitt 9.

2 Du behöver 16 små oljetäta och rena plastbehållare som du märker insug 1 till 8 och avgas 1 till 8. Du kan även ta en större behållare som du delar upp i 16 små avdelningar och märka dem på motsvarande sätt.

3 Ta bort alla kamvippor och hydrauliska ventillyftare en i sänder. Lossa vipporna från ventillyftarna och lägg dem i rätt behållare **(se bilder)**. Blanda inte ihop kamvipporna och ventillyftarna, det leder till ökat slitage. Fyll behållarna med ren motorolja och se till att vippan täcks.

Kontroll

4 Undersök om det finns tecken på slitage eller repor på vippans och ventillyftarnas lagerytor. Byt ut alla vippor och ventillyftare som är i dåligt skick.

5 Om du monterar nya hydrauliska ventillyftare ska du sänka ner dem helt i en behållare med ren motorolja innan du monterar dem.

Montering

6 Olja in topplockets hydrauliska ventillyftare och deras respektive lopp ordentligt. Arbeta med en enhet i taget. Kläm fast ventillyftaren tillbaka på kamvippan. Sätt sedan tillbaka kamvippan på topplocket. Se till att du sätter tillbaka den i sitt ursprungliga lopp. Lägg kamvippan över respektive ventil **(se bilder)**.

11.3a Ta bort alla kamvippor . . .

11.3b . . . och hydrauliska ventillyftare en i sänder. Placera dem sedan i sina behållare

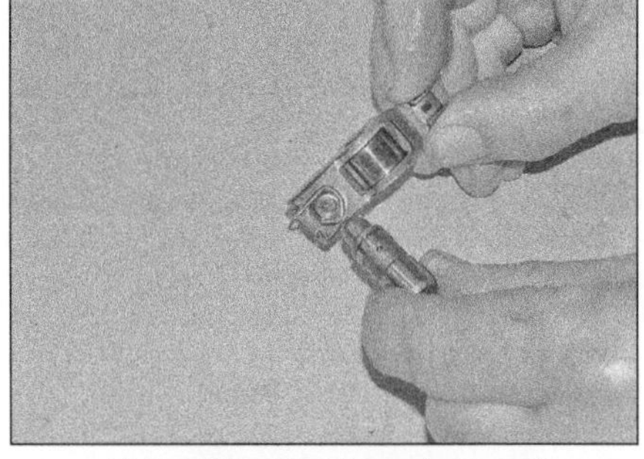

11.6a Kläm fast kamvippan på ventillyftaren igen . . .

11.6b . . . och sätt sedan tillbaka ventillyftaren i sitt ursprungliga lopp och lägg kamvippan över sin respektive ventil

7 Sätt tillbaka resten av ventillyftarna och kamvipporna på samma sätt.

8 När du satt tillbaka alla ventillyftare och kamvippor, sätt tillbaka kamaxelhuset enligt beskrivningen i avsnitt 9.

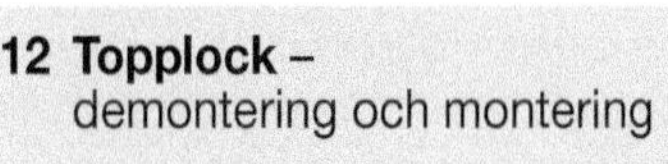

12 Topplock – demontering och montering

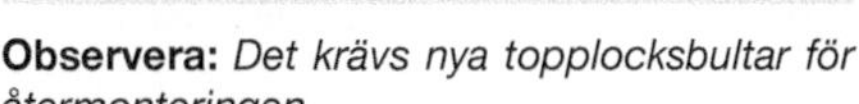

Observera: *Det krävs nya topplocksbultar för återmonteringen.*

Demontering

1 Koppla loss batteriets minusledare enligt beskrivningen i kapitel 5A.

2 Töm kylsystemet enligt beskrivningen i kapitel 1B.

3 Ta bort kamaxelhuset enligt beskrivningen i avsnitt 9.

4 Ta bort kamvipporna och de hydrauliska ventillyftarna enligt beskrivningen i avsnitt 11.

5 Demontera insugs- och avgasgrenröret enligt beskrivningen i kapitel 4B.

6 Lossa klämmorna och koppla loss resterande två kylvätskeslangar vid termostathuset, samt kylvätskeslangen vid avgasåterföringsventilens värmeväxlare **(se bild)**.

7 Lossa kylvätskeröret från pinnbulten längst ner på termostathuset **(se bild)**.

8 Skruva loss bulten som håller fast högtrycksbränslepumpens fästbygel vid topplocket **(se bild)**.

9 Kontrollera en sista gång att alla berörda slangar, rör och kablar har kopplats loss.

10 Arbeta i **omvänd** ordning i förhållande till åtdragningen **(se bild 12.27)** och lossa topplocksbultarna stegvis ett halvt varv i taget tills alla bultar kan skruvas loss för hand.

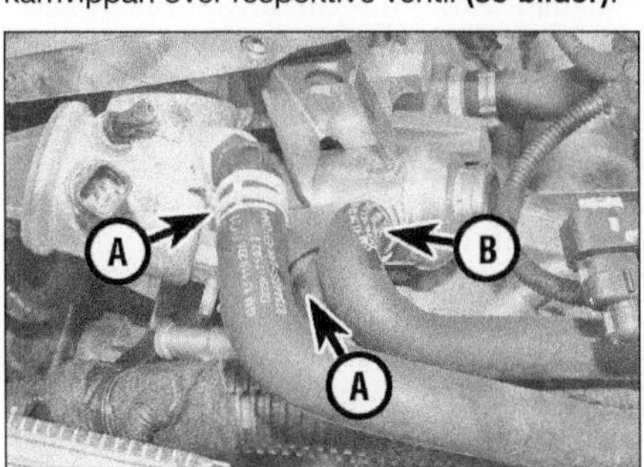

12.6 Koppla loss kylvätskeslangarna vid termostathuset (A) och avgasåterföringsventilens värmeväxlare (B)

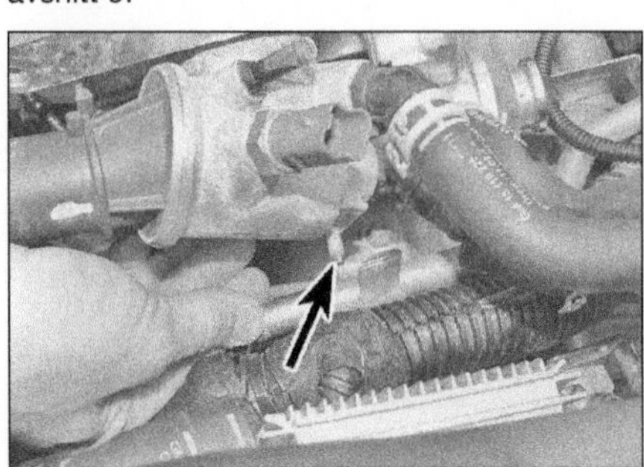

12.7 Lossa kylvätskeröret från pinnbulten (se pil) längst ner på termostathuset

12.8 Skruva loss bulten (se pil) som håller fast högtrycksbränslepumpens fästbygel vid topplocket

12.11 Lyft bort topplocket från motorblocket

Observerar att det behövs ett M14 RIBE-bits för att skruva loss bultarna. Ta bort topplocksbultarna och ta vara på brickorna.

11 Ta vid behov hjälp av någon och lyft topplocket från motorblocket **(se bild)**.

Varning: Lägg inte topplocket med undersidans fogytor direkt mot underlaget! Stötta upp topplocket med träklossar och se till att varje kloss bara kommer i kontakt med topplockets fogyta.

12 Ta bort packningen och ha kvar den som stöd för identifiering (se punkt 19).

13 Ska topplocket tas isär för renovering, se del C i detta kapitel.

Förberedelser för montering

14 Fogytorna mellan topplocket och motorblocket/vevhuset måste vara noggrant rengjorda innan topplocket monteras. Använd en avskrapare av hårdplast eller trä för att ta bort alla packnings- och sotrester, rengör även kolvkronorna. Var mycket försiktig, eftersom ytorna lätt skadas. Se även till att sot inte kommer in i olje- och vattenledningarna. Detta är särskilt viktigt för smörjningssystemet, eftersom sot kan blockera oljetillförseln till någon av motorns komponenter. Försegla vattenkanaler, oljekanaler och bulthål i motorblocket/vevhuset med tejp och papper. Lägg lite fett i springan mellan kolvarna och loppen för att hindra sot från att tränga in. Använd en liten borste när alla kolvar är rengjorda för att ta bort alla spår av fett och kol från öppningen. Torka sedan bort återstoden med en ren trasa. Rengör alla

12.21 Använd en indikatorklocka för att mäta hur långt kolven sticker ut

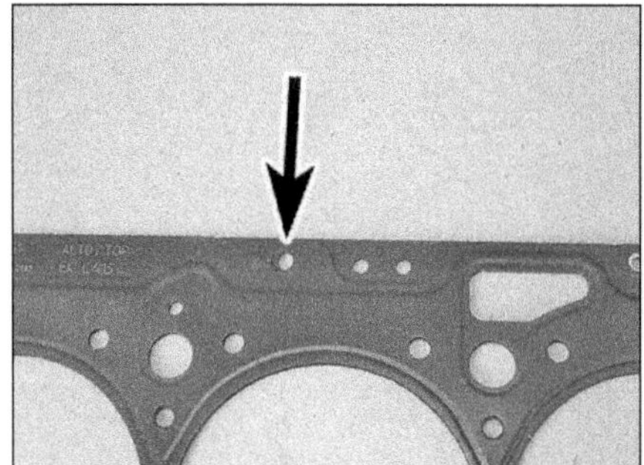

12.19 Hål i topplockspackningen som anger dess tjocklek (se pil)

kolvar på samma sätt.

15 Kontrollera fogytorna på motorblocket/vevhuset och topplocket och leta efter hack, djupa repor och andra skador. Om skadorna är små kan de tas bort försiktigt med en fil, men om de är omfattande måste skadorna åtgärdas med en maskin eller de skadade delarna bytas ut.

16 Se till att hålen för topplocksbultarna i vevhuset är rena och fria från olja. Sug eller torka upp eventuellt kvarvarande olja i bulthålen. Detta är av yttersta vikt för att bultarna ska kunna dras åt med rätt moment, samt för att undvika risken att motorblocket spräcks av det hydrauliska trycket när bultarna dras åt.

17 Topplocksbultarna ska kastas och ersättas med nya, oavsett vilket skick de verkar vara i.

18 Kontrollera topplockspackningens yta med en stållinjal om den misstänks vara skev. Se del D i detta kapitel om det behövs.

19 På denna motor ställer man in avståndet mellan topplock och kolv genom att använda olika tjocklek på topplockspackningen. Packningens tjocklek kan bestämmas med hjälp av hålen som finns på packningens kant **(se bild)**.

Antal hål	Packningens tjocklek
Inga hål	0,77 till 0,87 mm
Ett hål	0,87 till 0,97 mm
Två hål	0,97 till 1,07 mm

Vilken packningstjocklek som behövs bestämmer du genom att mäta kolvens utstick på följande sätt.

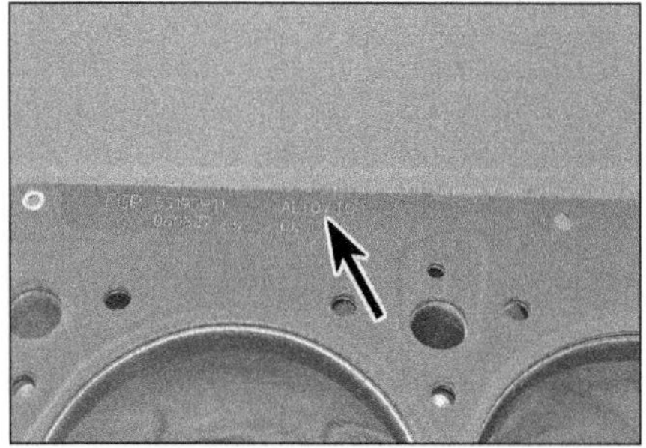

12.24 Sätt den nya packningen på plats med orden ALTO/TOP överst (se pil)

20 Fäst en indikatorklocka stadigt på motorblocket så att dess mätspets lätt kan svängas mellan kolvkronan och blockets fogyta. Vrid vevaxeln så att kolv nr 1 kommer ungefär till ÖD-läget. För indikatorklockans sond över och i kontakt med kolv nr 1. Vrid vevaxeln en aning fram och tillbaka tills mätarens högsta värde visas och därmed anger att kolven är i ÖD-läge.

21 Nollställ indikatorklockan på topplockets packningssida och för sedan försiktigt indikatorn över kolv nr 1. Mät hur långt den sticker ut på den högsta punkten mellan ventilurtagen och mät sedan en gång till vid den högsta punkten mellan ventilurtagen, 90° mot det första mätvärdet **(se bild)**. Gör samma sak vid kolv nr 4.

22 Vrid vevaxeln ett halvt varv (180°) så att kolv 2 och 3 kommer i ÖD-läge. Se till att vevaxeln står i rätt läge och mät utsticket för kolv 2 och 3 vid de angivna punkterna. När alla kolvar har mätts vrider du vevaxeln tills alla kolvar befinner sig på halva slaglängden.

23 Utgå från det största utsticksmåttet hos kolvarna och välj rätt tjocklek på topplockspackningen med hjälp av nedanstående tabell.

Kolvutstick	Packningens tjocklek
0,020 till 0,100 mm	0,77 till 0,87 mm (inga hål)
0,101 till 0,200 mm	0,87 till 0,97 mm (ett hål)
0,201 till 0,295 mm	0,97 till 1,07 mm (två hål)

Montering

24 Rengör topplockets och motorblockets/vevhusets fogytor. Sätt den nya packningen på plats med orden ALTO/TOP överst **(se bild)**.

25 Montera försiktigt topplocksenheten vid motorblocket så att det ligger i linje med styrstiften.

26 Smörj in bultgängorna och bultskallarnas undersidor med ett tunt lager motorolja. För försiktigt in en ny topplocksbult i tillhörande hål (låt den inte falla ner i hålet). Skruva i alla bultarna med enbart fingerkraft.

27 Dra åt topplocksbultarna stegvis i ordningsföljd. Använd en momentnyckel med lämplig hylsa för att dra åt topplocksskruvarna till angivet moment för steg 1 **(se bild)**. Arbeta ännu en gång i samma ordningsföljd, gå varvet runt och dra åt alla bultar till angivet åtdragningsmoment för steg 2.

28 När alla bultar är åtdragna till angivet moment för steg 2 arbetar du åter i samma ordningsföljd. Gå varvet runt och dra åt alla bultar till angiven vinkel för steg 3, sedan till angiven vinkel för steg 4 och dra slutligen åt till angiven vinkel för steg 5 med hjälp av en vinkelmätare.

29 Sätt tillbaka bulten som håller fast högtrycksbränslepumpens fästbygel vid topplocket och dra åt den ordentligt.

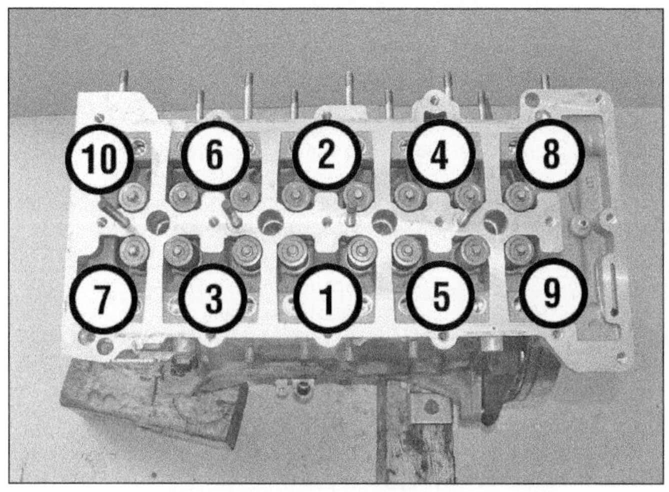

12.27 Topplocksbultarnas åtdragningsordning

13.4 Fästbultar till stödfäste för mellanaxelns lagerhus (se pilar)

30 Haka fast kylvätskeröret i pinnbulten på termostathuset. Koppla sedan kylvätskeslangarna till termostathuset och avgasåterföringsventilens värmeväxlare.

31 Sätt tillbaka insugs- och avgasgrenrör enligt beskrivningen i kapitel 4B.

32 Montera kamvipporna och de hydrauliska ventillyftarna enligt beskrivningen i avsnitt 11.

33 Montera kamaxelhuset enligt beskrivningen i avsnitt 9.

34 Avsluta med att återansluta batteriets minusledare och fylla på kylsystemet enligt beskrivningen i kapitel 1B.

13 Sump – demontering och montering

Demontering

1 Koppla loss batteriets minusledare enligt beskrivningen i kapitel 5A.

2 Dra åt handbromsen, lyft fordonets främre del och ställ framvagnen på pallbockar (se *Lyftning och stödpunkter*). Ta bort höger framhjul. Skruva sedan loss bultarna och ta bort motorns undre skyddskåpa **(se bild 3.7)**.

3 Ta bort den högra drivaxeln och mellanaxeln enligt beskrivningen i kapitel 8.

4 Skruva loss de tre bultarna som håller fast mellanaxellagrets husstöd i motorblocket och ta bort stödfästet **(se bild)**.

5 Demontera avgassystemet enligt beskrivningen i kapitel 4B.

6 Skruva loss de tre bultarna och ta bort stödfästet från katalysatorn och sumpen.

7 Ta bort vevaxelns remskiva/vibrationsdämpare enligt beskrivningen i avsnitt 5.

8 Koppla loss kontaktdonet från luftkonditioneringskompressorn. Skruva loss de tre bultarna som håller fast luftkonditioneringskompressorn i fästbygeln och stötta upp kompressorn på lämpligt sätt på främre kryssrambalken.

9 Skruva loss de fyra bultarna som håller fast kompressorns fästbygel i motorblocket och sumpen **(se bild)**. Lossa kablaget och ta bort fästbygeln.

10 Tappa av motoroljan enligt beskrivningen i kapitel 1B. När all olja är avtappad sätter du tillbaka avtappningspluggen med en ny tätningsbricka och drar åt den till angivet moment.

11 Skruva loss den övre bulten som håller fast oljemätstickans styrhylsa vid kylvätskeröret. Lossa den undre bulten som håller fast styrhylsan vid sumpens fläns, lossa kablaget och ta bort hylsan från tätningsmuffen på sumpens fläns.

12 Koppla loss kontaktdonet från oljenivågivaren, lossa sedan fästklämman och koppla loss oljereturslangen.

13 Skruva loss de två bultarna som håller fast sumpens fläns i balanshjulskåpan.

14 Håll en hylsnyckel på vevaxelns remskivebult och vrid vevaxeln i den normala rotationsriktningen (medurs sett från motorns högra sida) tills svänghjulets öppning sitter så att du kommer åt en av fästbultarna på bakre delen av sumpen. Skruva loss och ta bort bulten, vrid sedan vevaxeln igen tills du kommer åt nästa bakre fästbult. Skruva loss och ta bort bulten.

13.9 Fästbultar till luftkonditioneringskompressorns fästbygel (se pilar)

15 Lossa stegvis de återstående 12 bultarna som håller fast oljesumpen mot botten av motorblocket/oljepumpshuset. Stick in en avskrapare med brett blad eller ett liknande verktyg mellan sumpen och motorblocket och ta försiktigt isär fogen så att sumpen lossnar.

16 Dra ut sumpen från undersidan av bilen. Spelrummet mellan sumpen och kryssrambalken är mycket begränsat. Det kan bli nödvändigt att lossa oljepumpens upptagarrör/filter genom att skruva loss de två fästbultarna vid demontering av sumpen.

17 I förekommande fall skruvar du loss fästbultarna och tar bort oljeavskärmningsplåten från sumpens insida **(se bild)**.

18 Medan sumpen är borttagen bör du passa på att kontrollera om det finns tecken på igensättning eller sprickor i oljepumpens oljeupptagare/sil. Om du inte redan har gjort det, skruva loss oljepumpens upptagarrör/sil och ta bort det från motorn tillsammans med tätningsringen. Silen går sedan lätt att tvätta i lösningsmedel eller byta. Byt tätningsringen till upptagarröret/silen före återmontering **(se bild)**.

Montering

19 Rengör sumpen noggrant och torka bort alla spår av silikontätningsmedel och olja från fogytorna på sumpen och motorblocket.

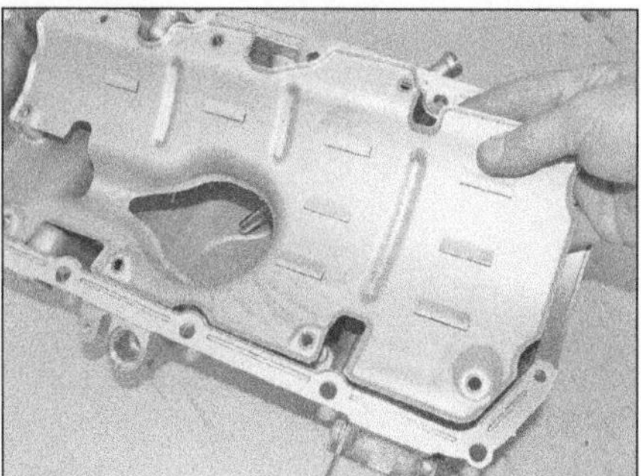

13.17 Ta bort oljeskvalpplåten från insidan av sumpen

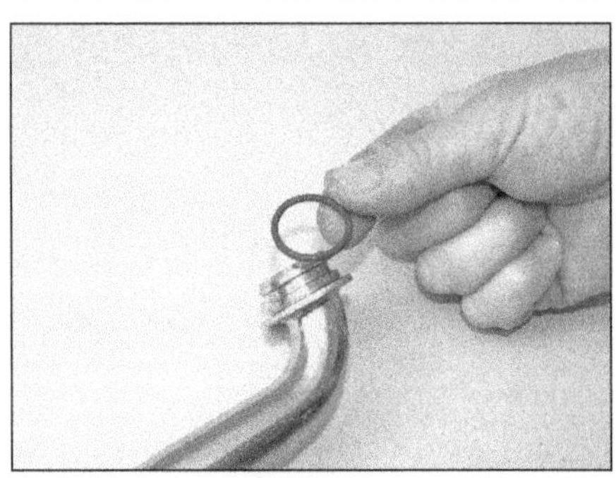

13.18 Byt oljeupptagarens/silens tätningsring före återmontering

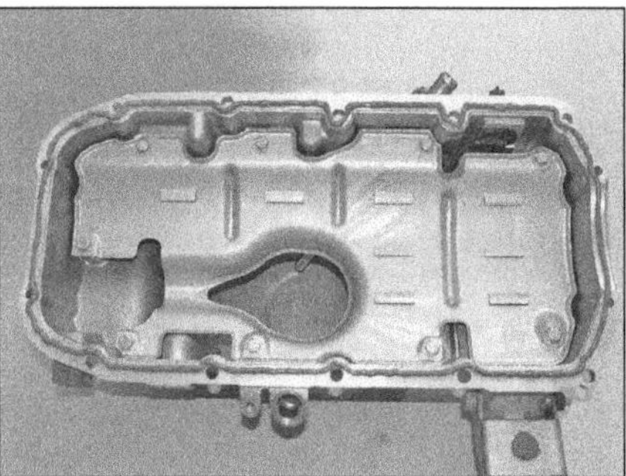

13.21 Stryk på en sammanhängande sträng silikontätning på sumpens fläns

Om oljeskvalpplåten har tagits bort sätter du tillbaka den och drar åt fästbultarna ordentligt.

20 Om det finns tillräckligt spelrum, sätt tillbaka oljepumpens upptagarrör/sil med en ny tätningsring och dra åt de två fästbultarna ordentligt. Om du behövde skruva loss upptagarröret/silen för att ta bort sumpen, sätter du enheten på plats och skruvar löst i bulten som håller fast enheten i ramlageröverfallet. Främre änden av röret måste fortfarande kunna flyttas bakåt när sumpen återmonteras.

21 Stryk på en sammanhängande sträng med silikontätningsmedel (90 543 772 – finns på din Saab-verkstad) ungefär 1,0 mm från sumpens innerkant **(se bild)**. Silikonsträngen ska vara mellan 2,0 och 2,5 mm i diameter.

22 Sätt sumpen över upptagarröret/silen och anslut sedan, i förekommande fall, främre änden av upptagarröret/silen vid oljepumpshuset och sätt dit fästbulten. Dra åt båda fästbultarna ordentligt.

23 Haka i sumpen i motorblocket och montera alla fästbultarna löst.

24 Arbeta från mitten och utåt i diagonal ordningsföljd och dra stegvis åt bultarna som håller fast sumpen vid motorblocket och oljepumpshuset. Dra åt alla bultar till angivet moment.

25 Dra åt de två bultarna som håller fast sumpens fläns mot växellådshuset till angivet moment.

26 Återanslut kontaktdonet till oljenivågivaren, montera sedan oljereturslangen och fäst den med fästklämman.

27 Sätt tillbaka oljemätstickans styrhylsa och fäst den med de två bultarna som ska dras åt ordentligt.

28 Sätt dit fästbygeln till luftkonditioneringskompressorn och sätt tillbaka de fyra fästbultarna. Dra åt bultarna till angivet moment. Sätt tillbaka kablaget på plats och kläm fast det i fästbygeln.

29 Placera luftkonditioneringskompressorn på fästbygeln. Montera och dra åt de tre fästbultarna till angivet moment (se kapitel 3) och återanslut sedan kompressorns kontaktdon.

30 Sätt tillbaka vevaxelns remskiva/vibrationsdämpare enligt beskrivningen i avsnitt 5.

31 Sätt tillbaka katalysatorns stödfäste och dra åt de tre bultarna ordentligt.

32 Montera avgassystem enligt beskrivningen i kapitel 4B.

33 Sätt mellanaxellagrets husstöd på motorblocket och fäst det med de tre fästbultarna som dras åt till angivet moment.

34 Montera mellanaxeln och den högra drivaxeln enligt beskrivningen i kapitel 8.

35 Montera hjulet och motorns undre skyddskåpa. Sänk sedan ner bilen och dra åt hjulbultarna till angivet moment.

36 Fyll på ny motorolja i motorn enligt beskrivningen i kapitel 1B.

37 Avsluta med att återansluta batteriets minuspol enligt beskrivningen i kapitel 5A.

14 Oljepump – demontering, översyn och montering

Demontering

1 Demontera kamremmen enligt beskrivningen i avsnitt 6.

2 Demontera vevaxeldrevet enligt beskrivningen i avsnitt 7.

3 Demontera sumpen och oljepumpens upptagarrör/sil enligt beskrivningen i avsnitt 13.

4 Skruva loss de sju fästbultarna och dra sedan bort oljepumpshusenheten från vevaxelns ände **(se bild)**. Ta bort huspackningen och kassera den.

Översyn

5 Skruva loss fästskruvarna och lyft ut pumpkåpan från baksidan av huset **(se bild)**.

6 Kontrollera om det finns identifieringspunkter på den inre och yttre rotorn som anger i vilken riktning de ska monteras **(se bild)**. Om inga markeringar syns använder du en lämplig märkpenna för att märka ytorna på pumpens inre och yttre rotor.

7 Lyft ut den inre och yttre rotorn från pumphuset.

8 Skruva loss bulten till oljetrycksventilen från nederdelen av huset och ta ut fjädern och tryckkolven. Notera hur tryckkolven sitter monterad **(se bilder)**. Ta bort tätningsbrickan från ventilbulten.

9 Rengör komponenterna och undersök noga

14.4 Oljepumpshusets fästbultar (se pilar)

14.5 Skruva loss fästskruvarna och lyft bort oljepumpskåpan

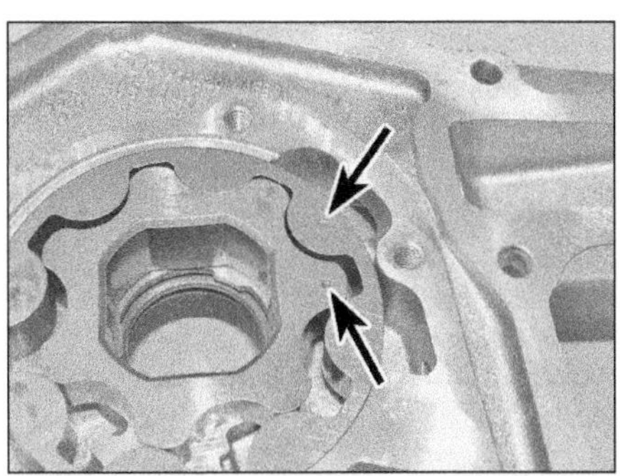

14.6 Identifieringspunkter på oljepumpens inre och yttre rotor (se pilar)

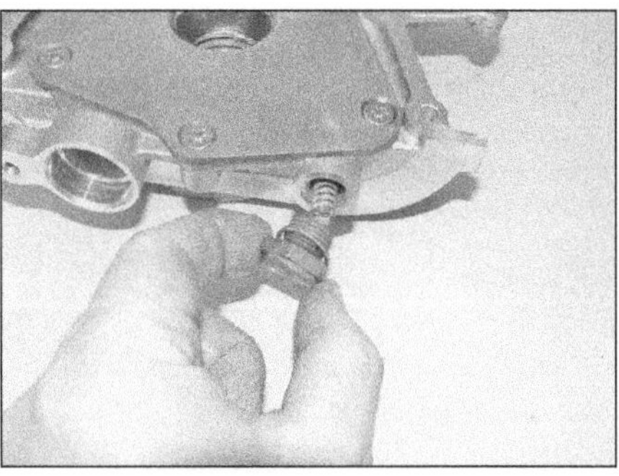

14.8a Skruva loss oljetrycksventilens bult . . .

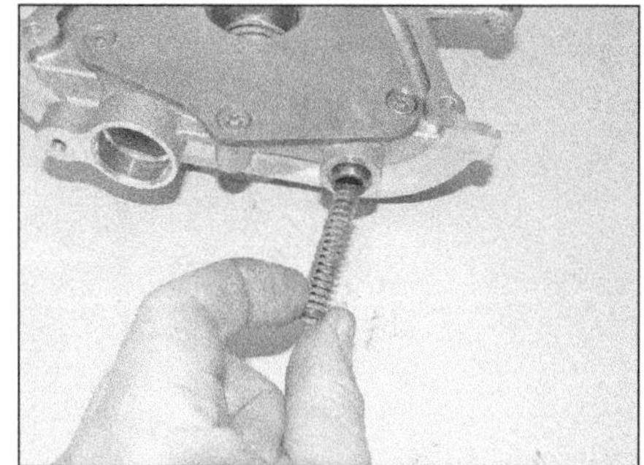

14.8b . . . ta sedan bort fjädern . . .

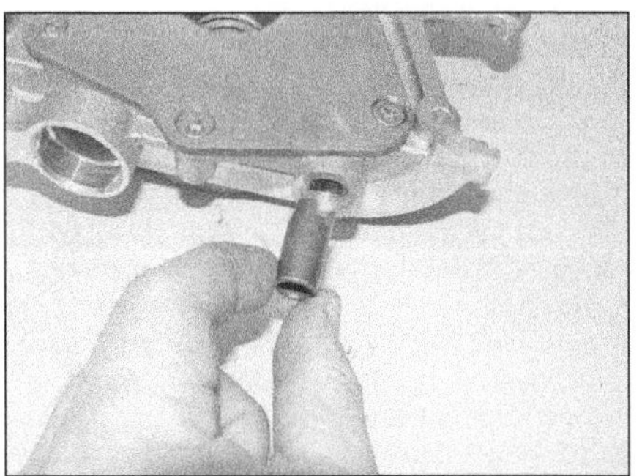

14.8c . . . och tryckkolven

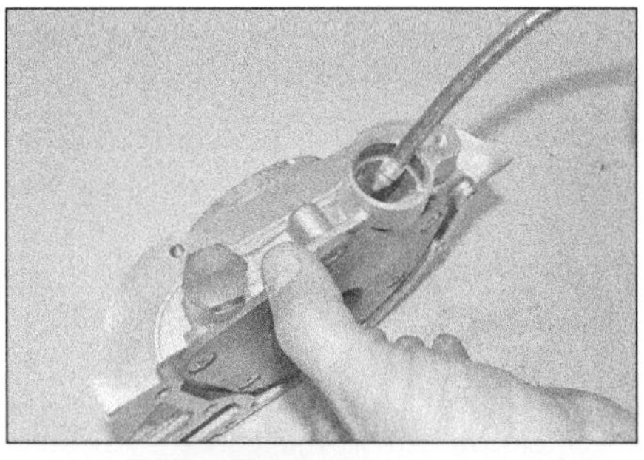

14.10 Flöda oljepumpen genom att fylla den med ren motorolja medan du vrider den inre rotorn runt

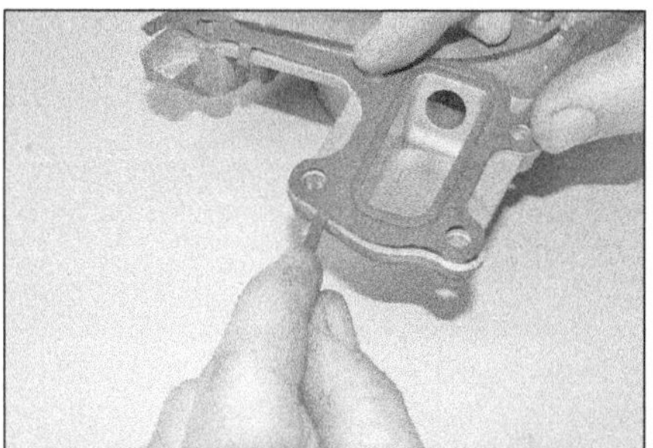

14.13 Böj ner flikarna på kanten av packningen så att den sitter fast på oljepumpshuset

rotorer, pumphus och avlastningsventilernas tryckkolvar för att se om det finns repor eller andra tecken på slitage. Om det finns tecken på skador eller slitage måste hela pumpenheten bytas.

10 Är pumpen i godtagbart skick monterar du ihop delarna i omvänd ordningsföljd mot demonteringen, men observera följande.

a) Se till att båda rotorerna monteras åt rätt håll.

b) Sätt i en ny tätningsring på övertrycksventilens bult och dra åt bulten ordentligt.

c) Smörj gängorna med lite gänglåsningsmedel och dra åt pumpkåpans skruvar ordentligt.

d) Avsluta med att flöda oljepumpen genom att fylla den med ren motorolja samtidigt som du vrider den inre rotorn runt ***(se bild)****.*

Montering

11 Bänd försiktigt loss vevaxelns packbox med en spårskruvmejsel före återmontering. Montera den nya packboxen med tätningsläppen vänd inåt, håll den vinkelrätt mot huset och använd en rörformig dorn, som bara ligger an mot packboxens hårda ytterkant, för att trycka in den. Tryck fast packboxen så att den sitter jäms med huset och smörj packboxens tätningsläpp med ren motorolja.

12 Se till att oljepumpens och motorblockets fogytor är rena och torra.

13 Sätt på en ny packning på oljepumpshuset och böj ner flikarna på packningens kant så att den sitter fast på pumphuset **(se bild)**.

14 Placera pumphuset över vevaxelns ände och sätt det på plats på motorblocket.

15 Sätt tillbaka pumphusets fästbultar och dra åt dem till angivet moment.

16 Sätt tillbaka oljepumpens upptagarrör/sil och sump enligt beskrivningen i avsnitt 13.

17 Sätt tillbaka vevaxeldrevet enligt beskrivningen i avsnitt 7.

18 Montera tillbaka kamremmen enligt beskrivningen i avsnitt 6.

19 Avsluta med att montera ett nytt oljefilter och fyll på motorn med ren olja enligt beskrivningen i kapitel 1B.

15 Oljefilterhus – demontering och montering

Demontering

1 Oljefilterhuset med inbyggd oljekylare sitter

15.10 Oljefilterhusets fästbultar (se pilar)

på baksidan av motorblocket ovanför höger drivaxel.

2 Koppla loss batteriets minusledare enligt beskrivningen i kapitel 5A.

3 Dra åt handbromsen och ställ framvagnen på pallbockar (se *Lyftning och stödpunkter*). Ta bort höger framhjul. Skruva sedan loss bultarna och ta bort motorns undre skyddskåpa **(se bild 3.7)**.

4 Töm kylsystemet enligt beskrivningen i kapitel 1B.

5 Ta bort motorns oljefilter enligt beskrivningen i kapitel 1B.

6 Ta bort den högra drivaxeln och mellanaxeln enligt beskrivningen i kapitel 8.

7 Skruva loss de tre bultarna som håller fast mellanaxellagrets husstöd i motorblocket och ta bort stödfästet **(se bild 13.4)**.

8 Koppla loss kontaktdonet från oljetrycksbrytaren.

9 Lossa fästklämmorna och koppla loss de två kylvätskeslangarna från oljekylaren på oljefilterhuset.

10 Skruva loss de tre fästbultarna och ta bort oljefilterhuset från motorblocket **(se bild)**. Ta vara på de två gummitätningarna från husets baksida. Observera att det krävs nya tätningar vid återmonteringen.

Montering

11 Rengör filterhuset ordentligt och montera sedan de två nya tätningsringarna **(se bilder)**.

12 Sätt filterhuset på motorblocket och sätt tillbaka fästbultarna. Dra åt bultarna till angivet moment.

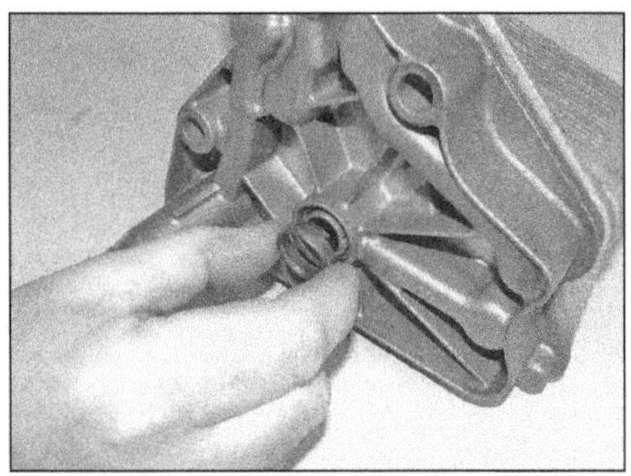

15.11a Sätt på en ny tätningsring på oljefilterhusets tillförselkanal . . .

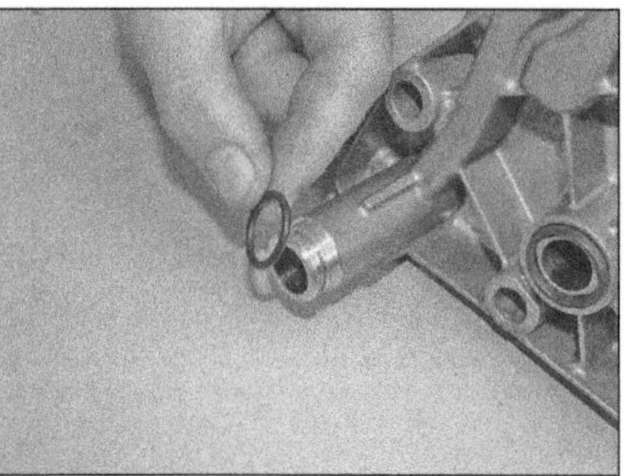

15.11b . . . och på returkanalen

13 Montera de två kylvätskeslangarna och fäst dem med fästklämmorna. Återanslut oljetrycksbrytarens kontaktdon.

14 Sätt mellanaxellagrets husstöd på motorblocket och fäst det med de tre fästbultarna som dras åt till angivet moment.

15 Montera mellanaxeln och den högra drivaxeln enligt beskrivningen i kapitel 8.

16 Montera ett nytt oljefilter enligt beskrivningen i kapitel 1B.

17 Montera hjulet och motorns undre skyddskåpa. Sänk sedan ner bilen och dra åt hjulbultarna till angivet moment.

18 Fyll på kylsystemet enligt beskrivningen i kapitel 1B.

19 Fyll på motorolja enligt beskrivningen i *Veckokontroller*.

20 Avsluta med att återansluta batteriets minuspol enligt beskrivningen i kapitel 5A.

16 Vevaxelns packboxar – byte

Höger sida (kamremsänden)

1 Demontera vevaxeldrevet enligt beskrivningen i avsnitt 7.

2 Slå eller borra försiktigt ett litet hål i packboxen. Skruva i en självgängande skruv och dra i skruven med en tång för att dra ut packboxen **(se bild)**.

3 Rengör packboxens säte och putsa bort alla grader eller vassa kanter som kan ha orsakat skadan på packboxen.

4 Smörj den nya tätningens tätningsläppar med ren motorolja och lirka den på plats på axeländen.Tryck packboxen rakt in på plats tills den ligger jäms med huset. Om det behövs kan du använda en lämplig, rörformig drivdorn som bara ligger an mot den hårda ytterkanten på tätningen för att knacka in den på plats **(se bild)**. Sätt i packboxen så att dess tätningsläppar vänds inåt och var mycket försiktig så att de inte skadas vid monteringen.

5 Tvätta bort eventuella spår av olja och sätt sedan tillbaka vevaxelns remskiva enligt beskrivningen i avsnitt 7.

Vänster sida (svänghjul/drivplattans ände)

6 Demontera svänghjulet/drivplattan enligt beskrivningen i avsnitt 17.

7 Demontera sumpen enligt beskrivningen i avsnitt 13.

8 Skruva loss de fem bultarna och ta bort packboxhuset. Observera att packboxen och huset utgör en enda enhet.

9 Rengör vevaxeln och putsa bort alla grader eller vassa kanter som kan ha orsakat skadan på packboxen.

10 Sätt det nya packboxhuset med packboxen över vevaxeln och sätt dem på plats på motorblocket **(se bild)**. Observera att det nya packboxhuset är försett med en skyddshylsa över packboxen. Låt hylsan sitta kvar när huset monteras.

11 Montera de fem fästbultarna och dra åt till angivet moment.

12 Ta försiktigt bort skyddshylsan från huset **(se bild)**.

13 Montera sumpen enligt beskrivningen i avsnitt 13.

14 Montera svänghjulet/drivplattan enligt beskrivningen i avsnitt 17.

17 Svänghjul/drivplatta – demontering, kontroll och montering

Observera: *För återmonteringen behövs nya fästbultar till svänghjulet/drivplattan.*

Demontering

Modeller med manuell växellåda

1 Demontera växellådan enligt beskrivningen i kapitel 7A och demontera därefter kopplingsenheten enligt beskrivningen i kapitel 6.

16.2 Skruva i en självgängande skruv och dra i skruven med tång för att få ut packboxen

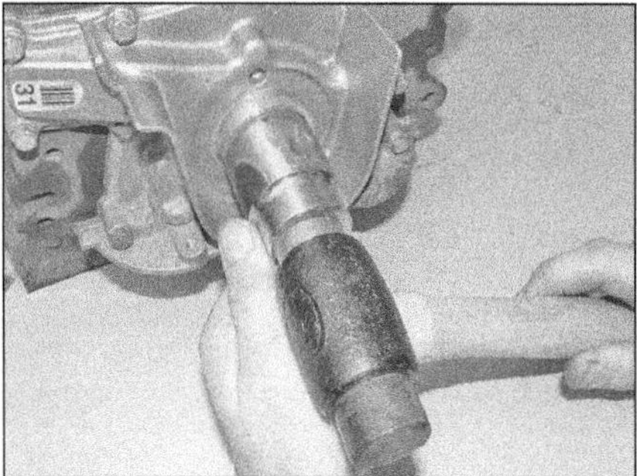

16.4 Använd en hylsnyckel som t.ex. en rörformig dorn för att sätta i packboxen

16.10 Montera det nya huset med inbyggd packbox över vevaxeln

16.12 Efter monteringen tar du bort skyddshylsan från huset

17.2 Hindra svänghjulet från att rotera genom att låsa startkransens kuggar

17.3 Svänghjulets fästbultar (se pilar)

2 Hindra svänghjulet från att rotera genom att låsa krondrevets kuggar på liknande sätt som visas här **(se bild)**.

3 Skruva loss fästbultarna och demontera svänghjulet **(se bild)**. Tappa det inte, det är mycket tungt.

Modeller med automatisk växellåda

4 Demontera växellådan enligt beskrivningen i kapitel 7B. Ta sedan bort drivplattan enligt beskrivningen i punkt 2 och 3.

Kontroll

5 Är du tveksam om skicket på svänghjulet/ drivplattan kan du rådfråga en Saab-verkstad eller en motorrenoveringsspecialist. De kan avgöra om det går att renovera svänghjulet eller om det måste bytas.

Montering

Modeller med manuell växellåda

6 Rengör kontaktytorna mellan svänghjulet och vevaxeln.

7 Passa in svänghjulet och placera det på styrstiftet på vevaxeln. Stryk en droppe gänglåsningsmedel på gängorna i var och en av de nya fästbultarna till svänghjulet (om de inte redan är bestrukna) och sätt in de nya bultarna.

8 Lås svänghjulet på samma sätt som vid demonteringen. Arbeta sedan i diagonal ordningsföljd och dra åt bultarna jämnt och stegvis till angivet moment.

9 Montera kopplingen enligt beskrivningen i kapitel 6. Ta sedan bort låsverktyget och montera växellådan enligt beskrivningen i kapitel 7A.

Modeller med automatisk växellåda

10 Montera drivplattan enligt beskrivningen i punkt 6 till 8.

11 Ta bort låsverktyget och montera växellådan enligt beskrivningen i kapitel 7B.

18 Motorns/växellådans fästen – kontroll och byte

Se kapitel 2B, avsnitt 18.

Kapitel 2 Del D: Motor – demontering och reparationer

Innehåll

Svårighetsgrad

Enkelt, passar novisen med lite erfarenhet 

Ganska enkelt, passar nybörjaren med viss erfarenhet 

Ganska svårt, passar kompetent hemmamekaniker 

Svårt, passar hemmamekaniker med erfarenhet 

Mycket svårt, för professionell mekaniker 

Specifikationer

Motoridentifikation

Motortyp	**Tillverkarens motorkod**
2,0-liters (1998 cc) bensinmotor med dubbla överliggande kamaxlar och 16 ventiler:	B207
1,9-liters (1910 cc) dieselmotor:	
Enkel överliggande kamaxel, 8 ventiler	Z19DT
Dubbla överliggande kamaxlar, 16 ventiler	Z19DTH

2,0-liters bensinmotorer med dubbla överliggande kamaxlar (B207)

Topplock

Max. förändring av packningsyta	0,15 mm
Höjd	129,0 mm

Ventiler och styrningar

Ventilskaftsdiameter:	
Insug	5,9625 ± 0,0075 mm
Avgas	5,953 ± 0,007 mm
Ventilhuvuddiameter:	
Insug	35,1 ± 0,15 mm
Avgas	30,1 ± 0,15 mm
Ventillängd:	
Insug	102,27 ± 0,15 mm
Avgas	100,96 mm
Max. spel mellan styrning och ventilskaft (höj ventilen 3 mm vid mätning):	
Insug	0,030 till 0,057 mm
Avgas	0,040 till 0,066 mm
Styrningslängd	36,0 ± 0,05 mm
Styrningens inre diameter	9,976 till 9,991 mm
Ventilfjäderns fria längd (insug och avgas)	42,8 ± 0,5 mm

Motorblock

Max. förändring av packningsyta	0,15 mm
Lopp	85,992 till 86,008 mm
Max. överstorlek	0,125 mm

Vevaxel och lager

Antal ramlager	5
Ramlagertapparnas diameter	55,994 till 56,008 mm
Vevstakslagertapparnas diameter	49,000 till 49,014 mm
Vevaxelns axialspel	0,040 till 0,372 mm

Kolvar

Diameter (9,0 mm från basen)	85,961 till 85,979 mm

Kolvringar

Antal ringar (per kolv)	2 kompressionsringar, 1 oljeskrapring
Ringens ändgap:	
Övre kompressionsring	0,15 till 0,35 mm
Nedre kompressionsring	0,40 till 0,60 mm
Oljeskrapring	0,25 till 0,75 mm

Åtdragningsmoment

Se kapitel 2A.

1,9-liters dieselmotorer med enkel överliggande kamaxel (Z19DT)

Observera: *När Ingen uppgift anges under specifikationer betyder det att information saknades vid tryckningstillfället. Vänd dig till din Saab-verkstad om du vill ha den senaste informationen.*

Topplock

Max. förändring av packningsyta	0,10 mm
Topplockshöjd	141,15 till 140,85 mm

Ventiler och styrningar

Ventilskaftsdiameter (insugs- och avgas-)	7,974 till 7,992 mm
Ventilhuvuddiameter:	
Insug	35,5 mm
Avgas	34,5 mm
Ventillängd:	
Insug	115 mm
Avgas	34,5 mm
Max. tillåtet ventilskaftsspel i styrning	Ingen uppgift
Ventilspel (kall)	0,30 till 0,40 mm
Ventilfjäderns fria längd (insug och avgas)	53,9 mm

Motorblock

Max. förändring av packningsyta	0,15 mm
Cylinderloppsdiameter	82,000 till 82,030 mm
Max. ovalitet, cylinderlopp	0,050 mm
Max. gängtapp, cylinderlopp	0,005 mm

1,9-liters dieselmotorer med enkel överliggande kamaxel (Z19DT) (forts.)

Vevaxel och lager

Antal ramlager	5
Ramlagertapparnas diameter	59,855 till 60,000 mm
Vevstakslagertapparnas diameter	50,660 till 50,805 mm
Vevaxelns axialspel	0,049 till 0,211 mm

Kolvar

Kolvdiameter	81,920 till 81,950 mm

Kolvringar

Antal ringar (per kolv)	2 kompressionsringar, 1 oljeskrapring
Ringens ändgap:	
Övre kompressionsring	0,25 till 0,35 mm
Nedre kompressionsring	0,25 till 0,50 mm
Oljeskrapring	0,25 till 0,50 mm

Åtdragningsmoment

Se kapitel 2B, Specifikationer.

1,9-liters dieselmotorer med dubbla överliggande kamaxlar (Z19DT)

Observera: *När Ingen uppgift anges under specifikationer betyder det att information saknades vid tryckningstillfället. Vänd dig till din Saab-verkstad om du vill ha den senaste informationen.*

Topplock

Max. förändring av packningsyta	0,10 mm
Topplockshöjd	105,95 till 107,05 mm

Ventiler och styrningar

Ventilskaftsdiameter:	
Insugsventil	5,982 till 6,000 mm
Avgasventil	5,972 till 5,990 mm
Ventilhuvuddiameter:	
Insug	29,489 mm
Avgas	27,491 mm
Ventillängd:	
Insug	107,95 mm
Avgas	107,95 mm
Max. tillåtet ventilskaftsspel i styrning	Ingen uppgift
Ventilspel	Automatisk justering med hydrauliska ventillyftare
Ventilfjäderns fria längd (insug och avgas)	43,1 mm

Motorblock

Max. förändring av packningsyta	0,15 mm
Cylinderloppsdiameter	82,000 till 82,030 mm
Max. ovalitet, cylinderlopp	0,050 mm
Max. gängtapp, cylinderlopp	0,005 mm

Vevaxel och lager

Antal ramlager	5
Ramlagertapparnas diameter	59,855 till 60,000 mm
Vevstakslagertapparnas diameter	50,660 till 50,805 mm
Vevaxelns axialspel	0,049 till 0,211 mm

Kolvar

Kolvdiameter	81,920 till 81,950 mm

Kolvringar

Antal ringar (per kolv)	2 kompressionsringar, 1 oljeskrapring
Ringens ändgap:	
Övre kompressionsring	0,20 till 0,35 mm
Nedre kompressionsring	0,60 till 0,80 mm
Oljeskrapring	0,25 till 0,50 mm

Åtdragningsmoment

Se kapitel 2C, Specifikationer.

1 Allmän information

Denna del av kapitel 2 innehåller information om demontering av motorn/växellådan, renovering av topplock, motorblock/vevhus samt övriga komponenter i motorn.

Informationen sträcker sig från råd angående förberedelser inför renovering och inköp av nya delar till detaljerade beskrivningar steg-för-steg av hur man demonterar, kontrollerar, renoverar och monterar motorns inre komponenter.

Från och med avsnitt 5 bygger alla instruktioner på att motorn har tagits bort från bilen. Mer information om reparationer med motorn monterad, liksom demontering och montering av de externa komponenter som är nödvändiga vid fullständig renovering, finns i del A, B eller C i det här kapitlet och i avsnitt 5. Hoppa över de instruktioner om isärtagning i del A, B eller C som är överflödiga när motorn demonterats från bilen.

Förutom åtdragningsmomenten, som anges i början av del A, B eller C (efter tillämplighet), anges alla specifikationer för motoröversyn i början av denna del av kapitel 2.

2 Motorrenovering – allmän information

Det är inte alltid lätt att bestämma när, eller om, en motor ska totalrenoveras eftersom ett antal faktorer måste tas med i beräkningen.

En lång körsträcka är inte nödvändigtvis ett tecken på att bilen behöver renoveras, lika lite som att en kort körsträcka garanterar att det inte behövs någon renovering. Förmodligen är servicefrekvensen den viktigaste faktorn. En motor som har fått regelbundna olje- och filterbyten och annat nödvändigt underhåll bör gå bra i flera tusen mil. En vansköt motor kan däremot behöva en översyn redan på ett tidigt stadium.

Onormalt stor oljeåtgång är ett symptom på att kolvringar, ventiltätningar och/eller ventilstyrningar behöver åtgärdas. Kontrollera att oljeåtgången inte beror på oljeläckage innan du drar slutsatsen att ringarna och/eller styrningarna är slitna. Låt utföra ett kompressionsprov (se del A i det här kapitlet för bensinmotorer och del B eller C för dieselmotorer) för att fastställa den troliga orsaken till problemet.

Kontrollera oljetrycket med en mätare som monteras på platsen för oljetrycksbrytaren och jämför med det angivna värdet. Om trycket är mycket lågt är troligen ram- och vevstakslagren och/eller oljepumpen utslitna.

Minskad motorstyrka, hackig körning, knackningar eller metalliska motorljud, kraftigt ventilregleringsljud och hög bensinkonsumtion är också tecken på att en renovering kan behövas, i synnerhet om dessa symptom visar sig samtidigt. Om en grundlig service inte hjälper, kan en större mekanisk genomgång vara den enda lösningen.

En fullständig motorrenovering innebär att alla interna delar återställs till de specifikationer som gäller för en ny motor. Vid en fullständig översyn byts kolvarna och kolvringarna och cylinderloppen renoveras. Nya ram- och vevlager brukar monteras. Om det behövs kan vevaxeln slipas om för att kompensera för slitage i axeltapparna. Även ventilerna måste gås igenom, eftersom de vid det här laget sällan är i perfekt kondition. Lägg alltid noga märke till oljepumpens skick vid renovering av motorn och byt den om du inte är säker på att den fungerar som den ska. Slutresultatet bör bli en motor som kan gå många problemfria mil.

Viktiga delar i kylsystemet, t.ex. slangar, termostat och kylvätskepump , ska också gås igenom i samband med att motorn renoveras. Kylaren ska också kontrolleras noggrant så att den inte är tilltäppt eller läcker.

Innan du påbörjar renoveringen av motorn bör du läsa igenom hela beskrivningen för att bli bekant med omfattningen och förutsättningarna för arbetet. Kontrollera att det finns reservdelar tillgängliga och att alla nödvändiga specialverktyg och utrustning kan erhållas i förväg. Större delen av arbetet kan utföras med vanliga handverktyg, även om ett antal precisionsmätverktyg krävs för att avgöra om delar måste bytas ut.

Du kommer nästan säkert att behöva anlita en mekanisk verkstad eller motorrenoveringsfirma, särskilt om större reparationer som t.ex. omborrning av vevaxeln blir nödvändiga. Förutom mekaniska reparationsarbeten kan sådana företag också normalt åta sig kontroll av delar och ge råd om renovering och utbyte samt tillhandahålla nya komponenter som t.ex. kolvar, kolvringar och lagerskålar. Vi rekommenderar att du anlitar en firma som är medlem en branschorganisation.

Vänta alltid tills motorn är helt demonterad och tills alla delar (speciellt motorblocket/vevhuset och vevaxeln) har inspekterats, innan du fattar beslut om vilka service- och reparationsåtgärder som måste överlåtas till en verkstad. Skicket på dessa komponenter är avgörande för beslutet att renovera den gamla motorn eller att köpa en färdigrenoverad motor. Köp därför inga delar och utför inte heller något renoveringsarbete på andra delar, förrän dessa komponenter noggrant har inspekterats. Generellt sett är tiden den största utgiften vid en renovering, så det lönar sig inte att betala för att sätta in slitna eller undermåliga delar.

Kom slutligen ihåg att den renoverade motorn kommer att få längsta möjliga livslängd med minsta möjliga problem om monteringen utförs omsorgsfullt i en absolut ren miljö.

3 Motordemontering – metoder och rekommendationer

Om motorn måste demonteras för översyn eller omfattande reparationsarbeten ska flera förebyggande åtgärder vidtas.

Att demontera motorn/växellådan är mycket invecklat och besvärligt på dessa bilar. Det är viktigt att påpeka att bilen måste kunna ställas på en ramp eller lyftas upp och stöttas på pallbockar över en smörjgrop vid det här arbetet, som annars blir mycket svårt att utföra.

Om motorrummet och motorn/växellådan rengörs innan motorn demonteras blir det lättare att hålla verktygen rena och i ordning.

En motorhiss behövs också. Kontrollera att lyftutrustningen är gjord för att klara större vikt än motorns och växellådans gemensamma vikt. Säkerheten är av högsta vikt, det är ett riskabelt arbete att demontera motorn/växellådan från bilen.

Assistans av en medhjälpare är nödvändig. Bortsett från säkerhetsaspekterna finns många moment som måste utföras samtidigt under arbetet med att demontera motorn och växellådan och som en person därför inte kan utföra ensam.

Planera arbetet i förväg. Skaffa alla verktyg och all utrustning som behövs innan arbetet påbörjas. Några av de verktyg som behövs för att kunna demontera och installera motorn/växellådan på ett säkert sätt är (förutom en motorhiss) följande: En garagedomkraft – anpassad till en högre vikt än motorns – en komplett uppsättning nycklar och hylsor enligt beskrivningen i slutet av handboken, träblock och en mängd trasor och rengöringsmedel för att torka upp spill av olja, kylvätska och bränsle. Se till att du är ute i god tid om motorhissen måste hyras, och utför alla arbeten som går att göra utan den i förväg. Det sparar både pengar och tid.

Räkna med att bilen inte kan köras under en längre tid. Vissa delar av arbetet kräver specialutrustning och måste utföras av en mekanisk verkstad eller motorrenoveringsfirma. Verkstäder är ofta fullbokade, så det är lämpligt att fråga hur lång tid som kommer att behövas för att renovera eller reparera de komponenter som ska åtgärdas redan innan motorn demonteras.

Under arbetet med demontering av motorn/växellådan bör du anteckna placeringen av alla fästbyglar, buntband, jordanslutningar m.m. samt hur kablage, slangar och elanslutningar är anslutna och dragna kring motorn och motorrummet. Ett effektivt sätt att göra det är att ta en serie foton av de olika komponenterna innan de kopplas loss eller demonteras. Dessa foton ger värdefull information när motorn/växellådan ska sättas tillbaka.

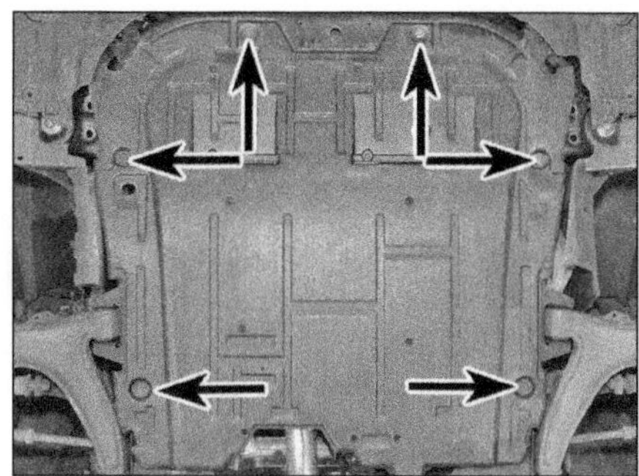

4.2 Skruvarna som håller fast motorns undre skyddskåpa (se pilar)

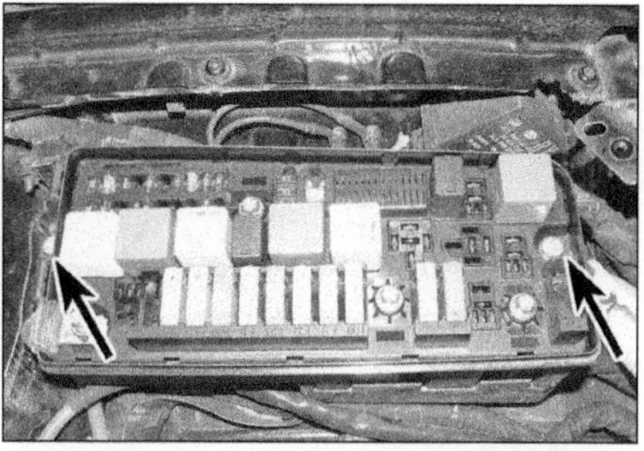

4.12a Skruva loss skruvarna (se pilar) som håller fast övre halvan av säkringsdosan vid den nedre

4.12b Skruva loss skruvarna som håller fast motorkablagets kontaktdon i säkringsdosan

Var alltid mycket försiktig vid demontering och montering av motorn/växellådan. Slarv kan leda till allvarliga skador. Planera i förväg och låt arbetet få ta den tid som behövs, då kan även omfattande arbeten utföras framgångsrikt.

På alla 9-3-modeller måste hela motorn med växellådan demonteras som en enhet. Det finns inte tillräckligt spel i motorrummet för att demontera motorn och lämna kvar växellådan i bilen. Vid demontering av enheten lyfts bilens framända och enheten sänks och tas ut från motorrummet.

4 Motor och växellådsenhet – demontering, isärtagning och återmontering

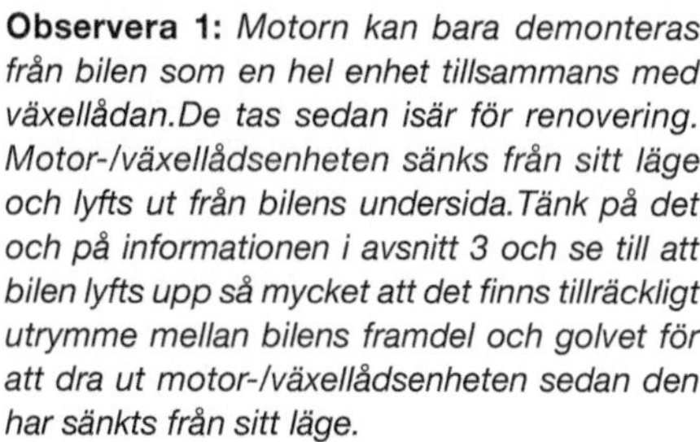

Observera 1: *Motorn kan bara demonteras från bilen som en hel enhet tillsammans med växellådan.De tas sedan isär för renovering. Motor-/växellådsenheten sänks från sitt läge och lyfts ut från bilens undersida.Tänk på det och på informationen i avsnitt 3 och se till att bilen lyfts upp så mycket att det finns tillräckligt utrymme mellan bilens framdel och golvet för att dra ut motor-/växellådsenheten sedan den har sänkts från sitt läge.*

Observera 2: *Kraftenheten är så komplicerad på dessa bilar och variationerna beroende på modell och olika tillvalsutrustning är så stora att följande bara ska ses som en handledning till arbetet, inte som en steg-för-steg-instruktion. Om svårigheter uppstår eller om fler komponenter behöver kopplas loss eller demonteras, anteckna vilka arbetsmoment du utför som stöd för återmonteringen.*

Demontering

1 Låt en luftkonditioneringsspecialist ladda ur luftkonditioneringssystemet helt.

2 Placera fordonet enligt beskrivningen i avsnitt 3, punkt 2, och ta bort båda framhjulen. Ta bort båda hjulhusfodren. Skruva loss skruvarna och ta bort motorns undre skyddskåpa (i förekommande fall) **(se bild)**.

3 Demontera motorhuven och de främre stötfångarna enligt beskrivningen i kapitel 11.

4 Ta bort plastkåpan från motorns ovansida.

5 Demontera batteriet och batterilådan enligt beskrivningen i kapitel 5A.

6 Utför följande åtgärder enligt beskrivningen i kapitel 1A eller 1B, efter tillämplighet:

a) Tappa av motoroljan.

b) Töm kylsystemet.

c) Ta bort drivremmen.

7 Ta bort luftrenarenheten och insugskanalerna enligt beskrivningen i kapitel 4A eller 4B, efter tillämplighet.

8 Ta bort laddluftkylaren och luftkanalerna enligt beskrivningen i kapitel 4A eller 4B.

9 Ta bort kylaren enligt beskrivningen i kapitel 3.

10 Koppla loss bromsens vakuumservoslang från vakuumpumpen.

11 På modeller med automatväxellåda, koppla loss anslutningskontakten till TCM (växellådsstyrningsmodul) (se kapitel 7B).

12 Lyft av kåpan från motorrummets säkrings- och relähus och skruva loss de två torxskruvarna som fäster säkrings- och relähusets övre del vid den nedre. Koppla loss batteriets plusledare. Skruva loss bulten som fäster motorns kablagekontaktdon i säkrings- och relähusets övre del. Ta bort klämman till motorns kabelnät från karossen och jordkablarna, flytta sedan kablaget åt ena sidan **(se bilder)**.

13 Lossa fästklämmorna och koppla loss kylslangarna till kylsystemets expansionskärl. Koppla loss kontaktdonet och ta sedan bort expansionskärlet från fästbygeln.

14 Koppla loss kablagets kontaktdon som sitter på vänstra sidan av motorrummet, under batterihyllan, vid vagnens stödben **(se bilder)**. Lossa kablaget från fästklämmorna så att det är löst och kan tas ut tillsammans med motorn.

15 Demontera luftkonditioneringssystemets kompressor enligt beskrivningen i kapitel 3.

16 På cabrioletmodeller skruvar du loss bultarna och tar bort den främre chassiförstärkningen **(se bild)**.

Bensinmodeller

17 Tryckavlasta bränslesystemet enligt beskrivningen i kapitel 4A, koppla loss bränslematnings- och returrören från bränslefördelarskenan och lossa sedan slangarna från klämmorna på ventilkåpan. Var beredd på bränslespill och vidta lämpliga försiktighetsåtgärder.Kläm ihop eller plugga igen öppna anslutningar för att minimera bränslespillet.

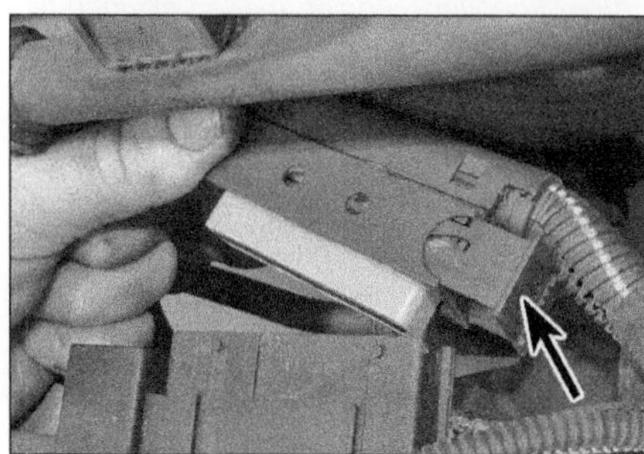

4.14a Skjut ut den röda låsspärren (se pil) och lossa kylfläktens anslutningskontakt. . . .

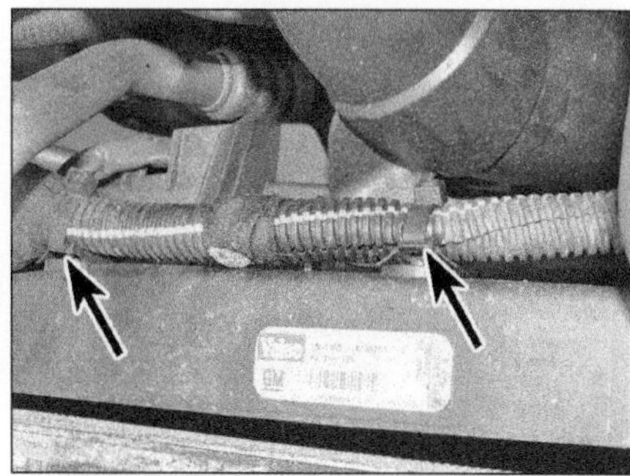

4.14b . . . lossa sedan kablaget från fästklämmorna (se pilar)

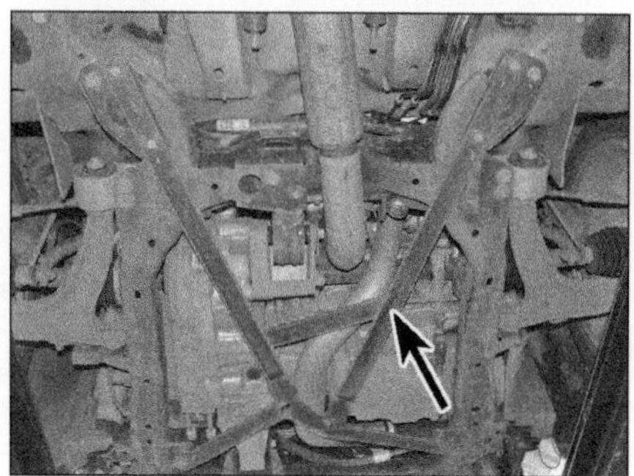

4.16 Det främre chassits förstärkning (se pil) – cabriolet

4.20 Sätt i ett vanligt lossningsverktyg runt röret, för in det i kopplingen för att lossa låsklämmorna och koppla ifrån bränsleretur- . . .

4.20b . . . och tillförselkopplingen (se pil)

18 Koppla loss bränsleurluftningsslangen.

Dieselmodeller

19 Koppla loss anslutningskontakten och ta bort turbons magnetventil.

20 Koppla loss bränslematnings- och returrören **(se bilder)**. Täck över eller plugga igen de öppna slanganslutningarna så att ingen smuts kommer in.

21 Arbeta under höger framdel på bilen, lossa låsspakshaken, lyft låsspakarna och koppla loss de två kontaktdonen från motorstyrningssystemet ECM **(se bild)**.

Alla modeller

22 Lyft med en skruvmejsel upp kabelklämmorna som fäster de två värmeslangarna vid värmepaketets rörändar och koppla loss slangarna från rörändarna **(se bilder)**.

23 På modeller med manuell växellåda lossar du med ett passande gaffelverktyg växelväljarstagets ändbeslag från växelväljarspakarna. Dra tillbaka fästhylsorna och koppla loss vajerhöljet från fästbygeln på växellådan enligt beskrivningen i kapitel 7A.

24 På modeller med automatväxellåda bänder du försiktigt med ett gaffelverktyg eller en spårskruvmejsel loss änden på växelväljarens inre vajer från kulleden på växelspakens lägesomkopplare. Dra tillbaka fästhylsan och koppla loss vajerhöljet från fästbygeln på växellådan.

25 Tappa av oljan i den manuella växellådan enligt beskrivningen i kapitel 7A eller 7B, efter tillämplighet.

26 Ta bort båda drivaxlarna enligt beskrivningen i kapitel 8.

27 Vrid ratten så att framhjulen pekar rakt fram och lås styrningen genom att ta bort startnyckeln.

28 På modeller med manuell växellåda tar du bort påfyllningslocket från broms-/kopplingsvätskebehållaren på mellanväggen och drar sedan åt det på en bit plastfolie. På så sätt minskar du förlusten av vätska vid frånkoppling av kopplingens hydraulslang. Annars kan du sätta en slangklämma på den böjliga slangen intill kopplingens hydraulanslutning på växellådshuset.

29 Lägg några tygtrasor under kopplingens hydraulslang, bänd sedan ut fästklämman litet och koppla loss slangens ändbeslag – se kapitel 6. Sätt tillbaka fästklämman på plats på ändbeslaget. Kasta tätningsringen från beslaget på svänghjulskåpan.Använd en ny tätningsring vid återmonteringen. Plugga igen/täck över både ändbeslaget och slangänden för att minimera oljespill och hindra att smuts tränger ini hydraulsystemet. **Observera:** *Tryck inte ner kopplingspedalen medan slangen är frånkopplad.*

30 På modeller med automatväxellåda skruvar du loss den mittersta fästbulten (eller muttern) och kopplar loss vätskekylarens rör från växellådan. Täck över rörändarna på lämpligt sätt och plugga igen växellådans öppningar så att ingen smuts tränger in.

31 Anslut en lämplig lyftanordning till lyftöglorna på topplocket och stötta upp motorns/växellådans tyngd.

32 Ta bort den främre kryssrambalken enligt beskrivningen i kapitel 10.

33 Koppla loss jordledningen från växellådshusets vänstra ände **(se bilder)**.

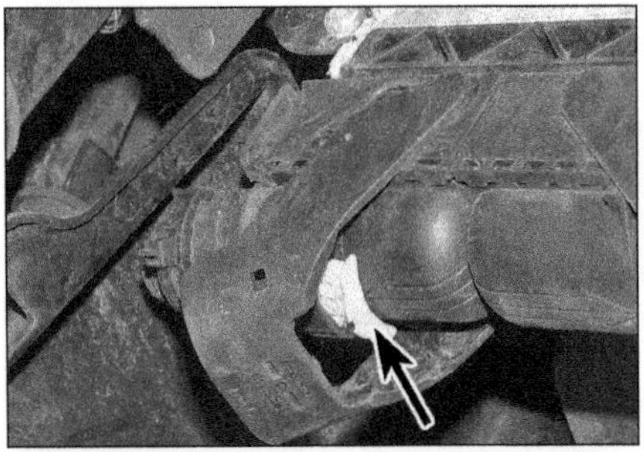

4.21 Dra ut låsklämman (se pil), dra ner låsstaget och koppla loss styrmodulens anslutningskontakter

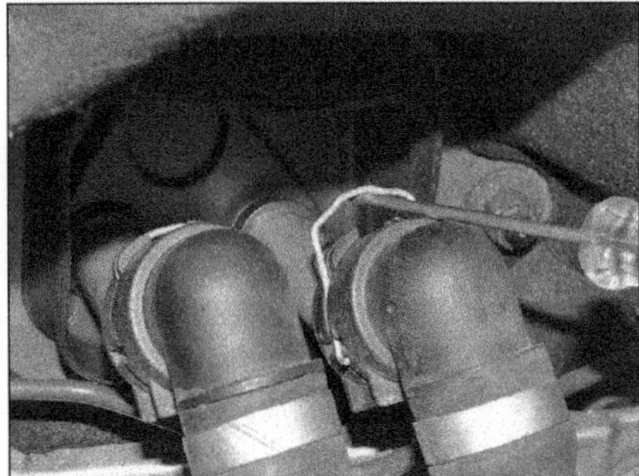

4.22a Bänd ut låsklämmorna . . .

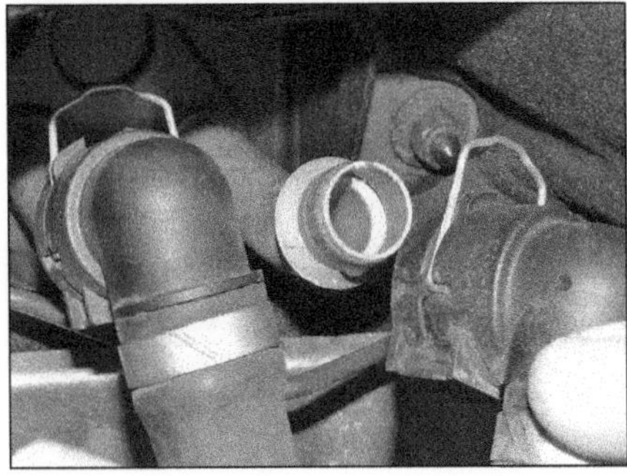

4.22b . . . och koppla loss värmeslangarna

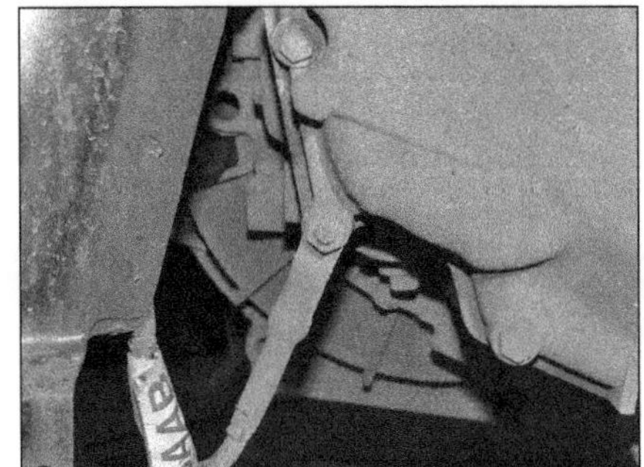

4.33 Koppla loss jordledningen från växellådshuset

34 Markera läget på de tre bultarna som håller fast höger motorfästbygel i motorfästet och skruva loss bultarna **(se bild)**.

35 Markera läget på de tre bultarna som håller fast vänster motorfäste i växellådans fästbygel och skruva sedan, om det behövs, loss bultarna och ta bort fästet **(se bild)**. Om jordledning är monterad på fästet tar du bort den.

36 Gör en slutkontroll för att se till att alla tillhörande rör, slangar, kablar m m är frånkopplade och inte finns i närheten av motorn eller växellådan.

37 Använd en medhjälpare och sänk försiktigt ner motor-/växellådsenheten på marken. Se till att omgivande komponenter i motorrummet inte skadas. Helst bör enheten flyttas till en garagedomkraft eller låg plattform med transporthjul så att den lätt kan tas ut från bilens undersida.

38 Se till att stötta upp enheten på lämpligt sätt, koppla sedan loss motorlyftanordningen och ta ut motor-/växellådsenheten från bilens undersida.

39 Ta bort all smuts på utsidan med fotogen eller vattenlösligt lösningsmedel och en hård borste.

40 Skruva loss växellådan från motorn enligt beskrivningen i kapitel 7A eller 7B. Dra försiktigt bort växellådan från motorn. På modeller med manuell växellåda, se till att ingen tyngd hänger på den ingående axeln när den är hopkopplad med kopplingens friktionsplatta. På modeller med automatväxellåda, se till att momentomvandlaren tas bort tillsammans med växellådan så att den inte fortsätter att vara hopkopplad med oljepumpen. Observera att växellådan sitter på styrstift på baksidan av motorblocket.

Montering

41 Montera växellådan till motorn och dra åt bultarna till angivet moment enligt beskrivningen i kapitel 7A eller 7B.

42 Lyft framvagnen och stötta upp den på pallbockar, flytta motor-växellådsenheten under bilen och se till att enheten har ordentligt stöd.

43 Återanslut lyftanordningen till motorns lyftöglor och hissa tillsammans med en medhjälpare försiktigt upp motor-/växellådsenheten i motorrummet.

44 Återanslut höger och vänster motor-/växellådsfästen och dra åt bultarna till angivet moment enligt kapitel 2A, 2B eller 2C efter tillämplighet. Se till att markeringarna som gjordes vid demonteringen stämmer överens när du drar åt fästbultarna.

45 Montera den främre kryssrambalken enligt beskrivningen i kapitel 10.

46 Koppla loss lyftanordningen från motorns lyftöglor.

47 Resten av monteringen utförs i omvänd ordningsföljd mot demonteringen. Tänk på följande:

4.34 Motorns högra fästbultar

4.35 Koppla loss jordledningen från växellådsfästet

a) På modeller med automatväxellåda, återanslut vätskekylarens rör med nya O-ringstätningar till växellådan.
b) På modeller med manuell växellåda, återanslut och lufta kopplingens hydraulanslutning enligt beskrivningen i kapitel 6.
c) Kontrollera en sista gång att alla berörda slangar, rör och kablar är rätt återanslutna.
d) Fyll på ny olja i motorn enligt beskrivningen i kapitel 1A eller 1B, efter tillämplighet.
e) Fyll på ny vätska av rätt mängd och typ i växellådan enligt beskrivningen i kapitel 7A eller 7B.
f) Fyll på och avlufta kylsystemet enligt beskrivningen i kapitel 1A eller 1B, efter tillämplighet.
g) På modeller utrustade med luftkonditionering bör du låta samma specialist som tömde systemet vakuumsuga, fylla på och täthetstesta det.

5 Motorrenovering – isärtagning

1 Det är betydligt enklare att demontera och arbeta med motorn om den placeras i ett portabelt motorställ. Sådana ställ går oftast att hyra i verktygsbutiker. Innan motorn monteras i stället ska svänghjulet/drivplattan demonteras så att ställets bultar kan dras ända in i motorblocket/vevhuset.

2 Om det inte finns något ställ tillgängligt går det att ta isär motorn om man pallar upp den på en rejäl arbetsbänk eller på golvet. Var noga med att inte välta eller tappa motorn om du jobbar utan ställ.

3 Om du ska skaffa en renoverad motor ska alla yttre komponenter demonteras först, för att kunna överföras till den nya motorn (på exakt samma sätt som om du skulle utföra en fullständig renovering själv). Detta inkluderar följande komponenter:

a) Motorns kablage och fästen.
b) Fästbyglar för generator och AC-kompressor (i förekommande fall).
c) Kylvätskepump (i förekommande fall) och in-/utloppshus.
d) Oljestickans rör.
e) Bränslesystemets komponenter.
f) Alla elektriska brytare och givare.
g) Insugs- och avgasgrenrör och turboaggregat, om tillämpligt.
h) Oljefilter och oljekylare/värmeväxlare.
i) Svänghjul/drivplatta.

Observera: *Var noga med att notera detaljer som kan vara till hjälp eller av vikt vid återmonteringen när de externa komponenterna demonteras från motorn. Anteckna monteringslägen för packningar, tätningar, distanser, stift, brickor, bultar och andra smådelar.*

4 Om du har en "kort" motor (som består av motorblocket/vevhuset, vevaxeln, kolvarna och vevstakarna ihopsatta), måste även topplocket, sumpen, oljepumpen och kamremmen/-kedjan tas bort.

5 Om du planerar en grundlig översyn kan motorn demonteras och de invändiga delarna kan tas bort i följande ordning:

Bensinmotorer

a) Insugs- och avgasgrenrör (se kapitel 4A).
b) Kamrem/kedja, drev, spännare och tomgångsöverföring (se kapitel 2A).
c) Kylvätskepump (se kapitel 3).
d) Topplock (se kapitel 2A).
e) Svänghjul/drivplatta (se kapitel 2A).
f) Sump (se kapitel 2A).
g) Oljepump (se kapitel 2A).
h) Kolvar/vevstakar, enheter (se avsnitt 9).
i) Vevaxel (se avsnitt 10).

Dieselmotorer

a) Insugs- och avgasgrenrör (se kapitel 4B).
b) Kamrem, drev, spännare och tomgångsöverföring (se kapitel 2B eller 2C).
c) Kylvätskepump (se kapitel 3).
d) Topplock (se kapitel 2B eller 2C).
e) Svänghjul/drivplatta (se kapitel 2B eller 2C).
f) Sump (se kapitel 2B eller 2C).
g) Oljepump (se kapitel 2B eller 2B).
h) Kolvar/vevstakar, enheter (se avsnitt 9).
i) Vevaxel (se avsnitt 10).

6 Kontrollera att alla nödvändiga verktyg finns innan demonteringen och renoveringen inleds. Se *Verktyg och arbetsutrymmen* för mer information.

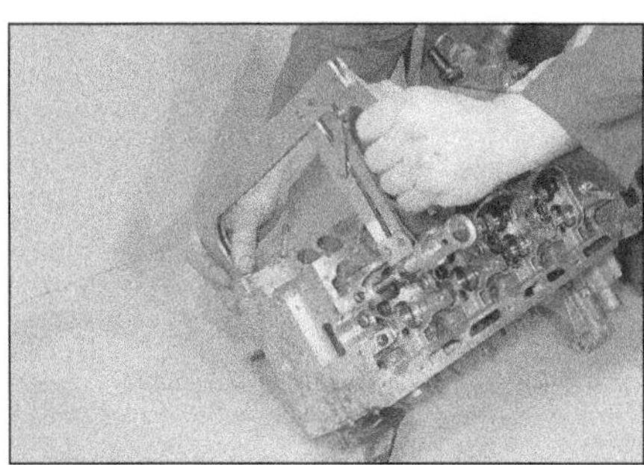

6.2 Tryck ihop ventilfjädern med en ventilfjäderkompressor att avlasta trycket på knastren

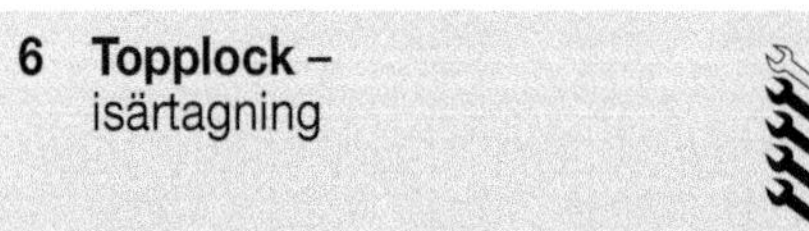

6 Topplock – isärtagning

Observera: *Nya och renoverade topplock finns att köpa från tillverkarna och motorspecialister. Eftersom det krävs vissa specialistverktyg för isärtagnings- och kontrollmetoderna och nya delar kan vara svåra att få tag i, kan det vara mer praktiskt och ekonomiskt för hemmamekanikern att köpa ett renoverat topplock än att ta isär, kontrollera och renovera det ursprungliga topplocket. En ventilfjäderkompressor behövs för detta arbete.*

1 Med topplocket demonterat enligt beskrivningen i relevant del av det här kapitlet torkar du bort all smuts på utsidan och demonterar följande komponenter, efter tillämplighet, om du inte redan gjort det:

6.4 Haka fast och dra ut de två delade knastren med en liten skruvmejsel

a) Grenrör (se kapitel 4A eller 4B).
b) Tändstift (bensinmotorer – se kapitel 1A).
c) Glödstift (dieselmotorer – se kapitel 5A).
d) Kamaxlar och tillhörande ventilmekanismdelar (se kapitel 2A, 2B eller 2C).
e) Bränsleinsprutare (dieselmotorer – se kapitel 4B).
f) Motorns lyftöglor.

2 Använd en ventilfjäderkompressor när du vill ta bort en ventil. Se till att kompressorverktygets armar är stadigt placerade på ventilhuvudet och fjäderbrickan **(se bild)**. På bensinmotorer sitter ventilerna djupt försänkta och ett förlängningsstycke kan behövas till fjäderkompressorn.

3 Tryck ihop ventilfjädern för att avlasta trycket från fjäderbrickan som verkar på knastren.

4 Haka tag i de två delade knastren och dra ut dem med hjälp av en liten skruvmejsel och

Om fjäderbrickans knaster fastnar i ventilskaftet använder du en mjuk klubba och knackar försiktigt i änden av kompressorverktyget för att få loss knastren.

lossa sedan försiktigt kompressorverktyget **(se bild)**.

5 Ta bort fjäderbrickan, fjädern och den undre brickan (enbart avgasventil på dieselmodeller), dra sedan ut ventilen genom förbränningskammaren. Ta bort ventilskaftets packbox, som på de flesta motorer också innefattar fjädersätet **(se bilder)** med en tång. Om fjädersätet inte ingår i ventilskaftets packbox hakar du tag i det och drar ut det med en liten skruvmejsel.

6 Upprepa proceduren för de återstående ventilerna och håll ordning på delarna så att du kan återmontera dem på samma plats som förut om inte alla komponenter ska bytas. Om ventilkomponenterna ska återanvändas, förvara dem i märkta plastpåsar eller liknande behållare **(se bild)**. Observera att numreringen av ventilerna, precis som för cylindrarna, vanligen utgår från kamkedje- (eller kamrems-) sidan av motorn. Se till att ventilkomponenterna inte bara numreras utan också märks med Insug resp. Avgas.

7 Topplock och ventiler – rengöring och kontroll

1 Om topplock och ventilkomponenter rengörs noga och sedan inspekteras blir det lättare att avgöra hur mycket arbete som måste läggas ner på ventilerna under motorrenoveringen. **Observera:** *Om motorn har blivit mycket överhettad har topplocket troligen blivit skevt – kontrollera noggrant om så är fallet.*

Rengöring

2 Skrapa bort alla spår av gamla packningsrester från topplocket.

3 Skrapa bort sot från förbränningskammare och portar och tvätta topplocket noggrant med fotogen eller lämpligt lösningsmedel.

6.5a Ta bort ventilfjäderbrickan . . .

6.5b . . . och fjädern . . .

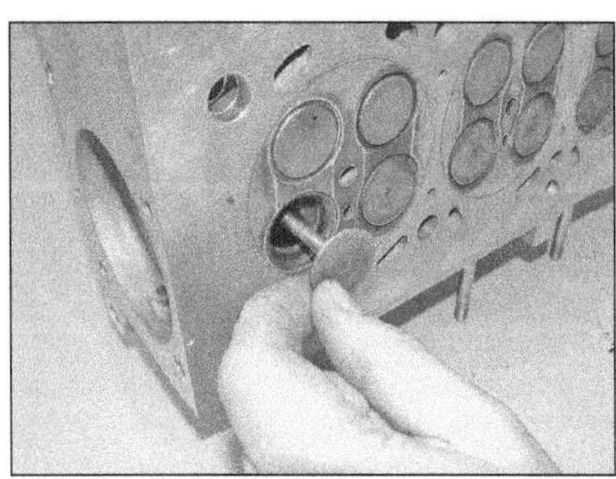

6.5c . . . och ta sedan ut ventilen genom förbränningskammaren

6.5d Ta bort ventilskaftets packbox, som på de flesta motorer också innefattar fjädersätet, med en tång

6.6 Förvara ventilkomponenterna i varsin märkt plastpåse eller annan liten behållare

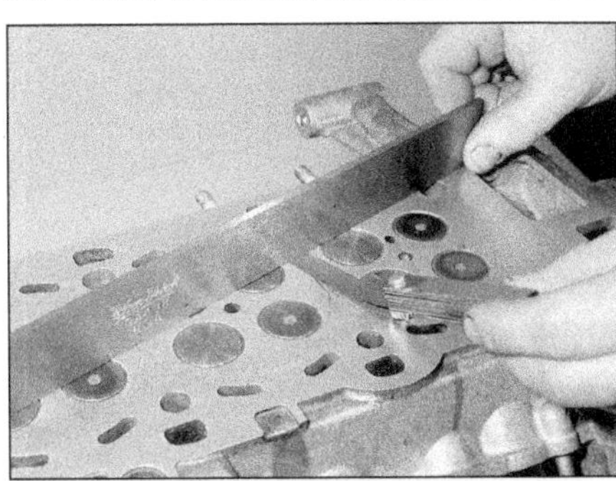

7.6 Använd linjal och bladmått för att kontrollera om topplockets yta är skev

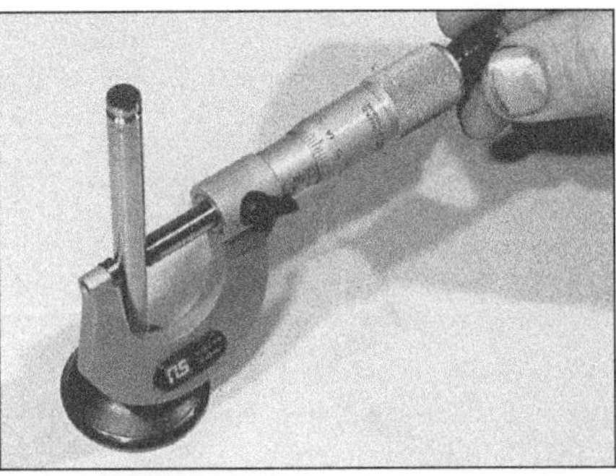

7.11 Använd en mikrometer för att mäta ventilskaftens diameter

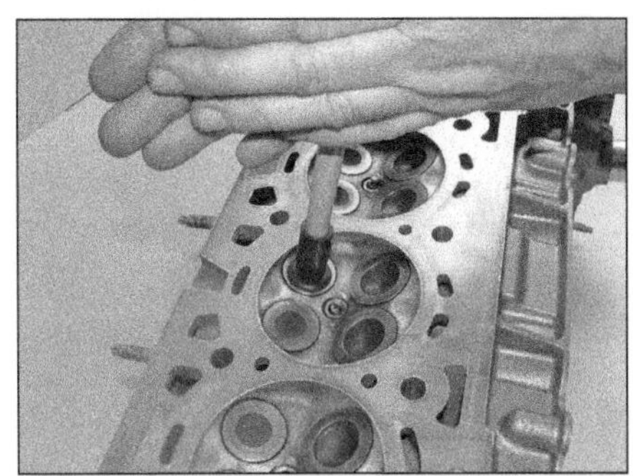

7.14 Inslipning av en ventil

4 Skrapa bort eventuella sotavlagringar från ventilerna, använd sedan en eldriven stålborste för att ta bort avlagringar från ventilhuvuden och skaft.

Kontroll

Observera: *Var noga med att utföra hela granskningsproceduren nedan innan beslut fattas om en verkstad behöver anlitas för någon åtgärd. Gör en lista över alla komponenter som behöver åtgärdas.*

Topplock

5 Undersök topplocket noggrant: Sök efter sprickor, tecken på kylvätskeläckage och andra skador. Om topplocket är sprucket ska det bytas ut.

6 Använd en stållinjal och ett bladmått för att kontrollera att topplockets yta inte är skev **(se bild)**. Om topplocket är skevt kan det planslipas under förutsättning att det inte har slipats ner till under den angivna minimihöjden.

7 Undersök ventilsätena i förbränningskamrarna. Om de är mycket gropiga, spruckna eller brända måste de skäras om av en specialist på motorrenoveringar. Om de endast är lite gropiga kan det räcka med att slipa till ventilhuvuden och säten med fin ventilslipmassa enligt beskrivningen nedan.

8 Om ventilstyrningarna är nötta, vilket märks på att ventilerna rör sig i sidled, finns det ventiler i överstorlek och ventiler med överstorlek på skaften kan sättas in. Det här arbetet utförs lämpligen av en motorrenoveringsspecialist. Använd gärna en mätklocka för att bestämma om en ventils spel i sidled överstiger det angivna maximivärdet.

9 Kontrollera slitaget i loppen till ventillyftarna i topplocket. Om slitaget är för stort måste topplocket bytas. Kontrollera också om oljehålen till ventillyftarna i topplocket är tilltäppta.

Ventiler

10 Undersök huvudet på varje ventil och kontrollera om det är gropigt, bränt, sprucket eller allmänt slitet, och om ventilskaftet är repat eller slitet. Vrid ventilen och se efter om den verkar böjd. Leta efter punktkorrosion och kraftigt slitage på ventilskaftens spetsar. Byt ut alla ventiler som visar tecken på slitage och skador.

11 Om en ventil verkar vara i gott skick ska ventilskaftet mätas på flera punkter med en mikrometer **(se bild)**. Om diameterns tjocklek varierar märkbart på de olika mätställena är det ett tecken på att ventilskaftet är slitet. Då måste ventilen bytas ut.

12 Om ventilerna är i någorlunda gott skick ska de poleras i sina säten för att garantera en smidig och gastät tätning. Om sätet endast är lite gropigt eller om det har skurits om ska det slipas in med slipmassa för att få rätt yta. Grov ventilslipmassa ska inte användas, om inte ett säte är svårt bränt eller har djupa gropar. Om så är fallet ska topplocket och ventilerna undersökas av en expert som avgör om ventilsätena ska skäras om eller om ventilen eller sätesinsatsen måste bytas ut.

13 Ventilslipning går till på följande sätt. Placera topplocket upp och ner på en bänk, med en träkloss i varje ände för att ge ventilskaften plats.

14 Smörj en aning lagom grov ventilslipmassa på sätesytan och tryck ner ett sugslipningsverktyg över ventilhuvudet. Slipa ventilhuvudet med en roterande rörelse ner till sätet, lyft ventilen ibland för att omfördela slipmassan **(se bild)**. Om en lätt fjäder placeras under ventilhuvudet blir arbetet lättare.

15 Om grov slipmassa används, arbeta tills ventilhuvudet och fästet får en matt, jämn yta, torka sedan bort den använda slipmassan och upprepa arbetet med fin slipmassa. När både ventilen och sätet har fått en slät, ljusgrå, matt yta är slipningen färdig. Slipa inte in ventilerna längre än vad som är absolut nödvändigt, då kan sätet sjunka in i topplocket för tidigt.

16 När samtliga ventiler har blivit inslipade ska alla spår av slipmassa försiktigt tvättas bort med fotogen eller annat lämpligt lösningsmedel innan topplocket sätts ihop.

Ventilkomponenter

17 Undersök om ventilfjädrarna visar tecken på skador eller är missfärgade. Om möjligt: Jämför också den fria längden på befintliga fjädrar med nya delar.

18 Ställ varje ventil på en plan yta och kontrollera att den är rätvinklig. Mät längden på ej hoptryckta fjädrar (fri längd) och jämför med måtten som anges i Specifikationer. Om någon av fjädrarna är skadad, vriden eller har förlorat sin spänning ska du införskaffa en ny uppsättning fjädrar.

8 Topplock – ihopsättning

1 Smörj in ventilskaften och montera ventilerna på sina ursprungliga platser **(se bild)**. Nya ventiler ska monteras där de slipades in.

2 Börja med den första ventilen, montera fjädersätet om det inte är en del av ventilskaftets packbox. Doppa den nya ventilskaftstätningen i ny motorolja, placera den sedan försiktigt över ventilen och på styrningen. Var noga med att inte skada tätningen när den förs över ventilskaftet. Använd en lämplig hylsa eller ett metallrör för att trycka fast tätningen ordentligt på styrningen. **Observera:** *Om du använder märkestätningar, använd tätningsskydden som levereras tillsammans med packboxarna. Skyddet passar på ventilskaftet och förhindrar att packboxens kant skadas av skaftet* ***(se bilder)***.

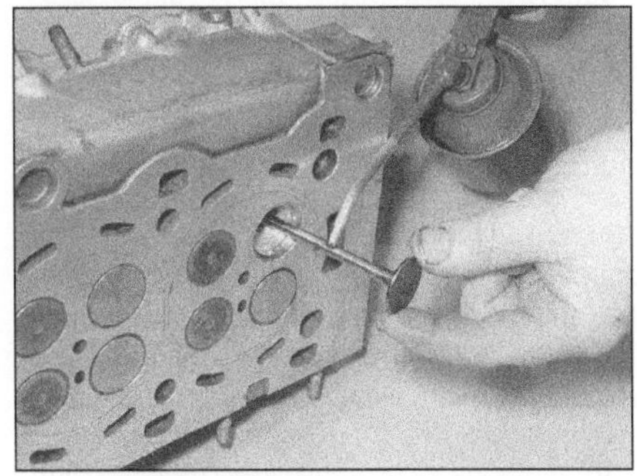

8.1 Smörj ventilskaftet med motorolja och för in ventilen i rätt styrning

8.2a Montera fjädersätet . . .

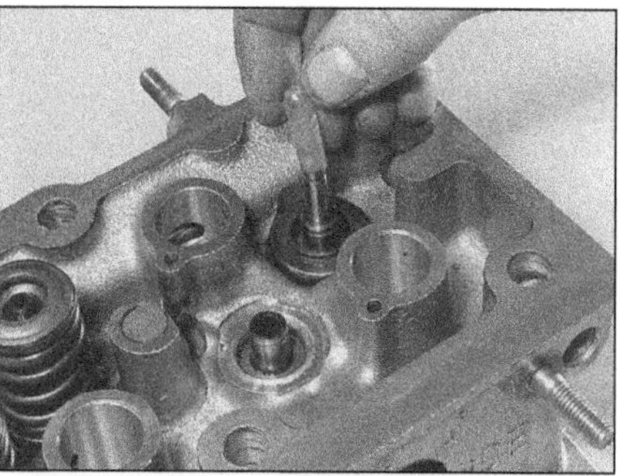

8.2b . . . montera sedan tätningsskydd (i förekommande fall) på ventilen . . .

8.2c . . . och montera den nya tätningen på ventilskaftet . . .

8.2d . . . genom att trycka in den i ventilstyrningen med en lämplig hylsnyckel

8.3 Sätt tillbaka ventilfjädern och montera fjäderbrickan

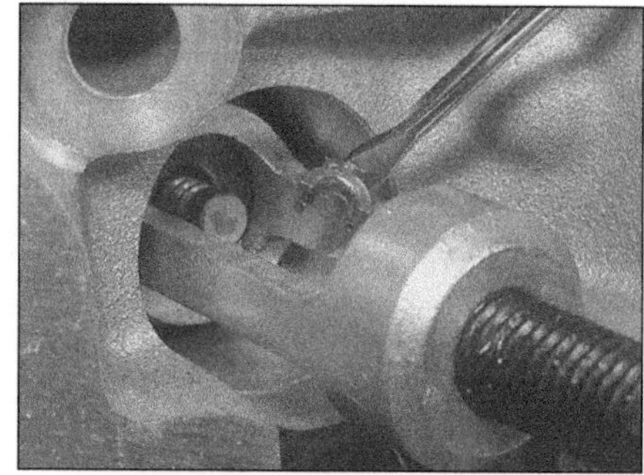

8.4 Tryck ihop ventilen och placera knastren i fördjupningen i ventilskaftet

3 Sätt fjädern på tätningen och sätt på den övre fjäderbrickan **(se bild)**.

4 Tryck ihop ventilfjädern och sätt de delade knastren i ventilskaftets fördjupning **(se bild och Haynes tips)**. Lossa fjäderspännaren och upprepa proceduren på de återstående ventilerna.

5 När alla ventiler är installerade, stötta upp topplocket på klossar på en arbetsbänk och knacka på änden av varje ventilskaft med hammare och träblock, så att delarna sätter sig på plats.

6 Montera de komponenter som togs bort i avsnitt 6, punkt 1.

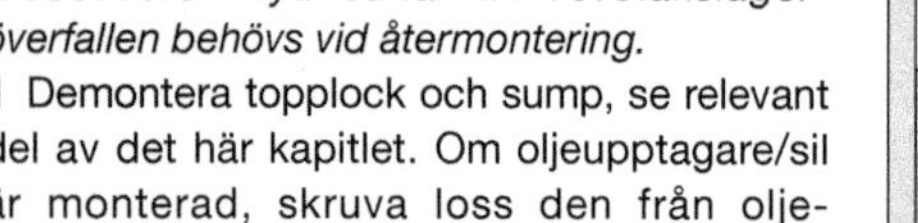

9 Kolvar/vevstakar – demontering

Observera: *Nya bultar till vevstakslager-överfallen behövs vid återmontering.*

1 Demontera topplock och sump, se relevant del av det här kapitlet. Om oljeupptagare/sil är monterad, skruva loss den från olje-pumpens fot.

2 Om cylinderloppens övre delar har tydliga slitagespår ska de tas bort med skrapa eller skavstål innan kolvarna demonteras eftersom spåren kan skada kolvringarna. Sådana spår är tecken på hårt slitage i cylinderloppet.

3 Om vevstakarna och vevstakslageröverfallen inte har märkts för att ange läget i motorblocket (dvs. märkts med cylindernummer), märker du både vevstaken och överfallet på lämpligt sätt med snabbtorkande färg el. dyl. Notera vilken sida av motorn markeringarna är vända mot och anteckna även det.Det kanske inte finns något annat sätt att se åt vilket håll överfallet ska sitta på vevstaken vid återmonteringen.

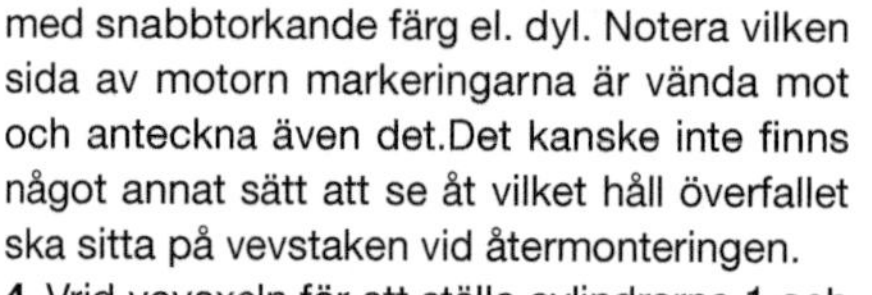

4 Vrid vevaxeln för att ställa cylindrarna 1 och 4 i nedre dödpunkten.

5 Skruva loss bultarna från vevstakslager-överfallet på kolv nr 1, ta sedan bort överfallet och ta vara på lagerskålens nedre halva. Tejpa ihop lagerskålarna med lageröverfallen om skålarna ska återanvändas.

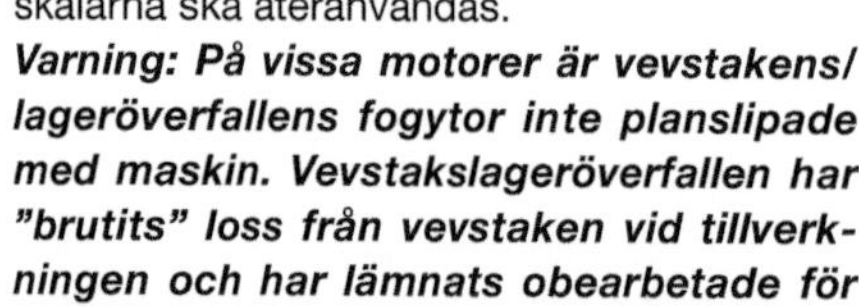

Varning: På vissa motorer är vevstakens/ lageröverfallens fogytor inte planslipade med maskin. Vevstakslageröverfallen har "brutits" loss från vevstaken vid tillverk-ningen och har lämnats obearbetade för att garantera att överfall och stake passar ihop perfekt. När du monterar denna typ av vevstake måste du vara mycket försiktig och se till att överfallets och vevstakens fogytor inte märks eller skadas. Alla skador på fogytorna inverkar negativt på vevstakens styrka och kan förkorta dess livslängd.

HAYNES TIPS

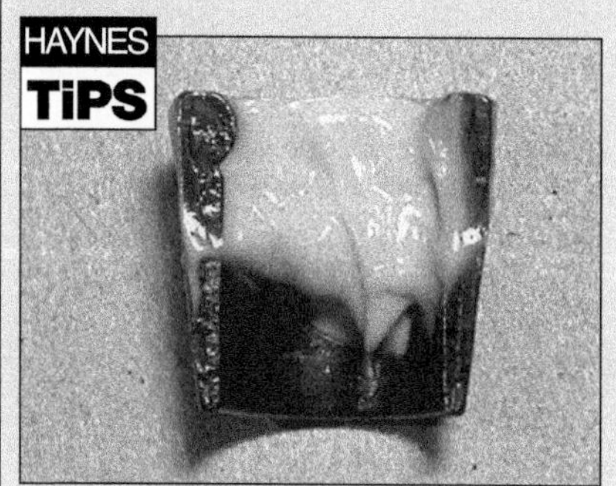

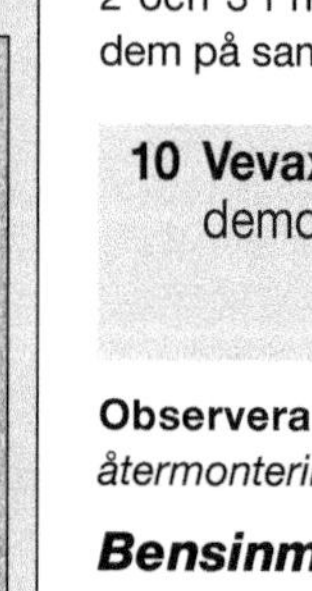

Använd lite fett för att hålla knastren på plats på ventilskaften medan fjäder-kompressorn lossas.

6 Använd ett hammarskaft för att skjuta upp kolven genom loppet och ta bort den från motorblocket. Ta loss lagerskålen och tejpa fast den på vevstaken så att den inte kommer bort.

7 Placera lageröverfallet löst på vevstaken och fäst det med muttrarna/bultarna – på så sätt blir det lättare att hålla komponenterna i rätt ordning.

8 Ta bort kolv nr 4 på samma sätt.

9 Vrid vevaxeln 180° för att ställa cylindrarna 2 och 3 i nedre dödpunkten och demontera dem på samma sätt.

10 Vevaxel – demontering

Observera: *Nya ramlagerbultar behövs vid återmonteringen.*

Bensinmotorer

1 Demontera svänghjulet och oljepumpen enligt beskrivningen i del A i detta kapitel.

2 Demontera enheterna kolvar och vevstakar enligt beskrivningen i avsnitt 9. Om inget arbete ska utföras på kolvarna och vevstakarna

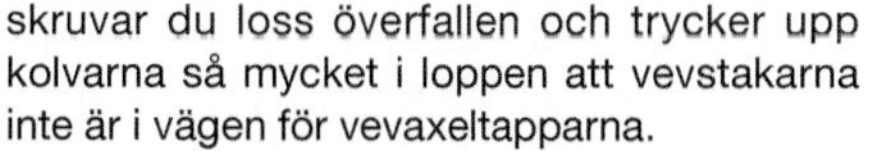

10.3 Kontrollera vevaxelns axialspel med mätklocka . . .

10.4 . . . eller bladmått

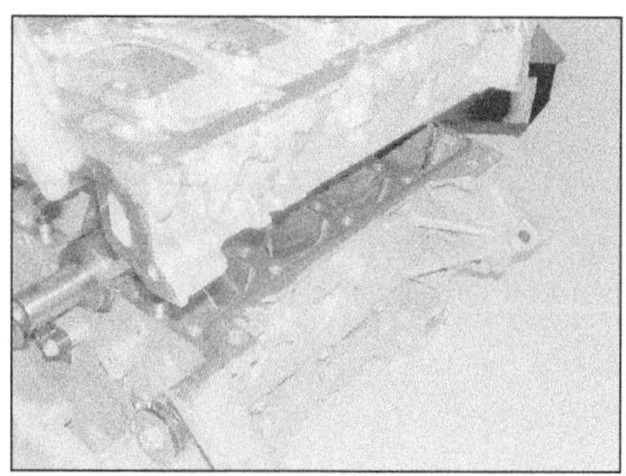

10.5 Lyft av det nedre höljet från motorblocket

skruvar du loss överfallen och trycker upp kolvarna så mycket i loppen att vevstakarna inte är i vägen för vevaxeltapparna.

3 Innan du tar bort vevaxeln, kontrollera axialspelet med en mätklocka som hålls mot vevaxelns ände. Tryck vevaxeln helt åt ena hållet och nollställ mätklockan. Tryck vevaxeln helt åt andra hållet och mät axialspelet **(se bild)**. Resultatet jämförs med det angivna gränsvärdet och ger en uppfattning om hur bred ramlagerskålen ska vara vid ihopsättningen.

4 Om mätklocka inte är tillgänglig kan ett bladmått användas för att mäta vevaxelns axialspel. Tryck vevaxeln helt åt ena änden av vevaxeln och sätt in ett bladmått mellan ramlagerskålens tryckfläns och den bearbetade ytan på vevaxelns mellanstycken **(se bild)**. Innan du mäter, se till att vevaxeln har tryckts ända till vevhusets ena ände så att avståndet vid mätpunkten är så stort som möjligt. **Observera:** *Mät vid lagret med tryckbrickan (se avsnitt 17).*

5 Lossa jämnt och stegvis de nedre fästbultarna på motorblockets hölje och ta bort höljet från motorblocket **(se bild)**. Lyft upp de nedre ramlagerskålarna från höljet. Om styrstiften sitter löst, ta bort dem och förvara dem tillsammans med höljet.

6 Lyft försiktigt ut vevaxeln och se till att inte rubba de övre ramlagerskålarna.

7 Ta vara på de övre ramlagerskålarna från motorblocket och tejpa fast dem i respektive överfall.

Dieselmotorer

8 Demontera svänghjulet/drivplattan, oljepumpen och vevaxelns vänstra packboxhus enligt beskrivningen i del B eller C i det här kapitlet (efter tillämplighet).

9 Demontera enheterna kolvar och vevstakar enligt beskrivningen i avsnitt 9. Om inget arbete ska utföras på kolvarna och vevstakarna skruvar du loss överfallen och trycker upp kolvarna så mycket i loppen att vevstakarna inte är i vägen för vevaxeltapparna.

10 Innan du demonterar vevaxeln, kontrollera axialspelet enligt beskrivningen i punkt 3 och 4.

11 Kontrollera att ID-märkning finns på ramlageröverfallen. Lageröverfall nr 1 (kamremsänden) är vanligen inte märkt och de återstående överfallen är numrerade med I, II, III och IIII. Tappen vid överfallets botten används för att identifiera insugsgrenrörssidan av motorn **(se bilder)**. Om lageröverfallen inte är märkta, använd en hammare och körnare eller en lämplig märkpenna och numrera överfallen från 1 till 5 med början vid kamremsänden av motorn och märk också ut den rätta monteringsriktningen på varje överfall för att undvika förvirring vid återmonteringen.

12 Arbeta i diagonal riktning och lossa jämnt och stegvis de tio fästbultarna till ramlageröverfallen ett halvt varv i taget tills alla bultar är lösa. Ta bort alla bultar.

13 Ta försiktigt bort varje överfall från motorblocket och se till att den nedre ramlagerskålen behåller sitt läge i överfallet.

14 Lyft försiktigt ut vevaxeln och se till att inte rubba de övre ramlagerskålarna.

15 Ta vara på de övre ramlagerskålarna och tryckbrickorna från motorblocket och tejpa fast dem i respektive överfall.

11 Motorblock – Rengöring och kontroll

Rengöring

1 För fullständig rengöring, ta bort alla externa komponenter (givare, sensorer, fästbyglar, oljerör, kylvätskerör etc.) från motorblocket.

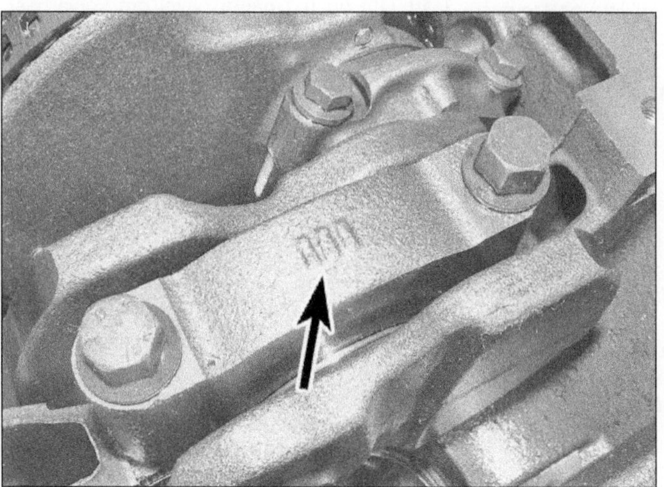

10.11a ID-märkning på ramlageröverfall (se pil) . . .

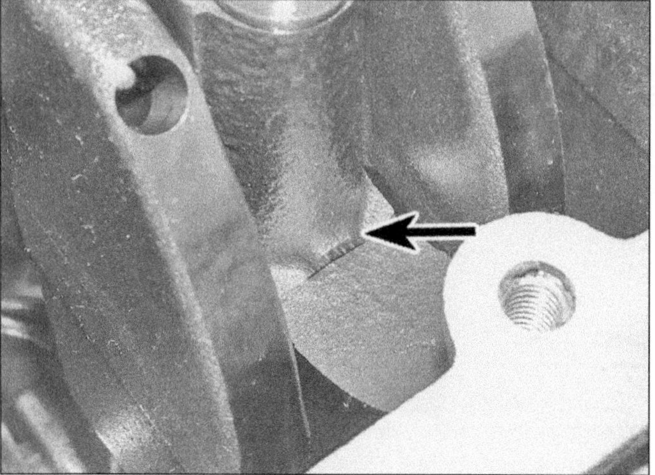

10.11b . . . och tappen vid överfallets botten (se pil) används för att identifiera insugsgrenrörssidan av motorn – dieselmotorer

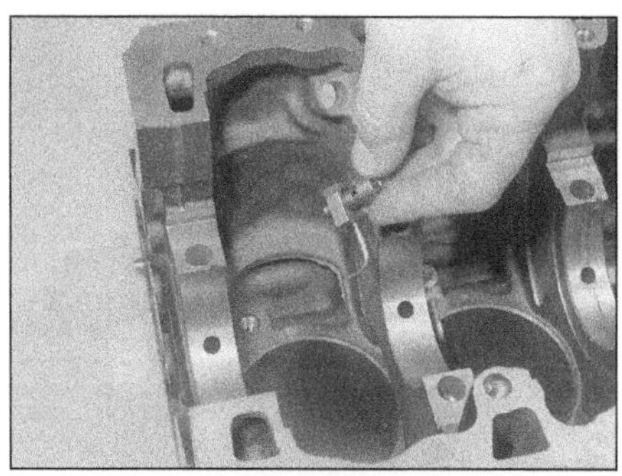

11.3 På dieselmotorer skruvar du loss fästbultarna och tar bort kolvoljemunstyckena från motorblocket

2 Skrapa bort alla spår av packning och/ eller tätningsmedel från motorblocket och dess nedre hölje (i förekommande fall) och var särskilt noga med att inte skada fogytorna på motorblocket och sumpen.

3 Ta bort alla pluggar från oljeledningarna, i förekommande fall. Pluggarna sitter oftast mycket hårt – de kan behöva borras ut och hålen gängas om. Använd nya pluggar när motorn monteras ihop. På dieselmotorer, skruva loss fästbultarna och ta bort kolvarnas oljemunstycken som sitter inuti motorblocket **(se bild)**.

4 Om motorblocket och dess nedre hölje (i förekommande fall) är mycket smutsiga bör de ångrengöras.

5 Om komponenterna har rengjorts med ånga, avsluta med att rengöra alla oljehål och oljeledningar en gång till.Spola alla invändiga genomgångsöppningar med varmt vatten tills vattnet är rent.Torka noga motorblocket och vid behov dess nedre hölje och torka alla bearbetade ytor med tunn olja. Använd om möjligt tryckluft för att skynda på torkningen och blåsa rent i alla oljehål och kanaler.

Varning: Bär skyddsglasögon vid arbete med tryckluft.

6 Om motorblocket och dess nedre hölje redan är ganska rena räcker det att rengöra dem med varmt vatten med tvållösning och en hård borste.Var noggrann vid rengöringen. Oavsett vilken rengöringsmetod du använder bör du se till att rengöra alla oljehål och -ledningar mycket noggrant, torka allting helt torrt och smörja in alla slipade gjutjärnsytor med tunn olja.

12.2 Använd ett bladmått för att ta bort en kolvring

7 De gängade hålen i motorblocket måste vara rena för att garantera att momenten på fästanordningar som dras åt blir korrekt avlästa vid återmonteringen. Sätt in gängtappar av rätt storlek (vilket bestäms med ledning av motsvarande bultstorlek) i alla hål för att ta bort rost, korrosion, gängtätningsmedel och annan smuts och för att återställa skadade gängor. Använd om möjligt tryckluft för att få bort restprodukter ur hålen. Glöm inte att också rengöra gängorna på alla bultar och muttrar som ska återanvändas.

8 Lägg vid behov ett lager med tätningsmedel på de nya oljeledningspluggarna och montera dem i respektive hål på motorblocket. Dra åt pluggarna ordentligt. På dieselmotorer, montera oljemunstyckena i motorblocket och fäst dem genom att dra åt fästskruvarna ordentligt.

9 Om motorn ska lämnas demonterad ett tag täcker du motorblocket med en stor plastpåse för att hålla den ren och förhindra korrosion. Sätt i förekommande fall tillbaka det nedre höljet och dra åt bultarna för hand.

Kontroll

10 Kontrollera om motorblocket uppvisar sprickor, rost eller korrosion. Leta efter skadade gängor i hålen. Det kan också vara bra att låta en motorrenoveringsspecialist, som har särskild utrustning för detta slags arbete, kontrollera om motorblocket har dolda sprickor, särskilt om bilen tidigare ofta blivit överhettad eller förbrukat kylvätska. Om skador upptäcks, låt reparera motorblocket eller byt det.

11 Om du har några tvivel om motorblockets skick, låt en motorrenoveringsspecialist kontrollera och mäta det. Om loppen är slitna eller skadade kan en sådan firma vid behov utföra omborrning (om möjligt) och leverera rätt kolvar av överstorlek, etc.

12 Kolvar/vevstakar – kontroll

1 Innan kontrollen påbörjas måste kolvarna/ vevstakarna rengöras, och de ursprungliga kolvringarna tas bort från kolvarna. **Observera:** *Använd alltid nya kolvringar när motorn monteras ihop.*

2 Dra försiktigt bort de gamla ringarna från kolvarna. Använd två eller tre gamla bladmått för att hindra att ringarna fastnar i tomma spår **(se bild)**. Men var försiktig eftersom kolvringarna är vassa.

3 Skrapa bort alla spår av sot från kolvens överdel. En vanlig stålborste (eller finkornig smärgelduk) kan användas när de flesta avlagringar har skrapats bort.

4 Ta bort sotet från ringspåren i kolven med hjälp av en gammal ring. Bryt ringen i två delar (var försiktig så du inte skär dig – kolvringar är vassa). Var noga med att bara ta bort sotavlagringarna – ta inte bort någon metall och gör inga hack eller repor i sidorna på ringspåren.

5 När avlagringarna har tagits bort, rengör kolven/vevstaken med fotogen eller annat lämpligt lösningsmedel och torka ordentligt. Se till att oljereturhålen i ringspåren är fria.

6 Om kolvarna och cylinderloppen inte är skadade eller påtagligt slitna, och om motorblocket inte behöver borras om, kan originalkolvarna monteras tillbaka. Normalt kolvslitage visar sig som jämnt vertikalt slitage på kolvens stötytor, och som att den översta ringen sitter något löst i sitt spår. Använd alltid nya kolvringar när motorn monteras ihop.

7 Gör en noggrann granskning av varje kolv beträffande sprickor kring manteln, runt kolvtappens hål och på ytorna mellan ringspåren.

8 Leta efter spår och repor på stötytor, hål i kolvmanteln eller kolvkronorna och brända områden på kronänden. Om manteln är repad eller nött kan det bero på att motorn har överhettats och/eller på onormal förbränning ("spikning") som orsakat för höga arbetstemperaturer. Kontrollera kyl- och smörjningssystemen noga. Ett hål i kolvkronan eller brända områden i kanten av kolvkronan är tecken på att onormal förbränning (förtändning, "spikning", tändningsknack) har ägt rum. Vid något av ovanstående problem måste orsakerna undersökas och åtgärdas, annars kommer skadan att uppstå igen.

9 Punktkorrosion på kolven är tecken på att kylvätska har läckt in i förbränningskammaren och/eller vevhuset. Även här måste den bakomliggande orsaken åtgärdas, annars kan problemet bestå i den ombyggda motorn.

10 Om du har några tvivel om kolvarnas/ vevstakarnas eller motorblockets skick, låt en motorrenoveringsspecialist kontrollera och mäta dem. Om nya delar behövs kan en sådan firma leverera och montera kolvar/ringar av rätt storlek och utföra omborrning (om det är möjligt) eller finslipa motorblocket.

13 Vevaxel – kontroll

1 Rengör vevaxeln med fotogen eller annat lämpligt lösningsmedel och torka den. Använd helst tryckluft om det finns tillgängligt. Var noga med att rengöra oljehålen med piprensare eller liknande så att de inte är igensatta.

Varning: Bär skyddsglasögon vid arbete med tryckluft.

2 Kontrollera ramlagertappar och vevlagertappar beträffande ojämnt slitage, repor, gropigheter eller sprickor.

3 Slitage i vevstakslagren åtföljs av märkbara metalliska knackningar när motorn är igång (de märks särskilt tydligt när motorns varvtal ökar från lågt varvtal), samt en viss minskning av oljetrycket.

4 Slitage i ramlagret åtföljs av starka motorvibrationer och ett dovt ljud – som ökar i takt med att motorns varvtal ökar – samt minskning av oljetrycket.

5 Kontrollera om lagertapparna är sträva genom att dra fingret försiktigt över lagerytan. Om du upptäcker ojämnheter (som också orsakar märkbart lagerslitage) måste vevaxeln borras om.

6 Om vevaxeln har borrats om, kontrollera om det finns borrskägg runt vevaxelns oljehål (hålen är oftast fasade, så borrskägg bör inte vara något problem om inte omborrningen har skötts slarvigt). Ta bort eventuella borrskägg med en fin fil eller avskrapare, och rengör oljehålen noga enligt beskrivningen ovan.

7 Låt en motorrenoveringsspecialist mäta vevaxeltapparna. Om vevaxeln är nött eller skadad kan de borra om tapparna och tillhandahålla lagerskålar av passande understorlek. Om inga skålar av understorlek är tillgängliga och vevaxelns nötning överstiger den tillåtna gränsen måste den bytas ut. Kontakta din Saab-verkstad eller motorrenoveringsspecialist för mer information om tillgängliga delar.

8 Om en ny vevaxel ska monteras, skruva loss skruvarna som håller fast pulsringen till vevaxelns lägesgivare till vevaxeln och för över ringen till den nya vevaxeln **(se bild)**.

14 Ram- och vevlager – kontroll

1 Även om ramlagren och vevstakslagren bör bytas ut under motorrenoveringen bör de gamla lagren behållas för närmare undersökning eftersom de kan ge värdefull information om motorns skick.

2 Lagerfel kan uppstå på grund av bristande smörjning, förekomst av smuts eller främmande partiklar, överbelastning av motorn eller korrosion **(se bild)**. Orsaken till ett lagerfel måste hittas och åtgärdas innan motorn sätts ihop, så att felet inte uppstår igen.

3 När du ska undersöka lagerskålarna, ta bort dem från motorblocket, ramlageröverfallen eller motorblockets nedre hölje, vevstakarna och vevstakslageröverfallen. Placera ut dem på en ren yta i samma ordning som de monterades i motorn. På så sätt ser du vilken vevtapp som har orsakat lagerproblemen.

4 Smuts och andra partiklar kan komma in i motorn på flera olika sätt. Smuts kan t.ex. finnas kvar i motorn från ihopsättningen, eller komma in genom filter eller vevhusventilationssystemet. Normalt motorslitage ger upphov till små metallpartiklar som på längre sikt kan orsaka problem.Om partiklar kommer in i smörjningssystemet är det troligt att de så småningom förs vidare till lagren. Sådana främmande föremål bäddas ofta så småningom in i det mjuka lagermaterialet och är lätta att upptäcka. Stora partiklar bäddas inte in i lagret, de repar eller gör hål i lagret och axeltappen. Förebygg sådan nedsmutsning genom att noggrant rengöra alla delar och hålla dem alldeles rena under hopsättningen av motorn.När motorn sedan är installerad i bilen, se till att byte av motorolja och filter görs med de rekommenderade intervallen.

5 Oljebrist har ett antal relaterade orsaker. Överhettning (som tunnar ut oljan), överbelastning (som tränger undan oljan från lagerytan) och oljeläckage (p.g.a. för stora lagerspel, sliten oljepump eller höga motorvarv) kan orsaka problemet. Även igensatta oljekanaler, som kan bero på felinpassade oljehål i en lagerskål, stryper oljetillförseln till ett lager och förstör det. Om ett lagerhaveri beror på oljebrist, slits eller pressas lagermaterialet bort från lagrets stålstödplatta. Temperaturen kan stiga så mycket att stålplattan blir blå av överhettning.

6 Körvanorna kan påverka lagrens livslängd betydligt. Full gas från låga varv (segdragning) belastar lagren mycket hårt och tenderar att pressa ut oljefilmen. Dessa belastningar kan få lagren att vika sig, vilket leder till fina sprickor i lagerytorna (utmattningsfel). Till sist kommer lagermaterialet att lossna på vissa ställen och slitas bort från stålplattan. Ofta förekommande korta resor kan orsaka korrosion i lagren eftersom den producerade motorvärmen är för låg för att eliminera kondenserat vatten och korrosionsbildande gaser som bildas i motorn.Dessa restprodukter samlas istället i motoroljan och bildar syra och slam. När oljan sedan leds till motorlagren angriper syran lagermaterialet.

7 Felaktig lagerinställning vid ihopmonteringen av motorn leder också till lagerhaveri. Hårt sittande lager ger otillräckligt spel för lagersmörjning, vilket resulterar i att oljan inte kommer fram. Smuts eller främmande partiklar som fastnat bakom en lagerskål kan resultera i högre punkter på lagret, vilket i sin tur kan leda till haveri.

8 Rör inte vid lagerskålarnas lageryta med fingrarna vid monteringen. Du kan råka skrapa eller förorena den känsliga ytan.

9 Som nämndes i början av det här avsnittet bör lagerskålarna normalt bytas vid motorrenovering. Allt annat är dålig ekonomi.

13.8 Överför pulsringen för vevaxelns lägesgivare till den nya vevaxeln

15 Motoröversyn – ihopsättningsordning

1 Innan du påbörjar ihopsättningen, se till att du har alla nödvändiga delar (särskilt packningar och diverse bultar som måste bytas) och alla nödvändiga verktyg.Läs igenom hela monteringsordningen för att bli bekant med de arbeten som ska utföras, och för att kontrollera att alla nödvändiga delar och verktyg för återmontering av motorn finns till hands. Förutom alla vanliga verktyg och material behövs gänglåsmassa. Du kommer att behöva en tub lämpligt tätningsmedel för att täta vissa fogytor som inte är utrustade med packningar.

2 För att spara tid och undvika problem bör ihopsättningen av motorn utföras i följande ordningsföljd:

Bensinmotorer

a) Kolvringar (se avsnitt 16).
b) Vevaxel (se avsnitt 17).
c) Kolvar/vevstakar, enheter (se avsnitt 18).

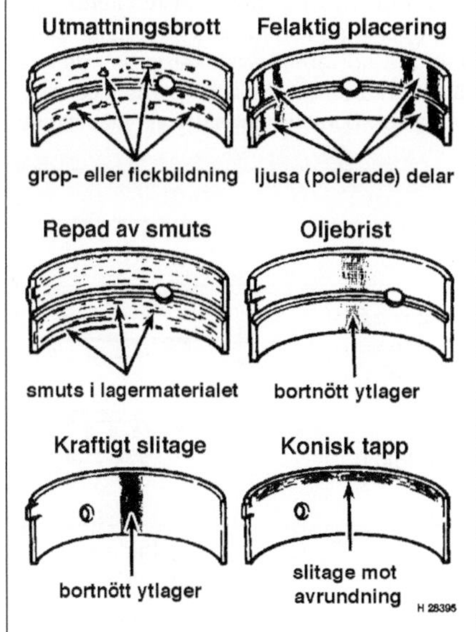

14.2 Typiska lagerbrott.

16.4 Mät kolvringens ändgap med ett bladmått

d) Oljepump (se kapitel 2A).
e) Sump (se kapitel 2A).
f) Svänghjul (se kapitel 2A).
g) Topplock (se kapitel 2A).
h) Kylvätskepump (se kapitel 3).
i) Kamkedja och drev (se kapitel 2A).
j) Insugs- och avgasgrenrör (se kapitel 4A).

Dieselmotorer

a) Kolvringar (se avsnitt 16).
b) Vevaxel (se avsnitt 17).
c) Kolvar/vevstakar, enheter (se avsnitt 18).
d) Topplock (se kapitel 2B eller 2C).
e) Oljepump (se kapitel 2B eller 2C).
f) Sump (se kapitel 2B eller 2C).
g) Svänghjul/drivplatta (se kapitel 2B eller 2C).
h) Kylvätskepump (se kapitel 3).
i) Kamrem, drev, spännare och tomgångsöverföring (se kapitel 2B eller 2C).
j) Insugs- och avgasgrenrör (se kapitel 4B).

16 Kolvringar – återmontering

1 Innan de nya kolvringarna monteras ska deras öppningar kontrolleras på följande sätt.

2 Lägg ut kolvarna/vevstakarna och de nya kolvringarna så att ringarna paras ihop med samma kolv och cylinder såväl vid mätning av

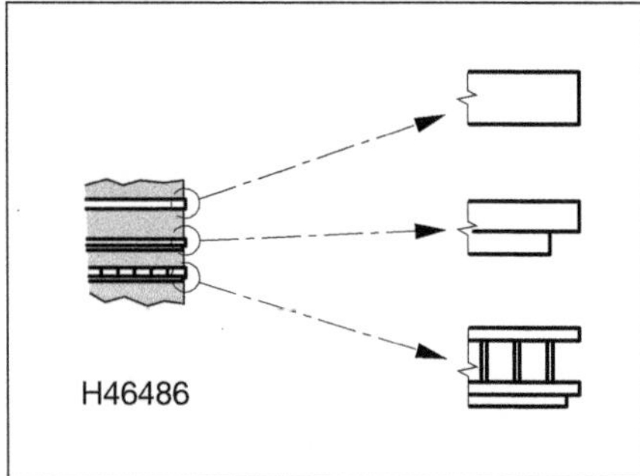

16.9b Genomskärningsbild av kolvringar – bensin- och dieselmodeller

1 Övre kompressionsringen
2 Andra kompressionsringen
3 Oljeskrapringen

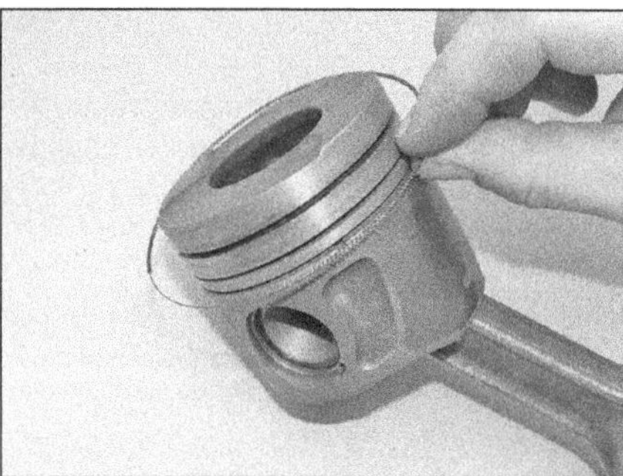

16.9a Montera den fjädrande oljeskrapringen

ändgapen som vid efterföljande ihopsättning av motorn.

3 Montera den övre ringen i den första cylindern och tryck ner den en aning i loppet med överdelen av kolven. Då hålls ringen i rät vinkel mot cylinderväggarna. Tryck ner ringen i loppet tills den sitter 15 till 20 mm under loppets överkant, dra sedan ut kolven.

4 Mät ändgapet med bladmått och jämför de uppmätta värdena med siffrorna i Specifikationer **(se bild)**.

5 Om öppningen är för liten (inte troligt om äkta Saab-delar används) måste den förstoras, annars kommer ringändarna i kontakt med varandra medan motorn körs och omfattande skador uppstår. Helst bör nya kolvringar med rätt ändgap monteras, men som nödfallsåtgärd kan ändgapet förstoras genom att ringens ändar slipas försiktigt med en fin fil. Montera filen i ett skruvstäd med mjuka käftar, sätt ringen på filen så att ändarna har kontakt med filens yta och rör ringen sakta så att du nöter bort material från dess ändar – var försiktig eftersom kolvringar är vassa och lätt går sönder.

6 Med nya kolvringar är det inte troligt att öppningen är för stor. Om de är för stora, kontrollera att du har rätt ringar för din motor och speciella cylinderloppsstorlek.

7 Upprepa kontrollen av alla ringar i cylinder nr 1 och sedan av ringarna i de återstående cylindrarna. Kom ihåg att hålla ihop ringar, kolvar och cylindrar.

8 När ringarnas ändgap har kontrollerats, och eventuellt justerats, kan de demonteras på kolvarna.

9 Oljeskrapringen (längst ner på kolven) består av tre delar och bör sättas dit först. Sätt på den nedre stålringen och sedan den fjädrande ringen, följd av den övre stålringen **(se bilder)**.

10 När oljekomponenterna är installerade kan du montera den andra (mittersta) ringen. Den är vanligen märkt med ordet (TOP) som ska peka uppåt mot kolvens överdel. **Observera:** *Följ alltid instruktionerna som medföljer de nya uppsättningarna med kolvringar – olika tillverkare kan ange olika tillvägagångssätt.* Förväxla inte den övre och den andra kompressionsringen, eftersom de ser olika ut i genomskärning. Använd två eller tre gamla bladmått, som vid borttagningen av de gamla ringarna, och låt ringen sakta glida på plats i mittspåret.

11 Sätt på den översta ringen på samma sätt och se till att ringens märkning, om den är märkt, vänds uppåt.Om ringen som ska monteras har en profil med avsatser, vänd den så att avsatsen med minst diameter hamnar överst.

12 Upprepa proceduren för återstående kolvar och ringar.

17 Vevaxel – återmontering

Observera: *Vi rekommenderar att du sätter in nya ramlagerskålar oavsett skicket på de ursprungliga skålarna.*

1 Återmontering av vevaxeln är första steget vid ihopsättningen av motorn. Vid den här punkten förutsätter vi att motorblocket, dess nedre hölje (i förekommande fall) och vevaxeln har genomgått nödvändig rengöring, undersökning, reparation eller renovering.

2 Sätt i motorblocket med fogytan på sumpen/nedre höljet uppåt.

3 Rengör lagerskålarna och lagersätena i både motorblocket och det nedre höljet/överfallen. Om nya lagerskålar används ska alla spår av skyddsfett först tvättas bort med fotogen. Torka lagerskålarna med en ren, luddfri trasa.

4 Observera att vevaxelns axialspel kontrolleras av tryckbrickor som sitter på en av ramlagerskålarna. Tryckbrickorna kan vara separata från, fästa vid eller sitta inuti själva lagerskålarna.

5 Om de ursprungliga lagerskålarna ska återanvändas måste de sättas tillbaka på sina ursprungliga platser i motorblocket, dess nedre hölje eller överfallen.

6 Sätt fast lagerskålarna på sina platser i motorblocket och se till att skålarnas flikar hakar i motsvarande hack i motorblocket **(se bild)**. Om tryckbrickorna är separata, smörj dem med litet fett så att de sitter fast på båda sidor om respektive övre ramlagerskåls placering. Se till att oljerännorna på brickorna är vända utåt (från motorblocket).

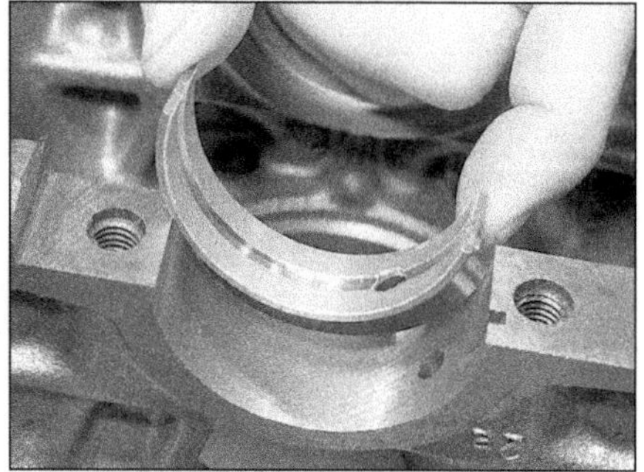

17.6 Montera ramlagerskålen på motorblocket

Bensinmotorer

7 Smörj alla lagerskålar i motorblocket ordentligt och sänk vevaxeln till rätt läge.

8 Använd vid behov en mjuk klubba och knacka med lätta slag mot vevaxelns balansmotvikter för att rikta vevaxeln.

9 Montera lagerskålarna i motorblockets nedre hölje.

10 Se till att fogytorna på motorblocket och dess nedre hölje är rena och torra, stryk sedan ut en sträng tätningsmedel med 2 till 5 mm diameter (säljs av Saab-verkstäder) på spåret i motorblocket **(se bild)**.

11 Placera det nedre höljet över vevaxeln och på motorblocket.

12 Montera de tjugo nya M10 bultarna och de tio M8-bultarna och dra åt bultarna så mycket det går för hand.

13 Arbeta diagonalt från mitten utåt, dra åt de tjugo M10-bultarna på nedre höljet till angivet moment för steg 1.

14 När alla M10-bultarar har dragits åt till angivet moment för steg 1 går du varvet runt igen och drar åt dem till angiven vinkel för steg 2 och sedan går du runt ett varv till och drar åt dem till angiven vinkel för steg 3. Använd ett vinkelmått under slutstegen för att garantera att bultarna dras åt korrekt **(se bild)**. Om du inte har någon vinkelmätare kan du måla inställningsmarkeringar mellan bultskallen och höljet med vit färg innan du drar åt. Markeringarna kan sedan användas för att kontrollera att bulten har vridits till rätt vinkel.

15 När alla M10-bultar är åtdragna, drar du åt M8-bultarna till angivet moment genom att arbeta diagonalt från mitten utåt.

16 Kontrollera att vevaxeln är fri och kan rotera jämnt. Om det behövs för stort tryck för att vrida vevaxeln bör du undersöka orsaken innan du fortsätter.

17 Kontrollera vevaxelns axialspel enligt beskrivningen i avsnitt 10.

18 Sätt tillbaka/återanslut enheterna kolvar/vevstakar på vevaxeln enligt beskrivningen i avsnitt 18.

19 Se del A i detta kapitel, montera en ny packbox på vänster vevaxel, sätt sedan tillbaka sump, svänghjul/drivplatta, topplock och kamkedjor och drev.

Dieselmotorer

20 Smörj alla lagerskålar i motorblocket ordentligt och sänk vevaxeln till rätt läge.

21 Använd vid behov en mjuk klubba och knacka med lätta slag mot vevaxelns balansmotvikter för att rikta vevaxeln.

22 Montera lagerskålarna i lageröverfallen.

23 Smörj lagerskålarna i lageröverfallen och vevaxeltapparna, montera sedan överfallen och se till att montera dem på rätt plats vända åt rätt håll.Montera och dra åt de nya bultarna så mycket det går för hand.

24 Arbeta i en spiralrörelse från mitten utåt, dra åt de tjugo M10-bultarna på ramlageröverfallen till angivet moment för steg 1.

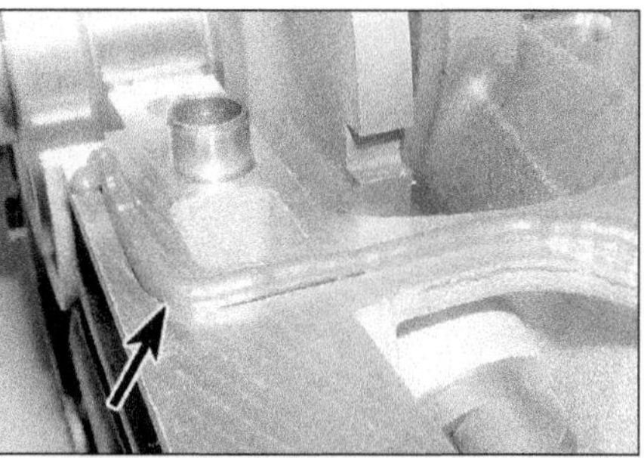

17.10 Stryk ut en sammanhängande sträng tätningsmedel (se pil) i spåret på motorblocket

25 När alla bultar dragits åt till angivet moment för steg 1, går du varvet runt igen och drar åt alla bultarna till den angivna vinkeln för steg 2. Använd en vinkelmätare vid de avslutande stegen för att garantera att bultarna dras åt korrekt. Om du inte har någon vinkelmätare kan du måla inställningsmarkeringar mellan bultskallen och överfallet med vit färg innan du drar åt. Markeringarna kan sedan användas för att kontrollera att bulten har vridits till rätt vinkel.

26 Kontrollera att vevaxeln är fri och kan rotera jämnt. Om det behövs för stort tryck för att vrida vevaxeln bör du undersöka orsaken innan du fortsätter.

27 Kontrollera vevaxelns axialspel enligt beskrivningen i avsnitt 10.

28 Sätt tillbaka/återanslut enheterna kolvar/vevstakar på vevaxeln enligt beskrivningen i avsnitt 18.

29 Se del B eller C i detta kapitel, montera ny(tt) packbox/hus på vänster vevaxel, sätt sedan tillbaka oljepump, sump, svänghjul/drivplatta, topplock, kamremsdrev och montera en ny kamrem.

18 Kolvar/vevstakar – återmontering

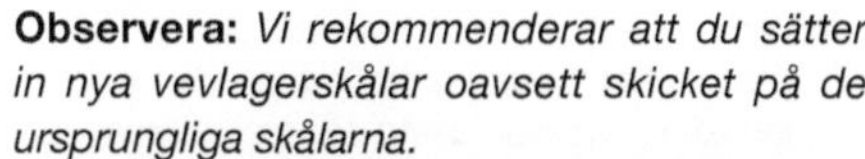

Observera: *Vi rekommenderar att du sätter in nya vevlagerskålar oavsett skicket på de ursprungliga skålarna.*

1 Rengör baksidorna på vevlagerskålarna och fördjupningarna i vevstakarna och vevstakslageröverfallen. Om nya lagerskålar används ska alla spår av skyddsfett först tvättas bort med fotogen. Torka rent skålarna, överfallen och vevstakarna med en luddfri trasa.

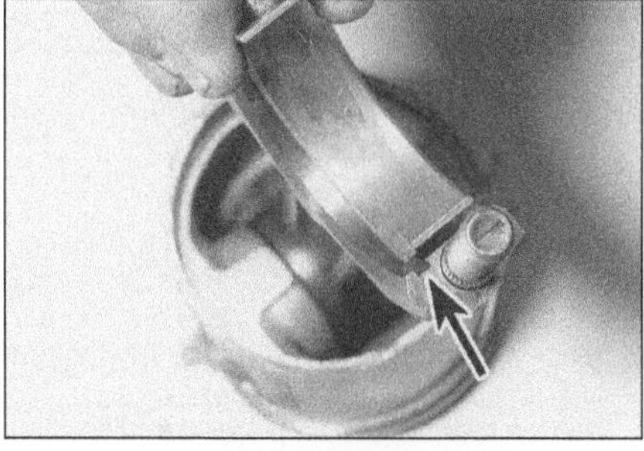

18.2 Montera lagerskålarna och se till att flikarna placeras rätt i motsvarande spår på vevstake/överfall (se pil)

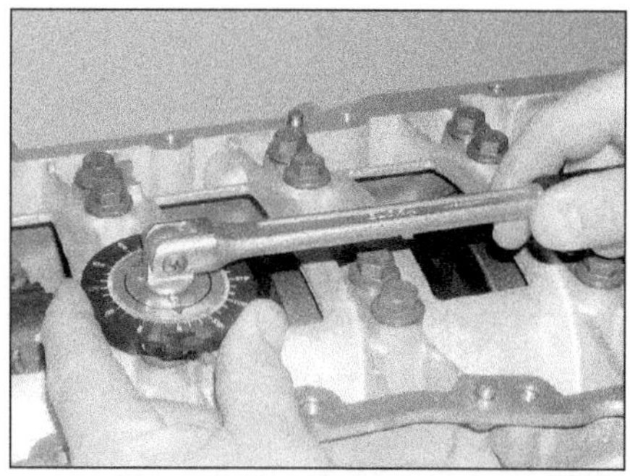

17.14 Dra åt bultarna på motorblockets nedre fäste till angivna vinklar

2 Tryck in lagerskålarna på sina platser och se till att skålarnas flikar hakar i hacken på vevstaken och överfallet **(se bild)**. Om det inte finns någon flik på lagerskålen (och inget hack i vevstaken eller överfallet) ska skålen placeras lika långt från vevstaken och överfallet. Om de ursprungliga lagerskålarna används måste de monteras på sina ursprungliga platser.

3 Smörj loppen, kolvarna och kolvringarna och placera sedan varje enhet med kolvar/vevstakar på rätt plats **(se bild)**.

Bensinmotorer

4 Smörj kolv nr 1 med kolvringar och kontrollera att ringarnas ändgap är rätt placerade. Gapen på de övre och nedre stålringarna i oljeskrapringen ska sitta med 25 till 50 mm förskjutning åt höger och vänster i förhållande till den fjädrande mellanringens ändgap. De två översta kompressionsringarnas ändgap ska förskjutas med 180° i förhållande till varandra **(se bild)**.

5 Sätt en ringkompressor på kolv nr 1, sätt sedan in kolven och vevstaken i cylinderloppet så att kompressorns bas står på motorblocket. När vevstakslagertappen står på sin lägsta punkt knackar du försiktigt ned kolven i cylinderloppet med ett hammarskaft av trä samtidigt som du styr vevstaken mot lagertappen. Observera att pilen på kolvkronan

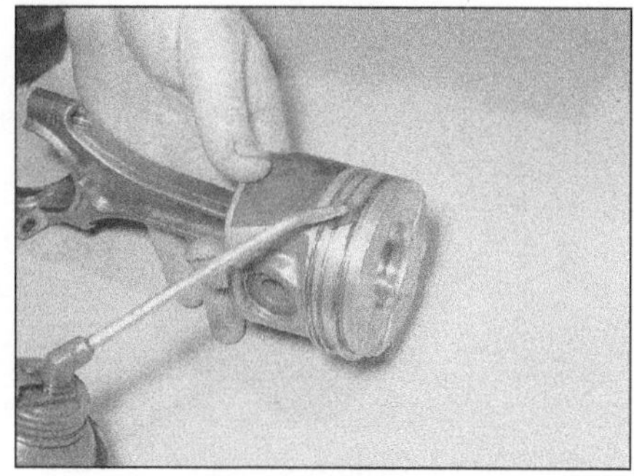

18.3 Smörj kolvringarna med ren motorolja

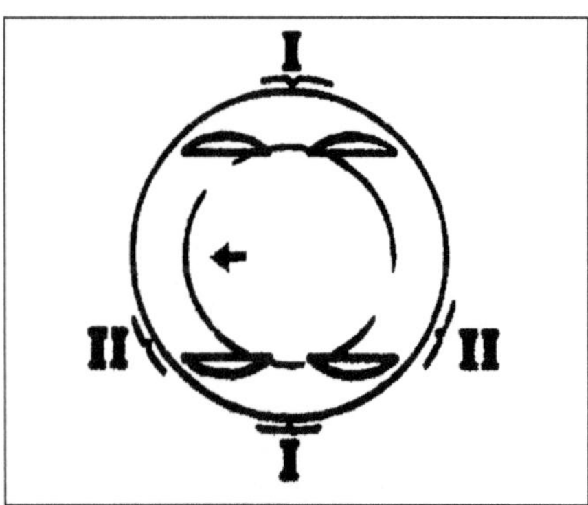

18.4 Placering av kolvringens ändgap – bensinmotorer

I Övre och andra kompressionsringen
II Oljeskrapringens sidoskenor

måste peka åt kamkedjeänden av motorn **(se bilder)**.

6 Smörj lagertapparna och lagerskålarna ordentligt och montera lageröverfallet på dess ursprungliga plats (lagerflikens hack i överfallet och vevstaken måste hamna mittemot varandra).

7 Skruva in lageröverfallens nya fästskruvar och dra åt båda bultarna till angivet moment för steg 1, dra sedan åt dem till angiven vinkel för steg 2. Använd en vinkelmätare under det avslutande momentet för att garantera att bultarna dras åt korrekt. Om du inte har någon vinkelmätare kan du måla inställningsmarkeringar mellan bultskallen och överfallet med vit färg innan du drar åt. Markeringarna kan sedan användas för att kontrollera att bulten har vridits till rätt vinkel.

8 Montera de tre enheterna med kolvar/vevstakar på samma sätt.

9 Vrid vevaxeln och kontrollera att den roterar fritt utan att kärva eller fastna på vissa ställen.

10 Sätt tillbaka oljepumpens upptagarrör/sil, sumpen och topplocket enligt beskrivningen i del A i detta kapitel.

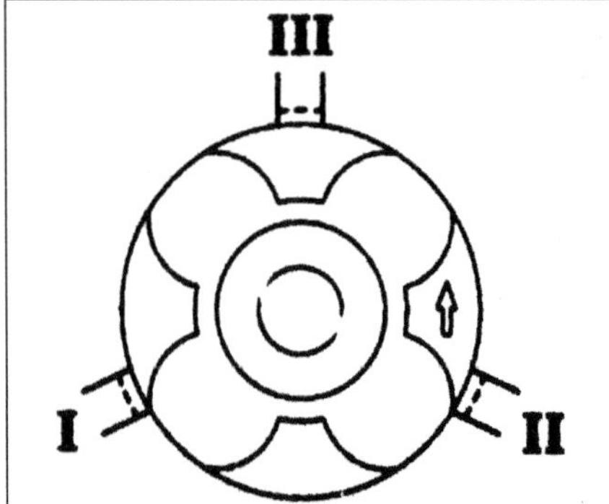

18.11 Placering av kolvringens ändgap – dieselmotorer

I Övre kompressionsring
II Andra kompressionsringen
III Oljeskrapring

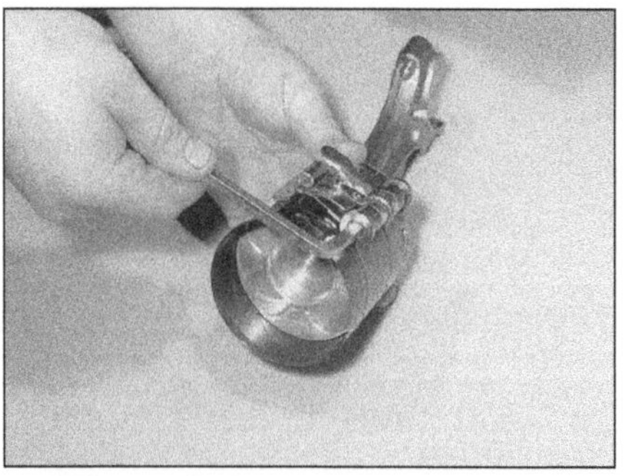

18.5a När kolvringens ändgap är rätt utplacerade monterar du ringkompressorn

Dieselmotorer

11 Smörj kolv nr 1 med kolvringar och sprid ringarnas ändgap jämnt runt kolven med 120° avstånd **(se bild)**.

12 Sätt en ringkompressor på kolv nr 1, sätt sedan in kolven och vevstaken i cylinderloppet så att kompressorns bas står på motorblocket. Utskärningen på kolvmanteln måste stå på samma sida som oljemunstycket och tapparna på överfall och vevstake måste vara vända mot kamremsänden av motorn **(se bild)**.

13 När vevaxelns vevstakslagertapp står på sin lägsta punkt knackar du försiktigt ned kolven i cylinderloppet med ett hammarskaft av trä samtidigt som du styr vevstaken mot lagertappen.

14 Smörj lagertapparna och lagerskålarna ordentligt och montera lageröverfallet på dess ursprungliga plats.

15 Skruva in lageröverfallens nya fästskruvar och dra åt båda bultarna till angivet moment för steg 1, dra sedan åt dem till angiven vinkel för steg 2. Använd en vinkelmätare under det avslutande momentet för att garantera att bultarna dras åt korrekt. Om du inte har någon vinkelmätare kan du måla inställningsmarkeringar mellan bultskallen och överfallet med vit färg innan du drar åt. Markeringarna kan sedan användas för att kontrollera att bulten har vridits till rätt vinkel.

16 Montera de tre återstående enheterna med kolvar/vevstakar på samma sätt.

17 Vrid vevaxeln och kontrollera att den roterar fritt utan att kärva eller fastna på vissa ställen.

18 Sätt tillbaka oljepumpens upptagarrör/sil, sumpen och topplocket enligt beskrivningen i del A eller C i detta kapitel.

19 Motor – första start efter renovering

1 Dubbelkolla motoroljenivån och kylvätskenivån när motorn har monterats tillbaka i bilen. Kontrollera en sista gång att allt har återanslutits och att det inte ligger kvar några verktyg eller trasor i motorrummet.

2 Starta motorn och tänk på att det kan ta lite längre tid än vanligt. Se till att varningslampan för oljetryck slocknar.

3 Låt motorn gå på tomgång och undersök om det förekommer läckage av bränsle, vatten eller olja. Bli inte rädd om det luktar konstigt eller ryker från delar som blir varma och bränner bort oljeavlagringar.

4 Om allt verkar normalt, kör motorn tills den når normal arbetstemperatur och slå sedan av den.

5 Kontrollera oljan och kylvätskan igen efter några minuter enligt beskrivningen i *Veckokontroller* och fyll på om det behövs.

6 Observera att topplocksbultarna inte behöver efterdras när motorn körts efter ihopsättning.

7 Om nya kolvar, ringar eller vevlager har monterats måste motorn behandlas som om den var ny och köras in de första 600 kilometrarna. Ge inte full gas, och växla noga så att motorn inte behöver gå med låga varvtal. Vi rekommenderar att oljan och oljefiltret byts efter denna period.

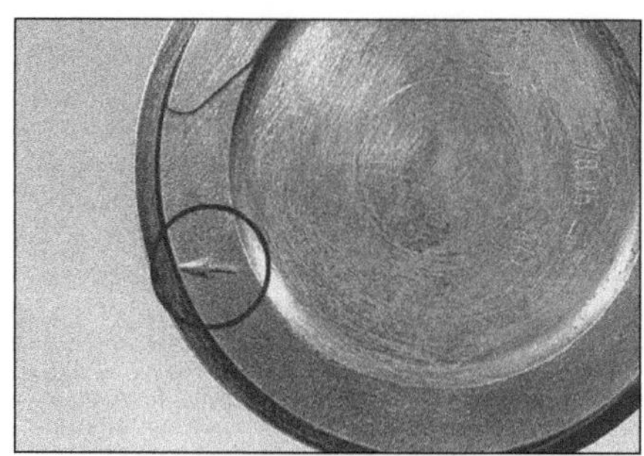

18.5b Se till att pilen på kolvkronan (inringad) pekar mot kamkedjeänden av motorn – bensinmotorer

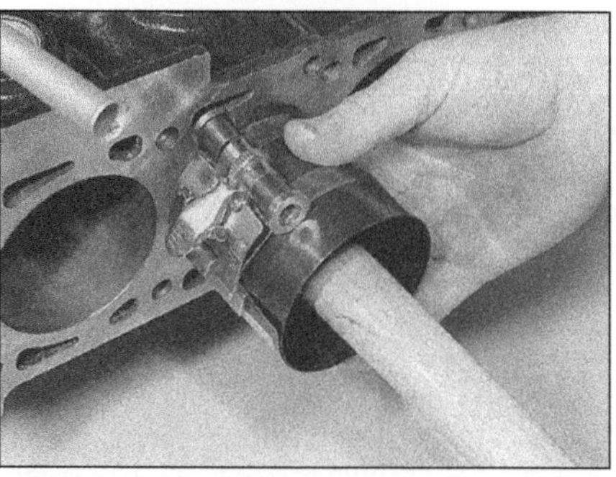

18.5c Knacka försiktigt in kolven i loppet med ett hammarskaft

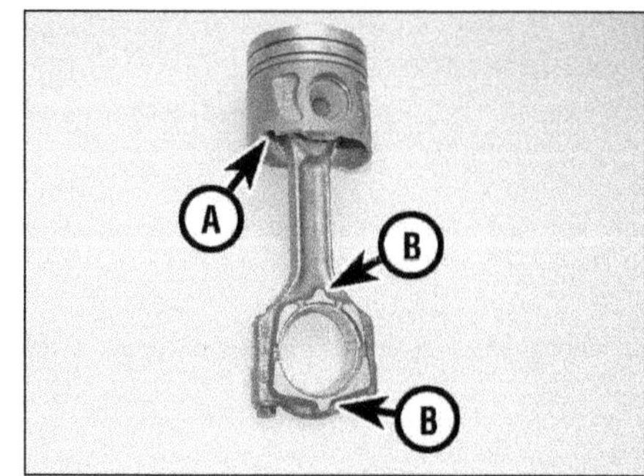

18.12 Mantelns utskärning (A) ska vara på samma sida som oljemunstycket och tapparna på överfall och vevstake (B) ska vara vända mot kamremmen – dieselmotorer

Kapitel 3
Kyl-, värme- och luftkonditioneringssystem

Innehåll

Svårighetsgrad

Enkelt, passar novisen med lite erfarenhet	**Ganska enkelt,** passar nybörjaren med viss erfarenhet 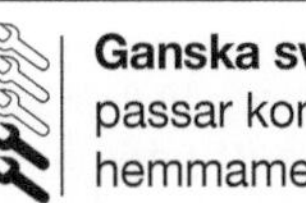	**Ganska svårt,** passar kompetent hemmamekaniker 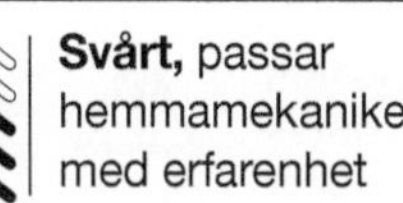	**Svårt,** passar hemmamekaniker med erfarenhet	**Mycket svårt,** för professionell mekaniker 

Specifikationer

Allmänt

Expansionskärlets öppningstryck	1,4 till 1,5 bar

Termostat

Öppningstemperatur:	
Bensinmodeller	82 °C ± 2 °C
Dieselmodeller	88 °C ± 2 °C

Elektrisk kylfläkt

Tillslagstemperatur:	
Bensinmodeller:	
Steg 1	100° ± 2 °C
Steg 2	108° ± 2 °C
Steg 3	114° ± 2 °C
Steg 4	120° ± 2 °C
Dieselmodeller:	
Steg 1	98° ± 2 °C
Steg 2	101° ± 2 °C
Steg 3	103° ± 2 °C
Steg 4	105° ± 2 °C
Frånslagstemperatur:	
Bensinmodeller	Ingen uppgift
Dieselmodeller	Ingen uppgift

Temperaturgivare för kylvätska

Resistans:	
-30 °C	26 kohm
-10 °C	9,4 kohm
0 °C	5,9 kohm
20 °C	2,5 kohm
40 °C	1,8 kohm
60 °C	596 ohm
80 °C	323 ohm
100 °C	187 ohm

Åtdragningsmoment

Åtdragningsmoment	Nm
Chassits förstärkningsbultar (endast cabriolet)	50
Expansionsventilskruvar	15
Luftkonditioneringsrörets anslutningsmutter på mellanväggen	15
Kompressor	24
Kompressorns kylmedierörsanslutningar	18
Kondensorns kylmedierörsanslutningar	18
Kylvätskepump:	
Bensinmotor	22
Korta bultar	20
Långa bultar	25
Dieselmotorer	25
Temperaturgivare för kylvätska:	
Bensinmotor	15
Dieselmotorer	22
Termostathus:	
Bensinmotor	8
Dieselmotorer	25

1 Allmän information och föreskrifter

Allmän information

Kylsystemet är ett trycksatt system bestående av en vattenpump som drivs av balansaxelns kedja (bensinmotor) eller kamremmen (dieselmotor), en kylare med vattengenomströmning i horisontalled, en eldriven kylfläkt, en termostat, ett värmepaket samt anslutna slangar. Expansionskärlet sitter i motorrummet. Vattenpumpen är fastskruvad mot cylinderblocket.

Systemet fungerar enligt följande. Kall kylvätska i botten på kylaren passerar genom bottenslangen till vattenpumpen, därifrån pumpas kylvätskan runt i motorblocket och motorns huvudutrymmen. När cylinderloppen, förbränningsytorna och ventilsätena kylts når kylvätskan undersidan av termostaten, som är stängd. Kylvätskan passerar genom värmeenheten och tillbaka till vattenpumpen. På bensinmodeller leds en mindre del av kylvätskan från topplocket genom gasspjällshuset, och ytterligare en del leds genom turboaggregatet.

När motorn är kall cirkulerar kylvätskan endast genom motorblocket, topplocket, gasspjällshuset, värmeenheten och turboaggregatet, om tillämpligt. När kylvätskan uppnår en angiven temperatur öppnas termostaten och kylvätskan passerar genom den övre slangen till kylaren. Under sin väg genom kylaren kyls vätskan av den luft som strömmar in när bilen är i rörelse, om det behövs används även den elektriska fläkten för att kyla vätskan. När kylvätskan har nått botten av kylaren är den nedkyld, och cykeln upprepas.

När motorn har normal arbetstemperatur expanderar kylvätskan, och lite av vätskan förpassas till expansionskärlet. Kylvätskan samlas i kärlet och återvänder till kylaren när systemet kallnar.

Det sitter två stycken eldrivna kylfläktar med fyra hastigheter på kylarens baksida, och de styrs av motorstyrmodulen. Vid en förutbestämd kylvätsketemperatur styr motorstyrmodulen ut fläktarna via ett relä.

Föreskrifter

Varning: Försök inte ta bort expansionskärlets påfyllningslock eller på annat sätt göra ingrepp i kylsystemet medan motorn är varm. Risken för allvarliga brännskador är mycket stor. Om expansionskärlets påfyllningslock måste tas bort innan motorn och kylaren har svalnat helt (även om detta inte rekommenderas), måste övertrycket i kylsystemet först släppas ut. Täck locket med ett tjockt lager tyg för att undvika brännskador, skruva sedan långsamt bort locket tills ett pysande ljud hörs. När pysandet har upphört, vilket tyder på att trycket minskat, fortsätt att skruva loss locket tills det kan tas loss helt. Hörs ytterligare pysljud, vänta tills det försvinner innan locket tas av helt. Stå alltid så långt ifrån expansionkärlets öppning som möjligt och skydda händerna.

Varning: Låt inte frostskyddsmedel komma i kontakt med huden eller lackerade ytor på bilen. Spola omedelbart bort eventuellt spill med stora mängder vatten. Lämna aldrig frostskyddsmedel i en öppen behållare, eller i en pöl på uppfarten eller på garagegolvet. Barn och husdjur kan lockas av den söta doften, och frostskyddsmedel är livsfarligt att förtära.

Varning: När motorn är varm kan den elektriska fläkten starta även om motorn inte är i gång. Var noga med att hålla undan händer, hår och löst sittande kläder från fläkten vid arbete i motorrummet.

Varning: Se även föreskrifter för arbete på modeller med luftkonditionering i avsnitt 10.

2 Kylsystemets slangar – demontering och byte

1 Antalet slangar, hur de är dragna och i vilket mönster varierar från modell till modell, men grundmetoden är densamma. Kontrollera att de nya slangarna finns tillgängliga, tillsammans med eventuella slangklämmor, innan arbetet inleds. Det är klokt att byta ut slangklämmorna samtidigt med slangarna.

2 Tappa ur kylsystemet, enligt beskrivningen i kapitel 1A eller 1B, spara kylvätskan om den går att återanvända. Spruta lite smörjolja på slangklämmorna om de visar tecken på rost.

3 Lossa och ta bort slangklämmorna från respektive hus.

4 Lossa samtliga ledningar, vajrar eller andra slangar som är anslutna till den slang som ska demonteras. Anteckna gärna deras placering för att underlätta återmonteringen. Det är relativt enkelt att ta bort slangarna när de är nya, på en äldre bil kan de däremot ha fastnat vid utloppen.

5 Försök lossa slangar som sitter hårt genom att rotera dem innan de dras bort. Var noga med att inte skada rörändar eller slangar. Observera att in- och utlopps-anslutningarna på kylaren är ömtåliga. Ta inte i för hårt för att dra loss slangarna.

6 Smörj in rörändarna med diskmedel eller lämpligt gummismörjmedel innan den nya slangen installeras. Använd inte olja eller smörjfett, det kan angripa gummit.

7 Montera slangklämmorna över slang-ändarna, montera sedan slangen på röränden. Tryck slangen i rätt läge. När slangarna sitter på sina platser, montera och dra åt slangklämmorna.

8 Återfyll kylsystemet enligt beskrivningen i kapitel 1A eller 1B. Kör motorn och kontrollera att inget bränsleläckage förekommer.

9 Fyll på kylvätska om det behövs (se *Veckokontroller*).

3 Kylare – demontering, kontroll och montering

Observera: *Om problemet med kylaren är läckage, tänk på att mindre läckor ofta kan tätas med kylartätningsmedel utan att kylaren behöver demonteras.*

Demontering

1 Dra åt handbromsen, lyft fordonets främre del och ställ framvagnen på pallbockar (se *Lyftning och stödpunkter*). Ta bort plastkåpan från motorns ovansida.

2 Tappa ur kylsystemet enligt beskrivningen i kapitel 1A eller 1B. Om kylvätskan är förhållandevis ny och i gott skick, töm ut den i en ren behållare och återanvänd den.

3 Ta bort batterikåpan, lossa kablarna och lossa kylvätskeröret (i förekommande fall) **(se bilder)**.

Bensinmodeller

4 Lossa klämman och koppla loss laddluftröret från gasspjällshuset, lossa sedan röret från fästet på kylfläktens kåpa **(se bild)**. Koppla loss tryck-/temperaturgivarens anslutningskontakt från röret när det tas bort.

5 Skruva loss fästbultarna och ta bort kylarens undre skyddskåpa **(se bild)**.

6 Lossa klämmorna, skruva loss fästbultarna och ta bort laddluftröret på laddluftkylarens båda sidor.

7 Ta bort de 2 bultar som fäster luftkonditioneringens behållare/avfuktare på kylaren **(se bild 9.108)**.

8 Lossa klämman och koppla loss den övre kylslangen och expansionskärlsslangen från kylaren **(se bilder)**.

9 På modeller med automatväxellåda, ta bort dammkåpan och koppla loss växellådsoljans kylrör från kylaren.

10 Ta bort de övre färstbultarna från kylfläktens kåpa **(se bild)**.

11 Ta bort de övre fästbultarna mellan laddluftkylaren och kylaren **(se bild)**.

12 Använd remmar, buntband eller liknande och häng upp kylfläktens kåpa och laddluftkylaren från motorhuvsfrontens överdel.

13 Arbeta under bilen och lossa klämmorna samt koppla loss kylarens nedre slang.

14 Haka loss laddluftkylaren, kondensorn och kylfläktens kåpa från kylaren.

15 Skruva loss bultarna som fäster kylarens nedre fäste vid kryssrambalken **(se bild)**.

16 Sänk försiktigt ner kylaren, var noga med att inte skada kylflänsarna. Ta vid behov bort gummifästena från kylaren.

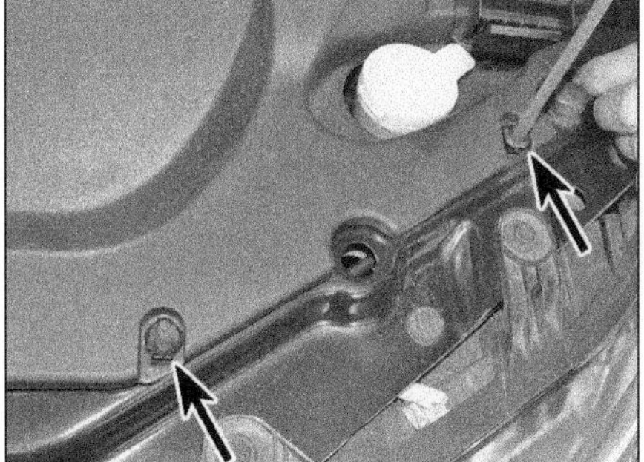

3.3a Vrid fästena (se pilar) moturs . . .

3.3b . . . och lossa kylvätskeslangen (se pil)

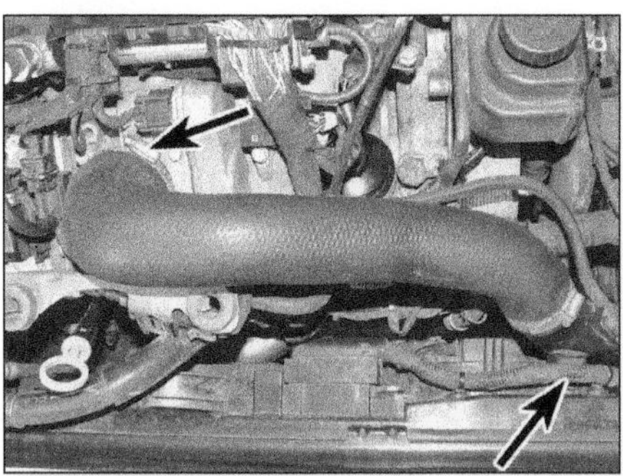

3.4 Lossa klämman och skruva loss fästbulten (se pil)

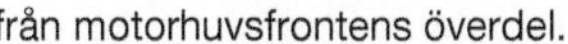

3.5 Skruva loss de tre skruvar i mitten som fäster kylarens undre skyddsplåt (se pilar)

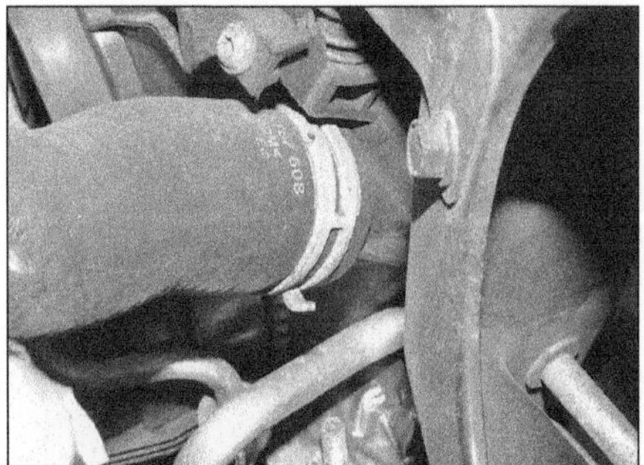

3.8a Koppla loss kylarens övre slang . . .

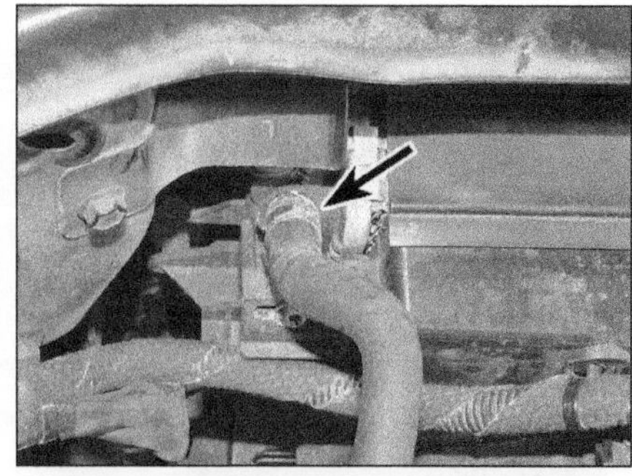

3.8b . . . och expansionskärlets slang (se pil)

3.10 Skruva loss den övre bulten från båda sidor av kylfläktens kåpa (se pil)

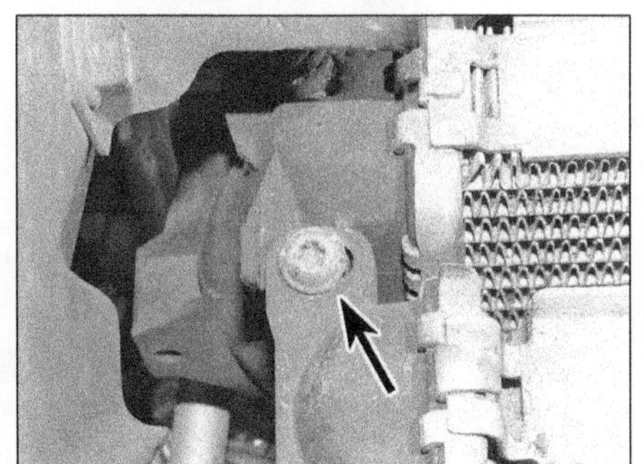

3.11 Fästbult mellan laddluftkylare och kylare (se pil)

3.15 Kylarens nedre fästbult (se pil)

3.21a Skruva loss bulten (se pil) som håller fast luftkonditioneringsröret . . .

3.21b . . . och de båda som fäster turboaggregatets laddtrycksventil

3.22a Lossa bultarna från huvfrontens överdel (höger sidas bultar märkta med pilar) . . .

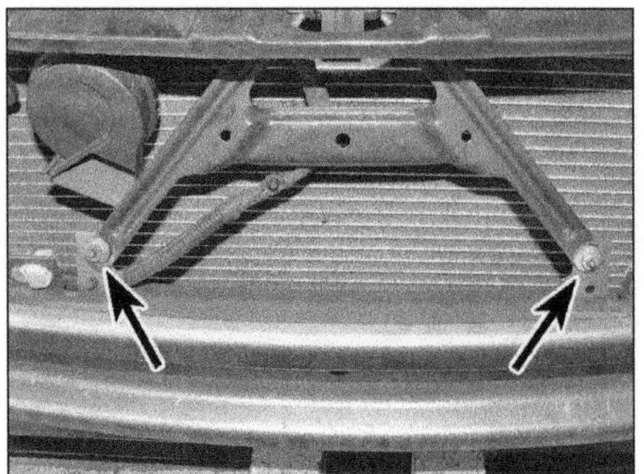

3.22b . . . och muttrarna i mitten (se pil)

3.24 Lossa kylarens övre slangklämma (se pil)

3.25 Koppla loss kylvätskans expansionsslang från kylaren

Dieselmodeller

17 Skruva loss bultarna och ta bort kylarens undre skyddskåpa.

18 Lossa klämmorna, skruva loss fästbultarna och ta bort laddluftröret från kylarens vänstra sida.

19 Ta bort den främre stötfångaren enligt beskrivningen i kapitel 11.

20 Demontera strålkastarna enligt beskrivningen i kapitel 12.

21 Skruva loss bultarna som fäster luftkonditioneringsröret och laddtrycksventilen på motorhuvsfrontens överdel **(se bilder)**.

22 Skruva loss bultarna/muttrarna, koppla loss signalhornets anslutningskontakt och ta bort motorhuvsfrontens överdel **(se bilder)**.

23 Skruva loss fästbultarna, lossa eventuella fästklämmor och ta bort laddluftröret från laddluftkylaren och turboaggregatet.

24 Lossa klämman och koppla loss kylarens övre slang **(se bild)**.

25 Koppla loss expansionsslangen från kylarens vänstra övre kant **(se bild)**.

26 Skruva loss fästbultarna och ta bort kylarens övre fästen **(se bild)**.

27 Koppla loss kylfläktens anslutningskontakt från fläktskyddet, skruva sedan loss de båda fästbultarna och lyft fläktskyddet uppåt för att lossa de nedre tapparna.

28 Ta bort kåpan från kylarens högra del, skruva sedan loss fästbultarna och ta bort luftinsugskanalen **(se bild)**.

29 Lossa klämmorna och ta bort laddluftröret från kylarens högra sida.

30 Skruva loss de båda bultar som fäster luftkonditioneringens behållare/avfuktare på kylaren **(se bild 9.108)**.

31 Lossa klämman och koppla loss kylarens nedre slang **(se bild)**.

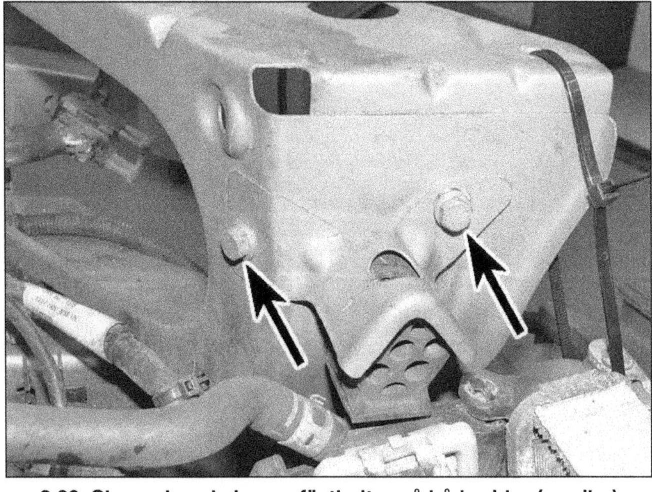

3.26 Skruva loss kylarens fästbultar på båda sidor (se pilar)

3.28 Ta bort kåpan (se pil) från kylarens nedre, högra sida

32 Häng upp laddluftkylaren och kondensorn från bilens kaross med hjälp av remmar, buntband eller liknande. Skruva sedan loss bultarna som fäster laddluftkylaren vid kylaren och ta bort plastlisten på kylarens/ laddluftkylarens ovansida **(se bilder)**.

33 Skruva loss bultarna som fäster kylarens nedre fästen på kryssrambalken **(se bild)**.

34 Sänk ner kylaren.

Kontroll

35 Om kylaren har demonterats för att den misstänks vara igensatt, ska den spolas igenom bakvägen enligt beskrivningen i kapitel 1A eller 1B. Ta bort smuts och partiklar från kylflänsarna med tryckluft eller en mjuk borste.

36 Vid behov kan en kylarspecialist utföra ett flödestest på kylaren för att ta reda på om den är igensatt. En läckande kylare måste lämnas till en specialist för permanent lagning. Försök inte svetsa eller löda en läckande kylare. Demontera kylfläktens termostatbrytare innan kylaren lämnas in för reparation eller byte.

37 Kontrollera om kylarens övre och nedre fästgummin är i gott skick och byt ut dem om det behövs.

Montering

38 Monteringen utförs i omvänd ordningsföljd mot demonteringen, men observera även följande:

a) Fyll på kylsystemet enligt beskrivningen i kapitel 1A eller 1B.

b) Dra åt alla muttrar och bultar till angivet moment där detta anges.

c) Kontrollera och, vid behov, fyll på olja till korrekt nivå i automatväxellådan enligt beskrivningen i kapitel 1A eller 1B.

d) Kontrollera slutligen att kylsystemet inte läcker.

4 Termostat - demontering, kontroll och montering

Bensinmodeller

Demontering

1 Termostaten är placerad på topplockets vänstra sida. Tappa först ur kylsystemet enligt beskrivning i kapitel 1A. Om kylvätskan är förhållandevis ny och i gott skick, töm ut den i en ren behållare och återanvänd den.

2 Koppla loss kylvätskenivågivaren och dra sedan kylvätskans expansionskärl uppåt och lägg det åt sidan **(se bild)**.

3 Tryck ner lossningsfliken och koppla loss vakuumservoslangen från pumpen på topplockets vänstra ände.

4 Skruva loss de tre fästbultarna och lägg termostatkåpan åt sidan **(se bild)**.

5 Ta bort termostaten **(se bild)**. Ta vara på tätningsringen.

Kontroll

Observera: *Om det finns några som helst tveksamheter om termostatens funktion, är det bäst att byta den – de är normalt inte dyra. Om man ska testa termostaten måste den värmas upp i, eller över, en öppen kastrull med kokande vatten, vilket medför risk för skållning. En termostat som har använts längre än fem år kan det mycket väl vara dags att byta.*

6 En grov kontroll av termostaten kan utföras genom att man binder ett snöre i den och sänker ner den i en kastrull med vatten. Koka upp vattnet och kontrollera att termostaten öppnas. Om inte, byt termostat.

7 Använd om möjligt en termometer för att fastställa termostatens exakta öppningstemperatur. Jämför siffrorna med angivna värden i specifikationerna. Öppningstemperaturen finns normalt angiven på termostaten.

8 En termostat som inte stängs när vattnet svalnar måste också bytas.

Montering

9 Rengör termostathusets, kåpans och topplockets ytor. Smörj den nya tätningsringen med lite vaselin.

3.31 Lossa kylarens nedre slangklämma (se pil)

3.32a Använd buntband (eller liknande) för att hissa upp laddluftkylaren och kondensorn från bilen

3.32b Ta bort plastlisten från ovansidan av kylaren/laddluftkylaren

3.33 Skruva loss bulten på båda sidor (höger bult markerad med pil) som håller fast kylarens nedre fästen vid kryssrambalken

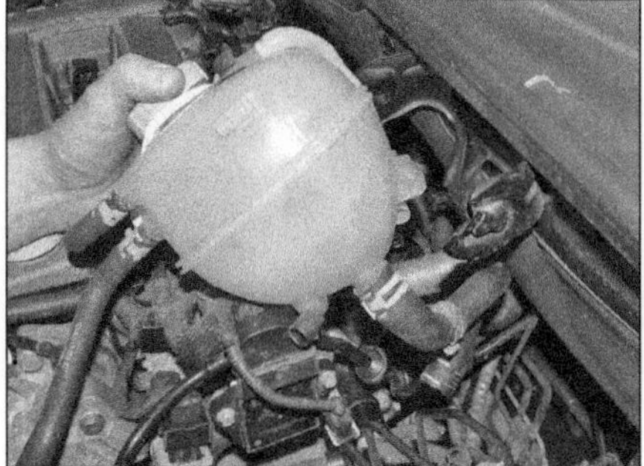

4.2 Dra ut nederdelen av kylvätskans expansionskärl, dra det sedan uppåt från fästbygeln

4.4 Skruva loss de tre bultarna och ta bort termostatkåpan

4.5 Dra loss termostaten från huset

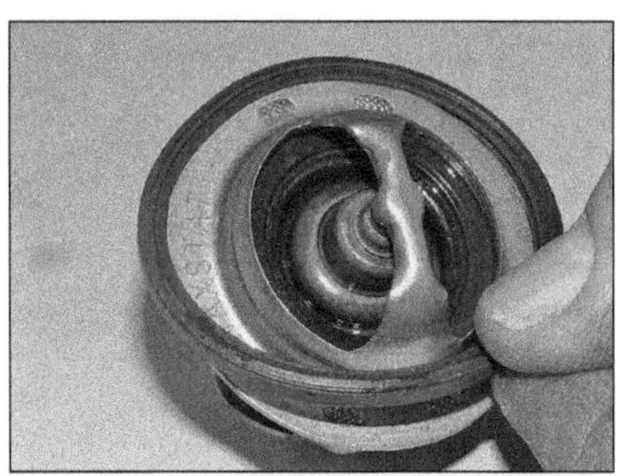

4.10 Byt tätningsringen runt termostaten

10 Passa in tätningsringen runt termostaten och sätt tillbaka den i huset **(se bild)**.

11 Montera termostathuset och dra åt bultarna till angivet moment.

12 Återstående montering utförs i omvänd ordning mot demonteringen, men fyll på och avlufta kylsystemet enligt beskrivningen i kapitel 1A.

Dieselmodeller

Demontering – motor med enkel överliggande kamaxel och 8 ventiler (Z19DT)

13 Termostaten är placerad på topplockets vänstra sida, och är inbyggd i huset. Tappa först ur kylsystemet enligt beskrivning i kapitel 1B. Om kylvätskan är förhållandevis ny och i gott skick, töm ut den i en ren behållare och återanvänd den.

14 Ta bort avgasåterföringskylaren enligt beskrivningen i kapitel 4C.

15 Lossa klämmorna och koppla loss slangarna från termostathuset. Skruva loss termostathuset. Skrapa bort alla spår av gamla packningsrester från huset och topplocket.

Demontering – motor med dubbla överliggande kamaxlar och 16 ventiler (Z19DTH)

16 Termostaten är placerad på topplockets vänstra sida och är inbyggd i huset. Tappa först ur kylsystemet enligt beskrivning i kapitel 1B. Om kylvätskan är förhållandevis ny och i gott skick, töm ut den i en ren behållare och återanvänd den.

17 Ta bort plastkåpan från motorns ovansida.

18 Lossa klämmorna, skruva loss fästbulten

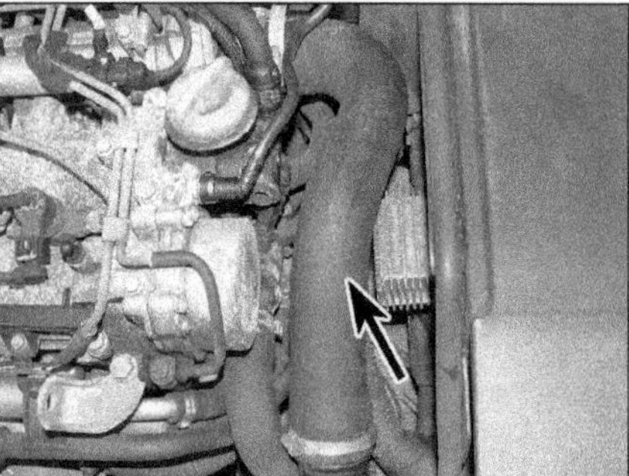

4.18 Lossa klämmorna och ta bort laddluftröret (se pil)

och ta bort laddluftröret från gasspjällshuset **(se bild)**.

19 Koppla loss kylvätskeröret från termostathuset.

20 Lossa klämmorna och koppla loss slangarna från termostathuset och koppla loss anslutningskontakten till kylvätskans temperaturgivare.

21 Skruva loss de båda fästbultarna och ta bort termostathuset.

Kontroll

22 Se beskrivning enligt punkt 6 till 8.

Montering

23 Montera i omvänd ordningsföljd mot demonteringen, men montera även en ny packning och dra åt fästbultarna till angivet moment. Fyll på och avlufta kylsystemet enligt beskrivningen i kapitel 1B.

5 Elektrisk kylfläkt – kontroll, demontering och montering

Kontroll

1 Strömmatningen till kylfläkten styrs av motorstyrmodulen. Modulen får information från kylvätskans temperaturgivare, luftkonditioneringstrycket, fordonshastigheten och yttertemperaturen. Modeller med luftkonditionering har två styrda kylfläktar.

2 Om fläkten inte verkar fungera, kontrollera först att anslutningskontakten i närheten av kylfläkten är intakt. Observera att Saab-mekaniker använder ett elektroniskt testverktyg för att kontrollera motorstyrmodulen med hjälp av felkoder. Om det behövs bör en diagnoskontroll utföras på en Saab-verkstad eller annan lämplig specialistverkstad för att lokalisera felet.

3 Om kablaget är i gott skick kontrollerar du med en voltmeter att motorn matas med 12 volt när motortemperaturen anger det. Motorn kan undersökas genom att den kopplas bort från kabelnätet och ansluts direkt till en källa på 12 volt.

Demontering

4 Dra åt handbromsen, lyft fordonets främre del och ställ framvagnen på pallbockar (se *Lyftning och stödpunkter*). Ta bort plastkåpan från motorns ovansida.

Bensinmodeller

5 Ta bort batterikåpan och batterilådan enligt beskrivningen i kapitel 5A.

6 Lossa klämman och koppla loss laddluftröret från gasspjällshuset, lossa sedan röret från fästet på kylfläktens kåpa **(se bild 3.4)**. Koppla loss tryck-/temperaturgivarens anslutningskontakt från röret när det tas bort.

7 Skruva loss fästbultarna och ta bort kylarens undre skyddskåpa **(se bild 3.5)**.

8 Koppla loss motorhuvslåsvajern i anslutningen bredvid säkringsdosan, skruva sedan loss bultarna och ta bort motorhuvsfrontens överdel.

9 Lossa klämmorna, skruva loss fästbultarna och ta bort laddluftröret på laddluftkylarens båda sidor.

10 Lyft upp kylarens övre kåpa, skruva sedan loss och ta bort kylarens övre fästen **(se bild)**. Flytta kylaren lite framåt.

11 På modeller med automatväxellåda, koppla loss snabbkopplingarna och lossa växellådsoljans övre kylrör från kylaren. Var beredd på att det rinner ut vätska.

12 Ta bort kylfläktens kåpfästbultar och lyft bort den **(se bild)**.

Dieselmodeller

13 Skruva loss bultarna och ta bort kylarens undre skyddskåpa.

14 Lossa klämmorna, skruva loss fästbulten och ta bort laddluftröret från kylarens vänstra sida.

15 Ta bort höger strålkastare enligt beskrivningen i kapitel 12.

16 Skruva loss bultarna som fäster luftkonditioneringsröret och laddtrycksventilen på motorhuvsfrontens överdel **(se bilder 3.21a och 3.21b)**.

17 Skruva loss bultarna/muttrarna, koppla loss signalhornets anslutningskontakt och ta bort motorhuvsfrontens överdel **(se bilder 3.22a och 3.22b)**.

18 Skruva loss klämmorna, lossa eventuella fästklämmor och ta bort laddluftröret från laddluftkylarröret och turboaggregatet.

19 Skruva loss fästbultarna och ta bort kylarens övre fästen **(se bild 3.26)**.

20 Koppla loss kylfläktens anslutningskontakt från fläktskyddet, lossa kablagets klämmor, skruva sedan loss de båda torxfästskruvarna och lyft fläktkåpan uppåt **(se bilder)**.

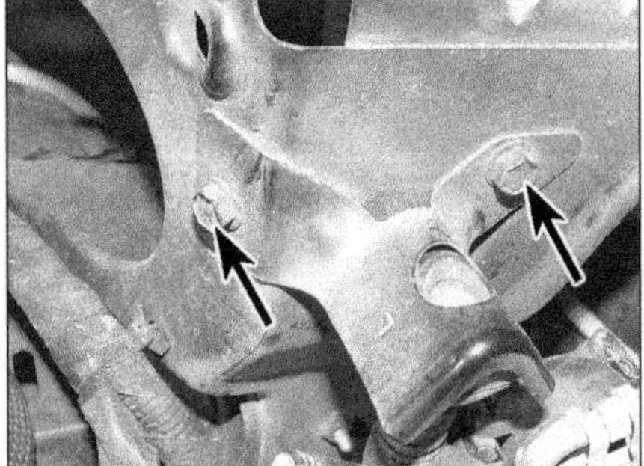

5.10 Skruva loss bultarna (se pilar) och ta bort kylarens övre fästbyglar

5.12 Kylfläktens övre fästbult (se pil)

21 Om det behövs kopplar du ifrån anslutningskontakterna, skruvar loss torxskruven och tar bort fläktreläet från kåpan **(se bild)**.

Montering

22 Monteringen utförs i omvänd ordningsföljd mot demonteringen. Dra åt bultarna ordentligt.

6 Temperaturgivare för kylvätska – kontroll, demontering och montering

Kontroll

1 På modeller med bensinmotor sitter kylvätsketemperaturgivaren på motorn främre övre högra hörn. På modeller med dieselmotorer sitter temperaturgivaren för kylvätska på termostathuset, placerat på topplockets vänstra sida. Givarens resistans varierar beroende på kylvätskans temperatur.

2 Testa givaren genom att koppla bort kablarna vid pluggen, koppla sedan en ohmmätare till givaren **(se bild)**.

3 Mät kylvätskans temperatur, jämför sedan resistansen med uppgifterna i specifikationerna. Om värdena inte stämmer överens måste givaren bytas ut.

Demontering och montering

4 Se instruktioner i kapitel 4A eller 4B, om tillämpligt.

7 Kylvätskepump – demontering och montering

Demontering

1 Tappa ur kylsystemet enligt beskrivningen i kapitel 1A eller 1B. Om kylvätskan är förhållandevis ny och i gott skick kan du tömma ut den i en ren behållare och återanvända den.

Bensinmodeller

2 Dra åt handbromsen, lyft fordonets främre del och ställ framvagnen på pallbockar (se *Lyftning och stödpunkter*). Ta bort motorns övre kåpa, det högra framhjulet och hjulhusfodret.

3 På cabrioletmodeller skruvar du loss bultarna och tar bort den främre chassiförstärkningen **(se bild)**.

4 Arbeta på topplockets vänstra ände, koppla loss lambdasonderna och temperaturgivarens anslutningskontakter **(se bild)**.

5 Ta bort luftrenaren, komplett med massluftflödesmätare, enligt beskrivning i kapitel 4A.

6 Ta bort luftintaget från turboaggregatet.

7 Ta bort kylvätskepumpens övre bult **(se bild)**.

8 Skruva loss fästena och ta bort värmeskölden över turboaggregatet.

9 Ta bort katalysatorn enligt beskrivningen i kapitel 4A.

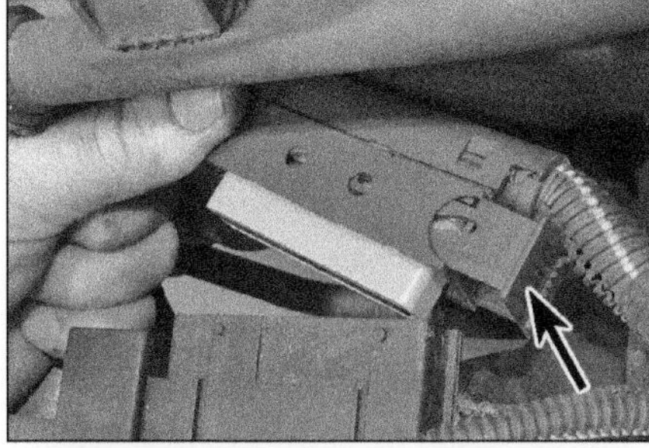

5.20a Skjut ut låsspärren (se pil) och koppla loss kylfläktens anslutningskontakt från skyddets övre del . . .

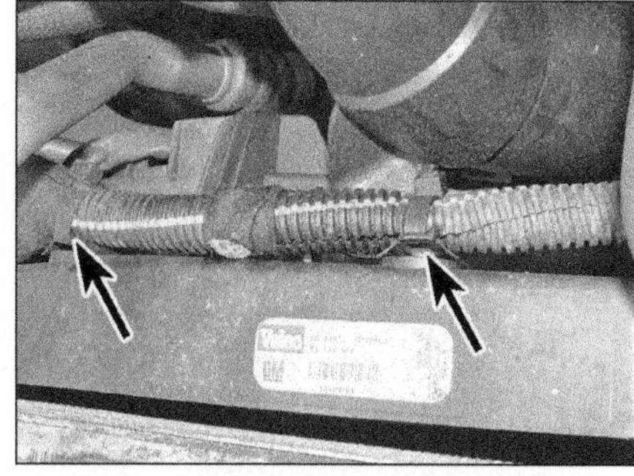

5.20b . . . och lossa sedan kablagets klämmor (se pilar)

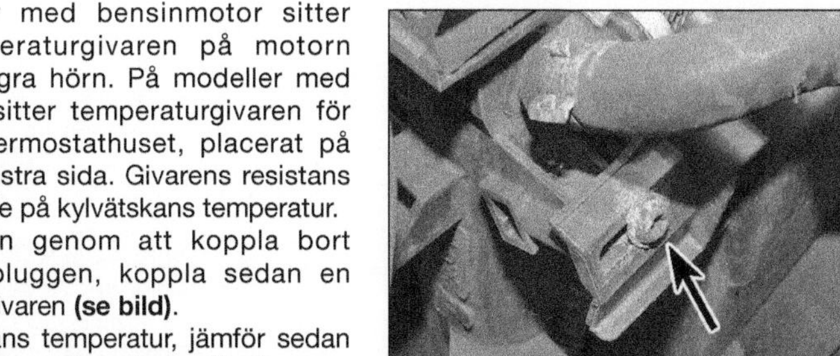

5.20c Skruva loss torxskruven på vardera sida (vänster skruv markerad med pil) som håller fast fläktskyddet vid kylaren

5.21 Fläktreläenhetens torxfästskruv (se pil)

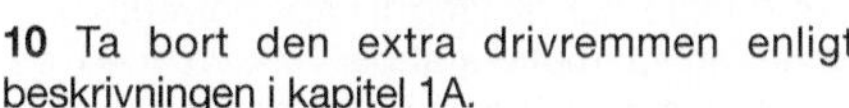

10 Ta bort den extra drivremmen enligt beskrivningen i kapitel 1A.

11 Ta bort turboaggregatets kylvätskerör från termostathuset och turboaggregatet **(se bild)**.

12 Skruva loss bultarna som håller fast termostathuset **(se bild)**.

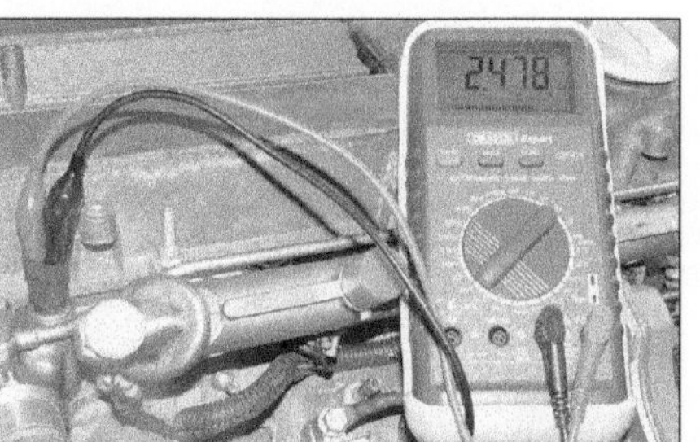

6.2 Mät resistansen i temperaturgivaren med en digital multimeter

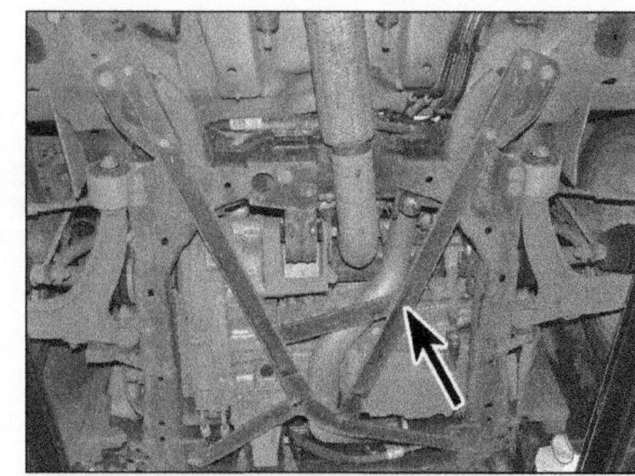

7.3 Det främre chassits förstärkning (se pil) – cabriolet

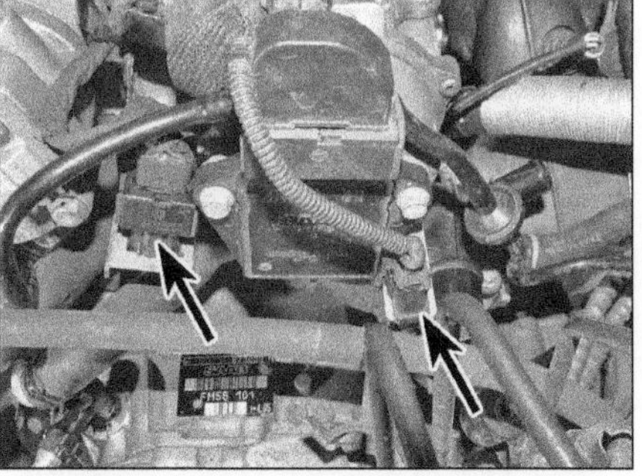

7.4 Lambdasondernas och temperaturgivarens anslutningskontakter (se pilar)

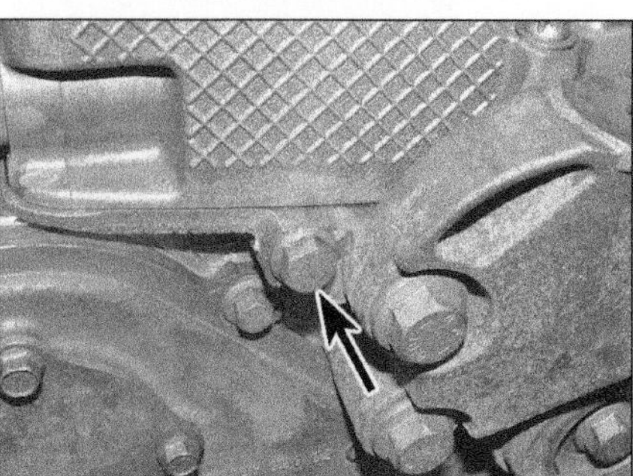

7.7 Kylvätskepumpens övre bult (se pil)

7.11 Ta bort kylvätskeröret från termostathuset till turboaggregatet (se pil)

7.12 Termostathusets bultar (se pilar)

7.13 Kylvätskepumpens nedre fästbult (se pil)

7.14 Ta bort de 4 bultar som fäster åtkomstluckan

7.15a Saabs specialverktyg fäst på kamremskåpan och kylvätskepumpens drev

7.15b Egentillverkat verktyg som håller kylvätskepumpens drev stilla

13 Ta bort kylvätskepumpens nedre fästbult från kamremskåpan/motorblocket **(se bild)**.

14 Skruva loss de fyra bultar som håller fast kylvätskepumpens kåpa på kamremskåpan **(se bild)**.

15 Sätt dit Saabs specialverktyg 83 96 103 för att spärra kylvätskepumpens drev **(se bild)**. Om du inte har tillgång till specialverktyget, tillverkat ett motsvarande verktyg med en bit platt metallstag och två gängstag som skruvas in i drevet. Skruva först loss en av drevbultarna, var försiktig så att den inte ramlar ner i kamaxelkåpan, fäst sedan verktyget med bultar för att hålla fast drevet. Med verktyget på plats, skruva loss de återstående bultarna från drevet **(se bilder)**.

16 Om du använder Saabs verktyg, skruva loss och ta bort kylvätskepumpens drevbultar.

17 Skruva loss de båda bultarna på kylvätskepumpens baksida, lägg termostathuset (och kylvätskeröret) åt sidan och ta bort pumpen **(se bilder)**.

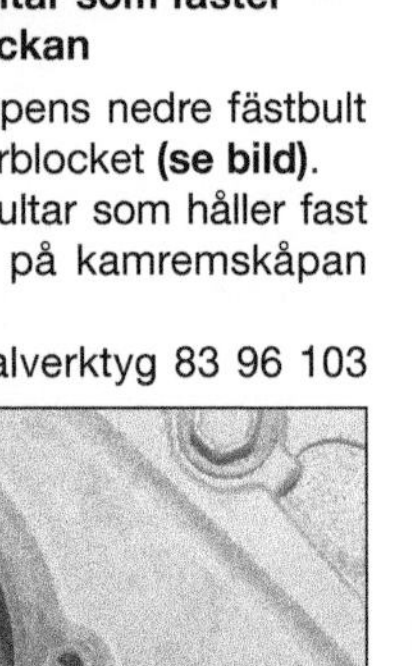

7.15c Loss de 2 återstående bultarna som fäster kylvätskepumpen på drevet

7.17a Dra loss kylvätskeröret från pumpens baksida . . .

Dieselmodeller

18 Ta bort kamremmen enligt beskrivningen i kapitel 2B eller 2C efter tillämplighet.

19 På motorer med enkel överliggande kamaxel och 8 ventiler (Z19DT), ta bort kamaxeldrevet enligt beskrivningen i kapitel 2B. Skruva sedan loss bulten och ta bort kamaxelgivaren.

20 På båda dieselmotorerna, skruva loss insexskruvarna och ta bort kylvätskepumpen **(se bild)**.

7.17b . . . skruva sedan loss bultarna . . .

7.17c . . . och ta bort pumpen

7.20 Skruva loss kylvätskepumpens 3 insexskruvar (se pil)

Montering

21 Monteringen utförs i omvänd ordningsföljd mot demonteringen. Tänk på följande:

a) Rengör pumpen och blockets anliggningsytor.
b) Sätt dit nya O-ringar och stryk på lite vaselin för att underlätta inpassningen ***(se bild).***
c) På dieselmotorer, stryk på lite gänglåsmassa på kylvätskepumpens fästbultar.
d) På dieselmotorer med enkel överliggande kamaxel och 8 ventiler, stryk på lite gänglåsmassa på kamaxelgivarens fästbult.
e) Dra åt alla muttrar och bultar till angivet moment, om tillämpligt.
f) Fyll på och avlufta kylsystemet enligt beskrivningen i kapitel 1A eller 1B.

8 Klimatanläggning - allmän information

1 Det finns två typer av klimatanläggning - manuell (MCC) och automatisk (ACC). En automatisk anläggning håller temperaturen i kupén på en vald temperatur, oavsett vilken temperatur det är utanför bilen. Den enkla värme-/ventilationsenheten är lika för alla versioner och består av lufttrummor från den centralt placerade värmaren till en central ventil och två sidoventiler, samt en anslutning från botten av värmaren, genom mittkonsolen till de bakre fotbrunnarna. En värmefläkt med fem lägen ingår.

2 Värme- och ventilationskontrollerna sitter i mitten av instrumentbrädan. Elstyrda klaffventiler i luftfördelarhuset leder luften till de olika trummorna och ventilerna.

3 Kalluft kommer in i systemet genom gallret under vindrutan. Om det behövs förstärks luftflödet av kompressorn och flödar sedan genom de olika lufttrummorna i enlighet med kontrollernas inställningar. Gammal luft skickas ut genom kanaler på bilens bakre del, bakom den bakre stötfångaren. Om varm luft behövs, leds den kalla luften över värmepaketet, som värms upp av motorns kylvätska.

4 På alla modeller kan man stänga av tillförseln av luft utifrån med ett återcirkulationsreglage och i stället låta luften i bilen återcirkulera.

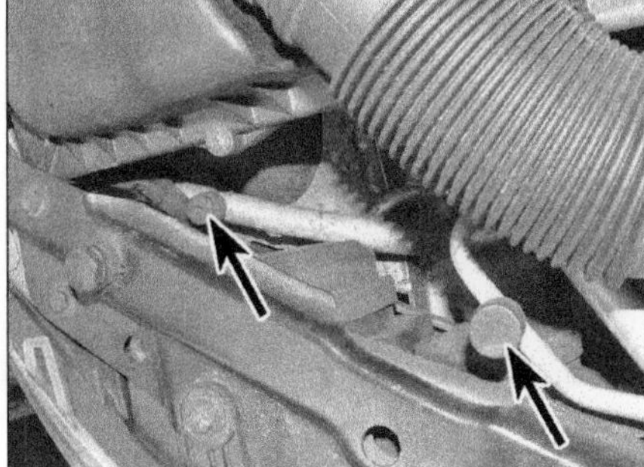

8.10 Luftkonditioneringssystemets serviceöppningar i kylmediekretsen (se pilar)

7.21 Byt kylvätskepumpens O-ringstätningar

Den här möjligheten är bra för att förhindra otrevlig lukt att tränga in i bilen utifrån, men den bör endast användas under kortare perioder eftersom den återcirkulerade luften i bilen snart blir dålig.

5 En solcell ovanpå instrumentbrädan känner av ökad solstrålning och ökar kompressormotorns hastighet. Det är nödvändigt för att luftgenomströmningen i bilen ska öka.

Luftkonditionering

6 Luftkonditioneringen kan sänka temperaturen inuti bilen och avfuktar luften så att imma försvinner snabbare och komforten ökar.

7 Kyldelen av systemet fungerar på samma sätt som i ett vanligt kylskåp. Kylgas dras in i en remdriven kompressor och leds in i en kondensor i kylarens främre del, där sänks temperaturen och gasen omvandlas till vätska. Vätskan passerar genom en mottagare och en expansionsventil till en förångare där den omvandlas från vätska under högt tryck till gas under lågt tryck. Denna omvandling medför en temperatursänkning som kyler förångaren. Kylgasen återvänder till kompressorn och cykeln börjar om.

8 Luft som matas genom förångaren skickas vidare till luftfördelarenheten. Luftkonditioneringssystemet slås på med reglaget på värmepanelen.

HAYNES TiPS

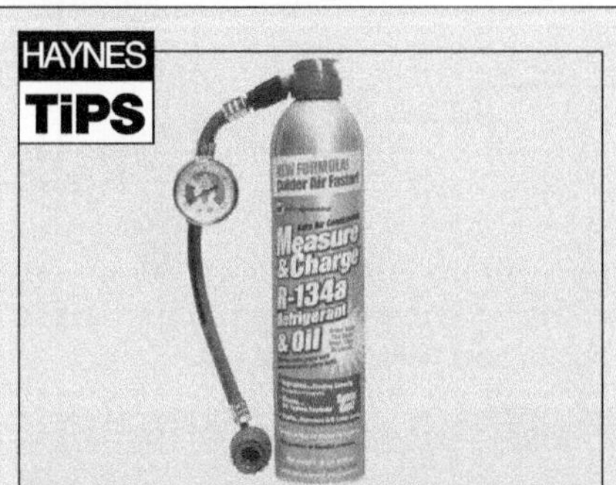

Många biltillbehörsbutiker säljer aerosolförpackningar för påfyllning av luftkonditionering. Vanligtvis innehåller dessa kylmedium, kompressorolja, läcktätningsmedel och systemkonditionerare. Vissa innehåller även ett färgämne som gör det lättare att upptäcka läckor.

Varning: Dessa produkter får endast användas enligt tillverkarens instruktioner och ersätter inte regelbundet underhåll.

9 Kompressorns arbete styrs av en elektromagnetisk koppling på drivremskivan. Eventuella problem med systemet ska överlåtas till en Saab-verkstad eller annan specialist.

10 Luftkonditioneringens kylmediekrets har serviceöppningar i motorrummets främre högra hörn **(se bild och Verktygstips)**.

Föreskrifter

11 Det är viktigt att vidta försiktighetsåtgärder när man arbetar med luftkonditioneringssystemet. Om systemet av någon anledning måste tömmas ska detta överlåtas till en Saab-verkstad eller till en specialist med lämplig utrustning.

Varning: Kylkretsen innehåller ett flytande kylmedium under tryck och det är därför farligt att koppla bort någon del av systemet utan specialistkunskap och nödvändig utrustning. Kylmediet kan vara farligt och får endast hanteras av kvalificerade personer. Om det stänker på huden kan det orsaka köldskador. Det är inte giftigt i sig, men utvecklar en giftig gas om det kommer i kontakt med en öppen låga (inklusive en tänd cigarrett). Okontrollerat utsläpp av kylmediet är farligt och skadligt för miljön. Använd inte luftkonditioneringssystemet om det innehåller för lite kylmedium, då detta kan skada kompressorn.

9 Klimatanläggningens komponenter - demontering och montering

Värmefläktens motor

Demontering

1 Skjut passagerarsätet så långt bakåt det går.

2 Demontera handskfacket enligt beskrivningen i kapitel 11.

3 Ta bort den främre sidopanelen från mittkonsolen på passagerarsidan genom att ta bort fästet och skjuta panelen nedåt och bakåt **(se bilder)**.

9.3a Bänd loss locket och skruva loss torxskruven . . .

9.3b . . . skjut sedan panelen bakåt och nedåt för att lossa kroken (se pil)

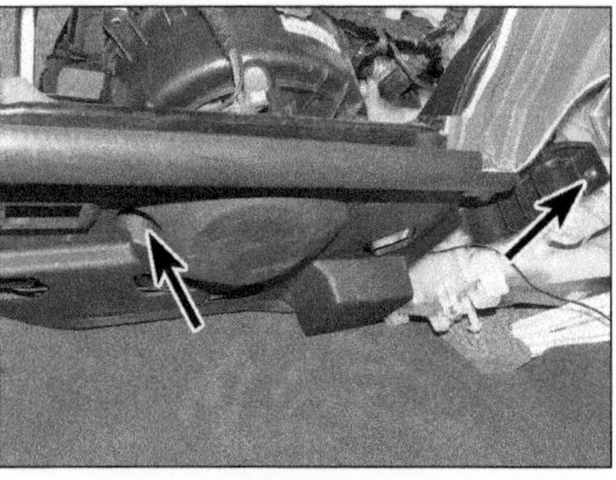
9.4 Instrumentbrädans nedre panelskruvar (se pilar)

9.5 Nedre luftkanalens fästskruv (se pil)

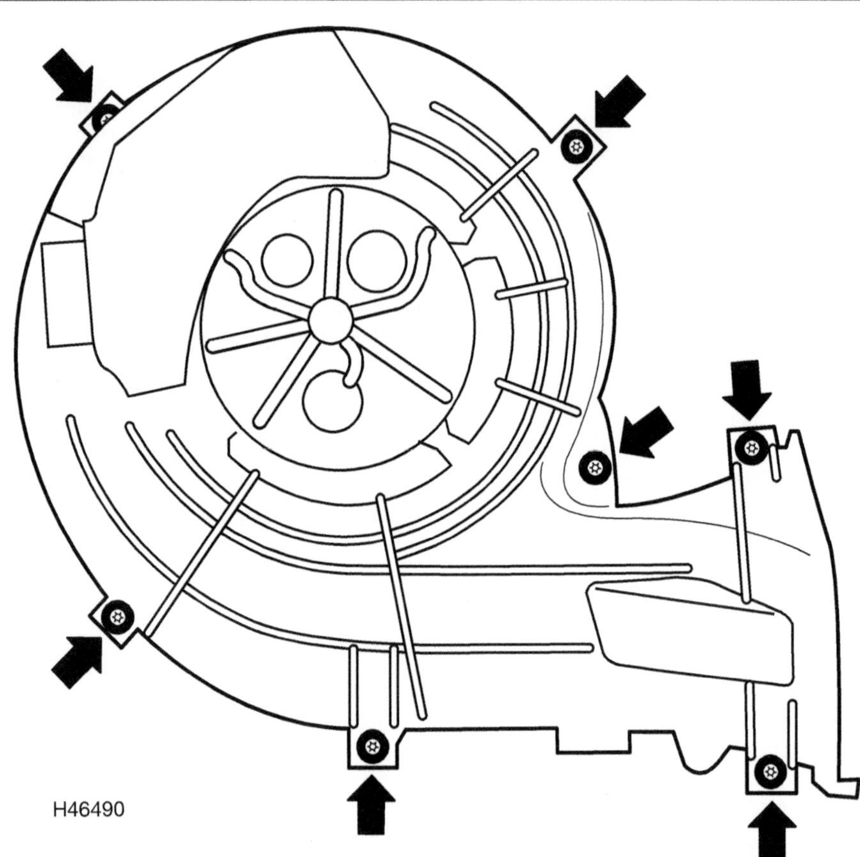

9.7 Skruva loss de 7 torxskruvarna och ta bort fläktmotorns hus

4 Skruva loss de båda fästskruvarna och ta bort den nedre instrumentbrädespanelen på passagerarsidan **(se bild)**. Koppla loss eventuella anslutningskontakter när panelen tas bort.

5 Koppla loss den nedre luftkanalen och ta bort den genom handskfacksöppningen **(se bild)**.

6 Koppla loss fläktmotorns styrenhets anslutningskontakt.

7 Skruva loss de sju fästskruvarna, lossa klämmorna och sänk ner fläktmotorns hus **(se bild)**.

8 Flytta vid behov över styrenheten från den gamla motorn till den nya **(se bild)**.

Montering

9 Monteringen utförs i omvänd ordning mot demonteringen. Se till att kablaget är fritt från fläkten innan kåpan återmonteras.

Värmepaket

Demontering

10 Sätt dit slangklamrar på värmeslangarna på mellanväggen eller töm kylsystemet enligt beskrivningen i kapitel 1A eller 1B. Märk slangarna efter placering, bänd sedan ut låsklämmorna och koppla loss dem från värmepaketet **(se bilder)**. Plugga igen öppningarna för att förhindra kylvätskespill på golvet när värmepaketet tas bort inifrån bilen. Avlägsna det mesta av kylvätskan genom att blåsa genom ett av rören. Då rinner kylvätskan ut genom det andra röret.

Varning: Frostskyddsmedel är giftigt.

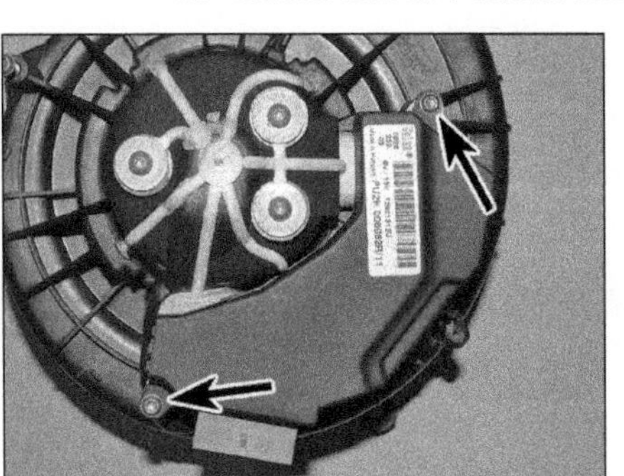
9.8 Skruvar till värmefläktmotorns styrenhet (se pilar)

9.10a Använd klämmor på värmeslangarna . . .

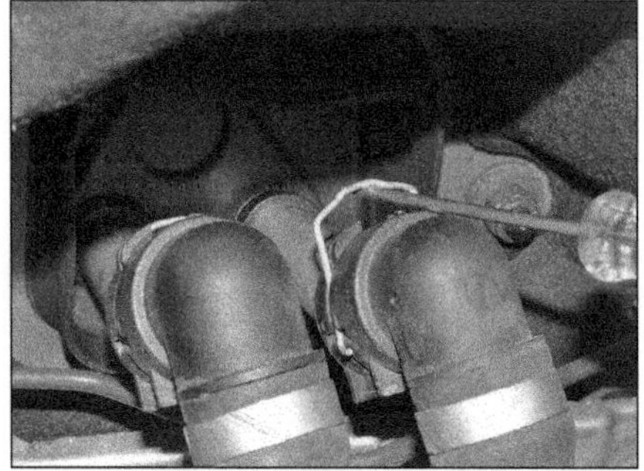
9.10b . . . och bänd sedan ut låsklämmorna . . .

9.10c ... och koppla loss värmeslangarna

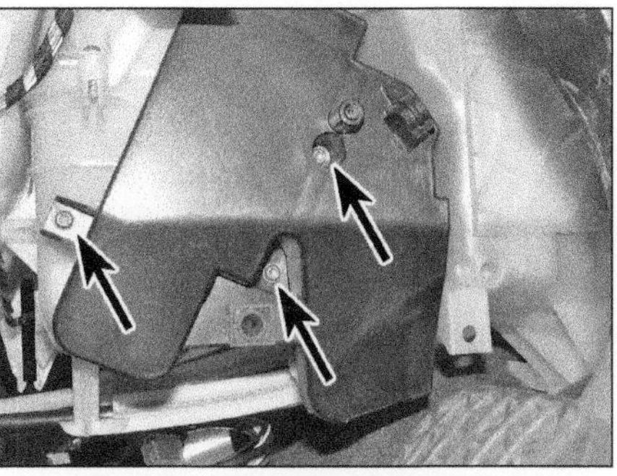
9.14a Skruva loss de 3 torxskruvarna (se pilar) ...

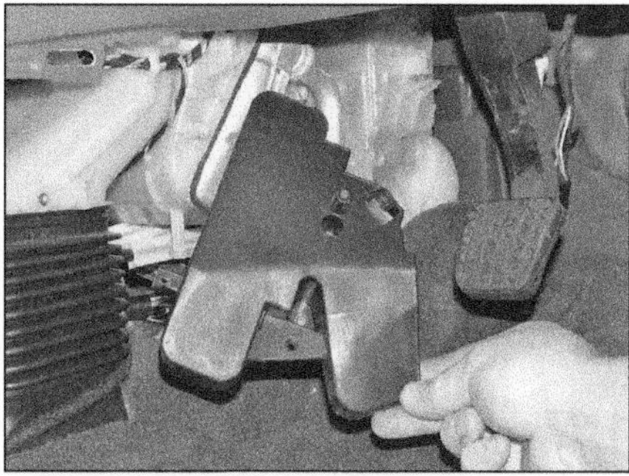
9.14b ... och ta bort värmepaketets kåpa

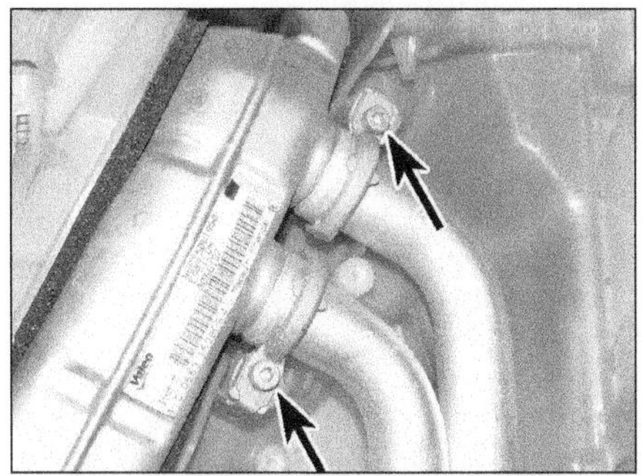
9.15 Använd en insexnyckel och lossa värmepaketets rörklämmor (se pilar)

9.16 Skjut bort värmepaketet från värmeenhetens hus

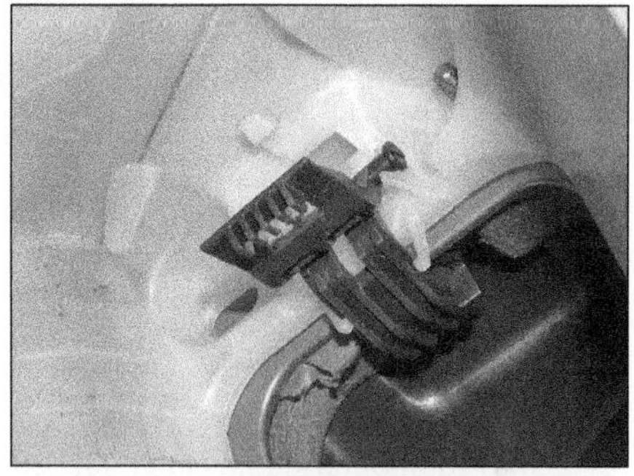
9.22 Lossa klämmorna som fäster pollenfiltrets hus

11 På vänsterstyrda modeller, ta bort handskfacket enligt beskrivningen i kapitel 11.

12 Ta bort passagerarsidans (vänsterstyrd) eller förarsidans (högerstyrd) mittkonsols främre sidopanel genom att ta bort fästet och skjuta panelen nedåt och bakåt **(se bild 9.3a och 9.3b)**.

13 Skruva loss de båda torxfästskruvarna och ta bort instrumentbrädans nedre panel på passagerarsidan (vänsterstyrd) eller förarsidan (högerstyrd) **(se bild 9.4)**. Koppla loss eventuella anslutningskontakter när panelen tas bort. Om du ska ta bort förarsidans panel, skjut bort locket, skruva loss de båda torxskruvarna och koppla loss diagnoskontakten.

14 Skruva loss de tre skruvarna och ta bort värmepaketets kåpa **(se bilder)**.

15 Placera tygtrasor under värmepaketet, lossa sedan klämmorna med en insexnyckel och dra de båda rören från värmepaketet **(se bild)**. Var beredd på att det rinner ut vätska.

16 Skjut försiktigt loss värmepaketet från huset **(se bild)**.

Montering

17 Monteringen utförs i omvänd ordningsföljd mot demonteringen. Tänk på följande:

a) Byt O-ringstätningarna mellan kylvätskeröret och värmepaketet.

b) Fyll på kylsystemet enligt "Veckokontroller".

Förångare

Demontering

18 Låt en specialist med lämplig utrustning tömma ut kylmediet.

19 Montera slangklämmor på värmeslangarna vid mellanväggen. Märk slangarna efter placering, bänd sedan ut låsklämmorna och koppla loss dem från värmepaketet **(se bilder 9.10a, 9.10b och 9.10c)**. Plugga igen öppningarna för att förhindra kylvätskespill på golvet när värmepaketet tas bort inifrån bilen. Avlägsna det mesta av kylvätskan genom att blåsa genom ett av rören. Då rinner kylvätskan ut genom det andra röret.

Varning: Frostskyddsmedel är giftigt.

20 Ta bort torkararmarna enligt beskrivningen i kapitel 12.

21 Ta bort torkarmotorn enligt beskrivningen i kapitel 12.

22 Lyft bort pollenfiltret, lossa sedan klämmorna och ta bort filterhuset **(se bild)**.

23 Skruva loss muttern och koppla loss kylmedieslangarna från mellanväggen. Plugga igen eller täck över öppningarna för att förhindra nedsmutsning.

24 Skruva loss de båda insexskruvarna, ta bort expansionsventilen och mutterplattan, dra sedan bort gummigenomföringen från AC-rörets öppning på mellanväggen, lossa klämman och skjut upp plaströrstyrningen **(se bilder)**.

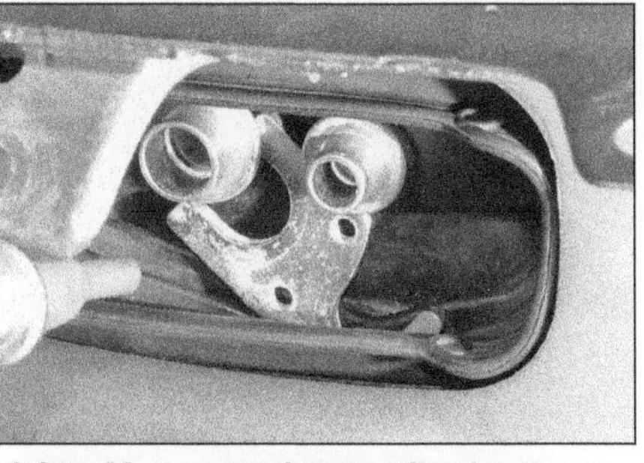
9.24a Med expansionsventilen borttagen, manövrera mutterplattan från baksidan av rörflänsarna ...

9.24b ... och dra sedan bort gummigenomföringen från mellanväggen ...

9.24c ... tryck ner klämmorna (se pilar) ...

9.24d . . . och skjut plaströret uppåt och ta bort det

9.25 Värmefläktmotorns övre husfästbult (se pil)

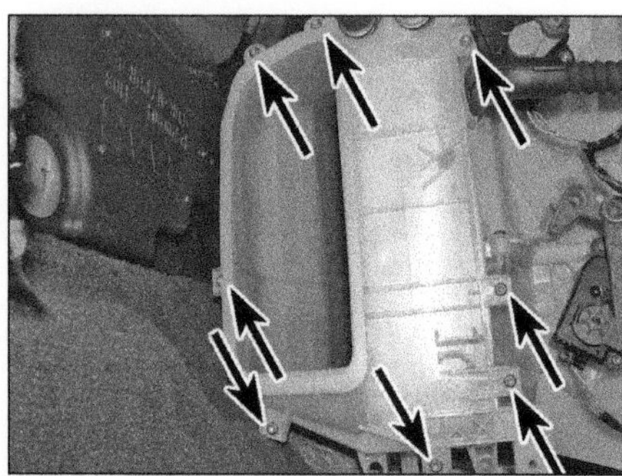

9.26 Skruva loss torxskruvarna (se pilar), ta bort förångarens kåpa . . .

25 Ta bort värmefläktens motor enligt beskrivningen tidigare i detta avsnitt, skruva sedan loss fästbulten och lossa den övre halvan av värmefläktens motorhus från sidan av värmeenhetens hus **(se bild)**. Lossa kablaget när du tar bort huset.

26 Skruva loss de åtta skruvarna och ta bort förångarkåpan **(se bild)**.

27 Dra försiktigt bort förångaren från huset **(se bild)**.

Montering

28 Monteringen utförs i omvänd ordningsföljd mot demonteringen, men låt en specialist med lämplig utrustning fylla på luftkonditioneringssystemet. Byt luftkonditioneringsrörens tätningsbrickor **(se bild)**.

Manuell klimatanläggning (MCC)

Observera: *Om du ska montera en ny styrenhet måste du ha tillgång till Saabs TECH2-diagnostikutrustning för att spara diverse lagrade värden som ska överföras till den nya enheten. Låt vid behov en Saab-verkstad eller annan specialist utföra detta.*

Demontering

29 Använd ett trubbigt, plattbladigt verktyg och bänd försiktigt loss styrenheten från instrumentbrädan **(se bild 9.32)**.

Varning: Styrenheten är extremt känslig för statisk elektricitet. Jorda dig själv genom att röra vid en metalldel av bilens kaross innan du kopplar loss anslutningskontakterna.

30 Lossa spärren och koppla loss styrenhetens anslutningskontakt **(se bild 9.33)**. Rör inte vid styrenhetens poler med bara händerna.

Montering

31 Monteringen utförs i omvänd ordningsföljd mot demonteringen. Observera att om du har monterat en ny styrenhet, måste de värden som fanns lagrade föras över med hjälp av Saabs TECH2-diagnostikutrustning.

Automatisk klimatanläggning (ACC)

Observera: *Om du ska montera en ny styrenhet måste du ha tillgång till Saabs TECH2-diagnostikutrustning för att spara diverse lagrade värden som ska överföras till den nya enheten. Låt vid behov en Saab-verkstad eller annan specialist utföra detta.*

Demontering

32 Använd ett trubbigt, plattbladigt verktyg och bänd försiktigt loss styrenheten från instrumentbrädan **(se bild)**.

Varning: Styrenheten är extremt känslig för statisk elektricitet. Jorda dig själv genom att röra vid en metalldel av bilens kaross innan du kopplar loss anslutningskontakterna.

33 Lossa spärren och koppla loss styrenhetens anslutningskontakter **(se bild)**. Rör inte vid styrenhetens poler med bara händerna.

Montering

34 Monteringen utförs i omvänd ordningsföljd mot demonteringen. Observera att om du har monterat en ny styrenhet, måste de värden som fanns lagrade föras över med hjälp av Saabs TECH2-diagnostikutrustning.

Solsensor

Demontering

35 Använd ett trubbigt, plattbladigt verktyg och bänd loss högtalargallret från instrumentbrädans mitt **(se bild)**.

36 Skruva loss de båda skruvarna och lyft ut SID-enheten (Saab Information Display). Koppla loss anslutningskontakterna när enheten tas bort **(se bild)**.

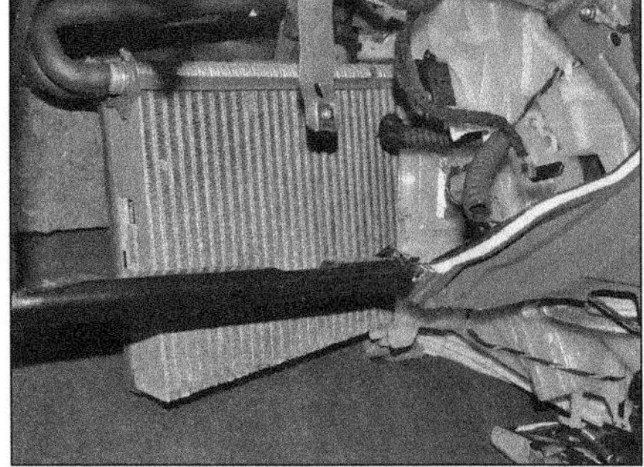

9.27 . . . och lossa förångaren från huset

9.28 Byt O-ringstätningarna på luftkonditioneringsrören

9.32 Bänd försiktigt loss klimatkontrollenheten från instrumentbrädan

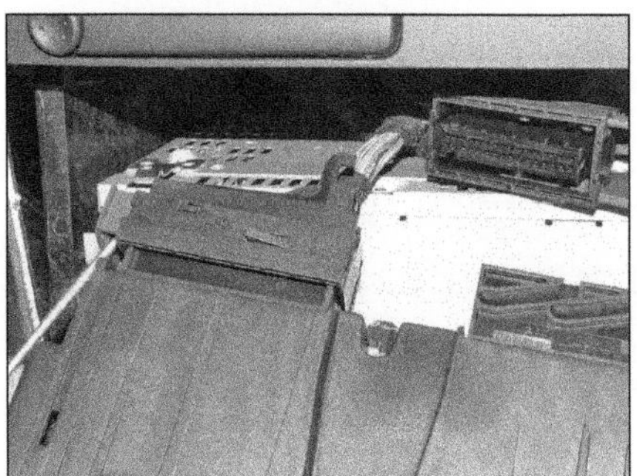

9.33 Skjut ut den röda låsspärren och koppla loss anslutningskontakterna

9.35 Bänd upp det mittersta högtalargallret

37 Lägg enheten på en arbetsbänk. Tryck ner och vrid solsensorn moturs så att den lossnar från enheten **(se bild)**.

Montering

38 Monteringen utförs i omvänd ordningsföljd mot demonteringen.

Innertemperaturgivare

Demontering

39 Bänd försiktigt loss den bakre delen av innerbelysningskonsolen, följt av mittendelen och den främre delen.

40 Lossa fästklämmorna och lyft bort givaren från konsolen. Koppla loss anslutningskontakten när givaren tas bort.

Montering

41 Monteringen utförs i omvänd ordningsföljd mot demonteringen.

Stegmotor för luftfördelare – MMC

Demontering

42 Ta bort handskfacket på passagerarsidan enligt beskrivningen i kapitel 11.

43 Skruva loss skruvarna och ta bort stegmotorn från platsen ovanför ventilationsröret.

44 Koppla loss anslutningskontakten.

Montering

45 Monteringen utförs i omvänd ordningsföljd mot demonteringen.

Vänster stegmotor för luftblandning – ACC

Demontering

46 Ta bort handskfacket på passagerarsidan enligt beskrivningen i kapitel 11.

47 Ta bort den främre sidopanelen från mittkonsolen på passagerarsidan genom att ta bort fästet och skjuta panelen nedåt och bakåt **(se bilder 9.3a och 9.3b)**.

48 Skruva loss de båda fästskruvarna och ta bort den nedre instrumentbrädespanelen på passagerarsidan **(se bild 9.4)**. Koppla loss eventuella anslutningskontakter när panelen tas bort.

49 Ta bort luftmunstyckets kanal från golvet via handskfacksöppningen.

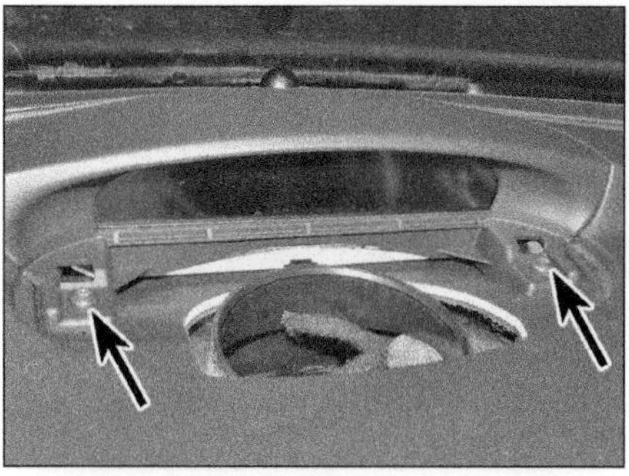

9.36 Skruva loss SID-torxskruvarna (se pilar)

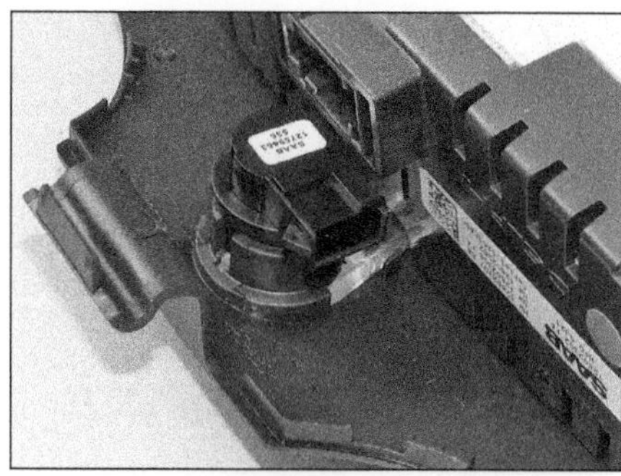

9.37 Vrid solsensorn moturs och dra loss den

50 Vänster sidas stegmotor för luftblandning är den nedre av de båda motorerna. Koppla loss anslutningskontakten och skruva sedan loss de båda skruvarna och ta bort motorn. Lossa motorarmen från spjällarmen när motorn tas bort **(se bild)**.

Montering

51 Monteringen utförs i omvänd ordningsföljd mot demonteringen, se till att spakarmen hakar i spjällarmen ordentligt.

Höger stegmotor för luftblandning – ACC

Demontering

52 Ta bort instrumentbrädans nedre panel från förarsidan enligt beskrivningen i kapitel 11.

53 Ta bort luftmunstyckeskanalen från golvet.

54 Höger sidas stegmotor för luftblandning är den nedre av de tre motorerna. Skruva loss fästskruvarna, koppla loss anslutningskontakten och ta bort motorn **(se bild)**.

Montering

55 Monteringen utförs i omvänd ordningsföljd mot demonteringen.

Stegmotor till avfrostningsklaff – ACC

Demontering

56 Ta bort instrumentbrädans nedre panel från passagerarsidan enligt beskrivningen i kapitel 11.

57 Ta bort luftmunstyckeskanalen från golvet.

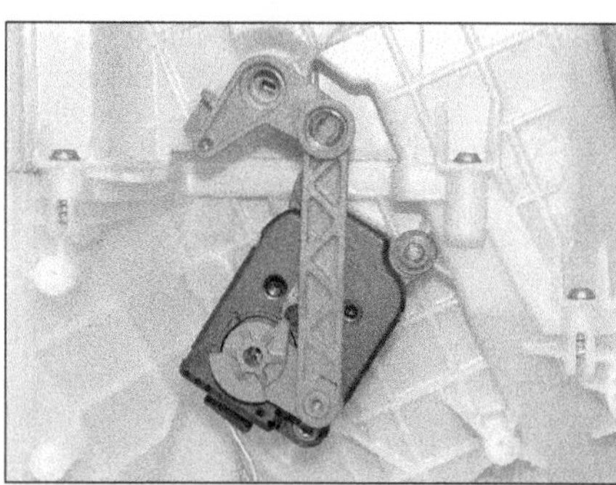

9.50 Vänster stegmotor för luftblandning

58 Avfrostningsklaffmotorn är de övre av de båda motorerna. Skruva loss de båda fästskruvarna, lyft ut motorn och vrid den något för att lossa länkarmen **(se bild)**. Koppla loss anslutningskontakten när motorn tas bort.

Montering

59 Monteringen utförs i omvänd ordningsföljd mot demonteringen.

Stegmotor till golvluftfördelarklaff

Demontering

60 Ta bort instrumentbrädans nedre panel från förarsidan enligt beskrivningen i kapitel 11.

61 Ta bort luftmunstyckeskanalen från golvet.

9.54 Höger stegmotor för luftblandning

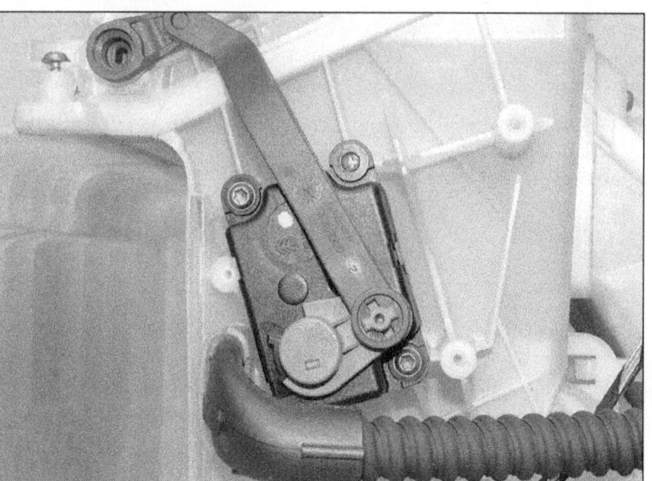

9.58 Stegmotor till avfrostningsklaff

9.62 Stegmotor till golvluftfördelarklaff

62 Stegmotorn för luftfördelarklaffen är den mittersta av de tre motorerna. Skruva loss de båda skruvarna och ta bort motorn **(se bild)**. Koppla loss anslutningskontakten när motorn tas bort.

Montering

63 Monteringen utförs i omvänd ordningsföljd mot demonteringen.

Stegmotor för luftåtercirkuleringsklaff

Demontering

64 Ta bort handskfacket på passagerarsidan enligt beskrivningen i kapitel 11.

65 Motorn sitter på fläktmotorhusets ände. Skruva loss fästskruvarna och ta bort stegmotorn. Koppla loss anslutningskontakten när enheten tas bort **(se bild)**.

Montering

66 Monteringen utförs i omvänd ordningsföljd mot demonteringen, se till att motorarmen hakar i klaffarmen ordentligt.

Luftblandarens stegmotor – MCC

Demontering

67 Ta bort instrumentbrädans nedre panel från förarsidan enligt beskrivningen i kapitel 11.

68 Skruva loss de båda fästskruvarna, lossa sedan motorarmen från länkarmen.

69 Koppla loss anslutningskontakten och ta bort motorn.

Montering

70 Monteringen utförs i omvänd ordningsföljd mot demonteringen.

9.65 Stegmotor till återcirkuleringsklaff (se pil)

Fläktstyrenhet

Demontering

71 Demontera handskfacket enligt beskrivningen i kapitel 11.

72 Ta bort den främre sidopanelen från mittkonsolen på passagerarsidan genom att ta bort fästet och skjuta panelen nedåt och bakåt **(se bilder 9.3a och 9.3b)**.

73 Skruva loss de båda fästskruvarna och ta bort den nedre instrumentbrädespanelen på passagerarsidan **(se bild 9.4)**. Koppla loss eventuella anslutningskontakter när panelen tas bort.

74 Skruva loss de båda skruvarna och ta bort styrenheten. Koppla loss anslutningskontakten när enheten tas bort **(se bild 9.8)**.

Montering

75 Monteringen utförs i omvänd ordningsföljd mot demonteringen.

Expansionsventil

Demontering

76 Låt en specialist med lämplig utrustning tömma ut kylmediet.

77 Ta bort vindrutetorkarmotorn enligt beskrivningen i kapitel 12.

78 Ta bort pollenfiltret enligt beskrivningen i kapitel 1A eller 1B, lossa sedan klämmorna och ta bort huset **(se bild 9.22)**.

79 Skruva loss muttern och koppla loss luftkonditioneringsrören från mellanväggen. Plugga igen öppningarna för att hindra smuts från att tränga in.

80 Skruva loss de båda fästskruvarna och ta bort expansionsventilen. Plugga igen öppningarna för att hindra smuts från att tränga in.

Montering

81 Monteringen utförs i omvänd ordningsföljd mot demonteringen. Tänk på följande:

a) *Byt röranslutningens tätningsbrickor.*
b) *Dra åt fästena till angivet moment, om sådant finns.*
c) *Låt en specialist med lämplig utrustning fylla på kylmediet.*

Kondensor

Demontering

82 Låt en specialist med lämplig utrustning tömma ut kylmediet.

83 Skruva loss strålkastarens övre fästbultar, dra upp centrumsprintarna och bänd ut plastnitarna. Skruva sedan loss de återstående bultarna som fäster den övre kylartvärbalken/motorhuvsfrontens överdel.

84 Lyft upp framvagnen och stötta den ordentligt på pallbockar (se *Lyftning och stödpunkter*). Skruva loss fästena och ta bort kylarens undre skyddsplåt.

85 Skruva loss bulten och ta bort kylarens högre nedre fäste **(se bild 3.15)**.

86 Skruva loss bulten och koppla loss det nedre kylmedieröret från kondensorn **(se bild)**. Plugga igen öppningarna för att hindra smuts från att tränga in.

87 Ta bort de tre skruvarna som fäster den främre stötfångaren på hjulhusfodret och dra stötfångarens högra del lite framåt.

88 Ta bort höger strålkastare enligt beskrivningen i kapitel 12.

89 Skruva loss bulten och koppla loss det övre kylmedieröret från kondensorn **(se bild)**. Plugga igen öppningarna för att hindra smuts från att tränga in.

90 Ta bort kondensorns övre fästskruvar och lyft bort den **(se bild)**.

Montering

91 Monteringen utförs i omvänd ordningsföljd mot demonteringen. Tänk på följande:

a) *Byt röranslutningens O-ringstätningar.*
b) *Dra åt fästena till angivet moment, om sådant finns.*
c) *Låt en specialist med lämplig utrustning fylla på kylmediet.*

Kompressorn

Demontering

92 Låt en specialist med lämplig utrustning tömma ut kylmediet.

93 Lyft upp framvagnen och stötta den ordentligt på pallbockar (se *Lyftning och stödpunkter*). Skruva loss fästena och ta bort kylarens undre skyddsplåt och skyddsplåten under motorn.

94 På cabriolet-modeller skruvar du loss bultarna och tar bort den främre chassiförstärkningen.

95 Ta bort drivremmen enligt beskrivningen i kapitel 1A eller 1B.

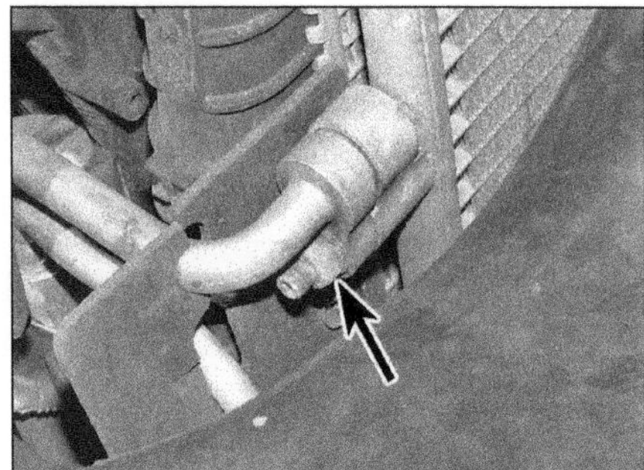
9.86 Skruva loss muttern (se pil) och koppla loss det nedre kylmedieröret

9.89 Skruva loss muttern (se pil) och koppla loss det övre kylmedieröret

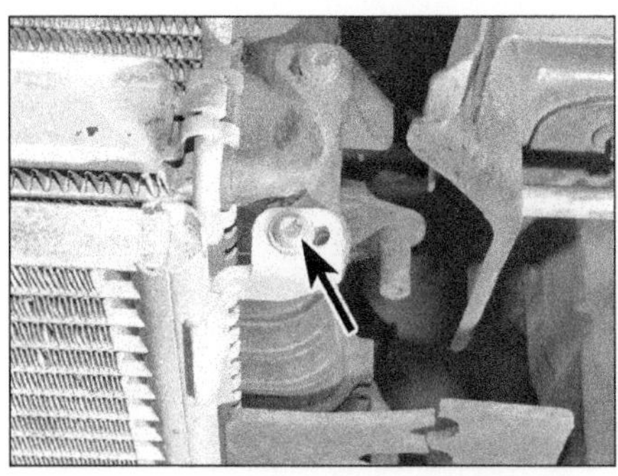
9.90 Kondensorns övre torxfästskruv (se pil)

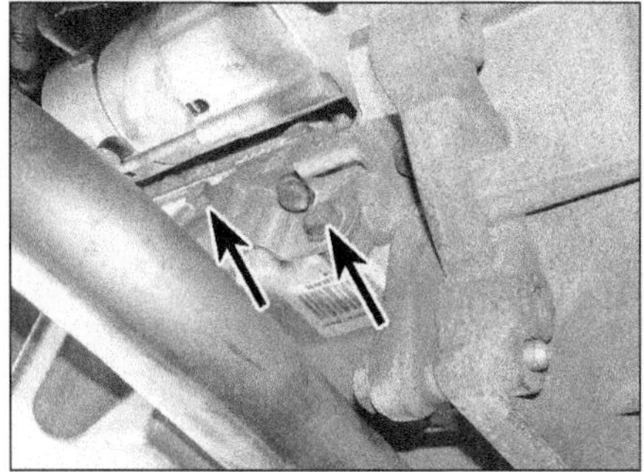
9.96 Laddluftrörets bultar (se pilar)

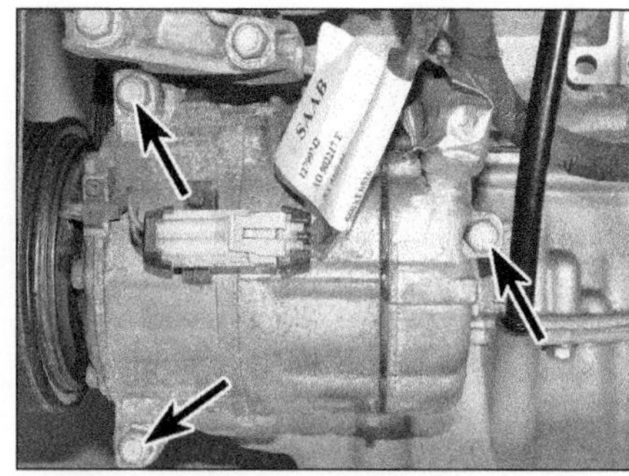

9.99 Kompressorns fästbultar (se pilar)

96 På bensinmodeller, skruva loss skruvarna/klämmorna och ta bort laddluftröret som är fäst på motorsumpen **(se bild)**.

97 Koppla loss kompressorns anslutningskontakt.

98 Skruva loss fästena och koppla loss kylmedierören från kompressorn. Plugga igen öppningarna för att hindra smuts från att tränga in.

99 Skruva loss fästbultarna och ta bort kompressorn **(se bild)**.

100 Om det behövs skruvar du loss muttern och drar loss drivremskivan och kopplingen från kompressorn **(se bilder)**. När du sätter tillbaka remskivan/kåpan, mät spelet mellan kåpan och remskivan - det korrekta värdet ska vara 0,5 ± 0,15 mm. Justera spelet om det behövs genom att lägga till eller ta bort brickorna bakom kåpan.

Montering

101 Monteringen utförs i omvänd ordningsföljd mot demonteringen. Tänk på följande:

a) Byt kylmedierörets anslutningstätningar.

b) Dra åt alla fästen till angivet moment, om sådant finns.

c) Låt en specialist med lämplig utrustning fylla på kylmediekretsen.

Behållare/avfuktare

Demontering - bensinmodeller

102 Låt en specialist med lämplig utrustning tömma ut kylmediet.

103 Lyft upp framvagnen och stötta den ordentligt på pallbockar (se *Lyftning och stödpunkter*). Skruva loss fästena och ta bort kylarens undre skyddsplåt och skyddsplåten under motorn.

104 Ta bort plastkåpan på motorns ovansida.

105 Skruva loss bulten och koppla loss kylmedierören från behållaren/avfuktaren som sitter på laddluftkylarens högra sida. Plugga igen öppningarna för att hindra smuts från att tränga in.

106 Koppla loss turboaggregatröret från laddluftkylaren och lägg röret åt sidan.

107 Skruva loss fästbulten och ta bort kylarens högra nedre fäste **(se bild 3.15)**.

108 Skruva loss skruvarna och ta bort behållaren/avfuktaren **(se bild)**.

Demontering - dieselmodeller

109 Låt en specialist med lämplig utrustning tömma ut kylmediet.

110 Lyft upp framvagnen och stötta den ordentligt på pallbockar (se *Lyftning och stödpunkter*). Skruva loss fästena och ta bort

9.100a Vi använde ett egentillverkat verktyg för att hålla kåpan när vi lossade muttern (se pil)

9.100b Ta bort kåpan . . .

9.100c . . . och ta vara på brickorna bakom den

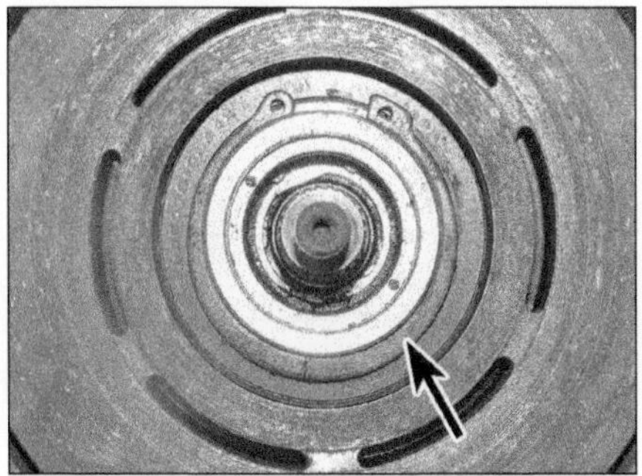
9.100d Ta bort låsringen (se pil) och dra bort lamellen/remskivan och lagret

9.100e Lagret är veckat i remskivan

9.100f Ta bort låsringen (se pil) och dra bort en elektromagnetiska kopplingen

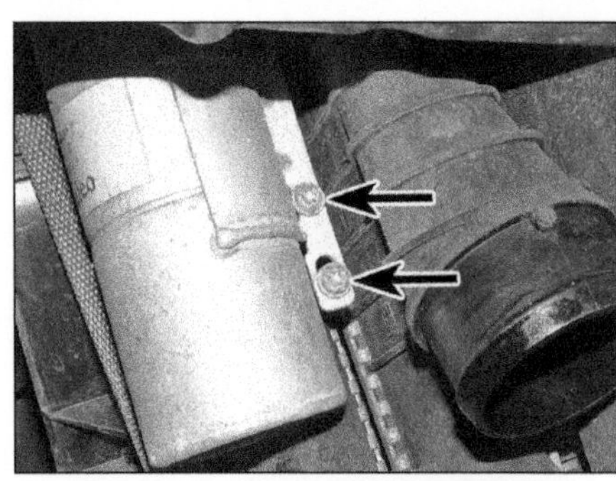

9.108 Behållarens/avfuktarens torxfästskruvar (se pilar)

9.112 Turboaggregatrörets fästbult (se pil)

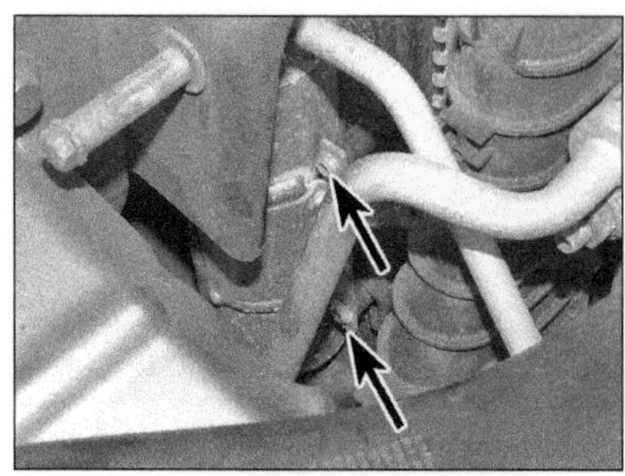

9.115 Behållarens/avfuktarens torxfästskruvar (se pilar)

kylarens undre skyddsplåt och skyddsplåten under motorn.

111 Ta bort plastkåpan på motorns ovansida.

112 Ta bort den övre slangen från turboaggregatröret och ta bort rörets fästbult **(se bild)**.

113 Skruva loss bulten och koppla loss kylmedierören från behållaren/avfuktaren. Plugga igen öppningarna för att hindra smuts från att tränga in.

114 Arbeta under bilen, ta bort slangen mellan turboaggregatet och laddluftkylaren, skruva sedan loss skruven och sänk ner turboaggregatröret.

115 Skruva loss de båda skruvarna och sänk ner behållaren/avfuktaren **(se bild)**.

Montering

116 Monteringen utförs i omvänd ordningsföljd mot demonteringen. Tänk på följande:

a) Byt kylmedierörsanslutningens O-ringstätning.
b) Dra åt alla fästen till angivet moment, om sådant finns.
c) Låt en specialist med lämplig utrustning fylla på kylmediekretsen.

10 Extra värmesystem – allmän beskrivning

1 På vissa dieselmodeller kan det finnas ett extra värmesystem som använder bränsle från bränsletanken. Värmeenheten är monterad på mellanväggens högra sida i motorrummets bakkant och värmer kylvätskan från motorn, både för att värma fordonets kupé samt för att höja motorns temperatur för att underlätta start. Enheten fungerar utan att motorn har startats, men den kan även aktiveras när motorn är igång för att motorn snabbare ska nå arbetstemperatur.

2 Extravärmaren använder bränsle från bränsletanken för att ge en låga i värmarenheten, som värmer kylvätskan från motorn. Ett glödstift används för att antända bränslet. Luft till värmaren sugs in genom ett insugsgrenrör under enheten, och avgaserna leds genom ett avgasrör under fordonets golv.

3 Huvudkomponenterna i systemet är de följande:

a) Inbyggd styrenhet.
b) Fläkt.
c) Glödstift.
d) Flamdetektor.
e) Temperaturgivare.
f) Krets för skydd mot överhettning.
g) Relä.
h) Bränslepump, placerad framför bränsletanken under fordonets bakkant.
i) Diagnostikuttag.

4 Systemet styrs av en modul som övervakar yttertemperatur och motorns kylvätsketemperatur. Värmaren startar endast om kylvätsketemperaturen är under 80 °C, och det finns minst 10 liter i bränsletanken. Värmaren har två driftlägen: 2 400 W och 5 000 W, som väljs automatiskt av modulen, och de två effekterna erhålls med olika fläktvarvtal.

5 Det finns ett diagnostikuttag som ger Saabs tekniker möjlighet att lokalisera eventuella fel i det extra värmesystemet. Om det inte fungerar normalt så ska fordonet lämnas till en Saab-återförsäljare eller annan specialist som har den nödvändiga utrustningen för att snabbt utföra diagnostik av felet.

Kapitel 4 Del A: Bränsle- och avgassystem – bensinmotorer

Innehåll

Svårighetsgrad

Enkelt, passar novisen med lite erfarenhet 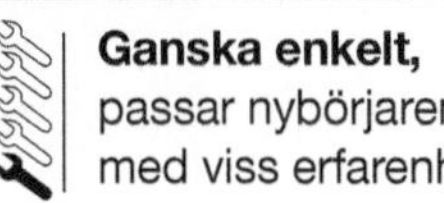	**Ganska enkelt,** passar nybörjaren med viss erfarenhet 	**Ganska svårt,** passar kompetent hemmamekaniker 	**Svårt,** passar hemmamekaniker med erfarenhet	**Mycket svårt,** för professionell mekaniker

Specifikationer

Systemtyp

Samtliga modeller	Saab Trionic T8 motorstyrningssystem, sekventiell multipointinsprutning, med turboaggregat och laddluftkylare

Bränsletrycksregulator

Bränsletryck	3,0 ± 0,1 bar

Bränslepump

Bränslepump, kapacitet	700 ml per 30 s vid 3,0 bar

Laddtrycksventil

Resistans vid 20 °C	23 ohm

Bränslenivågivare

Resistans:	
1,0 liter	249 ohm
8,0 liter	220 ohm
16,0 liter	178 ohm
24,0 liter	150 ohm
30,0 liter	126 ohm
40,0 liter	98 ohm
48,0 liter	70 ohm
56,0 liter	42 ohm
58,0 liter	40 ohm

Rekommenderat bränsle

Alla modeller	95 RON blyfri

Tomgångsvarvtal

Alla modeller	720 r/min, styrs av ECM (ej justerbar)

Avgasernas CO-halt

Alla modeller	Styrs av styrmodulen (ej justerbar)

Givare för absoluttryck i grenröret (MAP)

Matningsspänning	5 volt
Tryck:	
-0,75 bar	0,5 volt
-0,50 bar	1,0 volt
-0,25 bar	1,5 volt
0 bar	2,0 volt
0,25 bar	2,5 volt
0,50 bar	3,0 volt
0,75 bar	3,5 volt
1,00 bar	4,0 volt

Atmosfärstryckgivare

Tryck:	
40 kPa	0,3 volt
60 kPa	1,6 volt
80 kPa	2,8 volt
100 kPa	4,1 volt
110 kPa	4,7 volt

Gasspjällshusmanöverdon

Resistans (stift 6 till 5)	1,13 ± 0,1 ohm
Styrspänning	12 volt 600 Hz
Givare 1 (stift 1 till 7):	
Gasspjäll stängt	0,065 till 1,09 volt
Helt öppet	3,93 till 4,775 volt
Givare 2 (stift 4 till 2):	
Gasspjäll stängt	3,91 till 4,935 volt
Helt öppet	0,025 till 1,07 volt

Lufttemperaturgivare (IAC) för insugsluft

Matningsspänning	5 volt
Temperatur:	
-30 °C	4,74 volt
-10 °C	4,33 volt
0 °C	4,00 volt
20 °C	3,13 volt
40 °C	2,18 volt
60 °C	1,39 volt
80 °C	0,86 volt
90 °C	0,67 volt

Vevaxelns lägesgivare

Resistans (stift 1 och 2) vid 20 °C	860 ± 70 ohm
Givarens avstånd till skivan	0,4 till 1,4 mm

Insprutningsventiler

Typ:	
B207E och B207L	Siemens, blå, 2 hål
B207R	Siemens, grön, 2 hål
Resistans vid 20 °C	12,0 ohm
Flödeskapacitet (vid 3 bars bränsletryck):	
B207E och B207L	134 ± 5 ml/30 sekunder
B207R	176 ± 7 ml/30 sekunder
Maximal flödesskillnad mellan bränsleinsprutningsventiler:	
B207E och B207L	10 ml
B207R	14 ml

Turboaggregat

Typ:	
B207E och B207L	Garrett GT2052s
Tryck	0,40 ± 0,03 bar
B207R	MHI TD04L-14T
Tryck	0,45 ± 0,03 bar
Förtryck för övertrycksventil (alla typer)	1,5 mm
Turboskaftspel (axiellt)	0,036 till 0,091 mm

Åtdragningsmoment

	Nm
Bränslefördelarskenans bultar	10
Gasspjällshus	10
Insugsgrenrör	10
Katalysator:	
Bultar	22
Muttrar	25
Lambdasond	40
Muttrar mellan avgasgrenrör och topplock*	24
Temperaturgivare för kylvätska	15
Turboaggregatets oljematningsrör, banjobult	28
Turboaggregatets oljematningsrör till motorblock	28
Turboaggregatets oljereturrör till turbo	15
Turboaggregat till avgasgrenrör	24

** Återanvänds inte*

1 Allmän information och föreskrifter

Bränsletillförselsystemet består av en bensintank som sitter under bilens bakdel (med en nedsänkt elektrisk bränslepump), ett bränslefilter samt bränsletillförsel- och returledningar. Bränslepumpen tillför bränsle till bränslefördelarskenan som fungerar som en behållare för de fyra bränsleinsprutarna som sprutar in bränsle i insugssystemet. Bränslefiltret sitter ihop med matarledningen från pumpen till bränslefördelarskenan och sörjer för att bränslet som transporteras till bränsleinsprutarna är rent. Filtret är monterat mitt emot bränsletanken.

Motorstyrningssystemet är av typen Saab Trionic, med sekventiell bränsleinsprutning och en separat tändspole för varje tändstift.

De flesta Saab-modeller har ett farthållarsystem som standard.

Turboaggregatet är vätskekylt. Laddtrycket styrs av Saab Trionic-systemet.

Föreskrifter

Varning: Många av åtgärderna i det här kapitlet kräver att bränsleledningar kopplas bort, något som kan leda till bränslespill. Innan någon åtgärd utförs på bränslesystemet, se avsnitt 5. Läs föreskrifterna i "Säkerheten främst!" i början av denna handbok, och följ dem till punkt och pricka. Bensin är en ytterst brandfarlig och flyktig vätska, och säkerhetsföreskrifterna för hantering kan inte nog betonas.

2 Luftrenare – demontering och montering

Demontering

1 Koppla loss massluftflödesmätarens anslutningskontakt **(se bild)**.

2 Lossa klämman och koppla loss slangen från luftfilterkåpan.

3 Dra upp husets vänstra bakre hörn, flytta sedan enheten åt vänster och ta bort den från motorrummet **(se bild)**.

Montering

4 Monteringen utförs i omvänd ordningsföljd mot demonteringen.

3 Gaspedal – demontering och montering

Demontering

1 Ta bort instrumentbrädans nedre panel från förarsidan enligt beskrivningen i kapitel 11.

2 Arbeta i förarsidans fotbrunn, bänd ut den röda låsspärren och koppla loss anslutningskontakten till gaspedalens lägesgivare.

3 Skruva loss de tre fästmuttrarna och ta bort pedalenheten **(se bild)**. Observera att lägesgivaren är inbyggd i pedalenheten. Vi rekommenderar ingen vidare isärtagning.

Montering

4 Monteringen utförs i omvänd ordningsföljd mot demonteringen.

4 Motorstyrningssystem – allmän information

Motorstyrningssystemet Saabs Trionic T8 styr tre motorfunktioner från en elektronisk styrmodul (ECM). De tre funktionerna består av bränsleinsprutningssystemet, tändsystemet och turboaggregatets styrsystem för laddning. Information om de olika komponenterna i tändsystemet finns i kapitel 5B.

Systemet styrs av en mikroprocessor som anpassar sig efter förutsättningarna och alltid förser bränslesystemet med rätt mängd bränsle för fullständig förbränning. Data från olika givare behandlas i motorstyrningssystemet för att avgöra hur länge bränsleinsprutarna ska vara öppna för att exakt rätt mängd bränsle ska sprutas in i insugsgrenröret.

Systemet är av sekvenstyp, vilket innebär att bränsle sprutas in i enlighet med motorns tändningsföljd. Konventionella bränsleinsprutningssystem av sekvenstyp kräver en kamaxelgivare som arbetar tillsammans med vevaxelns lägesgivare för att avgöra vilken cylinder i ÖD-läge

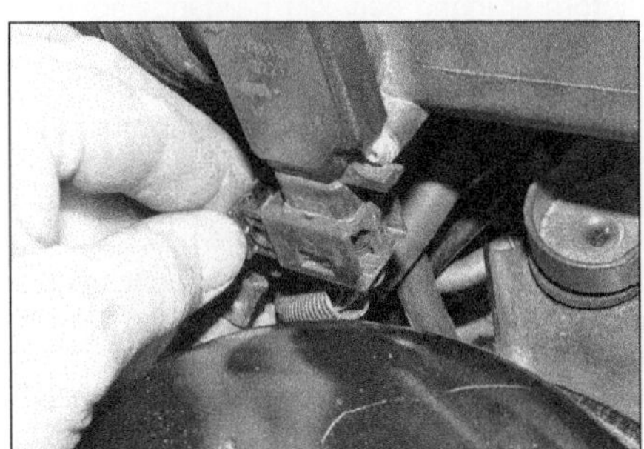

2.1 Skjut ut låsspärren och koppla loss massluftflödesgivarens anslutningskontakt

2.3 Dra ut luftfilterenheten från gummifästena

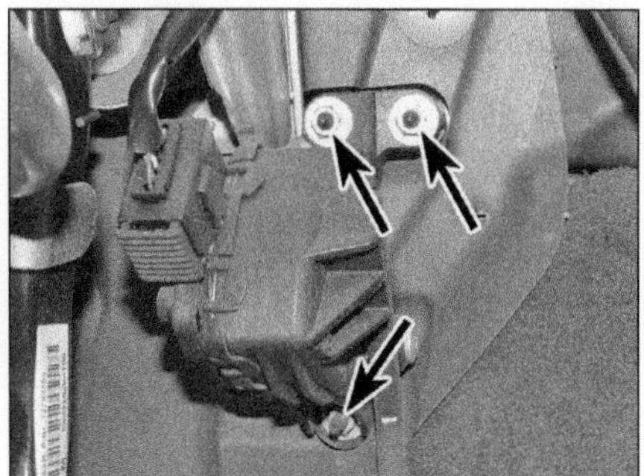

3.3 Gaspedalsenhetens fästmuttrar (se pilar)

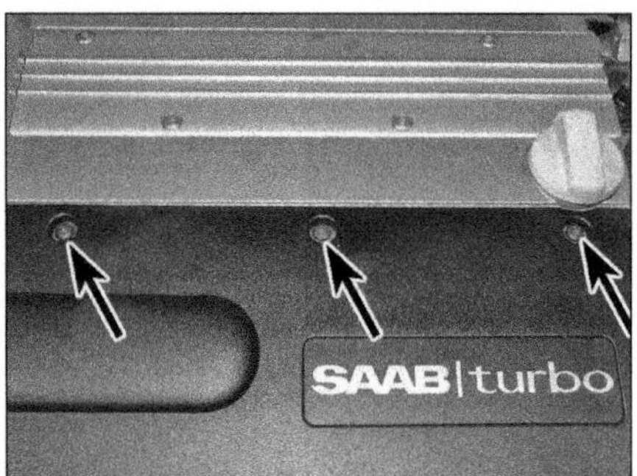

5.2 Skruva loss de 3 torxskruvarna och ta bort plastkåpan (se pilar)

som är i kompressionsslag och vilken som är i sitt avgasslag. Trionic-systemet har ingen kamaxelgivare, utan avgör varje cylinders kolvslag genom att lägga en låg likströmsspänning över varje tändstift. När en cylinder är i sitt förbränningsslag och närmar sig ÖD orsakar spänningen en joniseringsström mellan tändstiftets poler och visar på så sätt vilken cylinder som står på tur för bränsleinsprutning och tändning. Sekvensstyrning av tändningsinställningen för att styra förbränningsslaget fungerar på samma sätt (se kapitel 5B).

När tändningen slås på manuellt och bränslepumpen är igång används alla insprutningsventilerna samtidigt en kort stund. Det minskar kallstarttiden.

Huvudkomponenterna i systemet är följande:

a) **ECM***: Den elektroniska styrmodulen styr hela bränsleinsprutningssystemet, tändningen, farthållaren och turboaggregatets tryckladdning.*

b) **Vevaxelns lägesgivare***: Vevaxelns lägesgivare anger ett mätvärde till elektroniska styrmodulen för att beräkna vevaxelns läge i förhållande till ÖD. Givaren startas av en skiva med magnetiskt motstånd som roterar inuti vevhuset.*

c) **Insugstryck-/temperaturgivare***: Den här givaren informerar styrmodulen om insugsluftens tryck och temperatur.*

d) **Givare för absoluttryck i grenröret***: Lufttryckgivaren informerar styrmodulen om lufttrycket i slangen mellan laddluftkylaren och gasspjällshuset.*

e) **Temperaturgivare för motorns kylvätska***: Temperaturgivaren för motorns kylvätska informerar den elektroniska styrmodulen (ECM) om motortemperatur.*

f) **Massluftflödesgivare***: sitter på det högra främre fjäderbenslagret. Motorns belastning mäts av en luftlödesmätare med värmefilm. Mätaren innehåller en uppvärmd glödtråd som är monterad i flödet från luftintaget. Temperaturminskningen som orsakas i glödtråden på grund av luftflödet ändrar den elektriska resistansen, som sedan omvandlas till en variabel signal för avgiven effekt. Genom att mäta luftmassflödet snarare än luftvolymen kan man kompensera för skillnader i lufttryck, beroende på höjd över havet eller liknande.*

g) **Gaspedalens lägesgivare***: Den här givaren informerar styrmodulen om vilket vridmoment som föraren begär.*

h) **Laddtrycksventil***: Laddtrycksventilen (kallas även magnetventilen) är placerad på ett fäste framför topplocket. Den styr turboaggregatets funktion. Under vissa förutsättningar (när 1:ans växel är ilagd) minskar laddtrycket.*

i) **Bränsletrycksregulator***: Regulatorn är ansluten i slutet av bränslefördelarskenan på insugsgrenröret och reglerar bränsletrycket till ca 3,0 bar.*

j) **Bränslepump***: Bränslepumpen sitter i bränsletanken. Pumphuset innehåller en separat matarpump som förser huvudpumpen med bubbelfritt bränsle under tryck.*

k) **Insprutningsventil***: Varje bränsleinsprutare består av en solenoidstyrd nålventil som öppnas på kommando av den elektroniska styrmodulen (ECM). Bränsle från bränslefördelarskenan transporteras då genom bränsleinsprutarens munstycke till insugsgrenröret.*

l) **Lambdasond***: Lambdasonden förser ECM-styrmodulen med ständig information om syreinnehållet i avgaserna (se kapitel 4C).*

m) **EVAP kanisterrensventil***: Kanisterrensventilen öppnas när motorn startas för att tömma ut bränsle som samlats i kanistern. Systemet arbetar i korta perioder för att lambdasonden ska kunna kompensera för det extra bränslet (se kapitel 4C).*

n) **Tändspolar***: Tändspolarna sitter ovanför varje tändstift. Se kapitel 5B för ytterligare information.*

o) **Gasspjällshusets manöverdon:** *Det finns ingen gasvajer. Istället styrs gasspjällets läge av en elmotor, som i sin tur styrs av signaler från motorstyrmodulen. Gasspjällshusets manöverdon styr även tomgångsvarvtalet.*

"Check Engine"-indikator

Om varningslampan "Check Engine" tänds bör du snarast lämna bilen till en Saab-verkstad eller annan lämplig specialist. Då kan en fullständig test av motorstyrningssystemet utföras med hjälp av särskild elektronisk testutrustning för Saab. Motorstyrningssystemet kan försättas i ett läge för självtest, vilket gör att det visar all lagrad felkodsinformation genom att blinka med "Check Engine"-lampan i en kodad sekvens. Denna sekvens kan sedan tolkas för att bestämma vilka fel som har detekterats av motorns styrsystem, se avsnitt 9 för vidare information.

5 Bränsletillförsel – rekommendationer och tryckutjämning

Observera: *Läs avsnittet Rekommendationer i slutet av avsnitt 1 innan du fortsätter.*

Varning: Nedanstående procedur lättar endast på trycket i bränslesystemet – kom ihåg att bränsle fortfarande finns kvar i systemets komponenter och vidtag säkerhetsåtgärder innan någon del demonteras.

1 Det bränslesystem som avses i det här avsnittet definieras som en bränslepump fäst på tanken, ett bränslefilter, bränsleinsprutare, bränslefördelarskena och en tryckregulator, samt de metallrör och slangar som är kopplade mellan dessa komponenter. Alla komponenter innehåller bränsle som är under tryck när motorn är igång och/eller när tändningen är påslagen.

Varning: Bränslet kan befinna sig under tryck ett tag efter det att tändningen har stängts av och måste tryckutjämnas innan någon av ovanstående komponenter åtgärdas.

2 Skruva loss de tre torxskruvarna och ta bort platskåpan från motorns främre, övre del **(se bild)**.

3 Skruva loss plastlocket från ventilen på bränslematningsröret **(se bild)**.

4 Håll en trasa runt ventilen, använd sedan en skruvmejsel för att trycka ner ventilkärnan **(se bild)**. Var beredd på att det rinner ut bränsle.

5.3 Skruva loss plastkåpan . . .

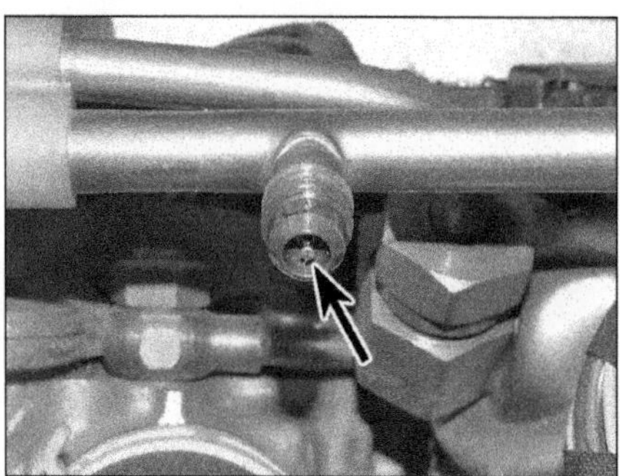

5.4 . . . och tryck ner ventilkärnan för att tryckutjämna bränslesystemet

6.2 Skjut bort låsspärren, tryck ner klämman och koppla loss anslutningskontakten (se pilar)

6 Bränslepump – demontering och montering

Varning: Läs föreskrifterna i avsnitt 1 och informationen i avsnittet "Säkerheten främst!" i den här handboken innan du börjar arbeta med några komponenter i bränslesystemet.

Observera: *Bränslepumpen på alla modeller innehåller även bränslenivågivaren.*

Demontering

1 Ta bort bensintanken enligt beskrivningen i avsnitt 8.

2 Skjut ut låsspärren, tryck ihop klämman och koppla loss anslutningskontakten från kåpan **(se bild)**.

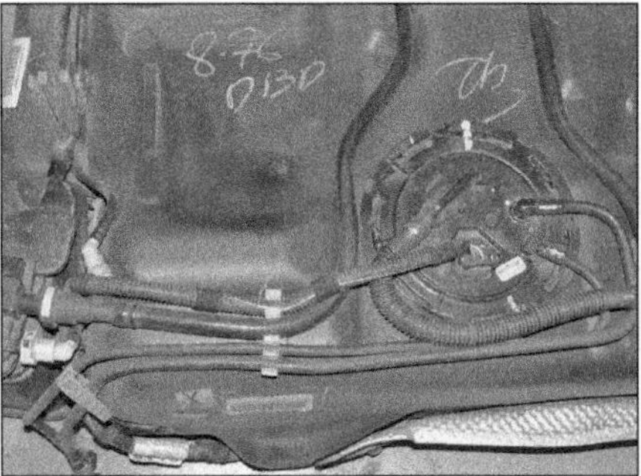
6.3 Lossa slangarna från klämmorna på tanken

3 Observera hur de olika bränsle-/ventilrören är dragna och lossa dem sedan från klämmorna på tanken **(se bild)**.

4 Gör inställningsmarkeringar mellan underhållskåpan och tanken, rotera sedan försiktigt den stora fästkragen som håller fast kåpan på tanken moturs och lyft sedan kåpan **(se bilder)**.

5 Lyft upp pumpenheten från tanken. Tryck ner lossningsspärren och koppla loss bränsleslangen från pumpen vid snabbkopplingen när du lyfter bort pumpenheten. Ta bort tätningsringen **(se bilder)**.

Montering

6 Montera en ny tätning i bränsletankens öppning, tryck ner den ordentligt i spåret.

7 Återanslut bränsleslangen till pumpen och sänk ner pumpen i tanken. Se till att styrtapparna hakar i ordentligt **(se bild)**.

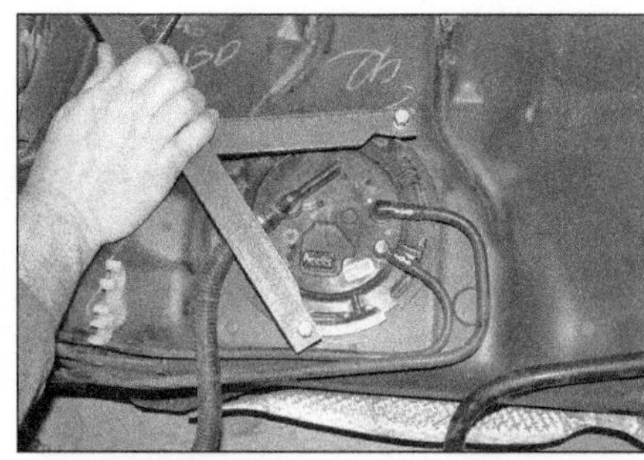
6.4a Rotera kragen moturs. Vi använde ett egentillverkat verktyg konstruerat av två bitar stålstag med bultar i var ände

8 Återanslut pumpens anslutningskontakt och sätt försiktigt tillbaka underhållskåpan på tanken, se till att de markeringar som gjordes tidigare är linjerade.

9 När kåpan är korrekt placerad, sätt tillbaka fästkragen.

10 Återanslut de olika bränsleören och sätt tillbaka bränsletanken enligt beskrivningen i avsnitt 8.

7 Bränslenivågivare – demontering och montering

1 Ta bort bränslepumpen enligt beskrivningen i föregående avsnitt.

2 Tryck ner fästklämman och skjut bort givaren från pumpen **(se bild)**. Observera att om givaren ska bytas måste dess kablar lossas från anslutningen på undersidan av pumpkåpan.

6.4b Observera inställningsmarkeringarna mellan kragen, kåpan och tanken (se pil)

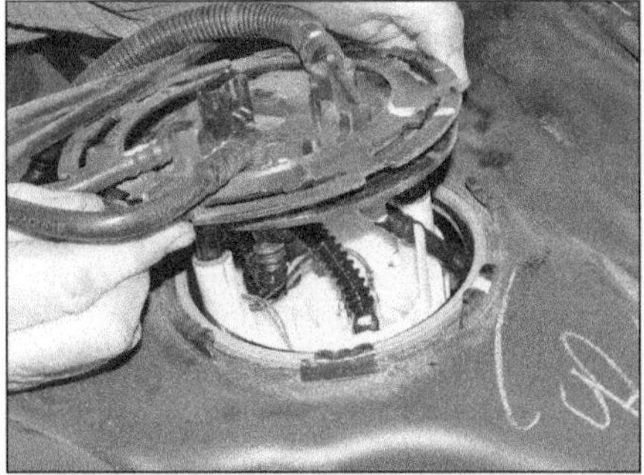
6.5a Lyft upp kåpan/pumpenheten . . .

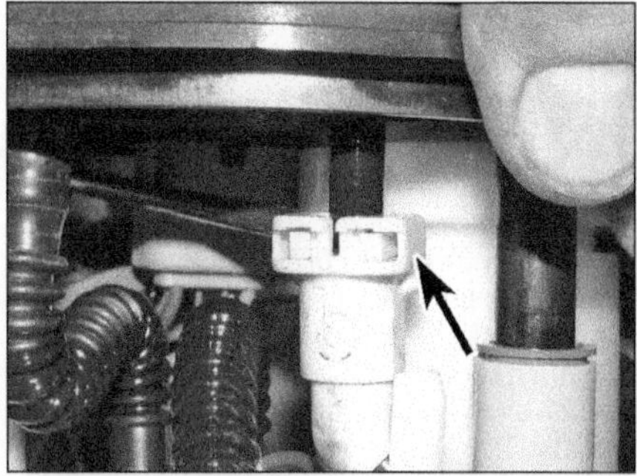
6.5b . . . tryck ner lossningsfliken och koppla loss bränsleslangen (se pil)

6.5c Ta bort tätningen

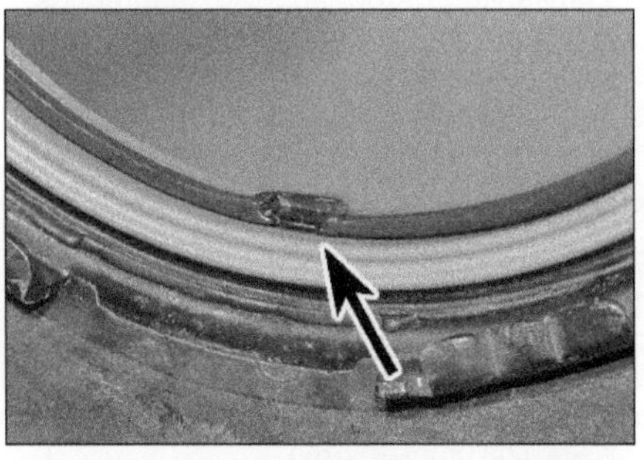
6.7 Se till att tappen på kåpans undersida hakar i hacket i tankens kant (se pil)

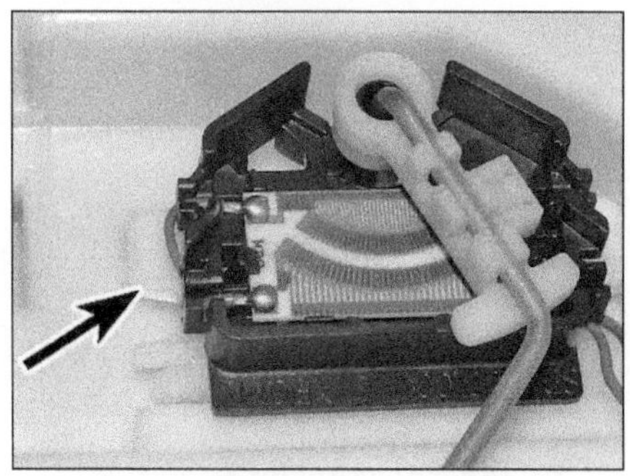
7.2 Tryck ner klämman (se pil) och skjut bort givaren från pumpen

8.3 Skjut bort den röda låsspärren och koppla loss anslutningskontakten framför tanken

8.4a Tryck ner fliken (se pil) . . .

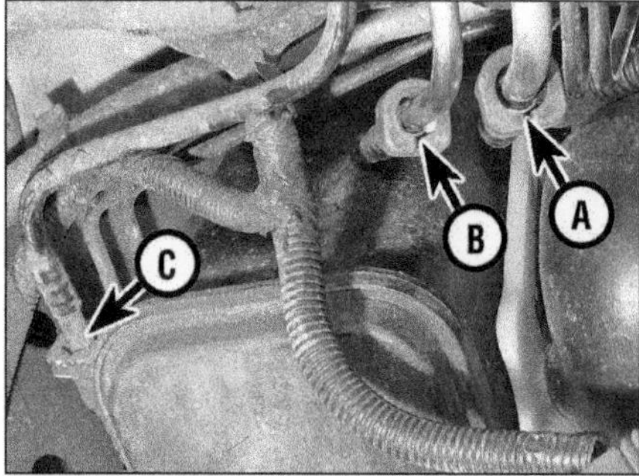

8.4b . . . och koppla loss bränslematnings- (A), retur- (B) och kolfilterslangen (C)

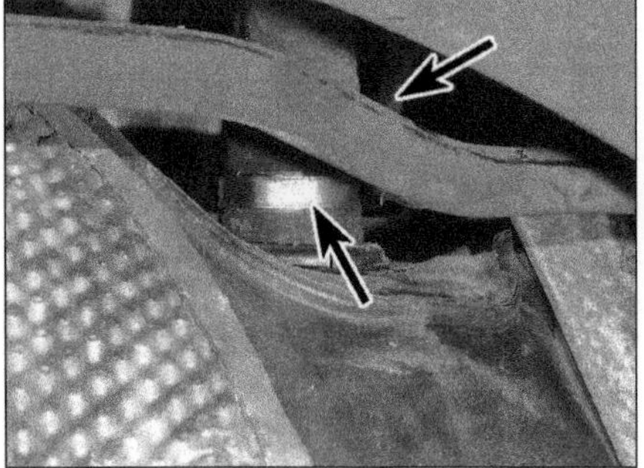
8.5 Bränslepåfyllningsslangens klämma (se pil) – ventilationsslangens anslutning (se pil) sitter ovanför krängningshämmaren

3 Monteringen utförs i omvänd ordningsföljd mot demonteringen.

8 Bränsletank – demontering, reparation och montering

Varning: Läs föreskrifterna i avsnitt 1 och informationen i avsnittet "Säkerheten främst!" i den här handboken innan du börjar arbeta med några komponenter i bränslesystemet.

1 Innan bensintanken tas bort bör den tömmas på allt bränsle. Eftersom bensintanken inte har någon avtappningsplugg bör demonteringen ske när bilen har körts tills tanken är så gott som tom.

Demontering

2 Ta bort hela avgassystemet enligt beskrivningen i avsnitt 16.

9.2 Dra bort locket för att komma åt diagnosuttagets 16 stift under instrumentbrädan på förarsidan

8.7 Bränsletanksremmens främre fästbultar (se pilar)

3 Koppla loss anslutningskontakten till bränsletankens pump/nivågivare och lossa den från fästbygeln **(se bild)**.

4 Tryck ner lossningsspärren och koppla loss bränslematnings- och returslangarna på tankens högra sida vid snabbkopplingarna **(se bilder)**. Koppla i förekommande fall loss kolfilteranslutningen. Var beredd på att det rinner ut bränsle.

5 På tankens baksida lossar du klämman och kopplar bort påfyllningsslangen och lägger den åt sidan. Tryck sedan ner lossningsspärren och koppla loss ventilationsslangen vid snabbkopplingen **(se bild)**.

6 Placera en garagedomkraft, med träkloss över domkraftshuvudet, mitt under bränsletanken. Höj domkraften så mycket att den precis börjar lyfta bränsletanken.

7 Skruva stegvis bort skruvarna som fäster bränsletankens stödband vid monteringsfästena **(se bild)**.

8 Sänk sakta ner tanken och ta sedan hjälp av en medhjälpare för att sänka ner bränsletanken till marken och ta bort den från bilens undersida.

Reparation

9 Om tanken är förorenad med avlagringar eller vatten ska bränslepumpen demonteras och tanken sköljas ur med ren bensin. I somliga fall kan det vara möjligt att reparera små läckor eller mindre skador. Fråga en specialist innan du försöker laga bränsletanken.

Montering

10 Monteringen utförs i omvänd ordningsföljd mot demonteringen. Tänk på följande:

a) Undersök O-ringarna vid bränsletillförsel- och returslangarnas snabbutlösningsanslutningar bredvid bränslepumpen.
b) Se till att alla bränsleledningar och ventilationsslangar är korrekt dragna och att de inte är veckade eller vridna.
c) Dra åt bensintankens stödband ordentligt.

9 Motorstyrningssystem – test, kontroll och justering

1 Om ett misstänkt fel uppstår i motorstyrningssystemet ska alla kontaktdon kontrolleras så att de sitter som de ska och inte visar tecken på korrosion. Se till att felet inte beror på bristande underhåll – dvs. att luftrenarfiltret är rent, att bränslefiltret har bytts ut tillräckligt ofta och att tändstiften med tillhörande komponenter är i gott skick. Kontrollera också att motorns ventilationsslang ligger fritt och att den är oskadd. Kontrollera slutligen att cylindrarnas kompressionstryck är korrekt, se kapitel 1A, 2A och 5B för ytterligare information.

2 Om dessa kontroller inte avslöjar orsaken till problemet bör bilen lämnas in för provning hos en Saab-verkstad eller en specialist som har den rätta utrustningen. Det finns ett diagnostikuttag i motorstyrningssystemets kabelnät där ett elektroniskt EOBD-diagnostikverktyg kan kopplas in. Verktyget kommer att identifiera de fel som registrerats av motorstyrningssystemets elektroniska styrmodul genom att tolka de felkoder som finns lagrade i styrmodulens minne. Verktyget gör det även möjligt att undersöka systemets givare och manövreringsorgan utan att koppla loss dem eller ta bort dem från bilen. Det minskar behovet av enskilda tester av alla systemets komponenter med vanlig testutrustning. Diagnosuttaget sitter under instrumentbrädan, på förarsidan **(se bild)**.

3 Om varningslampan "Check Engine" tänds bör du snarast lämna bilen till en Saab-verkstad eller annan lämplig specialist. Då kan ett fullständigt test av motorstyrningssystemet utföras med hjälp av särskild elektronisk testutrustning.

10.3 Bänd upp spärrarna och koppla loss styrmodulens anslutningskontakter

10.4 Styrmodulens fästbultar (se pilar)

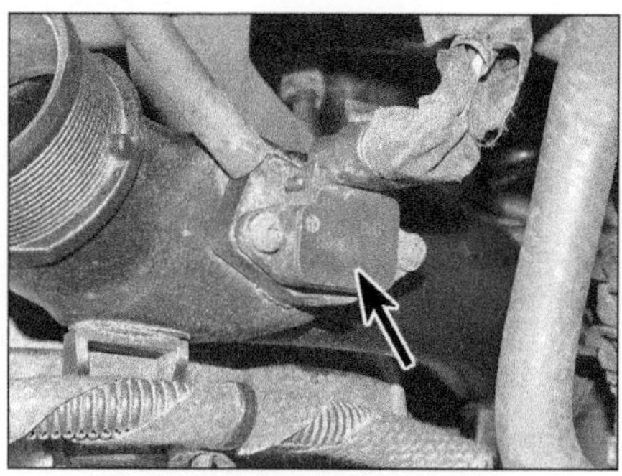

10.6 Tryck-/temperaturgivare för insugsluft (se pil)

10 Motorstyrningssystemets komponenter – demontering och montering

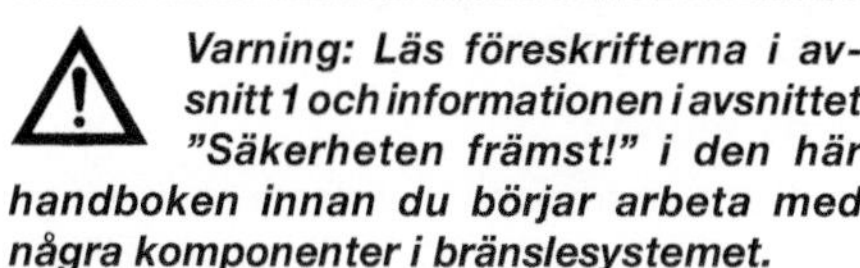

Varning: Läs föreskrifterna i avsnitt 1 och informationen i avsnittet "Säkerheten främst!" i den här handboken innan du börjar arbeta med några komponenter i bränslesystemet.

Elektronisk styrmodul (ECM)

Observera: *Om styrmodulen ska bytas måste flera sparade värden tas fram med hjälp av särskild elektronisk Saab-diagnostikutrustning, och värdena måste sedan matas in i den nya styrmodul som monteras. Låt en Saab-verkstad eller annan specialist utföra detta.*

Varning: Styrmodulen är extremt känslig för statisk elektricitet. Jorda dig själv innan du påbörjar arbetet genom att röra en metalldel av bilens kaross.

Demontering

1 Se till att tändningen är avslagen och att rattlåset är aktivt.

2 Ta bort plastkåpan från motorns ovansida **(se bild 5.2)**.

3 Lossa spärrarna och koppla försiktigt loss anslutningskontakterna från styrmodulen **(se bild)**. Rör inte polerna med bara händerna.

4 Skruva loss de fyra fästbultarna och ta bort styrmodulen **(se bild)**. Observera jordanslutningen på en av bultarna.

Montering

5 Monteringen utförs i omvänd ordningsföljd mot demonteringen. Se till att kablagets multikontaktanslutningar sitter fast med spärrarna.

Givare för insugslufttryck/temperatur

Demontering

6 Givaren sitter på laddluftröret, i motorrummets högra hörn. Koppla loss givarens anslutningskontakt och vakuumrör **(se bild)**.

7 Skruva loss de båda fästskruvarna, ta bort givaren och ta vara på tätningsbrickan.

Montering

8 Monteringen utförs i omvänd ordning, men kontrollera och byt tätningsbrickan om det behövs.

Gasspjällshus/manöverdon

Demontering

9 Se till att tändningslåset står i avstängt läge (OFF).

10 Ta bort plastkåpan från motorns ovansida.

11 Lossa klämman, koppla loss turboladdarens matningsslang från gasspjällshuset, och lägg den åt sidan **(se bild)**.

12 Böj försiktigt upp fästbygeln och koppla loss EVAP-kanisterrensventilen **(se bild)**.

13 Koppla loss anslutningskontakten från gasspjällshuset.

14 Skruva loss de fyra pinnbultarna/bultarna och ta bort gasspjällshuset **(se bild)**. Ta bort O-ringstätningen.

Montering

15 Monteringen utförs i omvänd ordningsföljd mot demonteringen. Se till att du sätter dit en ny O-ringstätning på gasspjällshuset.

Givare för absolut tryck i insugsgrenröret (MAP)

Demontering

16 Ta bort plastkåpan från motorns ovansida.

17 Koppla loss givarens anslutningskontakt.

18 Skruva loss de båda bultarna och ta bort givaren som sitter på vänster sida av insugsgrenröret. Ta bort O-ringstätningen **(se bild)**.

Montering

19 Sätt dit en ny O-ringstätning på givaren och smörj in den med lite vaselin.

20 Sätt tillbaka givaren på grenröret och dra

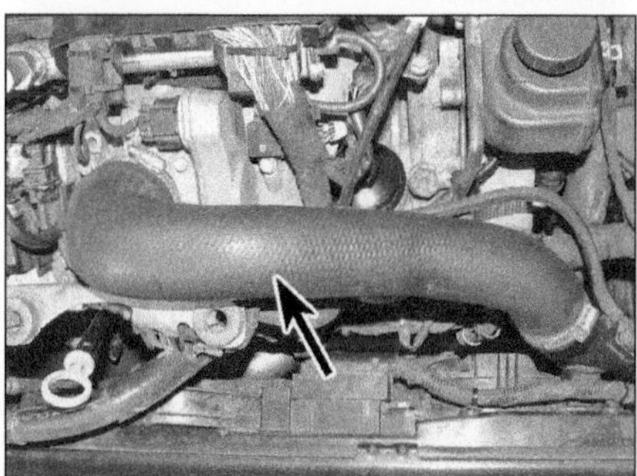

10.11 Turboaggregatets matningsslang (se pil)

10.12 EVAP-kanisterrensventil (se pil)

10.14 Gasspjällshusets fästbultar/ pinnbultar

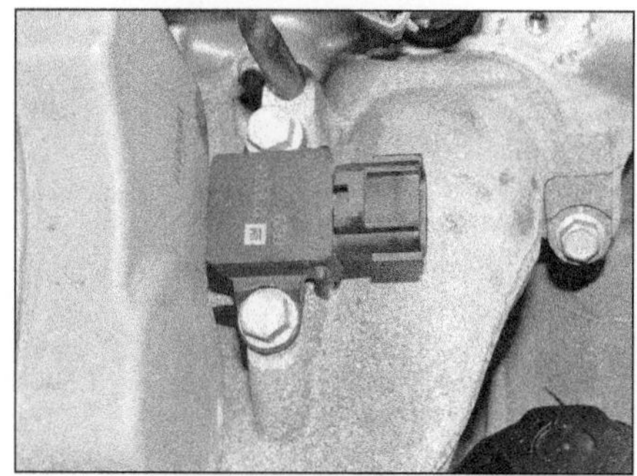

10.18 Givare för absolut tryck i insugsgrenröret

10.24 Atmosfärstryckgivare

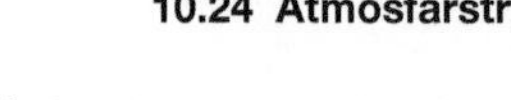

10.28 Massluftflödesgivare

10.34 Temperaturgivare för kylarvätskan

åt fästskruvarna ordentligt.

21 Återanslut givarens anslutningskontakt.

22 Montera plastkåpan på motorns ovansida.

Atmosfärstryckgivare

Demontering

23 Tryckgivaren sitter bredvid insugsgrenrörets vänstra ände.

24 Koppla loss kontaktdonet från givaren, skruva loss de båda fästskruvarna och ta bort O-ringstätningen **(se bild)**.

Montering

25 Sätt dit en ny O-ringstätning på givaren och stryk på lite vaselin.

26 Sätt tillbaka givaren och dra åt fästskruvarna ordentligt. Återanslut anslutningskontakten.

Massluftflödesgivare

Demontering

27 Massluftflödesgivaren sitter i motorrummets högra sida och är monterad på luftkanalerna mellan luftfiltrets hus och turboaggregatet. Koppla loss givarens anslutningskontakt **(se bild 2.1)**.

28 Skruva loss de båda fästskruvarna och ta bort givaren **(se bild)**. Ta bort O-ringstätningen.

Montering

29 Sätt dit en ny O-ringstätning på givaren och smörj in den med lite vaselin.

30 Sätt tillbaka givaren, dra åt fästskruvarna ordentligt och återanslut anslutningskontakten.

Temperaturgivare för kylvätska

Demontering

31 Temperaturgivare för kylvätskan sitter på motorn främre högra hörn. Se till att motorn är helt kall, släpp sedan ut trycket ur kylsystemet genom att ta bort och sedan sätta tillbaka expansionskärlets påfyllningslock (se *Veckokontroller*).

32 Ta bort plastkåpan från motorns ovansida.

33 Koppla loss kontaktdonet från givaren.

34 Skruva loss givaren. En del kylvätska kan rinna ut **(se bild)**.

Montering

35 Rengör gängorna, sätt därefter in givaren och dra åt den till angivet moment. Använd en ny tätningsbricka om det behövs.

36 Se till att kontaktdonet monteras ordentligt.

37 Montera plastkåpan på motorns ovansida.

38 Fyll på kylsystemet enligt beskrivningen i *Veckokontroller*.

Vevaxelns lägesgivare

Demontering

39 Vevaxelns lägesgivare sitter på motorblockets framsida, vid transmissionsänden. Ta bort plastkåpan från motorns ovansida.

40 Skruva loss fästbulten och ta bort givaren. Ta loss O-ringstätningen och koppla loss anslutningskontakten när givaren tas bort **(se bild)**.

Montering

41 Sätt dit en tätning på givaren och smörj in den med lite vaselin.

42 Återanslut anslutningskontakten, sätt sedan tillbaka givaren och dra åt fästbulten ordentligt.

43 Montera plastkåpan på motorns ovansida.

Bränslefördelarskena, bränsleinsprutare och tryckregulator

Demontering

44 Släpp ut trycket i bränslesystemet enligt beskrivningen i avsnitt 5. Se sedan till att tändningen är avstängd (OFF).

45 Ta bort plastkåpan från motorns ovansida.

46 Koppla loss bränslematnings- och returrören från bränslefördelarskenan **(se bild)**. Plugga igen öppningarna för att hindra smuts från att tränga in. Var beredd på att det rinner ut bränsle. Lossa rören från eventuella fästklämmor på ventilkåpan.

47 Skruva loss torxskruvarna och ta bort kåpan över tändspolarna från motorns övre del.

48 Observera var anslutningskontakterna sitter och koppla sedan loss dem från tändspolarna, gasspjällshuset, temperaturgivaren för kylvätska, CDM (förbränningsavkänningsmodulen) och lambdasonderna.

49 Koppla loss kablagets kanal och lägg den åt sidan **(se bild)**.

50 Koppla loss vakuumslangen från bränsletrycksregulatorn på bränslefördelarskenan **(se bild)**.

51 Skruva loss de båda fästbultarna och dra försiktigt loss bränslefördelarskenan och insprutningsventilerna uppåt. Koppla loss

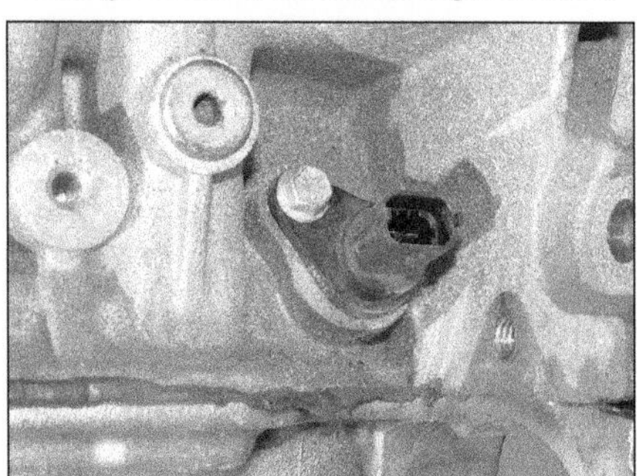
10.40 Vevaxelns lägesgivare

10.46 Koppla loss bränslematnings- och returanslutningarna (se pilar)

10.49 Skruva loss muttrarna (se pilar) och ta bort kablagekanalen

10.50 Koppla loss regulatorns vakuumslang

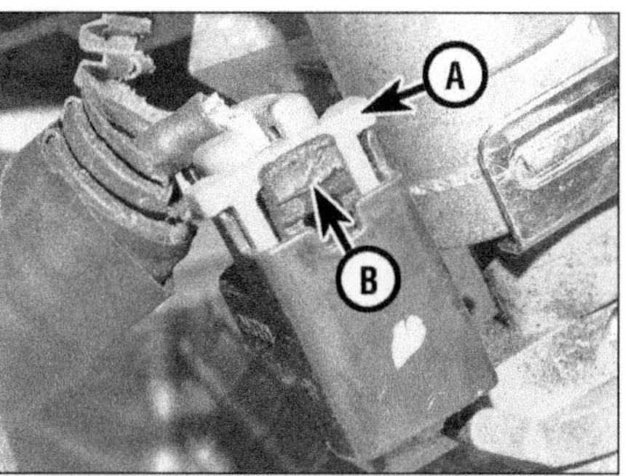

10.51a Bänd ut den blå låsfliken och (A) och tryck sedan ner den svarta låsfliken (B)

10.51b Bränslefördelarskenans fästpinnbultar/bultar (se pilar)

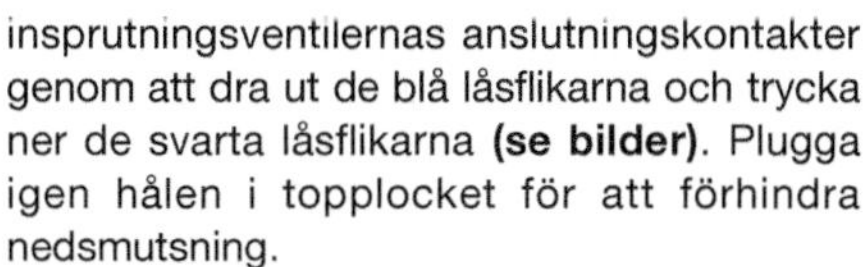

insprutningsventilernas anslutningskontakter genom att dra ut de blå låsflikarna och trycka ner de svarta låsflikarna **(se bilder)**. Plugga igen hålen i topplocket för att förhindra nedsmutsning.

52 Om du vill ta bort insprutningsventilerna från bränslefördelarskenan, tryck ner fästklämmorna och öppna dem med en skruvmejsel. Ta loss O-ringstätningarna och kasta dem. Använd nya tätningar vid återmonteringen **(se bilder)**.

Montering

53 Montera i omvänd ordningsföljd mot demonteringen. Tänk på följande:

*a) Sätt dit nya O-ringstätningar på insprutningsventilerna och sätena: Blå för insprutningsventil till bränslefördelarskena, svart för insprutningsventil till säte, och stryk sedan på lite ren motorolja som smörjmedel **(se bilder)**.*

b) Dra åt bränslefördelarskenans bultar till angivet moment.

c) Se till att alla elektriska anslutningar är säkra, och att kablaget är draget som det var från början.

Laddtrycksventil

Demontering

54 Ventilen sitter i motorrummets bakre del, bredvid turboaggregatet.

55 Koppla loss kontaktdonet från ventilen.

56 Tryck ner fästklämman och koppla loss ventilen från dess fäste. Märk varje slang som leder till ventilen för att hålla reda på deras korrekta placeringar, lossa sedan klämmorna och ta loss slangarna från ventilportarna **(se bild)**.

Montering

57 Monteringen utförs i omvänd ordningsföljd mot demonteringen. Det är av största vikt att slangarna ansluts till rätt portar på laddtrycksventilen.

Övertrycksventil

Demontering

58 Ta bort plastkåpan från motorns ovansida.

59 Ventilen sitter mellan gasspjällshuset och motorstyrmodulen. Koppla loss anslutningskontakten från ventilen **(se bild)**.

60 Lossa fästklämman och koppla loss ventilen från dess fäste. Observera hur slangarna är anslutna och koppla loss dem när ventilen tas bort.

10.52a Bänd försiktigt isär fästklämman . . .

10.52b . . . och dra ut insprutningsventilen från bränslefördelarskenan

10.53a Byt insprutningsventilens O-ringstätningar (se pilar) . . .

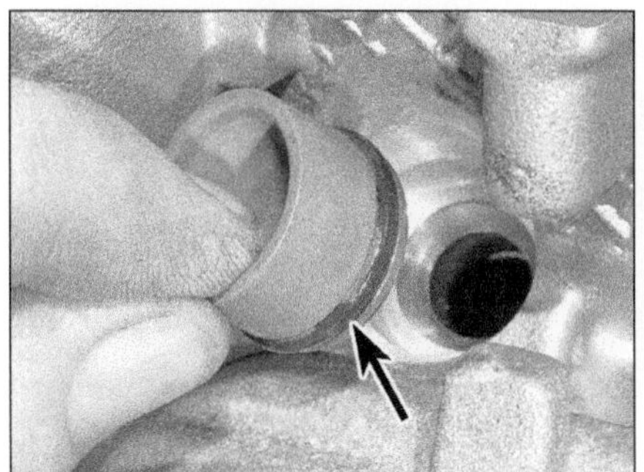

10.53b . . . och tätningen på insprutningsventilens säte (se pil)

10.56 Laddtrycksventil

10.59 Övertrycksventil

10.62 Lambdasondens anslutningskontakter (se pilar)

Montering

61 Monteringen utförs i omvänd ordningsföljd mot demonteringen.

Lambdasond

Borttagning av övre sond

62 Koppla loss givarens anslutningskontakt (se bild).

63 Skruva loss bultarna som fäster värmeskölden över turboaggregatet, lyft sedan bort värmeskölden för att lossa klämman (se bild).

64 Skruva loss sonden från katalysatorns ovansida (se bild).

Borttagning av nedre sond

65 Koppla loss givarens anslutningskontakt (se bild 10.62).

66 Lyft upp framvagnen och stötta den ordentligt på pallbockar (se *Lyftning och stödpunkter*). På cabrioletmodeller skruvar du loss bultarna och tar bort den främre chassiförstärkningen (se bild).

67 Lossa klämmorna, skruva loss fästbulten och ta bort turboaggregatets nedre laddluftrör.

68 Böj värmesköldens hörn lite, skruva sedan loss sonden från katalysatorns nedre del (se bild).

Montering

69 Monteringen utförs i omvänd ordningsföljd mot demonteringen. Smörj givarens gängor med lämpligt högtemperaturfett, montera och dra sedan åt till angivet moment.

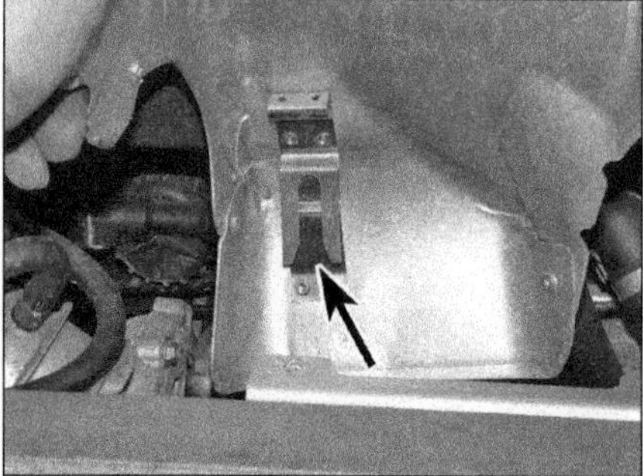

10.63 Lyft upp värmeskölden för att lossa klämman (se pil)

Tryckgivare för styrservovätska

Demontering

70 Givaren sitter på servostyrningspumpens ovansida, på topplockets vänstra ände. Koppla loss givarens anslutningskontakt (se bild).

71 Skruva försiktigt loss givaren från pumpen.

Montering

72 Monteringen utförs i omvänd ordningsföljd mot demonteringen.

11 Turboaggregat – beskrivning och rekommendationer

Beskrivning

1 Turboaggregatet ökar motorns verkningsgrad och prestanda genom att höja trycket i insugsgrenröret över atmosfäriskt tryck. I stället för att insugsluften sugs in i förbränningskammaren tvingas den dit under tryck. Det leder till en större ökning av laddningstrycket under förbränning och förbättrad bränsleförbränning, så att motorns termiska verkningsgrad ökar. Vid dessa förhållanden tillförs extra bränsle från insprutningssystemet, i proportion till det ökade luftflödet.

2 Turboaggregatet drivs av avgaserna. Gasen flödar genom ett specialutformat hus (turbinhuset) där den får turbinhjulet att snurra. Turbinhjulet sitter på en axel och i änden av axeln sitter ännu ett vingförsett hjul, kompressorhjulet. Kompressorhjulet roterar i ett eget hus och komprimerar den ingående luften innan den går vidare till insugsgrenröret.

10.64 Övre lambdasond

3 Mellan turboaggregatet och insugsgrenröret passerar den komprimerade luften genom en laddluftkylare. I laddluftkylaren, som sitter framför kylaren, kyls varm luft ner med kall luft från den främre grillen och de elektriska kylfläktarna. Insugsluftens temperatur stiger vid komprimeringen i turboaggregatet – laddluftkylaren kyler ner luften igen innan den når motorn. Eftersom kall luft har högre densitet än varm luft går det då att tvinga in en större luftmassa (med samma volym) i förbränningskamrarna, vilket resulterar i ytterligare ökning av motorns termiska verkningsgrad.

4 Laddtrycket (trycket i insugsgrenröret) begränsas av en övertrycksventil, som leder bort utblåsningen från turbinhjulet som reaktion på ett tryckkänsligt manövreringsorgan. Övertrycksventilen styrs av motorstyrningssystemets styrmodul, via en elektronisk laddtrycksventil. Styrmodulen öppnar och stänger (modulerar) laddtrycksventilen flera gånger i sekunden, med resultatet att övertrycksventilen utsätts för grenrörets vakuum i en serie snabba pulser – pulsernas täthet beror i huvudsak på motorns varvtal och belastning. Styrmodulen visar laddtrycket via insugsgrenrörets tryckgivare, och använder laddtrycksventilen för att upprätthålla optimalt tryck under alla motorvarvtal. Om styrmodulen upptäcker att förtändning (spikning eller tändningsknackning) sker, minskas laddtrycket så att motorn

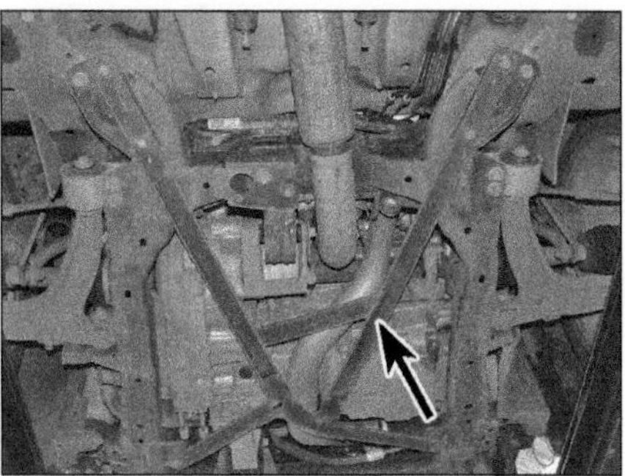

10.66 Det främre chassits förstärkning (se pil) – cabriolet

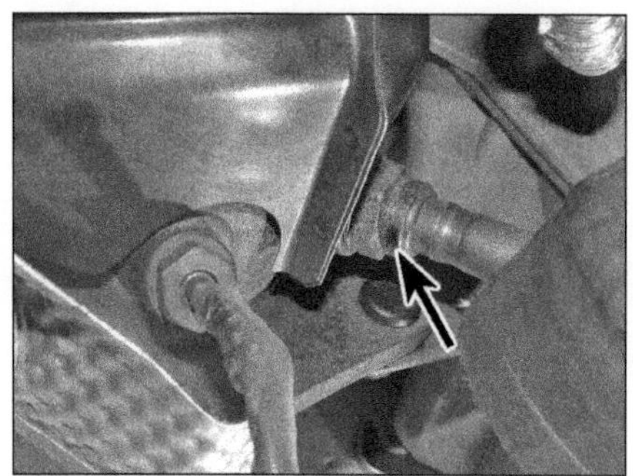

10.68 Nedre lambdasond (se pil)

10.70 Dra anslutningskontakten från styrservogivaren

12.3 Lossa klämman och koppla loss ventilationsslangen (se pil)

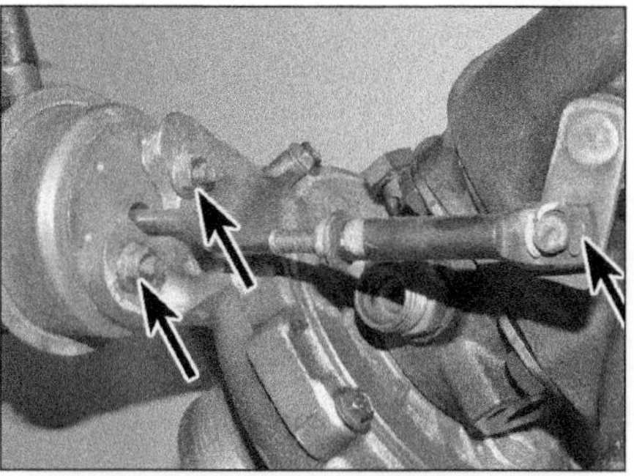
12.7 Styrarmens klämma och vakuumenhetens muttrar (se pilar)

12.9 Håll emot kylvätskeöppningen (se pil) när du lossar anslutningen

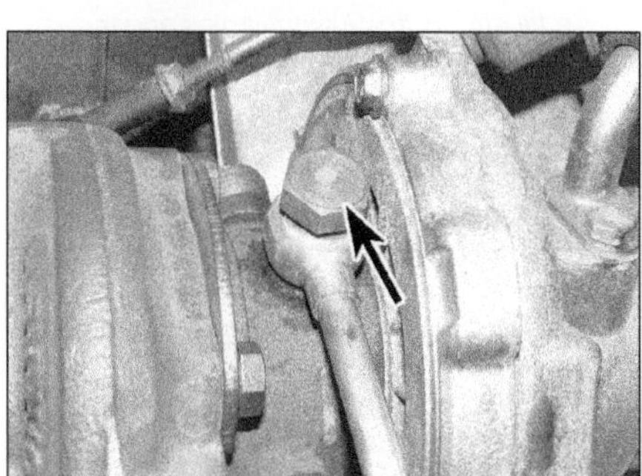
12.10 Oljematningsrörets banjobult (se pil)

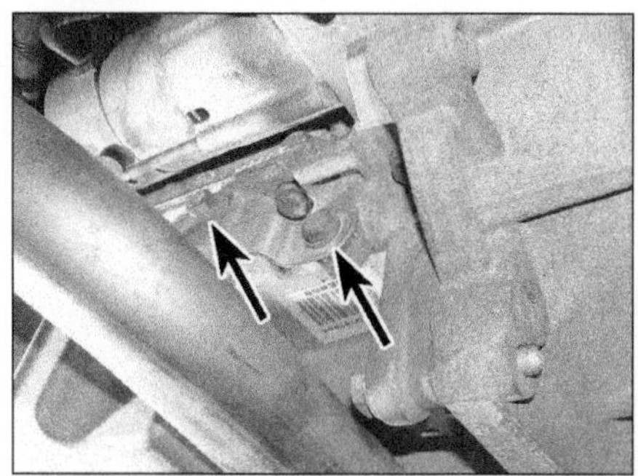
12.11 Nedre laddluftrörets fästbultar (se pilar)

12.13 Ta bort kylvätskeröret (se pil)

inte skadas. Se kapitel 5B för ytterligare information.

5 En bypassventil för laddtryck (övertrycksventil) sitter i luftflödet mellan turboaggregatets låg- och högtryckssidor, vilket gör det möjligt för överflödigt laddtryck att strömma in i luftintaget när gasspjället är stängt vid höga motorvarvtal (t.ex. motorbromsning eller inbromsning). Det förbättrar körbarheten genom att förhindra att kompressorn överstegras (och minskar därför turbofördröjningen), och genom att eliminera den överbelastning som annars skulle uppstå när gasspjället öppnas.

6 Turboaxeln trycksmörjs av ett oljematningsrör från huvudoljeledningarna. Axeln "flyter" på en dyna av olja och har inga rörliga lager. Ett avtappningsrör leder tillbaka oljan till sumpen. Turbinhuset är vattenkylt med ett system av kylvätsketillförsel- och returslangar.

Föreskrifter

- Turboaggregatet arbetar vid extremt höga hastigheter och temperaturer. Vissa säkerhetsåtgärder måste vidtas under reparationsarbetet för att undvika personskador och skador på turboaggregatet.
- Kör aldrig turbon med någon del exponerad eller med någon av slangarna demonterade. Om ett föremål skulle falla ner på de roterande vingarna kan det orsaka omfattande materiella skador, och eventuellt personskador (om föremålet sprätter iväg).
- Rusa inte motorn omedelbart efter start, särskilt inte om den är kall. Låt oljan cirkulera i några sekunder.
- Låt alltid motorn gå ner på tomgång innan den stängs av – varva inte upp motorn och vrid av tändningen, eftersom aggregatet då inte får någon smörjning.
- Låt motorn gå på tomgång under några minuter efter körning med hög belastning. Då svalnar slangarna till turbinhuset innan kylvätskan slutar cirkulera.
- Följ de rekommenderade intervallen för olje- och filterbyte och använd en välkänd olja av angiven kvalitet. Oregelbundna oljebyten eller användning av begagnad olja eller olja av dålig kvalitet, kan orsaka sotavlagringar på turboaxeln med driftstopp som följd.

12 Turboaggregat – demontering och montering

Observera: *Avgassystemet och turboaggregatet kan fortfarande vara mycket varma. Vänta tills fordonet har svalnat innan du börjar arbeta med motorn.*

Demontering

1 Dra åt handbromsen och lyft med hjälp av en domkraft upp framvagnen på pallbockar (se *Lyftning och stödpunkter*). På cabrioletmodeller skruvar du loss bultarna och tar bort den främre chassiförstärkningen **(se bild 10.66)**.

2 Ta bort skyddet under kylaren, tappa sedan av kylsystemet enligt beskrivningen i kapitel 1A.

3 Ta bort vevhusventilationsslangen från ventilkåpan och turboaggregatets insug **(se bild)**.

4 Ta bort luftrenarenheten enligt beskrivningen i avsnitt 2.

5 Ta bort värmeskölden över turboaggregatets ovansida **(se bild 10.63)**.

6 Notera var magnetventilens slangar från turboaggregatet sitter och koppla sedan loss dem.

7 Ta bort klämman som fäster turboaggregatets styrarm och ta bort vakuumenheten från turboaggregatet **(se bild)**.

8 Ta bort katalysatorn enligt beskrivningen i avsnitt 16.

9 Koppla loss kylvätskeröret från turboaggregatets framsida och lossa röret från topplocket **(se bild)**. Håll emot turbons kylvätskeöppning så att den inte lossnar.

10 Skruva loss bulten och koppla loss oljematningsröret från turboaggregatets ovansida. Ta loss tätningsbrickorna och plugga igen öppningarna för att förhindra nedsmutsning **(se bild)**.

11 Lossa klämmorna, skruva loss fästbultarna och ta bort det nedre laddluftröret **(se bild)**.

12 Ta bort värmeskölden över kuggstången.

13 Koppla loss kylvätskeröret från turboaggregatet till termostathuset **(se bild)**.

14 Skruva loss fästskruvarna och koppla loss oljereturröret från turboaggregatet, koppla sedan loss röret från motorblocket **(se bilder)**. Var försiktig så att du inte böjer oljeröret för mycket.

15 Koppla loss turboaggregatets oljematningsrör från motorblocket.

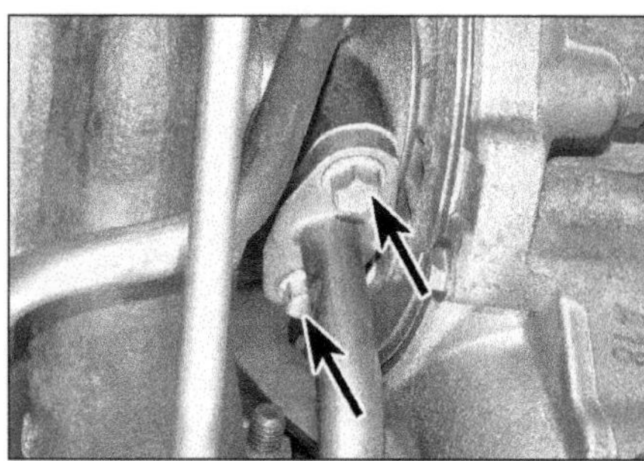
12.14a Skruva loss de båda skruvarna som fäster oljereturröret på turboaggregatets undersida (se pilar) . . .

12.14b . . . och dra loss röret från blocket – byt O-ringen (se pil) om det behövs

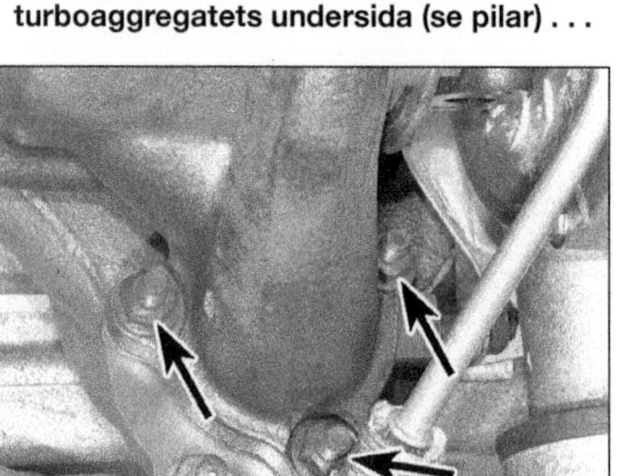
12.16a Turboaggregatets fästmuttrar (se pilar)

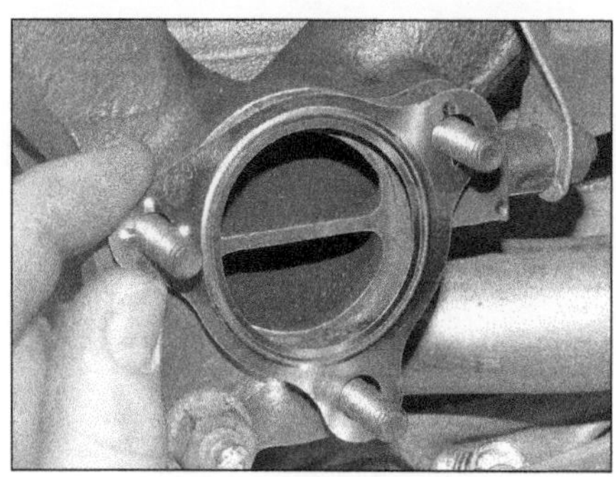
12.16b Byt packningen mellan turboaggregatet och grenröret

16 Skruva loss de tre fästmuttrarna och koppla loss turboaggregatet från avgasgrenröret. Sänk ner turboaggregatet **(se bilder)**. Ta vara på packningen.

Montering

17 Monteringen utförs i omvänd ordningsföljd mot demonteringen. Tänk på följande:

a) Fyll turboaggregatets inre kammare med ren motorolja genom oljematningsanslutningen på turboaggregatet. Detta är viktigt eftersom det måste finnas olja i turboaggregatet när motorn startas.

b) Rengör avgasgrenrörets kontaktyta noga innan turboaggregatet monteras.

c) Byt alla berörda koppartätningsbrickor, O-ringstätningar och packningar.

d) Dra åt alla muttrar, bultar och olje- och kylvätskeanslutningar till angivna moment.

e) Lägg ett lämpligt värmetåligt antikärvningsfett på gängorna till pinnbultarna och muttrarna mellan avgassystemet och turboaggregatet samt avgasgrenröret och turboaggregatet.

f) Se till att laddtrycksventilens slangar monteras korrekt på turboaggregatet, övertrycksventilens manöverorgan och luftslangen.

18 När monteringen är klar, kontrollera att kylarens avtappningsplugg är ordentligt åtdragen och montera skölden.

19 Sänk ner bilen och kontrollera motoroljan, fyll på om det behövs (se *Veckokontroller*). Om ett nytt turboaggregat har monterats bör motoroljan bytas innan motorn startas, eftersom det skyddar turbolagren under inkörningsperioden.

20 Fyll på kylsystemet (se kapitel 1A).

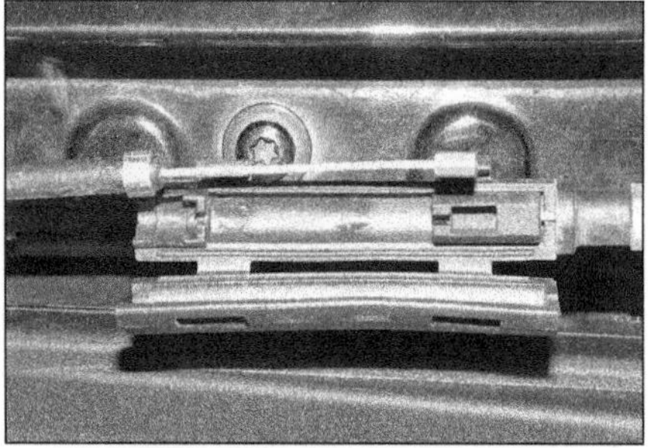
13.4 Öppna kopplingsdosan bredvid säkringsdosan och koppla loss motorhuvslåsvajern

13.5 Ta bort plastkåporna från kylarenhetens ovansida

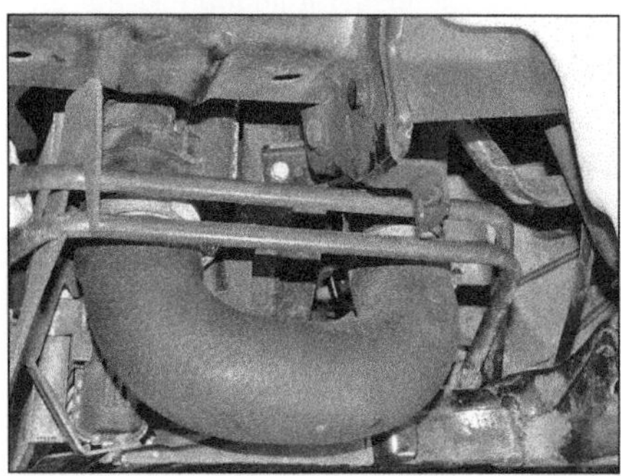
13.8a Höger laddluftkylarrör . . .

13.8b . . . och vänster laddluftkylarrör

13 Laddluftkylare – demontering och montering

Demontering

1 Ta bort batterikåpan och lossa kylvätskeröret från kåpans sida.

2 Dra bort spolarvätskans påfyllningsrör uppåt.

3 Ta bort den främre stötfångaren enligt beskrivningen i kapitel 11.

4 Ta bort strålkastarens övre fästbultar, koppla loss motorhuvslåsvajern från kopplingsdosan bredvid säkringsdosan till vänster, skruva sedan loss bultarna och ta bort den övre kylartvärbalken/motorhuvsfrontens överdel **(se bild)**.

5 Ta bort den övre kylarkåpan **(se bild)**.

6 Lyft upp framvagnen och stötta den ordentligt på pallbockar (se *Lyftning och stödpunkter*).

7 Ta bort kylarens undre skyddskåpa.

8 Ta bort plastkåporna, lossa sedan klämmorna och ta bort slangarna från laddluftkylarens båda ändar **(se bilder)**.

9 Använd buntband eller remmar för att hålla uppe kondensorn från bilen. Skruva sedan loss de båda skruvarna som fäster kondensorns övre del **(se bild)**.

10 Skruva loss de båda skruvar som håller fast laddluftkylarens övre del **(se bild)**.

11 Arbeta under bilen, skruva loss kylarens nedre fästskruvar **(se bild)**.

13.9 Skruva loss torxskruven i var ände (se pil) som håller fast kondensorn på laddluftkylaren

12 Lyft upp laddluftkylaren lite för att haka loss krokarna som fäster den på kylaren i nederkanten, sänk sedan ner den.

Montering

13 Monteringen utförs i omvänd ordningsföljd mot demonteringen. För att minska risken för att laddluftslangarna ska lossna, rengör slangarnas insida med ett avfettningsmedel där de ansluts till laddluftkylaren.

14 Insugsgrenrör – demontering och montering

Demontering

1 Ta bort motorstyrmodulen enligt beskrivningen i avsnitt 10.

2 Se avsnitt 10 och följ anvisningarna för borttagning av gasspjällshuset/manöverdonet från insugsgrenröret.

3 Skruva loss bultarna och koppla loss stödfästet från grenrörets undersida **(se bild)**.

4 Koppla loss bromsservons vakuumslang och ventilationsslang från insugsgrenröret, och sedan de båda vakuumanslutningarna på grenrörets ovansida **(se bilder)**.

5 Skruva loss muttern som fäster kablagets stödfäste på insugsgrenrörets vänstra ände.

6 Bänd upp de blå låsflikarna, dra ut de svarta flikarnas nedre kanter, och koppla loss bränsleinsprutarnas anslutningskontakter **(se bild 10.51a)**.

7 Koppla loss vakuumslangen från laddtryckgivaren och bypassventilslangen. Ta sedan bort turboaggregatets magnetventil och fästbygel från grenrörets framsida.

8 Skruva loss bulten som fäster oljemätstickans styrhylsa på grenröret.

9 Skruva loss bultarna/muttrarna och dra loss grenröret från topplocket **(se bild)**. Ta loss packningen från topplocket.

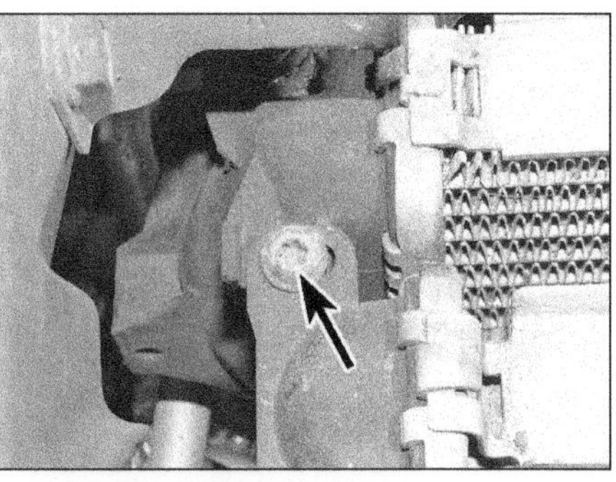

13.10 Skruva loss torxskruven i var ände (se pil) som håller fast laddluftkylaren på kylaren

14.3 Ta bort fästbygeln på undersidan av insugsgrenröret

13.11 Skruva loss torxskruven (se pil) som håller fast kylarens nedre fästbygel på var sida

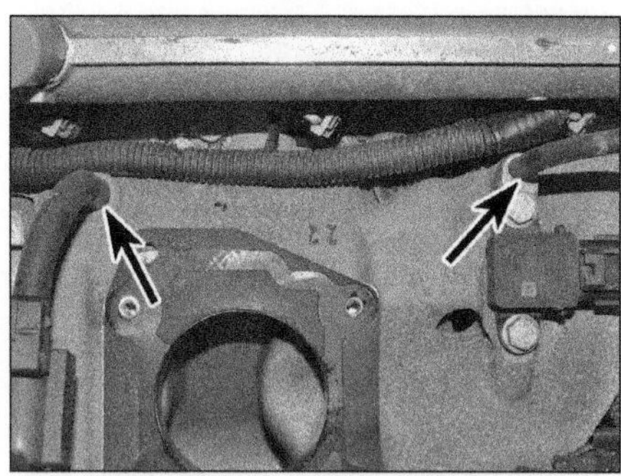

14.4a Två vakuumanslutningar på grenrörets ovansida (se pilar)

Montering

10 Monteringen utförs i omvänd ordningsföljd mot demonteringen. Sätt dit en ny packning och se till att grenrörets fästbultar dras åt till angivet moment.

15 Avgasgrenrör – demontering och montering

Demontering

1 Ta bort turboaggregatet enligt beskrivningen i avsnitt 12.

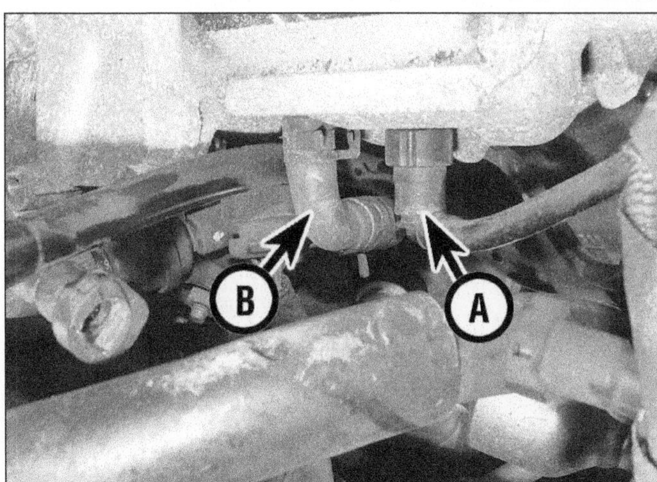

14.4b Servoslang (A) och ventilationsslang (B) på grenrörets undersida

14.9 Insugsgrenrörets fästbultar/muttrar (se pilar)

2 Skruva loss bultarna/muttrarna och ta bort värmeskölden från avgasgrenrörets högra sida **(se bild)**.

3 Skruva loss avgasgrenrörets fästbultar och bulten som fäster grenrörets stag, lyft sedan bort grenröret från topplocket. Kasta bort muttrarna, du måste sätta dit nya.

4 Ta bort packningarna från pinnbultarna på topplocket **(se bild)**.

Montering

5 Rengör kontaktytorna på topplocket och avgasgrenröret.

6 Montera avgasgrenröret på pinnbultarna på topplocket tillsammans med en ny packning, dra sedan åt fästmuttrarna till angivet moment.

7 Montera värmeskölden och grenrörets stag.

8 Återmontera turboaggregatet enligt beskrivningen i avsnitt 12.

15.2 Ta bort värmeskölden från grenröret

15.4 Byt ut grenrörspackningen

16 Avgassystem – allmän information och demontering av komponenter

Allmän information

1 Ursprungligen var det fabriksmonterade systemet i ett stycke, men reservavgassystemet består av tre delar:

a) Främre rör (innehåller en trevägskatalysator).
b) Mellanröret med den mittersta ljuddämparen.
c) Bakre ljuddämpare och avgasrör.

2 Avgassystemets delar förbinds av flänsar med interna utvidgade rörändar, utan packningar. Främre rörets skarv mot grenrör/turboaggregat är försedd med en packning, och hålls ihop av pinnbultar och muttrar. Främre röret och anslutningsrören mellan ljuddämparna är belagda med aluminium. Ljuddämparna är tillverkade av förkromad stålplåt.

3 Det sitter två lambdasonder i dem främre röret: en före katalysatorn och en efter katalysatorn.

4 På samtliga modeller är systemet i sin helhet monterat med gummiupphängningar.

Demontering

Komplett system

5 Avgassystemet kan tas bort helt, som en enhet.

6 Skruva loss de tre muttrar som fäster det främre avgasröret på katalysatorn **(se bilder)**.

7 Lossa avgassystemet från gummifästet och ta bort det från bilens undersida.

Främre ljuddämpare

8 Lyft upp bilen och stötta den ordentligt på pallbockar (se *Lyftning och stödpunkter*).

9 Använd en metallsåg för att kapa det främre röret mellan den flexibla delen och den främre ljuddämparen, 87 mm före den främre ljuddämparen **(se bild)**.

10 Kapa avgasröret 100 mm framför den bakre ljuddämparen **(se bild)**.

11 Lossa röret från gummifästena och ta bort det från bilens undersida.

Katalysator

Observera: *Katalysatorn innehåller ett känsligt keramiskt element och ska hanteras varsamt för att förhindra inre skador.*

12 Ta bort lambdasonderna enligt beskrivningen i avsnitt 10.

13 Ta bort det främre röret enligt beskrivningen i punkt 6 i det här avsnittet.

14 Ta bort den högra mellandrivaxeln enligt beskrivningen i kapitel 8.

15 Ta bort muttrarna/bultarna som fäster katalysatorns stödfäste **(se bild)**.

16 Skruva loss muttrarna som fäster katalysatorn på turboaggregatet och ta sedan bort den från bilens undersida. Ta vara på packningen.

Bakre ljuddämpare och avgasrör

17 Lyft upp bakvagnen och stötta den ordentligt på pallbockar (se *Lyftning och stödpunkter*).

16.6a Lossa muttrarna som fäster det främre avgasröret på katalysatorn (se pilar)

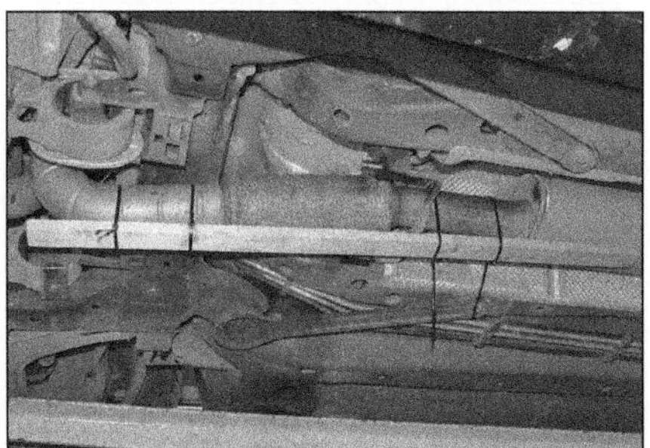

16.6b Använd en bit trä fastspänt på avgasröret för att förhindra skador på den böjliga delen

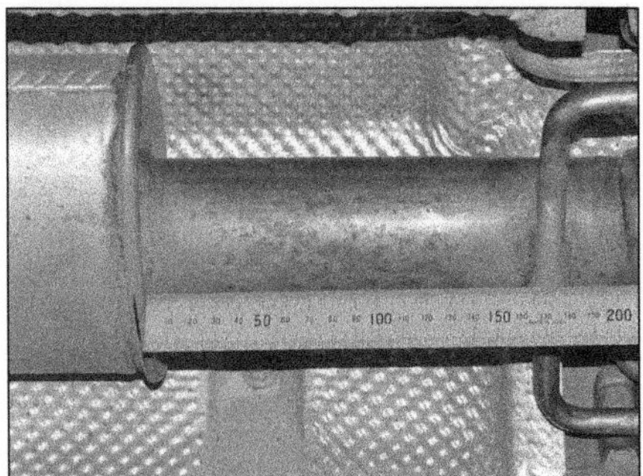

16.9 Kapa avgasröret 87 mm framför den främre ljuddämparen

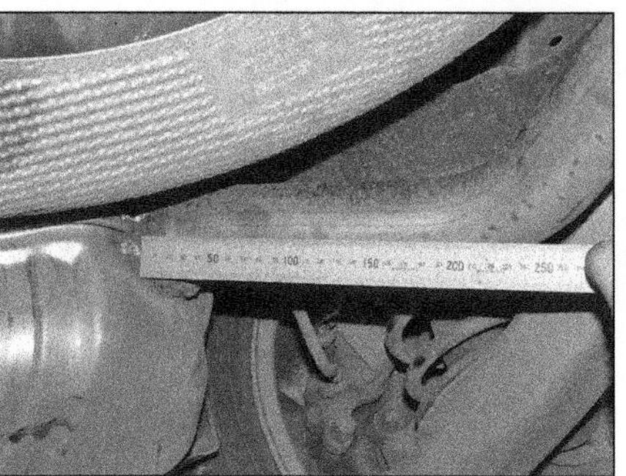

16.10 Kapa avgasröret 100 mm före den bakre ljuddämparen

16.15 Ta bort katalysatorns stödfäste (se pil)

18 Använd en metallsåg för att kapa avgasröret 100 mm före den bakre ljuddämparen **(se bild 16.10)**.

19 Haka av gummiupphängningarna från underredet och sänk ner bakre ljuddämparen och avgasröret mot marken.

Montering

20 Varje del monteras i omvänd ordning, och notera följande punkter:

a) Se till att alla spår av korrosion har avlägsnats från de vidgade rörändarna i flänsarna, och byt packningen mellan det främre röret och turboaggregatet.

b) Om du kapade avgassystemet under borttagningen, skaffa skarvhylsor från en Saab-återförsäljare eller annan specialist, och sammanfoga de nya delarna. Om det behövs kan du använda lite fogmassa för avgassystem mellan hylsorna och rören.

c) Undersök gummifästena efter tecken på skador eller åldrande och byt ut dem om det behövs.

d) Sätt tillbaka lambdasonderna enligt beskrivningen i avsnitt 10.

e) Se till att alla gummiupphängningar placeras korrekt, och att det finns tillräckligt med utrymme mellan avgassystemet och underredet.

Kapitel 4 Del B:
Bränsle- och avgassystem – dieselmotorer

Innehåll

Svårighetsgrad

Enkelt, passar novisen med lite erfarenhet		**Ganska enkelt,** passar nybörjaren med viss erfarenhet		**Ganska svårt,** passar kompetent hemmamekaniker		**Svårt,** passar hemmamekaniker med erfarenhet		**Mycket svårt,** för professionell mekaniker	

Specifikationer

Systemtyp

Alla motorer	Bosch EDC 16C9 högtrycksdirektinsprutning ”common-rail”, elektronisk styrning

Bränslesystemdata

Tändföljd	1–3–4–2 (nr 1 på motorns kamremssida)
Bränslesystemets arbetstryck	1 600 bar vid 2 200 varv/minut
Tomgångsvarvtal	Styrt av styrmodul
Maximalt varvtal	Styrt av styrmodul
Högtrycksbränslepump:	
Typ	Bosch CP1H
Bränslematningspump:	
Typ	Elektrisk, monterad i bränsletanken
Matningstryck	3,3 bar (max.)
Insprutningsventiler:	
Typ	Bosch CRIP 1-MI
Insprutningshål (per insprutare)	6
Resistans	0,255 ± 0,04 ohm

Åtdragningsmoment

	Nm
Avgasgrenrörets muttrar*	20
Avgasåterföringsventilrör till avgasgrenrör	25
Bränslefördelarskenans fästmuttrar/bultar	25
Bränsletryckgivare till bränslefördelarskena	70
Bränsletrycksregulator till bränslefördelarskena	60
Gasspjället/gasspjällshusets bultar	9
Generator och högtrycksbränslepumpens fästbygelbultar	25
Högtrycksbränslepumpens fästbultar	25
Högtrycksbränslerörens anslutningar:	
M12-anslutningsmuttrar	25
M14-anslutningsmuttrar	30
Insugsgrenrörsbultar	25
Insugsluftgivarens fästbult	9
Kamaxelgivarens fästbult(ar)	9
Katalysatorns klämbult	20
Muttrar till bränsleinsprutarens klämfäste:	
Z19DT-motorer	20
Z19DTH-motorer	25
Mutter till insprutningsventilens klämfäste	32
Muttrar mellan främre avgasrör och katalysatorn*	20
Turboaggregatets oljematningsrör, anslutningsbult	15
Turboaggregatets oljereturrörsbultar:	
M6-bultar	9
M8-bultar	25
Vevaxelgivarens fästbult	9

** Återanvänds inte*

1 Allmän information och föreskrifter

Allmän information

1 Dessa motorer har ett högtrycksinsprutningssystem som innehåller det allra senaste inom dieselinsprutningsteknik. I det här systemet används en högtrycksbränslepump enbart för att tillhandahålla det tryck som insprutningssystemet kräver, och pumpen har ingen kontroll över insprutningens synkronisering (till skillnad från vanliga dieselinsprutningssystem). Insprutningens synkronisering styrs av den elektroniska styrmodulen (ECM) via de elstyrda insprutningsventilerna. Systemet fungerar enligt följande.

2 Bränslesystemet består av en bränsletank (som sitter under bilens bakre del, men en elektrisk bränslematningspump i tanken), ett bränslefilter med inbyggd vattenavskiljare, en högtrycksbränslepump, insprutningsventiler och tillhörande delar.

3 Bränsle matas till bränslefilterhuset, som sitter i motorrummet. Bränslefiltret tar bort alla främmande föremål och vatten, och ser till att bränslet som matas till pumpen är rent. Överblivet bränsle returneras från utloppet på filterhuslocket till tanken via bränslekylaren. Bränslekylaren sitter på bilens undersida och kyls av luftströmmar, för att säkerställa att bränslet är kallt innan det kommer in i bränsletanken.

4 Bränslet värms upp för att det inte ska uppstå några problem när den omgivande temperaturen är mycket låg. Detta sker genom en elstyrd bränslevärmare som är inbyggd i filterhuset, värmaren styrs av styrmodulen.

5 Högtrycksbränslepumpen drivs med halva vevaxelvarvtalet av kamremmen. Det höga tryck som systemet kräver (upp till 1 600 bar) skapas av de tre kolvarna i pumpen. Högtryckspumpen förser bränslefördelarskenan med högtrycksbränsle, och skenan fungerar som en behållare för de fyra insprutningsventilerna. Eftersom pumpen inte styr insprutningens synkronisering (till skillnad från vanliga dieselinsprutningssystem), betyder detta att pumpen inte behöver synkroniseras när du installerar kamremmen.

6 Det elektriska styrsystemet består av styrmodulen och följande givare:

a) Gaspedalens lägesgivare – informerar styrmodulen om gaspedalens läge och i vilken hastighet gasspjället öppnas/stängs.

b) Temperaturgivare för kylvätska – informerar styrmodulen om motorns temperatur.

c) Luftflödesmätare – informerar styrmodulen om mängden luft som strömmar genom insugsröret.

d) Vevaxelgivare – informerar styrmodulen om vevaxelns läge och rotationshastighet.

e) Kamaxelgivare – informerar styrmodulen om kolvarnas lägen.

f) Insugsluftgivare – informerar styrmodulen om insugsluftens temperatur och (ladd)tryck i insugsgrenröret.

g) Bränsletryckgivare – informerar styrmodulen om bränsletrycket i bränslefördelarskenan.

h) ABS-styrenhet – informerar styrmodulen om bilens hastighet.

i) Partikelfångstgivare – mäter differentialtrycket i partikelfiltret och informerar styrmodulen när filtret är fullt.

j) Avgassystemets temperaturgivare – informerar styrmodulen om avgastemperaturen före och efter katalysatorerna.

7 Alla ovanstående signaler analyseras av styrmodulen som väljer en bränslenivå som passar dessa värden. Styrmodulen styr bränsleinsprutarna (varierar pulslängd – den tid som insprutningsventilerna hålls öppna – för att ge en magrare eller fetare blandning, efter behov). Styrmodulen varierar hela tiden blandningen för att ge bästa inställning för igångdragning av motorn, motorstart (med antingen varm eller kall motor), uppvärmning, tomgång, körning i marschfart och acceleration.

8 Styrmodulen har även full kontroll över bränsletrycket i bränslefördelarskenan via högtrycksbränsleregulatorn och den tredje kolvens avaktiveringsmagnetventil som sitter på högtryckspumpen. För att sänka trycket öppnar styrmodulen högtrycksbränsleregulatorn som låter det överblivna bränslet gå direkt tillbaka till tanken från pumpen. Den tredje kolvens avaktiveringsventil används huvudsakligen för att minska belastningen på motorn, men kan även användas för att sänka bränsletrycket. Avaktiveringsmagnetventilen sänker bränsletrycket från pumpens tredje kolv, vilket gör att endast två av kolvarna trycksätter bränslesystemet.

9 Styrmodulen styr även avgasåterföringssystemet (EGR), som beskrivs noggrant i del C i det här kapitlet, för-/eftervärmningssystemet (se kapitel 5A) och motorns kylfläkt.

10 Insugsgrenröret har en spjällventilanordning för att förbättra effektiviteten vid låga motorvarvtal. Varje cylinder har två insugskanaler i grenröret, en av dem har en ventil. Ventilens funktion styrs av styrmodulen via ett elstyrt manöverdon. Vid låga motorvarvtal (under ca 1 500 r/min) förblir ventilerna stängda, vilket innebär att luft som strömmar in i varje cylinder enbart passerar genom en av de två grenrörskanalerna. Vid högre motorvarvtal öppnar styrmodulen alla fyra ventiler, vilket gör att luften i grenröret kan passera genom båda insugskanalerna.

11 Motorns effektivitet ökas av ett turboaggregat med variabla turbinblad. Aggregatet ökar effektiviteten genom att höja trycket i insugsgrenröret över atmosfärstrycket. Luft trycks in i cylindrarna, istället för att bara sugas in. Observera att turboaggregatet är ihopbyggt med avgasgrenröret.

12 Mellan turboaggregatet och insugsgrenröret passerar den komprimerade luften genom en laddluftkylare. Värmeväxlaren av typen luft-luft är monterad intill kylaren, och kyls av luft från fordonets främre del. Laddluftkylarens funktion är att avlägsna en del av den värme som insugsluften alstrar vid komprimering. Eftersom svalare luft är tätare så ökar motorns verkningsgrad ytterligare då denna värme avlägsnas.

13 Turboaggregatet drivs av avgaserna. Gasen flödar genom ett specialutformat hus (turbinhuset) där den får turbinhjulet att snurra. Turbinhjulet sitter på en axel och i änden av axeln sitter ännu ett vingförsett hjul, kompressorhjulet. Kompressorhjulet roterar i ett eget hus och komprimerar den ingående luften innan den går vidare till insugsgrenröret. Turboaxeln trycksmörjs av ett oljematningsrör från huvudoljeledningarna. Axeln "flyter" på en oljekudde. Ett avtappningsrör leder tillbaka oljan till sumpen. Laddtrycket (trycket i insugsgrenröret) begränsas av en övertrycksventil, som leder bort utblåsningen från turbinhjulet som reaktion på ett tryckkänsligt manövreringsorgan.

14 Om vissa givare slutar fungera och skickar onormala signaler till styrmodulen, har styrmodulen ett backup-program. I detta fall bortser modulen från den onormala givarsignalen och antar ett förprogrammerat värde som medger fortsatt motordrift (dock med sämre verkningsgrad). Om styrmodulen går till nödläge tänds varningslampan på instrumentpanelen, och den aktuella felkoden lagras i styrmodulens minne. Den här felkoden kan läsas med lämplig specialtestutrustning ansluten till systemets diagnosuttag. Diagnosuttaget sitter under instrumentbrädan, på förarsidan, ovanför pedalerna **(se bilder)**.

Föreskrifter

Varning: Du måste vidta vissa säkerhetsåtgärder när du ska arbeta med bränslesystemets komponenter, framförallt med systemets högtrycksdelar. Innan något arbete utförs på bränslesystemet, läs föreskrifterna i "Säkerheten främst!" i början av denna handbok, samt extra varningstexter i början av aktuella avsnitt. Se även informationen i avsnitt 2.

1.14a Dra bort plastlocket (se pil) . . .

1.14b . . . så att du kommer åt diagnoskontakten med 16 stift

Varning: Kör inte motorn om någon luftintagskanal är demonterad eller om filterelementet är borttaget. Föroreningar som kommer in i motorn kan orsaka svåra skador på turboaggregatet.

Varning: För att förhindra skador på turboaggregatet ska motorn inte rusas omedelbart efter start, speciellt vid kall väderlek. Låt motorn gå på tomgång så att oljan har några sekunder på sig att cirkulera runt turboaggregatets lager. Låt alltid motorn gå ner på tomgång innan den stängs av – varva inte upp motorn och vrid av tändningen, eftersom turboaggregatet då kommer att fortsätta rotera utan att få någon smörjning.

Varning: Följ de rekommenderade intervallen för olje- och filterbyte och använd en välkänd olja av angiven kvalitet. Underlåtenhet att byta olja eller användning av olja med dålig kvalitet kan orsaka sotavlagringar på turboaxeln, med driftstopp som följd.

2 Dieselinsprutningssystem med högtryck – specialinformation

Varningar och föreskrifter

1 Du måste följa stränga föreskrifter när du ska arbeta med bränslesystemets komponenter, framförallt med systemets högtrycksdelar. Innan något arbete utförs på bränslesystemet, läs föreskrifterna i "Säkerheten främst!" i början av den här handboken, samt följande ytterligare information.

2.4 Typisk plastpluggs- och lockssats för tilltäppning av frånkopplade bränslerör och komponenter

- Utför inga reparationer på högtrycksbränslesystemet om du inte har kunskaper nog, har tillgång till alla verktyg och all utrustning som behövs samt är medveten om de säkerhetsföreskrifter som gäller.
- Innan du påbörjar reparation av bränslesystemet, vänta minst 30 sekunder efter det att du har slagit av motorn för att bränslesystemet ska återfå atmosfärstrycket.
- Arbeta aldrig på högtrycksbränslesystemet när motorn är igång.
- Håll dig ur vägen för eventuella källor till bränsleläckage, framförallt när du startar motorn efter att ha utfört reparationer. En läcka i systemet kan leda till att en bränslestråle med extremt högt tryck kan spruta ut, vilket kan leda till svåra personskador.
- Placera aldrig dina händer eller någon annan kroppsdel nära ett läckage i högtrycksbränslesystemet.
- Använd inte ångrengöringsutrustning eller tryckluft gör att rengöra motorn eller någon av bränslesystemets delar.

Reparationer och allmän information

2 Du måste vara mycket noga med hygienen och att hålla rent när du arbetar med någon del av bränslesystemet. Detta gäller både arbetsplatsen i allmänhet, personen som utför arbetet och de komponenter som arbetet rör.

3 Innan man arbetar med bränslesystemets delar måste de rengöras ordentligt med ett lämpligt avfettningsmedel. Renlighet är särskilt viktigt när man arbetar med bränslesystemets anslutningar på följande komponenter:

a) Bränslefilter.
b) Högtrycksbränslepump.
c) Bränslefördelarskena.
d) Bränsleinsprutare.
e) Högtrycksbränslerör.

4 När du har kopplat ifrån eventuella bränslerör eller delar, måste den öppna anslutningen eller öppningen omedelbart förslutas för att förhindra att det kommer in smuts eller främmande material. Det finns plastpluggar och lock i olika storlekar att köpa från motorspecialister och tillbehörsbutiker, och dessa delar är särskilt väl lämpade för detta **(se bild)**. Använd avklippta fingrar från engångsgummihandskar för att skydda delar som bränslerör, bränsleinsprutare och kontaktdon, de kan fästas med gummisnoddar. Du kan köpa lämpliga handskar på bensinstationen.

5 Vare sig du kopplar loss eller tar bort några av högtrycksrören, måste du skaffa ett nytt rör eller nya rör till monteringen.

6 Åtdragningsmomenten som anges i Specifikationer måste noggrant följas när du drar åt delarnas fästen och anslutningar. Detta är särskilt viktigt då du drar åt högtrycksbränslerörets anslutningar. För att du ska kunna använda det åtdragningsmoment som krävs till bränslerörsanslutningarna behövs det två kråkfotsadaptrar. Det finns lämpliga typer hos motorspecialister och tillbehörsbutiker **(se bild)**.

3 Luftrenare och insugskanaler – demontering och montering

Demontering

1 Lossa klämman som håller fast luftintagskanalen på luftflödesmätaren och koppla loss anslutningskontakten från luftflödesmätaren **(se bilder)**.

2 Lossa kablaget från luftrenarhusets sida **(se bild)**.

3 Lyft upp filterhusets inre bakre hörn för att lossa fästgenomföringen. Flytta filterhuset mot motorn för att lossa de främre och bakre gummifästena, lossa sedan luftintagskanalen framtill **(se bild)**. Lyft bort filterhuset från motorrummet.

4 De olika luftintagsrören/kanalerna som kopplar ihop laddluftkylaren med grenröret och turboaggregatet kan kopplas loss och tas bort när fästklämmorna har lossats. I vissa fall kan du behöva koppla loss ventilationsslangar, vakuumrör och kontaktdon för att kunna ta bort röret/kanalen. Röret/kanalen kan också behöva fästas på ett stödfäste med bultar.

Montering

5 Monteringen utförs i omvänd ordningsföljd mot demonteringen, se till att alla luftintagskanaler/slangar är ordentligt återanslutna.

4 Gaspedal/lägesgivare – demontering och montering

Se kapitel 4A, avsnitt 3.

5 Bränslesystem – snapsning och avluftning

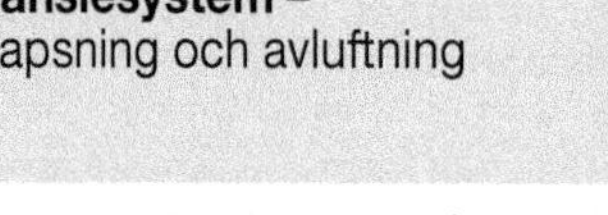

1 När du har kopplat loss någon del av bränslematningssystemet eller har slut på bränsle, måste bränslesystemet flödas och sedan luftas, så att luft som eventuellt har trängt in i systemets delar försvinner, enligt följande.

2 Använd bränslematningspumpen genom att slå på tändningen tre gånger, och låta den vara på i cirka 15 sekunder per gång. Nu borde motorn starta. Om den inte gör det, vänta några minuter och upprepa sedan proceduren.

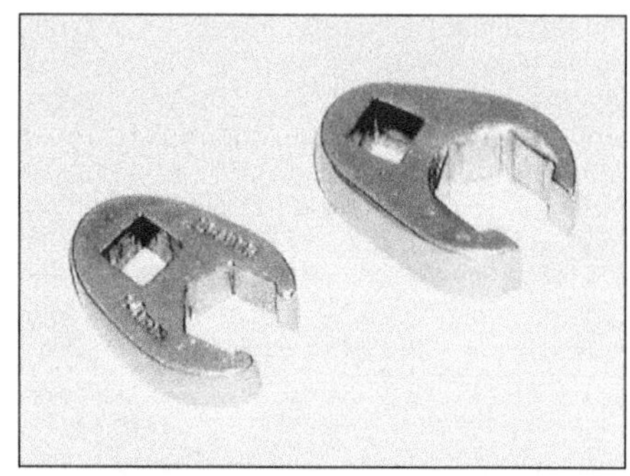

2.6 Två kråkfotsadaptrar krävs för att dra åt bränslerörsanslutningarna

6 Bränslenivågivare – demontering och montering

1 Ta bort bensintanken enligt beskrivningen i avsnitt 8.

2 Observera hur lossningsflikarna sitter, tryck sedan ner dem och koppla loss bränslematnings- och returrören från pumpens underhållskåpa **(se bild)**. Koppla i förekommande fall bort motorvärmarens bränsleslang.

3 Koppla loss anslutningskontakten från underhållskåpan.

4 Rotera låskragen moturs, markera dess läge och lyft sedan bort underhållskåpan **(se bilder)**. Stick in handen under kåpan och koppla loss bränslenivågivarens anslutningskontakt.

3.1a Lossa slangklämman (se pil)

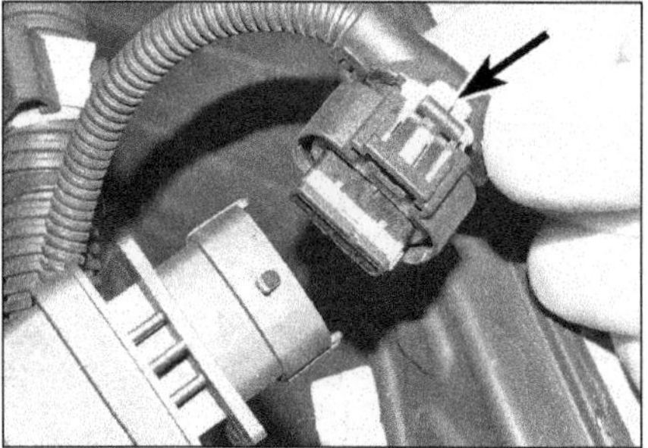

3.1b Skjut ut den gula låsspärren (se pil), tryck ihop klämman och koppla loss massluftflödesmätarens anslutningskontakt

3.2 Lossa kablagen (se pilar)

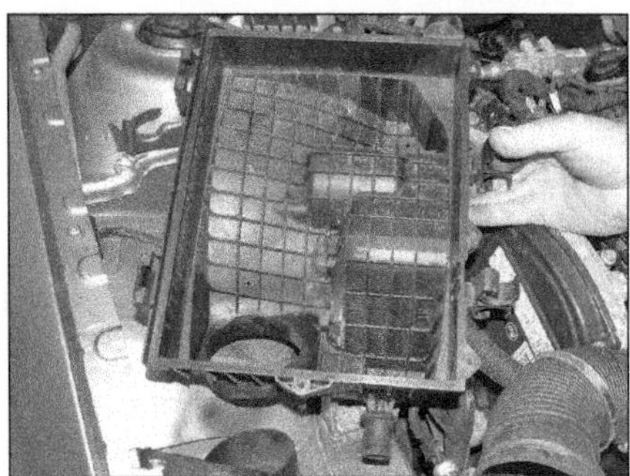

3.3 Dra upp husets vänstra bakre hörn och dra det sedan mot motorn

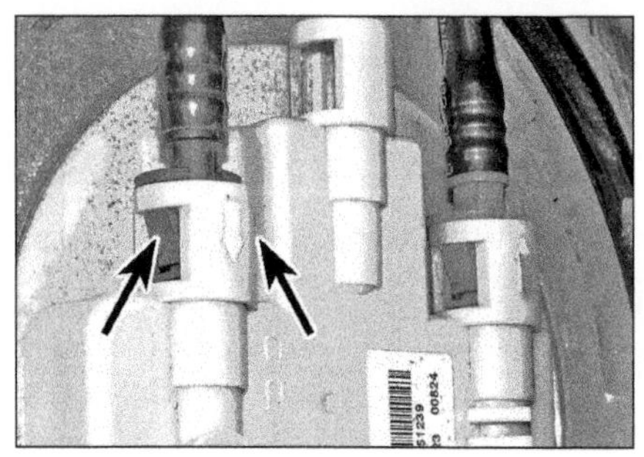

6.2 Tryck ihop klämmorna (se pilar) och dra bort bränslematnings- och returrören från kåpan

6.4a Gör inställningsmarkeringar mellan låskragen, tanken och underhållskåpan . . .

5 Ta bort underhållskåpans tätningsring. Du måste sätta dit en ny.
6 Tryck fästklämman utåt och skjut nivågivaren uppåt från pumpen och ut ur bränsletanken **(se bilder)**.
7 Monteringen utförs i omvänd ordningsföljd mot demonteringen, men sätt dit en ny tätningsring på underhållskåpan **(se bild)**.

7 Bränslematningspump – demontering och montering

1 Dieselmatningspumpen sitter på samma ställe som bränslematningspumpen på en modell med bensinmotor, och borttagningen och ditsättningen är i princip identiska. Se kapitel 4A, avsnitt 6. Avsluta med att lufta bränslesystemet enligt beskrivningen i avsnitt 5.

8 Bränsletank – demontering och montering

1 Se kapitel 4A, avsnitt 8, observera att det inte sitter något kolfilter på tanken.
2 Avsluta med att lufta bränslesystemet enligt beskrivningen i avsnitt 5.

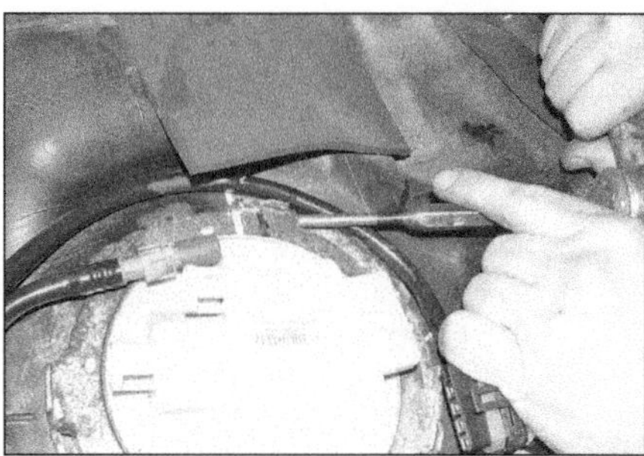

6.4b . . . skruva sedan loss kragen. Vi använde en körnare och hammare för att försiktigt rotera kragen moturs

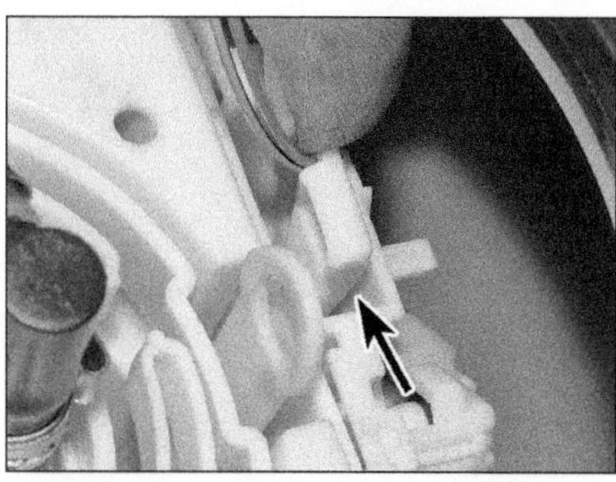

6.6a Tryck klämman (se pil) utåt . . .

6.6b . . . och skjut givaren uppåt

6.7 Byt alltid kåpans tätningsring

9 Bränsleinsprutningssystem, elkomponenter – demontering och montering

Luftflödesmätare

1 Lossa fästklämman som håller fast luftintagskanalen på luftflödesmätaren och koppla ifrån kanalen **(se bild 3.1a)**.
2 Koppla loss luftflödesmätarens kontaktdon **(se bild 3.1b)**.
3 Lossa fästklämman och ta bort luftflödesmätaren från luftrenarhusets lock.
4 Monteringen utförs i omvänd ordningsföljd mot demonteringen, men se till att pilen på luftflödesmätaren pekar mot gasspjället/gasspjällshuset när den är monterad.

Gasspjäll/gasspjällshus

5 Ta bort plastkåpan från motorns ovansida.
6 Lossa fästklämman och koppla loss laddluftslangen från gasspjället/gasspjällshuset **(se bild)**.
7 Koppla loss gasspjällshusets anslutningskontakt.
8 Skruva loss de tre fästbultarna och ta bort gasspjället/gasspjällshuset från insugsgrenröret. Observera placeringen av eventuella kablagestödfästen som också hålls fast av fästbultarna.
9 Monteringen utförs i omvänd ordningsföljd mot demonteringen, men rengör fogytorna noggrant och använd en ny packning/tätning. Dra åt fästbultarna till angivet moment.

Vevaxelgivare

10 Givaren sitter på motorblockets baksida, under startmotorn **(se bild)**. För att komma åt den, dra åt handbromsen ordentligt, lyft upp framvagnen och ställ den på pallbockar (se *Lyftning och stödpunkter*).
11 Skruva loss fästbultarna och ta bort den undre skyddskåpan under motor-/växellådsenheten.
12 Torka rent området runt vevaxelgivaren och koppla sedan loss kontaktdonet.
13 Skruva loss fästbulten och ta bort givaren från motorblocket. Ta vara på tätningsringen.
14 Monteringen utförs i omvänd ordning mot demonteringen, använd en ny tätningsring. Dra åt givarens bult till angivet moment.

Kamaxelgivare

Z19DT-motorer

15 Kamaxelgivaren sitter på topplockets högra ände, bakom kamaxeldrevet.
16 Ta bort kamremmen och kamaxeldrevet enligt beskrivningen i kapitel 2B.
17 Skruva loss de båda bultarna som fäster kamaxelgivarens fästbygel på topplocket.
18 Koppla loss givarens kontaktdon, skruva loss de båda bultarna och ta bort givaren.
19 Montera givaren i omvänd ordning mot demonteringen, dra åt fästbultarna till angivet moment och använd lite gänglåsmassa på givarens bultar. Sätt tillbaka kamaxeldrevet och kamremmen enligt beskrivningen i kapitel 2B.

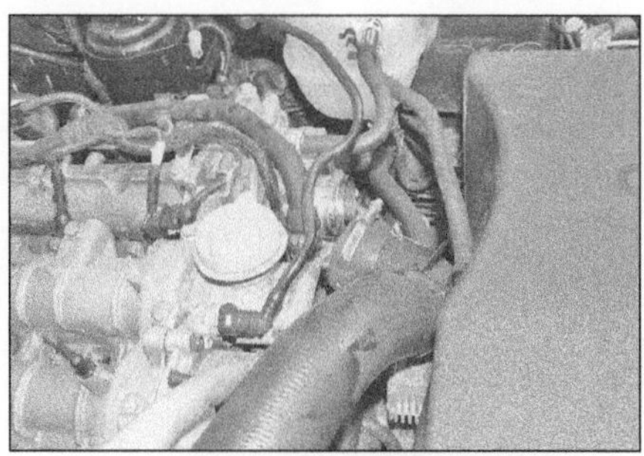

9.6 Koppla loss laddluftslangen från gasspjället/gasspjällshuset och laddluftkylarröret

9.10 Vevaxelgivaren (se pil) sitter under startmotorn

9.20 Kamaxelgivarens placering (se pil) - Z19DTH-motor

9.24 Temperaturgivaren för kylvätska (se pil) sitter på topplockets vänstra ände

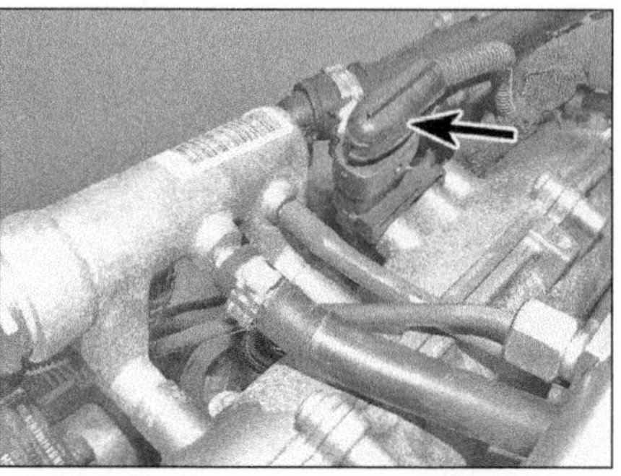
9.26 Koppla loss laddlufttryckgivarens anslutningskontakt (se pil)

Z19DTH-motorer

20 Kamaxelgivaren sitter på kamaxelhusets högra ände **(se bild)**. För att komma åt den, ta bort plastkåpan från motorns ovansida.

21 Torka rent området runt kamaxelgivaren och koppla sedan loss kontaktdonet.

22 Skruva loss fästbulten och ta bort givaren från ventilkåpan. Ta vara på tätningsringen.

23 Monteringen utförs i omvänd ordning mot demonteringen, använd en ny tätningsring. Dra åt givarens bult till angivet moment.

Temperaturgivare för kylvätska

24 Temperaturgivaren för motorkylvätska sitter på termostathuset längst till vänster på topplocket. Tappa av kylsystemet delvis, koppla loss anslutningskontakten och skruva loss givaren **(se bild)**.

25 Monteringen utförs i omvänd ordningsföljd mot demonteringen. Fyll på kylsystemet enligt beskrivningen i kapitel 1.

Givare för insugslufttryck/ temperatur

26 Ta bort plastkåpan från motorns ovansida och koppla sedan loss kontaktdonet från laddtryckgivaren i mitten av insugsgrenröret **(se bild)**.

27 Skruva loss fästbulten och ta bort givaren från grenröret. Ta vara på tätningsringen.

28 Monteringen utförs i omvänd ordning mot demonteringen, använd en ny tätningsring. Dra åt givarens bult till angivet moment.

Bränsletrycksregulator

29 Koppla loss batteriets minusledare enligt beskrivningen i kapitel 5A.

30 Ta bort plastkåpan från motorns ovansida.

31 På Z19DT-motorer, ta bort bränslefördelarskenan enligt beskrivningen i avsnitt 11.

32 På Z19DTH-motorer, koppla loss kontaktdonet från bränsletrycksregulatorn **(se bild)**.

33 Ta bort regulatorn från bränslefördelarskenan genom att skruva loss den inre muttern (närmast bränslefördelarskenan) samtidigt som du håller emot regulatorkroppen med en andra nyckel. Var beredd på visst bränslespill.

34 Monteringen utförs i omvänd ordningsföljd mot demonteringen, dra åt regulatorn till angivet moment.

Bränsletryckgivare

35 Koppla loss batteriets minusledare enligt beskrivningen i kapitel 5A.

36 Ta bort plastkåpan från motorns ovansida.

37 Koppla loss kontaktdonet från bränsletryckgivaren **(se bild)**.

38 Skruva loss givaren och ta bort den från bränslefördelarskenan. Var beredd på visst bränslespill.

39 Monteringen utförs i omvänd ordningsföljd mot demonteringen, dra åt givaren till angivet moment.

Elektronisk styrmodul (ECM)

Observera: *Om en ny elektronisk styrmodul ska monteras måste arbetet överlåtas till en Saab-verkstad eller liknande specialist eftersom den nya styrmodulen ska programmeras efter installationen. Detta arbete kräver särskild Saab-diagnosutrustning eller motsvarande alternativ.*

40 Koppla loss batteriets minusledare enligt beskrivningen i kapitel 5A.

41 Dra åt handbromsen och ställ framvagnen på pallbockar (se *Lyftning och stödpunkter*). Demontera höger framhjul.

42 Skruva loss fästena och ta bort höger inre skärmfoder.

43 Skruva loss de tre muttrarna som fäster styrmodulens fästbygel **(se bild)**.

44 Lossa låsklämman, öppna sedan låsstaget och koppla loss båda kontaktdonen från styrmodulen **(se bild)**. Lossa kablaget från dess buntband och ta bort styrmodulen och fästbygeln från framskärmens undersida.

45 Monteringen utförs i omvänd ordningsföljd mot demonteringen.

9.32 Skjut ut den gula låsspärren, tryck ihop klämman och koppla loss bränsletrycksregulatorns anslutningskontakt - Z19DTH-motor

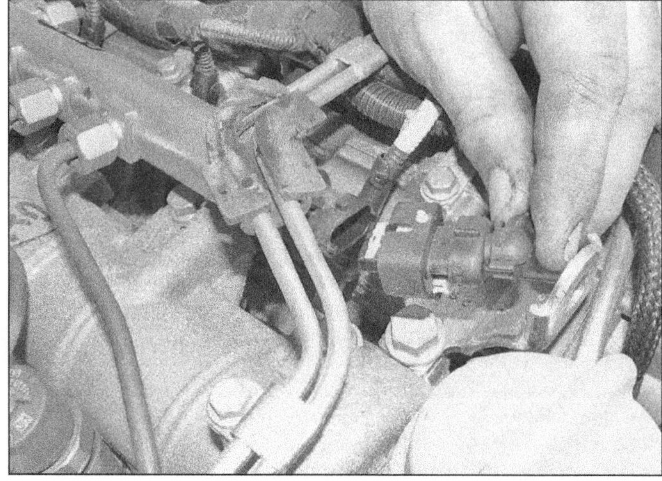
9.37 Koppla loss bränsletryckgivarens anslutningskontakt

9.43 Skruva loss styrmodulens fästbygelmuttrar (se pilar)

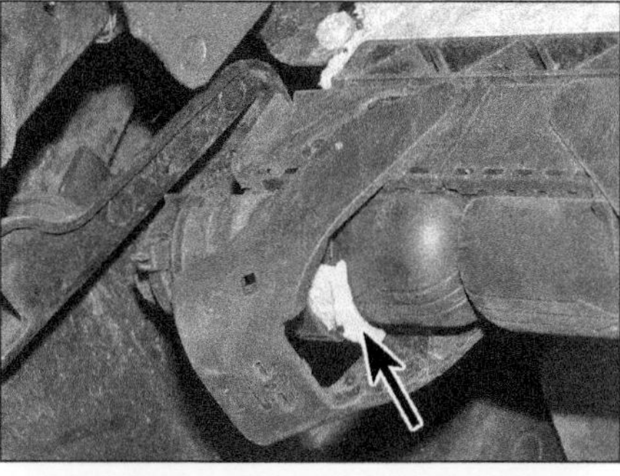

9.44 Dra ut klämman (se pil), dra ner staget och lossa modulens kontakter

9.46 Turboaggregatets övertrycksventil sitter ovanför kylaren, fäst på undersidan av motorhuvsfrontens överdel (se pil)

Turboaggregat, magnetventil för övertrycksventil

46 Övertrycksventilen (laddtryck) sitter i motorrummets främre del, ovanför kylaren **(se bild)**.

47 Koppla bort kontaktdonet och de båda vakuumslangarna från ventilen, skruva sedan loss fästmuttrarna och ta bort ventilen från dess fäste.

48 Monteringen utförs i omvänd ordningsföljd mot demonteringen.

10 Högtrycksbränslepump – demontering och montering

Varning: Se även informationen i avsnitt 2 innan du går vidare.

Z19DT-motorer

Observera: *Det krävs en ny fullständig uppsättning av högtrycksbränslerör för återmonteringen.*

Demontering

1 Koppla loss batteriets minusledare (se *Koppla ifrån batteriet* i referenskapitlet).

2 Ta bort plastkåpan från motorns ovansida.

3 Ta bort kamremmen och högtrycksbränslepumpens drev enligt beskrivningen i kapitel 2B.

4 Ta bort bränslefördelarskenan enligt beskrivningen i avsnitt 11.

5 Koppla loss bränslereturslangens snabbkoppling på högtrycksbränslepumpens ovansida. Plugga igen eller täck över de öppna anslutningarna för att förhindra att det kommer in smuts.

6 Koppla loss kontaktdonet från högtrycksbränslepumpen.

7 Skruva loss de tre fästmuttrarna och ta bort pumpen från motorfästet **(se bilder)**.

Varning: Högtrycksbränslepumpen tillverkas med extremt snäva toleranser och får inte plockas isär på något sätt. Det finns inga delar till pumpen att köpa separat och om du misstänker att något är fel med enheten måste den bytas.

Montering

8 Montera pumpen på motorfästet och dra åt fästbultarna till angivet moment.

9 Återanslut pumpens kontaktdon och bränslereturslangens snabbkoppling.

10 Sätt tillbaka bränslefördelarskenan enligt beskrivningen i avsnitt 11.

11 Sätt tillbaka högtrycksbränslepumpens drev och kamremmen enligt beskrivningen i kapitel 2B.

12 Återanslut batteriets minusledare enligt beskrivningen i kapitel 5A.

13 Följ de föreskrifter som anges i avsnitt 2 och flöda bränslesystemet enligt beskrivningen i avsnitt 5. Starta sedan motorn och låt den gå på tomgång. Leta efter läckor vid högtrycksbränslerörens anslutningar med motorn på tomgång. Om du inte upptäcker några läckor, öka motorvarvtalet till 4 000 varv/minut och sök efter läckor igen. Kör bilen en kort sväng och leta sedan efter läckor igen. Om du upptäcker några läckor, införskaffa och montera ett nytt högtrycksbränslerör.

14 Avsluta med att sätta tillbaka motorkåpan.

Z19DTH-motorer

Observera: *Det krävs ett nytt högtrycksbränslerör mellan bränslepumpen och bränslefördelarskenan.*

Demontering

15 Koppla loss batteriets minusledare enligt beskrivningen i kapitel 5A.

16 Ta bort plastkåpan från motorns ovansida.

17 Ta bort kamremmen och högtrycksbränslepumpens drev enligt beskrivningen i kapitel 2C.

18 Lossa fästklämmorna och koppla loss de båda bränslereturslangarna vid dämpningskammaren för bränsleretur **(se bilder)**. Plugga igen eller täck över de öppna anslutningarna för att förhindra att det kommer in smuts.

19 Koppla loss insprutningsventilens spillrör och bränslereturens snabbkoppling, skruva sedan loss de båda bultarna och ta bort dämpningskammaren. Plugga igen eller täck över de öppna anslutningarna för att förhindra att det kommer in smuts.

20 Koppla loss bränslematningsslangens snabbkoppling från högtrycksbränslepumpen.

10.7a Skruva loss de tre fästmuttrarna (se pilar) . . .

10.7b . . . och ta bort högtrycksbränslepumpen från motorfästet

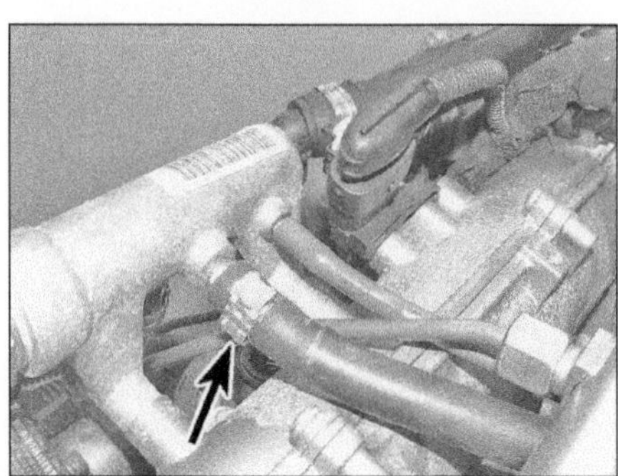

10.18a Lossa klämmorna och koppla ifrån den övre (se pil) . . .

10.18b . . . och nedre (se pil) bränslereturslangen från dämpningskammaren

10.20 Placera ett vanligt lossningsverktyg runt bränsleröret och tryck in det i anslutningen för att lossa klämmorna och koppla ifrån röret

Täpp till de öppna anslutningarna för att förhindra att det kommer in smuts **(se bild)**.

21 Koppla loss kontaktdonet från högtrycksbränslepumpen.

22 Rengör bränslerörens anslutningar noggrant på bränslepumpen och bränslefördelarskenan. Använd en öppen nyckel och skruva loss anslutningsmuttrarna som fäster högtrycksbränsleröret på bränslepumpen och bränslefördelarskenan. Håll emot anslutningen på pumpen med en andra nyckel, samtidigt som du skruvar loss anslutningsmuttern **(se bild)**. Ta bort högtrycksbränsleröret och täpp till de öppna anslutningarna för att det inte ska komma in smuts.

23 Skruva loss de tre fästmuttrarna och ta bort pumpen från motorfästet **(se bilder 10.7a och 10.7b)**.

Varning: Högtrycksbränslepumpen tillverkas med extremt snäva toleranser och får inte plockas isär på något sätt. Det finns inga delar till pumpen att köpa separat och om du misstänker att något är fel med enheten måste den bytas.

Montering

24 Montera pumpen på motorfästet och dra åt fästbultarna till angivet moment.

25 Ta bort täckpluggarna från bränslerörsanslutningarna på pumpen och bränslefördelarskenan. Placera ett nytt högtrycksbränslerör över anslutningarna och dra åt anslutningsmuttrarna för hand i detta skede.

26 Använd en momentnyckel och en kråkfotsadapter och dra åt bränslerörsanslutningarna till angivet moment. Håll emot anslutningarna på pumpen med en öppen nyckel samtidigt

10.22 Skruva loss anslutningsmuttrarna som håller fast högtrycksbränsleröret på bränslepumpen och bränslefördelarskenan

som du drar åt anslutningsmuttrarna.

27 Återanslut pumpens kontaktdon och bränslereturslangens snabbkoppling.

28 Sätt tillbaka dämpningskammaren och dra åt fästbultarna ordentligt. Återanslut insprutningsventilens spillrör och de båda återstående bränslereturslangarna.

29 Sätt tillbaka högtrycksbränslepumpens drev och kamremmen enligt beskrivningen i kapitel 2C.

30 Återanslut batteriets minusledare enligt beskrivningen i kapitel 5A.

31 Följ de föreskrifter som anges i avsnitt 2 och flöda bränslesystemet enligt beskrivningen i avsnitt 5. Starta sedan motorn och låt den gå på tomgång. Leta efter läckor vid högtrycksbränslerörens anslutningar med motorn på tomgång. Om du inte upptäcker några läckor, öka motorvarvtalet till 4 000 varv/minut och sök efter läckor igen. Kör bilen en kort sväng och leta sedan efter läckor igen. Om du upptäcker några läckor, införskaffa och montera ett nytt högtrycksbränslerör.

32 Avsluta med att sätta tillbaka motorkåpan.

11 Bränslefördelarskena – demontering och montering

Varning: Se även informationen i avsnitt 2 innan du går vidare.

Z19DT-motorer

Observera: *Det krävs en ny fullständig uppsättning av högtrycksbränslerör för återmonteringen.*

Demontering

1 Koppla loss batteriets minusledare enligt beskrivningen i kapitel 5A.

2 Ta bort plastkåpan från motorns ovansida.

3 Lossa låsspärrarna som håller fast kontaktdonen på de fyra insprutningsventilerna, koppla sedan loss insprutningsventilens kablage.

4 Skruva loss de båda bultarna högst upp och de båda bultarna på framsidan, som fäster plastkabelskenan på insugsgrenröret **(se bilder)**. Flytta kabelskenan och lägg insprutningsventilens kablage åt sidan.

5 Lossa fästklämmorna och koppla loss de båda bränslereturslangarna vid dämpningskammaren för bränsleretur. Plugga igen eller täck över de öppna anslutningarna för att förhindra att det kommer in smuts.

6 Koppla loss insprutningsventilens spillrör och bränslereturens snabbkoppling, skruva sedan loss de båda bultarna och ta bort dämpningskammaren. Plugga igen eller täck över de öppna anslutningarna för att förhindra att det kommer in smuts.

7 Rengör bränslerörens anslutningar noggrant på bränslepumpen och bränslefördelarskenan. Använd en öppen nyckel och skruva loss anslutningsmuttrarna som fäster högtrycksbränsleröret på bränslepumpen och bränslefördelarskenan. Håll emot anslutningarna på pumpen med en andra nyckel samtidigt som du lossar anslutningsmuttrarna. Ta bort högtrycksbränsleröret och plugga igen eller täck över de öppna anslutningarna för att det inte ska komma in smuts.

8 Med hjälp av två nycklar, håll fast anslutningarna och skruva loss anslutningsmuttrarna som fäster högtrycksbränslerören på bränsleinsprutarna. Lossa de anslutningsmuttrar som fäster högtrycksbränslerören på bränslefördelarskenan, ta bort rören och täpp till de öppna anslutningarna för att förhindra att det kommer in smuts.

9 Koppla loss kontaktdonen från bränsletrycksregulatorn och bränsletryckgivaren, skruva sedan loss de båda muttrarna och ta bort bränslefördelarskenan.

Montering

10 Sätt tillbaka bränslefördelarskenan och dra åt fästmuttrarna till angivet moment. Återanslut bränsletrycksregulatorns och bränsletryckgivarens kontaktdon.

11 Arbeta på en bränsleinsprutare i taget, ta bort täckpluggen från bränslerörens anslutningar på bränslefördelarskenan och den berörda insprutningsventilen. Placera ett nytt högtrycksbränslerör över anslutningarna och dra åt anslutningsmuttrarna för hand. Använd en momentnyckel och en kråkfotsadapter och dra åt bränslerörsanslutningarna till angivet moment. Håll emot anslutningen på insprutningsventilen med en öppen nyckel samtidigt som du drar åt anslutningsmuttern. Upprepa denna åtgärd för de återstående tre insprutningsventilerna.

12 Sätt tillbaka det nya högtrycksbränsleröret på bränslepumpen och bränslefördelarskenan och momentdra anslutningsmuttrarna till angivet moment. Håll emot anslutningen på pumpen med en öppen nyckel samtidigt som du

11.4a Skruva loss de båda bultarna högst upp (se pilar) . . .

11.4b . . . och de båda bultarna på framsidan (se pilar) och lägg kablaget åt sidan

drar åt anslutningsmuttern.

13 Sätt tillbaka dämpningskammaren och dra åt fästbultarna ordentligt. Återanslut insprutningsventilens spillrör och bränslereturslangarna.

14 Sätt tillbaka kabelskenan och fäst den med fyra fästbultar. Återanslut kontaktdonen till bränsleinsprutarna.

15 Återanslut batteriets minusledare enligt beskrivningen i kapitel 5A.

16 Följ de föreskrifter som anges i avsnitt 2 och flöda bränslesystemet enligt beskrivningen i avsnitt 5. Starta sedan motorn och låt den gå på tomgång. Leta efter läckor vid högtrycksbränslerörens anslutningar med motorn på tomgång. Om du inte hittar några läckor, öka motorvarvtalet till 4 000 varv/minut och sök efter läckor igen. Kör bilen en kort sväng och leta sedan efter läckor igen. Om du hittar några läckor, skaffa och montera ett nytt högtrycksbränslerör.

17 Avsluta med att sätta tillbaka motorkåpan.

Z19DTH-motorer

Observera: *Det krävs en ny fullständig uppsättning av högtrycksbränslerör för återmonteringen.*

Demontering

18 Koppla loss batteriets minusledare enligt beskrivningen i kapitel 5A.

19 Ta bort plastkåpan från motorns ovansida.

20 Rengör noggrant högtrycksbränslerörens anslutningar på bränslefördelarskenan, bränslepumpen och insprutningsventilerna. Med hjälp av två nycklar, håll fast anslutningarna och skruva loss anslutningsmuttrarna som fäster högtrycksbränsleröreren på bränsleinsprutarna. Skruva loss de anslutningsmuttrar som fäster högtrycksbränsleröreren på bränslefördelarskenan, ta bort rören och täpp till de öppna anslutningarna för att det inte ska komma in smuts **(se bild)**.

21 Använd en U-nyckel och skruva loss anslutningsmuttrarna som håller fast högtrycksbränsleröret på bränslepumpen och bränslefördelarskenan **(se bild)**. Håll emot anslutningarna på pumpen med en andra nyckel samtidigt som du lossar anslutningsmuttrarna. Ta bort högtrycksbränsleröret och täpp till de öppna anslutningarna för att det inte ska komma in smuts.

22 Koppla loss kontaktdonen från bränsletrycksregulatorn och bränsletryckgivaren, lossa sedan klämman och koppla ifrån bränslereturslangen. Skruva loss de båda bultarna och ta bort bränslefördelarskenan **(se bilder)**.

Montering

23 Sätt tillbaka bränslefördelarskenan och dra åt fästbultarna till angivet moment. Återanslut bränsletrycksregulatorns och bränsletryckgivarens kontaktdon och återanslut bränslereturslangen.

24 Arbeta på en bränsleinsprutare i taget, ta bort täckpluggen från bränslerörens anslutningar på bränslefördelarskenan och den berörda insprutningsventilen. Placera ett nytt högtrycksbränslerör över anslutningarna och dra åt anslutningsmuttrarna för hand. Använd en momentnyckel och en kråkfotsadapter och dra åt bränslerörsanslutningarna till angivet moment. Håll emot anslutningen på insprutningsventilen med en öppen nyckel samtidigt som du drar åt anslutningsmuttern. Upprepa denna åtgärd för de återstående tre insprutningsventilerna.

25 Sätt också tillbaka det nya högtrycksbränsleröret på bränslepumpen och bränslefördelarskenan, och momentdra anslutningsmuttrarna till angivet moment. Håll emot anslutningen på pumpen med en öppen nyckel samtidigt som du drar åt anslutningsmuttern.

26 Återanslut batteriets minusledare enligt beskrivningen i kapitel 5A.

27 Följ de föreskrifter som anges i avsnitt 2 och flöda bränslesystemet enligt beskrivningen i avsnitt 5. Starta sedan motorn och låt den gå på tomgång. Leta efter läckor vid högtrycksbränslerörens anslutningar med motorn på tomgång. Om du inte hittar några läckor, öka motorvarvtalet till 4 000 varv/minut och sök efter läckor igen. Kör bilen en kort sväng och leta sedan efter läckor igen. Om du hittar några läckor, skaffa och montera ett nytt högtrycksbränslerör.

28 Avsluta med att sätta tillbaka motorkåpan.

11.20 Lossa muttrarna som håller fast högtrycksbränsleröreren på bränslefördelarskenan och insprutningsventilerna

11.21 Skruva loss anslutningsmuttrarna som håller fast högtrycksbränsleröret på pumpen och bränslefördelarskenan

12 Bränsleinsprutare – demontering och montering

Varning: Se även informationen i avsnitt 2 innan du går vidare.

Z19DT-motorer

Observera 1: *Det krävs en ny kopparbricka, fästmutter och högtrycksbränslerör för varje borttagen insprutningsventil vid återmonteringen.*

Observera 2: *Insprutningsventilen sitter mycket hårt i topplocket och du behöver med största sannolikhet den särskilda Saab-avdragaren (32 025 013) och adaptern (32 025 012) eller motsvarande.*

Demontering

1 Koppla loss batteriets minusledare enligt beskrivningen i kapitel 5A.

2 Ta bort plastkåpan från motorns ovansida.

3 Lossa låsspärrarna som håller fast kontaktdonen på de fyra insprutningsventilerna, koppla sedan loss insprutningsventilens kablage.

4 Skruva loss de båda bultarna högst upp och de båda bultarna på framsidan, som fäster plastkabelskenan på insugsgrenröret **(se bilder 11.4a och 11.4b)**. Flytta kabelskenan och lägg insprutningsventilens kablage åt sidan.

5 Rengör bränslerörens anslutningar noggrant på bränslefördelarskenan och insprutningsventilen. Med hjälp av två nycklar, håll fast anslutningarna och skruva loss anslutningsmuttern som fäster högtrycksbränsleröret på bränsleinsprutaren. Skruva loss anslutningsmuttern som fäster högtrycksbränsleröret på bränslefördelarskenan, ta bort röret och täpp till de öppna anslutningarna för att det inte ska komma in smuts.

6 Koppla loss anslutningen till bränslespillslangen från varje insprutningsventil genom att trycka in låsklämman och lyfta ut slangbeslaget. Täpp till spillslanganslutningen på varje insprutningsventil, och trä på en plastpåse över den frånkopplade spillslangen för att förhindra att det kommer in smuts.

7 Skruva loss fästmuttern och ta sedan bort brickan från insprutningsventilens klämfästbygel.

8 Ta bort insprutningsventilen tillsammans med klämfästbygeln från topplocket. Om det är svårt att ta bort insprutningsventilen, stryk

11.22a Koppla ifrån bränslereturslangen . . .

11.22b . . . lossa sedan de båda bultarna (se pilar) och ta bort bränslefördelarskenan

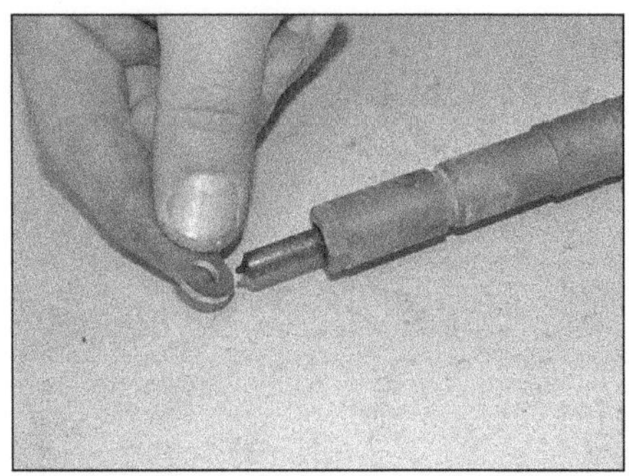

12.9 Ta bort kopparbrickan från insprutningsventilens nedre del

på rejält med smörjolja på insprutningsventilens nedre del och låt oljan sjunka in. Om insprutningsventilen fortfarande inte lossnar måste du använda en liten glidhammare som du hakar i flänsen på insprutningsventilens kropp. Knacka sedan försiktigt loss den. Har du tillgång till Saabs specialverktyg 320 025 013, 32 025 012 och 83 90 270 för detta arbete så använd dem. Observera att du inte kan vrida insprutningsventilen från sida till sida för att lossa den på grund av klämfästbygelns utformning.

9 När insprutningsventilen har tagits bort, skilj den från klämfästbygeln och ta bort kopparbrickan från insprutningsventilens nedre del **(se bild)**. Kopparbrickan kan sitta kvar i topplocket, på insprutningsventilöppningens botten. Om så är fallet, fiska ut den med en bit vajer.

10 Ta bort de återstående insprutningsventilerna på samma sätt.

11 Undersök insprutningsventilen okulärt och leta efter tecken på uppenbar skada eller åldrande. Om det finns uppenbara skador, byt insprutningsventilen.

Varning: Insprutningsventilerna tillverkas med extremt snäva toleranser och får inte plockas isär på något sätt. Skruva inte loss bränslerörsanslutningen på insprutningsventilens sida, och dela inte på delarna i insprutningsventilens kropp. Försök inte att ta bort sotavlagringar på insprutningsmunstycket eller utföra någon form av ultraljuds- eller trycktest.

12 Om insprutningsventilerna är i gott skick, plugga igen bränslerörsanslutningen (om det inte redan är gjort) och täck över eldelen och insprutningsmunstycket.

13 Före återmonteringen införskaffar du en ny kopparbricka, en ny fästmutter och ett nytt högtrycksbränslerör till varje insprutningsventil.

Montering

14 Rengör noggrant insprutningsventilens säte i topplocket, se till att alla spår av sot och andra avlagringar tas bort.

15 Sätt dit en ny kopparbricka på insprutningsventilens nedre del.

16 Placera insprutningsventilens klämfästbygel i spåret på insprutningsventilens kropp och sätt tillbaka insprutningsventilen på topplocket.

17 Sätt dit brickan och insprutningventilens nya mutter till klämfästbygeln och dra åt muttern till angivet moment.

18 Ta bort täckpluggen från bränslerörsanslutningen på bränslefördelarskenan och insprutningsventilen. Sätt på ett nytt högtrycksbränslerör över anslutningarna och dra åt anslutningsmuttrarna. Var försiktig så att du inte gängar muttrarna snett eller belastar bränsleröret när det monteras.

19 Dra åt bränslerörsanslutningens muttrar till angivet moment med hjälp av en momentnyckel och en kråkfotsadapter **(se bild 12.44)**. Håll emot anslutningen på insprutningsventilen med en öppen nyckel samtidigt som du drar åt anslutningsmuttern.

20 Upprepa denna procedur för de återstående insprutningsventilerna.

21 Sätt tillbaka kabelskenan och fäst den med fyra fästbultar. Återanslut kontaktdonen till bränsleinsprutarna.

22 Återanslut spillslangens beslag på insprutningsventilerna genom att trycka in låsklämman, ansluta beslaget och sedan släppa låsklämman. Se till att alla beslag är ordentligt anslutna och hålls fast av klämman.

23 Återanslut batteriets minusledare enligt beskrivningen i kapitel 5A.

24 Följ de föreskrifter som anges i avsnitt 2 och flöda bränslesystemet enligt beskrivningen i avsnitt 5. Starta sedan motorn och låt den gå på tomgång. Leta efter läckor vid högtrycksbränslerörens anslutningar med motorn på tomgång. Om du inte hittar några läckor, öka motorvarvtalet till 4 000 varv/minut och sök efter läckor igen. Kör bilen en kort sväng och leta sedan efter läckor igen. Om du hittar några läckor, införskaffa och montera ett nytt högtrycksbränslerör.

25 Avsluta med att sätta tillbaka motorkåpan.

Z19DTH-motorer

Observera 1: *Det krävs en ny kopparbricka, fästmutter och högtrycksbränslerör för varje insprutningsventil vid återmonteringen.*

Observera 2: *Insprutningsventilen sitter mycket hårt i topplocket och du behöver med största sannolikhet den särskilda Saab-avdragaren (32 025 013) och adaptern (32 025 012) eller motsvarande.*

Demontering

26 Koppla loss batteriets minusledare enligt beskrivningen i kapitel 5A.

27 Ta bort plastkåpan från motorns ovansida.

28 Lossa fästklämman som håller fast motorns ventilationsslang på ventilröret bredvid mätstickan för motorolja. Skruva loss de båda bultarna som fäster ventilröret på topplocket och koppla loss röret från slangen **(se bild)**.

29 Lossa låsspärrarna som håller fast kontaktdonen på de fyra insprutarna, koppla sedan loss insprutningsventilens kablage **(se bilder)**.

30 Koppla loss anslutningen till bränslespillslangen från varje insprutningsventil genom att trycka in låsklämman och lyfta ut slangbeslaget. Täpp till spillslanganslutningen på varje insprutningsventil och trä på en plastpåse över den frånkopplade spillslangen för att förhindra att det kommer in smuts **(se bilder)**.

31 Rengör bränslerörens anslutningar noggrant på bränslefördelarskenan och insprutningsventilen. Med hjälp av två nycklar, håll fast anslutningarna och skruva loss anslutningsmuttern som fäster högtrycksbränsleröret på bränsleinsprutaren **(se bild)**. Skruva loss anslutningsmuttern som fäster högtrycksbränsleröret på bränslefördelarskenan, ta bort röret och plugga igen eller täck över de öppna anslutningarna för att det inte ska komma in smuts.

32 Börja med insprutningsventil nr 1 och skruva

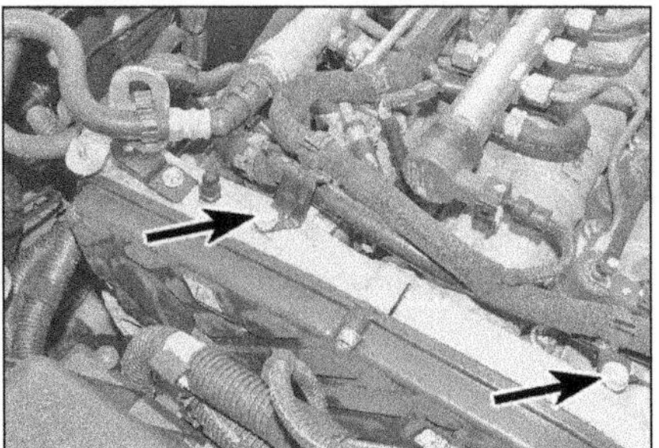

12.28 Skruva loss de båda bultarna (se pilar) och ta bort ventilröret från topplocket

12.29a Skjut ut låsspärren . . .

12.29b . . . tryck ner klämman och lossa insprutningsventilens anslutningskontakter

12.30a Koppla loss bränslespillslangens anslutning från varje insprutningsventil . . .

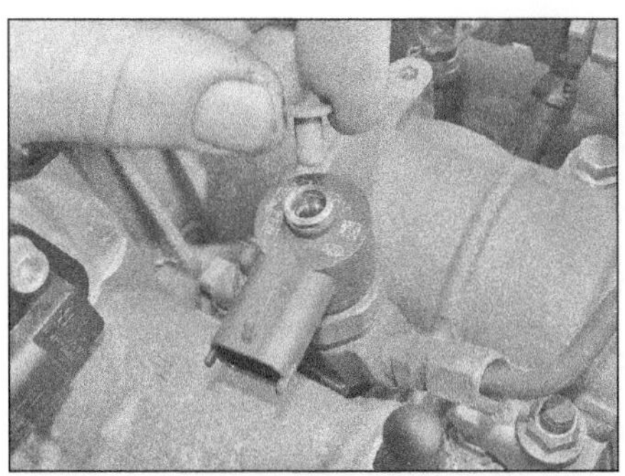

12.30b . . . täpp till spillslangsanslutningen på varje insprutningsventil

loss fästmuttern. Ta sedan bort brickan från insprutningsventilens klämfästbygel **(se bild)**.

33 Ta bort insprutningsventilen tillsammans med klämfästbygeln från topplocket. Om det är svårt att ta bort insprutningsventilen, stryk på rejält med smörjolja på insprutningsventilens nedre del och låt oljan sjunka in. Om insprutningsventilen fortfarande inte lossnar måste du använda en liten glidhammare som du hakar i flänsen på insprutningsventilens kropp. Knacka sedan försiktigt loss den **(se bild)**. Har du tillgång till Saabs specialverktyg 32 025 013, 32 025 012 och 83 90 270 för detta arbete så använd dem. Observera att du inte kan vrida insprutningsventilen från sida till sida för att lossa den på grund av klämfästbygelns utformning.

34 När insprutningsventilen har tagits bort, skilj den från klämfästbygeln och ta bort kopparbrickan från insprutningsventilens nedre del **(se bild)**. Kopparbrickan kan sitta kvar i topplocket, på insprutningsventilöppningens botten. Om så är fallet, fiska ut den med en bit vajer.

35 Ta bort de återstående insprutningsventilerna på samma sätt.

36 Undersök insprutningsventilen okulärt och leta efter tecken på uppenbar skada eller åldrande. Om det finns uppenbara skador, byt insprutningsventilen.

Varning: Insprutningsventilerna tillverkas med extremt snäva toleranser och får inte plockas isär på något sätt. Skruva inte loss bränslerörsanslutningen på insprutningsventilens sida, och dela inte på delarna i insprutningsventilens kropp. Försök inte att ta bort sotavlagringar på insprutningsmunstycket eller utföra någon form av ultraljuds- eller trycktest.

12.31 Håll emot insprutningsventilens anslutning när du skruvar loss högtrycksbränslerörens anslutningar

37 Om insprutningsventilerna är i gott skick, plugga igen bränslerörsanslutningen (om det inte redan är gjort) och täck över eldelen och insprutningsmunstycket.

38 Före återmonteringen måste du införskaffa en ny uppsättning kopparbrickor, fästmuttrar och högtrycksbränslerör.

Montering

39 Rengör noggrant insprutningsventilens säte i topplocket, se till att alla spår av sot och andra avlagringar tas bort.

40 Börja med insprutningsventil nr 4 och sätt dit en ny kopparbricka på insprutningsventilens nedre del.

41 Placera insprutningsventilens klämfästbygel i spåret på insprutningsventilens kropp och sätt tillbaka den på topplocket.

42 Sätt dit brickan och fästmuttern till insprutningsventilens klämfästbygel och dra åt muttern till angivet moment **(se bilder)**.

43 Ta bort täckpluggen från bränslerörsanslut-

12.32 Lossa fästmuttern till insprutningsventilens klämfästbygel och ta bort brickan

ningen på bränslefördelarskenan och insprutningsventilen. Sätt på ett nytt högtrycksbränslerör över anslutningarna och dra åt anslutningsmuttrarna. Var försiktig så att muttrarna inte gängar snett eller belastar bränsleröret när det monteras.

44 Dra åt bränslerörsanslutningens muttrar till angivet moment med hjälp av en momentnyckel och en kråkfotsadapter **(se bild)**. Håll emot anslutningen på insprutningsventilen med en öppen nyckel samtidigt som du drar åt anslutningsmuttern.

45 Upprepa denna procedur för de återstående insprutningsventilerna.

46 Återanslut spillslangens beslag på insprutningsventilerna genom att trycka in låsklämman, ansluta beslaget och sedan släppa låsklämman. Se till att alla beslag är ordentligt anslutna och hålls fast av klämman.

47 Återanslut kontaktdonen till bränsleinsprutarna.

48 Anslut motorns ventilationsslang på ventil-

12.33 Använd en glidhammare och frigör insprutningsventilens kropp från topplocket

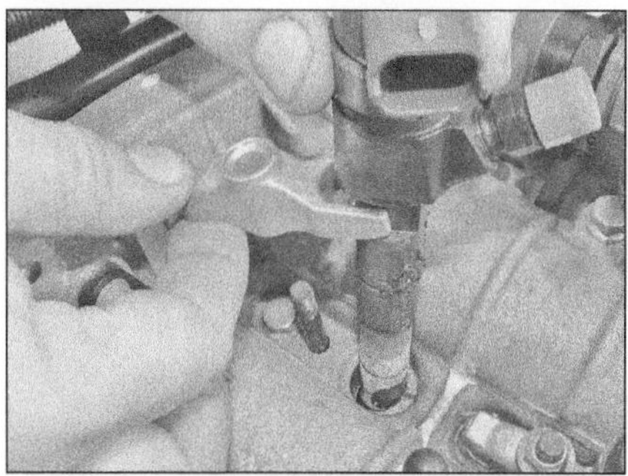

12.34 När insprutningsventilen har tagits bort, skilj den från klämfästbygeln

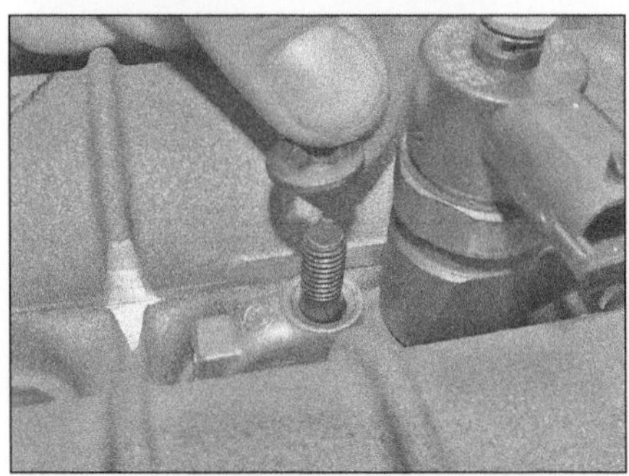

12.42a Sätt dit brickan . . .

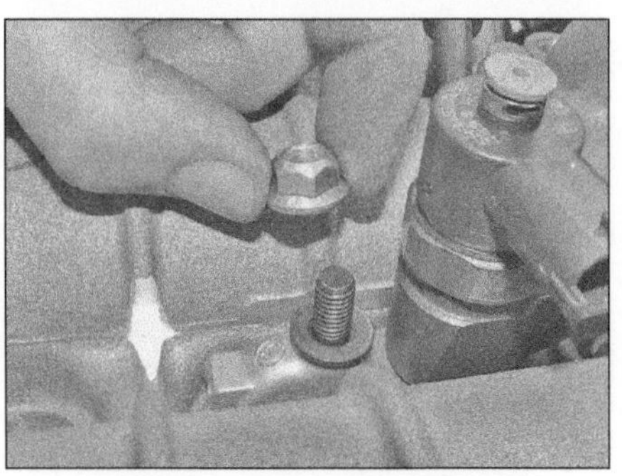

12.42b . . . och fästmuttern till insprutningsventilens klämfästbygel

12.44 Använd en momentnyckel och en kråkfotsadapter och dra åt bränslerörsanslutningarna till angivet moment

13.6 Skruva loss fästbulten/bultarna för att lossa vakuumröret från ventilkåpan

röret och fäst den med fästklämman. Fäst ventilröret på topplocket, dra åt de båda bultarna ordentligt.

49 Återanslut batteriets minusledare enligt beskrivningen i kapitel 5A.

50 Följ de föreskrifter som anges i avsnitt 2 och flöda bränslesystemet enligt beskrivningen i avsnitt 5. Starta sedan motorn och låt den gå på tomgång. Leta efter läckor vid högtrycksbränslerörens anslutningar med motorn på tomgång. Om du inte upptäcker några läckor, öka motorvarvtalet till 4 000 varv/minut och sök efter läckor igen. Kör bilen en kort sväng och leta sedan efter läckor igen. Om du upptäcker några läckor, införskaffa och montera ett nytt högtrycksbränslerör.

51 Avsluta med att sätta tillbaka motorkåpan.

13 Insugsgrenrör – demontering och montering

Z19DT-motorer

Demontering

1 Koppla loss batteriets minusledare enligt beskrivningen i kapitel 5A.

2 Ta bort plastkåpan från motorns ovansida.

3 Tappa av kylsystemet enligt beskrivningen i kapitel 1B.

4 Ta bort avgasåterföringsventilen (EGR) enligt beskrivningen i kapitel 4C.

5 Ta bort högtrycksbränslepumpen enligt beskrivningen i avsnitt 10.

6 Skruva loss fästbulten/bultarna för att lossa vakuumledningarna som går över ventilkåpans ovansida **(se bild)**.

7 Ta bort gasspjället/gasspjällshuset enligt beskrivningen i avsnitt 9.

8 Koppla loss kontaktdonen vid de fyra glödstiften.

9 Skruva loss de tre fästbultarna och koppla loss vakuumbehållaren från motorblockets baksida.

10 Lossa fästklämmorna och koppla loss de båda kylvätskeslangarna från avgasåterföringssystemets värmeväxlare samt den närliggande slangen vid termostathuset.

11 Skruva loss muttern och de båda bultar som håller fast kylvätskeröret på startmotorns fästbygel.

12 Lossa klämman och koppla loss metallröret från avgasåterföringssystemets värmeväxlare. Skruva loss fästmuttern och bulten och ta bort värmeväxlaren.

13 Ta bort generatorn enligt beskrivningen i kapitel 5A.

14 Skruva loss de sex bultarna som håller fast generatorn och högtrycksbränslepumpens fästbygel på motorblocket och topplocket. Det sitter fem bultar som håller fast fästbygeln på blockets baksida, och en som fäster fästbygeln på topplockets framsida.

15 Skruva loss de nio fästmuttrarna och ta bort insugsgrenröret från topplockets pinnbultar. Ta vara på packningen.

Montering

16 Rengör insugsgrenrörets och topplockets fogytor noggrant, sätt sedan dit en ny packning på insugsgrenrörets fläns.

17 Sätt grenröret på plats och sätt tillbaka fästmuttrarna. Dra åt muttrarna stegvis och korsvis till angivet moment.

18 Sätt tillbaka generatorn och högtrycksbränslepumpens fästbygel och dra åt fästbultarna till angivet moment.

19 Sätt tillbaka generatorn enligt beskrivningen i kapitel 5A.

20 Sätt tillbaka avgasåterföringssystemets värmeväxlare och dra åt fästmuttern och bulten ordentligt. Återanslut avgasåterföringens metallrör och fäst det med fästklämman.

21 Sätt dit kylvätskeröret på startmotorns fästbygel. Sätt tillbaka och dra åt fästmuttern och bulten ordentligt.

22 Återanslut kylvätskeslangarna till avgasåterföringssystemets värmeväxlare och termostathus och fäst med fästklämmor.

23 Anslut vakuumbehållaren till motorblocket, sätt tillbaka de tre fästbultarna och dra åt dem ordentligt.

24 Återanslut kontaktdonen till glödstiften.

25 Sätt tillbaka gasspjället/gasspjällshuset enligt beskrivningen i avsnitt 9.

26 Sätt tillbaka vakuumledningarna som går över ventilkåpan och återanslut vakuumslangarna.

27 Sätt tillbaka högtrycksbränslepumpen enligt beskrivningen i avsnitt 10.

28 Sätt tillbaka avgasåterföringsventilen (EGR) enligt beskrivningen i kapitel 4C.

29 Fyll på kylsystemet enligt beskrivningen i kapitel 1B.

30 Återanslut batteriets minusledare.

31 Följ de föreskrifter som anges i avsnitt 2 och flöda bränslesystemet enligt beskrivningen i avsnitt 5. Starta sedan motorn och låt den gå på tomgång. Leta efter läckor vid högtrycksbränslerörens anslutningar med motorn på tomgång. Om du inte upptäcker några läckor, öka motorvarvtalet till 4 000 varv/minut och sök efter läckor igen. Kör bilen en kort sväng och leta sedan efter läckor igen. Om du upptäcker några läckor, införskaffa och montera ett nytt högtrycksbränslerör.

32 Avsluta med att sätta tillbaka motorkåpan.

Z19DTH-motorer

Demontering

33 Koppla loss batteriets minusledare enligt beskrivningen i kapitel 5A.

34 Ta bort plastkåpan från motorns ovansida.

35 Ta bort högtrycksbränslepumpen enligt beskrivningen i avsnitt 10.

36 Ta bort avgasåterföringsventilen (EGR) enligt beskrivningen i kapitel 4C.

37 Töm kylsystemet enligt beskrivningen i kapitel 1B.

38 Lossa klämmorna och ta bort turboaggregatets matningsslang från gasspjällshuset.

39 Koppla loss kylvätskeröret, koppla loss nivågivarens anslutningskontakt och ta sedan bort kylvätskebehållaren.

40 Koppla loss slangen från termostathuset.

41 Skruva loss muttrarna som håller fast kylvätskeröret på startmotorns fästbygel, och böj bort röret lite **(se bild)**.

42 Ta bort oljeavskiljaren och vakuumbehållarens fästbygel genom att lossa de två muttrarna ovanför vakuumbehållaren, bulten längst ner på vakuumbehållaren och bulten på oljeavskiljarens högra sida. Ta bort

13.41 Skruva loss muttrarna och lossa kablaget och kylvätskeröret från startmotorns fästbygel

13.42a Skruva loss de båda muttrarna (se pilar) ovanför vakuumbehållaren . . .

13.42b . . . bulten (se pil) längst ner på vakuumbehållaren . . .

13.42c ... och bultarna (se pil) på oljeavskiljarens högra sida ...

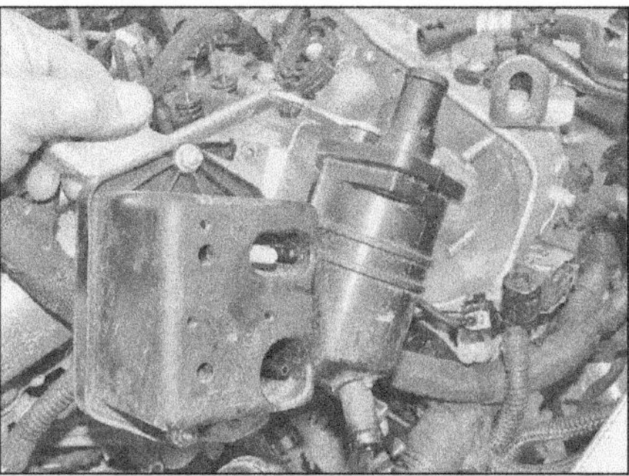
13.42d ... ta sedan bort fästbygeln tillsammans med oljeavskiljaren och vakuumbehållaren

fästbygeln tillsammans med oljeavskiljaren och vakuumbehållaren **(se bilder)**.

43 Skruva loss de tre bultarna, lossa slangklämman, frigör kablaget och koppla loss kylvätskeröret från insugsgrenröret.

44 Skruva på två muttrar på högtrycksbränslepumpens inre fästpinnbult. Lås ihop de båda muttrarna och skruva loss pinnbulten från motorfästet **(se bild)**.

45 Koppla loss kontaktdonet från gasspjället/gasspjällshuset, temperaturgivaren för kylvätska, insugsluftgivaren, bränsletryckgivaren och bränsletrycksstyrningsventilen.

46 Skruva loss de nio fästmuttrarna och ta bort insugsgrenröret från topplockets pinnbultar **(se bild)**. Ta vara på packningen.

47 Med grenröret borttaget om det behövs, ta bort gasspjället/gasspjällshuset enligt beskrivningen i avsnitt 9.

48 Omkopplingsklaffens manöverdon kan tas bort genom att du kopplar loss kultappskålen till drivmotorns ledkula, och skruvar loss de båda pinnbultarna.

Montering

49 Om du har tagit bort gasspjället/gasspjällshuset, sätt tillbaka det enligt beskrivningen i avsnitt 9, och sätt sedan tillbaka omkopplingsklaffens manöverdon.

50 Rengör insugsgrenrörets och topplockets fogytor noggrant, sätt sedan dit en ny packning på insugsgrenrörets fläns.

51 Sätt grenröret på plats och sätt tillbaka fästmuttrarna. Dra åt muttrarna stegvis och korsvis till angivet moment.

52 Återanslut kontaktdonen till gasspjället/gasspjällshuset och belastningstryckgivaren (laddtryck).

53 Sätt tillbaka högtrycksbränslepumpens fästpinnbult, ta sedan bort de två muttrarna som används för att ta bort/sätta dit pinnbulten.

54 Sätt tillbaka kylvätskeröret på grenröret och fäst det med de tre fästbultarna, dra åt dem ordentligt. Återanslut kylvätskeröret och anslut kablaget.

55 Sätt tillbaka oljeavskiljaren och vakuumbehållarens fästbygel. Sätt tillbaka och dra åt de båda bultarna och muttrarna. Återanslut sedan vevhusventilationsslangarna.

56 Sätt tillbaka kylvätskeröret och kablaget på startmotorns fästbygel och sätt sedan tillbaka och dra åt de båda muttrarna.

57 Sätt tillbaka avgasåterföringsventilen (EGR) enligt beskrivningen i kapitel 4C.

58 Sätt tillbaka högtrycksbränslepumpen enligt beskrivningen i avsnitt 10.

59 Återanslut batteriets minusledare enligt beskrivningen i kapitel 5A.

60 Följ de föreskrifter som anges i avsnitt 2 och flöda bränslesystemet enligt beskrivningen i avsnitt 5. Starta sedan motorn och låt den gå på tomgång. Leta efter läckor vid högtrycksbränslerörens anslutningar med motorn på tomgång. Om du inte upptäcker några läckor, öka motorvarvtalet till 4 000 varv/minut och sök efter läckor igen. Kör bilen en kort sväng och leta sedan efter läckor igen. Om du upptäcker några läckor, införskaffa och montera ett nytt högtrycksbränslerör.

61 Avsluta med att sätta tillbaka motorkåpan.

14 Insugsgrenrörets omkopplingsklaff, manöverdon – demontering och montering

Observera: *Detta gäller endast Z19DTH-motorer.*

Demontering

1 Koppla loss batteriets minusledare enligt beskrivningen i kapitel 5A.

2 Ta bort plastkåpan från motorns ovansida.

3 Ta bort högtrycksbränslepumpen enligt beskrivningen i avsnitt 10.

4 Ta bort avgasåterföringsventilen (EGR) enligt beskrivningen i kapitel 4C.

5 Töm kylsystemet enligt beskrivningen i kapitel 1B.

6 Lossa klämmorna och ta bort turboaggregatets matningsslang från gasspjällshuset.

7 Koppla loss kylvätskeröret, koppla loss nivågivarens anslutningskontakt och ta sedan bort kylvätskebehållaren.

8 Koppla loss slangen från termostathuset.

9 Skruva loss muttrarna som håller fast kylvätskeröret på startmotorns fästbygel och böj bort röret lite **(se bild 13.41)**.

10 Ta bort oljeavskiljaren och vakuumbehållarens fästbygel genom att lossa de två muttrarna ovanför vakuumbehållaren, bulten längst ner på vakuumbehållaren och bulten på oljeavskiljarens högra sida. Ta bort fästbygeln tillsammans med oljeavskiljaren och vakuumbehållaren **(se bild 13.42a till 13.42d)**.

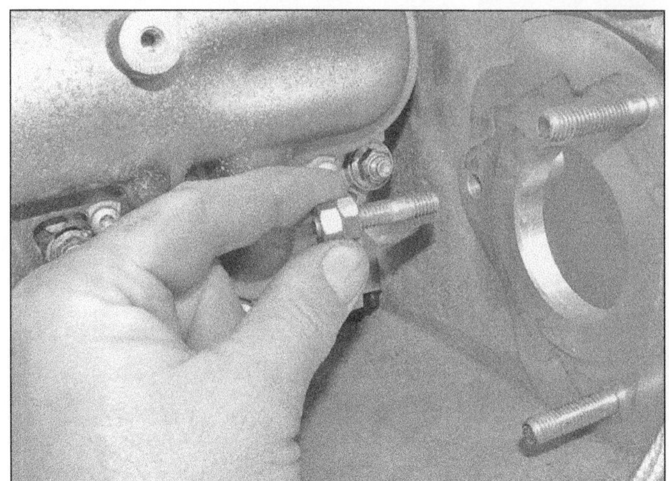
13.44 Lås ihop två muttrar och skruva loss bränslepumpens pinnbult från motorfästet

13.46 Insugsgrenrörets fästmuttrar (se pilar)

11 Koppla ifrån kultappskålen till drivmotorns ledkula och skruva loss de 2 pinnbultarna **(se bild)**.

12 Ta bort enheten från insugsgrenröret och koppla loss anslutningskontakten.

Montering

13 Monteringen utförs i omvänd ordningsföljd mot demonteringen.

15 Laddluftkylare – demontering och montering

Demontering

1 Ta bort plastkåpan från motorns ovansida.

2 Dra åt handbromsen, lyft fordonets främre del och ställ framvagnen på pallbockar (se *Lyftning och stödpunkter*).

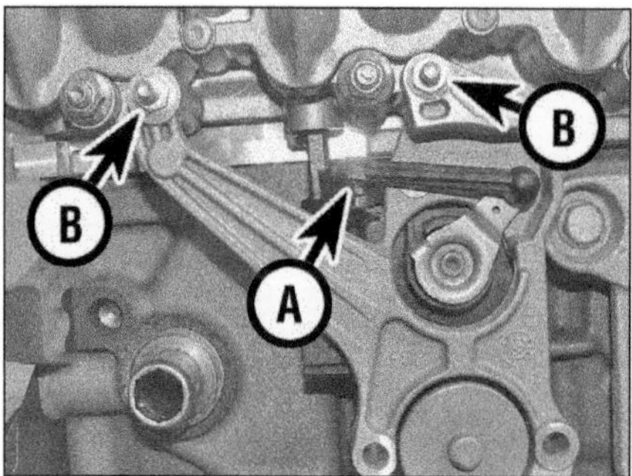

14.11 Koppla loss kultappskålen (A), skruva loss de 2 pinnbultarna (B) och ta bort manöverdonet

3 Ta bort den främre stötfångaren enligt beskrivningen i kapitel 11.

4 Ta bort batterikåpan.

5 Koppla loss spolarvätskans påfyllningsrör.

6 Skruva loss bulten som håller fast luftkonditioneringsröret på motorhuvsfrontens överdel, skruva sedan loss bultarna och ta bort turboaggregatets styrningsventil **(se bilder)**.

7 Ta bort båda strålkastarna enligt beskrivningen i kapitel 12.

8 Skruva loss fästbultarna/muttrarna, koppla loss signalhornets anslutningskontakt och ta bort motorhuvsfrontens överdel **(se bilder)**. Lägg frontens överdel på motorn.

9 Lossa fästklämmorna och ta bort vänster och höger nedre laddluftslangar från laddluftkylaren och laddluftrören **(se bilder)**.

10 Skruva loss den övre bulten på var sida som fäster kondensorn, använd sedan remmar eller buntband för att fästa kondensorn på bilens kaross **(se bilder)**.

11 Skruva loss bultarna på båda sidor som fäster laddluftkylarens övre fästbyglar **(se bild)**.

15.6a Skruva loss kylmedierörets fästbult (se pil) . . .

15.6b . . . och de båda som fäster turboaggregatets ventil

15.8a Lossa bultarna högst upp på frontens överdel (höger sidas bultar, se pilar) . . .

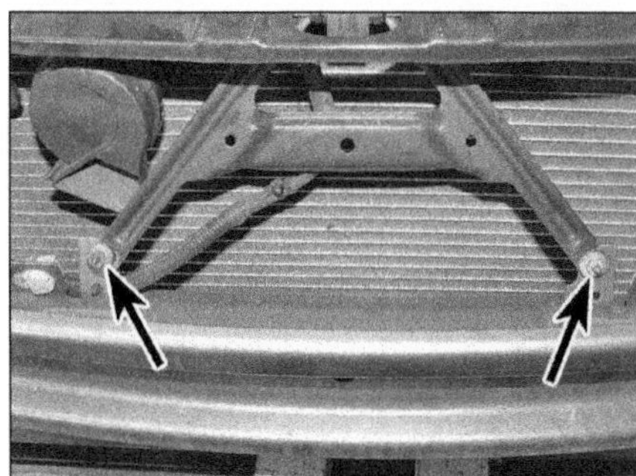

15.8b . . . och muttrarna i mitten (se pilar)

15.9a Lossa klämmorna och koppla loss höger . . .

15.9b . . . och vänster laddluftkylarslangar

15.10a Skruva loss kondensorns bultar på båda sidor (se pil) . . .

15.10b . . . och häng sedan upp kondensorn med buntband (eller liknande)

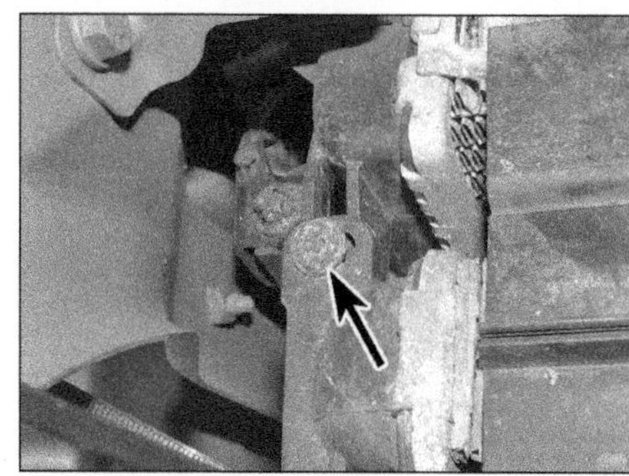

15.11 Ta bort laddluftkylarens övre fästbult på båda sidor (se pil)

12 Lossa plastlisten från laddluftkylarens ovansida, lyft upp laddluftkylaren för att lossa de nedre tapparna, sänk sedan ner laddluftkylaren och ta bort den från bilens undersida **(se bild)**.

Montering

13 Monteringen utförs i omvänd ordningsföljd mot demonteringen.

16 Turboaggregat – beskrivning och rekommendationer

Beskrivning

1 Turboaggregatet ökar motorns verkningsgrad genom att höja trycket i insugsgrenröret över atmosfäriskt tryck. Luft trycks in i cylindrarna, istället för att bara sugas in.

2 Turboaggregatet drivs av avgaserna. Gasen flödar genom ett specialutformat hus (turbinhuset) där den får turbinhjulet att snurra. Turbinhjulet sitter på en axel och i änden av axeln sitter ännu ett vingförsett hjul, kompressorhjulet. Kompressorhjulet roterar i ett eget hus och komprimerar den ingående luften innan den går vidare till insugsgrenröret.

3 Turboaggregatet arbetar enligt principen med variabel skovelgeometri. Vid låga varvtal stängs turbinbladen för att ge mindre tvärgenomströmningsyta, och i takt med att varvtalet ökar öppnas turbinbladen för att ge större tvärgenomströmningsyta. Detta bidrar till att öka turboaggregatets verkningsgrad.

4 Laddtrycket (trycket i insugsgrenröret) begränsas av en övertrycksventil, som leder bort utblåsningen från turbinhjulet som reaktion på ett tryckkänsligt manövreringsorgan.

5 Turboaxeln trycksmörjs av ett oljematningsrör från huvudoljeledningarna. Axeln "flyter" på en oljekudde. Ett avtappningsrör leder tillbaka oljan till sumpen.

Föreskrifter

Turboaggregatet arbetar vid extremt höga hastigheter och temperaturer. Vissa säkerhetsåtgärder måste vidtas för att undvika personskador och skador på turboaggregatet.

15.12 Lyft upp och ta bort plastlisten från laddluftkylarens ovansida

- Kör aldrig turbon med någon del exponerad eller med någon av slangarna demonterade. Om ett föremål skulle falla ner på de roterande vingarna kan det orsaka omfattande materiella skador, och eventuellt personskador (om föremålet sprätter iväg).
- Rusa inte motorn omedelbart efter start, särskilt inte om den är kall. Låt oljan cirkulera i några sekunder.
- Låt alltid motorn gå ner på tomgång innan den stängs av – varva inte upp motorn och vrid av tändningen, eftersom aggregatet då inte får någon smörjning.
- Låt motorn gå på tomgång under flera minuter efter körning med hög belastning.
- Följ de rekommenderade intervallen för olje- och filterbyte och använd en välkänd olja av angiven kvalitet. Underlåtenhet att byta olja eller användning av olja med dålig kvalitet kan orsaka sotavlagringar på turboaxeln, med driftstopp som följd.

17 Avgasgrenrör och turboaggregat – demontering och montering

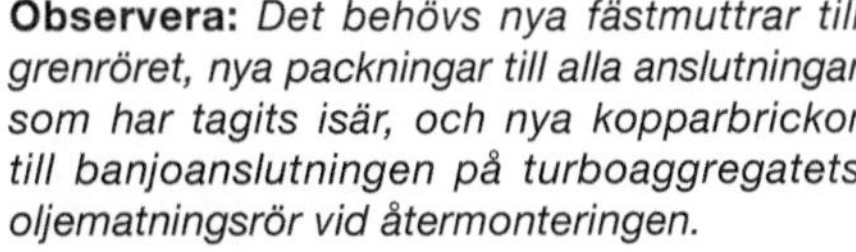

Observera: *Det behövs nya fästmuttrar till grenröret, nya packningar till alla anslutningar som har tagits isär, och nya kopparbrickor till banjoanslutningen på turboaggregatets oljematningsrör vid återmonteringen.*

Demontering

1 Koppla loss batteriets minusledare enligt beskrivningen i kapitel 5A.

2 Ta bort plastkåpan från motorns ovansida.

3 Dra åt handbromsen och ställ framvagnen på pallbockar (se *Lyftning och stödpunkter*). Skruva loss bultarna och ta bort motorns undre skyddskåpa.

4 Töm kylsystemet enligt beskrivningen i kapitel 1B.

5 Skruva loss fästena och ta bort avgasrörets främre del.

6 Skruva loss de båda muttrarna och ta bort värmeskölden över katalysatorn.

7 Skruva loss skruven som fäster oljemätstickans rör **(se bild)**.

8 På Z19DTH-motorer, lossa fästklämman som håller fast motorns ventilationsslang på ventilröret bredvid mätstickan för motorolja. Skruva loss de båda bultarna som fäster ventilröret på topplocket och koppla loss röret från slangen.

9 På Z19DT-motorer, lossa fästklämman och koppla loss ventilationsslangen från ventilkåpans framsida **(se bild)**.

10 Ta bort luftrenarenheten och luftintagskanalen enligt beskrivningen i avsnitt 3.

11 Ta bort turboaggregatets insugsslang.

12 Ta bort turboaggregatets matningsrör från gasspjällshuset och turboaggregatet.

13 Lossa klämman och koppla loss kylarens övre slang från termostathuset.

14 Koppla loss kylvätskeslangen mellan behållaren och grenröret. Skruva loss fästet och ta bort slangen.

15 Koppla loss kylvätskeslangarna från kylvätskeröret på motorns vänstra ände, ta sedan bort den nedre kylvätskeslangen från kylvätskeröret.

16 Skruva loss de tre främre bultarna och bänd loss den övre kamremskåpan från motorn en aning.

17 Skruva loss de tre fästena och ta bort kylvätskeröret från motorns främre del.

18 Ta bort värmeskölden från turboaggregatets framsida **(se bild)**.

19 Arbeta under bilen, skruva loss temperaturgivaren från katalysatorn (i förekommande fall) **(se bild)**.

20 Skruva loss katalysatorns nedre fästbultar och böj den nedre fästbygeln nedåt en aning.

21 Skruva loss den övre klämman som håller fast katalysatorn på turboaggregatet och sänk

17.7 Skruva loss oljemätstickans rörbult (se pil)

17.9 Lossa fästklämman och koppla ifrån ventilationsslangen från ventilkåpans framsida

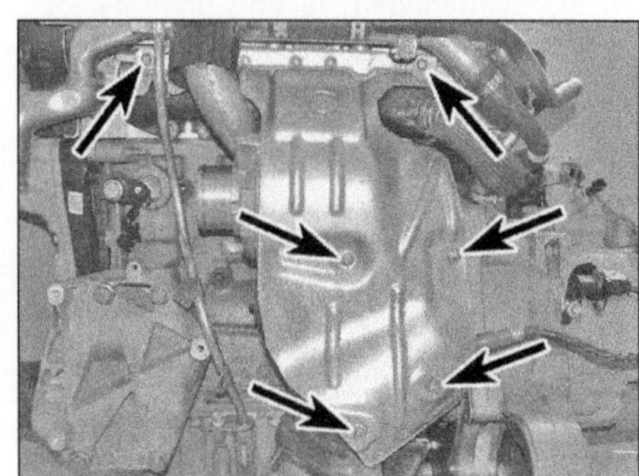

17.18 Värmeskölden fästmuttrar och bultar (se pilar)

17.19 Skruva loss givaren från katalysatorn

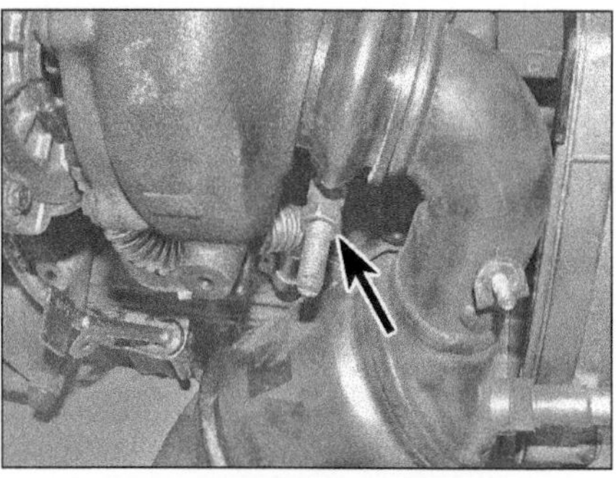
17.21a Skruva loss klämbulten (se pil) . . .

17.21b . . . och ta bort katalysatorn

17.23 Skruva loss bultarna (se pilar) som håller fast oljereturröret på turboaggregatet och motorblocket

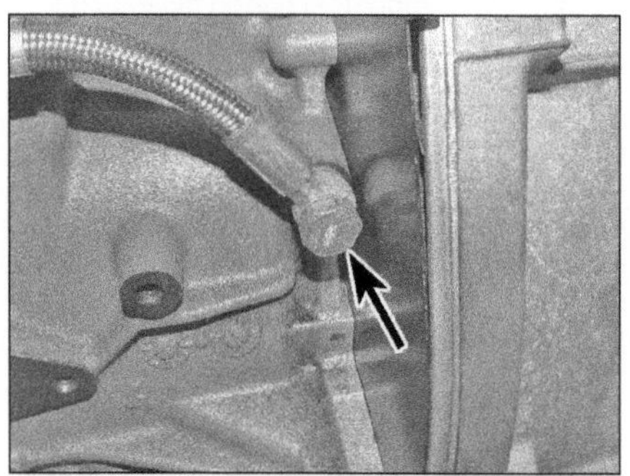
17.24 Skruva loss banjoanslutningen till turboaggregatets oljematning (se pil) och ta hand om de båda kopparbrickorna

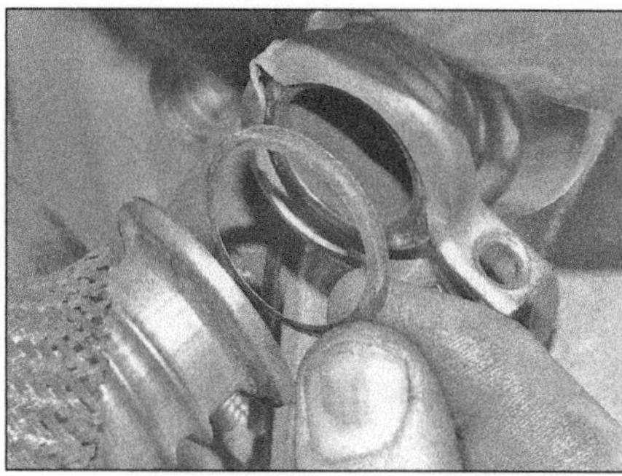
17.25 Lossa avgasåterföringsrörets klämma från värmeväxlaren, skilj röret från den och ta bort packningen

ner katalysatorn **(se bilder)**.

22 Koppla även loss vakuumslangen från manöverdonet för turboaggregatets övertrycksventil.

23 Skruva loss de fyra bultarna som fäster oljereturröret på turboaggregatet och motorblocket **(se bild)**. Ta bort röret och ta bort packningarna.

24 Skruva loss banjoanslutningen till turboaggregatets oljematningsrör från motorblocket och ta bort de båda kopparbrickorna **(se bild)**.

25 Skruva loss fästmuttern och bulten, och lossa klämman på avgasåterföringens metallrör från avgasåterföringsventilens värmeväxlare. Skilj röret från värmeväxlaren och ta bort packningen från rörbeslaget **(se bild)**.

26 Skruva loss de åtta muttrarna som fäster avgasgrenröret på topplocket **(se bild)**. Observera att det krävs nya muttrar vid återmonteringen. Ta bort grenröret och turboaggregatenheten från fästpinnbultarna, rör den i sidled och ta bort den från bilens undersida. Ta vara på packningen.

Montering

27 Monteringen utförs i omvänd ordningsföljd, men observera följande.

a) Se till att alla fogytor är rena och torra och byt alla packningar, tätningar och kopparbrickor.

b) Montera grenrörets nya fästmuttrar och, i diagonal ordningsföljd, dra åt dem jämnt och stegvis till angivet moment.

c) Dra åt alla återstående fästmuttrar och bultar till angivet moment (i förekommande fall).

d) Sätt tillbaka avgassystemet enligt beskrivningen i avsnitt 18.

e) Avsluta med att fylla på kylsystemet enligt beskrivningen i kapitel 1B och fyll vid behov på olja enligt beskrivningen i "Veckokontroller".

f) När motorn startas för första gången ska den gå på tomgång i några minuter innan motorvarvtalet ökas, detta gör att olja hinner cirkulera runt turboaggregatets lager.

18 Avgassystem – allmän information, demontering och montering

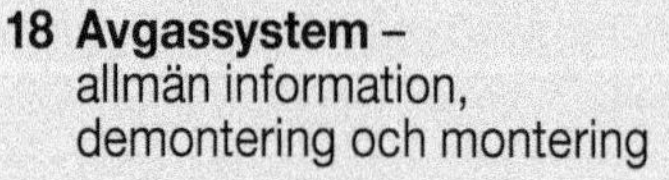

Allmän information

1 Beroende på modell, marknad etc. har bilen ett av två avgassystem. På vissa modeller finns ett fyrdelat system, bestående av en främre katalysator, främre rör, partikelfilter och ett bakre rör med ljuddämpare. På andra modeller har partikelfiltret ersatts med en andra katalysator/ljuddämpare.

17.26 Avgasgrenrörets fästmuttrar (se pilar)

2 Det främre avgasröret är fäst på avgasgrenröret/katalysatorn med en flänsfog som hålls fast med muttrar. Avgassystemets övriga delar är sammanfogade med överlappande fogar som fästs med klämmor, eller flänsfogar som fästs med muttrar. Hela systemet är monterat med gummiupphängningar.

3 Tillverkarna anger att om några av avgassystemets delar separeras, måste klämmorna bytas. Eftersom klämmorna fästs med punktsvetsning på avgassystemets delar vid tillverkningen, måste du använda en lämplig slip för att ta bort svetsen.

Demontering

Komplett system

4 För att ta bort systemet, lyft först upp fram- eller bakvagnen och ställ den på pallbockar. Alternativt kan bilen placeras över en smörjgrop eller på ramper. Assistans av en medhjälpare kommer att behövas. Skruva loss fästena och ta bort motorns undre skyddskåpa.

5 Spraya på smörjolja över avgassystemets gummifästblock så att de enkelt glider på avgassystemet och underredets hållare **(se bild)**.

6 Skruva loss de båda bultarna som fäster det främre avgasrörets stödfäste på växellådans fästbygel/sump.

7 Skruva loss de tre fästmuttrarna och skilj det främre avgasröret från avgasgrenröret/ katalysatorn, var noga med att stötta den rörliga delen. **Observera:** *Rörelser i vinkel över 10° kan orsaka permanenta skador på den rörliga delen.* Ta bort packningen **(se bild)**. Observera att det krävs nya muttrar vid återmonteringen.

8 Skjut det främre avgasrörets gummifästblock så långt bort som möjligt. Flytta avgassystemet bakåt och haka loss de främre rörhängarna från fästblocken.

9 Flytta avgassystemet framåt och haka loss mellanröret och det bakre avgasrörets hängare från gummifästblocken. Sänk ner systemet till marken och ta bort det från bilens undersida.

Individuella delar

10 Du kan ta bort individuella delar av avgassystemet genom att lossa den berörda klämman och lossa avgassystemet från gummifästet.

11 Skruva loss muttern från den berörda avgasklämfästbulten. Stryk på en rejäl mängd smörjolja på fogen och knacka runt den och klämman med en hammare för att få loss den. Vrid röret som ska tas bort i båda riktningar samtidigt som du håller i det närliggande röret. När fogen har lossnat, drar du isär rören.

12 Märk ut klämmans placering på röret så att den nya klämman kan placeras på samma ställe, och slipa sedan bort klämmans fästsvetspunkt. Ta bort klämman.

Katalysator

13 Det kan finnas en eller två katalysatorer, beroende på modell, marknad etc. – en sitter mellan avgasgrenröret och det främre avgasröret, och den andra är inbyggd i det främre avgasröret. Se beskrivningen i avsnitt 17 för information om borttagning och ditsättning av katalysatorn mellan det främre avgasröret och grenröret.

14 Om bilen inte har en andra katalysator, har den istället ett partikelfilter.

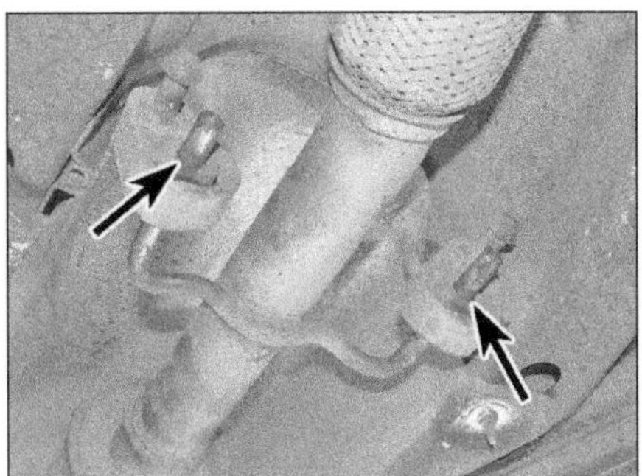

18.5 Spraya smörjolja på avgassystemets gummifästblock i området som är markerat med pilar

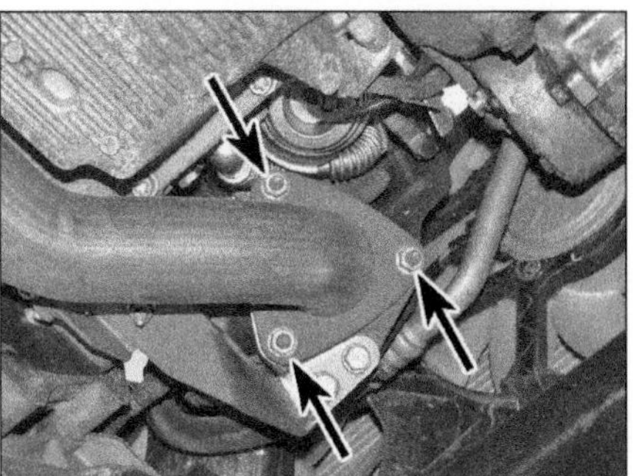

18.7 Skruva loss de 3 muttrarna (se pilar) och lossa det främre avgasröret från katalysatorn

Värmesköld(ar)

15 Värmesköldarna sitter fast mot karossens undersida med olika muttrar och gängade kåpor. Varje skärm kan tas bort så fort relevant del av avgasgrenröret har demonterats. Om du behöver demontera en sköld för att kunna nå en del bakom den, kan det i vissa fall räcka att skruva loss fästmuttrarna och/eller kåporna och bara sänka ner skölden, utan att rubba avgassystemet. Om några av de gängade kåporna skadas vid borttagningen, kan du använda en lämplig mutter och bricka vid ditsättningen.

Partikelfilter

16 Lyft upp bilen och stötta den ordentligt på pallbockar (se *Lyftning och stödpunkter*).

17 Observera var tryckgivarens slangar sitter och koppla loss dem från filtret.

18 Skruva loss temperaturgivaren från filtret.

19 Skruva loss de tre muttrarna som fäster filtret på det främre avgasröret. Observera att det krävs nya muttrar vid återmonteringen.

20 Skruva loss bultarna som håller fast filtrets bakre fästbygel på karossen.

21 Lossa klämman och skilj det bakre avgasröret från filtret.

22 Lossa filtret från gummifästena och ta bort det från bilens undersida.

23 Vid återmonteringen stryker du på lite värmetåligt antikärvningsfett på temperaturgivarens gängor. Observera att om du har monterat ett nytt partikelfilter så måste Saabs diagnostikutrustning anslutas till bilens diagnoskontakt för att återställa anpassningsvärdena i motorstyrmodulen. Låt en Saab-verkstad eller annan specialist utföra detta.

Montering

24 Monteringen utförs i omvänd ordningsföljd mot demonteringen. Tänk på följande:

a) Se till att alla spår av korrosion har avlägsnats från systemets fogar och byt alla klämmor som har rörts.

b) Undersök gummifästena efter tecken på skador eller åldrande och byt ut dem om det behövs.

c) När du sätter tillbaka det främre röret på grenröret/katalysatorn, använd en ny packning och nya fästmuttrar, och dra åt muttrarna till angivet moment.

d) Före åtdragning av avgassystemets klämmor, se till att alla gummiupphängningar är korrekt placerade, och att det finns tillräckligt utrymme mellan avgassystemet och fordonets underrede. Dra åt klämbultarnas fästmuttrar ordentligt.

Kapitel 4 Del C: Avgasreningssystem

Innehåll

Svårighetsgrad

Enkelt, passar novisen med lite erfarenhet		**Ganska enkelt,** passar nybörjaren med viss erfarenhet		**Ganska svårt,** passar kompetent hemmamekaniker		**Svårt,** passar hemmamekaniker med erfarenhet		**Mycket svårt,** för professionell mekaniker	

Specifikationer

Åtdragningsmoment	**Nm**
Bensinmotorer	
Lambdasonder	40
Dieselmotorer	
Avgastemperaturgivare	45
Avgasåterföringsrörets (EGR) bultar	25
Avgasåterföringsventilens (EGR) bultar/muttrar	25

1 Allmän information

1 Alla modeller med bensinmotor drivs med blyfri bensin och är försedda med bränslesystem med flera olika egenskaper för att minimera farliga utsläpp. De är utrustade med ett avgasregleringssystem i vevhuset, katalysator och avdunstningsreglering för att minimera bränsleångor/avgasemissioner.

2 Alla dieselmotormodeller är även konstruerade för att uppfylla krävande avgaskrav. Alla modeller har ett vevhusventilationssystem, en eller två katalysatorer och ett partikelfilter (beror på modell och marknad) för att hålla avgasutsläppen på lägsta möjliga nivå. Alla modeller har också ett avgasåterföringssystem för att minska avgasutsläppen ytterligare.

3 Avgasreningssystemet fungerar enligt följande.

Bensinmotorer

Vevhusventilation

4 För att minska utsläppen av oförbrända kolväten från vevhuset är motorn förseglad och genomblåsningsgaser och oljeångor sugs från vevhuset, genom en oljeavskiljare, till insugskanalen, där de förbränns i motorn.

5 Gaserna tvingas alltid ut ur vevhuset av det (relativt) högre trycket där. Om motorn är sliten gör det ökade vevhustrycket (som orsakas av ökad genomblåsning) att en del av flödet går tillbaka, oavsett grenrörets skick.

Avgasrening

6 För att minimera mängden föroreningar som släpps ut i atmosfären är alla modeller försedda med en katalysator i avgassystemet. Systemet är en sluten krets, där lambdasonder i avgassystemet ger bränsleinsprutningens/tändsystemets styrmodul konstant feedback, vilket gör att styrmodulen kan justera blandningen för att ge bästa möjliga arbetsvillkor för omvandlaren.

7 Avgassystemet har två uppvärmda lambdasonder. Sonden närmast motorn (före katalysatorn) fastställer den kvarvarande syremängden i avgaserna för justering av blandningen. Sonden i det främre avgasröret (efter katalysatorn) övervakar katalysatorns funktion för att kunna ge föraren en varningssignal om det uppstår ett fel.

8 Lambdasondens spets är syrekänslig och skickar en spänningssignal till styrmodulen vars storlek ändras med syrehalten i avgaserna. Maximal omvandlingseffekt för alla större föroreningar uppstår när bränsleblandningen hålls vid den kemiskt korrekta kvoten för fullständig förbränning av bensin, som är 14,7 (vikt)delar luft till 1 del bensin (stökiometriskt blandningsförhållande). Sondens signalspänning ändras kraftigt vid denna punkt och styrmodulen använder signaländringen som referens för att justera bränsleblandningen genom att ändra insprutningens pulsbredd.

Avdunstningsreglering

9 För att minimera utsläpp av oförbrända kolväten, har alla modeller ett avdunstningsregleringssystem. Bränsletankens påfyllningslock är förslutet och det sitter ett kolfilter på bränsletanken. I kanistern samlas de bränsleångor som har genererats i tanken när bilen är parkerad och de förvaras där tills de kan lämna kanistern (styrs av bränsleinsprutnings/tändsystemets styrmodul) via rensventilen in i insugskanalen, för att sedan förbrännas av motorn under normal förbränning.

10 För att motorn ska fungera bra när det är kallt och/eller vid tomgång, samt för att skydda katalysatorn från skador vid en alltför mättad blandning, öppnar inte motorns elektroniska styrmodul rensventilen förrän motorn är uppvärmd och under belastning. Då öppnas och stängs magnetventilen så att ångorna kan dras in i insugskanalen.

Dieselmotorer

Vevhusventilation

11 Se beskrivningen i punkt 4 och 5.

Avgasrening

12 För att minimera mängden avgasföroreningar som släpps ut i atmosfären finns det två katalysatorer i avgassystemet. På vissa modeller är den andra katalysatorn inbyggd i ett partikelfilter.

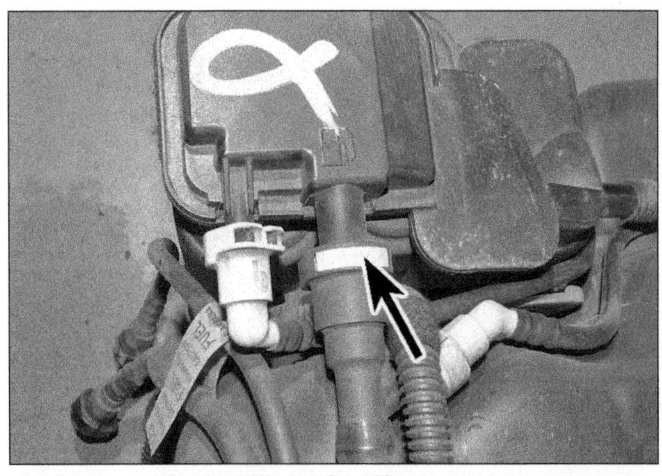

2.4 Tryck ner lossningsflikarna (se pil) och koppla loss slangarna från kolkanistern

2.8 Koppla loss anslutningskontakten från rensventilen (se pil)

13 Katalysatorn består av ett kolfilter (kolkanister) med ett finmaskigt nät täckt med ett katalysatormaterial, som de heta avgaserna strömmar över. Katalysatormaterialet skyndar på oxidering av skadlig kolmonoxid, oförbrända kolväten och sot, vilket effektivt minskar mängden skadliga produkter som släpps ut i atmosfären med avgaserna.

14 Partikelfiltret är utformat för att fånga in sotpartiklar. En tryckgivare mäter tryckfallet i filtret för att kunna informera motorstyrmodulen om när filtret är fullt. Styrmodulen inleder då en filterrengöring. I den processen ingår att extra bränsle sprutas in i cylindrarna under avgastakten. Detta bränsle ökar avgasernas temperatur betydligt och bränner bort sotet i filtret. Den här processen slutförs automatiskt och tar cirka 15 minuter.

Avgasåterföringssystem

15 Systemet är konstruerat för att återcirkulera små mängder avgaser in i insugskanalen och därmed till förbränningsprocessen. Processen minskar halten oförbrända kolväten i avgaserna innan de når katalysatorn. Systemet styrs av insprutningssystemets styrmodul, som använder informationen från sina olika givare, via den elstyrda avgasåterföringsventilen.

2 Avgasreningssystem för bensinmotor – kontroll och komponentbyte

Vevhusventilation

1 Komponenter i detta system kräver ingen annan åtgärd än regelbunden kontroll att slang(ar) inte är igensatta och att de är oskadda.

Avdunstningsregleringssystem

Kontroll

2 Om systemet misstänks vara defekt ska slangarna kopplas bort från kolfiltret (kolkanistern) och rensventilen, kontrollera att de inte är igensatta genom att blåsa i dem. Fullständig systemkontroll kan endast utföras med speciell elektronisk utrustning som ansluts till diagnostikuttaget för motorns styrsystem. Om rensventilen eller kolfiltret (kolkanistern) misstänks vara defekt måste komponenten bytas ut.

Kolfilter (kolkanister), byte

3 Kolkanistern sitter på bränsletanken. För att komma åt kanistern tar du bort bränsletanken enligt beskrivningen i kapitel 4A.

4 Med bränsletanken borttagen, koppla ifrån ångslangens snabbanslutningar från kolkanistern **(se bild)**.

5 Skruva loss fästbulten och lossa kanistern från dess fästbygel på bränsletanken. Ta bort kanistern från tanken.

6 Monteringen utförs i omvänd ordningsföljd mot demonteringen, och se till att slangarna monteras ordentligt och på korrekt anslutning.

Rensventil, byte

7 Ta bort plastkåpan från motorns ovansida. Ventilen sitter på motorns framsida, precis under gasspjällshuset.

8 Om du ska byta ventilen, se till att tändningen är avslagen och tryck sedan ner fästklämman och koppla loss kontaktdonet från ventilen **(se bild)**.

9 Koppla loss slangarna från ventilen, observera hur de är placerade, och lossa och ta sedan bort ventilen från motorn.

10 Monteringen utförs i omvänd ordningsföljd mot demonteringen, se till att ventilen monteras i rätt riktning och att slangarna återansluts ordentligt.

Avgasrening

Kontroll

11 Katalysatorns effekt kan endast testas genom att mäta avgaserna med en noggrant kalibrerad avgasanalyserare.

12 Om CO-nivån vid det bakre avgasröret är för hög ska bilen lämnas till en Saab-verkstad eller annan motorfelsökningsspecialist så att bränsleinsprutningen och tändsystemet, inklusive lambdasonderna, kan kontrolleras ordentligt med speciell diagnostikutrustning. Utrustningen ger en indikation på var felet ligger så att du kan byta ut de berörda komponenterna.

Katalysator, byte

13 Katalysatorbyte beskrivs i kapitel 4A, avsnitt 16.

Lambdasond, byte

14 Lambdasondsbyte beskrivs i kapitel 4A, avsnitt 10.

3 Avgasreningssystem för dieselmotor – kontroll och komponentbyte

Vevhusventilation

1 Komponenter i detta system kräver ingen annan åtgärd än regelbunden kontroll att slang(ar) inte är igensatta och att de är oskadda.

Avgasrening

Kontroll

2 Katalysatorns effekt kan endast testas genom att mäta avgaserna med en noggrant kalibrerad avgasanalyserare.

3 Om katalysatorn misstänks vara defekt – innan man antar att katalysatorn är defekt är det värt att kontrollera att problemet inte beror på en defekt insprutare. Kontakta din Saab-verkstad eller annan specialist för vidare information.

Katalysator, byte

4 Katalysatorbyte beskrivs i kapitel 4B, avsnitt 18.

Partikelfilter, byte

5 Partikelfilterbyte beskrivs i kapitel 4B, avsnitt 18.

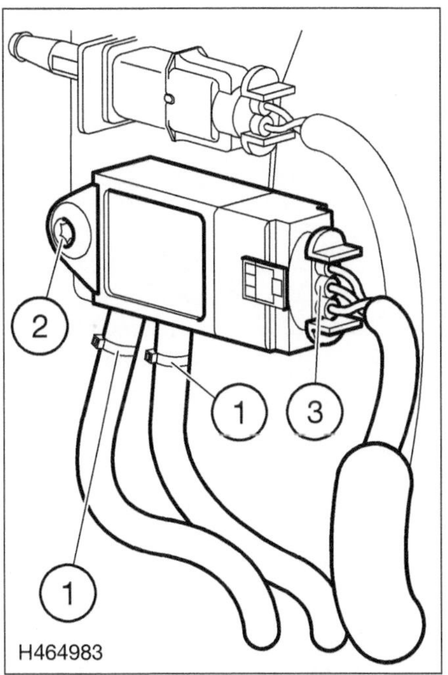

3.8 Partikelfiltrets tryckgivare

1 Matningsslangar
2 Fästbult
3 Anslutningskontakt

Partikelfiltrets tryckgivare, byte

6 Ta bort plastkåpan från motorns ovansida.

7 Givaren sitter på mellanväggen till vänster i motorrummet. Koppla loss givarens anslutningskontakt.

8 Observera deras placering och lossa sedan klämmorna och koppla loss slangarna från givaren **(se bild)**.

9 Skruva loss skruven och ta bort givaren.

10 Monteringen utförs i omvänd ordningsföljd mot demonteringen. Observera att om en ny givare har monterats, måste motorstyrmodulens anpassningsvärden återställas med hjälp av Saabs diagnostikinstrument. Låt en Saab-verkstad eller annan specialist utföra detta.

Avgastemperaturgivare

11 Det sitter två temperaturgivare i avgassystemet. Den främre givaren sitter på insuget till den främre katalysatorn, och den bakre givaren sitter på den bakre katalysatorns främre kant. När du ska ta bort givaren, lyft upp bilen och stötta den ordentligt på pallbockar (se *Lyftning och stödpunkter*").

12 Ta bort det främre högra hjulet och hjulhusfodret.

13 Koppla loss givarens anslutningskontakt.

14 Arbeta under bilen, skruva loss givaren från katalysatorn och lossa kablaget från eventuella fästklämmor **(se bilder)**.

15 När du sätter tillbaka givaren, stryk på lite värmetåligt antikärvningsfett på givarens gängor och dra åt den till angivet moment.

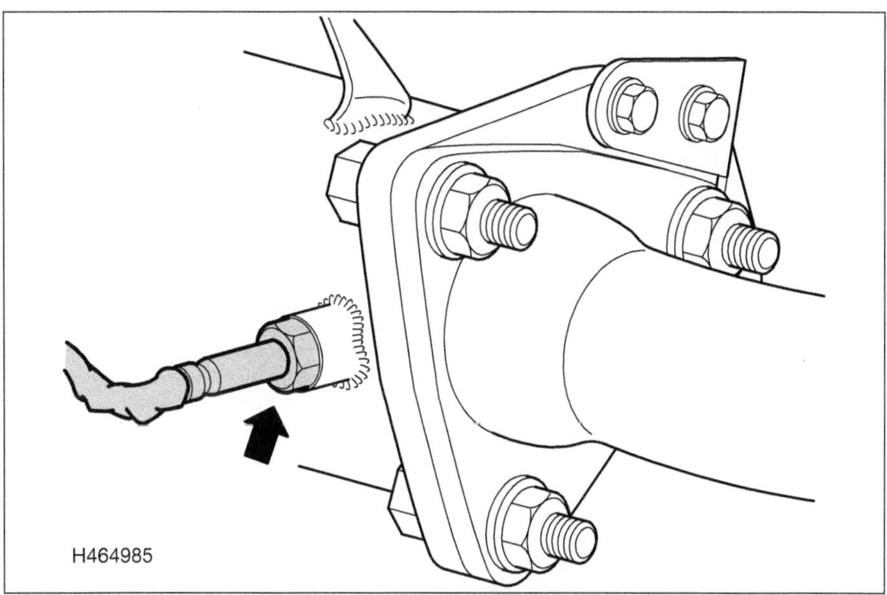

3.14a Främre avgastemperaturgivare (se pil)

Avgasåterföringssystem

Kontroll

16 Fullständig systemkontroll kan endast utföras med speciell elektronisk utrustning som ansluts till insprutningssystemets diagnostikkontaktdon.

Avgasåterföringsventil, byte – 1,9-litersmotor (Z19DT)

17 Ta bort plastkåpan från motorns ovansida.

18 Koppla loss avgasåterföringsventilens kontaktdon.

19 Skruva loss de båda bultarna och

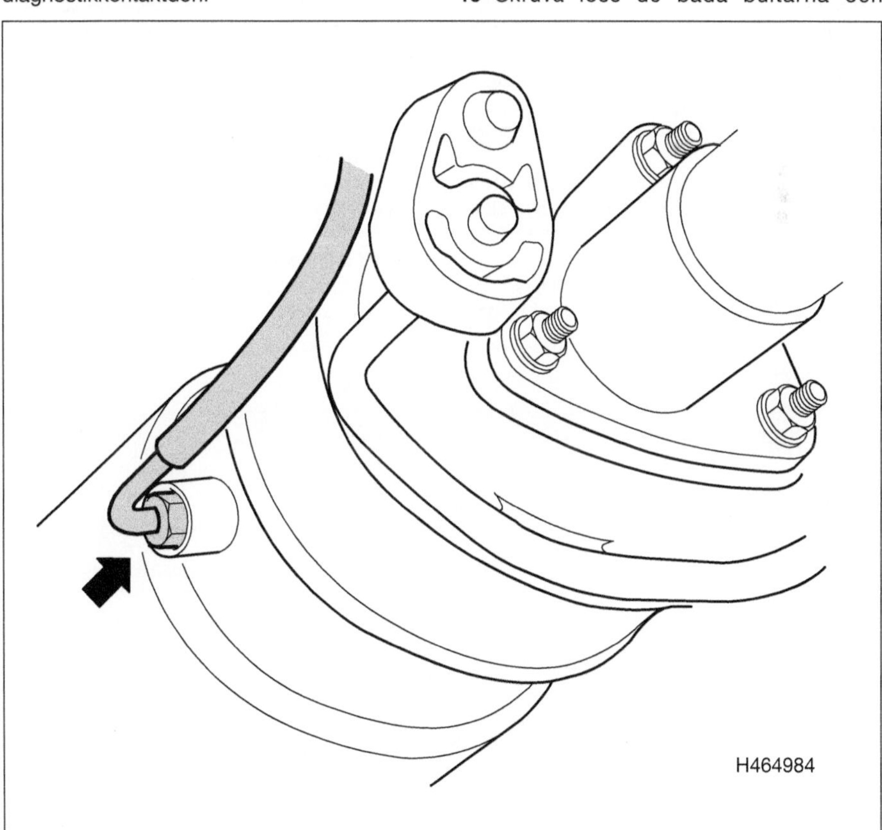

3.14b Bakre avgastemperaturgivare (se pil)

3.21 Avgasåterföringsventilens fästbultar (se pilar)

3.25 Skruva loss de båda bultarna, koppla ifrån avgasåterföringens metallrörsfläns och ta bort packningen

3.26 Lossa de båda muttrarna och bultarna (se pilar) som håller fast avgasåterföringsventilen på insugsgrenröret

koppla loss avgasåterföringens metallrör från gasspjället/gasspjällshuset. Ta vara på packningen.

20 Skruva loss de båda bultarna som fäster metallröret till avgasåterföringssystemets värmeväxlare på ventilens nedre del.

21 Skruva loss de tre bultarna som håller fast avgasåterföringsventilen på insugsgrenröret **(se bild)**. Ta bort ventilen tillsammans med motorkåpans fästbygel.

22 Monteringen utförs i omvänd ordningsföljd mot demonteringen, använd nya packningar och dra åt fästbultarna till angivet moment.

Avgasåterföringsventil, byte – 1,9-litersmotor (Z19DTH)

23 Ta bort plastkåpan från motorns ovansida.

24 Koppla loss avgasåterföringsventilens kontaktdon.

25 Skruva loss de båda bultarna på ventilens ovansida och koppla loss avgasåterföringens metallrörsfläns från ventilen. Ta bort packningen **(se bild)**.

26 Skruva loss de båda muttrarna och de båda bultarna som fäster avgasåterföringsventilen på insugsgrenröret och lyft bort motorkåpans fästbygel **(se bild)**.

27 Monteringen utförs i omvänd ordningsföljd mot demonteringen, använd nya packningar och dra åt fästmuttrarna och bultarna till angivet moment.

4 Katalysator – allmän information och rekommendationer

1 Katalysatorn är en tillförlitlig och enkel anordning som inte kräver något underhåll. Det finns dock några punkter som bör uppmärksammas för att katalysatorn ska fungera ordentligt under hela sin livslängd.

Bensinmotorer

a) Använd INTE blyad bensin eller LRP i en bil med katalysator – blyet täcker över ädelmetallerna, vilket reducerar deras katalysförmåga och förstör så småningom hela katalysatorn.

b) Underhåll alltid tänd- och bränslesystemen noga och regelbundet enligt tillverkarens underhållsschema.

c) Om motorn börjar feltända bör bilen inte köras alls (eller så lite som möjligt) förrän felet är åtgärdat.

d) Rulla INTE eller bogsera INTE igång bilen – det dränker katalysatorn i oförbränt bränsle, vilket gör att den överhettas när motorn startar.

e) Stäng INTE av tändningen vid höga motorvarvtal.

f) Använd INTE tillsatser för bränsle eller motorolja – dessa kan innehålla ämnen som är skadliga för katalysatorn.

g) Fortsätt INTE att använda bilen om motorn förbränner så mycket olja att det syns blårök.

h) Tänk på att katalysatorn arbetar med mycket höga temperaturer. Parkera därför INTE bilen i torr växtlighet, i långt gräs eller över lövhögar efter en längre körsträcka.

i) Tänk på att katalysatorn är ÖMTÅLIG – slå inte på den med verktyg vid arbete.

j) I vissa fall kan det lukta svavel (som ruttna ägg) om avgaserna. Detta är vanligt för många bilar utrustade med katalysator, och när bilen körts några tusen kilometer bör problemet försvinna.

k) Katalysatorn bör hålla mellan 80 000 och 160 000 km på en välvårdad bil – när katalysatorn inte längre är effektiv måste den bytas.

Dieselmotorer

2 Se ovan information i avsnitt f, g, h, i och k om bensinmodeller.

Kapitel 5 Del A: Start- och laddningssystem

Innehåll

Svårighetsgrad

Enkelt, passar novisen med lite erfarenhet		**Ganska enkelt,** passar nybörjaren med viss erfarenhet		**Ganska svårt,** passar kompetent hemmamekaniker		**Svårt,** passar hemmamekaniker med erfarenhet		**Mycket svårt,** för professionell mekaniker	

Specifikationer

Systemtyp	12 volt, negativ jord

Batteri

Typ	Blybatteri, ”lågunderhålls-” eller ”underhållsfritt” (livstidsförseglat)
Batterikapacitet	60 eller 85 amperetimmar
Laddningsstatus:	
Dålig	12,5 volt
Normal	12,6 volt
God	12,7 volt

Generator

Typ:	
Bensinmotor	Bosch E6-14V 65 – 120A
Dieselmotor	Denso 14V 70 – 130A
Märkspänning	14 V
Släpringens diameter:	
Min.	15,4 mm
Ny	14.4 mm
Minimilängd på borstarnas utstickande del från hållaren	7,5 mm
Arbetseffekt:	
Bosch E6	
Vid 1 800 varv/minut	65 A
Vid 6 000 varv/minut	120 A
Denso:	
Vid 1 800 varv/minut	70 A
Vid 6 000 varv/minut	130 A

Startmotor

Typ:	
Bensinmotorer	Delco
Dieselmotorer	Bosch DW 12V 0 001 109 015
Effekt:	
Bensinmotorer	1,8 kW
Dieselmotorer	2,0 kW
Antal kuggar på drev:	
Bensinmotor	11
Dieselmotorer	10
Antal kuggar i startkransen	135
Förhållande – motor/startmotor:	
Bensinmotorer	12.5:1
Dieselmotorer	13.5:1

Åtdragningsmoment

	Nm
Fjädringens nedre kulledsklämbult/mutter	50
Generatorfäste	20
Generatorns fästbult:	
Bensinmodeller	20
Dieselmodeller:	
Z19DT:	
M8	25
M10	50
Z19DTH	60
Glödstift	10
Oljetrycksbrytare:	
Bensinmodeller	18
Dieselmodeller	30
Startmotor:	
Bensinmodeller	47
Dieselmodeller	24

1 Allmän information och föreskrifter

Allmän information

Eftersom start-, laddnings- och tändsystemen står i nära relation till motorfunktionerna behandlas komponenterna i systemen separat från de andra elektriska funktionerna, som strålkastare, instrument m.m. (som behandlas i kapitel 12). Se del B i det här kapitlet för information om tändsystemet.

Systemet är ett 12 volts elsystem med negativ jordning. Originalbatteriet är ett lågunderhålls- eller underhållsfritt batteri (livstidsförseglat). Batteriet laddas upp av en växelströmsgenerator som drivs av en rem på vevaxelns remskiva. Originalbatteriet kan ha bytts ut mot ett standardbatteri sedan bilen tillverkades.

Startmotorn är föringreppad med en inbyggd solenoid. Vid start för solenoiden drevet mot svänghjulets/drivplattans startkrans innan startmotorn ges ström. När motorn startat förhindrar en envägskoppling att startmotorn drivs av motorn tills drevet släpper från startkransen.

Föreskrifter

- Mer information om de olika systemen ges i relevanta avsnitt i detta kapitel. Även om vissa reparationsmetoder beskrivs här är det normala tillvägagångssättet att byta ut defekta komponenter.
- Det är nödvändigt att iaktta extra försiktighet vid arbete med elsystemet för att undvika skador på halvledarenheter (dioder och transistorer) och personskador. Utöver föreskrifterna i *Säkerheten främst!* bör följande iakttas vid arbete med systemet:
- *Ta alltid av ringar, klockor och liknande före arbete med elsystemet.* En urladdning kan inträffa, även med batteriet urkopplat, om en komponents strömstift jordas genom ett metallföremål. Detta kan orsaka stötar och allvarliga brännskador.
- *Kasta inte om batteripolerna.* Komponenter som växelströmsgeneratorer, elektroniska styrmoduler och andra komponenter med halvledarkretsar kan totalförstöras så att de inte går att reparera.
- Om motorn startas med hjälp av startkablar och ett laddningsbatteri ska batterierna anslutas *plus-till-plus* och *minus-till-minus* (se *Starthjälp*). Detta gäller även vid inkoppling av en batteriladdare.

Varning: Koppla aldrig loss batteripolerna, växelströmsgeneratorn, elektriska ledningar eller testutrustning när motorn är igång.

- Låt aldrig motorn dra runt generatorn när den inte är ansluten.
- Testa aldrig om generatorn fungerar genom att "gnistra" med spänningskabeln mot jord.
- Testa aldrig kretsar eller anslutningar med en ohmmätare av den typ som har en handvevad generator.
- Kontrollera alltid att batteriets minusledare är bortkopplad vid arbete i det elektriska systemet.
- Koppla ur batteriet, växelströmsgeneratorn och komponenter som bränsleinsprutningens/tändningens elektroniska styrenhet för att skydda dem från skador, innan elektrisk bågsvetsningsutrustning används på bilen.

2 Felsökning av elsystemet – allmän information

Se kapitel 12.

3 Batteri – kontroll och laddning

Kontroll

Standard- och lågunderhållsbatteri

1 Om bilen endast körs en kort sträcka varje år är det mödan värt att kontrollera elektrolytens specifika vikt var tredje månad för att avgöra batteriets laddningsstatus. Använd en hydrometer till kontrollen och jämför resultatet med följande tabell. Observera att densitetskontrollen förutsätter att elektrolyttemperaturen är 15 °C: för varje 10 °C under 15 °C, subtrahera 0,007. för varje 10 °C över 15 °C, addera 0,007. För enkelhetens skull är dock temperaturerna i följande tabell omgivningstemperaturer (utomhusluft), över eller under 25 °C:

Temperatur	Över 25 °C	Under 25 °C
Fullt laddat	*1,210 till 1,230*	*1,270 till 1,290*
70% laddat	*1,170 till 1,190*	*1,230 till 1,250*
Urladdat	*1,050 till 1,070*	*1,110 till 1,130*

2 Om batteriet misstänks vara defekt, kontrollera först elektrolytens specifika vikt i varje cell. En variation som överstiger 0,040 eller mer mellan celler är tecken på elektrolytförlust eller nedbrytning av de inre plattorna.

3 Om de specifika vikterna har avvikelser på 0,040 eller mer ska batteriet bytas ut. Om variationen mellan cellerna är tillfredsställande men batteriet är urladdat ska det laddas enligt beskrivningen längre fram i detta avsnitt.

Underhållsfritt batteri

4 Om det monterade batteriet är livstidsförseglat och underhållsfritt kan elektrolyten inte testas eller fyllas på. Batteriets skick kan därför bara kontrolleras med en batteriindikator eller voltmätare.

5 Vissa bilar kan vara utrustade med ett batteri med inbyggd laddningsindikator. Indikatorn sitter ovanpå batterikåpan och anger batteriets skick genom att ändra färg. Om indikatorn visar grönt är batteriet i gott skick. Om indikatorns färg mörknar och slutligen blir svart måste batteriet laddas upp enligt beskrivningen längre fram i det här avsnittet. Om indikatorn är ofärgad eller gul är elektrolytnivån för låg och batteriet måste bytas ut. **Försök inte** ladda eller hjälpstarta ett batteri då indikatorn är ofärgad eller gul.

Alla batterityper

6 Om batteriet kontrolleras med en voltmeter ska den kopplas över batteriet och resultaten jämföras med värdena i Specifikationer, under "Laddningskondition". För att kontrollen ska ge korrekt utslag får batteriet inte ha laddats på något sätt under de närmast föregående sex timmarna, inklusive laddning från växelströmsgeneratorn. Om så inte är fallet, tänd strålkastarna under 30 sekunder och vänta sedan 5 minuter innan batteriet testas. Alla andra elektriska kretsar måste vara frånslagna, kontrollera t.ex. att dörrarna och bakluckan är helt stängda när kontrollen utförs.

7 Om spänningen är lägre än 12,2 volt är batteriet urladdat. Ett värde på 12,2 till 12,4 volt är tecken på att batteriet är delvis urladdat.

8 Om batteriet ska laddas, ta bort det från bilen (avsnitt 4) och ladda det enligt beskrivningen i följande punkter.

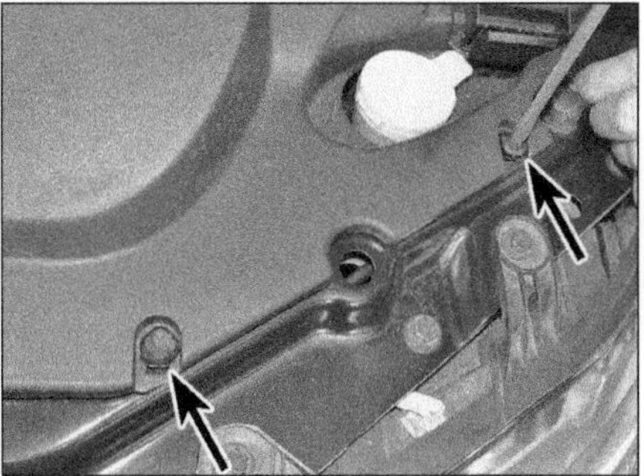

4.1a Vrid fästena (se pilar) moturs . . .

Laddning

Observera: *Följande är endast avsett som hjälp. Följ alltid tillverkarens rekommendationer (finns ofta på en tryckt etikett på batteriet) innan batteriladdning utförs.*

Standard- och lågunderhållsbatteri

9 Ladda batteriet med 3,5 till 4 ampere och fortsätt tills den specifika vikten inte stiger ytterligare under en fyratimmarsperiod.

10 Alternativt kan en underhållsladdare som laddar med 1,5 ampere användas över natten.

11 Speciella snabbladdare som påstås kunna ladda batteriet på 1-2 timmar är inte att rekommendera, eftersom de kan orsaka allvarliga skador på batteriplattorna genom överhettning.

12 Observera att elektrolytens temperatur aldrig får överskrida 38 °C när batteriet laddas.

Underhållsfritt batteri

13 Den här batteritypen kräver längre tid för att laddas än ett standardbatteri. Hur lång tid det tar beror på hur urladdat batteriet är, men det kan ta upp till tre dagar.

14 En laddare med konstant spänning behövs och ska om möjligt ställas in till mellan 13,9 och 14,9 volt med en laddström som underskrider 25 ampere. Med denna metod bör batteriet vara användbart inom 3 timmar med en spänning på 12,5 V, men detta gäller ett delvis urladdat batteri. Full laddning kan som sagt ta avsevärt längre tid.

4.2 Lossa klämmuttern

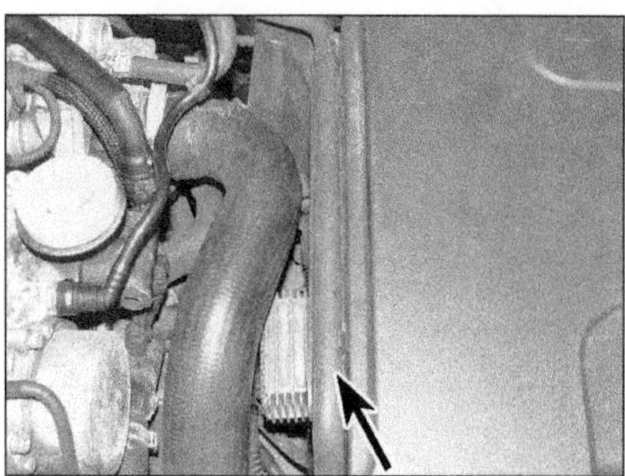

4.1b . . . och lossa kylvätskeslangen (se pil)

15 En normal droppladdare bör inte skada batteriet, förutsatt att inget överdrivet gasande äger rum och att motorn inte tillåts bli för het.

4 Batteri – frånkoppling, demontering, montering och återanslutning

Frånkoppling och demontering

1 Batteriet sitter längst fram till vänster i motorrummet. Vrid de båda fästena moturs, lossa kylvätskeslangen och ta bort kåpan från batteriet **(se bilder)**.

2 Lossa klämmuttern och kabeln vid batteriets minuspol (jord). Koppla loss kabeln från pluspolen på samma sätt **(se bild)**.

3 Skruva loss batterits fästklämbult från batteriets framsida och ta bort klämman **(se bild)**.

4 Koppla loss batteriets dräneringsslang (i förekommande fall), lyft sedan bort batteriet från motorrummet (var försiktig så att batteriet inte lutas för mycket).

5 När du ska ta bort batterihyllan på dieselmodeller lossar du klämmorna och skjuter upp glödstiftsstyrmodulen från hyllans sida.

6 Tryck ner klämmorna och skjut upp smältsäkringens kopplingsdosa (i förekommande fall) och huvudbrytaren från batterihyllans sida. På modeller med automatväxellåda, lossa klämman och skjut växellådsstyrningsmodulen (TCM) från batterihyllans högra sida **(se bilder)**.

4.3 Skruva loss batteriets klämbult (se pil) och ta bort klämman

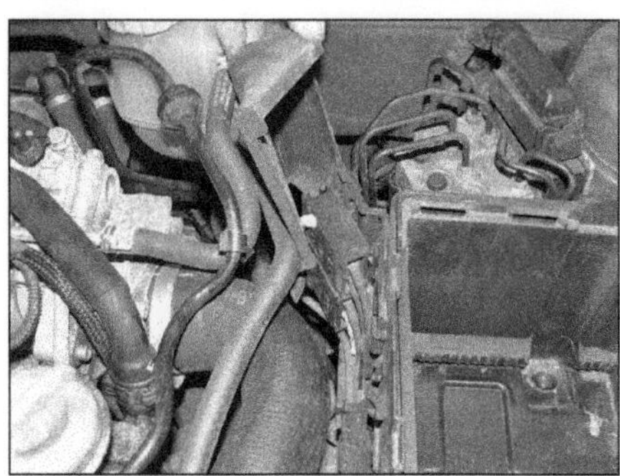
4.6a Skjut upp kåpan . . .

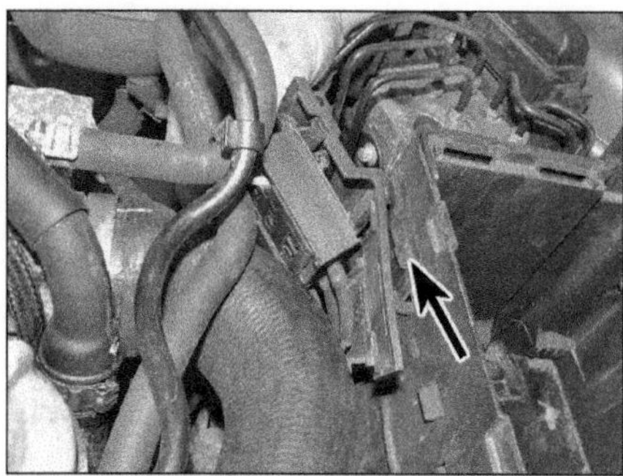
4.6b . . . tryck sedan in klämman (se pil) och skjut bort smältsäkringens kopplingsdosa

4.6c På automatväxlade modeller, tryck ner klämman (se pil) och skjut bort växellådsstyrningsmodulen från batterihyllan

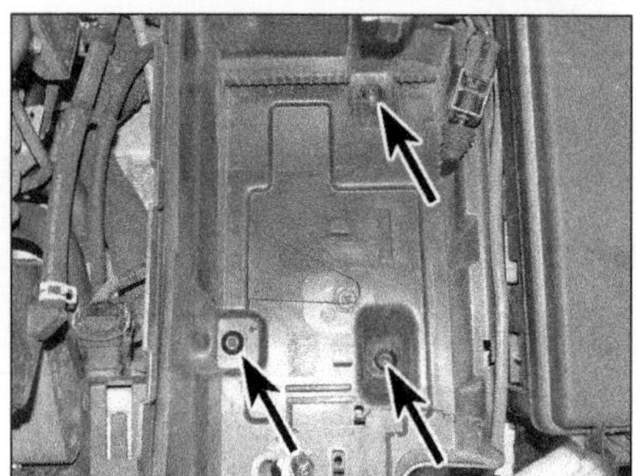
4.7 Batterihyllans torxskruvar (se pilar)

7 Skruva loss de tre T40-torxskruvarna och lyft upp batterihyllan **(se bild)**. Lossa eventuella kablageklämmor när hyllan tas bort.

Montering och återanslutning

8 Monteringen utförs i omvänd ordningsföljd mot demonteringen. Smörj vaselin på polerna när kablarna återansluts. Koppla alltid in den positiva kabeln först och den negativa kabeln sist.

9 Efter återanslutningen måste klockan ställas om och datuminformationen ändras enligt beskrivningen i instruktionsboken.

10 Du kan även behöva ställa om fönstrens "klämskyddsfunktion" enligt nedanstående beskrivning:

På sedan-, kombikupé- och kombimodeller stänger du dörrarna, startar motorn och öppnar sidofönstret cirka 15 cm. Stäng sedan fönstret och håll knappen i det stängda läget i minst 1 sekund efter det att fönstret har stängts. Tryck på "nedknappen" och låt fönstret öppnas av sig själv. Vänta minst 1 sekund och stäng sedan fönstret, håll knappen nedtryckt tills stängningen bekräftas med en ljudsignal.

På cabriolet-modeller stänger du dörrarna och suffletten, startar motorn, trycker ner sufflettens stängningsknapp och håll den nedtryckt tills du hör en ljudsignal som bekräftar inställningen.

11 I vissa fall kan flera felkoder uppstå på grund av att batteriet kopplas ifrån och in igen. Dessa koder kan ignoreras, och återskapas inte när de har tagits bort. Eftersom det krävs särskild diagnostikutrustning för att radera koderna ska du överlåta arbetet till en Saab-verkstad eller annan verkstad med lämplig utrustning.

5 Laddningssystem – test

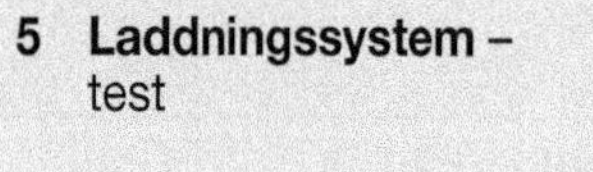

Observera: *Se varningarna i "Säkerheten främst!" och i avsnitt 1 i detta kapitel innan arbetet påbörjas.*

1 Om varningslampan för tändning/ingen laddning inte tänds när tändningen slås på, kontrollera att växelströmsgeneratorns kabelanslutningar sitter ordentligt. Om detta är fallet, kontrollera att varningsglödlampan är hel och att lamphållaren sitter ordentligt på plats i instrumentpanelen. Om lampan fortfarande inte tänds, kontrollera att det inte är något ledningsbrott på varningslampans matningskabel från generatorn till lamphållaren. Om allt fungerar, men lampan fortfarande inte tänds, är generatorn defekt och ska bytas eller tas till en bilelektriker för test och reparation eller bytas ut.

2 Stäng av motorn om tändningens varningslampa tänds när motorn är igång. Kontrollera att drivremmen är intakt och spänd (se kapitel 1A eller 1B) och att generatorns anslutningar sitter ordentligt. Om detta är fallet, kontrollera generatorborstarna och släpringarna enligt beskrivningen i avsnitt 8. Om felet kvarstår ska generatorn lämnas till en bilelektriker för kontroll och reparation, eller byte.

3 Om generatorns arbetseffekt misstänks vara felaktig även om varningslampan fungerar som den ska, kan regulatorspänningen kontrolleras på följande sätt.

4 Anslut en voltmeter över batteripolerna och starta motorn.

5 Öka motorvarvtalet tills voltmätarutslaget är stabilt. Den bör visa cirka 12 till 13 volt och inte mer än 14 volt.

6 Sätt på så många elektriska tillbehör som möjligt (t.ex. strålkastare, bakrutedefroster och värmefläkt) och kontrollera att växelströmsgeneratorn håller regulatorspänningen runt 13 till 14 volt.

7 Om regulatorspänningen ligger utanför de angivna värdena kan felet bero på utslitna borstar, svaga borstfjädrar, en defekt spänningsregulator, en defekt diod, en bruten fasledning eller slitna eller skadade släpringar. Borstarna och släpringarna kan kontrolleras (se avsnitt 8), men om felet består ska växelströmsgeneratorn lämnas till en bilelektriker för test och reparation, eller bytas ut.

6 Generatorns drivrem – demontering, återmontering och spänning

Se beskrivningen av extra drivrem i kapitel 1A eller 1B.

7 Generator – demontering och montering

Demontering

1 Ta bort motorns övre skyddskåpa. Koppla loss batteriets minusledare enligt beskrivningen i avsnitt 4 i detta kapitel.

2 Dra åt handbromsen, lyft fordonets främre del och ställ framvagnen på pallbockar (se *Lyftning och stödpunkter*). Ta bort höger framhjul och (på dieselmodeller) även motorns undre skyddskåpa **(se bild)**.

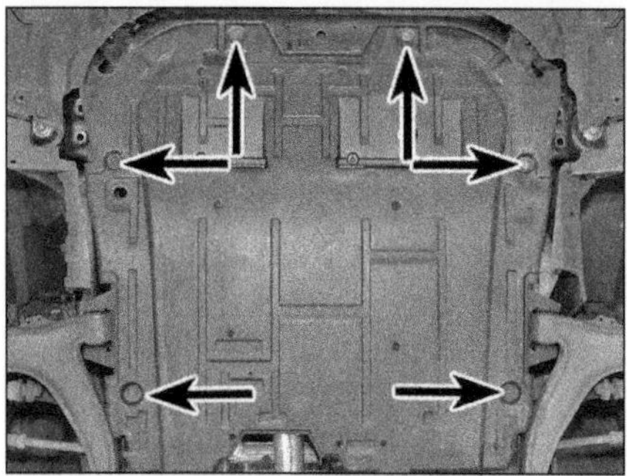
7.2 Skruva loss bultarna (se pilar) och ta bort motorns undre skyddskåpa

3 Ta bort den inre plastfodringen/inre hjulhuset på höger framskärm så att du kommer åt baksidan av motorn.

4 Ta bort drivremmen enligt beskrivningen i kapitel 1A eller 1B.

Bensinmodeller

5 Töm kylsystemet enligt kapitel 1A.

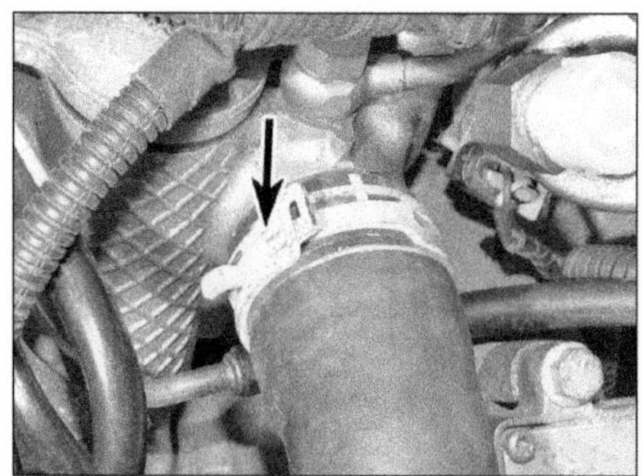

7.8 Lossa klämman i var ände (se pil) och ta bort kylvätskeslangen från topplocket till kylaren

6 Ta bort motorstyrmodulen enligt beskrivningen i kapitel 4A.

7 Ta bort luftrenarenheten enligt beskrivningen i kapitel 4A.

8 Lossa klämmorna och koppla loss kylvätskeslangen från motorn och kylaren **(se bilder)**. Flytta slangen åt sidan.

9 Koppla loss ventilationsslangen från gasspjällshusets luftslang och lägg ventilationsslangen åt sidan.

10 Skruva loss muttern och koppla bort de två kablarna från generatorns anslutningar **(se bild)**.

11 Skruva loss fästbultarna, vrid sedan generatorn så att remskivan är överst och ta bort den uppåt, bort från motorrummet **(se bild)**.

Dieselmodeller

12 Ta bort generatorns övre fästbult (Z19DT) eller fästbultar (Z19DTH) **(se bild)**.

13 Ta bort fjädringens högra länkarms kulledsklämbult och använd en hävarm för att sänka ner armen och kulleden från hjulspindeln (se kapitel 10). Använd en träkloss för att kila fast armen i den nedsänkta positionen.

14 Knacka loss höger drivaxel från stödlagret och tryck drivaxeln åt sidan.

15 Skruva loss muttrarna och koppla loss de elektriska anslutningarna från generatorns baksida.

16 Skruva loss bultarna, ta bort generatorns nedre fästbygel (Z19DT), eller nedre fästbult (Z19DTH), och sänk ner generatorn från motorns baksida **(se bild)**.

7.10 Generatorns anslutningar (se pilar)

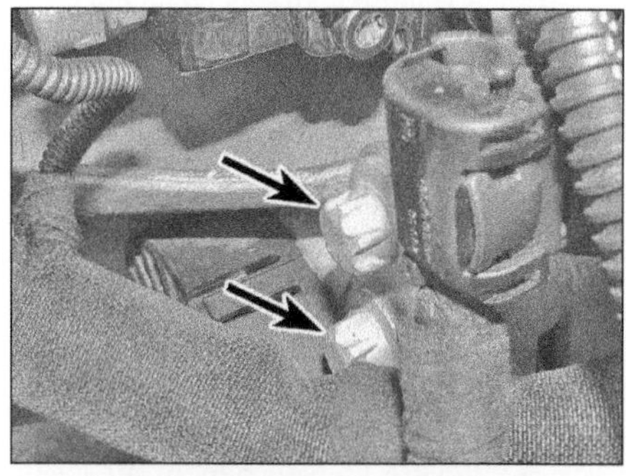

7.12 Generatorns övre fästbultar (se pilar) - Z19DTH

Montering

17 Monteringen utförs i omvänd ordning mot demonteringen. Gör rent generatorns fästpunkter och smörj dem med vaselin för att säkerställa god elektrisk förbindelse mot motorn. Se till att generatorfästena är ordentligt åtdragna och montera komponenterna enligt respektive kapitel.

8 Generatorborstar och regulator - kontroll och byte

1 Demontera generatorn enligt beskrivningen i avsnitt 7.

2 Skruva loss de båda muttrarna och skruven som fäster kåpan på generatorns baksida **(se bild)**.

3 Använd en skruvmejsel, bänd bort kåpan och ta bort den från generatorns baksida.

7.11 Generatorns fästbultar (se pilar)

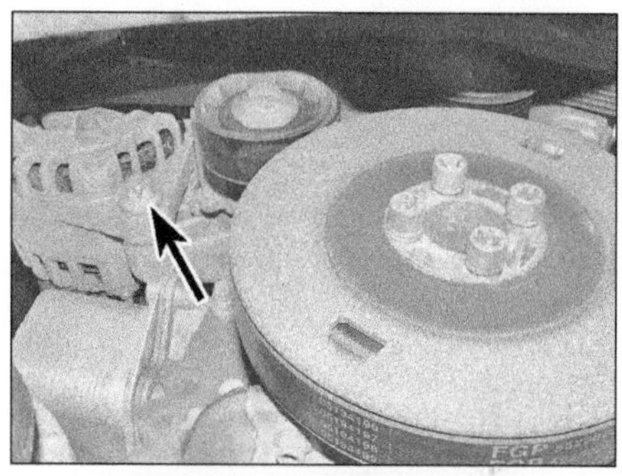

7.16 Generator nedre fästbult (se pil) - dieselmotorer

4 Skruva loss de tre fästskruvarna och ta bort regulatorn/borsthållaren från generatorns baksida **(se bild)**.

5 Mät den utskjutande delen på varje borste från borsthållaren med hjälp av en stållinjal eller skjutmått **(se bild)**. Om den är mindre än 7,5 mm måste en ny regulator/borste användas.

6 Om borstarna är i gott skick, rengör dem och kontrollera att de kan röra sig fritt i sina hållare.

7 Torka rent generatorns släpringar och sök efter repor eller brännmärken. Eventuellt kan en elspecialist renovera släpringarna.

8 Montera regulatorn/borsthållaren och dra åt fästskruvarna ordentligt.

9 Sätt tillbaka kåpan och sätt sedan in och dra åt fästskruven och muttern.

10 Montera växelströmsgeneratorn enligt beskrivningen i avsnitt 7.

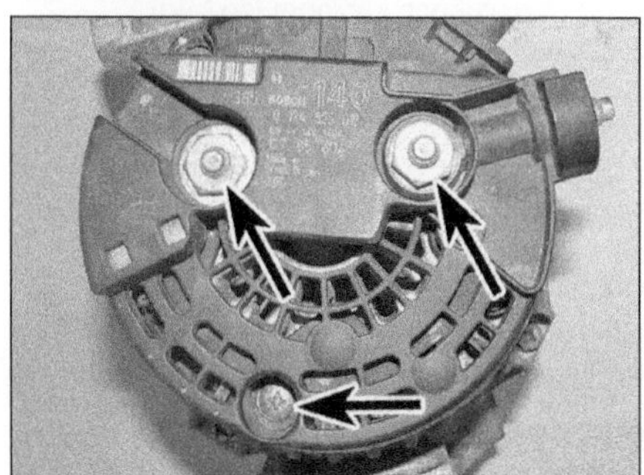

8.2 Skruva loss muttrarna och skruven (se pilar) som håller fast den bakre kåpan

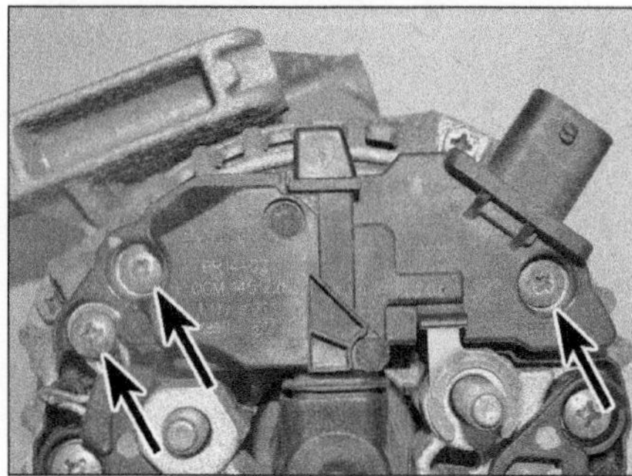

8.4 Skruva loss regulatorns/borsthållarens skruvar (se pilar)

8.5 Mät borstarnas längd

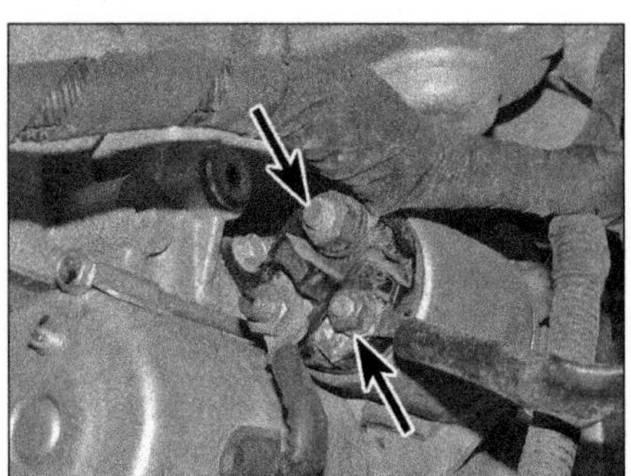

10.3 Skruva loss muttrarna (se pilar) och koppla loss kablaget från startmotorn

10.4 Startmotorns fästbultar (se pilar)

10.5 Skruva loss muttrarna och lossa kablaget från stödfästet

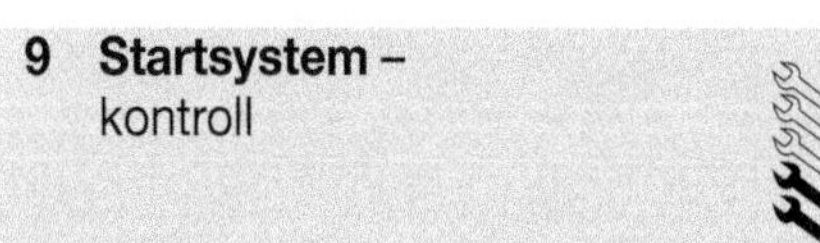

9 Startsystem – kontroll

Observera: *Se föreskrifterna i Säkerheten främst! och i avsnitt 1 i detta kapitel innan arbetet påbörjas.*

1 Om startmotorn inte går igång när startnyckeln vrids till rätt läge kan orsaken vara någon av följande:

a) Batteriet är defekt.

b) Elanslutningarna mellan tändningslåset, solenoiden, batteriet och startmotorn överför inte den ström som behövs från batteriet via startmotorn till jord.

c) Solenoiden är defekt.

d) Startmotorn har ett mekaniskt eller elektriskt fel.

2 Kontrollera batteriet genom att tända strålkastarna. Om de försvagas efter ett par sekunder är batteriet urladdat. Ladda upp (se avsnitt 3) eller byt batteriet. Om strålkastarna lyser klart, vrid om startnyckeln och kontrollera strålkastarna. Om strålkastarna försvagas betyder det att strömmen når startmotorn, vilket anger att felet finns i startmotorn. Om strålkastarna fortsätter lysa klart (och inget klick hörs från solenoiden) är det ett tecken på fel i kretsen eller solenoiden – se följande punkter. Om startmotorn snurrar långsamt, trots att batteriet är i gott skick, är det ett tecken på fel i startmotorn eller på att det finns ett avsevärt motstånd någonstans i kretsen.

3 Om kretsen misstänks vara defekt, koppla loss batterikablarna, startmotorns/solenoidens kablar och motorns/växellådans jordledning. Rengör alla anslutningar noga och anslut dem igen. Använd sedan en voltmeter eller testlampa och kontrollera att full batterispänning finns vid den positiva batterikabelns anslutning till solenoiden och att jordförbindelsen är god.

4 Om batteriet och alla anslutningar är i gott skick, kontrollera kretsen genom att lossa ledningen från solenoidens bladstift. Anslut en voltmätare eller testlampa mellan ledningen och en bra jordningspunkt (t.ex. batteriets minuspol), och kontrollera att ledningen är strömförande när tändningsnyckeln vrids till startläget. Är den det, fungerar kretsen. Om inte, kan kretsen kontrolleras enligt beskrivningen i kapitel 12.

5 Solenoidens kontakter kan kontrolleras med en voltmeter eller testlampa som kopplas mellan polen på solenoidens startmotorsida och jord. När tändningslåset vrids till start ska mätaren ge utslag eller lampan tändas, efter tillämplighet. Om inget sker är solenoiden eller kontakterna defekta och solenoiden måste bytas ut.

6 Om kretsen och solenoiden fungerar måste felet finnas i startmotorn. Demontera startmotorn (se avsnitt 10) och kontrollera borstarna (se avsnitt 11). Om felet inte ligger hos borstarna måste motorns lindning vara defekt. I det fallet kan det vara möjligt att låta en specialist renovera motorn, men kontrollera först pris och tillgång på reservdelar. Det kan mycket väl vara billigare att köpa en ny eller begagnad startmotor.

10 Startmotor – demontering och montering

Demontering

1 Startmotorn sitter på motorns vänstra bakre sida (dieselmodeller) eller vänstra främre sida (bensinmodeller) och är fäst med bultar på motorns fästplatta och växellådan. Ta först bort kåpan från batteriet och koppla loss minusledaren enligt beskrivningen i avsnitt 4 i detta kapitel.

2 Dra åt handbromsen och lyft med hjälp av en domkraft upp framvagnen på pallbockar (se *Lyftning och stödpunkter*). Skruva loss fästena och ta bort motorns undre skyddskåpa **(se bild 7.2)**.

Bensinmodeller

3 Skruva loss de muttrar som håller fast startmotorns elektriska anslutningar **(se bild)**.

4 Skruva loss startmotorns fästbultar och sänk sedan ner startmotorn från motorrummet **(se bild)**.

Dieselmodeller

5 Arbeta ovanför motorn, ta bort startmotorns övre fästbultar och ta bort fästbygeln från kylvätskeröret och kablaget **(se bild)**.

6 Observera muttrarnas placering, skruva loss dem och koppla loss de elektriska anslutningarna från startmotorn **(se bild)**.

7 Skruva loss den nedre fästmuttern och koppla loss jordkabeln från startmotorns nedre fästpinnbult **(se bild)**.

8 Ta bort startmotorns nedre fästpinnbult med hjälp av två muttrar som har låsts ihop.

9 Flytta bort startmotorn.

Montering

10 Monteringen utförs i omvänd arbetsordning mot demonteringen, se till att dra åt fästbultarna till angivet moment.

10.6 Skruva loss muttrarna (se pilar) och koppla loss startmotorns solenoidkontaktdon

10.7 Skruva loss muttern (se pil) och koppla loss jordledningen från startmotorns pinnbult

11 Startmotor - översyn

Om du misstänker att det är fel på startmotorn bör den tas bort från bilen och lämnas till en bilelektriker för översyn. De flesta bilelektriker kan ta hem och montera borstar till en rimlig kostnad. Kontrollera dock reparationskostnaderna först, eftersom det kan vara billigare med en ny eller begagnad motor.

12 Tändningslås - demontering och montering

Låset är inbyggt i rattstången, dess demontering och montering beskrivs i kapitel 12, avsnitt 4.

13 Brytare till varningslampa för oljetryck - demontering och montering

Demontering

Bensinmodeller

1 Brytaren är fäst med skruvar på motorblockets framsida, bredvid oljefiltret **(se bild)**. För att komma åt brytaren tar du bort plastkåpan från motorns ovansida.

2 Koppla loss kontaktdonet och skruva sedan loss brytaren (med en ringnyckel eller hylsnyckel på 27 mm) och ta bort tätningsbrickan. Var beredd på oljespill, och om brytaren ska vara borttagen från motorn en längre stund, plugga igen brytaröppningen.

Dieselmodeller

3 Brytaren är fastskruvad i oljefilterhuset på motorns baksida **(se bild)**.

4 Dra åt handbromsen och ställ framvagnen på pallbockar (se *Lyftning och stödpunkter*).

5 Skruva loss bultarna och ta bort den undre skyddskåpan underifrån motorn.

6 Koppla loss kontaktdonet och skruva sedan loss brytaren och ta bort tätningsbrickan. Var beredd på oljespill, och om brytaren ska vara borttagen från motorn en längre stund, plugga igen brytaröppningen.

Montering

7 Undersök om tätningsbrickan uppvisar tecken på skador eller åldrande och byt den om det behövs.

8 Sätt tillbaka brytaren och brickan, dra åt till angivet moment och återanslut kontaktdonet.

9 På dieselmodeller, sätt tillbaka motorns undre skyddskåpa.

10 Sänk ner bilen (i förekommande fall) och kontrollera och fyll vid behov på motorolja enligt beskrivningen i *Veckokontroller*.

13.1 Oljetryckskontakt - bensinmotorer

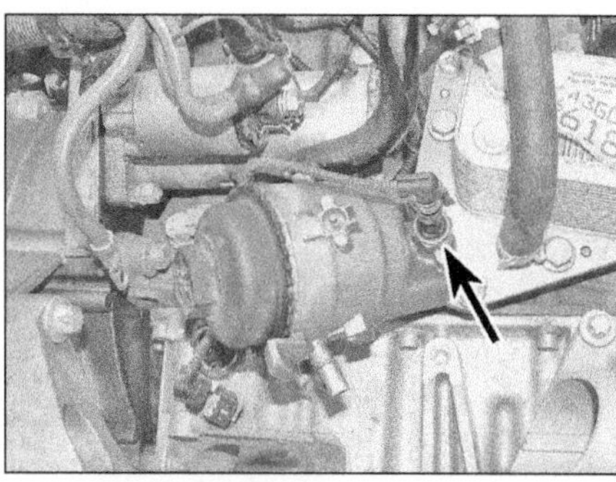

13.3 Oljetryckskontakt (se pil) - dieselmotorer

Montering

5 Monteringen utförs i omvänd arbetsordning mot demonteringen. Se till att kablarna är korrekt dragna och ordentligt återanslutna. Avsluta med att fylla på motorolja (se kapitel 1A).

14 Oljenivågivare - demontering och montering

Bensinmodeller

Demontering

1 Oljenivågivaren sitter på motorsumpens framsida.

2 Ta bort sumpen enligt kapitel 2A.

3 Bänd försiktigt loss låsringen på insidan av sumphuset som håller fast kontaktdonet **(se bild)**.

4 Skruva loss fästbultarna och lirka sedan ut givaren från sumpen och ta bort den tillsammans med tätningsringen/brickan. Kasta tätningsringen/brickan, du måste sätta dit en ny vid återmonteringen **(se bild)**.

Dieselmodeller

Demontering

6 Oljenivågivaren sitter på sumpens baksida, under vevaxelns lägesgivare. Ta bort sumpen enligt beskrivningen i kapitel 2B eller 2C.

7 Med sumpen borttagen skjuter du av fästklämman och frigör givarens kontaktdon från sumpen **(se bild)**.

8 I förekommande fall skruvar du loss fästbultarna och tar bort oljeavskärmningsplåten från pumpens insida **(se bild)**.

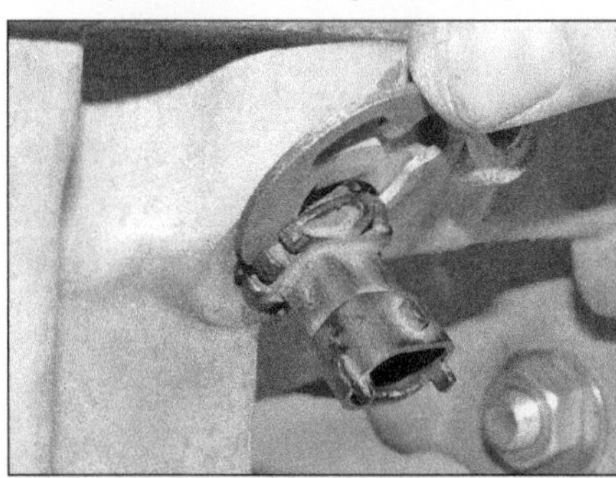

14.3 Skjut bort fästklämman som fäster givarens kontaktdon

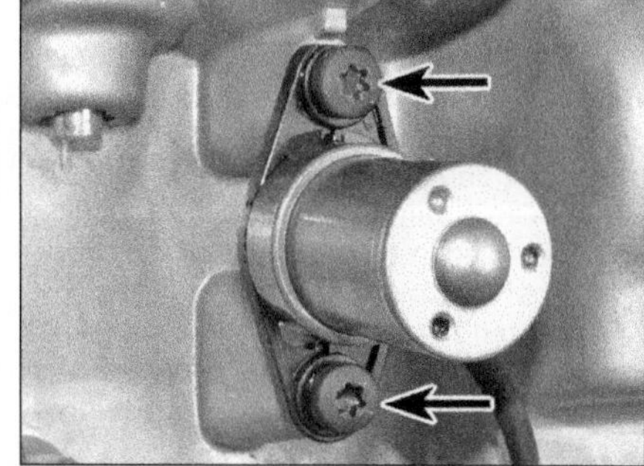

14.4 Oljenivågivarens torxskruvar (se pilar)

14.7 Skjut bort fästklämman (se pil) och lossa oljenivågivarens kontaktdon från sumpen

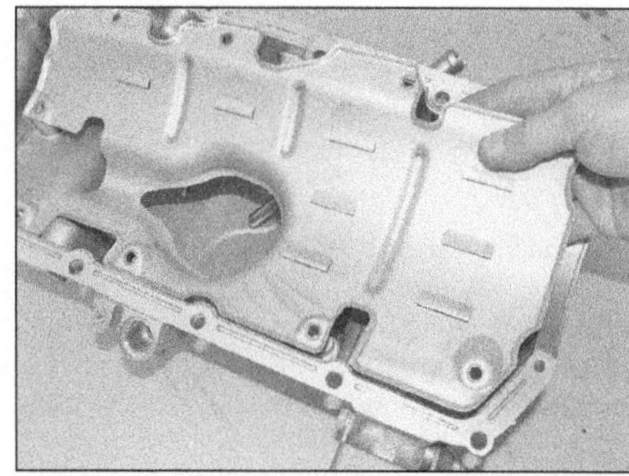

14.8 Ta loss fästbultarna (i förekommande fall) och ta bort oljeavskärmningsplåten

9 Anteckna kablagets korrekta dragning och lossa sedan fästbultarna och ta bort givarenheten från sumpen **(se bild)**. Kontrollera kontaktdonets tätning, leta efter tecken på skador och byt den vid behov.

Montering

10 Före monteringen måste du ta bort alla spår av fästmassa från givarens fästbult och sumpgängorna. Stryk på en droppe ny fästmassa på bultgängorna och smörj in kontaktdonets tätning med lite motorolja.

11 Sätt dit givaren, se till att kablaget är korrekt draget och dra åt dess fästbultar ordentligt. Lirka ut kontaktdonet genom sumpen, var försiktig så att du inte skadar dess tätning, och sätt det på plats med fästklämman.

12 Se till att givaren är korrekt återmonterad och sätt sedan tillbaka oljeavskärmningsplåten i förekommande fall.

13 Montera sumpen enligt beskrivningen i tillämplig del av kapitel 2.

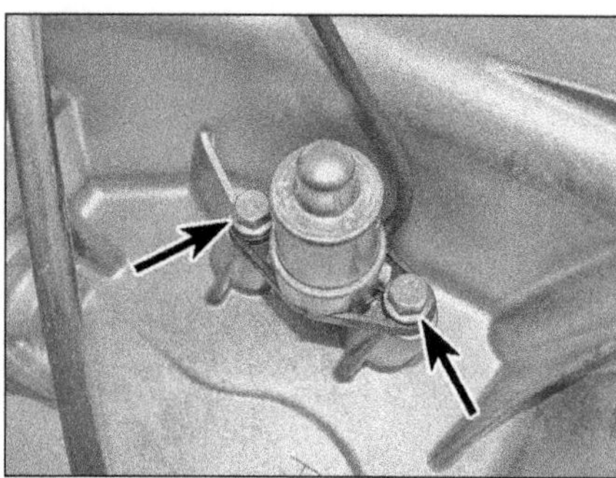

14.9 Skruva loss de båda bultarna (se pilar) och ta bort oljenivågivaren från sumpen

15 För-/eftervärmningssystem - beskrivning och test

Beskrivning

1 Varje cylinder på motorn är försedd med ett inskruvat värmeelement (vanligen kallat glödstift). Stiften strömförsörjs innan och under start när motorn är kall. Den elektriska matningen till glödstiften styrs via för-/eftervärmningssystemets styrenhet.

2 En varningslampa på instrumentpanelen informerar föraren om att för-/eftervärmningen är aktiv. När lampan släcks är motorn klar för start. Spänningsförsörjning till glödstiften fortsätter i flera sekunder efter att lampan släcks. Om inget startförsök görs bryter timern matningen för att undvika urladdning av batteriet och överhettning av glödstiften.

3 Glödstiften har också en "eftervärmningsfunktion", där glödstiften förblir aktiva efter det att motorn har startat. Hur länge eftervärmningen utförs bestäms också av styrenheten och beror på motortemperaturen.

4 Bränslefiltret är försett med ett värmeelement för att förhindra att bränslet "vaxas" i extremt kalla förhållanden och för att förbättra förbränningen. Värmeelementet är inbyggt i bränslefilterhuset och styrs av för-/eftervärmningssystemets styrenhet.

Kontroll

5 Om systemet inte fungerar, kontrollera då genom att byta ut komponenter mot sådana som du vet fungerar. Några kontroller kan dock utföras först enligt följande.

6 Anslut en voltmätare eller en 12 volts kontrollampa mellan glödstiftets matningskabel och jord (motorn eller metalldel på fordonet). Se till att hålla den strömförande anslutningen borta från motorn och karossen.

7 Låt en kollega vrida på tändningen, och kontrollera att glödstiften förses med spänning. Notera tiden som varningslampan är tänd och den totala tiden som systemet förses med spänningen innan det slår ifrån. Stäng av tändningen.

8 Vid en temperatur under motorhuven på 20 °C ska tiden som varningslampan är tänd vara cirka 3 sekunder. Tiden för varningslampan ökar vid lägre temperatur och minskar vid högre temperatur.

9 Om det inte finns någon matning alls är det fel på styrenheten eller tillhörande kablage.

10 För att hitta ett felaktigt glödstift kopplar du loss kontaktdonet från varje stift.

11 Använd en ledningsprovare, eller en kontrollampa på 12 volt som du ansluter till batteriets pluspol, för att kontrollera förbindelsen mellan varje glödstiftsanslutning och jord. Resistans för ett glödstift i gott skick är mycket låg (mindre än 1 ohm), så om kontrollampan inte tänds eller ledningsprovaren visar hög resistans är glödstiftet helt säkert defekt.

12 Om en amperemätare finns till hands kan man kontrollera hur mycket ström varje glödstift drar. Efter en första strömrusning på 15 till 20 ampere ska varje stift dra 12 ampere. Ett stift som drar mycket mer eller mindre än det är antagligen defekt.

13 Som en sista kontroll kan glödstiften tas bort och kontrolleras enligt beskrivning i följande avsnitt.

16.5 Skruva loss glödstiften och ta bort dem från topplocket

16 Glödstift - demontering, kontroll och montering

Varning: Glödstiften kommer att vara mycket heta om för-/eftervärmningssystemet nyss har varit i drift eller om motorn har varit igång.

Demontering

1 Glödstiften sitter på baksidan av topplocket, ovanför insugsgrenröret.

2 På Z19DT-motorer tar du bort oljepåfyllningslocket och skruvar loss de båda bultarna som håller fast plastkåpan på motorns ovansida. Lossa motorns ventilationsslang, lyft sedan upp kåpan och sätt tillbaka oljepåfyllningslocket. På Z19DTH-motorer tar du bort plastkåpan genom att dra den uppåt, bort från fästpinnbultarna.

Z19DT-motorer

3 Koppla loss anslutningskontakterna från insprutningsventilerna och koppla loss kablaget från insugsgrenröret. Flytta kablaget åt sidan.

4 Använd en andra nyckel för att hålla emot bränslefördelarskenans öppningar, skruva loss anslutningarna och ta bort högtrycksbränsleröret från insprutningsventilerna och bränslefördelarskenan. Observera att högtrycksbränslerören inte får återanvändas. Införskaffa nya.

Alla dieselmotorer

5 Dra bort anslutningarna från glödstiften, skruva sedan loss dem från topplocket **(se bild)**.

Kontroll

6 Sök efter skador på varje glödstift. Brända eller utslitna glödstiftsspetsar kan orsakas av insprutare med dåligt sprutmönster. Låt kontrollera insprutarna om denna skada finns.

7 Om glödstiften är i gott skick, kontrollera dem elektriskt med en 12 volts kontrollampa eller ledningsprovare enligt beskrivningen i föregående avsnitt.

8 Glödstiften kan aktiveras genom att de matas med 12 volt för att kontrollera att de värms upp jämnt och inom begärd tid. Observera följande föreskrifter.

a) *Stöd glödstiftet genom att försiktigt klämma fast det i ett skruvstycke eller självlåsande tång. Kom ihåg att det kommer att bli glödhett.*

b) *Se till att strömförsörjningen eller testkabeln har en säkring eller annat överbelastningsskydd för att undvika skador p.g.a. kortslutning.*

c) *Efter kontrollen, låt glödstiftet svalna i flera minuter innan du försöker vidröra det.*

9 Ett glödstift i gott skick kommer att bli glödhett på spetsen efter att ha dragit ström i cirka 5 sekunder. Ett stift som tar längre tid på sig att börja glöda, eller som börjar glöda i mitten istället för på spetsen, är defekt.

Montering

10 Montera försiktigt glödstiften och dra åt till angivet moment. Dra inte åt för hårt, det kan skada glödelementet. Tryck fast de elektriska anslutningarna på glödstiften.

11 Återstoden av monteringen utförs i omvänd ordning mot demonteringen, avsluta med att kontrollera att glödstiften fungerar.

17 För-/eftervärmningssystemets styrenhet – demontering och montering

Observera: *Om styrenheten ska bytas, måste Saabs diagnostikutrustning användas för att ladda hem och återställa olika sparade värden innan den gamla enheten tas bort och när den nya har satts dit. Låt en Saab-verkstad eller annan specialist utföra detta.*

Observera: *De här elektroniska modulerna är mycket känsliga för statisk elektricitet. Innan du hanterar enheten, jorda dig själv genom att röra en ren metalldel på karossen.*

Demontering

1 Styrenheten sitter på sidan av batterilådan. För att komma åt den lättare, lossa klämmorna och ta bort luftintagskanalen mellan insugsgrenröret och laddluftkylaren.

2 Koppla loss anslutningskontakten från styrenheten **(se bild)**.

3 Lossa styrenheten och skjut den uppåt, bort från batterilådan.

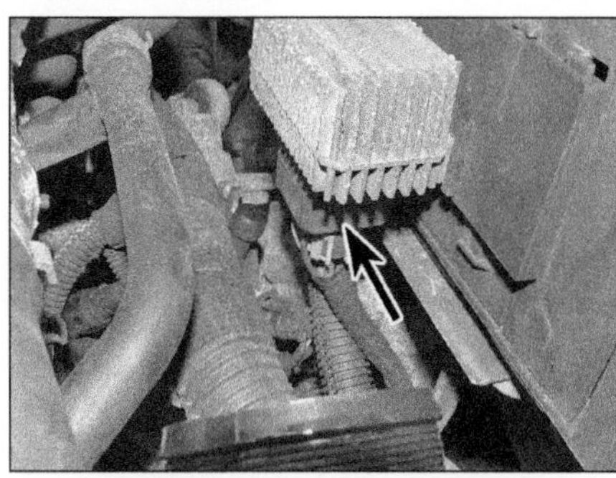

17.2 Koppla loss anslutningskontakten till glödstiftens styrenhet (se pil)

Montering

4 Monteringen utförs i omvänd ordningsföljd mot demonteringen.

Kapitel 5 Del B: Tändsystem – bensinmotorer

Innehåll

Svårighetsgrad

Enkelt, passar novisen med lite erfarenhet 	**Ganska enkelt,** passar nybörjaren med viss erfarenhet 	**Ganska svårt,** passar kompetent hemmamekaniker 	**Svårt,** passar hemmamekaniker med erfarenhet 	**Mycket svårt,** för professionell mekaniker 

Specifikationer

Systemtyp

Systemtyp	Direkttändsystem (DI) i motorstyrningssystemet Saab Trionic T8

Direkttändsystem (DI)

Tändspolarnas spänning	5 till 30 kV
Tändningsinställning	Förprogrammerad i den elektroniska styrenheten

Tändningsföljd

Tändningsföljd	1-3-4-2 (cylinder nr 1 vid kamkedjeänden)

Åtdragningsmoment

	Nm
Tändningsmodul	11
Tändspolar	12
Tändstift	27

1 Allmän information

Direkttändsystem (DI)

1 Direkttändsystemet är inbyggt i Saabs Trionic motorstyrningssystem. En enda elektronisk styrmodul (ECM) styr både bränsleinsprutning och tändning. Systemet använder en separat tändspole för varje tändstift och den elektronisk styrmodulen övervakar motorn med olika givare för att fastställa den effektivaste tändningsinställningen.

2 I systemet finns en läges-/hastighetsgivare för vevaxeln, en förbränningsavkänningsmodul (CDM) med en spole per tändstift, diagnostikuttag, ECM, tryckgivare i insugsgrenröret (för avkänning av motorlasten) och en magnetventil (som reglerar turboaggregatet).

3 När bilen startas med ett vevaxelvarvtal som överstiger 150 varv/minut, bildas gnistor i det cylinderpar som har kolvarna i ÖD-läge. Råder försvårande omständigheter bildas flera gnistor för att underlätta starten. Den elektroniska styrmodulen avgör i vilken cylinder som förbränning äger rum genom att mäta spänningen över tändstiftselektroderna och använder sedan informationen till att justera tändningen.

4 Från stillastående motorn tills den överskrider 500 varv/minut, är starttändningsinställningen 6° före ÖD vid 20 °C. Vid lägre temperaturer är tändningen förinställd och vid högre temperaturer är den fördröjd. Vid högre motorvarvtal reglerar styrmodulen tändningsinställningen enligt den information som tas emot från de olika givarna.

5 När tändningen slås av och motorn stannar fortsätter huvudreläet att fungera i ytterligare 6 sekunder. Under den här perioden jordar Trionics styrmodul alla kablar 210 gånger i sekunden i 5 sekunder, för att bränna bort orenheter från tändstiftselektroderna.

6 Eftersom systemet inte använder högspänningskablar måste radioavstörning inkluderas i tändstiften. Därför måste alltid tändstift av resistortyp användas.

7 Direkttändsystem använder kapacitiv urladdning för att generera högspänningsgnistor. Ungefär 400 volt lagras i en kondensator och vid tändningsögonblicket laddas spänningen ur genom de primära kretsarna för relevant spole. Ungefär 30 000 volt induceras i den sekundära spolen och laddas ur över tändstiftselektroderna.

8 Om ett fel uppstår i systemet lagras en felkod i den elektroniska styrmodulen. Koden kan endast läsas av Saab-mekaniker eller annan specialist med rätt utrustning.

9 Observera att startmotorn aldrig får köras med DI-kassetten lossad från tändstiften men fortfarande ansluten till kabelstammen. Detta kan orsaka skador på kassetten som ej går att reparera.

10 I Saab Trionic-systemet används själva tändstiften som knackningsgivare, istället för en separat knackningsgivare i motorblocket. Tändstiften fungerar som knackningsgivare genom att en svag likströmsspänning läggs över varje tändstift. När två cylindrar närmar sig ÖD orsakar spänningen en joniseringsström mellan tändstiftets poler i den cylinder som är under förbränning. En stark ström anger att knackning förekommer och i vilken cylinder tändningen behöver sänkas. Bränsleinsprutningens ordningsföljd styrs på samma sätt (se kapitel 4A).

11 Det sitter en förbränningsavkänningsmodul (CDM) på topplockets vänstra ände. Den utför

3.1 Skjut ut den röda låsspärren (se pil) och lossa anslutningskontakten . . .

3.2 . . . skruva sedan loss de 2 bultarna och ta bort CDM

den inledande behandlingen av de joniserande signalerna från varje tändspole. CDM skickar knackningssignalen och förbränningssignalerna från cylinder 1 och 3 eller 2 och 4.

2 Tändsystem – test

Varning: Spänningen i ett elektroniskt tändsystem är betydligt högre än den i konventionella tändsystem. Var mycket försiktig vid arbete med systemet då tändningen är påslagen. Personer med inopererad pacemaker bör inte vistas i närheten av tändningskretsar, komponenter och testutrustning. Se rekommendationerna i kapitel 5A, avsnitt 1, innan du påbörjar arbetet. Slå alltid av tändningen innan komponenter kopplas bort eller ansluts, och när en multimeter används för att mäta resistans.

1 Om ett fel uppstår i motorstyrningssystemet, kontrollera först att alla kablar sitter ordentligt och är i gott skick. Om det behövs kan enskilda komponenter från direkttändsystemet tas bort och undersökas enligt beskrivningen längre fram i det här kapitlet. Spolar undersöks bäst genom att man ersätter den misstänkt defekta spolen med en hel spole och kontrollerar om feltändningen upphör.

2 På grund av tändstiftens placering under tändspolarna finns det inget enkelt sätt att kontrollera om högspänningskretsen är defekt. Ytterligare kontroller bör överlåtas till en Saab-verkstad eller annan specialist som har nödvändig utrustning för att läsa felkoderna som lagrats i den elektroniska styrmodulen.

3 Förbränningsavkänningsmodul – demontering och montering

Demontering

1 Koppla loss anslutningskontakten från modulen på topplockets vänstra ände **(se bild)**.

2 Skruva loss de båda bultarna och ta bort modulen **(se bild)**.

Montering

3 Monteringen utförs i omvänd ordningsföljd mot demonteringen.

4 Tändspolar – demontering och montering

Demontering

1 Skruva loss torxskruvarna och ta bort kåpan från motorns främre del, mellan kamaxlarna **(se bild)**.

2 Skruva loss fästbulten och dra bort spolen uppåt från tändstiftet. Koppla loss anslutningskontakten när spolen tas bort **(se bild)**.

Montering

3 Monteringen utförs i omvänd ordningsföljd mot demonteringen, dra åt spolens fästbultar till angivet moment.

5 Rotor med spår för vevaxelgivare – demontering och montering

Demontering

1 Rotorn sitter på samma sida av vevaxeln som svänghjulet/drivplattan. Ta bort vevaxeln enligt beskrivningen i kapitel 2D.

2 Skruva loss de fyra skruvarna som håller fast rotorn i vevaxeln med hjälp av en torxnyckel och lyft sedan bort rotorn över änden på vevaxeln.

Montering

3 Monteringen utförs i omvänd ordningsföljd mot demonteringen. Observera att bulthålen sitter med ojämna mellanrum, så rotorn kan bara monteras i en position.

6 Tändningsinställning – allmän information

Tändningsinställningen är förprogrammerad i systemets ECM och kan inte justeras eller kontrolleras. Om tändningsinställningen misstänks vara felaktig ska bilen lämnas in till en Saab-verkstad eller annan specialist, som har den nödvändiga utrustningen för att läsa koderna som lagrats i den elektroniska styrmodulen. Mer information finns i kapitel 4A.

4.1 Skruva loss torxskruvarna och ta bort kåpan

4.2a Skruva loss spolens fästbult (se pil)

4.2b Lyft upp låsspärren och koppla loss anslutningskontakten

Kapitel 6
Koppling

Innehåll

Svårighetsgrad

Enkelt, passar novisen med lite erfarenhet 	**Ganska enkelt,** passar nybörjaren med viss erfarenhet 	**Ganska svårt,** passar kompetent hemmamekaniker 	**Svårt,** passar hemmamekaniker med erfarenhet 	**Mycket svårt,** för professionell mekaniker 

Specifikationer

Typ	Enkel torrlamell med tallriksfjäder, hydraulikstyrd
Lamell	
Diameter	240 mm
Tjocklek för nytt belägg	7,3 mm
Minimitjocklek	5,5 mm
Åtdragningsmoment	**Nm**
Bromshuvudcylinderns fästmuttrar*	50
Kopplingens huvudcylinder, fästmuttrar	20
Pedalens fästbygel, muttrar*	20
Tryckplattans fästbultar	30
Urkopplingscylinderns fästskruvar	10
Vakuumservoenhetens pinnbultar*	20

* *Använd nya muttrar/bultar*

1 Allmän information

1 Kopplingen består av en lamell, en tryckplatteenhet och den hydrauliska urkopplingscylindern (som innehåller urtrampningslagret): alla dessa komponenter finns i den stora svänghjulskåpan i aluminiumgods, som sitter mellan motorn och växellådan.

2 Lamellen sitter mellan motorns svänghjul och kopplingstryckplattan, och kan glida på spåren i växellådans ingående axel.

3 Tryckplatteenheten är fäst med bultar på motorns svänghjul. När motorn är igång överförs drivningen från vevaxeln, via svänghjulet, till lamellen (dessa komponenter är ordentligt ihopfästa av tryckplatteenheten) och från lamellen till växellådans ingående axel.

4 För att avbryta drivningen måste fjädertrycket lossas. Detta gör du med en hydraulisk urkopplingsmekanism som består av huvudcylindern, urkopplingscylindern och röret/slangen som förbinder de båda komponenterna. När du trycker ner pedalen trycker det på huvudcylinderns tryckstång som hydrauliskt tvingar urkopplingscylinderns kolv mot tryckplattans fjädrar. Detta gör att fjädrarna deformeras och lossar klämkraften på lamellen.

5 Kopplingen är självjusterande och kräver ingen manuell justering.

6 Kopplingspedalens fäste och kopplingspedalen är en enhet och måste bytas som en komplett enhet. Vid en frontalkrock lossas kopplingspedalen från dess lager i stödfästet för att hindra att förarens fötter och ben skadas (detta gäller även bromspedalen). Om en krockkudde har löst ut, undersök kopplingspedalsenheten och byt hela enheten vid behov.

2 Kopplingens hydraulsystem – luftning

Varning: Hydraulvätskan är giftig. Tvätta noggrant bort vätskan omedelbart vid hudkontakt och sök omedelbar läkarhjälp om vätska sväljs eller hamnar i ögonen. Vissa typer av hydraulvätska är brandfarlig och kan antändas vid kontakt med varma komponenter. När någon del av hydraulsystemet servas är det säkrast att alltid anta att hydraulvätskan är brandfarlig, och att vidta brandsäkerhetsåtgärder på samma sätt som när bränsle hanteras. Hydraulvätska är även ett effektivt färgborttagningsmedel och angriper plast. Vid spill ska vätskan sköljas bort omedelbart med stora mängder rent vatten. Den är också hygroskopisk (den absorberar fukt från luften) – gammal vätska kan vara förorenad och är därför inte lämplig att använda. Vid påfyllning eller byte ska alltid rekommenderad typ användas och den måste komma från en nyligen öppnad förseglad förpackning.

Allmän information

1 Ett hydraulsystem kan inte fungera som det ska förrän all luft har avlägsnats från komponenterna och kretsen. Detta görs genom att systemet luftas.

2 Tillverkaren anger att systemet först måste luftas med metoden för baklänges avluftning med hjälp av Saabs särskilda

2.8 Kopplingens luftningsskruv (se pil)

luftningsutrustning. Detta innebär att man ansluter en tryckluftningsenhet innehållande ny bromsvätska på urkopplingscylinderns luftningsskruv, med ett uppsamlingskärl anslutet till bromsvätskans huvudcylinderbehållare. Tryckluftningsenheten slås sedan på, luftningsskruven öppnas och hydraulvätskan matas under tryck, bakåt, och kommer ut från behållaren in i uppsamlingskärlet. Den slutliga luftningen utförs på vanligt sätt.

3 I praktiken krävs denna metod endast om man har monterat nya hydrauliska komponenter, eller om systemet helt har tömts på hydraulvätska. Om systemet endast har kopplats ifrån för att man ska kunna sätta dit och ta bort komponenter, t.ex. demontering och montering av växellådan (vid kopplingsbyte etc.) eller borttagning och ditsättning av motorn, räcker det normalt med en vanlig luftning.

4 Vi rekommenderar därför följande:

a) Om hydraulsystemet endast har kopplats loss delvis, försök att lufta det på vanligt sätt, som beskrivs i punkt 10 till 15 eller 16 till 19.

b) Om hydraulsystemet helt har tömts och nya komponenter har monterats, försök att lufta det med den tryckluftningsmetod som beskrivs i punkt 20 till 22.

c) Om de ovannämnda metoderna inte ger en fast pedal, måste du avlufta systemet baklänges med hjälp av Saabs luftningsutrustning, eller lämplig alternativ utrustning enligt beskrivningen i punkt 23 till 28.

5 Tillsätt endast ren, oanvänd hydraulvätska av rekommenderad typ under luftningen. Återanvänd aldrig vätska som redan har tömts ur systemet. Se till att det finns tillräckligt med vätska i beredskap innan luftningen påbörjas.

6 Om det finns risk för att systemet redan innehåller felaktig vätska, måste hydraulkretsen spolas igenom helt med ren vätska av rätt typ.

7 Om hydraulvätska har läckt ur systemet eller om luft har trängt in på grund av en läcka måste läckaget åtgärdas innan arbetet fortsätter.

8 Luftningsskruven sitter i slangens ändbeslag, som sitter ovanpå växellådshuset **(se bild)**. På vissa modeller är åtkomsten till luftningsskruven begränsad och du kan behöva lyfta upp framvagnen och ställa den på pallbockar så att du kommer åt skruven underifrån, eller ta bort batteriet och batterilådan enligt beskrivningen i kapitel 5A, så att du kan komma åt skruven ovanifrån.

9 Kontrollera att alla rör och slangar sitter säkert, att anslutningarna är ordentligt åtdragna och att luftningsskruven är stängd. Avlägsna all smuts från områdena kring luftningsskruvarna.

Luftningsmetod

Vanlig metod

10 Skaffa en ren glasburk, en lagom längd plast- eller gummislang som sluter tätt över avluftningsskruven och en passande ringnyckel. En medhjälpare behövs också.

11 Skruva loss huvudcylinderns vätskebehållarlock (kopplingen delar vätskebehållare med bromssystemet), och fyll på huvudcylinderbehållaren till den övre linjen (MAX). Se till att vätskenivån håller sig minst ovanför den nedre nivålinjen i behållaren under hela arbetet.

12 Ta bort dammkåpan från luftningsskruven. Montera nyckeln och slangen på skruven. Placera slangens andra ände i glasburken och häll i så mycket vätska att slangänden täcks.

13 Be en medhjälpare trycka ner kopplingspedalen helt flera gånger för att bygga upp trycket, och sedan hålla kvar den på den sista nedåtrörelsen.

14 Med bibehållet pedaltryck, skruva loss luftningsskruven (cirka ett varv) och låt den komprimerade vätskan och luften rinna ner i burken. Medhjälparen ska fortsätta att hålla pedalen nedtryckt, och får inte släppa den förrän klartecken ges. När flödet upphör, dra åt luftningsskruven igen, be medhjälparen att långsamt släppa pedalen och kontrollera behållarens vätskenivå igen.

15 Upprepa stegen som beskrivs i punkt 13 och 14 tills vätskan som rinner ut från luftningsskruven är fri från bubblor. Om huvudcylindern har tömts och fyllts på, låt det gå cirka fem sekunder mellan cyklerna så att huvudcylinderns alla delar hinner fyllas.

Med hjälp av en luftningssats med backventil

16 Dessa luftningssatser består av en bit slang försedd med en envägsventil för att förhindra att luft och vätska dras tillbaka in i systemet. Vissa satser levereras även med en genomskinlig behållare som kan placeras så att luftbubblorna lättare ses flöda från slangänden.

17 Satsen ansluts till luftningsskruven, som sedan öppnas.

18 Återvänd till förarsätet, tryck ner kopplingspedalen mjukt och stadigt och släpp sedan långsamt upp den igen. Detta upprepas tills vätskan som rinner ut är fri från luftbubblor.

19 Observera att dessa luftningssatser underlättar arbetet så mycket att man lätt glömmer nivån i kopplingsvätskebehållaren. Se till att nivån hela tiden ligger över minimimarkeringen.

Tryckluftningsmetod

20 De tryckluftsdrivna avluftningssatserna drivs ofta av tryckluften i reservdäcket. Observera dock att trycket i reservdäcket antagligen behöver minskas till under den normala nivån. Se instruktionerna som följer med luftningssatsen.

21 Om man ansluter en trycksatt, vätskefylld behållare till kopplingsvätskebehållaren kan luftningen utföras genom att man helt enkelt öppnar luftningsskruven och låter vätskan flöda tills den inte längre innehåller några luftbubblor.

22 En fördel med den här metoden är att den stora vätskebehållaren ytterligare förhindrar att luft dras tillbaka in i systemet under luftningen.

Metod för baklänges avluftning

23 Följande metod beskriver hur man luftar med hjälp av Saabs utrustning. Det finns alternativ utrustning som ska användas i enlighet med tillverkarens anvisningar.

24 Anslut tryckslangen (88 19 096) till luftningsskruven i slangens ändbeslag ovanpå växellådshuset **(se bild 2.8)**. Anslut slangens andra ände till en lämplig tryckluftningsenhet som är inställd på cirka 2,0 bar.

25 Sätt på locket (30 05 451) på huvudcylinderbehållaren och placera en slang i ett uppsamlingskärl.

26 Slå på tryckluftningsutrustningen, öppna luftningsskruven och låt den nya hydraulvätskan rinna från tryckluftningsenheten, genom systemet och ut genom behållarens ovansida, in i uppsamlingskärlet. När vätska som är fri från luftbubblor rinner ner i behållaren, stäng luftningsskruven och stäng av luftningsutrustningen.

27 Koppla loss luftningsutrustningen från luftningsskruven och behållaren.

28 Utför slutligen en vanlig luftningsprocedur enligt beskrivningen i punkt 10 till 15 eller 16 till 19.

Alla metoder

29 När luftningen är slutförd, inga fler bubblor syns och pedalen känns som den ska igen, dra åt luftningsskruven ordentligt (men dra inte åt för hårt). Ta bort slangen och nyckeln och tvätta bort eventuell utspilld vätska. Sätt tillbaka dammkåpan på luftningsskruven.

30 Kontrollera hydraulvätskenivån i huvudcylinderbehållaren och fyll på om det behövs (se *Veckokontroller*).

31 Kassera all hydraulvätska som har tappats ur systemet. Den lämpar sig inte för återanvändning.

32 Kontrollera att kopplingspedalen fungerar. Om kopplingen fortfarande inte fungerar som den ska betyder det att det fortfarande finns luft i systemet och att det måste luftas ytterligare. Om fullständig luftning inte uppnåtts efter ett rimligt antal luftningsförsök kan detta bero på slitna tätningar i huvudcylindern/urkopplingscylindern.

3 Huvudcylinder – demontering och montering

Observera: *Det krävs nya fästmuttrar till huvudcylindern vid återmonteringen.*

Demontering

Högerstyrda modeller

1 I förekommande fall tar du bort plastkåpan över motorn.

2 Lossa kopplingens hydraulrör från fästklämman/klämmorna på mellanväggen.

3 Skruva loss påfyllningslocket från bromsens/kopplingens hydraulvätskebehållare och fyll på behållaren till MAX-markeringen (se *Veckokontroller*). Sätt en bit plastfolie över påfyllningsröret och dra åt påfyllningslocket för att fästa plasten. Detta minimerar bromsvätskespill under följande åtgärder.

4 Ta bort alla spår av smuts från utsidan av huvudcylindern och bromsens/kopplingens hydraulvätskebehållare. Placera sedan en trasa under cylindern för att fånga upp eventuell utspilld vätska.

5 Dra ut fästklämman och koppla loss hydraulröret från anslutningen på huvudcylinderns ände **(se bild)**. Plugga igen rörändarna och huvudcylinderns port för att minimera spill och hindra smuts från att tränga in.

6 Lossa fästklämman (i förekommande fall) och koppla loss vätskematningsslangen från bromsens/kopplingens hydraulvätskebehållare **(se bild)**.

7 Arbeta inifrån bilen och ta bort instrumentbrädans nedre panel på förarsidan enligt beskrivningen i kapitel 11.

8 Skilj kopplingspedalen från huvudcylinderns kolvstång genom att lossa fästklämman vid pedalen. Klämman kan lossas genom att du trycker ihop fästflikarna med hjälp av skruvmejslar, samtidigt som du drar kopplingspedalen bakåt **(se bild)**. **Observera:** *Ta inte bort klämman från huvudcylinderns kolvstång, lossa den bara från pedalen.*

9 Skruva loss de båda muttrar som fäster huvudcylindern på mellanväggen, återvänd sedan till motorrummet och ta bort huvudcylindern från bilen **(se bild)**. Om det är fel på huvudcylindern måste den bytas. Enheten kan inte renoveras.

Vänsterstyrda modeller

10 Ta bort den hydrauliska ABS-styrenheten enligt beskrivningen i kapitel 9.

11 Lossa kopplingens hydraulrör från de båda fästklämmorna under batterilådan.

12 Fortsätt med borttagningen enligt beskrivningen i punkt 3 till 9.

Montering

Högerstyrda modeller

13 Sätt huvudcylindern på plats samtidigt som du ser till att kolvstången och dess fästklämma linjerar korrekt med pedalen. Sätt dit huvudcylinderns fästmuttrar och dra åt dem till angivet moment.

3.5 Bänd ut klämman (se pil) och koppla loss röret

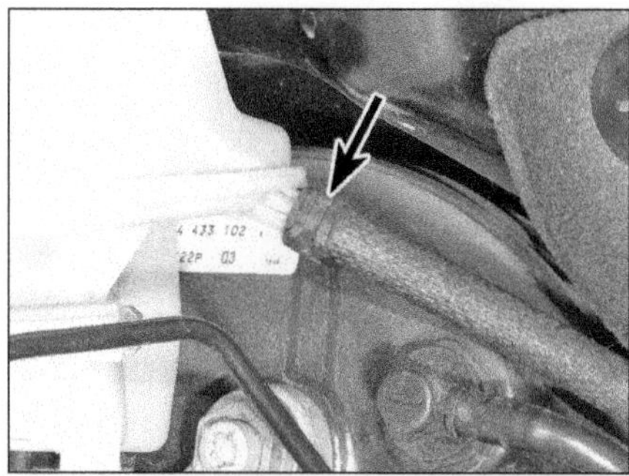

3.6 Lossa klämman (se pil) och koppla loss slangen

3.8 Tryck ihop flikarna (se pilar) och dra pedalen bakåt

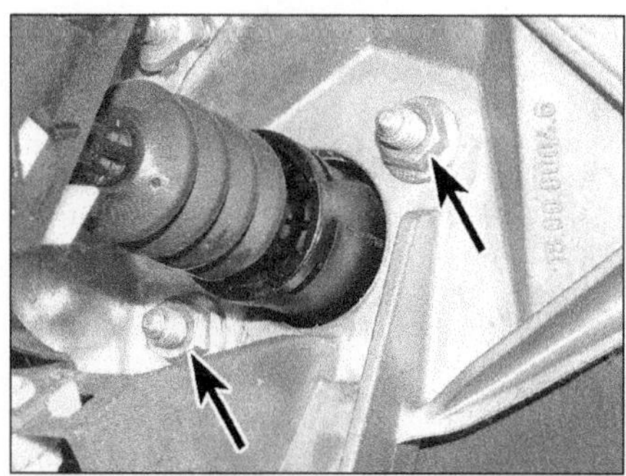

3.9 Ta loss de båda muttrarna (se pilar) som fäster huvudcylindern på mellanväggen

14 Tryck fästklämman till huvudcylinderns kolvstång in i kopplingspedalen, se till att de båda tapparna på klämman hakar i ordentligt.

15 Sätt tillbaka instrumentbrädans nedre panel på förarsidan enligt beskrivningen i kapitel 11.

16 Anslut vätskematningsslangen till bromsens/kopplingens hydraulvätskebehållare och fäst den i förekommande fall med fästklämman.

17 Tryck tillbaka hydraulröret i anslutningen på huvudcylinderns ände och sätt tillbaka fästklämman. Se till att fästklämman hakar i helt och att röret hålls fast ordentligt. Fäst röret med fästklämman/klämmorna.

18 Lufta kopplingens hydraulsystem enligt beskrivningen i avsnitt 2, sätt sedan tillbaka motorkåpan (i förekommande fall).

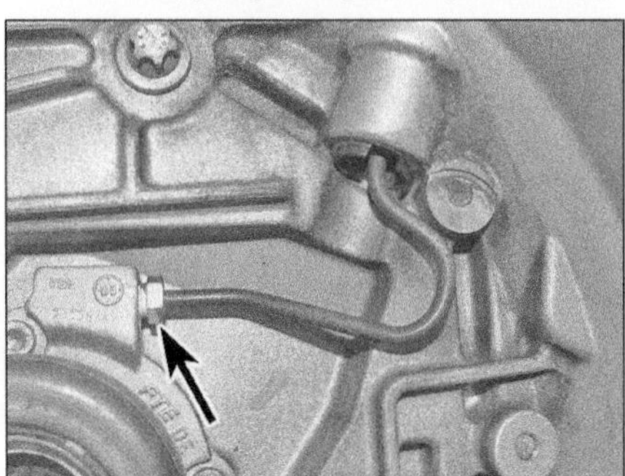

4.2 Anslutningsmutter till urkopplingscylinderns hydraulrör (se pil)

Vänsterstyrda modeller

19 Utför de åtgärder som beskrivs i punkt 13 till 18.

20 Sätt tillbaka den hydrauliska ABS-styrenheten enligt beskrivningen i kapitel 9.

4 Urkopplingscylinder – demontering och montering

Observera 1: *Eftersom det krävs mycket arbete för att demontera och montera kopplingskomponenter är det en bra idé att byta ut både kopplingslamellen, tryckplattan och urkopplingscylindern samtidigt, även om bara en av dem behöver bytas. Det är också värt att överväga att byta kopplingens delar i förebyggande syfte om motorn och/eller växellådan har tagits bort av någon annan anledning.*

Observera 2: *Läs varningen om farorna med asbestdamm i början av avsnitt 5.*

Demontering

1 Om inte hela motorn/växellådan ska demonteras och tas isär för en större renovering (se kapitel 2D), kan man komma åt urkopplingscylindern genom att bara ta bort växellådan, enligt beskrivningen i kapitel 7A.

2 Torka rent utsidan av urkopplingscylindern och lossa sedan anslutningsmuttern och koppla loss hydrauröret **(se bild)**. Torka upp eventuellt spill med en ren trasa.

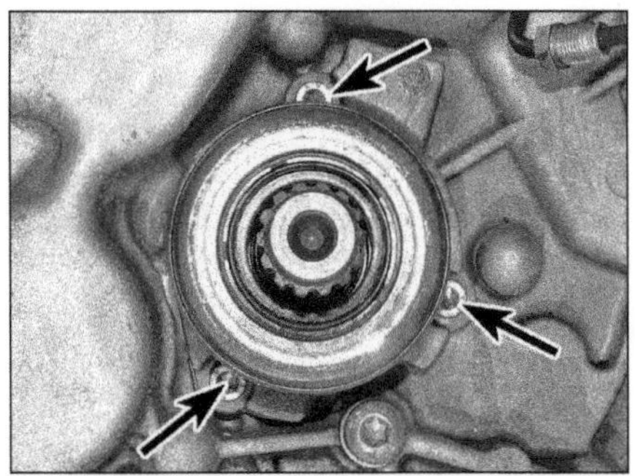

4.3 Urkopplingscylinderns torxfästskruvar (se pilar)

3 Skruva loss de tre fästskruvarna och dra bort urkopplingscylindern från växellådans ingående axel **(se bild)**. Var noga med att inte släppa in smuts i växellådan medan cylindern är borta.

4 Urkopplingscylindern är förseglad och kan inte renoveras. Om cylindertätningarna läcker eller om urkopplingslagret låter illa eller är trögt vid körning, måste hela enheten bytas ut.

Montering

5 Se till att urkopplingscylindern och växellådans fogytor är rena och torra.

6 Smörj urkopplingscylinderns tätning med lite växellådsolja och för sedan försiktigt cylindern i läge längs den ingående axeln. Sätt tillbaka urkopplingscylinderns fästskruvar med lite gängfästmassa och dra åt dem till angivet moment.

7 Återanslut hydraulröret till urkopplingscylindern och dra åt dess anslutningsmutter ordentligt.

8 Montera växellådan enligt beskrivningen i kapitel 7A.

9 Lufta kopplingens hydraulsystem enligt beskrivningen i avsnitt 2.

5 Koppling – demontering, kontroll och montering

Varning: Dammet från kopplingsslitage som avlagrats på kopplingskomponenterna kan innehålla hälsovådlig asbest. BLÅS INTE bort dammet med tryckluft och ANDAS INTE in det. ANVÄND INTE bensin eller andra petroleumbaserade lösningsmedel för att avlägsna dammet. Rengöringsmedel för bromssystem eller T-sprit bör användas för att spola ner dammet i en lämplig behållare. När kopplingens komponenter har torkats rena med trasor måste trasorna och rengöringsmedlet kastas i en tät, märkt behållare.

Demontering

1 Om inte hela motorn/växellådan ska demonteras och tas isär för en större renovering (se kapitel 2D), kan man komma åt kopplingen genom att bara ta bort växellådan, enligt beskrivningen i kapitel 7A.

2 Innan du rör kopplingen, använd en krita eller märkpenna för att markera förhållandet mellan tryckplattan och svänghjulet.

3 Skruva stegvis loss tryckplattans fästbultar i diagonal ordningsföljd ett halvt varv i taget, tills fjädertrycket lossnar och bultarna kan skruvas loss för hand.

4 Ta bort tryckplatteenheten och ta bort lamellen, observera hur lamellen är monterad. Observera att Saab understryker att lamellen och tryckplattan måste bytas samtidigt.

Kontroll

Observera: *Eftersom det krävs mycket arbete för att demontera och montera kopplingskomponenter är det en bra idé att byta ut både kopplingslamellen, tryckplattan och urkopplingslagret samtidigt, även om bara en av dem behöver bytas. Det är också värt att överväga att byta kopplingens delar i förebyggande syfte om motorn och/eller växellådan har tagits bort av någon annan anledning.*

5 När du rengör kopplingens delar, läs först varningen i början av det här avsnittet. Ta bort damm med en ren, torr trasa och se till att arbetsrummet är väl ventilerat.

6 Sök efter slitage, skador eller oljeföroreningar på den framåtvända lamellen. Om belägget är sprucket, bränt, repigt, skadat eller förorenat med olja eller fett (svarta, glänsande spår) måste du byta ut lamellen.

7 Om belägget fortfarande är användbart, kontrollera att centrumnavets spår inte är slitna och att alla nitar sitter hårt. Om slitage eller skador påträffas måste den berörda lamellen bytas ut.

8 Om belägget är oljigt beror det på läckage från vevaxelns packbox, skarven mellan sump och motorblock eller urkopplingscylinderenheten. Byt vevaxelns packbox eller reparera sumpanslutningen enligt beskrivningen i tillämplig del av kapitel 2, innan du installerar den nya lamellen. Urkopplingscylindern behandlas i avsnitt 4.

9 Kontrollera att tryckplattan inte är synligt skadad eller sliten. Skaka den och lyssna efter löst sittande nitar eller slitna/skadade stödpunktsringar. Kontrollera att remmarna som fäster tryckplattan i kåpan inte har överhettats (mörkgula eller blå missfärgningar). Om tallriksfjädern är sliten eller skadad eller om trycket inte är som det brukar, måste hela tryckplattan bytas ut.

10 Undersök de bearbetade lagerytorna på tryckplattan och svänghjulet. De bör vara rena, helt släta och inte vara repade eller spåriga. Om någon av dem är missfärgad eller sprucken bör du byta ut den. Mindre skador kan ibland slipas bort med smärgelduk.

11 Kontrollera att urkopplingscylinderns lager roterar smidigt och lätt, utan minsta oljud eller ojämnheter. Kontrollera även att själva ytan är slät och oskadd, utan tecken på sprickor, gropbildning eller repor. Om det råder några som helst tvivel om lagrets skick måste urkopplingscylindern bytas (lagret kan inte bytas separat).

Montering

12 Kopplingstryckplattan är ovanlig, eftersom den har en förjusteringsmekanism som kompenserar för lamellslitage (Saab kallar detta för självjusterande koppling (SAC), vilket är lite tvetydigt eftersom alla kopplingar på dessa modeller i princip är självjusterande). Den här mekanismen måste emellertid återställas innan tryckplattan återmonteras. Den nya plattan kan levereras med inställningarna gjorda, då kan du hoppa över den här proceduren.

13 En bult med stor diameter (minst M14) som är tillräckligt lång för att gå igenom tryckplattan, en matchande mutter och flera brickor med stor diameter behövs för det här arbetet. Sätt fast bultskallen i ett kraftigt skruvstycke, med en stor bricka monterad.

14 Passa in plattan över bulten med lamellytan vänd nedåt och placera den centralt över bulten och brickan – brickan ska ligga an mot centrumnavet **(se bild)**.

15 Sätt dit flera stora brickor över bulten, så att de ligger an mot fjädrarnas ändar. Sätt sedan dit muttern och dra åt för hand för att passa in brickorna **(se bild)**.

16 Syftet med detta är att vrida plattans inre justerskiva så att de tre små spiralfjädrarna som syns på plattans yttre yta är helt ihoptryckta. Dra åt muttern som du just satte dit tills justerskivan kan rotera. Placera en smal tång eller en låsringstång i ett av de båda fönstren i den övre ytan och öppna tången för

5.14 Sätt en stor bult och bricka i ett skruvstycke, sätt sedan dit tryckplattan över den

5.15 Sätt dit stora brickor och en mutter på bulten och dra åt för hand

5.16a Dra åt muttern tills fjäderjusteraren kan rotera . . .

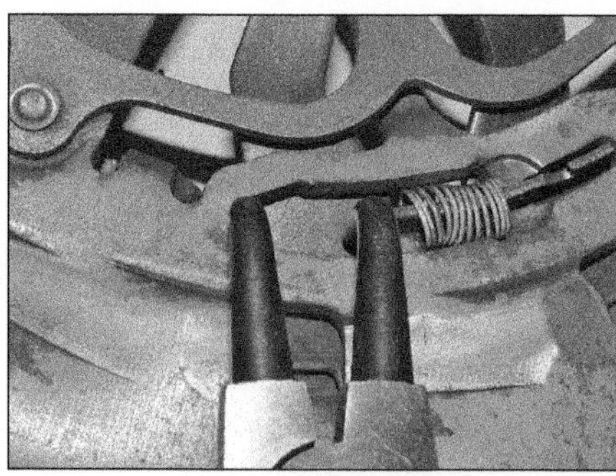

5.16b . . . öppna sedan tången för att trycka ihop fjädrarna

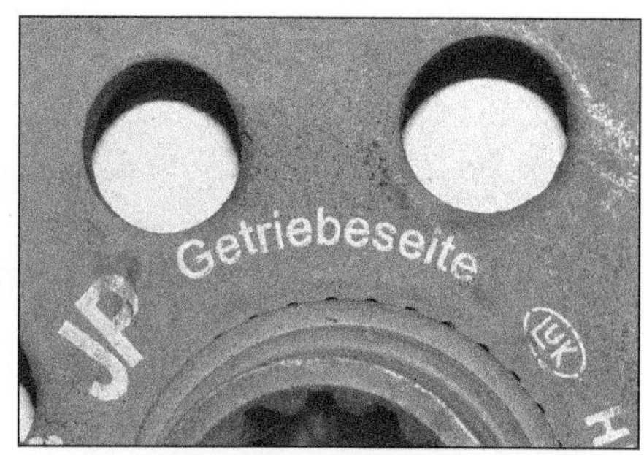

5.20 Orden "transmission side" eller "Getriebeseite" på lamellen måste vara vända mot växellådan

att vrida justerskivan moturs så att fjädrarna trycks ihop helt **(se bilder)**.

17 Håll tången i detta läge och skruva sedan loss mittmuttern. När muttern har lossats hakar justerskivan i på sin plats och tången kan tas bort. Ta bort tryckplattan från skruvstycket, den är klar att monteras.

18 Se till att friktionsytorna på svänghjulet och tryckplattan är helt rena, jämna och fria från olja och fett före återmonteringen. Ta bort eventuellt fett från nya komponenter med lösningsmedel.

19 Smörj in lamellnavets kuggar med lite högtemperaturfett. Stryk inte på för mycket, då kan det smutsa ner lamellbeläggen.

20 Placera lamellen på svänghjulet, se till att orden "transmission side" eller "Getriebeseite" pekar mot växellådan **(se bild)**.

21 Sätt tillbaka tryckplatteenheten, linjera markeringarna som du gjorde vid isärtagningen (om originaltryckplattan återanvänds). Stryk på lite gängfästmassa och sätt sedan dit tryckplattans bultar, men dra endast åt dem

5.21 Sätt dit tryckplatteenheten över lamellen

för hand så att lamellen fortfarande kan röra sig **(se bild)**.

22 Nu måste lamellen centreras så att växellådans ingående axel löper genom spårningen i mitten av lamellen.

23 Det gör du genom att t.ex. föra en skruvmejsel eller ett annat långt skaft genom lamellen och in i hålet i vevaxeln. Då kan du centrera lamellen på hålet i vevaxeln.

5.23 Centrera lamellen med ett syftningsverktyg för kopplingen eller liknande

Du kan även använda ett syftningsverktyg för kopplingen för att slippa gissa. Sådana verktyg finns i de flesta tillbehörsbutiker **(se bild)**.

24 När lamellen är centrerad, dra jämnt åt tryckplattans bultar i diagonal ordningsföljd till angivet åtdragningsmoment.

25 Montera växellådan enligt beskrivningen i kapitel 7A.

Kapitel 7 Del A: Manuell växellåda

Innehåll

Svårighetsgrad

Enkelt, passar novisen med lite erfarenhet 

Ganska enkelt, passar nybörjaren med viss erfarenhet 

Ganska svårt, passar kompetent hemmamekaniker 

Svårt, passar hemmamekaniker med erfarenhet 

Mycket svårt, för professionell mekaniker 

Specifikationer

Allmänt

Typ	Tvärställd, framhjulsdriven växellåda med inbyggd axelöverförd differential/bakaxelväxel. Fem eller sex växlar och en back, alla synkroniserade

Åtdragningsmoment

Åtdragningsmoment	Nm
Backljusbrytare	20
Bultar mellan krängningshämmare och kryssrambalk	18
Bultar mellan svänghjulskåpan och motorblocket:	
M10	40
M12	70
Främre kryssrambalkens bultar:	
Bak:	
Steg 1	90
Steg 2	Vinkeldra ytterligare 45°
Fram:	
Steg 1	75
Steg 2	Vinkeldra ytterligare 135°
Kuggstång:	
Steg 1	50
Steg 2	Vinkeldra ytterligare 60°
Pluggar för oljenivå, påfyllning och avtappning	50
Vänster packboxkåpa	24

1 Allmän information

Den manuella växellådan är tvärställd i motorrummet och fastbultad direkt på motorn. Den här utformningen ger kortast möjliga drivavstånd till framhjulen samtidigt som kylningen av växellådan förbättras eftersom den är placerad mitt i luftflödet genom motorrummet.

Drivning från vevaxeln överförs från kopplingen till växellådans ingående axel, som är försedd med spår för att kunna gå i ingrepp med kopplingslamellen.

Dreven är i ständigt ingrepp med motsvarande växellådskugghjul och rör sig fritt oberoende av växellådans axlar, tills en växel väljs. Skillnaden i diameter och antalet kuggar mellan dreven och kugghjulen ger axeln den hastighetsminskning och den momentförstärkning som krävs. Kraft överförs sedan till bakaxelväxelns kugghjul/differential via den utgående axeln.

Alla växlar synkroniserade, även backväxeln. När en växel väljs påverkar växelspakens rörelse väljargafflar i växellådan, som är monterade i spår på synkroniseringshylsorna. Hylsorna, som glider axiellt över nav med spårning, trycker balkringar till kontakt med respektive kugghjul/drev. De konformade ytorna mellan balkringarna och dreven/kugghjulen fungerar som friktionskoppling och anpassar stegvis synkroniseringshylsans hastighet (och växellådans axel) till kugghjulets/drevets hastighet. Kuggarna på balkringen förhindrar synkroniseringshylsan från att gå i ingrepp med kugghjulet/drevet tills att de har exakt samma varvtal. Detta ger mjuk växling och minskar oljud och slitage som orsakas av snabba växlingar.

När backen läggs i hakar ett överföringsdrev i backdrevet och kuggarna på utsidan av den första/andra synkroniseringshylsan. Det minskar hastigheten så mycket som krävs och tvingar den utgående axeln att rotera i motsatt riktning, med följd att bilen körs baklänges.

2.4a Oljenivå/påfyllningsplugg (se pil) – 5-växlad låda

2.4b Oljepåfyllningsplugg (se pil) – 6-växlad låda

2.5a Oljeavtappningsplugg (se pil) – 5-växlad låda

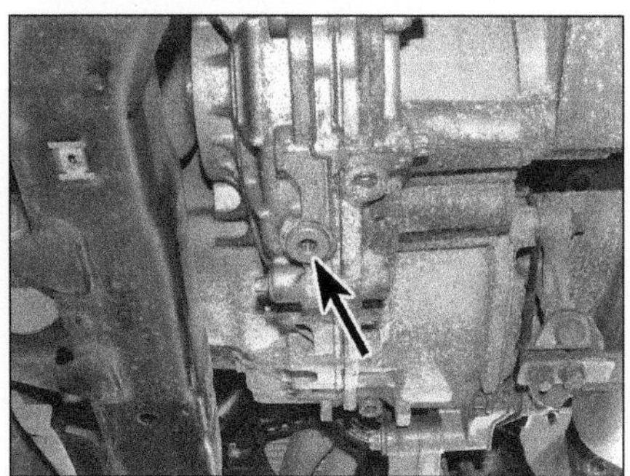
2.5b Oljeavtappningsplugg (se pil) – 6-växlad låda

2 Växellåda – avtappning och påfyllning

Allmän information

1 Tillverkaren fyller växellådan med olja av rätt kvalitet och kvantitet. Även om tillverkaren inte uttryckligen kräver det är det bra att kontrollera nivån regelbundet (om det går), och fylla på vid behov (se kapitel 1A eller 1B). Oljan i växellådan behöver däremot inte tömmas ut och bytas under växellådans liv, om inte växellådan utsätts för reparation.

Avtappning

2 Kör en sväng så att motorn/växellådan värms upp till normal arbetstemperatur. Detta påskyndar avtömningen, och eventuellt slam och avlagringar töms lättare ut.

3 Parkera bilen på plant underlag, slå av tändningen och dra åt handbromsen. Hissa upp framvagnen och ställ den på pallbockar för att lättare komma åt (se *Lyftning och stödpunkter*). **Observera:** *Bilen måste sänkas ner och parkeras på plant underlag för korrekt kontroll och påfyllning av olja.* Skruva loss skruvarna och ta bort motorns undre skyddskåpa (i förekommande fall).

4 Torka rent området runt påfyllningspluggen, som sitter på växellådans vänstra sida (5-växlad) eller på den övre främre ytan (6-växlad). Skruva loss pluggen från huset **(se bilder)**.

5 Placera en behållare som rymmer minst 2,5 liter (gärna tillsammans med en stor tratt) under avtappningspluggen **(se bilder)**. Avtappningspluggen sitter på växellådans baksida, under vänster drivaxel (5-växlad) eller längst ner på huset (6-växlad). Använd en insexnyckel för att skruva loss pluggen från huset (på 5-växlade växellådor krävs en förkortad insexnyckel på 8 mm). Observera att avtappningspluggen har en inbyggd magnet, som ska fånga upp metallpartiklarna som bildas när växellådans delar slits. Om mycket metall har samlats på pluggen kan det vara ett tidigt tecken på komponentfel.

6 Låt all olja rinna ner i behållaren. Vidta försiktighetsåtgärder för att undvika brännskador om oljan är het. Rengör både påfyllnings- och avtappningspluggen ordentligt och var extra noga med gängorna.

3.2 Rotera den översta armen (se pil) helt medurs

Påfyllning

7 När oljan har runnit ut helt, rengör plugghålens gängor i växellådshuset. Stryk gänglåsningsvätska på gängorna och dra åt pluggen till angivet moment. Sänk ner bilen om den är upphissad.

8 Låt oljan få god tid på sig att rinna ner i växellådan efter påfyllningen, innan nivån kontrolleras. Observera att bilen måste vara parkerad på plant underlag när oljenivån kontrolleras. Använd en tratt om det behövs för att få ett regelbundet flöde och undvika spill.

9 Fyll på växellådan med olja av angiven typ, kvalitet och mängd, kontrollera sedan oljenivån enligt beskrivningen i kapitel 1A eller 1B. Om det rinner ut mycket olja när du tar bort nivåkontrollpluggen (endast 5-växlad: det finns inga nivåpluggar på 6-växlade lådor), sätt tillbaka både påfyllnings- och nivåpluggen. Kör sedan bilen en kort sträcka så att den nya oljan kan fördelas jämnt i och runt växellådans komponenter. Kontrollera sedan oljenivån igen.

10 Avsluta med att montera nya tätningsbrickor på påfyllnings- och nivåpluggen, dra åt dem ordentligt. Sätt tillbaka motorns undre skyddskåpa (i förekommande fall).

3 Växlingsvajrar – inställning

1 Om växlingen är stel, lös eller otydlig, kan vajrarna vara felaktigt justerade (kontrollera även att oljenivån och oljetypen stämmer). Nedan följer en beskrivning av hur inställningen kontrolleras och, om det behövs, justeras.

5-växlad låda

2 Parkera bilen, dra åt handbromsen och stäng av motorn. Lägg i 4:ans växel på vajrarnas växellådsände (översta armen helt medurs) **(se bild)**.

3 Börja bakifrån och bänd försiktigt upp växelspakens damask och fästram för att komma åt växelspakens hus.

4 Använd en skruvmejsel och bänd försiktigt vajerjusterarens låsspärr framåt. När du hör ett klickljud har justeringslåsspärren lossats **(se bilder)**. Upprepa denna metod på den återstående vajern.

5 Lyft upp växelspakens justerarm och använd en tång för att trycka in de båda spärrarna **(se bild 3.13a)**. Låt justerhylsfliken haka i justerhacket på husets baksida **(se bild)**.

6 Tryck försiktigt en skruvmejsel mot den halvmåneformade delen av justeringsspärren. Ett klickljud betyder att spärren har hakat i rätt läge **(se bild)**. Upprepa denna metod på den återstående vajern.

7 Lyft justeringshylsan till dess normala läge.

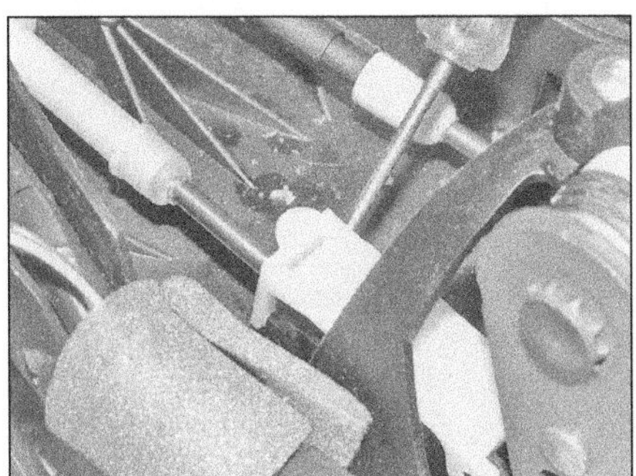

3.4a Bänd låsspärren framåt . . .

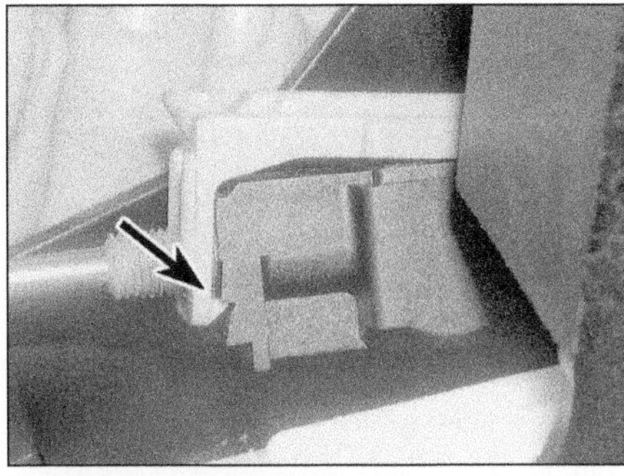

3.4b . . . tills den främre kantens tapp (se pil) vilar mot inskärningen

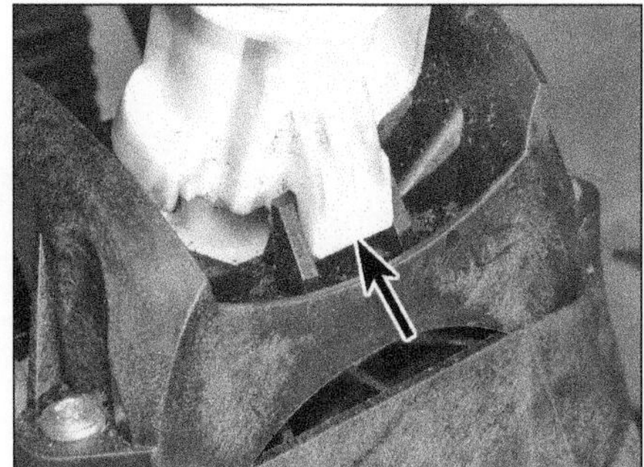

3.5 Passa in justerhylsans flik (se pil) i inskärning på baksidan

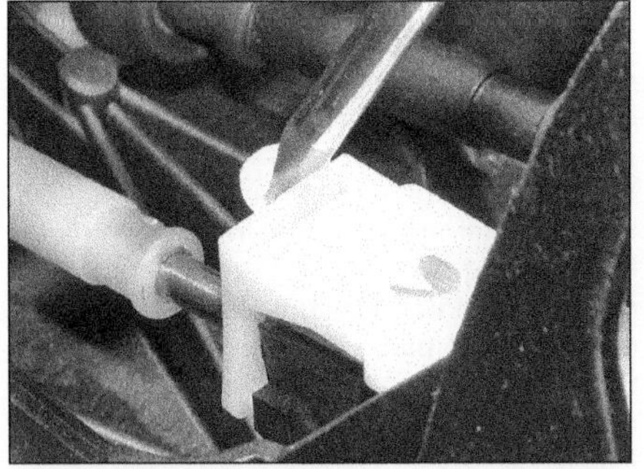

3.6 Tryck ner låsspärren tills den klickar på plats

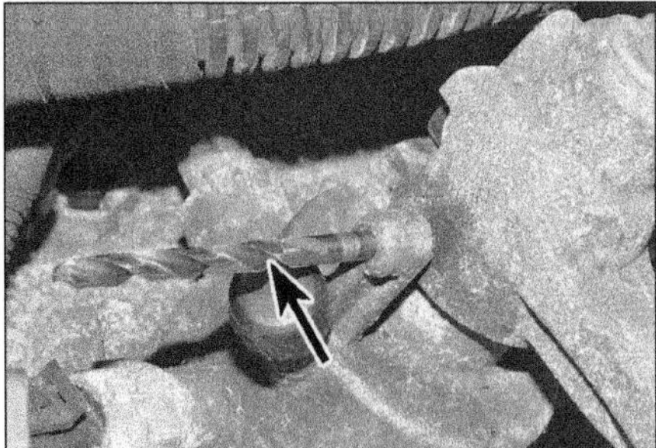

3.10 Sätt in ett borrbits på 5,0 mm (se pil) genom hålet i fästbygeln, in i hålet i väljaraxeln

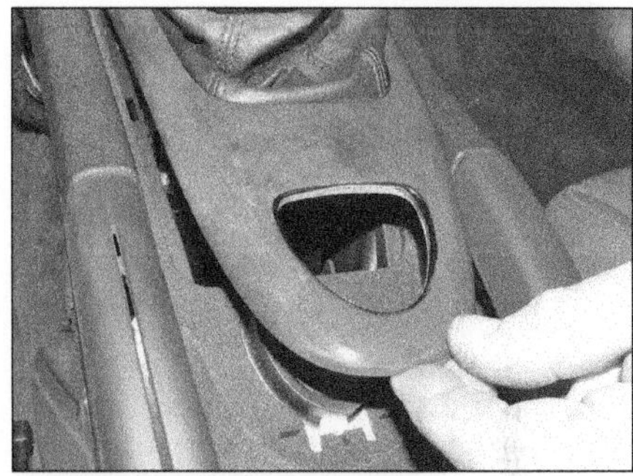

3.11 Börja bakifrån, bänd upp och ta bort växelspakens omgivande klädselpanel

8 Kontrollera att växlingsenheten fungerar som den ska. Om så är fallet, sätt tillbaka växelspakens damask och fästram.

6-växlad låda

9 Lägg i friläget, skruva sedan loss fästet, skjut mittkonsolens sidopanel bakåt och sedan nedåt, och ta bort den.

10 Lyft upp väljaraxeln lite och sätt in Saabs verktyg nr 87 92 335 i hålet i axeln. Om du inte har tillgång till specialverktyget kan du använda ett borrbits på 5,0 mm **(se bild)**.

11 Börja bakifrån och bänd försiktigt upp växelspakens damask och fästram för att komma åt växelspakens hus **(se bild)**. Ta bort gummimattan och panelen framför fästramen.

12 Använd en skruvmejsel och bänd försiktigt vajerjusteraren lite grann mot växelspaken. När du hör ett klickljud har justeringslåsspärren lossats **(se bild)**. Upprepa denna metod på den återstående vajern.

13 Lyft upp växelspakens justerhylsa, samtidigt som du trycker in de båda spärrarna med en tång (eller två skruvmejslar). Sänk försiktigt ner justerhylsan och låt spärren haka i urtaget i växelspakshuset **(se bilder)**.

14 Använd ett finger och tryck försiktigt växelspaken åt vänster, håll den i det läget och tryck ner skruvmejseln på justerspärren på vajerbeslaget. Ett klickljud betyder att spärren har hakat i rätt läge **(se bild)**. Upprepa denna metod på den återstående vajern.

15 Lyft upp justerhylsan till dess normala läge och kontrollera att spärrarna låses ordentligt.

16 Ta bort stiftet (borrbitset) från väljaraxeln och kontrollera att växlingsenheten fungerar som den ska.

17 Montera växelspakens damask och fästram.

3.12 Sätt in en skruvmejsel och dra handtaget bakåt för att bända loss klämmans främre del (se pil) framåt

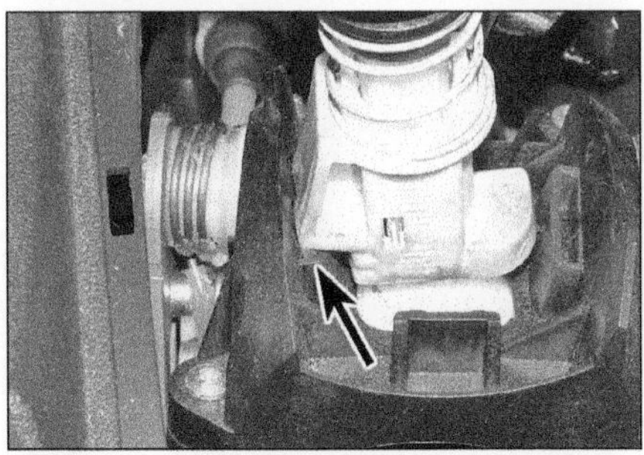

3.13b . . . sänk ner justerhylsan och haka i spärren i urholkningen (se pil) i huset

Båda typerna av växellåda

18 Avsluta med att köra bilen en sväng och kontrollera att alla växlar fungerar mjukt och exakt.

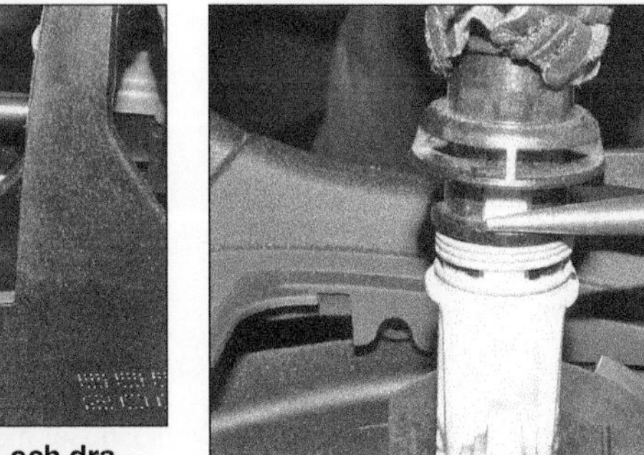

3.13a Tryck ihop fästklämmorna med en tång . . .

3.14 Tryck ner klämmans främre kant tills den klickar på plats

4.4 Använd en tång för att bända loss växlingsvajrarnas ändar från väljararmarna

4.5 Dra bort hylsorna och koppla loss vajerhöljet från fästbygeln

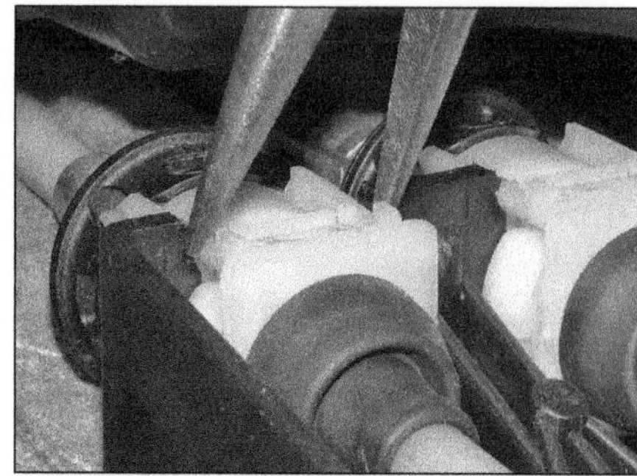
4.7 Tryck ihop klämmorna och dra vajerhöljena uppåt från växelspakshuset

4 Växlingsvajrar - demontering, kontroll och montering

Demontering

1 Parkera bilen, stäng av motorn och dra åt handbromsen.

2 Se kapitel 11, ta bort mittkonsolen och ta sedan bort vänster golvluftkanal.

3 Lägg i 4:ans växel (5-växlad låda) eller friläge (6-växlad låda).

4 Från motorrummet använder du en tång för att försiktigt bända loss växlingsvajrarnas ändar från väljararmarna på växellådan **(se bild)**.

5 Dra tillbaka låshylsorna och koppla loss vajrarna från fästbygeln på växellådan **(se bild)**.

6 Bänd försiktigt loss gummitätningen och plastgenomföringen från motorrummets mellanvägg.

7 Tryck ner spärrarna och dra vajerhöljena från växelspakshuset **(se bild)**. Om det behövs kan du lyfta upp luftkanalen lite för att komma åt vajrarna.

8 Använd en skruvmejsel och bänd försiktigt vajerjusteraren lite grann mot växelspaken. När du hör ett klickljud betyder det att justeringslåsspärren har lossats. Upprepa denna metod på den återstående vajern.

9 Dra försiktigt ut vajrarna i motorrummet.

Montering

10 För in vajerenheten genom öppningen i motorrummet.

11 Anslut vajrarna på växelspaken och växelspakshuset. De vita och svarta kablarna motsvarar justerarnas färger.

12 Sätt tillbaka plastgenomföringen och gummitätningen på motorrummets mellanvägg.

13 Sätt dit vajern i hållarna på växellådsfästbygeln, dra hylsorna bakåt och låt dem spärra vajrarna på plats. De vita vajrarna fästs på den nedre fästbygeln och den svarta fäster på den övre fästbygeln.

14 Tryck in vajerändarna i väljararmarna.

15 Justera vajrarna enligt beskrivningen i avsnitt 3.

5 Packboxar - byte

Drivaxelns packbox

1 Ta bort den aktuella drivaxeln enligt beskrivningen i kapitel 8. Om du ska byta höger packbox, ta bort den mellanliggande axeln och drivaxeln.

2 Se avsnitt 2 och tappa ur växellådsoljan. Gör rent och sätt tillbaka avtappningspluggen.

3 Bänd loss drivaxelns packbox från växellådshuset med ett lämpligt verktyg **(se bild)**. Var försiktig så att du inte skadar tätningens yta. Kasta den gamla tätningen.

4 Rengör fogytorna på lagerhuset/differentialhuset noggrant. Var försiktig så att inte smuts kan tränga in i lagren på någon av enheterna.

5 Sätt försiktigt dit den nya packningen i huset, se till att den sitter rakt. Använd en lämplig rund bricka för att driva in tätningen rakt in i huset tills den yttre kanten ligger jäms med huset **(se bild)**.

6 Se kapitel 8 och sätt tillbaka drivaxeln (och mellanaxeln och lagerenheten i förekommande fall).

7 Sätt tillbaka hjulet och sänk ner bilen till marken. Dra åt hjulbultarna till angivet moment.

8 Se avsnitt 2 och fyll på växellådan med olja av rekommenderad kvalitet.

Ingående axelns packbox

9 Packoxen är en del av urkopplingscylindern och kan inte bytas separat, se kapitel 6 (*Urkopplingscylinder - demontering och montering*) för mer information.

6 Backljusbrytare - kontroll, demontering och montering

Kontroll

1 Koppla loss kablaget från backljusbrytaren vid kontaktdonet. Brytaren sitter ovanpå växellådshuset på både 5-och 6-växlade växellådor **(se bilder)**.

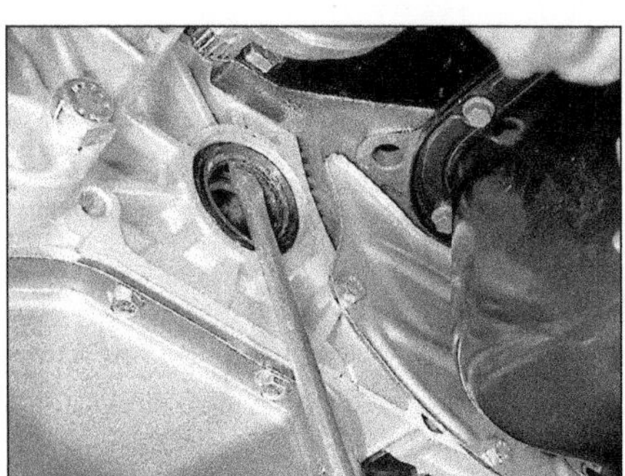
5.3 Bänd ut drivaxelns tätning

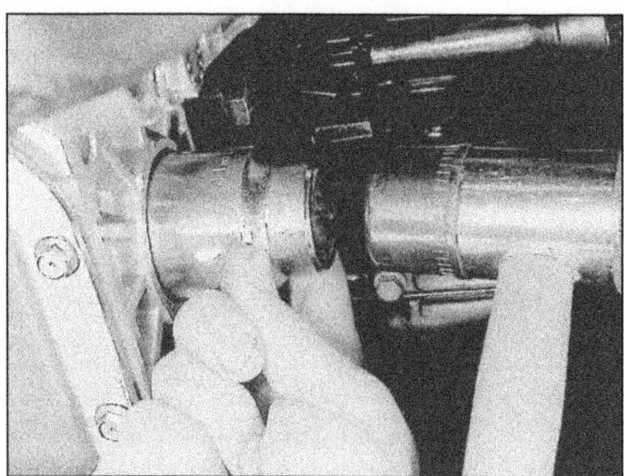
5.5 Använd en hylsnyckel som rörformig dorn för att driva tätningen rakt på plats

6.1a Backljusbrytare (se pil) - 6-växlad låda

2 Anslut sonderna på en ledningsprovare, eller en multimeter inställd på resistansfunktionen, över backljusbrytarens poler.

3 Kontakten är normalt öppen, så om inte backen är ilagd bör mätaren ange krets-/ledningsbrott. När backen läggs i ska kontakten stängas så att mätaren visar på ledningsförmåga.

4 Kontakten ska bytas ut om den inte fungerar som den ska eller om den bara fungerar ibland.

Demontering

5 Koppla loss kablaget från backljusbrytaren vid kontaktdonet.

6 Skruva loss kontakten, ta vara på eventuella brickor. Dessa ska sedan sättas tillbaka så att korrekt avstånd finns mellan kontaktaxeln och backväxelns axel.

Montering

7 Monteringen utförs i omvänd ordningsföljd mot demonteringen.

7 Växellåda – demontering och montering

Observera: *Se kapitel 2D för beskrivning av demontering av motor och växellåda som en enhet.*

Demontering

1 Dra åt handbromsen, lyft fordonets främre del och ställ framvagnen på pallbockar (se *Lyftning och stödpunkter*). Ta bort framhjulen. Ta bort motorns övre och undre skyddskåpa och växellådan.

2 Se avsnitt 2 i det här kapitlet och töm växellådan på olja. Sätt tillbaka och dra åt avtappningspluggen.

3 Ta bort batteriet enligt beskrivningen i kapitel 5A, skruva sedan loss de tre fästbultarna och ta bort batterihyllan. Koppla loss eventuella anslutningskontakter när batterihyllan tas bort.

4 Koppla loss jordkabeln från växellådsfästet och koppla loss backljusbrytaren **(se bild)**.

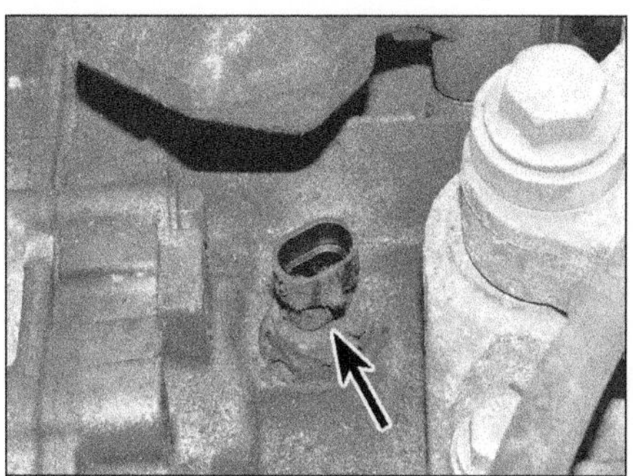

6.1b Backljusbrytare (se pil) – 5-växlad låda

5 Bänd ut växlingsvajrarnas ändar från armarna på växellådan, skruva sedan loss bultarna och koppla loss vajrarna och stödfästet från växellådans hus **(se bild)**.

6 Använd en slangklämma för att försluta slangen och dra sedan ut fästklämman och koppla loss kopplingens hydraulslang från anslutningen på växellådshuset (se kapitel 6).

7 Ta bort bultarna som fäster den övre delen av balanshjulskåpan på motorn.

8 Lyft bort kylvätskans expansionskärl och lägg det åt sidan.

9 Sätt en lyftbalk tvärs över motorrummet. Ställ stöden säkert mot trösklarna på båda sidor, i linje med benens övre fästen. Haka fast balken i motorlyftöglan och lyft upp den så att motorns vikt inte längre ligger på växellådans fäste. De flesta äger inte en lyftbalk, men det kan gå att hyra en. Ett alternativ kan vara att stötta motorn med en motorlyft. Tänk dock på att du måste justera lyften så att inte motorfästena belastas för mycket om du t.ex. ändrar arbetshöjden genom att sänka bilens pallbockar.

10 Ta bort den undre skyddskåpan under kylaren. Använd sedan remmar eller buntband och häng upp kylaren från bilen. På cabrioletmodeller skruvar du loss bultarna och tar bort den främre chassiförstärkningen.

11 Skruva loss skruvarna och ta bort kylarens nedre fästbyglar från den främre kryssrambalken **(se bild)**.

12 Ta bort hela avgassystemet enligt beskrivningen i kapitel 4A eller 4B.

13 Ta bort motorns momentstag från kryssrambalken (se relevant del av kapitel 2).

14 Ta bort båda drivaxlarna enligt beskrivningen i kapitel 8.

15 Skruva loss muttrarna/bultarna och koppla loss kuggstången från kryssrambalken.

16 Lossa styrservorören från klämmorna som fäster dem på kryssrambalken.

17 Gör inställningsmarkeringar mellan kryssrambalken och karossen, skruva sedan loss fästbultarna/fästbyglarna, och sänk ner kryssrambalken lite **(se bilder)**.

18 Skruva loss bultarna som fäster krängningshämmarens klämmor och sänk sedan ner kryssrambalken.

19 Koppla loss jordledningen från växellådshusets vänstra ände **(se bild)**.

20 Ta bort momentstagets bakre fästbyglar från växellådshuset.

7.4 Koppla loss jordkabeln (se pil)

7.5 Skruva loss bultarna (se pilar) och ta bort vajerstödfästet

7.11 Skruva loss torxskruven (se pil) som håller fast kylarens nedre fästbygel på vardera sida

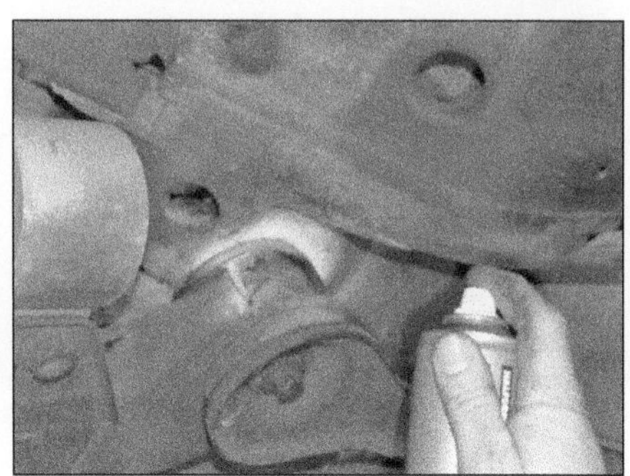

7.17a Gör inställningsmarkeringar runt kryssrambalkens fästen – vi använde sprayfärg

7.17b Skruva sedan loss de främre . . .

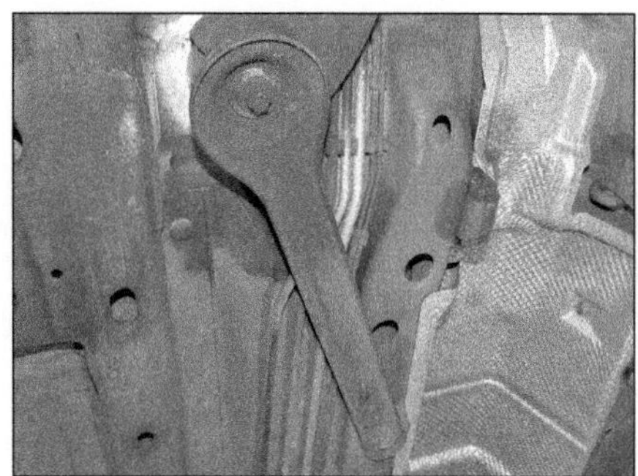

7.17c . . . och bakre kryssrambalks-fästbultarna

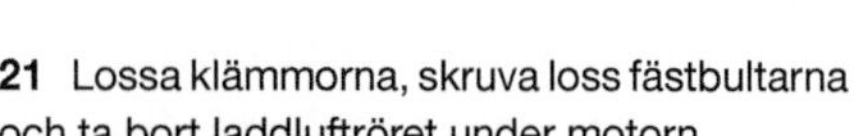

21 Lossa klämmorna, skruva loss fästbultarna och ta bort laddluftröret under motorn.

22 Skruva loss de återstående bultarna mellan balanshjulskåpan och motorn, men lämna kvar en bult på plats.

23 Skruva loss bultarna som håller fast vänster fäste på växellådan.

24 Använd en lyft eller motorlyft och sänk ner motorn/växellådan cirka 70 mm, skruva sedan loss de återstående bultarna mellan växellådan och motorn. Skjut bort växellådan från motorn och ta bort den från bilens undersida.

Varning: Växellådan är mycket tung, du måste ha en medhjälpare.

25 I detta läge, med växellådan borttagen, passar det bra att kontrollera och, vid behov, byta ut kopplingen (se kapitel 6).

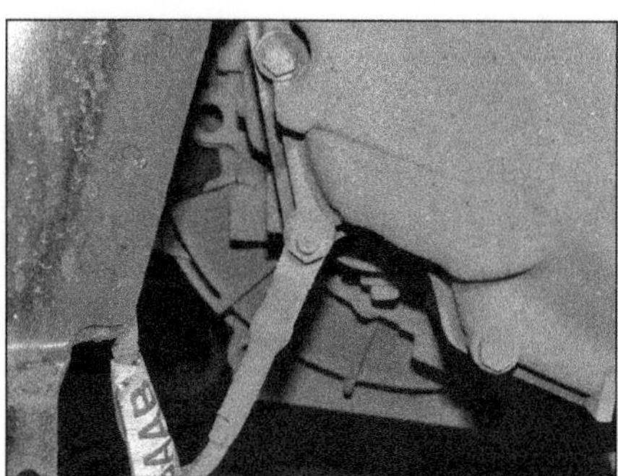

7.19 Koppla loss jordledningen från växellådshusets ände

Montering

26 Montera växellådan i omvänd ordning och notera följande punkter:

a) *Smörj på kopplingsmonteringsfett på växellådans ingående axel. Använd inte för mycket fett, då kan kopplingslamellen förorenas.*

b) *Montera motor-/växellådsfästena enligt beskrivningen i kapitel 2A, 2B eller 2C.*

c) *Observera angivna åtdragningsmoment (i förekommande fall) vid åtdragning av alla muttrar och bultar.*

d) *Lufta kopplingens hydraulsystem enligt instruktionerna i kapitel 6.*

e) *Om växellådsoljan tappades av, avsluta med att fylla på olja av rätt kvalitet/typ och mängd enligt beskrivningen i avsnitt 2.*

8 Växellåda, översyn – allmän information

Renovering av en manuell växellåda är ett komplicerat (och ofta dyrt) arbete för en hemmamekaniker och kräver specialutrustning. Det omfattar isärtagning och ihopsättning av många små delar. Ett stort antal spel måste mätas exakt och vid behov justeras med mellanlägg och distansbrickor. Inre komponenter till växellådor är ofta mycket dyra och svåra att få tag på. En växellåda som är trasig eller låter illa bör därför överlåtas till en specialist eller bytas ut.

Det är dock möjligt för en erfaren hemmamekaniker att renovera en växellåda, förutsatt att rätt specialverktyg finns och att arbetet utförs metodiskt så att ingenting glöms bort.

Inre och yttre låsringstänger, lageravdragare, stiftdornar, en hammare, en indikatorklocka (mätklocka) och ev. en hydraulpress är några av de verktyg som behövs. En stor, stadig arbetsbänk och ett skruvstäd krävs också.

Anteckna noga hur alla komponenter är placerade medan växellådan tas isär, det underlättar en korrekt återmontering.

Innan växellådan tas isär bör man ha en aning om var felet sitter. Vissa problem kan härledas till specifika områden i växellådan, vilket underlättar kontroll och byte av komponenter. Se avsnittet *Felsökning* i slutet av den här handboken för ytterligare information.

Kapitel 7 Del B: Automatväxellåda

Innehåll

Svårighetsgrad

Enkelt, passar novisen med lite erfarenhet 	**Ganska enkelt,** passar nybörjaren med viss erfarenhet	**Ganska svårt,** passar kompetent hemmamekaniker 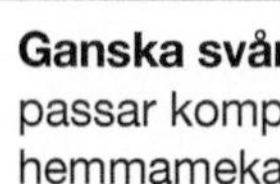	**Svårt,** passar hemmamekaniker med erfarenhet 	**Mycket svårt,** för professionell mekaniker

Specifikationer

Allmänt

Beteckning	FA57 eller AF40 (automatväxellåda framhjulsdrift)
Typ*:	
FA57	Femväxlad elektroniskt styrd automatlåda med manuell Sentronic-funktion
AF40	Sexväxlad elektroniskt styrd automatlåda med manuell Sentronic-funktion

**Typkoden finns på en platta på växellådshuset*

Åtdragningsmoment

	Nm
Bultar mellan momentomvandlare och drivplatta	30
Bultar, motor- och växellådsenhet	70
Främre kryssrambalk:	
Bakre fästbygelbultar:	
Steg 1	90
Steg 2	Vinkeldra ytterligare 45°
Huvudbultar:	
Steg 1	75
Steg 2	Vinkeldra ytterligare 135°
Krängningshämmarmuttrar	18
Kuggstångsbultar:	
Steg 1	50
Steg 2	Vinkeldra ytterligare 60°
Momentstagets fästbygelbultar	93
Motorns momentstag till kryssrambalk:	
Bak	80
Fram	60
Växellådans fästbygelbultar	93

3.1a Börja bakifrån och bänd upp spakens omgivande panel

3.1b Panelen är fasthakad vid framkanten

3.3a Sätt in en skruvmejsel i justerarens spår och dra handtaget bakåt . . .

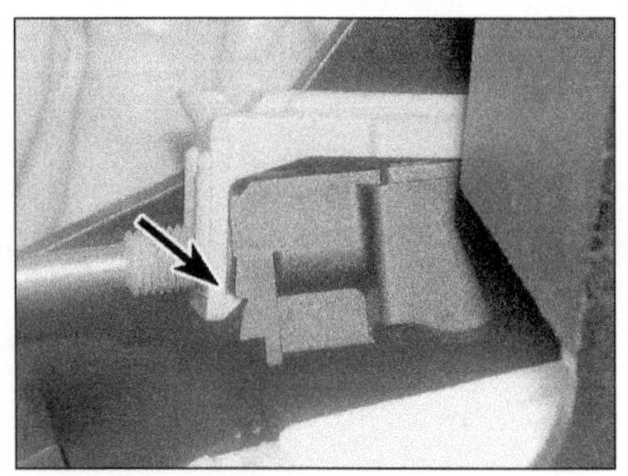

3.3b . . . tills tappen (se pil) vilar mot inskärningen

1 Allmän information

1 Automatväxellådan kan väljas på alla bensinmodeller och dieselmodellen Z19DTH med dubbla överliggande kamaxlar och 16 ventiler. Automatväxellådan är en elektroniskt styrd femväxlad (FA57) eller sexväxlad (AF40) enhet som har en låsfunktion. Den består av en planetväxel, en momentomvandlare med direktkoppling, ett hydrauliskt styrsystem och ett elektroniskt styrsystem. Enheten styrs av den elektroniska styrmodulen (ECM) via elektroniskt styrda magnetventiler. Växellådan har också en manuell växlingsfunktion (Sentronic) som tillåter sekventiell manuell växling genom att man rör växelväljarspaken framåt eller bakåt, eller på vissa modeller genom att man trycker ner knappar på ratten.

2 Momentomvandlaren är en hydraulisk koppling mellan motorn och växellådan och fungerar som en automatisk koppling samtidigt som den ger viss momentökning vid acceleration.

3 Planetväxelns kugghjulsdrivna kraftöverföring ger antingen ett framåtdrivande eller ett bakåtdrivande utväxlingsförhållande, beroende på vilka av dess komponenter som är stilla och vilka som vrids. Komponenterna i den kugghjulsdrivna kraftöverföringen hålls eller släpps via bromsar och kopplingar som aktiveras av styrenheten. En oljepump inuti växellådan ger nödvändigt hydrauliskt tryck för att bromsarna och kopplingarna ska fungera.

4 Föraren styr växellådan med en växelväljarspak som sitter i mittkonsolen. Läge D tillåter automatisk utväxling i alla 5/6 utväxlingsförhållanden. En automatisk kick-down-kontakt växlar ner växellådan ett steg när gaspedalen trycks i botten.

5 På grund av automatväxelns komplexitet måste alla renoverings- och reparationsarbeten överlämnas till en Saab-verkstad eller annan specialist med nödvändig specialutrustning för feldiagnoser och reparationer. Följande avsnitt innehåller därför endast allmän information och sådan underhållsinformation och instruktioner som ägaren kan ha nytta av.

2 Växellådsolja – avtappning och påfyllning

Se informationen i kapitel 1A och 1B.

3 Växelvajer – justering

1 Börja bakifrån, bänd försiktigt upp och ta bort spakens plastsargpanel **(se bilder)**.

2 Ställ växelspaken i läge P (parkeringsläget).

3 Använd en spårskruvmejsel, tryck försiktigt ner vajerjusteraren och bänd skruvmejselns handtag bakåt, för att röra justerarens främre kant framåt **(se bilder)**. När ett klickljud hörs betyder det att justeringsspärren har lossats.

4 Arbeta i motorrummet och leta reda på den arm på växellådan som växelvajern är kopplad till. Ställ växelspaken i läge P.

5 Lossa handbromsen och rulla bilen tills P-spärren aktiveras.

6 Tryck ner vajerjusteraren för att fästa vajern.

7 Kontrollera att växelväljarspaken fungerar.

8 Sätt tillbaka den omgivande panelen och gummimattan.

9 Avsluta med att köra bilen en sväng och kontrollera att växlingen fungerar som den ska.

4 Växelvajer – demontering och montering

Demontering

1 Ta bort mittkonsolen enligt kapitel 11.

2 Med växelväljarspaken i läge P, tryck försiktigt ner vajerjusteraren med en spårskruvmejsel, bänd försiktigt mot spaken **(se bilder 3.3a och 3.3b)**. När du hör ett klickljud betyder detta att justeringsspärren har lossats.

3 Lyft upp klämman och koppla loss vajerhöljet från spakhuset **(se bild)**.

4 Arbeta i motorrummet, dra bort gummitätningen och plastmuffen från mellanväggen där vajern går igenom.

5 På växellådans ovansida, dra bort låshylsan och koppla loss vajerhöljet från fästbygeln på växellådan **(se bild)**.

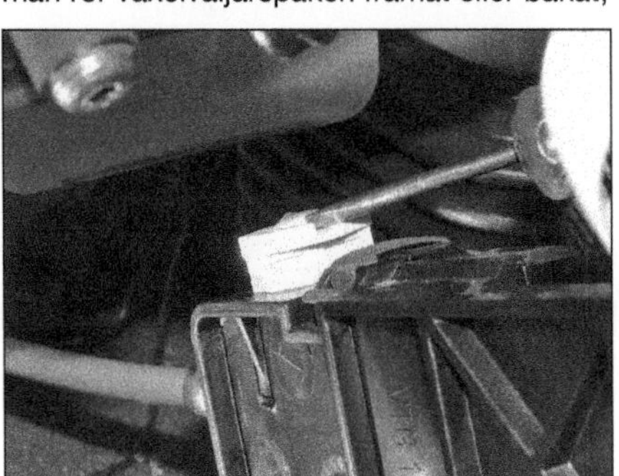

4.3 Bänd upp det yttre vajerhöljets klämma

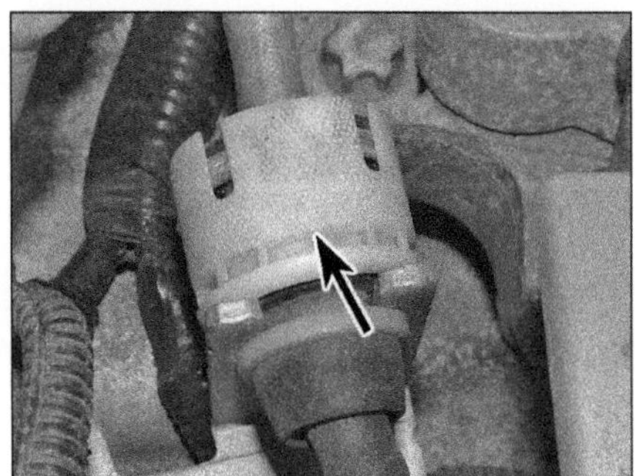

4.5 Dra bort låshylsan (se pil)

6 Bänd bort vajeränden från armen på växellådan **(se bild)**.
7 Dra igenom vajern, in i motorrummet.

Montering

8 Monteringen utförs i omvänd ordningsföljd mot demonteringen. Tänk på följande:
a) Se till att vajern är korrekt dragen och säkert fäst i mellanväggen.
b) Justera växelvajern enligt beskrivningen i avsnitt 3.

5 Växelspak – demontering och montering

Demontering

1 Ta bort mittkonsolen och de bakre luftkanalerna enligt beskrivningen i kapitel 11.
2 Koppla loss växelvajern från spaken och huset enligt beskrivningen i det föregående avsnittet.
3 Koppla loss anslutningskontakten från växelväljarspakshuset.
4 Skruva loss fästbultarna och lyft sedan bort växelväljarspakens hus från golvplattan **(se bild)**.
5 Undersök växelspaksmekanismen efter tecken på slitage eller skada.

Montering

6 Monteringen utförs i omvänd ordningsföljd mot demonteringen, men avsluta med att justera växelväljarvajern enligt beskrivningen i avsnitt 3.

6 Drivaxelns packboxar – byte

1 Ta bort den aktuella drivaxeln enligt kapitel 8. Om du ska byta höger packbox, ta bort den mellanliggande axeln och drivaxeln.
2 Använd ett lämpligt verktyg för att bända loss packboxen från växellådshuset. Arbeta försiktigt för att inte skada tätningsytan. Kasta den gamla tätningen.
3 Rengör fogytorna på lagerhuset och differentialhuset noggrant. Var försiktig så att inte

4.6 Bänd bort vajerändens beslag (se pil) från armen

smuts kan tränga in i lagren på någon av enheterna.
4 Sätt försiktigt dit den nya packningen i växellådshuset, se till att den sitter rakt. Använd en lämplig rund bricka för att driva in tätningen rakt in i huset tills den yttre kanten ligger jäms med huset.
5 Se kapitel 8 och sätt tillbaka drivaxeln (och mellanaxeln och lagerenheten i förekommande fall).
6 Sätt tillbaka hjulet och sänk ner bilen till marken. Dra åt hjulbultarna till angivet moment.
7 Se kapitel 1A och 1B och fyll på växellådsolja av rätt typ.

7 Oljekylare – allmän information

Växellådans oljekylare är en integrerad del av kylenheten. Se kapitel 3 för demontering och montering. Om oljekylaren är skadad måste hela kylenheten bytas.

8 Växellådans styrsystem, elektriska komponenter – demontering och montering

Växelväljarstyrmodul

Observera: *Om modulen ska bytas måste de lagrade värdena i enheten laddas ner och in i den nya modulen med hjälp av Saabs diagnostikutrustning. Låt en Saab-verkstad eller annan specialist utföra detta.*

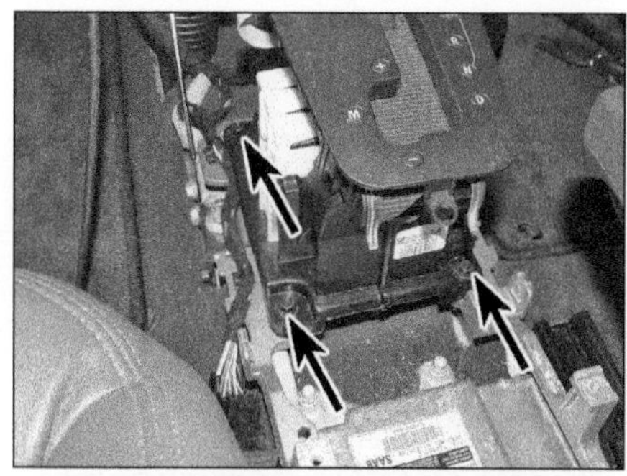

5.4 Växelväljarspakshusets fästbultar (se pilar – 1 dold)

1 Ta bort mittkonsolen enligt beskrivningen i kapitel 11.
2 Skruva loss bultarna och ta bort instrumentbrädans högra stödfäste, ta sedan bort höger golvluftmunstyckeskanal.
3 Jorda dig själv genom att röra en ren metalldel på karossen innan du hanterar modulen. Elektroniska moduler är mycket känsliga för statisk elektricitet.
4 Lossa klämman och koppla loss anslutningskontakten från modulen.
5 Lossa spärren och skjut styrmodulen ur läge, framåt.
6 Monteringen utförs i omvänd ordningsföljd mot demonteringen.

Växellådsstyrningsmodul

Observera: *Om modulen ska bytas måste de lagrade värdena i enheten laddas ner och in i den nya modulen med hjälp av Saabs diagnostikutrustning. Låt en Saab-verkstad eller annan specialist utföra detta.*

5-växlad låda

7 TCM sitter bredvid batterihyllan **(se bild)**. Lossa batterikåpan och lossa kylröret.
8 Jorda dig själv genom att röra en ren metalldel på karossen innan du hanterar modulen. Elektroniska moduler är mycket känsliga för statisk elektricitet.
9 Lossa klämmorna och koppla loss anslutningskontakterna från modulen **(se bild)**.
10 Lossa klämmorna och ta bort modulen **(se bilder)**.
11 Monteringen utförs i omvänd arbetsordning. Se till att kablarna återansluts ordentligt.

8.7 Växellådsstyrningsmodul (TCM)

8.9 Vrid låsspaken uppåt och koppla loss anslutningskontakterna från TCM:ns främre och bakre del

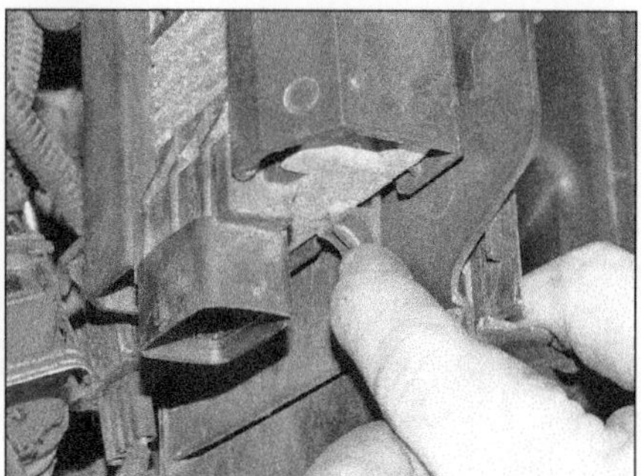

8.10a Tryck ner fästklämman . . .

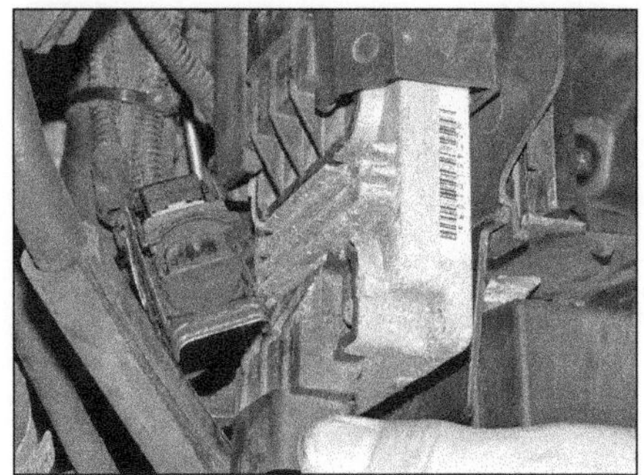
8.10b . . . och skjut bort TCM:n från dess plats

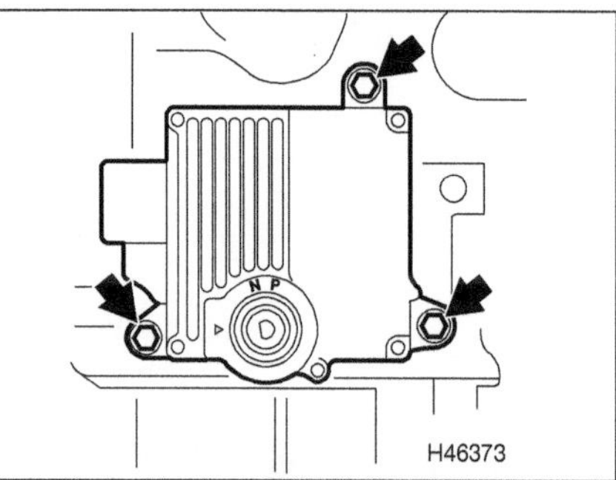

8.16 TCM:ns fästbultar (se pilar) – AF40 6-växlad låda

8.19 Tryck ner den gula spärrarmen (se pil) för att lossa växellåsmagnetventilen

6-växlad låda

12 TCM:n sitter ovanpå växellådshuset. Kontrollera att växelväljarspaken är i läge P. Lossa klämmorna och ta bort turboaggregatets matningsrör på topplockets vänstra ände.

13 Jorda dig själv genom att röra en ren metalldel på karossen innan du hanterar modulen. Elektroniska moduler är mycket känsliga för statisk elektricitet.

14 Dra ut stiftet, tryck ner spärren och koppla loss TCM:ns anslutningskontakt.

15 Lossa muttern som håller fast spaken på väljaraxeln, välj sedan läge N och dra spaken uppåt, från axeln.

16 Skruva loss fästbultarna och lyft modulen rakt upp, bort från väljaraxeln **(se bild)**.

17 Monteringen utförs i omvänd arbetsordning. Se till att kablarna återansluts ordentligt.

Växellåsmagnetventil

Manuell lossning

18 Om strömmen försvinner kan växleväljarspaken inte flyttas eftersom den spärras med växellåsmagnetventilen. Om du ska lossa spaken manuellt, bänd försiktigt upp gummimattan i förvaringsutrymmet framför spaken, och därefter spakens omgivande panel **(se bilder 3.1a och 3.1b)**.

19 Använd en skruvmejsel och tryck ner den gula spärrarmen och flytta växelväljarspaken till önskat läge **(se bild)**.

Demontering och montering

20 Ta loss skruven och skjut sedan mittkonsolens sidopanel bakåt för att ta bort den.

21 Skruva loss de fem bultarna och ta bort instrumentbrädans högra stödfäste, ta sedan bort höger golvluftmunstycke.

22 Lossa den gula fästklämman, koppla loss anslutningskontakten och ta bort magnetventilen.

23 Monteringen utförs i omvänd ordningsföljd mot demonteringen.

9 Växellåda – demontering och montering

Observera: *Avsnittet beskriver demontering av växellådan med motorn kvar i bilen – se beskrivningen i kapitel 2D for information om demontering av motor och växellåda som en komplett enhet. Det behövs nya tätningsringar till oljekylaranslutningen när du återmonterar växellådan.*

Demontering

1 Dra åt handbromsen, lyft fordonets främre del och ställ framvagnen på pallbockar (se *Lyftning och stödpunkter*). För växelväljarspaken till läge N (Neutral). Ta bort båda framhjulen och motorns undre skyddskåpa.

2 Ta bort plastkåpan från motorns ovansida.

3 Tappa av växellådsoljan enligt beskrivningen i kapitel 1A eller 1B, montera sedan avtappningspluggen och dra åt den till angivet moment.

4 Ta bort batteriet enligt beskrivningen i kapitel 5A, skruva sedan loss fästena och ta bort batterihyllan.

5 Koppla loss jordkabeln från växellådan **(se bild)**.

6 Koppla loss växelvajern från växellådan enligt beskrivningen i avsnitt 4.

7 Koppla loss luftningsslangen (i förekommande fall) från växellådans överdel.

8 Ta bort de övre bultarna som fäster växellådan på motorn.

9 Skruva loss fästbulten. Ta sedan bort mätstickan och dess rör från växellådshuset, plugga det öppna hålet för att undvika att föroreningar tränger in.

10 Sätt en lyftbalk tvärs över motorrummet. Ställ stöden säkert mot trösklarna på båda sidor, i linje med benens övre fästen. Haka fast balken i motorlyftöglan och lyft upp den så att motorns vikt inte längre ligger på växellådans fäste. De flesta äger inte en lyftbalk, men det kan gå att hyra en. Ett alternativ kan vara att stötta motorn med en motorlyft. Tänk dock på att du måste justera lyften så att inte motorfästena belastas för mycket om du t.ex. ändrar arbetshöjden genom att sänka bilens pallbockar.

11 Använd remmar eller buntband för att hänga upp kylaren från bilen.

12 Skruva loss fästena och ta bort den undre skyddskåpan under kylaren. På cabrioletmodeller skruvar du loss bultarna och tar bort den främre chassiförstärkningen **(se bild)**.

13 Skruva loss bultarna och ta bort kylarens fästbyglar från kryssrambalken.

14 Ta bort hela avgassystemet enligt beskrivningen i kapitel 4A och 4B.

15 Ta bort motorns främre och bakre momentstag.

16 Ta bort båda drivaxlarna enligt beskrivningen i kapitel 8.

17 Skruva loss muttrarna som håller fast kuggstången till kryssrambalken.

18 Lossa servostyrningsvätskerören från fästklämmorna på den främre kryssrambalken.

19 Skruva loss bultarna som håller fast den främre kryssrambalken och de bakre fästbyglarna.

20 Sänk ner den främre kryssrambalken lite och skruva sedan loss bultarna som håller fast krängningshämmarens klämmor på kryssrambalken.

21 Skruva loss bultarna och ta bort den främre och bakre momentagsfästbygeln från motorn/växellådan.

22 Ta bort startmotorn enligt beskrivningen i kapitel 5A.

9.5 Koppla loss jordkabeln (se pil)

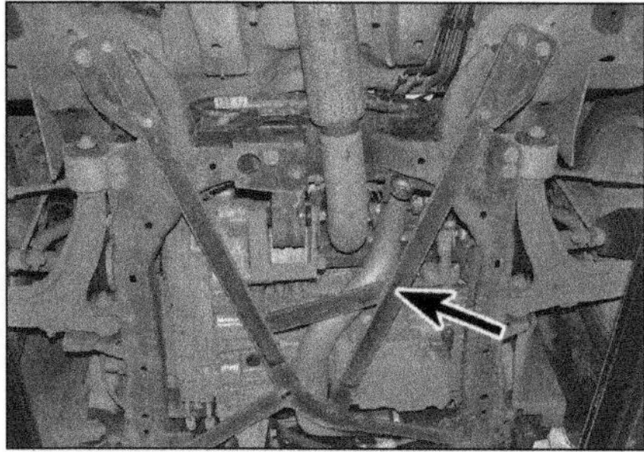
9.12 På cabrioletmodeller skruvar du loss bultarna och tar bort den främre chassiförstärkningen (se pil)

23 Vrid drivplattan så mycket som behövs för att passa i momentomvandlarens fästbultar i startmotoröppningen, skruva sedan loss och ta bort bultarna. **Observera:** *När växellådan har demonterats ska momentomvandlaren vara kvar i balanshjulskåpan och inte glida av växellådsaxeln. Skruva loss pluggen och använd en metallbit för att trycka in omvandlaren i växellådshuset och sätta den på plats.*

24 Ta loss muttern och koppla loss växellådans kylslangar från huset **(se bild)**. Var beredd på att det rinner ut vätska. Plugga igen hålen för att hindra smuts från att tränga in.

25 Lossa klämmorna, skruva loss fästbultarna och ta bort laddluftröret under motorn.

26 Skruva loss de återstående bultarna mellan växellådan och motorn. Lämna kvar en nedre bult.

27 Gör inställningsmarkeringar mellan vänster växellådsfäste och huset, skruva sedan loss bultarna och ta bort fästet.

28 Sänk ner motor-/växellådsenheten så mycket att den del av växellådan som är fäst på motorn inte tar i chassibenets nedre del, skruva sedan loss den återstående bulten och skjut bort växellådan från motorn.

Varning: Växellådan är tung. Assistans av en medhjälpare kommer att behövas.

Montering

29 Växellådan monteras i omvänd arbetsordning, men tänk på följande:

9.24 Skruva loss muttern (se pil) som håller fast kylslangarna

a) Ta bort alla rester av gammal låsvätska från momentomvandlarens gängor genom att skruva en gängtapp av rätt storlek/stigning i hålen. Om en lämplig gängtapp saknas kan man göra en skåra i en av de gamla bultarnas gängor och använda den i stället.

b) Se till att motorns/växellådans styrstift är korrekt placerade och lägg lite molybdendisulfidfett på momentomvandlarens styrstift och centreringsbussning i vevaxeländen.

c) När växellådan är i korrekt läge mot motorn, montera fästbultarna och dra åt dem till angivet moment.

d) Stryk låsvätska på bultarna till förbandet mellan momentomvandlare och drivplatta, montera dem och dra åt dem stegvis till angivet moment.

e) Dra åt alla muttrar och bultar till angivet moment (i förekommande fall).

f) Byt ut drivaxlarnas packboxar (se avsnitt 6) och montera drivaxlarna enligt beskrivningen i kapitel 8.

g) Montera de nya tätningsringarna vid oljekylarhuset och se till att de båda anslutningarna fästs ordentligt.

h) Se till att alla jordkablar är ordentligt monterade.

i) Avsluta med att fylla på växellådan med rätt oljemängd av rätt typ/kvalitet enligt beskrivningen i kapitel 1A eller 1B och justera växelväljarkabeln enligt beskrivningen i avsnitt 3 i detta kapitel.

10 Växellåda, översyn – allmän information

1 När ett fel uppstår i växellådan måste man först avgöra om felet är mekaniskt eller hydrauliskt, för detta krävs specialutrustning. Om växellådan misstänks vara defekt måste arbetet därför överlåtas till en Saab-verkstad eller annan specialist.

2 Ta inte bort växellådan från bilen innan en professionell feldiagnos har ställts. För de flesta test krävs att växellådan är monterad i bilen.

Kapitel 8
Drivaxlar

Innehåll

Svårighetsgrad

Enkelt, passar novisen med lite erfarenhet 	**Ganska enkelt,** passar nybörjaren med viss erfarenhet 	**Ganska svårt,** passar kompetent hemmamekaniker 	**Svårt,** passar hemmamekaniker med erfarenhet 	**Mycket svårt,** för professionell mekaniker 

Specifikationer

Allmänt

Drivaxeltyp	Stålaxlar med yttre universalknutar och inre trebensknutar. Mellanliggande axel från höger sida av växellådan till drivaxeln.
Smörjning (endast översyn och reparation)	Använd endast särskilt fett som medföljer damask- och översynssatserna. Knutarna är i annat fall förpackade med fett och förseglade

Fogfettsmängd

Yttre drivknut	185 g
Inre drivknut:	
Automatväxellåda	200 g
Manuell växellåda	185 g

Åtdragningsmoment

	Nm
Bultar mellan den mellanliggande drivaxelns fäste och motorn:	
Bensinmodeller	47
Dieselmodeller	20
Bultar till den mellanliggande drivaxelns lagerskyddsplåt	10
Drivaxel/navmutter*	230
Hjulbultar	110
Mutter/bult till fjädringsarmens kulled	50

* *Återanvänds inte*

1 Allmän information

Kraft överförs från växellådans slutväxel till hjulen via drivaxlarna. I alla modeller är de yttre drivknutarna av CV–typ (constant velocity) och består av sex kulor som löper i axiella spår. Drivaxelns yttre leder inbegriper axeltappar som förbinds via spår med naven i framfjädringens navhållare. De inre universalknutarna är konstruerade för att röra sig i mindre bågar än de yttre CV–knutarna, och de kan även röra sig längs axeln så att framfjädringen i sin tur kan röra sig. På modeller med automatväxel är de av trebenstyp med en trebent "spindel" med nållager och en yttre lagerbana som förbinds via spår med drivaxeln, samt en ytterkåpa med tre utskärningar som lagerbanorna passar i, medan modeller med manuell växellåda har drivknut av CV–typ.

En mellanliggande drivaxel med eget stödlager är monterad mellan växellådans axel och den högra drivaxeln – en utformning som utjämnar drivaxelns vinklar vid alla fjädringspunkter och minskar axelns flexibilitet för att förbättra stabiliteten vid hög acceleration.

Universal- och CV–knutar ger mjuk kraftöverföring till hjulen vid alla styr- och fjädringsvinklar. Knutarna skyddas av gummidamasker och är packade med fett för att alltid vara välsmorda. Om en knut skulle slitas ut kan den bytas ut separat från drivaxeln. Drivknutarna behöver inte smörjas utifrån, om de inte renoverats eller om gummidamaskerna har skadats så att fettet förorenats. Kapitel 1A eller 1B innehåller information om hur du kontrollerar drivaxeldamaskernas skick.

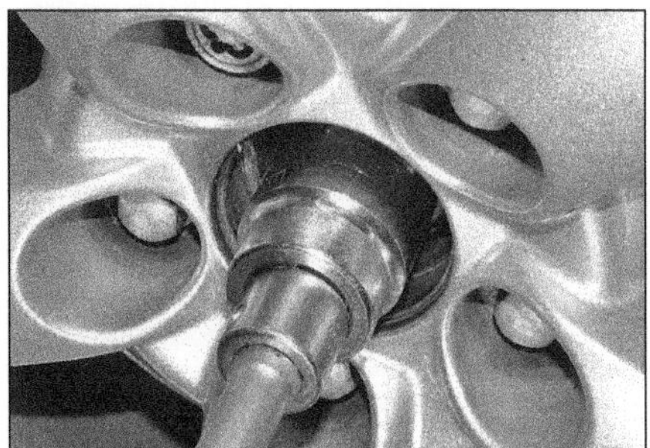

2.2 Bänd ut hjulcenterkåpan och lossa sedan drivaxelmuttern med en 32 mm hylsnyckel

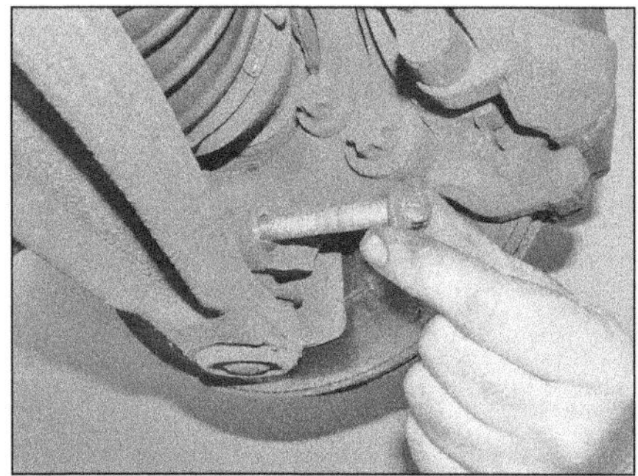

2.5a Lossa muttern och ta bort klämbulten. . .

2.5b . . . vrid sedan styrarmen nedåt

2 Drivaxlar – demontering och montering

Demontering

1 Parkera bilen på plant underlag, dra åt handbromsen och klossa bakhjulen.

2 Ta bort navkapseln (eller hjulcenterkåpan på fordon som är utrustade med aluminiumfälgar) och lossa sedan på drivaxelmuttern. Eftersom muttern är hårt åtdragen, välj en stadig nyckel med tättsittande hylsa för att lossa den **(se bild)**.

3 Dra åt handbromsen och ställ framvagnen på pallbockar (se *Lyftning och stödpunkter*). Demontera hjulet. Skruva loss fästena och ta bort motorns undre skyddskåpa (i förekommande fall). På cabrioletmodeller skruvar du loss bultarna och tar bort den främre chassiförstärkningen. Observera att de främre chassiförstärkningsbultarna är längre än de bakre.

4 Skruva loss drivaxelmuttern. Låt en medhjälpare trampa på fotbromsen så att drivaxeln inte kan rotera. Kassera drivaxelmuttern och montera en ny (ingår vanligen i damasksatsen).

5 Skruva loss bulten, för sedan den nedre styrarmen nedåt och koppla loss spindelleden från hjulspindeln **(se bilder)**. Sänk den nedre länkarmen så långt ner som möjligt och flytta hjulspindeln/benet åt sidan. Var försiktig så att du inte skadar spindelledens gummidamask och belasta inte bromsslangar och kablarna som sänder signaler om att bromsklossarna är slitna.

6 Lossa bromsslangen och ABS–kablaget från fjäderbenets fästbygel **(se bild)**.

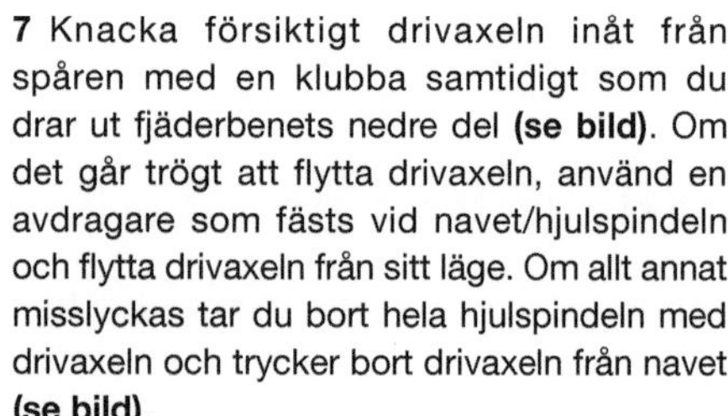

7 Knacka försiktigt drivaxeln inåt från spåren med en klubba samtidigt som du drar ut fjäderbenets nedre del **(se bild)**. Om det går trögt att flytta drivaxeln, använd en avdragare som fästs vid navet/hjulspindeln och flytta drivaxeln från sitt läge. Om allt annat misslyckas tar du bort hela hjulspindeln med drivaxeln och trycker bort drivaxeln från navet **(se bild)**.

8 Vid borttagning av den vänstra drivaxeln, placera en behållare under växellådan för att undvika oljespill. Den invändiga drivaxelns låsring kan sitta hårt fast i växellådans sidodrev. Ta i så fall höljet till stöd och försök bända loss den. Bänd mot en träkloss för att undvika skador på höljet och se till att inte skada packboxen när drivaxeln tas bort **(se bild)**. **Observera:** *Dra enbart i drivknutens hölje, inte i själva drivaxeln. Annars riskerar damasken att skadas.*

9 För att demontera höger drivaxel, använd en mjuk metalldorn (mässing) och försök lossa den yttre drivaxeln från den inre axeln.

Montering

10 Kontrollera i förekommande fall låsringen på drivaxelns inre ände och byt vid behov ut den **(se bild)**.

11 Rengör spårningen på drivaxelns båda änder och torka vid behov av packboxen i växellådshuset. Kontrollera packboxen och byt den enligt beskrivningen i kapitel 7A eller 7B. Stryk på lite olja på packboxens kanter innan du monterar drivaxeln.

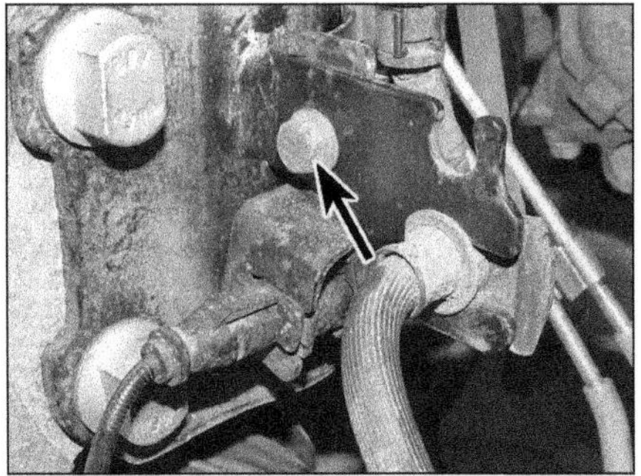

2.6 Lossa bulten (se pil) och koppla loss fästbygeln från fjäderbenet

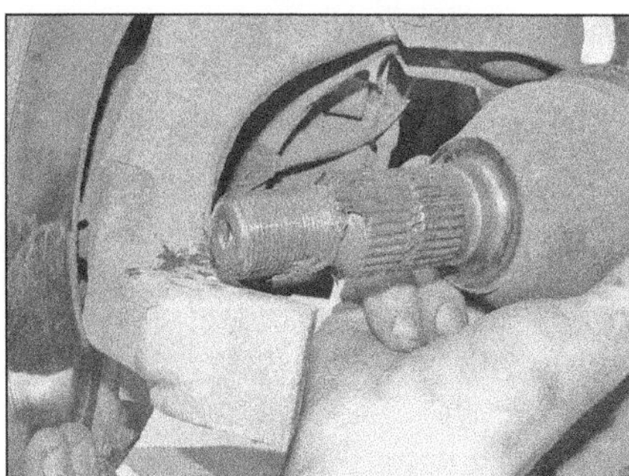

2.7a Dra hjulspindeln utåt och ta bort drivaxeln

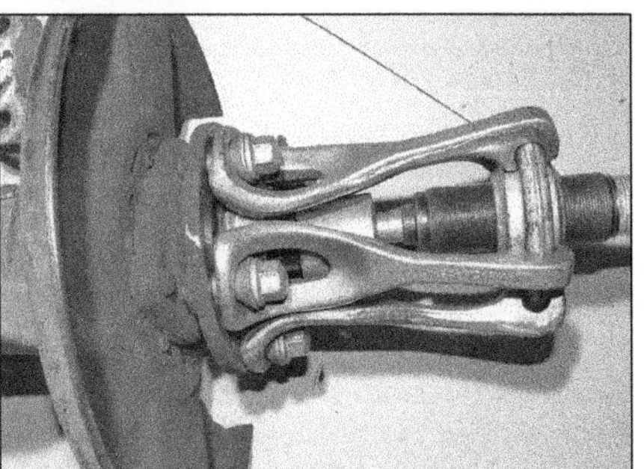

2.7b Använd vid behov en avdragare för att dra bort drivaxeln från navet

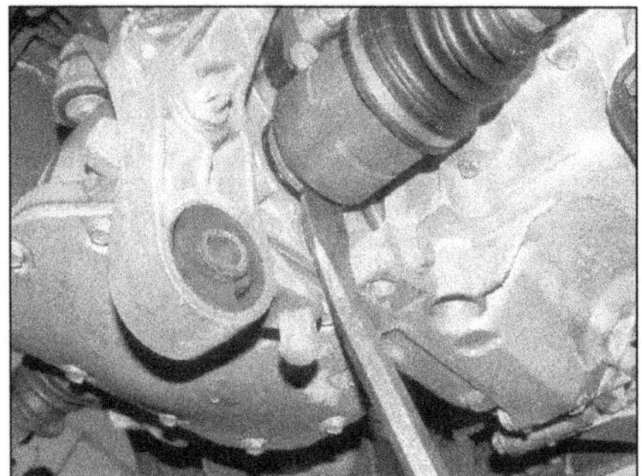

2.8 Använd en hävarm för att lossa inre änden av drivaxeln från differentialen

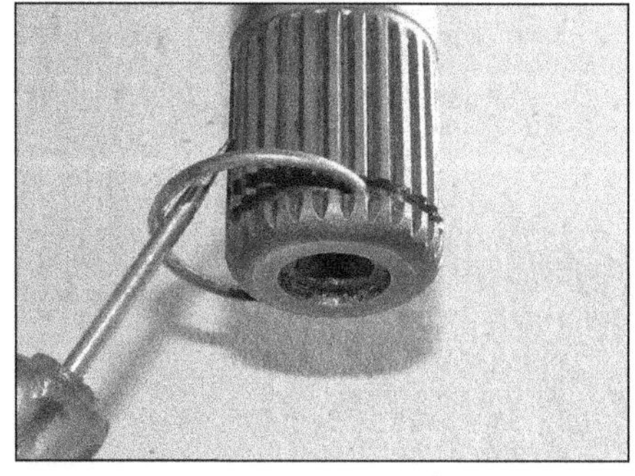

2.10 Bänd loss den gamla låsringen och sätt dit en ny

12 När du ska sätta tillbaka den yttre delen av höger drivaxel smörjer du axelns räfflor med monteringsfett (Saab nr 90 513 210), placerar drivaxeln i mellanaxeln och trycker tills den inre låsringen hakar i spåret.

13 När du ska sätta tillbaka drivaxeln sticker du in axelns yttre ände i hjulnavet, placerar sedan axelns inre ände i växellådan och vrider runt drivaxeln tills den hakar i spårningen. Tryck in drivaxeln tills den inre låsringen hakar i spåret. Kontrollera att låsringen är ihakad genom att försiktigt försöka dra ut drivaxel.

14 Haka i drivaxelns yttre ände i navets spårning. Styr den nedre delen på hjulspindeln mot spindelleden på länkarmen. Skruva i spindelledsbulten och dra åt bulten till angivet moment.

15 Skruva på den nya drivaxelmuttern och dra åt den försiktigt i detta skede.

16 Sätt tillbaka ABS-kablaget och bromsslangen med respektive fästklämmor.

17 Kontrollera nivån och fyll vid behov på växellådsolja enligt beskrivningen i kapitel 1A eller 1B.

18 Montera motorns undre skyddskåpa och främre chassiförstärkning (i förekommande fall).

19 Montera hjulet, sänk ner bilen och dra åt bultarna till angivet moment.

20 Dra åt drivaxelmuttern helt till angivet moment och sätt tillbaka navkapseln/kåpan.

3 Drivaxlar - kontroll, fogbyte och rengöring

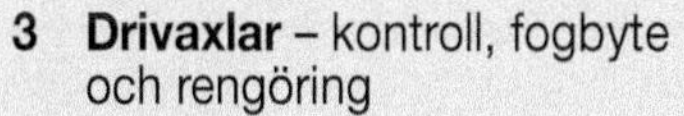

Kontroll

1 Om kontrollerna i kapitel 1A eller 1B avslöjar kraftigt slitage eller spel, kontrollera först att navmuttern (drivaxelns yttre mutter) är åtdragen till angivet moment. Upprepa kontrollen för navmuttern på den andra sidan.

2 Kontrollera om drivaxlarna är slitna genom att köra bilen långsamt i en cirkel med fullt rattutslag (kör både åt vänster och åt höger) och lyssna efter metalliskt klickande eller knackande ljud från framhjulen. En medhjälpare i passagerarsätet kan lyssna efter ljud från drivknuten närmast passagerarsidan. Om sådana ljud hörs är det ett tecken på slitage i den yttre drivknuten.

3 Om vibrationer som ökar och avtar i förhållande till hastigheten uppstår vid acceleration eller motorbromsning kan det vara ett tecken på att de inre drivknutarna är slitna. Utför en mer ingående kontroll genom att demontera och ta isär drivaxlarna där så är möjligt enligt beskrivningen i följande underavsnitt. Vänd dig till en Saab-verkstad för information om tillgången på drivaxelkomponenter.

4 Om oljud hörs kontinuerligt från området runt den högra drivaxeln och ökar med hastigheten, kan det tyda på slitage i stödlagret.

3.6 Använd en huggmejsel för att lossa damaskklämman

3.7 Skär loss damasken från axeln

3.9 Använd en mjuk dorn för att knacka loss drivknutens nav från axeln

3.11 Tryck in den nya låsringen i axelns ränna

Byte av yttre drivknut

5 Ta bort drivaxeln enligt beskrivningen i avsnitt 2. Rengör den noggrant och fäst den i ett skruvstäd. Det är mycket viktigt att damm, smuts och dylikt inte kommer in i drivknuten.

6 Lossa den stora klämman som fäster gummidamasken i den yttre drivknuten **(se bild)**. Lossa därefter den lilla klämman som fäster gummidamasken vid drivaxeln. Notera hur damasken är monterad.

7 Dra gummidamasken längs drivaxeln, i riktning från leden eller skär loss den från axeln **(se bild)**. Ta bort så mycket som möjligt av fettet från drivknuten och damasken.

8 Markera den yttre drivknutens och drivaxelns läge i förhållande till varandra, så att du återmonterar dem korrekt.

9 Använd en hammare och en mjuk dorn för att knacka loss drivknutens nav från spåren **(se bild)**.

10 När knuten är borttagen, dra bort gummidamasken (där sitter fast) och den lilla klämman från drivaxeln. Kontrollera om gummidamasken är sprucken eller perforerad. Byt ut den om det behövs.

11 Rengör noggrant spårningarna i drivaxeln och den yttre drivknuten. Rengör även kontaktytorna på gummidamasken. Om drivknuten har förorenats med grus eller vatten måste den tas bort och rengöras enligt beskrivningen senare i det här avsnittet. Byt ut låsringen på axeln **(se bild)**.

12 Sätt på damasken tillsammans med den lilla klämman på drivaxelns yttre ände. Stryk lite fett på drivaxeln så går det lättare.

13 Fyll drivknuten med angiven mängd fett. Fettet ska fylla ut alla håligheter **(se bild)**.

14 Sätt på den yttre drivknuten i drivaxelns spårningar så den sitter jäms med markeringarna du gjorde tidigare. Tryck tills den invändiga låsringen låser fast i spåret **(se bild)**.

3.13 Smörj in drivknuten med fettet

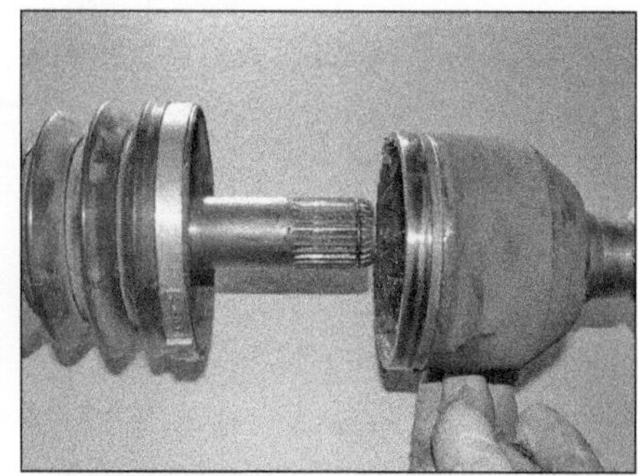

3.14 Knacka fast den yttre drivknuten på axelns ände tills låsringen hakar i

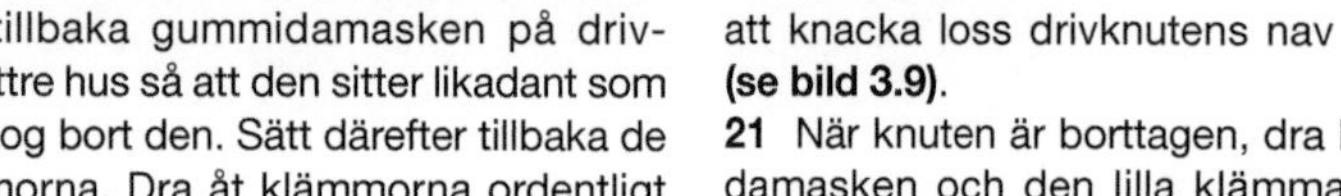
3.15a Fäst den stora damaskens fästklämma genom att klämma ihop den på sidorna och trycka ihop den upphöjda delen av klämman med en särskild tång avsedd för detta ändamål

3.15b Den lilla inre fästklämman sätts fast på samma sätt

15 Sätt tillbaka gummidamasken på drivknutens yttre hus så att den sitter likadant som innan du tog bort den. Sätt därefter tillbaka de två klämmorna. Dra åt klämmorna ordentligt **(se bilder)**.

16 Montera drivaxeln enligt beskrivningen i avsnitt 2.

Byte av inre drivknut

Modeller med manuell växellåda

17 Demontera drivaxeln enligt beskrivningen i avsnitt 2.

18 Lossa klämmorna som fäster gummidamasken vid drivaxeln och den inre drivknutens hölje. Observera damaskens läge, dra sedan av gummidamasken längs drivaxeln, bort från leden. Ta bort så mycket som möjligt av fettet från drivknuten och damasken.

19 Markera den yttre drivknutens och drivaxelns läge i förhållande till varandra, så att du återmonterar dem korrekt.

20 Använd en hammare och en mjuk dorn för att knacka loss drivknutens nav från spåren **(se bild 3.9)**.

21 När knuten är borttagen, dra bort gummidamasken och den lilla klämman från drivaxeln. Kontrollera om damasken är sprucken eller perforerad. Byt ut den om det behövs.

22 Rengör noggrant spårningarna i drivaxeln och den yttre drivknuten. Rengör även kontaktytorna på gummidamasken. Om drivknuten har förorenats med grus eller vatten måste den tas bort och rengöras enligt beskrivningen senare i det här avsnittet. Byt ut låsringen i axelns ände – en ny följer med reparationssatsen **(se bild 3.11)**.

23 Sätt på damasken tillsammans med den lilla klämman på drivaxelns ände. Stryk lite fett på drivaxeln så går det lättare.

24 Fyll drivknuten med angiven mängd fett. Se till att fettet tränger in i alla håligheter.

25 Sätt på den yttre drivknuten i drivaxelns spårningar så att den sitter jäms med markeringarna du gjorde tidigare. Tryck tills den invändiga låsringen låser fast i spåret.

26 Sätt tillbaka gummidamasken på drivknutens yttre hus så att den sitter likadant som innan du tog bort den. Sätt därefter tillbaka de två klämmorna. Dra åt klämmorna ordentligt **(se bild 3.15a och 3.15b)**.

27 Montera drivaxeln enligt beskrivningen i avsnitt 2.

Modeller med automatisk växellåda

28 Demontera drivaxeln enligt avsnitt 2.

29 Lossa klämmorna som fäster gummidamasken vid drivaxeln och den inre drivknutens hölje. Observera damaskens läge, dra sedan av gummidamasken längs drivaxeln, bort från leden. Ta bort så mycket fett som möjligt från drivknuten och damasken.

30 Markera drivaxelns läge i förhållande till drivknutens hölje och dra sedan bort höljet från drivaxeln. Se till att du inte rubbar rullarna på trebensknuten **(se bild)**.

31 Markera drivaxelns placering i förhållande till trebensknuten med färg eller med en körnare. Öppna och ta bort låsringen från

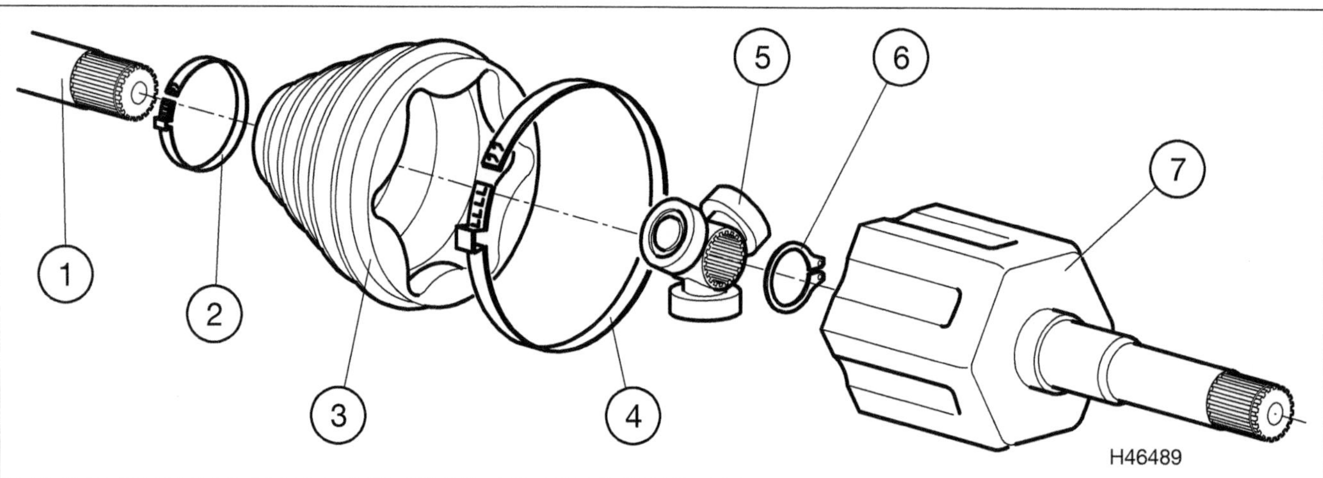

3.30 Drivaxelns inre trebensknut, detaljer – modeller med automatväxellåda

1 Drivaxel
2 Damaskklämma
3 Damask
4 Damaskklämma
5 Tripodledrullar
6 Låsring
7 Drivknutens hölje

5.1 **Fästbultar till mellanaxelns lagerhus (se pilar) - dieselmodeller**

5.2 **Bultar till mellanaxelns lagerhus (se pilar)**

drivaxelns ände med en låsringstång. Dra sedan loss trebensknuten tillsammans med dess nållager med hjälp av en hydraulisk press. Observera att drivknutens sneda yta är vänd mot mitten av drivaxeln.

32 Dra bort gummidamasken och den lilla klämman från drivaxeln. Kontrollera om gummidamasken är sprucken eller perforerad. Byt ut den om det behövs.

33 Rengör noggrant spårningarna i drivaxeln och den inre drivknuten. Rengör även kontaktytorna på gummidamasken. Om drivknuten har förorenats med grus eller vatten måste du ta bort den och rengöra den enligt beskrivningen senare i det här avsnittet. Kontrollera låsringens skick och byt ut den om det behövs. Kontrollera att de tre drivknutslagren roterar fritt utan motstånd, och att de inte är alltför slitna.

34 Placera damasken, tillsammans med den lilla klämman, vid den plats på drivaxelns inre ände som du har markerat tidigare. Stryk lite fett på drivaxeln så går det lättare.

35 Montera trebensknuten på drivaxelns spårningar med den sneda ytan först. Se till att de märken du gjorde tidigare är i linje med varandra. Tryck fast trebensknuten helt på drivaxeln med en hylsnyckel eller ett metallrör. Sätt därefter tillbaka låsringen och kontrollera att den sitter ordentligt i spåret.

36 Fyll trebensknuten och det inre höljet till den inre drivknuten med angiven mängd fett. Se till att fettet tränger in i lagren.

37 Sätt den inre drivknutskåpan på trebensknuten så att den sitter likadant som före demonteringen. Sätt tillbaka gummidamasken på höljet till den inre drivknuten så att den sitter likadant som innan du tog bort den. Sätt därefter tillbaka och dra åt klämmorna. Om knipklämmor används, dra åt dem med ett knipningsverktyg.

38 Montera drivaxeln enligt beskrivningen i avsnitt 2.

Rengöra drivknutar

39 Om en drivknut har förorenats med grus eller vatten på grund av en skadad gummidamask måste du demontera den helt och rengöra den. Demontera drivknuten enligt beskrivningen tidigare i det här avsnittet.

40 För att ta bort den yttre drivknuten. Fäst den lodrätt i ett skruvstäd med mjuka käftar. Vrid sedan det räfflade navet och kulburen så att du kan ta bort de enskilda kulorna. Ta bort navet och därefter kulburen.

41 Den inre drivknuten tas isär vid demonteringen och trebensknutens lager ska sköljas med lämpligt lösningsmedel, så att alla fettrester försvinner.

42 Rengör noggrant de inre och yttre drivknutskåporna, kullagren, burarna och kulorna från fettrester och smuts.

43 Vid återmonteringen, sätt först i buren och sedan det räfflade navet. Flytta navet och hållaren och sätt i kulorna en i taget.

4 Drivaxeldamasker - byte

1 Skaffa en sats nya damasker och fästklämmor från en Saab-återförsäljare eller en motorspecialist.

2 Demontering och montering av damaskerna beskrivs i avsnitt 3.

5.3 Skruva loss skruvarna som fäster lagrets täckplåt (se pilar)

5 Mellanliggande drivaxel och stödlager - demontering, översyn och montering

Demontering

1 För att demontera mellanaxeln på dieselmodeller demonterar du höger drivaxel enligt tidigare beskrivning, lossar sedan de tre bultarna och drar bort axeln från växellåds-/lagerhuset **(se bild)**.

2 För att demontera mellanaxeln på bensinmodeller demonterar du höger drivaxel enligt tidigare beskrivning, lossar sedan de tre bultarna som håller fast fästbygeln till mellanaxelns lager vid motorblocket och drar ut axeln från växellådan **(se bild)**.

Översyn

Bensinmodeller

3 Skruva loss de två fästbultarna och ta bort lagrets skyddsplåt **(se bild)**.

4 Demontera låsringen som fäster axeln vid lagret **(se bild)**.

5 Tryck loss axeln från lagret och tryck sedan lagret från fästbygeln **(se bild)**.

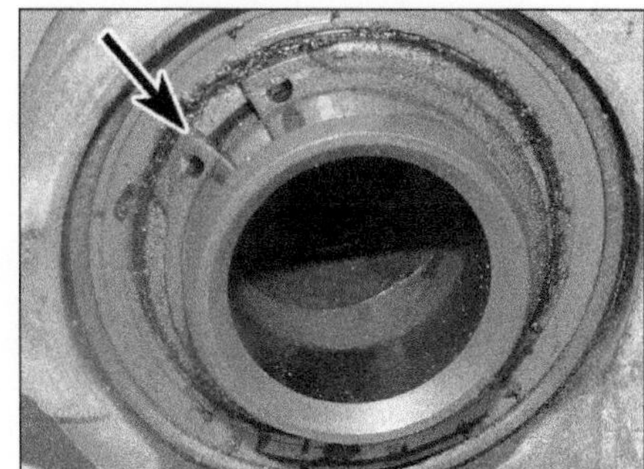

5.4 Ta bort låsringen (se pil)

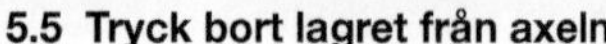

5.5 Tryck bort lagret från axeln

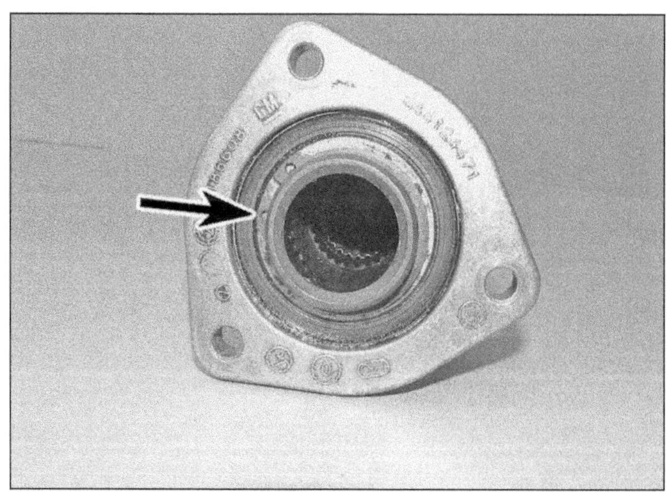

5.8 Dra ut låsringen (se pil) som fäster drivaxeln i lagret

6 Tryck in det nya lagret i fästbygeln och driv sedan in axeln i lagret. Fäst axeln med låsringen.

7 Montera lagrets skyddsplåt och dra åt fästbultarna till angivet moment.

Dieselmodeller

8 Demontera axeländens låsring **(se bild)**.

9 Tryck bort axeln från lagret och tryck sedan loss lagret från fästbygeln.

10 Tryck in det nya lagret i fästbygeln och driv sedan in axeln i lagret. Fäst axeln med låsringen.

Montering

11 Monteringen utförs i omvänd ordningsföljd mot demonteringen. Tänk på följande:

a) Kontrollera växellådans packboxar och byt vid behov ut dem enligt beskrivningen i kapitel 7A eller 7B.

b) Dra åt alla fästmuttrar/bultar till angivet moment (där detta anges).

c) Fyll på med växellådsolja enligt beskrivningen i kapitel 1A eller 1B.

Kapitel 9
Bromssystem

Innehåll

Svårighetsgrad

Enkelt, passar novisen med lite erfarenhet	**Ganska enkelt,** passar nybörjaren med viss erfarenhet	**Ganska svårt,** passar kompetent hemmamekaniker	**Svårt,** passar hemmamekaniker med erfarenhet	**Mycket svårt,** för professionell mekaniker

Specifikationer

Allmänt

Bromssystemets typ och utformning:

Fotbroms	Hydrauliska diagonalkretsar; vänster fram/höger bak och höger fram/vänster bak. Bromsskivor fram och bak, ventilerade bromsskivor fram. Enkolvs glidande bromsok fram och bak. Låsningsfria bromsar (ABS), antispinnsystem (TCS), stabiliseringskontroll vid bromsning i kurva (CBC) och elektroniskt stabiliseringssystem (ESP) monteras som standard på alla modeller
Handbroms	Spak och vajerstyrd, verkar på kolvarna i bakre bromsoket

Främre bromsar

Bromsskivor:	
Typ	Ventilerade
Yttre diameter	288, 302 eller 314 mm
Tjocklek (ny skiva)	25 mm (288 mm dia.) eller 28 mm (302 eller 314 mm dia.)
Minimitjocklek efter slipning	23,5 mm (288 mm dia.) eller 26,5 mm (302 eller 314 mm dia.)
Minimitjocklek efter slitage	22,0 mm (288 mm dia.) eller 25,0 mm (302 eller 314 mm dia.)
Maximal skevhet	0,08 mm
Maximal tjockleksvariation	0,015 mm
Bromsok:	
Typ	Enkelkolv, flytande (FNG 57 eller FNG 60)
Kolvdiameter	57,0 mm (FNG 57) eller 60,0 mm (FNG 60)
Bromsklossar:	
Minimitjocklek på bromsbeläggen	2,0 mm

Bakre bromsar

Bromsskivor:	
Typ	Massiva eller ventilerade
Yttre diameter	278 mm (massiv) eller 292 mm (ventilerad)
Tjocklek (ny skiva)	12 mm (massiv) eller 20 mm (ventilerad)
Minimitjocklek efter slipning	10,5 mm (massiv) eller 18,5 mm (ventilerad)
Minimitjocklek efter slitage	10,0 mm (massiv) eller 18,0 mm (ventilerad)
Maximal skevhet	0,08 mm
Maximal tjockleksvariation	0,015 mm
Bromsok:	
Typ	Enkelkolv, flytande (FNC 38 eller FNC 40)
Kolvdiameter	38,0 mm (FNC 38) eller 40 mm (FNC 40)
Bromsklossar:	
Minimitjocklek på bromsbeläggen	2,0 mm

ABS-komponenter

Spelrum mellan givare och tand (ej justerbart)	0,2 till 1,3 mm
Frekvens	0 till 2 000 Hz
Signalström, låg:	
Nominell	7,0 mA
Min.	5,6 mA
Max.	8,4 mA
Signalström, låg:	
Nominell	14,0 mA
Min.	11,2 mA
Max.	16,8 mA
Impulser per varv	48

Åtdragningsmoment

	Nm
ABS-hydraulenhetens fästmutter	25
ABS, hydrauliska anslutningsmuttrar	15
ABS-styrenhet till hydraulenhet	3
Bromsoksstyrsprintar	28
Bromsslang till bromsok	40
Det bakre bromsokets fästbygel till hjulspindel:	
Steg 1	130
Steg 2	Vinkeldra ytterligare 45°
Det främre bromsokets fästbygel till hjulspindel:	
Steg 1	210
Steg 2	Vinkeldra ytterligare 30°
Hjulbultar	110
Huvudcylinder på servo	25
Luftningsnippel	16
Servo till kaross	20
Vakuumpumpens fästbult:	
Bensinmodeller	24
Dieselmodeller	8

1 Allmän information

Bilen bromsas med ett tvåkretsars hydraulsystem och en vakuumservoenhet. Alla modeller har bromsskivor både fram och bak. De främre bromsskivorna är ventilerade för att förbättra kylningen och minska slitaget. Ventilerade eller massiva skivor kan monteras bak, beroende på modell.

De dubbla hydraulkretsarna verkar diagonalt. I vänsterstyrda modeller verkar primärkretsen på vänster fram- och höger bakbroms. Sekundärkretsen verkar på höger fram- och vänster bakbroms. I högerstyrda modeller är kretsarnas verkan omkastade. Utformningen garanterar att bilen behåller minst 50 % av sin bromskapacitet om någon av hydraulkretsarna drabbas av tryckfall. Den diagonala utformningen hindrar bilen från att bli instabil om bromsarna slås på när bara en krets fungerar.

Både de främre och bakre bromsoken är av flytande enkolvstyp. Varje bromsok innehåller två bromsklossar, en inuti och en utanpå bromsskivan. Vid bromsning tvingar hydrauliskt tryck kolvarna längs cylindern och trycker den inre bromsklossen mot bromsskivan. Bromsokshuset reagerar genom att glida längs sina styrsprintar så att den yttre bromsklossen kommer i kontakt med bromsskivan. På så sätt påverkar bromsklossarna bromsskivan med lika stort tryck från båda sidorna. När bromspedalen släpps upp minskar hydraultrycket, och kolvtätningen drar tillbaka kolven från bromsklossen.

De bakre bromsoken innefattar också handbromsmekanismen. När handbromsspaken manövreras styr vajern en spak på oket som driver okets kolv mot bromsklossen med hjälp av en tryckstång. Tryckstången innehåller en anordning med skruv/spärrhake som automatiskt anpassar tryckstångens längd och kompenserar för slitage på bromsklossarna så att handbromsspaken hålls i rätt läge. Det finns två handbromsvajrar, en på vänster och en på höger sida.

Både på bensin- och dieselmodeller använder bromsvakuumservon motorns insugsgrenrör för att förstärka bromspedalens påverkan på huvudcylindern. Insugsgrenrörets undertryck kompletteras av en mekanisk vakuumpump som är monterad till vänster om topplocket och som drivs av kamaxeln.

De låsningsfria bromsarna (ABS) är standardmonterade och hindrar hjulen från att låsa sig vid kraftig inbromsning. Det förkortar bromssträckan, samtidigt som föraren behåller kontrollen över styrningen. Genom att elektroniskt mäta varje hjuls hastighet i förhållande till de andra hjulen kan systemet avgöra när ett hjul är på väg att låsa sig, innan föraren förlorar kontrollen över bilen. Bromsvätsketrycket till oket i det aktuella hjulet minskar och återställs (moduleras) flera gånger i sekunden tills kontrollen återfåtts. Systemet består av fyra hjulhastighetsgivare, en hydraulenhet med inbyggd ECU, bromsledningar och en varningslampa på instrumentbrädan. De fyra hjulhastighetsgivarna är monterade på hjulnaven. Varje hjul är försedd med ett roterande nav med kuggar, som är monterade på drivaxeln (fram) eller navet (bak). Hjulhastighetsgivarna är monterade i navens närhet. Kuggarna genererar en spänningsimpuls, vars frekvens varierar med navets hastigheter. Impulserna överförs till den elektroniska styrenheten, som använder dem till att beräkna hastigheten för varje hjul. Den elektroniska styrenheten har ett verktyg för självdiagnos och tar ABS-systemet ur drift samt tänder varningslampan på instrumentbrädan om ett fel upptäcks. Bromssystemet övergår då till att fungera som konventionella bromsar, utan ABS. Om felet inte kan lokaliseras vid en vanlig kontroll *måste* fordonet lämnas till en Saab-verkstad eller annan specialist som har rätt diagnosutrustning för att läsa ABS-systemets styrenhet elektroniskt och ta reda på exakt var felet ligger.

Antispinnsystemet (TCS) finns som tillbehör till en del modeller. Det samarbetar med ABS-systemet, och en ytterligare pump med ventiler är monterade på det hydrauliska manöverorganet. Om hjulspinn upptäcks i hastigheter under 50 km/h öppnas en av ventilerna. Pumpen trycksätter bromsen tills hjulhastigheten är densamma som fordonets hastighet. På så sätt överförs kraften till det hjul som har bäst fäste. Samtidigt stängs ventilplattan något, så att kraften från motorn minskar.

Alla modeller finns med CBC (stabiliseringskontroll vid bromsning i kurva) och ESP (elektroniskt stabiliseringssystem). Dessa system är utformade för att behålla fordonets stabilitet i situationer med svåra inbromsningar/kurvtagningar genom att fördela bromskraften på hjulen oberoende av varandra. Systemen använder samma hjulhastighetsgivare/bromskomponenter som ABS/antispinnsystemet och dessutom finns en givare för acceleration i sidled (kursstabilitet) och en rattvinkelgivare.

2 Hydraulsystem – luftning

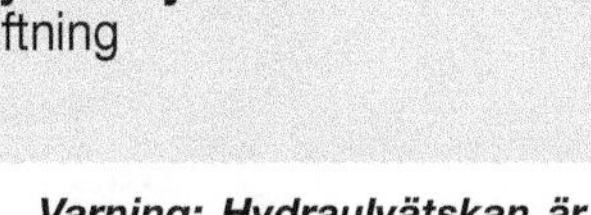

Varning: Hydraulvätskan är giftig. Tvätta noggrant bort vätskan omedelbart vid hudkontakt och sök omedelbar läkarhjälp om vätska sväljs eller hamnar i ögonen. Vissa hydraulvätskor är lättantändliga och kan självantända om de kommer i kontakt med heta komponenter. Vid arbete med hydraulsystem är det alltid säkrast att anta att vätskan är brandfarlig, och att vidta samma försiktighetsåtgärder mot brand som när bensin hanteras. Hydraulvätska är även ett effektivt färgborttagningsmedel och angriper plast. Vid spill ska vätskan sköljas bort omedelbart med stora mängder rent vatten. Den är också hygroskopisk (den absorberar fukt från luften) – gammal vätska kan vara förorenad och är därför inte lämplig att använda. Vid påfyllning eller byte ska alltid rekommenderad typ användas och den måste komma från en nyligen öppnad förseglad förpackning.

Allmänt

1 Ett hydraulsystem kan inte fungera som det ska förrän all luft har avlägsnats från komponenterna och kretsen. Detta görs genom att systemet luftas.

2 Tillsätt endast ren, oanvänd hydraulvätska av rekommenderad typ under luftningen. Återanvänd aldrig vätska som redan har tömts ur systemet. Se till att det finns tillräckligt med vätska i beredskap innan luftningen påbörjas.

3 Om det finns någon möjlighet att fel typ av vätska finns i systemet måste bromsarnas komponenter och kretsar spolas ur helt med ren vätska av rätt typ, och alla tätningar måste bytas.

4 Om hydraulvätska har läckt ur systemet eller om luft har trängt in på grund av en läcka måste läckaget åtgärdas innan arbetet fortsätter.

5 Parkera bilen över en smörjgrop eller på ramper. Alternativt drar du åt handbromsen, hissar upp bilen med en domkraft och ställ den på pallbockar (se *Lyftning och stödpunkter*). Ta bort hjulen när bilen är upphissad för att lättare komma åt.

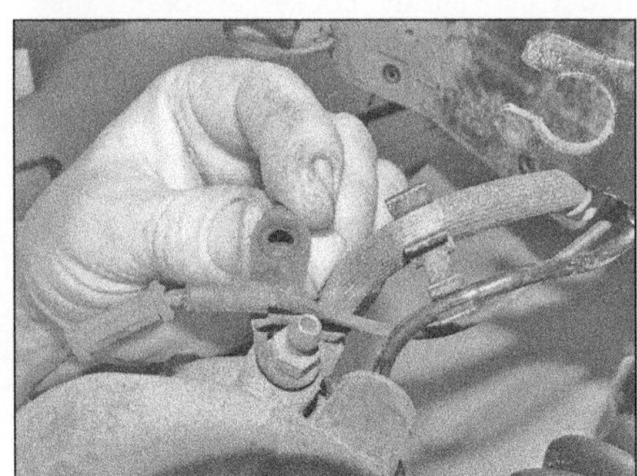

2.14 Ta bort kanalkåpan från luftningsskruven

6 Kontrollera att alla rör och slangar sitter säkert, att anslutningarna är ordentligt åtdragna och att luftningsskruvarna är stängda. Tvätta bort all smuts runt luftningsskruvarna.

7 Skruva loss huvudcylinderbehållarens lock och fyll på behållaren till maxmarkeringen. Montera locket löst. Kom ihåg att vätskenivån aldrig får sjunka under MIN-nivån under arbetet, annars är det risk för att ytterligare luft tränger in i systemet.

8 Det finns ett antal enmans gör-det-själv-luftningssatser att köpa i motortillbehörsbutiker. Vi rekommenderar att en sådan sats används, eftersom den i hög grad förenklar arbetet och dessutom minskar risken för att avtappad vätska och luft sugs tillbaka in i systemet. Om det inte går att få tag på en sådan sats återstår bara den vanliga tvåmansmetoden som beskrivs i detalj nedan.

9 Om en luftningssats ska användas, förbered bilen enligt beskrivningen ovan och följ sedan luftningssatstillverkarens instruktioner, eftersom metoden kan variera något mellan olika luftningssatser. I allmänhet beskrivs metoden i relevant underavsnitt.

10 Oavsett vilken metod som används måste ordningen för luftning (se punkt 11 och 12) följas för att systemet garanterat ska tömmas på all luft.

Luftning – ordningsföljd

11 Om systemet endast har kopplats ur delvis och åtgärder vidtagits för att minimera vätskespill, ska bara den aktuella delen av systemet behöva luftas (dvs. primär- eller sekundärkretsen).

12 Om hela systemet ska luftas ska det göras i följande ordningsföljd (**observera**: *på vänsterstyrda modeller används motsatta sidor)*:

a) Vänster frambroms.
b) Höger bakbroms.
c) Höger frambroms.
d) Vänster bakbroms.

Luftning

Grundläggande luftning (för två personer)

13 Skaffa en ren glasburk, en lagom längd plast- eller gummislang som sluter tätt över avluftningsskruven och en ringnyckel som passar skruven. En medhjälpare behövs också.

14 Ta bort dammkåpan från den första luftningsskruven i ordningen **(se bild)**. Montera nyckeln och slangen på skruven. Placera slangens andra ände i glasburken och häll i så mycket vätska att slangänden täcks.

15 Se till att vätskenivån i huvudcylinderbehållaren överstiger MIN-markeringen under hela arbetet.

16 Låt medhjälparen pumpa bromsen i botten flera gånger så att ett inre tryck byggs upp i systemet.

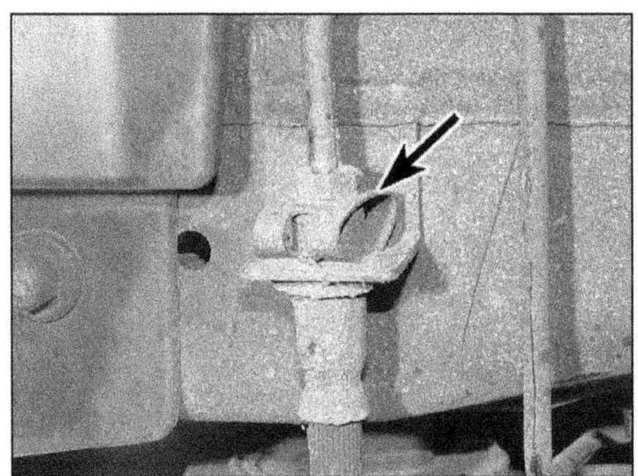

3.2a Bromsrörets anslutningsfjäderklämma (se pil)

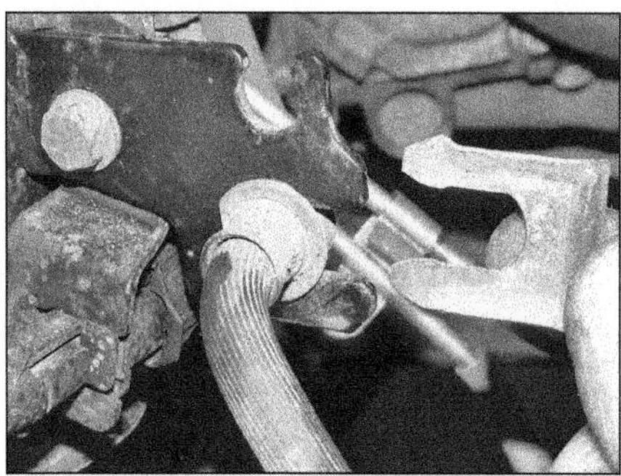

3.2b Dra ut fjäderklämman

17 Lossa avluftningsskruven ungefär ett halvt varv och låt sedan medhjälparen långsamt trampa ner bromspedalen till golvet och hålla fast den där. Dra åt avluftningsskruven och låt medhjälparen långsamt släppa upp pedalen till viloläget.

18 Upprepa proceduren i punkt 17 tills vätskan som rinner från avluftningsskruven är fri från luftbubblor. Kontrollera vätskenivån i behållaren efter varannan eller var tredje pedalnedtryckning och fyll på med mer vätska om det behövs.

19 Dra åt luftningsskruven ordentligt när inga fler bubblor förekommer. Ta sedan bort slangen och nyckeln, och montera dammkåpan. Dra inte åt luftningsskruven för hårt.

20 Upprepa proceduren på de kvarvarande skruvarna i ordningsföljden tills all luft har tömts ur systemet och bromspedalen känns fast igen.

Med hjälp av en luftningssats med backventil

21 Dessa luftningssatser består av en bit slang försedd med en envägsventil för att förhindra att luft och vätska dras tillbaka in i systemet. Vissa satser levereras även med en genomskinlig behållare som kan placeras så att luftbubblorna lättare ses flöda från slangänden.

22 Satsen ansluts till luftningsskruv, som sedan öppnas. Återvänd till förarsätet, tryck ner bromspedalen mjukt och stadigt och släpp sedan långsamt upp den igen. Detta upprepas tills vätskan som rinner ut är fri från luftbubblor.

23 Observera att dessa luftningssatser underlättar arbetet så mycket att man lätt glömmer huvudcylinderbehållarens vätskenivå. Se till att nivån hela tiden ligger över MIN-markeringen.

Med hjälp av en tryckluftssats

24 De tryckluftsdrivna avluftningssatserna drivs ofta av tryckluften i reservdäcket. Observera dock att trycket i reservdäcket antagligen behöver minskas till under den normala nivån. Se instruktionerna som följer med luftningssatsen.

25 Om man ansluter en trycksatt, vätskefylld behållare till huvudcylinderbehållaren kan luftningen utföras genom att man helt enkelt öppnar skruvarna i tur och ordning (i den angivna ordningsföljden) och låter vätskan flöda ut tills den inte längre innehåller några luftbubblor.

26 En fördel med den här metoden är att den stora vätskebehållaren ytterligare förhindrar att luft dras tillbaka in i systemet under luftningen.

27 Luftning med tryckluftssats lämpar sig särskilt för luftning av "svåra" system eller hela system vid rutinmässiga vätskebyten.

Alla metoder

28 När luftningen är avslutad och pedalen känns fast, torka bort eventuellt vätskespill, dra åt avluftningsskruvarna ordentligt och montera dammskydden.

29 Kontrollera hydraulvätskenivån i huvudcylinderbehållaren och fyll på om det behövs (se *Veckokontroller*).

30 Kassera all hydraulvätska som har tappats ut. Den lämpar sig inte för återanvändning.

31 Kontrollera känslan i bromspedalen. Om den känns "svampig" finns det luft kvar i systemet och ytterligare luftning behövs. Om systemet inte är helt luftat efter ett rimligt antal upprepningar av luftningen kan det bero på slitna huvudcylindertätningar.

3 Hydraulrör och slangar – byte

1 Om ett rör eller en slang måste bytas ut, minimera vätskespillet genom att först ta bort huvudcylinderbehållarens lock och sedan skruva på det igen över en bit plastfolie så att det blir lufttätt. Locket är försett med en nivåvarningsflottör och eventuellt kan slangklämmor monteras på böjliga slangar och isolera delar av kretsen. Bromsrörsanslutningar i metall kan pluggas igen eller täckas över direkt när de kopplas loss. Var då noga med att inte låta smuts tränga in i systemet. Placera trasor under alla anslutningar som ska kopplas loss för att fånga upp vätskespill.

2 Om en slang ska kopplas loss, skruva loss muttern till bromsrörsanslutningen innan fjäderklämman som fäster slangen i fästbygeln tas bort **(se bild)**. I förekommande fall, skruva loss banjoanslutningsbulten som fäster slangen vid bromsoket och ta loss kopparbrickorna. När den främre slangen tas bort, dra ut fjäderklämman och koppla loss den från fjäderbenet **(se bild)**.

3 Använd helst en bromsrörsnyckel av lämplig storlek för att skruva loss anslutningsmuttrarna. Sådana finns att köpa i de flesta motortillbehörsbutiker. Finns ingen sådan nyckel tillgänglig måste en tättsittande öppen nyckel användas, även om det innebär att hårt sittande eller korroderade muttrar kan runddras om nyckeln slinter. Skulle det hända är ofta en självlåsande tång det enda sättet att skruva loss en envis anslutning, men i så fall måste röret och de skadade muttrarna bytas ut vid ihopsättningen. Rengör alltid anslutningen och området runt den innan den kopplas loss. Om en komponent med mer än en anslutning kopplas loss ska noggranna anteckningar göras om anslutningarna innan de rubbas.

4 Om ett bromsrör måste bytas ut kan ett nytt köpas färdigkapat, med muttrar och flänsar monterade, hos en Saab-verkstad. Allt som sedan behöver göras innan det nya röret kan monteras är att böja det till rätt form med det gamla röret som mall. Alternativt kan de flesta tillbehörsbutiker tillhandahålla bromsrör, men det kräver extremt noggranna mätningar av originalet för att det nya röret ska få rätt längd. Det bästa är oftast att ta med sig originalröret till butiken som mall.

5 Dra inte åt anslutningsmuttrarna för hårt vid återmonteringen.

6 Använd alltid nya kopparbrickor när slangar återansluts till bromsoken och dra åt banjoanslutningsbultarna till angivet moment. Se till att slangarna sitter så att de inte kommer i kontakt med omgivande karosseri eller hjul.

7 Se till att rören och slangarna dras korrekt, utan veck, och att de monteras ordentligt i klämmor och fästen. När du har monterat delarna, ta bort plastfolien från behållaren och lufta hydraulsystemet enligt instruktionerna i avsnitt 2. Tvätta bort eventuella vätskespill och kontrollera noggrant att inga läckage har uppstått.

4 Främre bromsklossar – byte

Varning: Byt ut båda främre bromsklossuppsättningarna på en gång – byt aldrig bromsklossar bara på ena hjulet eftersom det kan ge ojämn bromsverkan. Observera att dammet som uppstår p.g.a. slitage på bromsklossarna kan innehålla hälsovådligt asbest. Blås aldrig bort det med tryckluft och andas inte in det. En godkänd skyddsmask bör bäras vid arbete med bromsarna. ANVÄND INTE bensin eller bensinbaserade lösningsmedel för att rengöra bromskomponenter. Använd endast bromsrengöringsmedel eller T-sprit.

1 Dra åt handbromsen och lossa sedan framhjulens bultar. Lyft upp framvagnen och ställ den på pallbockar (se *Lyftning och stödpunkter*). Demontera båda framhjulen.

2 Följ fotoinstruktionen (**bilderna 4.2 a till 4.2 p**) när själva bromsklossbytet ska utföras. Se till att utföra arbetet i rätt ordning, läs texten till varje bild och observera följande punkter:

a) Nya bromsklossar kan ha självhäftande folie på fästplattans baksida. Ta bort folien före bytet.

b) Rengör ytorna på bromsoksstyrningen noggrant och smörj in dem med monteringsfett för bromsar (Molykote P37 eller Copperslip).

c) När du trycker tillbaka bromsokskolven för att sätta in nya bromsklossar, observera då vätskenivån i behållaren.

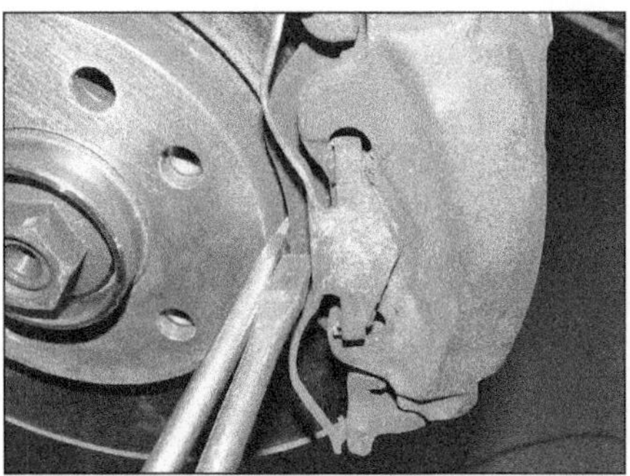

4.2a Använd skruvmejslar för att trycka bort spärrfjädern från hjulnavet och koppla loss det från bromsoket

4.2b Dra bort gummikåporna . . .

4.2c . . . och använd ett sexkantigt borrbits eller en insexnyckel på 7 mm för att skruva loss bromsokets övre och nedre styrsprint

4.2d Lyft bort hela bromsoket med den inre bromsklossen . . .

4.2e . . . dra sedan bort den yttre bromsklossen från bromsokets fästbygel

4.2f Dra bort den inre bromsklossen från bromsokskolven

4.2g Mät tjockleken på beläggen – 2,0 mm är minimitjocklek

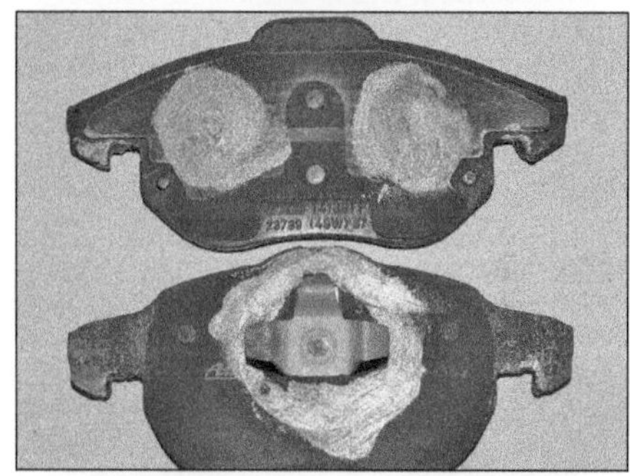

4.2h Stryk ett tunt lager värmetåligt fett (Copperslip) på baksidan av bromsklossarna enligt bilden. Se till att inget fett kommer i närheten av beläggen

4.2i Om nya bromsklossar ska monteras, tryck kolven bakåt i bromsoket med ett bromsklossutdragningsverktyg el. dyl.

4.2j Kläm fast den inre bromsklossen i bromsokskolven

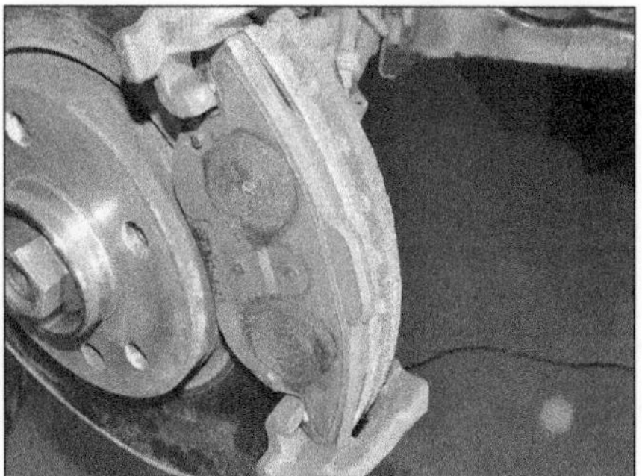

4.2k Sätt in den yttre bromsklossen i bromsokets fästbygel – med beläggen mot skivans kontaktyta. . .

4.2l . . . montera sedan bromsoket ovanför bromsklossen och passa in den i fästbygeln

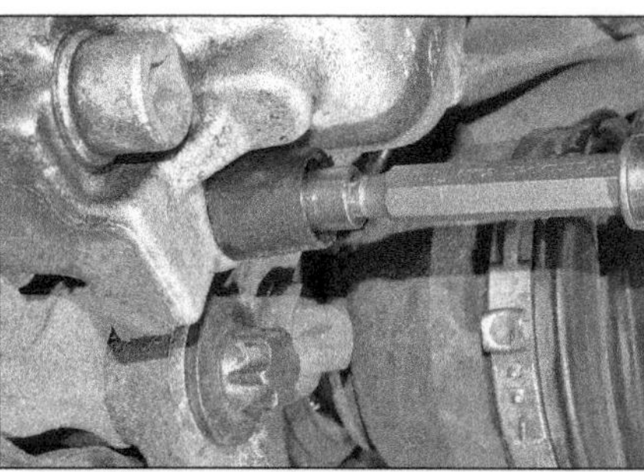

4.2m Skruva in bromsokets styrsprintar i fästbygeln och dra åt dem till angivet moment

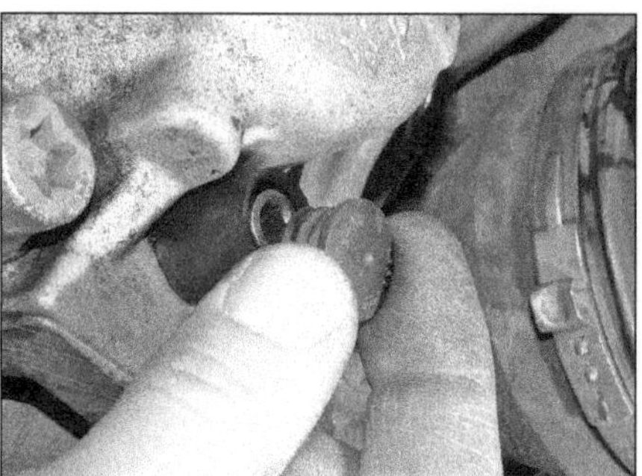

4.2n Sätt tillbaka gummikåporna

4.2o Montera spärrfjäderns ändar mot tapparna på bromsokets fästbygel. . .

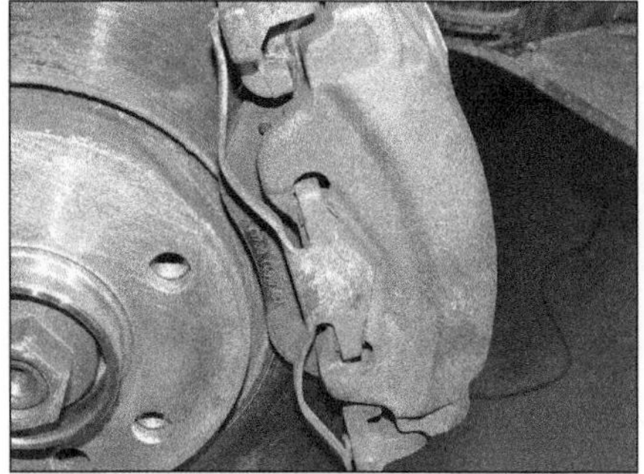

4.2p . . . dra sedan bort den från navet och haka fast tapparna mitt på spärrfjädern i bromsokets hål

3 Trampa ner bromspedalen flera gånger tills bromsklossarna trycks tätt intill bromsskivan och normalt pedaltryck återställs (utan servo).

4 Upprepa ovanstående procedur med det andra främre bromsoket.

5 Montera hjulen. Sänk sedan ner bilen till marken och dra åt hjulbultarna till angivet moment.

6 Kontrollera hydraulvätskenivån enligt beskrivningen i *Veckokontroller*.

Varning: Nya bromsklossar ger inte full bromseffekt förrän de har körts in. Tänk på det och undvik om möjligt hårda inbromsningar de första 150 km efter bromsklossbyte.

5 Bakre bromsklossar – byte

Varning: Byt ut båda bakre bromsklossuppsättningarna på en gång – byt aldrig bromsklossar bara på ena hjulet eftersom det kan ge ojämn bromsverkan. Observera att dammet som uppstår p.g.a. slitage på bromsklossarna kan innehålla hälsovådligt asbest. Blås aldrig bort det med tryckluft och andas inte in det. En godkänd skyddsmask bör bäras vid arbete med bromsarna. ANVÄND INTE bensin eller bensinbaserade lösningsmedel för att rengöra bromskomponenter. Använd endast bromsrengöringsmedel eller T-sprit.

1 Klossa framhjulen, lossa bultarna på bakhjulen och hissa sedan upp bakvagnen och stöd den på pallbockar (se *Lyftning och stödpunkter*). Demontera bakhjulen.

2 Lossa handbromsspaken helt och följ fotoinstruktionerna **(se bilderna 5.2 a till 5.2 q)** när själva bromsklossbytet ska utföras. Se till att utföra arbetet i rätt ordning, läs texten till varje bild och observera följande punkter:

a) Om du sätter tillbaka de ursprungliga bromsklossarna, se till att placera dem i ursprungsläget.

b) Rengör ytorna på bromsoksstyrningen och styrpinnarna noggrant och smörj in dem med monteringsfett för bromsar (Molykote P37 eller Copperslip).

c) Om nya bromsklossar ska monteras, använd ett kolvutdragningsverktyg för att trycka tillbaka kolven och samtidigt vrida den medurs – observera vätskenivån i behållaren när du drar ut kolven. Låt inte gummidamasken kring kolven vridas runt när kolven roterar.

d) Fordon av årsmodell 2003 och 2004 kan ha en annan utformning av bromsklossarna, där den inre bromsklossen har en fjäder som placeras runt bromsokskolven. Den nyare typen av bromsklossar kan bytas ut mot den här äldre typen.

Lossa spärrfjädern med en skruvmejsel

5.2b Dra bort gummikåporna . . .

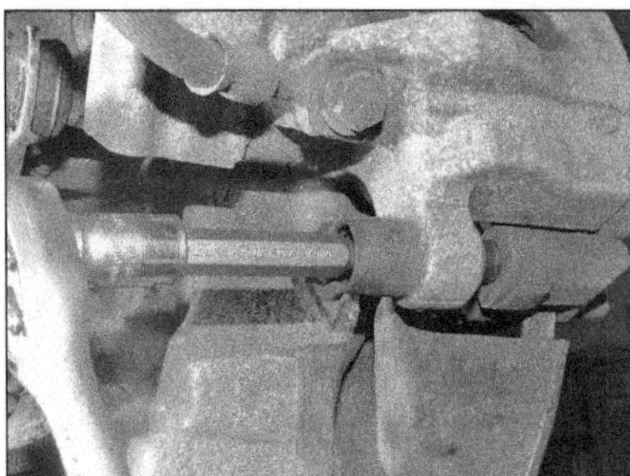

5.2c . . . och skruva loss bromsokets styrsprintar upptill och nedtill på bromsoket

5.2d Lyft bort bromsoket (låt inte bromsokets vikt vila på slangen)

5.2a Ta bort den yttre bromsklossen . . .

5.2f . . . och därefter den inre bromsklossen

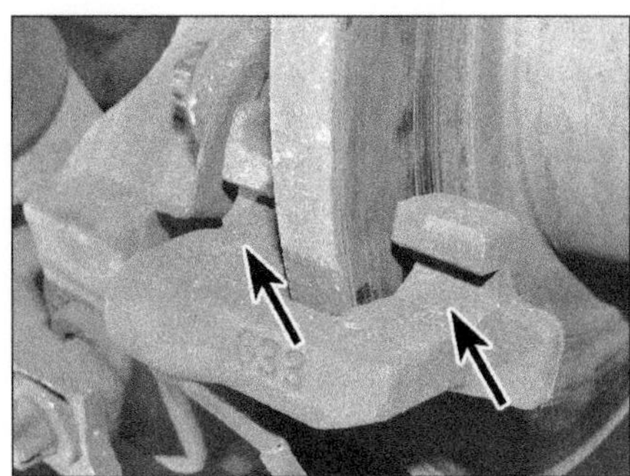

5.2g Använd en stålborste för att rengöra området på bromsokets fästbygel där bromsklossarna ska fästas (se pilar)

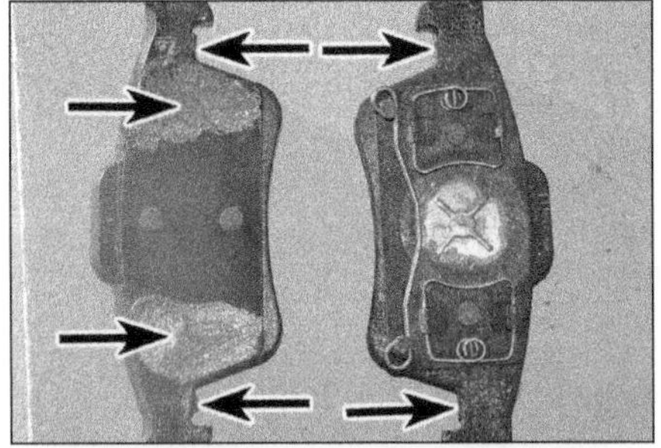

5.2h Tidiga modeller hade inre bromsklossar som kännetecknades av en inbyggd fjäder placerad runt bromsokskolven. Stryk ut lite värmetåligt fett (Copperslip) på de pilmarkerade områdena

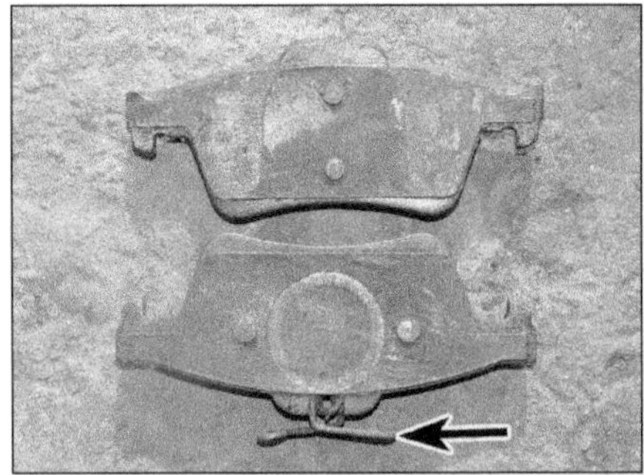

5.2i Senare modeller hade inre bromsklossar med en dämpningsfjäder fastnitad på stödplattan (se pil)

5.2j Montera den inre bromsklossen med friktionssidan mot skivan. . .

5.2k Och montera därefter den yttre bromsklossen

5.2l Om nya bromsklossar monteras måste bromsokskolven vridas medurs samtidigt som den trycks tillbaka in i huset med hjälp av ett kolvutdragningsverktyg

5.2m Montera bromsoket . . .

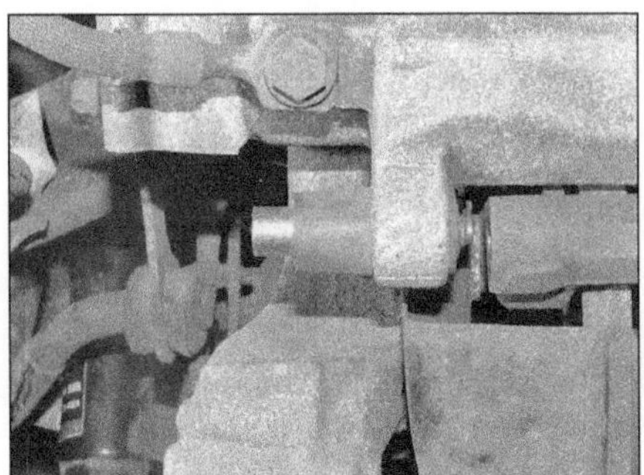

5.2n . . . sätt i styrsprintarna . . .

5.2o . . . och dra åt dem till angivet moment

5.2n Sätt tillbaka gummikåporna . .

3 Trampa ner bromspedalen flera gånger tills bromsklossarna trycks tätt intill bromsskivan och normalt pedaltryck återställs (utan servo).

4 Upprepa ovanstående procedur med det andra bromsoket.

5 Justera vid behov handbromsen enligt beskrivningen i kapitel 13.

6 Montera hjulen. Sänk sedan ner bilen till marken och dra åt hjulbultarna till angivet moment.

7 Kontrollera hydraulvätskenivån enligt beskrivningen i *Veckokontroller*.

Varning: Nya bromsklossar ger inte full bromseffekt förrän de har körts in. Tänk på det och undvik om möjligt hårda inbromsningar de första 150 km efter bromsklossbyte.

6 Främre bromsok – demontering, översyn och montering

Demontering

1 Dra åt handbromsen, lyft fordonets främre del och ställ framvagnen på pallbockar (se *Lyftning och stödpunkter*). Demontera hjulet.

2 Minimera eventuellt vätskespill genom att först skruva av huvudcylinderbehållarens lock och sedan skruva på det igen över en bit plastfolie, så att det blir lufttätt. Du kan också fästa den böjliga slangen vid bromsoket med en bromsslangklämma.

3 Rengör området runt bromsokets slanganslutningar. Observera vilken vinkel slangen har (för att garantera korrekt återmontering), skruva sedan loss och ta bort anslutningsbultarna och ta loss tätningsbrickorna av koppar från sidorna av slanganslutningen. Kasta bort brickorna. Använd nya vid monteringen. Plugga igen slangänden och bromsokshålet för att minimera vätskespill och förhindra smuts från att tränga in i hydraulsystemet.

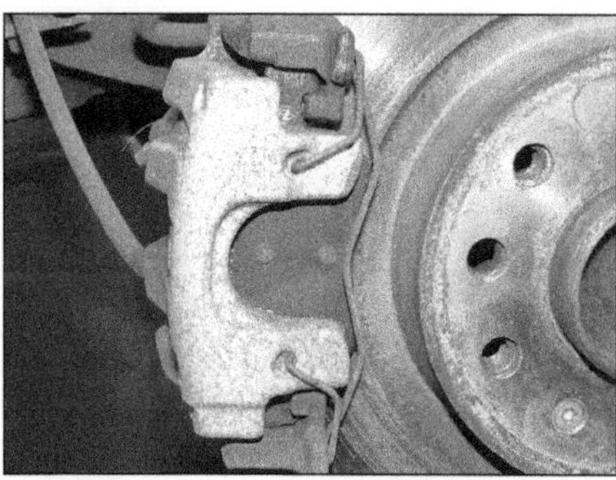

5.2q . . . och därefter spärrfjädern

4 Ta bort bromsklossarna enligt beskrivningen i avsnitt 4, ta sedan bort bromsoket från bilen.

5 Skruva loss bromsokets fästbygel från hjulspindeln om det behövs **(se bild)**.

Översyn

6 Lägg bromsoket på arbetsbänken och ta bort all smuts och avlagringar.

7 Bänd ut och lossa dammtätningen **(se bild)**.

8 Ta bort den delvis utskjutna kolven från bromsokshuset. Kolven kan dras bort för hand om den trycks ut med hjälp av tryckluft som kopplas till bromsslangens anslutningshål. Endast tryckluft med lågt tryck bör användas, t.ex. från en fotpump **(se bild)**.

9 Ta försiktigt bort kolvtätningen från bromsoket, var noga med att inte repa bromsoksloppet **(se bild)**.

10 Rengör noga alla komponenter, använd bromsrengöringsvätska eller T-sprit. Använd aldrig mineralbaserade lösningsmedel som t.ex. bensin eller fotogen eftersom de kan angripa hydraulsystemets gummidelar.Torka omedelbart av delarna med tryckluft eller en ren, luddfri trasa.

11 Kontrollera om det finns repor eller korrosion i bromsoksloppet. Om du är tveksam, byt ut komponenterna.

12 Sänk ner kolven och den nya tätningen i den rena hydraulvätskan. Smörj med ren vätska runt bromsoksloppet.

13 Passa in den nya kolvtätningen i bromsoksloppets spår bara med hjälp av fingrarna **(se bild)**.

14 Monter den nya dammtätningen på kolven och passa in kolven i bromsoksloppet genom att vrida den. Se till att föra in kolven vinkelrätt mot loppet.Tryck in dammtätningen helt i bromsokshuset och tryck in hela kolven i bromsoksloppet.

Montering

15 Placera bromsokets fästbygel på navhållaren/fjäderbenet, applicera sedan låsvätska på fästbultsgängorna, montera dem och dra åt dem till angivet moment.

16 Montera bromsklossarna enligt beskrivningen i avsnitt 4, tillsammans med bromsoket som i det här stadiet inte har någon slang kopplad till sig.

17 Placera nya koppartätningsbrickor på sidorna av slanganslutningen och anslut bromsslangen till bromsoket. Se till att slangen är korrekt placerad mot bromsokshusets tapp, montera sedan anslutningsbulten och dra åt den ordentligt.

18 Ta bort bromsslangklämman eller plastfolien och lufta hydraulsystemet enligt instruktionerna i avsnitt 2. Under förutsättning att du har följt de föreskrifter som syftar till att minimera bromsvätskespill, bör det enbart vara nödvändigt att lufta den aktuella frambromsen.

19 Montera hjulet, sänk ner bilen och dra åt hjulbultarna till angivet moment.

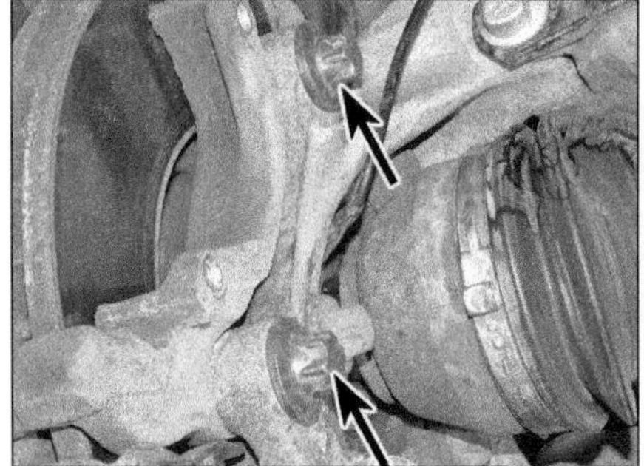

6.5 Torxfästskruvar för bromsokets fästbygel (se pilar)

6.7 Bänd loss dammtätningen

6.8 Använd en träkloss (se pil) för att förhindra skador på kolven eller bromsoket när kolven trycks ut

6.9 Var mycket försiktig så att du inte repar bromsoksloppet när du tar bort tätningen

6.13 Passa in den nya tätningen i bromsoksloppets spår

7 Bakre bromsok – demontering, översyn och montering

Demontering

1 Klossa framhjulen, lyft upp bilens bakvagn med hjälp av en domkraft och stöd den på pallbockar (se *Lyftning och stödpunkter*). Demontera hjulet.

2 Lossa handbromsvajerns justeringsmutter, haka loss den inre vajern från spaken på bromsoket och koppla sedan loss vajerhöljet från bromsokets fästbygel **(se bild 14.6)**.

3 Minimera eventuellt vätskespill genom att först skruva av huvudcylinderbehållarens lock och sedan skruva på det igen över en bit plastfolie, så att det blir lufttätt. Alternativt kan du fästa en bromsslangklämma på slangen som går till bromsledningen på bakaxeln.

4 Rengör området runt hydraulledningens anslutningsmutter, lossa sedan bulten **(se bild)**. Skruva inte loss bulten helt i det här skedet.

5 Ta bort bromsklossarna enligt beskrivningen i avsnitt 5.

6 Skruva loss anslutningsmuttern helt och koppla loss hydraulledningen från bromsoket, dra sedan bort bromsoket från skivan. Tejpa över eller plugga igen hydraulledningen för att hindra att damm eller smuts tränger in.

7 Skruva loss de två bultarna och ta bort bromsokets fästbygel från hjulspindeln om det behövs **(se bild)**.

Översyn

8 Lägg bromsoket på arbetsbänken och ta bort all smuts och avlagringar.

9 Bänd ut klämman och ta bort dammtätningen som sitter mellan kolven och bromsoket **(se bild 6.7)**. Det här är alla reparationer som kan utföras på bromsoket. I skrivande stund var bara dammtätningen tillgänglig. Om bromsoket är anfrätt eller läcker kan hela bromsoket behöva bytas. Kontakta en Saab-verkstad eller annan specialist på reservdelar. Ta inte isär bromsoket mer innan du har fått tag i de nödvändiga reservdelarna (om de finns).

Montering

10 Placera bromsokets fästbygel på navhållaren/fjäderbenet, applicera sedan låsvätska på fästbultsgängorna, montera dem och dra åt dem till angivet moment.

11 Återanslut hydraulslangen till bromsoket med hjälp av en ny tätningsbricka på båda sidor om banjobulten. Skruva inte åt banjobulten helt i det här skedet.

12 Montera bromsklossarna (se avsnitt 5).

13 Dra åt hydraulanslutningsmuttern helt.

14 Ta bort plastfolien från dess plats och lufta hydraulsystemet enligt instruktionerna i avsnitt 2. Om du har följt de föreskrifter som syftar till att minimera bromsvätskespill bör det enbart vara nödvändigt att lufta den aktuella bakbromsen.

15 Justera handbromsen enligt beskrivningen i avsnitt 13.

16 Montera hjulet, sänk ner bilen och dra åt hjulbultarna till angivet moment.

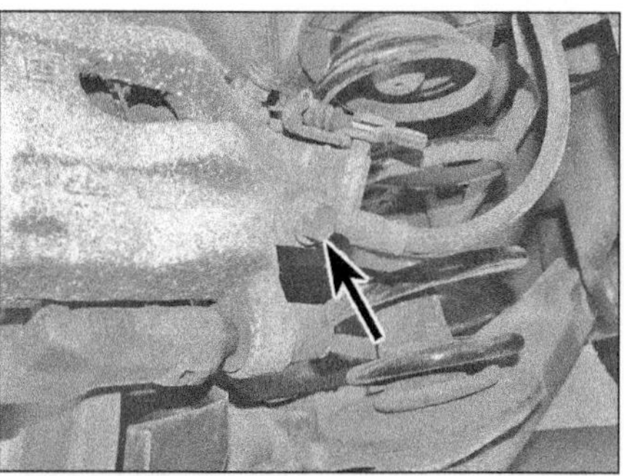

7.4 Bakre bromsslangens anslutningsbult (se pil)

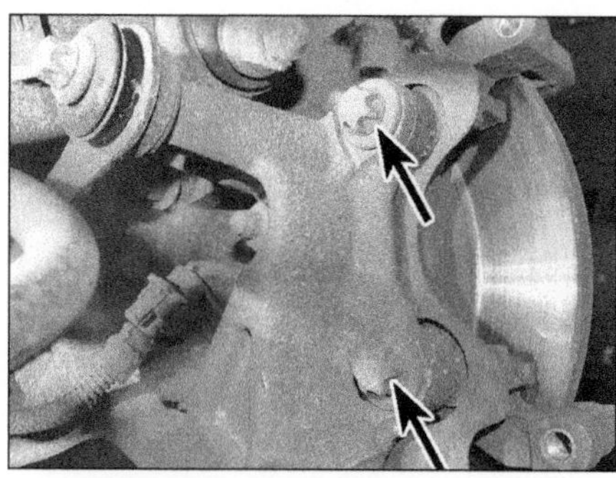

7.7 Fästbultar till bromsokets fästbygel (se pilar)

8 Främre bromsskiva – kontroll, demontering och montering

Kontroll

1 Dra åt handbromsen, lyft fordonets främre del och ställ framvagnen på pallbockar (se *Lyftning och stödpunkter*). Demontera båda framhjulen.

2 För att en noggrann kontroll ska kunna utföras och för att man ska kunna komma åt båda sidorna av skivan, måste bromsoken skruvas loss och placeras åt sidan enligt beskrivningen i avsnitt 4.

3 Kontrollera att bromsskivans fästskruv sitter säkert. Montera sedan ungefär 10,0 mm tjocka mellanlägg på hjulbultarna och skruva därefter tillbaka dem igen. Då hålls bromsskivan i sitt normala arbetsläge.

4 Vrid bromsskivan och undersök om den har djupa repor eller spår. Viss spårning är normalt, men om bromsskivan har överdrivna spår måste den tas bort och bytas ut, eller maskinslipas (inom de angivna gränsvärdena) av en mekaniker. Bromsskivans minimitjocklek anges i specifikationerna i början av det här kapitlet.

5 Använd en mätklocka eller en platt metallbit och bladmått och kontrollera att bromsskivans skevhet inte överskrider värdet i Specifikationer.

6 Om bromsskivan är påtagligt skev, ta bort den enligt beskrivningen nedan och kontrollera att ytorna mellan bromsskivan och navet är helt rena. Montera bromsskivan och kontrollera skevheten igen. Om skivan fortfarande är märkbart skev ska den bytas ut.

7 Använd en mikrometer och kontrollera att bromsskivans tjocklek inte underskrider det angivna värdet i Specifikationer. Läs av måttet på flera ställen runt skivan **(se bild)**.

8 Upprepa kontrollen på den andra främre bromsskivan.

Demontering

9 Ta bort hjulbultarna och mellanläggen som användes vid kontrollen av bromsskivan.

10 Ta bort bromsklossarna enligt beskrivningen i avsnitt 4 och bind bromsoket åt sidan. Ta även bort det främre bromsokets fästbygel enligt beskrivningen i avsnitt 6.

11 Skruva loss fästskruven och dra bort bromsskivan från navet. Om skruven sitter hårt lossar du den med en slagmutterdragare **(se bild)**.

Montering

12 Monteringen utförs i omvänd ordningsföljd, men se till att kontaktytorna mellan bromsskivan och navet är helt rena och applicera lite låsvätska på fästskruvens gängor innan den dras åt. Om en ny bromsskiva monteras, ta bort skyddslagret med lämpligt lösningsmedel.

8.7 Använd en mikrometer för att mäta bromsskivans tjocklek

8.11 Skruva loss skruven som håller fast skivan

9.7 Använd en mikrometer för att mäta skivans tjocklek

9.11a Skruva loss torxskruven som håller fast skivan (se pil) . . .

9.11b . . . och dra skivan ur läge

Montera bromsskivans bromsklossar enligt beskrivningen i avsnitt 4, montera sedan hjulet och sänk ner bilen.

9 Bakre bromsskiva – kontroll, demontering och montering

Kontroll

1 Klossa framhjulen, lyft upp bilens bakvagn med hjälp av en domkraft och stöd den på pallbockar (se *Lyftning och stödpunkter*). Ta bort båda bakhjulen.

2 För att få en exakt kontroll och komma åt skivans sidor, ta bort bromsklossarna enligt beskrivningen i avsnitt 5, häng sedan upp bromsoket i bilens fjädring/kaross så undviker du belastning på gummislangen.

3 Kontrollera att bromsskivans fästskruv sitter säkert. Montera sedan ungefär 10,0 mm tjocka mellanlägg på hjulbultarna och skruva därefter tillbaka dem igen. Då hålls bromsskivan i sitt normala arbetsläge.

4 Vrid bromsskivan och undersök om den har djupa repor eller spår. Viss spårning är normalt, men om bromsskivan har överdrivna spår måste den tas bort och bytas ut, eller maskinslipas (inom de angivna gränsvärdena) av en mekaniker. Bromsskivans minimitjocklek anges i specifikationerna i början av det här kapitlet.

5 Använd en mätklocka eller en platt metallbit och bladmått och kontrollera att bromsskivans skevhet inte överskrider värdet i Specifikationer.

6 Om bromsskivan är påtagligt skev, ta bort den enligt beskrivningen nedan och kontrollera att ytorna mellan bromsskivan och navet är helt rena. Montera bromsskivan och kontrollera skevheten igen. Om skivan fortfarande är märkbart skev ska den bytas ut.

7 Använd en mikrometer och kontrollera att bromsskivans tjocklek inte underskrider det angivna värdet i Specifikationer. Läs av måttet på flera ställen runt skivan **(se bild)**.

8 Upprepa kontrollen på den andra bakre bromsskivan.

Demontering

9 Ta bort hjulbultarna och mellanläggen som användes vid kontrollen av bromsskivan.

10 Ta bort fästbygeln från hjulspindeln enligt beskrivningen i avsnitt 7.

11 Ta bort fästskruven och dra bort bromsskivan från navet **(se bilder)**.

Montering

12 Monteringen utförs i omvänd ordningsföljd, men se till att kontaktytorna mellan bromsskivan och navet är helt rena och applicera lite låsvätska på fästskruvens gängor innan den dras åt. Om en ny bromsskiva monteras, ta bort skyddslagret med lämpligt lösningsmedel. Justera handbromsen enligt beskrivningen i avsnitt 13, montera sedan hjulet och sänk ner bilen.

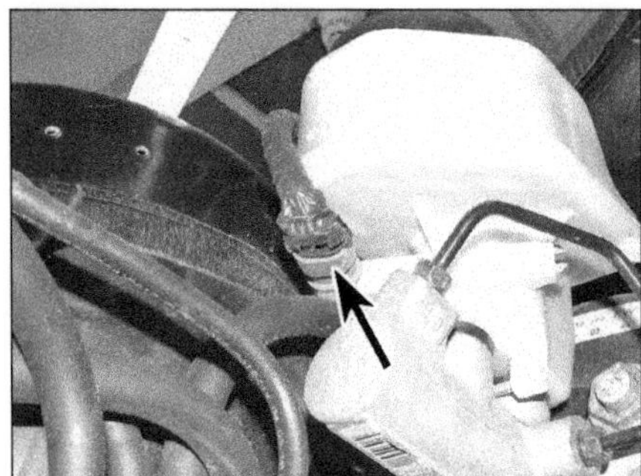
10.3 Koppla loss vätskenivåbrytaren (se pil)

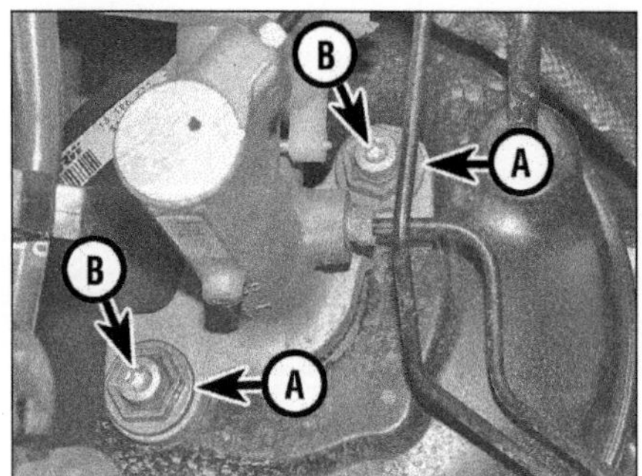

10.11 Huvudcylinderns fästmuttrar (A) och vakuumservopinnbultar (B)

10 Huvudcylinder – demontering, översyn och montering

Demontering

1 Släpp ut allt vakuum från bromsservon genom att pumpa med bromspedalen.

2 På vänsterstyrda modeller flyttar du kylvätskebehållaren åt sidan – slangarna behöver inte kopplas loss.

3 Koppla loss kablaget från bromsvätskevarningskontakten **(se bild)**.

4 Tappa ut vätskan ur behållaren. Alternativt, öppna en lämplig avluftningsskruv och pumpa försiktigt med bromspedalen för att tappa ur vätskan genom en plastslang kopplad till avluftningsskruven (se avsnitt 2).

Varning: Försök inte suga upp vätskan med munnen eftersom den är giftig. Använd en bollspruta.

5 Placera tygtrasor under huvudcylindern för att fånga upp vätskespill.

6 På modeller med manuell växellåda kopplar du loss kopplingshydraulslangen från bromsvätskebehållaren.

7 På högerstyrda bensinmodeller demonterar du luftintagsslangen.

8 På högerstyrda dieselmodeller demonterar du luftfilterenheten enligt beskrivningen i kapitel 4B.

9 Observera hur bromsledningarna sitter, skruva sedan bort anslutningsmuttrarna och flytta ledningarna åt ena sidan precis så mycket att de är ur vägen för huvudcylindern. Böj inte bromsledningarna mer än vad som behövs. Använd en öppen nyckel, om en sådan finns tillgänglig, för att skruva bort muttrarna, de kan sitta mycket hårt. Tejpa över eller plugga igen öppningarna i bromsledningarna och huvudcylindern.

10 Skruva loss fästmuttrarna och dra bort huvudcylindern från vakuumservons framsida. Vira in huvudcylindern i tygtrasor och ta bort den från motorrummet. Var noga med att inte spilla hydraulvätska på bilens lackade delar.

11 Skruva loss fästbulten och ta loss behållaren från huvudcylindern **(se bild)**.

Översyn

12 Vid tiden för den här bokens tryckning fanns inga renoveringsdelar för huvudcylinder tillgängliga. Om cylindern är defekt kan hela enheten behöva bytas ut - kontakta en Saab-verkstad eller annan specialist på reservdelar. .

Montering

13 Sätt tillbaka behållaren på huvudcylinderhuset och dra åt fästbulten (i förekommande fall).

14 Se till att fogytorna är rena och torra, montera sedan huvudcylindern på vakuumservons pinnbultar och se till att servons tryckstång har kontakt med huvudcylinderns tryckstång. Stryk på gänglåsmassa och dra åt fästmuttrarna till angivet moment.

15 Ta bort tejpen eller pluggarna och återanslut bromsledningarna till huvudcylindern. Dra först åt anslutningsmuttrarna med fingrarna för att undvika korsgängning, dra sedan åt dem ordentligt med en nyckel.

16 På modeller med manuell växellåda sätter du tillbaka kopplingshydraulslangen på bromsvätskebehållaren.

17 Fyll vätskebehållaren med ny bromsvätska upp till MAX-markeringen.

18 Återanslut kablaget till bromsvätskevarningskontakten.

19 På vänsterstyrda modeller sätter du tillbaka kylvätskebehållaren.

20 Lufta hydraulsystemet enligt beskrivningen i avsnitt 2. Kontrollera bromssystemet noggrant innan du återigen tar fordonet i drift.

21 Montera luftintagsslangen eller luftrenarenheten efter tillämplighet.

11 Vakuumservo – kontroll, demontering och montering

Kontroll

1 Testa vakuumservon på följande sätt: Tryck ner fotbromsen upprepade gånger med motorn avstängd, för att släppa ut vakuumet. Starta sedan motorn, håll pedalen nedtryckt. När motorn startar ska pedalen ge efter märkbart medan vakuumet byggs upp. Låt motorn gå i minst två minuter och stäng sedan av den. Om bromspedalen nu trycks ned ska den kännas normal men fler tryckningar ska göra att den känns fastare med allt kortare pedalväg för varje nedtryckning.

2 Om servon inte fungerar enligt ovan, kontrollera först att luften bara kan passera genom servons backventil i en riktning (från servo till grenrör/pump). Om det verkar fungera riktigt kan felet ligga i själva servon. Det går inte att reparera servon. Om den är defekt måste hela servon bytas.

Högerstyrda modeller

Demontering

3 Koppla loss batteriets minusledare enligt beskrivningen i kapitel 5A.

4 Demontera bromshuvudcylindern enligt beskrivningen i avsnitt 10.

5 Demontera instrumentbrädans nedre panel på förarsidan enligt beskrivningen i kapitel 11.

6 Lossa klämman och ta bort sprinten som håller fast servotryckstången i bromspedalen **(se bild)**.

7 På bensinmodeller demonterar du luftrenarhuset enligt beskrivningen i kapitel 4A.

8 Demontera vevhusventilationsslangen från turbon och ventilkåpan, koppla sedan loss turboaggregatets insugsslangar.

9 Lyft upp framvagnen och stöd den ordentligt på pallbockar (se *Lyftning och stödpunkter*). På dieselmodeller skruvar du loss fästena och tar bort motorns undre skyddskåpa.

10 Placera en garagedomkraft under motorn med en träkloss mellan domkraftshuvudet och sumpen. Ta upp motorns tyngd med domkraften.

11 Ta bort fästbultarna på motorns högra sida och sänk motorn ca 30 mm.

12 På bensinmodeller demonterar du turboaggregatets värmesköld.

13 Ta bort mellanväggens värmesköld.

14 Ta försiktigt loss vakuumslangen från servon.

15 Lossa bromsrören från fästklämmorna på motorrummets mellanvägg.

16 På bensinmodeller tar du bort fästklämman och demonterar membranenheten från turbon **(se bild)**. Lägg membranenheten åt sidan.

17 Skruva loss fästbulten och flytta ner kylvätskeröret vid topplocket ca 20 mm.

18 Lossa de två bultarna som håller fast servon i mellanväggen och flytta sedan servon från sitt läge.

Montering

19 Placera servon på mellanväggen, applicera sedan låsvätska på de övre fästbultarnas gängor, montera fästbultarna och dra åt dem till angivet moment.

20 Arbeta inuti bilen. Anslut tryckstången till pedalen, montera sedan tappen och fäst den med en fjäderklämma.

21 Resten av monteringen utförs i omvänd ordningsföljd mot demonteringen. Avsluta med att starta motorn och kontrollera om det finns några luftläckor i anslutningen mellan vakuumslangen och servon. Kontrollera att bromssystemet fungerar.

Vänsterstyrda modeller

Demontering

22 Ta bort den hydrauliska ABS/TCS/ESP-enheten enligt beskrivningen i avsnitt 19.

23 Demontera bromshuvudcylindern enligt beskrivningen i avsnitt 10.

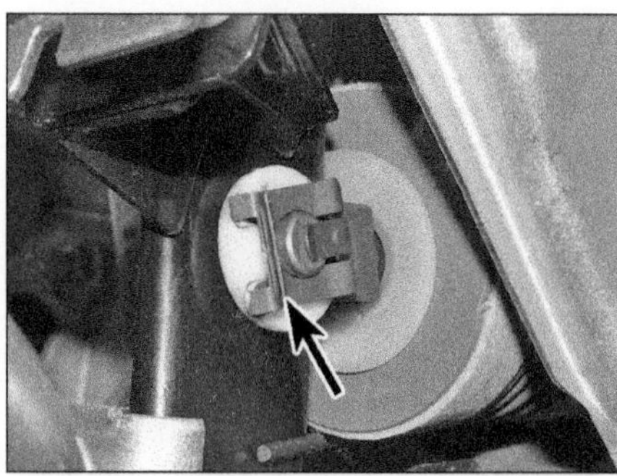

11.6 Bänd upp kanten på klämman (se pil) och dra loss den

24 Demontera instrumentbrädans nedre panel på förarsidan enligt beskrivningen i kapitel 11.

25 Ta loss fästklämman och gaffelbulten som fäster servotryckstången i bromspedalen.

26 Lyft upp framvagnen och stöd den ordentligt på pallbockar (se *Lyftning och stödpunkter*). Skruva loss fästena och ta bort motorns undre skyddskåpa.

27 Placera en garagedomkraft under växellådan med en träkloss mellan domkraftshuvudet och växellådans bas. Ta upp motorns tyngd med domkraften.

28 Ta bort fästbultarna på motorns/växellådans vänstra sida och sänk motorn ca 30 mm.

29 Ta försiktigt loss vakuumslangen från servon.

30 Skruva loss fästskruvarna och flytta servon från sitt läge.

Montering

31 Placera servon på mellanväggen med en ny packning och haka samtidigt fast tryckstången med pedalen. Stryk på gänglåsningsmedel och dra åt fästbultarna till angivet moment.

32 Arbeta inuti bilen. Anslut tryckstången till pedalen, montera sedan tappen och fäst den med en fjäderklämma.

33 Resten av monteringen utförs i omvänd ordning. Avsluta med att starta motorn och kontrollera om det finns några luftläckor i anslutningen mellan vakuumslangen och servon. Kontrollera att bromssystemet fungerar.

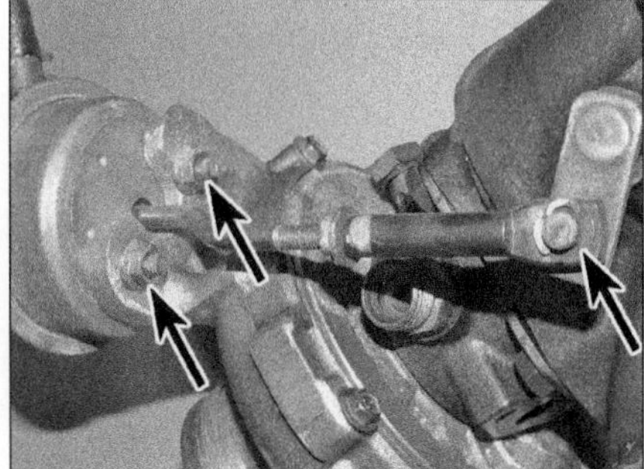

11.16 Ta bort klämman och skruva loss membranenhetens muttrar (se pilar)

12.2 Lossa bultarna (se pilar) och flytta styrenheten för insprutningsventiler åt sidan

12.3 Tryck ner fliken (se pil) och koppla loss vakuumslangen

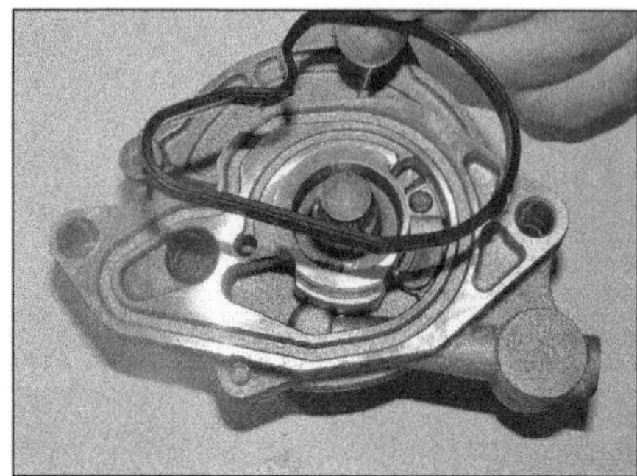
12.5 Byt tätning i vakuumpumpen

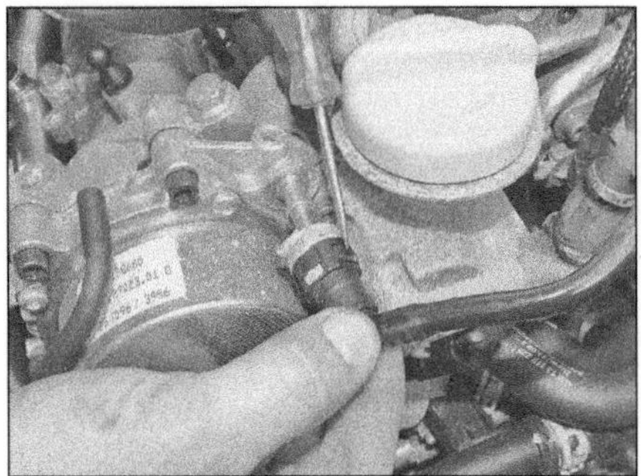
12.7a Koppla ifrån snabbkopplingen och koppla loss servovakuumslangen . . .

12.7b . . . och därefter den lilla vakuumslangen (se pil)

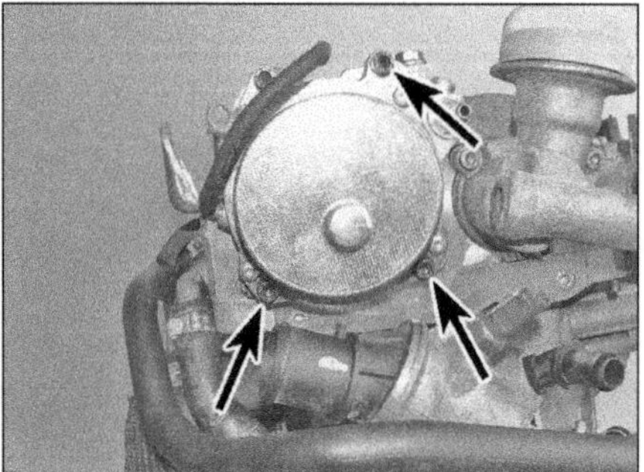
12.8 Vakuumpumpens fästbultar (se pilar)

12 Vakuumpump – demontering och montering

Demontering

Bensinmodeller

1 Vakuumpumpen är fastskruvad direkt till vänster om topplocket. Ta först loss torxskruvarna och sedan motorns övre skyddskåpa.

2 Skruva loss de två fästbultarna och flytta styrenheten för insprutningsventiler (IDM, Ionisation Detection Module) åt sidan **(se bild)**.

3 Tryck ner lossningsfliken och koppla loss vakuumslangen från pumpen **(se bild)**.

4 Skruva loss de två fästbultarna på pumpen och flytta fästbygeln åt sidan.

5 Dra bort pumpen från änden av kamaxeln och ta undan O-ringstätningen. Var beredd på spill. Kasta alla tätningar eftersom nya måste användas vid återmonteringen **(se bild)**.

Dieselmodeller

6 Vakuumpumpen är fastskruvad direkt till vänster om topplocket. Dra först motorns över skyddskåpa uppåt från sitt läge.

7 Tryck ner lossningsfliken och koppla loss huvudvakuumslangen från pumpen. Koppla också loss den lilla vakuumslangen **(se bilder)**.

8 Skruva loss fästbultarna och ta bort pumpen från topplocket **(se bild)**.

9 Ta bort O-ringen från spåret i pumpen. Kasta O-ringen och ersätt den med en ny.

Montering

10 Monteringen utförs i omvänd ordningsföljd mot demonteringen. Tänk på följande:

a) Rengör pumpens och topplockets fogytor och sätt dit den eller de nya O-ringarna.

b) Placera pumpmedbringaren så att den fäster i spåret i slutet av kamaxeln vid återmonteringen.

c) Dra åt alla muttrar och bultar till angivet moment, i förekommande fall.

13 Handbroms – justering

1 Normalt sett behöver du bara justera handbromsen när du har tagit isär eller bytt ut handbromsvajrar. Klossa framhjulen, lyft upp bilens bakvagn med hjälp av en domkraft och stöd den på pallbockar (se *Lyftning och stödpunkter*). Demontera båda bakhjulen. Släpp handbromsen helt.

2 Kontrollera avståndet mellan bromsoksarmen och stoppet. Det bör vara ca 1,0 mm. Om så inte är fallet placerar du ett bladmått på 1,0 mm på var sida mellan armen och stoppet **(se bild)**.

3 Arbeta inuti fordonet. Lyft upp locket på armstödet och ta ut spolhållaren.

4 Dra åt justeringsbulten tills bladmåtten och bromsoken lossnar **(se bild)**.

5 Sätt tillbaka spolhållaren och stäng locket till armstödet.

6 Trampa ner bromspedalen hårt 3 gånger, dra sedan åt handbromsen och kontrollera att båda bakhjulen är låsta.

7 Lossa spaken och kontrollera att båda hjulen roterar fritt.

8 Sänk ner bilen efter avslutat arbete.

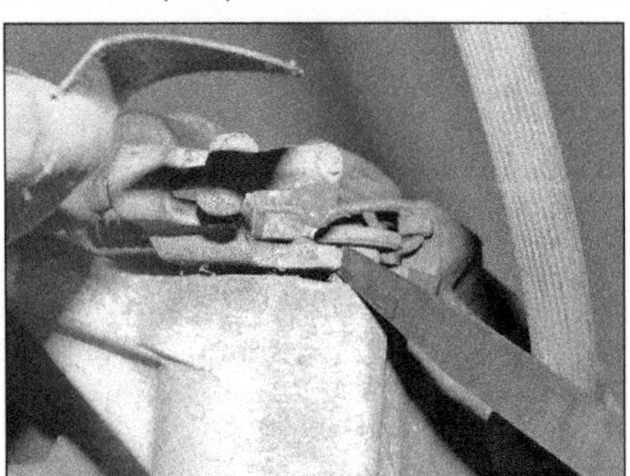
13.2 Sätt in ett bladmått på 1,0 mm mellan vajerarmen och stoppet

13.4 Handbromsjusteringsbult (se pil)

14.3a Lossa justeringsbulten (se pil) . . .

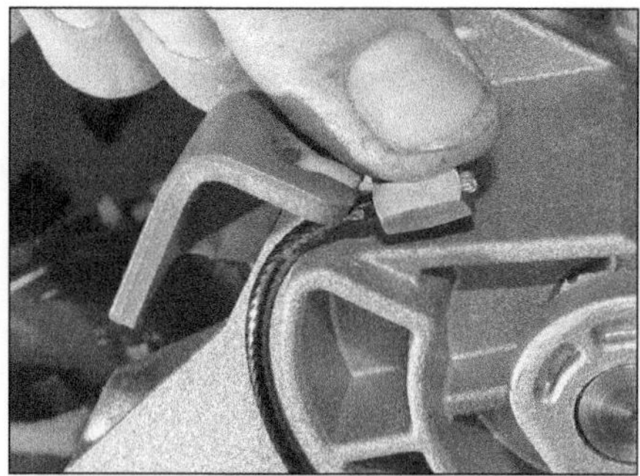

14.3b . . . koppla loss vajerns ändbeslag från plåten . . .

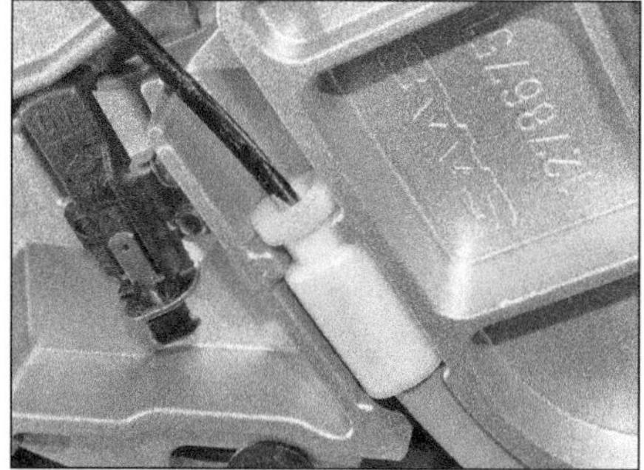

14.3c . . . och vajerhöljet från fästbygeln

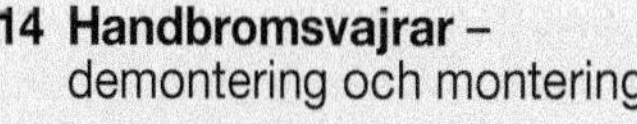

14 Handbromsvajrar – demontering och montering

Demontering

1 Klossa framhjulen, lyft upp bilens bakvagn med hjälp av en domkraft och stöd den på pallbockar (se *Lyftning och stödpunkter*). Ta bort båda bakhjulen.

2 Ta bort mittkonsolen enligt beskrivningen i kapitel 11.

3 Lossa handbromsvajern och koppla loss vajern från plåten och fästbygeln **(se bilder)**.

4 Ta bort dynan i baksätet enligt beskrivningen i kapitel 11.

5 Dra mattan framåt och lossa handbromsvajern från klämmorna på golvet.

6 Lossa vajrarnas ändbeslag från manöverarmarna på bromsoken och koppla loss vajerhöljet från bromsokets fästbygel **(se bild)**.

7 Lossa vajrarna från eventuella fästklämmor, håll ut gummigenomföringen och dra bort vajern från fordonet **(se bild)**.

8 Ta bort kvarvarande buntband och avlägsna vajerdelar från fordonets undersida.

Montering

9 Monteringen utförs i omvänd ordningsföljd. Avsluta med att justera handbromsen enligt beskrivningen i avsnitt 13.

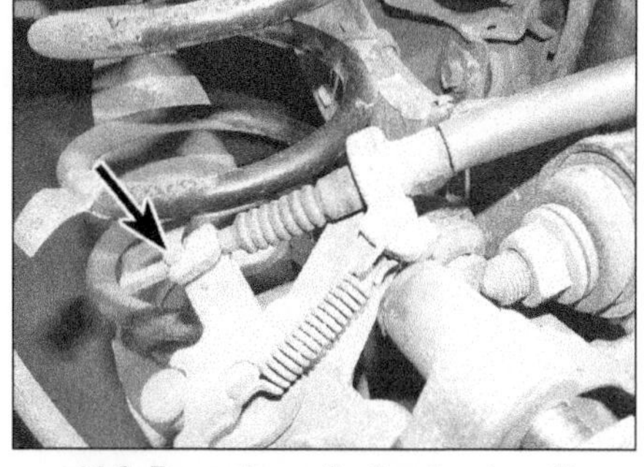

14.6 Dra vajerns ändbeslag (se pil) från armen

15 Handbromsspak – demontering och montering

Demontering

1 Ta bort mittkonsolen enligt kapitel 11.

2 Dra den bakre luftkanalen ur läge.

3 Lossa handbromsvajerns justeringsbult och koppla loss vajrarna från fästbyglarna **(se bilderna 14.3 a, 14.3 b och 14.3c)**.

4 Markera den främre fästmutterns position på spaken, skruva sedan loss fästbultarna/-muttrarna och ta bort spaken **(se bild)**.

Montering

5 Monteringen utförs i omvänd ordningsföljd, men avsluta med att justera handbromsen enligt beskrivningen i avsnitt 13. Se till att

14.7 Håll ut gummigenomföringen

spaken har rätt höjd i förhållande till mittkonsolen innan du monterar sidopanelerna på konsolen. Justera vid behov spakens höjd genom att byta brickan under spaken. Dra åt handbromsspakens fästbultar ordentligt.

16 Kontakt till handbromsens varningslampa – demontering, kontroll och montering

Demontering

1 Kontakten till handbromsens varningslampa är monterad på handbromsspakens fästbygel **(se bild)**. Demontera mittkonsolen enligt instruktionerna i kapitel 11.

2 Koppla loss kablarna från kontakten.

3 Skruva loss fästskruven och ta bort kontakten **(se bild)**.

15.4 Markera den främre fästmutterns läge (se pil) innan du demonterar handbromsens fästbygel

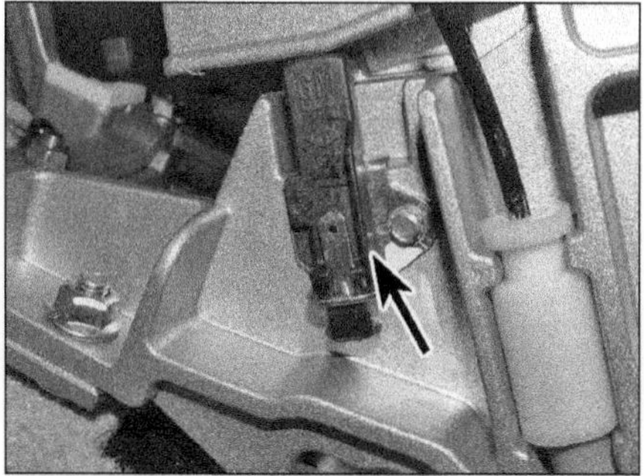

16.1 Handbromsens varningsbrytare (se pil)

16.3 Fästskruv för handbromsens varningsbrytare (se pil) – sedd från fästbygelns bakre ände

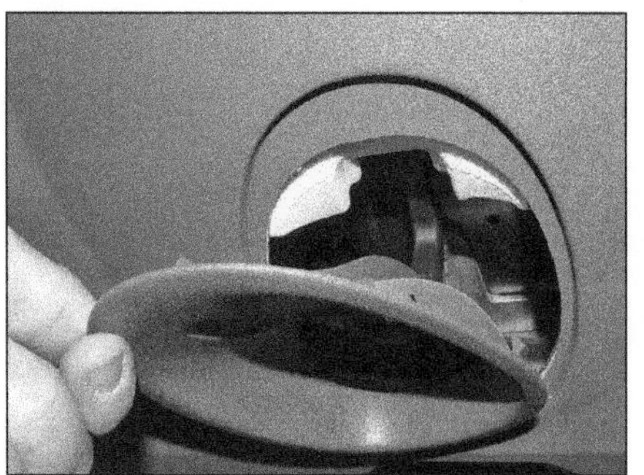

17.2 Tryck ut rattstångens inställningshandtag och omgivande panel.

17.4 Tryck låshylsan framåt . . .

17.5 . . . tryck sedan ner båda sidorna av klämman (se pil) och dra bort brytaren från fästbygeln

Kontroll

4 Anslut en multimeter eller en ledningsprovare på kabelanslutningen och kontakthöljet.

5 När kontaktens tryckkolv är i vila ska multimetern visa på noll resistans eller ledningsprovarens kontrollampa lysa. När tryckkolven är nedtryckt ska ohmmätaren visa på oändlig resistans eller kontrollampan vara släckt.

6 Fel kan bero på korroderade anslutningar eller en defekt kontakt. Kontrollera att 12 volt matas till kablarna när tändningen är påslagen. Byt ut kontakten om det behövs.

Montering

7 Monteringen utförs i omvänd ordningsföljd mot demonteringen.

17 Bromsljuskontakt – demontering och montering

Demontering

1 Ta bort instrumentbrädans nedre panel från förarsidan enligt beskrivningen i kapitel 11.

2 Bänd ut och ta bort rattstångens inställningshandtag och omgivande panel **(se bild)**.

3 Trampa ner bromspedalen och håll den nedtryckt. **Observera:** *För att bromspedalen ska kunna tryckas ner tillräckligt djupt behövs ett vakuum i bromsservon. Trampa antingen ner pedalen precis när du har stannat motorn eller starta motorn och trampa ner bromspedalen.*

18.8 Kontrollera jordanslutningens säkerhet (se pil)

4 Dra ut tryckstången och spärrhylsan **(se bild)**.

5 Tryck ner låsklämman och ta bort kontakten **(se bild)**. Koppla loss anslutningskontakten när kontakten tas bort.

Montering

6 Dra ut tryckstången och spärrhylsan.

7 Återanslut brytarens anslutningskontakt.

8 Trampa ner bromspedalen så långt det går och håll den nedtryckt. **Observera:** *För att bromspedalen ska kunna tryckas ner tillräckligt djupt behövs ett vakuum i bromsservon. Trampa antingen ner pedalen precis när du har stannat motorn eller starta motorn och trampa ner bromspedalen.*

9 Placera brytaren i fästbygeln och tryck sedan in den i låshylsan.

10 Dra ut tryckstången så långt det går och lossa sedan pedalen.

11 Montera rattstångens inställningshandtag och omgivande panel.

12 Montera instrumentbrädans nedre panel på förarsidan.

18 Låsningsfria bromsar (ABS) – komponenter – allmän information och felsökning

Allmän information

1 Systemet för låsningsfria bromsar (ABS) styrs av en elektronisk styrenhet (ECU), som kan visa status och skick hos alla komponenter i systemet, inklusive sig själv. Om styrenheten upptäcker ett fel reagerar den med att stänga av ABS-systemet och tända varningslampan på instrumentbrädan. När det händer fungerar bromssystemet som ett konventionellt bromssystem, utan ABS. Observera även att varningslampan tänds när strömförsörjningen till ABS-systemets styrenhet bryts (t.ex. om säkringen går sönder).

2 Om ABS-systemets varningslampa anger ett fel är det mycket svår att diagnostisera problemet utan den utrustning och de kunskaper som behövs för att kunna avfråga felkoder från den elektroniska styrenheten. Därför beskrivs först och främst grundläggande kontroller i det här avsnittet.

3 Om orsaken till felet inte kan fastställas omedelbart med hjälp av kontrollistan som nämndes ovan *måste* bilen lämnas in till en Saab-verkstad eller annan specialist för undersökning. Det behövs specialutrustning för att felmeddelandena från ABS-systemets styrenhet ska kunna läsas och orsaken till felet fastställas.

Grundläggande felsökning

Bromsvätskenivå

4 Kontrollera bromsvätskenivån (se *Veckokontroller*). Om nivån är låg ska hela bromssystemet undersökas efter tecken på läckage. Se kapitel 1A eller 1B och kontrollera bilens alla bromsslangar och ledningar. Om inga läckor upptäcks, koppla bort hjulen ett i taget och leta efter läckor vid bromsokskolvarna.

Säkringar

5 Huvudsäkringarna till ABS/TCS/ESP finns i motorrummets elcentral. Ta bort kåpan och dra ut säkringarna. Kontrollera glödtrådarna visuellt. Det kan vara svårt att se om säkringen har löst ut. Kontrollera säkringen med en multimeter. Om några andra säkringar har löst ut ska du hitta orsaken innan du monterar en ny. Lämna vid behov in fordonet till en Saab-verkstad eller annan specialist.

Elektriska anslutningar och jordningspunkter

6 Motorrummet utgör en fientlig omgivning för elektriska komponenter och även de bästa tätningar kan någon gång springa läck. Vatten, kemikalier och luft leder till korrosion på kontaktdonens anslutningar och skapar störningar och avbrott, ibland återkommande. Koppla loss batteriets negativa kabel, kontrollera sedan att den hydrauliska ABS-enhetens anslutningar till vänster i motorrummet sitter säkert och är i gott skick.

7 Koppla loss alla kontaktdon och undersök anslutningarna i dem. Rengör alla anslutningar som är smutsiga eller korroderade. Undvik att skrapa kontakterna rena med ett knivblad eller liknande, då påskyndas senare korrosion. Putsa kontaktytorna tills de är rena och metallglänsande med en dammfri trasa och särskilt lösningsmedel.

8 Kontrollera också säkerheten i och tillståndet för systemets elektriska jordanslutning bakom

ABS-enheten, som är ansluten till fjädertornet till vänster om motorrummet **(se bild)**.

19 Låsningsfria bromsar (ABS) - komponenter - demontering och montering

Observera: *Om ABS-systemet är defekt får ingen del demonteras innan bilen lämnats in till en Saab-verkstad eller annan specialist för kontroll.*

Främre hjulgivare

1 Framhjulens hastighetsgivare är inbyggda i framhjulens nav. Demontering av navet beskrivs i kapitel 10.

Bakre hjulgivare

2 Bakhjulens hastighetsgivare är inbyggda i hjulnaven. Demontering av navet beskrivs i kapitel 10.

ABS/TCS-hydraulenhet/styrenhet

Observera: *Innan hydraul-/styrenheten kan demonteras måste fordonssystemen undersökas med specialutrustning för Saab-diagnostik (TECH 2) så att olika värden, säkerhetskoder m.m. kan återställas och lagras. Om du saknar sådan utrustning bör du anförtro uppgiften åt en Saab-verkstad eller annan specialist.*

Demontering

3 Demontera batteriet och batterihyllan enligt beskrivningen i kapitel 5A.

4 Lossa låsspärren och koppla loss styrenhetens anslutningskontakt. Observera att enheten är väldigt känslig för statisk elektricitet - jorda dig själv mot fordonets kaross innan du kopplar loss anslutningskontakten.

5 Observera bromsrörens läge och koppla sedan loss dem från hydraulenheten. Var beredd på att det rinner ut vätska.

6 Ta bort fästbyglarna och jordanslutningarna från fjädertornet **(se bild 18.8)**.

7 Lyft upp enheten och skruva loss alla bultar som håller fast styrenheten. Dra bort styrenheten från hydraulenheten.Skruva vid behov loss bultarna och koppla loss fästbygeln från hydraulenheten.

Montering

8 Monteringen utförs i omvänd ordningsföljd mot demonteringen, men dra åt enhetens fästmuttrar och anslutningsmuttrarna till hydraulbromsrören till angivet moment och lufta hydraulsystemet enligt beskrivningen i avsnitt 2. När allt detta har genomförts kan det bli nödvändigt att omprogrammera styrenheten med hjälp av särskild utrustning för Saab-diagnostik (TECH 2). Om du saknar sådan utrustning bör du anförtro uppgiften åt en Saab-verkstad eller annan specialist.

Kapitel 10
Fjädring och styrning

Innehåll

Svårighetsgrad

Enkelt, passar novisen med lite erfarenhet	**Ganska enkelt,** passar nybörjaren med viss erfarenhet	**Ganska svårt,** passar kompetent hemmamekaniker	**Svårt,** passar hemmamekaniker med erfarenhet	**Mycket svårt,** för professionell mekaniker

Specifikationer

Allmänt

Framfjädring	Oberoende med fjäderben och krängningshämmare från MacPherson. Fjäderbenen innehåller gasfyllda stötdämpare och spiralfjädrar. Nedre styrarmar i aluminium.
Bakfjädringstyp	Oberoende bakfjädring med länkarmar, övre och nedre tvärlänkar samt en toe-in-länk.
Styrning	Kuggstångsdrev, hydraulassistans på alla modeller.

Hjulinställning (fordonet fulltankat)

Fram:	
Toe-in:	
Vinkel	0,28° ± 0,08°
Mått:	
Hjulstorlek 16"	2,0 ± 0,57 mm
Hjulstorlek 17"	2,2 ± 0,63 mm
Hjulstorlek 18"	2,4 ± 0,69 mm
Cambervinkel:	
Normalt chassi	-0,8° ± 0,5°
Sportchassi	-0,9° ± 0,5°
Castervinkel	2,90° ± 0,50°
Styraxellutning	13,3°
Bak:	
Toe-in:	
Vinkel	0,12° ± 0,04°
Mått:	
Hjulstorlek 16"	1,71 ± 0,57 mm
Hjulstorlek 17"	1,89 ± 0,63 mm
Hjulstorlek 18"	2,06 ± 0,69 mm
Cambervinkel:	
Normalt chassi	-0,7° ± 0,3°
Sportchassi	-1,00° ± 0,3°

Hjul

Storlek	6,5 x 16, 7 x 17, 7,5 x 18

Däck

Storlek	216/55R16, 215/50R17, 225/45R17, 225/45R18
Tryck	Se insidan av handskfacksluckan på passagerarsidan.

Åtdragningsmoment

	Nm
Framfjädring	
Det främre chassits förstärkningsbultar (endast cabriolet)	50
Det övre fjäderbenets fästbultar	18
Drivaxel/navmutter*	230
Kryssrambalkens bakre stagbult:	
Steg 1	90
Steg 2	Vinkeldra ytterligare 45°
Kryssrambalkens huvudfästbultar:	
Steg 1	75
Steg 2	Vinkeldra ytterligare 135°
Krängningshämmarens klämbultar	18
Krängningshämmarens länkmuttrar	64
Länkarm:	
Bakre bussning till arm:	
Steg 1	40
Steg 2	Vinkeldra ytterligare 30°
Bakre bussning till kryssrambalk:	
Steg 1	65
Steg 2	Vinkeldra ytterligare 90°
Främre fäste till kryssrambalk:	
Steg 1	65
Steg 2	Vinkeldra ytterligare 90°
Yttre kulled till hjulspindelmutter*	50
Nav till hjulspindel:	
Steg 1	90
Steg 2	Vinkeldra ytterligare 45°
Stötdämpare till hjulspindel*:	
Steg 1	80
Steg 2	Vinkeldra ytterligare 135°
Stötdämparens övre mutter till fjäderbensfästet	105
Bakfjädring	
Bakchassits förstärkningsbultar:	
Bakre bultar:	
Steg 1	75
Steg 2	Vinkeldra ytterligare 135°
Främre bultar	110
Bakre kryssrambalk till kaross:	
Steg 1	75
Steg 2	Vinkeldra ytterligare 135°
Krängningshämmarens klämbultar:	
Krängningshämmare med diametern 15,2 mm	18
Krängningshämmare med diametern 16,7 mm	31
Krängningshämmarens länk till hjulspindeln	53
Krängningshämmarens yttre fäste	53
Länkarmens främre fäste till kaross:	
Steg 1	70
Steg 2	Vinkeldra ytterligare 90°
Länkarm till främre fäste:	
Steg 1	75
Steg 2	Vinkeldra ytterligare 90°
Länkarm till hjulspindel	150
Nav till hjulspindel, muttrar*:	
Steg 1	50
Steg 2	Vinkeldra ytterligare 30°
Nedre tvärlänkarm till hjulspindel*:	
Steg 1	75
Steg 2	Vinkeldra ytterligare 90°
Nedre tvärlänkarm till kryssrambalk, mutter*:	
Steg 1	75
Steg 2	Vinkeldra ytterligare 60°
Stötdämparens nedre fäste	150
Stötdämparens övre fästbygel till kaross	53

Åtdragningsmoment (forts.)

	Nm
Bakfjädring (forts.)	
Stötdämpare till övre fästbygel	27
Toe-in-styrlänkens muttrar*:	
Steg 1	75
Steg 2	Vinkeldra ytterligare 60°
Övre fjädringsarm till hjulspindel:	
Steg 1	125
Steg 2	Vinkeldra ytterligare 135°
Övre fjädringsarm till kryssrambalk:	
Steg 1	75
Steg 2	Vinkeldra ytterligare 90°
Hjul	
Hjulbultar	110
Styrning	
Hydraulrör till/från kuggstång	28
Kuggstångens fästbultar/muttrar:	
Elektrohydraulisk styrservo (EHPS)*:	
Steg 1	45
Steg 2	Vinkeldra ytterligare 45°
Steg 3	Vinkeldra ytterligare 15°
Vanlig servostyrning:	
Steg 1	50
Steg 2	Vinkeldra ytterligare 60°
Ratt	50
Rattstångens bultar	24
Rattstångens universalknuts klämbult	30
Servostyrningspumpens fästbultar	22
Servostyrningspumpens matningsrör	32
Styrstagsände till hjulspindel	35
Styrstag till kuggstång, låsmutter	70

* *Återanvänds inte*

1 Allmän information

Framfjädringen är helt oberoende, med MacPherson fjäderben och krängningshämmare. Fjäderbenen är försedda med spiralfjädrar och gasfyllda stötdämpare och anslutna till hjulspindlarna. Stötdämparna kan bytas separat. Hjulspindlarna sitter längst ut på länkarmarna där de är fästa med kulleder. Länkarmarna är anslutna till kryssrambalken med gummibussningar och kullederna är hopmonterade med länkarmarna. De främre naven sitter i dubbla lagerbanor och är fästa med bultar i hjulspindlarna. Drivaxlarna är anslutna till naven med spår och hålls på plats av enkla navmuttrar och tryckbrickor.

Bakfjädringen är helt oberoende, med länkarmar som är anslutna till karossen med gummibussningar och fästa med bultar i de bakre hjulspindlarna. Länkarmarna är gjorda i aluminium för att reducera den ofjädrade tyngden. De övre och nedre tvärlänkarmarna är monterade mellan den bakre kryssrambalken och hjulspindeln. En toe-in-styrlänk är monterad mellan hjulspindelns baksida och kryssrambalken för att garantera att bakhjulen pekar inåt i framkant. En krängningshämmare är monterad mellan länkarmarna och den bakre kryssrambalken. I den främre änden är länkarmarna försedda med en tapp som går in i gummibussningar som sitter på underredet. De gasfyllda stötdämparna sitter mellan armarnas/hjulspindlarnas bakre ändar och underredets fästen. De bakre spiralfjädrarna sitter mellan länkarmarna och underredet. I övre änden är fjädrarna fästa med polyuretanfästen och i nedre änden med gummifästen. De bakre naven och lagren levereras i ett stycke och kan inte demonteras. De är fästa vid hjulspindlarna med bultar. Varje nav har en intern ABS-givare som övervakar hjulhastigheten.

Alla modeller är försedda med en servodriven kuggstångsstyrning. Kuggstången är i stort sett en hydraulisk fallvikt som drivs mekaniskt av ett drev och hydrauliskt av trycksatt hydraulvätska från servostyrningspumpen. Rattstången överför kraft från ratten till drevet och en kontrollventil, som styr tillförseln av hydraulvätska till kuggstången. När ratten vrids leder ventilen vätska till den aktuella sidan av fallvikten vilket hjälper till att röra kuggstången. I vanliga fall är styrstångens inre ändar fästa till kuggstångens ändar. Här är styrstagens inre ändar är fästa till kuggstångens mitt. Styrstagens yttre ändar är med hjälp av kulleder fästa till styrarmarna på fjäderbenen/hjulspindlarna. På vissa modeller är servostyrningspumpen monterad utanpå motorn och drivs av drivremmen (dieselmodeller) eller direkt av insugskamaxeln (bensinmodeller). På vissa modeller finns ett elektrohydrauliskt system där pumpen är monterad på kuggstångsenheten och drivs av en inbyggd elektrisk motor.

Rattstången är konstruerad och placerad så att den vid en frontalkrock absorberar smällen genom att kollapsa i längdriktningen och böjas undan från föraren.

2 Framfjädringens hjulspindel - demontering och montering

Demontering

1 Demontera navet och lagerenheten enligt beskrivningen i avsnitt 6.

2 Skruva loss muttern och koppla loss styrstagsänden från hjulspindeln enligt beskrivningen i avsnitt 22.

3 Skruva loss muttrarna, ta bort bultarna och koppla loss hjulspindeln från fjäderbenet **(se bild 4.4)**.

Montering

4 Montera hjulspindeln på fjäderbenet, sätt i bultarna och dra åt muttrarna till angivet moment.

3.2a Skruva loss fästmuttern (se pil) . . .

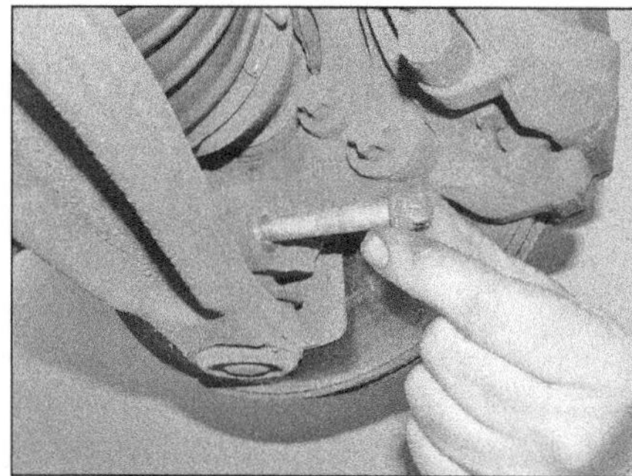

3.2b . . . ta bort klämbulten från hjulspindeln. . .

3.2c . . . bänd sedan ner länkarmen tills spindelledsbulten lossnar.

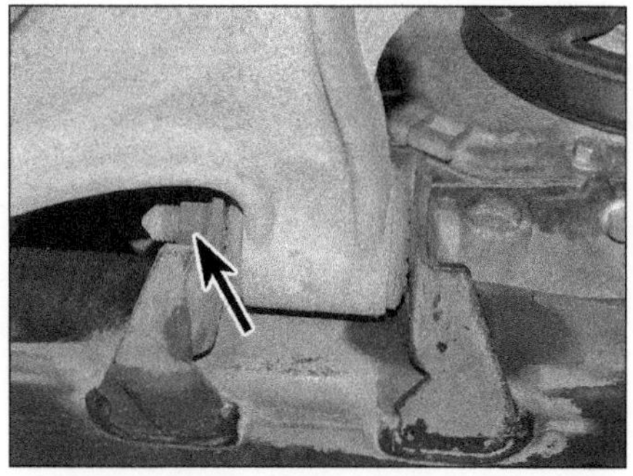

3.3 Skruva loss muttern (se pil) som håller fast den främre delen av armen

5 Anslut styrstagsänden till hjulspindeln och dra åt muttern till angivet moment.

6 Montera navet och lagerenheten enligt beskrivningen i avsnitt 6.

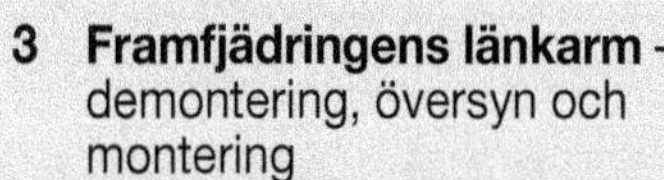

3 Framfjädringens länkarm – demontering, översyn och montering

Demontering

1 Dra åt handbromsen. Lyft sedan upp framvagnen och ställ den på pallbockar (se *Lyftning och stödpunkter*). Demontera hjulet.

2 Skruva loss muttern och ta bort klämbulten som håller fast länkarmens spindelled vid hjulspindeln. Använd sedan en hävarm för att tvinga ner länkarmen så att spindelleden lossnar från hjulspindeln **(se bilder)**. Kasta bort muttern, du måste sätta dit en ny.

3 Skruva loss muttern och ta bort bulten som håller fast framdelen av armen vid kryssrambalken **(se bild)**.

4 Lossa bulten som håller fast den bakre bussningen vid armen **(se bild)**.

5 Skruva loss de två bultarna som håller fast den bakre fästbussningen vid kryssrambalken. För armen ur läge.

Översyn

6 Det går inte att byta den nedre spindelleden utan att byta länkarmen, även om spindelledens gummidamask kan köpas separat. Om den nedre spindelleden är väldigt sliten måste hela länkarmen bytas.

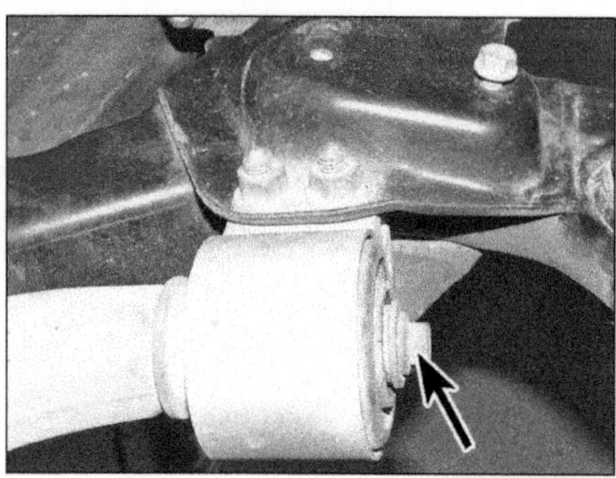

3.4 Lossa den bakre bussningsbulten (se pil)

Bakre bussning

7 Du behöver inte ta bort armen för att byta den bakre bussningen. Ta bort hjulet på den sida där du arbetar.

8 Skruva loss fästbultarna, notera hur de har monterats och dra loss bussningen. Om bussningen inte går att flytta kan du applicera rostlösningsolja. Ta loss den koniska brickan.

9 Montera den koniska brickan på fjädringsarmen och sätt dit den nya bussningen. Applicera lite gänglåsningsmedel på bussningens fästbult och sätt i den. I detta skede ska du bara dra åt bulten för hand, eftersom bussningen måste kunna rotera.

10 Placera den bakre bussningen på kryssrambalken och dra åt bultarna till angivet moment.

11 Placera en garagedomkraft under länkarmens yttre ände och lyft upp enheten till dess "normala" höjd. Dra sedan åt bussningens fästbult till angivet moment.

4.2 Håll emot krängningshämmarlänkens spindelledsbult med en öppen nyckel

Främre bussning

12 Demontera armen enligt beskrivningen i detta avsnitt.

13 Lossa bussningen från armen. Det finns särskilda Saab-verktyg för att göra detta (KM-907-13, KM-508-3 och KM-508-4). Du kan även överlåta den här uppgiften åt en verkstad som har en hydraulisk press.

14 Tryck fast den nya bussningen med Saab-verktygen eller en hydraulisk press.

15 Montera fjädringsarmen enligt beskrivningen i detta avsnitt.

Montering

16 Passa in länkarmen och dra åt den främre fästbulten för hand.

17 Montera den bakre bussningen på kryssrambalken och dra åt fästbultarna till angivet moment.

18 Haka i länkarmens spindelled i hjulspindeln och lyft armen tills spindelledens spår syns genom öppningen i klämbulten. Sätt i bulten och dra åt den nya muttern till angivet moment.

19 Placera en garagedomkraft under fjädringsarmens yttre ände och lyft tills den befinner sig i sin "normala" position (den höjd som den skulle befinna sig i om den stod på marken med hjulet monterat och under fordonets hela tyngd).

20 Dra sedan åt fästbultarna på fjädringsarmens främre och bakre bussningar till angivet moment.

21 Montera hjulet och dra åt bultarna till angivet moment. Vi rekommenderar att du låter kontrollera framhjulsinställningen snarast möjligt.

4 Främre stötdämpare – demontering, översyn och montering

Demontering

1 Lyft upp framvagnen och stötta den ordentligt på pallbockar (se *Lyftning och stödpunkter*). Demontera båda framhjulen.

2 Skruva loss muttern som håller fast övre delen av krängningshämmarens länk vid fjäderbenet. Håll fast spindelleden med en öppen nyckel för att hålla emot muttern **(se bild)**.

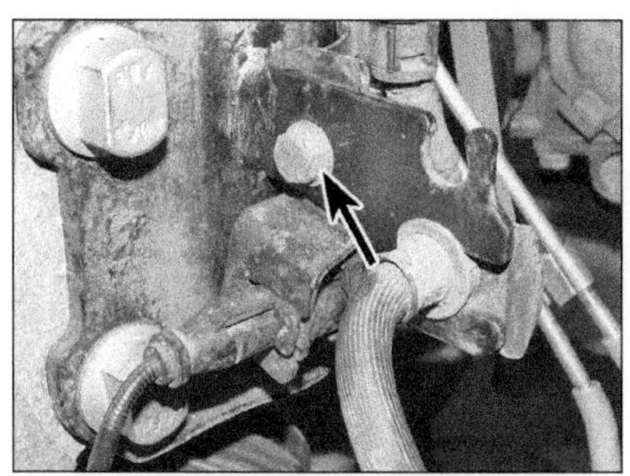

4.3 Lossa bulten och koppla loss fästbygeln från fjäderbenet (se pil)

4.4 Lossa muttrarna och dra ut bultarna som håller fast hjulspindeln vid fjäderbenet

4.5 Övre fästets torxskruvar

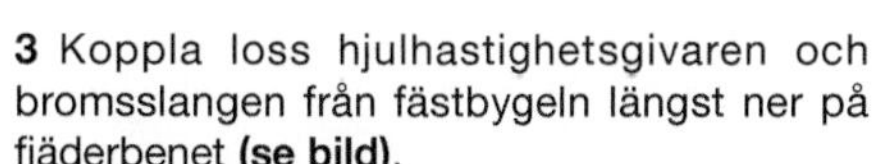

3 Koppla loss hjulhastighetsgivaren och bromsslangen från fästbygeln längst ner på fjäderbenet **(se bild)**.

4 Placera en garagedomkraft under fjädringsarmens yttre del. Skruva sedan loss muttrarna och ta bort bultarna som håller fast hjulspindeln vid fjäderbenets bas. Observera att bultarna är räfflade och inte kan vridas. Koppla loss fjäderbenet från hjulspindeln **(se bild)**.

5 Skruva loss de tre torxskruvarna som håller fast det övre fjäderbensfästet vid karossen **(se bild)**. Stötta fjäderbenet (det är tungt) och flytta bort det från hjulhuset.

Isärtagning

6 Demontera fjäderbenet från bilen enligt beskrivningen tidigare i detta avsnitt.

7 Bänd loss skyddslocket och lossa fjäderbenets fästmutter ett halvt varv samtidigt som du håller fast kolvstångens utstickande del med en 8-millimeters insexnyckel **(se bilder)**. I detta skede ska du inte ta bort muttern helt.

8 Montera fjäderkompressorerna på spiralfjädrar och dra åt kompressorerna tills fjädersätena avbelastas.

9 Ta bort kolvmuttern, fästplattan, det övre fjädersätet/lagret, damasken och slutligen fjädern. Ta bort stoppklacken om det behövs **(se bilder)**.

4.7a Bänd loss plastkåpan . . .

4.7b . . . skruva sedan loss kolvmuttern medan du håller emot kolvstången med en 8 mm insexnyckel eller en sexkantig borr

4.9a Skruva loss kolvmuttern . . .

4.9b . . . följt av den övre fästplattan . . .

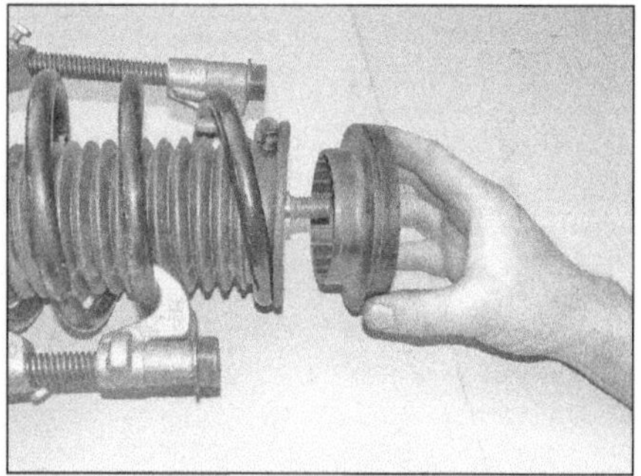

4.9c . . . det övre fjädersätet/lagret . . .

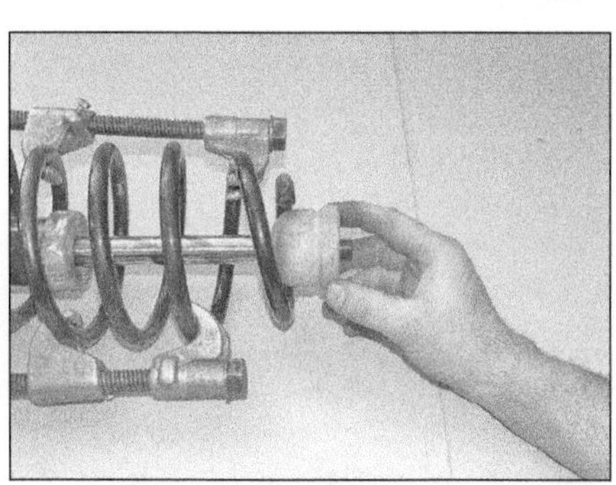

4.9d . . . damasken . . .

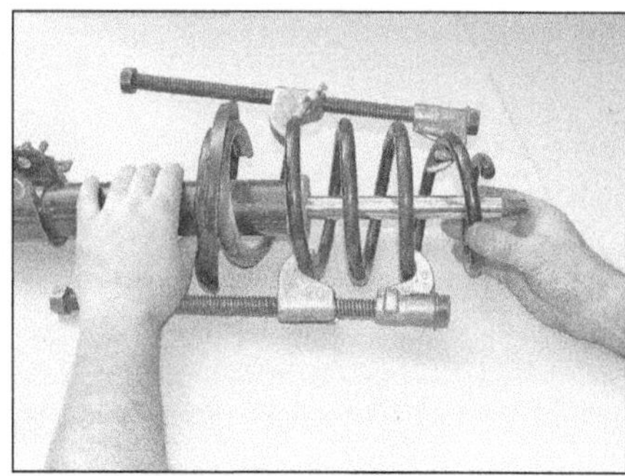

4.9e . . . stoppklacken . . .

4.9f . . . och fjädern

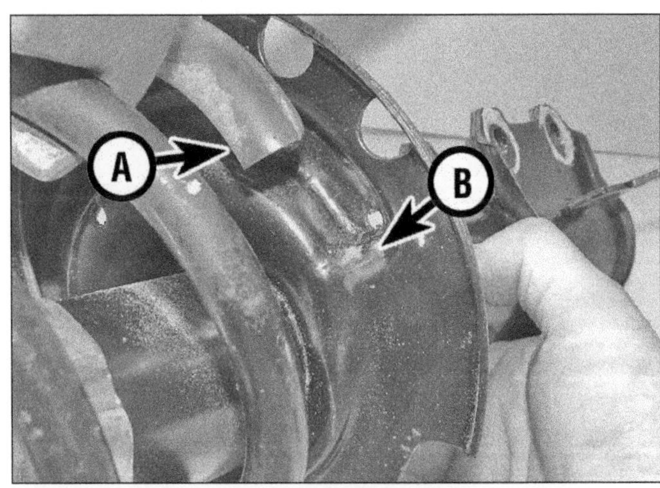

4.15 Se till att fjäderns nedre ände (A) ligger mot höjningsstoppet (B)

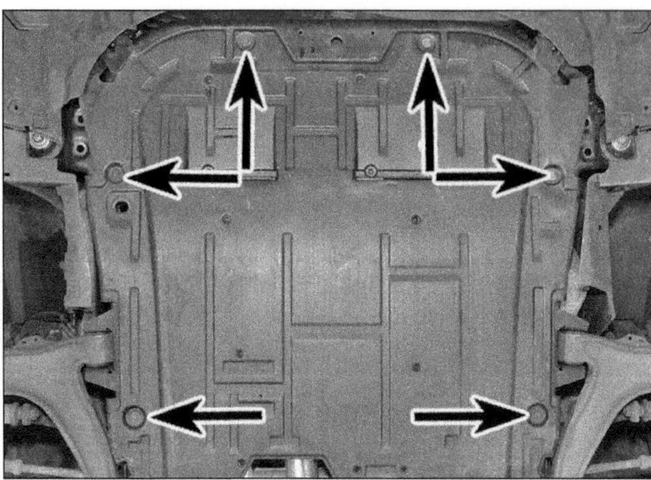

5.3a Skruva loss skruvarna (se pilar) och ta bort motorns undre skyddskåpa

Kontroll

10 Efter det att fjäderbenet har plockats isär helt och hållet kan du undersöka eventuella slitage, skador eller deformering av delarna. Byt ut delarna efter behov.

11 Undersök om det finns tecken på vätskeläckage på stötdämparen och kontrollera hela fjäderbenskolven för att se om det finns tecken på punktkorrosion. Kontrollera stötdämparens funktion genom att hålla den upprätt och röra kolven en hel slaglängd och sedan i korta kolvslag på 50 eller 100 mm. I bägge fallen ska motståndet kännas jämt och kontinuerligt. Om motståndet känns ryckigt eller ojämnt, eller om det finns synliga tecken på slitage eller skada, måste den bytas ut.

12 Om du är osäker på spiralfjäderns skick kan du lossa fjäderkompressorn gradvis och kontrollera eventuella förändringar eller tecken på sprickbildning hos fjädern. Eftersom Saab inte angivit något minimimått kan fjäderns spänning bara kontrolleras genom att jämföras med en ny komponent. Byt ut fjädern om den är skadad eller skev, eller om du är osäker på dess skick.

13 Undersök om det finns tecken på skada eller åldrande på någon av de andra delarna och byt ut alla delar där du misstänker fel.

14 Om du monterar en ny stötdämpare, håll den vertikalt och pumpa kolven några gånger så att den flödas.

Ihopsättning

15 Ihopsättningen utförs i omvänd ordningsföljd mot isärtagningen, men kontrollera att fjädern är helt hoptryckt innan montering. Se till att fjäderns ändar har placerats rätt i det nedre sätet och dra sedan åt stötdämparens nya övre fästmutter till angivet moment **(se bild)**. Observera att det bara finns ett läge där hålen i den övre fästplattan passar med hålen i den inre skärmen.

Montering

16 Monteringen utförs i omvänd ordningsföljd mot demonteringen. Tänk på följande:

a) *Fäst hjulspindeln med nya muttrar i fjäderbenets bas.*
b) *Dra åt alla fästen till angivet moment, om sådant finns.*
c) *Fjäderbenen måste bytas ut i par. Byt alltid ut dem på båda sidorna.*

5 Främre krängningshämmare – demontering, översyn och montering

Demontering

1 Dra åt handbromsen. Lyft sedan upp framvagnen och ställ den på pallbockar (se *Lyftning och stödpunkter*). Ta bort båda hjulen.

2 Om fordonet är vänsterstyrt tar du bort hjulhusfodret på vänster framhjul. Om fordonet är högerstyrt tar du bort hjulhusfodret på höger sida.

3 Skruva loss fästena och ta bort motorns undre skyddskåpa. På cabrioletmodeller skruvar du loss bultarna och tar bort den främre chassiförstärkningen **(se bilder)**.

4 Demontera avgasrörets främre del enligt beskrivningen i kapitel 4A eller 4B.

5 Skruva loss klämbulten och koppla loss universalknuten längst ned på rattstången från kuggstångens drev **(se bild)**.

6 Skruva loss bultarna och ta bort värmeskölden från kuggstången.

7 Skruva loss muttern och koppla loss styrstagsänden från hjulspindeln på höger sida (högerstyrda fordon) eller vänster sida (vänsterstyrda fordon) enligt beskrivningen i avsnitt 22.

8 Skruva loss bultarna som håller fast de bakre momentstagen vid kryssrambalken **(se bilder)**.

9 Gör inställningsmarkeringar mellan kryssrambalken och karossen. Ta sedan bort kryssrambalkens bakre fästbultar och lossa de främre fästbultarna några varv. Dra ner kryssrambalken lite längst bak och håll den i detta läge genom att driva in träkilar (eller något liknande) mellan kryssrambalken och karossen **(se bilderna 23.11a till 23.11c)**.

10 Skruva loss muttrarna som håller fast

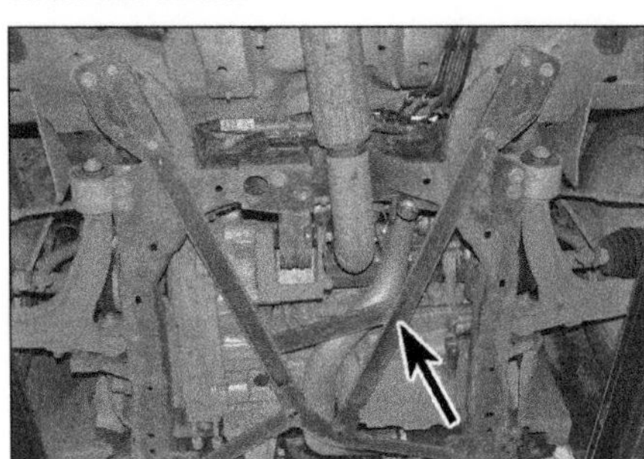

5.3b Skruva loss bultarna och ta bort den främre chassiförstärkningen (se pil) – cabrioletmodeller

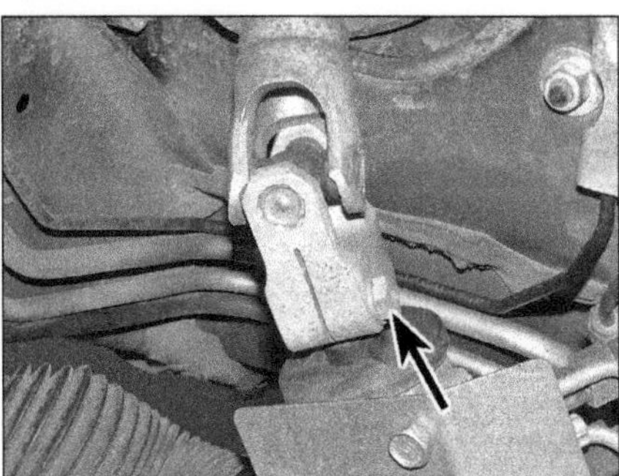

5.5 Klämbulten på rattstångens universalknut (se pil)

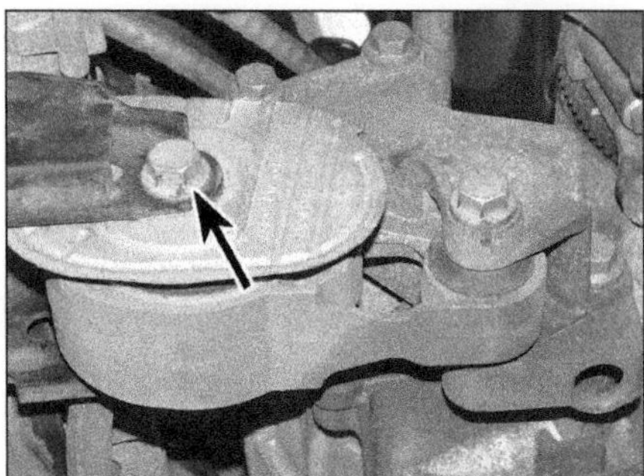

5.8a Bulten på vänstersidans bakre momentstag (se pil) – bensinmodell . . .

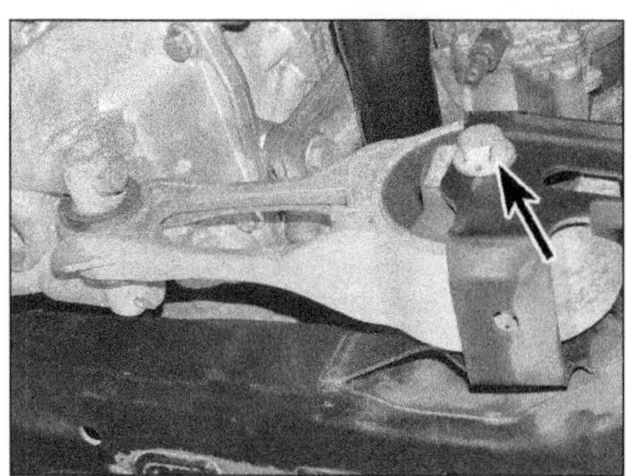

5.8b . . . och bulten på högersidans bakre momentstag (se pil) – bensinmodell

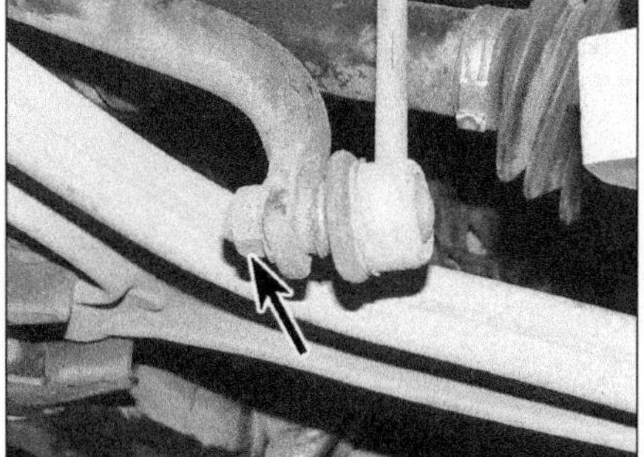

5.10 Skruva loss muttern som håller fast krängningshämmaren vid länken (se pil)

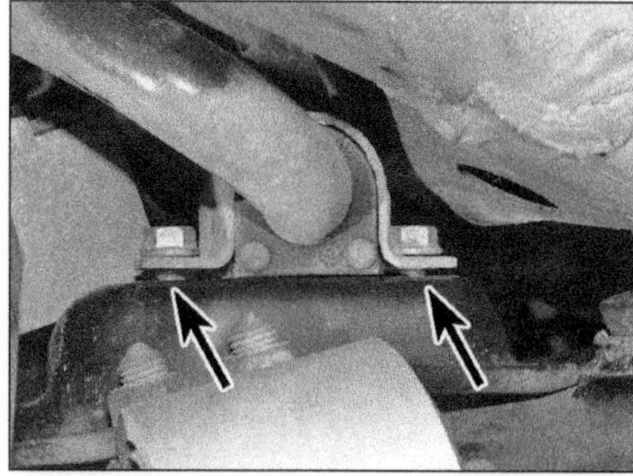

5.11 Krängningshämmarens klämbultar (se pilar)

krängningshämmarens ändar vid länkarmarna. Håll kulledsaxeln på plats med en öppen nyckel medan du lossar muttrarna **(se bild)**.

11 Lossa bultarna som håller fast krängningshämmarens klämmor vid kryssrambalken och dra ut krängningshämmaren mellan kryssrambalken och karossen **(se bild)**.

12 Ta bort den delade klämmans gummifästen från krängningshämmaren.

Översyn

13 Kontrollera om krängningshämmaren och fästena visar tecken på slitage eller skador.

14 Kontrollera den delade klämmans gummifästen och byt dem om det behövs.

Montering

15 Doppa den delade klämmans gummifästen i tvålvatten och placera dem på krängningshämmaren. Observera att bussningarnas öppningar måste vara riktade framåt.

16 Kontrollera att gummifästena sitter på plats. Sätt sedan dit krängningshämmaren på kryssrambalken och placera länkarna i änden på krängningshämmaren.

17 Sätt dit klämmorna och dra åt fästbultarna till angivet moment.

18 Lyft kryssrambalken på plats enligt de markeringar du gjort. Sätt sedan i bultarna och dra åt alla kryssrambalkens fästbultar till angivet moment.

19 Dra åt kryssrambalkens bakre stagbultar till angivet moment.

20 Resten av monteringen utförs i omvänd ordningsföljd mot demonteringen.

6 Främre navlager – byte

1 Dra åt handbromsen. Lyft sedan upp framvagnen och ställ den på pallbockar (se *Lyftning och stödpunkter*). Demontera hjulet.

2 Skruva loss navmuttern och ta bort den. Be någon trampa på fotbromsen så att navet/drivaxeln inte kan vridas.

3 Tryck in drivaxeln en bit från navet.

4 Skruva loss fästskruven och ta bort ABS-givarens kablage och slangfäste från fjäderbenet/hjulspindeln.

5 Tryck in den inre bromsklossen lite i dess cylinder med en skruvmejsel så att bromsklossarna inte ligger mot skivan.

6 Skruva loss fästbultarna på bromsokets fästbygel och ta sedan bort bromsoket och bromsklossarna från skivan. För bromsoket åt sidan. Se till att hydraulslangen inte böjs för mycket.

7 Skruva loss skruven och ta bort bromsskivan.

8 Koppla loss hjulhastighetsgivarens anslutningskontakt **(se bild)**.

9 Skruva loss klämbulten och dra spindellederna på fjädringens länkarm nedåt och ut från hjulspindeln **(se bilderna 3.2a till 3.2c)**.

10 Dra hjulspindeln utåt och lossa drivaxeln från navet.

11 Skruva loss de tre fästskruvarna och koppla loss navet från hjulspindeln **(se bild)**. Ta bort bromsskölden från navet.

12 Nu har navet tagits isär så långt som möjligt. Navet och lagret måste bytas ut som en enhet.

13 Se till att fogytorna på hjulspindeln och navet är rena och montera sedan bromsskölden och navet på hjulspindeln. Se till att hjulhastighetsgivarens kabel är placerad rätt och dra sedan åt fästbultarna till angivet moment.

14 Placera drivaxelns ände i navet och länkarmens spindelled i hjulspindelns bas. Sätt tillbaka klämbulten och dra åt muttern till angivet moment.

15 Montera bromsskivan och bromsoket (se kapitel 9).

16 Återanslut hjulhastighetsgivarens kontakt och montera den på fästbygeln på fjäderbenets bas.

17 Sätt på en ny mutter till drivaxeln/navet, bänd ut centerkåpan och montera sedan tillbaka hjulet.

18 Sänk ner bilen och dra sedan åt drivaxelmuttern till angivet moment med en hylsnyckel genom hålet i mitten av hjulet **(se bild)**.

19 Se till att hjulbultarna är ordentligt åtdragna. Tryck sedan in hjulets centerkåpa.

7 Bakre stötdämpare – demontering och montering

Observera: *För att försäkra jämna köregenskaper måste de båda bakre stötdämparna bytas samtidigt.*

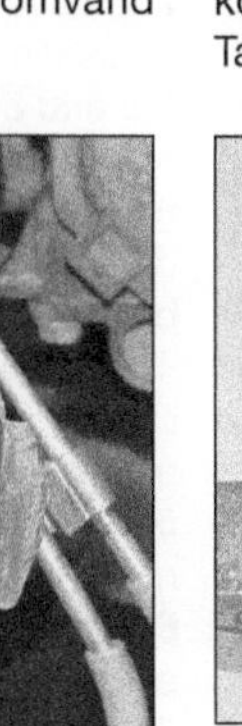

6.8 Hastighetsgivarens anslutningskontakt (se pil)

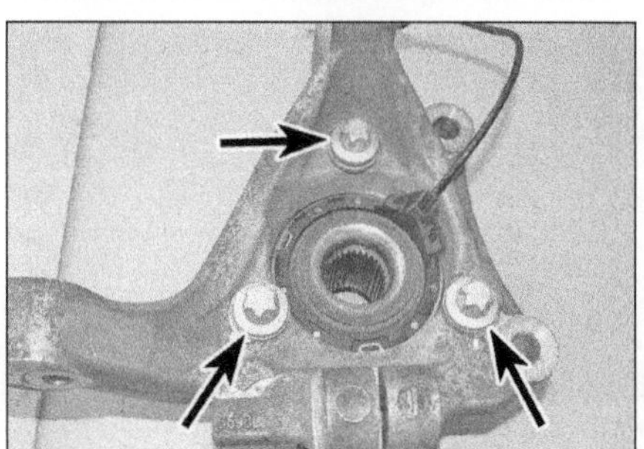

6.11 Skruva loss de tre torxskruvarna som håller fast lagerenheten vid hjulspindeln (se pilar)

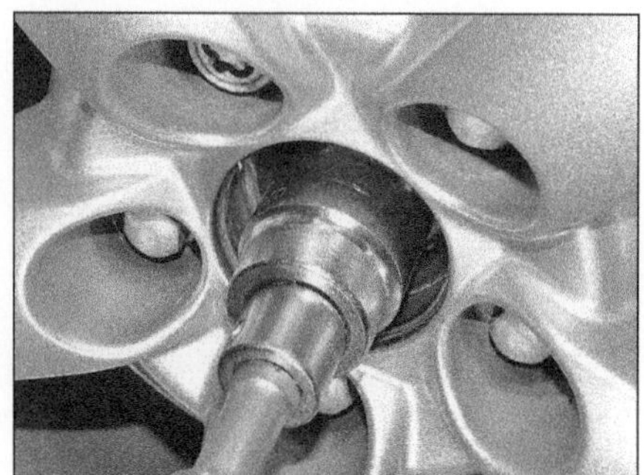

6.18 Bänd ut centerkåpan och dra åt drivaxelmuttern med en 32 mm hylsnyckel

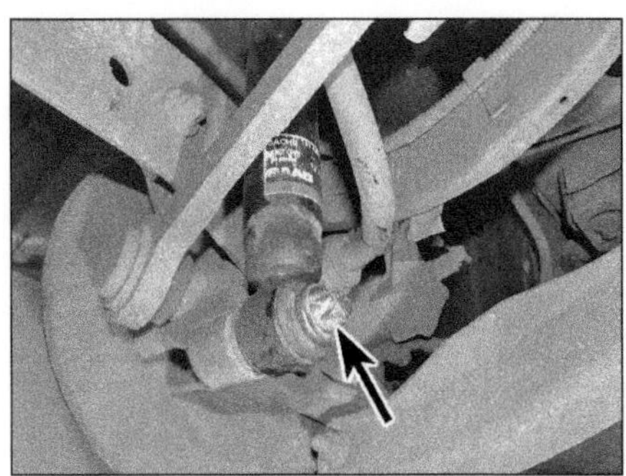
7.3 Stötdämparens nedre fästskruv (se pil)

7.4 Stötdämparens övre fästskruvar (se pilar)

7.5 Skruva loss muttern (se pil) och dra loss det övre fästet från stötdämparen

Demontering

1 Placera bakvagnen över en smörjgrop eller på en ramp. Du kan även lyfta och stötta upp bakvagnen (se *Lyftning och stödpunkter*). Ta sedan bort hjulet och stötta upp den bakre kryssrambalken med en pallbock eller garagedomkraft på aktuell sida.

2 Placera en garagedomkraft under bakfjädringens hjulspindel och lyft den för att avbelasta stötdämparen.

3 Skruva loss torxskruvarna på den bakre stötdämparens nedre fäste och ta loss brickan och gummibussningen **(se bild)**.

4 Skruva loss och ta bort de tre torxskruvarna som håller fast stötdämparens övre fästbygel och ta loss enheten **(se bild)**.

5 Skruva loss muttern och koppla loss det övre fästet från stötdämparen **(se bild)**.

6 Undersök om gummibussningarna är slitna eller skadade och byt ut dem om det behövs. Observera att den nedre bussningen kan pressas ut ur stötdämparen och en ny kan sättas dit. Doppa den nya bussningen i tvålvatten innan du pressar den i läge.

Montering

7 Monteringen utförs i omvänd ordningsföljd mot demonteringen, men dra åt fästbultarna och muttrarna till angivet moment.

8 Bakre krängningshämmare – demontering och montering

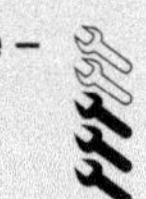

Demontering

1 Klossa framhjulen, hissa sedan upp bakvagnen och stötta den på pallbockar som placerats ur vägen för den bakre krängningshämmaren (se *Lyftning och stödpunkter*). Ta bort båda bakhjulen.

2 Om fordonet har däcktrycksövervakning tar du bort hjulhusfodret på höger bakhjul och kopplar loss signaldetektorns anslutningskontakt. Lossa kablaget från fästklämmorna.

Cabrioletmodeller

3 Skruva loss bultarna och ta bort mittunnelns chassiförstärkningsplatta.

4 Skruva loss bultarna och ta bort den bakre chassiförstärkningen på båda sidorna av den bakre kryssrambalken.**(se bild)**.

Alla modeller

5 Ta bort den bakre delen av avgassystemet.

6 Demontera bakbromsens båda bromsok enligt beskrivningen i kapitel 9. Observera att du inte behöver koppla loss bromsvätskeslangen från bromsoken – bind upp bromsoken från karossen med remmar/buntband etc.

7 Skruva loss och ta bort skruvarna som håller fast stötdämparnas nedre ände vid hjulspindeln **(se bild 7.3)**.

8 Bänd upp dosan och koppla loss hjulhastighetgivarnas anslutningskontakter på bägge sidorna. Lossa kablaget från eventuella fästklämmor.

9 Placera en garagedomkraft under mitten av den bakre kryssrambalken. Ta sedan bort kryssrambalkens fästbultar.

10 Sänk ned kryssrambalken maximalt 200 mm och ta bort spiralfjädrarna på bägge sidor.

11 Skruva loss bultarna som håller fast krängningshämmarens länkarmar vid hjulspindeln på bägge sidor **(se bild)**.

12 Skruva loss bultarna som håller fast krängningshämmarens klämmor vid hjulspindeln och för den bakåt mellan kryssrambalken och karossen.

13 Kontrollera eventuellt slitage eller skador på klämmornas gummibussningar och byt ut dessa om det behövs.

Montering

14 Sätt krängningshämmaren på plats och sätt tillbaka klämmorna. Applicera lite gängläsningsmedel och dra åt bultarna till angivet moment.

15 Resten av monteringen utförs i omvänd ordningsföljd mot demonteringen. Tänk på följande:

a) Montera avgassystemet enligt beskrivningen i kapitel 4A eller 4B.

b) Montera bromsoken enligt beskrivningen i kapitel 9.

c) Dra åt alla fästen till angivet moment, om sådant finns.

9 Bakre krängningshämmarens bussningar – byte

1 Dra åt handbromsen. Lyft sedan upp framvagnen och ställ den på pallbockar (se *Lyftning och stödpunkter*).

2 Skruva loss muttrarna som håller fast krängningshämmarens länkarmar vid hjulspindlarna **(se bild 8.11)**.

3 Skruva loss bultarna som håller fast krängningshämmarens klämmor vid kryssrambalken, dra staget nedåt, ta bort klämmorna och ta bort gummibussningarna från staget.

4 Stryk på lite silikonfett på insidan av de nya bussningarna och montera dem på krängningshämmaren.

5 Sätt tillbaka klämmorna och sätt krängningshämmaren på plats.

6 Applicera lite gängläsningsmedel på klämbultarna och dra åt dem till angivet moment.

7 Återanslut krängningshämmarens länkarmar till hjulspindlarna och dra åt fästmuttrarna till angivet moment.

8 Sänk ner bilen.

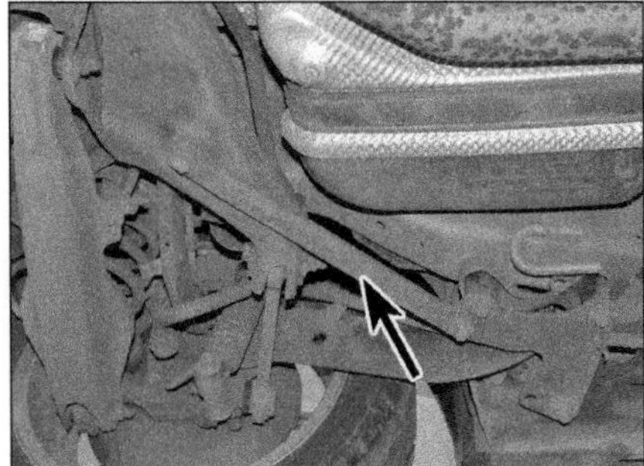
8.4 Bakre chassiförstärkning (se pil) – cabrioletmodeller

8.11 Ta bort bulten (se pil) som håller fast krängningshämmarlänken

10 Bakre spiralfjäder – demontering och montering

Observera: *För att chassits höjd över marken ska bli lika på bilens båda sidor måste de båda bakre spiralfjädrarna bytas samtidigt.*

Demontering

1 Lossa hjulmuttrarna. Klossa sedan framhjulen och lyft upp fordonets bakdel. Stötta den ordentligt på pallbockar (se *Lyftning och stödpunkter*). Ta bort hjulen.

2 Demontera bromsoket enligt beskrivningen i kapitel 9. Observera att du inte måste koppla loss bromsvätskeslangen – bind upp bromsoket från karrossen med remmar/buntband, etc.

3 Anslut fjäderkompressorerna till fjädern och tryck ihop fjädern. Saab har angivit verktyg nummer 88 18 791. Alternativa fjäderkompressorer kan finnas tillgängliga **(se bild)**.

4 Lyft ur fjädern från dess plats.

5 Undersök om det finns slitage eller skador på någon av komponenterna och byt ut vid behov.

Montering

6 Sätt tillbaka gummisätena på fjädern **(se bild)**.

7 Sätt tillbaka den hoppressade fjädern på den nedre styrarmens säte.

8 Lossa och ta bort fjäderkompressorn.

9 Montera bromsoket enligt beskrivningen i kapitel 9.

10 Montera hjulen, sänk ner bilen och dra åt hjulbultarna till angivet moment.

11 Bakre hjulspindel – demontering och montering

Demontering

1 Lossa hjulmuttrarna. Klossa sedan framhjulen och lyft upp fordonets bakdel. Stötta den ordentligt på pallbockar (se *Lyftning och stödpunkter*). Ta bort hjulen.

2 Demontera bromsskivan enligt beskrivningen i kapitel 9.

3 Koppla loss hjulhastighetsgivarens anslutningskontakt **(se bild 12.2)**.

4 Skruva loss och ta bort muttern som håller fast toe-in-styrlänk vid hjulspindeln **(se bild 13.35)**.

5 Placera en garagedomkraft under den nedre tvärlänkarmen och stötta upp bilen.

6 Skruva loss bulten som håller fast den nedre tvärlänkarmen vid hjulspindeln **(se bild 13.24b)**.

7 Skruva loss bultarna som håller fast den nedre delen av stötdämparen vid hjulspindeln.

8 Skruva loss bulten och koppla loss krängningshämmarens länkarm från hjulspindeln **(se bild 8.11)**.

10.3 Sätt fjäderkompressorer på de bakre spiralfjädrarna

9 Skruva loss bulten och koppla loss den övre tvärlänkarmen från hjulspindeln **(se bild 13.19a)**.

10 Skruva loss de tre fästbultarna och koppla loss hjulspindeln från bärarmen.

11 Skruva om det behövs loss de fyra bultarna och koppla loss navet och bromsskölden från hjulspindeln.

Översyn

12 Kontrollera eventuellt slitage eller skador på hjulspindelns bussningar. Tryck ut de gamla bussningarna om det behövs. Det finns särskilda Saab-verktyg för detta (nr KM 906-61-62 och KM 906-63-64). Du kan även använda en hydraulisk press.

13 Tryck in de nya bussningarna på samma sätt.

Montering

14 Om du har tagit bort navenheten och bromsskivans skärm, sätt tillbaka dem på hjulspindeln med nya muttrar och dra åt dessa till angivet moment.

15 Återanslut toe-in-länken och dra åt den nya muttern för hand.

16 Anslut den övre tvärlänkarmen med en ny mutter – dra bara åt för hand.

17 Anslut krängningshämmarens länkarm till hjulspindeln och dra åt bulten till angivet moment.

18 Återanslut länkarmen till hjulspindeln och dra åt bultarna till angivet moment.

19 Sätt tillbaka stötdämparens nedre fäste och dra åt bulten till angivet moment.

20 Dra åt muttern till toe-in-styrlänken till angivet moment.

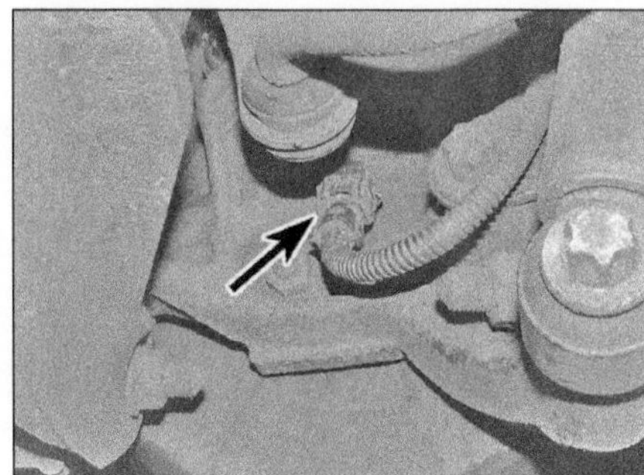

12.2 Koppla loss hjulhastighetsgivarens anslutningskontakt (se pil)

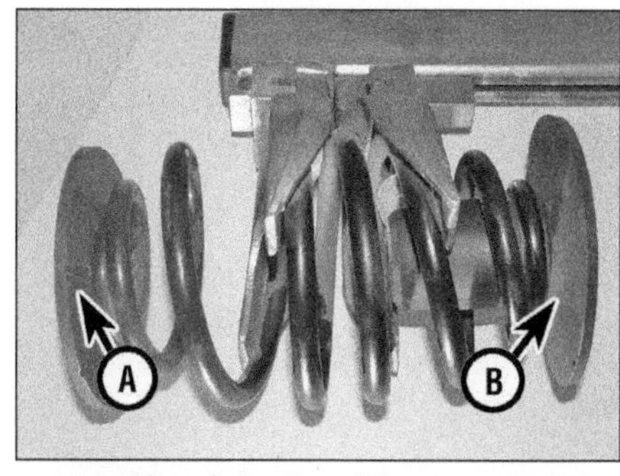

10.6 Sätt på det övre (A) och nedre (B) fjädersätet på den hoptryckta fjädern

21 Dra åt länkarmens övre mutter till angivet moment.

22 Återanslut den nedre tvärlänkarmen till hjulspindeln och dra åt bulten till angivet moment.

23 Resten av monteringen utförs i omvänd ordningsföljd mot demonteringen.

12 Bakre nav – demontering och montering

Demontering

1 Demontera den bakre bromsskivan enligt beskrivningen i kapitel 9. Bind upp bromsoket från karossen med remmar/buntband, etc. Bromsslangen får inte belastas.

2 Koppla loss hjulhastighetsgivarens anslutningskontakt **(se bild)**.

3 Skruva loss de fyra muttrarna och ta bort navet och bromsskivans sköld **(se bild)**.

4 Lagret och hjulhastighetsgivaren är inbyggda i navet. Om dessa är defekta måste hela enheten bytas.

Montering

5 Rengör kontaktytorna på navet och hjulspindeln.

6 Placera bromsskölden på navets pinnbultar. Placera sedan enheten på hjulspindeln och dra åt de nya muttrarna till angivet moment.

7 Återanslut hjulhastighetsgivarens anslutningskontakt.

8 Montera bromsskivan enligt beskrivningen i kapitel 9.

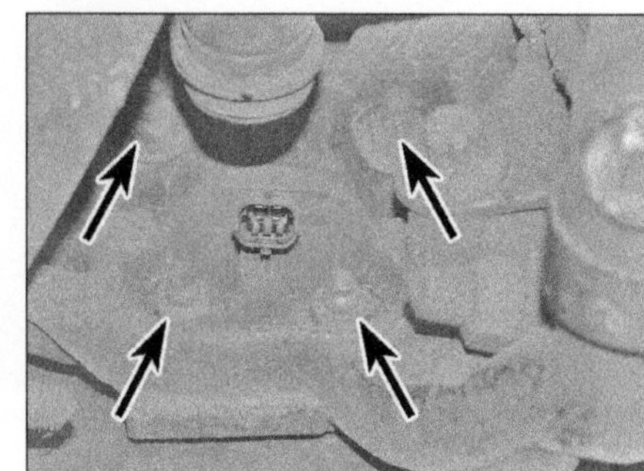

12.3 Skruva loss de fyra muttrarna (se pilar) och ta bort nav/bromsskäldenheten

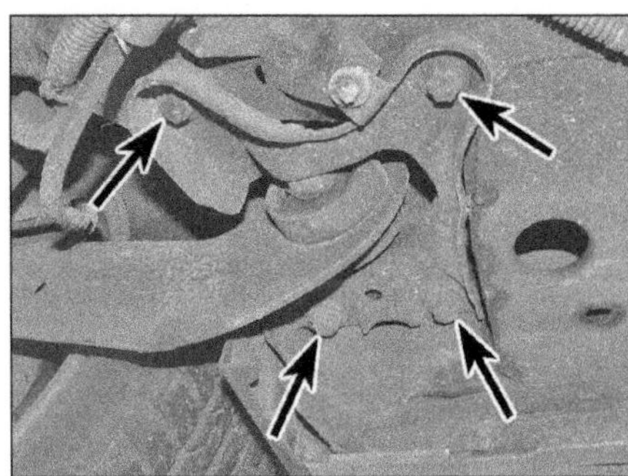
13.7 Bultarna på länkarmens främre fästbygel (se pilar)

13 Bakfjädringens länkarmar - demontering och montering

Länkarm

Demontering

1 Lossa de aktuella hjulmuttrarna. Klossa sedan framhjulen och lyft upp fordonets bakdel. Stötta den ordentligt på pallbockar (se *Lyftning och stödpunkter*). Demontera aktuellt hjul.

2 På cabrioletmodeller skruvar du loss bultarna och tar bort den bakre chassiförstärkningen på båda sidor om den bakre kryssrambalken **(se bild 8.4)**.

3 Lossa hjulhastighetsgivarens kablage från klämmorna på länkarmen.

4 Lossa handbromsvajern från klämmorna på länkarmen.

5 Placera en garagedomkraft under hjulspindeln och avbelasta stötdämparen.

6 Skruva loss stötdämparens nedre fästbult.

7 Skruva loss de fyra bultar som håller fast länkarmens främre fästbygel vid karossen **(se bild)**.

8 Skruva loss och ta bort bultarna som håller fast länkarmen vid hjulspindeln.

9 Sänk ner länkarmen. Skruva om nödvändigt loss muttern och bulten och ta bort den främre fästbygeln.

10 För att byta bussningen använder du en lämplig rörformad distansbricka och trycker bussningen från armen med en hydraulisk press.

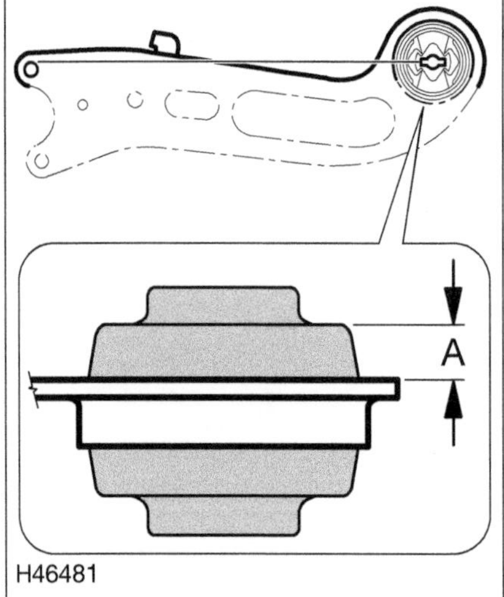

13.11 Det avlånga hålet i länkarmens bussning måste ligga i linje med armens övre hål och bussningen måste sticka ut 14 mm (A) ovanför armens platta sida

Montering

11 Om du har tagit bort bussningen trycker du den nya bussningen på plats så att det långa hålet i bussningen ligger i linje med det översta hålet på armens ände. Bussningen ska sticka ut 14 mm ovanför armens platta sida **(se bild)**.

12 Fäst armen i ett skruvstäd och montera sedan tillbaka fästbygeln längst fram. Än så länge ska du bara dra åt muttern/bulten för hand.

13 Placera fästbygeln som visas **(se bild)**. Dra sedan åt muttern och bulten till angivet moment.

14 Placera länkarmen i läge. Sätt på bultarna som håller fast fästbygeln på karossen och bultarna som håller fast hjulspindeln på armen. Dra åt bultarna till angivet moment.

15 Resten av monteringen utförs i omvänd ordningsföljd mot demonteringen.

Övre tvärlänkarm

Demontering

16 Lyft upp bakvagnen och stötta den ordentligt på pallbockar (se *Lyftning och stödpunkter*). Demontera aktuellt hjul.

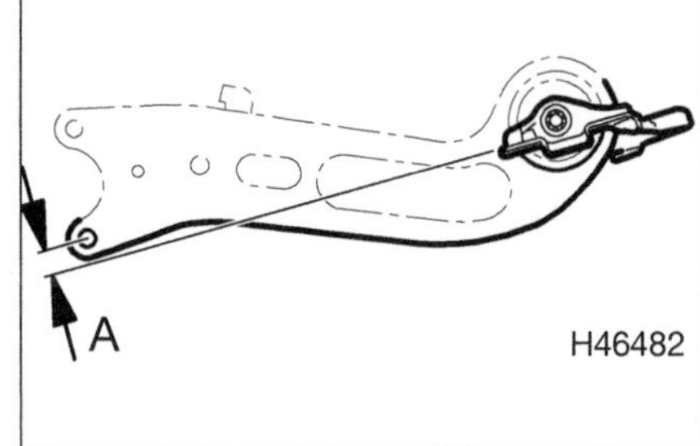

13.13 Placera den främre fästbygeln så att mittlinjen ligger 20 mm (A) nedanför mitten av det nedre fästhålet

17 Lossa handbromsvajerinställningen enligt beskrivningen i kapitel 9, avsnitt 14. Koppla loss vajern från bromsoket och lossa den från den övre tvärlänkarmen.

18 Lossa hjulhastighetsgivarens kablage från armen.

19 Skruva loss bultarna som håller fast armen vid den bakre kryssrambalken och hjulspindeln och ta bort den.**(se bild)**.

Montering

20 Monteringen utförs i omvänd ordningsföljd mot demonteringen, men bultarna ska dras åt till angivet moment.

Nedre tvärlänkarm

Demontering

21 Lyft upp bakvagnen och stötta den ordentligt på pallbockar (se *Lyftning och stödpunkter*). Demontera aktuellt hjul.

22 Om du demonterar länkarmen på vänster sida på en modell med xenonstrålkastare tar du bort nivågivaren från armen **(se bilder)**.

23 Placera en garagedomkraft mitt emot fjädern under länkarmen och avbelasta fjädern.

24 Gör inställningsmarkeringar mellan excenterhjulets bricka och den bakre kryssrambalken på den inre änden av armen. Skruva sedan loss den yttre bulten som håller fast armen vid hjulspindeln **(se bilder)**. Sänk sakta ner armen med domkraften och ta bort fjädern.

25 Skruva loss den inre fästbulten och ta bort armen. Kasta bort muttern, du måste sätta dit en ny.

13.19a Den övre länkarmens yttre bult (se pil) . . .

13.19b . . . och inre bult (se pil)

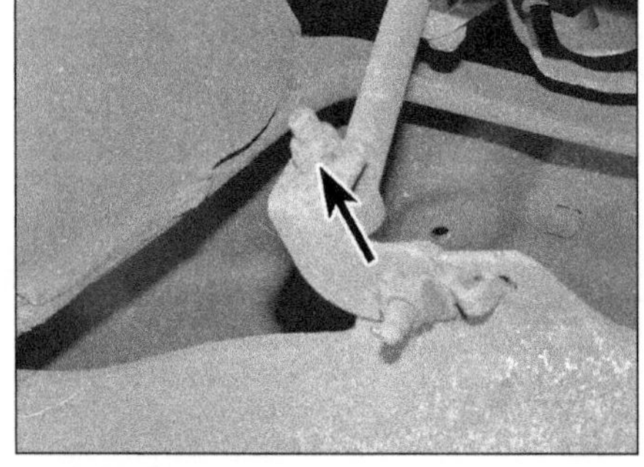
13.22 Skruva loss muttern (se pil) och koppla loss fjädringens nivågivararm

Montering

26 Placera armens inre ände enligt märkena du har gjort och sätt i fästbulten. Sätt i den nya muttern, men dra än så länge bara åt den för hand.

27 Sätt tillbaka fjädern och lyft armen till dess "normala" läge med en garagedomkraft.

28 Skruva i den yttre fästbulten och dra åt muttern till angivet moment.

29 Dra åt den inre fästbulten/muttern till angivet moment. Se till att märkena fortfarande ligger i linje.

30 Ta bort domkraften. Sätt tillbaka nivågivaren (om sådan finns) och montera hjulet.

31 Vi rekommenderar att du låter kontrollera fordonets hjulinställning så snart som möjligt.

13.24a Gör inställningsmarkeringar mellan excenterhjulets distansbricka (se pil) och kryssrambalken

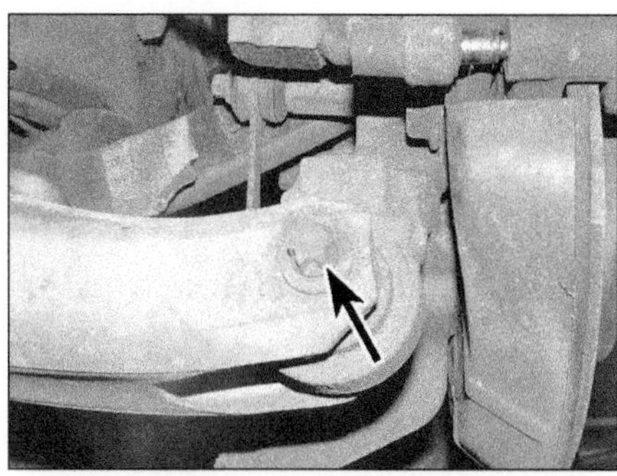

13.24b Länkarmens yttre bult (se pil)

Toe-in-styrlänk

Demontering

32 Lyft upp bakvagnen och stötta den ordentligt på pallbockar (se *Lyftning och stödpunkter*). Demontera aktuellt hjul.

33 Koppla loss hjulhastighetsgivarens anslutningskontakt.

34 Gör inställningsmarkeringar mellan excenterhjulet på länkarmens inre fästbult och den bakre kryssrambalken. Skruva sedan loss muttern och ta bort bulten **(se bild)**.

35 Skruva loss den yttre bulten och ta bort länkarmen **(se bild)**.

Montering

36 Placera länkarmen i läge och sätt i de inre och yttre fästbultarna.

37 Se till att de markeringar du gjort mellan den inre fästbultens excenterhjul och den bakre kryssrambalken ligger i linje. Sätt sedan dit muttrarna och dra åt de inre och yttre muttrarna till angivet moment.

38 Återanslut hjulhastighetsgivarens anslutningskontakt och montera hjulet.

39 Vi rekommenderar att du låter kontrollera fordonets hjulinställning så snart som möjligt.

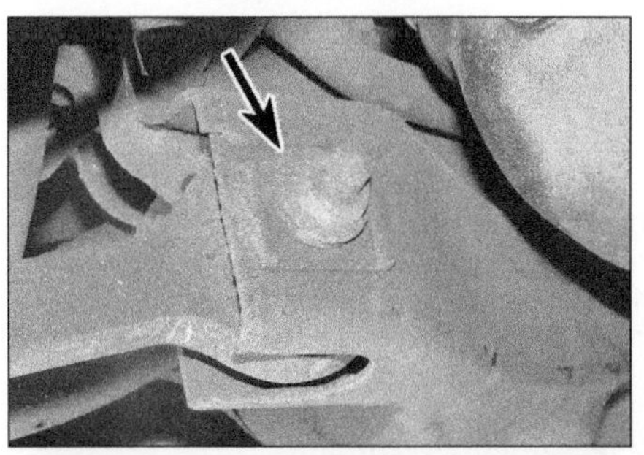

13.34 Gör inställningsmarkeringar mellan excenterhjulets distansbricka (se pil) och kryssrambalken

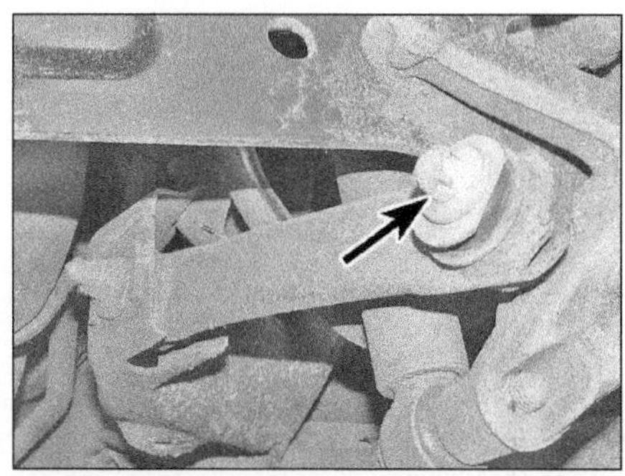

13.35 Toe-in-styrlänkens yttre bult (se pil)

14 Ratt - demontering och montering

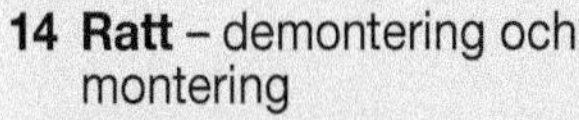

Demontering

1 Ta bort krockkuddemodulen på förarplatsen från ratten enligt beskrivningen i kapitel 12.

Varning: Följ säkerhetsanvisningarna mycket noggrant.

2 Se till att hjulet är riktat rakt framåt. Skruva sedan loss och ta bort bulten som håller fast ratten med hjälp av en insexnyckel **(se bild)**. Märk ut rattens läge i förhållande till rattstången med en färgmarkering.

3 Koppla loss anslutningskontakten och lossa försiktigt ratten från rattstångens spår **(se bild)**.

Varning: Använd inte en hammare eller klubba för att knacka bort ratten från spåren eftersom det kan skada den hopfällbara inre stången.

Montering

4 Placera ratten på rattstångens spår så att markeringarna ligger i linje.

5 Applicera lite gänglåsningsmedel och sätt sedan tillbaka fästbulten och dra åt muttern till angivet moment.

6 Återanslut anslutningskontakten.

7 Montera förarkrockkuddemodulen enligt beskrivningen i kapitel 12.

15 Rattstång - demontering och montering

Demontering

1 Demontera ratten enligt beskrivning i avsnitt 12.

2 Lossa damasken från framsidan av rattstångens reglageenhet.

3 Lossa de båda klämmorna och dra loss reglageenheten från rattstången **(se bild)**.

14.2 Skruva loss rattbulten med en insexnyckel

14.3 Tryck ner klämman (se pil) och koppla loss anslutningskontakten

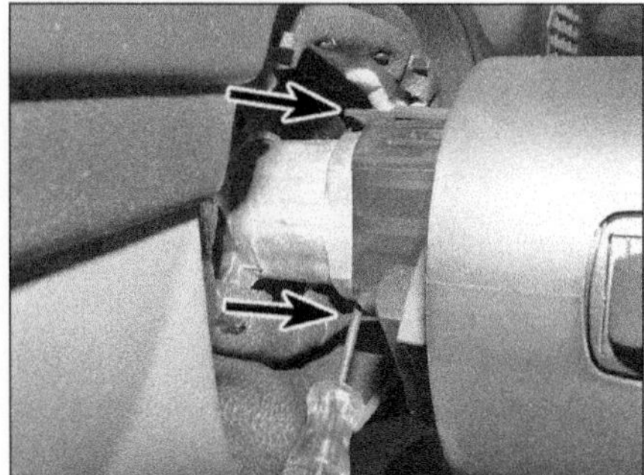

15.3 Lossa de två klämmorna (se pilar) och dra upp reglageenheten längs rattstången

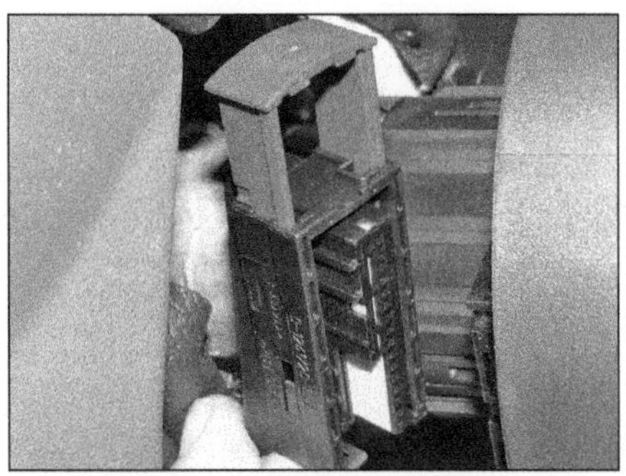
15.4 Skjut ut den röda låsspärren och koppla loss anslutningskontakten

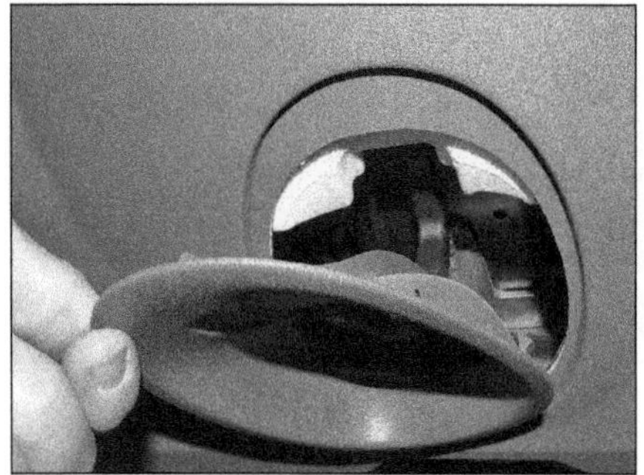
15.9 Bänd ner panelen runt rattstångens justeringshantag

15.10 Skruva loss universalknutens klämbult (se pil)

Varning: Elektroniska styrmoduler är mycket känsliga för statisk elektricitet. Jorda dig själv genom att röra en ren metalldel på karossen innan du hanterar modulen.

4 Koppla loss anslutningskontakten från reglageenheten **(se bild)**.

5 Ta bort damasken från instrumentpanelen.

6 Ta bort instrumentpanelens huvudenhet enligt beskrivningen i kapitel 12.

7 Ta bort instrumentbrädans nedre panel från förarsidan enligt beskrivningen i kapitel 11.

8 Ta bort golvluftkanalen på förarsidan under instrumentbrädan.

9 Bänd loss och ta bort kåpan kring rattstångens justeringshantag **(se bild)**.

10 Skruva loss och ta bort klämbulten på universalknuten längst ned på rattstången **(se bild)**.

11 Koppla loss anslutningskontakten från rattstångslåset och lossa kablaget från eventuella fästklämmor på rattstången.

12 Skruva loss och ta bort den nedre fästbulten på rattstången **(se bild)**. Om bilen har manuell växellåda trycker du ner kopplingspedalen för att komma åt bulten.

13 Skruva loss och ta bort de övre fästbultarna som sitter nedanför instrumentpanelen. Ta sedan bort rattstången från mellanväggens fästbygel **(se bild)**.

Montering

14 Placera rattstången i läge, kroka i den övre delen på instrumentbrädans fästbygel, sätt i bultarna och dra sedan åt dem till angivet moment. Om bilen har manuell växellåda trycker du ner kopplingspedalen för att komma åt den nedre bulten.

15 Haka i universalknuten längst ner på rattstången. Se till att hålet i bulten ligger i linje med utskärningen i stången. Applicera lite gängläsningsmedel på gängorna och dra åt till angivet moment.

16 Resten av monteringen utförs i omvänd ordningsföljd mot demonteringen.

16 Servostyrningens hydraulsystem – luftning

Observera: *Styrservons hydraulsystem måste luftas om någon del av systemet har demonterats.*

1 Ta bort vätskebehållarens påfyllningslock och fyll på med vätska av rätt typ och kvalitet till den högsta nivåmarkeringen. Se kapitel 1A eller 1B för mer information.

Vanlig servostyrning (motordriven pump)

2 Parkera bilen på ett plant underlag och dra åt handbromsen.

3 Starta motorn utan att vrida ratten och låt den gå i fem sekunder – inte längre.

4 Kontrollera styrservons vätskebehållare och fyll på den om det behövs.

5 Starta motorn igen och låt den gå tills det inte längre bildas luftbubblor i vätskebehållaren. Om pumpen låter konstigt finns det fortfarande kvar luft i systemet.

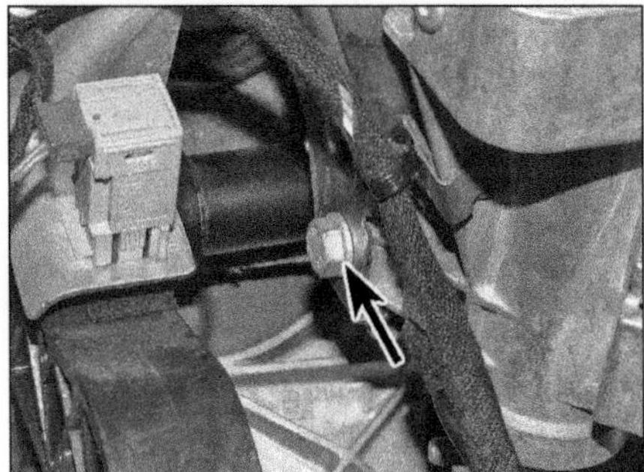
15.12 Rattstångens nedre fästbult (se pil)

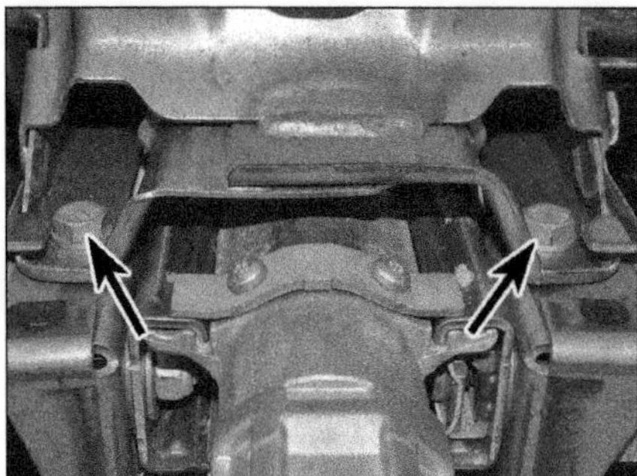
15.13 Rattstångens övre fästbultar (se pilar)

6 När all luft har tvingats ut ur styrservons hydraulsystem, stanna motorn och låt systemet svalna. Avsluta med att kontrollera att vätskenivån går upp till maxmarkeringen på behållaren, och fyll på mer vätska om det behövs.

Elektrohydraulisk servostyrning

7 Starta motorn, låt den gå i fem sekunder och stäng sedan av den. Vänta ett par sekunder och upprepa sedan förloppet två gånger till.

8 Starta motorn och vrid ratten från ändläge till ändläge fem gånger.

9 Slå av motorn och kontrollera vätskenivån i behållaren igen. Fyll på om det behövs.

17 Kuggstångsenhet – demontering och montering

Vanlig servostyrning:

Demontering

1 Dra åt handbromsen. Lyft sedan upp framvagnen och ställ den på pallbockar (se *Lyftning och stödpunkter*). Ta bort båda framhjulen och motorns undre skyddskåpa.

2 Kläm fast kuggstångens returslang med en slangklämma.

3 Skruva loss klämbulten och koppla loss röret från fästbygeln längst upp på kuggstången.

4 Se till att kuggstången och framhjulen är riktade rakt framåt och aktivera rattlåset.

5 På cabrioletmodeller skruvar du loss bultarna och tar bort den främre chassiförstärkningen **(se bild 5.3b)**.

6 Koppla loss styrstagsändarna från hjulspindlarna enligt beskrivningen i avsnitt 22.

7 Skruva loss muttrarna och koppla loss krängningshämmarens länkarmar **(se bild 5.10)**.

8 Skruva loss och ta bort klämbultarna samt lossa universalknuten längs ned på rattstången **(se bild 5.5)**.

9 Koppla loss avgasrörets främre del från katalysatorn enligt beskrivningen i kapitel 4A eller 4B.

17.14 Kuggstångens fästbultar (se pilar)

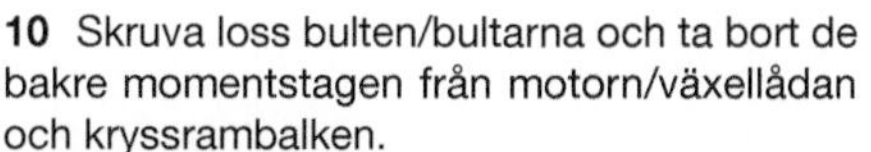

10 Skruva loss bulten/bultarna och ta bort de bakre momentstagen från motorn/växellådan och kryssrambalken.

11 Placera en garagedomkraft under baksidan av kryssrambalken. Ta bort kryssrambalkens bakre fästbultar och lossa de främre bultarna ett par varv.

12 Sänk ner bakdelen av kryssrambalken en aning och skruva sedan loss bultarna som håller fast krängningshämmarens klämmor vid kryssrambalken.

13 Placera en behållare under kuggstången. Lossa sedan anslutningarna och koppla loss vätsketillförsel- och returrören från kuggstången. Var beredd på att det rinner ut vätska.

14 Skruva loss och ta bort bultarna/muttrarna på kuggstången. Lyft sedan krängningshämmaren så högt det går och ta ut kuggstången genom vänster hjulhus **(se bild)**.

Montering

15 Monteringen utförs i omvänd ordningsföljd mot demonteringen, men observera även följande:

- *a) Smörj mellanväggens gummi med lite vaselin.*
- *b) Montera nya O-ringstätningar om det behövs.*
- *c) Dra åt alla muttrar och bultar till angivet moment, om det är tillämpligt.*
- *d) Haka i universalknuten längst ner på styrstången. Se till att bulthålet ligger i linje med skåran i drevaxeln och att inställningsmarkeringarna ligger i linje. Applicera lite gänglåsningsmedel på gängorna innan du sätter dit klämbulten.*
- *f) Fyll servostyrningssystemet med rekommenderad hydraulvätska och lufta systemet enligt beskrivningen i avsnitt 16.*
- *g) Låt kontrollera framhjulsinställningen så snart som möjligt (se avsnitt 24).*

Elektrohydraulisk servostyrning

Demontering

16 Se till att kuggstången och framhjulen är riktade rakt framåt och aktivera rattlåset.

17 Dra åt handbromsen. Lyft sedan upp framvagnen och ställ den på pallbockar (se *Lyftning och stödpunkter*). Ta bort båda framhjulen och motorns undre skyddskåpa.

18 Ta bort kylarens undre skyddskåpa.

19 Använd remmar eller buntband för att binda upp kylaren från karossen.

17.21 Skruva loss klämbulten på rattstångens universalknut (se pil - sedd genom hjulhusets öppning)

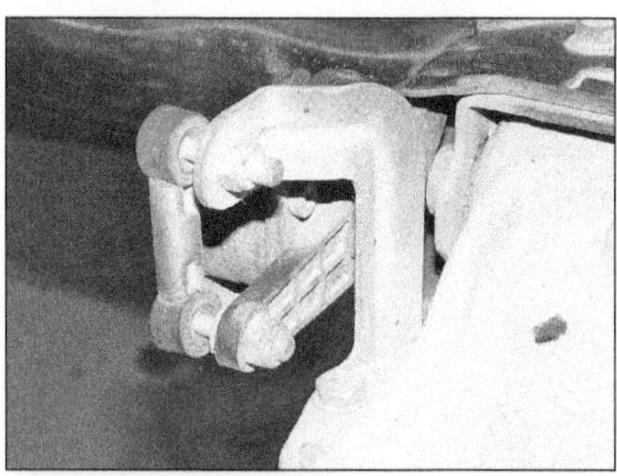

17.27 Koppla loss anslutningskontakten till fjädringens nivågivare - gäller enbart modeller med xenonstrålkastare

20 Demontera hela avgassystemet enligt beskrivningen i kapitel 4A eller 4B.

21 Skruva loss och ta bort klämbulten samt lossa universalknuten längs ned på rattstången **(se bild)**. Märk axeln och rattstången om det behövs för att garantera korrekt återmontering.

22 Skruva loss bultarna och ta ut motorns främre och bakre momentstag mellan motorn/växellådan och den främre kryssrambalken.

23 Koppla loss styrstagsändarna från hjulspindlarna enligt beskrivningen i avsnitt 22.

24 Ta bort klämbulten och bänd ner kullederna på framfjädringens hävarm från hjulspindlarna.

25 Skruva loss muttern och lossa länkstagen från krängningshämmarens ändar.

26 Koppla loss anslutningskontakterna från den elektrohydrauliska styrservons matningsenhet **(se bild)**.

27 På modeller med xenonstrålkastare kopplar du loss anslutningskontakten från fjädringens nivågivare **(se bild)**.

28 Gör inställningsmarkeringar mellan den främre kryssrambalken och karossen. Placera sedan en garagedomkraft under kryssrambalken.

29 Skruva loss kryssrambalkens fästbultar. Ta sedan hjälp av någon för att sänka ned enheten och lyfta ut den från bilen.

30 Notera hur de olika anslutningskontakterna monterats och koppla sedan loss dem från kuggstångsenheten. Lossa kablaget från eventuella fästklämmor.

17.26 Lossa anslutningskontakterna (se pilar) från styrservons matningsenhet

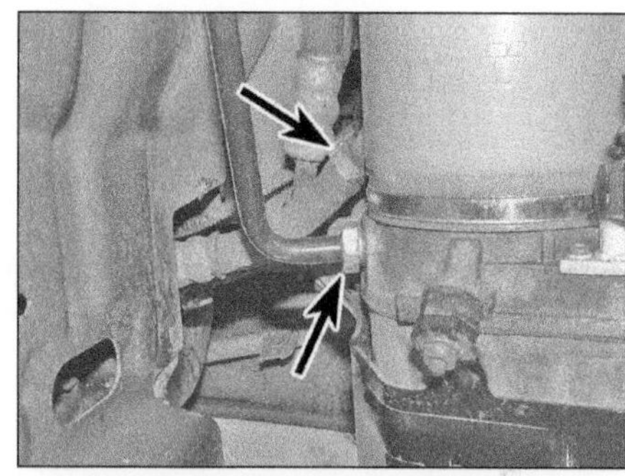

17.31 Den hydrauliska matningens och returrörets anslutningar (se pilar) på sidan där EHPS-matningsenheten sitter

31 Notera hur anslutningarna och vätskerören har monterats och dragits och koppla sedan loss dem från kuggstången **(se bild)**.

32 Skruva loss fästbultarna/muttrarna och ta bort kuggstången från kryssrambalken **(se bild 17.14)**.

33 Vi rekommenderar ingen ytterligare isärtagning. Låt en Saab-verkstad eller specialist undersöka eventuella fel – undersökningen är svår och kräver speciella verktyg.

Montering

34 Monteringen utförs i omvänd ordningsföljd mot demonteringen, men observera även följande:

- *a) Montera nya O-ringstätningar om det behövs.*
- *b) Dra åt alla muttrar och bultar till angivet moment där detta anges.*
- *c) Haka i universalknuten längst ner på styrstången. Se till att bulthålet ligger i linje med skåran i drevaxeln och att inställningsmarkeringarna ligger i linje. Applicera lite gänglåsningsmedel på gängorna innan du sätter dit klämbulten.*
- *d) Fyll servostyrningssystemet med rekommenderad hydraulvätska och lufta systemet enligt beskrivningen i avsnitt 16.*
- *e) Låt kontrollera framhjulsinställningen så snart som möjligt (se avsnitt 24).*

18.1 Koppla loss tryckgivarens anslutningskontakt

18.2 Skruva loss banjobulten på vätskematningsröret

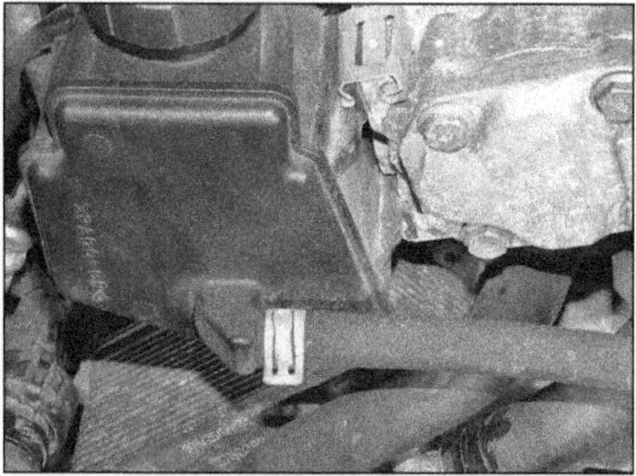
18.3 Lossa klämman och koppla loss vätskereturslangen

18.4a Skruva loss pumpens fästbultar (pilen visar på den övre bulten)

18.4b Byt ut tätningen

18 Servostyrningspump – demontering och montering

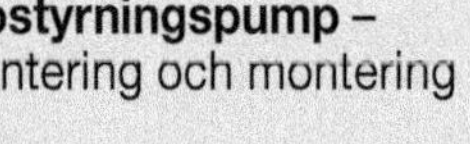

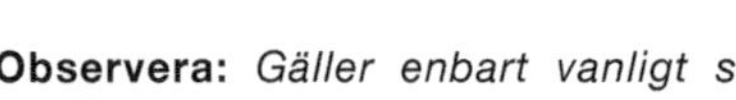

Observera: *Gäller enbart vanligt servostyrningssystem.*

Demontering

1 Koppla loss tryckgivarens anslutningskontakt **(se bild)**.

2 Skruva loss bulten och koppla loss matningsröret från pumpen. Ta loss tätningsbrickorna. Var beredd på att det kan rinna ut vätska **(se bild)**.

3 Lossa klämman och koppla loss returslangen från behållaren **(se bild)**. Var beredd på att det rinner ut vätska.

4 Skruva loss fästbultarna och ta bort pumpen. Ta loss packningen/tätningen.**(se bilder)**.

Montering

5 Monteringen utförs i omvänd ordningsföljd mot demonteringen, men observera även följande:

a) Dra åt alla muttrar och bultar till angivet moment, om det är tillämpligt.

b) Sätt på en ny packning/tätning på pumpen.

c) Fyll på hydraulsystemet och lufta det enligt beskrivningen i avsnitt 16.

19 EHPS-styrmodul – allmän information

EHPS-styrmodulen (Elektrohydraulisk styrservo) är inbyggd i servostyrningsenheten och kan inte bytas ut separat. Om fel skulle uppkomma i styrsystemet ska du rådfråga systemets självdiagnosverktyg med Saabs TECH2-utrustning innan du demonterar kuggstångsenheten.

När enheten har bytts ut måste fordonsinformationen och eventuellt den senaste programvaran läsas in i styrmodulen. Det kan bara göras med Saabs diagnostikutrustning och måste därför överlåtas till en Saab-verkstad eller en specialist som är utrustad för detta.

20 Rattvinkelgivare – demontering och montering

Demontering

1 På modeller med EHPS sitter rattvinkelgivaren monterad på kuggstångens drevhus. För att ta bort givaren trycker du ner fästklämman och kopplar loss anslutningskontakten från givaren.

2 Skruva loss de båda fästbultarna och dra ut givaren ur huset.

Montering

3 Se till att fogytorna på givaren och kuggstångens hus är rena.

4 Kontrollera att givartätningen är i gott skick och rätt placerad. Montera sedan givaren på huset och dra åt bultarna ordentligt.

5 Återanslut givarens anslutningskontakt.

21 Kuggstångens gummidamask – byte

1 Demontera styrstagsänden på den aktuella sidan enligt beskrivningen i avsnitt 22. Skruva loss låsmuttern från styrstaget.

2 Lossa de två klämmorna och ta loss damasken **(se bild)**.

3 Rengör styrstagets inre ände och om möjligt kuggstången från smuts.

4 Linda isoleringstejp runt styrstagets gängor för att skydda den nya damasken under monteringen.

5 Sätt tillbaka styrstagsändens låsmutter.

6 Montera styrstagsänden enligt beskrivningen i avsnitt 22.

21.2 Lossa klämmorna (se pil) i damaskens båda ändar

22 Styrstagsände – demontering och montering

Demontering

1 Lossa muttrarna på aktuellt framhjul. Klossa bakhjulen, lyft upp framvagnen och ställ den på pallbockar (se *Lyftning och stödpunkter*). Demontera relevant framhjul.

2 Håll fast styrstagsänden och lossa dess låsmutter ett halvt varv **(se bild)**. Om du lämnar låsmuttern på plats blir det lättare att utföra återmonteringen.

3 Skruva loss stryledsmuttern på styrstagsänden medan du håller emot styrstaget med en skruvnyckel. Skilj styrleden från hjulspindeln med en särskild kulledsavdragare. Ta sedan bort muttern och lossa styrleden från armen **(se bild)**.

4 Skruva loss styrstagsänden från styrstaget och räkna antalet varv du behöver skruva för att ta bort den. Notera antalet varv så att hjulinställningen kan återställas (åtminstone ungefärligt) vid återmontering.

Montering

5 Skruva fast styrstagsänden på styrstaget med samma antal varv som du behövde för att skruva loss den. Observera att styrstagsändarna är märkta L eller R (vänster eller höger), vilket visar på vilken sida de ska monteras.

6 Haka i styrleden i hjulspindeln. Dra åt muttern till angivet moment.

7 Håll emot styrstaget och dra åt låsmuttern.

8 Montera framhjulet, sänk bilen och dra åt hjulbultarna i diagonal ordningsföljd till angivet moment.

9 Låt kontrollera framhjulsinställningen så snart som möjligt (se avsnitt 24).

22.2 Lossa styrstagsändens låsmutter (se pil)

22.3 Lossa styrledens koniska skaft med en universalkulledsavdragare

23 Främre kryssrambalk – demontering och montering

Demontering

1 Dra åt handbromsen, lyft fordonets främre del och ställ framvagnen på pallbockar (se *Lyftning och stödpunkter*). Ta bort framhjulen. Ta bort motorns övre skyddskåpa och den undre skyddskåpan till motorn och växellådan (om sådan monterats).

2 Sätt en lyftbalk tvärs över motorrummet. Ställ stöden säkert mot trösklarna på båda sidor, i linje med benens övre fästen. Haka fast balken i motorlyftöglan och lyft upp den så att motorns vikt inte längre ligger på växellådans fäste. De flesta äger inte en lyftbalk, men det kan gå att hyra en. Ett alternativ kan vara att stötta motorn med en motorlyft. Tänk dock på att du måste justera lyften så att inte motorfästena belastas för mycket om du t.ex. ändrar arbetshöjden genom att sänka bilens pallbockar.

3 Ta bort den undre skyddskåpan under kylaren. Använd sedan remmar eller buntband och häng upp kylaren från bilen. På cabrioletmodeller skruvar du loss bultarna och tar bort den främre chassiförstärkningen **(se bild 5.3b)**.

4 Skruva loss skruvarna och ta bort kylarens nedre fästbyglar från den främre kryssrambalken **(se bild)**. Koppla loss fästbyglarna på servostyrningens kylare (om det finns sådana) från kylarens fästbyglar.

5 Demontera hela avgassystemet enligt beskrivningen i kapitel 4A eller 4B.

6 Demontera motorns momentstag från kryssrambalken (se relevant del av kapitel 2).

7 Skruva loss bultarna och bänd loss båda fjädringsarmarna från hjulspindlarnas bas.

8 Skruva loss muttrarna/bultarna och koppla loss kuggstången från kryssrambalken **(se bild 17.14)**.

9 Lossa servostyrningsrörets klämmor från kryssrambalken.

10 Koppla loss anslutningskontakten och lossa sedan klämmorna som håller fast nivågivarens kablage (om sådan monterats) vid kryssrambalken.

11 Gör inställningsmarkeringar mellan kryssrambalken och karossen, skruva sedan loss fästbultarna/fästbyglarna, och sänk ner kryssrambalken lite **(se bilder)**.

12 Skruva loss bultarna som fäster krängningshämmarens klämmor och sänk sedan ner kryssrambalken.

Montering

13 Monteringen utförs i omvänd ordningsföljd mot demonteringen. Se till att markeringarna du har gjort ligger i linje och dra sedan åt bultarna till angivet moment.

24 Hjulinställning och styrvinklar – allmän information

1 Bilens styr- och fjädringsgeometri avgörs av fyra grundinställningar där alla vinklar uttrycks i grader (toe-inställningar uttrycks även som mått). De relevanta inställningarna är

23.4 Skruva loss torxskruven (se pil) som håller fast kylarens nedre fästbygel på vardera sida

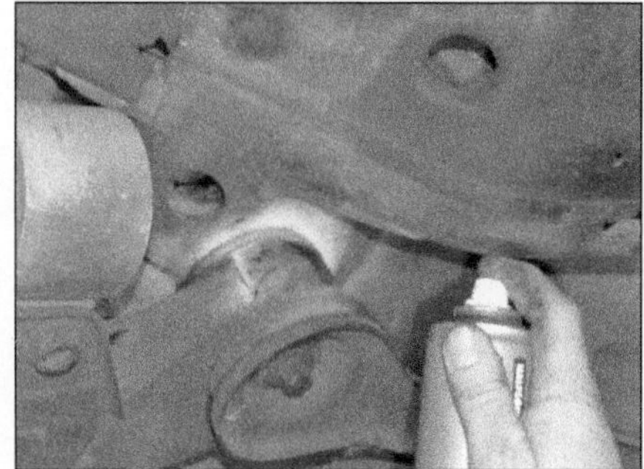

23.11a Vi använde sprayfärg för att göra inställningsmarkeringar runt kryssrambalkens fästen

23.11b Skruva loss kryssrambalkens främre fästbultar . . .

23.11c . . . och de bakre fästbultarna (se pilar)

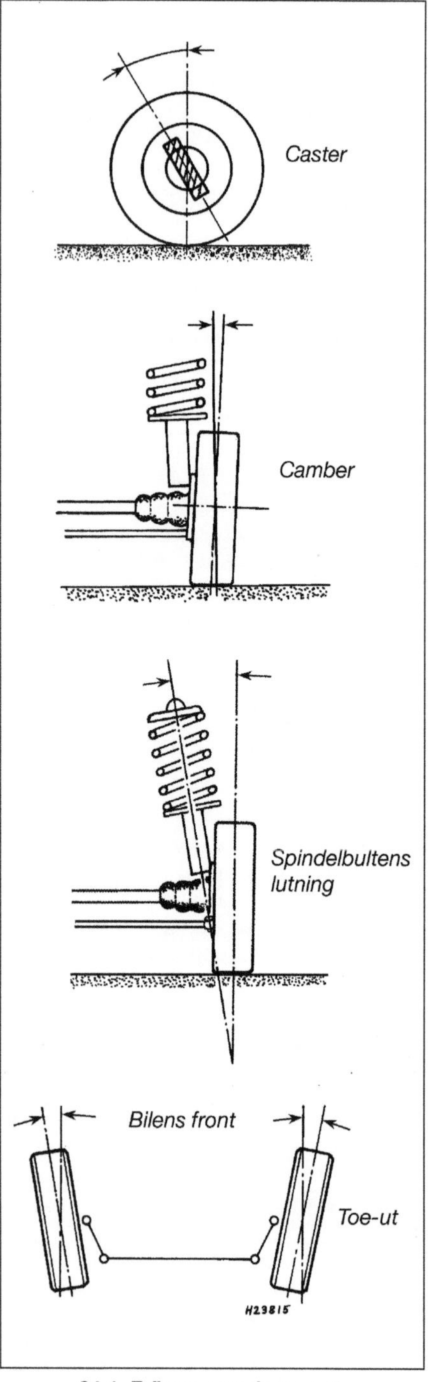

24.1 Främre styrnings- och fjädringsgeometri

cambervinkel, castervinkel, styraxelns lutning och toe-inställning **(se bild)**. På de modeller som berörs i denna handbok går det bara att justera fram- och bakhjulens toe-inställning.

2 Camber är vinkeln mellan framhjulen och en vertikal linje sett framifrån eller bakifrån. Negativ camber är den vinkel (i grader) som hjulen pekar inåt från vertikallinjen högst upp.

3 Den främre cambervinkeln justeras genom att lossa fästbultarna mellan styrspindeln och fjäderbenet och flytta delarna på hjulspindeln så mycket som behövs.

4 Caster är vinkeln mellan styraxeln och en vertikal linje sett från sidan av bilen. Positiv caster föreligger om styraxeln lutar bakåt upptill.

5 Styraxelns lutning är vinkeln (sett från fordonets framsida) mellan vertikalen och en tänkt linje mellan det främre fjäderbenets övre fäste och styrarmens kulled.

6 Toe-inställningen är det värde med vilket avståndet mellan hjulens främre insidor (mätt i navhöjd) skiljer sig från det diametralt motsatta avståndet mellan hjulens bakre insidor. Toe-in är när hjulen pekar inåt, mot varandra, i framkant. Toe-out är när de pekar utåt, från varandra, i framkant.

7 Framhjulens toe-inställning justeras genom att ändra längden på styrstagen på båda sidorna. Den här justeringen kallas vanligtvis för hjulinställning.

8 Bakhjulens toe-inställning justeras genom att vrida fästbultarna på de övre tvär- eller toe-in-styrlänkarna i kryssrambalken. Bulten är monterad med ett excenterhjul och länkens vridningspunkt varierar när bulten vrids.

9 Resterande fjädrings- och styrningsvinklar ställs in under tillverkningen och går inte att justera. Därför ska alla förinställda vinklar vara korrekta, förutsatt att bilen inte har krockskadats.

10 För att kontrollera och ställa in toe-inställningen fram och bak samt cambervinklarna fram behövs särskild mätutrustning och detta bör utföras av en Saab-verkstad eller en expert med motsvarande kunskaper. De flesta verkstäder som sysslar med montering av hjul har tillräcklig kunskap och utrustning för att åtminstone kontrollera framhjulens toe-inställning (hjulinställning), till ett fast pris.

Kapitel 11
Kaross och detaljer

Innehåll

Svårighetsgrad

Enkelt, passar novisen med lite erfarenhet 	**Ganska enkelt,** passar nybörjaren med viss erfarenhet 	**Ganska svårt,** passar kompetent hemmamekaniker 	**Svårt,** passar hemmamekaniker med erfarenhet 	**Mycket svårt,** för professionell mekaniker 

Specifikationer

Specifikationer

Sufflettens hydraulvätska:	
Typ	89 96 860 PAS-vätska
Volym	0,6 liter

Åtdragningsmoment

	Nm
Bakre säkerhetsbälte:	
Golvförankring	37
Mittbältets bältesrulle	45
Mittbältets hållare	37
Rulle	37
Bakre säkerhetsbälte (cabriolet):	
Bältesstyrning	47
Nedre förankring	47
Rulle	47
Framsätets fästskruvar	30
Främre säkerhetsbälte:	
Höjdjusterare	37
Rulle	37
Spänne	30
Främre säkerhetsbälte (cabriolet):	
Förankring	47
Rulle	47
Passagerarsidans krockkudde	9
Passagerarsidans krockkudde, säkerhetsremmens bult	9
Sufflettens fästmuttrar	28

1 Allmän information

Bilens kaross är konstruerad av pressade stålsektioner som antingen är punktsvetsade eller sömsvetsade ihop. Karossens stelhet förstärks med förstärkningsbalkar som är inbyggda i karosspanelerna, stålflänsar i fönster- och dörröppningarna och fästmedel i fasta glasskarvar.

Den främre kryssrambalkenheten skapar fästpunkter för motor- och växellådsenheten och framfjädringen. Styrväxeln är fäst med bultar på mellanväggen. Framskärmarna är också fastbultade istället för svetsade för att underlätta reparationer efter olyckor.

Bilens underrede är täckt med en underredsbehandling av polyester och ett rostskyddsmedel. Behandlingen skyddar mot väder och vind och fungerar samtidigt som ett effektivt ljudisolerande lager. Kupén, bagageutrymmet och motorrummet är också fodrade med bituminös filt och andra ljudisolerande material för ytterligare ljuddämpning.

Alla modeller är utrustade med elektriska fönsterhissar fram och bak. Fönsterglasen höjs och sänks av en elektrisk motor som styr en fönsterhiss med saxverkan.

Centrallås finns på alla modeller och styrs från förar- eller passagerardörrens lås. Det styr låsen på alla fyra dörrarna, bakluckan och tanklocket. Låsmekanismen aktiveras av servomotorn och systemet styrs av en elektronisk styrmodul (ECM).

2 Kaross och underrede – underhåll

Karossens allmänna skick påverkar bilens värde väsentligt. Underhållet är enkelt men måste utföras regelbundet. Underlåtenhet att sköta underhållet, speciellt efter smärre skador, kan snabbt leda till värre skador och dyra reparationer. Det är även viktigt att hålla ett öga på de delar som inte är direkt synliga, exempelvis underredet, under hjulhusen och de nedre delarna av motorrummet.

Tvättning utgör grundläggande underhåll av karossen – helst med stora mängder vatten från en slang. Detta tar bort all lös smuts som har fastnat på bilen. Det är viktigt att spola bort smutsen på ett sätt som inte skadar lacken. Hjulhusen och underredet måste tvättas rena från lera på samma sätt. Fukten som binds i leran kan annars leda till rostangrepp Paradoxalt nog är det bäst att tvätta av underredet och hjulhuset när det regnar eftersom leran då är blöt och mjuk. Vid körning i mycket våt väderlek spolas vanligen underredet rent automatiskt. Då är ett bra tillfälle att utföra en kontroll.

Med undantag för bilar med vaxade underreden är det bra att regelbundet rengöra hela undersidan av bilen, inklusive motorrummet, med ångtvätt så att en grundlig kontroll kan utföras för att se vilka åtgärder och mindre reparationer som behövs. Ångtvätt kan utföras på många bensinstationer och verkstäder och behövs för att ta bort ansamlingar av oljeblandad smuts som ibland lägger sig tjockt på vissa ställen. Om det inte finns tillgång till ångtvätt finns ett par utmärkta fettlösningsmedel som penslas på. Sedan kan smutsen helt enkelt spolas bort. Observera att ingen av ovanstående metoder ska användas på bilar med vaxade underreden, eftersom de tar bort vaxet. Bilar med vaxade underreden ska kontrolleras årligen, helst på senhösten. Underredet ska då tvättas av så att skador i vaxbestrykningen kan hittas och åtgärdas. Helst ska ett helt nytt lager vax läggas på. Överväg även att spruta in vaxbaserat skydd i dörrpaneler, trösklar, balkar och liknande som ett extra rostskydd där tillverkaren inte redan åtgärdat den saken.

Torka av lacken med sämskskinn efter tvätten så att den får en fin yta. Ett lager med genomskinligt skyddsvax ger förbättrat skydd mot kemiska föroreningar i luften. Om lacken mattats eller oxiderats kan ett kombinerat rengörings-/polermedel återställa glansen. Detta kräver lite arbete, men orsaken till sådan mattning är oftast slarv med regelbunden tvättning. Metallic-lack kräver extra försiktighet och speciella slipmedelsfria rengörings-/polermedel för att inte skada ytan. Kontrollera alltid att dräneringshål och rör i dörrar och ventilation är öppna så att vatten kan rinna ut. Kromade ytor ska behandlas på samma sätt som lackerade. Fönster och vindrutor ska hållas fria från fett och smuts med hjälp av fönsterputs. Vax eller andra medel för polering av lack eller krom ska inte användas på glas.

3 Klädsel och mattor – underhåll

Mattorna ska borstas eller dammsugas med jämna mellanrum så att de hålls rena. Om de är svårt nedsmutsade kan de tas ut ur bilen och skrubbas. Se i så fall till att de är helt torra innan de läggs tillbaka i bilen. Säten och klädselpaneler kan torkas rena med fuktig trasa. Om de smutsas ner (vilket ofta syns tydligare på ljus inredning) kan lite flytande tvättmedel och en mjuk nagelborste användas för att skrubba ut smutsen ur materialet. Glöm inte takets insida, håll det rent på samma sätt som klädseln. När flytande rengöringsmedel används inne i en bil får de tvättade ytorna inte överfuktas. För mycket fukt kan tränga in i sömmar och stoppning och framkalla fläckar, störande lukter och till och med röta. Om insidan av bilen blir blöt av misstag är det mödan värt att torka ur den ordentligt, särskilt mattorna. *Lämna inte bränsle- eller eldrivna värmare i bilen för att den ska torka snabbare.*

4 Mindre karosskador – reparation

Mindre repor

Om repan är mycket ytlig och inte har trängt ner till karossmetallen är reparationen mycket enkel att utföra. Putsa det skadade området helt lätt med lackrenoveringsmedel eller en mycket finkornig slippasta så att lös lack tas bort från repan och det omgivande området befrias från vax. Skölj med rent vatten.

Applicera bättringslack på repan med en tunn målarpensel. Fortsätt att lägga på tunna lager färg tills färgytan i repan är i nivå med den omgivande lacken. Låt den nya lacken härda i minst två veckor och jämna sedan ut den mot omgivande lack genom att gnugga hela området kring repan med lackrenoveringsmedel eller en mycket finkornig slippasta. Avsluta med en vaxpolering.

Om repan har nått karossmetallen och denna har börjat rosta måste reparationen utföras på annat sätt. Ta bort lös rost från botten av repan med ett vasst föremål och lägg sedan på rostskyddsfärg så att framtida rostbildning förhindras. Använd sedan en spackel av gummi eller nylon och fyll repan med spackelmassa. Vid behov kan spacklet tunnas ut med thinner så att det blir mycket tunt, vilket passar perfekt för att fylla smala repor. Innan spacklet härdar, linda ett stycke mjuk bomullstrasa runt en fingertopp. Doppa fingret i cellulosaförtunning och stryk snabbt över fyllningen i repan. Det gör att ytan blir något urholkad. Lacka sedan över repan enligt tidigare anvisningar.

Bucklor

Om en bilens kaross har bucklats ordentligt blir den första uppgiften att räta ut bucklan så att karossen återfår den ungefärliga ursprungsformen. Det är nästan omöjligt att försöka återställa formen helt, eftersom metallen inom det skadade området sträcktes ut då skadan uppkom och aldrig helt kommer att återfå sin ursprungliga form. Det är bättre att försöka räta ut bucklan tills den ligger ungefär 3 mm under den omgivande karossens nivå. Om bucklan är mycket grund redan från början är det inte värt besväret att räta ut den alls. Om undersidan av bucklan är åtkomlig kan den försiktigt knackas ut med en träklubba eller plasthammare. När detta görs ska mothåll användas på plåtens utsida så att inte större områden knackas ut.

Skulle bucklan finnas i en del av karossen som har dubbel plåt, eller om den av någon annan anledning är oåtkomlig från insidan, krävs en annan teknik. Borra ett flertal små hål genom metallen i bucklan – speciellt i de djupare delarna. Skruva sedan in långa självgängande skruvar i hålen precis så långt så att de får ett fast grepp i metallen. Dra sedan ut bucklan genom att dra i skruvskallarna med en tång.

Nästa steg är att ta bort lacken från det skadade området och ca 3 cm av den omgivande oskadda plåten. Detta görs enklast med stålborste eller slipskiva monterad på borrmaskin, men kan även göras för hand med slippapper. Fullborda underarbetet genom att repa den nakna plåten med en skruvmejsel eller filspets, eller genom att borra små hål i det område som ska spacklas. Detta gör att spacklet fäster bättre.

Se avsnittet om spackling och sprutning för att avsluta reparationen.

Rosthål eller revor

Ta bort lacken från det drabbade området och ca 30 mm av den omgivande oskadda plåten med en sliptrissa eller stålborste monterad i en borrmaskin. Om detta inte finns tillgängligt kan några ark slippapper göra jobbet lika effektivt. När lacken är borttagen kan du uppskatta rostskadans omfattning mer exakt och därmed avgöra om hela plåten (om möjligt) ska bytas ut eller om rostskadan ska repareras. Nya plåtdelar är inte så dyra som de flesta tror och det går ofta snabbare och ger bättre resultat att byta ut plåten än att försöka reparera större rostskador.

Ta bort alla detaljer från det skadade området, utom dem som styr plåtens ursprungliga form, exempelvis lyktsarger. Ta sedan bort lös eller rostig metall med plåtsax eller bågfil. Knacka kanterna något inåt så att du får en grop för spacklingsmassan.

Borsta av det skadade området med en stålborste så att rostdamm tas bort från ytan av kvarvarande metall. Måla området med rostskyddsfärg. Behandla också det skadade områdets baksida, om den är åtkomlig.

Före spacklingen måste hålet täckas på något sätt. Detta kan göras med nät av plast eller aluminium eller med aluminiumtejp.

Nät av plast eller aluminium eller glasfiberväv är troligen det bästa materialet för ett stort hål. Skär ut en bit som är ungefär lika stor som det hål som ska fyllas. Placera den i hålet så att kanterna ligger under den omgivande plåtens nivå. Ett antal klickar spackelmassa runt hålet fäster materialet.

Aluminiumtejp bör användas till små eller mycket smala hål. Dra av en bit tejp från rullen och klipp till den storlek och form som behövs. Dra bort eventuellt skyddspapper och fäst tejpen över hålet. Tejpen kan överlappas om en bit inte räcker. Tryck ner tejpkanterna med ett skruvmejselhandtag eller liknande så att tejpen fäster ordentligt på metallen.

Spackling och sprutning

Innan du följer anvisningarna i det här avsnittet, se tidigare anvisningar beträffande reparation av bucklor, repor, rosthål och andra hål.

Det finns många typer av spackelmassa. Generellt sett är de som består av grundmassa och härdare bäst vid den här typen av reparationer. En bred och följsam spackel av nylon eller gummi är ett ovärderligt verktyg för att skapa en väl formad spackling med fin yta.

Blanda lite massa och härdare på en skiva av exempelvis kartong eller masonit. Följ tillverkarens instruktioner och mät ut härdaren noga, i annat fall härdar spacklingen för snabbt eller för långsamt. Använd applikatorn och bred ut massan på den preparerade ytan. Dra applikatorn över massans yta för att forma den och göra den jämn. Så snart massan har antagit en någorlunda korrekt form bör arbetet avbrytas. Om man håller på för länge blir massan kletig och börjar fastna på spackeln. Fortsätt lägga på tunna lager med ca 20 minuters mellanrum tills massan är något högre än den omgivande plåten.

När massan härdat kan överskottet tas bort med hyvel eller fil. Börja med nr 40 och avsluta med nr 400 våt-/torrslippapper. Linda alltid papperet runt en slipkloss, annars blir inte den slipade ytan plan. Vid slutpoleringen med torr- och våtpapper ska detta då och då sköljas med vatten. Detta skapar en mycket slät yta på massan i slutskedet.

I det här stadiet bör bucklan vara omgiven av en ring med ren plåt som i sin tur omges av en lätt ruggad kant av den oskadda lacken. Skölj av reparationsområdet med rent vatten tills allt slipdamm försvunnit.

Spruta ett tunt lager grundfärg på hela reparationsområdet. Då avslöjas mindre ytfel i spacklingen. Laga dessa med ny spackelmassa eller filler och slipa av ytan igen. Massa kan tunnas ut med thinner så att den blir mer lämpad för riktigt små gropar. Upprepa denna sprutning och reparation tills du är nöjd med spackelytan och den ruggade lacken. Rengör reparationsytan med rent vatten och låt den torka helt.

Reparationsytan är nu klar för lackering. Färgsprutning måste utföras i ett varmt och torrt samt drag- och dammfritt utrymme. Du kan utföra arbetet inomhus om du har tillgång till en större arbetsområde, men om du måste arbeta utomhus måste du se till att välja en bra dag. Om arbetet utförs inomhus kan du spola av golvet med vatten för att binda dammet som annars finns i luften. Om ytan som ska åtgärdas endast omfattar en panel ska de omgivande panelerna maskeras. Då kommer inte mindre nyansskillnader i lacken att synas lika tydligt. Dekorer och detaljer (kromlister, handtag med mera) ska också maskeras. Använd riktig maskeringstejp och flera lager tidningspapper till detta.

Före sprutning, skaka burken ordentligt och spruta på en provbit, exempelvis en konservburk, tills du behärskar tekniken. Täck reparationsytan med ett tjockt lager grundfärg. Tjockleken ska byggas upp med flera tunna färglager, inte ett enda tjockt lager. Polera sedan grundfärgsytan med nr 400 våt-/torrslippapper tills den är helt slät. När du gör detta ska ytan hållas våt och pappret ska regelbundet sköljas med vatten. Låt torka innan mer färg läggs på.

Spruta på färglagret och bygg upp tjockleken med flera tunna lager färg. Börja spruta i ena kanten och arbeta med sidledes rörelser nedåt tills hela reparationsytan och ca 5 cm av den omgivande lackeringen täckts. Ta bort maskeringen 10–15 minuter efter att det sista färglagret sprutats på.

Låt den nya lacken härda i minst två veckor innan den nya lackens kanter jämnas ut mot den gamla med en lackrenoverare eller mycket fin slippasta. Avsluta med en vaxpolering.

6.2 Fästbultarna i mitten på kylarens undre skyddskåpa (se pilar)

Plastdetaljer

Biltillverkarna gör allt fler karossdelar av plast (t.ex. stötfångare, spoilers och i vissa fall även större karosspaneler), och allvarligare fel på sådana komponenter kan endast åtgärdas genom att reparationsarbetet överlåts till en specialist, eller genom att hela komponenten byts ut. Sådana skador lönar sig inte att reparera själv på grund av kostnaden för den specialutrustning och de speciella material som krävs. Principen för dessa reparationer är dock att en skåra tas upp längs med skadan med en roterande rasp i en borrmaskin. Den skadade delen svetsas sedan ihop med en varmluftspistol och en plaststav i skåran. Plastöverskott tas bort och ytan slipas ner. Det är viktigt att använda rätt typ av plastlod – plasttypen i karossdelar kan variera, exempelvis PCB, ABS eller PPP.

Mindre allvarliga skador (skrapningar, små sprickor etc.) kan lagas av en hemmamekaniker med hjälp av en tvåkomponents epoxymassa. Den blandas i lika delar och används sedan på ungefär samma sätt som spackelmassa på plåt. Epoxyn härdar i regel inom 30 minuter och kan sedan slipas och målas.

Om ägaren har bytt en komponent på egen hand eller reparerat med epoxymassa, återstår svårigheten att hitta en färg som lämpar sig för den aktuella plasten. En gång i tiden kunde inte någon universalfärg användas på grund av det breda utbudet av plaster i karossdelar. Generellt sett fastnar inte standardfärger på plast och gummi, men det finns färger och kompletta färgsatser för plast- och gummilackering och att köpa. Numera finns det dock satser för plastlackering att köpa. Dessa består i princip av förprimer, grundfärg och färglager. Kompletta instruktioner finns i satserna, men grundmetoden är att först lägga på förprimern på den aktuella delen och låta den torka i 30 minuter. Sedan ska grundfärgen läggas på och lämnas att torka i ungefär en timme innan det färgade ytlacket läggs på. Resultatet blir en korrekt färgad del där lacken kan röra sig med materialet, något de flesta standardfärger inte klarar.

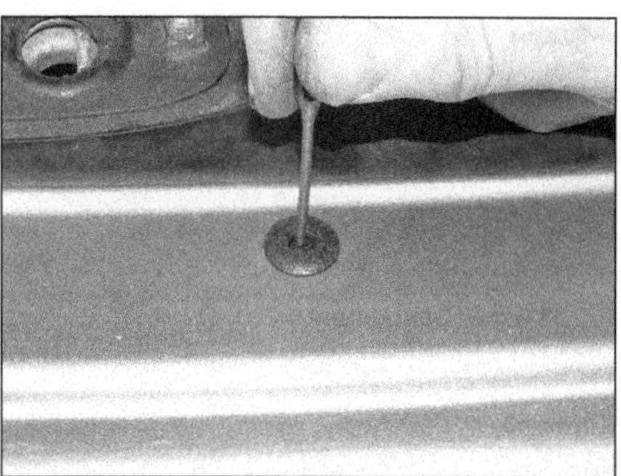

6.3 Tryck in centrumsprintarna och bänd ut plastnitarna på stötfångarens ovansida

5 Större karosskador – reparation

Om helt nya paneler måste svetsas fast på grund av större skador eller bristande underhåll, bör arbetet överlåtas till professionella mekaniker. Om det är frågan om en allvarlig krockskada måste hela karossens inställning kontrolleras och det kan endast utföras av en verkstad med tillgång till uppriktningsriggar. En felbalanserad kaross är för det första farlig, eftersom bilen inte reagerar på rätt sätt, och för det andra så kan det leda till att styrningen, fjädringen och ibland kraftöverföringen belastas ojämnt med ökat slitage eller helt trasiga komponenter som följd. Särskilt däcken är utsatta.

6 Främre stötfångare – demontering och montering

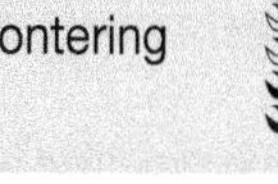

Demontering

1 Dra åt handbromsen, lyft fordonets främre del och ställ framvagnen på pallbockar (se *Lyftning och stödpunkter*).

2 Skruva loss den undre skyddskåpan från undersidan av kylaren **(se bild)**. Koppla loss eventuella anslutningskontakter innan du tar bort skyddskåpan. På modeller med strålkastarspolare, koppla loss spolarslangen innan du tar bort skyddskåpan.

7.2 Bakre stötfångarens fästmuttrar (se pilar)

6.4 Skruva loss skruvarna (se pilar) som håller fast hjulhusfodret vid stötfångaren

3 Tryck in centrumsprintarna och bänd ut plastexpandernitarna som håller fast stötfångarens övre kant vid motorhuvsfrontens överdel **(se bild)**.

4 Ta loss skruvarna och hjulhusfodren från stötfångarens bakre ändar **(se bild)**.

5 Ta hjälp av en medhjälpare och dra ut stötfångarens övre bakkanter så att klämmorna på vardera sidan lossnar. Dra sedan stötfångaren framåt och ta bort den från bilen. På modeller med strålkastarspolare, ta loss klämman och koppla loss spolarslangen när du tar bort stötfångaren.

Montering

6 Lyft stötfångaren i rätt läge.

7 Sätt i skruvarna som håller fast stötfångaren vid hjulhusfodren och dra åt dem ordentligt.

8 Sätt tillbaka plastexpanderniten på stötfångarens övre kant och tryck ner centrumsprintarna.

9 Montera kylarens undre skyddskåpa och återanslut eventuella anslutningskontakter/spolarslangar.

10 Sänk ner bilen.

7 Bakre stötfångare – demontering och montering

Demontering

Modeller med 5 dörrar

1 Lyft upp bakvagnen och stötta den ordentligt på pallbockar (se *Lyftning och stödpunkter*).

2 Skruva loss de två muttrar som håller fast stötfångarens undersida i mitten **(se bild)**.

3 Ta bort de tre skruvarna som håller fast hjulhusfodret vid stötfångaren på vardera sidan **(se bild 7.9)**. Om det finns ett stänkskydd skruvar du först loss skruvarna som håller fast detta.

4 Öppna bakluckan. Sätt i en skruvmejsel under stötfångarens fästklämma och bänd upp klämman med mejseln **(se bild)**. Upprepa på andra sidan.

5 På modeller med SPA (parkeringsassistans), koppla loss anslutningskontakten längst ner vid lucköppningen på sidan.

6 Dra stötfångarens övre framkanter utåt från fästklämmorna och lossa klämmorna längst ner vid bakluckeöppningen. Ta sedan hjälp av någon och dra stötfångaren bakåt (se bild).

Modeller med fyra dörrar

7 Lyft upp bakvagnen och stötta den ordentligt på pallbockar (se *Lyftning och stödpunkter*).

8 Skruva loss de två muttrar som håller fast stötfångarens undersida i mitten **(se bild)**.

9 Ta bort de tre skruvarna som håller fast hjulhusfodret vid stötfångaren på vardera sidan **(se bild)**.

10 Öppna sidoluckan inifrån bagageutrymmet. Skruva sedan loss muttrarna som håller fast bakljusen. Koppla loss anslutningskontakten och ta bort bakljusen **(se bild)**. Upprepa på andra sidan.

11 På modeller med parkeringsassistans, koppla loss anslutningskontakten bredvid öppningen för bakljuset på passagerarsidan, lossa gummimuffen och dra igenom kablaget **(se bild)**.

12 På vissa modeller är stötfångaren fäst med två skruvar under bakljusöppningarna. Skruva loss och ta bort skruvarna.

13 Dra stötfångarens övre framkanter utåt från fästklämmorna. Ta sedan hjälp av en medhjälpare och dra stötfångaren bakåt **(se bild)**.

Cabrioletmodeller

14 Lyft upp bakvagnen och stötta den ordentligt på pallbockar (se *Lyftning och stödpunkter*).

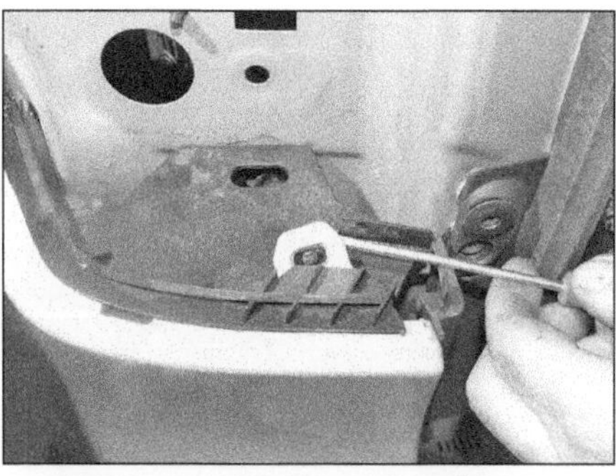

7.4 Bänd upp fästklämmorna på sidorna – här har armaturen tagits bort för ökad sikt

7.8 Skruva loss de två muttrarna under stötfångaren (se pilar)

7.6 Bänd ner klämmorna på båda sidorna av bakluckans öppning med en skruvmejsel

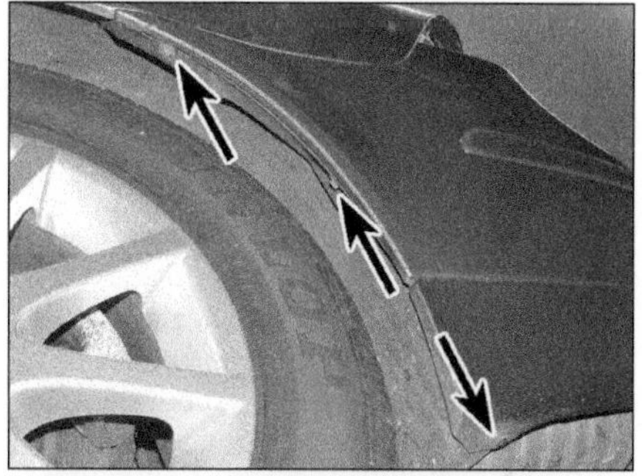

7.9 Skruvarna mellan stötfångaren och hjulhusfodret (se pilar)

15 Skruva loss de två muttrar som håller fast stötfångarens undersida i mitten **(se bild 7.8)**.

16 Ta bort de tre skruvarna som håller fast hjulhusfodret vid stötfångaren på vardera sidan **(se bild 7.9)**.

17 Öppna sidoluckan inifrån bagageutrymmet. Lossa sedan bakljusens fästmuttrar. Ta loss anslutningskontakten och ta bort bakljusen **(se bilder)**. Upprepa på andra sidan.

18 Skruva loss de två skruvarna under bakljusöppningarna **(se bild)**.

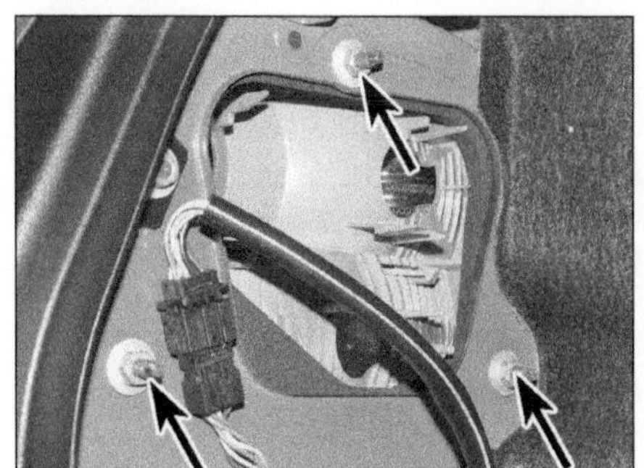

7.10 Bakljusets fästmuttrar (se pilar)

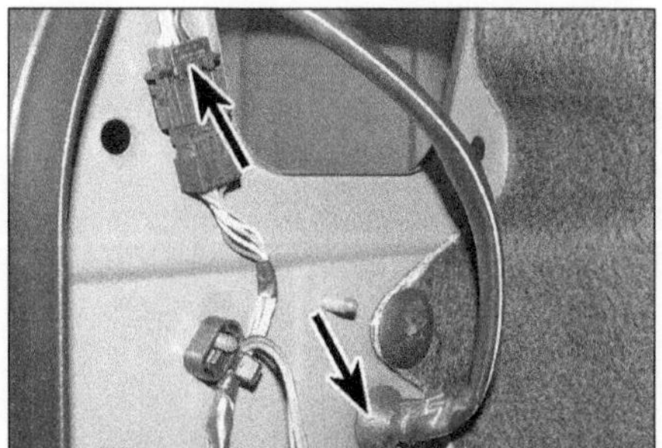

7.11 Koppla loss anslutningskontakten (se pil) och tryck igenom muffen (se pil) – endast modeller med parkeringsassistans

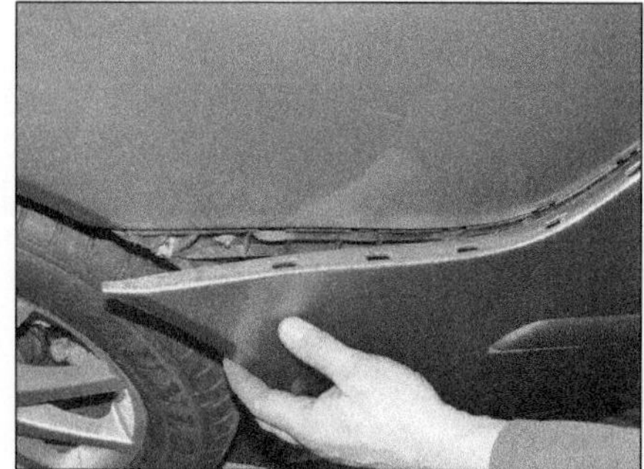

7.13 Dra stötfångarens främre ovankanter utåt

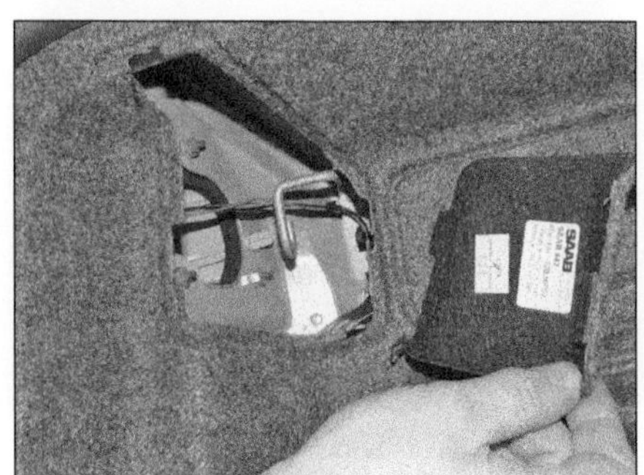

7.17a Ta bort åtkomstpanelerna . . .

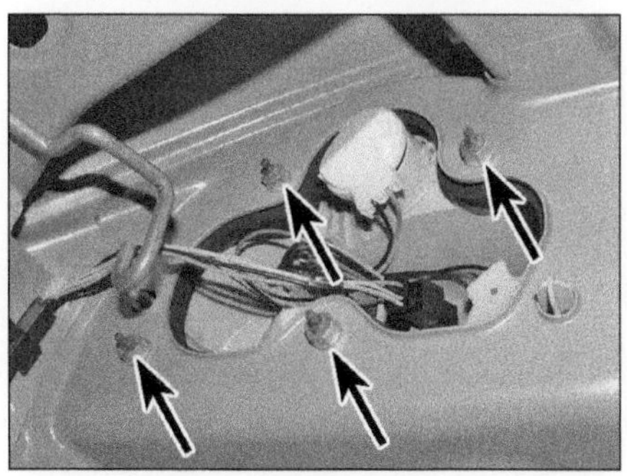

7.17b . . . och skruva loss de fyra muttrarna som håller fast bakljusen (se pilar)

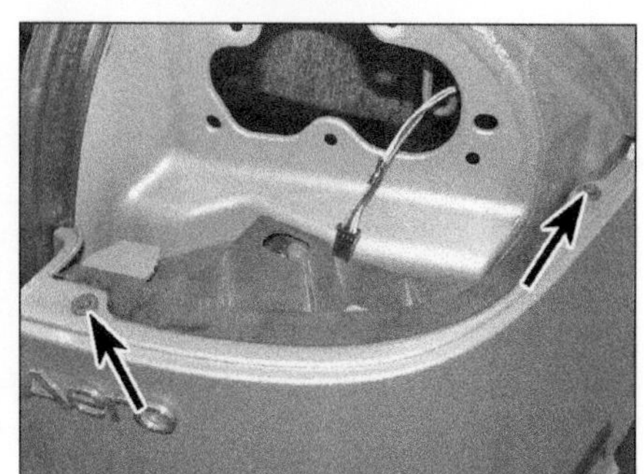

7.18 Skruva loss skruvarna under lampöppningarna (se pilar)

19 Dra stötfångarens övre framkanter utåt från fästklämmorna. Ta sedan hjälp av någon och dra stötfångaren bakåt **(se bild)**.

Montering

20 Lyft stötfångaren på plats och skjut den framåt. Kontrollera stötfångarens position i förhållande till sidofästena. Kontrollera under stötfångaren att den har placerats korrekt.

21 Resten av monteringen utförs i omvänd ordningsföljd mot demonteringen.

8 Motorhuv och fjäderben – demontering och montering

Motorhuv

> ⚠ ***Varning: Det är mycket viktigt att du tar hjälp av någon för den här åtgärden.***

Demontering

1 Öppna motorhuven och placera trasor eller kartongbitar mellan motorhuvens bakkant och vindrutekanten.

2 Lossa nederdelen av motorhuvens ljudisolering **(se bild)**.

3 Koppla loss spolarslangen från kontaktdonet.

4 Dra bort kåpan från gångjärnen. Be medhjälparen att hålla motorhuven öppen.

5 Koppla loss fjäderbenen från motorhuven genom att bända ut fästklämmorna med en skruvmejsel och dra loss fjäderbenen **(se bild 8.11)**. Sänk ner fjäderbenen på framskärmarna.

8.2 Bänd ut klämmorna vid den nedre kanten av motorhuvens panel

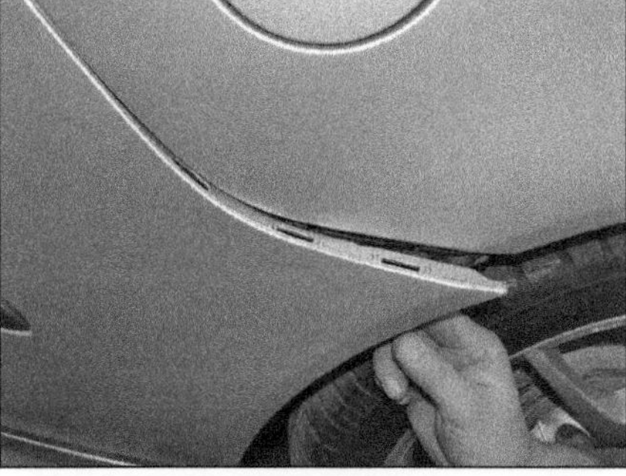

7.19 Dra loss stötfångarens ovankanter från skärmen

6 Använd en penna och märk gångjärnens placering på motorhuven.

7 Skruva loss och ta bort gångjärnsbultarna medan medhjälparen håller motorhuven öppen **(se bild)**. Lyft försiktigt bort motorhuven från bilen och placera den på en säker plats. Var försiktig så att inte lacken skadas.

Montering

8 Monteringen utförs i omvänd ordningsföljd mot demonteringen. Sänk ner motorhuven försiktigt första gången den stängs, och kontrollera att låstungan är i linje med låset. Kontrollera också att motorhuven är placerad mitt emellan framskärmarna. Om det behövs, lossa bultarna och flytta motorhuven innan den stängs. Avsluta med att dra åt bultarna. Kontrollera att huvens främre del är i nivå med framskärmarna och skruva vid behov i eller loss gummistoppen i motorrummets främre hörn.

8.7 Motorhuvens gångjärnsbultar

Fjäderben

Demontering

9 Öppna motorhuven. Om bara ett fjäderben ska demonteras kommer det återstående fjäderbenet att hålla upp motorhuven, men om båda ska demonteras måste en medhjälpare hålla upp huven. Alternativt, använd en träkloss för att hålla upp motorhuven.

10 Bänd loss fjäderklämmorna längst upp på fjäderbenet med en skruvmejsel och koppla loss fjäderbenet **(se bild)**.

11 Koppla ifrån fjäderbenets nedre del genom att bända ut fjäderklämman.

Montering

12 Monteringen utförs i omvänd ordningsföljd mot demonteringen.

9 Motorhuvens låsvajer och spak – demontering och montering

Demontering

1 Håll motorhuven öppen och lossa låsvajern från den inre skärmen bredvid säkringsdosan. Bänd upp kopplingshuset **(se bild)**. Separera låsvajerns två halvor.

2 Ta bort klämmorna och bänd upp det högra hörnet av ventilluckans klädselpanel framför vindrutan.

3 Demontera instrumentbrädans nedre panel på förarsidan enligt beskrivningen i avsnitt 26.

4 Demontera fotpanelen i fotbrunnen på förarsidan.

5 Ta bort motorhuvens låsspak genom att bända loss låsflikarna på vardera sidan med två skruvmejslar **(se bild)**.

6 Knyt ett snöre runt vajerns innersta ände för att underlätta återmontering. Dra vajern genom mellanväggen och ut från passagerarutrymmet. Lossa snöret och låt det ligga kvar genom mellanväggen.

Montering

7 Bind fast snöret i vajern och linda tejp runt vajeränden för att enklare kunna dra den genom mellanväggen. Dra vajern genom motorrummet och lossa snöret.

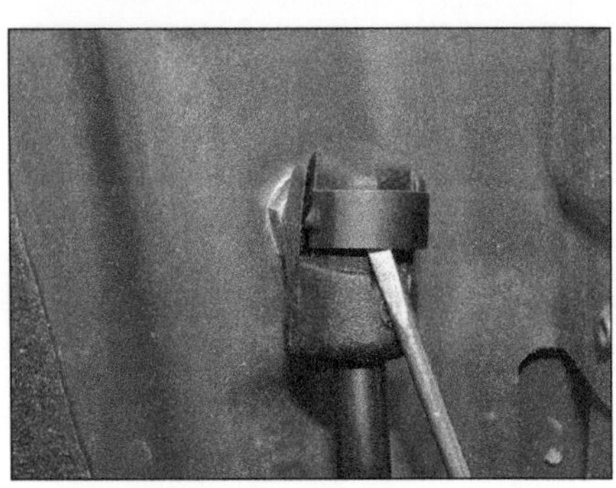

8.10 Bänd loss klämman överst på fjäderbenet

9.1 Öppna huset och koppla loss motorhuvslåsvajern

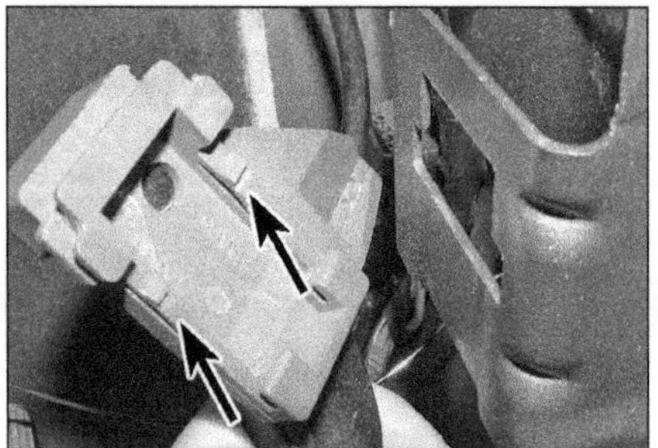

9.5 Tryck ner de två klämmorna (se pilar) och dra låshandtaget med fästbygeln nedåt från fästbygeln

8 Tryck låsspaken ordentligt på plats inuti bilen och lägg tillbaka mattan.
9 Sätt tillbaka fotpanelen och den nedre delen av instrumentpanelen på förarsidan.
10 Sätt tillbaka ventilluckans klädselpanel och fäst fästklämmorna.
11 Återanslut vajerns två delar vid kopplingshuset.
12 Tryck kopplingen på plats.
13 Stäng motorhuven och kontrollera att vajern styr låsfjädern korrekt.

10 Motorhuvens lås - demontering och montering

Demontering

1 Håll motorhuven öppen och skruva loss bultarna som håller fast motorhuvens lås vid frontens överdel **(se bild)**.
2 Koppla loss vajern från låset.

Montering

3 Monteringen utförs i omvänd ordningsföljd mot demonteringen.

11 Dörrar - demontering, montering och justering

Framdörr

Demontering

1 Öppna dörren och koppla loss anslutningskontakten som sitter mellan dörren och A-stolpen **(se bild)**.
2 Skruva loss dörrstängningsremsan från A-stolpen **(se bild)**.
3 Markera hur gångjärnsplattorna sitter placerade i förhållande till varandra på dörren **(se bild)**.
4 Ta hjälp av en medhjälpare för att skruva loss fästmuttrarna och lyfta bort dörren från bilen. Var noga med att inte skada lacken.

Montering och justering

5 Monteringen utförs i omvänd ordningsföljd mot demonteringen. Kontrollera att dörrlåset linjeras korrekt i förhållande till låskolven på B-stolpen och att avståndet mellan dörren och den omgivande karossen är lika stort när dörren är stängd. Om det behövs kan du justera låskolven genom att lossa den. Avsluta med att dra åt den. Lossa gångjärnsbultarna/muttrarna, sätt tillbaka dörren och dra sedan åt bultarna/muttrarna ordentligt.

Bakdörr

Demontering

6 Öppna fram- och bakdörrarna på den aktuella sidan.
7 Koppla loss anslutningskontakterna vid dörrens kant.
8 Skruva loss dörrstängningsremsan från stolpen.

10.1 Motorhuvslåsets bultar (se pilar) sitter på undersidan av frontens överdel

11.1 Bänd upp spärren (se pil) och koppla loss anslutningskontakten

11.2 Skruva loss dörrstängningsremsans torxskruvar (se pilar)

11.3 Dörrens gångjärnsmuttrar

9 Markera hur gångjärnsplattorna sitter i förhållande till varandra på B-stolpens fästbyglar.
10 Ta hjälp av en medhjälpare för att skruva loss fästmuttrarna och lyfta bort dörren från bilen. Var noga med att inte skada lacken.

Montering och justering

11 Monteringen utförs i omvänd ordningsföljd mot demonteringen, men dra åt fästmuttrarna till angivet moment. Kontrollera att dörrlåset linjeras korrekt i förhållande till låskolven på C-stolpen och att avståndet mellan dörren och den omgivande karossen är lika stort när dörren är stängd. Om det behövs kan du justera låskolven genom att lossa den. Avsluta med att dra åt den. För att justera dörrens läge, lossa gångjärnsbultarna/muttrarna, ändra dörrens läge och dra åt muttrarna/bultarna ordentligt.

12 Dörrens inre klädselpanel - demontering och montering

Demontering

Modeller med fyra eller fem dörrar

1 Bänd försiktigt loss kåpan från dörrhandtaget. Skruva sedan loss de två skruvarna **(se bilder)**.
2 Med en bred spårskruvmejsel bänder du försiktigt ut klämmorna som fäster klädselpanelen i dörren **(se bild)**. Se till att inte skada klädselpanelen eller ha sönder klämmorna, bänd så nära klämmorna som möjligt.
3 När du tagit bort klämmorna lyfter du klädselpanelen uppåt och frigör överkanten **(se bild)**.

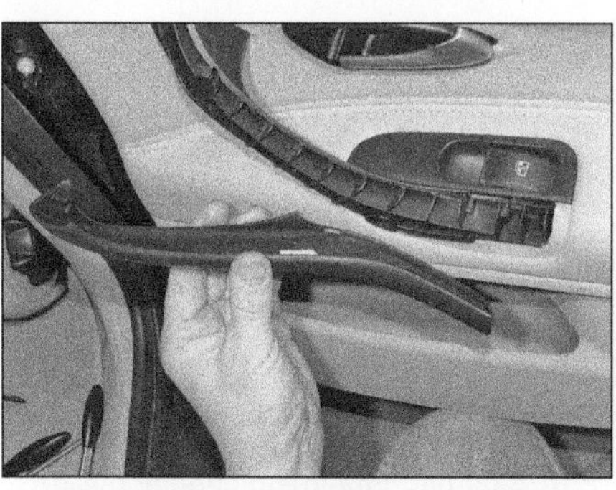

12.1a Dra försiktigt loss handtagets kåpa . . .

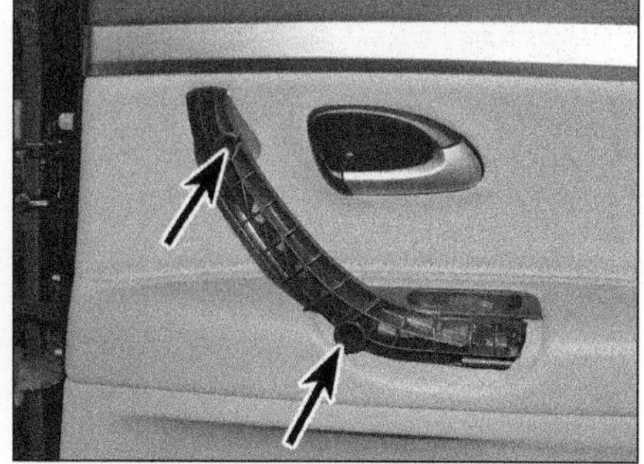

12.1b . . . och skruva loss de två skruvarna (se pilar)

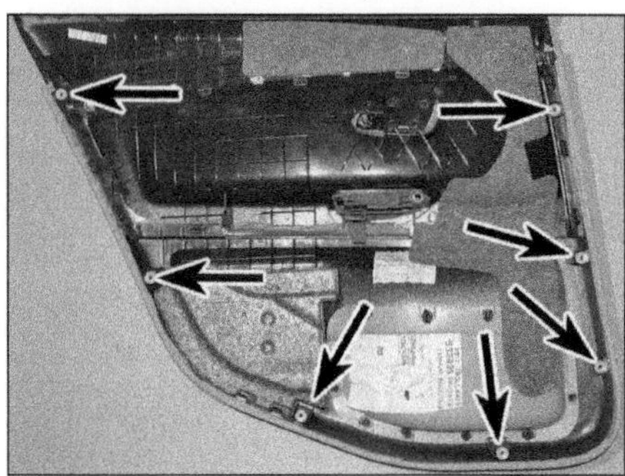
12.2 Dörrpanelens fästklämmor (se pilar) – här visas bakdörrens panel

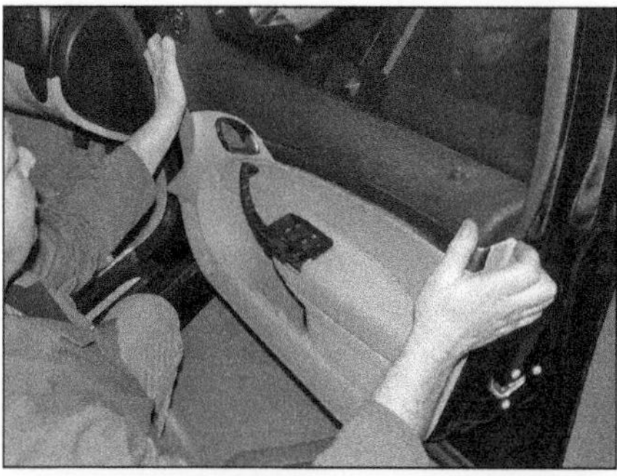
12.3 Lyft dörrens klädselpanel uppåt så att ovankanten lossnar

12.4 Koppla loss det inre dörrhandtagets låsvajer

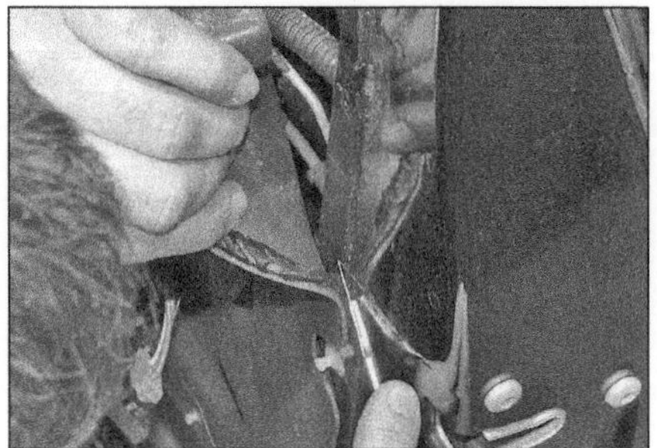
12.5 Skär genom tätningsmedlet mellan membranet och dörren med en skalpell eller en vass kniv

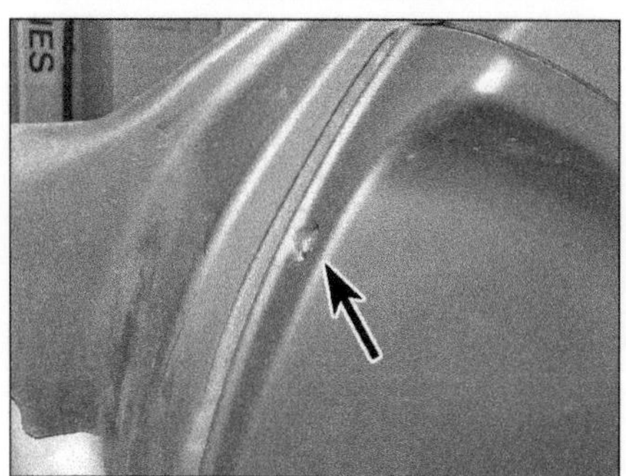
12.6a Skruva loss skruven (se pil) . . .

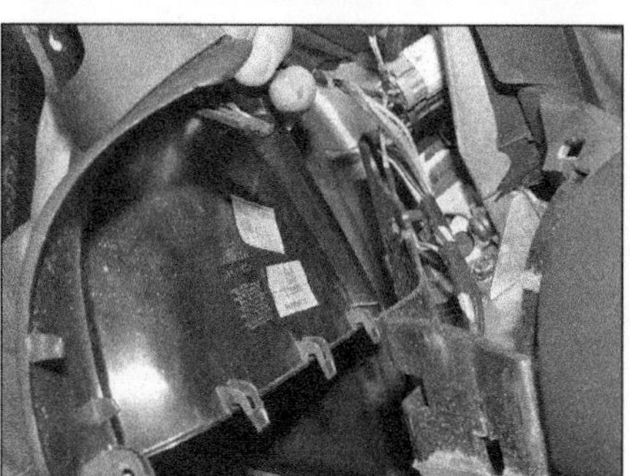
12.6b . . . och lyft spegelbasens kåpa

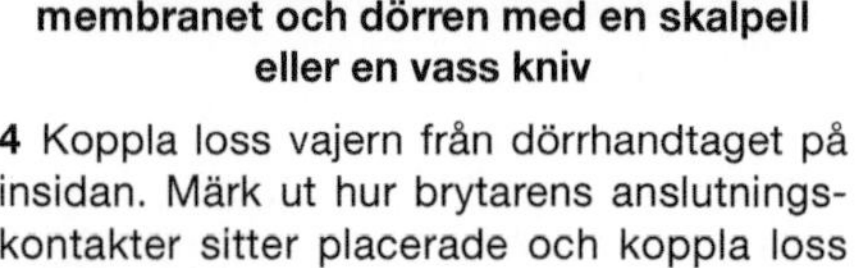

4 Koppla loss vajern från dörrhandtaget på insidan. Märk ut hur brytarens anslutningskontakter sitter placerade och koppla loss dem **(se bild)**.

5 Om det behövs, skruva loss högtalaren och ta försiktigt bort membranen från dörren **(se bild)**.

Cabrioletmodeller

6 Skruva loss skruvarna. Dra sedan backspegelbasens kåpa uppåt så att klämmorna lossnar och koppla loss anslutningskontakten **(se bilder)**.

7 Bänd försiktigt loss dörrhandtagets kåpa och skruva loss de två torxskruvarna **(se bilder)**.

8 Dra dörrklädselpanelens bakre överkant en liten bit från dörren. Lyft sedan upp dörrklädselpanelen så att fästkrokarna lossnar och lyft upp styrsprinten på dörrens bakre del **(se bild)**. Lossa låsknappen när du lyfter panelen.

9 Lossa vajerhöljet och lossa sedan dörrhandtagsvajern på insidan.

10 Koppla loss anslutningskontakten/-kontakterna och ta bort dörrklädselpanelen. Om det behövs, ta försiktigt bort det vattentäta membranet från dörrpanelen **(se bild)**.

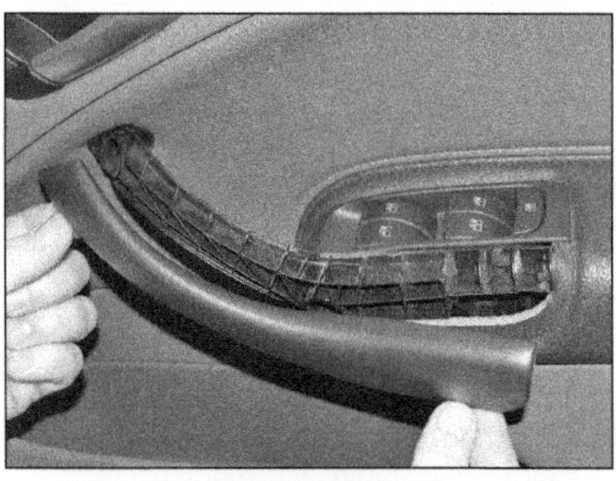
12.7a Dra försiktigt loss kåpan från handtaget . . .

12.7b . . . skruva sedan loss de två skruvarna (se pilar)

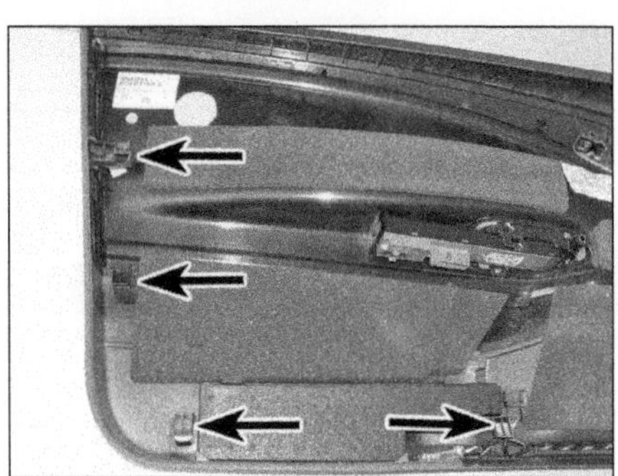
12.8 Krokarna till dörrens inre klädselpanel (se pilar) – cabrioletmodeller

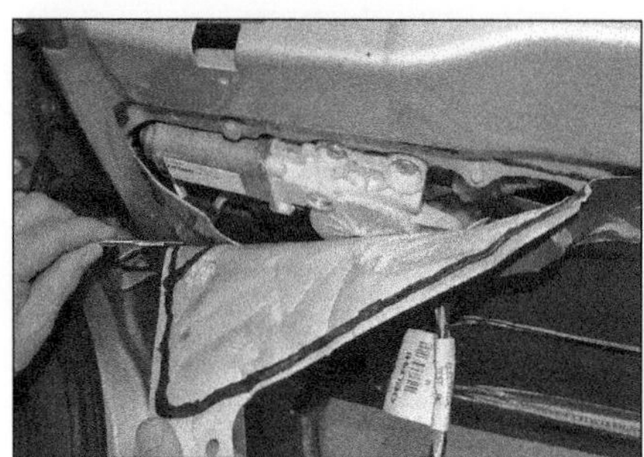
12.10 Skär genom tätningsmedlet mellan membranet och dörramen med en skalpell eller en vass kniv

Montering

Alla modeller

11 Monteringen utförs i omvänd ordningsföljd.

12 Efter monteringen kan det på vissa modeller krävas en kalibrering av "klämskyddet" för att återställa fönstrets stängningsläge.

Modeller med fyra eller fem dörrar

13 Stäng dörren. Starta motorn och öppna sidofönstret ca. 15 cm.

14 Stäng fönstret helt och håll knappen i detta läge under minst en sekund efter att fönstret har stängts.

15 Tryck ner knappen – nu ska fönstret öppnas automatiskt.

16 Stäng fönstret helt och håll knappen i detta läge tills en signal bekräftar att fönstret är stängt.

13.4 Bänd upp kåpan (se pil) och dra ut staget

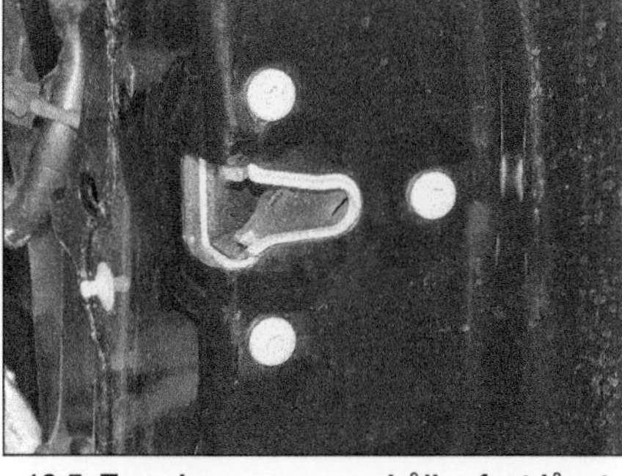

13.5 Torxskruvarna som håller fast låset

13.9 Lyft upp kåpan, bänd upp den röda spärren och koppla loss anslutningskontakten (se pil)

Cabrioletmodeller

17 Stäng dörrarna, suffletten och fönstren bak.

18 Starta motorn. Tryck ner sufflettens brytare och håll den nere till en signal hörs.

13 Dörrhandtag och låskomponenter – demontering och montering

Inre dörrhandtag

1 Dörrhandtaget på insidan är inbyggt i dörrklädselpanelen och kan inte bytas ut separat (se avsnitt 12).

Framdörrens lås

Modeller med fyra eller fem dörrar

2 Med fönstret stängt, ta bort dörrklädseln och membranen (se avsnitt 12).

3 Om bilen har låsskydd, skruva loss skruvarna och ta bort skyddet.

4 Lossa kåpan och koppla loss handtagets vevstake från klämman **(se bild)**.

5 Skruva loss de tre skruvar som håller fast låset vid dörramen **(se bild)**.

6 Lossa muttern som håller fast låscylindern (om sådan monterats).

7 Vrid låscylindern motsols och dra loss den från handtaget (om tillämpligt).

8 Lossa cylindern från staget.

9 Ta bort låset från dörren, lossa kåpan och koppla loss anslutningskontakten när låset tas bort **(se bild)**.

10 Monteringen utförs i omvänd ordningsföljd mot demonteringen. Men innan du sätter tillbaka dörrklädseln måste du se till att låset fungerar som det ska.

Cabrioletmodeller

11 Om du tar bort låset på förarsidan, ta bort fönsterrutan enligt beskrivningen i avsnitt 14. Om du tar bort låset på passagerarsidan, höj fönstret maximalt.

12 Ta bort dörrklädseln och membranen (se avsnitt 12).

13 Om bilen har låsskydd, skruva loss skruvarna och ta bort skyddet.

14 Skruva loss de tre skruvar som håller fast låset vid dörramen **(se bild)**.

15 Lossa muttern som håller fast låscylindern (om sådan monterats).

16 Om du tar bort låset på förarsidan, vrid cylindern moturs (om tillämpligt), dra bort den från handtaget och lossa låsstaget.

17 Flytta låset framåt och lossa staget från ytterhandtaget **(se bilder)**.

18 Ta bort låset och fortsätt med innerhandtagets vajer och låsknappsstaget. Lossa kåpan och koppla loss anslutningskontakten när du tar bort låset **(se bilder)**.

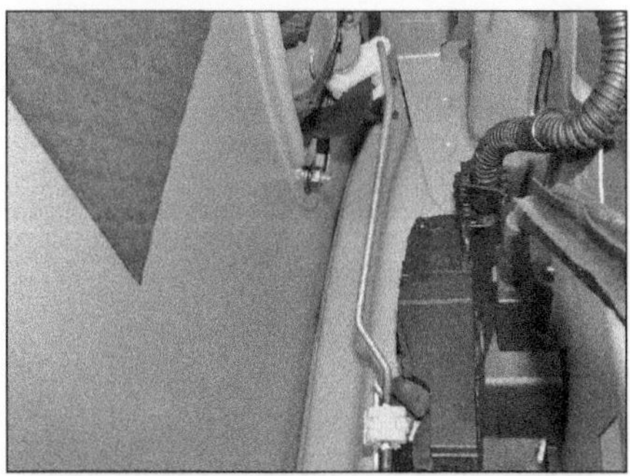

13.14 Skruva loss de tre skruvarna som håller fast låset vid dörramen

13.17a Lossa ytterhandtagets stag från låset . . .

13.17b . . . genom att bända upp kåpan . . .

13.17c . . . och lossa staget

13.18a Dra loss kåpan . . .

13.18b . . . skjut ut den röda låsspärren och koppla loss anslutningskontakten

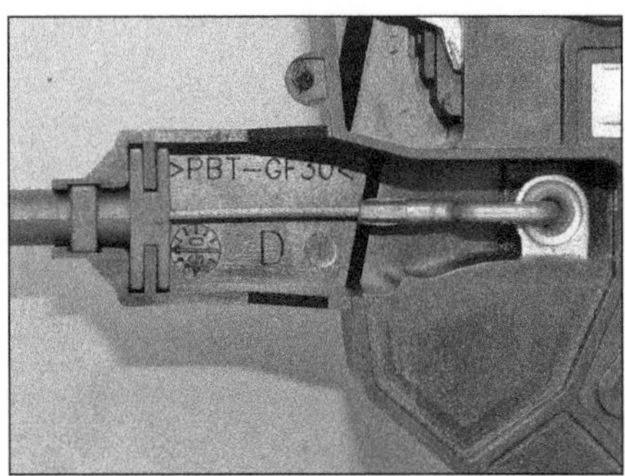

13.19 Koppla loss innerhandtagets vajer från låset

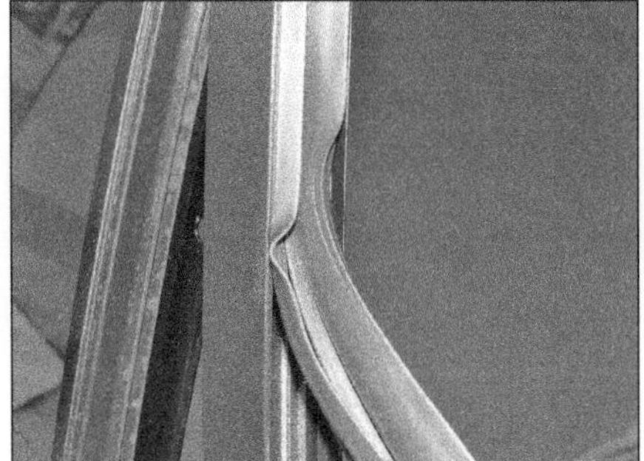

13.23 Bänd ut gummit från glaskanalen

19 Koppla loss vajern till dörrhandtaget på insidan från låset om det behövs **(se bild)**.

20 Monteringen utförs i omvänd ordningsföljd, men innan du sätter tillbaka dörrklädseln, se till att låset fungerar som det ska.

13.26a Bänd upp kåpan (se pil) . . .

13.33a Skruva loss ytterhandtagets muttrar (se pilar) . . .

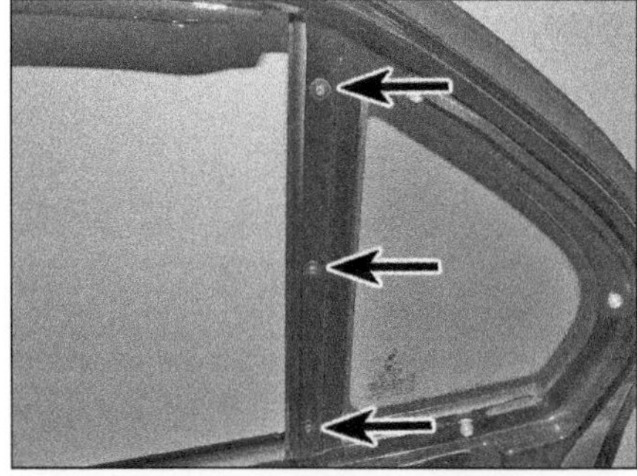

13.22a Skruva loss de tre skruvarna längst upp (se pilar) . . .

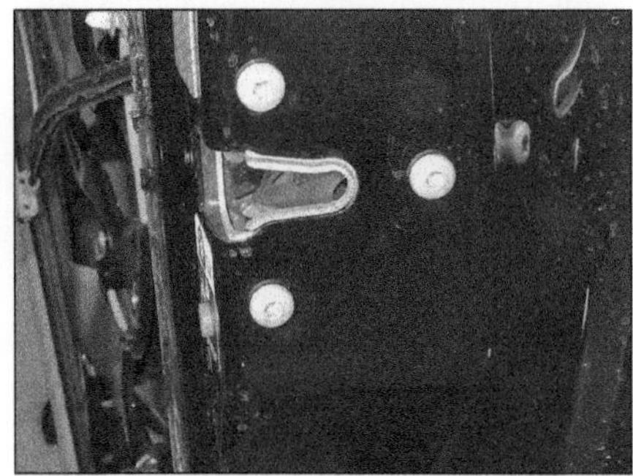

13.24 Skruva loss torxskruvarna som håller fast låset

Bakdörrens lås

21 Ta bort fönsterrutan enligt beskrivningen i avsnitt 14.

22 Skruva loss de fyra torxskruvarna som håller fast den bakre glaskanalen **(se bild)**.

13.26b . . . och koppla loss staget från låset (låset har tagits bort på bilden för ökad sikt)

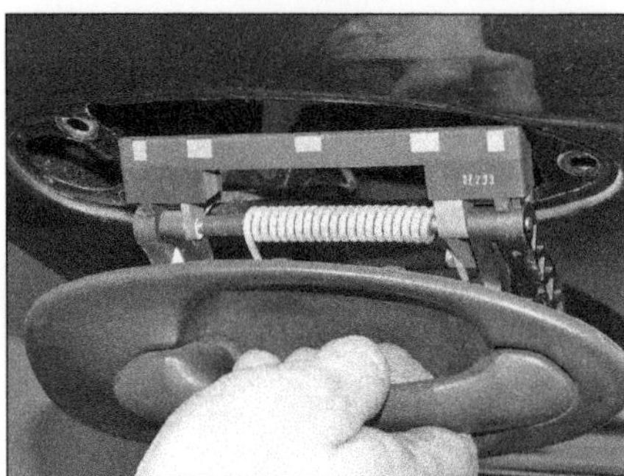

13.33b . . . och dra ner handtaget från dörren

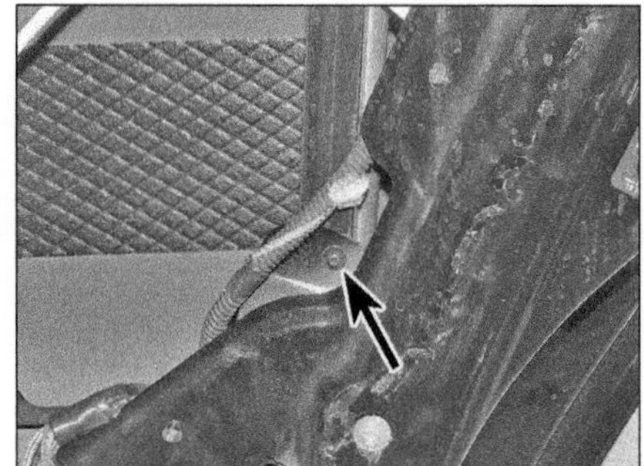

13.22b . . . och skruven vid kanalens bas (se pil)

23 Bänd ut och ta bort fönsterkanalen i gummi från bakrutans ram och ta bort den bakre glaskanalen **(se bild)**.

24 Skruva loss och ta bort de tre torxskruvarna som håller fast dörrlåset vid dörramens baksida **(se bild)**.

25 Lossa kablaget från fästklämmorna och ta bort låset.

26 Lossa kåpan och koppla loss handtagsstaget från klämman. Lossa sedan anslutningskontakten och reglagevajern **(se bilder)**.

27 Monteringen utförs i omvänd ordningsföljd mot demonteringen. Men innan du sätter tillbaka dörrklädseln måste du se till att låset fungerar som det ska.

Framdörrens ytterhandtag

Modeller med fyra eller fem dörrar

28 Med fönstret stängt, ta bort dörrklädseln och membranen (se avsnitt 12).

29 Om bilen har låsskydd, skruva loss skruvarna och ta bort skyddet.

30 Lossa kåpan och koppla loss handtagsstaget från klämman **(se bild 13.4)**.

31 Lossa muttern som håller fast låscylindern (om sådan monterats).

32 Vrid låscylindern (om sådan finns) motsols och dra loss den från handtaget. Lossa cylindern från staget.

33 Skruva loss de tre fästskruvarna och ta bort förstärkningsplattan bakom handtaget (om sådan monterats). Dra sedan ut ytterhandtagets nedre kant och sänk den så att dörrplåten friläggs. Lyft den sedan och mata ut låsstaget genom öppningen **(se bilder)**.

34 Monteringen utförs i omvänd ordningsföljd mot demonteringen.

Cabrioletmodeller

35 Om du tar bort handtaget på förarsidan, ta bort fönsterrutan enligt beskrivningen i avsnitt 14. Om du tar bort handtaget på passagerarsidan, höj fönsterrutan maximalt.

36 Ta bort dörrklädseln och membranen (se avsnitt 12).

37 Om bilen har låsskydd, skruva loss skruvarna och ta bort skyddet.

38 Lossa klämman, öppna kåpan och koppla loss handtagsstaget från plastklämman på låsspaken **(se bilder 13.17a, 13.17b och 13.17c)**.

39 Lossa muttern som håller fast låscylindern (om sådan monterats).
40 Om du tar bort handtaget på förarsidan, vrid cylindern moturs (om tillämpligt), dra bort den från handtaget och lossa låsstaget.
41 Skruva loss de två fästmuttrarna och ta bort förstärkningsplattan (om tillämpligt) innanför ytterhandtaget.
42 Skruva loss de tre muttrar som håller fast handtaget vid dörramen **(se bild)**.
43 Dra ut ytterhandtagets nederkant och sänk det så att dörrplåten friläggs. Lyft sedan upp den och mata ut låsstaget genom öppningen **(se bild)**.
44 Monteringen utförs i omvänd ordningsföljd mot demonteringen.

Bakdörrens ytterhandtag

45 Med fönstret helt öppet, ta bort dörrklädseln och membranen (se avsnitt 12).
46 Skruva loss de tre skruvar som håller fast dörrlåset vid baksidan av dörramen och ta bort reflektorn från skruvarna **(se bild 13.24)**.
47 Lossa låsets kablage och kablagets fästklämmor.
48 Öppna kåpan och koppla loss handtagsstaget från klämman **(se bilder 13.26a och 13.26b)**.
49 Sänk låsenheten lite och skruva loss de tre muttrarna som håller fast ytterhandtaget vid dörramen **(se bild)**.
50 Dra ut ytterhandtagets nederkant och sänk det så att dörrplåten friläggs. Lyft sedan upp den och mata ut låsstaget genom öppningen **(se bild)**.
51 Montera i omvänd ordningsföljd mot demonteringen.

Låscylinder (förardörr)

Modeller med fyra eller fem dörrar

52 Med fönstret stängt, ta bort dörrklädseln och membranen (se avsnitt 12).
53 Om bilen har låsskydd, skruva loss skruvarna och ta bort skyddet.
54 Lossa kåpan och koppla loss handtagsstaget från klämman **(se bild 13.9)**.
55 Skruva loss de tre bultar som håller fast låset vid dörramen **(se bild 13.14)**.
56 Lossa låscylinderns fästmutter.
57 Vrid låscylindern moturs och dra loss den från handtaget. Lossa cylindern från staget.
58 Monteringen utförs i omvänd ordningsföljd mot demonteringen.

Cabrioletmodeller

59 Ta bort fönsterrutan enligt beskrivningen i avsnitt 14.
60 Ta bort dörrklädseln och membranen (se avsnitt 12).
61 Om bilen har låsskydd, skruva loss skruvarna och ta bort skyddet.
62 Lossa kåpan och koppla loss handtagsstaget från klämman **(se bild 13.9)**.
63 Skruva loss de tre bultar som håller fast låset vid dörramen **(se bild 13.14)**.
64 Lossa låscylinderns fästmutter.

13.42 Ytterhandtagets fästmuttrar (se pilar)

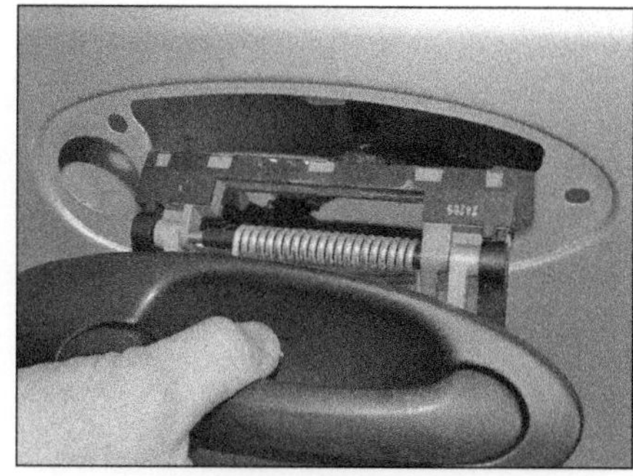

13.43 Dra ner ytterhandtaget från dörrplåten

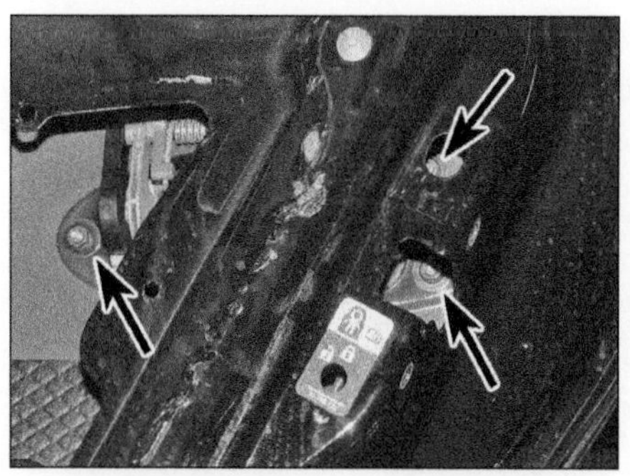

13.49 Skruva loss muttrarna till bakdörrens ytterhandtag (se pilar) . . .

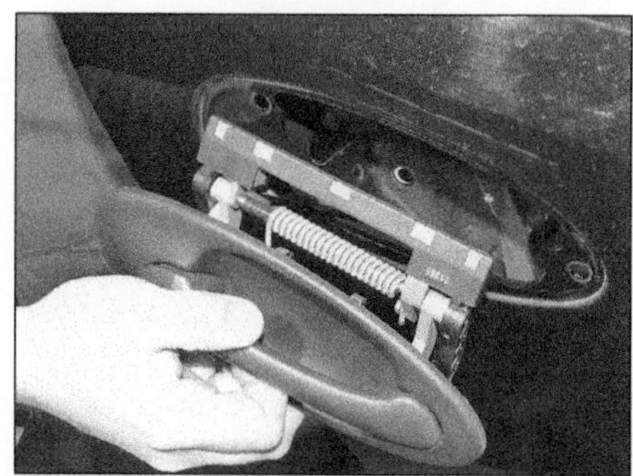

13.50 . . . och dra ner handtaget från dörren

65 Vrid låscylindern moturs, dra loss den från handtaget och koppla loss låsstaget.
66 Monteringen utförs i omvänd ordningsföljd mot demonteringen.

14 Dörr-/sidoruta - demontering och montering

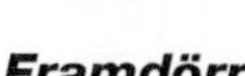

Framdörr

Modeller med fyra eller fem dörrar

1 Sänk ner fönstret ungefär 5 cm. Ta sedan bort klädselpanelen på insidan av dörren och membranen enligt beskrivningen i avsnitt 12.
2 Tryck upp den yttre tätningslisten på dörrens bakre kant och lyft bort den från dörrens utsida **(se bild)**.
3 Lossa fönstrets klämbultar **(se bild)**.
4 Lyft försiktigt upp fönstrets bakre kant och dra ut det från dörrens utsida.
5 Monteringen utförs i omvänd ordningsföljd mot demonteringen.

Cabrioletmodeller

6 Sänk ner fönstret helt och höj det sedan ca 10 cm.
7 Ta bort dörrklädselpanelen och tätningslisten enligt beskrivningen i avsnitt 12.
8 Skruva loss de tre torxskruvarna och ta bort sidospegelenheten **(se bild 20.3)**
9 Bänd försiktigt loss fästpluggarna längst bak. Börja sedan bakifrån och bänd loss den yttre tätningsremsan mellan dörren och fönstret **(se bilder)**.
10 Bänd försiktigt loss den inre tätningsremsan mellan dörren och fönstret **(se bild)**.

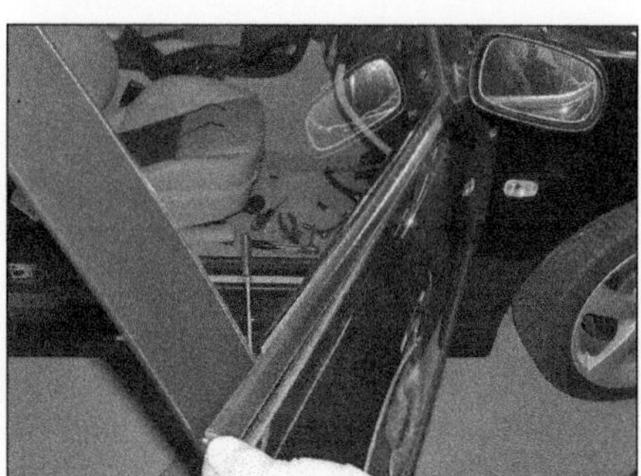

14.2 Bänd upp den yttre tätningsremsan från dörren

14.3 Lossa fönstrets klämbultar (se pilar)

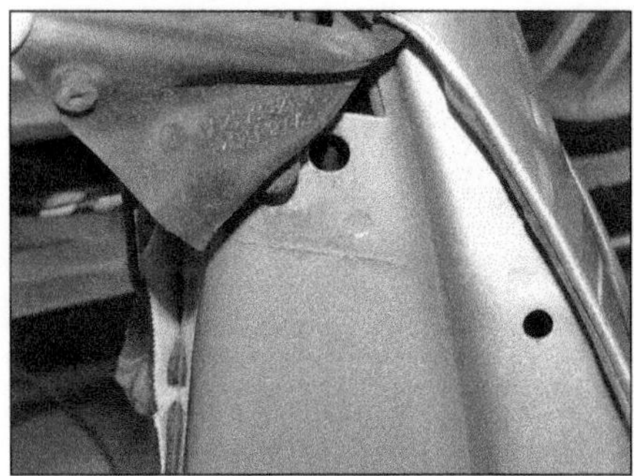
14.9a Dra loss tätningsremsans pluggar från dörren . . .

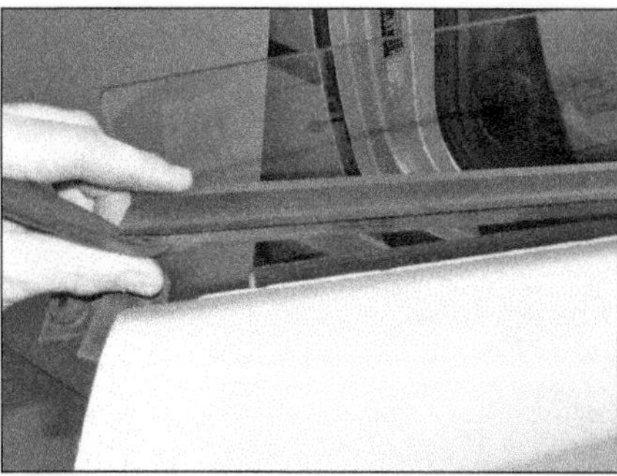
14.9b . . . lyft sedan bort den yttre tätningsremsan, börja bakifrån

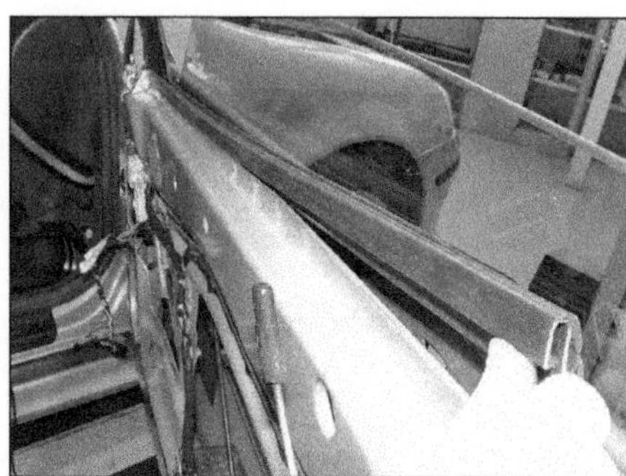
14.10 Bänd upp den inre tätningsremsan

14.11 Fönstrets fästskruvar (se pilar)

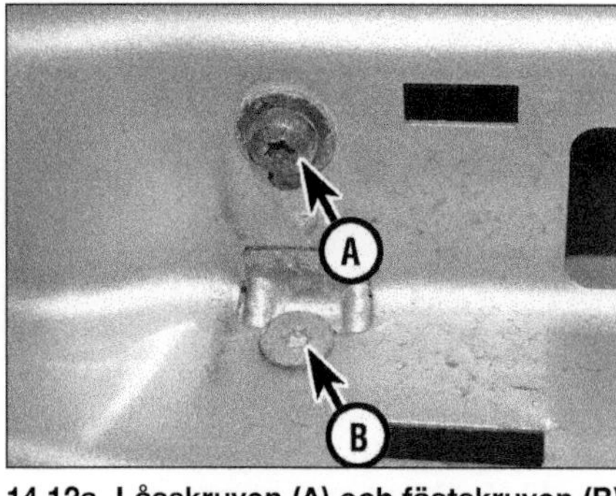

14.12a Låsskruven (A) och fästskruven (B) vid dörrens nederkant

14.12b Övre bakre pinnbulten

11 Gör inställningsmarkeringar runtom den bakre skruven. Skruva sedan loss den bakre skruven och lossa den främre som håller fast fönstret vid fönsterhissmekanismen. Lyft sedan fönstret från dörren **(se bild)**

12 Monteringen utförs i omvänd ordningsföljd mot demonteringen. Kontrollera fönstrets funktion. Om det behövs, bänd loss plastmuffen på dörramens nederkant och justera fönsterhissenhetens läge genom att lossa låsskruvarna och vrida justeringsskruven. Ytterligare justeringar kan göras genom att ändra den bakre och övre pinnbultens läge. Fönstrets före-och-efterläge kan justeras genom att lossa fönstrets bakre klämskruv **(se bilder)**.

14.14a Dra loss mittendelen av ramkåpan . . .

14.14b . . . framdelen . . .

Bakdörr

13 Sänk ner fönstret helt och ta sedan bort dörrens inre klädselpanel och membran enligt beskrivningen i avsnitt 12.

14 Bänd försiktigt loss mittendelen av fönsterramens kåpa, följt av den främre nedre delen. Ta sedan bort resten av ramkåpan **(se bilder)**.

15 Bänd upp den inre tätningslisten från dörren, börja bakifrån **(se bild)**.

16 Bänd bort den yttre tätningslisten från dörren **(se bild)**.

17 Ta försiktigt bort den U-formade listen

14.14c . . . och bakdelen

14.15 Bänd upp den inre tätningsremsan . . .

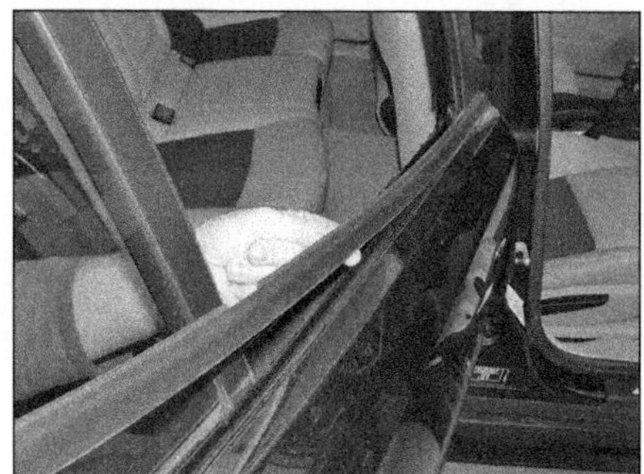
14.16 . . . och den yttre tätningsremsan

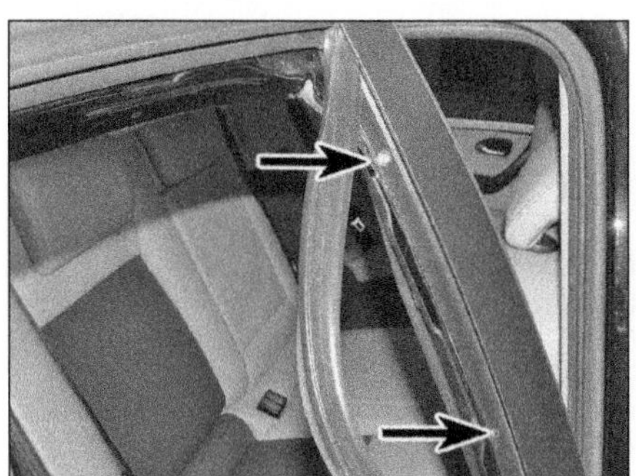

14.17 Bänd ut gummiremsan och skruva loss de två skruvarna (se pilar) . . .

14.18 . . . och ta bort glaskanalen

14.19 Fönstrets klämbultar (se pilar)

14.24 Bänd upp fönstrets yttre tätningsremsa

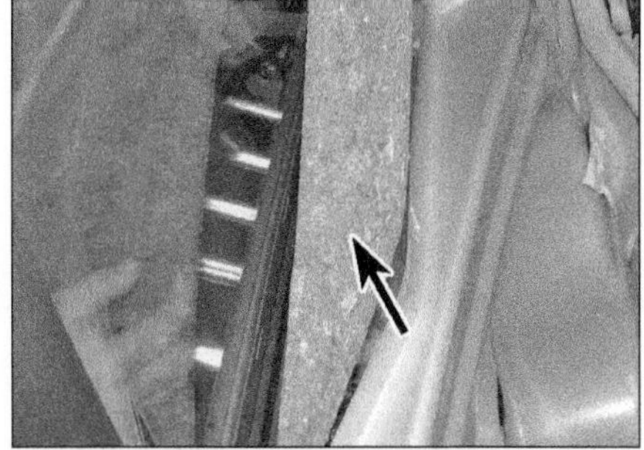

14.25a Ta bort isoleringen (se pil) . . .

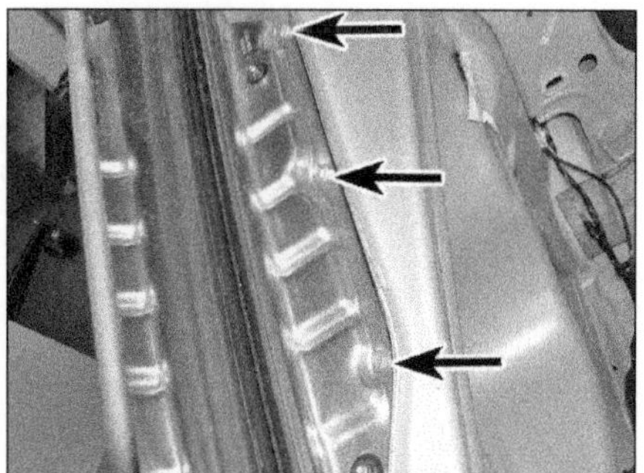

14.25b . . . och skruva sedan loss fönsterhissens skruvar (se pilar)

från den främre glaskanalen och skruva loss skruvarna **(se bild)**.

18 Lyft bort glaskanalen **(se bild)**.

19 Höj fönstret lite så att du kommer åt klämbultarna. Skruva loss bultarna och lyft ut fönstret **(se bild)**.

20 Monteringen utförs i omvänd ordningsföljd mot demonteringen. Kontrollera fönstrets funktion innan du monterar dörrklädseln.

Sidofönster (cabriolet)

21 Sänk fönstret ungefär 6 cm.

22 Ta bort ryggstödet och kudden i baksätet enligt beskrivningen i avsnitt 24.

23 Ta bort den bakre sidoklädselpanelen enligt beskrivningen i avsnitt 26.

24 Bänd försiktigt loss fönstrets yttre tätningsremsa och ta bort den **(se bild)**.

25 Ta bort isoleringen och skruva loss fönsterhissens övre tre skruvar **(se bilder)**.

26 Vik ner det vattentäta membranet. Bänd sedan ut gummimuffen och lossa fönsterhissens nedre mutter **(se bild)**.

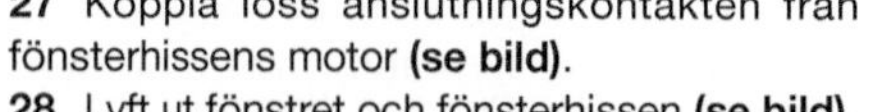

27 Koppla loss anslutningskontakten från fönsterhissens motor **(se bild)**.

28 Lyft ut fönstret och fönsterhissen **(se bild)**.

29 Om det behövs, skruva loss fönsterhissens skruvar och ta loss fönstret **(se bilder)**.

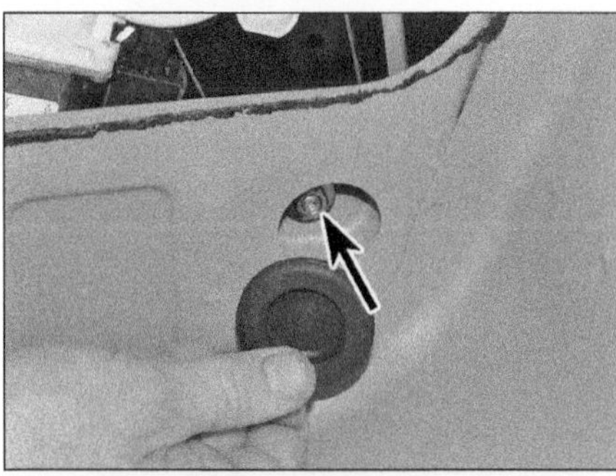

14.26 Bänd ut muffen och lossa fönsterhissens mutter (se pil)

14.27 Dra ut den röda låsspärren och lossa anslutningskontakten (se pil)

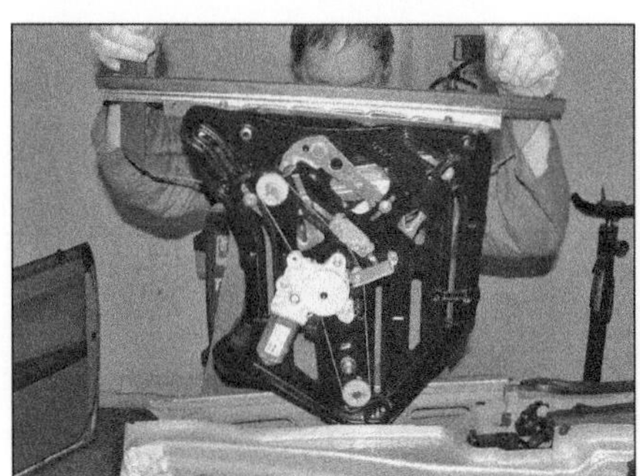

14.28 Lyft bort fönstret och fönsterhissen från sidopanelen

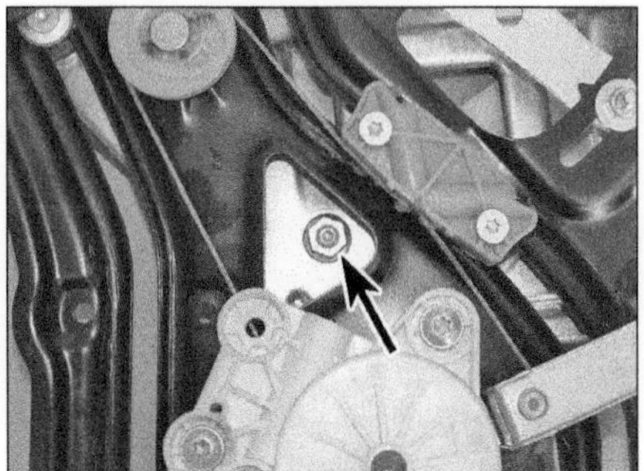

14.29a Skruva loss muttern (se pil) . . .

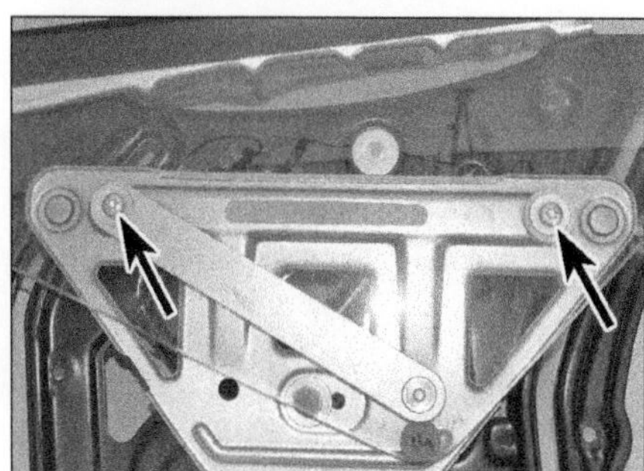

14.29b . . . och skruvarna (se pilar) så att fönsterglaset lossnar

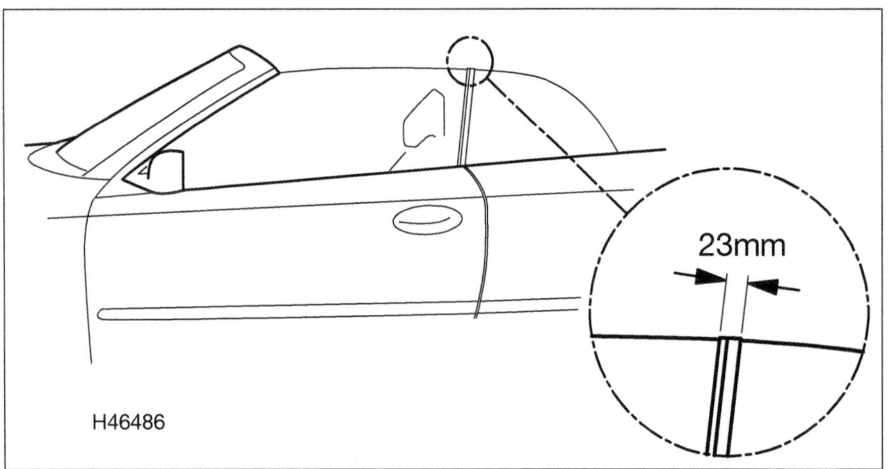

14.30 Mellanrummet mellan den bakre kanten av sidofönstrets tätningslist och den bakre kanten av det främre fönstret ska vara 23 ± 1 mm

30 Monteringen utförs i omvänd ordningsföljd mot demonteringen. Kontrollera att det finns ett mellanrum på ungefär 23 ± 1 mm mellan den bakre kanten av sidofönstrets tätningslist och den bakre kanten av framfönstret när fönstret är stängt. Sidofönstrets ruta ska ligga exakt i linje med dörrens fönsterruta **(se bild)**.

31 Om justering är nödvändig kan du ändra läget framåt/bakåt genom att lossa de två övre och en av de nedre muttrarna som håller fast fönsterhissen och flytta fönstret till önskat läge **(se bilder)**.

32 För att justera läget i sidled, ta bort gummimuffen, lossa fönsterhissens fästmutter och flytta skruven inåt eller utåt till önskat läge **(se bild 14.31a)**. Dra åt låsmuttern. Plastskruvarna används för att justera höjdinställningen och in/ut-pinnbultarna används för att justera lutningen.

33 För att justera fönstrets stängningshöjd, lossa muttern på fönsterhissens arm och justera höjden på sidofönstret genom att flytta armen **(se bild)**. Observera att ett märke på armen motsvarar en fönsterrörelse på 1,0 mm i höjdled. Dra åt muttern när du är klar.

15 Dörr-/sidofönsterhiss – demontering och montering

Framdörr

Modeller med fyra eller fem dörrar

1 Öppna fönstret ungefär 5 cm. Ta sedan bort den inre dörrklädselpanelen och membranen enligt beskrivningen i avsnitt 12.

2 Börja bakifrån och bänd försiktigt loss den yttre tätningsremsan mellan fönstret och dörramen och ta bort den **(se bild 14.2)**.

3 Lossa fönstrets klämbultar **(se bild 14.3)**. Lyft sedan fönsterrutan och tejpa fast den i ramen **(se bild)**.

4 Skruva loss fönsterhissens fästmuttrar och lossa den övre vajern från fästklämman **(se bild)**.

5 Lossa hissmotorns anslutningskontakt och ta loss fönsterhissenheten från dörren.

6 Om det behövs skruvar du loss motorn från hissen **(se bild)**.

7 Monteringen utförs i omvänd ordningsföljd mot demonteringen. Se till att fönstrets gummifästen sitter rätt placerade i hissen **(se bild)**.

Cabrioletmodeller

8 Demontera framdörrens fönster enligt beskrivningen i avsnitt 14.

9 Skruva loss de två torxskruvarna och ta bort vibrationsdämparen längst ner på dörramen **(se bild)**.

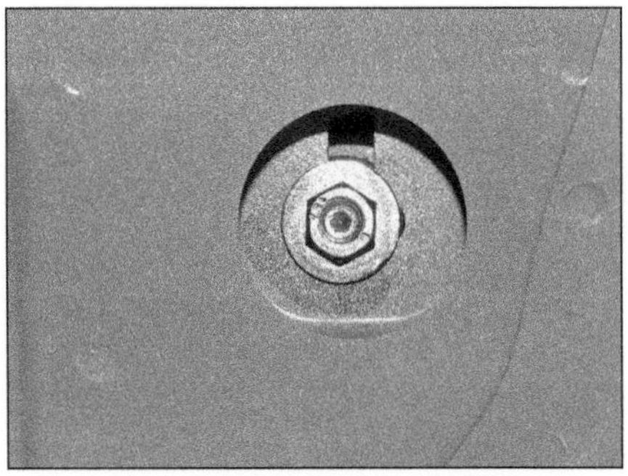

14.31a Fönsterhissens nedre fästmutter . . .

14.31b . . . och övre fästmuttrar (se pilar)

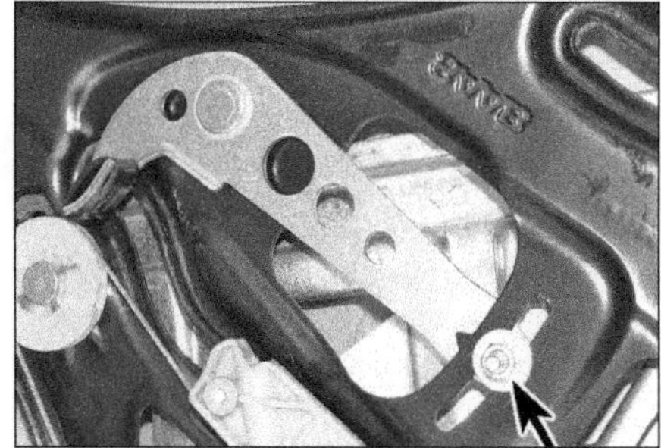

14.33 Lossa muttern (se pil) och flytta armen för att justera fönstrets stängningshöjd

15.3 Tejpa fast fönstret vid ramen

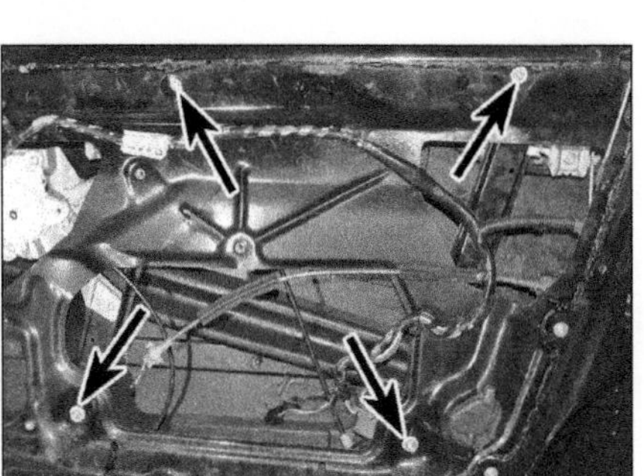

15.4 Fönsterhissens fästmuttrar (se pilar)

15.6 Fönstermotorns torxskruvar (se pilar)

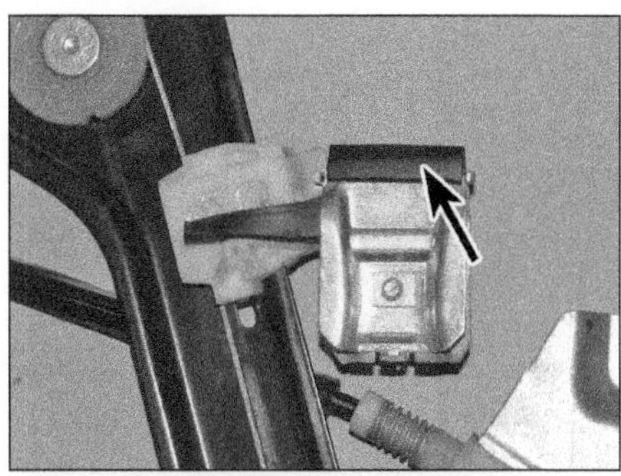
15.7 Se till att klämmornas gummin sitter på plats (se pil)

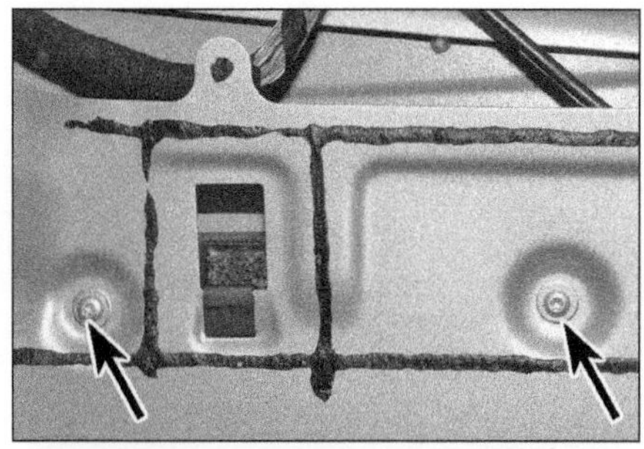
15.9 Skruva loss de två skruvarna (se pilar) och ta bort vibrationsdämparen/polystyrenklossen längst ner på dörren

15.11a Fönsterhissens övre fästbultar (se pilar) . . .

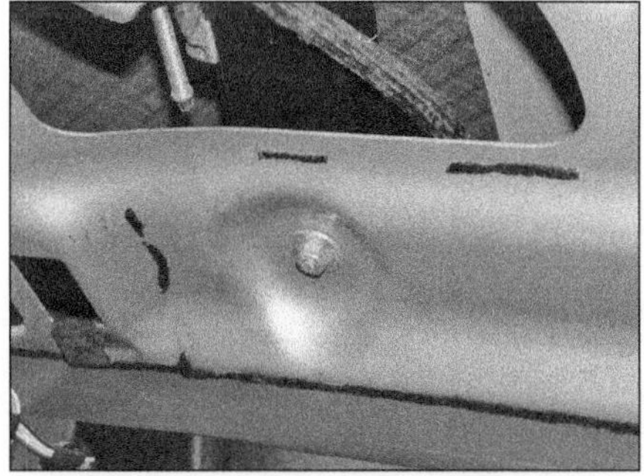
15.11b . . . nedre bakre mutter . . .

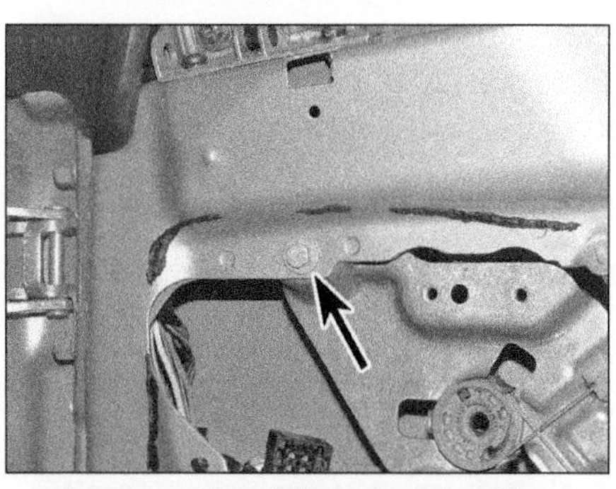
15.11c . . . övre främre bult (se pil) . . .

15.11d . . . samt nedre bult (se pil)

10 Skruva loss de tre torxskruvarna och dra loss motorn från fönsterhissen **(se bild 19.2)**. Koppla loss anslutningskontakten när motorn tas bort.

11 Bänd ut plastkåpan på dörrens nederkant och skruva sedan loss fönsterhissens fästmuttrar/bultar **(se bilder)**. Gör inställningsmarkeringar runt skruvhuvudena innan du skruvar loss dem.

12 Lossa den övre kabelklämman och ta loss fönsterhissen från dörren.

13 Monteringen utförs i omvänd ordningsföljd mot demonteringen.

Bakdörr

14 Öppna fönstret ungefär 10 cm. Tejpa fast det vid dörramen med maskeringstejp.

15 Ta bort dörrens inre panelklädsel och membran enligt beskrivningen i avsnitt 12.

16 Lossa fönstrets klämbultar **(se bild 14.19)**.

15.18 Motorns fästbultar (se pilar)

17 Skruva loss fönsterhissens fästbultar/muttrar, koppla loss motorns anslutningskontakter och ta loss enheten från dörren.

18 Om det behövs skruvar du loss motorn från hissen **(se bild)**.

19 Monteringen utförs i omvänd ordningsföljd mot demonteringen.

Sidofönster – cabrioletmodeller

20 Demonteringen av sidofönstrets hiss är en del av demonteringen av fönsterglaset och beskrivs i avsnitt 14.

16 Baklucka och stödben – demontering och montering

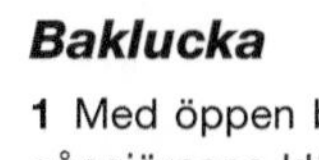

Baklucka

1 Med öppen baklucka, bänd försiktigt loss gångjärnens klädselpanel från ovansidan av bakfönstret **(se bild 26.54)**.

2 Dra backluckefönstrets sidoklädselpaneler inåt tills klämmorna lossnar **(se bild 26.55)**.

3 Bänd ut gummimuffarna och lossa bakspoilerns fästmuttrar **(se bild)**.

4 Stäng bakluckan och lyft bort spoilern. Koppla loss anslutningskontakten och spolarslangen när du tar bort spoilern.

5 Ta bort bagageutrymmets sidoklädselpanel enligt beskrivningen i avsnitt 26.

6 Ta bort tätningarna och kabelrören från bakluckans gångjärn.

7 Notera hur de olika anslutningskontakterna och jordkablarna monterats och koppla sedan loss dem från bakluckan. Lossa kablaget från fästklämmorna.

8 Ta bort lastgallrets fästen från den inre takklädseln.

9 Vrid klämmorna 90°, dra loss dem och dra ner den inre takklädselns bakdel.

10 Ta bort kablagehållaren, bänd upp låsklämman och lossa kablaget från hållaren.

11 Koppla loss spolarslangen vid snabbkopplingen.

12 Gör inställningsmarkeringar mellan bakluckans gångjärnsbultar och karossen. Placera en bit tjock kartong eller liknande mellan taket och bakluckan för att skydda lacken.

13 Skruva loss bakluckans fästbultar. Ta hjälp av någon och lyft bort bakluckan.

14 Monteringen utförs i omvänd ordningsföljd mot demonteringen. Kontrollera att bakluckan

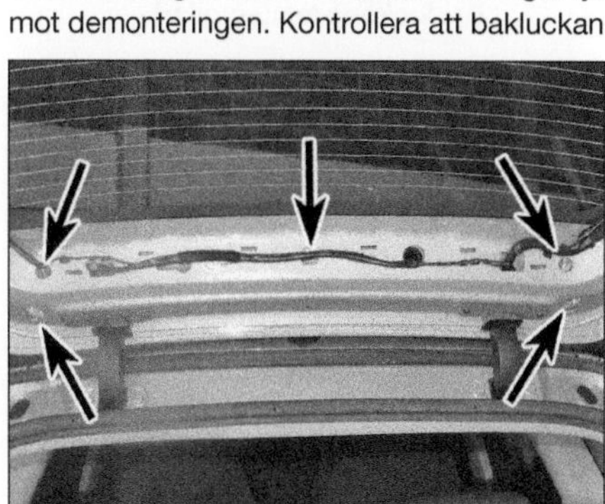
16.3 Bakspoilerns fästmuttrar (se pilar)

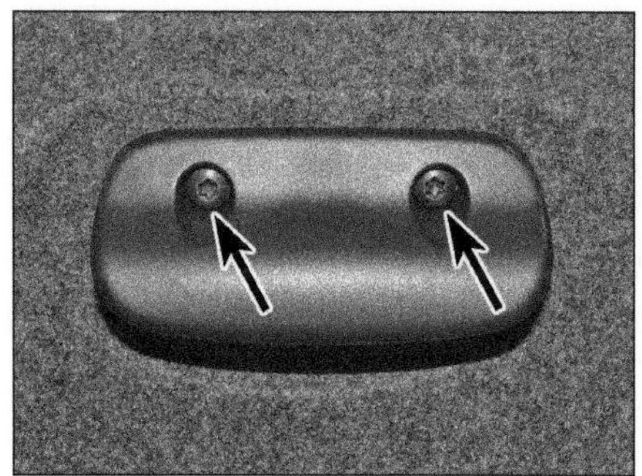
16.15 Skruva loss handtagets fästskruvar (se pilar)

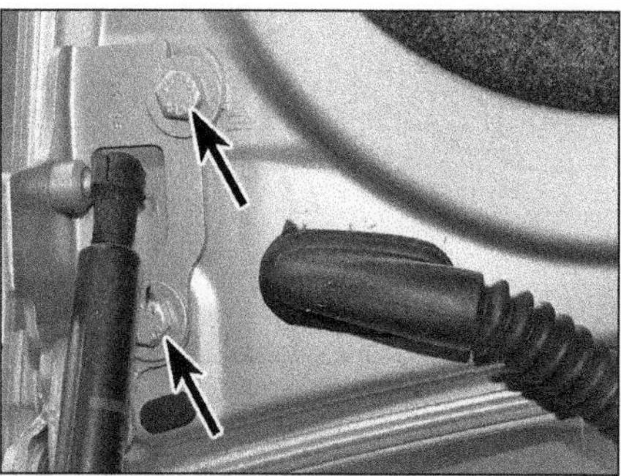
16.18 Bakluckans gångjärnsbultar (se pilar)

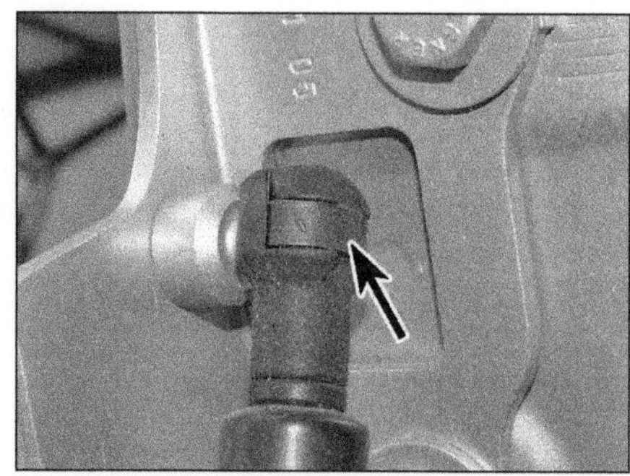
16.25 Bänd loss klämman från fjäderbenet (se pil)

stängs ordentligt och att den sitter mitt i öppningen. Du kan justera den genom att dra ner den inre takklädseln och lossa gångjärnsbultarna. Kontrollera att låskolven hamnar mitt i låset. Om det behövs, lossa låskolvens skruvar för att justera dess läge.

Baklucka

15 Skruva loss de två torxskruvarna och ta bort bakluckans inre handtag **(se bild)**.

16 Tryck in centrumsprintarna och bänd ut de nio klämmor som håller fast bakluckans klädselpanel **(se bild 26.61)**.

17 Notera hur bakluckans anslutningskontakter sitter monterade, koppla loss dem och lossa kablaget från fästklämmorna. Dra loss kablaget från bakluckan.

18 Markera bakluckans placering på gångjärnen, skruva sedan loss bultarna och ta bort bakluckan med en medhjälpare **(se bild)**.

19 Monteringen utförs i omvänd ordningsföljd.

Stödben

Baklucka

20 Om du ska byta bakluckans stödben måste den inre takklädseln dras ner längst bak. Ta bort lastgallrets stödfästen från den inre takklädseln på vardera sidan.

21 Vrid takklädselns bakre klämmor 90° och ta bort dem.

22 Dra ner bakdelen av takklädseln och håll i den så att den inte hänger ner och skrynklas.

23 Bänd loss fästklämmorna och ta bort stödbenen.

24 Monteringen utförs i omvänd ordningsföljd.

Baklucka

25 Öppna bagageutrymmet och bänd loss fästklämmorna från fjäderbenens ändar **(se bild)**.

26 Be någon hålla upp bakluckan medan du drar loss fjäderbenen.

27 Monteringen utförs i omvänd ordningsföljd.

17 Bakluckans låskomponenter – demontering och montering

Bakluckans lås

1 Ta loss bakluckans klädselpanel enligt beskrivningen i avsnitt 26.

2 Skruva loss de tre fästmuttrarna och ta loss låsenheten **(se bild)**. Koppla loss låsets anslutningskontakter när du tar loss det.

3 Monteringen utförs i omvänd ordningsföljd mot demonteringen.

Bakluckans lås

4 Ta bort bakluckans klädselpanel enligt beskrivningen i avsnitt 26.

5 Lossa fästklämmorna och ta bort låskåpan **(se bild)**.

6 Skruva loss de tre torxskruvarna, ta bort kåpan och sedan låsenheten **(se bilder)**. Koppla loss anslutningskontakten när låset tas bort.

7 På cabrioletmodeller, bänd loss kåpan och koppla loss reglagevajern **(se bilder)**.

8 Monteringen utförs i omvänd ordningsföljd.

Bakluckans låscylinder – cabrioletmodeller

9 Ta bort bakluckans klädselpanel enligt beskrivningen i avsnitt 26.

10 Skruva loss de två fästmuttrarna och ta loss cylinderkåpan **(se bild)**.

11 Dra ut cylindern och lossa reglagevajern **(se bild)**.

12 Monteringen utförs i omvänd ordningsföljd.

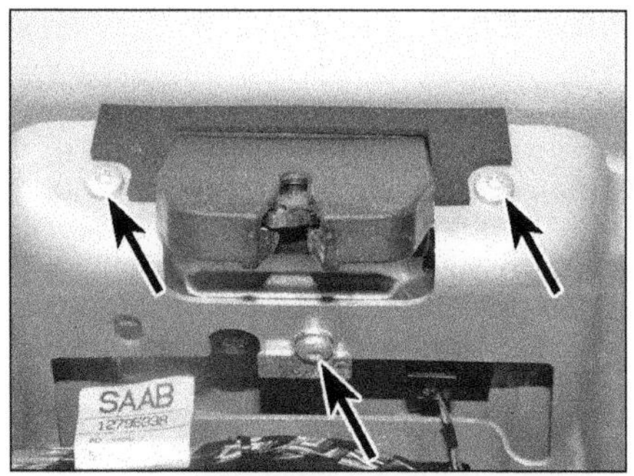

17.2 Torxskruvarna som håller fast bakluckans lås (se pilar)

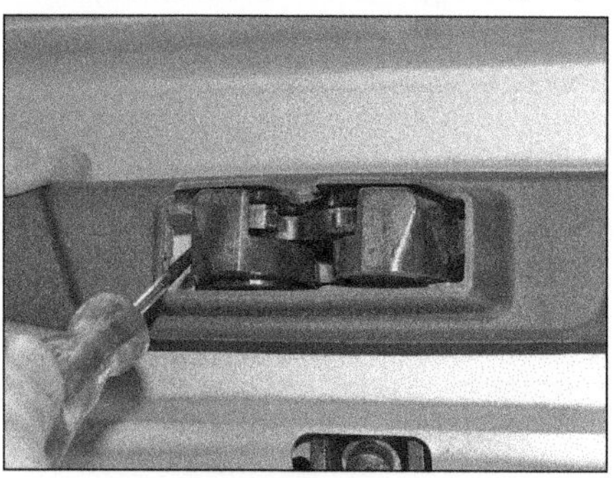
17.5 Lossa klämmorna med en skruvmejsel och ta bort kåpan

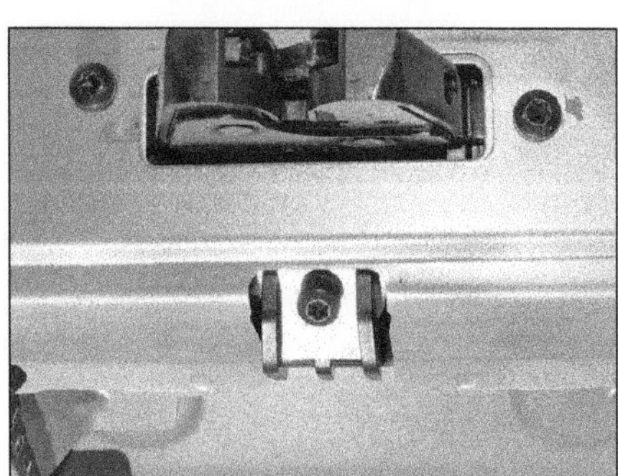
17.6a Skruva loss de tre torxskruvarna . . .

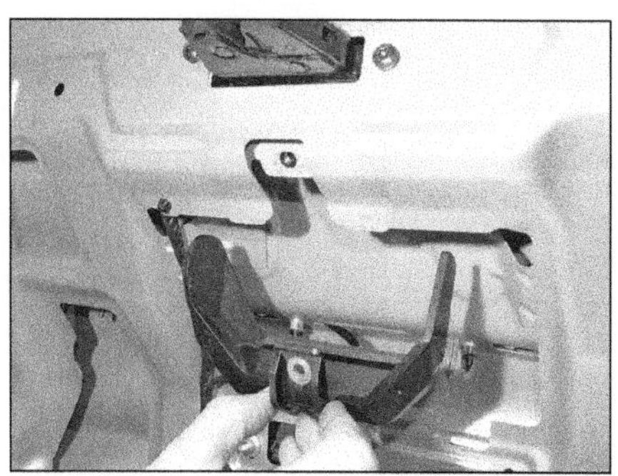
17.6b . . . dra ut kåpan och sedan låset

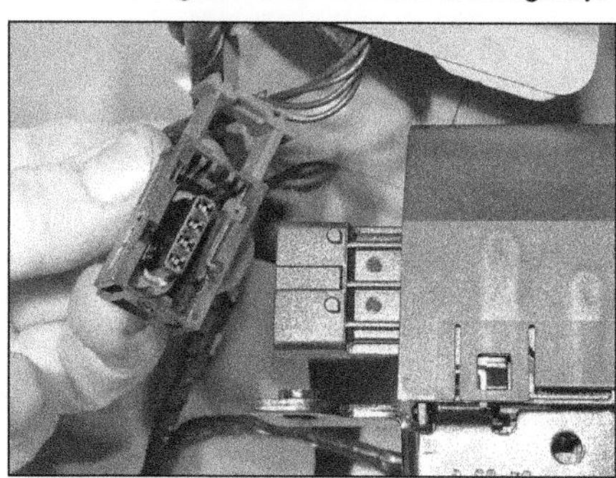
17.6c Skjut ut den röda låsspärren och koppla loss anslutningskontakten

17.7a Bänd bort kåpan . . .

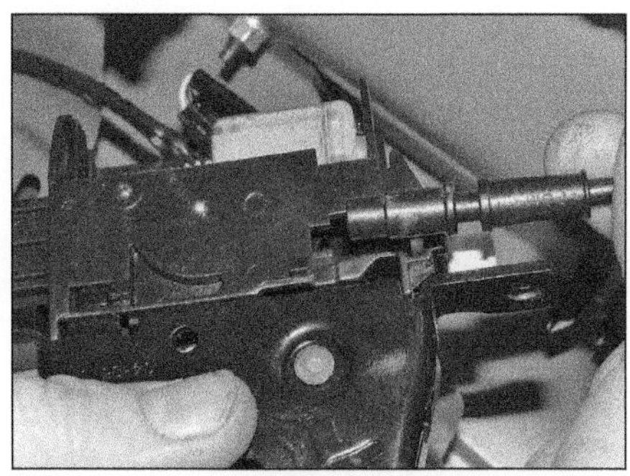
17.7b . . . och koppla loss reglagevajern – cabrioletmodeller

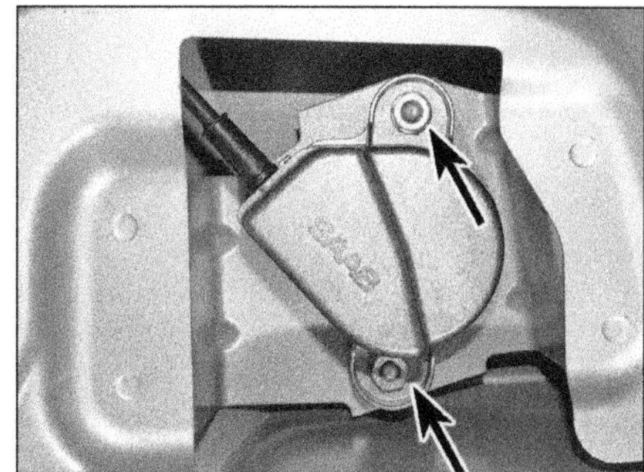
17.10 Cylinderkåpans fästmuttrar (se pilar)

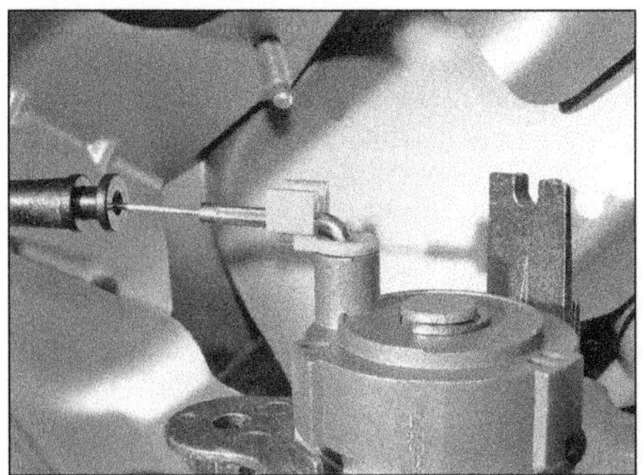
17.11 Lossa vajern från låscylindern

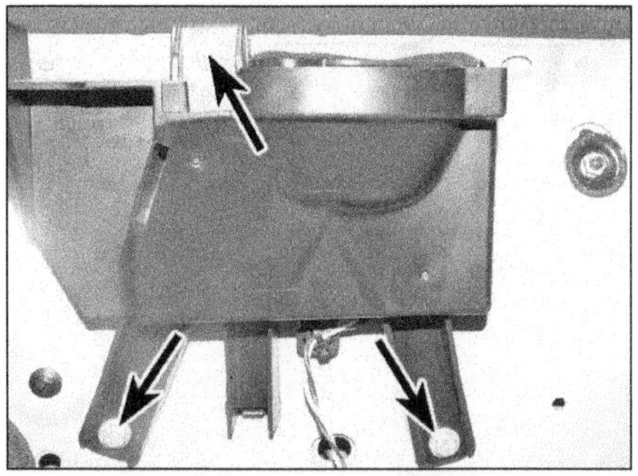
17.14 Skruvarna som håller fast bakluckans högtalare (se pilar)

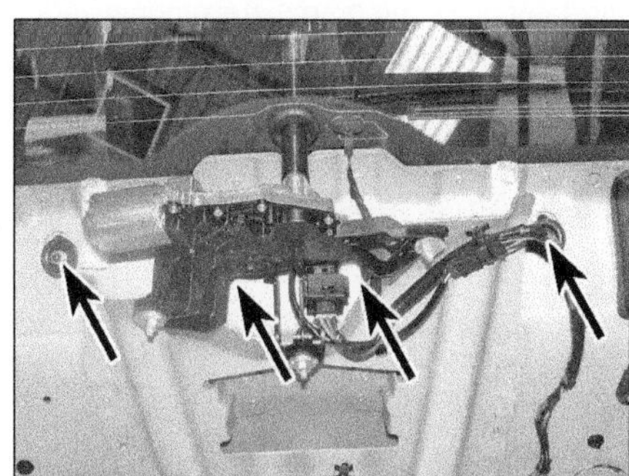
17.15 Fästmuttrarna till bakluckans handtag (se pilar – de inre muttrarna syns inte)

Bakluckans handtag

13 Ta loss bakluckans klädselpanel enligt beskrivningen i avsnitt 26.

14 Koppla loss anslutningskontakterna och ta sedan bort de bakre högtalarna **(se bild)**.

15 Skruva loss de fyra muttrar som håller fast handtagslisten vid bakluckan. Koppla sedan loss anslutningskontakten **(se bild)**.

16 Ta bort handtaget.

17 Lossa vid behov haken och koppla loss mikrokontakten **(se bild 17.22b)**.

18 Monteringen utförs i omvänd ordningsföljd.

Bakluckans låsknapp

19 Ta bort bakluckans armatur enligt beskrivningen i kapitel 12.

20 Ta loss de fyra fästmuttrarna och koppla loss handtagets anslutningskontakt **(se bild)**.

21 Ta bort knappen/registreringsskyltsbelysningen.

22 Lossa om det behövs haken och koppla loss mikrokontakten **(se bilder)**.

23 Monteringen utförs i omvänd ordningsföljd mot demonteringen.

18 Centrallåsets komponenter – demontering och montering

Centrallåsmotorer

1 Motorn och låsenheten är byggda i ett stycke. Demontering och montering av motorer ingår i låsproceduren i avsnitt 13 eller 17.

Låsbrytare

2 Låsbrytarna är inbyggda med låsenheterna. Demontering och montering av låsen beskrivs i avsnitt 13 eller 17.

Dörrarnas styrmoduler

3 Dörrarnas styrmoduler (monterade på alla dörrar) styr funktionen hos de elektriska fönsterhissarna, sidospeglarna, kupélamporna längst ner på dörren samt centrallåsmotorerna i dörrlåsen. Alla dörrmoduler är sammankopplade och använder samma information som resten av modulerna i nätverket.

4 När du ska ta bort en modul ska du först demontera dörrens klädselpanel enligt beskrivningen i avsnitt 12.

Varning: Modulerna är mycket känsliga för statisk elektricitet. Innan du vidrör en modul, "jorda" dig själv genom att snabbt röra vid en metalldel på karossen eller motorn.

5 Skruva loss fästskruven, lossa klämmorna och ta bort modulen från dörrklädseln.

6 Monteringen utförs i omvänd ordningsföljd. Observera att du vid montering av en ny modul

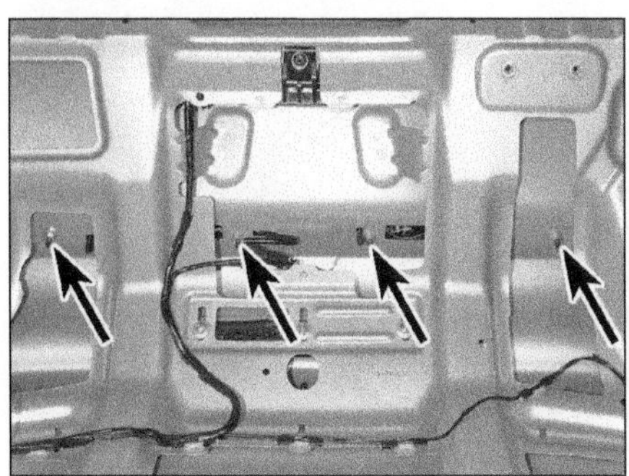
17.20 Skruva loss de fyra fästmuttrarna (se pilar)

17.22a Lossa klämman . . .

17.22b . . . och ta bort mikrokontakten

19.2 Torxskruvarna som håller fast motorn till sidodörrens fönster (se pilar)

kan behöva omprogrammera programvaran med särskild diagnostikutrustning från Saab. Låt en Saab-verkstad eller annan specialist utföra detta.

19 Elektrisk fönsterhiss, motor – demontering och montering

Dörrfönstrets motor

Demontering

1 Ta bort dörrklädselpanelen och tätningslisten enligt beskrivningen i avsnitt 12.

19.5 Torxskruvarna fäster motorn vid sidofönstret bak (se pilar) – cabrioletmodeller

2 Skruva loss de tre fästskruvarna och ta bort motorn **(se bild)**. Koppla loss anslutningskontakten när motorn tas bort.

Montering

3 Monteringen utförs i omvänd ordningsföljd.

Det bakre sidofönstrets motor – cabrioletmodeller

Demontering

4 Ta bort den bakre sidoklädselpanelen enligt beskrivningen i avsnitt 26.

5 Lossa försiktigt det vattentäta membranet, sedan de tre fästskruvarna. Ta bort motorn och ta loss anslutningskontakten **(se bild)**.

Montering

6 Monteringen utförs i omvänd ordningsföljd.

20 Yttre backspeglar och spegelglas – demontering och montering

Spegel

Modeller med fyra eller fem dörrar

1 Ta bort dörrens inre klädselpanel enligt beskrivningen i avsnitt 12.

2 Ta bort plastkåpan i hörnet av fönsterramen **(se bild)**. Koppla loss spegelns anslutningskontakt.

3 Skruva loss de tre torxskruvarna och ta bort spegeln från utsidan av dörren **(se bild)**.

4 Monteringen utförs i omvänd ordningsföljd mot demonteringen.

Cabrioletmodeller

5 Skruva loss fästskruven. Dra sedan sidospegelns fotkåpa uppåt och ta bort den **(se bilder 12.6a och 12.6b)**. Koppla loss spegelns anslutningskontakter, koppla loss de tre fästskruvarna och ta bort spegelenheten.

6 Monteringen utförs i omvänd ordningsföljd mot demonteringen.

Spegelglas

7 Vik fram spegeln högst upp och vinkla glaset utåt så långt det går.

8 Haka loss fästklämman från baksidan av spegelglaset med en bred skruvmejsel **(se bild)**.

9 Koppla loss kablarna till värmeenheten.

10 Återanslut kablarna.

11 Använd en tygtrasa och tryck spegeln på plats tills klämman hakar i.

Spegelkåpa

12 Ta bort spegelglaset enligt given beskrivning.

13 Lossa de fyra klämmorna och dra loss spegelkåpan **(se bilder)**.

20.2 Dra försiktigt loss kåpan från fönsterramen

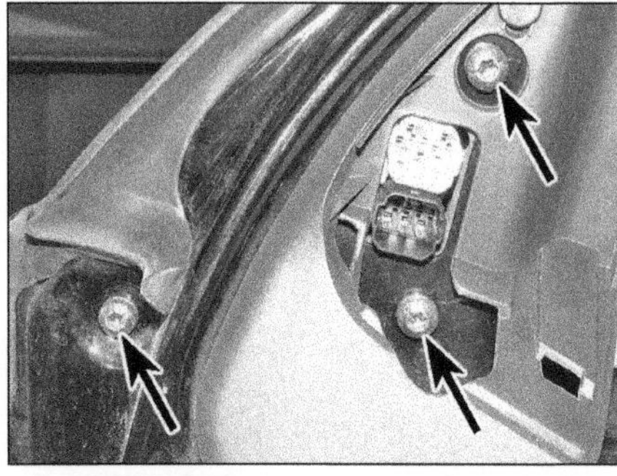

20.3 Torxskruvarna som håller fast spegeln (se pilar)

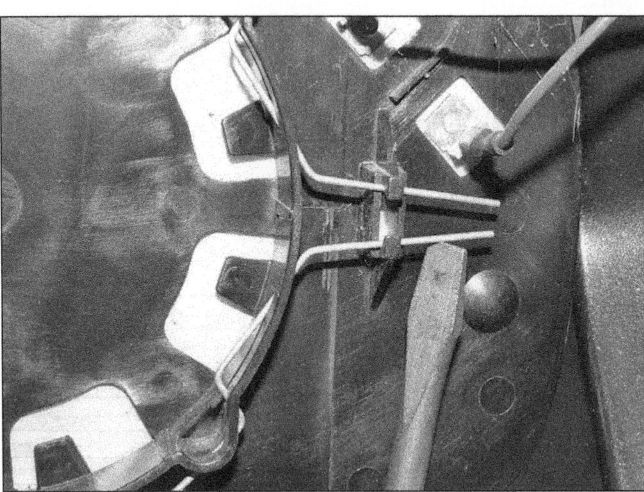

20.8 Sätt in en skruvmejsel bakom glaset och lossa klämmorna (glaset har tagits bort på bilden för tydlighetens skull)

20.13a Lossa de fyra klämmorna (se pilar) . . .

14 Tryck kåpan på plats.
15 Resten av monteringen utförs i omvänd ordningsföljd mot demonteringen.

Spegelmotor

16 Ta bort sidospegelns glas enligt given beskrivning.
17 Skruva loss de tre fästskruvarna och lyft ut motorn **(se bild)**. Koppla loss anslutningskontakten när motorn tas bort.
18 Monteringen utförs i omvänd ordningsföljd mot demonteringen.

21 Vindruta, bakruta och fasta fönster - allmän information

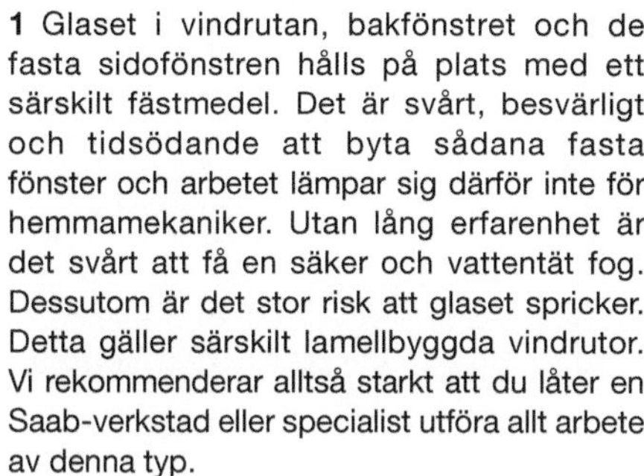

1 Glaset i vindrutan, bakfönstret och de fasta sidofönstren hålls på plats med ett särskilt fästmedel. Det är svårt, besvärligt och tidsödande att byta sådana fasta fönster och arbetet lämpar sig därför inte för hemmamekaniker. Utan lång erfarenhet är det svårt att få en säker och vattentät fog. Dessutom är det stor risk att glaset spricker. Detta gäller särskilt lamellbyggda vindrutor. Vi rekommenderar alltså starkt att du låter en Saab-verkstad eller specialist utföra allt arbete av denna typ.

22 Taklucka - demontering och montering

1 På grund av komplexiteten i soltakets mekanism krävs avsevärd expertis för att reparera, byta eller justera soltakets delar. När du ska ta bort takluckan eller dess motor måste du först ta bort den inre takklädseln. Detta är svårt och kräver en betydande ansträngning (se avsnitt 26). Vi rekommenderar därför att du lämnar över problem relaterade till takluckan till en Saab-verkstad eller specialist.

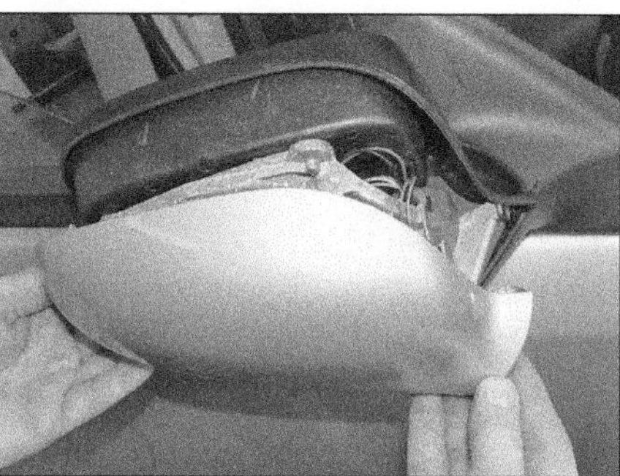

20.13b . . . och dra kåpan framåt

23 Karossens yttre detaljer - demontering och montering

Märken och skärmar

1 Sidoklädselpaneler, gummiremsor, emblem på motorhuv och baklucka är alla fästa med tejp eller muttrar.
2 När du ska ta bort detaljerna från karossen, välj ett hävarmsverktyg som inte skadar lacken, t.ex. en plastspatel eller en spatel inlindad i PVC-tejp. För delar som är fästa med tejp hjälper det om du värmer delen med en värmepistol.
3 Sätt in hävarmen mellan beslagets övre kant och karossen och bänd sedan försiktigt bort det.
4 Dra stegvis bort beslagets nedre kant från karossen, skala av tejpen.
5 Rengör karossytan, ta bort all smuts och eventuella tejprester.
6 Skala av det nya beslagets skyddsfilm. Sätt det på plats, med den övre kanten först och tryck in bultarna i hålen. Stryk beslagets nedre kant på plats, tryck sedan fast det ordentligt för att tejpen ska fästa längs med hela delen.

20.17 Spegelmotorns skruvar (se pilar)

Hjulhusfoder

7 Hjulhusfodren är fästa med tio skruvar och muttrar. Börja med att dra åt handbromsen. Hissa upp aktuell del av bilen och stötta upp den på pallbockar (se *Lyftning och stödpunkter*). Demontera aktuellt hjul.
8 Notera hur skruvarna/muttrarna sitter och skruva loss dem. Ta bort fodret **(se bild)**.
9 Monteringen utförs i omvänd ordningsföljd mot demonteringen.

24 Säten - demontering och montering

Framsäte

Modeller med fyra eller fem dörrar

1 Flytta sätet så långt uppåt och framåt som möjligt.
2 Koppla loss batteriets minusledare enligt beskrivningen i kapitel 5A. Vänta minst tre minuter innan du börjar arbeta igen så att ingen elektrisk spänning finns kvar.
3 Bänd loss plastkåpan. Skruva sedan loss bulten som håller fast bältets yttre fäste vid sätet **(se bild)**.

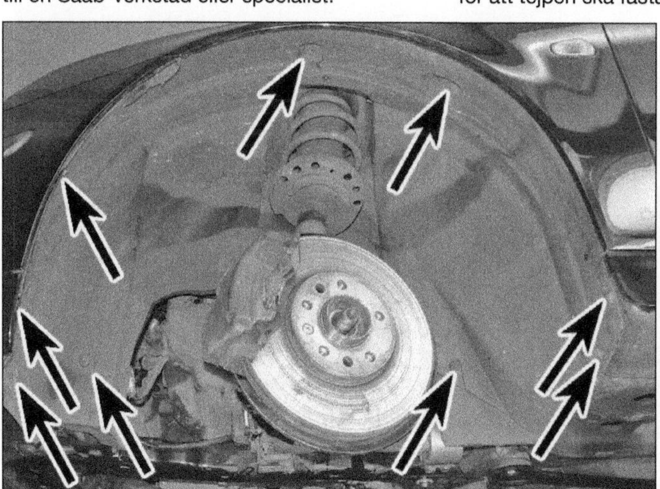

23.8 Hjulhusfodrets fästskruvar och muttrar (se pilar)

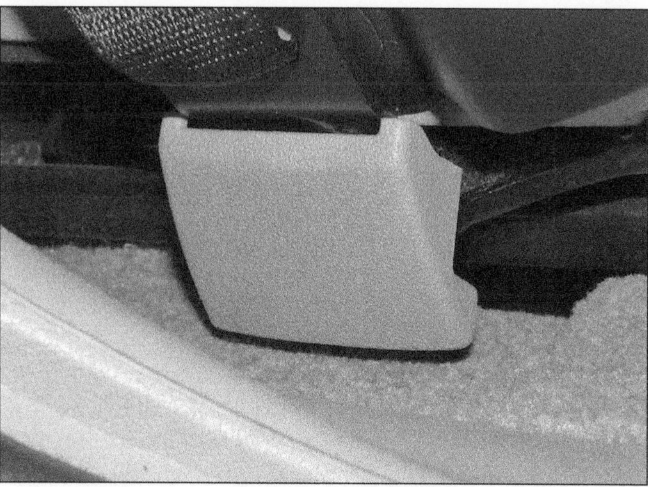

24.3 Bänd loss plastkåpan ovanför säkerhetsbältets nedre förankring

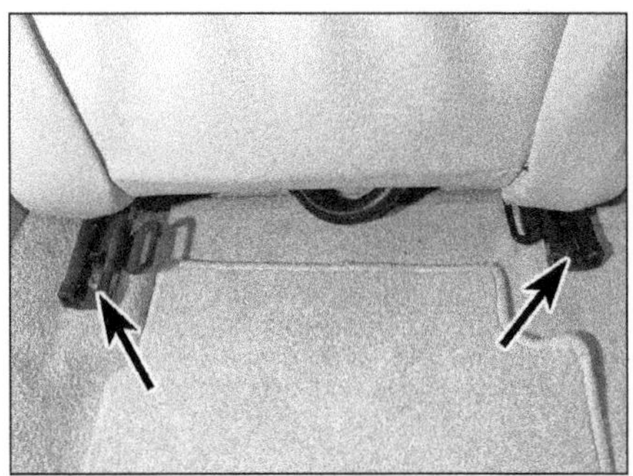
24.4 Skruva loss torxskruvarna på baksidan av sätesskenorna (se pilar)

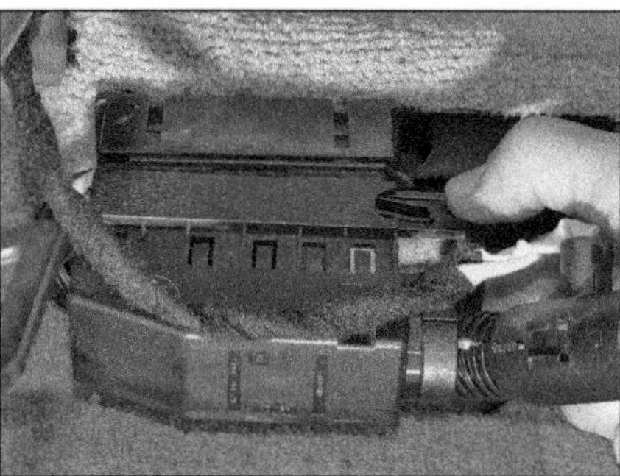
24.5 Skjut ut låsspärren och koppla loss sätets anslutningskontakter

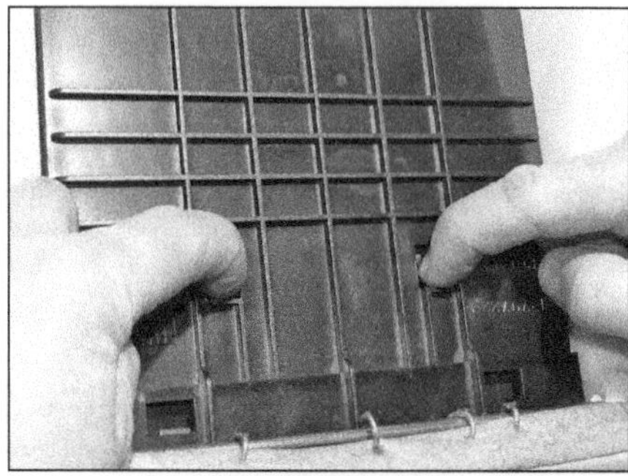
24.18 Tryck ner klämmorna och dra loss mugghållaren

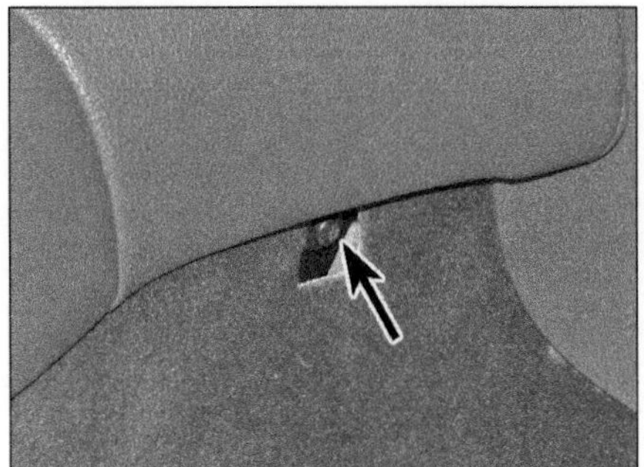
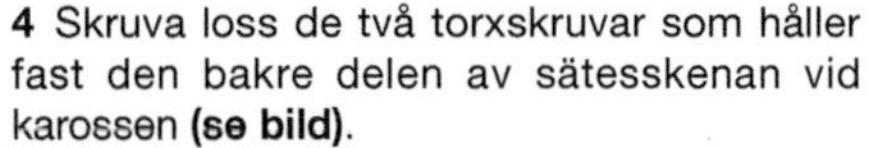
24.21a Skruva loss skruvarna på vardera sidan (se pil) . . .

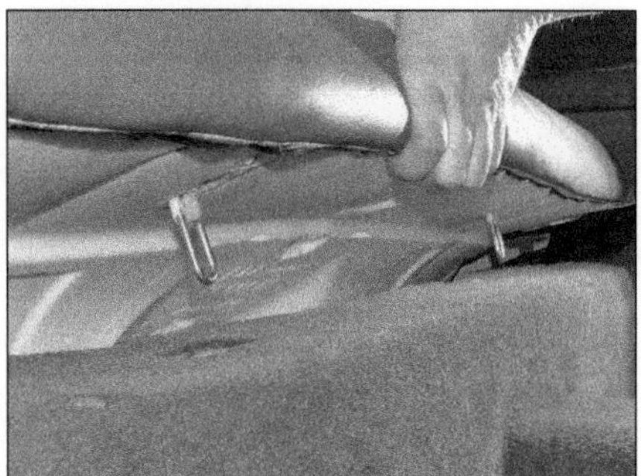
24.21b . . . och dra sätesdynan uppåt . . .

24.21c . . . från klämmorna

4 Skruva loss de två torxskruvar som håller fast den bakre delen av sätesskenan vid karossen **(se bild)**.

5 Luta sätet lite framåt och koppla loss sätets anslutningskontakter **(se bild)**.

6 Dra sätet bakåt så att du kan haka loss framfästena. Ta ut sätet ur kupén.

7 Sätt fast sätet och se till att framkrokarna hamnar rätt i fästbyglarna. Applicera lite gänglåsningsmedel och sätt tillbaka de bakre fästskruvarna. Dra åt dem till angivet moment.

Cabrioletmodeller

8 Dra tillbaka suffletten helt.

9 Flytta sätet så långt bakåt och uppåt som möjligt.

10 Skruva loss torxskruvarna som håller fast sätet längst fram.

11 Flytta sätet framåt och ta bort de bakre fästskruvarna.

12 Se till att tändningslåset är inaktiverat. Ta sedan loss anslutningskontakten under baksidan av sätet och ta ut sätet ur kupén.

13 Sätt sätet på plats och återanslut anslutningskontakten.

14 Applicera lite gänglåsningsmedel, sätt sedan dit de bakre fästskruvarna och dra åt dem till angivet moment.

15 Flytta sätet bakåt. Applicera lite gänglåsningsmedel och dra åt skruvarna till angivet moment.

16 Om felkoder uppstår kan du låta radera dem med Saabs diagnostikutrustning. När du väl raderat dem bör de inte uppkomma igen.

Baksätets dyna

Modeller med fyra eller fem dörrar

17 Ta tag i framänden av sätesdynan och ryck den uppåt.

18 Lyft baksidan av sätet framåt och uppåt och ta ut det från kupén. Om det behövs, tryck ner de två klämmorna och dra ut mugghållaren från dynan **(se bild)**.

19 Monteringen utförs i omvänd ordningsföljd mot demonteringen.

Cabrioletmodeller

20 Öppna suffletten helt.

21 Skruva loss de två skruvarna på sätesdynans främre nederkant. Lyft upp dynan så att fästklämmorna lossnar **(se bilder)**. Fästklämmorna kommer troligen att skadas när du tar bort sätet – se till att du har nya tillgängligt.

22 Monteringen utförs i omvänd ordningsföljd.

Baksätets ryggstöd

40 %-sektionen

23 Ta bort dynan i baksätet enligt given beskrivning.

24 Om du ska ta bort 60 %-sektionen av ryggstödet, skruva loss muttern och lossa mittbältets nedre förankring.

25 Fäll baksätets ryggstöd framåt.

26 Tryck stoppringen på det yttre fästet bakåt och lyft sedan upp ytterkanten av 40 %-sektionen av ryggstödet **(se bild)**. Tryck in sidopanelens klädsel medan du lyfter ryggstödet så att den inte skadas.

27 Luta ryggstödet framåt/uppåt och dra loss det från styrsprinten i mitten.

28 Monteringen utförs i omvänd ordningsföljd mot demonteringen.

60 %-sektionen

29 Ta bort 40 %-sektionen av ryggstödet enligt beskrivningen ovan.

30 Tryck stoppringen på det yttre fästet bakåt och lyft sedan upp ytterkanten av den resterande delen av ryggstödet **(se bild 24.26)**.

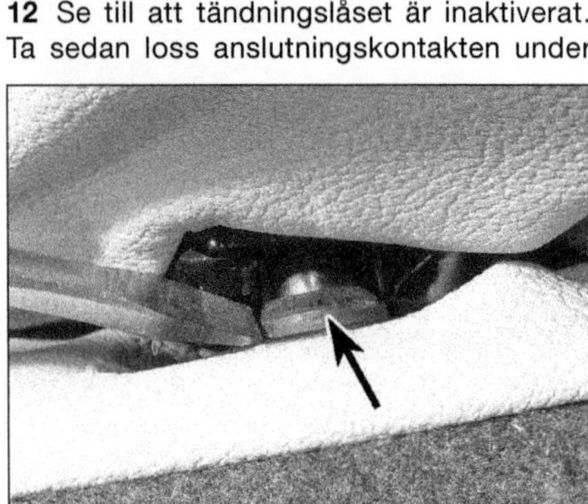
24.26 Tryck stoppringen (se pil) mot sätets ryggstöd med en skruvmejsel

24.31 Ta loss plastbrickan (se pil)

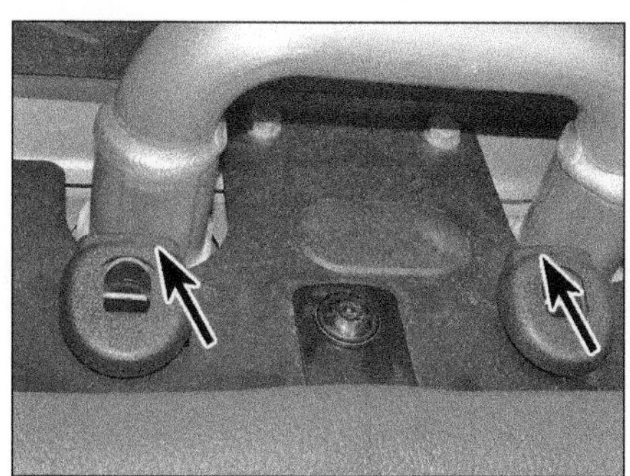

24.35 Tryck ner klämmorna (se pilar) och dra nackskyddet uppåt

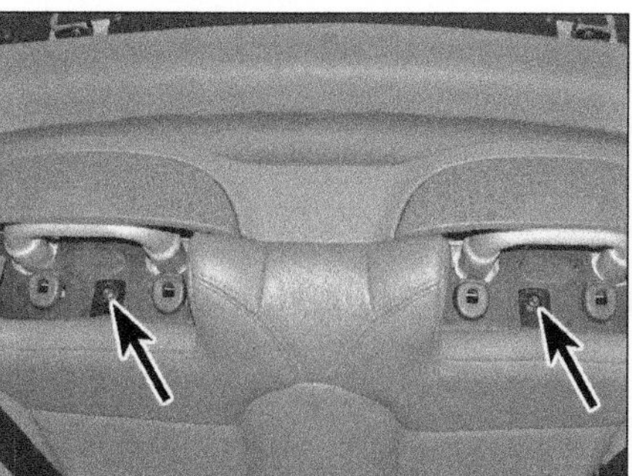

24.36 Skruva loss de övre torxskruvarna som håller fast ryggstödet (se pilar)

24.37a Dra loss ryggstödet från fästklämmorna i plast (se pil)

Tryck in sidopanelens klädsel medan du lyfter ryggstödet så att den inte skadas.

31 Vinkla ryggstödet framåt/uppåt och lossa det från mittfästbygeln. Ta loss plastbrickan **(se bild)**.

32 Monteringen utförs i omvänd ordningsföljd mot demonteringen.

Cabrioletmodeller

33 Ta bort dynan i baksätet enligt beskrivningen i detta kapitel.

34 Skruva loss bultarna som håller fast säkerhetsbältenas nedre förankringar på vänster och höger sida.

35 Tryck ner spärrarna och dra loss nackstöden från ryggstödet **(se bild)**.

36 Skruva loss de övre skruvarna som håller fast nackstödets kudde **(se bild)**.

37 Dra nederdelen av ryggstödet lite framåt så att de nedre fästklämmorna lossnar och ta loss säkerhetsbältesstyrningen från ryggstödet. Dra ut säkerhetsbältet från styrningarna och ta loss ryggstödet **(se bilder)**. Observera att det kan vara svårt att få loss ryggstödet från klämmorna – troligen kommer klämmorna att skadas när du gör detta.

38 Monteringen utförs i omvänd ordningsföljd mot demonteringen, men dra åt säkerhetsbältets fästbultar till angivet moment.

25 Säkerhetsbälten – demontering och montering

⚠ ***Varning: Om bilen har varit inblandad i en olycka där bältessträckaren aktiverades måste hela säkerhetsbältet bytas ut.***

Främre säkerhetsbälte:

Modeller med fyra eller fem dörrar

1 Koppla loss batteriets minusledare enligt beskrivningen i kapitel 5A. Vänta i minst tre minuter innan du börjar arbeta igen så att eventuell kvarvarande spänning förbrukas.

2 Ta bort B-stolpens panel enligt beskrivningen i avsnitt 26.

3 Skruva loss bultarna och ta loss säkerhetsbältesstyrningen från stolpen **(se bild)**.

4 Skruva loss fästbulten och ta loss höjdjusterarenheten **(se bild)**.

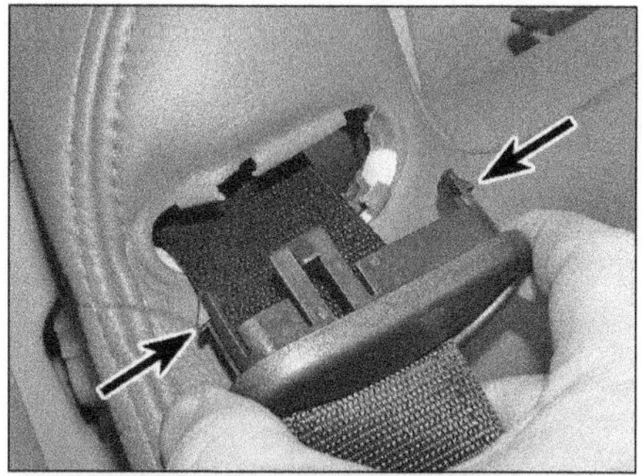

24.37b Tryck ner klämmorna (se pilar) och koppla loss bältesstyrningen. . .

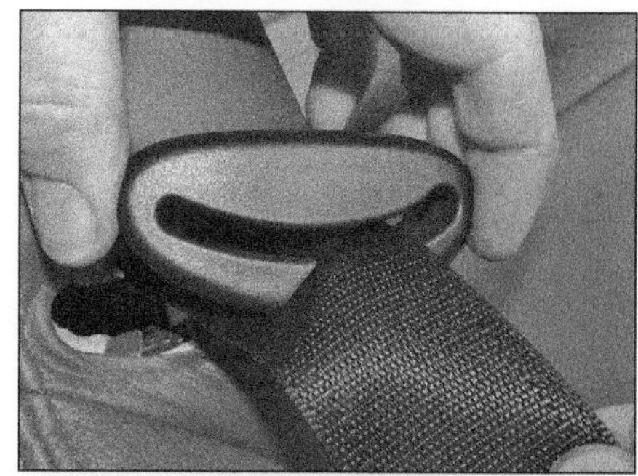

24.37c . . . mata sedan ut bältet genom springan i styrningen

5 Skruva loss bältesrullens fästbultar. Bänd upp låsklämman, koppla loss anslutningskontakten och ta bort bältesrullen **(se bilder)**.

6 Monteringen utförs i omvänd ordningsföljd, men applicera lite gänglåsningsmedel och dra åt fästbultarna till angivet moment.

Cabrioletmodeller

7 Denna uppgift är svår och kräver att

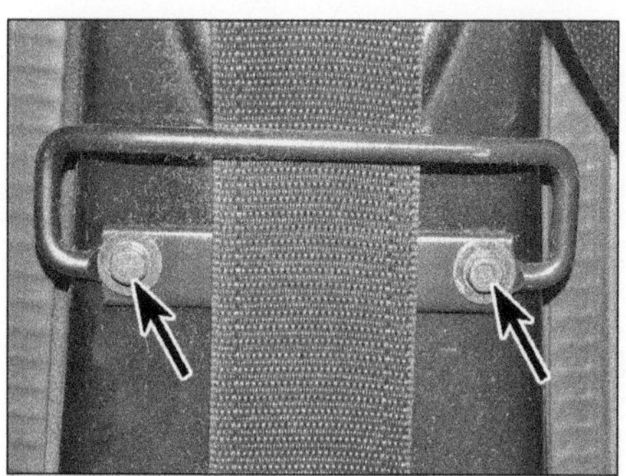

25.3 Bältesstyrningens bultar (se pilar)

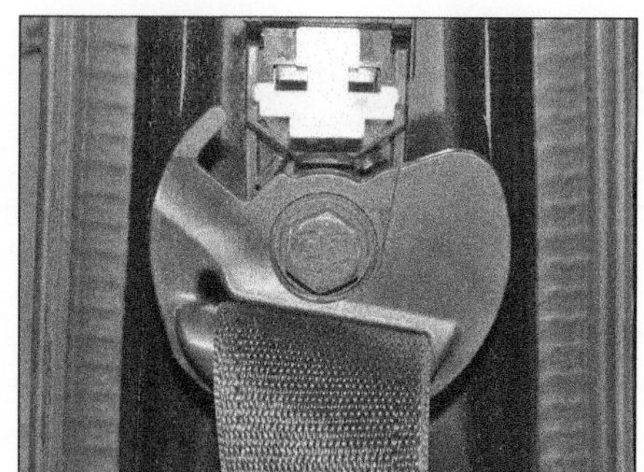

25.4 Skruva loss höjdjusterarbulten

25.5a Bältesrullens fästbultar (se pilar)

25.5b Bänd ut låsklämman och koppla loss anslutningskontakten

25.8 Bänd ut nederkanten och lyft ryggstödets ficka uppåt

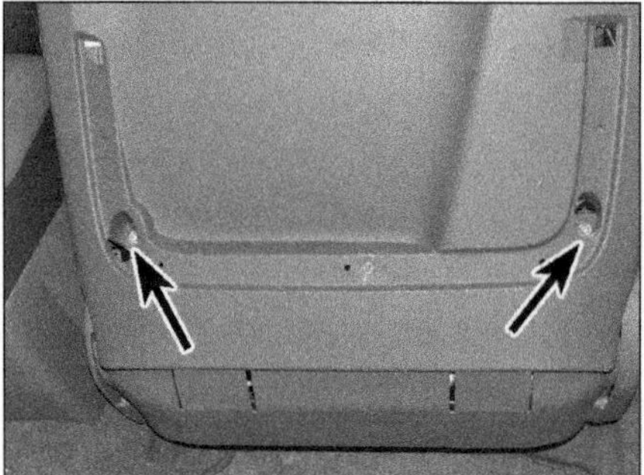

25.9 Skruva loss de två torxskruvarna längst ner på kåpan (se pilar)

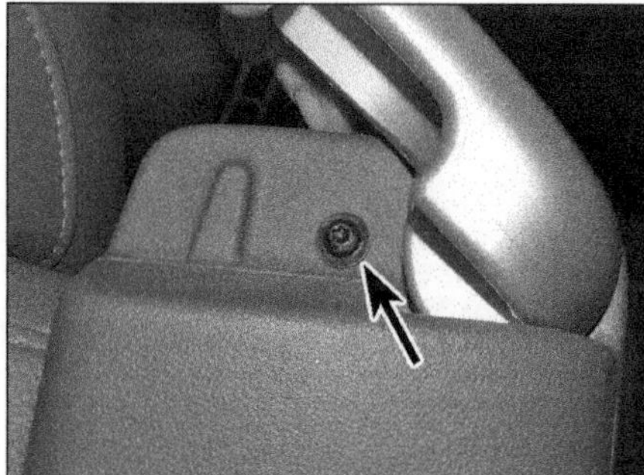

25.10a Skruva loss skruven (se pil) . . .

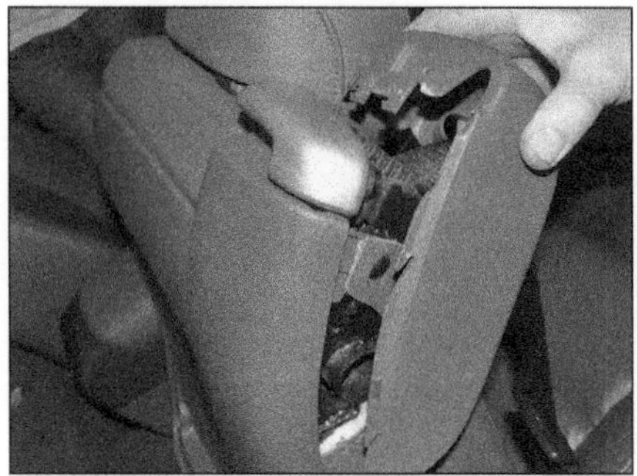

25.10b . . . och lyft kåpan rakt uppåt

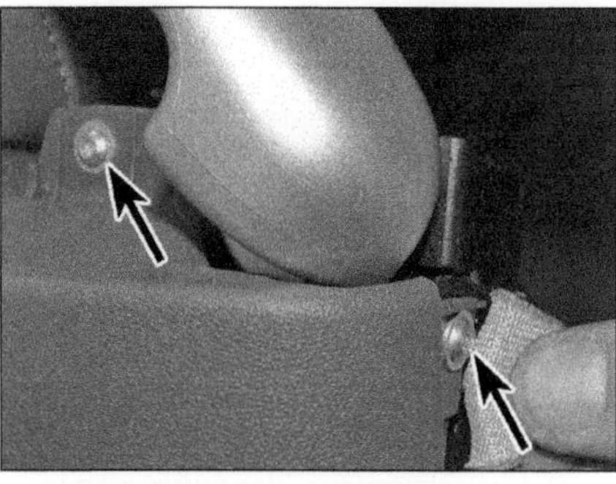

25.11 Skruva loss de två skruvarna (se pilar) och dra ryggstödskåpan nedåt

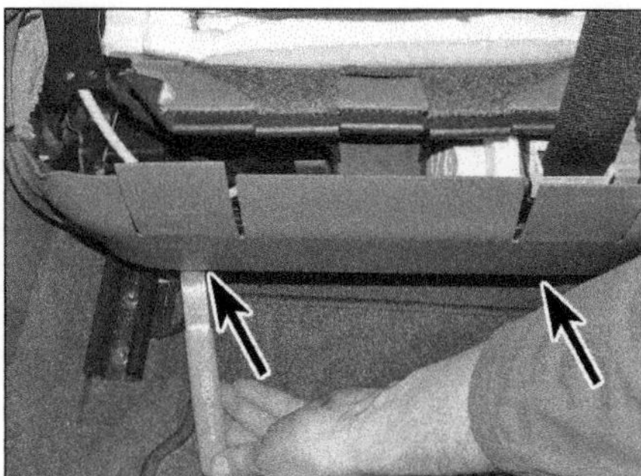

25.12 Bänd ut de två plastklämmorna (se pilar) med ett plattbladigt verktyg

sittdynan demonteras. Demontera framsätet enligt beskrivningen i avsnitt 24.

8 Ta bort fickan på ryggstödet genom att bända ut nederkanten tills klämmorna lossnar och lyfta bort den **(se bild)**.

9 Skruva loss de två skruvarna längst ner på ryggstödets kåpa **(se bild)**.

10 Lyft reglagehandtaget och skruva loss torxskruven. Dra bältets plastkåpa rakt uppåt **(se bilder)**.

11 Skruva loss ryggstödskåpans övre skruvar. Dra ryggstödskåpan nedåt och ta bort den **(se bild)**.

12 Bänd ut de två plastklämmorna och lossa den bakre nedre plastkåpan **(se bild)**.

13 Skruva loss skruven och tryck plasthöljet framåt **(se bild)**.

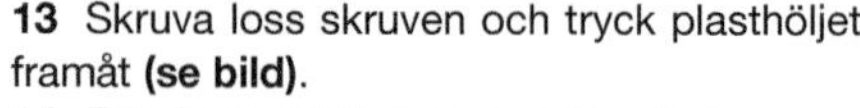

14 Bänd ut spärrhaken och koppla loss anslutningskontakten vid foten av bältesrullen.

15 Skruva loss bulten och lyft bort bältesrullen **(se bilder)**.

16 Skruva loss de två torxskruvarna som håller fast den övre bältesstyrningen **(se bild)**.

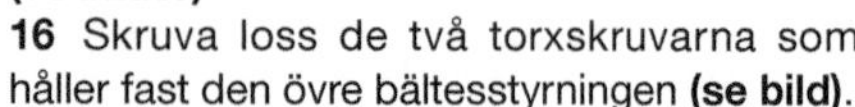

17 Skruva loss torxskruven som håller fast säkerhetsbältets nedre förankring på sidan av sätet **(se bild)**.

18 Mata ut säkerhetsbältet genom plastenheten och ta bort enheten.

19 Monteringen utförs i omvänd ordning, men dra åt fästbultarna till angivet moment.

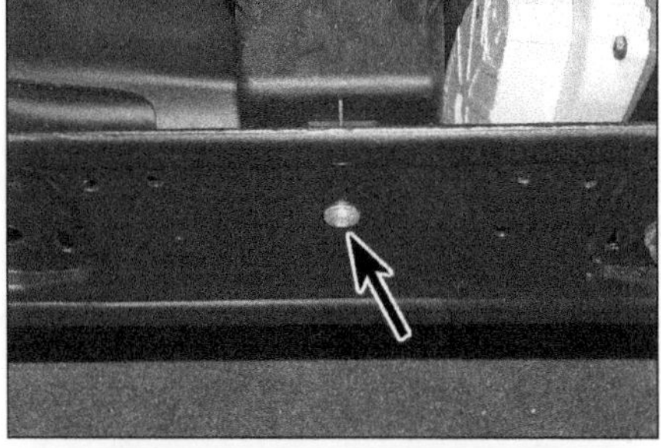

25.13 Skruva loss skruven (se pil) och tryck plastpanelen framåt för att komma åt bältesrullen

25.15a Skruva loss bulten som håller fast bältesrullen . . .

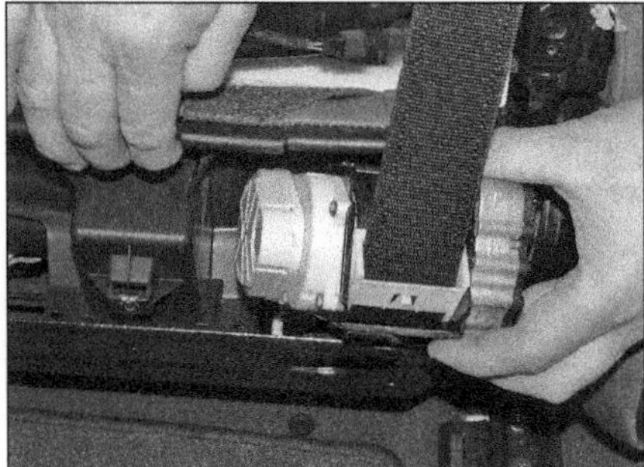

25.15b . . . och lyft bort rullen

25.16 Den övre bältesstyrningen sitter fast med två torxskruvar (se pilar)

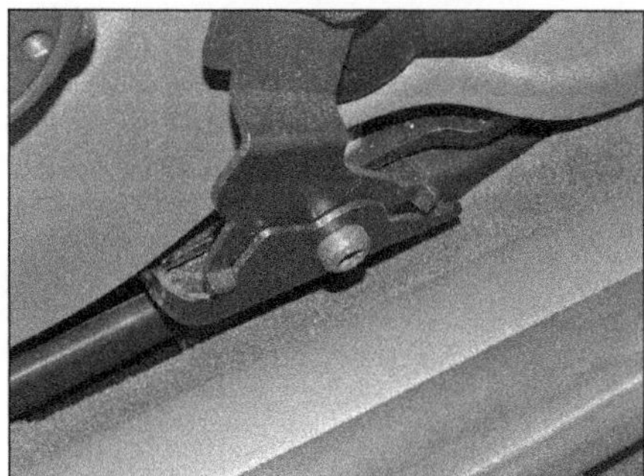

25.17 Skruva loss säkerhetsbältets nedre förankring

25.21a Sidostoppningen sitter fast med en klämma längst upp (se pil) och en krok halvvägs upp (se pil) . . .

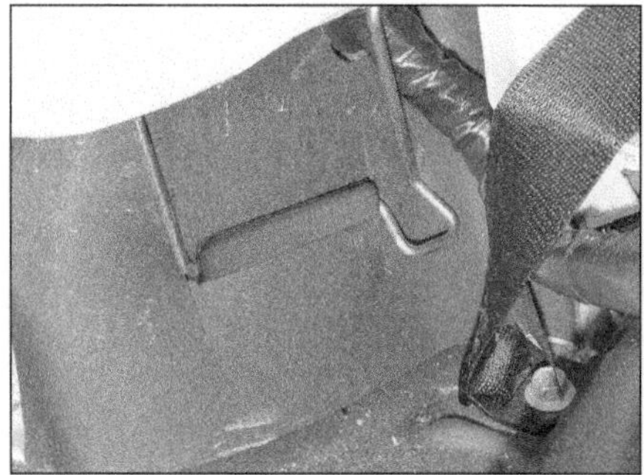

25.21b . . . hakar i en fästbygel vid foten . . .

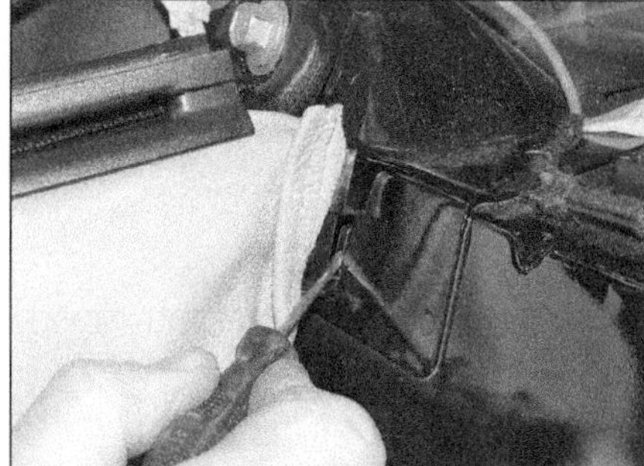

25.21c . . . och sitter fast med en klämma längst upp

Baksätets sidobälten

Modeller med fyra dörrar

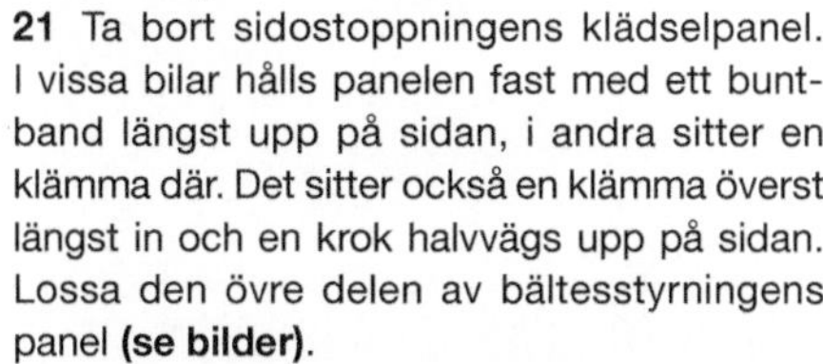

20 Demontera C-stolpens klädselpanel enligt beskrivningen i avsnitt 26.

21 Ta bort sidostoppningens klädselpanel. I vissa bilar hålls panelen fast med ett buntband längst upp på sidan, i andra sitter en klämma där. Det sitter också en klämma överst längst in och en krok halvvägs upp på sidan. Lossa den övre delen av bältesstyrningens panel **(se bilder)**.

22 Ta bort den övre bältesstyrningen.

23 Dra ut spärren och koppla loss bältesrullens anslutningskontakt **(se bild)**.

24 Skruva loss bultarna som håller fast bältesrullen och det nedre förankringen och ta bort bältesenheten **(se bild)**.

25 Monteringen utförs i omvänd ordning, men dra åt fästbultarna till angivet moment.

Modeller med 5 dörrar

26 Demontera C-stolpens klädselpanel enligt beskrivningen i avsnitt 26.

27 Ta bort baksätet enligt beskrivningen i avsnitt 24.

28 Bänd ut plastnitarna. Ta sedan bort sidostoppningens klädselpanel genom att dra den uppåt så att klämmorna lossnar **(se bild 26.40)**.

29 Ta bort bagageutrymmets sidopanel enligt beskrivningen i avsnitt 26.

30 Ta bort den nedre förankringens bultar/muttrar.

31 Skruva loss fästbultarna och ta ut bältesrullen från bilen **(se bilder)**.

32 Monteringen utförs i omvänd ordning, men dra åt fästbultarna till angivet moment.

Baksätets mittbälte

33 Demontera baksätets sittdynor och ryggstöd enligt beskrivningen i avsnitt 24.

34 Tryck ner klämmorna och dra loss nackstöden från 60 %-sektionen av ryggstödet **(se bild)**.

35 Lossa klämman med en skruvmejsel och dra loss nackskyddets hylsor från ryggstödet **(se bild)**.

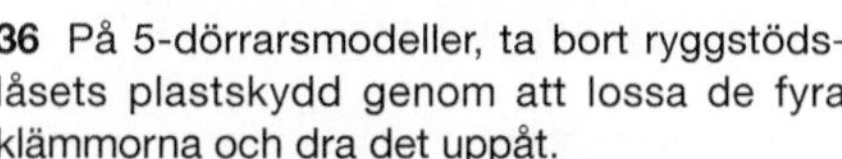

25.23 Bänd upp den gula låsklämman och koppla loss anslutningskontakten

25.24 Bultarna till bältesrullen och den övre bältesstyrningen (se pilar)

36 På 5-dörrarsmodeller, ta bort ryggstödslåsets plastskydd genom att lossa de fyra klämmorna och dra det uppåt.

37 Lossa bältesstyrningen från överdelen av ryggstödet **(se bild)**.

38 Lossa sidorna och överdelen av baksätets klädsel från ryggstödet **(se bild)**.

39 Vik försiktigt bort panelen på ryggstödets översida och dra ut stoppningen så att du kommer åt bältesrullen **(se bild)**.

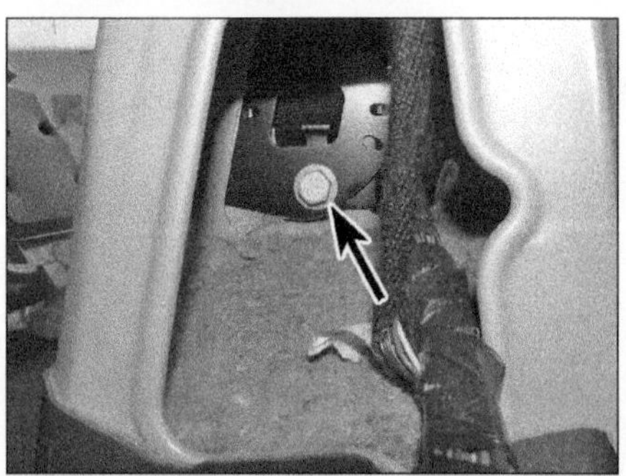

25.31a Det bakre säkerhetsbältets fästbult på framsidan (se pil) . . .

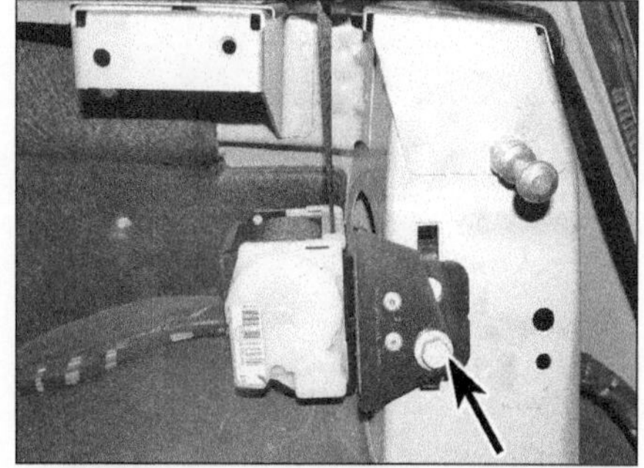

25.31b . . . och fästbulten på insidan (se pil)

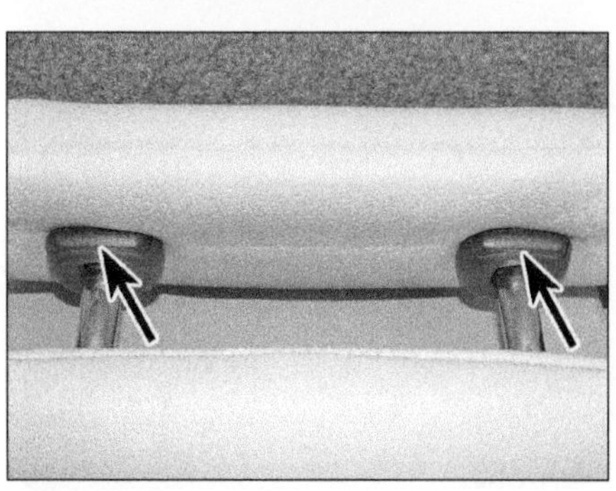

25.34 Tryck ner klämmorna och dra loss nackskyddet från ryggstödet (se pilar)

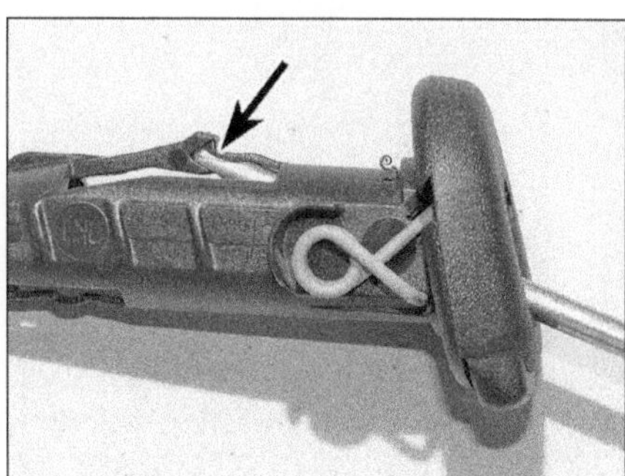

25.35 Haka fast en skruvmejsel i klämman (se pil) och bänd in klämman i hylsan

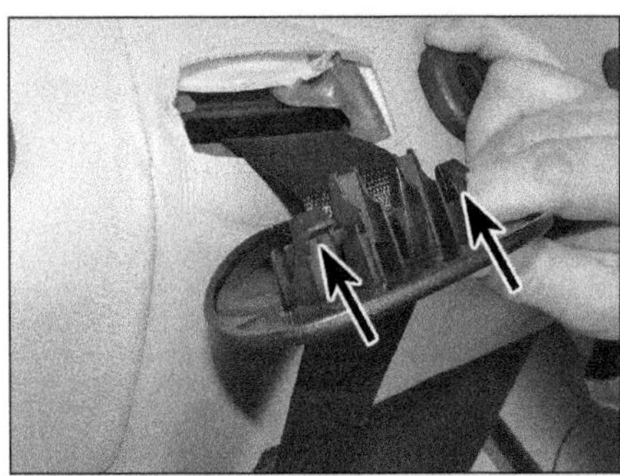

25.37 Tryck ner klämmorna (se pilar) och dra loss bältesstyrningen

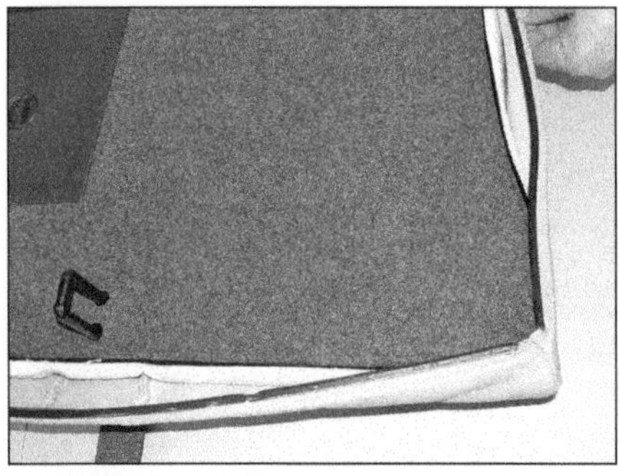

25.38 Lossa klädseln från ryggstödets kanaler

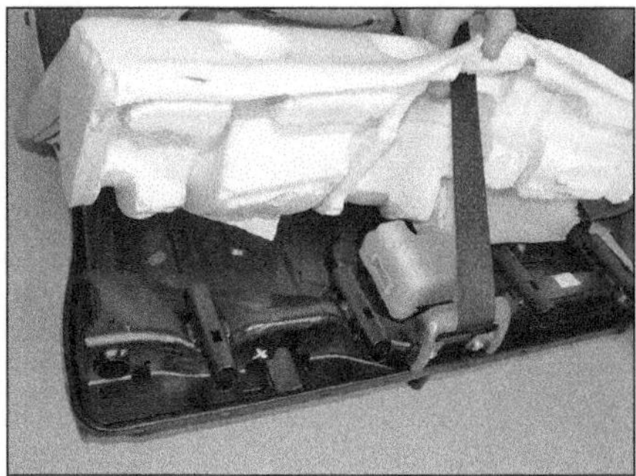

25.39 Dra loss panelen och skumgummit från ryggstödet

25.40a Skruva loss torxskruvarna och ta bort bälteshållaren . . .

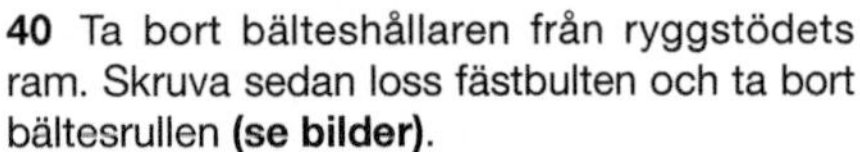

40 Ta bort bälteshållaren från ryggstödets ram. Skruva sedan loss fästbulten och ta bort bältesrullen **(se bilder)**.

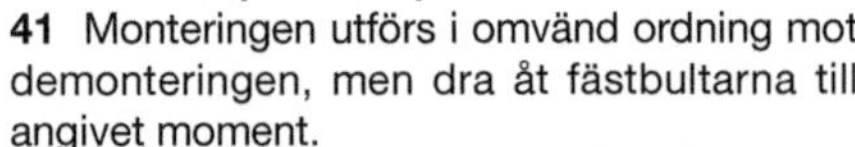

41 Monteringen utförs i omvänd ordning mot demonteringen, men dra åt fästbultarna till angivet moment.

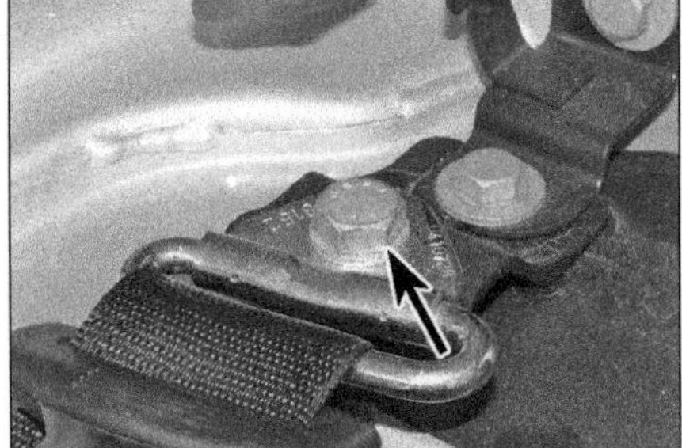

25.43 Skruva loss bulten (se pil) och koppla loss den övre bältesstyrningen

25.45 Bänd upp den gula låsklämman (se pil) och dra anslutningskontakten uppåt

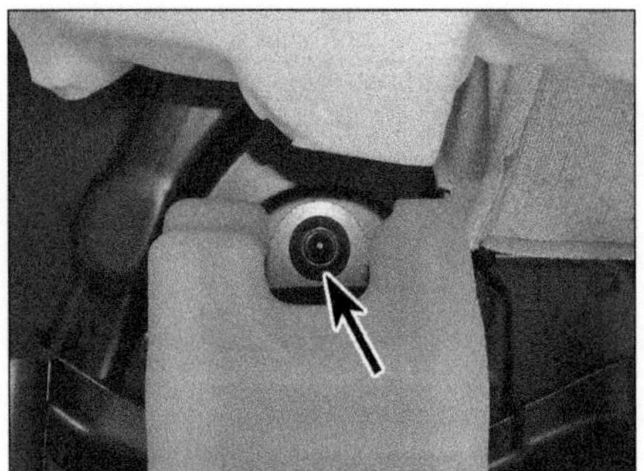

25.40b . . . skruva sedan loss muttern (se pil) . . .

Bakre säkerhetsbälte

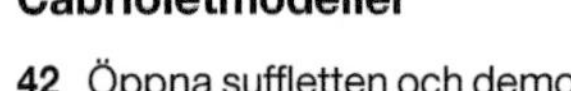

Cabrioletmodeller

42 Öppna suffletten och demontera baksätets ryggstöd enligt beskrivningen i avsnitt 24.

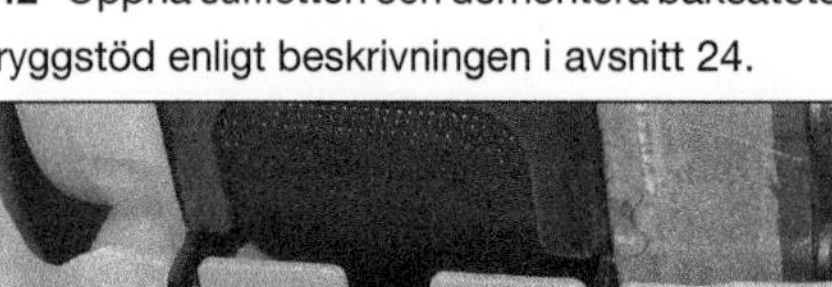

25.44 Skruva loss bältesrullens fästbult

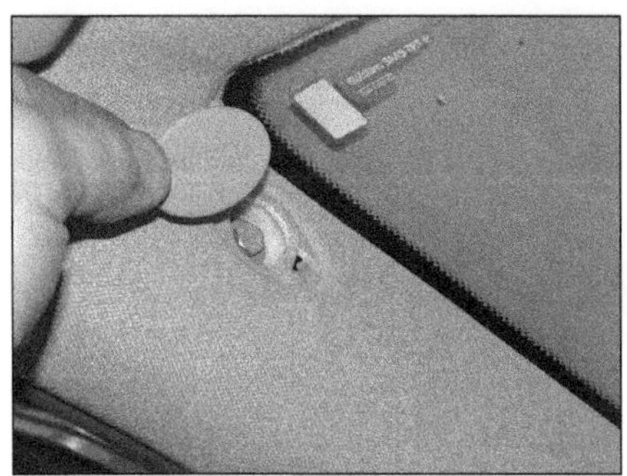

26.1 Bänd ut AIRBAG-emblemet och skruva loss skruven

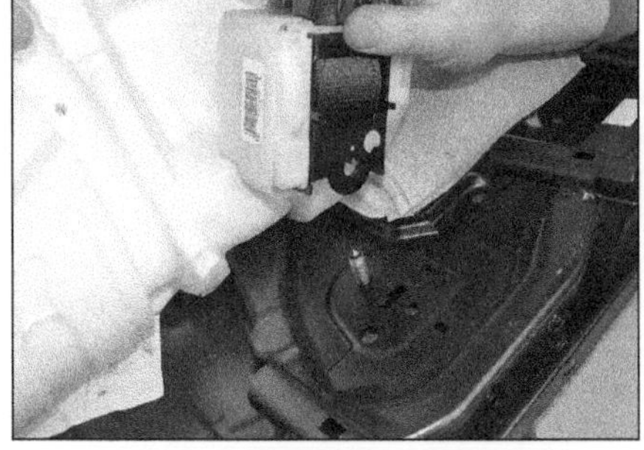

25.40c . . . och ta bort bältesrullen

43 Se till att tändningen är avslagen och ta sedan loss bältets övre styrning **(se bild)**.

44 Skruva loss bulten som håller fast bältesrullen och ta ut rullen från fördjupningen **(se bild)**.

45 Koppla loss anslutningskontakten när du tar bort rullen **(se bild)**.

46 Monteringen utförs i omvänd ordning, men dra åt fästbultarna till angivet moment.

26 Inre klädselpaneler – demontering och montering

A-stolpens klädsel

Modeller med fyra eller fem dörrar

1 Öppna aktuell framdörr och bänd ut AIRBAG-emblemet längst upp på stolpens panel **(se bild)**.

2 Skruva loss skruven under emblemet.

3 Börja längst upp och dra loss panelen från stolpen.

4 Vid monteringen placerar du panelen på rätt ställe och trycker på varje bult tills den hakar i. Dra åt fästskruvarna ordentligt.

Cabrioletmodeller

5 Öppna suffletten och ta bort de båda främre solskydden enligt beskrivningen längre fram i detta avsnitt.

6 Bänd försiktigt loss innerbelysningsenheten från den övre panelen på vindrutans ram **(se bild)**. Koppla loss anslutningskontakterna. Observera att belysningen fortfarande är kopplad till solskyddets kablage.

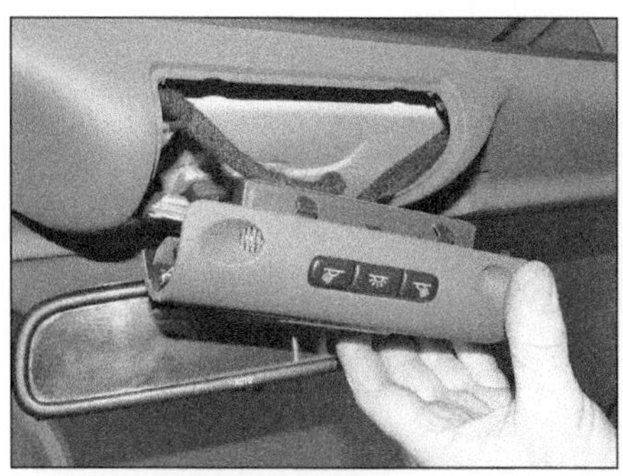

26.6 Dra innerbelysningens bakre kant nedåt och ta bort belysningen

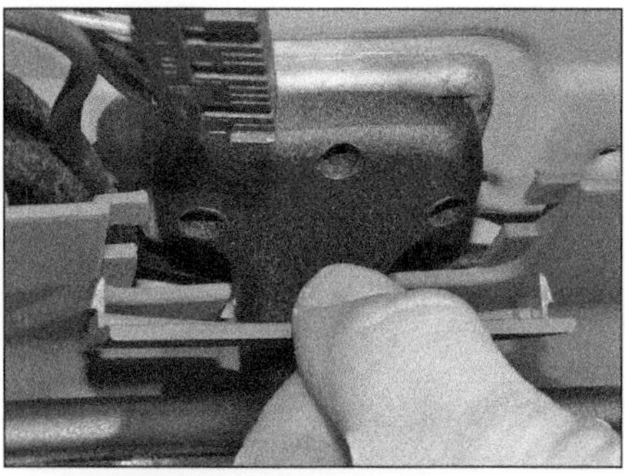

26.7a Dra ner plastkåpan . . .

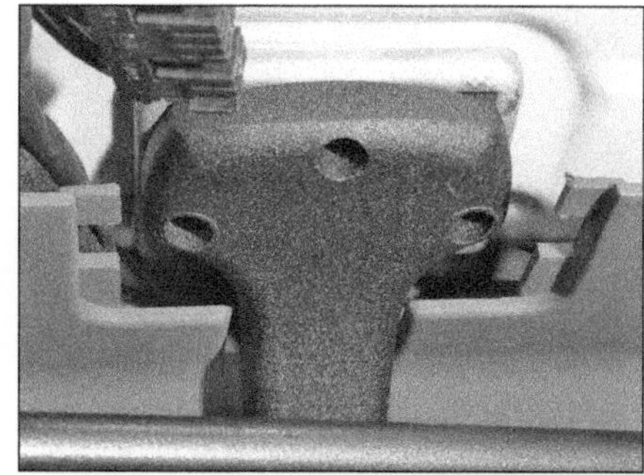

26.7b . . . skruva sedan loss de tre skruvarna och ta bort innerspegeln

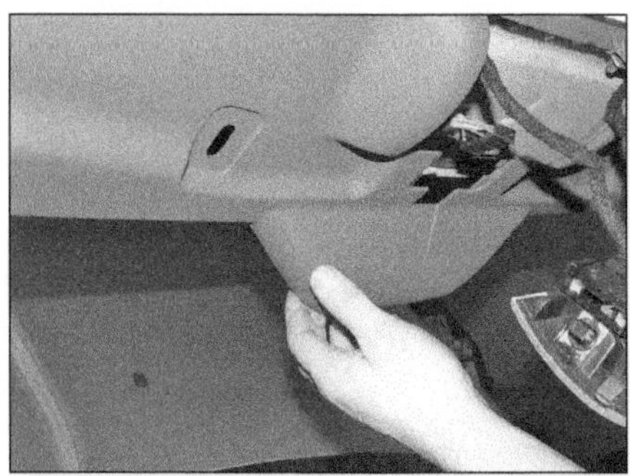

26.8 Dra den främre kanten av vindrutans klädselpanel lite nedåt

26.9 Dra loss A-stolpens panel – observera tapparna vid panelens fot (se pilar)

26.14 Dra rampanelerna rakt uppåt så att klämmorna lossnar

7 Dra loss spegelbasens kåpa. Skruva sedan loss de tre skruvarna och ta bort innerspegeln **(se bilder)**. Koppla loss eventuella anslutningskontakter innan du tar bort spegeln.

8 Dra ner vindrutans klädselpanel längst fram. Lossa den sedan genom att dra den bakåt **(se bild)**.

9 Dra i ovankanten av A-stolpens panel för att lossa den från stolpen **(se bild)**. Koppla loss eventuella anslutningskontakter innan du tar bort panelen.

10 Monteringen utförs i omvänd ordningsföljd. Se till att gummilisterna sitter på plats och byt ut eventuella skadade panelfästen.

B-stolpens klädsel

11 Flytta framsätet så långt framåt det går och vinkla ryggstödet framåt.

12 Ta bort kåpan och skruva sedan loss bulten från säkerhetsbältets nedre förankring **(se bild 24.3)**.

13 Ta bort dynan i baksätet enligt beskrivningen i avsnitt 24

14 Dra fram- och bakdörrens rampaneler rakt uppåt så att fästklämmorna lossnar **(se bild)**.

15 Justera säkerhetsbältena så att de sitter så lågt som möjligt. Dra sedan nederkanten av B-stolpens panel ut från stolpen och nedåt så att den lossnar **(se bilder)**.

16 Mata ut säkerhetsbältet genom öppningen i panelen när du tar bort den.

17 Monteringen utförs i omvänd ordningsföljd mot demonteringen.

C-stolpens klädsel

Modeller med fyra dörrar

18 Demontera bagagehyllan enligt beskrivningen senare i detta avsnitt.

19 Bänd ut AIRBAG-emblemet och ta loss bulten som sitter i fördjupningen **(se bild)**.

20 Bänd försiktigt loss klädselpanelen från C-stolpen med hjälp av en bred skruvmejsel.

21 Ta bort panelen från bilen.

22 Monteringen utförs i omvänd ordningsföljd mot demonteringen, men notera hur tappen längst upp på panelen hakar i den inre takklädseln **(se bild)**.

26.15a Dra i nederkanten på B-stolpens panel så att klämmorna lossnar (se pilar)

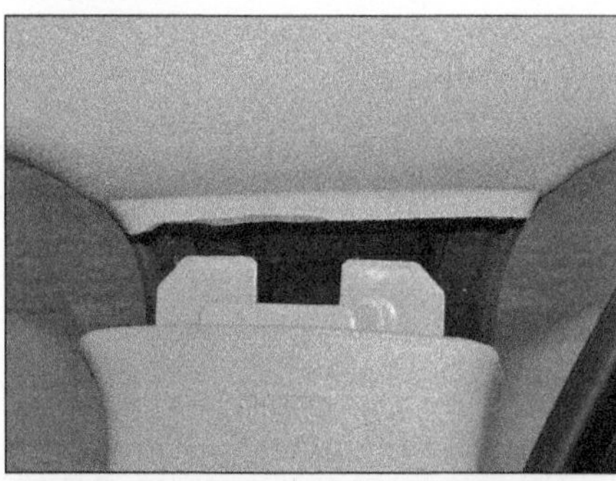

26.15b Notera hur tapparna på B-stolpens panel sitter bakom den inre takklädseln

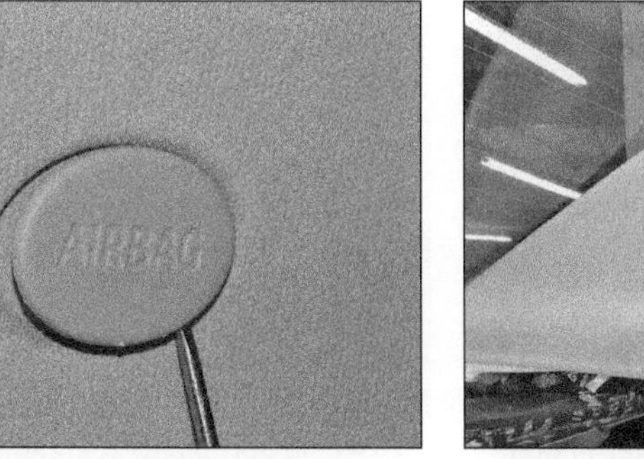

26.19 Bänd ut AIRBAG-emblemet

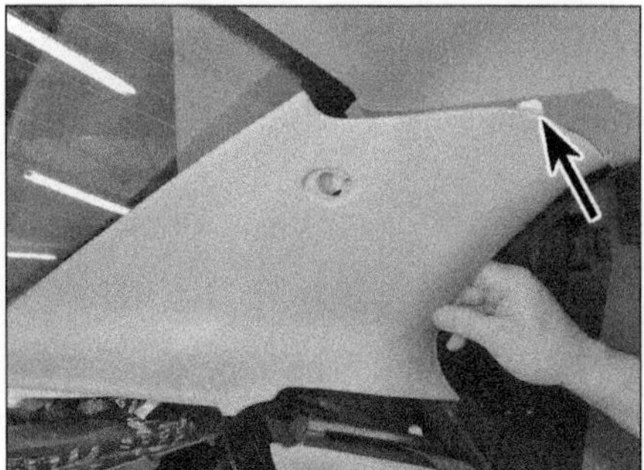

26.22 Observera tappen längst upp på C-stolpens panel (se pil)

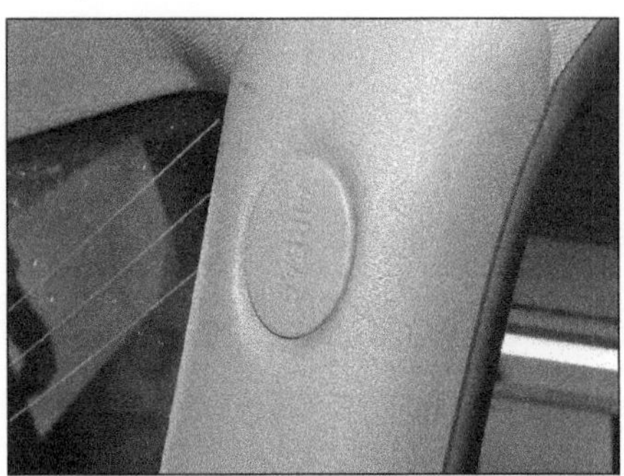

26.23 Bänd ut AIRBAG-emblemet

26.28a Bänd försiktigt loss högtalargallret . . .

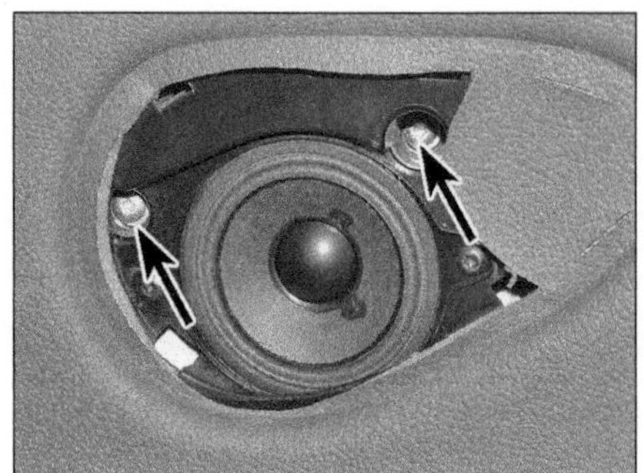

26.28b . . . skruva sedan loss panelskruvarna (se pilar)

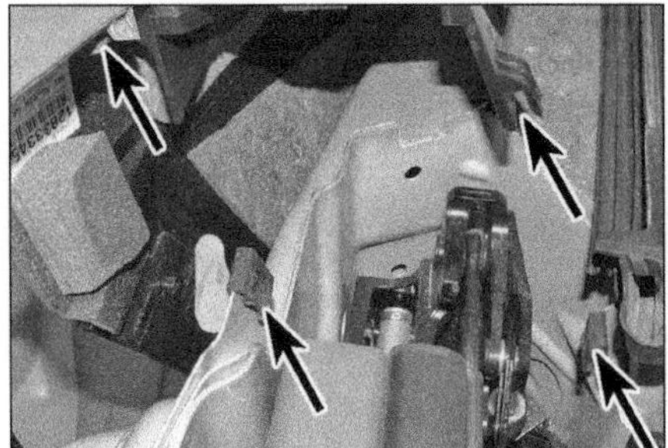

26.31 Vid montering, se till att krokarna hakar i gummidetaljerna på rätt sätt (se pilar)

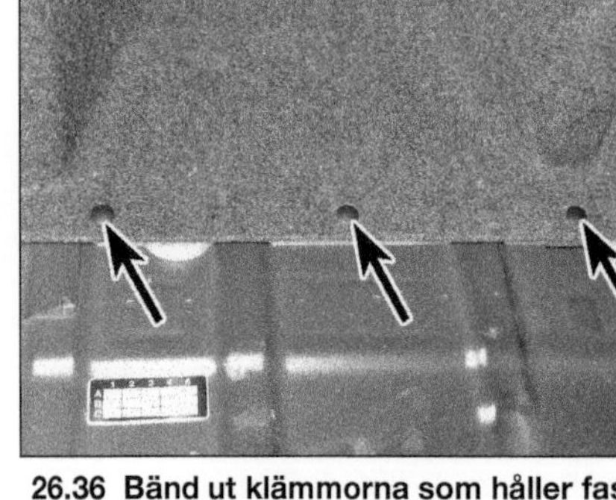

26.36 Bänd ut klämmorna som håller fast sidokåpan (se pilar)

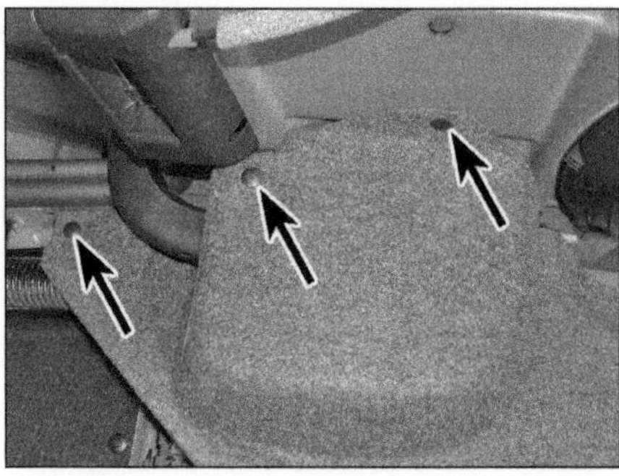

26.37a Bänd ut de tre klämmorna längst upp (se pilar) . . .

Modeller med 5 dörrar

23 Vinkla ner baksätets ryggstöd. Bänd sedan loss AIRBAG-emblemet längst upp på stolpens panel och skruva loss skruven **(se bild)**.

24 Ta bort klädselpanelen genom att dra den uppåt och utåt från stolpen.

25 Monteringen utförs i omvänd ordningsföljd.

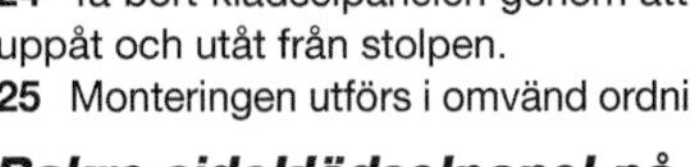

Bakre sidoklädselpanel på cabriolet

Cabrioletmodeller

26 Öppna suffletten helt.

27 Ta bort ryggstödet och kudden i baksätet enligt beskrivningen i avsnitt 24.

28 Bänd försiktigt ut klädselpanelens högtalargaller. Skruva sedan loss panelens två fästskruvar som sitter i öppningen **(se bilder)**.

29 Lyft upp panelen. Se till att tätningsremsorna i gummi på panelens över- och framkant inte lossnar.

30 Koppla loss högtalarkablarna och koppla loss dörrmodulens anslutningskontakt(er).

31 Monteringen utförs i omvänd ordningsföljd mot demonteringen, men se till att dörrens gummitätningsremsor sitter rätt mot sidoklädselpanelen **(se bild)**.

Bagageutrymmets sidoklädselpanel

Modeller med fyra dörrar

32 Ta bort ryggstödet i baksätet enligt beskrivningen i avsnitt 24

33 Lossa bagageutrymmets golvpanel.

34 Ta bort expandernitarna i plast från bagagehyllan **(se bild 26.71)**.

35 Ta bort sidostoppningens klädselpanel. I vissa bilar hålls panelen fast med ett buntband längst upp på sidan, i andra sitter en klämma där. Det finns också en klämma längst in på överkanten och en krok på sidan **(se bilder 25.21a, 25.21b och 25.21c)**.

36 Bänd ut de tre klämmorna och ta bort bagageutrymmets inspektionskåpa **(se bild)**.

37 Bänd ut de fyra klämmorna och ta bort sidoklädselpanelen **(se bilder)**.

38 Monteringen utförs i omvänd ordningsföljd mot demonteringen.

Modeller med 5 dörrar

39 Demontera C-stolpens klädselpanel enligt beskrivningen tidigare i detta avsnitt.

40 Ta bort sidostoppningens klädselpanel genom att ta loss de tre klämmorna högst upp och sedan dra panelen uppåt **(se bild)**.

41 Tryck in centrumsprinten, bänd ut plastexpanderniten, lossa kåpans pinnbult och ta bort klämman från sidopanelens framkant **(se bild)**.

42 Bänd ut kåpan i mitten av bagageutrymmets fästringar och skruva loss torxskruven **(se bild)**.

43 Bänd loss bagageutrymmets belysning och koppla loss anslutningskontakterna.

26.37b . . . tryck sedan in centrumsprinten och bänd ut niten längst fram

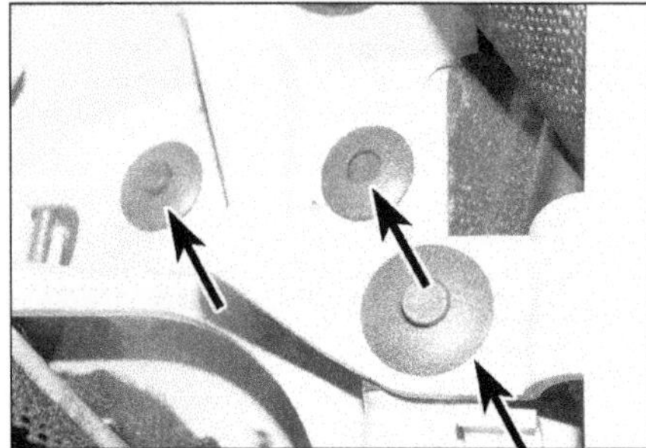

26.40 Tryck in centrumsprintarna och bänd ut plastnitarna längst upp på sidostoppningen (se pilar)

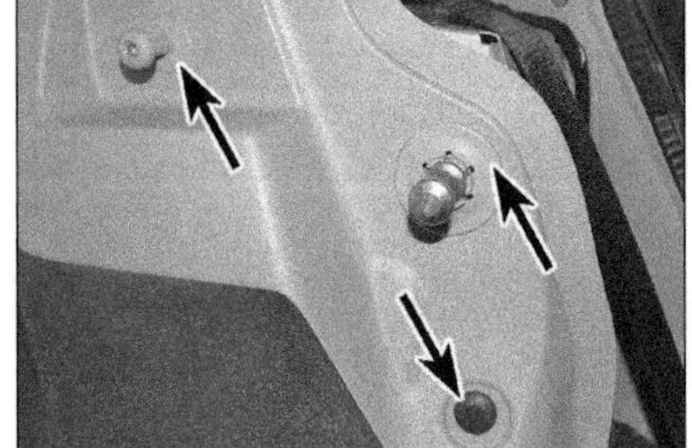

26.41 Ta bort plastexpanderniten, bänd loss klämman och skruva loss kåpans pinnbult (se pilar)

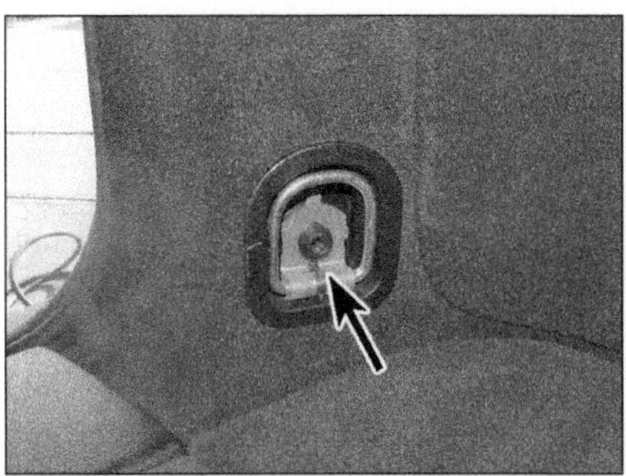
26.42 Skruva loss torxskruven i mitten på bagageutrymmets fästögla (se pil)

26.47a Tryck in centrumsprintarna och bänd ut klämmorna (se pilar) . . .

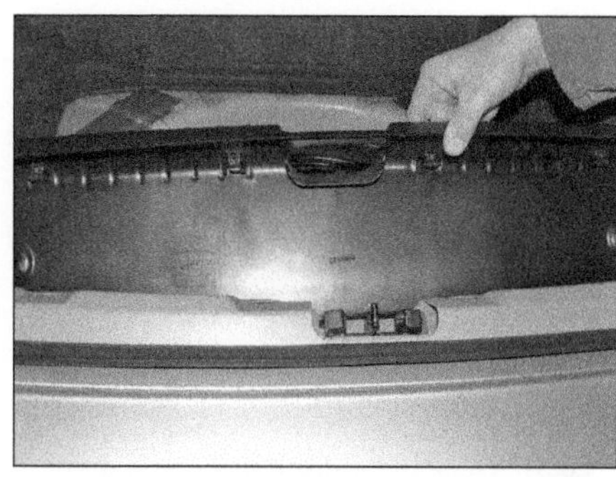
26.47b . . . dra sedan rampanelen rakt uppåt

44 Dra sidoklädselpanelen inåt så att de sex fästklämmorna lossnar och ta ut klädselpanelen ut bilen.

45 Monteringen utförs i omvänd ordningsföljd.

Cabrioletmodeller

46 Se till att suffletten är stängd. Öppna sedan bagageluckan och ta bort golvpanelen.

47 Tryck in centrumsprintarna. Ta sedan bort plastexpandernitarna som fäster bagageutrymmets rampanel. Dra panelen rakt uppåt så att fästklämmorna lossnar **(se bilder)**.

48 Ta bort sidopanelen från aktuell sida av bagageluckans öppning **(se bild)**.

49 Bänd loss de tre klämmorna (vänster sida) eller de två klämmorna (höger sida) längst ner på panelen. Skruva loss skruven och ta bort expanderniten längst upp **(se bilder)**.

50 Ta loss sidoklädselpanelen. Koppla loss armaturens anslutningskontakter när du tar bort panelen (om tillämpligt).

51 Monteringen utförs i omvänd ordningsföljd.

Inre takklädsel

52 Den inre takklädseln sitter fast i taket med klämmor och går bara att ta bort när alla detaljer som exempelvis handtag, solskydd, soltak (om sådant monterats), fasta fönsterglas och andra klädselpaneler har tagits bort och tätningsremsorna har lossats.

53 Observera att det krävs omfattande kunskap och erfarenhet för att kunna ta bort eller montera den inre takklädseln utan att skador uppkommer. Det är därför bättre att låta en återförsäljare eller bilklädselspecialist utföra detta.

Bakluckans klädselpanel

54 Öppna bakluckan och dra försiktigt i klädselpanelen ovanför bakrutan så att fästklämmorna lossnar **(se bild)**.

55 Dra panelerna på sidorna av rutan inåt och lossa dem från huvudpanelen **(se bild)**.

56 Bänd ut högtalargallren från huvudpanelen.

57 Bänd ut plastklämmorna i högtalargallrets öppningar **(se bild)**.

58 Skruva loss de två torxskruvarna längst ner på huvudpanelen och dra ut panelen från bakluckan så att de åtta tryckklämmorna lossnar **(se bild)**.

59 Se till att klämmorna sitter på plats på baksidan av bakluckans panel. Återstoden av monteringen utförs i omvänd ordningsföljd mot demonteringen.

Bakluckans klädselpanel

60 Öppna bakluckan och ta loss de två torxskruvarna och handtaget **(se bild 16.15)**.

61 Tryck in centrumsprintarna, bänd ut plastklämmorna och ta bort panelen **(se bild)**.

26.48 Bänd loss klämman och ta bort sidopanelen (se pil)

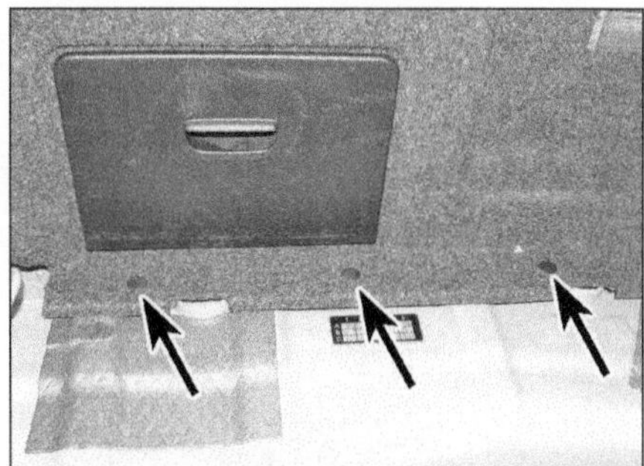
26.49a Bänd ut de tre klämmorna på den vänstra panelen (se pilar) . . .

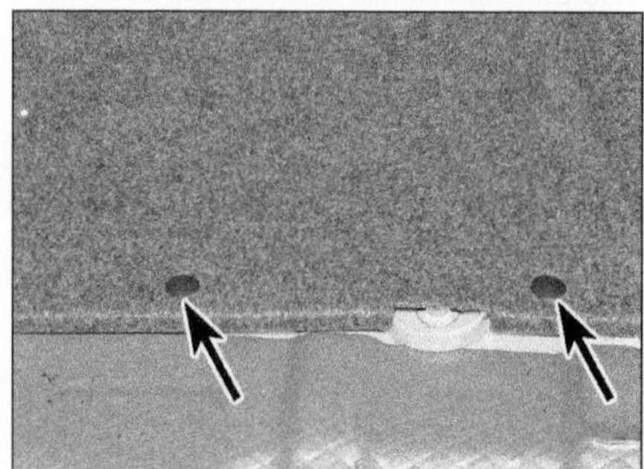
26.49b . . . eller de två klämmorna på den högra panelen (se pilar) . . .

26.49c . . . skruva sedan loss den övre klämman (bägge sidor)

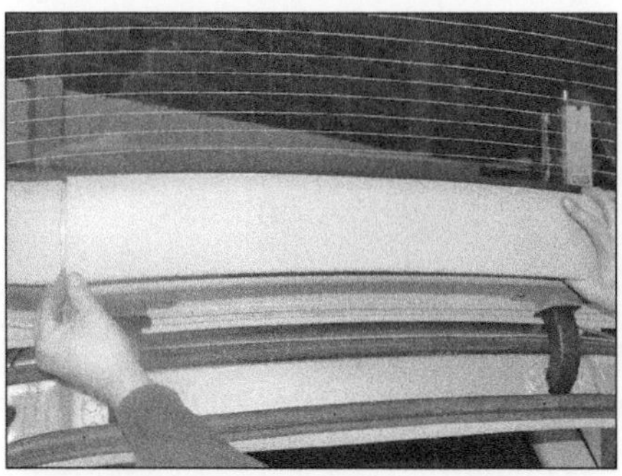
26.54 Dra ut bakluckans övre klädselpanel så att klämmorna lossnar

26.55 Dra sidopanelerna inåt så att klämmorna lossnar (se pil)

26.57 Tryck in centrumsprintarna och bänd ut plastnitarna i högtalargallrens öppningar (se pil)

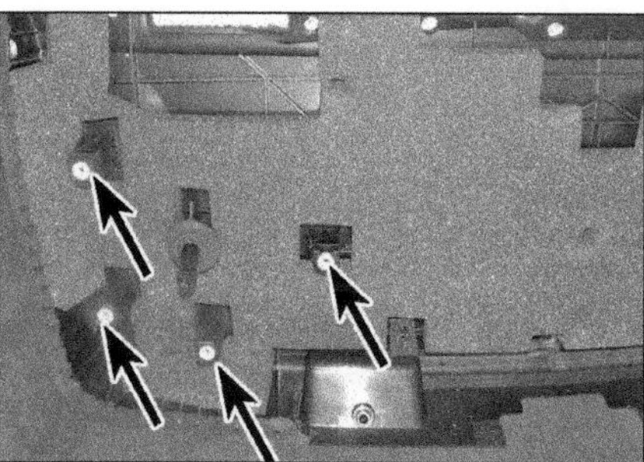
26.58 Dra ut bakluckans panel så att tryckklämmorna lossnar (pilarna visar klämmorna på höger sida)

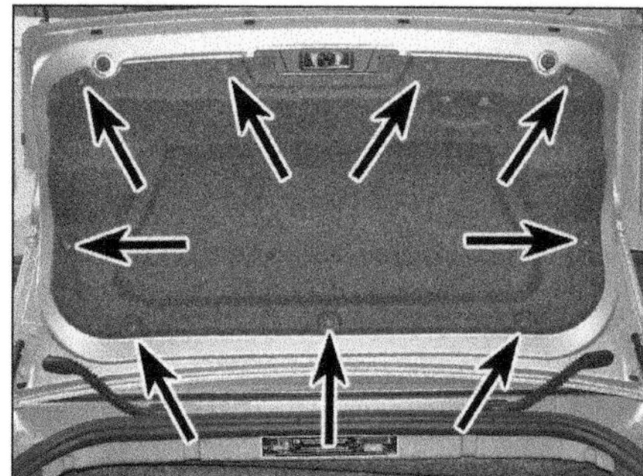
26.61 Tryck in centrumsprintarna och bänd ut klämmorna (se pilar).

26.63 Solskyddets inre fästskruv (se pil) – cabrioletmodeller

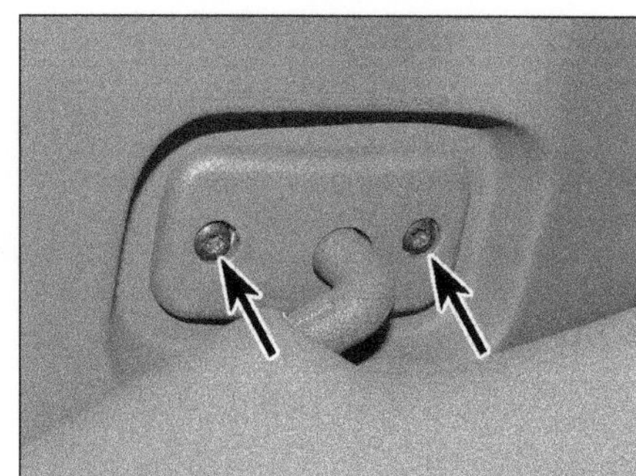
26.64 Solskyddets yttre fästskruvar (se pilar) – cabrioletmodeller

Observera att bakluckans panel på vissa modeller dessutom är fäst med två tryckklämmor – dra bara loss panelen.

62 Monteringen utförs i omvänd ordningsföljd mot demonteringen.

Solskydd

Cabrioletmodeller

63 Vrid ut solskyddet från innerfästet. Bänd sedan ner kåpan (om sådan monterats), skruva loss fästskruven och ta bort innerfästet **(se bild)**.

64 Bänd ner kåpan (om sådan finns), skruva loss skruven på det yttre fästet och ta bort det **(se bild)**. Koppla loss anslutningskontakten när du tar bort solskyddet.

65 Monteringen utförs i omvänd ordningsföljd.

Modeller med fyra eller fem dörrar

66 Bänd ner kåpan/pluggen som håller fast fästet **(se bilder)**.

67 För att ta loss ytterfästet, lossa klämmorna med två små skruvmejslar och dra fästet nedåt. För att koppla loss anslutningskontakten, ta bort handtaget och A-stolpens panel, dra ner den inre takklädseln lite och koppla loss anslutningskontakterna.

68 För att ta bort innerfästet, tryck fästet framåt och dra bakkanten nedåt.

69 För att montera fästena, dra försiktigt ner innertakklädselns framkant, placera spännbrickorna så att den stora klämman sitter framåt (inre fäste) eller så att klämman sitter framåt (yttre fäste). Tryck sedan fästet på plats och tryck kåpan/pluggen uppåt **(se bilder)**.

Bagagehylla – modeller med fyra dörrar

70 Fäll ner baksätets ryggstöd.

71 Tryck in centrumsprintarna och bänd ut de tre plastexpandernitarna från bagagehyllans främre kant **(se bild)**.

72 Dra loss bagagehyllan.

73 Monteringen utförs i omvänd ordningsföljd, men se till att tapparna på baksidan av hyllan sitter rätt i förhållande till fästena.

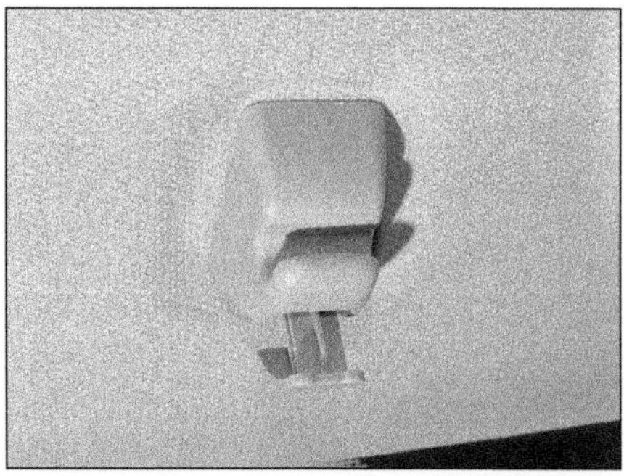
26.66a Bänd ner kåpan/pluggen för att ta bort det inre fästet . . .

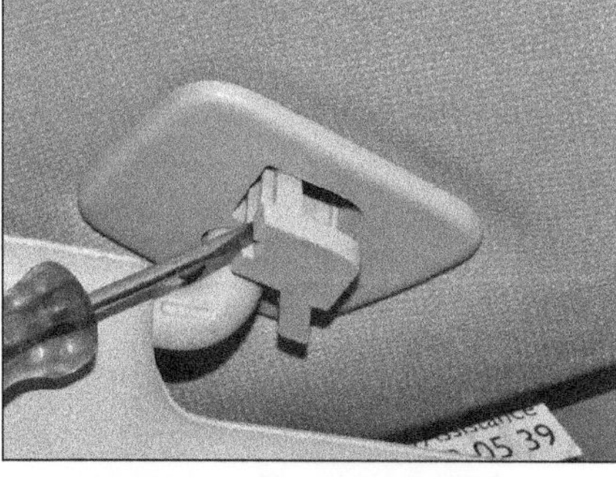
26.66b . . . eller det yttre fästet

26.69a Spännbrickan till det inre fästet . . .

26.69b . . . och det yttre fästet

26.69c Sätt fästplattan på plats ovanför den inre takklädseln

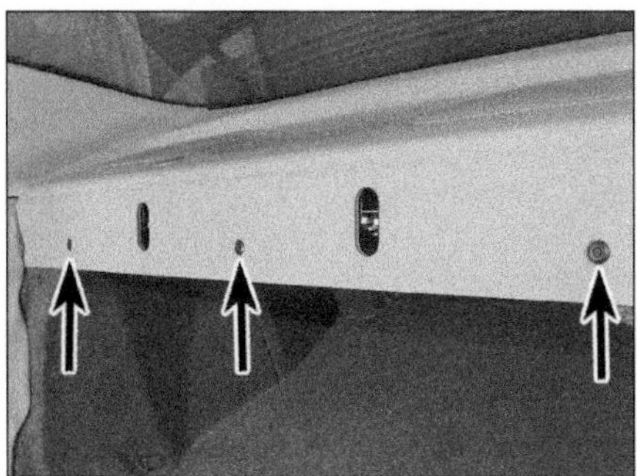

26.71 Tryck in centrumsprintarna och bänd ut bagagehyllans nitar (se pilar)

26.75 Lossa de två torxskruvarna (se pilar) som håller fast diagnoskontakten

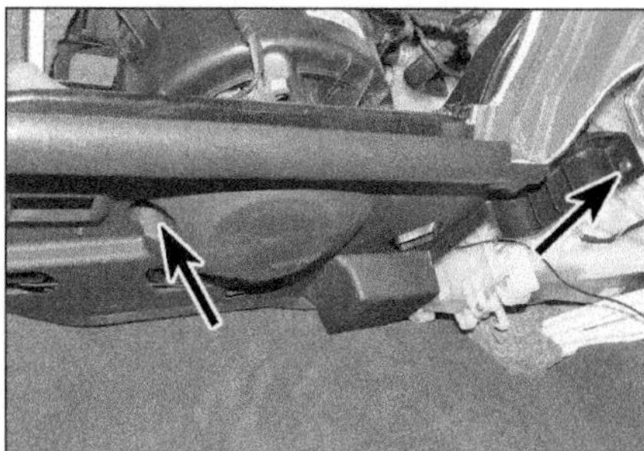

26.79 Skruva loss de två skruvarna (se pilar) som håller fast instrumentbrädans nedre panel på passagerarsidan

Instrumentbrädans nedre panel

Förarsidan

74 Ta loss hållaren och dra mittkonsolens sidopanel bakåt **(se bild 27.1b)**.

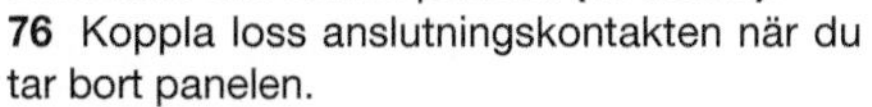

75 Ta bort diagnosuttaget från instrumentbrädans panel. Skruva sedan loss de två skruvarna och ta loss panelen **(se bilder)**.

76 Koppla loss anslutningskontakten när du tar bort panelen.

77 Monteringen utförs i omvänd ordningsföljd mot demonteringen.

Passagerarsidan

78 Ta loss hållaren och dra mittkonsolens sidopanel bakåt **(se bild 27.1b)**.

79 Skruva loss de två skruvarna, dra ner framkanten och lossa kroken på panelens baksida **(se bild)**.

80 Koppla loss anslutningskontakten när du tar bort panelen.

81 Monteringen utförs i omvänd ordningsföljd.

Handtag

82 Bänd ut plastkåpan/pluggen på vardera sidan om handtaget **(se bild)**.

83 Dra loss handtaget **(se bild)**.

84 Monteringen utförs i omvänd ordningsföljd.

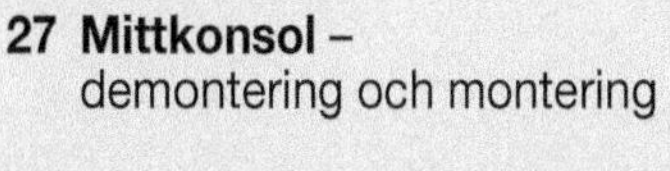

27 Mittkonsol - demontering och montering

Demontering

1 Skruva loss fästena och ta bort båda panelerna på framsidan av mittkonsolen **(se bilder)**.

2 Dra kåpan på baksidan av konsolen rakt bakåt så att fästklämmorna lossnar **(se bild)**.

3 Skjut de bakre sidopanelerna bakåt från konsolen **(se bild)**.

4 Börja bakifrån och bänd försiktigt upp panelen kring växelspaken. Ta bort den **(se bild)**.

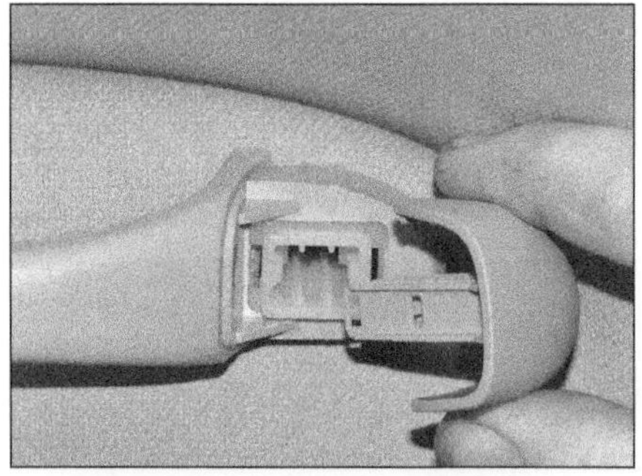

26.82 Bänd ut kåpan/pluggarna . . .

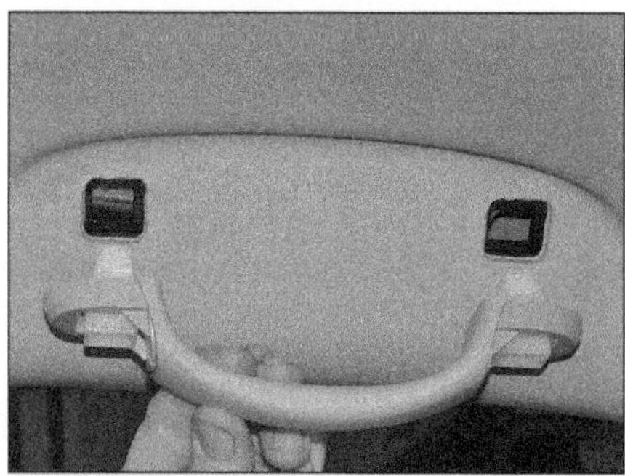

26.83 . . . och ta bort handtaget

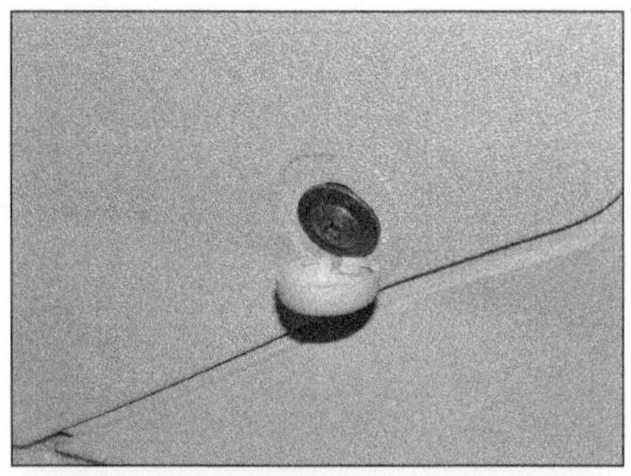

27.1a Bänd loss kåpan och skruva loss torxskruven på bakänden av sidopanelen

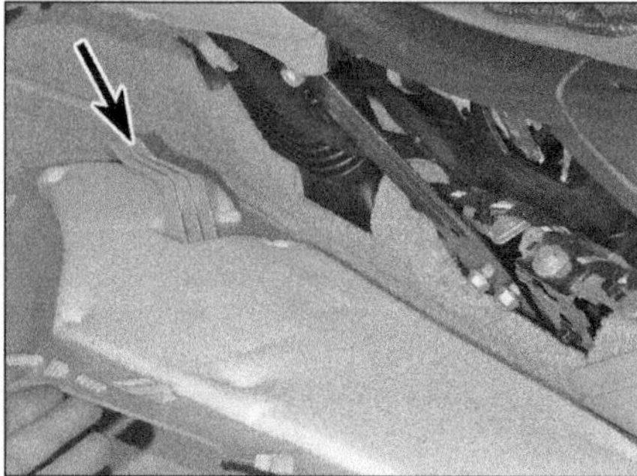

27.1b Dra sidopanelen bakåt så att kroken lossnar (se pil)

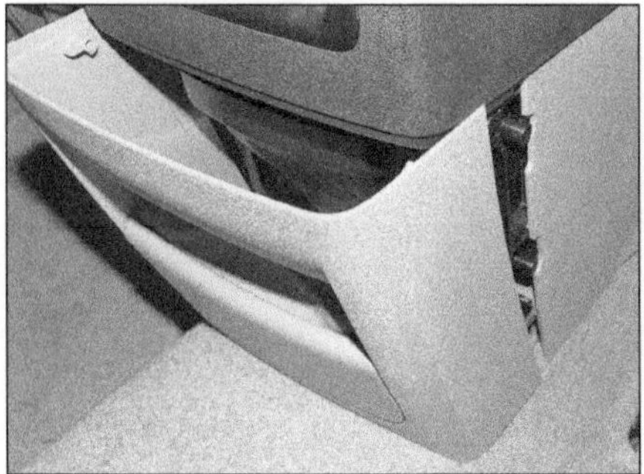

27.2 Dra konsolens bakre kåpa rakt bakåt

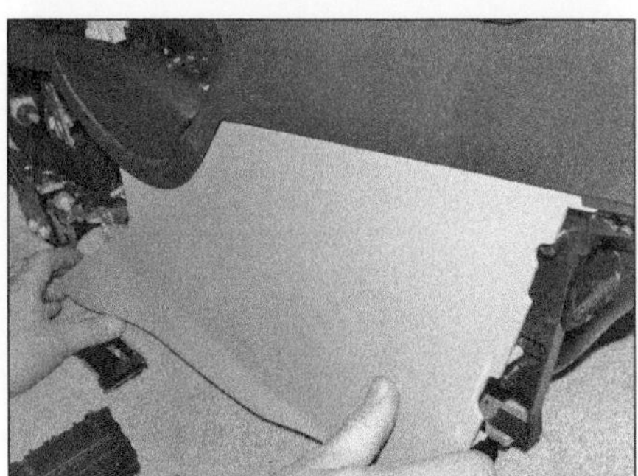

27.3 Dra de bakre sidopanelerna bakåt

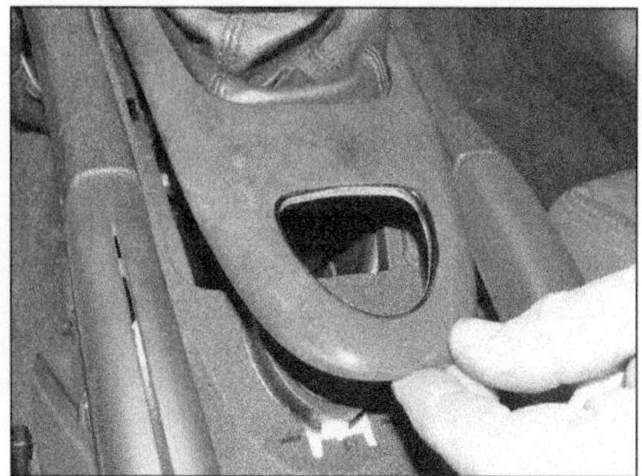

27.4 Börja bakifrån, bänd upp och ta bort växelspakens omgivande klädselpanel

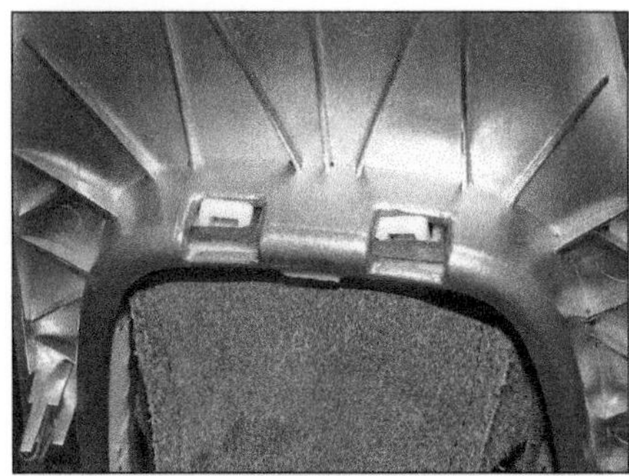

27.5 Lossa växelspakens damask/ram från panelen

27.6a På modeller med automatisk växellåda, skruva loss skruven (se pil) . . .

27.6b . . . och skjut ut ramen

27.7 Bänd upp panelen under handbromsspaken

27.8a Lyft upp kåpan . . .

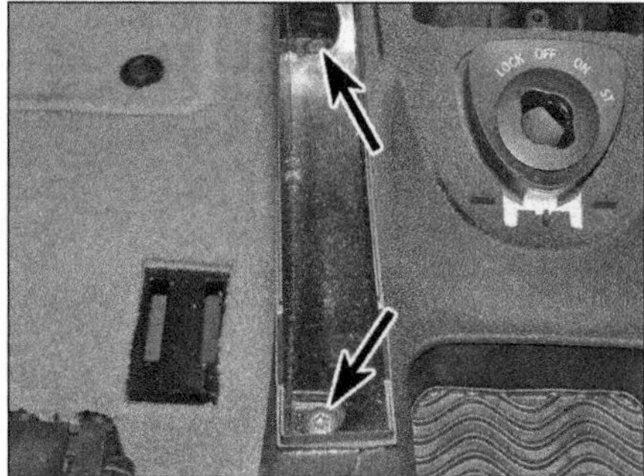

27.8b . . . och skruva loss de två torxskruvarna (se pilar)

5 På modeller med manuell växellåda, lossa klämmorna och koppla loss damasken och ramen från den omgivande panelen **(se bild)**.

6 På modeller med automatväxellåda, skruva loss torxskruvarna, lyft bakdelen av växelspakens informationsdisplay och dra ut ramen **(se bilder)**.

7 Bänd försiktigt ut plastkåpan under handbromsspaken **(se bild)**.

8 Ta bort kåpan på passagerarsidan. Skruva sedan loss de två torxskruvarna och ta bort enheten **(se bilder)**.

9 Lyft upp gummimattan i förvaringslådan och skruva loss de två fästskruvarna **(se bild)**.

27.9 Skruva loss de två torxskruvarna i förvaringslådan (se pilar)

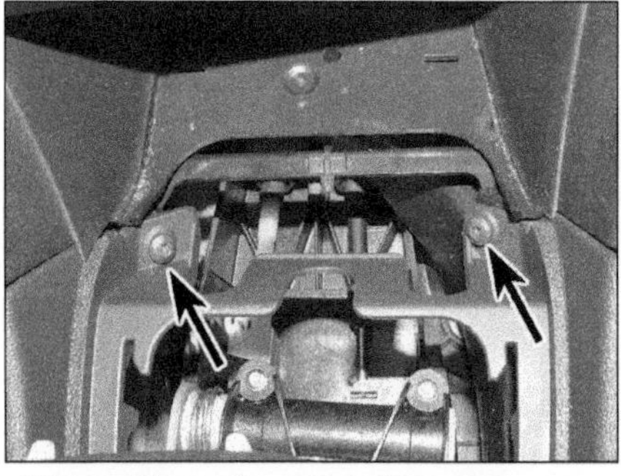

27.10a Skruva loss de två torxskruvarna på konsolens framsida (se pilar) . . .

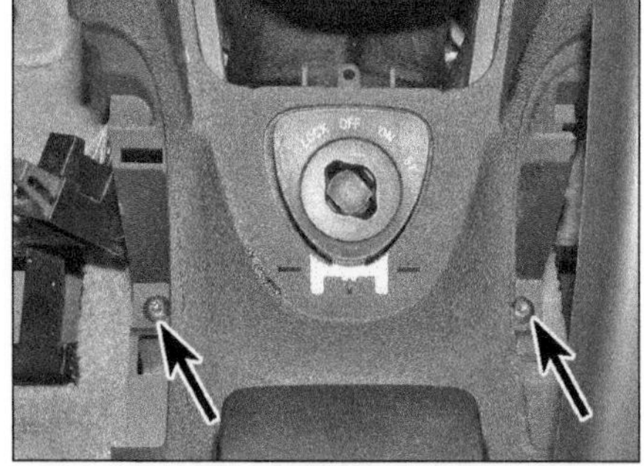

27.10b . . . och skruvarna på vardera sidan (se pilar)

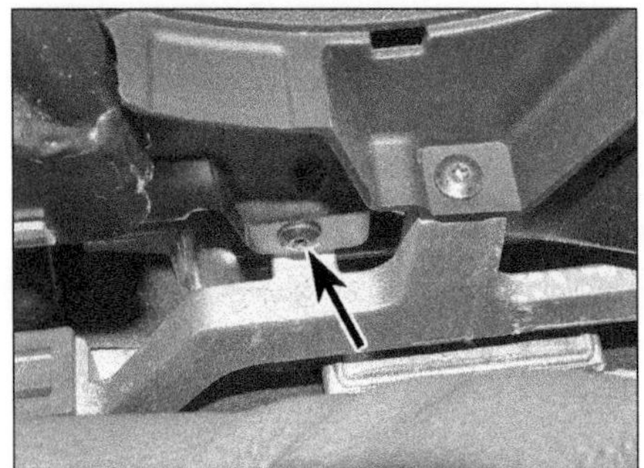

27.10c På vissa modeller, skruva loss skruven på vardera sidan (se pil)

27.11a Lyft upp luftkanalen från dess fästen och dra den bakåt

27.11b Lyft upp baksidan av konsolen och ta bort den

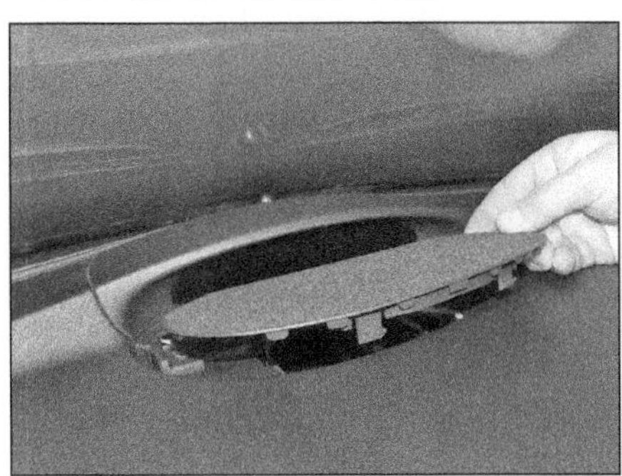

28.3a Bänd ut högtalargallren på båda sidor och i mitten av instrumentpanelen . . .

28.3b . . . skruva sedan loss skruvarna och lyft ut högtalarna

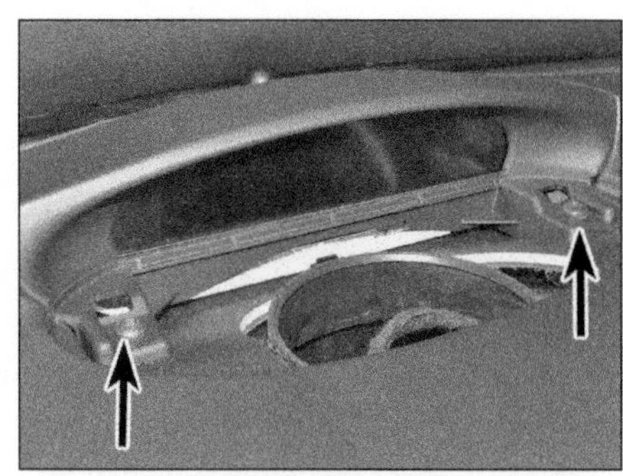

28.4 Torxskruvarna som håller fast SID-enheten (se pilar)

10 Skruva loss de två skruvarna på konsolens framdel, samt de två skruvarna i mitten **(se bilder)**. På vissa modeller måste du även ta bort de två torxskruvarna som sitter på vardera sidan av mitten på konsolen **(se bild)**.

11 Dra åt handbromsen. Koppla loss luftkanalen från fästet på konsolens baksida och för konsolen uppåt och bakåt **(se bilder)**. Koppla loss eventuella anslutningskontakter innan du tar bort konsolen.

Montering

12 Monteringen utförs i omvänd ordningsföljd mot demonteringen.

28 Instrumentbräda – demontering och montering

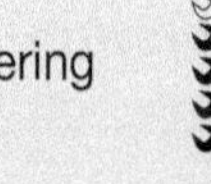

⚠ ***Varning: Styrmodulerna är mycket känsliga för statisk elektricitet. Jorda dig genom att röra vid en metalldel på bilen innan du rör vid styrmodulen.***

Demontering

1 Placera framsätet så långt bakåt det går. Koppla sedan loss batteriets minuspol (jordkabel) enligt beskrivningen i kapitel 5A.

2 Ta bort A-stolpens klädselpaneler på bägge sidor enligt beskrivningen i avsnitt 26.

3 Bänd försiktigt loss högtalargallren från instrumentbrädan. Skruva sedan loss skruvarna och lyft ut högtalarna **(se bilder)**. Koppla loss anslutningskontakterna när du tar bort högtalarna.

4 Skruva loss fästskruvarna och lyft ut SID-enheten **(se bild)**. Koppla loss anslutningskontakten när du tar bort enheten.

5 Bänd försiktigt loss klädselpanelerna i kanterna på instrumentbrädan och lossa de två fästmuttrarna bakom panelerna **(se bilder)**.

6 Demontera ratten enligt kapitel 10.

7 Bänd försiktigt loss damasken på baksidan av rattstångens reglageenhet. Lossa sedan de två klämmorna och för reglageenheten uppåt tills den lossnar från rattstången. Koppla loss anslutningskontakten när du tar bort enheten **(se bilder)**. Tejpa fast krockkuddens kontaktenhet så att den inte vrids av misstag.

8 Ta bort instrumentpanelen enligt kapitel 11.

9 Demontera klimatanläggningspanelen enligt beskrivningen i kapitel 3.

10 Lossa klämmorna och ta bort den främre mugghållaren **(se bild)**.

11 Demontera instrumentbrädans ljudanläggning (CD-spelare m.m.) enligt beskrivningen i kapitel 12.

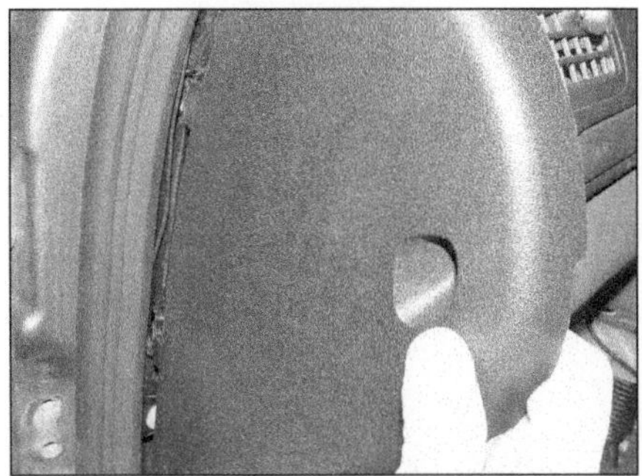

28.5a Bänd loss instrumentbrädans sidopaneler . . .

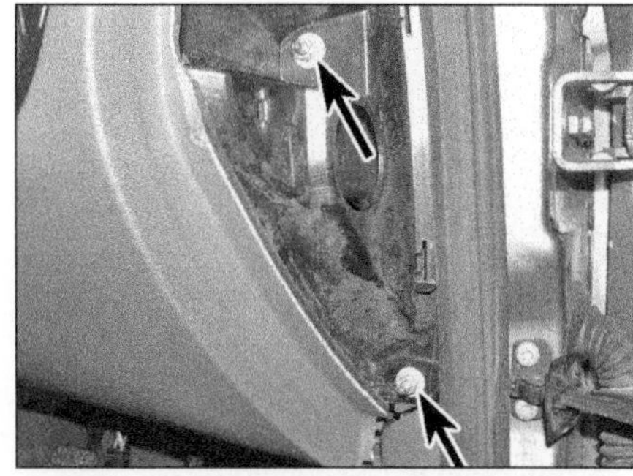

28.5b . . . skruva sedan loss de 2 muttrarna på vardera sidan (se pilar)

12 Dra ut förvaringsutrymmet framför växelspaken och skruva loss de fyra muttrarna i mittöppningen **(se bilder)**.

13 Ta bort handskfacket på passagerarsidan enligt beskrivningen i avsnitt 29.

14 Skruva loss bulten/bultarna som håller

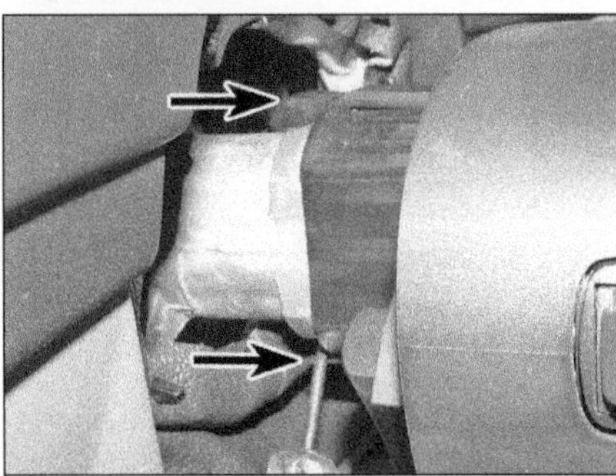

28.7a Lossa klämmorna (se pilar) . . .

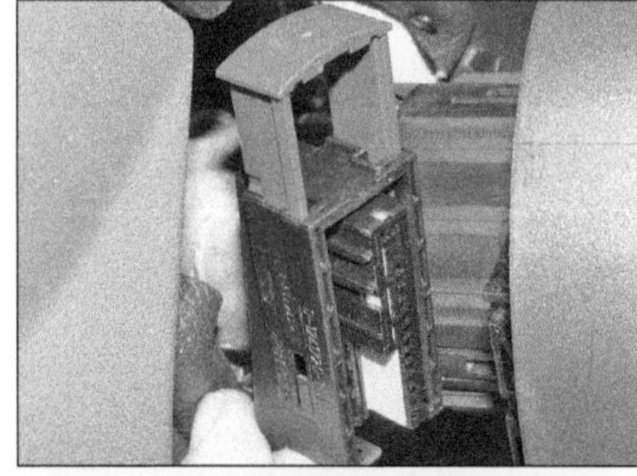

28.7b . . . bänd upp den röda låsspärren och koppla loss anslutningskontakten . . .

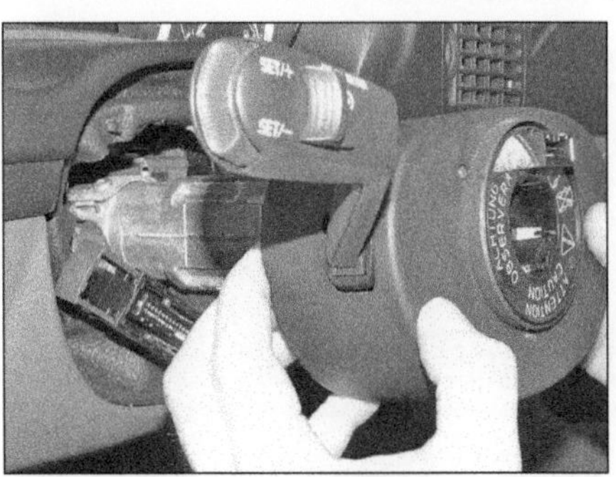

28.7c . . . dra sedan loss reglageenheten från rattstången

28.10 Tryck ner klämmorna (se pilar) och ta loss mugghållaren från instrumentbrädan

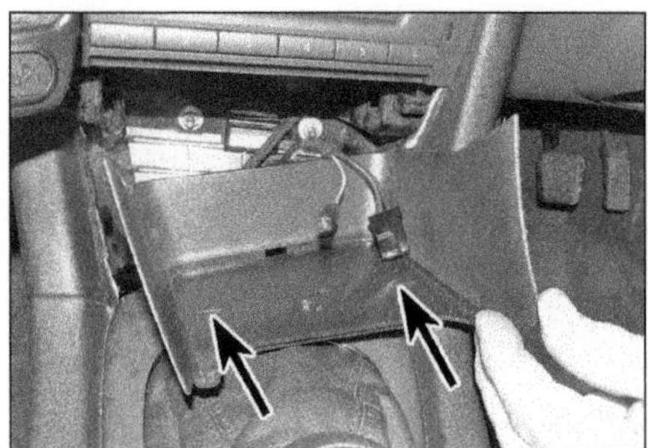

28.12a Lossa klämmorna på botten av förvaringsutrymmet (se pilar) och dra loss det

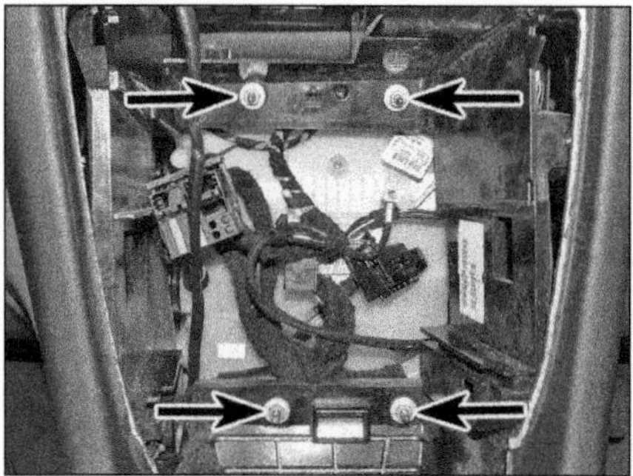

28.12b Skruva loss de fyra muttrarna i mittöppningen (se pilar)

28.14a Skruva loss bulten till krockkudden på passagerarsidan (se pil)

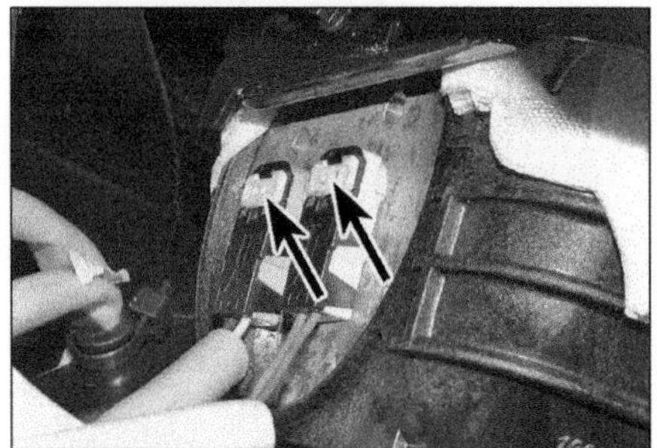

28.14b Bänd ut låsklämmorna (se pilar) och koppla loss krockkuddens anslutningskontakter

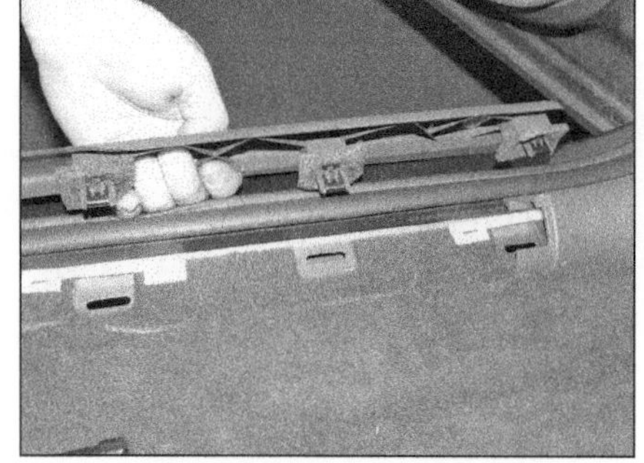

28.15a Dra rampanelen rakt uppåt så att klämmorna lossnar

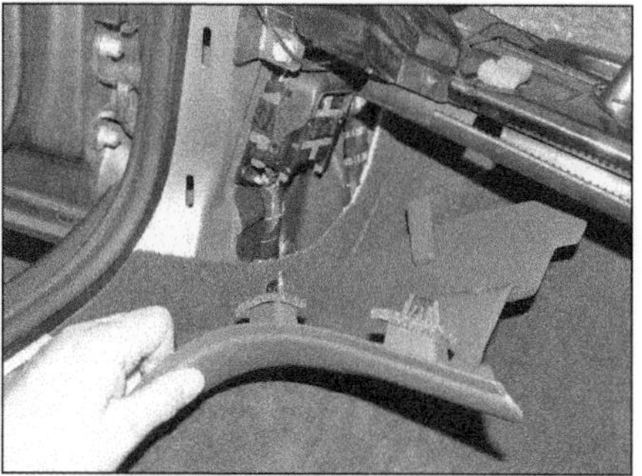

28.15b Dra fotpanelen inåt så att klämmorna lossnar

fast passagerarens krockkudde vid instrumentbrädans tvärbalk och koppla loss anslutningskontakten **(se bilder)**.

15 Dra framdörrens rampaneler uppåt så att fästklämmorna lossnar, ta sedan bort fotpanelerna i fotbrunnen **(se bilder)**.

16 Ta bort mittkonsolen enligt beskrivningen i avsnitt 27.

17 Bänd ner panelen som omger rattstångens justeringshandtag med en skruvmejsel och ta bort den **(se bild)**.

18 Koppla loss ljusbrytarens anslutningskontakt.

19 Koppla loss temperaturgivarna från luftmunstyckena på förar- och passagerarsidan.

20 Skruva loss skruvarna och ta bort instrumentbrädans nedre paneler på förar- och passagerarsidan **(se bild 26.79)**. Koppla loss eventuella anslutningskontakter när du tar bort panelerna.

21 Ta hjälp av någon och lossa försiktigt instrumentbrädan från mellanväggen och ta ut den ur bilen. Mata ut anslutningskontakterna genom instrumentbrädan när ni tar bort den.

Montering

22 Monteringen utförs i omvänd ordningsföljd.

29 Handskfack - demontering och montering

Demontering

1 Öppna handskfacket och skruva loss torxskruvarna – tre inne i handskfacket och två under **(se bilder)**.

2 Lyft ut handskfacket och koppla loss armaturens anslutningskontakt.

3 På modeller med automatisk luftkonditionering, koppla loss kylslangen när du tar bort handskfacket.

Montering

4 Monteringen utförs i omvänd ordningsföljd.

30 Sufflett - allmän information

Suffletten på en cabriolet höjs och sänks med en elektriskt styrd hydraulenhet och sju hydrauliska cylindrar. Systemet styrs av en modul som övervakar processen med hjälp av givare och styr efterföljande aktiviteter i hydraulenheten. Sufflettens bågar är gjorda av magnesium. En eventuell funktionsstörning i suffletten skapar en felkod och ett motsvarande meddelande visas på SID-displayen på instrumentpanelen.

Modulen styr även sidorutorna i dörrarna och bakpanelen. Innan suffletten öppnas, öppnas fönstren en aning. När taket har

28.17 Bänd ner panelen kring rattstångens justeringshandtag

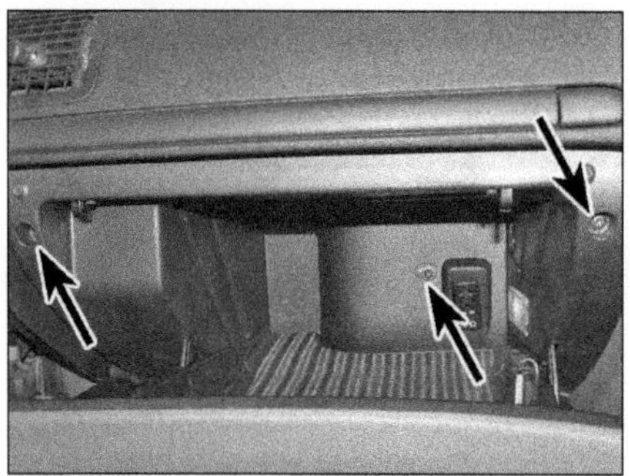

29.1a Skruva loss de tre torxskruvarna i handskfacket (se pilar) . . .

29.1b . . . och de 2 skruvarna under (se pilar)

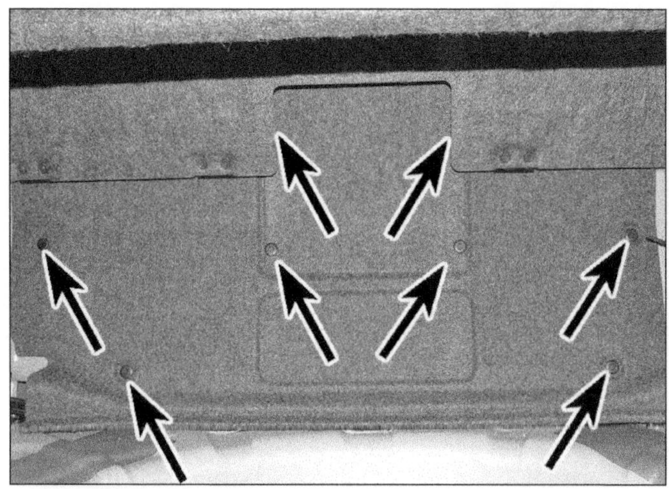

31.3 Bänd ut de 8 klämmorna (se pilar) och ta bort panelen

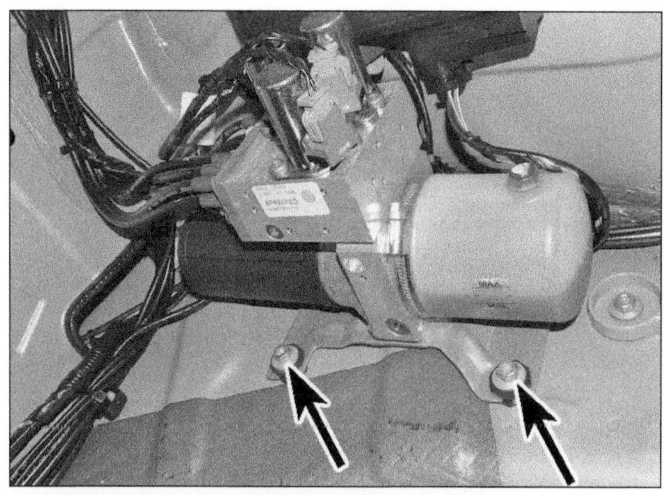

31.4 Hydraulenheten är fäst med 2 muttrar på framsidan (se pilar) och 1 mutter på baksidan

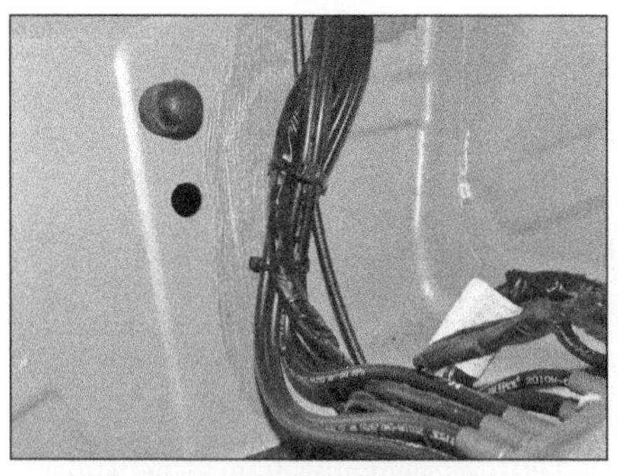

31.5a Koppla loss hydraulslangens fästklämmor på höger sida . . .

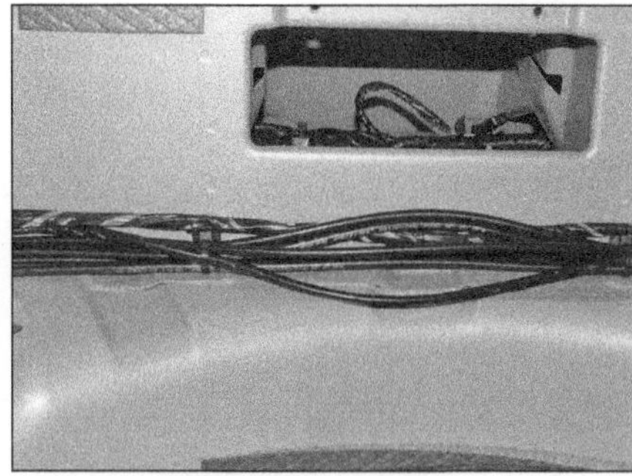

31.5b . . . i mitten . . .

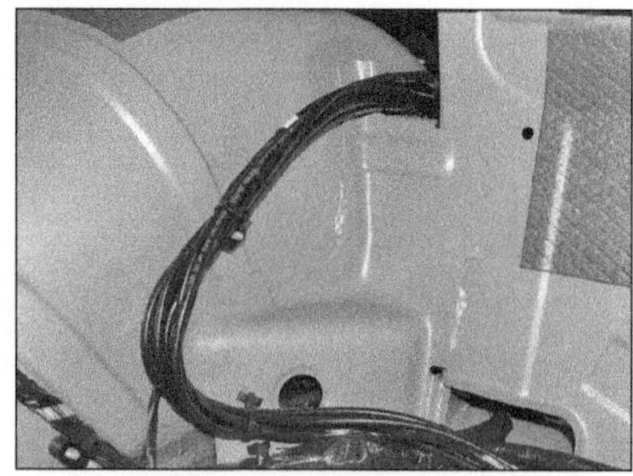

31.5c . . . och på vänster sida

stängts återtar fönstren sina vanliga stängda lägen. På så sätt ser systemet till att fönstrens övre kanter är placerade innanför suffletten för att förhindra att regn tränger in.

Om suffletten slutar fungera ska bilen köras till en Saab-återförsäljare eller en specialist. Dessa kan identifiera problemet med hjälp av ett särskilt diagnosverktyg. Om suffletten fungerar till ett visst läge och sedan stannar är det troligtvis fel på någon av givarna. Fel i hydraulsystemet kan bero på för låg vätskenivå eller fel i hydraulenhetens motor.

31 Sufflett, hela enheten – demontering och montering

Observera: *Den här proceduren beskriver demonteringen av hela sufflettenheten, inklusive hydraulenheten och cylindrarna.*

Observera: *Hämta verktyget för nödöppning av suffletten som följer med bilens verktygslåda innan du börjar (se bilens handbok).*

Demontering

1 Demontera baksätet enligt beskrivningen i avsnitt 24 i detta kapitel.

2 Ta bort den bakre sidopanelen och bagageutrymmets klädselpaneler enligt beskrivningen i avsnitt 26 i detta kapitel.

3 Bänd upp centrumsprintarna och bänd ut de åtta plastexpandernitarna som håller fast bagageutrymmets främre klädselpanel. Ta bort klädselpanelen **(se bild)**.

4 Skruva loss de tre muttrar som håller fast hydraulenheten **(se bild)**.

5 Följ slangarna från hydraulenheten, notera hur de monterats och lossa sedan slangens fästklämmor **(se bilder)**.

6 Stäng bagageutrymmet och öppna sufflettkåpan. Lyft upp den sjätte bågen och stötta den med en träbit **(se bild)**.

7 Skruva loss de främre muttrarna som håller fast sufflettens förvaringsutrymme samt de tre torxskruvarna som håller fast förvaringsutrymmets botten vid styrspaken på höger sida **(se bild)**.

8 Haka loss sidoremmarna (om sådana finns), koppla loss framdelen av golvet på sufflettens förvaringsutrymme och lägg den i bagageutrymmet.

9 Koppla loss anslutningskontakterna till den uppvärmda bakrutan.

10 Koppla loss den blå anslutningskontakten till sufflettens styrmodul **(se bild)**.

11 Haka loss vajern från sufflettens förvaringsenhet. Skruva loss de två bultarna, bänd loss fästklämman, lossa tomgångsöverföringen och haka loss vajern från hållaren **(se bilder)**.

12 Koppla loss lägesgivaren till sufflettens

31.6 Stötta upp den sjätte bågen med en lämplig träbit

31.7 Ta bort muttrarna på framsidan av förvaringsutrymmets golv (se pilar)

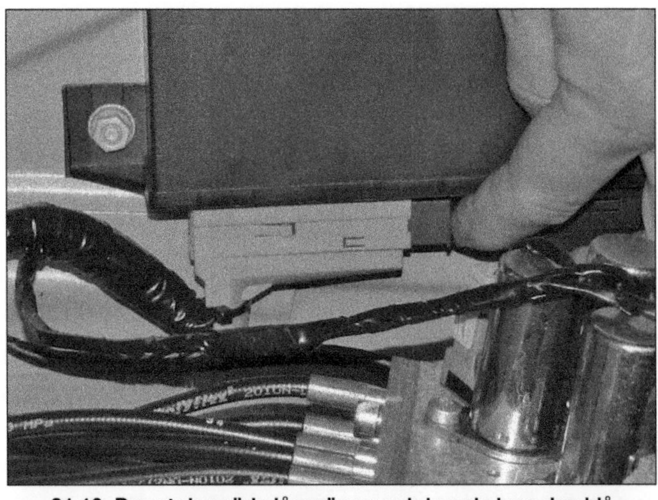

31.10 Dra ut den röda låsspärren och koppla loss den blå anslutningskontakten från styrmodulen bredvid hydraulenheten

31.11a Haka loss vajern (se pil) från armen. . .

31.11b . . . skruva loss de två bultarna (se pilar) . . .

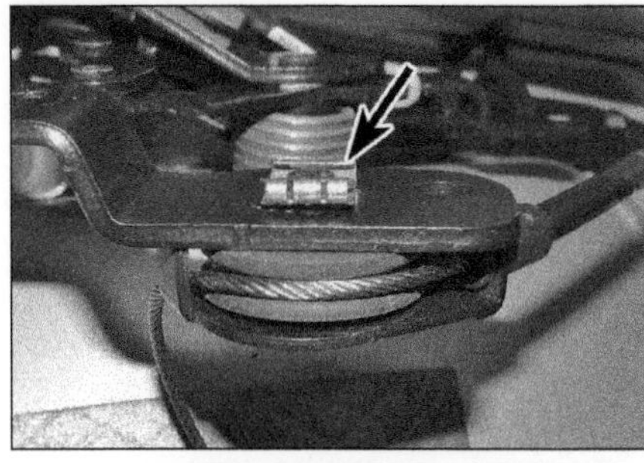

31.11c . . . bänd loss fästklämman (se pil), dra sedan ut remskivan och koppla loss vajern

31.12 Koppla loss lägesgivaren till förvaringsutrymmets motor (se pil)

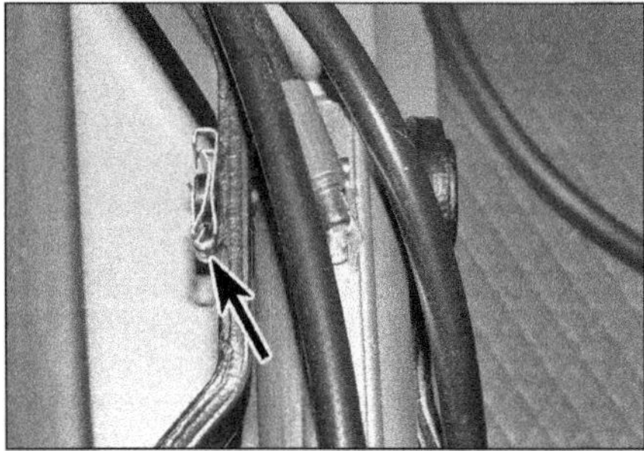

31.15a Bänd ut klämman (se pil) och dra ut sprinten på ena änden av cylindern. . .

förvaringsenhet och häng upp enheten på bagagekroken **(se bild)**.

13 Ta bort buntbanden som håller fast hydraulslangarna vid karossen och sufflettkåpans gångjärn.

14 Koppla loss lägesgivarna från sufflettkåpans gångjärn.

15 Bänd loss fästklämman och ta bort sprinten som håller fast den hydrauliska cylindern på vardera sidan av sufflettkåpan. Lossa sprinten i andra änden av cylindrarna. Ta loss brickorna **(se bilder)**.

16 Lyft av cylindrarna från sufflettkåpans gångjärn på båda sidorna.

17 Gör inställningsmarkeringar runt bultskallen och lossa sedan sufflettens yttre fästbultar (en på vardera sidan). Ta bort träbiten och sänk ner den sjätte bågen **(se bild)**.

18 Gör inställningsmarkeringar runt bulthuvudena och skruva sedan loss sufflettens inre fästbultar på vardera sidan. Ta loss alla mellanlägg/brickor under fästbygeln **(se bild)**.

19 Lossa spärren till den första bågen med sufflettens nödöppningsverktyg som följer med bilens verktygslåda **(se bild)**.

20 Ta hjälp av minst tre personer och lyft ut sufflетten, hydraulenheten, slangarna och sufflettkåpans två cylindrar ur bilen **(se bild)**. Var försiktig så att du inte skadar de hydrauliska cylindrarna.

31.15b . . . lossa sedan den andra änden

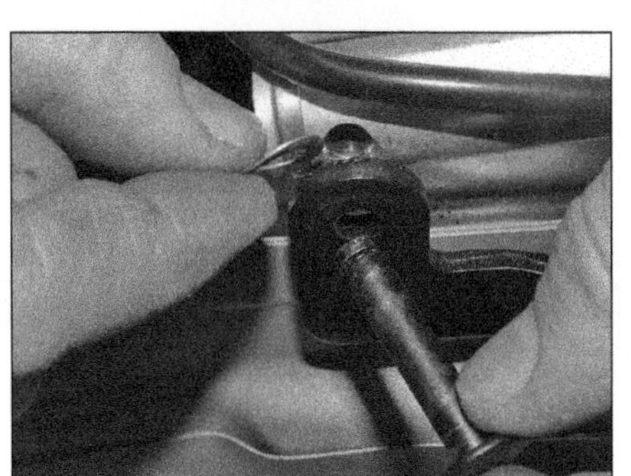

31.15c Glöm inte brickan mellan cylindern och fästbygeln

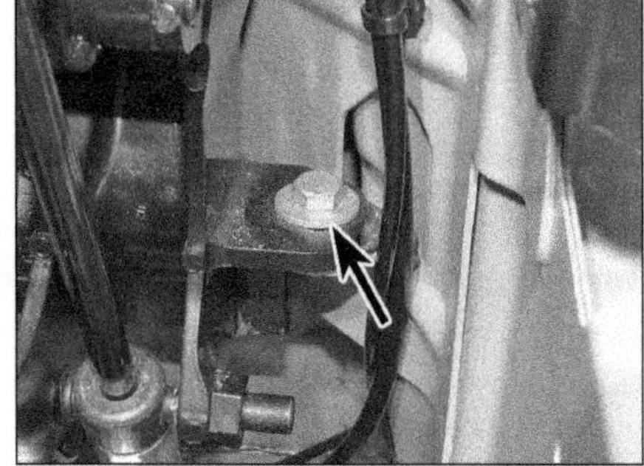

31.17 Sufflettens yttre fästbult (se pil)

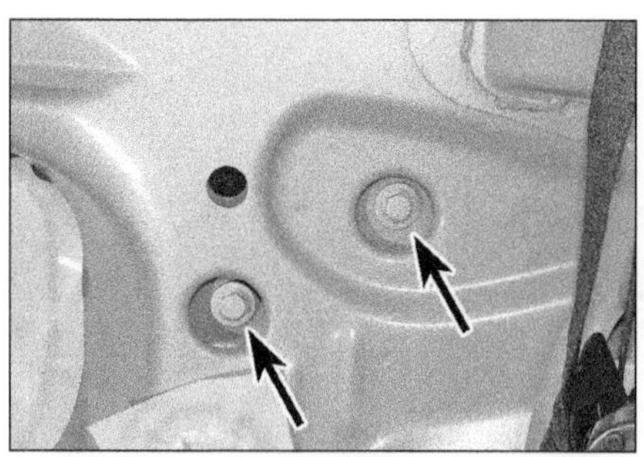

31.18 Gör inställningsmarkeringar runt huvudena på sufflettens inre fästbultar (se pilar)

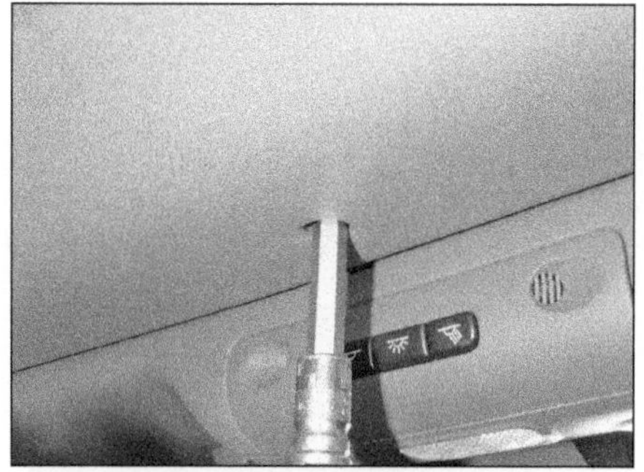

31.19 Använd sufflettens nödöppningsverktyg eller en insexnyckel

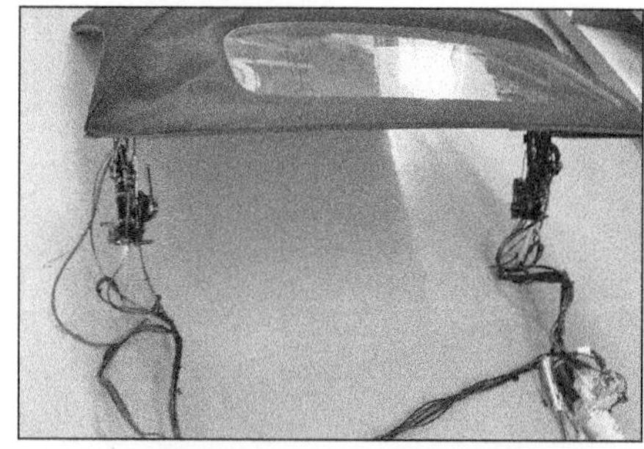

31.20 Lyft bort hela sufflettenheten med hydraulenhet, rör och cylindrar

Montering

21 Innan du monterar suffletten, se till att den är i "stängt" läge med den sjätte bågen öppen.

22 Lyft suffletten, hydraulenheten och cylindrarna på plats. Se till att slangarna hamnar bakom sufflettens fästbyglar **(se bild)**.

23 Stötta den sjätte bågen med en lämplig träbit. Lås sedan den första bågen vid vindrutans ram med sufflettens nödöppningsverktyg. Om du inte har tillgång till verktyget kan du använda en 8 mm insexnyckel.

24 Sätt tillbaka bultarna som håller fast sufflettens fästbyglar vid karossen, men dra än så länge bara åt dem för hand. Se till att alla mellanlägg/brickor som tagits bort monteras på rätt ställe.

25 Tryck försiktigt ner sufflettmekanismens sexkantiga del med en nyckel på 17 mm tills det inte finns något mellanrum mellan mekanismen och fästbygelns stopp **(se bilder)**.

26 Håll kvar nyckeln i detta läge och dra åt bultarna som håller fast sufflettens fästbygel ordentligt. Upprepa åtgärden på den andra sidan.

27 Resten av monteringen utförs i omvänd ordningsföljd mot demonteringen, men observera följande extrapunkter:

a) Sätt tillbaka hydraulslangarna i ursprungsläget och fäst dem med buntband.

b) Om suffletten behöver justeras måste bilen lämnas in hos en Saab-verkstad eller en specialist med motsvarande utrustning som har de jiggar som behövs för att åtgärda problemet.

c) Om felkoder visas på systemets displayenhet måste de raderas av en Saab-verkstad eller en specialist med ett diagnosverktyg.

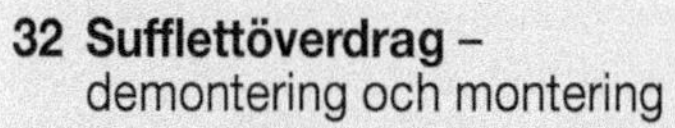

32 Sufflettöverdrag – demontering och montering

Observera: *Du måste vara extra försiktig när du utför följande för att förhindra att överdraget skadas när det sätts tillbaka.*

Demontering

1 Öppna suffletten helt, men lämna sufflettkåpan öppen.

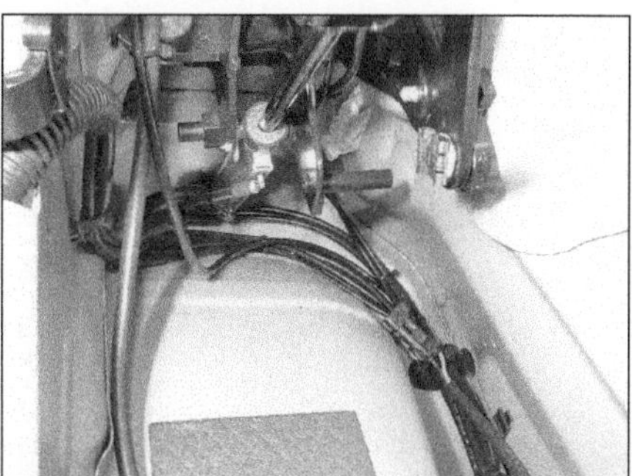

31.22 Se till att slangarna/rören går bakom sufflettens fästbyglar

31.25a Tryck nedåt på den sexkantiga delen med en nyckel . . .

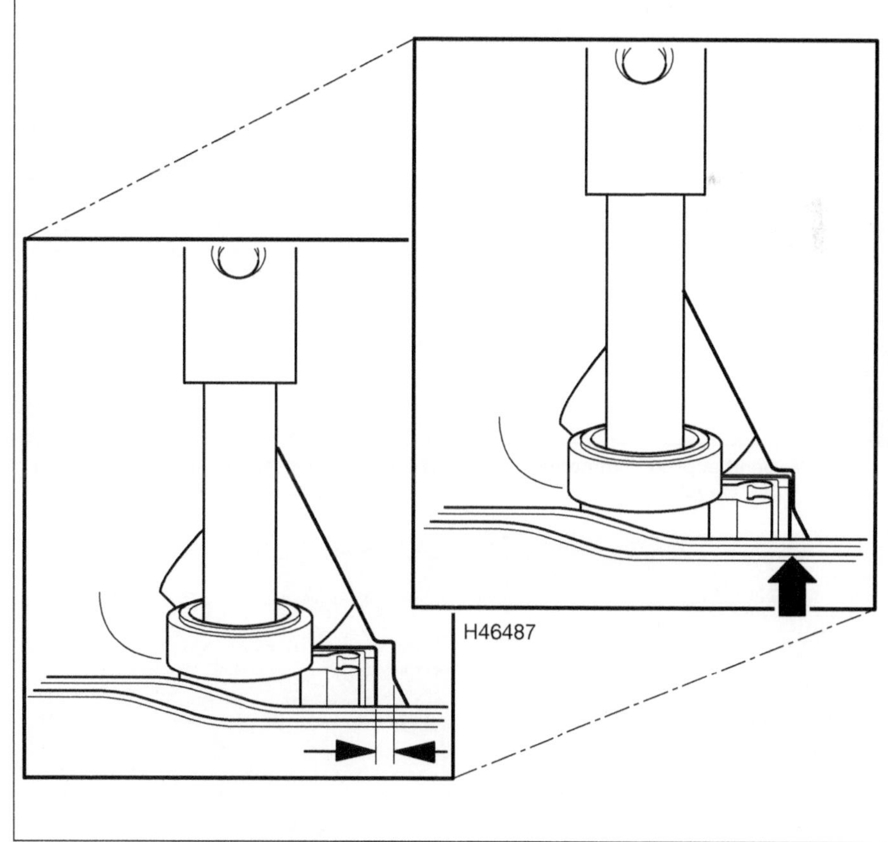

31.25b . . . tills mellanrummet (se pilar) mellan mekanismen och fästbygeln försvinner

32.2a Skruva loss skyddsplåtens skruvar . . .

32.2b . . . och ta bort skyddsplåten . . .

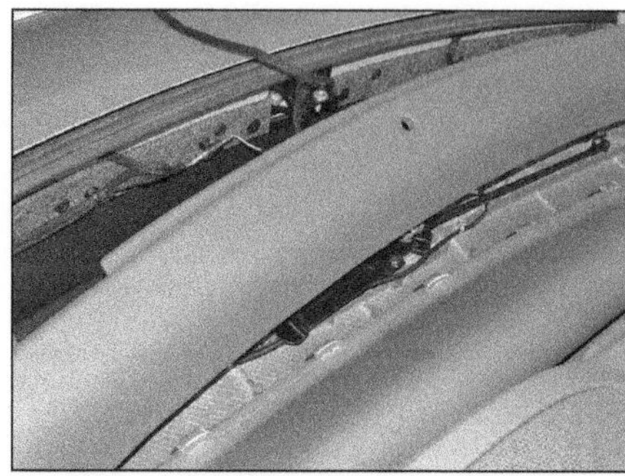
32.2c . . . tillsammans med isoleringen

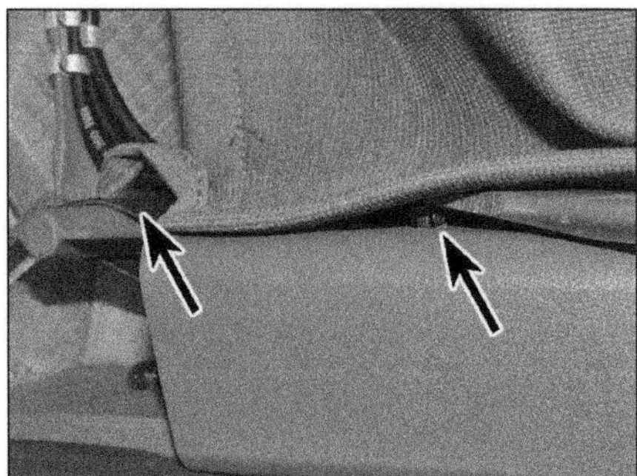
32.3 Bänd ut plastpluggarna och lossa öglorna (se pilar)

2 Skruva loss de nio fästskruvarna. Lossa skyddsplåten, dra den sedan bakåt och ta bort den tillsammans med isoleringen **(se bilder)**.

3 Bänd ut plastpluggarna från den första bågen och haka loss den inre takklädselns fästöglor på vardera sidan **(se bild)**.

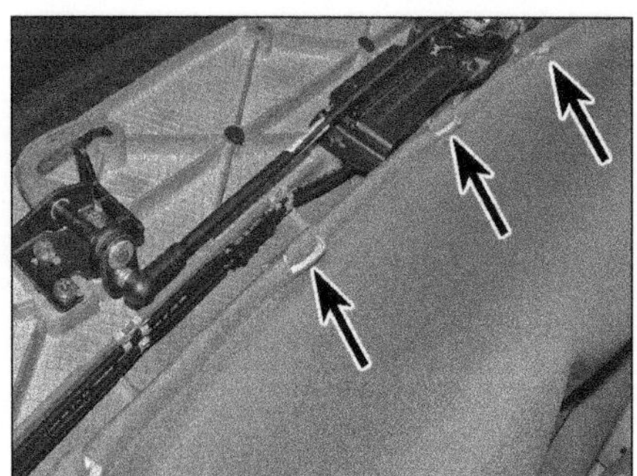
32.4 Ta loss den inre takklädseln från krokarna (se pilar)

4 Ta loss takklädseln från bågens hakar **(se bild)**.

5 Öppna suffletten till hälften. Säkra den i detta läge med Saab-verktyg nummer 82 93 847 eller något motsvarande **(se bild)**.

32.5 Vi använde buntband för att hålla fast mekanismen i halvöppet läge – se till att buntbanden är tillräckligt starka!

6 Bänd ut plastklämmorna som håller fast den inre takklädseln vid den andra bågen och dra sedan loss takklädselns plasthållare från bågen **(se bilder)**.

7 Bänd ut plastklämmorna som håller fast den inre takklädseln vid den tredje bågen. Dra sedan loss takklädselns plasthållare från bågen.

8 Dra takklädseln framåt så att den lossnar från fästena på båda sidorna och koppla loss den från de bakre skenorna **(se bild)**.

9 Dra ut den inre takklädselns gummiremmar ur fästöglorna **(se bild)**.

10 Bänd ut plastklämmorna som håller fast den inre takklädseln vid den fjärde bågen. Dra sedan loss takklädselns plasthållare från bågen.

11 Ta bort verktyget/buntbandet och stäng suffletten.

12 Lyft upp den sjätte bågen och stötta den i detta läge med en lämplig träbit eller något liknande.

13 Lossa den inre takklädselns plastklämma och dra loss takklädselns kant från den sjätte bågens spår **(se bilder)**. Ta bort stödet och sänk ner den sjätte bågen.

14 Öppna suffletten till hälften och säkra den i detta läge med Saab-verktyg nummer 82 93 847 **(se bild 32.5)**.

15 Dra loss tygremsorna från den andra, tredje, fjärde och femte bågen **(se bild)**.

16 Lossa isoleringen från den första bågen.

17 Lossa kardborrebandet från den främre skenans länksystem.

18 Dra loss yttertyget från undersidan av den första bågen så att den lossnar från

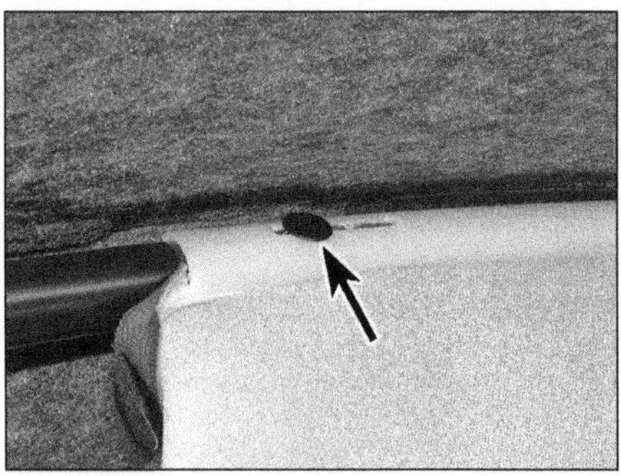
32.6a Bänd ut plastklämmorna (se pil) . . .

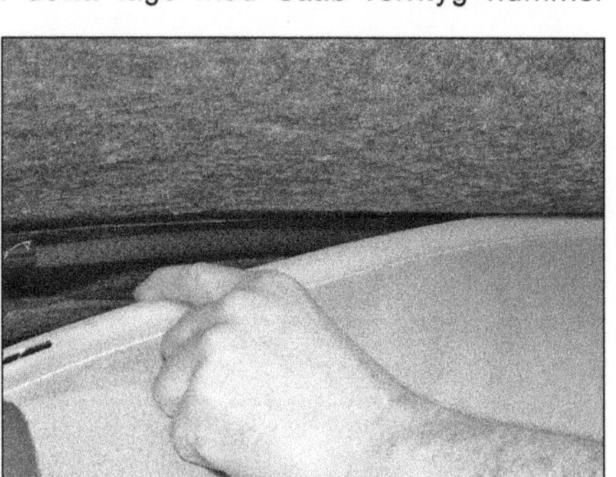
32.6b . . . och lossa den inre takklädselns hållare från bågen

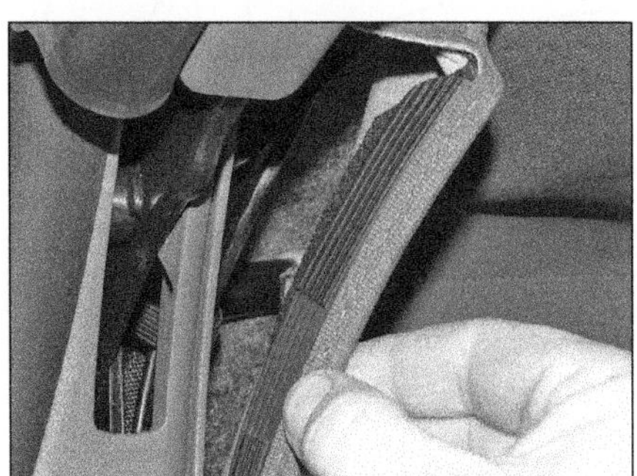
32.8 Dra loss takklädseln från de bakre fästskenorna på vardera sida

32.9 Lossa takklädselns elastiska remmar på bägge sidor

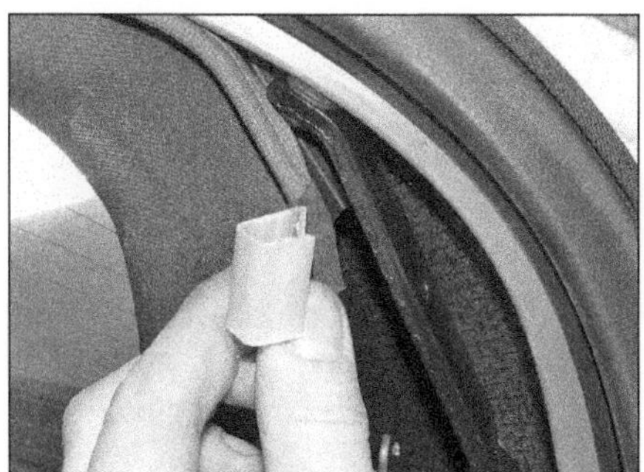
32.13a Lossa takklädselns plastklämmor . . .

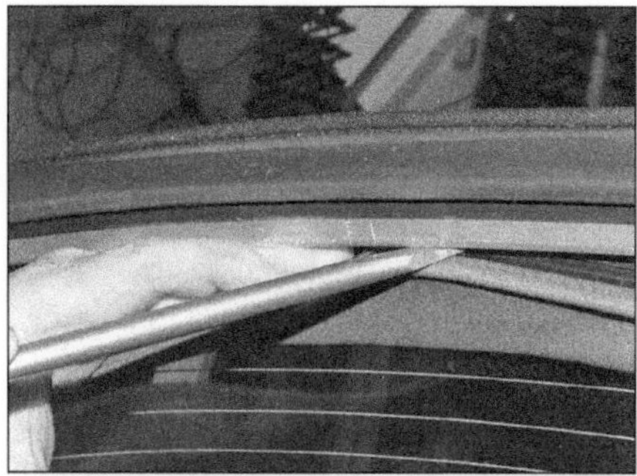
32.13b . . . lossa sedan kantremsan som håller fast takklädseln vid den sjätte bågen

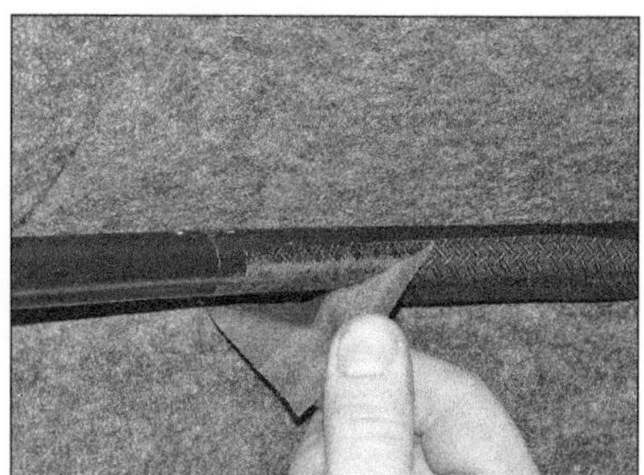
32.15 Dra loss tygremsorna som håller fast isoleringen vid bågarna

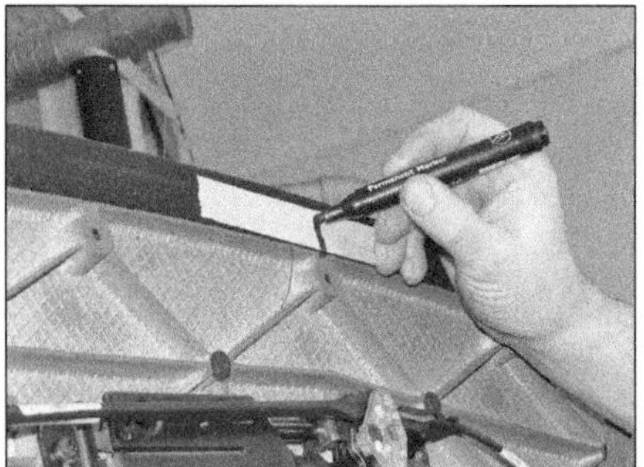
32.18a Om överdraget ska sättas tillbaka, markera var mitten är placerad

32.18b Dra loss ytterkåpan från den första bågen . . .

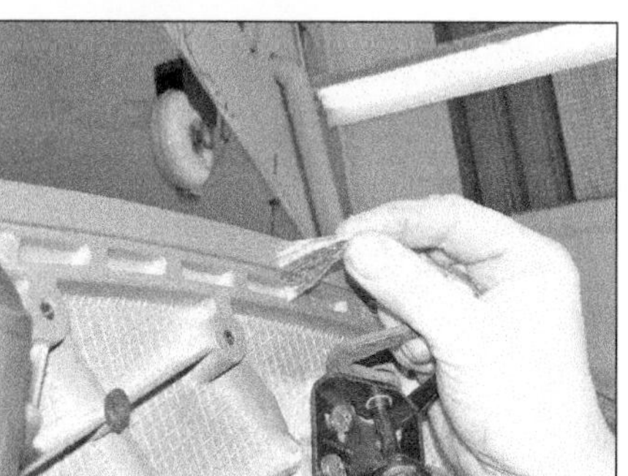
32.18c . . . dra sedan loss den gamla dubbelhäftande tejpen

den dubbelhäftande tejpen. Haka sedan loss spännvajrarna från den första bågen. Dra loss den gamla tejpen. **Observera:** *Om skyddsöverdraget ska sättas tillbaka, märk ut var mitten av tyget är placerad på den första bågen innan du tar bort det* ***(se bilder)***.

19 Ta bort skenornas bakre tätningar genom att dra dem utåt från de U-formade skenorna. Börja uppifrån och haka loss överdelen av tätningen från fästet. Låt tätningen hänga kvar **(se bilder)**.

20 Ta bort sufflettens stödverktyg. Lyft upp den sjätte bågen och stötta upp den i detta läge.

21 Dra ut den sjätte bågens fästremsa från fästets spår. Bänd sedan ut yttertakets kantremsa från den sjätte bågen **(se bilder)**.

22 Ta bort sufflettens stödverktyg. Öppna

32.18d Haka loss spännvajrarna från den första bågen

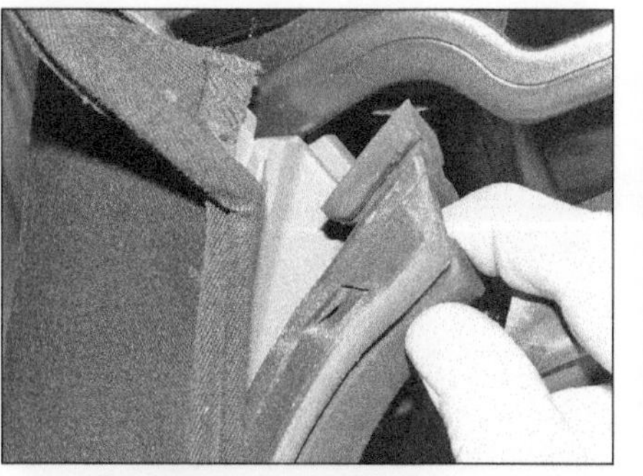
32.19a Dra ut överdelen av de bakre skenornas tätningar . . .

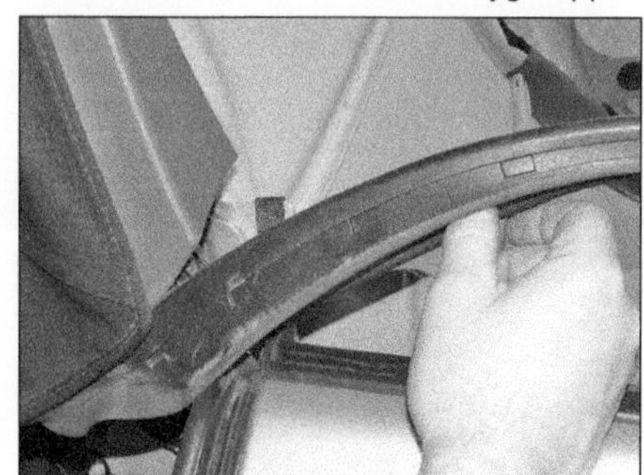
32.19b . . . och lämna kvar dem

32.21a Dra loss fästremsan från den sjätte bågen . . .

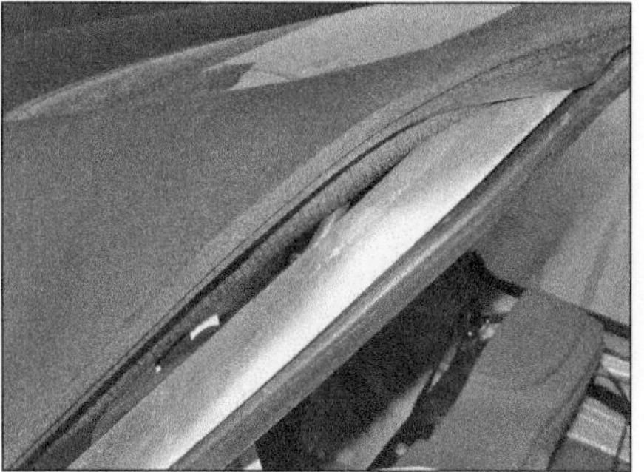
32.21b . . . bänd sedan ut yttertakets kantremsa

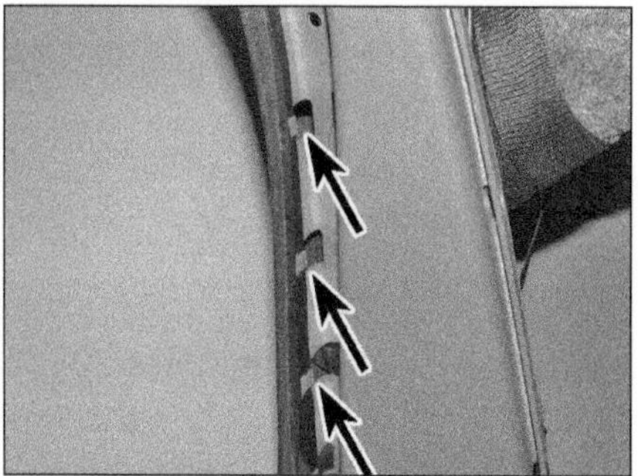
32.23 Haka loss yttertaket från klämmorna (se pilar)

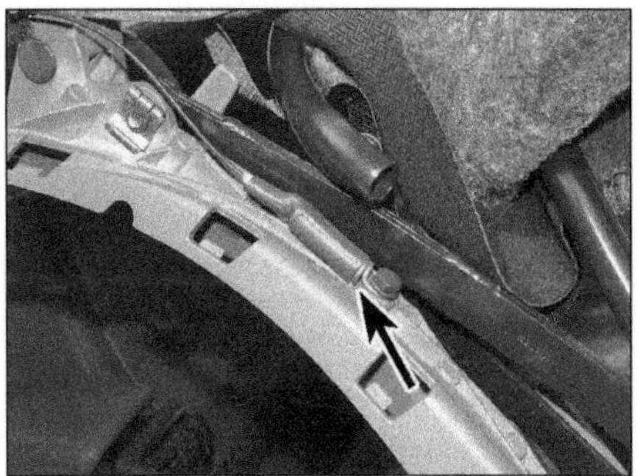
32.25 Koppla loss spännvajrarna från skenorna (se pil)

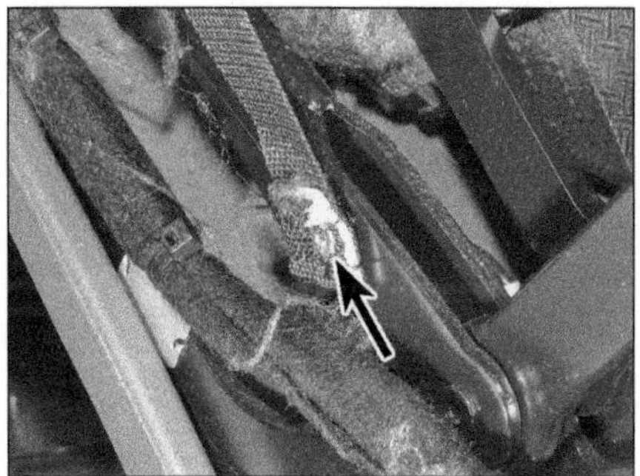
32.27 Borra ut nitarna på det bakre fönstrets rem (se pil)

32.29 Skruva loss fönsterramens torxskruvar på vardera sidan (se pil)

suffletten till hälften och stötta upp den.

23 Haka loss yttertakets fästprofiler från de bakre skenorna **(se bild)**.

24 Lossa kardborrebanden från de bakre skenorna.

25 Haka loss spännvajrarna från de bakre skenorna **(se bild)**.

26 Ta bort sufflettens stödverktyg och stäng suffletten.

27 Borra ut nitarna som håller fast remmarna till bakrutans styrning **(se bild)**.

28 Koppla loss anslutningskontakterna till den uppvärmda bakrutan.

29 Ta bort buntbanden från bakrutans fästram. Skruva sedan loss fönsterramens torxskruvar på båda sidorna, dra ut remmarna från isoleringsfickan och lyft med hjälp av en medhjälpare bort yttertaket med bakruta från bilen **(se bild)**.

30 Byte av bakrutans fönster är komplicerat och bör överlåtas till en Saab-verkstad, en specialist eller ett företag som specialiserat sig på byten av vindrutor.

Montering

31 Monteringen utförs i omvänd ordningsföljd mot demonteringen.

33 Sufflettkåpa - demontering och montering

Demontering

1 Manövrera suffletten så att kåpan är öppen och nästan vertikal.

2 Kläm ihop fasthållningspappen och koppla loss antennanslutningen **(se bild)**.

3 Gör inställningsmarkeringar mellan kåpan och fästbyglarna. Skruva sedan loss bultarna och ta bort sufflettkåpan **(se bild)**.

33.2 Koppla loss antennanslutningen (se pil)

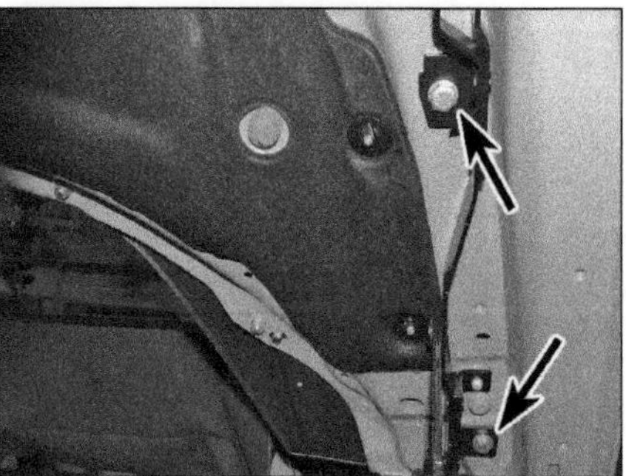
33.3 Skruva loss bultarna som håller fast sufflettkåpan (se pilar)

Montering

4 Monteringen utförs i omvänd ordningsföljd mot demonteringen. Om det behövs kan kåpans läge justeras genom att lossa gångjärnsbultarna och ändra kåpans läge.

34 Sufflettens styrmodul - demontering och montering

Varning: Elektroniska styrmoduler är mycket känsliga för statisk elektricitet. Innan du vidrör en modul, "jorda" dig själv genom att röra vid en metalldel på karossen eller motorn.

Demontering

1 Höj suffletten maximalt. Ta sedan bort bagageutrymmets klädselpanel på höger sida enligt beskrivningen i avsnitt 26.

2 Skruva loss de två muttrarna som håller fast styrmodulen och koppla loss anslutningskontakten när du tar bort modulen **(se bild)**.

Montering

3 Monteringen utförs i omvänd ordningsföljd mot demonteringen. Observera att om du monterat en ny styrmodul kan den behöva programmeras före användning. Låt en Saab-verkstad eller annan specialist utföra detta.

34.2 Skruva loss modulens fästmuttrar (se pilar)

35.3 Vätskenivåns MAX- och MIN-markeringar (se pil)

35 Sufflettens hydraulsystem - kontrollera vätskenivån

Varning: Använd endast Saab-artikel nummer 89 96 960.

1 Höj suffletten maximalt.

2 Demontera bagageutrymmets högra sidopanel enligt beskrivningen i avsnitt 26.

3 Kontrollera hydraulvätskans nivå med hjälp av en ficklampa. Vätskenivån ska ligga mellan MIN- och MAX-markeringarna **(se bild)**.

4 Om du ska fylla på vätska tar du bort påfyllningspluggen från behållarens ovansida och fyller på rätt typ av vätska enligt angivelserna upp till MAX-markeringen **(se bild)**.

Observera att det behövs 65 ml vätska för att höja vätskenivån från MIN till MAX.

5 Sätt tillbaka påfyllningspluggen och montera bagageutrymmets sidopanel.

36 Sufflettens hydraulsystem - luftning

1 Kontrollera hydraulvätskans nivå och fyll vid behov på hydraulvätska enligt beskrivningen i avsnitt 35.

2 Öppna och stäng suffletten manuellt fyra eller fem gånger. Kontrollera sedan vätskenivån igen.

3 Öppna den första bågens spärr fyra eller fem gånger med sufflettens nödöppningsverktyg som följer med bilens verktygslåda **(se bild 31.19)**.

4 Öppna och stäng suffletten manuellt fyra eller fem gånger, kontrollera sedan vätskenivån igen.

5 Nu har du luftat sufflettens hydraulsystem. Om suffletten fortfarande inte fungerar som den ska, låt en Saab-verkstad eller en specialist med motsvarande utrustning undersöka systemets självdiagnosverktyg.

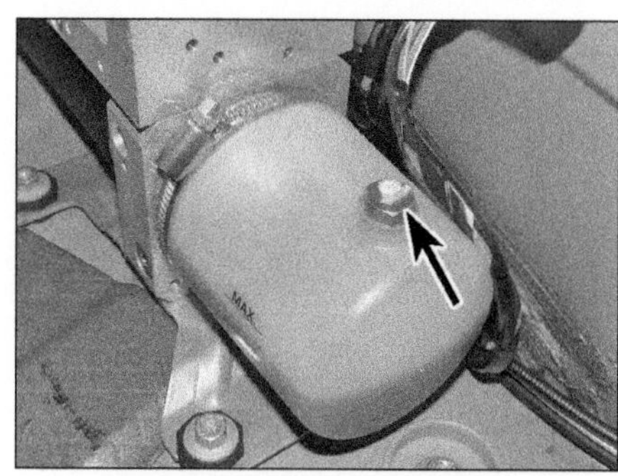

35.4 Skruva loss behållarens påfyllningsplugg (se pil)

Kapitel 12
Karossens elsystem

Innehåll

Svårighetsgrad

Enkelt, passar novisen med lite erfarenhet 

Ganska enkelt, passar nybörjaren med viss erfarenhet

Ganska svårt, passar kompetent hemmamekaniker 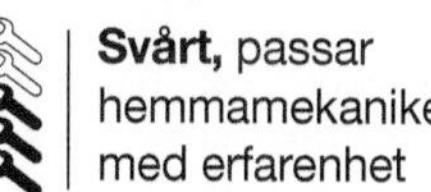

Svårt, passar hemmamekaniker med erfarenhet

Mycket svårt, för professionell mekaniker 

Specifikationer

Systemtyp	12 volt, negativ jord

Glödlampor, styrka

	Watt
Askkoppsbelysning	1.2
Backljus	21
Bagageutrymmets belysning	10 Rörlampa
Bakljus	21
Bromsljus	21
Cigarettändarbelysning	1.2
Dimljus:	
Bak	21
Fram	55 H3
Handskfackets belysning	10 Rörlampa
Innerbelysning	10 Rörlampa
Körriktningsvisare	21 PY
Läslampa:	
Bak	4 T4
Fram	5 Lampa med insticksfäste
Parkeringsljus	5 Lampa med insticksfäste
Registreringsskylt	5 Rörlampa
Sidoblinker	5 Lampa med insticksfäste
Strålkastare:	
Halogen halv- och helljus	55 H7
Xenon	35 D2S
Säkerhetsbältets varningsbelysning	1.2

Åtdragningsmoment

	Nm
Krockkuddens styrmodul	10
Passagerarkrockkuddens muttrar	10
Stötgivare	6
Torkararmens muttrar	20

1 Allmän information och föreskrifter

Allmän information

Elsystemet är ett 12-voltssystem med negativ jord och består av ett 12-voltsbatteri, en växelströmsgenerator med inre spänningsregulator, en startmotor och tillhörande elektriska komponenter och kablar.

Elektroniska styrmoduler/enheter till följande system (se avsnitt 20):

a) Motorstyrning.
b) Glödstiftets reglage.
c) Automatväxellåda.
d) Klimatanläggning.
e) Krockkuddens extra säkerhetssystem.
f) Elektrisk sätesstyrning.
g) ABS/TC/ESP-styrning.
h) Huvudinstrumentpanelen.
i) Sufflettens styrning (STS).
j) Dörrstyrningsmoduler.
k) Parkeringsassistans.
l) Automatisk nivåreglering av strålkastare.
m) Rattstångens reglageenhet.
n) Karossens styrmodul.
o) Infotainmentsystemets styrning.
p) Servostyrning.

På de flesta modeller finns det ett stöldskyddssystem som består av sensorer på dörrarna, bakluckan och motorhuven. Det finns även en glaskrossensor som sitter i innerbelysningen på den främre delen av den inre takklädseln. Systemet styrs av en elektronisk styrenhet som styr signalhornet. Observera att alla dessa styrmoduler är sammankopplade via ett DATABUS-system för informationsöverföring mellan styrmodulerna, givarna och manöverdonen.

Även om vissa reparationer beskrivs är det normala tillvägagångssättet att byta defekta komponenter.

Föreskrifter

Det är nödvändigt att iaktta extra försiktighet vid arbete med elsystemet för att undvika skador på halvledarenheter (dioder och transistorer) och personskador. Det finns särskilda procedurer att följa när man tar bort SRS-komponenter. Utöver föreskrifterna i *Säkerheten främst!* i början av den här handboken ska du observera följande när du arbetar med systemet:

- *Ta alltid av ringar, klockor och liknande innan du ska arbeta med elsystemet. En urladdning kan inträffa, även med batteriet urkopplat, om en komponents strömstift jordas genom ett metallföremål. Detta kan orsaka stötar och allvarliga brännskador.*
- *Kasta inte om batteripolerna. Komponenter som generatorn, styrmoduler till bränsleinsprutnings-/tändsystemet eller andra komponenter som innehåller halvledarkretsar kan förstöras.*
- *Låt aldrig motorn dra runt generatorn när den inte är ansluten.*
- *Kontrollera alltid att batteriets minusledare är bortkopplad vid arbete i det elektriska systemet.*

e) Innan du använder elektrisk bågsvetsutrustning på bilen ska du koppla ifrån batteriet, generatorn och komponenter som styrmodulen till bränsleinsprutnings-/tändsystemet för att skydda dem.

2 Felsökning av elsystemet – allmän information

Observera: *Se föreskrifterna i Säkerheten främst! och i avsnitt 1 i detta kapitel innan arbetet påbörjas. Följande test gäller huvudkretsarna och ska inte användas för att testa känsliga elektriska kretsar (t.ex. de låsningsfria bromsarna), speciellt där en elektronisk styrmodul finns inkopplad.*

Allmänt

1 En vanlig elkrets består av en elektrisk komponent, eventuella brytare, reläer, motorer, säkringar, smältsäkringar eller kretsbrytare som hör till komponenten, samt kablage och kontaktdon som ansluter komponenten till både batteriet och karossen. För att underlätta felsökning i elkretsarna finns kopplingsscheman i slutet av detta kapitel.

2 Studera relevant kopplingsschema för att bättre förstå den aktuella kretsens olika komponenter innan du försöker diagnosticera ett elfel. De möjliga felkällorna kan reduceras genom att kontrollera om andra komponenter i kretsen fungerar som de ska. Om flera komponenter eller kretsar slutar fungera samtidigt är sannolikheten stor att felet beror på en gemensam säkring eller jordanslutning.

3 Elfel har ofta enkla orsaker, som t.ex. glappande eller korroderade kopplingar, defekta jordanslutningar, säkringar som gått, smältsäkringar som smält eller defekta reläer (i avsnitt 3 finns information om hur man testar reläer). Se över skicket på alla säkringar, kablar och kopplingar i en krets där fel uppstått innan komponenterna kontrolleras. För att kunna identifiera var felet finns, använd kopplingsscheman för att avgöra vilka kopplingar som behöver undersökas.

4 För felsökning av elsystemet krävs bland annat dessa grundverktyg: en kretsprovare eller voltmeter (en 12-volts glödlampa med en uppsättning testkablar kan också användas för vissa tester), en ledningsprovare, en ohmmätare (för att mäta resistans), ett batteri samt en uppsättning testkablar och en förbindelsekabel, helst försedd med en kretskontakt eller säkring som kan användas till att koppla förbi misstänkta komponenter eller kablar. Innan du försöker leta reda på problemet med hjälp av testinstrument, bestäm utifrån ett kopplingsschema var du ska göra kopplingarna.

5 För att hitta källan till ett regelbundet återkommande kabelfel (vanligtvis på grund av en dålig eller smutsig anslutning eller skadad kabelisolering), kan man göra ett integritetstest på kablaget, vilket innebär att man måste flytta kablarna för hand för att se om felet uppstår när man rör dem. Det ska därmed vara möjligt att härleda felet till en speciell del av kabeln. Denna testmetod kan användas tillsammans med vilken annan testmetod som helst i de följande underavsnitten.

6 Förutom problem som uppstår på grund av dåliga anslutningar kan två typer av fel uppstå i en elkrets – kretsavbrott eller kortslutning.

7 Kretsbrottsfel orsakas av ett brott någonstans i kretsen, vilket hindrar strömflödet. Ett kretsbrott medför att komponenten inte fungerar men utlöser inte säkringen.

8 Kortslutningar orsakas av att ledarna går ihop någonstans i kretsen, vilket medför att strömmen tar en alternativ, lättare väg (med mindre resistans), vanligtvis till jord. Kortslutning orsakas oftast av att isoleringen nöts så att en ledare kan komma åt en annan ledare eller jordningen, t.ex. karossen. En kortslutning bränner i regel kretsens säkring. **Observera:** *En kortslutning som uppstår i kablaget mellan kretsens batterimatning och säkring medför inte att säkringen går i just den kretsen. Den här delen av kretsen är oskyddad – kom ihåg det när du felsöker bilens elsystem.*

Varning: Elsystemet hos Saab 9-3 är mycket komplext. Många av styrmodulerna är sammankopplade via ett "databussystem", där de får information från de olika givarna och kommunicerar med varandra. När den automatiska växellådan närmar sig en växelpunkts utväxlingsförhållande skickas t.ex. en signal till motorstyrningens styrmodul via databussystemet. När växlingen utförs av växellådans styrmodul, fördröjer motorstyrningens styrmodul tändningsinställningen så att motorns effekt minskas tillfälligt och övergången från ett utväxlingsförhållande till ett annat kan ske smidigare. På grund av databussystemets utformning rekommenderar vi inte att du som brukligt testmäter styrmodulerna med en multimeter. Elsystemen är istället utrustade med ett sofistikerat självdiagnossystem som kan undersöka om det finns felkoder lagrade i de olika styrmodulerna och hjälpa till att identifiera fel. För att läsa av självdiagnossystemet behövs särskild testutrustning (felkodsläsare).

Hitta ett kretsbrott

9 Koppla ena ledaren på en kretsprovare eller voltmeter till antingen batteriets negativa pol eller en annan säker jordanslutning för att kontrollera om en krets är bruten.

10 Koppla den andra ledaren till en anslutning i den krets som ska provas, helst närmast batteriet eller säkringen.

11 Slå på kretsen, men tänk på att vissa kretsar bara är strömförande med tändningslåset i ett visst läge.

12 Om det finns spänning i kretsen (indikeras genom att testinstrumentets lampa lyser eller utslag på voltmetern) betyder det att kretsen är felfri mellan aktuell anslutning och batteriet.

13 Kontrollera resten av kretsen på samma sätt.

14 När du når ett ställe där det inte finns någon spänning vet du att felet finns mellan den punkten och föregående testpunkt där det fanns spänning. De flesta fel kan härledas till en trasig, korroderad eller glappande koppling.

Hitta en kortslutning

15 När du ska leta efter en kortslutning, koppla först bort strömförbrukarna från kretsen (strömförbrukare är komponenter som förbrukar ström i en krets, t.ex. lampor, motorer och värmeelement).

16 Ta bort den aktuella säkringen från kretsen och anslut en kretsprovare eller voltmeter till säkringens anslutningar.

17 Slå på kretsen, men tänk på att vissa kretsar bara är strömförande med tändningslåset i ett visst läge.

18 Om det finns spänning (visas genom att testlampan lyser eller att voltmetern ger utslag) betyder det att kretsen är kortsluten.

19 Om det inte finns någon ström, men säkringarna fortsätter att gå sönder när strömförbrukarna är påkopplade är det ett tecken på ett internt fel i någon av strömförbrukarna.

Hitta ett jordfel

20 Batteriets minuspol är kopplad till "jord" – metallen på motorn/växellådan och karossen – och de flesta system är dragna så att de bara har en pluskälla, strömmen leds tillbaka genom metallen i karossen. Det innebär att komponentfästet och karossen utgör en del av kretsen. Lösa eller korroderade fästen kan därför orsaka flera olika elfel, allt från totalt haveri till svårupptäckta detaljfel. Vanligast är att lampor lyser svagt (särskilt när en annan krets som delar samma jordpunkt är i funktion) och att motorer (t.ex. torkarmotorerna eller kylarens fläktmotor) går långsamt. En krets kan påverka en annan, till synes orelaterad, krets. Observera att på många bilar används jordledningar oftast mellan vissa delar, som exempelvis motorn/växellådan och karossen, där det inte finns någon kontakt mellan delarnas metall på grund av gummifästen eller liknande **(se bilder)**.

21 För att kontrollera om en komponent är säkert jordad, koppla från batteriet (enligt beskrivningen i kapitel 5A) och koppla en av kablarna på en ohmmeter till en säker jordanslutning. Koppla den andra kabeln till den kabel eller jordanslutning som ska kontrolleras. Resistansen ska vara noll. Om så inte är fallet ska anslutningen kontrolleras enligt följande.

22 Om en jordanslutning misstänks vara felaktig, ta isär anslutningen och putsa upp metallen på både ytterkarossen och kabelfästet eller komponentens jordanslutnings fogyta. Se till att ta bort alla spår av rost och smuts och skrapa sedan bort lacken med en kniv för att få fram en ren metallyta. Dra åt fogfästena ordentligt vid ihopsättningen.

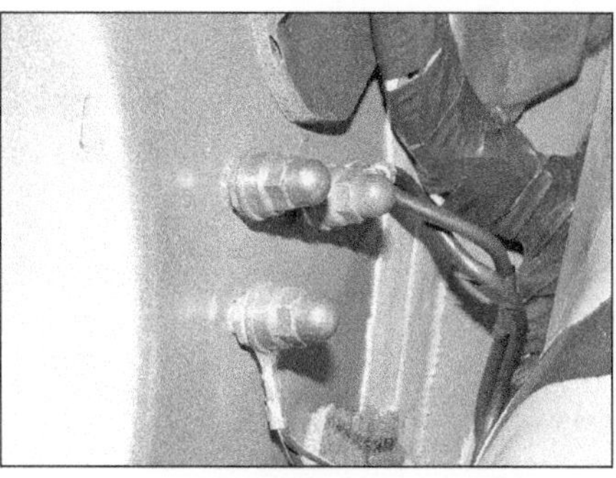

2.20a Jordanslutningar i passagerarsidans fotbrunn

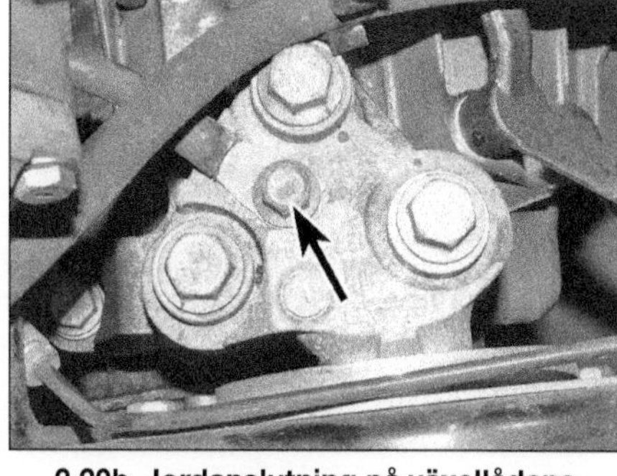

2.20b Jordanslutning på växellådans fästbygel (se pil)

Om en kabelanslutning återmonteras ska taggbrickor användas mellan anslutningen och karossen för att garantera en ren och säker anslutning. När kopplingen återansluts, rostskydda ytorna med ett lager vaselin, silikonfett eller genom att regelbundet spraya på fuktdrivande aerosol eller vattenavstötande smörjmedel.

3 Säkringar och reläer – allmän information

Säkringar

1 Säkringar är utformade för att bryta en elektrisk krets när en given spänning uppnås, för att skydda komponenter och kablar som kan skadas av för höga spänningar. För hög strömstyrka beror på fel i kretsen, ofta på kortslutning (se avsnitt 2).

2 Säkringarna sitter antingen i säkringsdosan på instrumentbrädans vänstra sida, i säkringsdosan i motorrummets främre vänstra sida eller på vänster sida i bagageutrymmet. Motorrummets säkringsdosa inkluderar även huvudreläerna.

3 Du kommer åt säkringsdosan på instrumentbrädan om du öppnar vänster framdörr och tar loss plastkåpan. Motorrummets säkringsdosa öppnar du genom att öppna motorhuven och lossa plastkåpan. Bagageutrymmets säkringsdosa öppnar du genom att lossa klämman och vika ner panelen **(se bilder)**.

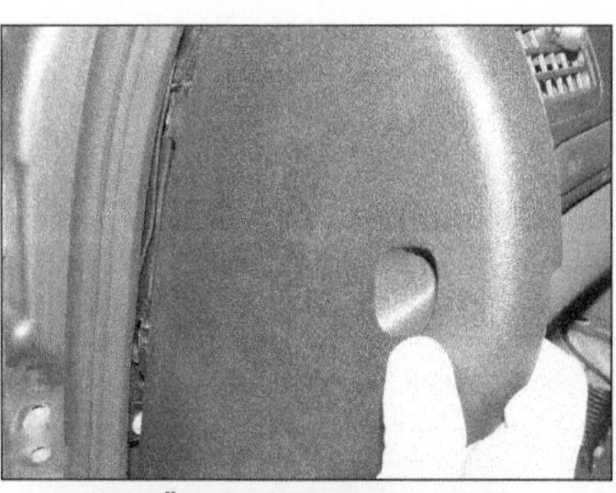

3.3a Öppna instrumentbrädans sidopanel . . .

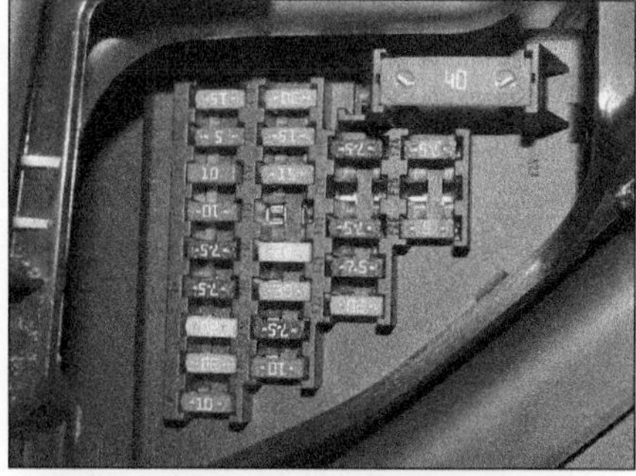

3.3b . . . för att komma åt passagerarutrymmets säkringsdosa

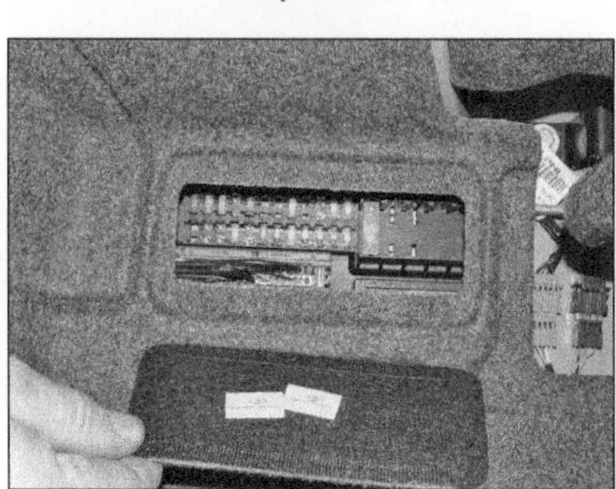

3.3c Vik ner panelen för att komma åt säkringsdosan i bagageutrymmet

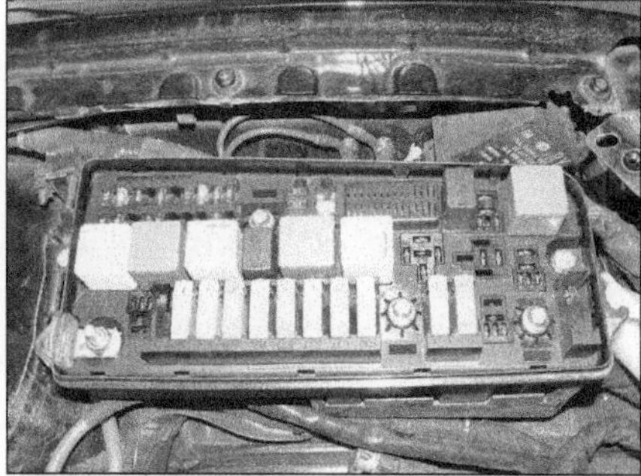

3.3d Motorrummets säkringsdosa

3.4 Ta loss en säkring med verktyget som finns på insidan av säkringsdosans lock

4 Ta bort säkringen genom att dra loss den från sockeln med hjälp av plastverktyget i säkringsdosan **(se bild)**.

5 Undersök säkringen från sidan, genom det genomskinliga plasthöljet, en trasig säkring har en smält eller trasig ledning.

6 Det finns reservsäkringar i de blanka fästena i säkringsdosan.

7 Innan du byter en trasig säkring ska du spåra och fastställa orsaken, och alltid använda en säkring med rätt kapacitet.

Varning: Byt aldrig ut en säkring mot en med högre kapacitet och gör aldrig tillfälliga lösningar med ståltråd eller metallfolie. Det kan leda till allvarligare skador eller bränder.

8 Observera att säkringarna är färgkodade enligt beskrivningen nedan – se kopplingsscheman för mer information om säkringskapacitet och skyddade kretsar.

Färg	Kapacitet
Brun	5 A
Röd	10 A
Blå	15 A
Gul	20 A
Genomskinlig	25 A
Grön	30 A

9 Utöver systemets säkringar finns också flatstiftsäkringar i säkringsdosorna. Deras uppgift är att skydda vissa delar av bilens elkablage där det finns mer än en elektrisk komponent. Dessa har mycket högre kapacitet än en vanlig säkring. De har följande kapacitet:

Färg	Kapacitet
Orange	40 A (maximalt)
Blå	60 A (maximalt)

10 Dessutom sitter smältsäkringar längs med batteriet i motorrummet. Säkringarna skyddar olika delar av bilens elsystem och har mycket högre kapacitet än både vanliga säkringar och flatstiftsäkringar. Om en smältsäkring går finns ett större fel i elsystemet. Vi rekommenderar att felet överlåts till en Saab-verkstad eller en bilelektriker.

Reläer

11 Ett relä är en elektromekanisk brytare, som används av följande skäl:

a) *Ett relä kan ställa om kraftig ström på avstånd från kretsen där strömmen finns, vilket innebär att man kan använda tunnare ledningar och brytare.*

b) *Ett relä kan ta emot mer än en styrning, till skillnad från en brytare som drivs mekaniskt.*

c) *Ett relä kan ha en timerfunktion, men på Saabmodellerna i den här handboken utförs denna funktion av ICE-styrmodulen.*

12 Huvudreläerna sitter i alla tre säkringsdosorna. Lyft upp kåpan för att komma åt reläerna **(se bild 3.3d)**.

13 Om det uppstår ett fel eller om reläets effekt försämras i en krets eller ett system som styrs av ett relä, koppla på det aktuella systemet. *I allmänhet* ska det höras ett klick när reläet får ström, om det fungerar. Om så är fallet är det troligtvis fel på systemets komponenter eller kablage. Om det inte hörs att reläet aktiveras får det antingen ingen ström eller också kommer inte ställströmmen fram. Det kan också hända att själva reläet är defekt. En kontroll kan utföras med en enhet som man vet fungerar, men var försiktig – vissa reläer har samma utseende och funktion, medan andra ser likadana ut men har olika funktioner – så se till att ersättningsreläet är av precis samma typ.

14 När du ska ta bort ett relä måste du först se till att den aktuella kretsen är avslagen. Reläet kan då enkelt dras ut ur hylsan och skjutas tillbaka på plats.

4 Brytare och kontroller – demontering och montering

Tändningslåset

1 Ta bort mittkonsolen enligt beskrivningen i kapitel 11.

Varning: Alla styrmoduler är mycket känsliga för statisk elektricitet. Innan du vidrör tändningslåsmodulen, jorda dig själv genom att röra vid en metalldel på karossen eller motorn/växellådan.

2 Lossa de fyra fästklämmorna och ta bort modulen från undersidan av konsolen **(se bild)**.

3 Monteringen utförs i omvänd ordningsföljd mot demonteringen.

Rattstångens brytare (rattstångens reglageenhet)

4 Ta bort ratten enligt kapitel 10.

Varning: Alla styrmoduler är mycket känsliga för statisk elektricitet. Innan du vidrör tändningslåsmodulen, jorda dig själv genom att röra vid en metalldel på karossen eller motorn/växellådan.

5 Dra bort damasken från enhetens baksida och tryck den mot instrumentbrädan.

6 Lossa de båda fästklämmorna och dra loss enheten från rattstången **(se bild)**.

7 Koppla loss anslutningskontakten på baksidan av enheten och lossa kablagets klämma **(se bild)**.

8 Monteringen utförs i omvänd ordningsföljd mot demonteringen. Observera att om du monterat en ny reglageenhet kan den behöva programmeras innan användning. Låt en Saab-verkstad eller annan specialist utföra detta.

Dörr-/fönsterbrytare/styrmodul

9 Ta bort dörrklädseln enligt kapitel 11.

Varning: Alla styrmoduler är mycket känsliga för statisk elektricitet. Innan du vidrör tändningslåsmodulen, jorda dig själv genom att röra vid en metalldel på karossen eller motorn/växellådan.

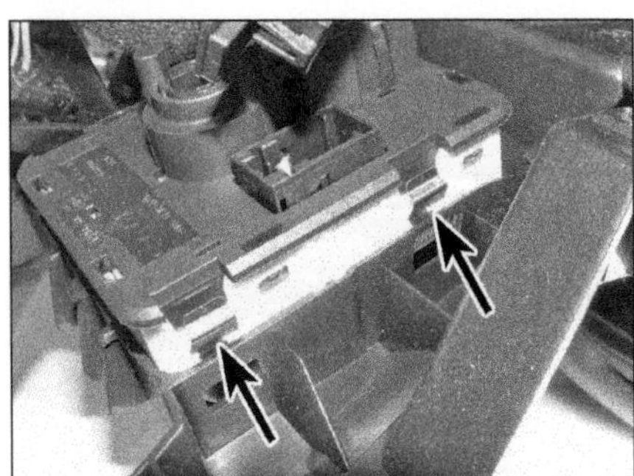

4.2 Tryck ner klämmorna (se pilar) på sidan och dra ut tändningslåset

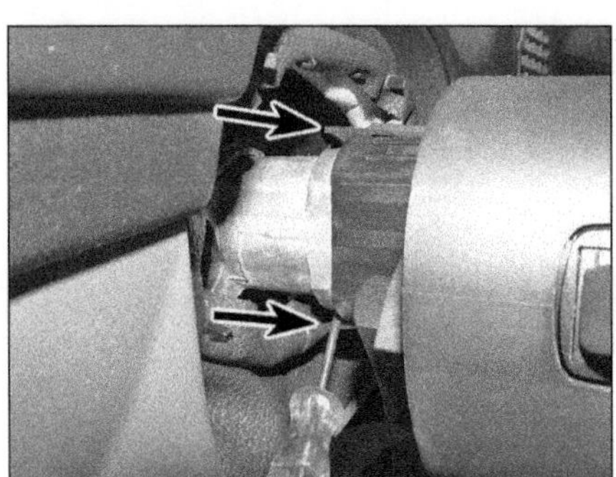

4.6 Lossa de 2 klämmorna (se pilar) och dra reglageenheten uppåt längs rattstången

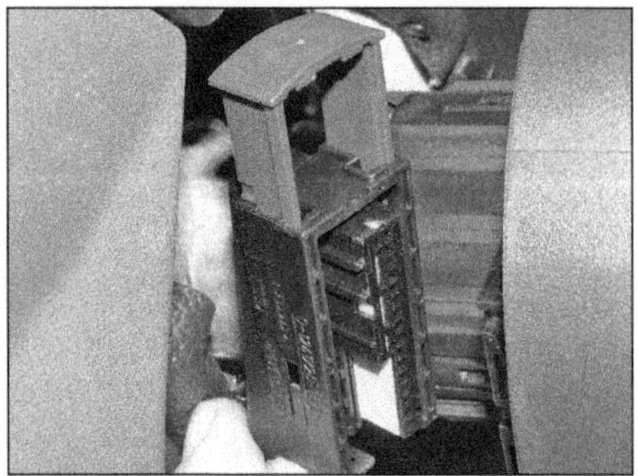

4.7 Dra upp den röda låsspärren och koppla loss anslutningskontakten

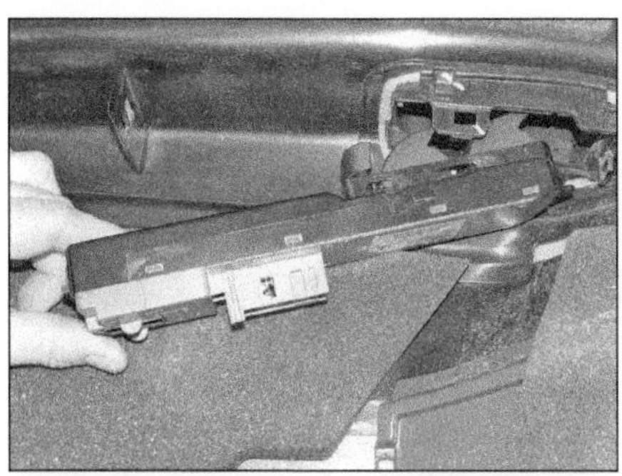
4.10 Lossa klämmorna i den bakre änden och dra loss dörrens omkopplingsmodul

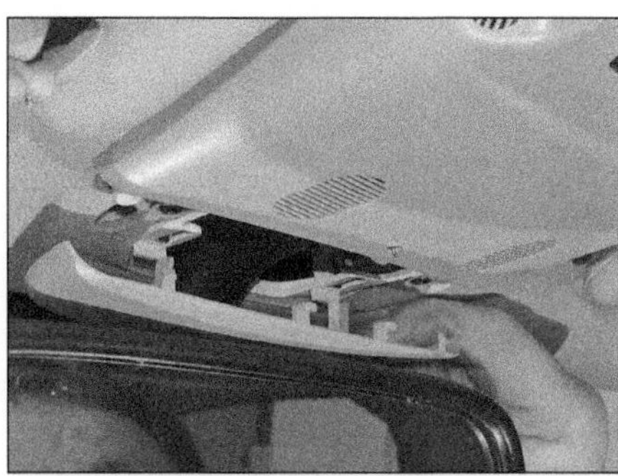
4.12 Dra ner kåpan bakom innerspegeln

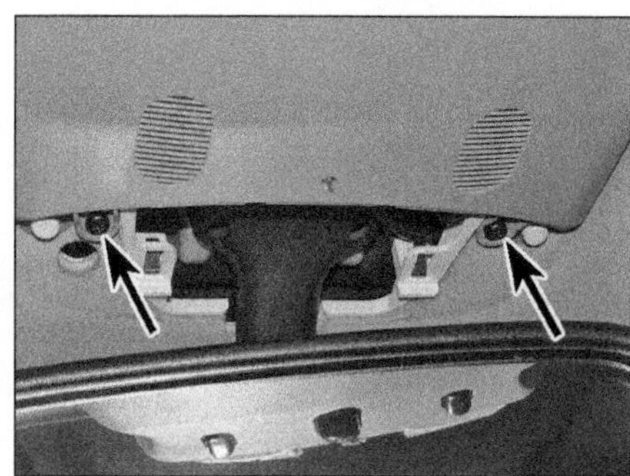
4.13 Skruva loss de 2 torxskruvarna (se pilar)

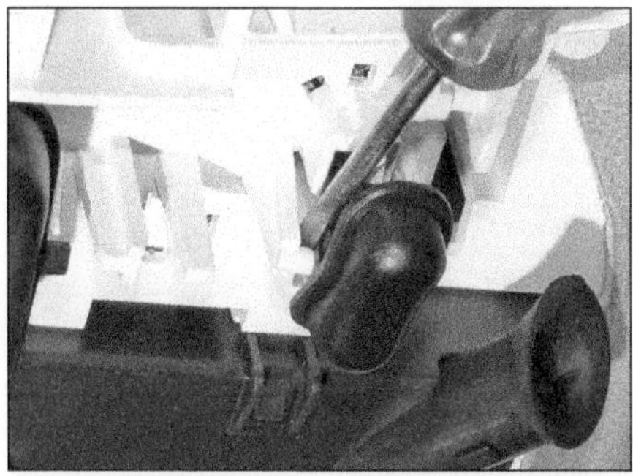
4.14 Lossa klämman och ta bort brytaren

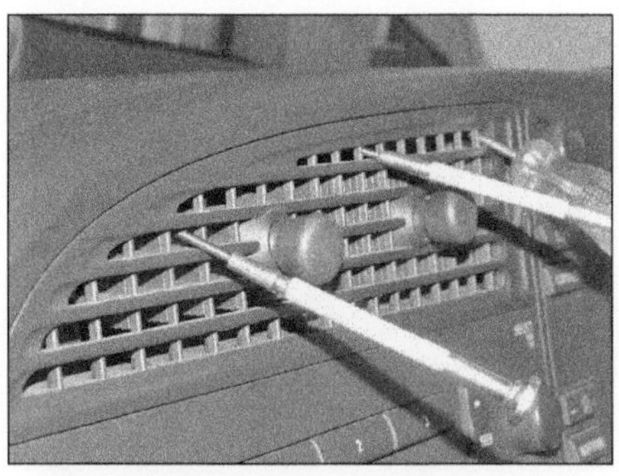
4.16a Bänd in luftmunstyckets klämmor med en liten skruvmejsel

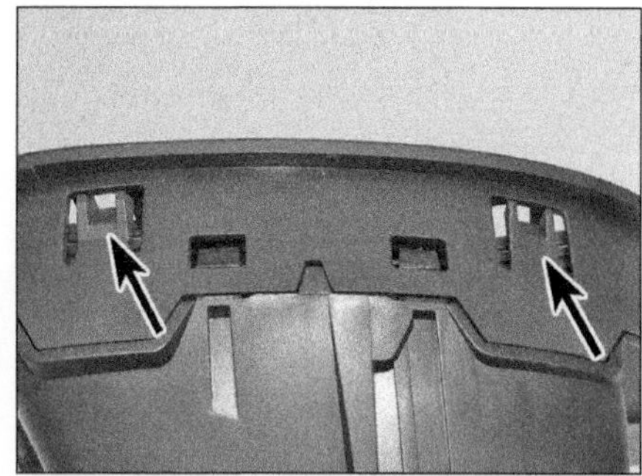
4.16b Luftmunstyckets klämmor (se pilar) måste bändas inåt

10 Ta loss dörrpanelens torxskruv (gäller bara förardörren på cabrioletmodeller). Ta sedan loss klämmorna och brytaren/modulen. Börja med klämman längst bak **(se bild)**.

11 Monteringen utförs i omvänd ordningsföljd. Observera att om du monterat en ny modul kan den behöva programmeras innan användning. Låt en Saab-verkstad eller annan specialist utföra detta.

Styrning av innerbelysning

12 Bänd försiktigt loss glaset och den främre kåpan från innerbelysningen bakom den inre backspegeln **(se bild)**.

13 Ta loss de två torxskruvarna och ta bort mittkåpan från innerbelysningen **(se bild)**.

14 Lossa klämmorna med en liten skruvmejsel och ta bort brytarna **(se bild)**.

15 Monteringen utförs i omvänd ordningsföljd mot demonteringen.

Saabs informationsdisplay – kontrollpanel

16 Lossa klämmorna genom hålen i gallret och ta bort luftmunstycket från instrumentbrädan **(se bilder)**.

17 Kläm ihop fästklämmorna och tryck loss SID-kontrollpanelen från instrumentbrädan. Koppla loss anslutningskontakten när panelen tas bort **(se bild)**.

18 Monteringen utförs i omvänd ordningsföljd mot demonteringen.

Dimljusets brytare

19 Både de främre och bakre dimljusen styrs av brytare som är inbyggda i huvudljusbrytaren. Demontering av brytaren beskrivs senare i detta avsnitt.

Ljusbrytare

20 Skruva loss de två skruvarna och ta bort instrumentbrädans nedre panel på förarsidan (se kapitel 11).

21 Lossa fästklämmorna bakom instrumentbrädan och tryck loss ljusbrytaren **(se bild)**.

22 Koppla loss anslutningskontakten när du tar bort brytaren.

23 Monteringen utförs i omvänd ordningsföljd mot demonteringen.

Bromsljusbrytare

24 Ta bort instrumentbrädans nedre panel från förarsidan enligt kapitel 11.

25 Bänd ner och ta bort panelen som omger rattstångens inställningshandtag **(se bild)**.

26 Tryck ner bromspedalen och dra ut brytarens tryckstång och spärrhylsa. Tryck ner klämmorna och dra loss brytaren **(se bilder)**. Observera att det måste gå att trycka ner bromspedalen lite – starta motorn för att skapa servovakuum om det behövs.

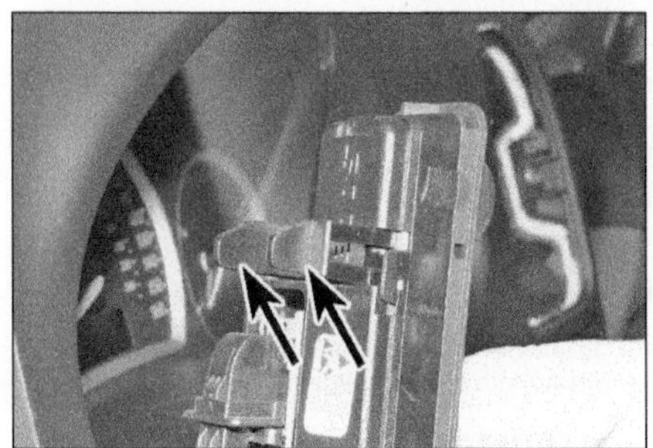
4.17 Kläm ihop klämmorna (se pilar) och lossa SID-kontrollpanelen från instrumentbrädan

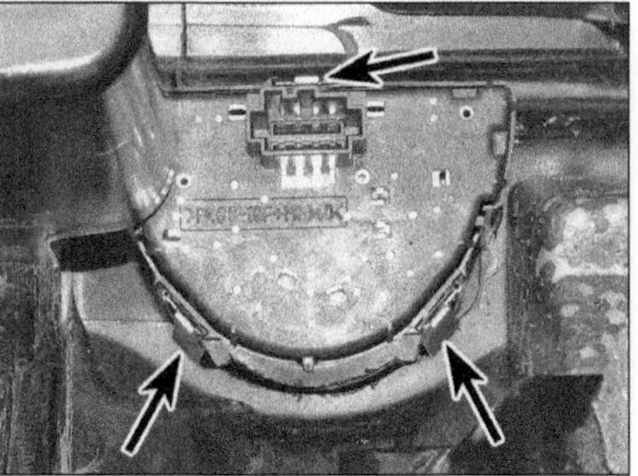
4.21 Tryck ner de 3 klämmorna (se pilar) och lossa ljusbrytaren från instrumentbrädan

4.25 Bänd loss panelen kring handtaget

4.26a Tryck spärrhylsan framåt . . .

4.26b . . . tryck sedan ner klämmorna (se pil) på vardera sidan och dra loss brytaren från fästbygeln

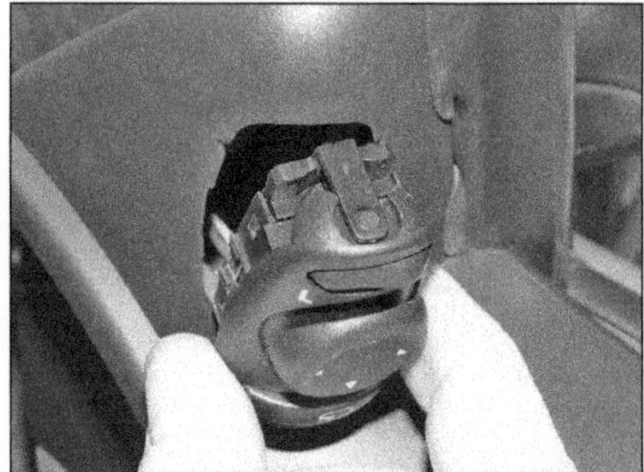
4.28 Bänd loss brytaren från kåpan

4.34 Tryck ner klämmorna (se pilar) och ta bort centrallåsets brytare

4.38a Brytaren till handbromsens varningslampa (se pil) . . .

4.38b . . . hålls fast av en enda torxskruv (se pil)

Varningsblinkers, brytare

27 Varningsblinkrarnas brytare är inbyggd i klimatanläggningspanelen – se kapitel 3.

Kontakt till den elektriska sidobackspegeln

28 Bänd försiktigt loss brytaren från kåpan på framdörren **(se bild)**.
29 Koppla loss kablaget.
30 Monteringen utförs i omvänd ordningsföljd mot demonteringen.

Kupébelysningens brytare i dörren

31 Kupélampans brytare sitter inuti dörrlåsenheten. Demontering av låset beskrivs i kapitel 11.

Centrallåsets brytare

32 Ta bort framdörrens inre klädselpanel enligt beskrivningen i kapitel 11.
33 Koppla loss brytarens anslutningskontakt.

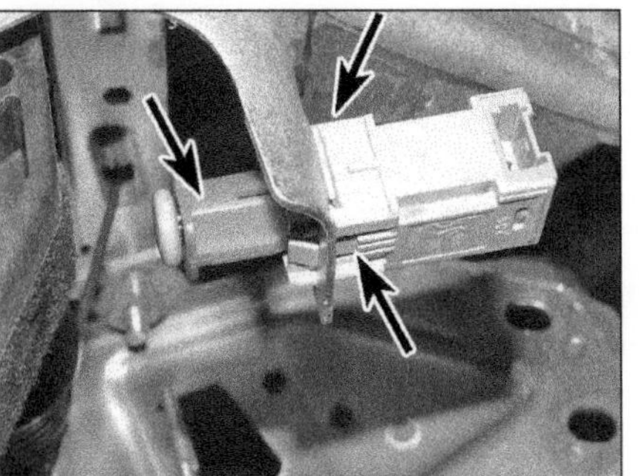
4.42 Dra ut spärrhylsan och tryck ner klämmorna (se pilar)

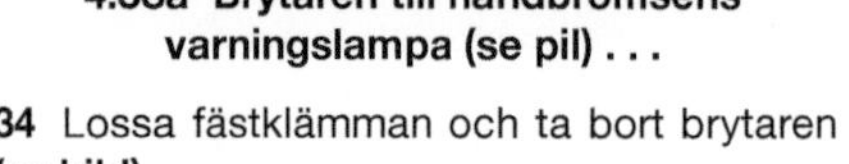
34 Lossa fästklämman och ta bort brytaren **(se bild)**.
35 Monteringen utförs i omvänd ordningsföljd mot demonteringen.

Handbromsens brytare

36 Ta bort mittkonsolen enligt beskrivningen i kapitel 11.
37 Koppla loss anslutningskontakten från brytaren.

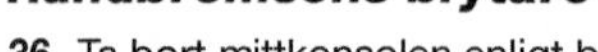
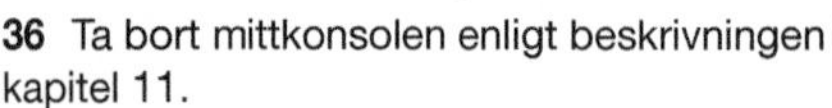
38 Skruva loss skruven och ta bort brytaren **(se bilder)**.
39 Monteringen utförs i omvänd ordningsföljd mot demonteringen.

Kopplingspedalens brytare

40 Ta bort instrumentbrädans nedre panel från förarsidan enligt kapitel 11.

41 Bänd försiktigt loss panelen kring rattens inställningshandtag från rattstångens kåpa **(se bild 4.25)**.

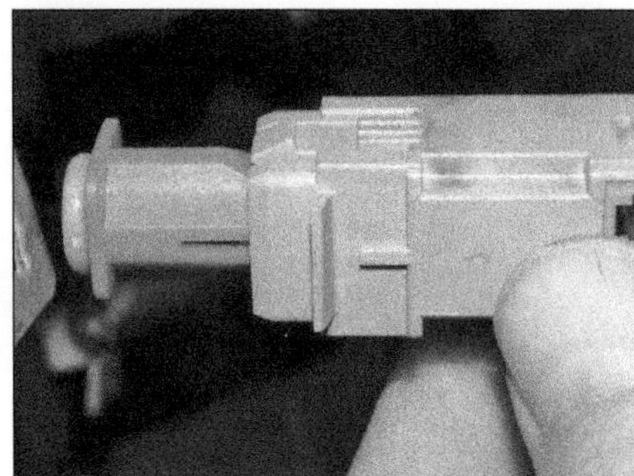
4.44 Dra ut spärrhylsan innan du sätter tillbaka brytaren

42 Tryck ner kopplingspedalen och dra ut brytarens tryckstång och spärrhylsa. Lossa sedan de två fästklämmorna och dra loss brytaren **(se bild)**.
43 Koppla loss anslutningskontakten när du tar bort brytaren.
44 För att montera brytaren, dra ut brytarens tryckstång och spärrhylsa **(se bild)**.
45 Tryck ner växelspaken och tryck in brytaren.
46 Tryck in spärrhylsan och dra ut tryckstången. Släpp pedalen och sätt tillbaka instrumentbrädans panel.

Backljusbrytare

47 Demontering och montering av backljusbrytaren beskrivs i kapitel 7A.

Takluckans brytare

48 Bänd försiktigt loss framkåpan och glaset på den främre innerbelysningen med ett plattbladigt verktyg.
49 Skruva loss de två skruvarna och ta bort mittkåpan från innerbelysningen.
50 Lossa klämmorna och ta bort brytaren.
51 Koppla loss anslutningskontakten när du tar bort brytaren.
52 Monteringen utförs i omvänd ordningsföljd.

Uppvärmd bakruta, brytare

53 Brytaren till den uppvärmda bakrutan är en del av klimatkontrollenheten – se kapitel 3.

Rattreglage

54 Demontera krockkudden på förarsidan från rattstången enligt beskrivningen i avsnitt 22.
55 Skruva loss torxskruven och dra loss

brytarna från ratten **(se bild)**. Koppla loss anslutningskontakten från höger brytare när du tar bort den. Observera att brytarna levereras som en enhet tillsammans med anslutande kablage **(se bild)**.

56 Monteringen utförs i omvänd ordningsföljd mot demonteringen.

5 Innerbelysningens glödlampor - byte

Instrumentpanelen

1 Instrumentbrädan är upplyst av ett antal ljusdioder. Dessa går inte att byta. Om fel uppstår i panelbelysningen, låt läsa av systemets självdiagnossystem med Saabs testutrustning innan du dömer ut enheten.

Klock-/SID-modul

2 Klockan/SID-modulen är upplyst av ett antal ljusdioder. Dessa går inte att byta ut. Om fel uppstår i panelbelysningen, låt läsa av systemets självdiagnossystem med Saabs testutrustning innan du dömer ut enheten.

Innerbelysning

Belysning fram - modeller med fyra eller fem dörrar

3 Dra bakänden av innerbelysningens glas nedåt och ta bort det **(se bild)**.

4 Dra loss glödlampan med insticksfäste från lamphållaren **(se bild)**.

5 Montera den nya glödlampan i omvänd ordningsföljd.

Mittbelysning - modeller med fyra eller fem dörrar

6 Dra bakänden av glaset/kåpan nedåt från innerbelysningen **(se bild)**.

7 Ta bort läslampans glödlampor genom att trycka och vrida, eller bänd loss innerbelysningens rörglödlampa från kontakterna **(se bild)**

8 Montera den/de nya glödlampan/-lamporna i omvänd ordningsföljd.

Belysning fram - cabrioletmodeller

9 Börja bakifrån och bänd försiktigt ner belysningen. Lossa sedan klämmorna och ta loss kontaktdonet **(se bilder)**.

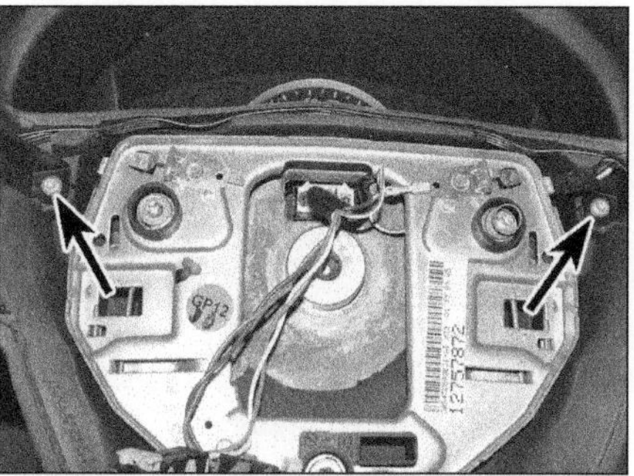

4.55a Skruva loss rattbrytarens torxskruvar (se pilar)

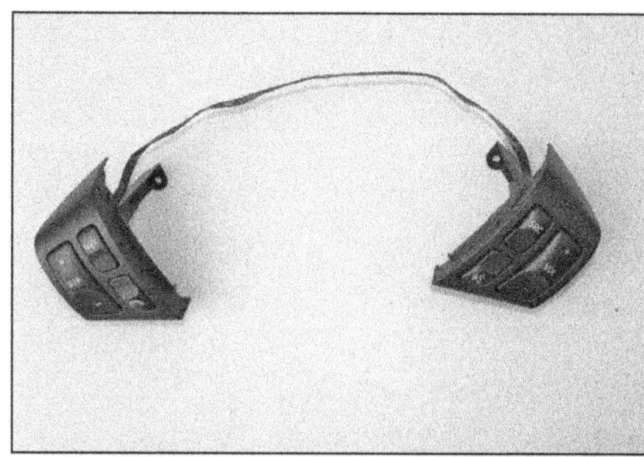

4.55b Rattbrytarna levereras som en enhet tillsammans med kablaget

10 Skruva loss de två fästskruvarna, ta ner glasenheten och dra loss glödlampan med insticksfäste från hållaren **(se bilder)**.

11 Montera den nya glödlampan i omvänd ordningsföljd.

Läslampa - cabrioletmodeller

12 Börja bakifrån och bänd försiktigt ner belysningen.

13 Vrid lamphållaren moturs och dra loss hållaren från belysningen. Ta loss lampan

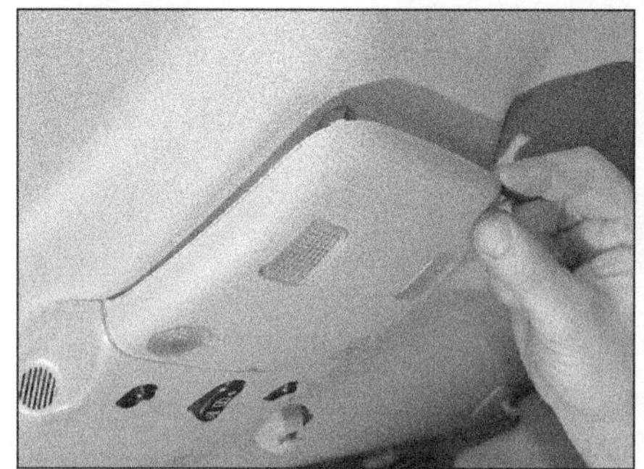

5.3 Dra glasets bakre kant nedåt . . .

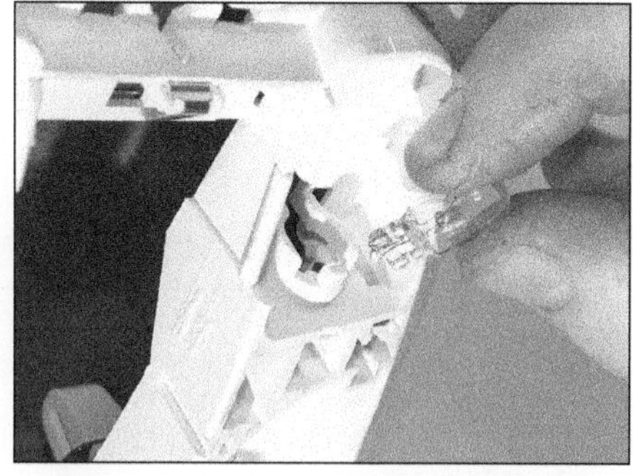

5.4 . . . och dra loss glödlampan med insticksfäste

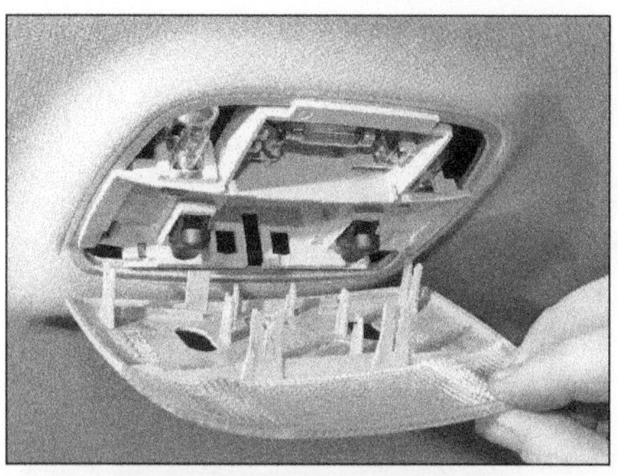

5.6 Dra den bakre kanten på mittbelysningens glas nedåt

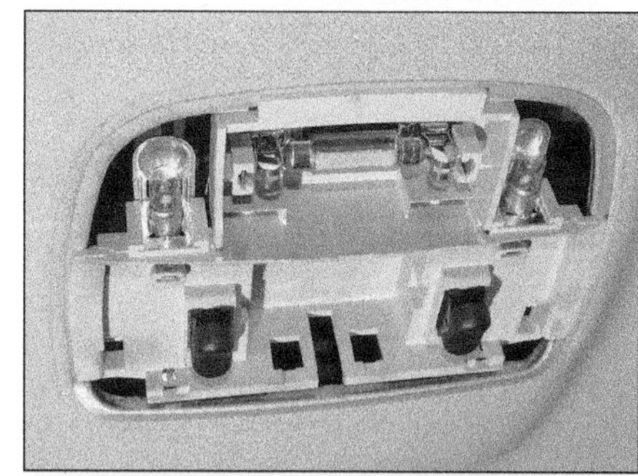

5.7 Tryck och vrid läslampans glödlampor, dra loss innerbelysningens glödlampa

5.9a Dra först ner den bakre kanten

5.9b Lossa klämmorna och koppla loss anslutningskontakten

5.10a Skruva loss de två skruvarna (se pilar) och ta loss glaset . . .

5.10b ... och dra loss glödlampan från hållaren

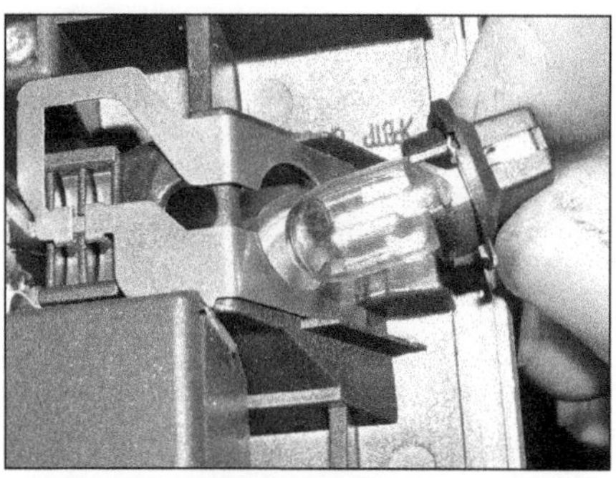

5.13a Vrid lamphållaren moturs

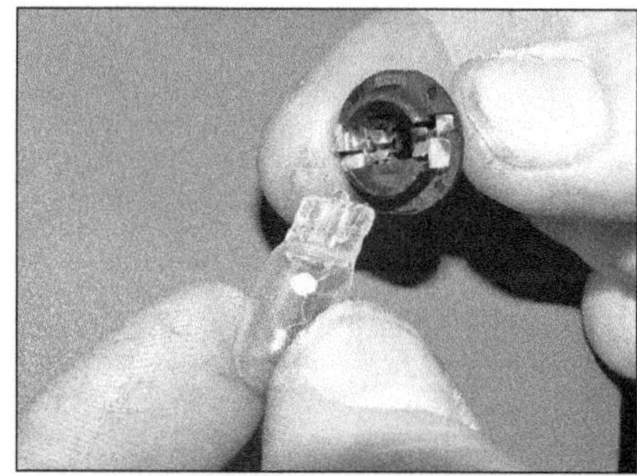

5.13b Dra loss lampan från hållaren

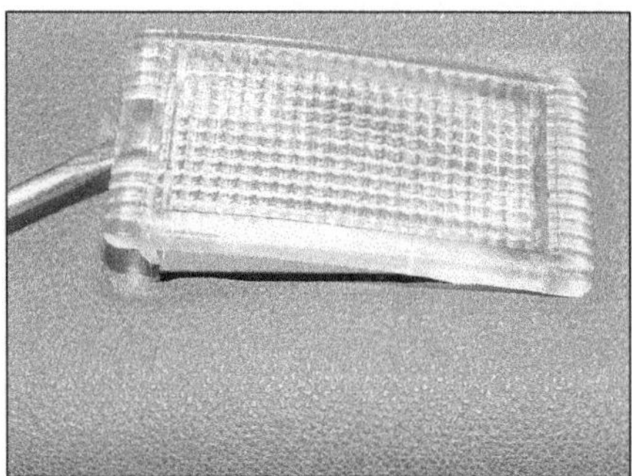

5.16 Bänd loss armaturen ...

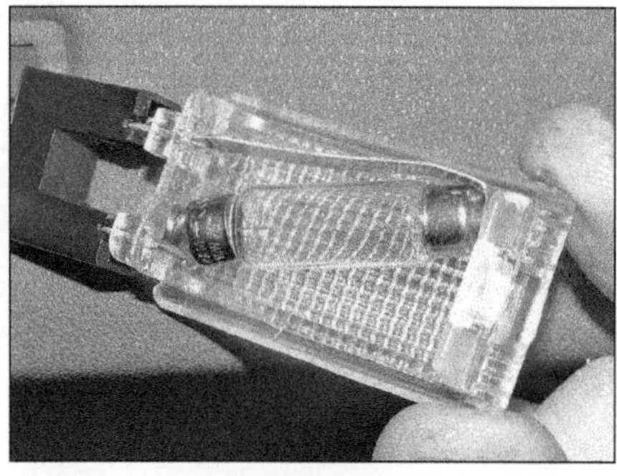

5.17 ... och dra loss glödlampan från kontakterna

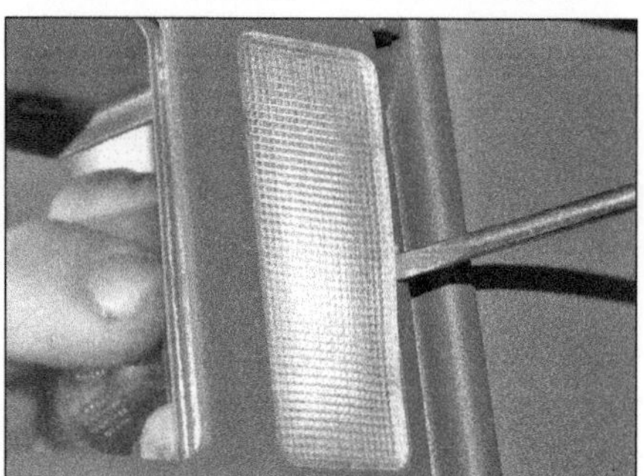

5.19 Bänd försiktigt loss glaset till sminkspegelns belysning

med insticksfäste från hållaren **(se bilder)**.

14 Montera den nya glödlampan i omvänd ordningsföljd.

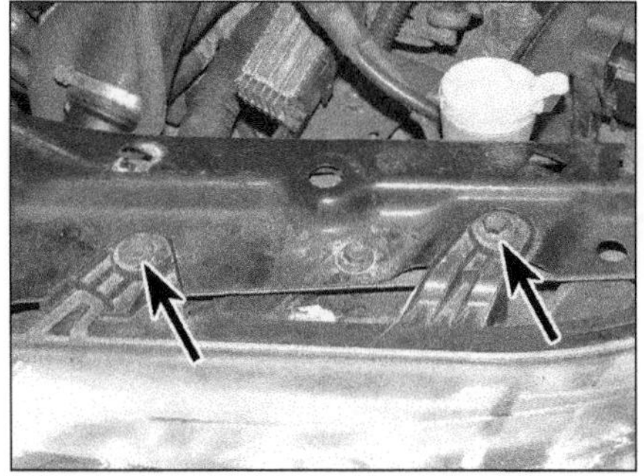

6.2a Skruva loss de två bultarna ovanpå strålkastaren (se pilar) ...

6.4 Bänd upp den röda låsspärren och koppla loss anslutningskontakten

Belysning för luftkonditionering/ klimatanläggning

15 Luftkonditioneringens/klimatanläggningens panel är upplyst av icke-utbytbara ljusdioder.

6.2b ... och den nedre bulten (se pil)

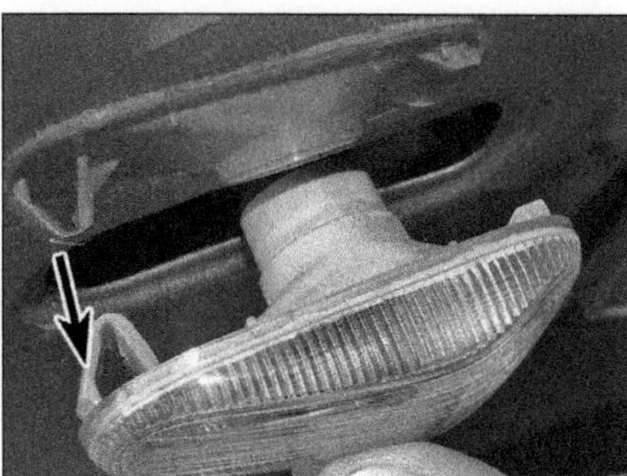

6.6 Tryck in sidoblinkern mot fjäderklämman (se pil)

Handsfackets/bagage-utrymmets/kupé-/golvbelysning

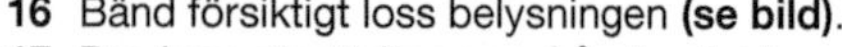

16 Bänd försiktigt loss belysningen **(se bild)**.

17 Dra loss rörglödlampan från kontakterna **(se bild)**.

18 Montera den nya glödlampan i omvänd ordningsföljd mot demonteringen.

Sminkspegelns lampa

19 Bänd försiktigt loss glaset från belysningen med en liten skruvmejsel **(se bild)**.

20 Dra loss glödlampan med insticksfäste från lamphållaren.

21 Montera den nya glödlampan i omvänd ordningsföljd.

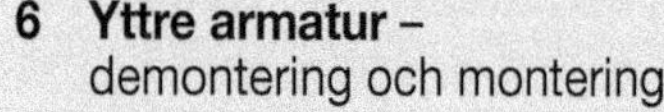

6 Yttre armatur – demontering och montering

Strålkastare

1 Ta bort den främre stötfångaren enligt beskrivningen i kapitel 11.

2 Skruva loss strålkastarens övre och nedre fästbultar **(se bilder)**.

3 Ta loss strålkastaren.

4 Koppla loss anslutningskontakten när du tar loss strålkastaren **(se bild)**.

5 Monteringen utförs i omvänd ordningsföljd.

Sidokörriktningsvisare

6 Tryck försiktigt lampan framåt mot plastklämmans spänne, lossa sedan lampans bakre del från framskärmen **(se bild)**.

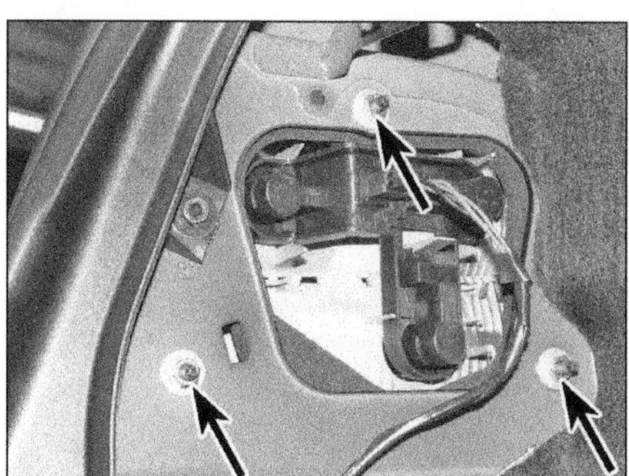

6.10 Bakljusets fästmuttrar (se pilar)

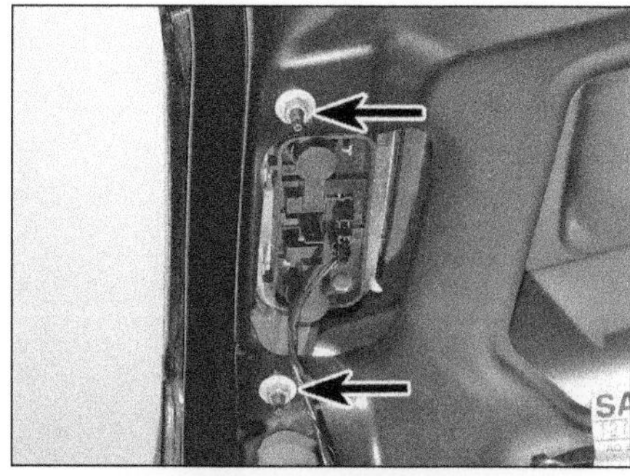

6.13 Muttrarna som håller fast bakluckans armatur (se pilar)

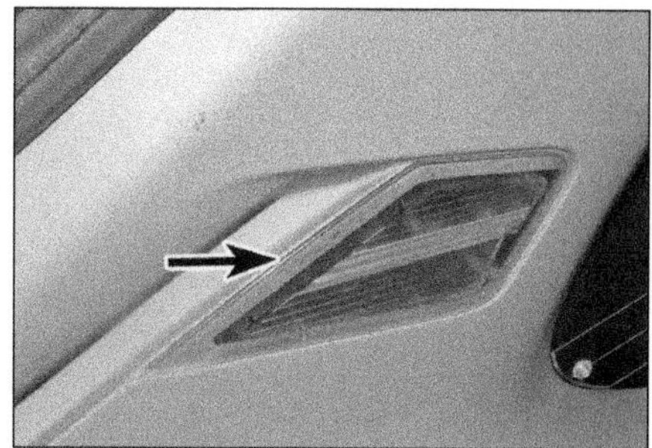

6.15 Börja bakifrån och bänd loss armaturen från stolpens panel (se pil) och lossa fästmuttern i öppningen

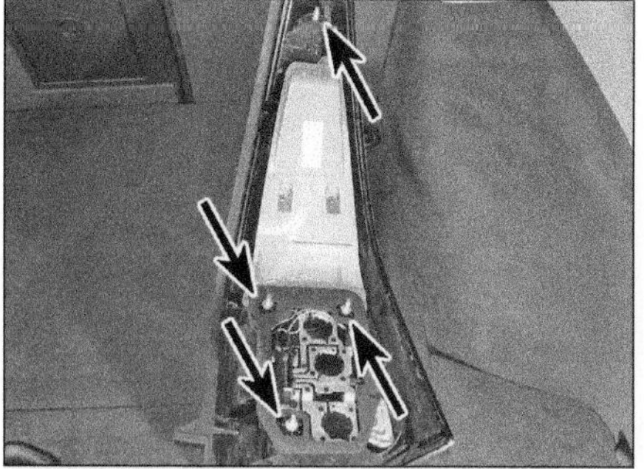

6.16 Bakljusarmaturens fästmuttrar (se pilar) - kombimodeller

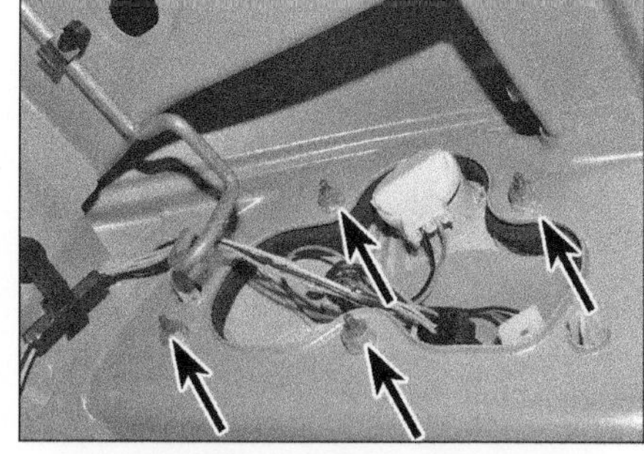

6.19 Bakljusarmaturens fästmuttrar (se pilar) - cabrioletmodeller

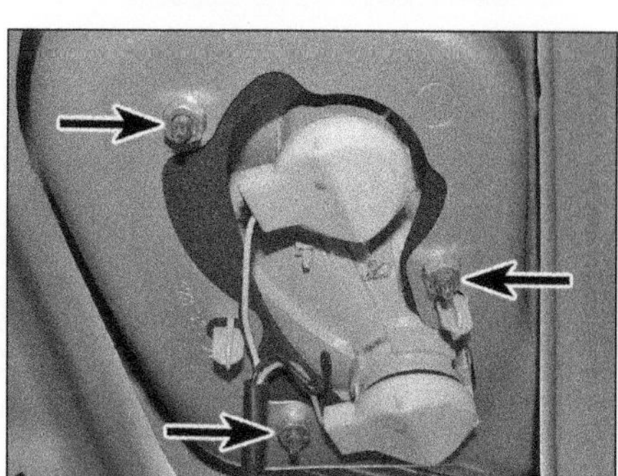

6.23 Muttrarna som håller fast bakluckans armatur (se pilar) - cabrioletmodeller

7 Vrid lamphållaren moturs och dra loss den från glaset **(se bild 7.24a)**.

8 Monteringen utförs i omvänd ordningsföljd mot demonteringen.

Bakljusarmatur – modeller med fyra dörrar

Bakskärmens armatur

9 Öppna bakluckan och sidoluckan.

10 Skruva loss de tre fästmuttrarna **(se bild)** och ta bort armaturen. Koppla loss anslutningskontakten när du tar bort enheten.

11 Monteringen utförs i omvänd ordningsföljd.

Bakluckans armatur

12 Ta bort bakluckans klädselpanel enligt beskrivningen i kapitel 11.

13 Skruva loss de två fästmuttrarna, koppla loss anslutningskontakten och ta bort armaturen **(se bild)**.

14 Monteringen utförs i omvänd ordningsföljd mot demonteringen.

Bakljusarmatur – modeller med fem dörrar

15 Bänd ut bagageutrymmets armatur och skruva loss den övre fästmuttern **(se bild)**.

16 Bänd ut åtkomstpanelen, skruva loss de tre fästmuttrarna och ta bort armaturen **(se bild)**. Koppla loss anslutningskontakten när du tar bort enheten.

17 Monteringen utförs i omvänd ordningsföljd mot demonteringen.

Bakljusarmatur – cabrioletmodeller

Bakskärmens armatur

18 Ta bort kåpan från bagageutrymmets sidopanel bakom bakljusarmaturen.

19 Skruva loss de tre fästmuttrarna och ta bort armaturen **(se bild)**. Koppla loss anslutningskontakten när du tar bort enheten.

20 Monteringen utförs i omvänd ordningsföljd mot demonteringen.

Bakluckans armatur

21 Ta bort bakluckans klädselpanel enligt beskrivningen i kapitel 11.

22 Ta loss armaturens anslutningskontakt och lossa kablaget från eventuella klämmor.

23 Skruva loss de tre fästmuttrarna och ta bort armaturen **(se bild)**.

24 Monteringen utförs i omvänd ordningsföljd.

Främre dimljus

25 Ta bort stötfångaren enligt kapitel 11.

26 Ta loss dimljusets två fästmuttrar och koppla loss anslutningskontakten **(se bild)**.

27 Lossa klämmorna med en skruvmejsel och ta bort den nedre grillen från stötfångaren **(se bild)**.

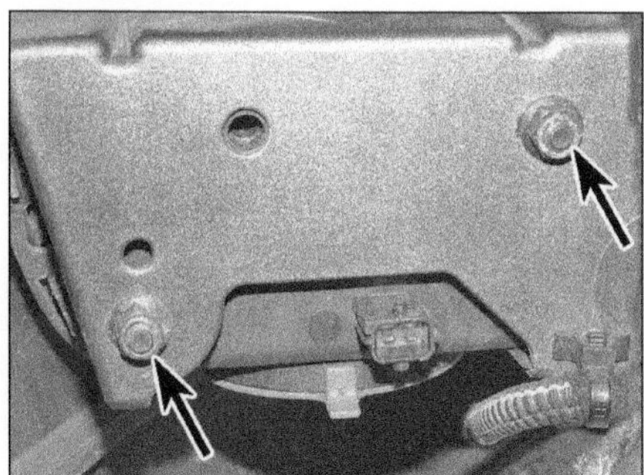

6.26 Dimljusets fästmuttrar (se pilar)

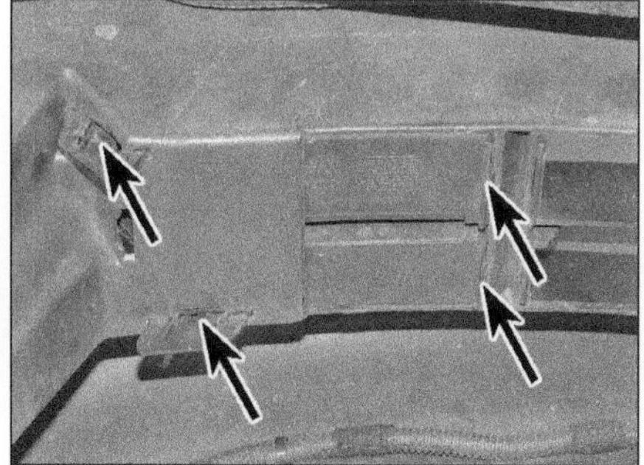

6.27 Lossa klämmorna och ta bort den nedre grillen (se pilar)

6.29 Främre dimljusets justeringsskruv (se pil)

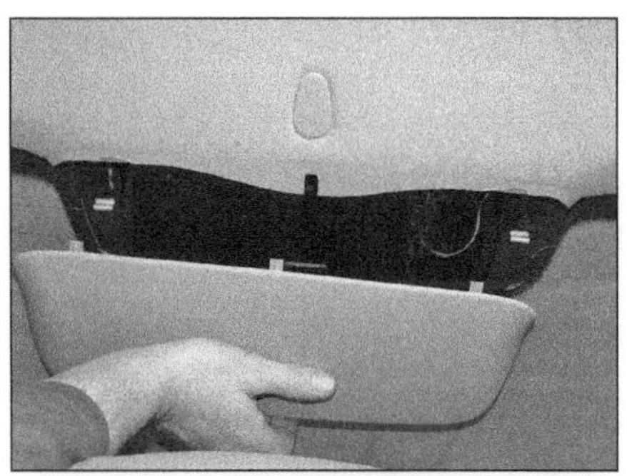
6.33 Dra ner den bakre kanten och ta bort belysningens kåpa

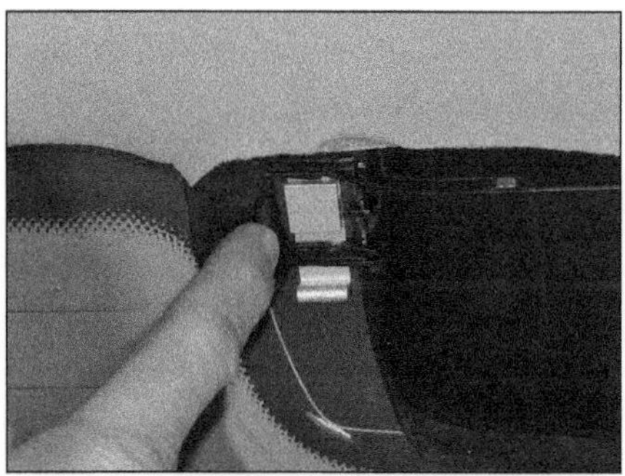
6.34 Lossa klämmorna på vardera sidan

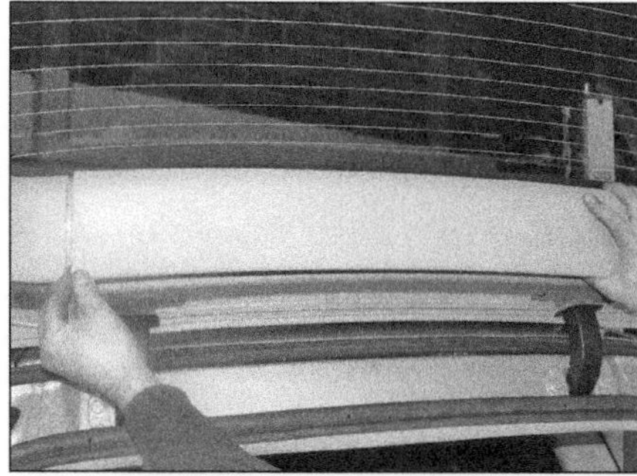
6.36 Dra ut bakluckans övre klädselpanel så att klämmorna lossnar

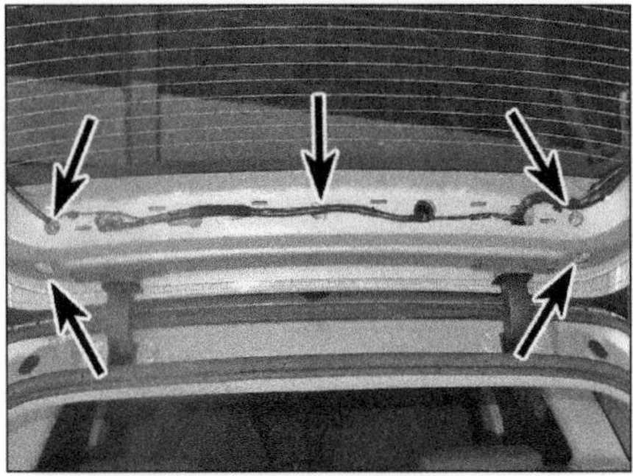
6.38 Bakspoilerns fästmuttrar (se pilar)

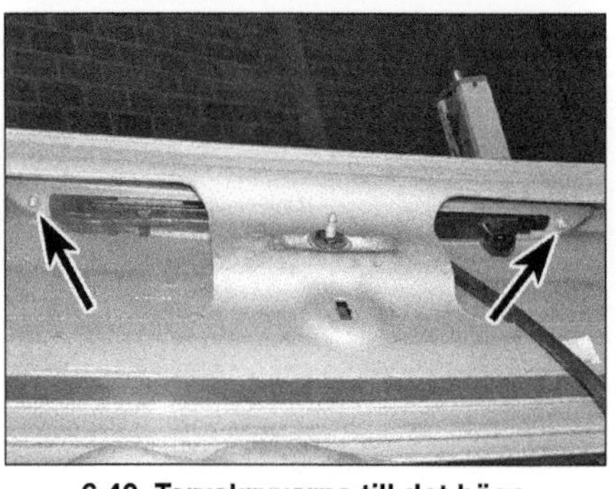
6.40 Torxskruvarna till det höga bromsljuset (se pilar)

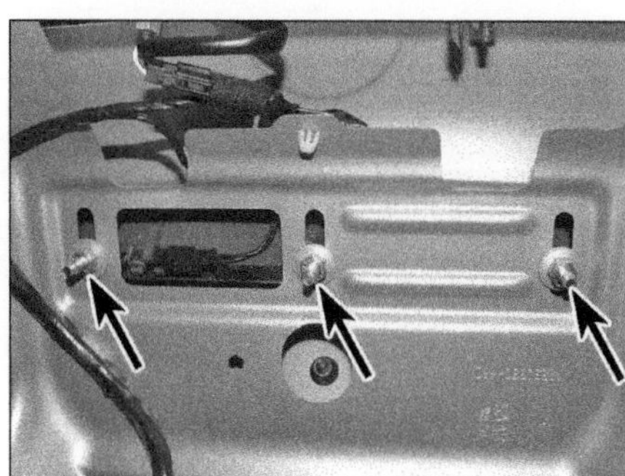
6.43 Fästmuttrarna till det höga bromsljuset (se pilar) – cabrioletmodeller

28 Ta bort dimljuset.

29 Monteringen utförs i omvänd ordningsföljd mot demonteringen. Dimljuset kan vid behov riktas med hjälp av skruven i den nedre grillen **(se bild)**.

Registreringsskyltsbelysning

30 Skruva loss torxskruvarna och ta loss glaset från registreringsskyltsbelysningen. Bänd sedan loss armaturen från bakluckan.

31 Koppla loss kablaget.

32 Monteringen utförs i omvänd ordningsföljd mot demonteringen.

Högt bromsljus

Modeller med fyra dörrar

33 Dra bakänden nedåt och ta försiktigt bort belysningens kåpa från vindrutan **(se bild)**.

34 Ta loss anslutningskontakten, dra ut de två spärrarna och ta bort armaturen **(se bild)**.

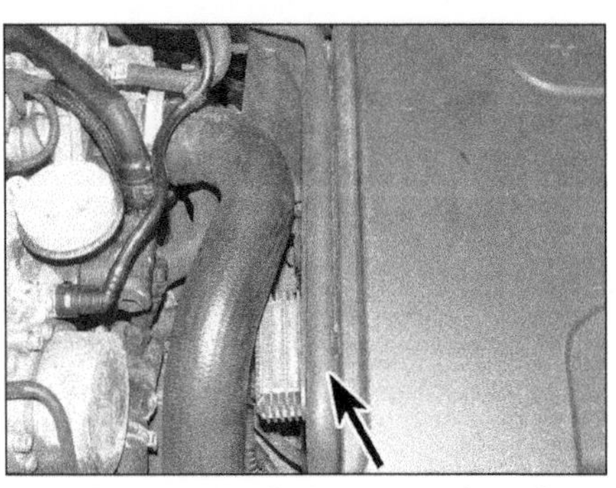
7.2 Lossa kylvätskeslangen (se pil)

35 Monteringen utförs i omvänd ordningsföljd mot demonteringen.

Modeller med 5 dörrar

36 Dra loss den övre klädselpanelen ovanför bakrutan från bakluckan **(se bild)**.

37 Dra fönstrets sidopaneler inåt så att fästklämmorna lossnar.

38 Ta bort de två gummipluggarna och skruva sedan loss de fem muttrarna som håller fast spoilern vid bakluckan **(se bild)**.

39 Lyft bort spoilern från bakluckan. Koppla samtidigt loss anslutningskontakten och spolarslangen.

40 Skruva loss de båda torxskruvarna och ta bort bromsljuset **(se bild)**.

41 Monteringen utförs i omvänd ordningsföljd mot demonteringen.

Cabrioletmodeller

42 Ta bort bakluckans klädselpanel enligt beskrivningen i kapitel 11.

43 Ta loss anslutningskontakterna och de tre muttrarna och ta bort armaturen **(se bild)**.

44 Monteringen utförs i omvänd ordningsföljd mot demonteringen.

7 Yttre glödlampor – byte

1 Tänk på följande när en glödlampa ska bytas:

a) Kom ihåg att lampan kan vara mycket varm om lyset nyss har varit på.

b) Rör inte vid glödlampans glas med fingrarna, eftersom detta kan leda till att den snart går sönder eller reflekterar för dåligt.

c) Kontrollera alltid lampans sockel och kontaktytor. Se till att kontaktytorna mellan lampan och ledaren och lampan och jorden är rena. Avlägsna korrosion och smuts innan en ny lampa sätts i.

d) Se till att den nya glödlampan har rätt styrka.

Hel- och halvljusets halogenstrålkastare

Vänster strålkastare

2 Lyft bort kylvätskeslangen längs batterikåpan **(se bild)**.

3 Vrid de två fästena 90° moturs och ta bort batterikåpan **(se bild)**.

4 Om du ska byta lampan till halvljuset, dra loss spolarvätskans påfyllningsrör **(se bild)**.

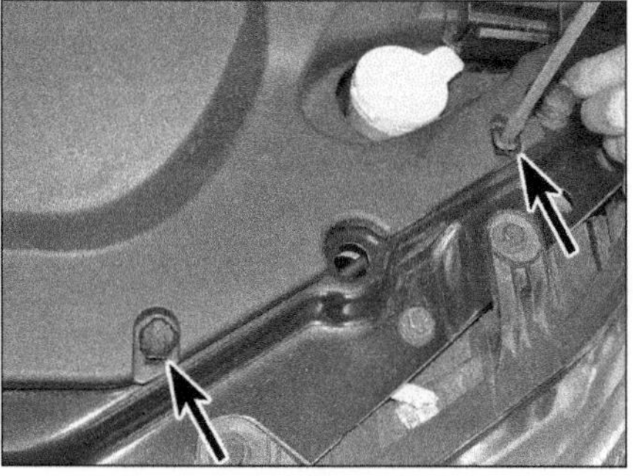
7.3 Vrid batterikåpans fästen (se pilar) 90° moturs

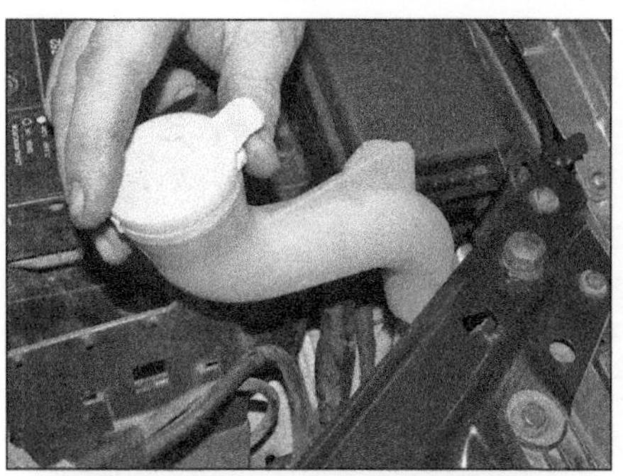
7.4 Dra upp spolarens påfyllningsrör bakom den vänstra strålkastaren

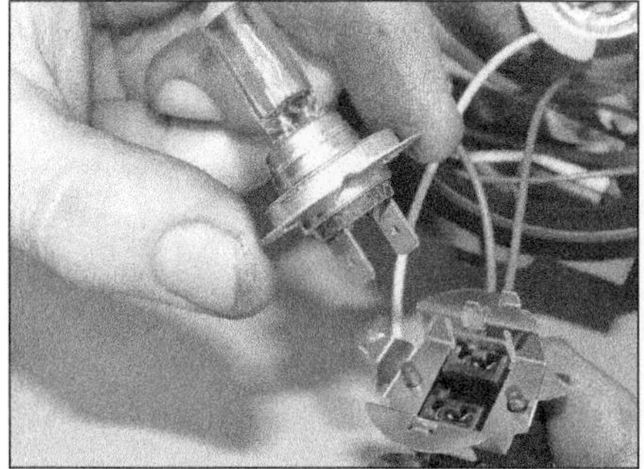
7.8 Dra loss lampan från hållaren

5 Koppla loss luftintagsröret från den nedre batterikåpan.

Båda strålkastarna

6 Dra loss åtkomstpanelen i plast från baksidan av strålkastaren **(se bild)**.

7 Vrid lamphållaren moturs och dra loss den från reflektorn **(se bild)**.

8 Dra loss glödlampan från hållaren. Se till att du inte rör vid glaset med fingrarna **(se bild)**.

9 Montera den nya glödlampan i omvänd ordningsföljd.

Xenonstrålkastare

Varning: Spänningen i xenonstrålkastarens lampor är hög. Innan du börjar arbeta, se till att tändningen är av och vänta i minst fem minuter så att eventuell kvarvarande effekt förbrukas.

7.6 Dra loss plastpanelen från strålkastarens baksida

7.11 Skruva loss de tre torxskruvarna (se pilar) och ta bort ballast-enheten

Varning: Xenonlampor är trycksatta till ca 7,0 bar. Använd skyddsglasögon och handskar när du utför detta arbete.

10 Ta bort strålkastaren enligt avsnitt 6.

11 Skruva loss de tre fästskruvarna och ta bort ballast-enheten **(se bild)**.

7.13a Bänd loss anslutningskontakten från transformatorn . . .

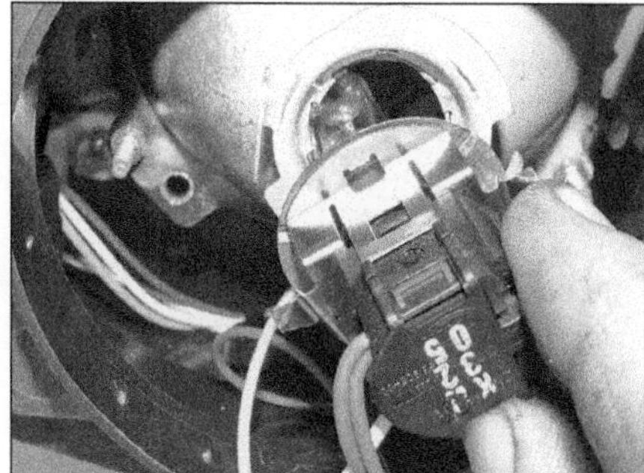
7.7 Vrid lamphållaren moturs och dra loss den från reflektorn

7.12 Ta bort plastkåpan från strålkastarens baksida

12 Dra loss plastkåpan från baksidan av strålkastaren **(se bild)**.

13 Koppla loss anslutningskontakten till tändningens transformator. Vrid sedan transformatorn moturs och ta loss den från glödlampans baksida **(se bilder)**.

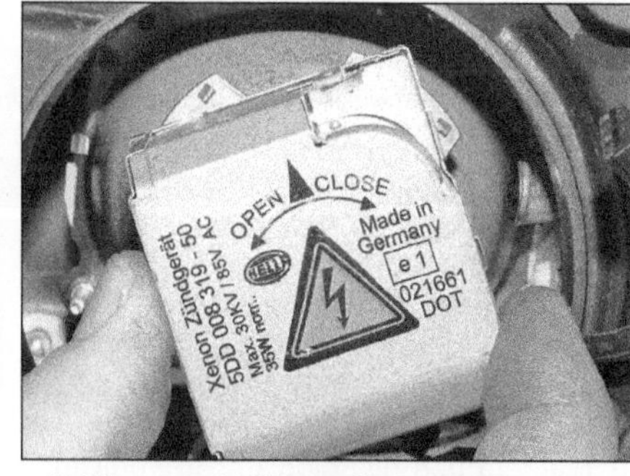

7.13b . . . vrid den sedan moturs och ta bort den

7.14a Kläm ihop klämmans ändar (se pilar) . . .

7.14b . . . och ta bort xenonlampan

7.15 Notera hur styrstiftet hakar i utskärningen i glödlampans fläns (se pil)

7.18 Dra loss parkeringsljusets lamphållare från baksidan av reflektorn

7.21 Vrid körriktningsvisarens lamphållare moturs och dra loss den från strålkastaren

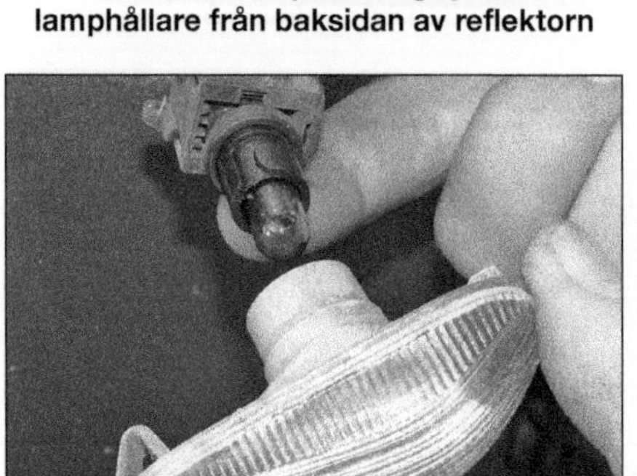
7.24a Vrid lamphållaren moturs och ta bort den från glaset . . .

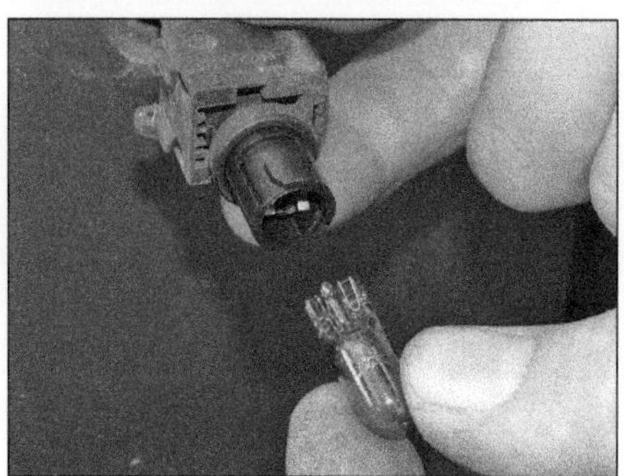
7.24b . . . och dra loss glödlampan från hållaren

14 Lossa fästklämman och ta bort glödlampan **(se bilder)**.

15 Sätt i en ny glödlampa i omvänd ordning mot demonteringen **(se bild)**.

Parkeringsljus fram

16 Det främre parkeringsljusets glödlampa sitter i samma reflektor som helljusets strålkastarenhet. Om du ska byta parkeringsljusets glödlampa på vänster sida, utför åtgärderna som beskrivs i punkt 2 till 5 i detta avsnitt.

17 Dra loss åtkomstpanelen i plast från strålkastarens baksida **(se bild 7.6)**.

18 Dra loss lamphållaren från strålkastaren genom att försiktigt dra i kablarna. Dra sedan ut glödlampan ur lamphållaren **(se bild)**.

19 Montera den nya glödlampan i omvänd ordningsföljd.

Främre körriktningsvisare

20 Om du ska byta parkeringsljusets glödlampa på vänster sida, utför åtgärderna som beskrivs i punkt 2 till 5 i detta avsnitt.

21 Vrid lamphållaren moturs och ta bort den. Tryck sedan in lampan och vrid den för att ta loss den ur lamphållaren **(se bild)**.

22 Montera den nya glödlampan i omvänd ordningsföljd.

Sidokörriktningsvisare

23 Tryck försiktigt lampan framåt mot plastklämmans spänne, lossa sedan lampans bakre del från framskärmen **(se bild 6.6)**.

24 Vrid lamphållaren och ta bort glaset, dra sedan ut den kilformiga glödlampan **(se bilder)**. Låt inte kablarna falla ner i utrymmet bakom skärmen.

25 Montera den nya glödlampan i omvänd ordningsföljd.

Bakljusarmatur – modeller med fyra dörrar

Skärmens armatur

26 Öppna bakluckan, lossa klämman och ta bort åtkomstpanelen från sidopanelen.

27 Lyft fästklämman och dra loss lamphållaren från armaturen **(se bild)**.

28 Tryck ner och vrid aktuell glödlampa och ta loss den från lamphållaren.

29 Montera den nya glödlampan i omvänd ordningsföljd.

Bakluckans armatur

30 Skruva loss de två skruvar som håller fast handtaget på bakluckans insida, tryck in centrumsprintarna, bänd ut nitarna och ta bort bakluckans klädselpanel.

31 Lossa fästklämman och ta bort lamphållaren **(se bild)**.

32 Tryck ner och vrid aktuell glödlampa och ta loss den från lamphållaren.

33 Montera den nya glödlampan i omvänd ordningsföljd.

Bakljusarmatur – modeller med fem dörrar

34 Öppna bakluckan och ta bort åtkomstpanelen från bagageutrymmets sidopanel.

35 Vrid aktuell lamphållare moturs och dra loss den från armaturen **(se bild)**.

36 Tryck ner och vrid aktuell glödlampa och ta loss den från lamphållaren.

37 Montera den nya glödlampan i omvänd ordningsföljd.

Bakljusarmatur – cabrioletmodeller

Skärmens armatur

38 Ta bort åtkomstpanelen från bagageutrymmets sidopanel **(se bild)**.

39 Vrid aktuell lamphållare moturs och dra loss den från armaturen **(se bild)**.

40 Tryck ner och vrid relevant glödlampa och ta bort den från lamphållaren **(se bild)**.

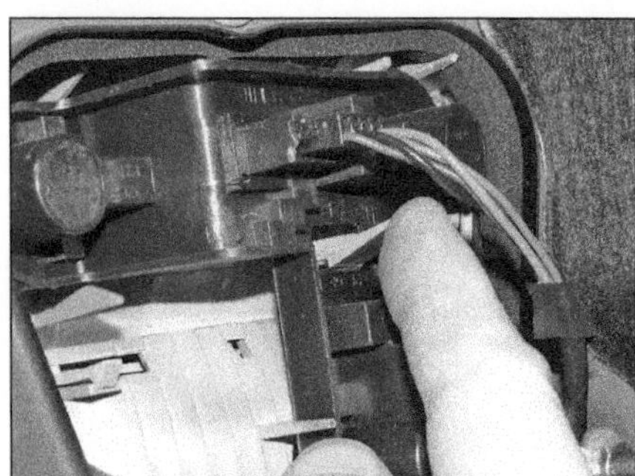
7.27 Lyft klämman och ta bort lamphållaren

7.31 Lyft klämman och ta bort lamphållaren

7.35 Lamphållare bak (se pilar) – kombimodeller

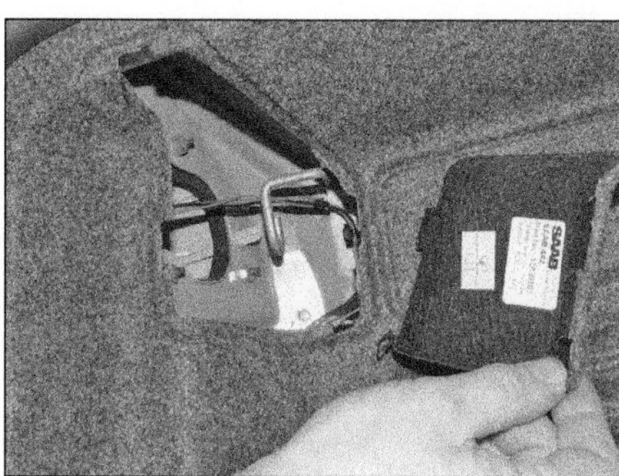
7.38 Ta bort åtkomstpanelen

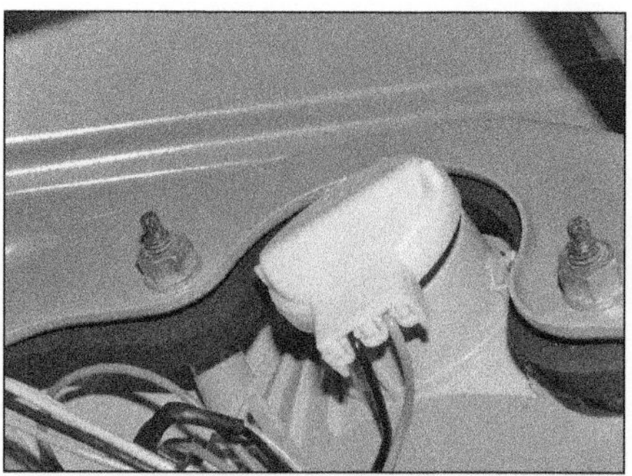
7.39 Vrid lamphållaren moturs . . .

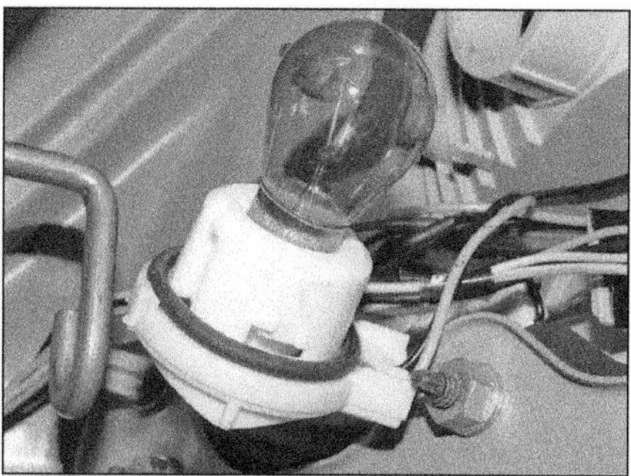
7.40 . . . tryck sedan ner glödlampan och vrid den moturs för att ta bort den

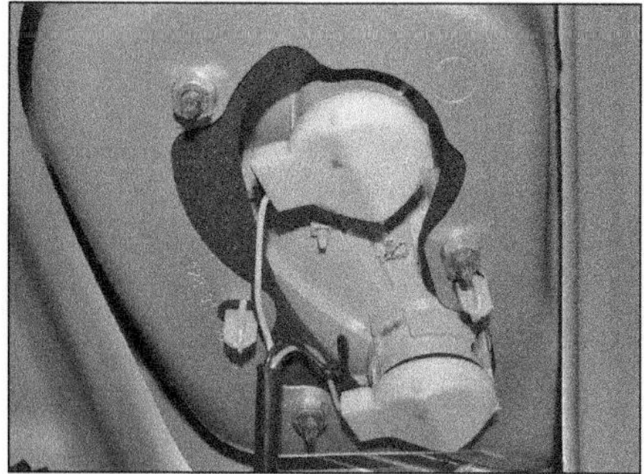
7.43 Vrid lamphållaren moturs

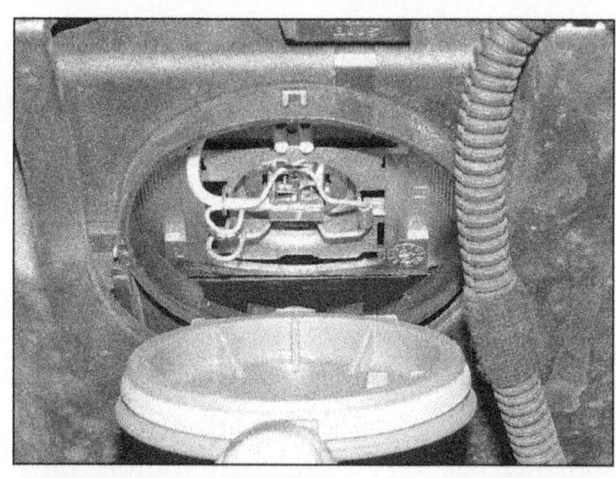
7.47 Ta bort plastkåpan på undersidan av dimljuset

7.48 Lossa klämman som håller fast glödlampan

41 Montera den nya glödlampan i omvänd ordningsföljd.

Bakluckans armatur

42 Ta bort bakluckans klädselpanel enligt beskrivningen i kapitel 11.

43 Vrid aktuell lamphållare moturs och dra loss den från armaturen **(se bild)**.

44 Tryck ner och vrid aktuell glödlampa och ta loss den från lamphållaren.

45 Montera den nya glödlampan i omvänd ordningsföljd.

Främre dimljus

46 Skruva loss skruven som håller fast den nedre spoilerskärmen vid hjulhusfodret och dra skärmen nedåt.

47 Dra loss plastkåpan från dimljusets undersida **(se bild)**.

48 Lossa fästklämman och dra loss glödlampan från reflektorn **(se bild)**. Koppla loss anslutningskontakten när glödlampan tas bort. Rör inte vid glaset med fingrarna.

49 Montera den nya glödlampan i omvänd ordningsföljd.

Registreringsskyltsbelysning

50 Skruva loss torxskruvarna och ta bort glaset från registreringsskyltsbelysningen **(se bild)**.

51 Dra ut rörglödlampan **(se bild)**.

52 Sätt i en ny glödlampa i omvänd ordning. Se till att gummitätningen hamnar rätt.

Högt bromsljus

53 De höga bromsljusen är på alla modeller upplysta av ljusdioder och kan inte bytas ut. Om dioderna slutar fungera måste hela armaturen bytas enligt beskrivningen i avsnitt 6.

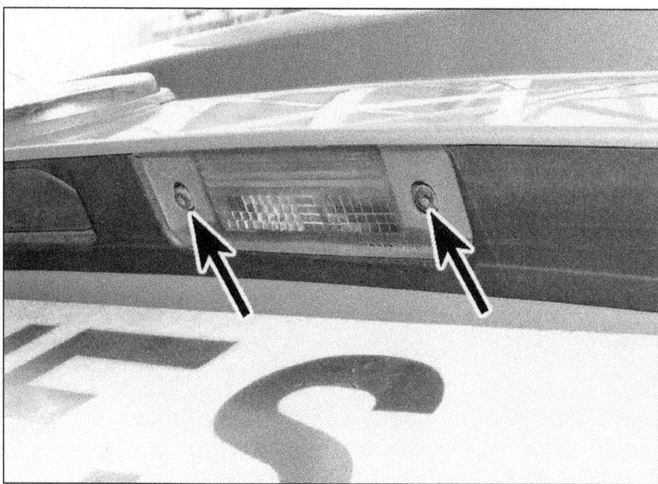
7.50 Skruva loss de två torxskruvarna (se pilar) . . .

7.51 . . . och dra loss registreringsskyltsbelysningens rörglödlampa från kontakterna

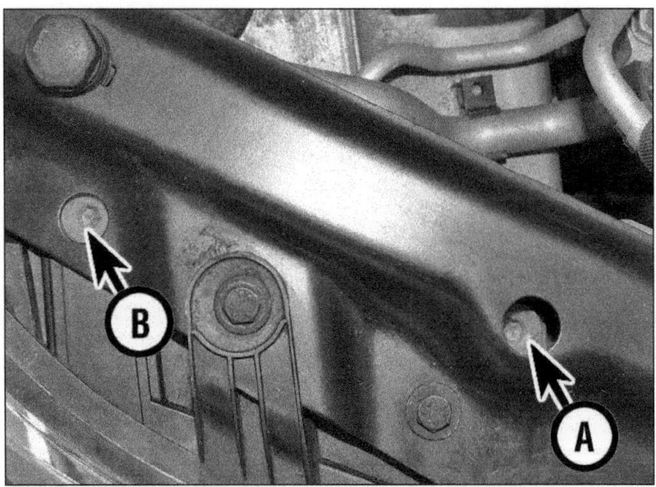

8.1 Strålkastarinställning i vertikalled (A) och horisontalled (B)

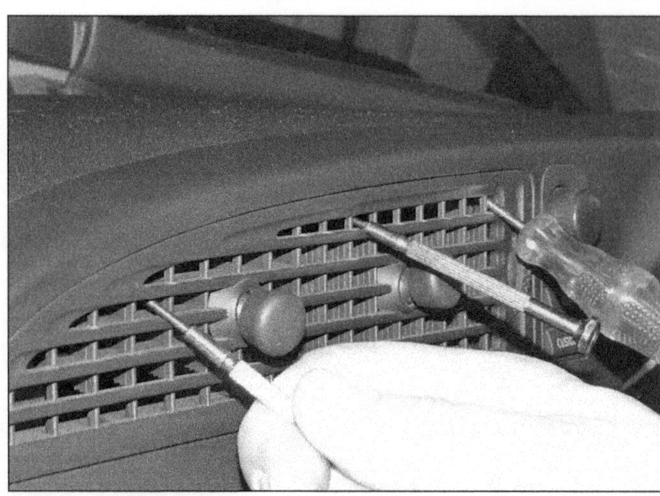

9.1a Lossa de över och nedre klämmorna från instrumentbrädans luftmunstycken med en liten skruvmejsel

8 Strålkastarinställning – allmän information

1 Korrekt inställning av strålkastarna kan endast utföras med optisk utrustning och ska därför överlåtas till en Saab-verkstad eller en annan lämpligt utrustad verkstad. I nödfall går det att justera strålkastarna genom att vrida på skruvarna på baksidan av strålkastarna **(se bild)**.

2 De flesta modeller har ett reglage för strålkastarinställning så att strålkastarna kan justeras efter variationer i bilens last om det behövs. Strålkastarnas riktning ändras med hjälp av ett reglage på instrumentbrädan som styr de elektriska justermotorerna i strålkastarnas bakre delar. Reglaget ska vara ställt enligt följande, beroende på bilens last:

Brytarläge	Fordonsläge
1	*Upp till 3 passagerare i baksätet, upp till 30 kg bagage.*
2	*Upp till 3 passagerare i baksätet, upp till 80 bagage.*
3	*Upp till 5 personer, inklusive föraren, fullt bagageutrymme – eller upp till 5 personer, fullt bagageutrymme samt släp.*

9 Instrumentpanel – demontering och montering

Observera: *Om du ska byta instrumentbrädan, låt en Saab-verkstad eller annan specialist läsa av systemets lagrade data och programmera om dessa till den nya enheten med särskild diagnosutrustning (TECH 2).*

Demontering

1 Lossa krokarna genom luftmunstyckets galler med en liten skruvmejsel och ta bort luftmunstycket i mitten och till höger på vardera sidan av instrumentbrädan **(se bilder)**.

2 Skruva loss de två torxskruvarna och dra loss infotainmentsystemets kontrollpanel **(se bild)**. Koppla loss anslutningskontakten när du tar bort panelen.

9.1b Klämmorna (se pilar) måste bändas inåt mot mitten av luftmunstyckena

9.2 Torxskruvarna till infotainmentsystemets styrmodul (se pilar)

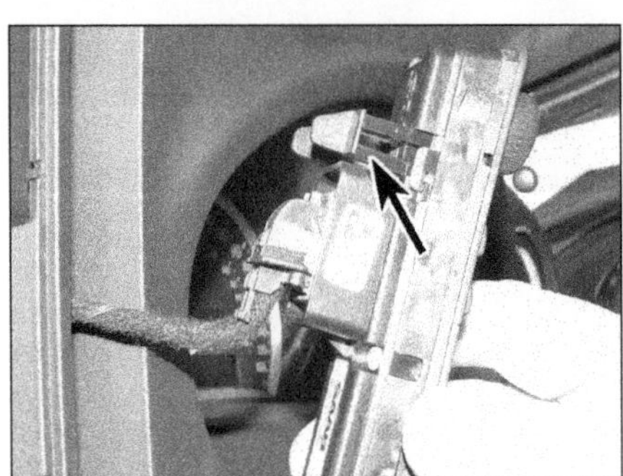

9.3 Kläm ihop klämmorna (se pilar) och tryck ut SID-kontrollpanelen

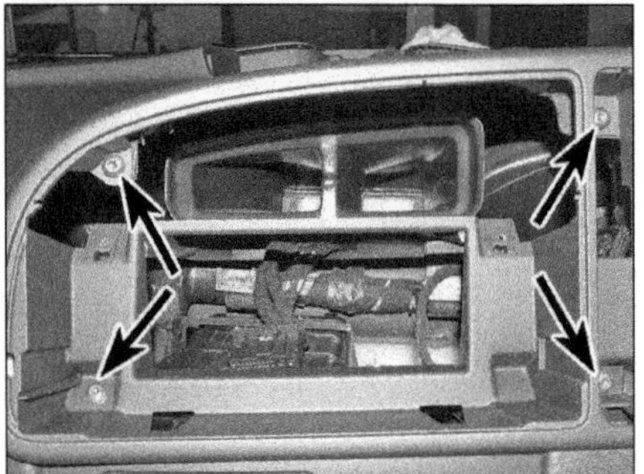

9.4a Skruva loss de 4 torxskruvarna (se pilar) på vänster sida . . .

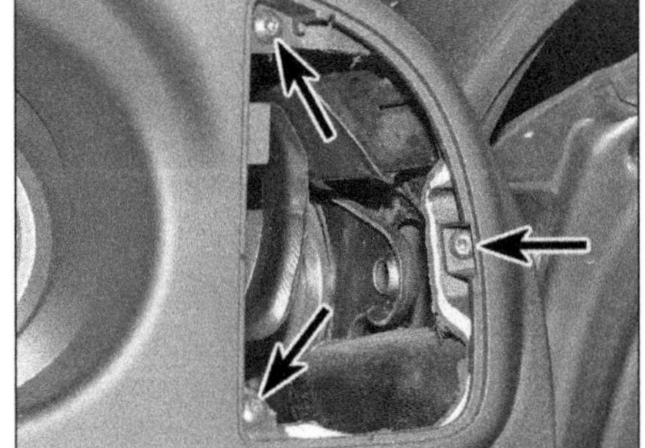

9.4b . . . och de 3 på höger sida (se pilar)

3 Kläm ihop fästklämmorna genom öppningen. Börja uppifrån och tryck ut SID-kontrollpanelen från instrumentbrädan **(se bild)**. Koppla loss anslutningskontakten när du tar bort panelen.

4 Skruva loss de sju skruvarna och dra loss panelen som omger instrumentbrädan **(se bilder)**. Koppla loss eventuella anslutningskontakter när du tar bort panelen.

5 Skruva loss instrumentpanelens fästskruvar **(se bild)**.

Varning: Alla moduler är mycket känsliga för statisk elektricitet. Innan du vidrör instrumentbrädan, jorda dig själv genom att röra vid en metalldel på karossen eller motorn/växellådan.

6 Dra ut instrumentbrädan så långt att du kan koppla loss kablaget.

Montering

7 Monteringen utförs i omvänd ordningsföljd mot demonteringen.

10 Klocka/SID-modul – demontering och montering

Observera: *Om du ska byta SID-modulen, låt en Saab-verkstad eller annan specialist läsa av systemets lagrade data och programmera om dessa till den nya enheten med särskild diagnosutrustning (TECH 2).*

Demontering

1 SID-modulen och klockan sitter mitt på instrumentbrädan. Bänd försiktigt loss och ta bort högtalargallret som sitter mitt på instrumentbrädan **(se bild)**.

Varning: Alla moduler är mycket känsliga för statisk elektricitet. Innan du vidrör SID-modulen, jorda dig själv genom att röra vid en metalldel på karossen eller motorn/växellådan.

2 Skruva loss de två fästskruvarna och lyft ut SID-modulen **(se bild)**.

3 Lossa spärrarna och koppla loss anslutningskontakterna.

4 Om det behövs, ta loss de två skruvarna och ta loss SID-modulen från kåpan **(se bild)**.

9.5 Torxskruvarna till instrumentpanelen (se pilar)

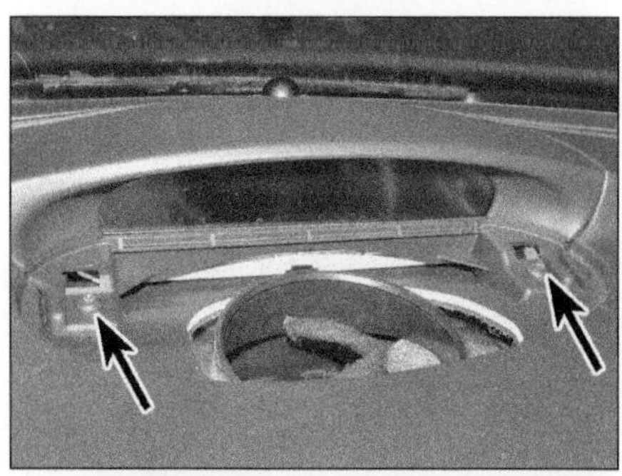

10.2 Torxskruvarna som håller fast SID-enheten (se pilar)

Montering

5 Monteringen utförs i omvänd ordningsföljd mot demonteringen.

11 Signalhorn – demontering och montering

Demontering

1 Ta bort den främre stötfångaren enligt beskrivningen i kapitel 11.

2 Koppla loss kablarna från signalhornet.

3 Skruva loss fästbygelbulten och lyft bort signalhornet.

Montering

4 Monteringen utförs i omvänd ordningsföljd mot demonteringen.

10.1 Bänd upp gallret från instrumentbrädans mitthögtalare

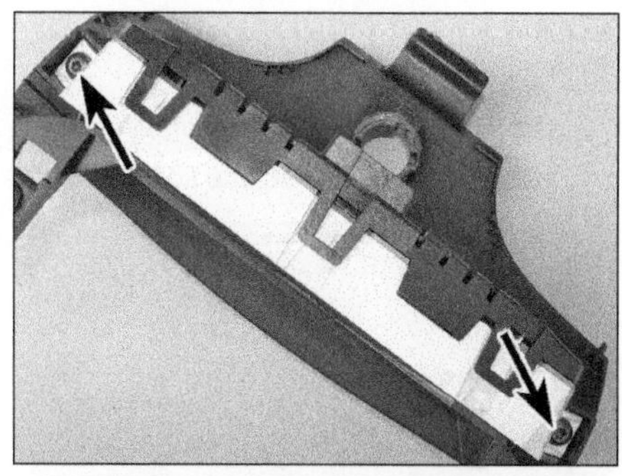

10.4 Skruva loss torxskruvarna (se pilar) och koppla loss SID-enheten från kåpan

12 Vindrutans och bakrutans torkararmar – demontering och montering

Vindrutans torkararm

Demontering

1 Se till att vindrutetorkarna är i viloläge. Markera vindrutetorkarens placering med en bit tejp.

2 Bänd upp kåpan från torkararmen med en skruvmejsel **(se bild)**.

3 Skruva loss muttern som håller fast torkararmen vid axeln **(se bild)**.

4 Ta loss armen från axeln genom att försiktigt vicka den fram och tillbaka. Ta om nödvändigt bort armen med en liten tvåarmad avdragare **(se bild)**.

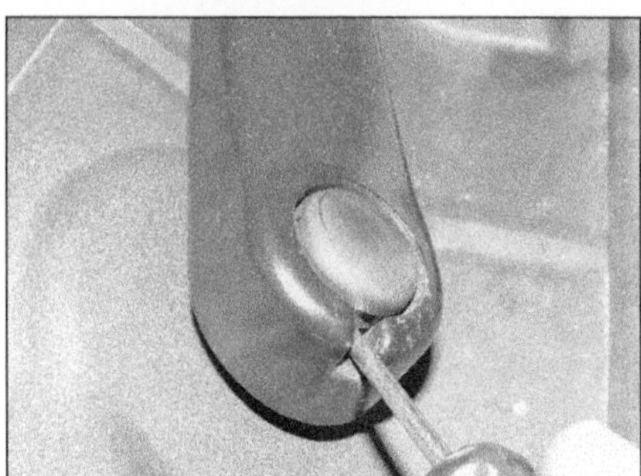

12.2 Bänd upp kåpan . . .

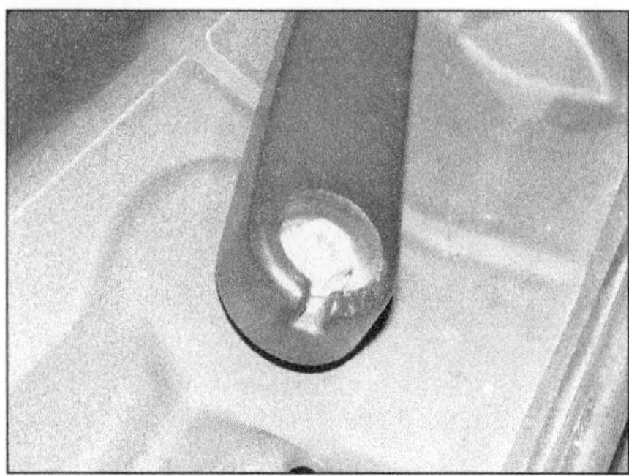

12.3 . . . och lossa axelmuttern

12.4 Ta om nödvändigt bort armen från axeln med en avdragare

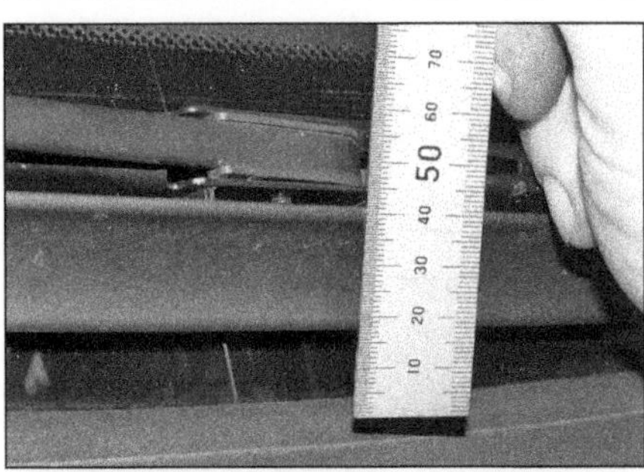

12.5 Ställ in armarna så att avståndet mellan armens fäste och ventilluckans klädselpanel är 45 mm

12.8 Lyft upp kåpan och skruva loss torkararmens mutter

Montering

5 Monteringen utförs i omvänd ordningsföljd mot demonteringen. Om du inte kommer ihåg hur armen satt, ställ in så att mellanrummet mellan armens fäste i bladet och ventilluckans klädselpanel är 45 mm på både förarsidan och passagerarsidan **(se bild)**.

13.2 Dra bort tätningsremsan i gummi från mellanväggen

13.3a Tryck in centrumsprintarna och ta bort klämmorna på vardera sidan . . .

13.3b . . . dra sedan ventilpanelen uppåt så att fästklämmorna lossnar (se pilar)

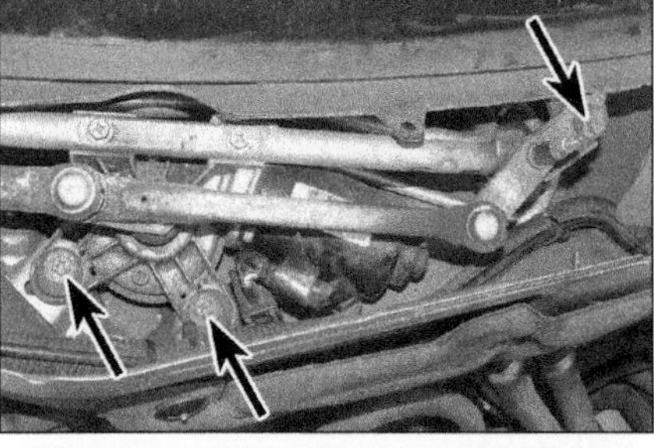

13.5a Vindrutetorkarnas motor hålls fast av tre bultar i mitten (se pilar) . . .

13.5b . . . och en på sidan (se pil)

13.6 Skruva loss bultarna/muttrarna och koppla loss motorn från länkaget (se pilar)

Bakrutans torkararm

Demontering

6 Se till att torkaren står i viloläget. Markera vindrutetorkarens placering med en bit tejp.
7 Lyft upp kåpan längst ner på bakrutans torkararm.
8 Skruva loss muttern som fäster torkararmen vid axeln **(se bild)**.
9 Ta loss armen från axeln genom att försiktigt vicka den fram och tillbaka. Ta om nödvändigt bort armen med en liten tvåarmad avdragare.

Montering

10 Monteringen utförs i omvänd ordningsföljd.

13 Vindrutans och bakrutans torkarmotor och länksystem – demontering och montering

Vindrutetorkarens motor

Demontering

1 Demontera torkararmarna enligt beskrivningen i avsnitt 12.
2 Dra bort tätningsremsan från mellanväggen **(se bild)**.
3 Lossa klämmorna och ta bort ventilluckans panel **(se bilder)**.
4 Tryck upp spärren och koppla loss anslutningskontakten från fästbygeln. Koppla sedan loss motorns anslutningskontakt.
5 Skruva loss de fyra fästbultarna och ta bort torkarmotorn och länksystemet från mellanväggen **(se bilder)**.
6 Lossa bultarna/muttrarna och ta loss motorn från länksystemet om det behövs **(se bild)**.

Montering

7 Monteringen utförs i omvänd ordningsföljd.

Bakluckans torkarmotor

Demontering

8 Ta bort bakluckans klädselpanel enligt beskrivningen i kapitel 11.
9 Ta bort torkararmen (se avsnitt 12).
10 Koppla loss kablaget från torkarmotorn.
11 Skruva loss fästmuttrarna och ta ner torkarmotorn från bakluckan medan du för axeln genom gummigenomföringen **(se bild)**.
12 Ta bort genomföringen om det behövs.

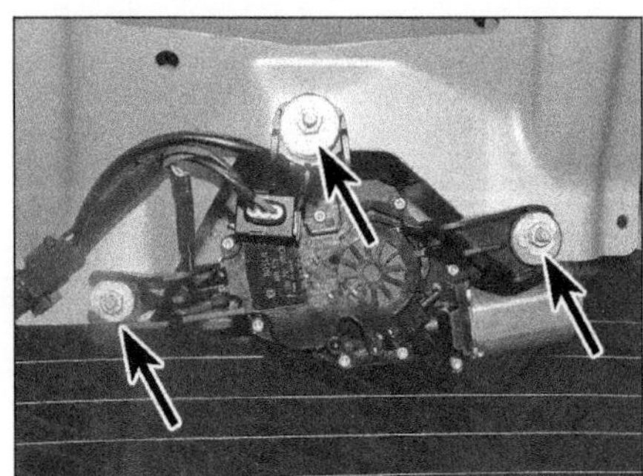

13.11 Torkarmotorns fästmuttrar (se pilar)

Montering

13 Monteringen utförs i omvänd ordningsföljd.

14 Regnsensor – demontering och montering

Modeller med fyra eller fem dörrar

1 Bänd försiktigt loss kåpan från regnsensorn med ett trubbigt, plattbladigt verktyg.
2 Koppla loss anslutningskontakten från givaren.
3 Lossa klämmorna och ta bort givaren.
4 Monteringen utförs i omvänd ordningsföljd mot demonteringen.

Cabrioletmodeller

5 Öppna suffletten och ta bort solskydden enligt beskrivningen i kapitel 11.
6 Bänd försiktigt loss innerbelysningen och koppla loss huvudkontakten **(se bild 5.9a och 5.9b)**. Observera att enheten kommer att hänga kvar i kablarna från solskydden.
7 Dra ner plastkåpan. Skruva sedan loss de tre skruvarna och ta bort innerspegeln **(se bilder)**.
8 Börja framifrån och dra vindrutans klädselpanel nedåt och sedan bakåt **(se bild)**.
9 Koppla loss regnsensorns anslutningskontakt.
10 Lossa klämmorna och ta bort sensorn **(se bild)**.
11 Monteringen utförs i omvänd ordningsföljd.

15 Spolarsystem till vindruta, baklucka och strålkastare – demontering och montering

Demontering

Behållare

1 Spolarvätskebehållaren och pumpen sitter under den främre vänstra skärmen. För att komma åt dem tar du bort den främre stötfångaren.
2 Notera hur de olika slangarna och anslutningskontakterna sitter och koppla sedan loss dem från pumparna/nivågivaren **(se bild)**.

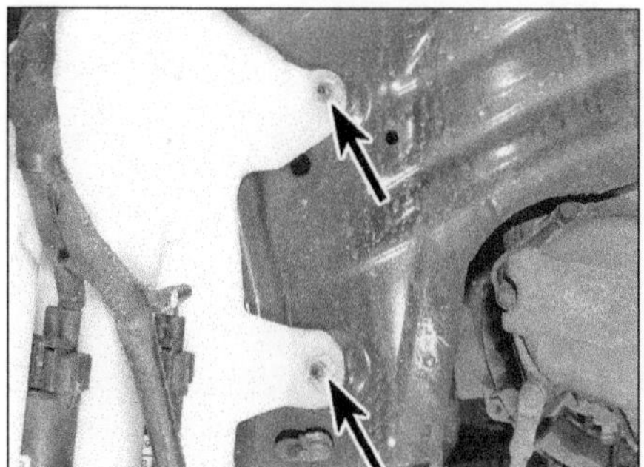

15.3b . . . och två baktill (se pilar)

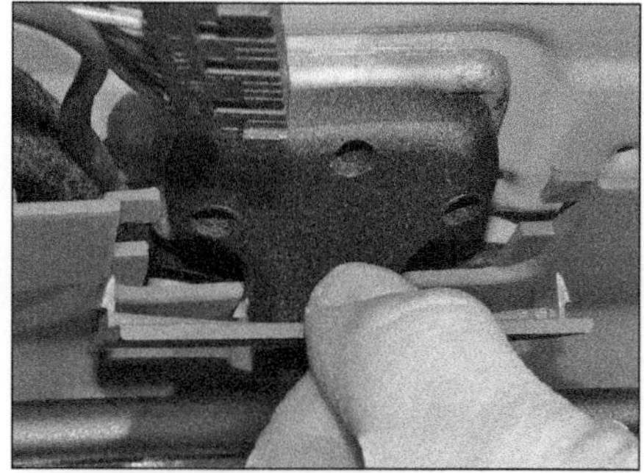

14.7a Dra ner plastkåpan . . .

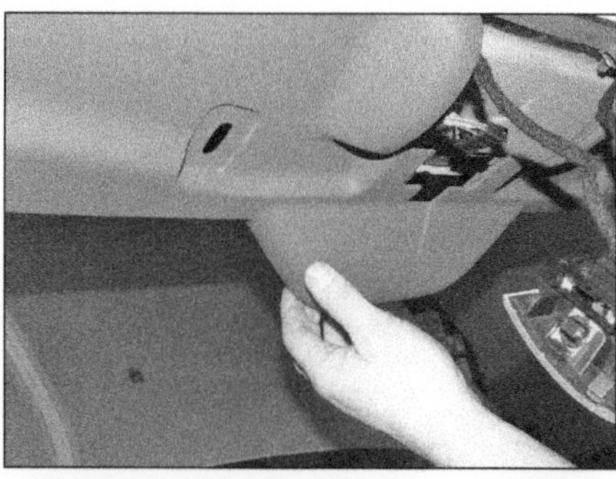

14.8 Dra den främre kanten av vindrutans klädselpanel nedåt

3 Ta loss de tre fästmuttrarna och behållaren **(se bilder)**. Vindrutans och bakrutans munstycken är anslutna till samma behållare.

Pumpar

4 Lyft upp framvagnen och stötta den ordentligt på pallbockar (se *Lyftning och stödpunkter*). Demontera vänster framhjul.
5 Skruva loss skruvarna och ta bort det främre hjulhusfodret på vänster sida.
6 Dra loss pumpen från behållaren **(se bild)**.

15.2 Spolarbehållarens nivågivare

15.6 Dra loss spolarpumparna från genomföringen

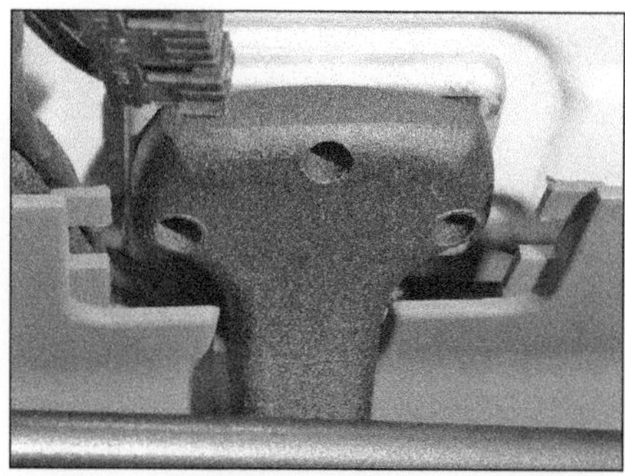

14.7b . . . och skruva sedan loss spegelns tre fästskruvar

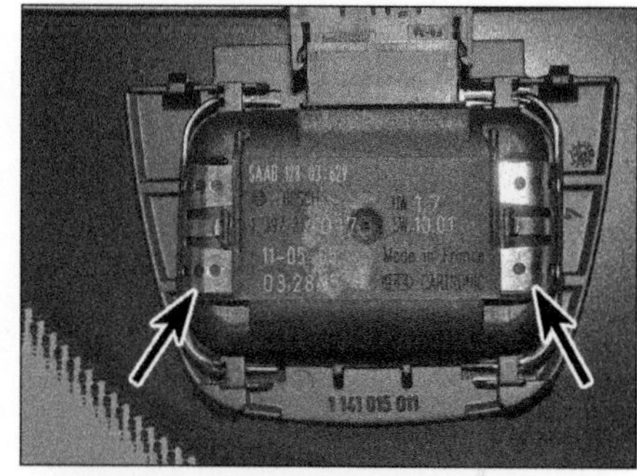

14.10 Bänd upp klämmorna och ta bort sensorn (se pilar)

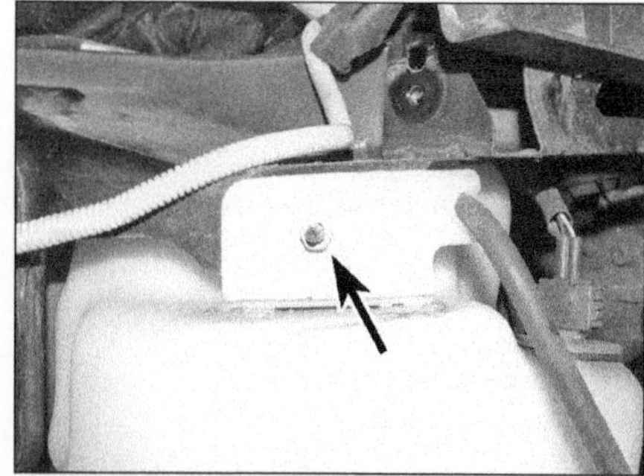

15.3a Spolarbehållaren hålls fast av en mutter längst fram (se pil) . . .

15.8 Bänd ut klämmorna och vik undan motorhuvens isoleringspanel

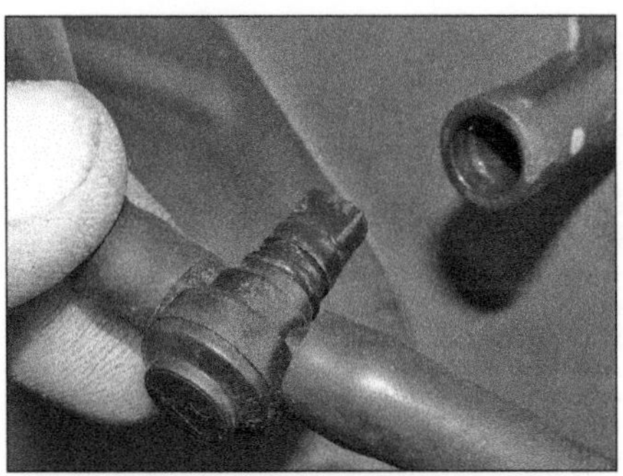

15.9a Koppla loss slangen från änden av munstycket . . .

15.9b . . . tryck sedan ner klämman och ta bort munstycket

15.14 Tryck ner spärren (se pil) och koppla loss slangen

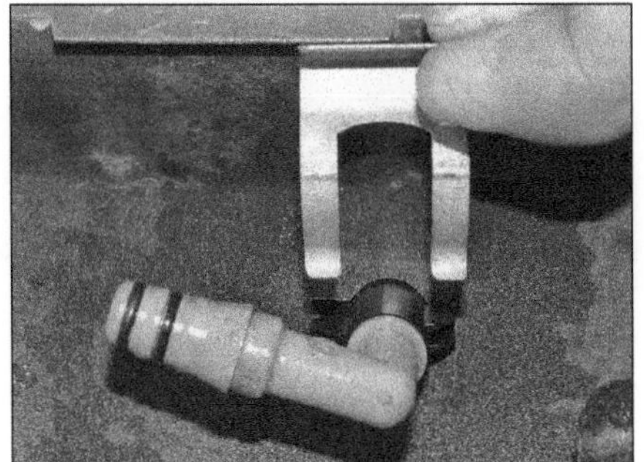

15.15 Lossa klämman och dra loss spolarmunstycket från stötfångaren

15.17a Tryck ner klämmorna på vardera sidan . . .

15.17b . . . och koppla loss kåpan från strålkastarspolarenheten

Var beredd på att det rinner ut vätska.

7 Koppla loss spolarslangen och anslutningskontakten från pumpen.

Vindrutans spolarmunstycken

8 Öppna motorhuven, bänd ut fästklämmorna och vik upp nederkanten av motorhuvens isoleringspanel **(se bild)**.

9 Koppla loss slangen från munstycket, tryck ner klämman och dra loss munstycket från motorhuven **(se bilder)**.

Bakrutans spolarmunstycke

10 Demontera det höga bromsljuset från bakluckan enligt beskrivningen i avsnitt 6.

11 Öppna fästklämmorna och dra ut munstycket från armaturen.

12 Koppla loss spolarslangen.

Fasta strålkastarspolarmunstycken

13 Ta bort den främre stötfångaren enligt beskrivningen i kapitel 11.

14 Koppla loss spolarslangen från munstycket **(se bild)**.

15 Dra ut klämman och koppla loss spolarmunstycket **(se bild)**.

Strålkastarspolarmunstycken av popup-typ

16 Ta bort den främre stötfångaren enligt beskrivningen i kapitel 11.

17 Dra spolarkåpan utåt från stötfångaren, tryck ner klämmorna på vardera sidan och ta bort kåpan från munstyckena **(se bilder)**.

18 Tryck ner klämman och koppla loss spolarslangen från baksidan av enheten **(se bild)**.

19 Skruva loss torxskruven och ta loss spolarmunstycket från stötfångaren **(se bild)**.

Montering

20 Monteringen utförs i omvänd ordningsföljd mot demonteringen.

16 Infotainmentsystemet – demontering och montering av komponenterna

Varning: Alla moduler är mycket känsliga för statisk elektricitet. Innan du vidrör en modul, jorda dig själv genom att röra vid en metalldel på karossen eller motorn/växellådan.

Observera: *Om byter någon av infotainmentsystemets komponenter, låt en Saab-verkstad eller annan specialist läsa av systemets lagrade data och programmera om dessa till den nya enheten med diagnosutrustning (TECH 2).*

Demontering

Infotainmentsystemets kontrollpanel/styrmodul

1 Lossa krokarna genom luftmunstyckets

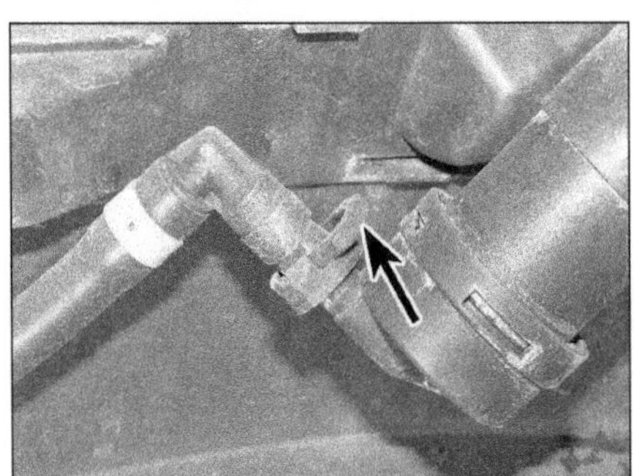

15.18 Tryck ner klämman (se pil) och koppla loss spolarslangen

15.19 Skruva loss torxskruven (se pil) och ta bort spolarmunstycket

16.2 Skruva loss torxskruvarn som håller fast kontrollpanelen (se pilar)

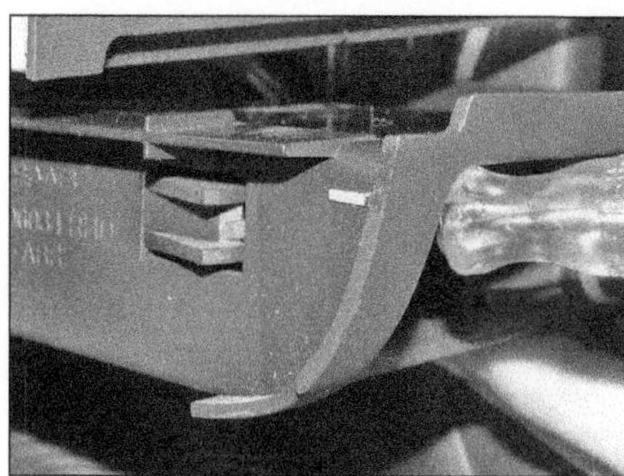

16.3a Bänd in spärren på vardera sidan med en skruvmejsel . . .

16.5 Använd specialverktygen och lossa CD-spelaren från enheten

galler med en liten skruvmejsel och ta bort luftmunstycket i mitten och till höger på vardera sidan av instrumentbrädan **(se bilder 4.16a och 4.16b)**.

2 Skruva loss de två skruvarna och dra loss infotainmentsystemets kontrollpanel **(se bild)**. Koppla loss anslutningskontakten när du tar bort panelen.

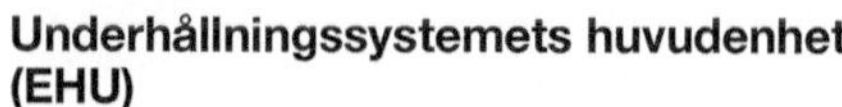

Underhållningssystemets huvudenhet (EHU)

3 Demontera klimatanläggningens panel enligt beskrivningen i kapitel 3. Lossa sedan haken och dra ut huset till förvaringsutrymmet/eluttaget **(se bilder)**.

4 Lossa de två spärrarna och dra ut enheten från instrumentbrädan **(se bild)**. Koppla loss anslutningskontakten när du tar bort enheten.

5 CD-spelaren kan om det behövs kopplas loss från enheten. Stick in Saab-verktyg nummer 84 71 203 i skårorna på vardera sidan och dra loss CD-spelaren från enheten **(se bild)**.

CD-spelare - modeller med fyra eller fem dörrar

6 Demontering av CD-spelaren beskrivs i underhållningssystemets demonteringsprocedur tidigare i detta avsnitt.

CD-växlare - cabrioletmodeller

7 Demontera bagageutrymmets vänstra sidopanel enligt beskrivningen i kapitel 11.

8 Skruva loss bultarna som håller fast fästbygeln.

9 Ta loss CD-spelarens anslutningskontakt.

10 Skruva loss de två fästskruvarna och koppla loss CD-spelaren från fästbygeln.

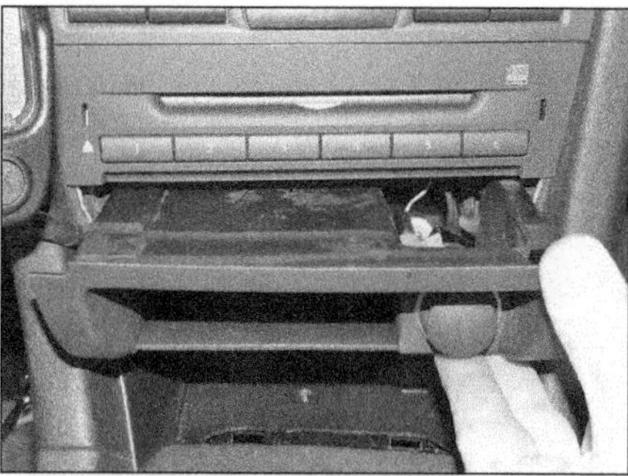

16.3b . . . och ta loss förvaringsutrymmet

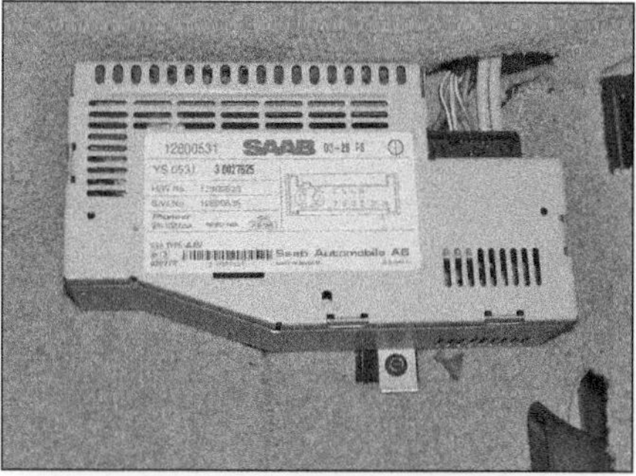

16.12 Främre högtalarnas förstärkare - modeller med fyra eller fem dörrar

Främre högtalarnas förstärkare - modeller med fyra eller fem dörrar

11 Ta bort vänster framsäte enligt beskrivningen i kapitel 11.

12 Skruva loss fästbulten och lyft bort förstärkaren **(se bild)**. Koppla loss anslutningskontakten när du tar bort förstärkaren.

Främre högtalarnas förstärkare - cabrioletmodeller

13 Demontera klädselpanelen på vänster sida enligt beskrivningen i kapitel 11.

14 Koppla loss förstärkarens anslutningskontakt och skruva loss de tre skruvarna som håller fast fästbygeln **(se bild)**.

15 Skruva loss fästbulten och koppla loss förstärkaren från fästbygeln.

Bakre högtalarnas förstärkare - modeller med fyra dörrar

16 Öppna åtkomstluckan i bagageutrymmets vänstra klädselpanel.

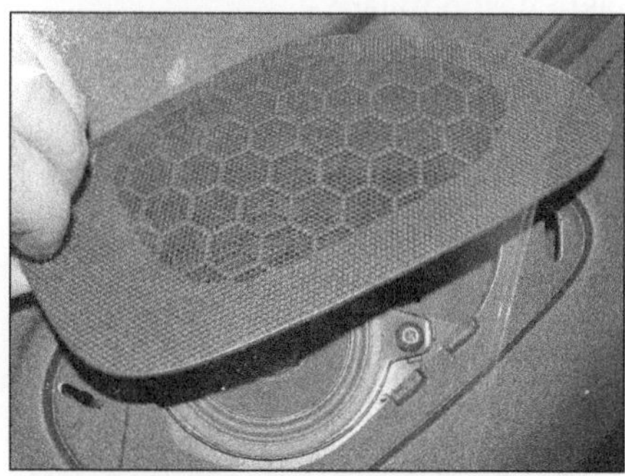

17.1 Bänd upp högtalargallret

16.4 Dra klämmorna (se pilar) inåt och dra loss underhållningssystemets huvudenhet

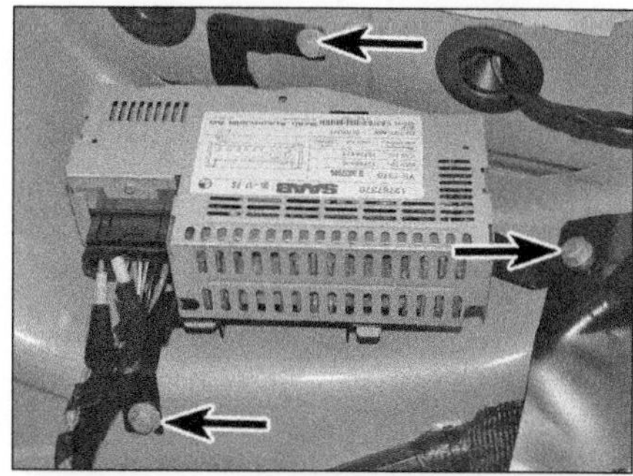

16.14 Skruva loss förstärkarens fästbultar (se pilar)

17 Stick in Saab-verktyg nummer 84 71 203 på vardera sidan om förstärkaren och lossa fästklämmorna. Dra ut förstärkaren från fästbygeln. Koppla loss anslutningskontakten när du tar bort förstärkaren.

Bakre högtalarnas förstärkare - modeller med fem dörrar

18 Demontera bagageutrymmets högra sidopanel enligt beskrivningen i kapitel 11.

19 Ta loss fästbulten. Lyft ut förstärkaren och koppla samtidigt loss anslutningskontakten.

Bakre högtalarnas förstärkare - cabrioletmodeller

20 Demontera bagageutrymmets vänstra sidopanel enligt beskrivningen i kapitel 11.

21 Stick in Saab-verktyg nummer 84 71 203 på vardera sidan om förstärkaren och lossa fästklämmorna. Dra ut förstärkaren från fästbygeln. Koppla loss anslutningskontakten när du tar bort förstärkaren.

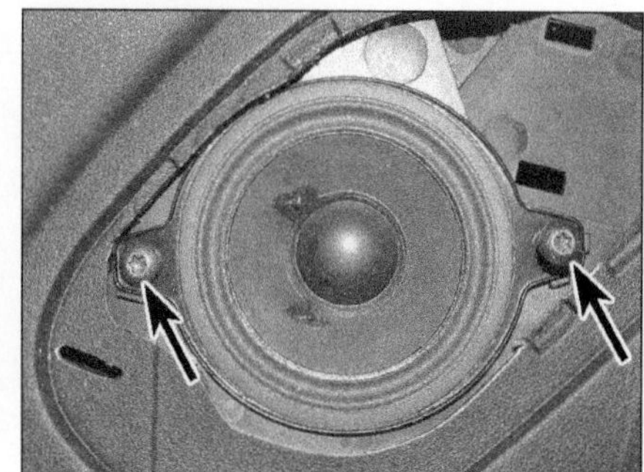

17.2 Skruva loss högtalarens torxskruvar (se pilar)

17.6a Dörrhögtalarens torxskruvar (se pilar) - modeller med fyra eller fem dörrar

17.9 Lossa de tre klämmorna underifrån bagagehyllan

Montering

22 Monteringen utförs i omvänd ordningsföljd.

17 Högtalare - demontering och montering

Högtalare på instrumentbrädan

1 Bänd försiktigt ut högtalargrillen med en skruvmejsel **(se bild)**.

2 Med en torxnyckel skruvar du loss skruvarna som håller fast högtalaren i instrumentbrädan. Lyft sedan försiktigt ut högtalaren **(se bild)**.

3 Koppla loss kablaget och tejpa fast det på instrumentbrädan så att de inte ramlar ner i hålet.

4 Monteringen utförs i omvänd ordningsföljd mot demonteringen.

Högtalare i framdörren

5 Ta bort dörrens inre klädselpanel. På cabrioletmodeller, ta även bort det vattentäta membranet enligt beskrivningen i kapitel 11.

6 Peta loss isoleringen och skruva loss fästskruvarna. Ta sedan loss högtalaren och koppla loss kablaget **(se bilder)**.

7 Monteringen utförs i omvänd ordningsföljd mot demonteringen.

Bakre högtalare

Modeller med fyra dörrar

8 Ta bort bagagehyllans klädselpanel enligt beskrivningen i kapitel 11.

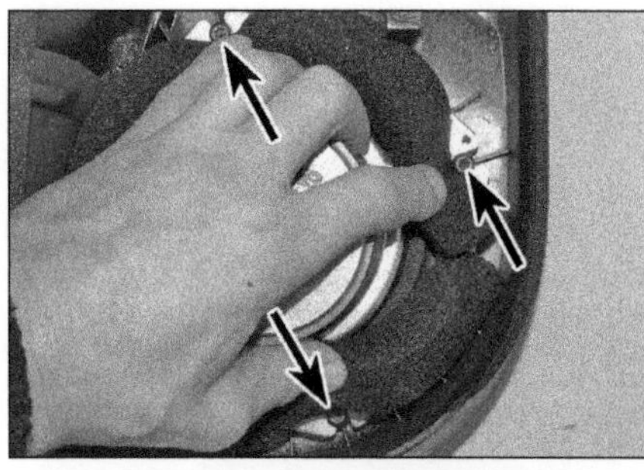

17.6b Vik undan isoleringen och skruva loss högtalarens fästskruvar (se pilar) - cabrioletmodeller

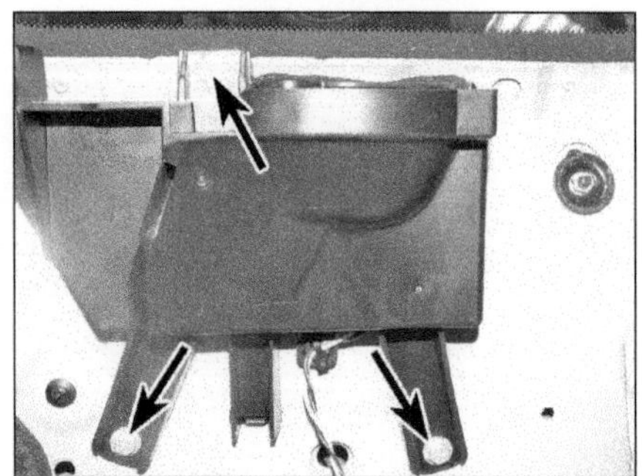

17.15 Skruvarna som håller fast bakluckans högtalare (se pilar)

9 Lossa de tre fästklämmorna med en skruvmejsel och lyft bort högtalaren **(se bild)**. Koppla loss anslutningskontakten när du tar bort högtalaren.

10 Monteringen utförs i omvänd ordningsföljd.

Bakre bashögtalare - modeller med fem dörrar

11 Lyft upp bagageutrymmets golvpanel.

12 Koppla loss högtalarnas anslutningskontakt och ta bort högtalarna.

13 Monteringen utförs i omvänd ordningsföljd.

Bakluckans högtalare - modeller med fem dörrar

14 Ta bort bakluckans klädselpanel enligt beskrivningen i kapitel 11.

15 Skruva loss de tre fästskruvarna, lyft upp högtalaren och koppla loss anslutningskontakten **(se bild)**.

16 Monteringen utförs i omvänd ordningsföljd.

Bakre bashögtalare - cabrioletmodeller

17 Ta bort ryggstödet i baksätet enligt beskrivningen i kapitel 11.

18 Skruva loss fästskruvarna och lyft ut högtalaren. Koppla loss anslutningskontakten när du tar bort högtalaren.

19 Monteringen utförs i omvänd ordningsföljd.

Sidopanelens högtalare - cabrioletmodeller

20 Demontera klädselpanelen bak på aktuell sida enligt beskrivningen i kapitel 11.

21 Skruva loss fästskruvarna och koppla loss högtalaren från klädselpanelen.

22 Monteringen utförs i omvänd ordningsföljd.

18 Antenn och förstärkare - demontering och montering

Demontering av antennen (telematik)

Modeller med fyra eller fem dörrar

1 Demontera den inre takklädseln enligt beskrivningen i kapitel 11.

2 Skruva loss fästmuttern, koppla loss anslutningskontakten och lirka försiktigt loss antennen från taket.

Cabrioletmodeller

3 Ta bort bakluckans klädselpanel enligt beskrivningen i kapitel 11.

4 Koppla loss anslutningskontakten, skruva loss fästmuttern och ta bort antennen.

Demontering av antennens förstärkare

Observera: *På cabrioletmodeller sitter förstärkaren ihop med antennens nederdel.*

Modeller med fyra dörrar

5 Ta bort höger C-stolpes klädselpanel enligt beskrivningen i kapitel 11.

6 Koppla loss anslutningskontakterna från förstärkaren och det bakre fönstret **(se bild)**.

7 Skruva loss de två fästmuttrarna och ta bort förstärkaren.

Modeller med 5 dörrar

8 Bakom varje sidopanel i bagagutrymmet sitter en förstärkare. Demontera klädselpanelen på aktuell sida enligt kapitel 11.

9 Koppla loss anslutningskontakterna från förstärkaren och bakrutan.

10 Skruva loss de två fästmuttrarna och ta bort förstärkaren.

Montering

11 Monteringen utförs i omvänd ordningsföljd.

19 Komponenter till uppvärmt framsäte - allmän information

Vissa modeller har termostatreglerad uppvärmning för framsätena. Sätena har separata

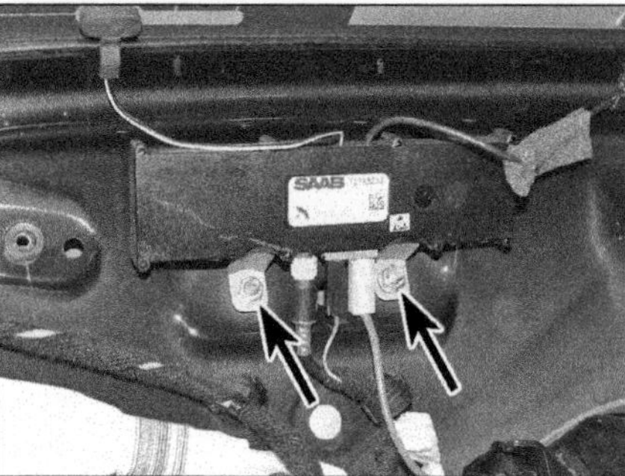

18.6 Antennens fästmuttrar (se pilar) - modeller med fyra dörrar

reglage med tre inställningar där värmen kan justeras eller stängas av.

Varje säte har två värmeelement – ett i ryggstödet och ett i sätesdynan. Du kommer åt värmeelementen genom att ta bort stoppningen från sätet – detta bör överlåtas till en Saab-verkstad eller en bilklädselspecialist.

20 Elektroniska styrmoduler/-enheter – allmän information

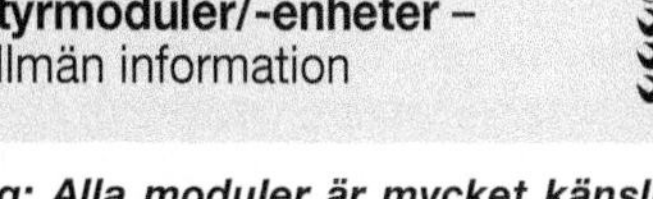

Varning: Alla moduler är mycket känsliga för statisk elektricitet. Innan du vidrör en modul, jorda dig själv genom att röra vid en metalldel på karossen eller motorn/växellådan.

Observera: *Om du ska byta en modul, låt en Saab-verkstad eller annan specialist läsa av systemets lagrade data och programmera om dessa till den nya enheten med särskild diagnosutrustning (TECH 2).*

1 Styrmodulerna för de olika elektroniska systemen sitter på följande platser:

Motorstyrning

- Bensinmodeller – på framsidan av motorn.
- Dieselmodeller – höger hjulhus, bakom fodret.

Glödstift till dieselmodeller

- Höger sida av batterilådan.

Automatväxellåda

- Ovanpå växellådans hölje.

Karossens styrmodul

- Instrumentbrädans säkringsdosa.

Ytterligare styrsystem

- Under mittkonsolen.

Antispinnsystem/servostyrning

- Inbyggt i ABS-modulatorn till vänster i motorrummets bakre del.

Ionization Detection Module (IDM)

- På vänster sida av topplocket.

Låsningsfria bromsar (ABS)

- Motorrummets vänstra hörn.

Cabriolet med sufflettstyrning (STC)

- På hjulhuset till höger bakhjul.

Automatisk/manuell klimatanläggning (ACC/MCC)

- Under radion på instrumentbrädan.

Elektrisk justerbara sidospeglar med minne (PMM)

- I förardörren.

Elektrohydraulisk servostyrning

- Servostyrningens kuggstång, bakom motorn.

Automatisk nivåreglering av strålkastarna

- Bakom vänster strålkastare.

Elektriskt justerbar förarstol med minne

- Under förarsätets sätesdyna.

21 Komponenter till stöldskyddssystemet – demontering och montering

Elektronisk styrmodul (kaross)

Varning: Alla moduler är mycket känsliga för statisk elektricitet. Innan du vidrör en modul, jorda dig själv genom att röra vid en metalldel på karossen eller motorn/växellådan.

Observera: *Om du ska byta en modul, låt en Saab-verkstad eller annan specialist läsa av systemets lagrade data och programmera om dessa till den nya enheten med särskild diagnosutrustning (TECH 2).*

Demontering

1 Ta bort instrumentbrädans nedre panel på förarsidan (vänsterstyrda modeller) eller passagerarsidan (högerstyrda modeller) enligt beskrivningen i kapitel 11.

2 Lossa låsspärren och koppla loss modulens anslutningskontakt.

3 Lossa de fyra klämmorna och ta bort modulen **(se bild)**.

Montering

4 Monteringen utförs i omvänd ordningsföljd.

Volymgivare

Demontering – modeller med fyra eller fem dörrar

5 Ta försiktigt bort kåpan från baksidan av den främre innerbelysningen.

6 Ta bort kåpan från innerbelysningens omkopplingspanel.

7 Lossa klämmorna och ta bort givaren. Koppla loss givarens anslutningskontakter när du tar loss den.

Demontering – cabrioletmodeller

8 Ta försiktigt bort innerbelysningen från vindrutans ram.

9 Lossa de två klämmorna och ta bort givaren. Koppla loss anslutningskontakten när givaren tas bort.

Montering

10 Monteringen utförs i omvänd ordningsföljd.

Ljudsignalenhet

Demontering – modeller med fyra eller fem dörrar

11 På vissa modeller sitter ljudsignalenheten bakom bagageutrymmets högra klädselpanel och på andra bakom den främre stötfångaren. Ta bort panelen eller stötfångaren enligt beskrivningen i kapitel 11.

12 Skruva loss de två fästbultarna, koppla loss anslutningskontakten och ta bort ljudsignalenheten.

Demontering – cabrioletmodeller

13 Ljudsignalenheten sitter bakom bagageutrymmets vänstra klädselpanel. Ta bort panelen enligt beskrivningen i kapitel 11.

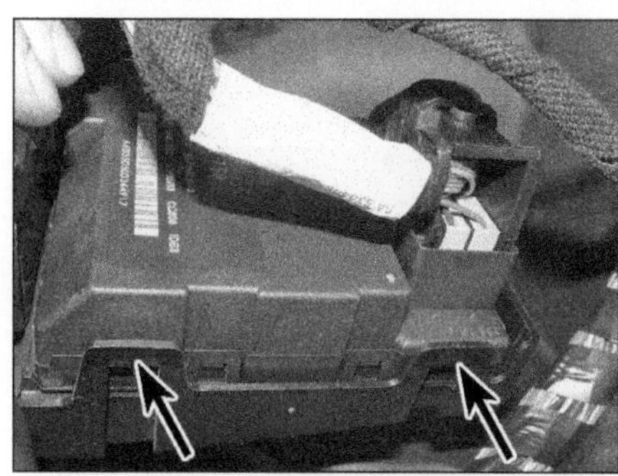

21.3 Stöldskyddsmodulens nedre fästklämmor (se pilar)

14 Koppla loss ljudsignalenhetens anslutningskontakt. Tryck sedan ner spärren och ta bort enheten **(se bild)**.

Montering

15 Monteringen utförs i omvänd ordningsföljd.

22 SRS-systemets komponenter – demontering och montering

Varning: Alla moduler är mycket känsliga för statisk elektricitet. Innan du vidrör en modul, jorda dig själv genom att röra vid en metalldel på karossen eller motorn/växellådan.

Allmän information

SRS-systemet styrs av en elektronisk styrmodul (ECM). När tändningen aktiveras kontrollerar styrmodulen automatiskt systemets komponenter. Om ett fel upptäcks sparas det i styrmodulens minne som en "felkod". Sedan tänds SRS-varningslampan på instrumentbrädan. Om detta händer ska bilen lämnas in till en Saab-verkstad eller en specialist för att undersökas. Det krävs specialutrustning för att kunna tyda felkoden från SRS-systemets styrmodul, dels för att avgöra felets natur och orsak, dels för att nollställa felkoden och på så sätt hindra att varningslampan fortsätter lysa fastän felet har åtgärdats.

Av säkerhetsskäl avråds bilägare å det bestämdaste att försöka diagnostisera fel på SRS-systemet med vanlig verkstadsutrustning.

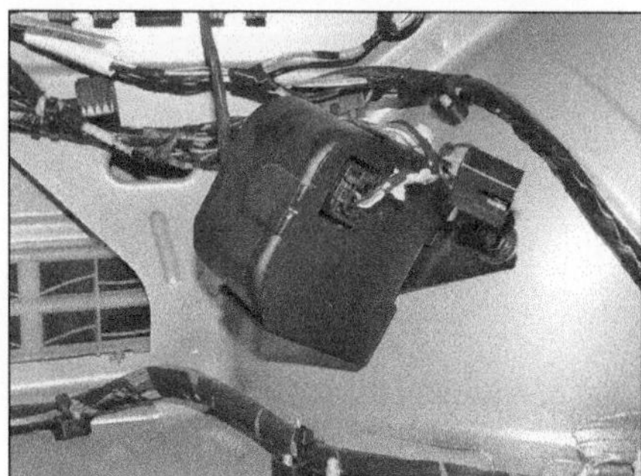

21.14 Stöldskyddets ljudsignalenhet – cabrioletmodeller

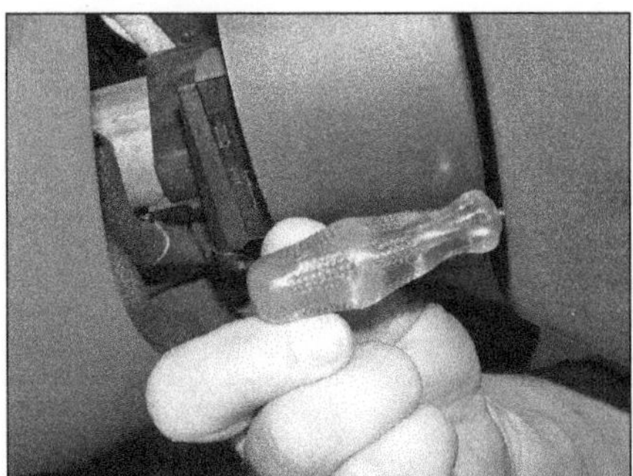
22.3a Stick in en spårskruvmejsel genom hålet . . .

22.3b . . . och lossa krockkuddens klämma (se pil)

22.5a Bänd upp spärrarna . . .

22.5b . . . och dra loss anslutningskontakterna från krockkudden

Informationen i det här avsnittet är därför begränsad till de komponenter i SRS-systemet som ibland måste demonteras för att man ska komma åt bilens andra komponenter.

Varning: Följande säkerhetsanvisningar måste observeras vid arbete med bilens krockkuddar/SRS-system:

- ***Innan du börjar med någon av åtgärderna, koppla loss batteriets negativa pol och vänta i minst en minut så att eventuell kvarvarande elektricitet förbrukas.***
- ***Försök inte att skarva några av elkablarna i SRS-systemets kabelnät.***
- ***Undvik att hamra på eller kraftigt skaka bilens främre del, särskilt i motorrummet, eftersom det kan utlösa krockgivarna och aktivera SRS-systemet.***
- ***Använd inte ohmmätare eller annan utrustning som kan leda ström till någon av SRS-systemets komponenter eftersom det kan orsaka att systemet utlöses av misstag.***
- ***Krockkuddar (och bältessträckare) är klassade som pyrotekniska (explosiva) och måste lagras och hanteras i enlighet med relevanta lagar i respektive land. Låt inte dessa komponenter vara bortkopplade från elsystemet längre än nödvändigt. När de är bortkopplade är de instabila, och de riskerar att oväntat lösa ut. Lägg en frånkopplad krockkudde med metallfästet nedåt, på avstånd från brännbara material - lämna aldrig en krockkudde utan uppsikt.***

Förarsidans krockkudde

Demontering

1 Se till att framhjulen pekar rakt fram.

2 Justera ratten så att den sitter så långt bakåt som möjligt.

3 Vrid ratten 60° åt något håll. Sätt sedan in en spårskruvmejsel i hålet på framsidan av rattens nav och tryck in klämman som håller fast krockkudden mot mitten så att den lossnar **(se bilder)**.

4 Vrid nu ratten 60° åt andra hållet från "rakt-fram-läget" och lossa den andra krockkudde-klämman.

5 Lyft försiktigt bort krockkudden från ratten. bänd sedan upp spärrarna och koppla loss anslutningskontakterna **(se bilder)**.

6 Lägg krockkudden på ett säkert ställe med metallfästet nedåt.

Montering

7 Placera krockkudden ovanför ratten, återanslut kontakterna och tryck ner spärrarna.

8 Placera krockkudden i ratten och tryck den på plats så att klämmorna hakas i.

9 Återanslut batteriets minusledare (se kapitel 5A) och slå på tändningen. Vänta i minst tio sekunder och kontrollera att SRS-varningslampan slocknar. Om varningslampan inte slocknar har en felkod antagligen lagrats i styrenheten och den måste lämnas in för kontroll till en Saab-verkstad eller specialist med motsvarande utrustning.

Passagerarsidans krockkudde

Demontering

10 Koppla loss batteriets minusledare enligt beskrivningen i kapitel 5A. Vänta sedan minst en minut innan du fortsätter så att eventuell kvarvarande elektricitet förbrukas.

11 Ta bort instrumentbrädan enligt beskrivningen i kapitel 11.

12 Skruva loss krockkuddens fästmuttrar och lyft bort den från instrumentbrädan **(se bild)**.

13 Lägg krockkudden på ett säkert ställe med metallfästet nedåt.

Montering

14 Placera krockkudden på instrumentbrädan och dra åt muttrarna till angivet moment. Se till att det inte finns några lösa föremål mellan instrumentbrädan och krockkudden.

15 Resten av monteringen utförs i omvänd ordningsföljd mot demonteringen. Återanslut batteriets minusledare (se kapitel 5A) och slå på tändningen. Vänta i minst tio sekunder och kontrollera att SRS-varningslampan slocknar. Om varningslampan inte slocknar har en felkod antagligen lagrats i styrenheten och den måste lämnas in för kontroll till en Saab-verkstad eller specialist med motsvarande utrustning.

Sidokrockkuddar

16 Krockkuddarna sitter monterade i sätena. För att ta bort krockkuddarna måste du ta bort säteskIädseln. Det är en komplicerad uppgift som kräver tålamod och erfarenhet. Vi rekommenderar därför att du överlåter uppgiften till en Saab-verkstad eller en specialist.

22.12 Passagerarkrockkuddens fästmuttrar (se pilar)

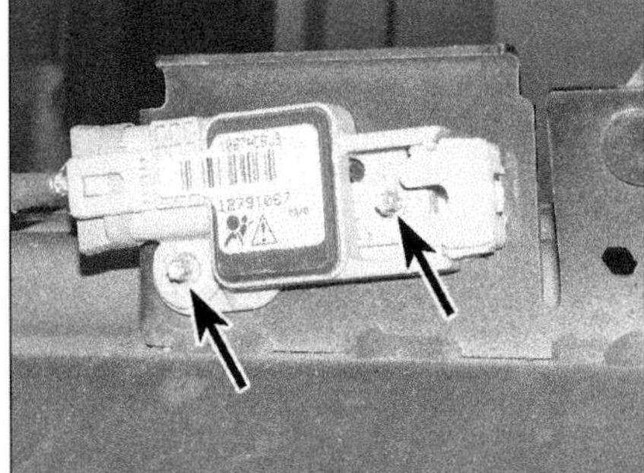
22.21 Främre stötgivarens skruvar (se pilar)

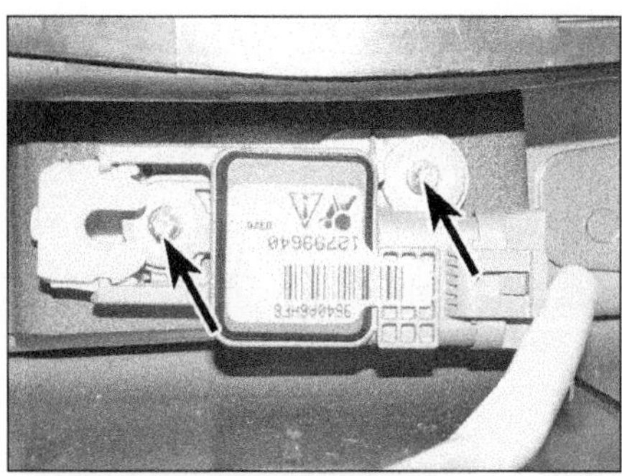
22.26 Sidostötgivarens skruvar (se pilar)

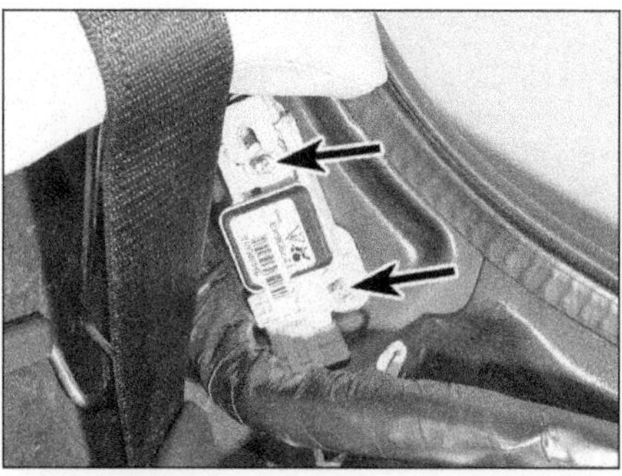
22.32 Skruva loss de två skruvarna och ta bort sidostötgivaren (se pilar)

22.36 Dra rampanelen uppåt så att klämmorna lossnar

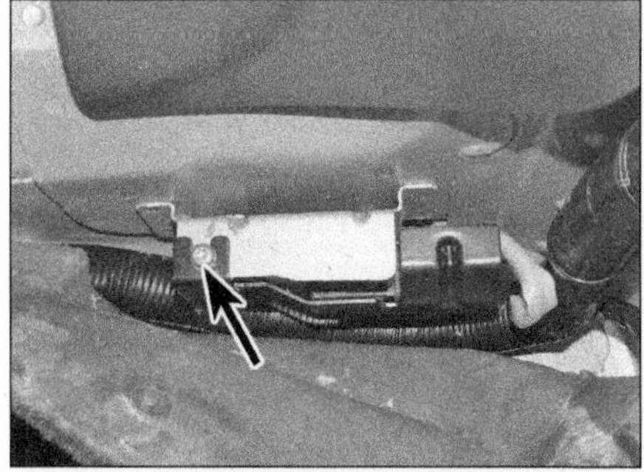
22.37 Skruva loss skruven som håller fast skyddsplåten (se pil)

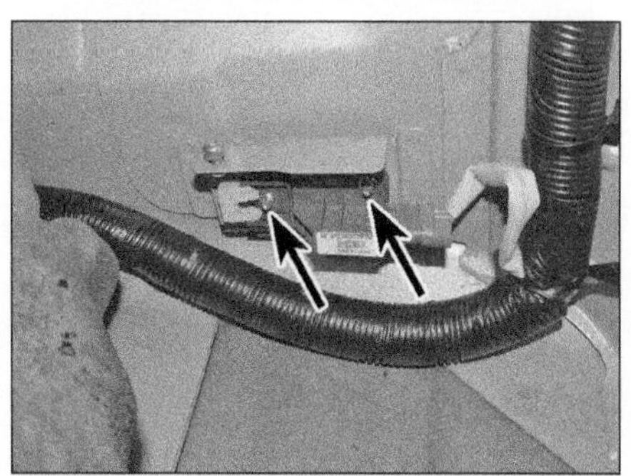
22.38 Sidostötgivarens skruvar (se pilar)

22.43 Pilen på styrmodulen måste vara riktad framåt i bilen (se pil)

Huvudkrockkudde/ sidokrockgardin

17 För att byta ut huvudkrockkudden/sidokrockgardinen måste hela den inre takklädseln tas bort. Det är en komplicerad uppgift som kräver tålamod och erfarenhet. Vi rekommenderar därför att du överlåter uppgiften till en Saab-verkstad eller en specialist.

Stötgivare

Fram

18 Se till att tändningslåset är i läget OFF.
19 Ta bort den främre stötfångaren enligt beskrivningen i kapitel 11.
20 Koppla loss givarens anslutningskontakt.
21 Lossa de två fästskruvarna, tryck in klämman och ta loss givaren **(se bild)**.
22 Montera givaren i omvänd ordningsföljd mot demonteringen, men dra åt fästskruvarna till angivet moment.

Sida, fram (gäller enbart modeller med fyra eller fem dörrar)

23 Se till att tändningslåset är i läget OFF.
24 Ta bort B-stolpens klädselpanel enligt beskrivningen i kapitel 11.
25 Vik undan mattan så att du ser givarna.
26 Lossa de två fästskruvarna, tryck in klämman/för givaren framåt och ta loss givaren **(se bild)**. Koppla loss anslutningskontakten när givaren tas bort.
27 Montera givaren i omvänd ordningsföljd, men dra åt fästskruvarna till angivet moment.

Sida, bak (gäller enbart modeller med fyra eller fem dörrar)

28 Se till att tändningslåset är i läget OFF.
29 Ta bort dynan i baksätet enligt beskrivningen i kapitel 11.
30 Dra loss bakdörrens rampanel uppåt.
31 Koppla loss givarens anslutningskontakt.
32 Lossa de två fästskruvarna, tryck in klämman/dra i givaren och ta loss givaren **(se bild)**.
33 Montera givaren i omvänd ordningsföljd, men dra åt fästskruvarna till angivet moment.

Sida (cabrioletmodeller)

34 Flytta sätet så långt framåt som möjligt och se till att tändningslåset står på OFF.
35 Ta bort dynan i baksätet enligt beskrivningen i kapitel 11.
36 Dra loss dörrens rampanel uppåt **(se bild)**.
37 Vik bort mattan, skruva loss skruven och ta bort skyddsplåten ovanför givaren **(se bild)**.
38 Lossa de två fästskruvarna och ta loss givaren **(se bild)**. Koppla loss givarens anslutningskontakter när du tar loss den.
39 Montera givaren i omvänd ordningsföljd mot demonteringen, men dra åt fästskruvarna till angivet moment.

Elektronisk styrmodul (ECM)

Observera: *Om du monterar en ny elektronisk styrmodul måste den omprogrammeras av en Saab-verkstad eller en specialist med motsvarande utrustning.*

Demontering

40 Koppla loss batteriets minusledare enligt beskrivningen i kapitel 5A. Vänta sedan minst en minut innan du börjar arbeta så att eventuell kvarvarande elektricitet förbrukas.
41 Ta bort mittkonsolen enligt beskrivningen i kapitel 11.
42 Koppla loss kablarna från styrmodulen.
43 Skruva loss muttrarna och ta ut den elektroniska styrmodulen ur bilen **(se bild)**. Notera hur den elektroniska styrmodulen är monterad eftersom den måste sättas tillbaka på samma sätt för att fungera. Pilen på modulen måste vara riktad framåt i bilen.

Montering

Varning: Anslut inte styrmodulen innan den har monterats.

44 Monteringen utförs i omvänd ordningsföljd mot demonteringen. Dra åt fästskruvarna ordentligt. Återanslut batteriets minusledare (se kapitel 5A) och slå på tändningen. Vänta i minst tio sekunder och kontrollera att SRS-varningslampan slocknar. Om varningslampan inte slocknar har en felkod antagligen lagrats i styrenheten och den måste lämnas in för kontroll till en Saab-verkstad eller specialist med motsvarande utrustning.

23 Parkeringsassistansmodul - demontering och montering

Demontering

1 Demontera bagageutrymmets vänstra sidopanel enligt beskrivningen i kapitel 11.

2 Koppla loss anslutningskontakterna. Lossa sedan klämman och koppla loss modulen från säkringsdosan bak **(se bild)**.

3 För att ta bort givarna, demontera stötfångaren enligt beskrivningen i kapitel 11. Koppla sedan loss anslutningskontakterna, lossa fästklämmorna och dra loss givaren från stötfångaren **(se bild)**.

Montering

4 Monteringen utförs i omvänd ordningsföljd mot demonteringen.

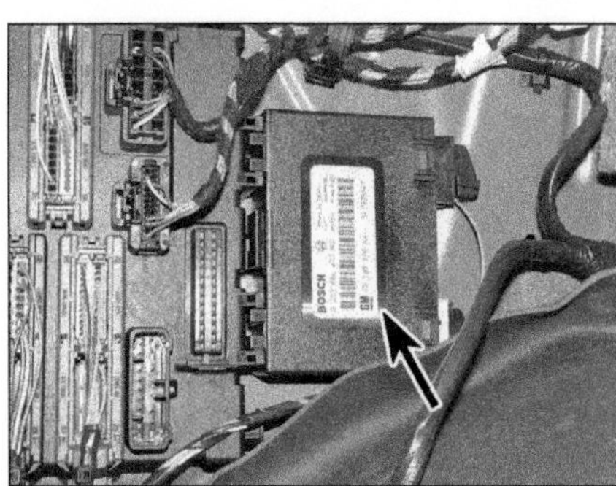

23.2 Parkeringsassistansmodulen (se pil)

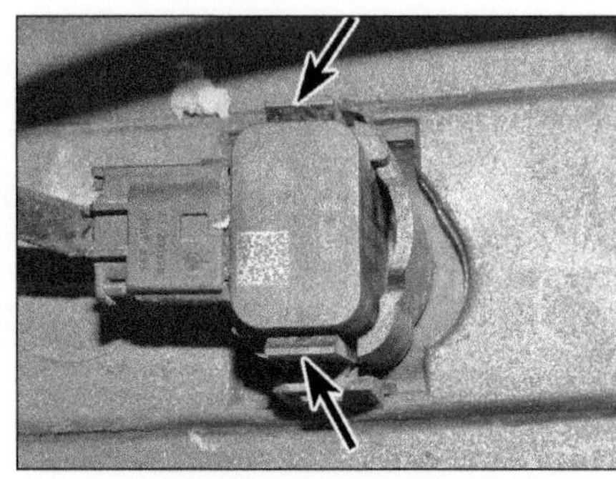

23.3 Lossa klämmorna (se pilar) och dra loss givaren från stötfångaren

SAAB 9-3 kopplingsschema

Kopplingsschema 1

***VARNING:** Denna bil är utrustad med ett extra säkerhetssystem (SRS) som består av krockkuddar på förar- och passagerarsidan, sidokrockkuddar och bältesspännare. Användning av elektrisk kontrollutrustning på kablarna till något av SRS-systemen kan leda till att bältsspännarna dras tillbaka utan förvarning och att krockkuddarna utlöses explosionsartat, vilket kan orsaka svåra personskador. Mycket stor försiktighet bör iakttas vid identifiering av eventuella kretsar som ska kontrolleras för att undvika att något av SRS-systemens kablage väljs av misstag.*

För mer information, se föreskrifterna för krockkuddssystemet i kapitlet Karossens elsystem.

***Observera:** SRS-kablaget går oftast att identifiera med hjälp av gula och/eller orange kablar eller kablagekontakter.*

Teckenförklaring

Solenoidmanöverdon

Värmeelement

Jordanslutning

Kabelfärg (röd/gul)

En streckad linje betecknar en del av en större komponent, i det här fallet innehållande en elektronisk eller fast enhet

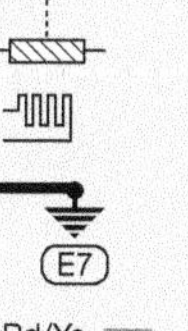

Glödlampa

Brytare

Säkring/smältsäkring

Motstånd

Variabelt motstånd

Variabelt motstånd

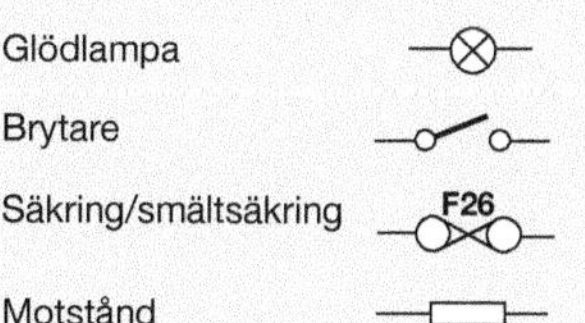

Kabelskarv, lödd anslutning eller ospecificerat kontaktdon

Anslutningskablar

Diod

Ljusdiod

Komponent nr 12

Motor/pump M

Jordpunkter

E1	Främre vänster innerskärm, nära strålkastaren
E2	I bagageutrymmet nedanför vänster armatur
E3	Under mittkonsolen
E4	På motorns styrenhet
E5	Under vänster framsäte
E6	Främre vänster innerskärm, nära strålkastaren
E7	På vänster motorfäste
E8	I bagageutrymmet nedanför höger armatur
E9	Främre vänster innerskärm, nära strålkastaren
E10	Främre vänster innerskärm, nära strålkastaren
E11	Främre höger innerskärm, nära strålkastaren
E12	Vid foten av vänster A-stolpe
E13	Vid foten av vänster A-stolpe
E14	Vid foten av vänster A-stolpe
E15	Vid foten av höger A-stolpe
E16	Vid foten av höger A-stolpe
E17	På vänster ände av instrumentbrädans tvärbalk
E18	I mitten på instrumentbrädans tvärbalk
E19	I mitten på instrumentbrädans tvärbalk
E20	I ratten
E21	I ratten
E22	Vid sufflettens styrenhet
E23	Vänster C-stolpe

Säkringsdosan framför batteriet

Säkring	Märkström	Skyddad krets
F1	60 A	Luftpumpen för sekundär luft
F2	20 A	Bränslepump, lambdasonder
F3	10 A	Luftkonditioneringskompressor
F4	30 A	Motorstyrningens huvudrelä

R1	Luftpumprelä för sekundär luft
R2	Luftkonditioneringskompressorns relä
R3	Lambdasonder
R4	Motorstyrningens huvudrelä

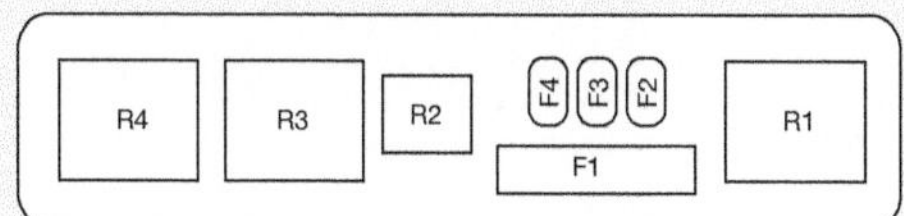

Motorns säkringsdosa 4

Säkring	Märkström	Skyddad krets
F1	30A	Motorstyrningens styrenhet (diesel)
F2	10A	Motorstyrningens styrenhet (bensin), växellådans styrenhet
F3	20A	Signalhorn
F4	10A	Motorstyrningens styrenhet
F5	-	Reserv
F6	10A	Automatväxellådans växelspak
F7	-	Reserv
F8	5A	Vakuumpumprelä för bromssystemet
F9	-	Reserv
F10	-	Reserv
F11	-	Reserv
F12	10A	Bakre spolarpump
F13	10A	Luftkonditioneringskompressor (diesel)
F14	-	Reserv
F15	30A	Strålkastarspolarens pump
F16	30A	Höger parkeringsljus fram, höger körriktningsvisare, höger helljus, vänster halvljus, vänster dimljus fram
F17	30A	Främre torkarmotor låg fart
F18	30A	Främre torkarmotor hög fart
F19	20A	Bränslefilter (diesel)
F20	10A	Nivåreglering av strålkastare
F21	-	Reserv
F22	30A	Främre spolarpump
F23	-	Reserv
F24	20A	Extrabelysning
F25	20A	Förstärkare
F26	30A	Vänster parkeringsljus fram, vänster körriktningsvisare, vänster helljus, höger halvljus, höger dimljus fram

F27-F37 Flatstiftsäkring

R1	Vindrutespolarens relä
R2	Luftkonditioneringens luftkompressors relä (diesel)
R3	Reserv
R4	Förvärmarrelä (diesel)
R5	Extrabelysningens relä
R6	Signalhornets relä
R7	Motorstyrningens huvudrelä
R8	Startmotorns relä
R9	Främre torkarnas relä
R10	Bakre spolarnas relä
R11	Tändningens relä
R12	Främre torkarnas relä för låg/hög fart
R13	Reserv
R14	Strålkastarspolarnas relä
R15	Reserv
R16	Reserv

H33763

SAAB 9-3 kopplingsschema — Kopplingsschema 2

Passagerarsidans säkringsdosa 5

Säkring	Märkström	Skyddad krets
F1	15A	Rattlås
F2	5A	Rattstångens styrenhet, tändningslås
F3	10A	CD-spelare, telefon, SID
F4	10A	Huvudinstrumentdisplay, klimatanläggning, luftkonditionering
F5	7.5A	Framdörrarnas styrenhet, växelspakens styrenhet
F6	7.5A	Bromsljuskontakt
F7	20A	Passagerarutrymmets säkringsdosa, tanklucka
F8	30A	Styrenhet till framdörren på passagerarsidan
F9	10A	Passagerarutrymmets säkringsdosa
F10	30A	Tillbehörsuttag, släpvagnsuttag
F11	15A	Diagnosuttag
F12	15A	Innerbelysning, handskfacksbelysning
F13	30A	Tillbehör
F14	20A	Ljudanläggningens/infotainmentsystemets kontrollpanel
F15	30A	Förardörrens styrenhet
F16	-	Reserv
F17	-	Reserv
F18	7.5A	Manuell klimatanläggning
F19	-	Reserv
F20	7.5A	Brytare till manuell nivåreglering av strålkastare
F21	7.5A	Telefon, bromspedalbrytare, kopplingspedalbrytare, manuell klimatanläggning
F22	30A	Cigarrettändare
F23	40A	Fläktmotor
F24	7.5A	Krockkuddarnas styrenhet
F25	-	Reserv
F26	5A	Kursgivare
F27	-	Reserv

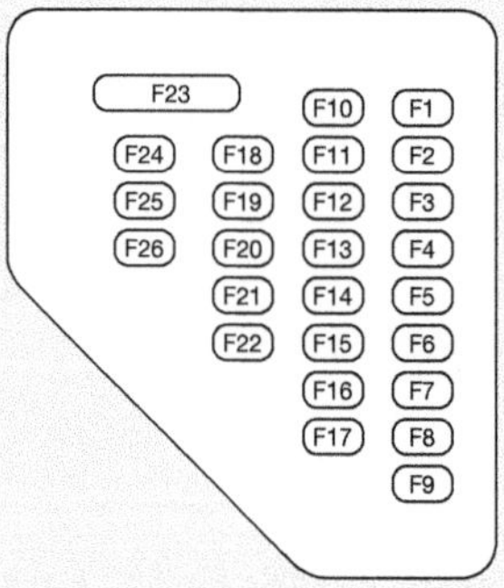

F23 F10 F1
F24 F18 F11 F2
F25 F19 F12 F3
F26 F20 F13 F4
F21 F14 F5
F22 F15 F6
F16 F7
F17 F8
F9

Bakre säkringsdosa 18

Säkring	Märkström	Skyddad krets
F1-F5	Flatstiftsäkring	
F6	30A	Styrenhet, vänster bakdörr
F7	30A	Styrenhet, höger bakdörr
F8	20A	Släpvagn
F9	-	Reserv
F10	30A	Högt bromsljus, släpvagnens belysning, bakljus, körriktningsvisare, backljus, bagageutrymmets belysning
F11	-	Reserv
F12	-	Reserv
F13	-	Reserv
F14	15A	Bakre torkare
F15	15A	Vänster elvärmt säte
F16	15A	Höger elvärmt säte
F17	7.5A	Automatisk innerspegel, regnsensor
F18	15A	Taklucka
F19	7.5A	Styrenhet, telematik
F20	7.5A	DVD-spelare
F21	7.5A	Bakdörrarnas styrenhet, parkeringsassistansens styrenhet
F22	30A	Ljudanläggningens förstärkare
F23	-	Reserv
F24	10A	Larm, CD-växlare
F25	30A	Förarens elstyrda säte
F26	30A	Bakre dimljus, registreringsskyltsbelysning, bagageutrymmets belysning, släpvagnens belysning, bakljus, bromsljus, körriktningsvisare, backljus

F1
F2
F3
F4
F5
F6 F18
F7 F19
F8 F20
F9 F21
F10 F22
F11 F23
F12 F24
F13 F25
F14 F26
F15 F27
F16 F28
F17 F29

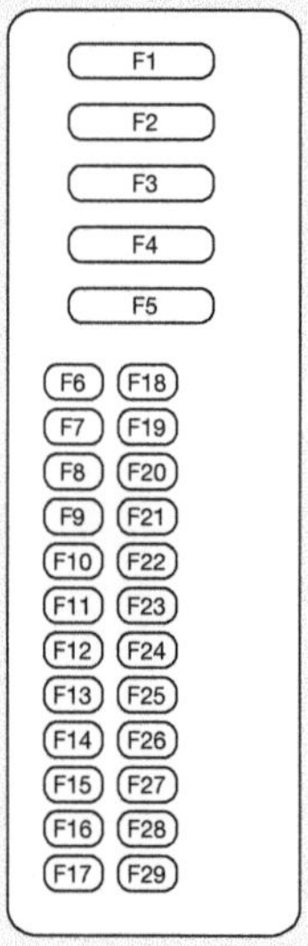

Förklaring till kretsarna

Kopplingsschema 1	Upplysningar till bokens kopplingsscheman
Kopplingsschema 2	Upplysningar till bokens kopplingsscheman
Kopplingsschema 3	Vanlig start, laddning, motorkylfläkt, signalhorn och tändning
Kopplingsschema 4	Vanlig sido-, bak-, registreringsskyltsbelysning, strålkastare, dimljus, körriktningsvisare och varningsblinkersljus
Kopplingsschema 5	Vanligt broms- och backljus, släpvagnsuttag, nivåreglering av strålkastare (modeller med xenonstrålkastare)
Kopplingsschema 6	Vanlig innerbelysning, uppvärmd bakruta, nivåreglering av strålkastare (modeller med halogenstrålkastare)
Kopplingsschema 7	Vanlig manuell och automatisk klimatanläggning
Kopplingsschema 8	Vanlig spolning/torkning, elstyrda speglar och ljudanläggning
Kopplingsschema 9	Vanligt centrallås
Kopplingsschema 10	Vanliga elektriska fönsterhissar

H33764

Kopplingsschema 3

Kabelfärger

Bk	Svart	**Pk**	Skär
Bn	Brun	**Rd**	Röd
Bu	Blå	**Vt**	Lila
Gn	Grön	**Wh**	Vit
Gy	Grå	**Ye**	Gul
Or	Orange		

Teckenförklaring

1 Batteri
2 Växelströmsgenerator
3 Startmotor
4 Motorns säkringsdosa
R6 = Signalhornets relä
R8 = Startmotorns relä
R11 = Tändningens relä
5 Passagerarsidans säkringsdosa
6 Tändningslåsets styrenhet
7 Rattstångens låsenhet
8 Rattstångens styrenhet
9 Motorstyrningens styrenhet
10 Motorns temperaturgivare för kylvätska
11 Motorns kylfläkt
12 Relä till motorns kylfläkt
13 Signalhorn
14 Signalhornskontakt

H33765

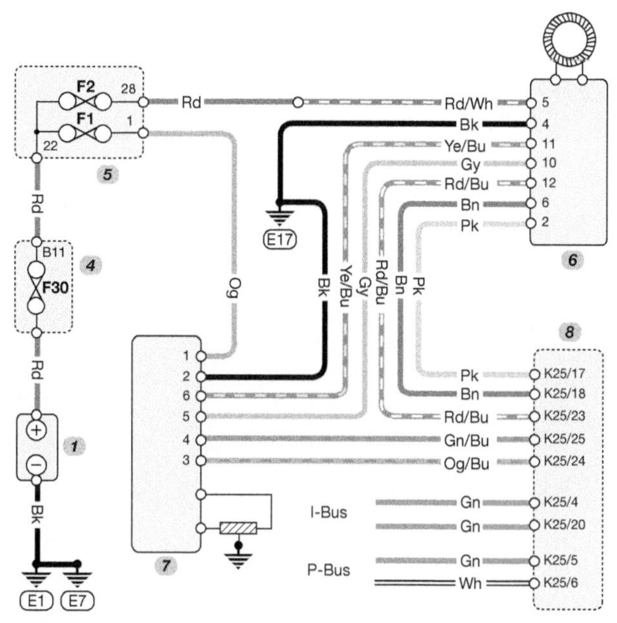

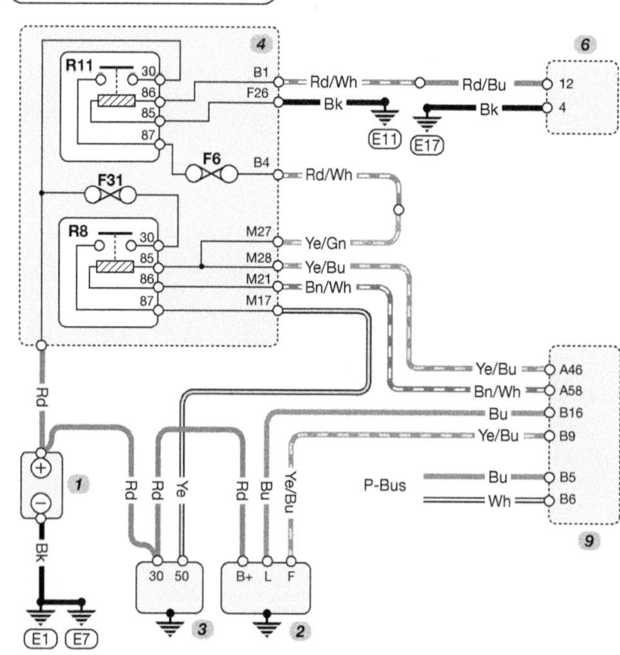

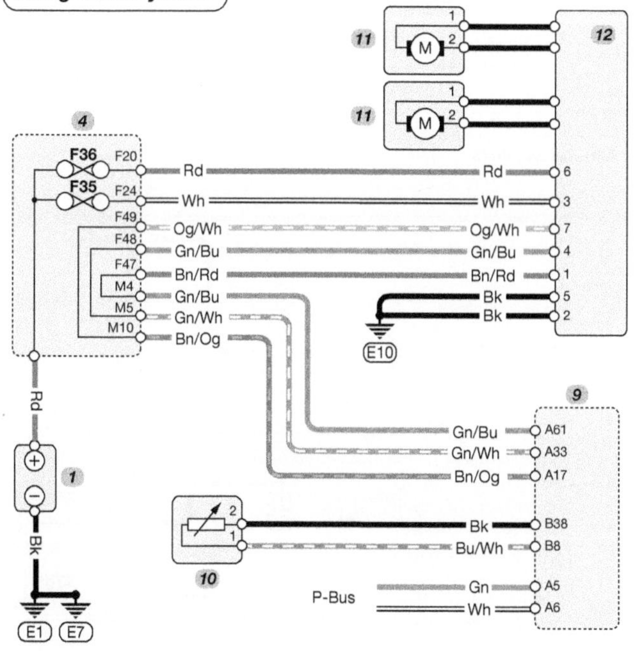

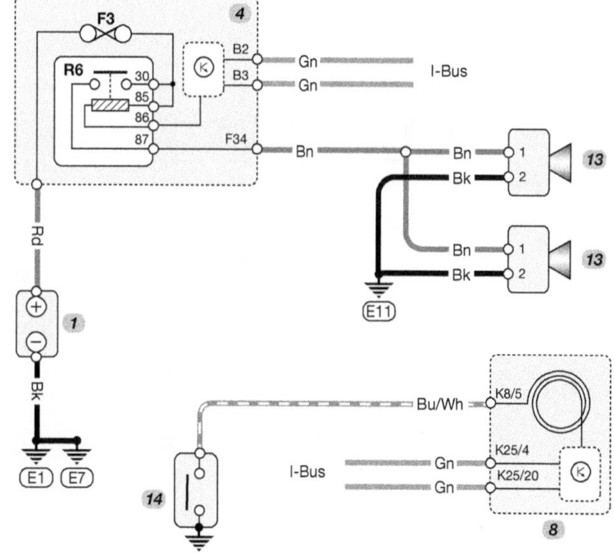

Kabelfärger

Bk Svart
Bn Brun
Bu Blå
Gn Grön
Gy Grå
Or Orange
Pk Skär
Rd Röd
Vt Lila
Wh Vit
Ye Gul

Teckenförklaring

4 Motorns säkringsdosa
5 Passagerarsidans säkringsdosa
18 Bakre säkringsdosa
19 Ljusbrytare
  a = brytare till parkeringsljus/strålkastare
  b = brytare till dimljus fram
  c = brytare till dimljus bak
20 Bakluckans handtags-/registreringsskyltsbelysning
21 Vänster positionsljus
22 Höger positionsljus
23 Vänster strålkastare
  a = parkeringsljus
  b = helljus
  c = halvljus
  d = magnetventil för avbländning från helljus
  e = ballast för xenonlampan
  f = transformator till xenonlampans tändning
  g = xenonlampa
  h = körriktningsvisare
24 Höger strålkastare (som ovan)
25 Vänster bakljus
  a = bakljus
  b = broms-/bakljus
  c = körriktningsvisare
26 Höger bakljus (som ovan)
27 Manöverpanel för den manuella klimatanläggningen
28 Automatisk klimatkontrollenhet
29 Vänster körriktningsvisare
30 Höger körriktningsvisare
31 Vänster dimljus fram
32 Höger dimljus fram
33 Höger dim-/backljus
  a = dimljus

Kopplingsschema 4

H33766

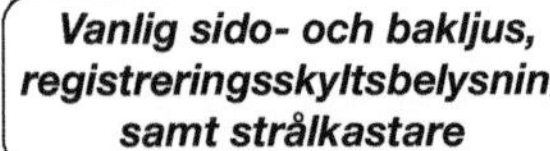

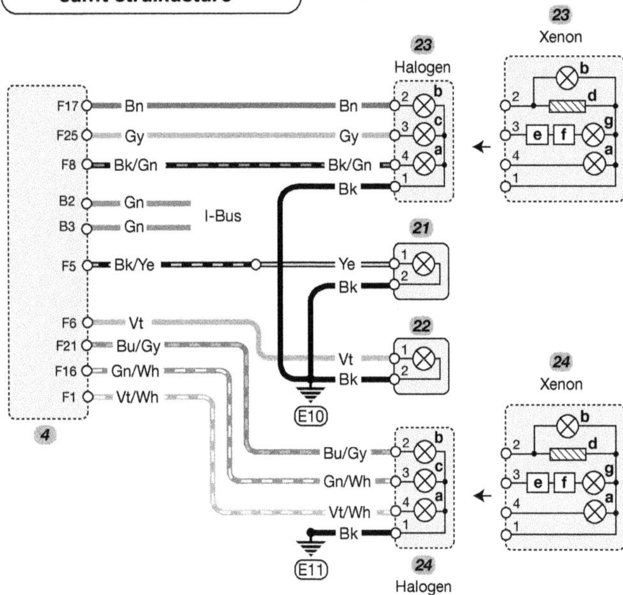

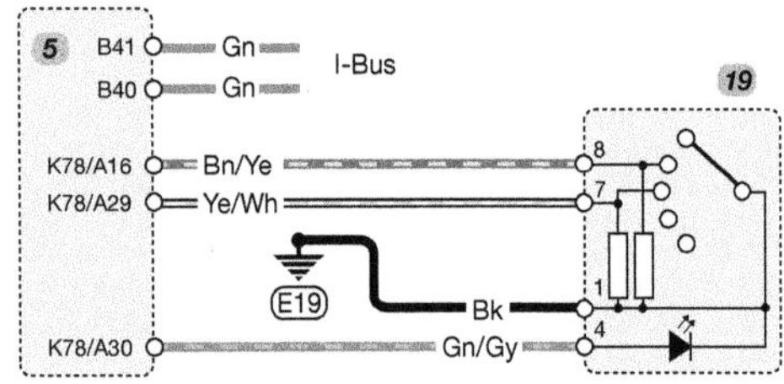

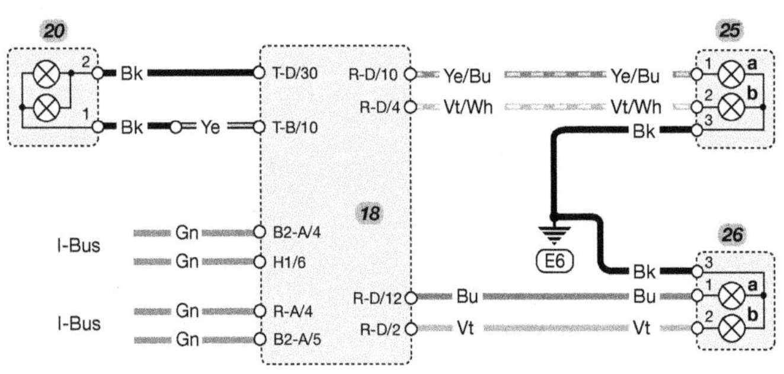

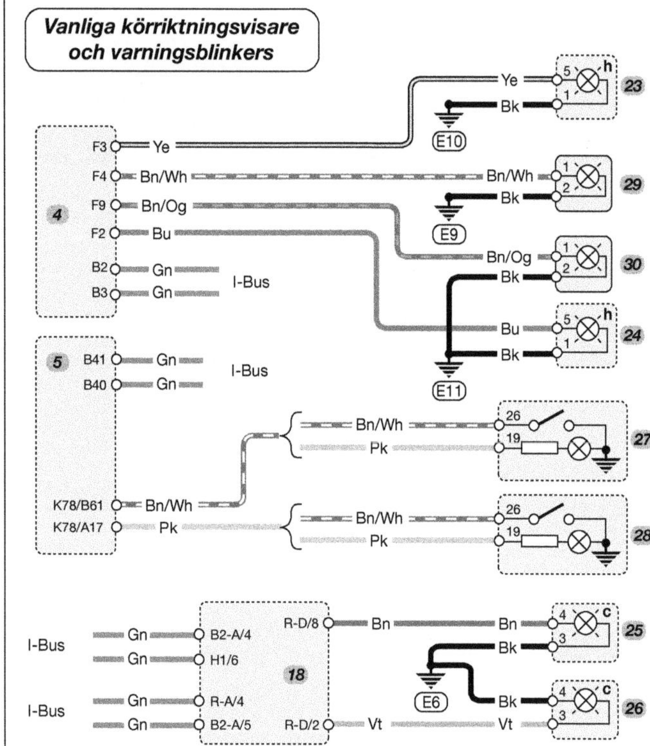

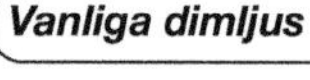

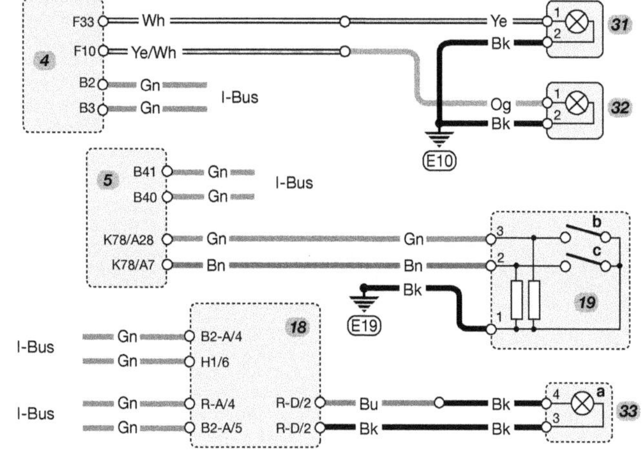

Kabelfärger

Bk	Svart	**Pk**	Skär
Bn	Brun	**Rd**	Röd
Bu	Blå	**Vt**	Lila
Gn	Grön	**Wh**	Vit
Gy	Grå	**Ye**	Gul
Or	Orange		

Teckenförklaring

1 Batteri
4 Motorns säkringsdosa
R11 = tändningens relä
5 Passagerarsidans säkringsdosa
R1 = släpvagnens relä
6 Tändningslåsets styrenhet
18 Bakre säkringsdosa
a = släpvagnens styrenhet
23 Vänster strålkastare
I = motor till nivåreglering av strålkastare
24 Höger strålkastare (som ovan)
25 Vänster bakljus
b = broms-/bakljus
d = stoppljus
26 Höger bakljus (som ovan)
33 Höger dim-/backljus
b = backljus
34 Vänster dim-/backljus
b = backljus
35 Backljusbrytare (manuell växellåda)
36 Växellådans styrenhet
37 Bromsljuskontakt
38 Växellådans lägesbrytare
39 Högt bromsljus
40 Släpvagnsuttag
41 Kontroll för nivåreglering av strålkastare
42 Främre lastvinkelgivare
43 Bakre lastvinkelgivare

Kopplingsschema 5

H33767

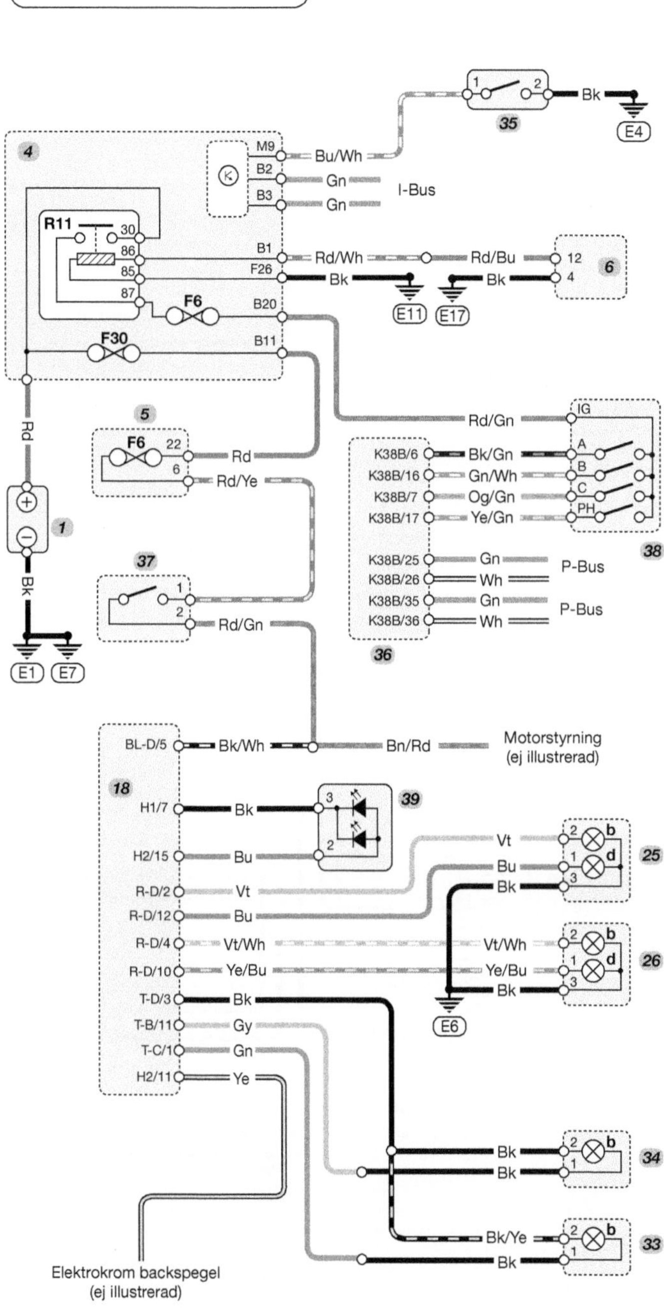

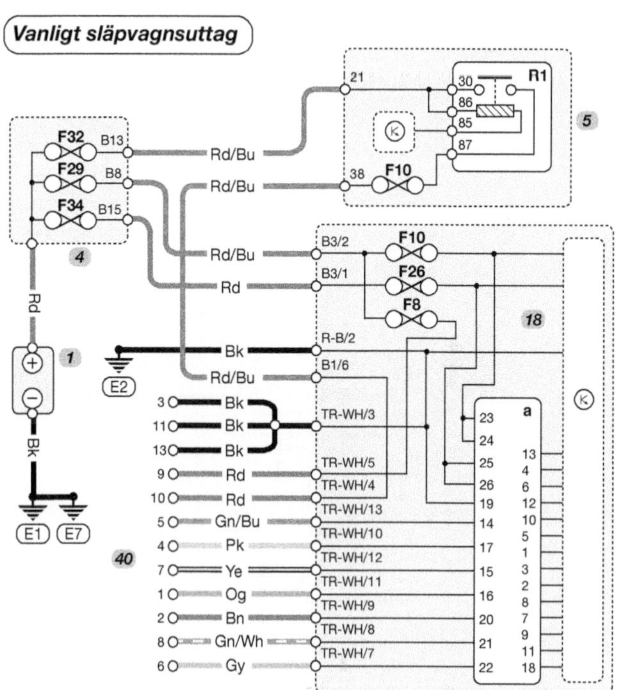

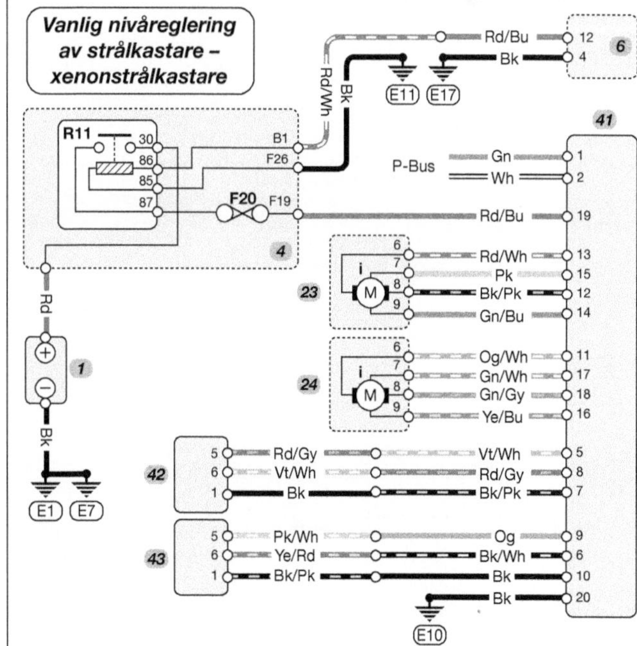

Kopplingsschema 6

Kabelfärger

Bk	Svart	**Pk**	Skär
Bn	Brun	**Rd**	Röd
Bu	Blå	**Vt**	Lila
Gn	Grön	**Wh**	Vit
Gy	Grå	**Ye**	Gul
Or	Orange		

Teckenförklaring

1 Batteri
4 Motorns säkringsdosa
  R11 = tändningens relä
5 Passagerarsidans säkringsdosa
  R2 = tändningens relä
6 Tändningslåsets styrenhet
18 Bakre säkringsdosa
  R4 = den uppvärmda bakrutans relä
19 Ljusbrytare
  d = brytare till nivåreglering av strålkastare
23 Vänster strålkastare
  I = motor till nivåreglering av strålkastare
24 Höger strålkastare (som ovan)
27 Manöverpanel för den manuella klimatanläggningen
28 Automatisk klimatkontrollenhet
45 Främre takbelysning
46 Bakre takbelysning
47 Vänster sminkspegelbelysning
48 Höger sminkspegelbelysning
49 Vänster fotbrunnsbelysning
50 Höger fotbrunnsbelysning
51 Handskfacksbelysning/brytare
52 Bagageutrymmets belysning
53 Bagageutrymmets ljusbrytare/bakluckans låsmotor
54 Styrenhet, förardörr
55 Styrenhet, passagerardörr
56 Kupélampa, vänster framdörr
57 Kupélampa, höger framdörr
58 Uppvärmd bakruta
59 Antennförstärkare
60 Antennfilter

H33768

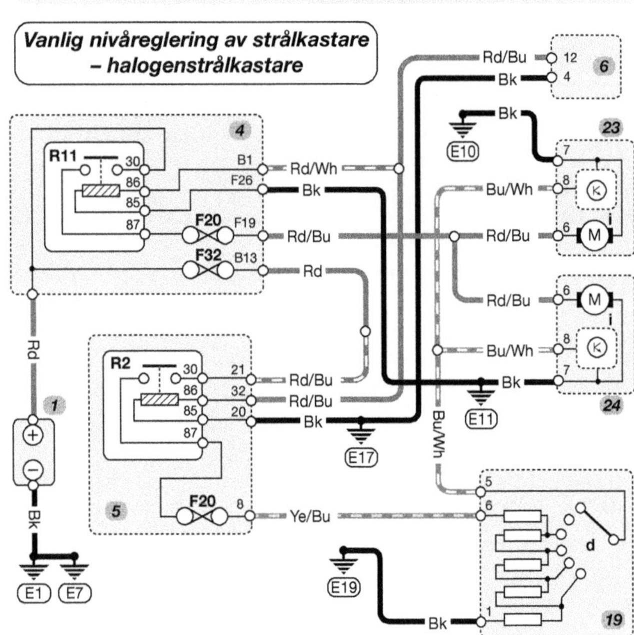

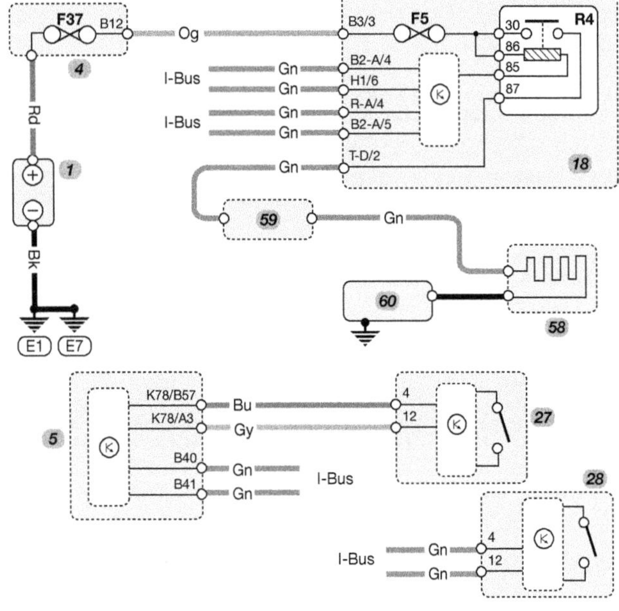

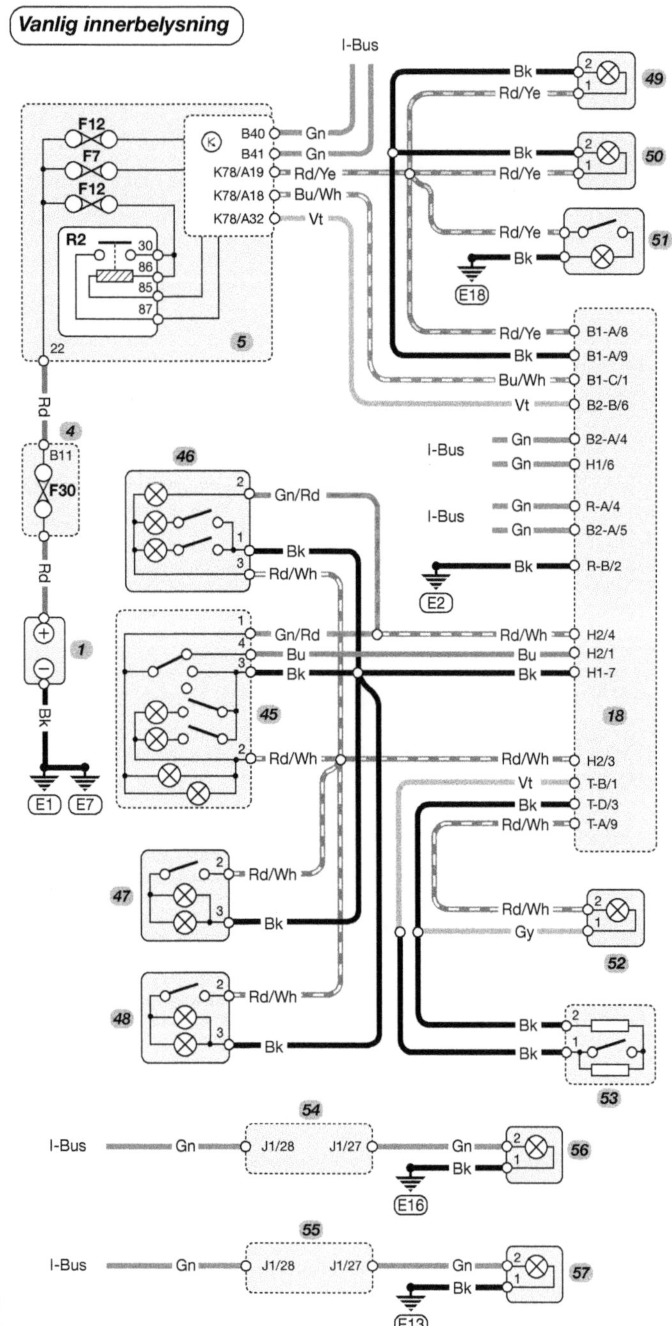

Kopplingsschema 7

Kabelfärger

Bk	Svart	**Pk**	Skär
Bn	Brun	**Rd**	Röd
Bu	Blå	**Vt**	Lila
Gn	Grön	**Wh**	Vit
Gy	Grå	**Ye**	Gul
Or	Orange		

Teckenförklaring

1 Batteri
4 Motorns säkringsdosa
5 Passagerarsidans säkringsdosa
R1 = släpvagnsbelysningens relä
R2 = tändningens relä
6 Tändningslåsets styrenhet
27 Manöverpanel för den manuella klimatanläggningen
28 Automatisk klimatkontrollenhet
45 Främre takbelysning
63 Fläktens styrenhet
64 Fläkt
65 Luftåtercirkuleringsklaffens motor
66 Luftfördelarklaffens motor
67 Luftblandningsklaffens motor
68 Yttre lufttemperaturgivare
70 Solsensor
71 Golvluftfördelarmotor
72 Motor till avfrostarluftfördelare
73 Vänster luftblandningsmotor
74 Höger luftblandningsmotor
75 Höger luftfördelarmotor
76 Vänster luftkanals temperaturgivare
77 Höger luftkanals temperaturgivare
78 Vänster golvtemperaturgivare
79 Höger golvtemperaturgivare

H33769

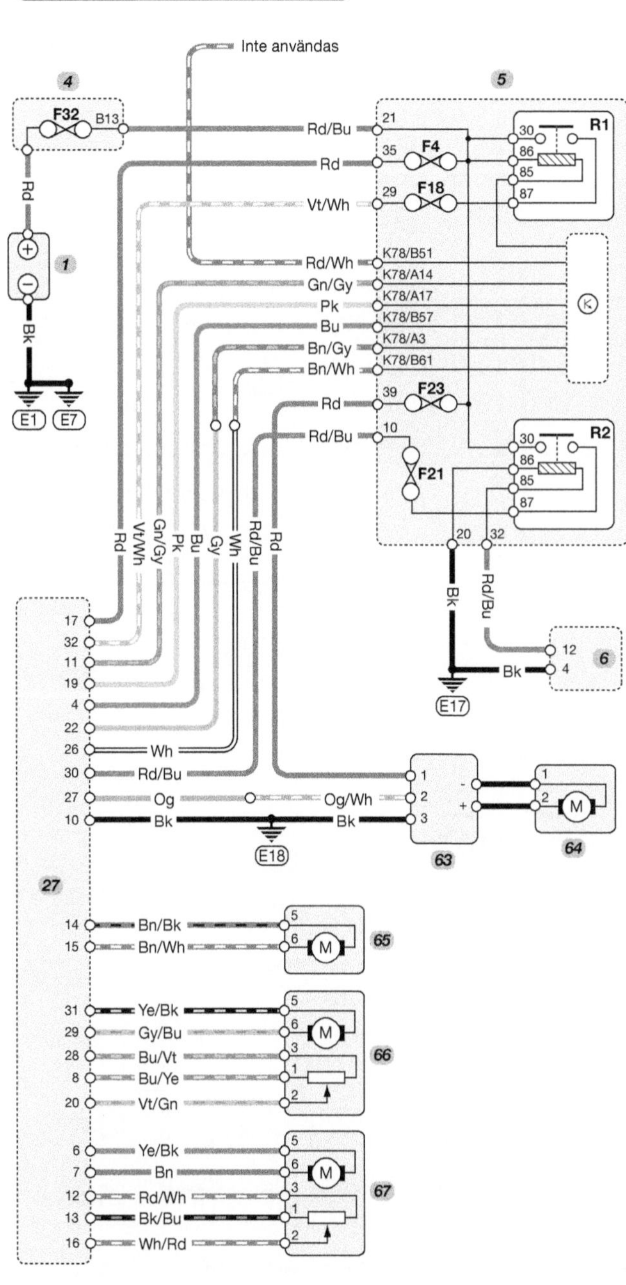

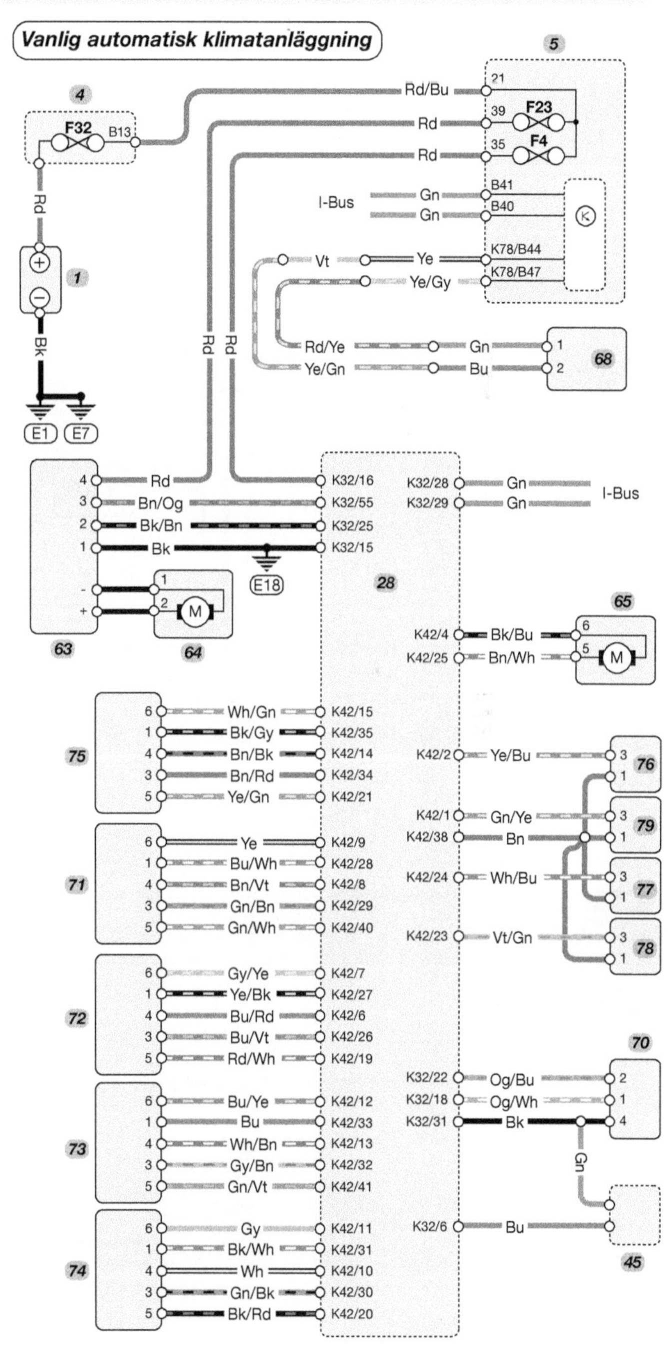

Kopplingsschema 8

Kabelfärger

Bk	Svart	**Pk**	Skär
Bn	Brun	**Rd**	Röd
Bu	Blå	**Vt**	Lila
Gn	Grön	**Wh**	Vit
Gy	Grå	**Ye**	Gul
Or	Orange		

Teckenförklaring

1 Batteri
4 Motorns säkringsdosa
R1 = vindrutespolarens relä
R9 = främre torkarnas relä
R12 = torkarnas hastighetsrelä
R14 = strålkastarspolarnas relä
8 Rattstångens styrenhet
a = intervalltorkarnas relä
b = torkarbrytare
54 Styrenhet, förardörr
55 Styrenhet, passagerardörr
58 Uppvärmd bakruta
59 Antennförstärkare
60 Antennfilter
85 Torkarmotor
86 Pump till strålkastarspolare
87 Vindrutespolarpump
88 Spolarvätskans nivåbrytare
89 Instrumentbrädans vänstra högtalare
90 Instrumentbrädans högra högtalare
91 Vänster högtalare bak
92 Höger högtalare bak
93 Ljudanläggning
94 Spegelbrytare, förardörr
95 Spegelenhet, förardörr
96 Spegelenhet, passagerardörr

H33770

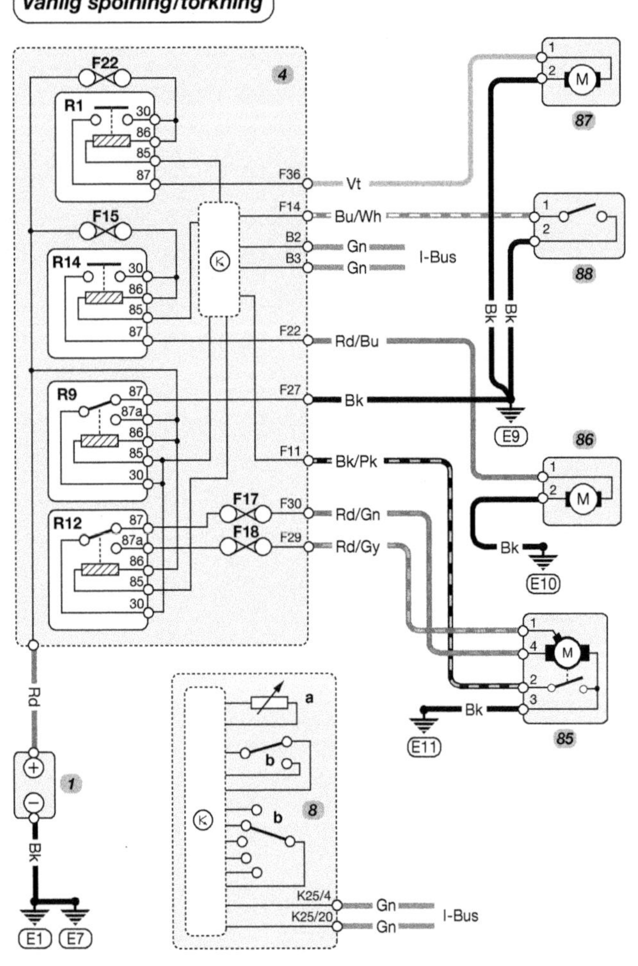

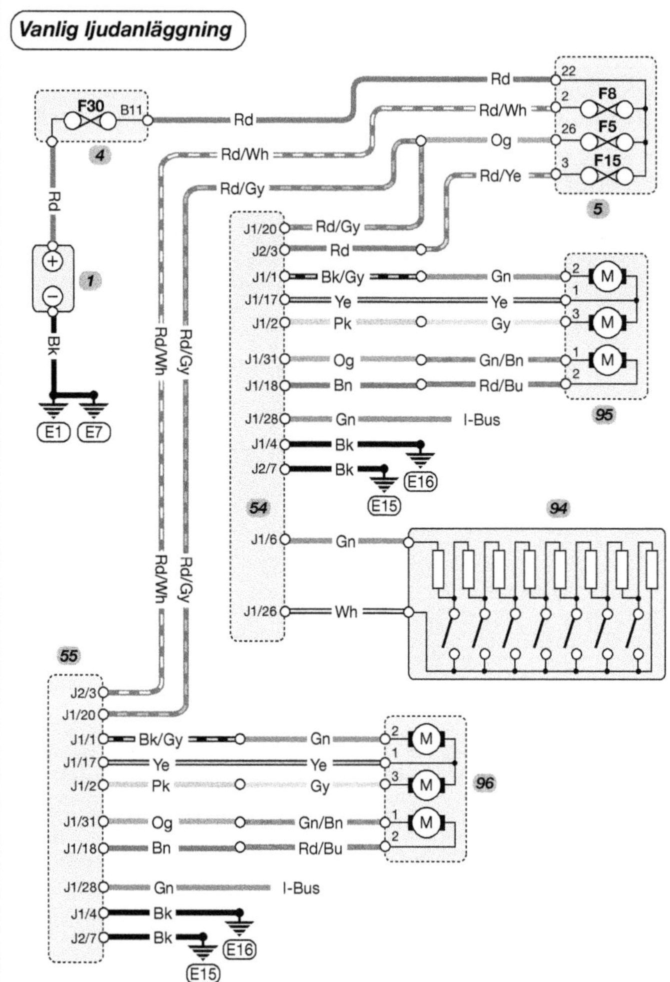

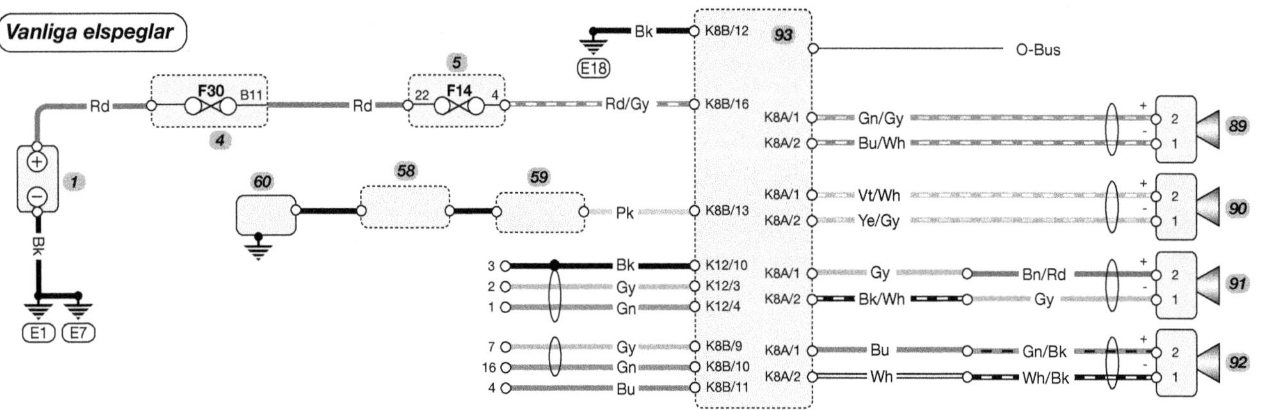

Kopplingsschema 9

Kabelfärger

Bk	Svart	**Pk**	Skär
Bn	Brun	**Rd**	Röd
Bu	Blå	**Vt**	Lila
Gn	Grön	**Wh**	Vit
Gy	Grå	**Ye**	Gul
Or	Orange		

Teckenförklaring

1 Batteri
4 Motorns säkringsdosa
5 Passagerarsidans säkringsdosa
18 Bakre säkringsdosa
R7 = bakluckans låsrelä
20 Bakluckans handtagsbrytare/ registreringsskyltsbelysning
53 Bagageutrymmets ljusbrytare/ bakluckans låsmotor
54 Styrenhet, förardörr
55 Styrenhet, passagerardörr
100 Lås, vänster framdörr
101 Lås, vänster bakdörr
102 Lås, höger framdörr
103 Lås, höger bakdörr
104 Styrenhet, vänster bakdörr
105 Styrenhet, höger bakdörr
106 Bakluckans brytare (förardörr)
107 Förarsidans låsbrytare (förardörr)
108 Passagerarsidans låsbrytare (passagerardörr)
109 Tanklockets motor
110 Brytare till bakluckans handtag

H33771

Vanligt centrallås

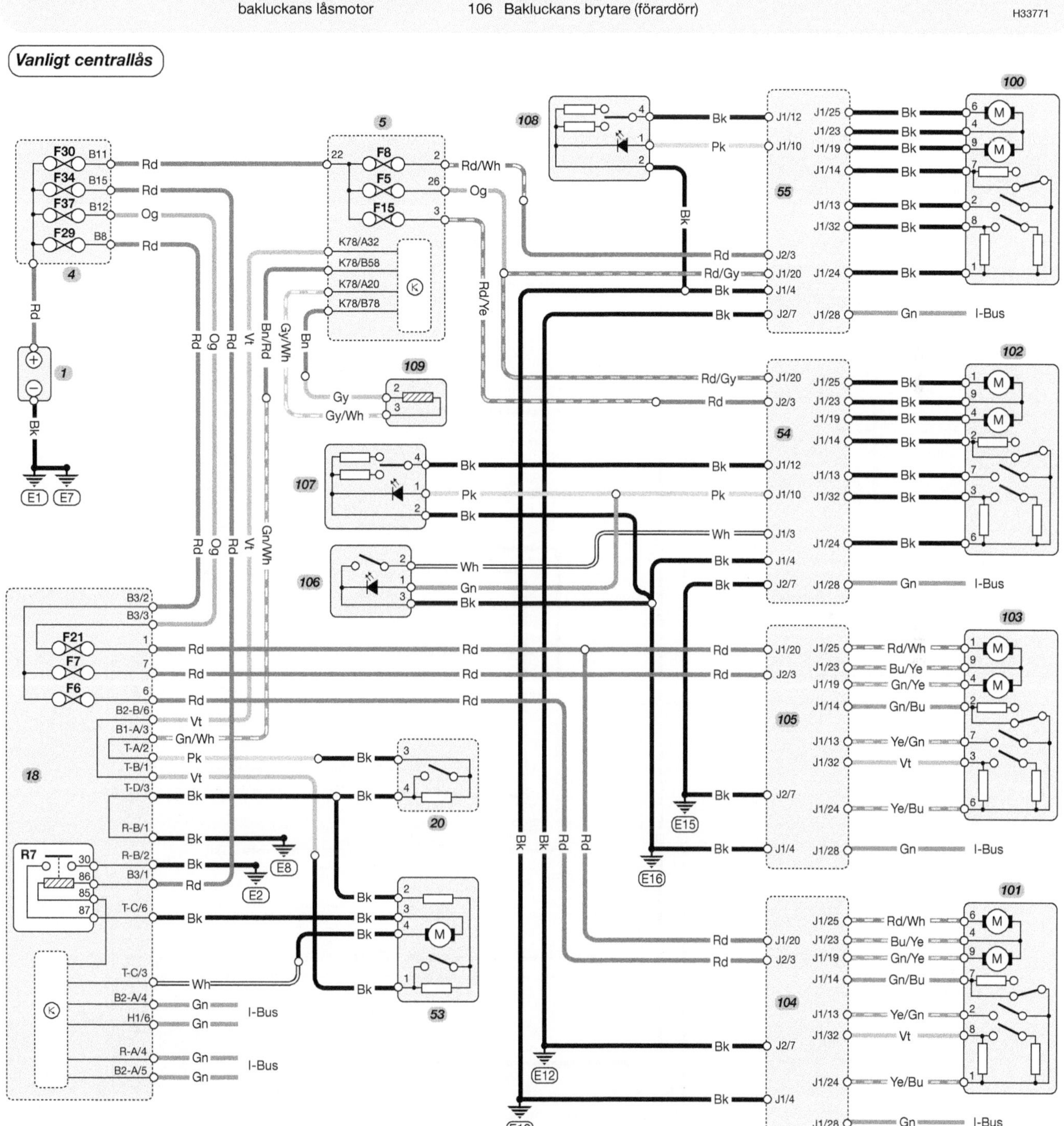

Kabelfärger

Bk	Svart	**Pk**	Skär
Bn	Brun	**Rd**	Röd
Bu	Blå	**Vt**	Lila
Gn	Grön	**Wh**	Vit
Gy	Grå	**Ye**	Gul
Or	Orange		

Teckenförklaring

1 Batteri
4 Motorns säkringsdosa
5 Passagerarsidans säkringsdosa
8 Rattstångens styrenhet
18 Bakre säkringsdosa
54 Styrenhet, förardörr
55 Styrenhet, passagerardörr
104 Styrenhet, vänster bakdörr
105 Styrenhet, höger bakdörr
112 Motor till vänster framfönster
113 Motor till vänster bakfönster
114 Motor till höger framfönster
115 Motor till höger bakfönster

Kopplingsschema 10

H33772

Vanliga elektriska fönsterhissar

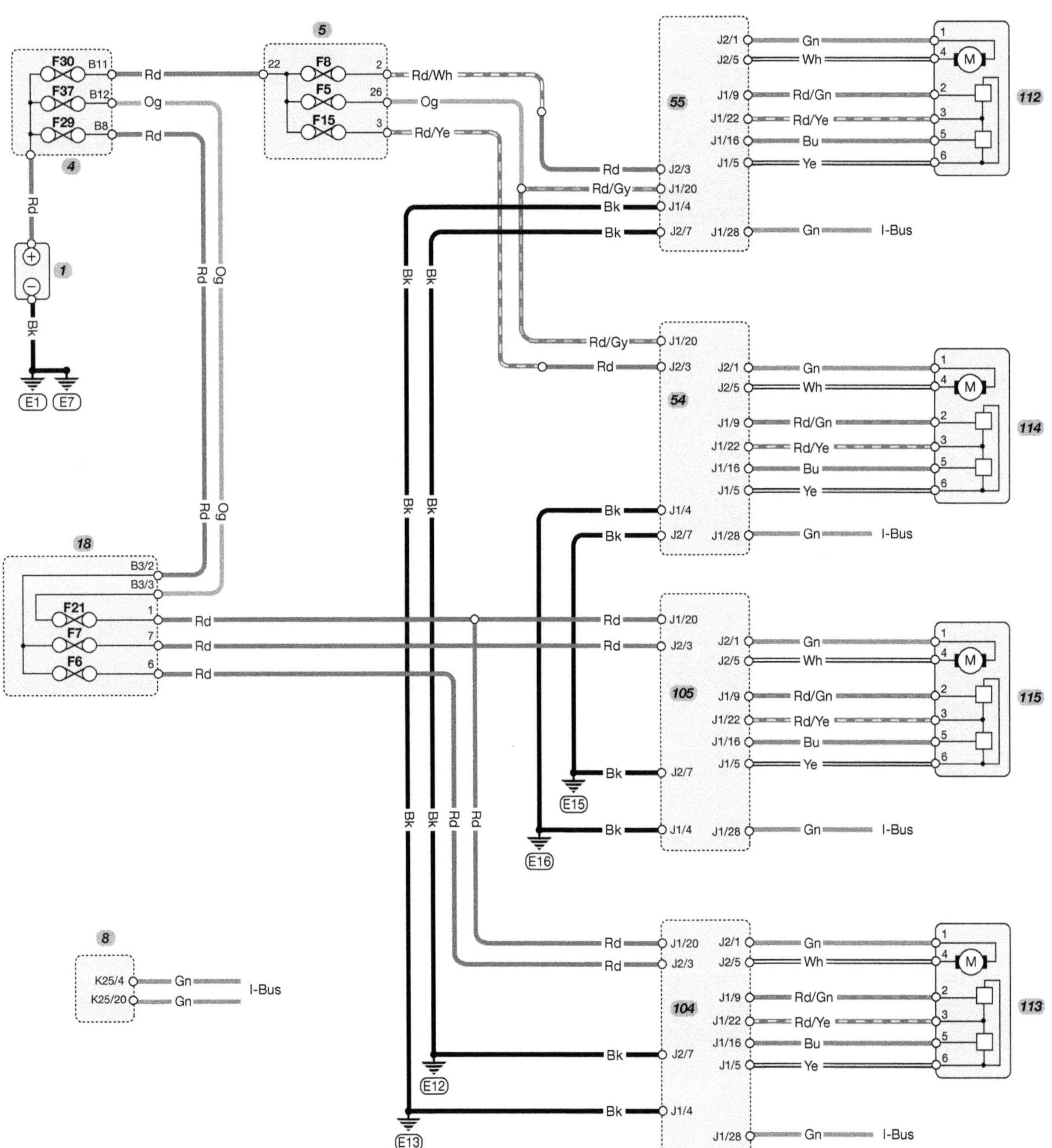

Mått och vikter

Observera: *Alla siffror är ungefärliga och kan variera med modell. Se tillverkarens uppgifter för exakta mått.*

Dimensioner

Total längd:
- Sedan och cabriolet . . . 4 635 mm
- Sportvagn (kombi) . . . 4 654 mm

Total bredd (inklusive sidobackspeglar) . . . 2 038 mm
Max. höjd . . . 1 539 mm
Axelavstånd . . . 2 675 mm
Spårbredd:
- Fram . . . 1 524 mm
- Bak . . . 1 506 mm

Höjd över marken (med max.vikt). . . 120 mm
Vändcirkeldiameter:
- Vägg till vägg . . . 11,4 m

Vikter

Tjänstevikt . . . 1 440 till 1 825 kg
Maximal axelbelastning, fram. . . 1 125 kg
Maximal axelbelastning, bak . . . 1 125 kg
Maximal taklast . . . 100 kg
Max bogseringsvikt:
- Obromsad släpvagn . . . 750 kg
- Släpvagn med bromsar . . . 1 600 kg

Inom biltillverkningen modifieras modellerna fortlöpande och det är endast de större modelländringarna som offentliggörs. Reservdelskataloger och listor är vanligen organiserade i nummerordning, så bilens chassinummer är nödvändigt för att få rätt reservdel.

Lämna alltid så mycket information som möjligt vid beställning av reservdelar. Ange årsmodell, chassinummer och motornummer när det behövs.

Bilens *identifikationsnummer* eller *chassinummer* finns på flera platser på bilen:

a) Instansat på mellanväggen i motorrummets bakre del

b) Tryckt på en platta på instrumentbrädans övre del, bakom vindrutan

Motornumret är instansat på motorblockets främre vänstra sida.

Växellådans nummer är tryckt på en plåt på växelhusets främre övre del.

Lackkoderna är tryckta på en etikett på passagerarsidans handskfackslucka, bredvid däcktrycksuppställningen.

Chassinumret är instansat på mellanväggen i motorrummets bakre del . . .

. . . och instansat i en platta som syns genom vindrutan

Köpa reservdelar

Reservdelar finns att köpa på flera ställen, t.ex. hos tillverkarens verkstäder, tillbehörsbutiker och motorspecialister. För att säkert få rätt del krävs ibland att bilens chassinummer uppges. Ta om möjligt med den gamla delen för säker identifiering. Många delar, t.ex. startmotor och generator, finns att få som fabriksrenoverade utbytesdelar – delar som returneras ska alltid vara rena.

Vi rekommenderar följande källor för inköp av reservdelar.

Auktoriserade Saab-verkstäder

Det här är det bästa stället för reservdelar som är specifika för bilen och som inte finns att få tag på på andra ställen (t.ex. märkesbeteckningar, invändig dekor, vissa karosspaneler etc). Det är även det enda ställe där man kan få reservdelar om bilens garanti fortfarande gäller.

Tillbehörsbutiker

Tillbehörsbutiker är ofta bra ställen för inköp av underhållsmaterial (olje-, luft- och bränslefilter, glödlampor, drivremmar, fett, bromsklossar, påbättringslack etc.). Tillbehör av detta slag som säljs av välkända butiker håller samma standard som de som används av biltillverkaren.

Förutom delar säljer dessa butiker även verktyg och allmänna tillbehör. De har ofta bekväma öppettider och är billiga, och det brukar aldrig vara långt till en sådan butik. Vissa tillbehörsbutiker har reservdelsdiskar där så gott som alla typer av komponenter kan köpas eller beställas.

Motorspecialister

Bra motorspecialister har alla viktigare komponenter som slits snabbt i lager och kan ibland tillhandahålla enskilda komponenter till renoveringar av större enheter (t.ex. bromstätningar och hydrauldelar, lagerskålar, kolvar och ventiler). I vissa fall kan de ta hand om arbeten som omborrning av motorblocket, omslipning av vevaxlar etc.

Specialister på däck och avgassystem

Dessa kan vara oberoende återförsäljare eller ingå i större kedjor. De har ofta bra priser jämfört med märkesverkstäder, men det är lönt att jämföra priser hos flera handlare. Kontrollera även vad som ingår vid priskontrollen – ofta ingår t.ex. inte ventiler och balansering vid köp av ett nytt hjul.

Andra inköpsställen

Var misstänksam när det gäller delar som säljs på lågprisförsäljningar och i andra hand. De är inte alltid av usel kvalitet, men det finns mycket liten chans att reklamera köpet om de är otillfredsställande. Köper man komponenter som är avgörande för säkerheten, som bromsklossar, på ett sådant ställe riskerar man inte bara sina pengar utan även sin egen och andras säkerhet.

Begagnade delar eller delar från en bildemontering kan vara prisvärda i vissa fall, men sådana inköp bör endast göras av en erfaren hemmamekaniker.

När service, reparationer och renoveringar utförs på en bil eller bildel bör följande beskrivningar och instruktioner följas. Detta för att reparationen ska utföras så effektivt och fackmannamässigt som möjligt.

Tätningsytor och packningar

Vid isärtagande av delar vid deras tätningsytor ska dessa aldrig bändas isär med skruvmejsel eller liknande. Detta kan orsaka allvarliga skador som resulterar i oljeläckage, kylvätskeläckage etc. efter montering. Delarna tas vanligen isär genom att man knackar längs fogen med en mjuk klubba. Lägg dock märke till att denna metod kanske inte är lämplig i de fall styrstift används för exakt placering av delar.

Där en packning används mellan två ytor måste den bytas vid ihopsättning. Såvida inte annat anges i den aktuella arbetsbeskrivningen ska den monteras torr. Se till att tätningsytorna är rena och torra och att alla spår av den gamla packningen är borttagna. Vid rengöring av en tätningsyta ska sådana verktyg användas som inte skadar den. Små grader och repor tas bort med bryne eller en finskuren fil.

Rensa gängade hål med piprensare och håll dem fria från tätningsmedel då sådant används, såvida inte annat direkt specificeras.

Se till att alla öppningar, hål och kanaler är rena och blås ur dem, helst med tryckluft.

Oljetätningar

Oljetätningar kan tas ut genom att de bänds ut med en bred spårskruvmejsel eller liknande. Alternativt kan ett antal självgängande skruvar dras in i tätningen och användas som dragpunkter för en tång, så att den kan dras rakt ut.

När en oljetätning tas bort från sin plats, ensam eller som en del av en enhet, ska den alltid kasseras och bytas ut mot en ny.

Tätningsläpparna är tunna och skadas lätt och de tätar inte annat än om kontaktytan är fullständigt ren och oskadad. Om den ursprungliga tätningsytan på delen inte kan återställas till perfekt skick och tillverkaren inte gett utrymme för en viss omplacering av tätningen på kontaktytan, måste delen i fråga bytas ut. Tätningarna bör alltid bytas ut när de har demonterats.

Skydda tätningsläpparna från ytor som kan skada dem under monteringen. Använd tejp eller konisk hylsa där så är möjligt. Smörj läpparna med olja innan monteringen. Om oljetätningen har dubbla läppar ska utrymmet mellan dessa fyllas med fett.

Såvida inte annat anges ska oljetätningar monteras med tätningsläpparna mot det smörjmedel som de ska täta för.

Använd en rörformad dorn eller en träbit i lämplig storlek till att knacka tätningarna på plats. Om sätet är försedd med skuldra, driv tätningen mot den. Om sätet saknar skuldra bör tätningen monteras så att den går jäms med sätets yta (såvida inte annat uttryckligen anges).

Skruvgängor och infästningar

Muttrar, bultar och skruvar som kärvar är ett vanligt förekommande problem när en komponent har börjat rosta. Bruk av rostupplösningsolja och andra krypsmörjmedel löser ofta detta om man dränker in delen som kärvar en stund innan man försöker lossa den. Slagskruvmejsel kan ibland lossa envist fastsittande infästningar när de används tillsammans med rätt mejselhuvud eller hylsa. Om inget av detta fungerar kan försiktig värmning eller i värsta fall bågfil eller mutterspräckare användas.

Pinnbultar tas vanligen ut genom att två muttrar låses vid varandra på den gängade delen och att en blocknyckel sedan vrider den undre muttern så att pinnbulten kan skruvas ut. Bultar som brutits av under fästytan kan ibland avlägsnas med en lämplig bultutdragare. Se alltid till att gängade bottenhål är helt fria från olja, fett, vatten eller andra vätskor innan bulten monteras. Underlåtenhet att göra detta kan spräcka den del som skruven dras in i, tack vare det hydrauliska tryck som uppstår när en bult dras in i ett vätskefyllt hål

Vid åtdragning av en kronmutter där en saxsprint ska monteras ska muttern dras till specificerat moment om sådant anges, och därefter dras till nästa sprinthål. Lossa inte muttern för att passa in saxsprinten, såvida inte detta förfarande särskilt anges i anvisningarna.

Vid kontroll eller omdragning av mutter eller bult till ett specificerat åtdragningsmoment, ska muttern eller bulten lossas ett kvarts varv och sedan dras åt till angivet moment. Detta ska dock inte göras när vinkelåtdragning använts.

För vissa gängade infästningar, speciellt topplocksbultar/muttrar anges inte åtdragningsmoment för de sista stegen. Istället anges en vinkel för åtdragning. Vanligtvis anges ett relativt lågt åtdragningsmoment för bultar/muttrar som dras i specificerad turordning. Detta följs sedan av ett eller flera steg åtdragning med specificerade vinklar.

Låsmuttrar, låsbleck och brickor

Varje infästning som kommer att rotera mot en komponent eller en kåpa under åtdragningen ska alltid ha en bricka mellan åtdragningsdelen och kontaktytan.

Fjäderbrickor ska alltid bytas ut när de använts till att låsa viktiga delar som exempelvis lageröverfall. Låsbleck som viks över för att låsa bult eller mutter ska alltid byts ut vid ihopsättning.

Självlåsande muttrar kan återanvändas på mindre viktiga detaljer, under förutsättning att motstånd känns vid dragning över gängen. Kom dock ihåg att självlåsande muttrar förlorar låseffekt med tiden och därför alltid bör bytas ut som en rutinåtgärd.

Saxsprintar ska alltid bytas mot nya i rätt storlek för hålet.

När gänglåsmedel påträffas på gängor på en komponent som ska återanvändas bör man göra ren den med en stålborste och lösningsmedel. Applicera nytt gänglåsningsmedel vid montering.

Specialverktyg

Vissa arbeten i denna handbok förutsätter användning av specialverktyg som pressar, avdragare, fjäderkompressorer med mera. Där så är möjligt beskrivs lämpliga lättillgängliga alternativ till tillverkarens specialverktyg och hur dessa används. I vissa fall, där inga alternativ finns, har det varit nödvändigt att använda tillverkarens specialverktyg. Detta har gjorts av säkerhetsskäl, likväl som för att reparationerna ska utföras så effektivt och bra som möjligt. Såvida du inte är mycket kunnig och har stora kunskaper om det arbetsmoment som beskrivs, ska du aldrig försöka använda annat än specialverktyg när sådana anges i anvisningarna. Det föreligger inte bara stor risk för personskador, utan kostbara skador kan också uppstå på komponenterna.

Miljöhänsyn

Vid sluthantering av förbrukad motorolja, bromsvätska, frostskydd etc. ska all vederbörlig hänsyn tas för att skydda miljön. Ingen av ovan nämnda vätskor får hällas ut i avloppet eller direkt på marken. Kommunernas avfallshantering har kapacitet för hantering av miljöfarligt avfall liksom vissa verkstäder. Om inga av dessa finns tillgängliga i din närhet, fråga hälsoskyddskontoret i din kommun om råd.

I och med de allt strängare miljöskyddslagarna beträffande utsläpp av miljöfarliga ämnen från motorfordon har alltfler bilar numera justersäkringar monterade på de mest avgörande justeringspunkterna för bränslesystemet. Dessa är i första hand avsedda att förhindra okvalificerade personer från att justera bränsle/luftblandningen och därmed riskerar en ökning av giftiga utsläpp. Om sådana justersäkringar påträffas under service eller reparationsarbete ska de, närhelst möjligt, bytas eller sättas tillbaka i enlighet med tillverkarens rekommendationer eller aktuell lagstiftning.

Lyftning och stödpunkter

Domkraften som följer med bilens verktygslåda bör endast användas för att byta hjul - se *Hjulbyte* i början av den här handboken. Vid alla andra arbeten ska bilen lyftas med en hydraulisk garagedomkraft, som alltid ska åtföljas av pallbockar under bilens stödpunkter.

Använder du en garagedomkraft eller pallbockar, ska du alltid ställa domkraftens eller pallbockens huvud under, eller alldeles intill, den relevanta stödpunkten under tröskeln. Placera en träbit mellan domkraften eller pallbockarna och tröskeln – träbiten ska ha ett spår inskuret, där tröskelns svetsade fläns passar in **(se bilder)**.

Försök **inte** hissa upp bilen med domkraften under bakaxeln, fotrummet, motorns sump, automatväxelns sump eller någon av fjädringens komponenter.

Den domkraft som följer med bilen passar in i stödpunkterna under karmunderstyckena – se *Hjulbyte* i början av den här handboken. Se till att domkraftens lyftsadel sitter korrekt innan du börjar lyfta bilen.

Arbeta **aldrig** under, runt eller i närheten av en lyft bil om den inte har ordentligt stöd på minst två punkter.

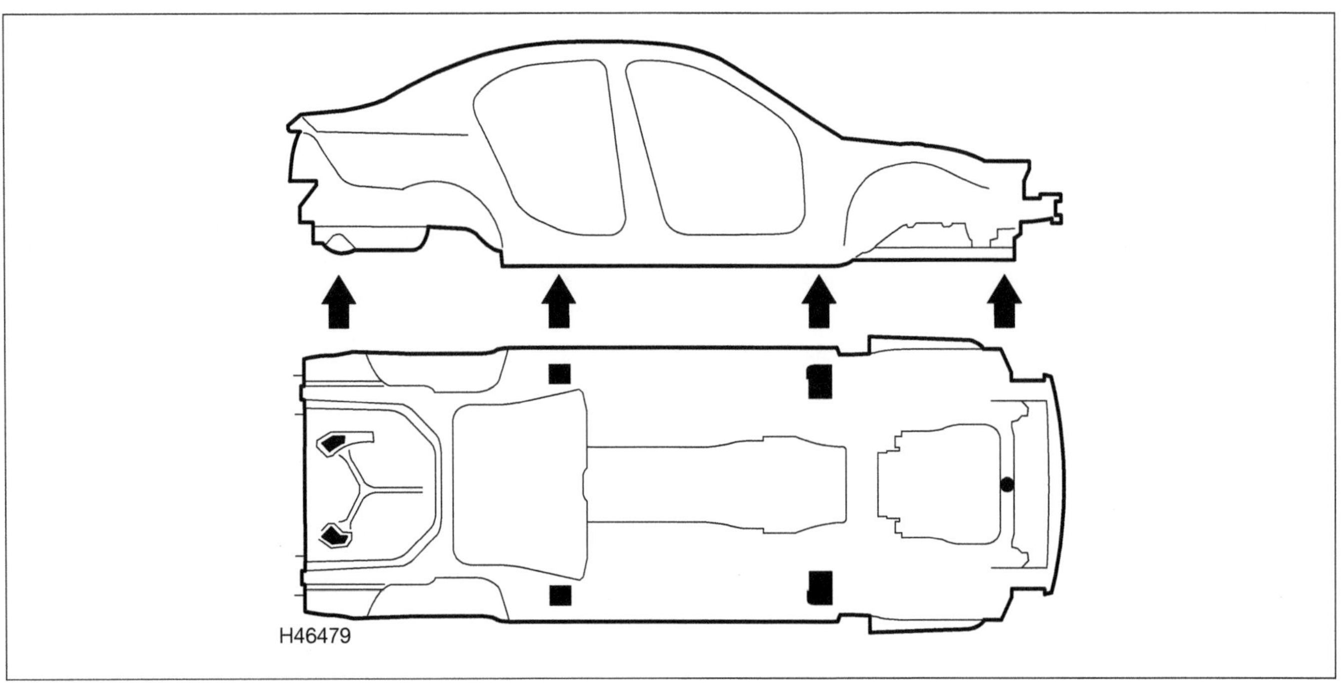

Stödpunkter för hydraulisk domkraft (se pilar)

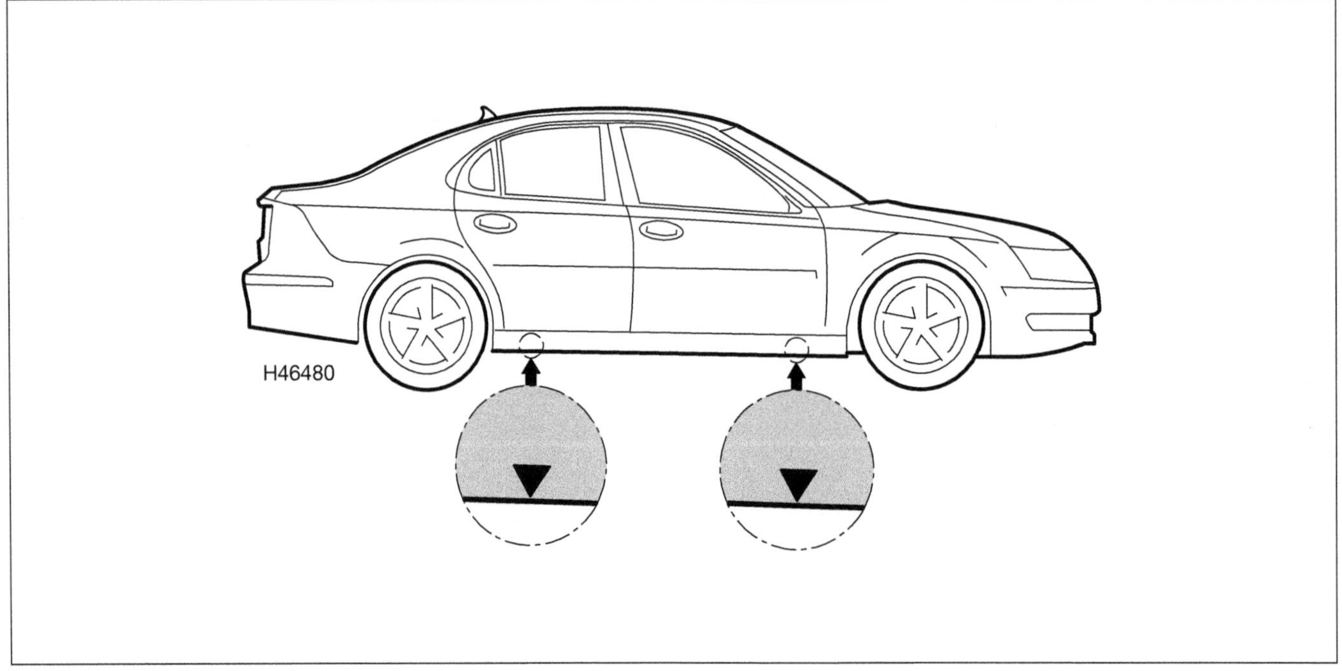

Stödpunkter för hjulbyte är utmärkta med trekantiga inbuktningar i trösklarna

Inledning

En uppsättning bra verktyg är ett grundläggande krav för var och en som överväger att underhålla och reparera ett motorfordon. För de ägare som saknar sådana kan inköpet av dessa bli en märkbar utgift, som dock uppvägs till en viss del av de besparingar som görs i och med det egna arbetet. Om de anskaffade verktygen uppfyller grundläggande säkerhets- och kvalitetskrav kommer de att hålla i många år och visa sig vara en värdefull investering.

För att hjälpa bilägaren att avgöra vilka verktyg som behövs för att utföra de arbeten som beskrivs i denna handbok har vi sammanställt tre listor med följande rubriker: *Underhåll och mindre reparationer, Reparation och renovering* samt *Specialverktyg*. Nybörjaren bör starta med det första sortimentet och begränsa sig till enklare arbeten på fordonet. Allt eftersom erfarenhet och självförtroende växer kan man sedan prova svårare uppgifter och köpa fler verktyg när och om det behövs. På detta sätt kan den grundläggande verktygssatsen med tiden utvidgas till en reparations- och renoveringssats utan några större enskilda kontantutlägg. Den erfarne hemmamekanikern har redan en verktygssats som räcker till de flesta reparationer och renoveringar och kommer att välja verktyg från specialkategorin när han känner att utgiften är berättigad för den användning verktyget kan ha.

Underhåll och mindre reparationer

Verktygen i den här listan ska betraktas som ett minimum av vad som behövs för rutinmässigt underhåll, service och mindre reparationsarbeten. Vi rekommenderar att man köper blocknycklar (ring i ena änden och öppen i den andra), även om de är dyrare än de med öppen ände, eftersom man får båda sorternas fördelar.

- ☐ *Blocknycklar - 8, 9, 10, 11, 12, 13, 14, 15, 17 och 19 mm*
- ☐ *Skiftnyckel - 35 mm gap (ca.)*
- ☐ *Tändstiftsnyckel (med gummifoder)*
- ☐ *Verktyg för justering av tändstiftens elektrodavstånd*
- ☐ *Sats med bladmått*
- ☐ *Nyckel för avluftning av bromsar*
- ☐ *Skruvmejslar:*
  Spårmejsel - 100 mm lång x 6 mm diameter
  Stjärnmejsel - 100 mm lång x 6 mm diameter
- ☐ *Kombinationstång*
- ☐ *Bågfil (liten)*
- ☐ *Däckpump*
- ☐ *Däcktrycksmätare*
- ☐ *Oljekanna*
- ☐ *Verktyg för demontering av oljefilter*
- ☐ *Fin slipduk*
- ☐ *Stålborste (liten)*
- ☐ *Tratt (medelstor)*

Reparation och renovering

Dessa verktyg är ovärderliga för alla som utför större reparationer på ett motorfordon och tillkommer till de som angivits för *Underhåll och mindre reparationer*. I denna lista ingår en grundläggande sats hylsor. Även om dessa är dyra, är de oumbärliga i och med sin mångsidighet - speciellt om satsen innehåller olika typer av drivenheter. Vi rekommenderar 1/2-tums fattning på hylsorna eftersom de flesta momentnycklar har denna fattning.

Verktygen i denna lista kan ibland behöva kompletteras med verktyg från listan för *Specialverktyg*.

- ☐ *Hylsor, dimensioner enligt föregående lista*
- ☐ *Spärrskaft med vändbar riktning (för användning med hylsor)* **(se bild)**
- ☐ *Förlängare, 250 mm (för användning med hylsor)*
- ☐ *Universalknut (för användning med hylsor)*
- ☐ *Momentnyckel (för användning med hylsor)*
- ☐ *Självlåsande tänger*
- ☐ *Kulhammare*
- ☐ *Mjuk klubba (plast/aluminium eller gummi)*
- ☐ *Skruvmejslar:*
  Spårmejsel - en lång och kraftig, en kort (knubbig) och en smal (elektrikertyp)
  Stjärnmejsel - en lång och kraftig och en kort (knubbig)
- ☐ *Tänger:*
  Spetsnostång/plattång
  Sidavbitare (elektrikertyp)
  Låsringstång (inre och yttre)
- ☐ *Huggmejsel - 25 mm*
- ☐ *Ritspets*
- ☐ *Skrapa*
- ☐ *Körnare*
- ☐ *Purr*
- ☐ *Bågfil*
- ☐ *Bromsslangklämma*
- ☐ *Avluftningssats för bromsar/koppling*
- ☐ *Urval av borrar*
- ☐ *Stållinjal*
- ☐ *Insexnycklar (inkl Torxtyp/med splines)* **(se bild)**
- ☐ *Sats med filar*
- ☐ *Stor stålborste*
- ☐ *Pallbockar*
- ☐ *Domkraft (garagedomkraft eller stabil pelarmodell)*
- ☐ *Arbetslampa med förlängningssladd*

Specialverktyg

Verktygen i denna lista är de som inte används regelbundet, är dyra i inköp eller som måste användas enligt tillverkarens anvisningar. Det är bara om du relativt ofta kommer att utföra tämligen svåra jobb som många av dessa verktyg är lönsamma att köpa. Du kan också överväga att gå samman med någon vän (eller gå med i en motorklubb) och göra ett gemensamt inköp, hyra eller låna verktyg om så är möjligt.

Följande lista upptar endast verktyg och instrument som är allmänt tillgängliga och inte sådana som framställs av biltillverkaren speciellt för auktoriserade verkstäder. Ibland nämns dock sådana verktyg i texten. I allmänhet anges en alternativ metod att utföra arbetet utan specialverktyg. Ibland finns emellertid inget alternativ till tillverkarens specialverktyg. När så är fallet och relevant verktyg inte kan köpas, hyras eller lånas har du inget annat val än att lämna bilen till en auktoriserad verkstad.

- ☐ *Ventilfjäderkompressor* **(se bild)**
- ☐ *Ventilslipningsverktyg*
- ☐ *Kolvringskompressor* **(se bild)**
- ☐ *Verktyg för demontering/montering av kolvringar* **(se bild)**
- ☐ *Honingsverktyg* **(se bild)**
- ☐ *Kulledsavdragare*
- ☐ *Spiralfjäderkompressor (där tillämplig)*
- ☐ *Nav/lageravdragare, två/tre ben* **(se bild)**
- ☐ *Slagskruvmejsel*
- ☐ *Mikrometer och/eller skjutmått* **(se bilder)**
- ☐ *Indikatorklocka* **(se bild)**
- ☐ *Stroboskoplampa*
- ☐ *Kamvinkelmätare/varvräknare*
- ☐ *Multimeter*

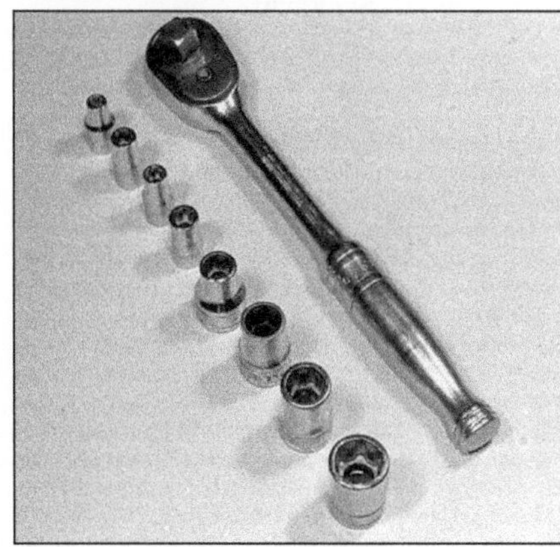

Hylsor och spärrskaft

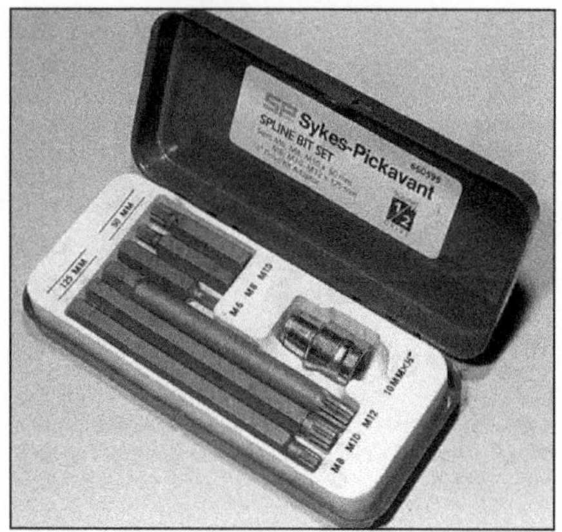

Bits med splines

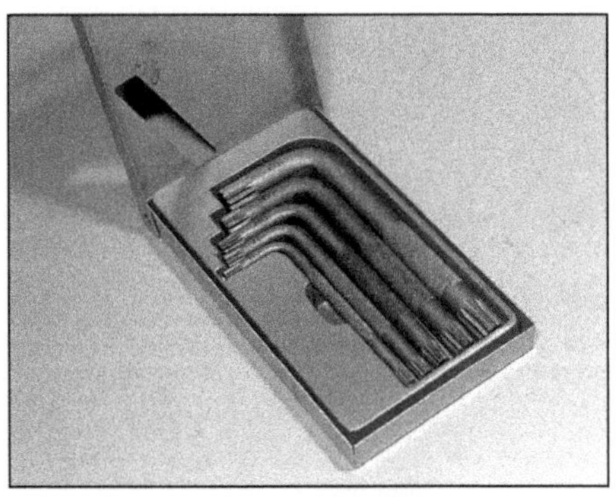
Nycklar med splines

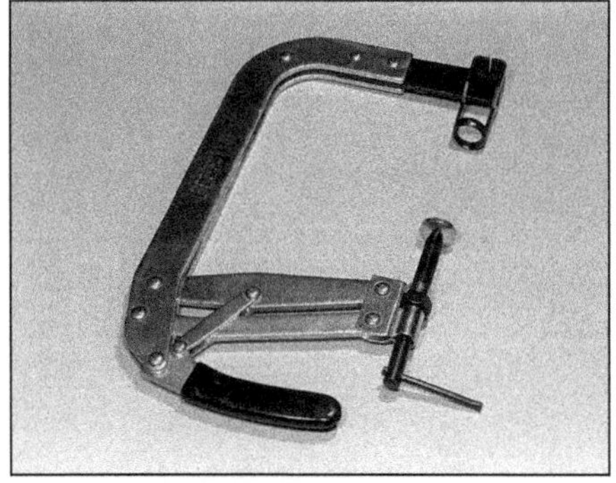
Ventilfjäderkompressor (ventilbåge)

Kolvringskompressor

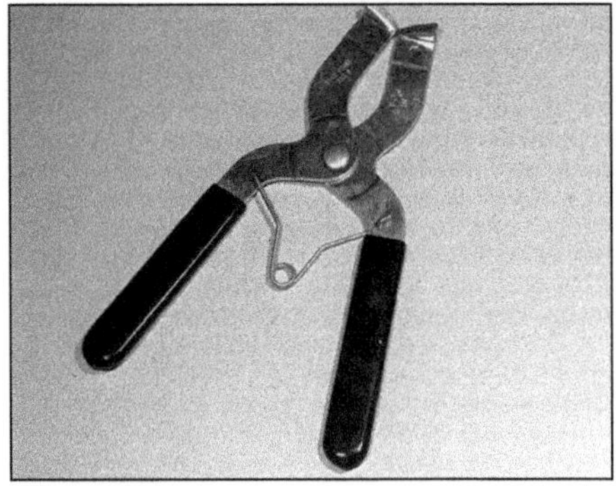
Verktyg för demontering och montering av kolvringar

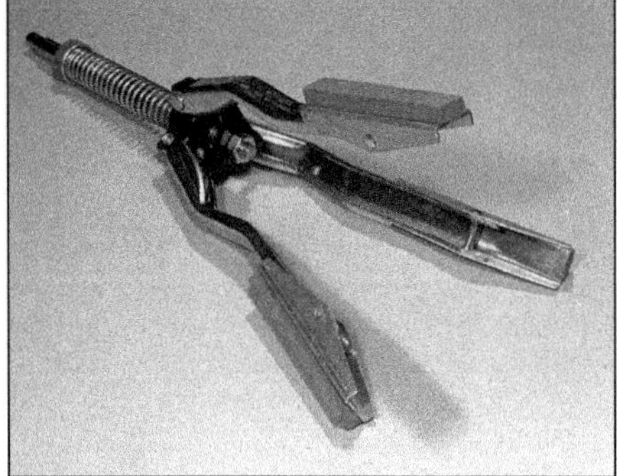
Honingsverktyg

Trebent avdragare för nav och lager

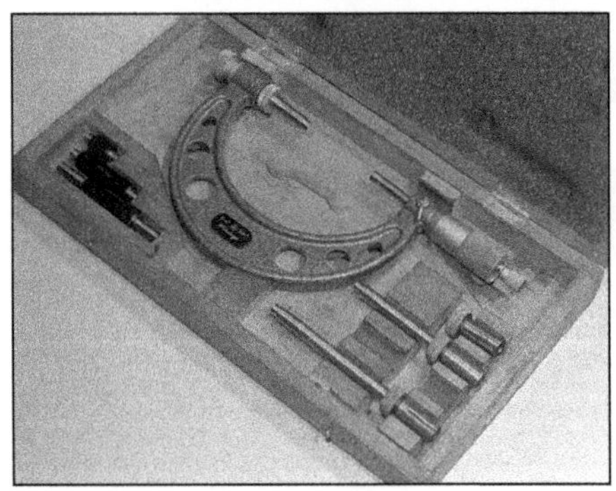
Mikrometerset

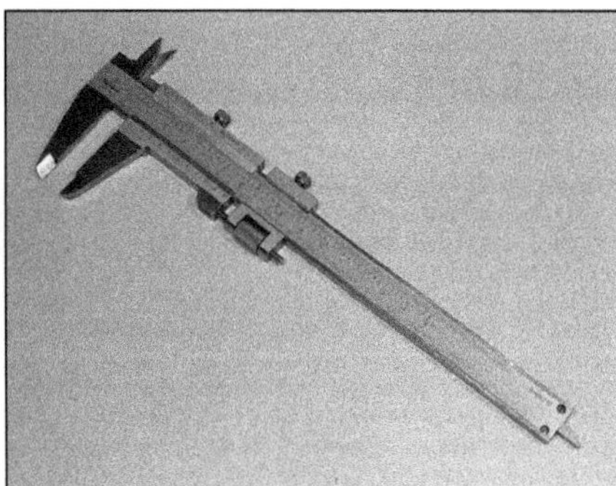
Skjutmått

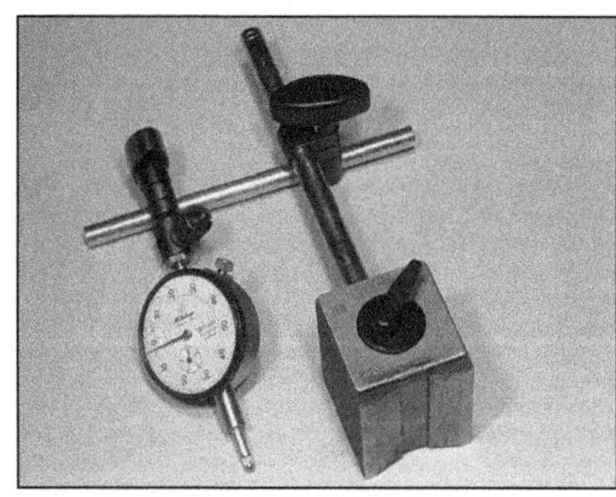
Indikatorklocka med magnetstativ

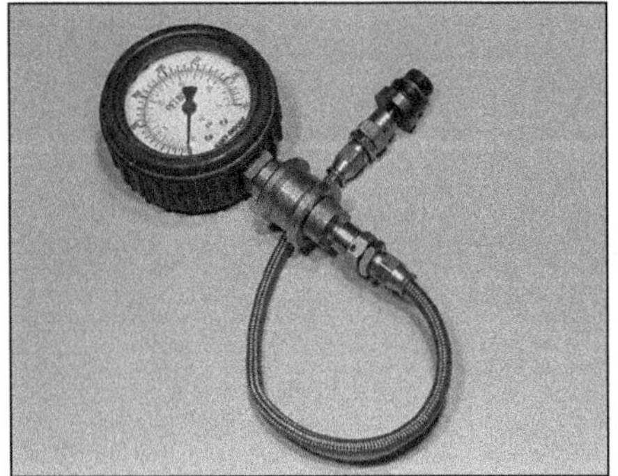
Kompressionsmätare

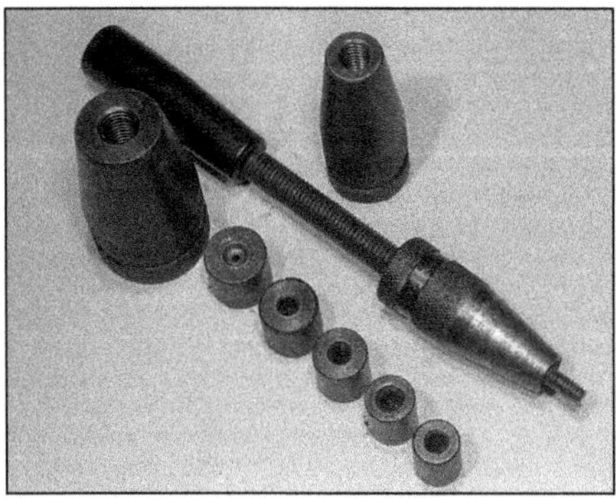
Centreringsverktyg för koppling

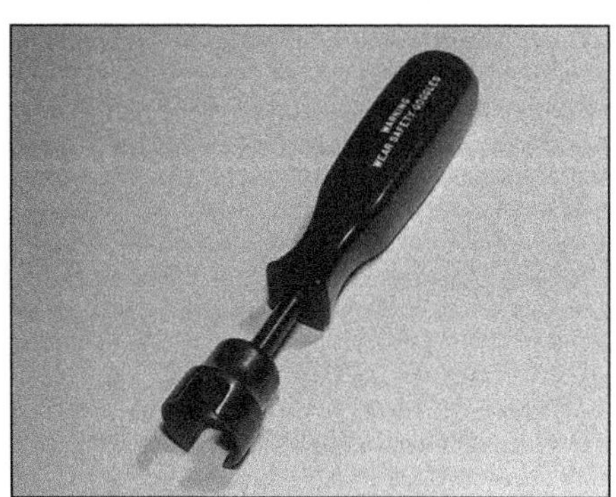
Demonteringsverktyg för bromsbackarnas fjäderskålar

- ☐ *Kompressionsmätare* ***(se bild)***
- ☐ *Handmanövrerad vakuumpump och mätare*
- ☐ *Centreringsverktyg för koppling* ***(se bild)***
- ☐ *Verktyg för demontering av bromsbackarnas fjäderskålar* ***(se bild)***
- ☐ *Sats för montering/demontering av bussningar och lager* ***(se bild)***
- ☐ *Bultutdragare* ***(se bild)***
- ☐ *Gängverktygssats* ***(se bild)***
- ☐ *Lyftblock*
- ☐ *Garagedomkraft*

Inköp av verktyg

När det gäller inköp av verktyg är det i regel bättre att vända sig till en specialist som har ett större sortiment än t ex tillbehörsbutiker och bensinmackar. Tillbehörsbutiker och andra försöljningsställen kan dock erbjuda utmärkta verktyg till låga priser, så det kan löna sig att söka.

Det finns gott om bra verktyg till låga priser, men se till att verktygen uppfyller grundläggande krav på funktion och säkerhet. Fråga gärna någon kunnig person om råd före inköpet.

Vård och underhåll av verktyg

Efter inköp av ett antal verktyg är det nödvändigt att hålla verktygen rena och i fullgott skick. Efter användning, rengör alltid verktygen innan de läggs undan. Låt dem inte ligga framme sedan de använts. En enkel upphängningsanordning på väggen för t ex skruvmejslar och tänger är en bra idé. Nycklar och hylsor bör förvaras i metalllådor. Mätinstrument av skilda slag ska förvaras på platser där de inte kan komma till skada eller börja rosta.

Lägg ner lite omsorg på de verktyg som används. Hammarhuvuden får märken och skruvmejslar slits i spetsen med tiden. Lite polering med slippapper eller en fil återställer snabbt sådana verktyg till gott skick igen.

Arbetsutrymmen

När man diskuterar verktyg får man inte glömma själva arbetsplatsen. Om mer än rutinunderhåll ska utföras bör man skaffa en lämplig arbetsplats.

Vi är medvetna om att många ägare/mekaniker av omständigheterna tvingas att lyfta ur motor eller liknande utan tillgång till garage eller verkstad. Men när detta är gjort ska fortsättningen av arbetet göras inomhus.

Närhelst möjligt ska isärtagning ske på en ren, plan arbetsbänk eller ett bord med passande arbetshöjd.

En arbetsbänk behöver ett skruvstycke. En käftöppning om 100 mm räcker väl till för de flesta arbeten. Som tidigare sagts, ett rent och torrt förvaringsutrymme krävs för verktyg liksom för smörjmedel, rengöringsmedel, bättringslack (som också måste förvaras frostfritt) och liknande.

Ett annat verktyg som kan behövas och som har en mycket bred användning är en elektrisk borrmaskin med en chuckstorlek om minst 8 mm. Denna, tillsammans med en sats spiralborrar, är i praktiken oumbärlig för montering av tillbehör.

Sist, men inte minst, ha alltid ett förråd med gamla tidningar och rena luddfria trasor tillgängliga och håll arbetsplatsen så ren som möjligt.

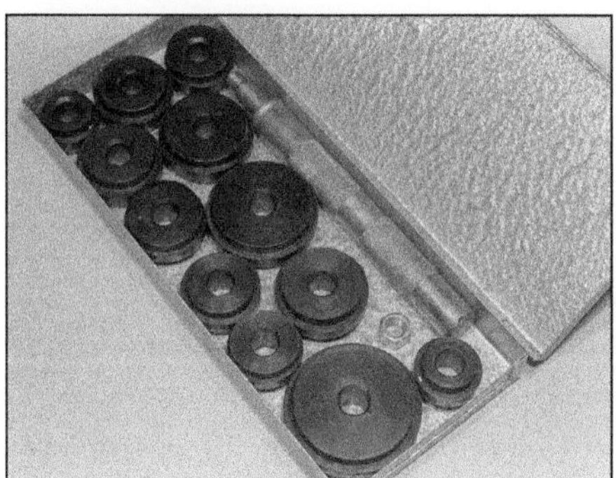

Sats för demontering och montering av lager och bussningar

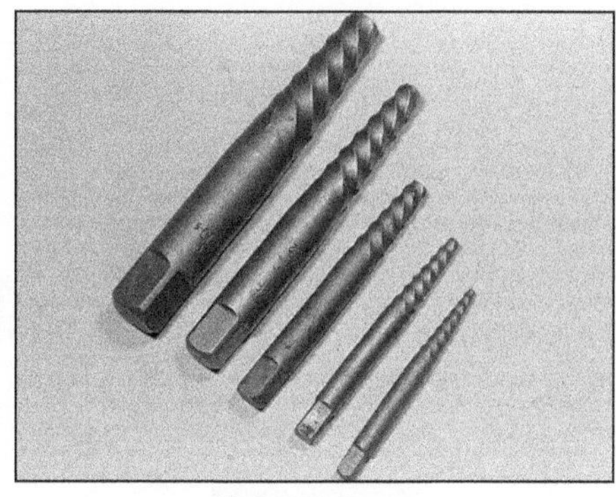

Bultutdragare

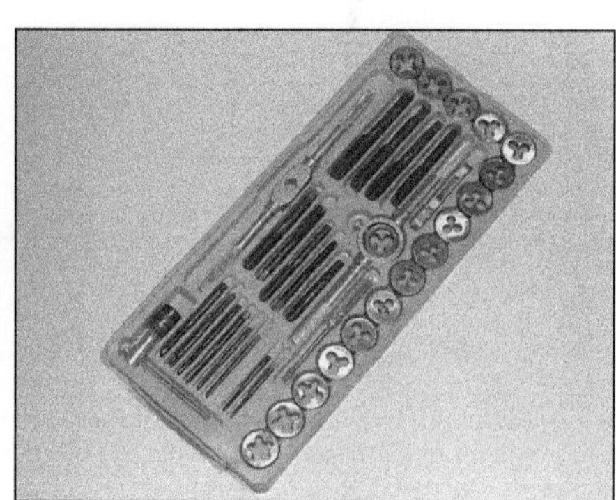

Gängverktygssats

Kontroller inför bilbesiktningen

Det här avsnittet är till för att hjälpa dig att klara bilbesiktningen. Det är naturligtvis inte möjligt att undersöka ditt fordon lika grundligt som en professionell besiktare, men genom att göra följande kontroller kan du identifiera problemområden och ha en möjlighet att korrigera eventuella fel innan du lämnar bilen till besiktning. Om bilen underhålls och servas regelbundet borde besiktningen inte innebära några större problem.

I besiktningsprogrammet ingår kontroll av nio huvudsystem – stommen, hjulsystemet, drivsystemet, bromssystemet, styrsystemet, karosseriet, kommunikationssystemet, instrumentering och slutligen övriga anordningar (släpvagnskoppling etc).

Kontrollerna som här beskrivs har baserats på Svensk Bilprovnings krav aktuella vid tiden för tryckning. Kraven ändras dock kontinuerligt och särskilt miljöbestämmelserna blir allt strängare.

Kontrollerna har delats in under följande fem rubriker:

1 Kontroller som utförs från förarsätet

2 Kontroller som utförs med bilen på marken

3 Kontroller som utförs med bilen upphissad och med fria hjul

4 Kontroller på bilens avgassystem

5 Körtest

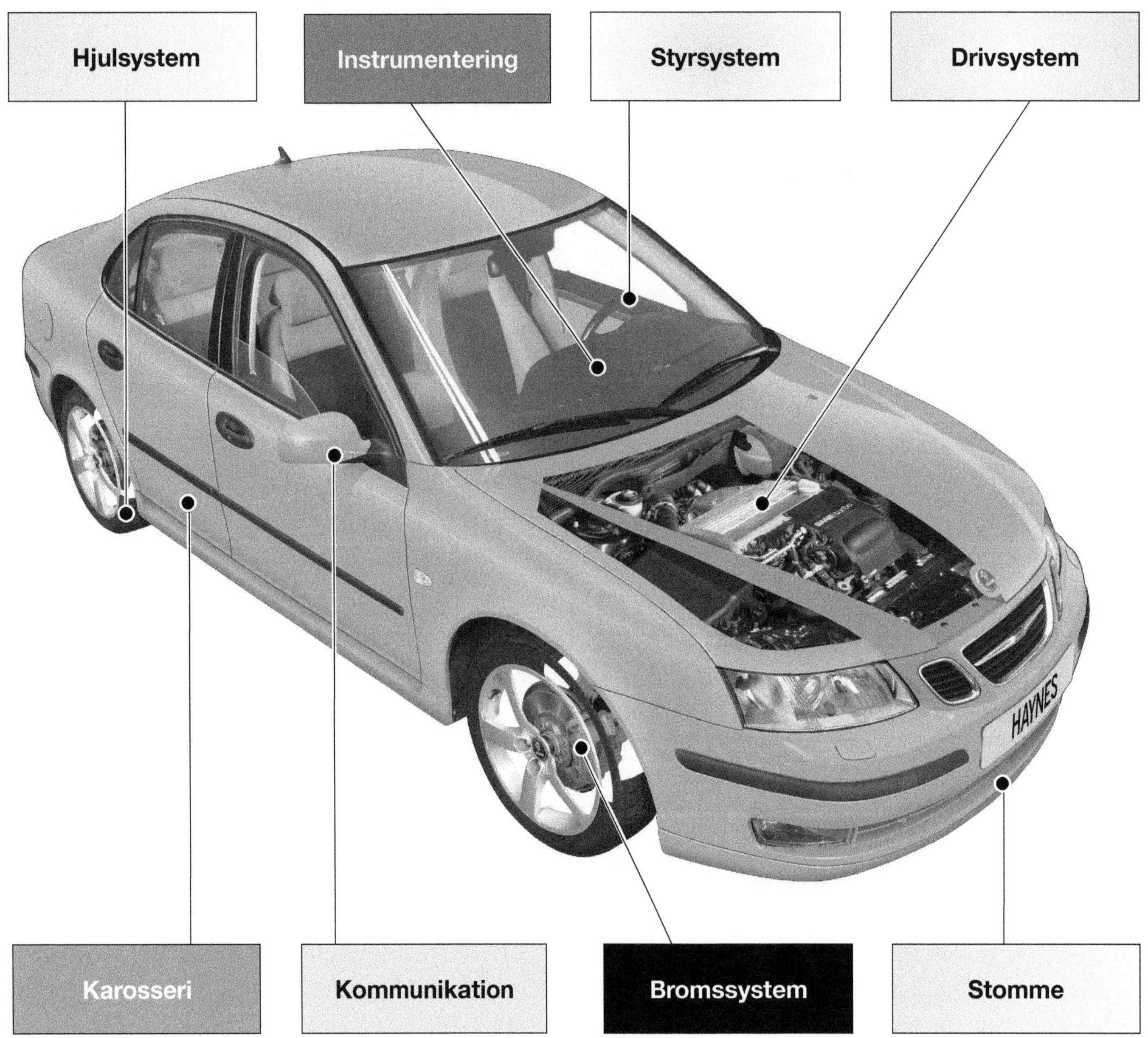

Besiktningsprogrammet

Vanliga personbilar kontrollbesiktigas första gången efter tre år, andra gången två år senare och därefter varje år. Åldern på bilen räknas från det att den tas i bruk, oberoende av årsmodell, och den måste genomgå besiktning inom fem månader.

Tiden på året då fordonet kallas till besiktning bestäms av sista siffran i registreringsnumret, enligt tabellen nedan.

Slutsiffra	Besiktningsperiod
1	*november t.o.m. mars*
2	*december t.o.m. april*
3	*januari t.o.m. maj*
4	*februari t.o.m. juni*
5	*maj t.o.m. september*
6	*juni t.o.m. oktober*
7	*juli t.o.m. november*
8	*augusti t.o.m. december*
9	*september t.o.m. januari*
0	*oktober t.o.m. februari*

Om fordonet har ändrats, byggts om eller om särskild utrustning har monterats eller demonterats, måste du som fordonsägare göra en registreringsbesiktning inom en månad. I vissa fall räcker det med en begränsad registreringsbesiktning, t.ex. för draganordning, taklucka, taxiutrustning etc.

Efter besiktningen

Nedan visas de system och komponenter som kontrolleras och bedöms av besiktaren på Svensk Bilprovning. Efter besiktningen erhåller du ett protokoll där eventuella anmärkningar noterats.

Har du fått en 2x i protokollet (man kan ha max 3 st 2x) behöver du inte ombesiktiga bilen, men är skyldig att själv åtgärda felet snarast möjligt. Om du inte åtgärdar felen utan återkommer till Svensk Bilprovning året därpå med samma fel, blir dessa automatiskt 2:or som då måste ombesiktigas. Har du en eller flera 2x som ej är åtgärdade och du blir intagen i en flygande besiktning av polisen, blir dessa automatiskt 2:or som måste ombesiktigas. I detta läge får du även böta.

Om du har fått en tvåa i protokollet är fordonet alltså inte godkänt. Felet ska åtgärdas och bilen ombesiktigas inom en månad.

En trea innebär att fordonet har så stora brister att det anses mycket trafikfarligt. Körförbud inträder omedelbart.

Hjulsystem

- **Däck**
- **Stötdämpare**
- **Hjullager**
- **Spindelleder**
- **Länkarm fram**
  bak
- **Fjäder**
- **Fjädersäte**
- **Övrigt**

Vanliga anmärkningar:
Glapp i spindelleder
Utslitna däck
Dåliga stötdämpare
Rostskadade fjädersäten
Brustna fjädrar
Rostskadade länkarms-infästningar

Karosseri

- **Dörr**
- **Skärm**
- **Vindruta**
- **Säkerhetsbälten**
- **Lastutrymme**
- **Övrigt**

Vanliga anmärkningar:
Skadad vindruta
Vassa kanter
Glappa gångjärn

Instrumentering

- **Hastighetsmätare**
- **Taxameter**
- **Varningslampor**
- **Övrigt**

Kommunikation

- **Vindrutetorkare**
- **Vindrutespolare**
- **Backspegel**
- **Strålkastarinställning**
- **Strålkastare**
- **Signalhorn**
- **Sidoblinkers**
- **Parkeringsljus fram**
  bak
- **Blinkers**
- **Bromsljus**
- **Reflex**
- **Nummerplåts-belysning**
- **Övrigt**

Vanliga anmärkningar:
Felaktig ljusbild
Skadad strålkastare
Ej fungerande parkeringsljus
Ej fungerande bromsljus

Styrsystem

- **Styrled**
- **Styrväxel**
- **Hjälpstyrarm**
- **Övrigt**

Vanliga anmärkningar:
Glapp i styrleder
Skadade styrväxeldamasker

Bromssystem

- **Fotbroms fram**
  bak
  rörelseres.
- **Bromsrör**
- **Bromsslang**
- **Handbroms**
- **Övrigt**

Vanliga anmärkningar:
Otillräcklig bromsverkan på handbromsen
Ojämn bromsverkan på fotbromsen
Anliggande bromsar på fotbromsen
Rostskadade bromsrör
Skadade bromsslangar

Drivsystem

- **Avgasrening, EGR-system (-88)**
- **Avgasrening**
- **Bränslesystem**
- **Avgassystem**
- **Avgaser (CO, HC)**
- **Kraftöverföring**
- **Drivknut**
- **Elförsörjning**
- **Batteri**
- **Övrigt**

Vanliga anmärkningar:
Höga halter av CO
Höga halter av HC
Läckage i avgassystemet
Ej fungerande EGR-ventil
Skadade drivknutsdamasker
Löst batteri

Stomme

- **Sidobalk**
- **Tvärbalk**
- **Golv**
- **Hjulhus**
- **Övrigt**

Vanliga anmärkningar:
Rostskador i sidobalkar, golv och hjulhus

1 Kontroller som utförs från förarsätet

Handbroms

☐ Kontrollera att handbromsen fungerar ordentligt utan för stort spel i spaken. För stort spel tyder på att bromsen eller bromsvajern är felaktigt justerad.

☐ Kontrollera att handbromsen inte kan läggas ur genom att spaken förs åt sidan. Kontrollera även att handbromsspaken är ordentligt monterad.

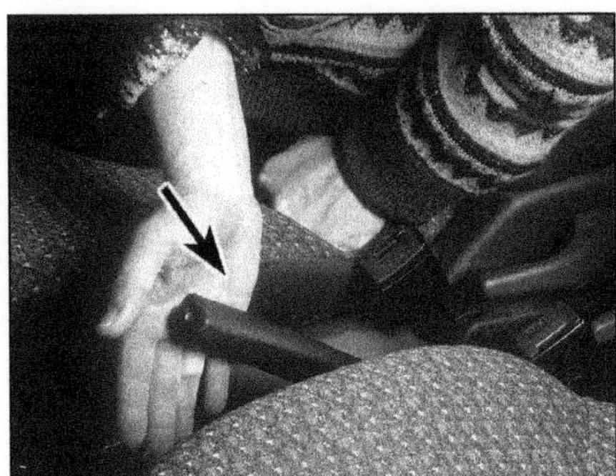

Fotbroms

☐ Tryck ner bromspedalen och håll den nedtryckt i ca 30 sek. Kontrollera att den inte sjunker ner mot golvet, vilket tyder på fel på huvudcylindern. Släpp pedalen, vänta ett par sekunder och tryck sedan ner den igen. Om pedalen tar långt ner måste broms-arna justeras eller repareras. Om pedalens rörelse känns "svampig" finns det luft i bromssystemet som då måste luftas.

☐ Kontrollera att bromspedalen sitter fast ordentligt och att den är i bra skick. Kontrollera även om det finns tecken på oljeläckage på bromspedalen, golvet eller mattan eftersom det kan betyda att packningen i huvudcylindern är trasig.

☐ Om bilen har bromsservo kontrolleras denna genom att man upprepade gånger trycker ner bromspedalen och sedan startar motorn med pedalen nertryckt. När motorn startar skall pedalen sjunka något. Om inte kan vakuumslangen eller själva servoenheten vara trasig.

Ratt och rattstång

☐ Känn efter att ratten sitter fast. Undersök om det finns några sprickor i ratten eller om några delar på den sitter löst.

☐ Rör på ratten uppåt, nedåt och i sidled. Fortsätt att röra på ratten samtidigt som du vrider lite på den från vänster till höger.

☐ Kontrollera att ratten sitter fast ordentligt på rattstången, vilket annars kan tyda på slitage eller att fästmuttern sitter löst. Om ratten går att röra onaturligt kan det tyda på att rattstångens bärlager eller kopplingar är slitna.

Rutor och backspeglar

☐ Vindrutan måste vara fri från sprickor och andra skador som kan vara irriterande eller hindra sikten i förarens synfält. Sikten får inte heller hindras av t.ex. ett färgat eller reflekterande skikt. Samma regler gäller även för de främre sidorutorna.

☐ Backspeglarna måste sitta fast ordentligt och vara hela och ställbara.

Säkerhetsbälten och säten

Observera: *Kom ihåg att alla säkerhetsbälten måste kontrolleras - både fram och bak.*

☐ Kontrollera att säkerhetsbältena inte är slitna, fransiga eller trasiga i väven och att alla låsmekanismer och rullmekanismer fungerar obehindrat. Se även till att alla infästningar till säkerhetsbältena sitter säkert.

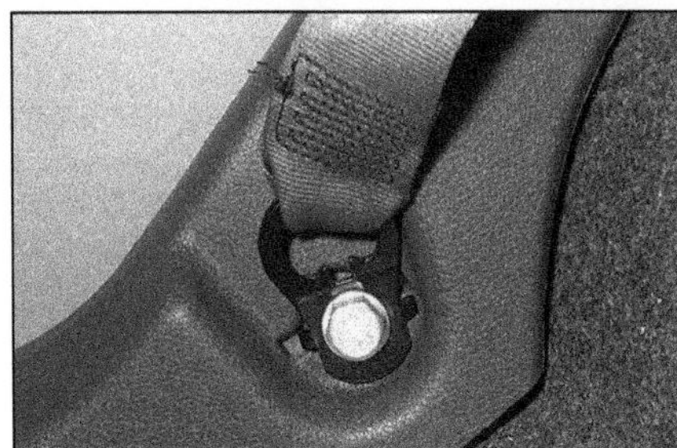

☐ Framsätena måste vara ordentligt fastsatta och om de är fällbara måste de vara låsbara i uppfällt läge.

Dörrar

☐ Framdörrarna måste gå att öppna och stänga från både ut- och insidan och de måste gå ordentligt i lås när de är stängda. Gångjärnen ska sitta säkert och inte glappa eller kärva onormalt.

2 Kontroller som utförs med bilen på marken

Registreringsskyltar

☐ Registreringsskyltarna måste vara väl synliga och lätta att läsa av, d v s om bilen är mycket smutsig kan det ge en anmärkning.

Elektrisk utrustning

☐ Slå på tändningen och kontrollera att signalhornet fungerar och att det avger en jämn ton.

☐ Kontrollera vindrutetorkarna och vindrutespolningen. Svephastigheten får inte vara extremt låg, svepytan får inte vara för liten och torkarnas viloläge ska inte vara inom förarens synfält. Byt ut gamla och skadade torkarblad.

☐ Kontrollera att strålkastarna fungerar och att de är rätt inställda. Reflektorerna får inte vara skadade, lampglasen måste vara hela och lamporna måste vara ordentligt fastsatta. Kontrollera även att bromsljusen fungerar och att det inte krävs högt pedaltryck för att tända dem. (Om du inte har någon medhjälpare kan du kontrollera bromsljusen genom att backa upp bilen mot en garageport, vägg eller liknande reflekterande yta.)

☐ Kontrollera att blinkers och varningsblinkers fungerar och att de blinkar i normal hastighet. Parkeringsljus och bromsljus får inte påverkas av blinkers. Om de påverkas beror detta oftast på jordfel. Se också till att alla övriga lampor på bilen är hela och fungerar som de ska och att t.ex. extraljus inte är placerade så att de skymmer föreskriven belysning.

☐ Se även till att batteri, elledningar, reläer och liknande sitter fast ordentligt och att det inte föreligger någon risk för kortslutning

Fotbroms

☐ Undersök huvudbromscylindern, bromsrören och servoenheten. Leta efter läckage, rost och andra skador.

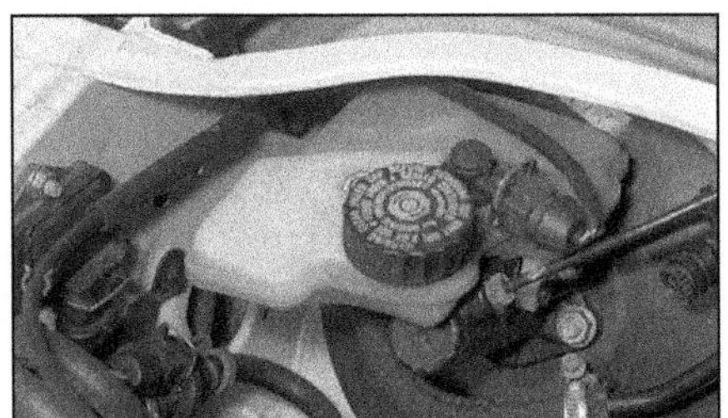

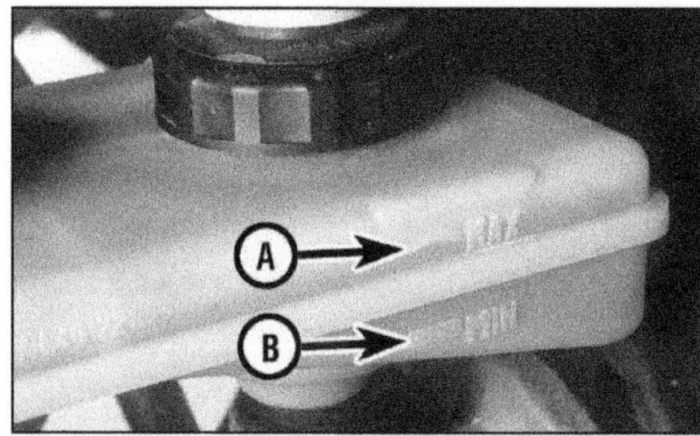

□ Bromsvätskebehållaren måste sitta fast ordentligt och vätskenivån skall vara mellan max- (A) och min- (B) markeringarna.

□ Undersök båda främre bromsslangarna efter sprickor och förslitningar. Vrid på ratten till fullt rattutslag och se till att bromsslangarna inte tar i någon del av styrningen eller upphängningen. Tryck sedan ner bromspedalen och se till att det inte finns några läckor eller blåsor på slangarna under tryck.

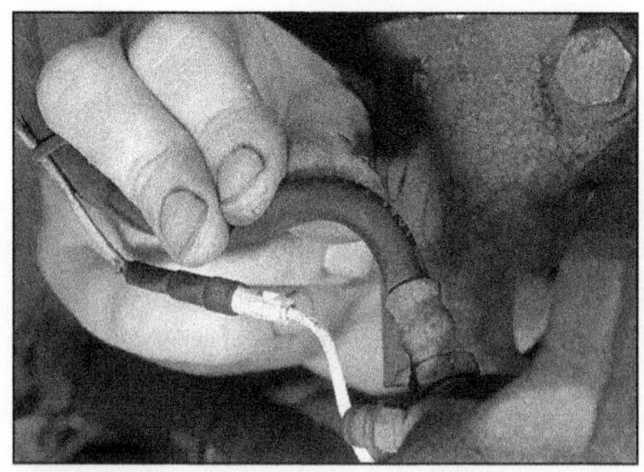

Styrning

□ Be någon vrida på ratten så att hjulen vrids något. Kontrollera att det inte är för stort spel mellan rattutslaget och styrväxeln vilket kan tyda på att rattstångslederna, kopplingen mellan rattstången och styrväxeln eller själva styrväxeln är sliten eller glappar.

□ Vrid sedan ratten kraftfullt åt båda hållen så att hjulen vrids något. Undersök då alla damasker, styrleder, länksystem, rörkopplingar och anslutningar/fästen. Byt ut alla delar som verkar utslitna eller skadade. På bilar med servostyrning skall servopumpen, drivremmen och slangarna kontrolleras.

Stötdämpare

□ Tryck ned hörnen på bilen i tur och ordning och släpp upp. Bilen skall gunga upp och sedan gå tillbaka till ursprungsläget. Om bilen

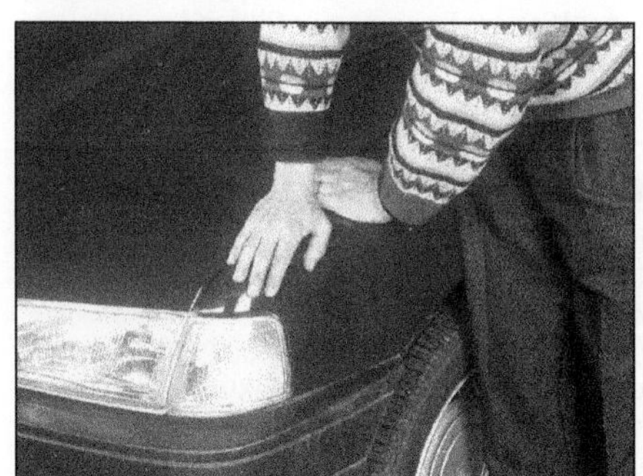

fortsätter att gunga är stötdämparna dåliga. Stötdämpare som kärvar påtagligt gör också att bilen inte klarar besiktningen. (Observera att stötdämpare kan saknas på vissa fjädersystem.)

□ Kontrollera också att bilen står rakt och ungefär i rätt höjd.

Avgassystem

□ Starta motorn medan någon håller en trasa över avgasröret och kontrollera sedan att avgassystemet inte läcker. Reparera eller byt ut de delar som läcker.

Kaross

□ Skador eller korrosion/rost som utgörs av vassa eller i övrigt farliga kanter med risk för personskada medför vanligtvis att bilen måste repareras och ombesiktas. Det får inte heller finnas delar som sitter påtagligt löst.

□ Det är inte tillåtet att ha utskjutande detaljer och anordningar med olämplig utformning eller placering (prydnadsföremål, antennfästen, viltfångare och liknande).

□ Kontrollera att huvlås och säkerhetsspärr fungerar och att gångjärnen inte sitter löst eller på något vis är skadade.

□ Se också till att stänkskydden täcker hela däckets bredd.

3 Kontroller som utförs med bilen upphissad och med fria hjul

Lyft upp både fram- och bakvagnen och ställ bilen på pallbockar. Placera pallbockarna så att de inte tar i fjäderupphängningen. Se till att hjulen inte tar i marken och att de går att vrida till fullt rattutslag. Om du har begränsad utrustning går det naturligtvis bra att lyfta upp en ände i taget.

Styrsystem

□ Be någon vrida på ratten till fullt rattutslag. Kontrollera att alla delar i styrningen går mjukt och att ingen del av styrsystemet tar i någonstans.

□ Undersök kuggstångsdamaskerna så att de inte är skadade eller att metallklämmorna glappar. Om bilen är utrustad med servostyrning ska slangar, rör och kopplingar kontrolleras så att de inte är skadade eller

läcker. Kontrollera också att styrningen inte är onormalt trög eller kärvar. Undersök länkarmar, krängningshämmare, styrstag och styrleder och leta efter glapp och rost.

□ Se även till att ingen saxpinne eller liknande låsmekanism saknas och att det inte finns gravrost i närheten av någon av styrmekanismens fästpunkter.

Upphängning och hjullager

□ Börja vid höger framhjul. Ta tag på sidorna av hjulet och skaka det kraftigt. Se till att det inte glappar vid hjullager, spindelleder eller vid upphängningens infästningar och leder.

□ Ta nu tag upptill och nedtill på hjulet och upprepa ovanstående. Snurra på hjulet och undersök hjullagret angående missljud och glapp.

□ Om du misstänker att det är för stort spel vid en komponents led kan man kontrollera detta genom att använda en stor skruvmejsel eller liknande och bända mellan infästningen och komponentens fäste. Detta visar om det är bussningen, fästskruven eller själva infästningen som är sliten (bulthålen kan ofta bli uttänjda).

□ Kontrollera alla fyra hjulen.

Fjädrar och stötdämpare

□ Undersök fjäderbenen (där så är tillämpligt) angående större läckor, korrosion eller skador i godset. Kontrollera också att fästena sitter säkert.

□ Om bilen har spiralfjädrar, kontrollera att dessa sitter korrekt i fjädersätena och att de inte är utmattade, rostiga, spruckna eller av.

□ Om bilen har bladfjädrar, kontrollera att alla bladen är hela, att axeln är ordentligt fastsatt mot fjädrarna och att fjäderöglorna, bussningarna och upphängningarna inte är slitna.

□ Liknande kontroll utförs på bilar som har annan typ av upphängning såsom torsionfjädrar, hydraulisk fjädring etc. Se till att alla infästningar och anslutningar är säkra och inte utslitna, rostiga eller skadade och att den hydrauliska fjädringen inte läcker olja eller på annat sätt är skadad.

□ Kontrollera att stötdämparna inte läcker och att de är hela och oskadade i övrigt samt se till att bussningar och fästen inte är utslitna.

Drivning

□ Snurra på varje hjul i tur och ordning. Kontrollera att driv-/kardanknutar inte är lösa, glappa, spruckna eller skadade. Kontrollera också att skyddsbälgarna är intakta och att driv-/kardanaxlar är ordentligt fastsatta, raka och oskadade. Se även till att inga andra detaljer i kraftöverföringen är glappa, lösa, skadade eller slitna.

Bromssystem

□ Om det är möjligt utan isärtagning, kontrollera hur bromsklossar och bromsskivor ser ut. Se till att friktionsmaterialet på bromsbeläggen (A) inte är slitet under 2 mm och att bromsskivorna (B) inte är spruckna, gropiga, repiga eller utslitna.

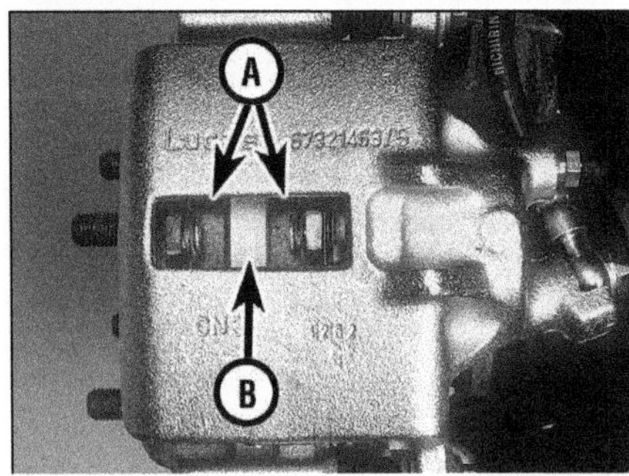

□ Undersök alla bromsrör under bilen och bromsslangarna bak. Leta efter rost, skavning och övriga skador på ledningarna och efter tecken på blåsor under tryck, skavning, sprickor och förslitning på slangarna. (Det kan vara enklare att upptäcka eventuella sprickor på en slang om den böjs något.)

□ Leta efter tecken på läckage vid bromsoken och på bromssköldarna. Reparera eller byt ut delar som läcker.

□ Snurra sakta på varje hjul medan någon trycker ned och släpper upp bromspedalen. Se till att bromsen fungerar och inte ligger an när pedalen inte är nedtryckt.

□ Undersök handbromsmekanismen och kontrollera att vajern inte har fransat sig, är av eller väldigt rostig eller att länksystemet är utslitet eller glappar. Se till att handbromsen fungerar på båda hjulen och inte ligger an när den läggs ur.

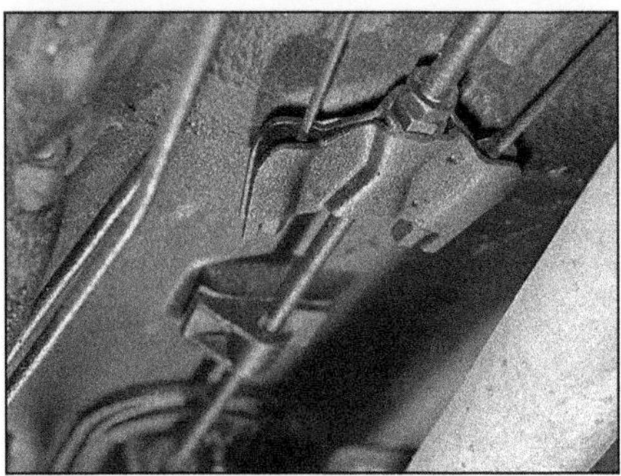

□ Det är inte möjligt att prova bromsverkan utan specialutrustning, men man kan göra ett körtest och prova att bilen inte drar åt något håll vid en kraftig inbromsning.

Bränsle- och avgassystem

□ Undersök bränsletanken (inklusive tanklock och påfyllningshals), fastsättning, bränsleledningar, slangar och anslutningar. Alla delar måste sitta fast ordentligt och får inte läcka.

□ Granska avgassystemet i hela dess längd beträffande skadade, avbrutna eller saknade upphängningar. Kontrollera systemets skick beträffande rost och se till att rörklämmorna är säkert monterade. Svarta sotavlagringar på avgassystemet tyder på ett annalkande läckage.

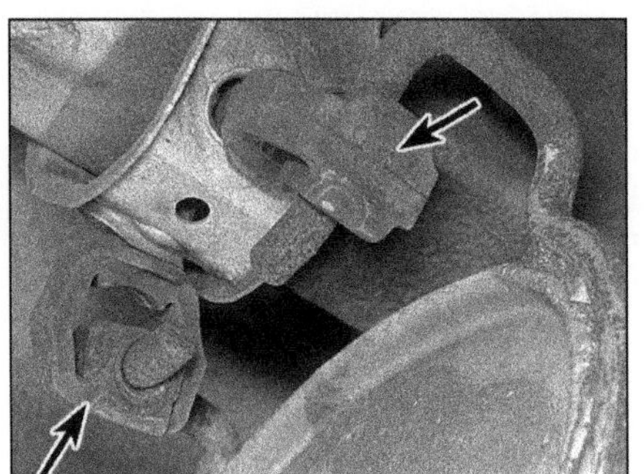

Hjul och däck

□ Undersök i tur och ordning däcksidorna och slitbanorna på alla däcken. Kontrollera att det inte finns några skärskador, revor eller bulor och att korden inte syns p g a utslitning eller skador. Kontrollera att däcket är korrekt monterat på fälgen och att hjulet inte är deformerat eller skadat.

□ Se till att det är rätt storlek på däcken för bilen, att det är samma storlek och däcktyp på samma axel och att det är rätt lufttryck i däcken. Se också till att inte ha dubbade och odubbade däck blandat. (Dubbade däck får användas under vinterhalvåret, från 1 oktober till första måndagen efter påsk.)

□ Kontrollera mönsterdjupet på däcken – minsta tillåtna mönsterdjup är 1,6 mm. Onormalt däckslitage kan tyda på felaktig framhjulsinställning.

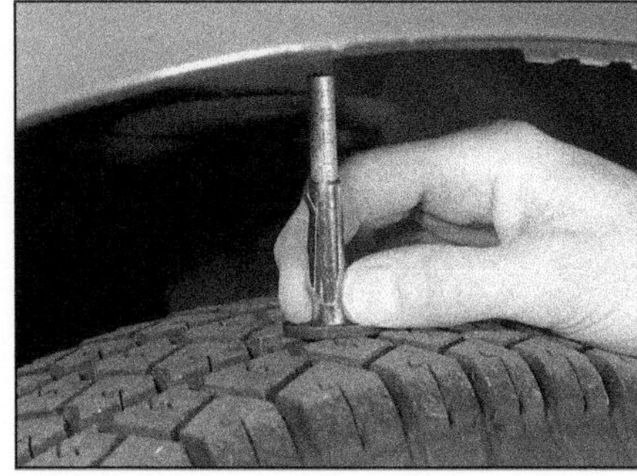

Korrosion

□ Undersök alla bilens bärande delar efter rost. (Bärande delar innefattar underrede, tröskellådor, tvärbalkar, stolpar och all upphängning, styrsystemet, bromssystemet samt bältesinfästningarna.) Rost som avsevärt har reducerat tjockleken på en bärande yta medför troligtvis en tvåa i besiktningsprotokollet. Sådana skador kan ofta vara svåra att reparera själv.

□ Var extra noga med att kontrollera att inte rost har gjort det möjligt för avgaser att tränga in i kupén. Om så är fallet kommer fordonet ovillkorligen inte att klara besiktningen och dessutom utgör det en stor trafik- och hälsofara för dig och dina passagerare.

4 Kontroller som utförs på bilens avgassystem

Bensindrivna modeller

□ Starta motorn och låt den bli varm. Se till att tändningen är rätt inställd, att luftfiltret är rent och att motorn går bra i övrigt.

□ Varva först upp motorn till ca 2500 varv/min och håll den där i ca 20 sekunder. Låt den sedan gå ner till tomgång och iaktta avgasutsläppen från avgasröret. Om tomgången är onaturligt hög eller om tät blå eller klart synlig svart rök kommer ut med avgaserna i mer än 5 sekunder så kommer bilen antagligen inte att klara besiktningen. I regel tyder blå rök på att motorn är sliten och förbränner olja medan svart rök tyder på att motorn inte förbränner bränslet ordentligt (smutsigt luftfilter eller annat förgasar- eller bränslesystemfel).

☐ Vad som då behövs är ett instrument som kan mäta koloxid (CO) och kolväten (HC). Om du inte har möjlighet att låna eller hyra ett dylikt instrument kan du få hjälp med det på en verkstad för en mindre kostnad.

CO- och HC-utsläpp

☐ För närvarande är högsta tillåtna gränsvärde för CO- och HC-utsläpp för bilar av årsmodell 1989 och senare (d v s bilar med katalysator enligt lag) 0,5% CO och 100 ppm HC.

På tidigare årsmodeller testas endast CO-halten och följande gränsvärden gäller:

årsmodell 1985-88	3,5% CO
årsmodell 1971-84	4,5% CO
årsmodell -1970	5,5% CO.

Bilar av årsmodell 1987-88 med frivilligt monterad katalysator bedöms enligt 1989 års komponentkrav men 1985 års utsläppskrav.

☐ Om CO-halten inte kan reduceras tillräckligt för att klara besiktningen (och bränsle- och tändningssystemet är i bra skick i övrigt) ligger problemet antagligen hos förgasaren/bränsleinsprutningssystemet eller katalysatorn (om monterad).

☐ Höga halter av HC kan orsakas av att motorn förbränner olja men troligare är att motorn inte förbränner bränslet ordentligt.

Dieseldrivna modeller

☐ Det enda testet för avgasutsläpp på dieseldrivna bilar är att man mäter röktätheten. Testet innebär att man varvar motorn kraftigt upprepade gånger.

Observera: *Det är oerhört viktigt att motorn är rätt inställd innan provet genomförs.*

☐ Mycket rök kan orsakas av ett smutsigt luftfilter. Om luftfiltret inte är smutsigt men bilen ändå avger mycket rök kan det vara nödvändigt att söka experthjälp för att hitta orsaken.

5 Körtest

☐ Slutligen, provkör bilen. Var extra uppmärksam på eventuella missljud, vibrationer och liknande.

☐ Om bilen har automatväxellåda, kontrollera att den endast går att starta i lägena P och N. Om bilen går att starta i andra växellägen måste växelväljarmekanismen justeras.

☐ Kontrollera också att hastighetsmätaren fungerar och inte är missvisande.

☐ Se till att ingen extrautrustning i kupén, t ex biltelefon och liknande, är placerad så att den vid en eventuell kollision innebär ökad risk för personskada.

☐ Bilen får inte dra åt något håll vid normal körning. Gör också en hastig inbromsning och kontrollera att bilen inte då drar åt något håll. Om kraftiga vibrationer känns vid inbromsning kan det tyda på att bromsskivorna är skeva och bör bytas eller fräsas om. (Inte att förväxlas med de låsningsfria bromsarnas karakteristiska vibrationer.)

☐ Om vibrationer känns vid acceleration, hastighetsminskning, vid vissa hastigheter eller hela tiden, kan det tyda på att drivknutar eller drivaxlar är slitna eller defekta, att hjulen eller däcken är felaktiga eller skadade, att hjulen är obalanserade eller att styrleder, upphängningens leder, bussningar eller andra komponenter är slitna.

Motor

- ☐ Motorn går inte runt vid startförsök
- ☐ Motorn går runt, men startar inte
- ☐ Motorn är svårstartad när den är kall
- ☐ Motorn är svårstartad när den är varm
- ☐ Startmotorn ger i från sig oljud eller kärvar
- ☐ Motorn startar, men stannar omedelbart
- ☐ Ojämn tomgång
- ☐ Motorn feltänder vid tomgång
- ☐ Motorn feltänder vid alla varvtal
- ☐ Långsam acceleration
- ☐ Överstegring av motorn
- ☐ Låg motorkapacitet
- ☐ Motorn feltänder
- ☐ Varningslampan för oljetryck lyser när motorn är igång
- ☐ Glödtändning
- ☐ Motorljud

Kylsystem

- ☐ Överhettning
- ☐ Alltför stark avkylning
- ☐ Yttre kylvätskeläckage
- ☐ Inre kylvätskeläckage
- ☐ Korrosion

Bränsle- och avgassystem

- ☐ Överdriven bränsleförbrukning
- ☐ Bränsleläckage och/eller bränslelukt
- ☐ Störande oljud eller för mycket avgaser från avgassystemet

Koppling

- ☐ Pedalen går i golvet – inget tryck eller mycket lite motstånd
- ☐ Kopplingen tar inte (det går inte att lägga i växlar)
- ☐ Kopplingen slirar (motorvarvtalet ökar utan att hastigheten ökar)
- ☐ Skakningar vid frikoppling
- ☐ Missljud när kopplingspedalen trycks ner eller släpps upp

Manuell växellåda

- ☐ Missljud i friläge när motorn går
- ☐ Missljud när en speciell växel ligger i
- ☐ Svårt att lägga i växlar
- ☐ Växeln hoppar ur
- ☐ Vibrationer
- ☐ Smörjmedelsläckage

Automatväxellåda

- ☐ Oljeläckage
- ☐ Växellådsoljan är brun eller luktar bränt
- ☐ Motorn startar inte på någon växel, eller startar på andra växlar än Park eller Neutral
- ☐ Allmänna problem med växlingen
- ☐ Växellådan slirar, växlar trögt, låter illa eller är utan drift i framväxlarna eller backen

Drivaxlar

- ☐ Vibrationer vid acceleration eller inbromsning
- ☐ Klickande eller knackande ljud vid svängar (i låg fart med fullt rattutslag)

Bromssystem

- ☐ Bilen drar åt ena sidan vid inbromsning
- ☐ Oljud (slipljud eller högt gnisslande) vid inbromsning
- ☐ Överdriven pedalväg
- ☐ Bromspedalen känns svampig vid nedtryckning
- ☐ Överdriven pedalkraft krävs för att stanna bilen
- ☐ Skakningar i bromspedal eller ratt vid inbromsning
- ☐ Pedalen rycker när man bromsar hårt
- ☐ Bromsarna kärvar

Styrning och fjädring

- ☐ Bilen drar åt ena sidan
- ☐ Hjulen vinglar och skakar
- ☐ Kraftiga nigningar och/eller krängningar runt hörn eller vid inbromsning
- ☐ Vandrande eller allmän instabilitet
- ☐ Överdrivet stel styrning
- ☐ Överdrivet spel i styrningen
- ☐ Bristande servoeffekt
- ☐ Betydande däckslitage

Elsystem

- ☐ Batteriet laddar ur på bara ett par dagar
- ☐ Tändningslampan fortsätter lysa när motorn går
- ☐ Tändningslampan tänds inte
- ☐ Ljusen fungerar inte
- ☐ Instrumentavläsningarna missvisande eller ryckiga
- ☐ Signalhornet fungerar dåligt eller inte alls
- ☐ Vindrute-/bakrutetorkarna fungerar dåligt eller inte alls
- ☐ Vindrute-/bakrutespolarna fungerar dåligt eller inte alls
- ☐ De elektriska fönsterhissarna fungerar dåligt eller inte alls
- ☐ Centrallåset fungerar dåligt eller inte alls

Inledning

De fordonsägare som underhåller sina bilar med rekommenderad regelbundenhet kommer inte att behöva använda den här delen av handboken ofta. Moderna komponenter går mycket sällan sönder om de underhålls och byts ut med rekommenderad regelbundenhet. Fel uppstår vanligen inte plötsligt, de utvecklas med tiden. Speciellt större mekaniska haverier föregås vanligen av karakteristiska symptom under hundratals eller tusentals kilometer. De komponenter som ibland havererar utan föregående varning är i regel små och lätta att ha med i bilen.

Vid all felsökning är det första steget att bestämma var man ska börja söka. Ibland är detta uppenbart, men ibland behövs lite detektivarbete. En ägare som gör ett halvdussin slumpmässiga justeringar eller komponentbyten kanske lyckas åtgärda felet (eller undanröja symptomen), men om felet uppstår igen vet hon eller han ändå inte var felet sitter och måste spendera mer tid och pengar än vad som är nödvändigt för att åtgärda det. Ett lugnt och metodiskt tillvägagångssätt är bättre i det långa loppet. Ta alltid hänsyn till varningstecken eller ovanligheter som uppmärksammats före haveriet – kraftförlust, höga/låga mätaravläsningar, ovanliga lukter – och kom ihåg att haverier i säkringar och tändstift kanske bara är symptom på ett underliggande fel.

Följande sidor fungerar som en enkel guide till de vanligaste problemen som kan uppstå med bilen. Problemen och deras möjliga orsaker grupperas under rubriker för olika komponenter eller system som Motorn, Kylsystemet etc. Avsnitt som tar upp detta problem visas inom parentes. Läs aktuellt avsnitt för systemspecifik information. Oavsett fel finns vissa grundläggande principer. Dessa är:

Bekräfta felet. Detta handlar helt enkelt om att du ska vara säker på vilka symptomen är innan du påbörjar arbetet. Det här är extra viktigt om du undersöker ett fel åt någon annan, som kanske inte har beskrivit problemet korrekt.

Förbise inte det självklara. Om bilen t.ex. inte startar, finns det verkligen bensin i tanken? (Ta inte någon annans ord för givet på denna punkt och lita inte heller på bränslemätaren!) Om ett elektriskt fel misstänks föreligga, leta efter lösa kontakter och brutna ledningar innan du plockar fram testutrustningen.

Bota sjukdomen, inte symptomen. Att byta ett urladdat batteri mot ett fulladdat tar dig från vägkanten, men om orsaken inte åtgärdas kommer även det nya batteriet snart att vara urladdat. Samma sak om nedoljade tändstift byts ut mot nya – bilen rullar, men orsaken till nedsmutsningen måste fortfarande fastställas och åtgärdas (om den inte berodde att tändstiften hade fel värmetal).

Ta inte någonting för givet. Glöm inte att även "nya" delar kan vara defekta (särskilt om de skakat runt i bagageutrymmet i flera månader). Utelämna inte några komponenter vid en felsökning bara för att de är nya eller nymonterade. När felet slutligen upptäcks inser du antagligen att det fanns tecken på felet från början.

Felsökning för dieselmotorer

Svårigheter med att starta små dieselmotorer beror oftast på elsystemet. En mekaniker som är mer van vid bensinmotorer och ovan vid dieselmotorer kanske betraktar dieselmotorns insprutningsventiler och pump på ungefär samma sätt som tändstift och fördelare, vilket oftast är ett misstag.

Om du undersöker klagomål på startsvårigheter åt någon annan, se till att den personen förstår hur starten ska gå till och utför den på rätt sätt. Vissa förare känner inte till vad varningslampan för förvärmningen betyder – många moderna motorer är så tåliga att detta inte gör något i milt väder men när vintern kommer börjar svårigheterna.

Ha som tumregel att om motorn är svårstartad men går bra när den väl är igång är felet elektriskt (batteri, startmotor eller förvärmningssystem). Om motorn både fungerar dåligt och är svårstartad ligger felet troligen i bränslesystemet. Kontrollera bränslesystemets lågtrycksmatningssida innan du misstänker fel i insprutningsventilerna och högtryckspumpen. Det vanligaste bränslematningsproblemet är att luft kommer in i systemet och därför måste alla rör från bränsletanken framåt noga undersökas om man misstänker luftläckage. Normalt sett är pumpen den del som bör undersökas i sista hand eftersom det inte brukar uppstå fel på pumpen om ingen har ändrat på den.

Motor

Motorn går inte runt vid startförsök

- ☐ Batterianslutningarna sitter löst eller är korroderade (se *Veckokontroller*).
- ☐ Batteriet urladdat eller defekt (kapitel 5A).
- ☐ Brutna, lösa eller urkopplade ledningar i startmotorkretsen (kapitel 5A).
- ☐ Defekt solenoid eller brytare (kapitel 5A).
- ☐ Defekt startmotor (kapitel 5A).
- ☐ Lösa eller skadade kuggar på startdrevet eller svänghjulets krondrev (kapitel 2A, 2B, 2C och 5A).
- ☐ Motorns jordfläta trasig eller losskopplad (kapitel 5A).

Motorn drar runt, men startar inte

- ☐ Bränsletanken tom.
- ☐ Batteriet urladdat (motorn roterar långsamt) (kapitel 5A).
- ☐ Batterianslutningarna sitter löst eller är korroderade (se *Veckokontroller*).
- ☐ Tändningskomponenterna fuktiga eller skadade bensinmodeller (kapitel 5B).
- ☐ Trasiga, lösa eller urkopplade kablar i tändningskretsen – bensinmodeller (kapitel 5B).
- ☐ Utslitna, defekta eller felaktigt inställda tändstift – bensinmodeller (kapitel 1A).
- ☐ Fel på förvärmningssystemet – dieselmodeller (kapitel 5A).
- ☐ Fel på bränsleinsprutningssystemet – bensinmodeller (kapitel 4A).
- ☐ Luft i bränslesystemet – dieselmodeller (kapitel 4B).
- ☐ Större mekaniskt fel (t.ex. kamaxeldrev) (kapitel 2).

Motorn är svårstartad när den är kall

- ☐ Batteriet urladdat (kapitel 5A).
- ☐ Batterianslutningarna sitter löst eller är korroderade (se *Veckokontroller*).
- ☐ Utslitna, defekta eller felaktigt inställda tändstift – bensinmodeller (kapitel 1A).
- ☐ Fel på förvärmningssystemet – dieselmodeller (kapitel 5A).
- ☐ Fel på bränsleinsprutningssystemet – bensinmodeller (kapitel 4A).
- ☐ Annat fel i tändsystemet – bensinmodeller (kapitel 1A och 5B).
- ☐ Låg cylinderkompression (kapitel 2A, 2B eller 2C).

Motorn är svårstartad när den är varm

- ☐ Smutsigt eller igensatt luftfilter (kapitel 1A eller 1B).
- ☐ Fel på bränsleinsprutningssystemet – bensinmodeller (kapitel 4A).
- ☐ Låg cylinderkompression (kapitel 2).

Startmotorn ger ifrån sig oljud eller kärvar

- ☐ Lösa eller skadade kuggar på startdrevet eller svänghjulets krondrev (kapitel 2A, 2B, 2C och 5A).
- ☐ Startmotorns fästbultar lösa (kapitel 5A).
- ☐ Startmotorns inre delar slitna eller skadade (kapitel 5A).

Motorn startar, men stannar omedelbart

- ☐ Löda eller trasiga elektriska anslutningar i tändningskretsen – bensinmodeller (kapitel 1A och 5B).
- ☐ Vakuumläckage i gasspjällshuset eller insugsgrenröret – bensinmodeller (kapitel 4A).
- ☐ Igensatt insprutningsventil/bränsleinsprutningssystemet defekt – bensinmodeller (kapitel 4A).

Ojämn tomgång

- ☐ Igensatt luftfilter (kapitel 1A eller 1B).
- ☐ Vakuumläckage i gasspjällshuset, insugsgrenröret eller tillhörande slangar – bensinmodeller (kapitel 4A).
- ☐ Utslitna, defekta eller felaktigt inställda tändstift – bensinmodeller (kapitel 1A).
- ☐ Ojämn eller låg cylinderkompression (kapitel 2).
- ☐ Slitna kamlober (kapitel 2A, 2B eller 2C).
- ☐ Kamkedjan felaktigt monterad (kapitel 2A).
- ☐ Kamremmen felaktigt monterad (kapitel 2B eller 2C).
- ☐ Igensatt insprutningsventil/bränsleinsprutningssystemet defekt – bensinmodeller (kapitel 4A).
- ☐ Fel på insprutningsventil(er) – dieselmodeller (kapitel 4B).

Motor

Feltändning vid tomgångshastighet

- ☐ Utslitna, defekta eller felaktigt inställda tändstift – bensinmodeller (kapitel 1A).
- ☐ Vakuumläckage i gasspjällshuset, insugsgrenröret eller tillhörande slangar – bensinmodeller (kapitel 4A).
- ☐ Igensatt insprutningsventil/bränsleinsprutningssystemet defekt – bensinmodeller (kapitel 4A).
- ☐ Fel på insprutningsventil(er) – dieselmodeller (kapitel 4B).
- ☐ Ojämn eller låg cylinderkompression (kapitel 2A, 2B eller 2C).
- ☐ Lösa, läckande eller trasiga slangar i vevhusventilationen (kapitel 4C).

Feltändning vid alla varvtal

- ☐ Igensatt bränslefilter (kapitel 1A eller 1B).
- ☐ Defekt bränslepump eller lågt tillförseltryck – bensinmodeller (kapitel 4A).
- ☐ Blockerad bensintanksventil eller delvis igentäppta bränslerör (kapitel 4A eller 4B).
- ☐ Vakuumläckage i gasspjällshuset, insugsgrenröret eller tillhörande slangar – bensinmodeller (kapitel 4A).
- ☐ Utslitna, defekta eller felaktigt inställda tändstift – bensinmodeller (kapitel 1A).
- ☐ Fel på insprutningsventil(er) – dieselmodeller (kapitel 4B).
- ☐ Defekt tändspole – bensinmodeller (kapitel 5B).
- ☐ Ojämn eller låg cylinderkompression (kapitel 2).
- ☐ Igensatt insprutningsventil/bränsleinsprutningssystemet defekt – bensinmodeller (kapitel 4A).

Långsam acceleration

- ☐ Utslitna, defekta eller felaktigt inställda tändstift – bensinmodeller (kapitel 1A).
- ☐ Vakuumläckage i gasspjällshuset, insugsgrenröret eller tillhörande slangar – bensinmodeller (kapitel 4A).
- ☐ Igensatt insprutningsventil/bränsleinsprutningssystemet defekt – bensinmodeller (kapitel 4A).
- ☐ Fel på insprutningsventil(er) – dieselmodeller (kapitel 4B).

Överstegring av motorn

- ☐ Vakuumläckage i gasspjällshuset, insugsgrenröret eller tillhörande slangar – bensinmodeller (kapitel 4A).
- ☐ Igensatt bränslefilter (kapitel 1A eller 1B).
- ☐ Defekt bränslepump eller lågt tillförseltryck – bensinmodeller (kapitel 4A).
- ☐ Blockerad bensintanksventil eller delvis igentäppta bränslerör (kapitel 4A eller 4B).
- ☐ Igensatt insprutningsventil/bränsleinsprutningssystemet defekt – bensinmodeller (kapitel 4A).
- ☐ Fel på insprutningsventil(er) – dieselmodeller (kapitel 4B).

Låg motorkapacitet

- ☐ Kamkedjan/-remmen felaktigt monterad eller spänd (kapitel 2).
- ☐ Igensatt bränslefilter (kapitel 1A eller 1B).
- ☐ Defekt bränslepump eller lågt tillförseltryck – bensinmodeller (kapitel 4A).
- ☐ Ojämn eller låg cylinderkompression (kapitel 2).
- ☐ Utslitna, defekta eller felaktigt inställda tändstift – bensinmodeller (kapitel 1A).
- ☐ Vakuumläckage i gasspjällshuset, insugsgrenröret eller tillhörande slangar – bensinmodeller (kapitel 4A).
- ☐ Igensatt insprutningsventil/bränsleinsprutningssystemet defekt – bensinmodeller (kapitel 4A).
- ☐ Fel på insprutningsventil(er) – dieselmodeller (kapitel 4B).
- ☐ Bromsarna kärvar (kapitel 1A, 1B och 9).
- ☐ Kopplingen slirar (kapitel 6).

Motorn feltänder

- ☐ Kamkedjan/-remmen felaktigt monterad eller spänd (kapitel 2).
- ☐ Vakuumläckage i gasspjällshuset, insugsgrenröret eller tillhörande slangar – bensinmodeller (kapitel 4A).
- ☐ Igensatt insprutningsventil/bränsleinsprutningssystemet defekt – bensinmodeller (kapitel 4A).

Varningslampan för oljetryck lyser när motorn är igång

- ☐ Låg oljenivå eller felaktig oljekvalitet (*Veckokontroller*).
- ☐ Defekt oljetryckgivare (kapitel 5A).
- ☐ Slitna motorlager och/eller sliten oljepump (kapitel 2D).
- ☐ Motorns arbetstemperatur hög (kapitel 3).
- ☐ Defekt oljetrycksventil (kapitel 2D).
- ☐ Oljeupptagarens sil igentäppt (kapitel 2).

Glödtändning

- ☐ För mycket sotavlagringar i motorn (kapitel 2D).
- ☐ Motorns arbetstemperatur hög (kapitel 3).
- ☐ Fel på bränsleinsprutningssystemet – bensinmodeller (kapitel 4A).

Motorljud

Förtändning (spikning) eller knackning under acceleration eller belastning

- ☐ Tändningsinställningen felaktig eller tändsystemet defekt – bensinmodeller (kapitel 1A och 5B).
- ☐ Felaktigt värmetal för tändstiften – bensinmodeller (kapitel 1A).
- ☐ Fel bränslekvalitet (kapitel 4A eller 4B).
- ☐ Vakuumläckage i gasspjällshuset, insugsgrenröret eller tillhörande slangar – bensinmodeller (kapitel 4A).
- ☐ För mycket sotavlagringar i motorn (kapitel 2D).
- ☐ Igensatt insprutningsventil/bränsleinsprutningssystemet defekt – bensinmodeller (kapitel 4A).

Visslande eller väsande ljud

- ☐ Läckage i insugsgrenrörets eller gasspjällshusets packning – bensinmodeller (kapitel 4A).
- ☐ Läckande avgasgrenrörspackning eller skarv mellan rör och grenrör (kapitel 4A eller 4B).
- ☐ Läckande vakuumslang (kapitel 4A, 4B, 5 och 9).
- ☐ Blåst topplockspackning (kapitel 2)

Knackande eller skallrande ljud

- ☐ Sliten ventilreglering eller sliten kamaxel (kapitel 2D).
- ☐ Defekt hjälpaggregat (kylvätskepump, växelströmsgenerator, etc.) (kapitel 3, 5A etc.).

Knackande ljud eller slag

- ☐ Slitna vevstakslager (regelbundna hårda knackningar som eventuellt minskar vid belastning) (kapitel 2D).
- ☐ Slitna ramlager (buller och knackningar som eventuellt tilltar vid belastning) (kapitel 2D).
- ☐ Kolvslammer (hörs mest vid kyla) (kapitel 2D).
- ☐ Defekt hjälpaggregat (kylvätskepump, växelströmsgenerator, etc.) (kapitel 3, 5A etc.).

Kylsystem

Överhettning

- ☐ För lite kylvätska i systemet (*Veckokontroller*).
- ☐ Defekt termostat (kapitel 3).
- ☐ Igensatt kylare eller grill (kapitel 3).
- ☐ Defekt elektrisk kylfläkt eller termostatbrytare (kapitel 3).
- ☐ Defekt temperaturmätare/givare (kapitel 3).
- ☐ Luftbubbla i kylsystemet (kapitel 3).
- ☐ Defekt expansionskärlslock (kapitel 3).

För stark avkylning

- ☐ Defekt termostat (kapitel 3).
- ☐ Defekt temperaturmätare/givare (kapitel 3).

Yttre kylvätskeläckage

- ☐ Åldrade eller skadade slangar eller slangklämmor (kapitel 1A eller 1B).
- ☐ Läckage i kylare eller värmepaket (kapitel 3).
- ☐ Defekt trycklock (kapitel 3).
- ☐ Kylvätskepumpens inre tätning läcker (kapitel 3).
- ☐ Kylvätskepumpens tätning mot motorblocket tätning läcker (kapitel 3).
- ☐ Kokning på grund av överhettning (kapitel 3).
- ☐ Kylarens hylsplugg läcker (kapitel 2D.

Inre kylvätskeläckage

- ☐ Läckande topplockspackning (kapitel 2).
- ☐ Sprucket topplock eller motorblock (kapitel 2)

Korrosion

- ☐ Bristfällig avtappning och spolning (kapitel 1A eller 1B).
- ☐ Felaktig kylvätskeblandning eller fel typ av kylvätska (se *Veckokontroller*).

Bränsle- och avgassystem

Överdriven bränsleförbrukning

- ☐ Smutsigt eller igensatt luftfilter (kapitel 1A eller 1B).
- ☐ Fel på bränsleinsprutningssystemet – bensinmodeller (kapitel 4A).
- ☐ Fel på insprutningsventil(er) – dieselmodeller (kapitel 4B).
- ☐ Tändningsinställningen felaktig eller tändsystemet defekt – bensinmodeller (kapitel 1A och 5B).
- ☐ För lite luft i däcken (se *Veckokontroller*).

Bränsleläckage och/eller bränslelukt

- ☐ Bränsletank, -rör eller -anslutningar skadade eller korroderade (kapitel 4A eller 4B).

Störande oljud eller för mycket avgaser från avgassystemet

- ☐ Läckande avgassystem eller grenrörsskarvar (kapitel 1A, 1B och 4).
- ☐ Läckande, korroderad eller skadad ljuddämpare eller ledning (kapitel 1A, 1B och 4).
- ☐ Kontakt med karossen eller fjädringen på grund av trasiga fästen (kapitel 4A eller 4B).

Koppling

Pedalen går i golvet – inget tryck eller mycket lite motstånd

- ☐ Luft i hydraulsystemet/defekt huvud- eller slavcylinder (kapitel 6).
- ☐ Det hydrauliska urkopplingssystemet är defekt (kapitel 6).
- ☐ Trasigt urkopplingslager (kapitel 6).
- ☐ Trasig tallriksfjäder i kopplingens tryckplatta (kapitel 6).

Frikopplar inte (går ej att lägga i växlar)

- ☐ Luft i hydraulsystemet/defekt huvud- eller slavcylinder (kapitel 6).
- ☐ Det hydrauliska urkopplingssystemet är defekt (kapitel 6).
- ☐ Lamellen har fastnat på räfflorna på växellådans ingående axel (kapitel 6).
- ☐ Lamellen fastnar på svänghjul eller tryckplatta (kapitel 6).
- ☐ Defekt tryckplatta (kapitel 6).
- ☐ Urkopplingsmekanismen sliten eller felaktigt ihopsatt (kapitel 6).

Kopplingen slirar (motorns varvtal ökar men inte bilens hastighet)

- ☐ Det hydrauliska urkopplingssystemet är defekt (kapitel 6).
- ☐ Lamellbeläggen är mycket slitna (kapitel 6).
- ☐ Lamellbeläggen förorenade med olja eller fett (kapitel 6).
- ☐ Defekt tryckplatta eller svag tallriksfjäder (kapitel 6).

Skakningar vid frikoppling

- ☐ Lamellbeläggen förorenade med olja eller fett (kapitel 6).
- ☐ Lamellbeläggen är mycket slitna (kapitel 6).
- ☐ Defekt eller skev tryckplatta eller tallriksfjäder (kapitel 6).
- ☐ Slitna eller lösa fästen till motor eller växellåda (kapitel 2A eller 2B).
- ☐ Slitage på lamellnavet eller räfflorna på växellådans ingående axel (kapitel 6).

Missljud när kopplingspedalen trycks ner eller släpps upp

- ☐ Slitet urkopplingslager (kapitel 6).
- ☐ Sliten eller torr pedaltapp (kapitel 6).
- ☐ Defekt tryckplatta (kapitel 6).
- ☐ Tryckplattans tallriksfjäder trasig (kapitel 6).
- ☐ Trasiga fjädrar i kopplingens lameller (kapitel 6).

Manuell växellåda

Missljud i friläge när motorn går

- ☐ Slitage i ingående axelns lager (missljud med uppsläppt men inte med nedtryckt kopplingspedal) (kapitel 7A).*
- ☐ Slitet urkopplingslager (missljud med nedtryckt pedal som möjligen minskar när pedalen släpps upp) (kapitel 6).

Missljud när en specifik växel ligger i

- ☐ Slitna eller skadade kuggar på växellådsdreven (kapitel 7A).*

Svårt att lägga i växlar

- ☐ Defekt koppling (kapitel 6).
- ☐ Slitet eller skadat växellänkage (kapitel 7A).
- ☐ Slitna synkroniseringsenheter (kapitel 7A).*

Växeln hoppar ur

- ☐ Slitet eller skadat växellänkage (kapitel 7A).
- ☐ Slitna synkroniseringsenheter (kapitel 7A).*
- ☐ Slitna väljargafflar (kapitel 7A).*

Vibrationer

- ☐ För lite olja (kapitel 1A eller 1B).
- ☐ Slitna lager (kapitel 7A).*

Smörjmedelsläckage

- ☐ Läckande packbox (kapitel 7A).
- ☐ Läckande husfog (kapitel 7A).*
- ☐ Läckage i ingående axelns packbox (kapitel 7A).*

**Även om nödvändiga åtgärder för beskrivna symptom är svårare än vad en hemmamekaniker klarar av är informationen ovan en hjälp att spåra felkällan, så att den tydligt kan beskrivas för en yrkesmekaniker.*

Automatväxellåda

Observera: *På grund av automatväxelns komplicerade sammansättning är det svårt för hemmamekanikerna att ställa riktiga diagnoser och serva enheten. Om andra problem än följande uppstår ska bilen tas till en verkstad eller till en specialist på växellådor. Var inte för snabb med att ta bort växellådan om ett fel misstänks. De flesta kontroller ska utföras med växellådan monterad.*

Oljeläckage

- ☐ Automatväxellådans olja är ofta mörk till färgen. Oljeläckage från växellådan ska inte blandas ihop med motorolja, som lätt kan stänka på växellådan av luftflödet.
- ☐ För att hitta läckan, använd avfettningsmedel eller en ångtvätt och rengör växelhuset och områdena runt omkring från smuts och avlagringar. Kör bilen långsamt så att inte luftflödet blåser den läckande oljan långt från källan. Hissa upp bilen och stöd den på pallbockar, och fastställ varifrån läckan kommer. Läckage uppstår ofta i följande områden:

a) Oljetråg (kapitel 1A, 1B och 7B).
b) Oljestickans rör (kapitel 1A, 1B och 7B).
c) Oljerören/anslutningarna mellan växellådan och oljekylaren (kapitel 7B).

Växeloljan är brun eller luktar bränt

- ☐ Växellådans vätskenivå är låg, eller behöver bytas ut (kapitel 1A, 1B och 7B).

Motorn startar inte i någon växel, eller startar i andra växlar än Park eller Neutral

- ☐ Startspärrens kontakt felaktigt inställd (kapitel 7B).
- ☐ Felaktig inställning av växelvajer (kapitel 7B).

Allmänna problem med att växla

- ☐ I kapitel 7B behandlas kontroll och justering av växelvajern på automatväxellådor. Följande problem är vanliga och kan orsakas av en felaktigt inställd vajer:

a) Motorn startar i andra växlar än Park eller Neutral.
b) Indikatorpanelen anger en annan växel än den som används.
c) Bilen rör sig när växlarna Park eller Neutral ligger i.
d) Dålig eller felaktig utväxling.

- ☐ Se kapitel 7B för anvisningar om hur du justerar växelvajern.

Växellådan växlar inte ner (kickdown) när gaspedalen är helt nedtryckt

- ☐ Låg växellådsoljenivå (kapitel 1A eller 1B).
- ☐ Felaktig inställning av växelvajer (kapitel 7B).

Växellådan slirar, växlar trögt, låter illa eller är utan drift i framväxlarna eller backen

- ☐ Ovanstående fel kan ha flera möjliga orsaker, men hemmamekanikern bör endast bry sig om en av de möjliga orsakerna – felaktig växeloljenivå. Innan du lämnar in bilen till en verkstad eller en växelldådsspecialist, kontrollera vätskenivån och vätskans skick enligt beskrivningen i kapitel 1A, 1B eller 7B, efter tillämplighet. Korrigera vätskenivån om det behövs. Byt vätskan och filtret vid behov. Om problemet kvarstår behövs professionell hjälp.

Drivaxlar

Vibrationer vid acceleration eller inbromsning

- ☐ Sliten inre drivknut (kapitel 8).
- ☐ Böjd eller skev drivaxel (kapitel 8).
- ☐ Slitet mellanlager – i förekommande fall (kapitel 8).

Klickande eller knackande ljud vid svängar (i låg fart med fullt rattutslag)

- ☐ Sliten yttre drivknut (kapitel 8).
- ☐ Bristfällig smörjning i knuten, eventuellt på grund av defekt damask (kapitel 8).

Bromssystem

Observera: *Kontrollera däckens skick och lufttryck, framvagnens inställning samt att bilen inte är ojämnt belastad innan bromsarna antas vara defekta. Alla åtgärder i ABS-systemet, utom kontroll av rör- och slanganslutningar, ska utföras av en Saab-verkstad.*

Bilen drar åt ena sidan vid inbromsning

- ☐ Slitna, defekta, skadade eller förorenade bromsklossar på en sida (kapitel 1A, 1B och 9).
- ☐ Skuren/delvis skuren främre eller bakre bromsokskolv (kapitel 9).
- ☐ Olika sorters friktionsmaterial monterade på sidorna (kapitel 9).
- ☐ Bromsokets fästbultar lösa (kapitel 9).
- ☐ Slitna eller skadade komponenter i styrning eller fjädring (kapitel 1A, 1B och 10).

Oljud (skrapljud eller högljutt gnissel) vid inbromsning

- ☐ Bromsklossarnas friktionsmaterial nedslitet till stödplattan (kapitel 1A, 1B och 9).
- ☐ Betydande korrosion på bromsskiva – kan framträda när bilen stått ett tag (kapitel 1A, 1B och 9).
- ☐ Främmande föremål (grus etc.) fastklämt mellan bromsskiva och bromssköld (kapitel 1A, 1B eller 9).

Överdriven pedalväg

- ☐ Defekt huvudcylinder (kapitel 9).
- ☐ Luft i hydraulsystemet (kapitel 9).
- ☐ Defekt vakuumservo (kapitel 9).
- ☐ Defekt vakuumpump – dieselmodeller (kapitel 9).

Bromspedalen känns svampig vid nedtryckning

- ☐ Luft i hydraulsystemet (kapitel 9).
- ☐ Åldrade bromsslangar (kapitel 1A, 1B och 9).
- ☐ Huvudcylinderns fästen lösa (kapitel 9).
- ☐ Defekt huvudcylinder (kapitel 9).

Överdriven pedalkraft krävs för att stanna bilen

- ☐ Defekt vakuumservo (kapitel 9).
- ☐ Bromsservons vakuumslang urkopplad, skadad eller lös (kapitel 1A, 1B och 9).
- ☐ Defekt vakuumpump – dieselmodeller (kapitel 9).
- ☐ Defekt primär- eller sekundärkrets (kapitel 9).
- ☐ Anfrätt bromsokskolv (kapitel 9).
- ☐ Bromsklossarna felmonterade (kapitel 9).
- ☐ Fel typ av klossar monterade (kapitel 9).
- ☐ Förorenade bromsklossar (kapitel 9).

Skakningar i bromspedal eller ratt vid inbromsning

- ☐ Påtagligt skev bromsskiva (kapitel 9).
- ☐ Bromsklossbelägg slitna (kapitel 1A, 1B och 9).
- ☐ Bromsokets fästbultar lösa (kapitel 9).
- ☐ Slitna komponenter eller fästen i fjädring eller styrning (kapitel 1A, 1B och 10).

Pedalen rycker när man bromsar hårt

- ☐ Normalt med ABS-system – inget fel.

Bromsarna kärvar

- ☐ Anfrätt(a) bromsokskolv(ar) (kapitel 9).
- ☐ Feljusterad handbromsmekanism (kapitel 9).
- ☐ Defekt huvudcylinder (kapitel 9).

Bakhjulen låser sig vid normal inbromsning

- ☐ Bakre bromsklossbelägg förorenade (kapitel 1A, 1B och 9).
- ☐ Bakre bromsskivor skeva (kapitel 1A, 1B och 9).

Styrning och fjädring

Observera: *Kontrollera att felet inte beror på fel lufttryck i däcken, blandade däcktyper eller kärvande bromsar innan fjädringen eller styrningen diagnostiseras som defekta.*

Bilen drar åt ena sidan

- ☐ Defekt däck (se *Veckokontroller*).
- ☐ Mycket slitna komponenter i fjädring eller styrning (kapitel 1A, 1B och 10).
- ☐ Felaktig framhjulsinställning (kapitel 10).
- ☐ Krockskador på komponenter i styrningen eller fjädringen (kapitel 1A, 1B och 10).

Hjulen vinglar och skakar

- ☐ Framhjulen obalanserade (vibration känns huvudsakligen i ratten) (kapitel 10).
- ☐ Bakhjulen obalanserade (vibration känns i hela bilen) (kapitel 10).
- ☐ Skadade eller åldrade hjul (kapitel 10).
- ☐ Defekt eller skadat däck (*Veckokontroller*).
- ☐ Slitage i styrning eller fjädring (kapitel 1A, 1B och 10).
- ☐ Lösa hjulbultar (kapitel 1A, 1B och 10).

Kraftiga nigningar och/eller krängningar runt hörn eller vid inbromsning

- ☐ Defekta stötdämpare (kapitel 1A, 1B och 10).
- ☐ Trasig eller svag spiralfjäder och/eller fjädringskomponent (kapitel 1A, 1B och 10).
- ☐ Slitage eller skada på krängningshämmare eller fästen (kapitel 10).

Vandrande eller allmän instabilitet

- ☐ Felaktig framhjulsinställning (kapitel 10).
- ☐ Slitage i styrning eller fjädring (kapitel 1A, 1B och 10).
- ☐ Hjulen obalanserade (kapitel 10).
- ☐ Defekt eller skadat däck (*Veckokontroller*).
- ☐ Lösa hjulbultar (kapitel 10).
- ☐ Defekta stötdämpare (kapitel 1A, 1B och 10).

Överdrivet stel styrning

- ☐ Styrstagsändens eller fjädringens spindelled anfrätt (kapitel 1A, 1B och 10).
- ☐ Trasig eller felaktigt justerad drivrem (kapitel 1A eller 1B).
- ☐ Felaktig framhjulsinställning (kapitel 10).
- ☐ Styrväxeln skadad (kapitel 10).

Överdrivet spel i styrningen

- ☐ Slitage i rattstångens kardanknutar (kapitel 10).
- ☐ Styrstagsändens kulleder slitna (kapitel 1A, 1B och 10).
- ☐ Sliten styrväxel (kapitel 10).
- ☐ Slitage i styrning eller fjädring (kapitel 1A, 1B och 10).

Bristande servoeffekt

- ☐ Trasig eller felaktigt justerad drivrem (kapitel 1A eller 1B).
- ☐ För hög eller låg nivå av styrservovätska (*Veckokontroller*).
- ☐ Styrservons vätskeslangar igensatta (kapitel 10).
- ☐ Defekt servostyrningspump (kapitel 10).
- ☐ Defekt styrväxel (kapitel 10).

Överdrivet däckslitage

Däcken slitna på inner- eller ytterkanten

- ☐ För lite luft i däcken (slitage på båda kanterna) (*Veckokontroller*).
- ☐ Felaktiga camber- eller castervinklar (slitage på en kant) (kapitel 10).
- ☐ Slitage i styrning eller fjädring (kapitel 1A, 1B och 10).
- ☐ Alltför hård kurvtagning.
- ☐ Skada efter olycka.

Däckmönster har fransiga kanter

- ☐ Felaktig toe-inställning (kapitel 10).

Slitage i mitten av däckmönstret

- ☐ För mycket luft i däcken (*Veckokontroller*).

Däcken slitna på inner- och ytterkanten

- ☐ För lite luft i däcken (*Veckokontroller*).
- ☐ Slitna stötdämpare (kapitel 10).

Ojämnt däckslitage

- ☐ Obalanserade hjul (se *Veckokontroller*).
- ☐ Stort kast i hjul eller däck (kapitel 10).
- ☐ Slitna stötdämpare (kapitel 1A, 1B och 10).
- ☐ Defekt däck (*Veckokontroller*).

Elsystem

Observera: *Vid problem med start, se felen under Motor tidigare i detta avsnitt.*

Batteriet laddar ur på bara ett par dagar

- ☐ Batteriet defekt invändigt (kapitel 5A).
- ☐ Batteriets elektrolytnivå låg – i förekommande fall (*Veckokontroller*).
- ☐ Batterianslutningarna sitter löst eller är korroderade (*Veckokontroller*).
- ☐ Sliten drivrem – eller felaktigt justerad, efter tillämplighet (kapitel 1A eller 1B).
- ☐ Generatorn laddar inte vid korrekt effekt (kapitel 5A).
- ☐ Generatorn eller spänningsregulatorn defekt (kapitel 5A).
- ☐ Kortslutning orsakar kontinuerlig urladdning av batteriet (kapitel 5A och 12).

Tändningens varningslampa fortsätter att lysa när motorn går

- ☐ Drivremmen trasig, sliten eller felaktigt justerad (kapitel 1A eller 1B).
- ☐ Internt fel i generatorn eller spänningsregulatorn (kapitel 5A).
- ☐ Trasigt, urkopplat eller löst kablage i laddningskretsen (kapitel 5A).

Tändningslampan tänds inte

- ☐ Varningslampans glödlampa trasig (kapitel 12).
- ☐ Trasigt, urkopplat eller löst kablage i varningslampans krets (kapitel 12).
- ☐ Defekt generator (kapitel 5A).

Elsystem

Ljusen fungerar inte

- ☐ Trasig glödlampa (kapitel 12).
- ☐ Korrosion på glödlampa eller sockel (kapitel 12).
- ☐ Trasig säkring (kapitel 12).
- ☐ Defekt relä (kapitel 12).
- ☐ Trasigt, löst eller urkopplat kablage (kapitel 12).
- ☐ Defekt brytare (kapitel 12).

Instrumentavläsningarna missvisande eller ryckiga

Bränsle- eller temperaturmätaren ger inget utslag

- ☐ Defekt givarenhet (kapitel 3 samt 4A eller 4B).
- ☐ Kretsavbrott (kapitel 12).
- ☐ Defekt mätare (kapitel 12).

Bränsle- eller temperaturmätaren ger kontinuerligt maximalt utslag

- ☐ Defekt givarenhet (kapitel 3 samt 4A eller 4B).
- ☐ Kortslutning (kapitel 12).
- ☐ Defekt mätare (kapitel 12).

Signalhornet fungerar dåligt eller inte alls

Signalhornet tjuter hela tiden

- ☐ Signalhornets kontakter är kortslutna eller tryckplattan har fastnat (kapitel 12).

Signalhornet fungerar inte

- ☐ Trasig säkring (kapitel 12).
- ☐ Vajer eller vajeranslutningar lösa, trasiga eller urkopplade (kapitel 12).
- ☐ Defekt signalhorn (kapitel 12).

Signalhornet avger ryckigt eller otillfredsställande ljud

- ☐ Lösa vajeranslutningar (kapitel 12).
- ☐ Signalhornets fästen sitter löst (kapitel 12).
- ☐ Defekt signalhorn (kapitel 12).

Vindrute-/bakrutetorkarna fungerar dåligt eller inte alls

Torkarna fungerar inte eller går mycket långsamt

- ☐ Torkarbladen fastnar vid rutan eller också är länksystemet anfrätt eller kärvar (*Veckokontroller* och kapitel 12).
- ☐ Trasig säkring (kapitel 12).
- ☐ Vajer eller vajeranslutningar lösa, trasiga eller urkopplade (kapitel 12).
- ☐ Defekt relä (kapitel 12).
- ☐ Defekt torkarmotor (kapitel 12).

Torkarbladen sveper över för stort/litet område av rutan

- ☐ Torkararmarna felaktigt placerade i spindlarna (kapitel 12).
- ☐ Påtagligt slitage i torkarnas länksystem (kapitel 12).
- ☐ Torkarmotorns eller länksystemets fästen sitter löst (kapitel 12).

Torkarbladen rengör inte rutan effektivt

- ☐ Torkarbladens gummi slitet eller saknas (*Veckokontroller*).
- ☐ Torkararmens fjäder trasig eller armtapparna har skurit (kapitel 12).
- ☐ Spolarvätskan har för låg koncentration för att beläggningen ska kunna tvättas bort (*Veckokontroller*).

Vindrute-/bakrutespolarna fungerar dåligt eller inte alls

Ett eller flera spolarmunstycken sprutar inte

- ☐ Igentäppt spolarmunstycke (kapitel 12).
- ☐ Urkopplad, veckad eller igensatt spolarslang (kapitel 12).
- ☐ För lite spolarvätska i spolarvätskebehållaren (*Veckokontroller*).

Spolarpumpen fungerar inte

- ☐ Trasiga eller lösa kablar eller anslutningar (kapitel 12).
- ☐ Trasig säkring (kapitel 12).
- ☐ Defekt spolarbrytare (kapitel 12).
- ☐ Defekt spolarpump (kapitel 12).

Spolarpumpen går ett tag innan det kommer någon spolarvätska

- ☐ Defekt envägsventil i vätskematarslangen (kapitel 12).

De elektriska fönsterhissarna fungerar dåligt eller inte alls

Fönsterrutan rör sig bara i en riktning

- ☐ Defekt brytare (kapitel 12).
- ☐ Defekt motor (kapitel 11).

Fönsterrutan rör sig långsamt

- ☐ Fönsterhissen skuren, skadad eller i behov av smörjning (kapitel 11).
- ☐ Dörrens inre komponenter eller klädsel hindrar fönsterhissen (kapitel 11).
- ☐ Defekt motor (kapitel 11).

Fönsterrutan rör sig inte

- ☐ Trasig säkring (kapitel 12).
- ☐ Defekt relä (kapitel 12).
- ☐ Trasiga eller lösa kablar eller anslutningar (kapitel 12).
- ☐ Defekt motor (kapitel 11).

Centrallåset fungerar dåligt eller inte alls

Totalt systemhaveri

- ☐ Trasig säkring (kapitel 12).
- ☐ Defekt relä (kapitel 12).
- ☐ Trasiga eller lösa kablar eller anslutningar (kapitel 12).
- ☐ Defekt motor (kapitel 11).

Regeln låser men låser inte upp, eller låser upp men låser inte

- ☐ Defekt brytare (kapitel 12).
- ☐ Regelns reglagespakar eller reglagestag är trasiga eller losskopplade (kapitel 11).
- ☐ Defekt relä (kapitel 12).
- ☐ Defekt motor (kapitel 11).

En solenoid/motor fungerar inte

- ☐ Trasiga eller lösa kablar eller anslutningar (kapitel 12).
- ☐ Defekt motor (kapitel 11).
- ☐ Regelns reglagespakar eller reglagestag kärvar, är trasiga eller urkopplade (kapitel 11).
- ☐ Defekt dörrlås (kapitel 11).

A

ABS (Anti-lock brake system) Låsningsfria bromsar. Ett system, vanligen elektroniskt styrt, som känner av påbörjande låsning av hjul vid inbromsning och lättar på hydraultrycket på hjul som ska till att låsa.

Air bag (krockkudde) En uppblåsbar kudde dold i ratten (på förarsidan) eller instrumentbrädan eller handskfacket (på passagerarsidan) Vid kollision blåses kuddarna upp vilket hindrar att förare och framsätespassagerare kastas in i ratt eller vindruta.

Ampere (A) En måttenhet för elektrisk ström. 1 A är den ström som produceras av 1 volt gående genom ett motstånd om 1 ohm.

Anaerobisk tätning En massa som används som gänglås. Anaerobisk innebär att den inte kräver syre för att fungera.

Antikärvningsmedel En pasta som minskar risk för kärvning i infästningar som utsätts för höga temperaturer, som t.ex. skruvar och muttrar till avgasrenrör. Kallas även gängskydd.

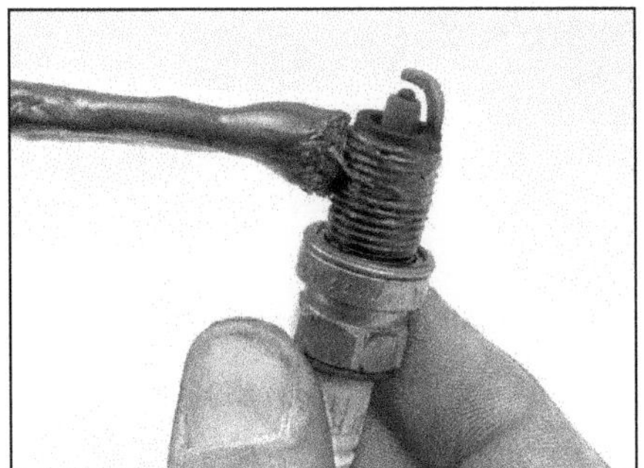

Antikärvningsmedel

Asbest Ett naturligt fibröst material med stor värmetolerans som vanligen används i bromsbelägg. Asbest är en hälsorisk och damm som alstras i bromsar ska aldrig inandas eller sväljas.

Avgasgrenrör En del med flera passager genom vilka avgaserna lämnar förbränningskamrarna och går in i avgasröret.

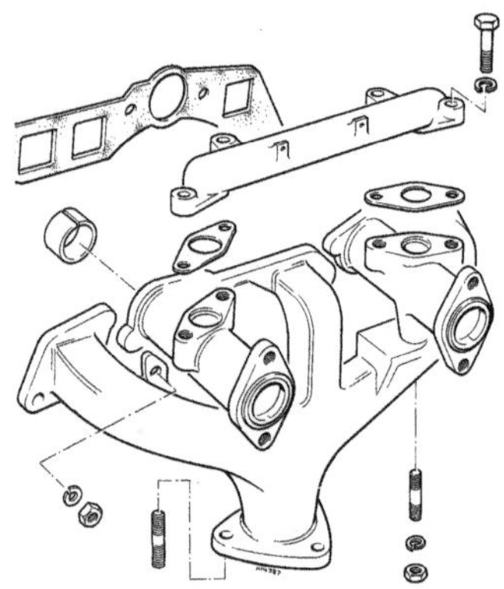

Avgasgrenrör

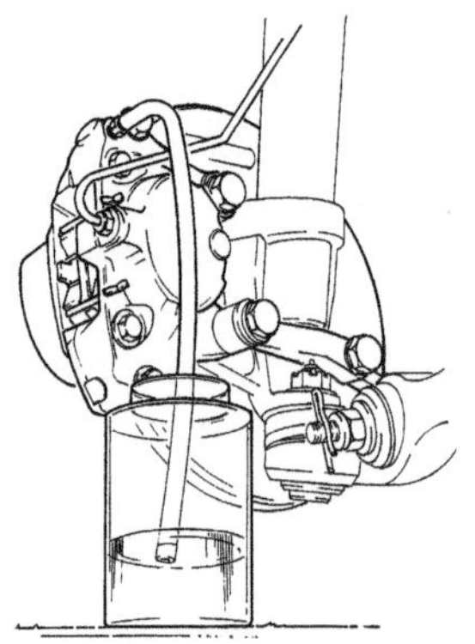

Avluftning av bromsarna

Avluftning av bromsar Avlägsnande av luft från hydrauliskt bromssystem.

Avluftningsnippel En ventil på ett bromsok, hydraulcylinder eller annan hydraulisk del som öppnas för att tappa ur luften i systemet.

Axel En stång som ett hjul roterar på, eller som roterar inuti ett hjul. Även en massiv balk som håller samman två hjul i bilens ena ände. En axel som även överför kraft till hjul kallas drivaxel.

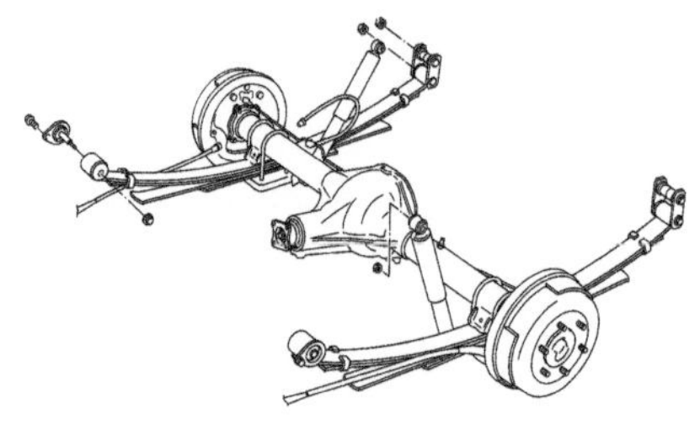

Axel

Axialspel Rörelse i längdled mellan två delar. För vevaxeln är det den distans den kan röra sig framåt och bakåt i motorblocket.

B

Belastningskänslig fördelningsventil En styrventil i bromshydrauliken som fördelar bromseffekten, med hänsyn till bakaxelbelastningen.

Bladmått Ett tunt blad av härdat stål, slipat till exakt tjocklek, som används till att mäta spel mellan delar.

Bladmått

Bromsback Halvmåneformad hållare med fastsatt bromsbelägg som tvingar ut beläggen i kontakt med den roterande bromstrumman under inbromsning.

Bromsbelägg Det friktionsmaterial som kommer i kontakt med bromsskiva eller bromstrumma för att minska bilens hastighet. Beläggen är limmade eller nitade på bromsklossar eller bromsbackar.

Bromsklossar Utbytbara friktionsklossar som nyper i bromsskivan när pedalen trycks ned. Bromsklossar består av bromsbelägg som limmats eller nitats på en styv bottenplatta.

Bromsok Den icke roterande delen av en skivbromsanordning. Det grenslar skivan och håller bromsklossarna. Oket innehåller även de hydrauliska delar som tvingar klossarna att nypa skivan när pedalen trycks ned.

Bromsskiva Den del i en skivbromsanordning som roterar med hjulet.

Bromstrumma Den del i en trumbromsanordning som roterar med hjulet.

C

Caster I samband med hjulinställning, lutningen framåt eller bakåt av styrningens axialled. Caster är positiv när styrningens axialled lutar bakåt i överkanten.

CV-knut En typ av universalknut som upphäver vibrationer orsakade av att drivkraft förmedlas genom en vinkel.

D

Diagnostikkod Kodsiffror som kan tas fram genom att gå till diagnosläget i motorstyrningens centralenhet. Koden kan användas till att bestämma i vilken del av systemet en felfunktion kan förekomma.

Draghammare Ett speciellt verktyg som skruvas in i eller på annat sätt fästs vid en del som ska dras ut, exempelvis en axel. Ett tungt glidande handtag dras utmed verktygsaxeln mot ett stopp i änden vilket rycker avsedd del fri.

Drivaxel En roterande axel på endera sidan differentialen som ger kraft från slutväxeln till drivhjulen. Även varje axel som används att överföra rörelse.

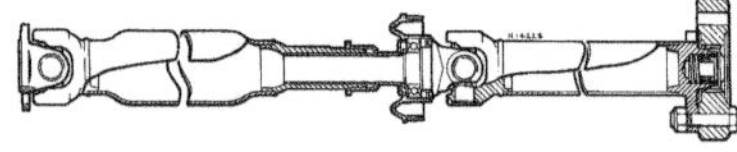

Drivaxel

Drivrem(mar) Rem(mar) som används till att driva tillbehörsutrustning som generator, vattenpump, servostyrning, luftkonditioneringskompressor mm, från vevaxelns remskiva.

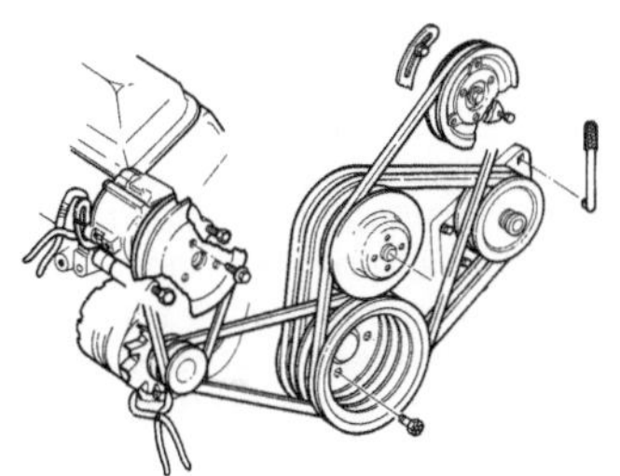
Drivremmar till extrautrustning

Dubbla överliggande kamaxlar (DOHC) En motor försedd med två överliggande kamaxlar, vanligen en för insugsventilerna och en för avgasventilerna.

E

EGR-ventil Avgasåtercirkulationsventil. En ventil som för in avgaser i insugsluften.

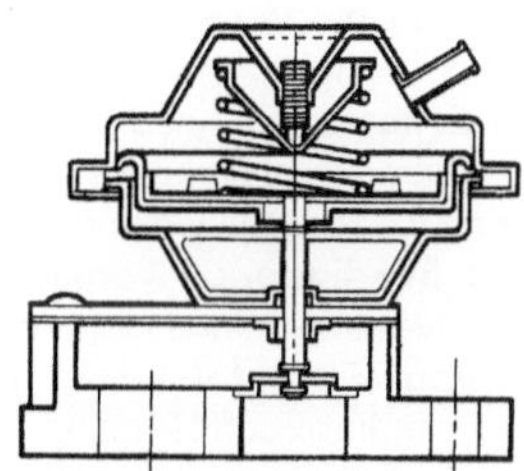
Ventil för avgasåtercirkulation (EGR)

Elektrodavstånd Den distans en gnista har att överbrygga från centrumelektroden till sidoelektroden i ett tändstift.

Justering av elektrodavståndet

Elektronisk bränsleinsprutning (EFI) Ett datorstyrt system som fördelar bränsle till förbränningskamrarna via insprutare i varje insugsport i motorn.
Elektronisk styrenhet En dator som exempelvis styr tändning, bränsleinsprutning eller låsningsfria bromsar.

F

Finjustering En process där noggranna justeringar och byten av delar optimerar en motors prestanda.
Fjäderben Se MacPherson-ben.
Fläktkoppling En viskös drivkoppling som medger variabel kylarfläkthastighet i förhållande till motorhastigheten.
Frostplugg En skiv- eller koppformad metallbricka som monterats i ett hål i en gjutning där kärnan avlägsnats.
Frostskydd Ett ämne, vanligen etylenglykol, som blandas med vatten och fylls i bilens kylsystem för att förhindra att kylvätskan fryser vintertid. Frostskyddet innehåller även kemikalier som förhindrar korrosion och rost och andra avlagringar som skulle kunna blockera kylare och kylkanaler och därmed minska effektiviteten.
Fördelningsventil En hydraulisk styrventil som begränsar trycket till bakbromsarna vid panikbromsning så att hjulen inte låser sig.
Förgasare En enhet som blandar bränsle med luft till korrekta proportioner för önskad effekt från en gnistantänd förbränningsmotor.

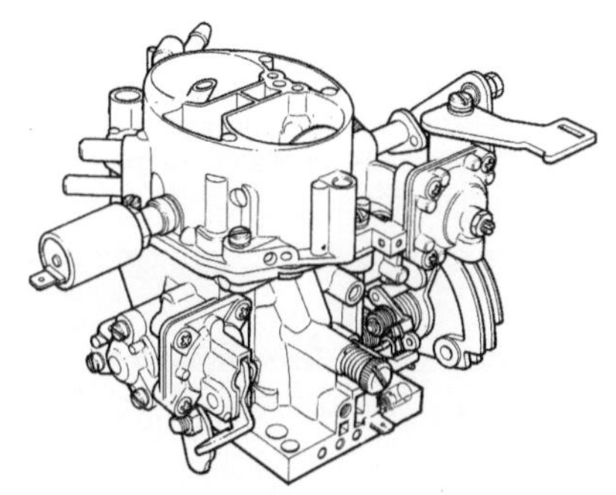
Förgasare

G

Generator En del i det elektriska systemet som förvandlar mekanisk energi från drivremmen till elektrisk energi som laddar batteriet, som i sin tur driver startsystem, tändning och elektrisk utrustning.

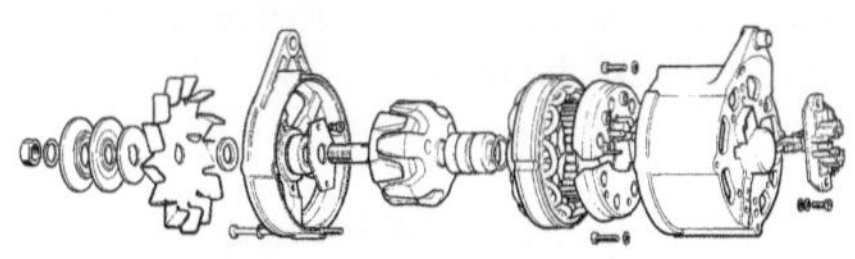
Generator (genomskärning)

Glidlager Den krökta ytan på en axel eller i ett lopp, eller den del monterad i endera, som medger rörelse mellan dem med ett minimum av slitage och friktion.
Gängskydd Ett täckmedel som minskar risken för gängskärning i bultförband som utsätts för stor hetta, exempelvis grenrörets bultar och muttrar. Kallas även antikärvningsmedel.

H

Handbroms Ett bromssystem som är oberoende av huvudbromsarnas hydraulikkrets. Kan användas till att stoppa bilen om huvudbromsarna slås ut, eller till att hålla bilen stilla utan att bromspedalen trycks ned. Den består vanligen av en spak som aktiverar främre eller bakre bromsar mekaniskt via vajrar och länkar. Kallas även parkeringsbroms.
Harmonibalanserare En enhet avsedd att minska fjädring eller vridande vibrationer i vevaxeln. Kan vara integrerad i vevaxelns remskiva. Även kallad vibrationsdämpare.
Hjälpstart Start av motorn på en bil med urladdat eller svagt batteri genom koppling av startkablar mellan det svaga batteriet och ett laddat hjälpbatteri.
Honare Ett slipverktyg för korrigering av smärre ojämnheter eller diameterskillnader i ett cylinderlopp.
Hydraulisk ventiltryckare En mekanism som använder hydrauliskt tryck från motorns smörjsystem till att upprätthålla noll ventilspel (konstant kontakt med både kamlob och ventilskaft). Justeras automatiskt för variation i ventilskaftslängder. Minskar även ventilljudet.

I

Insexnyckel En sexkantig nyckel som passar i ett försänkt sexkantigt hål.
Insugsrör Rör eller kåpa med kanaler genom vilka bränsle/luftblandningen leds till insugsportarna.

K

Kamaxel En roterande axel på vilken en serie lober trycker ned ventilerna. En kamaxel kan drivas med drev, kedja eller tandrem med kugghjul.
Kamkedja En kedja som driver kamaxeln.
Kamrem En tandrem som driver kamaxeln. Allvarliga motorskador kan uppstå om kamremmen brister vid körning.
Kanister En behållare i avdunstningsbegränsningen, innehåller aktivt kol för att fånga upp bensinångor från bränslesystemet.

Kanister

Kardanaxel Ett långt rör med universalknutar i bägge ändar som överför kraft från växellådan till differentialen på bilar med motorn fram och drivande bakhjul.
Kast Hur mycket ett hjul eller drev slår i sidled vid rotering. Det spel en axel roterar med. Orundhet i en roterande del.
Katalysator En ljuddämparliknande enhet i avgassystemet som omvandlar vissa föroreningar till mindre hälsovådliga substanser.

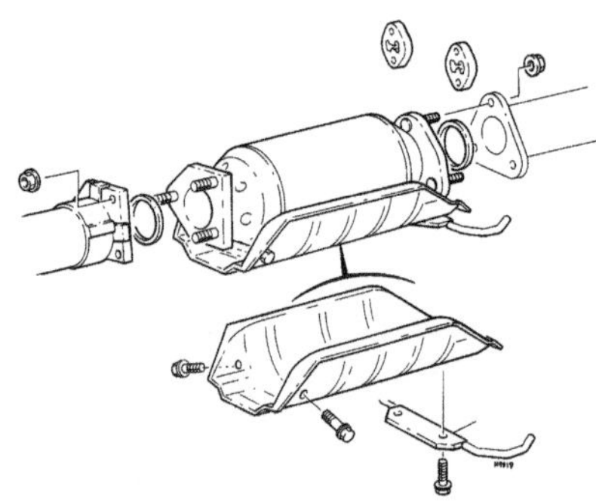
Katalysator

Kompression Minskning i volym och ökning av tryck och värme hos en gas, orsakas av att den kläms in i ett mindre utrymme.
Kompressionsförhållande Skillnaden i cylinderns volymer mellan kolvens ändlägen.
Kopplingsschema En ritning över komponenter och ledningar i ett fordons elsystem som använder standardiserade symboler.
Krockkudde (Airbag) En uppblåsbar kudde dold i ratten (på förarsidan) eller instrumentbrädan eller handskfacket (på passagerarsidan) Vid kollision blåses kuddarna upp vilket hindrar att förare och framsätespassagerare kastas in i ratt eller vindruta.
Krokodilklämma Ett långkäftat fjäderbelastat clips med ingreppande tänder som används till tillfälliga elektriska kopplingar.
Kronmutter En mutter som vagt liknar kreneleringen på en slottsmur. Används tillsammans med saxsprint för att låsa bultförband extra väl.

Kronmutter

Krysskruv Se Phillips-skruv
Kugghjul Ett hjul med tänder eller utskott på omkretsen, formade för att greppa in i en kedja eller rem.
Kuggstångsstyrning Ett styrsystem där en pinjong i rattstångens ände går i ingrepp med en kuggstång. När ratten vrids, vrids även pinjongen vilket flyttar kuggstången till höger eller vänster. Denna rörelse överförs via styrstagen till hjulets styrleder.
Kullager Ett friktionsmotverkande lager som består av härdade inner- och ytterbanor och har härdade stålkulor mellan banorna.
Kylare En värmeväxlare som använder flytande kylmedium, kylt av fartvinden/fläkten till att minska temperaturen på kylvätskan i en förbränningsmotors kylsystem.
Kylmedia Varje substans som används till värmeöverföring i en anläggning för luftkonditionering. R-12 har länge varit det huvudsakliga kylmediet men tillverkare har nyligen börjat använda R-134a, en CFC-fri substans som anses vara mindre skadlig för ozonet i den övre atmosfären.

L

Lager Den böjda ytan på en axel eller i ett lopp, eller den del som monterad i någon av dessa tillåter rörelse mellan dem med minimal slitage och friktion.

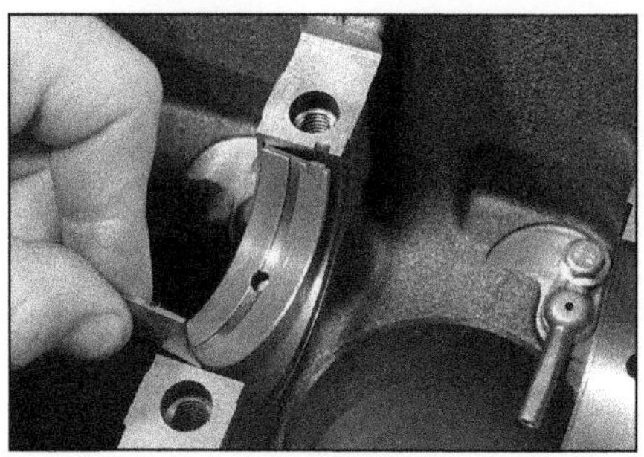
Lager

Lambdasond En enhet i motorns grenrör som känner av syrehalten i avgaserna och omvandlar denna information till elektricitet som bär information till styrelektroniken. Även kallad syresensor.
Luftfilter Filtret i luftrenaren, vanligen tillverkat av veckat papper. Kräver byte med regelbundna intervaller.

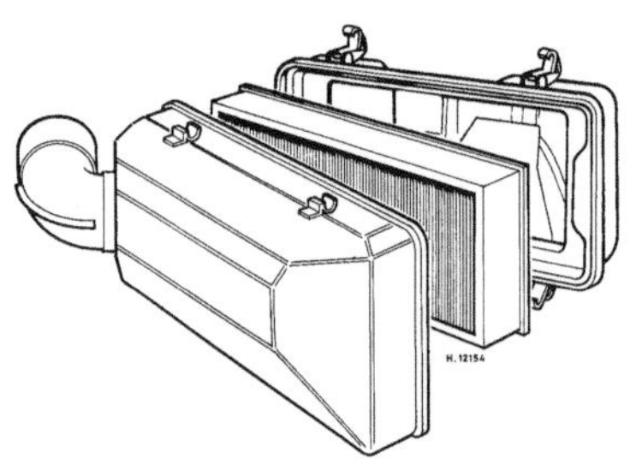
Luftfilter

Luftrenare En kåpa av plast eller metall, innehållande ett filter som tar undan damm och smuts från luft som sugs in i motorn.
Låsbricka En typ av bricka konstruerad för att förhindra att en ansluten mutter lossnar.
Låsmutter En mutter som låser en justermutter, eller annan gängad del, på plats. Exempelvis används låsmutter till att hålla justermuttern på vipparmen i läge.
Låsring Ett ringformat clips som förhindrar längsgående rörelser av cylindriska delar och axlar. En invändig låsring monteras i en skåra i ett hölje, en yttre låsring monteras i en utvändig skåra på en cylindrisk del som exempelvis en axel eller tapp.

M

MacPherson-ben Ett system för framhjulsfjädring uppfunnet av Earle MacPherson vid Ford i England. I sin ursprungliga version skapas den nedre bärarmen av en enkel lateral länk till krängningshämmaren. Ett fjäderben - en integrerad spiralfjäder och stötdämpare - finns monterad mellan karossen och styrknogen. Många moderna MacPherson-ben använder en vanlig nedre A-arm och inte krängningshämmaren som nedre fäste.
Markör En remsa med en andra färg i en ledningsisolering för att skilja ledningar åt.
Motor med överliggande kamaxel (OHC) En motor där kamaxeln finns i topplocket.
Motorstyrning Ett datorstyrt system som integrerat styr bränsle och tändning.
Multimätare Ett elektriskt testinstrument som mäter spänning, strömstyrka och motstånd. Även kallad multimeter.
Mätare En instrumentpanelvisare som används till att ange motortillstånd. En mätare med en rörlig pekare på en tavla eller skala är analog. En mätare som visar siffror är digital.

N

NOx Kväveoxider. En vanlig giftig förorening utsläppt av förbränningsmotorer vid högre temperaturer.

O

O-ring En typ av tätningsring gjord av ett speciellt gummiliknande material. O-ringen fungerar så att den trycks ihop i en skåra och därmed utgör tätningen.

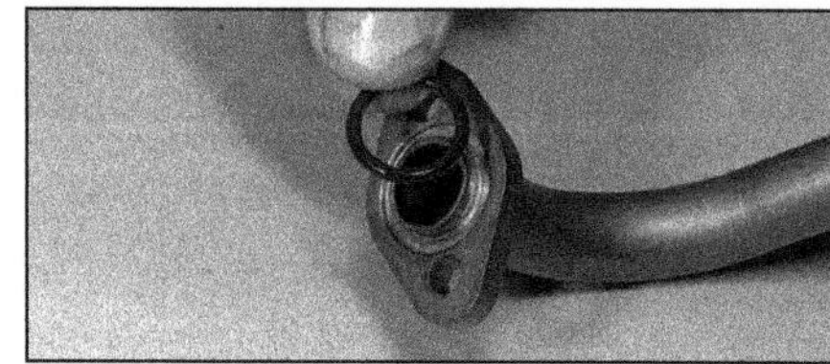
O-ring

Ohm Enhet för elektriskt motstånd. 1 volt genom ett motstånd av 1 ohm ger en strömstyrka om 1 ampere.

Ohmmätare Ett instrument för uppmätning av elektriskt motstånd.

P

Packning Mjukt material - vanligen kork, papp, asbest eller mjuk metall - som monteras mellan två metallytor för att erhålla god tätning. Exempelvis tätar topplockspackningen fogen mellan motorblocket och topplocket.

Packning

Phillips-skruv En typ av skruv med ett korsspår istället för ett rakt, för motsvarande skruvmejsel. Vanligen kallad krysskruv.

Plastigage En tunn plasttråd, tillgänglig i olika storlekar, som används till att mäta toleranser. Exempelvis så läggs en remsa Plastigage tvärs över en lagertapp. Delarna sätts ihop och tas isär. Bredden på den klämda remsan anger spelrummet mellan lager och tapp.

Plastigage

R

Rotor I en fördelare, den roterande enhet inuti fördelardosan som kopplar samman mittelektroden med de yttre kontakterna vartefter den roterar, så att högspänningen från tändspolens sekundärlindning leds till rätt tändstift. Även den del av generatorn som roterar inuti statorn. Även de roterande delarna av ett turboaggregat, inkluderande kompressorhjulet, axeln och turbinhjulet.

S

Sealed-beam strålkastare En äldre typ av strålkastare som integrerar reflektor, lins och glödtrådar till en hermetiskt försluten enhet. När glödtråden går av eller linsen spricker byts hela enheten.

Shims Tunn distansbricka, vanligen använd till att justera inbördes lägen mellan två delar. Exempelvis sticks shims in i eller under ventiltryckarhylsor för att justera ventilspelet. Spelet justeras genom byte till shims av annan tjocklek.

Skivbroms En bromskonstruktion med en roterande skiva som kläms mellan bromsklossar. Den friktion som uppstår omvandlar bilens rörelseenergi till värme.

Skjutmått Ett precisionsmätinstrument som mäter inre och yttre dimensioner. Inte riktigt lika exakt som en mikrometer men lättare att använda.

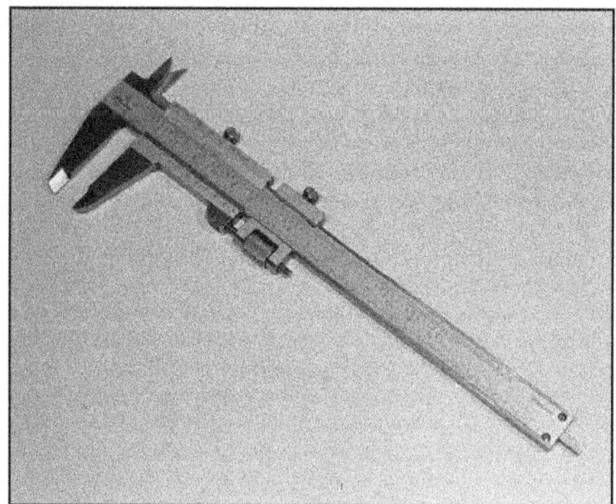

Skjutmått

Smältsäkring Ett kretsskydd som består av en ledare omgiven av värmetålig isolering. Ledaren är tunnare än den ledning den skyddar och är därmed den svagaste länken i kretsen. Till skillnad från en bränd säkring måste vanligen en smältsäkring skäras bort från ledningen vid byte.

Spel Den sträcka en del färdas innan något inträffar. "Luften" i ett länksystem eller ett montage mellan första ansatsen av kraft och verklig rörelse. Exempelvis den sträcka bromspedalen färdas innan kolvarna i huvudcylindern rör på sig. Även utrymmet mellan två delar, till exempel kolv och cylinderlopp.

Spiralfjäder En spiral av elastiskt stål som förekommer i olika storlekar på många platser i en bil, bland annat i fjädringen och ventilerna i topplocket.

Startspärr På bilar med automatväxellåda förhindrar denna kontakt att motorn startas annat än om växelväljaren är i N eller P.

Storändslager Lagret i den ände av vevstaken som är kopplad till vevaxeln.

Svetsning Olika processer som används för att sammanfoga metallföremål genom att hetta upp dem till smältning och sammanföra dem.

Svänghjul Ett tungt roterande hjul vars energi tas upp och sparas via moment. På bilar finns svänghjulet monterat på vevaxeln för att utjämna kraftpulserna från arbetstakterna.

Syresensor En enhet i motorns grenrör som känner av syrehalten i avgaserna och omvandlar denna information till elektricitet som bär information till styrelektroniken. Även kalla Lambdasond.

Säkring En elektrisk enhet som skyddar en krets mot överbelastning. En typisk säkring innehåller en mjuk metallbit kalibrerad att smälta vid en förbestämd strömstyrka, angiven i ampere, och därmed bryta kretsen.

T

Termostat En värmestyrd ventil som reglerar kylvätskans flöde mellan blocket och kylaren vilket håller motorn vid optimal arbetstemperatur. En termostat används även i vissa luftrenare där temperaturen är reglerad.

Toe-in Den distans som framhjulens framkanter är närmare varandra än bakkanterna. På bakhjulsdrivna bilar specificeras vanligen ett litet toe-in för att hålla framhjulen parallella på vägen, genom att motverka de krafter som annars tenderar att vilja dra isär framhjulen.

Toe-ut Den distans som framhjulens bakkanter är närmare varandra än framkanterna. På bilar med framhjulsdrift specificeras vanligen ett litet toe-ut.

Toppventilsmotor (OHV) En motortyp där ventilerna finns i topplocket medan kamaxeln finns i motorblocket.

Torpedplåten Den isolerade avbalkningen mellan motorn och passagerarutrymmet.

Trumbroms En bromsanordning där en trumformad metallcylinder monteras inuti ett hjul. När bromspedalen trycks ned pressas böjda bromsbackar försedda med bromsbelägg mot trummans insida så att bilen saktar in eller stannar.

Trumbroms, montage

Turboaggregat En roterande enhet, driven av avgastrycket, som komprimerar insugsluften. Används vanligen till att öka motoreffekten från en given cylindervolym, men kan även primäranvändas till att minska avgasutsläpp.

Tändföljd Turordning i vilken cylindrarnas arbetstakter sker, börjar med nr 1.

Tändläge Det ögonblick då tändstiftet ger gnista. Anges vanligen som antalet vevaxelgrader för kolvens övre dödpunkt.

Tätningsmassa Vätska eller pasta som används att täta fogar. Används ibland tillsammans med en packning.

U

Universalknut En koppling med dubbla pivåer som överför kraft från en drivande till en driven axel genom en vinkel. En universalknut består av två Y-formade ok och en korsformig del kallad spindeln.
Urtrampningslager Det lager i kopplingen som flyttas inåt till frigöringsarmen när kopplingspedalen trycks ned för frikoppling.

V

Ventil En enhet som startar, stoppar eller styr ett flöde av vätska, gas, vakuum eller löst material via en rörlig del som öppnas, stängs eller delvis maskerar en eller flera portar eller kanaler. En ventil är även den rörliga delen av en sådan anordning.

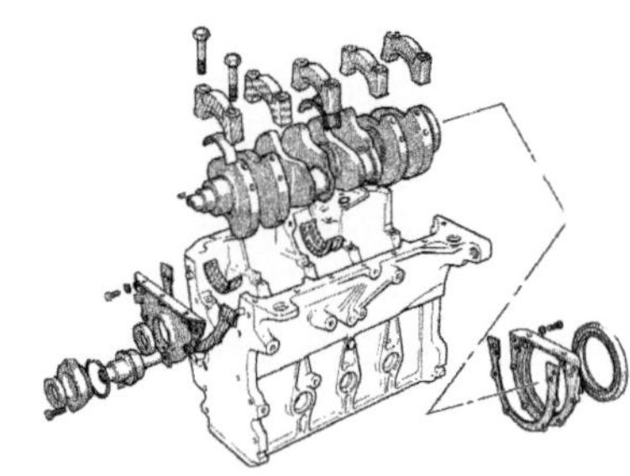

Vevaxel, montage

Ventilspel Spelet mellan ventilskaftets övre ände och ventiltryckaren. Spelet mäts med stängd ventil.
Ventiltryckare En cylindrisk del som överför rörelsen från kammen till ventilskaftet, antingen direkt eller via stötstång och vipparm. Även kallad kamsläpa eller kamföljare.
Vevaxel Den roterande axel som går längs med vevhuset och är försedd med utstickande vevtappar på vilka vevstakarna är monterade.
Vevhus Den nedre delen av ett motorblock där vevaxeln roterar.
Vibrationsdämpare En enhet som är avsedd att minska fjädring eller vridande vibrationer i vevaxeln. Enheten kan vara integrerad i vevaxelns remskiva. Kallas även harmonibalanserare.
Vipparm En arm som gungar på en axel eller tapp. I en toppventilsmotor överför vipparmen stötstångens uppåtgående rörelse till en nedåtgående rörelse som öppnar ventilen.
Viskositet Tjockleken av en vätska eller dess flödesmotstånd.
Volt Enhet för elektrisk spänning i en krets 1 volt genom ett motstånd av 1 ohm ger en strömstyrka om 1 ampere.

Observera: *Hänvisningarna i registret är i formen* **"Kapitelnummer" • "Sidnummer"**. *T.ex. hänvisar 2C•15 till sidan 15 i kapitel 2C.*

A

B

C

D

E

F

Observera: *Hänvisningarna i registret är i formen* **"Kapitelnummer" • "Sidnummer"**. *T.ex. hänvisar 2C•15 till sidan 15 i kapitel 2C.*

Observera: *Hänvisningarna i registret är i formen* **"Kapitelnummer" • "Sidnummer"**. *T.ex. hänvisar 2C•15 till sidan 15 i kapitel 2C.*

Observera: *Hänvisningarna i registret är i formen* **"Kapitelnummer" • "Sidnummer"**. *T.ex. hänvisar 2C•15 till sidan 15 i kapitel 2C.*